Habersack aktuell 186. EL

Geleitwort zur Ergänzungslieferung

Die 186. Ergänzungslieferung bringt Ihre Textsammlung „Habersack, Deutsche Gesetze" auf den Stand der Gesetzgebung vom 17. September 2021.

Das Gesetz für faire Verbraucherverträge vom 10.8.2021 (BGBl. I S. 3433) änderte das BGB (Nr. **20**), das EGBGB (Nr. **21**) und das UWG (Nr. 73). Soweit die Änderungen erst zum 1.3. bzw. 1.7.2022 in Kraft treten, sind sie noch nicht im Gesetzestext berücksichtigt. Das Mietspiegelreformgesetz vom 10.8.2021 (BGBl. I S. 3515) änderte das BGB (Nr. **20**) und das EGBGB (Nr.**21**). Soweit die Änderungen erst zum 1.7.2022 in Kraft treten, wurden sie noch nicht im Gesetzestext berücksichtigt.

Das Personengesellschaftsrechtsmodernisierungsgesetz (MoPeG) vom 10.8.2021 (BGBl. I S. 3436) ändert das BGB (Nr. **20**), das EGBGB (Nr. **21**), das HGB (Nr. **50**), das EGHGB (Nr. **50a**), das PartGG (Nr. **50b**), das AktG (Nr. **51**), das GmbHG (Nr. **52**) mit EG (Nr. **52/1**), das UmwG (Nr. **52a**), das PublG (Nr. **52b**), das GenG (Nr. **53**), das WiStG (Nr. **88**), das RPflG (Nr. **96**), die ZPO (Nr. **100**) mit EG (Nr. **101**), die InsO (Nr. **110**) mit EG (Nr. **110a**), das FamFG (Nr. **112**), die GBO (Nr. **114**), das GNotKG (Nr. **119**) und das JVKostG (Nr. **120**). Soweit die Änderungen jedoch überwiegend erst zum 1.1.2024 in Kraft treten, sind sie noch nicht im Gesetzestext berücksichtigt.

Das Vierte Gesetz zur Änderung des Straßenverkehrsgesetzes und anderer straßenverkehrsrechtlicher Vorschriften vom 12.7.2021 (BGBl. I S. 3091) und das Gesetz zum autonomen Fahren vom 12.7.2021 (BGBl. I S. 3108) änderten das StVG (Nr. **35**) und letzteres auch die StVO (Nr. **35a**) und das PflVG (Nr. **63**).

Das Gesetz zur Ergänzung und Änderung der Regelungen für die gleichberechtigte Teilhabe von Frauen an Führungspositionen in der Privatwirtschaft und im öffentlichen Dienst vom 7.8.2021 (BGBl. I S. 3311) brachte Änderungen im HGB (Nr. **50**), EGHGB (Nr. **50a**), im AktG (Nr. **51**), im EGAktG (Nr. **51a**), im GmbHG (Nr. **52**) mit EG (Nr. **52/1**) und im GenG (Nr. 53).

Das Gesetz zur Änderung des Strafgesetzbuches – effektivere Bekämpfung von Nachstellungen und bessere Erfassung des Cyberstalkings sowie Verbesserung des strafrechtlichen Schutzes gegen Zwangsprostitution vom 10.8.2021 (BGBl. I S. 3513) änderte das StGB (Nr. **85**). Das Gesetz zur Änderung des Anti-Doping-Gesetzes vom 12.8.2021 (BGBl. I S. 3542) brachte Änderungen im StGB (Nr. **85**) mit EG (Nr. **85a**). Das Gesetz zur Änderung des Strafgesetzbuches – Strafbarkeit des Betreibens krimineller Handelsplattformen im Internet vom 12.8.2021 (BGBl. I S. 3544) änderte das StGB (Nr. **85**) und die StPO (Nr. **90**).

Habersack aktuell 186. EL

Das Gesetz zur Durchführung der VO (EU) 2019/816 sowie zur Änderung weiterer Vorschriften vom 10.8.2021 (BGBl. I S. 3420) brachte Änderungen in der StPO (Nr. **90**) und im BZRG (Nr. **92**); soweit die Änderungen erst zum 1.10.2022 in Kraft treten, sind sie noch nicht im Gesetzestext berücksichtigt. Das Aufbauhilfegesetz 2021 vom 10.9.2021 (BGBl. I S. 4147) änderte das COVMG (Nr. **52d**) und das EGZPO (Nr. **101**), das Zweite Gesetz zur Vereinfachung und Modernisierung des Patentrechts änderte das MarkenG (Nr. **72**) und das RPflG (Nr. **96**); soweit die Änderungen erst zum 1.5.2022 in Kraft treten, sind sie noch nicht im Gesetzestext berücksichtigt. Das Gesetz zur Förderung verbrauchergerechter Angebote im Rechtsdienstleistungsmarkt vom 10.8.2021 (BGBl. I S. 3415) brachte Änderungen im RVG (Nr. **117**).

Das Gesetz zur Umsetzung der Digitalisierungsrichtlinie (DiRUG) vom 5.7.2021 (BGBl. I S. 3338) brachte Änderungen im BGB (Nr. **20**), EGBGB (Nr. **21**), im BeurkG (Nr. **23**), im HGB (Nr. **50**) und zahlreichen weiteren Gesetzen erst mit Wirkung zum 1.8.2022, welche noch nicht im Gesetzestext berücksichtigt wurden. Ebenso noch nicht berücksichtigt sind die Änderungen im UWG (Nr. **73**) durch das Gesetz zur Stärkung des Verbraucherschutzes im Wettbewerbs- und Gewerberecht vom 10.8.2021 (BGBl. I S. 3504); sie treten erst zum 28.5.2022 in Kraft.

Diese Lieferung beinhaltet auch die Änderungen in den Nrn. **23**, **50b**, **52a**, **52b**, **62**, **62a**, **89**, **92** und **94**, die aus Platzgründen noch nicht Bestandteil der letzten Ergänzungslieferung waren. Zudem erhalten Sie mit dieser Lieferung wieder ein vollständig aktualisiertes Sachverzeichnis.

Vorschau

Gesetz zur Modernisierung des Personengesellschaftsrechts (Personengesellschaftsrechtsmodernisierungsgesetz – MoPeG)

(Inkrafttreten: im Wesentlichen zum 1.1.2024)

Das Personengesellschaftsrechtsmodernisierungsgesetz (MoPeG) vom 10.8.2021 (BGBl. I S. 3436) richtet das Recht der Gesellschaft bürgerlichen Rechts innerhalb des bestehenden Systems, das heißt unter Anerkennung des grundlegenden Unterschieds zwischen kaufmännischen und nicht kaufmännischen Personengesellschaften, konsolidiert und konsequent am Leitbild einer auf gewisse Dauer angelegten, mit eigenen Rechten und Pflichten ausgestatteten Personengesellschaft aus. Dabei soll es den Gesellschaftern auch künftig freistehen, ihre Rechtsbeziehungen in weitem Umfang im Gesellschaftsvertrag abweichend von den gesetzlichen Regelungen auszugestalten. Die Gesellschaft bürgerlichen Rechts wird konsequent als Grundform aller rechtsfähigen Personengesellschaften ausgestaltet. Es wird ein Gesellschaftsregister eingeführt, in das Gesellschaften bürgerlichen Rechts eingetragen werden können. Es lehnt sich an das Handelsregister an. Die Anmeldung zum Register ist grundsätzlich freiwillig und die Eintragung nicht Voraussetzung für die Erlangung der Rechtsfähigkeit der Gesellschaft. Die Rechtsformen der Personenhandelsgesellschaften sollen künftig grundsätzlich auch für die gemeinsame Ausübung Freier Berufe gewählt werden können. Diese Öffnung des Zugangs zu den ursprünglich dem Betrieb eines Handelsgewerbes vorbehaltenen kaufmännischen Rechtsformen der Personengesellschaft für Freie Berufe wird unter einen berufsrechtlichen Vorbehalt gestellt. Zur erhöhten Rechtssicherheit beim Umgang mit fehlerhaften Gesellschafterbeschlüssen soll schließlich die Einführung eines am Aktienrecht orientierten Be-schlussmängelrechts beitragen.

Gesetz für faire Verbraucherverträge

(Inkrafttreten: 1.3.2022 bzw. 1.7.2022)

Das Gesetz für faire Verbraucherverträge vom 10.8.2021 (BGBl. I S. 3433) soll die Position der Verbraucherinnen und Verbraucher gegenüber den Unternehmern weiter verbessern und sicherstellen, dass nicht nur der Vertragsschluss unter faireren Bedingungen erfolgt, sondern auch die Vertragsinhalte faireren Regelungen unterliegen. Um Verbraucherinnen und Verbrauchern die bessere Nutzung von Marktchancen zu ermöglichen und die Übertragbarkeit ihrer Ansprüche zu sichern, wird das AGB-Recht geändert. Und um Rechtsicherheit beim Kauf gebrauchter Sachen zu schaffen, wird eine Klarstellung zur Gewährleistung beim Verbrauchsgüterkauf vorgenommen.

Habersack, Deutsche Gesetze

Einordnungsanweisung für die 186. Ergänzungslieferung September 2021

(Anschluss an die 185. Ergänzungslieferung Juli 2021)

Die Angaben beziehen sich auf die Ordnungsnummern (fette Zahlen) und die dazugehörigen Seitenzahlen (magere Zahlen)

Herauszunehmen:		Blätter	Einzufügen:		Blätter
Titelblatt, „Habersack aktuell“[1]		3	Titelblatt, „Habersack aktuell“[1]		3
20	12b/12c	1	**20**	12b/12c	1
	17/17a	1		17/17a	1
	61–68	4		61–68a	5
	131/132	1		131/132	1
	183–190	5		183–190a	5
21	4b/4c	1	**21**	4b/4c	1
	43–43c	2		43–43c	2
23	1–30	15	**23**	1–28	14
35	5–**35a** 2	49	**35**	5–**35a** 2	53
35a	45–47a	2	**35a**	45–47a	2
50	9/10	1	**50**	9/10	1
	89a/90	1		89a/90	1
	115–134a	20		115–134c	21
50a	3/4	1	**50a**	3/4	1
	35–**51** 4	6		35–**51** 4	6
51	37–60	12	**51**	37–60a	13
	155/156	1		155–156a	2
51a	1/2	1	**51a**	1/2	1
	11–**52** 8	8		11–**52** 8	8
52	21–**52a** 6	23	**52**	21–**52a** 6a	23
52a	85–**53** 12	19	**52a**	85–**53** 12	20
53	63–**62** 2a	4	**53**	63–**62** 2a	4
Übertrag:		181	Übertrag:		189

[1] Aus technischen Gründen liegt das Geleitwort „Habersack aktuell“ am Anfang der Lieferung. Bitte ordnen Sie es wie gewohnt nach dem Titelblatt ein.

Übertrag:		181	Übertrag:		189
62	11–16	3	**62**	11–16	3
	53/54	1		53–54a	2
	67–**62a** 4	3		67–**62a** 4	4
63	1–4a	3	**63**	1–4a	3
72	3–6	1	**72**	3–6	1
	27–46	10		27–46	10
	77–**74** 4	18		77–**74** 4a	19
74	15/16	1	**74**	15–16a	2
85	7–22	9	**85**	7–22a	9
	83–97a	8		83–97a	9
	118–121a	4		118–121c	5
85a	2/2a	1	**85a**	2/2a	1
	21/22	1		21–24	2
88	1–**89** 12	12	**88**	1–**89** 12a	12
89	33/34	1	**89**	33/34	1
	45–48	2		45–48	2
90	11/12	1	**90**	11–12a	2
	51–66	8		51–66	8
92	3–**94** 3a	23	**92**	3–**94** 3a	24
94	11–22	7	**94**	11–22a	7
96	3/4	1	**96**	3/4	1
100	5b/5c	1	**100**	5b/5c	1
	263–268a	5		263–268a	5
101	1–10	6	**101**	1–10a	6
110	3/3a	1	**110**	3/3a	1
	9/9a	1		9/9a	1
110a	1/2	1	**110a**	1/2	1
	17–20	2		17–20	2
112	4/4a	1	**112**	4/4a	1
	105–110	4		105–110a	4
114	3/4	1	**114**	3/4	1
117	5–12	4	**117**	5–12	4
118	3/4	1	**118**	3/4	1
119	1/2	1	**119**	1–2a	2
120	1/2	1	**120**	1–2a	2
123	1–18	9	**123**	1–18	9
Sachverzeichnis	1–196	98	**Sachverzeichnis**	1–202	101
Insgesamt herauszunehmen:		436	Insgesamt einzufügen:		458

Habersack

Deutsche Gesetze

Sammlung des
Zivil-, Straf- und Verfahrensrechts

Herausgegeben von
Prof. Dr. Mathias Habersack
Ludwig-Maximilians-Universität München

Begründet von
Dr. Heinrich Schönfelder

Stand: 17. September 2021
(186. Ergänzungslieferung)

C.H.BECK

Dieses Titelblatt stammt aus der 186. Ergänzungslieferung September 2021,
die Ergänzungslieferung schließt an die 185. Ergänzungslieferung Juli 2021 an.
ISBN 978 3 406 78032 5

Redaktioneller Hinweis: Paragraphenüberschriften in eckigen Klammern sind nichtamtlich. Sie sind ebenso wie die Fußnoten urheber- und wettbewerbsrechtlich geschützt.

www.beck.de

ISBN 978 3 406 46119 4 (Grundwerk zur Fortsetzung für 12 Monate)
ISBN 978 3 406 50075 6 (Grundwerk ohne Fortsetzung)

Wilhelmstraße 9, 80801 München
Druck: Druckerei C. H. Beck Nördlingen
(Adresse wie Verlag)

CO_2 neutral
chbeck.de/nachhaltig

Gedruckt auf säurefreiem, alterungsbeständigem Papier
(hergestellt aus chlorfrei gebleichtem Zellstoff)

Lfd. Nr.	Änderndes Gesetz	Datum	Fundstelle	Betroffen	Hinweis
134.	Art. 1 G zur Regelung des Verkaufs von Sachen mit digitalen Elementen und anderer Aspekte des Kaufvertrags[1]	25.6.2021	BGBl. I S. 2133	§§ 439, 445a, 445b, 474, 475, 478	geänd. mWv 1.1.2022
				§§ 434, 476, 477, 479	neu gef. mWv 1.1.2022
				§§ 475b, 475c, 475d, 475e	eingef. mWv 1.1.2022
135.	Art. 1, 3 G zur Vereinheitlichung des Stiftungsrechts und zur Änd. des InfektionsschutzG	16.7.2021	BGBl. I S. 2947	Inhaltsübersicht, § 2101	geänd. mWv 1.7.2023
				Buch 1 Abschnitt 1 Titel 2 UTitel 2 (§§ 80, 81, 81a, 82, 82a, 83, 83a, 83b, 83c, 84, 84a, 84b, 84c, 85, 85a, 86, 86a, 86b, 86c, 86d, 86e, 86f, 86g, 86h, 87, 87a, 87b, 87c, 88)	neu gef. mWv 1.7.2023
				§§ 82b, 82c, 82d, 84d, 85b, 86i, 87d	eingef. mWv 1.1.2026
136.	Art. 12 G zur Umsetzung der Digitalisierungsrichtlinie (DiRUG)[2]	5.7.2021	BGBl. I S. 3338	§§ 71, 126a	geänd. mWv 1.8.2022
				§§ 66, 129	neu gef. mWv 1.8.2022
137.	Art. 1 G für faire Verbraucherverträge[3]	10.8.2021	BGBl. I S. 3433	§§ 308, 310	geänd. mWv 1.10.2021
				§ 309	geänd. mWv 1.3.2022
				§§ 312, 312l, 312m	geänd. mWv 1.7.2022
				§ 312k	eingef. mWv 1.7.2022
138.	Art. 1 PersonengesellschaftsrechtsmodernisierungsG (MoPeG)	10.8.2021	BGBl. I S. 3436	§ 707d	eingef. mWv 18.8.2021
				Inhaltsübersicht	geänd. mWv 1.1.2024
				§ 54, Buch 2 Abschnitt 8 Titel 16 (§§ 705–740c)	neu gef. mWv 1.1.2024
				§ 899a	aufgeh. mit Ablauf des 31.12. 2023

[1] **Amtl. Anm.:** Dieses Gesetz dient der Umsetzung der Richtlinie (EU) 2019/771 des Europäischen Parlaments und des Rates vom 20. Mai 2019 über bestimmte vertragsrechtliche Aspekte des Warenkaufs, zur Änderung der Verordnung (EU) 2017/2394 und der Richtlinie 2009/22/EG sowie zur Aufhebung der Richtlinie 1999/44/EG (ABl. L 136 vom 22.5.2019, S. 28; L 305 vom 26.11.2019, S. 66).

[2] **Amtl. Anm.:** Dieses Gesetz dient der Umsetzung der Richtlinie (EU) 2019/1151 des Europäischen Parlaments und des Rates vom 20. Juni 2019 zur Änderung der Richtlinie (EU) 2017/1132 im Hinblick auf den Einsatz digitaler Werkzeuge und Verfahren im Gesellschaftsrecht (ABl. L 186 vom 11.7.2019, S. 80).

[3] **Amtl. Anm.:** Notifiziert gemäß der Richtlinie (EU) 2015/1535 des Europäischen Parlaments und des Rates vom 9. September 2015 über ein Informationsverfahren auf dem Gebiet der technischen Vorschriften und der Vorschriften für die Dienste der Informationsgesellschaft (ABl. L 241 vom 17.9.2015, S. 1).

Lfd. Nr.	Änderndes Gesetz	Datum	Fundstelle	Betroffen	Hinweis
139.	Art. 1 G zur Änd. des BGB und des EGBGB in Umsetzung der RL (EU) 2019/2161 u. zur Aufh. der VO zur Übertragung der Zuständigkeit für die Durchführung der VO (EG) Nr. 2006/2004 auf das Bundesministerium der Justiz u. für Verbraucherschutz[1) 2)]	10.8.2021	BGBl. I S. 3483	Inhaltsübersicht, §§ 312, 312e, Buch 2 Abschnitt 3 Titel 1 UTitel 2 Kapitel 3 Überschrift, §§ 312j, 312l, 356, 357, 357b, 375c, 357d, 357e, 358, 360	geänd. mWv 28.5.2022
				§§ 312k, 357a	eingef. mWv 28.5.2022
140.	Art. 1 MietspiegelreformG	10.8.2021	BGBl. I S. 3515	§ 558c	geänd. mWv 18.8.2021
				§§ 558c, 558d	geänd. mWv 1.7.2022

Vorbemerkung:

Die Änderungen durch G v. 23.6.2021 (BGBl. I S. 1858) treten erst mWv 1.12.2021 in Kraft und sind im Text noch nicht berücksichtigt.

Die Änderungen durch G v. 7.5.2021 (BGBl. I S. 850), durch G v. 25.6. 2021 (BGBl. I S. 2123) und durch G v. 25.6.2021 (BGBl. I S. 2133) treten erst mWv 1.1.2022 in Kraft und sind im Text noch nicht berücksichtigt.

Die Änderungen durch G v. 10.8.2021 (BGBl. I S. 3433) treten teilweise erst mWv 1.3.2022 und 1.7.2022 in Kraft und sind insoweit im Text noch nicht berücksichtigt.

Die Änderungen durch G v. 10.8.2021 (BGBl. I S. 3483) treten erst mWv 28.5.2022 in Kraft und sind im Text noch nicht berücksichtigt.

Die Änderungen durch G v. 10.8.2021 (BGBl. I S. 3515) treten teilweise erst mWv 1.7.2022 in Kraft und sind insoweit im Text noch nicht berücksichtigt.

Die Änderungen durch G v. 5.7.2021 (BGBl. I S. 3338) treten erst mWv 1.8.2022 in Kraft und sind im Text noch nicht berücksichtigt.

Die Änderungen durch G v. 4.5.2021 (BGBl. I S. 882) und durch G v. 3.6. 2021 (BGBl. I S. 1444) treten teilweise erst mWv 1.1.2023 in Kraft und sind im Text noch nicht berücksichtigt.

Die Änderungen durch G v. 16.7.2021 (BGBl. I S. 2947) treten erst mWv 1.7.2023 und 1.1.2026 in Kraft und sind im Text noch nicht berücksichtigt.

Die Änderungen durch G v. 10.8.2021 (BGBl. I S. 3436) treten teilweise erst mWv 1.1.2024 in Kraft und sind insoweit im Text noch nicht berücksichtigt.

[1)] **Amtl. Anm.:** Dieses Gesetz dient der Umsetzung der Richtlinie (EU) 2019/2161 des Europäischen Parlaments und des Rates vom 27. November 2019 zur Änderung der Richtlinie 93/13/EWG des Rates und der Richtlinien 98/6/EG, 2005/29/EG und 2011/83/EU des Europäischen Parlaments und des Rates zur besseren Durchsetzung und Modernisierung der Verbraucherschutzvorschriften der Union (ABl. L 328 vom 18.12.2019, S. 7).

[2)] **Amtl. Anm.:** Notifiziert gemäß der Richtlinie (EU) 2015/1535 des Europäischen Parlaments und des Rates vom 9. September 2015 über ein Informationsverfahren auf dem Gebiet der technischen Vorschriften und der Vorschriften für die Dienste der Informationsgesellschaft (ABl. L 241 vom 17.9.2015, S. 1).

(2)[1] [1]Der Vorstand hat im Falle der Zahlungsunfähigkeit oder der Überschuldung die Eröffnung des Insolvenzverfahrens zu beantragen. [2]Wird die Stellung des Antrags verzögert, so sind die Vorstandsmitglieder, denen ein Verschulden zur Last fällt, den Gläubigern für den daraus entstehenden Schaden verantwortlich; sie haften als Gesamtschuldner.

§ 43[2] Entziehung der Rechtsfähigkeit. Einem Verein, dessen Rechtsfähigkeit auf Verleihung beruht, kann die Rechtsfähigkeit entzogen werden, wenn er einen anderen als den in der Satzung bestimmten Zweck verfolgt.

§ 44[3] Zuständigkeit und Verfahren. Die Zuständigkeit und das Verfahren für die Entziehung der Rechtsfähigkeit nach § 43 bestimmen sich nach dem Recht des Landes, in dem der Verein seinen Sitz hat.

§ 45[4] Anfall des Vereinsvermögens. (1) Mit der Auflösung des Vereins oder der Entziehung der Rechtsfähigkeit fällt das Vermögen an die in der Satzung bestimmten Personen.

(2) [1]Durch die Satzung kann vorgeschrieben werden, dass die Anfallberechtigten durch Beschluss der Mitgliederversammlung oder eines anderen Vereinsorgans bestimmt werden. [2]Ist der Zweck des Vereins nicht auf einen wirtschaftlichen Geschäftsbetrieb gerichtet, so kann die Mitgliederversammlung auch ohne eine solche Vorschrift das Vermögen einer öffentlichen Stiftung oder Anstalt zuweisen.

(3) Fehlt es an einer Bestimmung der Anfallberechtigten, so fällt das Vermögen, wenn der Verein nach der Satzung ausschließlich den Interessen seiner Mitglieder diente, an die zur Zeit der Auflösung oder der Entziehung der Rechtsfähigkeit vorhandenen Mitglieder zu gleichen Teilen, anderenfalls an den Fiskus des Landes, in dessen Gebiet der Verein seinen Sitz hatte.

§ 46 Anfall an den Fiskus. [1]Fällt das Vereinsvermögen an den Fiskus, so finden die Vorschriften über eine dem Fiskus als gesetzlichem Erben anfallende Erbschaft entsprechende Anwendung. [2]Der Fiskus hat das Vermögen tunlichst in einer den Zwecken des Vereins entsprechenden Weise zu verwenden.

§ 47 Liquidation. Fällt das Vereinsvermögen nicht an den Fiskus, so muss eine Liquidation stattfinden, sofern nicht über das Vermögen des Vereins das Insolvenzverfahren eröffnet ist.

§ 48[5] Liquidatoren. (1) [1]Die Liquidation erfolgt durch den Vorstand. [2]Zu Liquidatoren können auch andere Personen bestellt werden; für die Bestellung sind die für die Bestellung des Vorstands geltenden Vorschriften maßgebend.

(2) Die Liquidatoren haben die rechtliche Stellung des Vorstands, soweit sich nicht aus dem Zwecke der Liquidation ein anderes ergibt.

(3) Sind mehrere Liquidatoren vorhanden, so sind sie nur gemeinschaftlich zur Vertretung befugt und können Beschlüsse nur einstimmig fassen, sofern nicht ein anderes bestimmt ist.

---

[1] Siehe hierzu das COVID-19-Insolvenzaussetzungsgesetz (Nr. **110d**) und das Insolvenzantragspflicht-Aussetzungsgesetz v. 10.9.2021 (BGBl. I S. 4147, 4149).
[2] § 43 neu gef. mWv 30.9.2009 durch G v. 24.9.2009 (BGBl. I S. 3145).
[3] § 44 neu gef. mWv 30.9.2009 durch G v. 24.9.2009 (BGBl. I S. 3145).
[4] § 45 Abs. 3 geänd. mWv 30.9.2009 durch G v. 24.9.2009 (BGBl. I S. 3145).
[5] § 48 Abs. 3 neu gef. mWv 30.9.2009 durch G v. 24.9.2009 (BGBl. I S. 3145).

§ 49 Aufgaben der Liquidatoren. (1) [1] Die Liquidatoren haben die laufenden Geschäfte zu beendigen, die Forderungen einzuziehen, das übrige Vermögen in Geld umzusetzen, die Gläubiger zu befriedigen und den Überschuss den Anfallberechtigten auszuantworten. [2] Zur Beendigung schwebender Geschäfte können die Liquidatoren auch neue Geschäfte eingehen. [3] Die Einziehung der Forderungen sowie die Umsetzung des übrigen Vermögens in Geld darf unterbleiben, soweit diese Maßregeln nicht zur Befriedigung der Gläubiger oder zur Verteilung des Überschusses unter die Anfallberechtigten erforderlich sind.

(2) Der Verein gilt bis zur Beendigung der Liquidation als fortbestehend, soweit der Zweck der Liquidation es erfordert.

§ 50[1)] Bekanntmachung des Vereins in Liquidation. (1) [1] Die Auflösung des Vereins oder die Entziehung der Rechtsfähigkeit ist durch die Liquidatoren öffentlich bekannt zu machen. [2] In der Bekanntmachung sind die Gläubiger zur Anmeldung ihrer Ansprüche aufzufordern. [3] Die Bekanntmachung erfolgt durch das in der Satzung für Veröffentlichungen bestimmte Blatt. [4] Die Bekanntmachung gilt mit dem Ablauf des zweiten Tages nach der Einrückung oder der ersten Einrückung als bewirkt.

(2) Bekannte Gläubiger sind durch besondere Mitteilung zur Anmeldung aufzufordern.

§ 50a[2)] Bekanntmachungsblatt. Hat ein Verein in der Satzung kein Blatt für Bekanntmachungen bestimmt oder hat das bestimmte Bekanntmachungsblatt sein Erscheinen eingestellt, sind Bekanntmachungen des Vereins in dem Blatt zu veröffentlichen, welches für Bekanntmachungen des Amtsgerichts bestimmt ist, in dessen Bezirk der Verein seinen Sitz hat.

§ 51 Sperrjahr. Das Vermögen darf den Anfallberechtigten nicht vor dem Ablauf eines Jahres nach der Bekanntmachung der Auflösung des Vereins oder der Entziehung der Rechtsfähigkeit ausgeantwortet werden.

§ 52 Sicherung für Gläubiger. (1) Meldet sich ein bekannter Gläubiger nicht, so ist der geschuldete Betrag, wenn die Berechtigung zur Hinterlegung vorhanden ist, für den Gläubiger zu hinterlegen.

(2) Ist die Berichtigung einer Verbindlichkeit zur Zeit nicht ausführbar oder ist eine Verbindlichkeit streitig, so darf das Vermögen den Anfallberechtigten nur ausgeantwortet werden, wenn dem Gläubiger Sicherheit geleistet ist.

§ 53[3)] Schadensersatzpflicht der Liquidatoren. Liquidatoren, welche die ihnen nach dem § 42 Abs. 2 und den §§ 50, 51 und 52 obliegenden Verpflichtungen verletzen oder vor der Befriedigung der Gläubiger Vermögen den Anfallberechtigten ausantworten, sind, wenn ihnen ein Verschulden zur Last fällt, den Gläubigern

---

1) § 50 Überschrift und Abs. 1 Satz 3 geänd. mWv 30.11.2007 durch G v. 23.11.2007 (BGBl. I S. 2614).

2) § 50a eingef. mWv 30.11.2007 durch G v. 23.11.2007 (BGBl. I S. 2614).

3) § 53 geänd. mWv 30.11.2007 durch G v. 23.11.2007 (BGBl. I S. 2614).

2. der anderen Vertragspartei die Möglichkeit verschafft, in zumutbarer Weise, die auch eine für den Verwender erkennbare körperliche Behinderung der anderen Vertragspartei angemessen berücksichtigt, von ihrem Inhalt Kenntnis zu nehmen,

und wenn die andere Vertragspartei mit ihrer Geltung einverstanden ist.

(3) Die Vertragsparteien können für eine bestimmte Art von Rechtsgeschäften die Geltung bestimmter Allgemeiner Geschäftsbedingungen unter Beachtung der in Absatz 2 bezeichneten Erfordernisse im Voraus vereinbaren.

§ 305a[1] Einbeziehung in besonderen Fällen. Auch ohne Einhaltung der in § 305 Abs. 2 Nr. 1 und 2 bezeichneten Erfordernisse werden einbezogen, wenn die andere Vertragspartei mit ihrer Geltung einverstanden ist,

1. die mit Genehmigung der zuständigen Verkehrsbehörde oder auf Grund von internationalen Übereinkommen erlassenen Tarife und Ausführungsbestimmungen der Eisenbahnen und die nach Maßgabe des Personenbeförderungsgesetzes[2] genehmigten Beförderungsbedingungen der Straßenbahnen, Obusse und Kraftfahrzeuge im Linienverkehr in den Beförderungsvertrag,
2. die im Amtsblatt der Bundesnetzagentur für Elektrizität, Gas, Telekommunikation, Post und Eisenbahnen veröffentlichten und in den Geschäftsstellen des Verwenders bereitgehaltenen Allgemeinen Geschäftsbedingungen
   a) in Beförderungsverträge, die außerhalb von Geschäftsräumen durch den Einwurf von Postsendungen in Briefkästen abgeschlossen werden,
   b) in Verträge über Telekommunikations-, Informations- und andere Dienstleistungen, die unmittelbar durch Einsatz von Fernkommunikationsmitteln und während der Erbringung einer Telekommunikationsdienstleistung in einem Mal erbracht werden, wenn die Allgemeinen Geschäftsbedingungen der anderen Vertragspartei nur unter unverhältnismäßigen Schwierigkeiten vor dem Vertragsschluss zugänglich gemacht werden können.

§ 305b Vorrang der Individualabrede. Individuelle Vertragsabreden haben Vorrang vor Allgemeinen Geschäftsbedingungen.

§ 305c Überraschende und mehrdeutige Klauseln. (1) Bestimmungen in Allgemeinen Geschäftsbedingungen, die nach den Umständen, insbesondere nach dem äußeren Erscheinungsbild des Vertrags, so ungewöhnlich sind, dass der Vertragspartner des Verwenders mit ihnen nicht zu rechnen braucht, werden nicht Vertragsbestandteil.

(2) Zweifel bei der Auslegung Allgemeiner Geschäftsbedingungen gehen zu Lasten des Verwenders.

§ 306 Rechtsfolgen bei Nichteinbeziehung und Unwirksamkeit.

(1) Sind Allgemeine Geschäftsbedingungen ganz oder teilweise nicht Vertragsbestandteil geworden oder unwirksam, so bleibt der Vertrag im Übrigen wirksam.

(2) Soweit die Bestimmungen nicht Vertragsbestandteil geworden oder unwirksam sind, richtet sich der Inhalt des Vertrags nach den gesetzlichen Vorschriften.

---

[1] § 305a Nr. 2 geänd. mWv 13.7.2005 durch G v. 7.7.2005 (BGBl. I S. 1970).

[2] **Sartorius Nr. 950.**

(3) Der Vertrag ist unwirksam, wenn das Festhalten an ihm auch unter Berücksichtigung der nach Absatz 2 vorgesehenen Änderung eine unzumutbare Härte für eine Vertragspartei darstellen würde.

§ 306a Umgehungsverbot. Die Vorschriften dieses Abschnitts finden auch Anwendung, wenn sie durch anderweitige Gestaltungen umgangen werden.

§ 307 Inhaltskontrolle. (1) [1]Bestimmungen in Allgemeinen Geschäftsbedingungen sind unwirksam, wenn sie den Vertragspartner des Verwenders entgegen den Geboten von Treu und Glauben unangemessen benachteiligen. [2]Eine unangemessene Benachteiligung kann sich auch daraus ergeben, dass die Bestimmung nicht klar und verständlich ist.

(2) Eine unangemessene Benachteiligung ist im Zweifel anzunehmen, wenn eine Bestimmung

1. mit wesentlichen Grundgedanken der gesetzlichen Regelung, von der abgewichen wird, nicht zu vereinbaren ist oder
2. wesentliche Rechte oder Pflichten, die sich aus der Natur des Vertrags ergeben, so einschränkt, dass die Erreichung des Vertragszwecks gefährdet ist.

(3) [1]Die Absätze 1 und 2 sowie die §§ 308 und 309 gelten nur für Bestimmungen in Allgemeinen Geschäftsbedingungen, durch die von Rechtsvorschriften abweichende oder diese ergänzende Regelungen vereinbart werden. [2]Andere Bestimmungen können nach Absatz 1 Satz 2 in Verbindung mit Absatz 1 Satz 1 unwirksam sein.

§ 308[1)] [2)] Klauselverbote mit Wertungsmöglichkeit. In Allgemeinen Geschäftsbedingungen ist insbesondere unwirksam

1. (Annahme- und Leistungsfrist)
eine Bestimmung, durch die sich der Verwender unangemessen lange oder nicht hinreichend bestimmte Fristen für die Annahme oder Ablehnung eines Angebots oder die Erbringung einer Leistung vorbehält; ausgenommen hiervon ist der Vorbehalt, erst nach Ablauf der Widerrufsfrist nach § 355 Absatz 1 und 2 zu leisten;

1a. (Zahlungsfrist)
eine Bestimmung, durch die sich der Verwender eine unangemessen lange Zeit für die Erfüllung einer Entgeltforderung des Vertragspartners vorbehält; ist der Verwender kein Verbraucher, ist im Zweifel anzunehmen, dass eine Zeit von mehr als 30 Tagen nach Empfang der Gegenleistung oder, wenn dem Schuldner nach Empfang der Gegenleistung eine Rechnung oder gleichwertige Zahlungsaufstellung zugeht, von mehr als 30 Tagen nach Zugang dieser Rechnung oder Zahlungsaufstellung unangemessen lang ist;

1b. (Überprüfungs- und Abnahmefrist)
eine Bestimmung, durch die sich der Verwender vorbehält, eine Entgeltforderung des Vertragspartners erst nach unangemessen langer Zeit für die Überprüfung oder Abnahme der Gegenleistung zu erfüllen; ist der Verwender kein

---

1) § 308 Nr. 5 geänd. mWv 1.1.2009 durch G v. 23.10.2008 (BGBl. I S. 2022); Nr. 1 geänd. mWv 11.6.2010 durch G v. 29.7.2009 (BGBl. I S. 2355); Nr. 1 geänd. mWv 13.6.2014 durch G v. 20.9.2013 (BGBl. I S. 3642); Nr. 1a und 1b eingef. mWv 29.7.2014 durch G v. 22.7.2014 (BGBl. I S. 1218); Nr. 8 geänd., Nr. 9 angef. mWv 1.10.2021 durch G v. 10.8.2021 (BGBl. I S. 3433).

2) Beachte hierzu Übergangsvorschrift in Art. 229 § 60 EGBGB (Nr. **21**).

Verbraucher, ist im Zweifel anzunehmen, dass eine Zeit von mehr als 15 Tagen nach Empfang der Gegenleistung unangemessen lang ist;

2. (Nachfrist)
eine Bestimmung, durch die sich der Verwender für die von ihm zu bewirkende Leistung abweichend von Rechtsvorschriften eine unangemessen lange oder nicht hinreichend bestimmte Nachfrist vorbehält;

3. (Rücktrittsvorbehalt)
die Vereinbarung eines Rechts des Verwenders, sich ohne sachlich gerechtfertigten und im Vertrag angegebenen Grund von seiner Leistungspflicht zu lösen; dies gilt nicht für Dauerschuldverhältnisse;

4. (Änderungsvorbehalt)
die Vereinbarung eines Rechts des Verwenders, die versprochene Leistung zu ändern oder von ihr abzuweichen, wenn nicht die Vereinbarung der Änderung oder Abweichung unter Berücksichtigung der Interessen des Verwenders für den anderen Vertragsteil zumutbar ist;

5. (Fingierte Erklärungen)
eine Bestimmung, wonach eine Erklärung des Vertragspartners des Verwenders bei Vornahme oder Unterlassung einer bestimmten Handlung als von ihm abgegeben oder nicht abgegeben gilt, es sei denn, dass
   a) dem Vertragspartner eine angemessene Frist zur Abgabe einer ausdrücklichen Erklärung eingeräumt ist und
   b) der Verwender sich verpflichtet, den Vertragspartner bei Beginn der Frist auf die vorgesehene Bedeutung seines Verhaltens besonders hinzuweisen;

6. (Fiktion des Zugangs)
eine Bestimmung, die vorsieht, dass eine Erklärung des Verwenders von besonderer Bedeutung dem anderen Vertragsteil als zugegangen gilt;

7. (Abwicklung von Verträgen)
eine Bestimmung, nach der der Verwender für den Fall, dass eine Vertragspartei vom Vertrag zurücktritt oder den Vertrag kündigt,
   a) eine unangemessen hohe Vergütung für die Nutzung oder den Gebrauch einer Sache oder eines Rechts oder für erbrachte Leistungen oder
   b) einen unangemessen hohen Ersatz von Aufwendungen verlangen kann;

8. (Nichtverfügbarkeit der Leistung)
die nach Nummer 3 zulässige Vereinbarung eines Vorbehalts des Verwenders, sich von der Verpflichtung zur Erfüllung des Vertrags bei Nichtverfügbarkeit der Leistung zu lösen, wenn sich der Verwender nicht verpflichtet,
   a) den Vertragspartner unverzüglich über die Nichtverfügbarkeit zu informieren und
   b) Gegenleistungen des Vertragspartners unverzüglich zu erstatten;

9. (Abtretungsausschluss)
eine Bestimmung, durch die die Abtretbarkeit ausgeschlossen wird
   a) für einen auf Geld gerichteten Anspruch des Vertragspartners gegen den Verwender oder
   b) für ein anderes Recht, das der Vertragspartner gegen den Verwender hat, wenn
      aa) beim Verwender ein schützenswertes Interesse an dem Abtretungsausschluss nicht besteht oder

bb) berechtigte Belange des Vertragspartners an der Abtretbarkeit des Rechts das schützenswerte Interesse des Verwenders an dem Abtretungsausschluss überwiegen;

Buchstabe a gilt nicht für Ansprüche aus Zahlungsdiensterahmenverträgen und die Buchstaben a und b gelten nicht für Ansprüche auf Versorgungsleistungen im Sinne des Betriebsrentengesetzes[1].

§ 309[2] Klauselverbote ohne Wertungsmöglichkeit. Auch soweit eine Abweichung von den gesetzlichen Vorschriften zulässig ist, ist in Allgemeinen Geschäftsbedingungen unwirksam

1. (Kurzfristige Preiserhöhungen)
eine Bestimmung, welche die Erhöhung des Entgelts für Waren oder Leistungen vorsieht, die innerhalb von vier Monaten nach Vertragsschluss geliefert oder erbracht werden sollen; dies gilt nicht bei Waren oder Leistungen, die im Rahmen von Dauerschuldverhältnissen geliefert oder erbracht werden;
2. (Leistungsverweigerungsrechte)
eine Bestimmung, durch die
a) das Leistungsverweigerungsrecht, das dem Vertragspartner des Verwenders nach § 320 zusteht, ausgeschlossen oder eingeschränkt wird oder
b) ein dem Vertragspartner des Verwenders zustehendes Zurückbehaltungsrecht, soweit es auf demselben Vertragsverhältnis beruht, ausgeschlossen oder eingeschränkt, insbesondere von der Anerkennung von Mängeln durch den Verwender abhängig gemacht wird;
3. (Aufrechnungsverbot)
eine Bestimmung, durch die dem Vertragspartner des Verwenders die Befugnis genommen wird, mit einer unbestrittenen oder rechtskräftig festgestellten Forderung aufzurechnen;
4. (Mahnung, Fristsetzung)
eine Bestimmung, durch die der Verwender von der gesetzlichen Obliegenheit freigestellt wird, den anderen Vertragsteil zu mahnen oder ihm eine Frist für die Leistung oder Nacherfüllung zu setzen;
5. (Pauschalierung von Schadensersatzansprüchen)
die Vereinbarung eines pauschalierten Anspruchs des Verwenders auf Schadensersatz oder Ersatz einer Wertminderung, wenn
a) die Pauschale den in den geregelten Fällen nach dem gewöhnlichen Lauf der Dinge zu erwartenden Schaden oder die gewöhnlich eintretende Wertminderung übersteigt oder
b) dem anderen Vertragsteil nicht ausdrücklich der Nachweis gestattet wird, ein Schaden oder eine Wertminderung sei überhaupt nicht entstanden oder wesentlich niedriger als die Pauschale;
6. (Vertragsstrafe)
eine Bestimmung, durch die dem Verwender für den Fall der Nichtabnahme oder verspäteten Abnahme der Leistung, des Zahlungsverzugs oder für den

[1] **Loseblatt-Textsammlung Arbeitsrecht Nr. 180.**

[2] § 309 Nr. 10 geänd. mWv 19.8.2008 durch G v. 12.8.2008 (BGBl. I S. 1666); Nr. 8 Buchst. b Doppelbuchst. ff geänd. mWv 1.1.2009 durch G v. 23.10.2008 (BGBl. I S. 2022); Nr. 13 neu gef. mWv 1.10.2016 durch G v. 17.2.2016 (BGBl. I S. 233); Nr. 13 geänd., Nr. 14 angef. mWv 26.2.2016 durch G v. 19.2.2016 (BGBl. I S. 254); Nr. 9 geänd. mWv 1.6.2016 durch G v. 24.5.2016 (BGBl. I S. 1190); Nr. 8 Buchst. b Doppelbuchst. cc neu gef., Nr. 14 geänd., Nr. 15 angef. mWv 1.1.2018 durch G v. 28.4.2017 (BGBl. I S. 969).

Fall, dass der andere Vertragsteil sich vom Vertrag löst, Zahlung einer Vertragsstrafe versprochen wird;

7. (Haftungsausschluss bei Verletzung von Leben, Körper, Gesundheit und bei grobem Verschulden)

   a) (Verletzung von Leben, Körper, Gesundheit)
   ein Ausschluss oder eine Begrenzung der Haftung für Schäden aus der Verletzung des Lebens, des Körpers oder der Gesundheit, die auf einer fahrlässigen Pflichtverletzung des Verwenders oder einer vorsätzlichen oder fahrlässigen Pflichtverletzung eines gesetzlichen Vertreters oder Erfüllungsgehilfen des Verwenders beruhen;

   b) (Grobes Verschulden)
   ein Ausschluss oder eine Begrenzung der Haftung für sonstige Schäden, die auf einer grob fahrlässigen Pflichtverletzung des Verwenders oder auf einer vorsätzlichen oder grob fahrlässigen Pflichtverletzung eines gesetzlichen Vertreters oder Erfüllungsgehilfen des Verwenders beruhen;

   die Buchstaben a und b gelten nicht für Haftungsbeschränkungen in den nach Maßgabe des Personenbeförderungsgesetzes[1)] genehmigten Beförderungsbedingungen und Tarifvorschriften der Straßenbahnen, Obusse und Kraftfahrzeuge im Linienverkehr, soweit sie nicht zum Nachteil des Fahrgasts von der Verordnung über die Allgemeinen Beförderungsbedingungen für den Straßenbahn- und Obusverkehr sowie den Linienverkehr mit Kraftfahrzeugen vom 27. Februar 1970 abweichen; Buchstabe b gilt nicht für Haftungsbeschränkungen für staatlich genehmigte Lotterie- oder Ausspielverträge;

8. (Sonstige Haftungsausschlüsse bei Pflichtverletzung)

   a) (Ausschluss des Rechts, sich vom Vertrag zu lösen)
   eine Bestimmung, die bei einer vom Verwender zu vertretenden, nicht in einem Mangel der Kaufsache oder des Werkes bestehenden Pflichtverletzung das Recht des anderen Vertragsteils, sich vom Vertrag zu lösen, ausschließt oder einschränkt; dies gilt nicht für die in der Nummer 7 bezeichneten Beförderungsbedingungen und Tarifvorschriften unter den dort genannten Voraussetzungen;

   b) (Mängel)
   eine Bestimmung, durch die bei Verträgen über Lieferungen neu hergestellter Sachen und über Werkleistungen

      aa) (Ausschluss und Verweisung auf Dritte)
      die Ansprüche gegen den Verwender wegen eines Mangels insgesamt oder bezüglich einzelner Teile ausgeschlossen, auf die Einräumung von Ansprüchen gegen Dritte beschränkt oder von der vorherigen gerichtlichen Inanspruchnahme Dritter abhängig gemacht werden;

      bb) (Beschränkung auf Nacherfüllung)
      die Ansprüche gegen den Verwender insgesamt oder bezüglich einzelner Teile auf ein Recht auf Nacherfüllung beschränkt werden, sofern dem anderen Vertragsteil nicht ausdrücklich das Recht vorbehalten wird, bei Fehlschlagen der Nacherfüllung zu mindern oder, wenn nicht eine Bauleistung Gegenstand der Mängelhaftung ist, nach seiner Wahl vom Vertrag zurückzutreten;

---

1) **Sartorius Nr. 950.**

cc) (Aufwendungen bei Nacherfüllung)
die Verpflichtung des Verwenders ausgeschlossen oder beschränkt wird, die zum Zweck der Nacherfüllung erforderlichen Aufwendungen nach § 439 Absatz 2 und 3 oder § 635 Absatz 2 zu tragen oder zu ersetzen;

dd) (Vorenthalten der Nacherfüllung)
der Verwender die Nacherfüllung von der vorherigen Zahlung des vollständigen Entgelts oder eines unter Berücksichtigung des Mangels unverhältnismäßig hohen Teils des Entgelts abhängig macht;

ee) (Ausschlussfrist für Mängelanzeige)
der Verwender dem anderen Vertragsteil für die Anzeige nicht offensichtlicher Mängel eine Ausschlussfrist setzt, die kürzer ist als die nach dem Doppelbuchstaben ff zulässige Frist;

ff) (Erleichterung der Verjährung)
die Verjährung von Ansprüchen gegen den Verwender wegen eines Mangels in den Fällen des § 438 Abs. 1 Nr. 2 und des § 634a Abs. 1 Nr. 2 erleichtert oder in den sonstigen Fällen eine weniger als ein Jahr betragende Verjährungsfrist ab dem gesetzlichen Verjährungsbeginn erreicht wird;

9. (Laufzeit bei Dauerschuldverhältnissen)
bei einem Vertragsverhältnis, das die regelmäßige Lieferung von Waren oder die regelmäßige Erbringung von Dienst- oder Werkleistungen durch den Verwender zum Gegenstand hat,
   a) eine den anderen Vertragsteil länger als zwei Jahre bindende Laufzeit des Vertrags,
   b) eine den anderen Vertragsteil bindende stillschweigende Verlängerung des Vertragsverhältnisses um jeweils mehr als ein Jahr oder
   c) zu Lasten des anderen Vertragsteils eine längere Kündigungsfrist als drei Monate vor Ablauf der zunächst vorgesehenen oder stillschweigend verlängerten Vertragsdauer;

   dies gilt nicht für Verträge über die Lieferung als zusammengehörig verkaufter Sachen sowie für Versicherungsverträge;

10. (Wechsel des Vertragspartners)
eine Bestimmung, wonach bei Kauf-, Darlehens-, Dienst- oder Werkverträgen ein Dritter anstelle des Verwenders in die sich aus dem Vertrag ergebenden Rechte und Pflichten eintritt oder eintreten kann, es sei denn, in der Bestimmung wird
   a) der Dritte namentlich bezeichnet oder
   b) dem anderen Vertragsteil das Recht eingeräumt, sich vom Vertrag zu lösen;

11. (Haftung des Abschlussvertreters)
eine Bestimmung, durch die der Verwender einem Vertreter, der den Vertrag für den anderen Vertragsteil abschließt,
   a) ohne hierauf gerichtete ausdrückliche und gesonderte Erklärung eine eigene Haftung oder Einstandspflicht oder
   b) im Falle vollmachtsloser Vertretung eine über § 179 hinausgehende Haftung

   auferlegt;

12. (Beweislast)
eine Bestimmung, durch die der Verwender die Beweislast zum Nachteil des anderen Vertragsteils ändert, insbesondere indem er

a) diesem die Beweislast für Umstände auferlegt, die im Verantwortungsbereich des Verwenders liegen, oder
b) den anderen Vertragsteil bestimmte Tatsachen bestätigen lässt;

Buchstabe b gilt nicht für Empfangsbekenntnisse, die gesondert unterschrieben oder mit einer gesonderten qualifizierten elektronischen Signatur versehen sind;

13. (Form von Anzeigen und Erklärungen)
eine Bestimmung, durch die Anzeigen oder Erklärungen, die dem Verwender oder einem Dritten gegenüber abzugeben sind, gebunden werden
a) an eine strengere Form als die schriftliche Form in einem Vertrag, für den durch Gesetz notarielle Beurkundung vorgeschrieben ist oder
b) an eine strengere Form als die Textform in anderen als den in Buchstabe a genannten Verträgen oder
c) an besondere Zugangserfordernisse;

14. (Klageverzicht)
eine Bestimmung, wonach der andere Vertragsteil seine Ansprüche gegen den Verwender gerichtlich nur geltend machen darf, nachdem er eine gütliche Einigung in einem Verfahren zur außergerichtlichen Streitbeilegung versucht hat;

15. (Abschlagszahlungen und Sicherheitsleistung)
eine Bestimmung, nach der der Verwender bei einem Werkvertrag
a) für Teilleistungen Abschlagszahlungen vom anderen Vertragsteil verlangen kann, die wesentlich höher sind als die nach § 632a Absatz 1 und § 650m Absatz 1 zu leistenden Abschlagszahlungen, oder
b) die Sicherheitsleistung nach § 650m Absatz 2 nicht oder nur in geringerer Höhe leisten muss.

§ 310[1) 2)] **Anwendungsbereich.** (1) [1] § 305 Absatz 2 und 3, § 308 Nummer 1, 2 bis 9 und § 309 finden keine Anwendung auf Allgemeine Geschäftsbedingungen, die gegenüber einem Unternehmer, einer juristischen Person des öffentlichen Rechts oder einem öffentlich-rechtlichen Sondervermögen verwendet werden. [2] § 307 Abs. 1 und 2 findet in den Fällen des Satzes 1 auch insoweit Anwendung, als dies zur Unwirksamkeit von in § 308 Nummer 1, 2 bis 9 und § 309 genannten Vertragsbestimmungen führt; auf die im Handelsverkehr geltenden Gewohnheiten und Gebräuche ist angemessen Rücksicht zu nehmen. [3] In den Fällen des Satzes 1 finden § 307 Absatz 1 und 2 sowie § 308 Nummer 1a und 1b auf Verträge, in die die Vergabe- und Vertragsordnung für Bauleistungen Teil B (VOB/B)[3)] in der jeweils zum Zeitpunkt des Vertragsschlusses geltenden Fassung ohne inhaltliche Abweichungen insgesamt einbezogen ist, in Bezug auf eine Inhaltskontrolle einzelner Bestimmungen keine Anwendung.

(2) [1] Die §§ 308 und 309 finden keine Anwendung auf Verträge der Elektrizitäts-, Gas-, Fernwärme- und Wasserversorgungsunternehmen über die Versorgung von Sonderabnehmern mit elektrischer Energie, Gas, Fernwärme und Wasser aus dem Versorgungsnetz, soweit die Versorgungsbedingungen nicht zum Nachteil der

---

1) § 310 Abs. 1 Satz 3 angef. mWv 1.1.2009 durch G v. 23.10.2008 (BGBl. I S. 2022); Abs. 3 Nr. 2 geänd. mWv 17.12.2009 durch G v. 25.6.2009 (BGBl. I S. 1574); Abs. 1 Sätze 1–3 geänd. mWv 29.7.2014 durch G v. 22.7.2014 (BGBl. I S. 1218); Abs. 1 Sätze 1 und 2 geänd. mWv 1.10.2021 durch G v. 10.8.2021 (BGBl. I S. 3433).

2) Beachte hierzu Übergangsvorschrift in Art. 229 § 60 EGBGB (Nr. **21**).

3) **Habersack, Deutsche Gesetze ErgBd. Nr. 32c.**

Abnehmer von Verordnungen über Allgemeine Bedingungen für die Versorgung von Tarifkunden mit elektrischer Energie, Gas, Fernwärme und Wasser abweichen. [2] Satz 1 gilt entsprechend für Verträge über die Entsorgung von Abwasser.

(3) Bei Verträgen zwischen einem Unternehmer und einem Verbraucher (Verbraucherverträge) finden die Vorschriften dieses Abschnitts mit folgenden Maßgaben Anwendung:

1. Allgemeine Geschäftsbedingungen gelten als vom Unternehmer gestellt, es sei denn, dass sie durch den Verbraucher in den Vertrag eingeführt wurden;
2. § 305c Abs. 2 und die §§ 306 und 307 bis 309 dieses Gesetzes sowie Artikel 46b des Einführungsgesetzes zum Bürgerlichen Gesetzbuche[1)] finden auf vorformulierte Vertragsbedingungen auch dann Anwendung, wenn diese nur zur einmaligen Verwendung bestimmt sind und soweit der Verbraucher auf Grund der Vorformulierung auf ihren Inhalt keinen Einfluss nehmen konnte;
3. bei der Beurteilung der unangemessenen Benachteiligung nach § 307 Abs. 1 und 2 sind auch die den Vertragsschluss begleitenden Umstände zu berücksichtigen.

(4) [1] Dieser Abschnitt findet keine Anwendung bei Verträgen auf dem Gebiet des Erb-, Familien- und Gesellschaftsrechts sowie auf Tarifverträge, Betriebs- und Dienstvereinbarungen. [2] Bei der Anwendung auf Arbeitsverträge sind die im Arbeitsrecht geltenden Besonderheiten angemessen zu berücksichtigen; § 305 Abs. 2 und 3 ist nicht anzuwenden. [3] Tarifverträge, Betriebs- und Dienstvereinbarungen stehen Rechtsvorschriften im Sinne von § 307 Abs. 3 gleich.

Abschnitt 3. Schuldverhältnisse aus Verträgen

Titel 1. Begründung, Inhalt und Beendigung

Untertitel 1. Begründung

§ 311 Rechtsgeschäftliche und rechtsgeschäftsähnliche Schuldverhältnisse. (1) Zur Begründung eines Schuldverhältnisses durch Rechtsgeschäft sowie zur Änderung des Inhalts eines Schuldverhältnisses ist ein Vertrag zwischen den Beteiligten erforderlich, soweit nicht das Gesetz ein anderes vorschreibt.

(2) Ein Schuldverhältnis mit Pflichten nach § 241 Abs. 2 entsteht auch durch

1. die Aufnahme von Vertragsverhandlungen,
2. die Anbahnung eines Vertrags, bei welcher der eine Teil im Hinblick auf eine etwaige rechtsgeschäftliche Beziehung dem anderen Teil die Möglichkeit zur Einwirkung auf seine Rechte, Rechtsgüter und Interessen gewährt oder ihm diese anvertraut, oder
3. ähnliche geschäftliche Kontakte.

(3) [1] Ein Schuldverhältnis mit Pflichten nach § 241 Abs. 2 kann auch zu Personen entstehen, die nicht selbst Vertragspartei werden sollen. [2] Ein solches Schuldverhältnis entsteht insbesondere, wenn der Dritte in besonderem Maße Vertrauen für sich in Anspruch nimmt und dadurch die Vertragsverhandlungen oder den Vertragsschluss erheblich beeinflusst.

§ 311a Leistungshindernis bei Vertragsschluss. (1) Der Wirksamkeit eines Vertrags steht es nicht entgegen, dass der Schuldner nach § 275 Abs. 1 bis 3 nicht zu leisten braucht und das Leistungshindernis schon bei Vertragsschluss vorliegt.

[1)] Nr. **21**.

(2) [1]Der Gläubiger kann nach seiner Wahl Schadensersatz statt der Leistung oder Ersatz seiner Aufwendungen in dem in § 284 bestimmten Umfang verlangen. [2]Dies gilt nicht, wenn der Schuldner das Leistungshindernis bei Vertragsschluss nicht kannte und seine Unkenntnis auch nicht zu vertreten hat. [3]§ 281 Abs. 1 Satz 2 und 3 und Abs. 5 findet entsprechende Anwendung.

§ 311b Verträge über Grundstücke, das Vermögen und den Nachlass.

(1) [1]Ein Vertrag, durch den sich der eine Teil verpflichtet, das Eigentum an einem Grundstück zu übertragen oder zu erwerben, bedarf der notariellen Beurkundung. [2]Ein ohne Beachtung dieser Form geschlossener Vertrag wird seinem ganzen Inhalt nach gültig, wenn die Auflassung und die Eintragung in das Grundbuch erfolgen.

(Fortsetzung nächstes Blatt)

(2) Zur Begründung kann insbesondere Bezug genommen werden auf
1. einen Mietspiegel (§§ 558c, 558d),
2. eine Auskunft aus einer Mietdatenbank (§ 558e),
3. ein mit Gründen versehenes Gutachten eines öffentlich bestellten und vereidigten Sachverständigen,
4. entsprechende Entgelte für einzelne vergleichbare Wohnungen; hierbei genügt die Benennung von drei Wohnungen.

(3) Enthält ein qualifizierter Mietspiegel (§ 558d Abs. 1), bei dem die Vorschrift des § 558d Abs. 2 eingehalten ist, Angaben für die Wohnung, so hat der Vermieter in seinem Mieterhöhungsverlangen diese Angaben auch dann mitzuteilen, wenn er die Mieterhöhung auf ein anderes Begründungsmittel nach Absatz 2 stützt.

(4) [1] Bei der Bezugnahme auf einen Mietspiegel, der Spannen enthält, reicht es aus, wenn die verlangte Miete innerhalb der Spanne liegt. [2] Ist in dem Zeitpunkt, in dem der Vermieter seine Erklärung abgibt, kein Mietspiegel vorhanden, bei dem § 558c Abs. 3 oder § 558d Abs. 2 eingehalten ist, so kann auch ein anderer, insbesondere ein veralteter Mietspiegel oder ein Mietspiegel einer vergleichbaren Gemeinde verwendet werden.

(5) Eine zum Nachteil des Mieters abweichende Vereinbarung ist unwirksam.

§ 558b Zustimmung zur Mieterhöhung. (1) Soweit der Mieter der Mieterhöhung zustimmt, schuldet er die erhöhte Miete mit Beginn des dritten Kalendermonats nach dem Zugang des Erhöhungsverlangens.

(2) [1] Soweit der Mieter der Mieterhöhung nicht bis zum Ablauf des zweiten Kalendermonats nach dem Zugang des Verlangens zustimmt, kann der Vermieter auf Erteilung der Zustimmung klagen. [2] Die Klage muss innerhalb von drei weiteren Monaten erhoben werden.

(3) [1] Ist der Klage ein Erhöhungsverlangen vorausgegangen, das den Anforderungen des § 558a nicht entspricht, so kann es der Vermieter im Rechtsstreit nachholen oder die Mängel des Erhöhungsverlangens beheben. [2] Dem Mieter steht auch in diesem Fall die Zustimmungsfrist nach Absatz 2 Satz 1 zu.

(4) Eine zum Nachteil des Mieters abweichende Vereinbarung ist unwirksam.

§ 558c[1)] Mietspiegel. (1) Ein Mietspiegel ist eine Übersicht über die ortsübliche Vergleichsmiete, soweit die Übersicht von der Gemeinde oder von Interessenvertretern der Vermieter und der Mieter gemeinsam erstellt oder anerkannt worden ist.

(2) Mietspiegel können für das Gebiet einer Gemeinde oder mehrerer Gemeinden oder für Teile von Gemeinden erstellt werden.

(3) Mietspiegel sollen im Abstand von zwei Jahren der Marktentwicklung angepasst werden.

(4) [1] *Gemeinden* sollen Mietspiegel erstellen, wenn hierfür ein Bedürfnis besteht und dies mit einem vertretbaren Aufwand möglich ist. [2] Die Mietspiegel und ihre Änderungen sollen veröffentlicht werden.

(5) Die Bundesregierung wird ermächtigt, durch Rechtsverordnung mit Zustimmung des Bundesrates Vorschriften zu erlassen über den näheren Inhalt von Mietspiegeln und das Verfahren zu deren Erstellung und Anpassung einschließlich Dokumentation und Veröffentlichung.

[1)] § 558c Abs. 5 neu gef. mWv 18.8.2021 durch G v. 10.8.2021 (BGBl. I S. 3515).

§ 558d Qualifizierter Mietspiegel. (1) Ein qualifizierter Mietspiegel ist ein Mietspiegel, der nach anerkannten wissenschaftlichen Grundsätzen erstellt und von der Gemeinde oder von Interessenvertretern der Vermieter und der Mieter anerkannt worden ist.

(2) [1] Der qualifizierte Mietspiegel ist im Abstand von zwei Jahren der Marktentwicklung anzupassen. [2] Dabei kann eine Stichprobe oder die Entwicklung des vom Statistischen Bundesamt ermittelten Preisindexes für die Lebenshaltung aller privaten Haushalte in Deutschland zugrunde gelegt werden. [3] Nach vier Jahren ist der qualifizierte Mietspiegel neu zu erstellen.

(3) Ist die Vorschrift des Absatzes 2 eingehalten, so wird vermutet, dass die im qualifizierten Mietspiegel bezeichneten Entgelte die ortsübliche Vergleichsmiete wiedergeben.

§ 558e Mietdatenbank. Eine Mietdatenbank ist eine zur Ermittlung der ortsüblichen Vergleichsmiete fortlaufend geführte Sammlung von Mieten, die von der Gemeinde oder von Interessenvertretern der Vermieter und der Mieter gemeinsam geführt oder anerkannt wird und aus der Auskünfte gegeben werden, die für einzelne Wohnungen einen Schluss auf die ortsübliche Vergleichsmiete zulassen.

§ 559[1)] [2)] Mieterhöhung nach Modernisierungsmaßnahmen. (1) Hat der Vermieter Modernisierungsmaßnahmen im Sinne des § 555b Nummer 1, 3, 4, 5 oder 6 durchgeführt, so kann er die jährliche Miete um 8 Prozent der für die Wohnung aufgewendeten Kosten erhöhen.

(2) Kosten, die für Erhaltungsmaßnahmen erforderlich gewesen wären, gehören nicht zu den aufgewendeten Kosten nach Absatz 1; sie sind, soweit erforderlich, durch Schätzung zu ermitteln.

(3) Werden Modernisierungsmaßnahmen für mehrere Wohnungen durchgeführt, so sind die Kosten angemessen auf die einzelnen Wohnungen aufzuteilen.

(3a) [1] Bei Erhöhungen der jährlichen Miete nach Absatz 1 darf sich die monatliche Miete innerhalb von sechs Jahren, von Erhöhungen nach § 558 oder § 560 abgesehen, nicht um mehr als 3 Euro je Quadratmeter Wohnfläche erhöhen. [2] Beträgt die monatliche Miete vor der Mieterhöhung weniger als 7 Euro pro Quadratmeter Wohnfläche, so darf sie sich abweichend von Satz 1 nicht um mehr als 2 Euro je Quadratmeter Wohnfläche erhöhen.

(4) [1] Die Mieterhöhung ist ausgeschlossen, soweit sie auch unter Berücksichtigung der voraussichtlichen künftigen Betriebskosten für den Mieter eine Härte bedeuten würde, die auch unter Würdigung der berechtigten Interessen des Vermieters nicht zu rechtfertigen ist. [2] Eine Abwägung nach Satz 1 findet nicht statt, wenn

1. die Mietsache lediglich in einen Zustand versetzt wurde, der allgemein üblich ist, oder
2. die Modernisierungsmaßnahme auf Grund von Umständen durchgeführt wurde, die der Vermieter nicht zu vertreten hatte.

[1)] § 559 neu gef. mWv 1.5.2013 durch G v. 11.3.2013 (BGBl. I S. 434); Abs. 1 geänd., Abs. 3a eingef. mWv 1.1.2019 durch G v. 18.12.2018 (BGBl. I S. 2648).

[2)] Beachte hierzu Übergangsvorschrift in Art. 229 §§ 29 und 49 EGBGB (Nr. **21**).

dem Zahlungskonto des Zahlungsempfängers so vornimmt, als sei der Zahlungsvorgang ordnungsgemäß ausgeführt worden. [2] Weist der Zahlungsdienstleister des Zahlungsempfängers nach, dass er den Zahlungsauftrag rechtzeitig an den Zahlungsdienstleister des Zahlers übermittelt hat, ist der Zahlungsdienstleister des Zahlers verpflichtet, dem Zahler gegebenenfalls unverzüglich den ungekürzten Zahlungsbetrag nach Absatz 1 Satz 1 und 2 zu erstatten. [3] Dies gilt nicht, wenn der Zahlungsdienstleister des Zahlers nachweist, dass der Zahlungsbetrag lediglich verspätet beim Zahlungsdienstleister des Zahlungsempfängers eingegangen ist. [4] In diesem Fall ist der Zahlungsdienstleister des Zahlungsempfängers verpflichtet, den Zahlungsbetrag entsprechend Satz 1 auf dem Zahlungskonto des Zahlungsempfängers gutzuschreiben.

(5) [1] Ansprüche des Zahlungsdienstnutzers gegen seinen Zahlungsdienstleister nach Absatz 1 Satz 1 und 2 sowie Absatz 2 Satz 2 bestehen nicht, soweit der Zahlungsauftrag in Übereinstimmung mit der vom Zahlungsdienstnutzer angegebenen fehlerhaften Kundenkennung ausgeführt wurde. [2] In diesem Fall kann der Zahler von seinem Zahlungsdienstleister jedoch verlangen, dass dieser sich im Rahmen seiner Möglichkeiten darum bemüht, den Zahlungsbetrag wiederzuerlangen. [3] Der Zahlungsdienstleister des Zahlungsempfängers ist verpflichtet, dem Zahlungsdienstleister des Zahlers alle für die Wiedererlangung des Zahlungsbetrags erforderlichen Informationen mitzuteilen. [4] Ist die Wiedererlangung des Zahlungsbetrags nach den Sätzen 2 und 3 nicht möglich, so ist der Zahlungsdienstleister des Zahlers verpflichtet, dem Zahler auf schriftlichen Antrag alle verfügbaren Informationen mitzuteilen, damit der Zahler einen Anspruch auf Erstattung des Zahlungsbetrags geltend machen kann. [5] Der Zahlungsdienstleister kann mit dem Zahlungsdienstnutzer im Zahlungsdiensterahmenvertrag ein Entgelt für Tätigkeiten nach den Sätzen 2 bis 4 vereinbaren.

(6) Ein Zahlungsdienstnutzer kann von seinem Zahlungsdienstleister über die Ansprüche nach den Absätzen 1 und 2 hinaus die Erstattung der Entgelte und Zinsen verlangen, die der Zahlungsdienstleister ihm im Zusammenhang mit der nicht erfolgten oder fehlerhaften Ausführung des Zahlungsvorgangs in Rechnung gestellt oder mit denen er dessen Zahlungskonto belastet hat.

(7) Wurde ein Zahlungsauftrag nicht oder fehlerhaft ausgeführt, hat der Zahlungsdienstleister desjenigen Zahlungsdienstnutzers, der einen Zahlungsvorgang ausgelöst hat oder über den ein Zahlungsvorgang ausgelöst wurde, auf Verlangen seines Zahlungsdienstnutzers den Zahlungsvorgang nachzuvollziehen und seinen Zahlungsdienstnutzer über das Ergebnis zu unterrichten.

(8) Wenn ein Fall des § 675d Absatz 6 Satz 1 Nummer 1 Buchstabe b vorliegt, ist § 675y Absatz 1 bis 4 auf die innerhalb des Europäischen Wirtschaftsraums getätigten Bestandteile des Zahlungsvorgangs nicht anzuwenden.

§ 675z[1)] Sonstige Ansprüche bei nicht erfolgter, fehlerhafter oder verspäteter Ausführung eines Zahlungsauftrags oder bei einem nicht autorisierten Zahlungsvorgang. [1] Die §§ 675u und 675y sind hinsichtlich der dort geregelten Ansprüche eines Zahlungsdienstnutzers abschließend. [2] Die Haftung eines Zahlungsdienstleisters gegenüber seinem Zahlungsdienstnutzer für einen wegen nicht erfolgter, fehlerhafter oder verspäteter Ausführung eines Zahlungsauftrags entstandenen Schaden, der nicht bereits von § 675y erfasst ist, kann auf

[1)] §§ 676–676h mit Zwischenüberschriften ersetzt durch §§ 675b–676c mit Zwischenüberschriften mWv 31.10.2009 durch G v. 29.7.2009 (BGBl. I S. 2355); § 675z Überschrift, Sätze 2 und 5 geänd., Satz 6 angef. mWv 13.1.2018 durch G v. 17.7.2017 (BGBl. I S. 2446).

12 500 Euro begrenzt werden; dies gilt nicht für Vorsatz und grobe Fahrlässigkeit, den Zinsschaden und für Gefahren, die der Zahlungsdienstleister besonders übernommen hat. [3] Zahlungsdienstleister haben hierbei ein Verschulden, das einer zwischengeschalteten Stelle zur Last fällt, wie eigenes Verschulden zu vertreten, es sei denn, dass die wesentliche Ursache bei einer zwischengeschalteten Stelle liegt, die der Zahlungsdienstnutzer vorgegeben hat. [4] In den Fällen von Satz 3 zweiter Halbsatz haftet die von dem Zahlungsdienstnutzer vorgegebene zwischengeschaltete Stelle anstelle des Zahlungsdienstleisters des Zahlungsdienstnutzers. [5] § 675y Absatz 5 Satz 1 ist auf die Haftung eines Zahlungsdienstleisters nach den Sätzen 2 bis 4 entsprechend anzuwenden. [6] Wenn ein Fall des § 675d Absatz 6 Satz 1 Nummer 1 Buchstabe b vorliegt, ist § 675z Satz 3 auf die innerhalb des Europäischen Wirtschaftsraums getätigten Bestandteile des Zahlungsvorgangs nicht anzuwenden.

§ 676[1)] Nachweis der Ausführung von Zahlungsvorgängen. Ist zwischen dem Zahlungsdienstnutzer und seinem Zahlungsdienstleister streitig, ob der Zahlungsvorgang ordnungsgemäß ausgeführt wurde, muss der Zahlungsdienstleister nachweisen, dass der Zahlungsvorgang ordnungsgemäß aufgezeichnet und verbucht sowie nicht durch eine Störung beeinträchtigt wurde.

§ 676a[1)] Ausgleichsanspruch. (1) Liegt die Ursache für die Haftung eines Zahlungsdienstleisters gemäß den §§ 675u, 675y und 675z im Verantwortungsbereich eines anderen Zahlungsdienstleisters, eines Zahlungsauslösedienstleisters oder einer zwischengeschalteten Stelle, so kann der Zahlungsdienstleister von dem anderen Zahlungsdienstleister, dem Zahlungsauslösedienstleister oder der zwischengeschalteten Stelle den Ersatz des Schadens verlangen, der ihm aus der Erfüllung der Ansprüche eines Zahlungsdienstnutzers gemäß den §§ 675u, 675y und 675z entsteht.

(2) Ist zwischen dem kontoführenden Zahlungsdienstleister des Zahlers und einem Zahlungsauslösedienstleister streitig, ob ein ausgeführter Zahlungsvorgang autorisiert wurde, muss der Zahlungsauslösedienstleister nachweisen, dass in seinem Verantwortungsbereich eine Authentifizierung erfolgt ist und der Zahlungsvorgang ordnungsgemäß aufgezeichnet sowie nicht durch eine Störung beeinträchtigt wurde.

(3) Ist zwischen dem kontoführenden Zahlungsdienstleister des Zahlers und einem Zahlungsauslösedienstleister streitig, ob ein Zahlungsvorgang ordnungsgemäß ausgeführt wurde, muss der Zahlungsauslösedienstleister nachweisen, dass

1. der Zahlungsauftrag dem kontoführenden Zahlungsdienstleister gemäß § 675n zugegangen ist und
2. der Zahlungsvorgang im Verantwortungsbereich des Zahlungsauslösedienstleisters ordnungsgemäß aufgezeichnet sowie nicht durch eine Störung beeinträchtigt wurde.

§ 676b[1)] Anzeige nicht autorisierter oder fehlerhaft ausgeführter Zahlungsvorgänge. (1) Der Zahlungsdienstnutzer hat seinen Zahlungsdienstleister unverzüglich nach Feststellung eines nicht autorisierten oder fehlerhaft ausgeführten Zahlungsvorgangs zu unterrichten.

[1)] §§ 676–676h mit Zwischenüberschriften ersetzt durch §§ 675b–676c mit Zwischenüberschriften mWv 31.10.2009 durch G v. 29.7.2009 (BGBl. I S. 2355); § 676a neu gef., § 676b Abs. 4 und 5 angef. mWv 13.1.2018 durch G v. 17.7.2017 (BGBl. I S. 2446).

(2) [1] Ansprüche und Einwendungen des Zahlungsdienstnutzers gegen den Zahlungsdienstleister nach diesem Unterkapitel sind ausgeschlossen, wenn dieser seinen Zahlungsdienstleister nicht spätestens 13 Monate nach dem Tag der Belastung mit einem nicht autorisierten oder fehlerhaft ausgeführten Zahlungsvorgang hiervon unterrichtet hat. [2] Der Lauf der Frist beginnt nur, wenn der Zahlungsdienstleister den Zahlungsdienstnutzer über die den Zahlungsvorgang betreffenden Angaben gemäß Artikel 248 §§ 7, 10 oder § 14 des Einführungsgesetzes zum Bürgerlichen Gesetzbuche[1)] unterrichtet hat; anderenfalls ist für den Fristbeginn der Tag der Unterrichtung maßgeblich.

(3) Für andere als die in § 675z Satz 1 genannten Ansprüche des Zahlungsdienstnutzers gegen seinen Zahlungsdienstleister wegen eines nicht autorisierten oder fehlerhaft ausgeführten Zahlungsvorgangs gilt Absatz 2 mit der Maßgabe, dass der Zahlungsdienstnutzer diese Ansprüche auch nach Ablauf der Frist geltend machen kann, wenn er ohne Verschulden an der Einhaltung der Frist verhindert war.

(4) [1] Wurde der Zahlungsvorgang über einen Zahlungsauslösedienstleister ausgelöst, sind Ansprüche und Einwendungen des Zahlungsdienstnutzers gegen seinen kontoführenden Zahlungsdienstleister ausgeschlossen, wenn der Zahlungsdienstnutzer den kontoführenden Zahlungsdienstleister nicht spätestens 13 Monate nach dem Tag der Belastung mit einem nicht autorisierten oder fehlerhaften Zahlungsvorgang hiervon unterrichtet hat. [2] Der Lauf der Frist beginnt nur, wenn der kontoführende Zahlungsdienstleister den Zahlungsdienstnutzer über die den Zahlungsvorgang betreffenden Angaben gemäß Artikel 248 §§ 7, 10 oder § 14 des Einführungsgesetzes zum Bürgerlichen Gesetzbuche unterrichtet hat; anderenfalls ist für den Fristbeginn der Tag der Unterrichtung durch den kontoführenden Zahlungsdienstleister maßgeblich.

(5) Für andere als die in § 675z Satz 1 genannten Ansprüche des Zahlungsdienstnutzers gegen seinen kontoführenden Zahlungsdienstleister oder gegen den Zahlungsauslösedienstleister wegen eines nicht autorisierten oder fehlerhaft ausgeführten Zahlungsvorgangs gilt Absatz 4 mit der Maßgabe, dass

1. die Anzeige an den kontoführenden Zahlungsdienstleister auch zur Erhaltung von Ansprüchen und Einwendungen des Zahlungsdienstnutzers gegen den Zahlungsauslösedienstleister genügt und
2. der Zahlungsdienstnutzer seine Ansprüche gegen den kontoführenden Zahlungsdienstleister oder gegen den Zahlungsauslösedienstleister auch nach Ablauf der Frist geltend machen kann, wenn er ohne Verschulden an der Einhaltung der Frist verhindert war.

§ 676c[2)] Haftungsausschluss. Ansprüche nach diesem Kapitel sind ausgeschlossen, wenn die einen Anspruch begründenden Umstände

1. auf einem ungewöhnlichen und unvorhersehbaren Ereignis beruhen, auf das *diejenige Partei*, die sich auf dieses Ereignis beruft, keinen Einfluss hat, und dessen Folgen trotz Anwendung der gebotenen Sorgfalt nicht hätten vermieden werden können, oder
2. vom Zahlungsdienstleister auf Grund einer gesetzlichen Verpflichtung herbeigeführt wurden.

---

1) Nr. **21**.

2) §§ 676–676h mit Zwischenüberschriften ersetzt durch §§ 675b–676c mit Zwischenüberschriften mWv 31.10.2009 durch G v. 29.7.2009 (BGBl. I S. 2355).

Titel 13. Geschäftsführung ohne Auftrag

§ 677 Pflichten des Geschäftsführers. Wer ein Geschäft für einen anderen besorgt, ohne von ihm beauftragt oder ihm gegenüber sonst dazu berechtigt zu sein, hat das Geschäft so zu führen, wie das Interesse des Geschäftsherrn mit Rücksicht auf dessen wirklichen oder mutmaßlichen Willen es erfordert.

§ 678 Geschäftsführung gegen den Willen des Geschäftsherrn. Steht die Übernahme der Geschäftsführung mit dem wirklichen oder dem mutmaßlichen Willen des Geschäftsherrn in Widerspruch und musste der Geschäftsführer dies erkennen, so ist er dem Geschäftsherrn zum Ersatz des aus der Geschäftsführung entstehenden Schadens auch dann verpflichtet, wenn ihm ein sonstiges Verschulden nicht zur Last fällt.

§ 679 Unbeachtlichkeit des entgegenstehenden Willens des Geschäftsherrn. Ein der Geschäftsführung entgegenstehender Wille des Geschäftsherrn kommt nicht in Betracht, wenn ohne die Geschäftsführung eine Pflicht des Geschäftsherrn, deren Erfüllung im öffentlichen Interesse liegt, oder eine gesetzliche Unterhaltspflicht des Geschäftsherrn nicht rechtzeitig erfüllt werden würde.

§ 680 Geschäftsführung zur Gefahrenabwehr. Bezweckt die Geschäftsführung die Abwendung einer dem Geschäftsherrn drohenden dringenden Gefahr, so hat der Geschäftsführer nur Vorsatz und grobe Fahrlässigkeit zu vertreten.

§ 681 Nebenpflichten des Geschäftsführers. [1] Der Geschäftsführer hat die Übernahme der Geschäftsführung, sobald es tunlich ist, dem Geschäftsherrn anzuzeigen und, wenn nicht mit dem Aufschub Gefahr verbunden ist, dessen Entschließung abzuwarten. [2] Im Übrigen finden auf die Verpflichtungen des Geschäftsführers die für einen Beauftragten geltenden Vorschriften der §§ 666 bis 668 entsprechende Anwendung.

§ 682 Fehlende Geschäftsfähigkeit des Geschäftsführers. Ist der Geschäftsführer geschäftsunfähig oder in der Geschäftsfähigkeit beschränkt, so ist er nur nach den Vorschriften über den Schadensersatz wegen unerlaubter Handlungen und über die Herausgabe einer ungerechtfertigten Bereicherung verantwortlich.

§ 683 Ersatz von Aufwendungen. [1] Entspricht die Übernahme der Geschäftsführung dem Interesse und dem wirklichen oder dem mutmaßlichen Willen des Geschäftsherrn, so kann der Geschäftsführer wie ein Beauftragter Ersatz seiner Aufwendungen verlangen. [2] In den Fällen des § 679 steht dieser Anspruch dem Geschäftsführer zu, auch wenn die Übernahme der Geschäftsführung mit dem Willen des Geschäftsherrn in Widerspruch steht.

§ 684 Herausgabe der Bereicherung. [1] Liegen die Voraussetzungen des § 683 nicht vor, so ist der Geschäftsherr verpflichtet, dem Geschäftsführer alles, was er durch die Geschäftsführung erlangt, nach den Vorschriften über die Herausgabe einer ungerechtfertigten Bereicherung herauszugeben. [2] Genehmigt der Geschäftsherr die Geschäftsführung, so steht dem Geschäftsführer der in § 683 bestimmte Anspruch zu.

§ 685 Schenkungsabsicht. (1) Dem Geschäftsführer steht ein Anspruch nicht zu, wenn er nicht die Absicht hatte, von dem Geschäftsherrn Ersatz zu verlangen.

(2) Gewähren Eltern oder Voreltern ihren Abkömmlingen oder diese jenen Unterhalt, so ist im Zweifel anzunehmen, dass die Absicht fehlt, von dem Empfänger Ersatz zu verlangen.

§ 686 Irrtum über die Person des Geschäftsherrn. Ist der Geschäftsführer über die Person des Geschäftsherrn im Irrtum, so wird der wirkliche Geschäftsherr aus der Geschäftsführung berechtigt und verpflichtet.

§ 687 Unechte Geschäftsführung. (1) Die Vorschriften der §§ 677 bis 686 finden keine Anwendung, wenn jemand ein fremdes Geschäft in der Meinung besorgt, dass es sein eigenes sei.

(2) [1] Behandelt jemand ein fremdes Geschäft als sein eigenes, obwohl er weiß, dass er nicht dazu berechtigt ist, so kann der Geschäftsherr die sich aus den §§ 677, 678, 681, 682 ergebenden Ansprüche geltend machen. [2] Macht er sie geltend, so ist er dem Geschäftsführer nach § 684 Satz 1 verpflichtet.

Titel 14. Verwahrung

§ 688 Vertragstypische Pflichten bei der Verwahrung. Durch den Verwahrungsvertrag wird der Verwahrer verpflichtet, eine ihm von dem Hinterleger übergebene bewegliche Sache aufzubewahren.

§ 689 Vergütung. Eine Vergütung für die Aufbewahrung gilt als stillschweigend vereinbart, wenn die Aufbewahrung den Umständen nach nur gegen eine Vergütung zu erwarten ist.

§ 690 Haftung bei unentgeltlicher Verwahrung. Wird die Aufbewahrung unentgeltlich übernommen, so hat der Verwahrer nur für diejenige Sorgfalt einzustehen, welche er in eigenen Angelegenheiten anzuwenden pflegt.

§ 691 Hinterlegung bei Dritten. [1] Der Verwahrer ist im Zweifel nicht berechtigt, die hinterlegte Sache bei einem Dritten zu hinterlegen. [2] Ist die Hinterlegung bei einem Dritten gestattet, so hat der Verwahrer nur ein ihm bei dieser Hinterlegung zur Last fallendes Verschulden zu vertreten. [3] Für das Verschulden eines Gehilfen ist er nach § 278 verantwortlich.

§ 692 Änderung der Aufbewahrung. [1] Der Verwahrer ist berechtigt, die vereinbarte Art der Aufbewahrung zu ändern, wenn er den Umständen nach annehmen darf, dass der Hinterleger bei Kenntnis der Sachlage die Änderung billigen würde. [2] Der Verwahrer hat vor der Änderung dem Hinterleger Anzeige zu machen und dessen Entschließung abzuwarten, wenn nicht mit dem Aufschub Gefahr verbunden ist.

§ 693 Ersatz von Aufwendungen. Macht der Verwahrer zum Zwecke der Aufbewahrung Aufwendungen, die er den Umständen nach für erforderlich halten darf, so ist der Hinterleger zum Ersatz verpflichtet.

§ 694 Schadensersatzpflicht des Hinterlegers. Der Hinterleger hat den durch die Beschaffenheit der hinterlegten Sache dem Verwahrer entstehenden Schaden zu ersetzen, es sei denn, dass er die Gefahr drohende Beschaffenheit der Sache bei der Hinterlegung weder kennt noch kennen muss oder dass er sie dem Verwahrer angezeigt oder dieser sie ohne Anzeige gekannt hat.

§ 695 Rückforderungsrecht des Hinterlegers. [1] Der Hinterleger kann die hinterlegte Sache jederzeit zurückfordern, auch wenn für die Aufbewahrung eine Zeit bestimmt ist. [2] Die Verjährung des Anspruchs auf Rückgabe der Sache beginnt mit der Rückforderung.

§ 696 Rücknahmeanspruch des Verwahrers. [1] Der Verwahrer kann, wenn eine Zeit für die Aufbewahrung nicht bestimmt ist, jederzeit die Rücknahme der hinterlegten Sache verlangen. [2] Ist eine Zeit bestimmt, so kann er die vorzeitige Rücknahme nur verlangen, wenn ein wichtiger Grund vorliegt. [3] Die Verjährung des Anspruchs beginnt mit dem Verlangen auf Rücknahme.

§ 697 Rückgabeort. Die Rückgabe der hinterlegten Sache hat an dem Ort zu erfolgen, an welchem die Sache aufzubewahren war; der Verwahrer ist nicht verpflichtet, die Sache dem Hinterleger zu bringen.

§ 698 Verzinsung des verwendeten Geldes. Verwendet der Verwahrer hinterlegtes Geld für sich, so ist er verpflichtet, es von der Zeit der Verwendung an zu verzinsen.

§ 699 Fälligkeit der Vergütung. (1) [1] Der Hinterleger hat die vereinbarte Vergütung bei der Beendigung der Aufbewahrung zu entrichten. [2] Ist die Vergütung nach Zeitabschnitten bemessen, so ist sie nach dem Ablauf der einzelnen Zeitabschnitte zu entrichten.

(2) Endigt die Aufbewahrung vor dem Ablauf der für sie bestimmten Zeit, so kann der Verwahrer einen seinen bisherigen Leistungen entsprechenden Teil der Vergütung verlangen, sofern nicht aus der Vereinbarung über die Vergütung sich ein anderes ergibt.

§ 700 Unregelmäßiger Verwahrungsvertrag. (1) [1] Werden vertretbare Sachen in der Art hinterlegt, dass das Eigentum auf den Verwahrer übergehen und dieser verpflichtet sein soll, Sachen von gleicher Art, Güte und Menge zurückzugewähren, so finden bei Geld die Vorschriften über den Darlehensvertrag, bei anderen Sachen die Vorschriften über den Sachdarlehensvertrag Anwendung. [2] Gestattet der Hinterleger dem Verwahrer, hinterlegte vertretbare Sachen zu verbrauchen, so finden bei Geld die Vorschriften über den Darlehensvertrag, bei anderen Sachen die Vorschriften über den Sachdarlehensvertrag von dem Zeitpunkt an Anwendung, in welchem der Verwahrer sich die Sachen aneignet. [3] In beiden Fällen bestimmen sich jedoch Zeit und Ort der Rückgabe im Zweifel nach den Vorschriften über den Verwahrungsvertrag.

(2) Bei der Hinterlegung von Wertpapieren ist eine Vereinbarung der im Absatz 1 bezeichneten Art nur gültig, wenn sie ausdrücklich getroffen wird.

Titel 15.[1] Einbringung von Sachen bei Gastwirten

§ 701 Haftung des Gastwirts. (1) Ein Gastwirt, der gewerbsmäßig Fremde zur Beherbergung aufnimmt, hat den Schaden zu ersetzen, der durch den Verlust, die Zerstörung oder die Beschädigung von Sachen entsteht, die ein im Betrieb dieses Gewerbes aufgenommener Gast eingebracht hat.

[1] Beachte hierzu auch G zu dem Übereinkommen v. 17. Dezember 1962 über die Haftung der Gastwirte für die von ihren Gästen eingebrachten Sachen v. 16.5.1966 (BGBl. II S. 269) mit Bek. über das Inkrafttreten v. 5.12.1966 (BGBl. II S. 1565, ber. 1967 II S. 1210).

(2) [1] Als eingebracht gelten

1. Sachen, welche in der Zeit, in der der Gast zur Beherbergung aufgenommen ist, in die Gastwirtschaft oder an einen von dem Gastwirt oder dessen Leuten angewiesenen oder von dem Gastwirt allgemein hierzu bestimmten Ort außerhalb der Gastwirtschaft gebracht oder sonst außerhalb der Gastwirtschaft von dem Gastwirt oder dessen Leuten in Obhut genommen sind,
2. Sachen, welche innerhalb einer angemessenen Frist vor oder nach der Zeit, in der der Gast zur Beherbergung aufgenommen war, von dem Gastwirt oder seinen Leuten in Obhut genommen sind.

[2] Im Falle einer Anweisung oder einer Übernahme der Obhut durch Leute des Gastwirts gilt dies jedoch nur, wenn sie dazu bestellt oder nach den Umständen als dazu bestellt anzusehen waren.

(3) Die Ersatzpflicht tritt nicht ein, wenn der Verlust, die Zerstörung oder die Beschädigung von dem Gast, einem Begleiter des Gastes oder einer Person, die der Gast bei sich aufgenommen hat, oder durch die Beschaffenheit der Sachen oder durch höhere Gewalt verursacht wird.

(4) Die Ersatzpflicht erstreckt sich nicht auf Fahrzeuge, auf Sachen, die in einem Fahrzeug belassen worden sind, und auf lebende Tiere.

§ 702 Beschränkung der Haftung; Wertsachen. (1) Der Gastwirt haftet auf Grund des § 701 nur bis zu einem Betrag, der dem Hundertfachen des Beherbergungspreises für einen Tag entspricht, jedoch mindestens bis zu dem Betrag von 600 Euro und höchstens bis zu dem Betrag von 3 500 Euro; für Geld, Wertpapiere und Kostbarkeiten tritt an die Stelle von 3 500 Euro der Betrag von 800 Euro.

(2) Die Haftung des Gastwirts ist unbeschränkt,

1. wenn der Verlust, die Zerstörung oder die Beschädigung von ihm oder seinen Leuten verschuldet ist,
2. wenn es sich um eingebrachte Sachen handelt, die er zur Aufbewahrung übernommen oder deren Übernahme zur Aufbewahrung er entgegen der Vorschrift des Absatzes 3 abgelehnt hat.

(3) [1] Der Gastwirt ist verpflichtet, Geld, Wertpapiere, Kostbarkeiten und andere Wertsachen zur Aufbewahrung zu übernehmen, es sei denn, dass sie im Hinblick auf die Größe oder den Rang der Gastwirtschaft von übermäßigem Wert oder Umfang oder dass sie gefährlich sind. [2] Er kann verlangen, dass sie in einem verschlossenen oder versiegelten Behältnis übergeben werden.

§ 702a Erlass der Haftung. (1) [1] Die Haftung des Gastwirts kann im Voraus nur erlassen werden, soweit sie den nach § 702 Abs. 1 maßgeblichen Höchstbetrag übersteigt. [2] Auch insoweit kann sie nicht erlassen werden für den Fall, dass der Verlust, die Zerstörung oder die Beschädigung von dem Gastwirt oder von Leuten des Gastwirts vorsätzlich oder grob fahrlässig verursacht wird oder dass es sich um Sachen handelt, deren Übernahme zur Aufbewahrung der Gastwirt entgegen der Vorschrift des § 702 Abs. 3 abgelehnt hat.

(2) Der Erlass ist nur wirksam, wenn die Erklärung des Gastes schriftlich erteilt ist und wenn sie keine anderen Bestimmungen enthält.

§ 703 Erlöschen des Schadensersatzanspruchs. [1] Der dem Gast auf Grund der §§ 701, 702 zustehende Anspruch erlischt, wenn nicht der Gast unverzüglich, nachdem er von dem Verlust, der Zerstörung oder der Beschädigung Kenntnis erlangt hat, dem Gastwirt Anzeige macht. [2] Dies gilt nicht, wenn die Sachen von dem Gastwirt zur Aufbewahrung übernommen waren oder wenn der Verlust, die Zerstörung oder die Beschädigung von ihm oder seinen Leuten verschuldet ist.

§ 704 Pfandrecht des Gastwirts. [1] Der Gastwirt hat für seine Forderungen für Wohnung und andere dem Gast zur Befriedigung seiner Bedürfnisse gewährte Leistungen, mit Einschluss der Auslagen, ein Pfandrecht an den eingebrachten Sachen des Gastes. [2] Die für das Pfandrecht des Vermieters geltenden Vorschriften des § 562 Abs. 1 Satz 2 und der §§ 562a bis 562d finden entsprechende Anwendung.

Titel 16. Gesellschaft

§ 705 Inhalt des Gesellschaftsvertrags. Durch den Gesellschaftsvertrag verpflichten sich die Gesellschafter gegenseitig, die Erreichung eines gemeinsamen Zweckes in der durch den Vertrag bestimmten Weise zu fördern, insbesondere die vereinbarten Beiträge zu leisten.

§ 706 Beiträge der Gesellschafter. (1) Die Gesellschafter haben in Ermangelung einer anderen Vereinbarung gleiche Beiträge zu leisten.

(2) [1] Sind vertretbare oder verbrauchbare Sachen beizutragen, so ist im Zweifel anzunehmen, dass sie gemeinschaftliches Eigentum der Gesellschafter werden sollen. [2] Das Gleiche gilt von nicht vertretbaren und nicht verbrauchbaren Sachen, wenn sie nach einer Schätzung beizutragen sind, die nicht bloß für die Gewinnverteilung bestimmt ist.

(3) Der Beitrag eines Gesellschafters kann auch in der Leistung von Diensten bestehen.

§ 707 Erhöhung des vereinbarten Beitrags. Zur Erhöhung des vereinbarten Beitrags oder zur Ergänzung der durch Verlust verminderten Einlage ist ein Gesellschafter nicht verpflichtet.

§§ 707a–707c *(noch nicht in Kraft)*

§ 707d[1)] Verordnungsermächtigung. (1) [1] Die Landesregierungen werden ermächtigt, durch Rechtsverordnung nähere Bestimmungen über die elektronische Führung des Gesellschaftsregisters, die elektronische Anmeldung, die elektronische Einreichung von Dokumenten sowie deren Aufbewahrung zu treffen, soweit nicht durch das Bundesministerium der Justiz und für Verbraucherschutz nach § 387 Absatz 2 des Gesetzes über das Verfahren in Familiensachen und in den Angelegenheiten der freiwilligen Gerichtsbarkeit[2)] entsprechende Vorschriften erlassen werden. [2] Dabei können sie auch Einzelheiten der Datenübermittlung regeln sowie die Form zu übermittelnder elektronischer Dokumente festlegen, um die Eignung für die Bearbeitung durch das Gericht sicherzustellen. [3] Die Landesregierungen können die Ermächtigung durch Rechtsverordnung auf die Landesjustizverwaltungen übertragen.

(2) [1] Die Landesjustizverwaltungen bestimmen das elektronische Informations- und Kommunikationssystem, über das die Daten aus den Gesellschaftsregistern abrufbar sind, und sind für die Abwicklung des elektronischen Abrufverfahrens zuständig. [2] Die Landesregierung kann die Zuständigkeit durch Rechtsverordnung

[1)] § 707d eingef. mWv 18.8.2021 durch G v. 10.8.2021 (BGBl. I S. 3436).
[2)] Nr. **112**.

abweichend regeln; sie kann diese Ermächtigung durch Rechtsverordnung auf die Landesjustizverwaltung übertragen. [3] Die Länder können ein länderübergreifendes, zentrales elektronisches Informations- und Kommunikationssystem bestimmen. [4] Sie können auch eine Übertragung der Abwicklungsaufgaben auf die zuständige Stelle eines anderen Landes sowie mit dem Betreiber des Unternehmensregisters eine Übertragung der Abwicklungsaufgaben auf das Unternehmensregister vereinbaren.

§ 708 Haftung der Gesellschafter. Ein Gesellschafter hat bei der Erfüllung der ihm obliegenden Verpflichtungen nur für diejenige Sorgfalt einzustehen, welche er in eigenen Angelegenheiten anzuwenden pflegt.

§ 709 Gemeinschaftliche Geschäftsführung. (1) Die Führung der Geschäfte der Gesellschaft steht den Gesellschaftern gemeinschaftlich zu; für jedes Geschäft ist die Zustimmung aller Gesellschafter erforderlich.

(2) Hat nach dem Gesellschaftsvertrag die Mehrheit der Stimmen zu entscheiden, so ist die Mehrheit im Zweifel nach der Zahl der Gesellschafter zu berechnen.

§ 710 Übertragung der Geschäftsführung. [1] Ist in dem Gesellschaftsvertrag die Führung der Geschäfte einem Gesellschafter oder mehreren Gesellschaftern übertragen, so sind die übrigen Gesellschafter von der Geschäftsführung ausgeschlossen. [2] Ist die Geschäftsführung mehreren Gesellschaftern übertragen, so findet die Vorschrift des § 709 entsprechende Anwendung.

§ 711 Widerspruchsrecht. [1] Steht nach dem Gesellschaftsvertrag die Führung der Geschäfte allen oder mehreren Gesellschaftern in der Art zu, dass jeder allein zu handeln berechtigt ist, so kann jeder der Vornahme eines Geschäfts durch den anderen widersprechen. [2] Im Falle des Widerspruchs muss das Geschäft unterbleiben.

§ 712 Entziehung und Kündigung der Geschäftsführung. (1) Die einem Gesellschafter durch den Gesellschaftsvertrag übertragene Befugnis zur Geschäftsführung kann ihm durch einstimmigen Beschluss oder, falls nach dem Gesellschaftsvertrag die Mehrheit der Stimmen entscheidet, durch Mehrheitsbeschluss der übrigen Gesellschafter entzogen werden, wenn ein wichtiger Grund vorliegt; ein solcher Grund ist insbesondere grobe Pflichtverletzung oder Unfähigkeit zur ordnungsmäßigen Geschäftsführung.

(2) Der Gesellschafter kann auch seinerseits die Geschäftsführung kündigen, wenn ein wichtiger Grund vorliegt; die für den Auftrag geltende Vorschrift des § 671 Abs. 2, 3 findet entsprechende Anwendung.

§ 713 Rechte und Pflichten der geschäftsführenden Gesellschafter. Die Rechte und Verpflichtungen der geschäftsführenden Gesellschafter bestimmen sich nach den für den Auftrag geltenden Vorschriften der §§ 664 bis 670, soweit sich nicht aus dem Gesellschaftsverhältnis ein anderes ergibt.

§ 714 Vertretungsmacht. Soweit einem Gesellschafter nach dem Gesellschaftsvertrag die Befugnis zur Geschäftsführung zusteht, ist er im Zweifel auch ermächtigt, die anderen Gesellschafter Dritten gegenüber zu vertreten.

§ 715 Entziehung der Vertretungsmacht. Ist im Gesellschaftsvertrag ein Gesellschafter ermächtigt, die anderen Gesellschafter Dritten gegenüber zu vertreten, so kann die Vertretungsmacht nur nach Maßgabe des § 712 Abs. 1 und, wenn sie in Verbindung mit der Befugnis zur Geschäftsführung erteilt worden ist, nur mit dieser entzogen werden.

(Fortsetzung nächstes Blatt)

Lfd. Nr.	Änderndes Gesetz	Datum	Fundstelle	Betroffen	Hinweis
118.	Art. 2 G zur Vereinheitlichung des Stiftungsrechts und zur Änd. des InfektionsschutzG	16.7.2021	BGBl. I S. 2947	Art. 229 § 59	eingef. mWv 1.7.2023
119.	Art. 2 G für faire Verbraucherverträge[1]	10.8.2021	BGBl. I S. 3433	Art. 229 § 60	eingef. mWv 1.10.2021
				Art. 246e, § 1	geänd. mWv 1.7.2022
120.	Art. 49 PersonengesellschaftsrechtsmodernisierungsG (MoPeG)	10.8.2021	BGBl. I S. 3436	Art. 229 § 21	neu gef. mWv 1.1.2024
				Art. 229 § 61	eingef. mWv 1.1.2024
121.	Art. 2 G zur Änd. des BGB und des EGBGB in Umsetzung der RL (EU) 2019/2161 u. zur Aufh. der VO zur Übertragung der Zuständigkeit für die Durchführung der VO (EG) Nr. 2006/2004 auf das Bundesministerium der Justiz u. für Verbraucherschutz[2) 1)]	10.8.2021	BGBl. I S. 3483	Art. 246, 246a §§ 1, 2, 3 Art. 246b § 1, Art. 249 § 3, Anl. 1, 2, 3, 3a, 3b, 7, 8, 9	geänd. mWv 28.5.2022
				Art. 246d (§§ 1, 2), 246e (§§ 1, 2)	eingef. mWv 28.5.2022
122.	Art. 2 MietspiegelreformG	10.8.2021	BGBl. I S. 3515	Art. 238 (§§ 1, 2, 3, 4)	neu gef. mWv 1.7.2022
				Art. 229 § 62	eingef. mWv 1.7.2022

Vorbemerkung:

Die Änderungen durch G v. 25.6.2021 (BGBl. I S. 2123) und durch G v. 25.6.2021 (BGBl. I S. 2133) treten erst mWv 1.1.2022 in Kraft und sind im Text noch nicht berücksichtigt.

Die Änderungen durch G v. 10.8.2021 (BGBl. I S. 3433) treten teilweise erst mWv 1.7.2022 in Kraft und sind insoweit im Text noch nicht berücksichtigt.

Die Änderungen durch G v. 10.8.2021 (BGBl. I S. 3483) treten erst mWv 28.5.2022 in Kraft und sind im Text noch nicht berücksichtigt.

Die Änderungen durch G v. 10.8.2021 (BGBl. I S. 3515) treten erst mWv 1.7.2022 in Kraft und sind im Text noch nicht berücksichtigt.

Die Änderungen durch G v. 4.5.2021 (BGBl. I S. 882) treten erst mWv 1.1.2023 in Kraft und sind im Text noch nicht berücksichtigt.

Die Änderungen durch G v. 16.7.2021 (BGBl. I S. 2947) treten erst mWv 1.7.2023 in Kraft und sind im Text noch nicht berücksichtigt.

---

[1] **Amtl. Anm.:** Notifiziert gemäß der Richtlinie (EU) 2015/1535 des Europäischen Parlaments und des Rates vom 9. September 2015 über ein Informationsverfahren auf dem Gebiet der technischen Vorschriften und der Vorschriften für die Dienste der Informationsgesellschaft (ABl. L 241 vom 17.9.2015, S. 1).

[2] **Amtl. Anm.:** Dieses Gesetz dient der Umsetzung der Richtlinie (EU) 2019/2161 des Europäischen Parlaments und des Rates vom 27. November 2019 zur Änderung der Richtlinie 93/13/EWG des Rates und der Richtlinien 98/6/EG, 2005/29/EG und 2011/83/EU des Europäischen Parlaments und des Rates zur besseren Durchsetzung und Modernisierung der Verbraucherschutzvorschriften der Union (ABl. L 328 vom 18.12.2019, S. 7).

Die Änderungen durch G v. 10.8.2021 (BGBl. I S. 3436) treten erst mWv 1.1.2024 in Kraft und sind im Text noch nicht berücksichtigt.

§ 51[1)] Übergangsvorschriften zum Gesetz zur Verlängerung und Verbesserung der Regelungen über die zulässige Miethöhe bei Mietbeginn.

Auf ein bis einschließlich 31. März 2020 entstandenes Mietverhältnis ist § 556g des Bürgerlichen Gesetzbuchs[2)] in der bis dahin geltenden Fassung weiter anzuwenden.

§ 52[3)] Überleitungsvorschrift zum Gesetz zur Umsetzung der Entscheidung des Bundesverfassungsgerichts vom 26. März 2019 zum Ausschluss der Stiefkindadoption in nichtehelichen Familien. Auf vor dem 31. März 2020 abgeschlossene Vorgänge bleibt das bisherige Internationale Privatrecht anwendbar.

§ 53[4)] Übergangsvorschrift zum Gesetz über die Maklerkosten bei der Vermittlung von Kaufverträgen über Wohnungen und Einfamilienhäuser.

Auf Rechtsverhältnisse, die vor dem 23. Dezember 2020 entstanden sind, sind die Vorschriften des Bürgerlichen Gesetzbuchs[2)] in der bis zu diesem Tag geltenden Fassung weiter anzuwenden.

§ 54 *(noch nicht in Kraft)*

§ 55[5)] Übergangsvorschrift zum Gesetz zum Schutz von Kindern mit Varianten der Geschlechtsentwicklung. § 1631e Absatz 6 des Bürgerlichen Gesetzbuchs[2)] ist auch auf Patientenakten von Kindern mit Varianten der Geschlechtsentwicklung anzuwenden, deren Behandlung vor dem 22. Mai 2021 durchgeführt worden ist, wenn die Aufbewahrungsfrist nach § 630f Absatz 3 des Bürgerlichen Gesetzbuchs nicht vor dem 22. Mai 2021 abgelaufen ist.

§ 56[6)] Überleitungsvorschrift zum Gesetz über die Insolvenzsicherung durch Reisesicherungsfonds und zur Änderung reiserechtlicher Vorschriften. (1) Auf Pauschalreiseverträge und Verträge über verbundene Reiseleistungen, die vor dem 1. November 2021 abgeschlossen wurden, ist § 651r des Bürgerlichen Gesetzbuchs[2)], auch in Verbindung mit § 651w Absatz 3 des Bürgerlichen Gesetzbuchs, in der bis zum 30. Juni 2021 geltenden Fassung mit der Maßgabe weiter anzuwenden, dass

1. ein Reisesicherungsfonds, der gemäß § 16 des Reisesicherungsfondsgesetzes fortbestehende Einstandspflichten eines Kundengeldabsicherers übernimmt, an die Stelle des bisherigen Kundengeldabsicherers tritt und
2. in den Fällen der Nummer 1 sich der bisherige Kundengeldabsicherer abweichend von § 651r Absatz 4 Satz 2 des Bürgerlichen Gesetzbuchs gegenüber dem Reisenden auf die Beendigung des Kundengeldabsicherungsvertrags berufen kann.

(2) [1] Auf einen Reisegutschein nach Artikel 240 § 6 sind die Vorschriften dieses Gesetzes und des Bürgerlichen Gesetzbuchs jeweils in der bis einschließlich 30. Juni 2021 geltenden Fassung weiter anzuwenden; Absatz 1 Nummer 1 und 2 gilt entsprechend. [2] In den Fällen des Artikels 240 § 6 Absatz 6 Satz 2 kann der

---

1) Art. 229 § 51 angef. mWv 1.4.2020 durch G v. 19.3.2020 (BGBl. I S. 540).
2) Nr. **20**.
3) Art. 229 § 52 angef. mWv 31.3.2020 durch G v. 19.3.2020 (BGBl. I S. 541).
4) Art. 229 § 53 angef. mWv 23.12.2020 durch G v. 12.6.2020 (BGBl. I S. 1245).
5) Art. 229 § 55 angef. mWv 22.5.2021 durch G v. 12.5.2021 (BGBl. I S. 1082).
6) Art. 229 § 56 angef. mWv 1.7.2021 durch G v. 25.6.2021 (BGBl. I S. 2114).

Reisesicherungsfonds die Reisenden gegen Abtretung derjenigen Ansprüche, die ihnen nach Artikel 240 § 6 Absatz 6 Satz 2 gegen die Bundesrepublik Deutschland zustehen, vollständig entschädigen. [3] Er hat im Fall des Satzes 2 neben den abgetretenen Ansprüchen auch einen Anspruch auf angemessenen Ausgleich des zusätzlichen Abwicklungsaufwands gegen die Bundesrepublik Deutschland.

§§ 57–59 *(noch nicht in Kraft)*

§ 60[1)] Übergangsvorschrift zum Gesetz für faire Verbraucherverträge. [1] Auf ein Schuldverhältnis, das vor dem 1. Oktober 2021 entstanden ist, sind die §§ 308 und 310 Absatz 1 Satz 1 und 2 des Bürgerlichen Gesetzbuchs[2)] in der bis zu diesem Tag geltenden Fassung anzuwenden. [2] Auf ein Schuldverhältnis, das vor dem 1. März 2022 entstanden ist, ist § 309 des Bürgerlichen Gesetzbuchs in der bis zu diesem Tag geltenden Fassung anzuwenden. [3] Die in § 312k des Bürgerlichen Gesetzbuchs in der Fassung vom 1. Juli 2022 vorgesehenen Pflichten gelten auch im Hinblick auf Schuldverhältnisse, die vor diesem Tag entstanden sind.

Sechster Teil. Inkrafttreten und Übergangsrecht aus Anlaß der Einführung des Bürgerlichen Gesetzbuchs und dieses Einführungsgesetzes in dem in Artikel 3 des Einigungsvertrages[3)] genannten Gebiet

Art. 230[4)] Inkrafttreten. Das Bürgerliche Gesetzbuch[2)] und dieses Einführungsgesetz treten für das in Artikel 3 des Einigungsvertrages[3)] genannte Gebiet am Tage des Wirksamwerdens des Beitritts nach Maßgabe der folgenden Übergangsvorschriften in Kraft.

Art. 231 Erstes Buch. Allgemeiner Teil des Bürgerlichen Gesetzbuchs

§ 1[5)] *(aufgehoben)*

§ 2 Vereine. (1) Rechtsfähige Vereinigungen, die nach dem Gesetz über Vereinigungen – Vereinigungsgesetz – vom 21. Februar 1990 (GBl. I Nr. 10 S. 75), geändert durch das Gesetz vom 22. Juni 1990 (GBl. I Nr. 37 S. 470, Nr. 39 S. 546), vor dem Wirksamwerden des Beitritts entstanden sind, bestehen fort.

(2) Auf sie sind ab dem Tag des Wirksamwerdens des Beitritts die §§ 21 bis 79 des Bürgerlichen Gesetzbuchs[2)] anzuwenden.

(3) Die in Absatz 1 genannten Vereinigungen führen ab dem Wirksamwerden des Beitritts die Bezeichnung „eingetragener Verein".

(4) Auf nicht rechtsfähige Vereinigungen im Sinn des Gesetzes über Vereinigungen – Vereinigungsgesetz – vom 21. Februar 1990 findet ab dem Tag des Wirksamwerdens des Beitritts § 54 des Bürgerlichen Gesetzbuchs Anwendung.

§ 3 Stiftungen. (1) Die in dem in Artikel 3 des Einigungsvertrages[3)] genannten Gebiet bestehenden rechtsfähigen Stiftungen bestehen fort.

[1)] Art. 229 § 60 angef. mWv 1.10.2021 durch G v. 10.8.2021 (BGBl. I S. 3433).
[2)] *Nr. 20.*
[3)] **Habersack II Nr. 2.**
[4)] Art. 230 neu gef. durch G v. 4.12.1997 (BGBl. I S. 2846).
[5)] Art. 231 § 1 aufgeh. mWv 25.4.2006 durch G v. 19.4.2006 (BGBl. I S. 866).

(2) Auf Stiftungen des Privaten Rechts sind ab dem Tag des Wirksamwerdens des Beitritts die §§ 80 bis 88 des Bürgerlichen Gesetzbuchs[1)] anzuwenden.

§ 4 Haftung juristischer Personen für ihre Organe. Die §§ 31 und 89 des Bürgerlichen Gesetzbuchs[1)] sind nur auf solche Handlungen anzuwenden, die am Tag des Wirksamwerdens des Beitritts oder danach begangen werden.

§ 5[2)] Sachen. (1) [1] Nicht zu den Bestandteilen eines Grundstücks gehören Gebäude, Baulichkeiten, Anlagen, Anpflanzungen oder Einrichtungen, die gemäß dem am Tag vor dem Wirksamwerden des Beitritts geltenden Recht vom Grundstückseigentum unabhängiges Eigentum sind. [2] Das gleiche gilt, wenn solche Gegenstände am Tag des Wirksamwerdens des Beitritts oder danach errichtet oder angebracht werden, soweit dies aufgrund eines vor dem Wirksamwerden des Beitritts begründeten Nutzungsrechts an dem Grundstück oder Nutzungsrechts nach den §§ 312 bis 315 des Zivilgesetzbuchs der Deutschen Demokratischen Republik zulässig ist.

(2) [1] Das Nutzungsrecht an dem Grundstück und die erwähnten Anlagen, Anpflanzungen oder Einrichtungen gelten als wesentliche Bestandteile des Gebäudes. [2] Artikel 233 § 4 Abs. 3 und 5 bleibt unberührt.

(3) [1] Das Gebäudeeigentum nach den Absätzen 1 und 2 erlischt, wenn nach dem 31. Dezember 2000 das Eigentum am Grundstück übertragen wird, es sei denn, daß das Nutzungsrecht oder das selbständige Gebäudeeigentum nach Artikel 233 § 2b Abs. 2 Satz 3 im Grundbuch des veräußerten Grundstücks eingetragen ist oder dem Erwerber das nicht eingetragene Recht bekannt war. [2] Dem Inhaber des Gebäudeeigentums steht gegen den Veräußerer ein Anspruch auf Ersatz des Wertes zu, den das Gebäudeeigentum im Zeitpunkt seines Erlöschens hatte; an dem Gebäudeeigentum begründete Grundpfandrechte werden Pfandrechte an diesem Anspruch.

(4) [1] Wird nach dem 31. Dezember 2000 das Grundstück mit einem dinglichen Recht belastet oder ein solches Recht erworben, so gilt für den Inhaber des Rechts das Gebäude als Bestandteil des Grundstücks. [2] Absatz 3 Satz 1 ist entsprechend anzuwenden.

(5) [1] Ist ein Gebäude auf mehreren Grundstücken errichtet, gelten die Absätze 3 und 4 nur in Ansehung des Grundstücks, auf dem sich der überwiegende Teil des Gebäudes befindet. [2] Für den Erwerber des Grundstücks gelten in Ansehung des auf dem anderen Grundstück befindlichen Teils des Gebäudes die Vorschriften über den zu duldenden Überbau sinngemäß.

§ 6 Verjährung. (1) [1] Die Vorschriften des Bürgerlichen Gesetzbuchs über die Verjährung finden auf die am Tag des Wirksamwerdens des Beitritts bestehenden und noch nicht verjährten Ansprüche Anwendung. [2] Der Beginn, die Hemmung und die Unterbrechung der Verjährung bestimmen sich jedoch für den Zeitraum vor dem Wirksamwerden des Beitritts nach den bislang für das in Artikel 3 des Einigungsvertrages[3)] genannte Gebiet geltenden Rechtsvorschriften.

(2) [1] Ist die Verjährungsfrist nach dem Bürgerlichen Gesetzbuch[1)] kürzer als nach den Rechtsvorschriften, die bislang für das in Artikel 3 des Einigungsvertrages genannte Gebiet galten, so wird die kürzere Frist von dem Tag des Wirksamwer-

---

[1)] Nr. **20**.

[2)] Art. 231 § 5 Abs. 3 Satz 1, Abs. 4 Satz 1 geänd. durch G v. 20.12.1996 (BGBl. I S. 2028); Abs. 3 Satz 1, Abs. 4 Satz 1 geänd. durch G v. 20.12.1999 (BGBl. I S. 2493).

[3)] **Habersack II Nr. 2.**

dens des Beitritts an berechnet. [2]Läuft jedoch die in den Rechtsvorschriften, die bislang für das in Artikel 3 des Einigungsvertrages genannte Gebiet galten, bestimmte längere Frist früher als die im Bürgerlichen Gesetzbuch bestimmte kürzere Frist ab, so ist die Verjährung mit dem Ablauf der längeren Frist vollendet.

(3) Die Absätze 1 und 2 sind entsprechend auf Fristen anzuwenden, die für die Geltendmachung, den Erwerb oder den Verlust eines Rechts maßgebend sind.

§ 7 Beurkundungen und Beglaubigungen. (1) Eine vor dem Wirksamwerden des Beitritts erfolgte notarielle Beurkundung oder Beglaubigung ist nicht deshalb unwirksam, weil die erforderliche Beurkundung oder Beglaubigung von einem Notar vorgenommen wurde, der nicht in dem in Artikel 3 des Einigungsvertrages[1)] genannten Gebiet berufen oder bestellt war, sofern dieser im Geltungsbereich des Grundgesetzes[2)] bestellt war.

(2) Absatz 1 gilt nicht, soweit eine rechtskräftige Entscheidung entgegensteht.

(3) Ein Vertrag, durch den sich der Beteiligte eines nach Absatz 1 wirksamen Rechtsgeschäfts vor Inkrafttreten des Zweiten Vermögensrechtsänderungsgesetzes gegenüber einem anderen Beteiligten zu weitergehenden Leistungen verpflichtet oder auf Rechte verzichtet hat, weil dieser die Nichtigkeit dieses Rechtsgeschäfts geltend gemacht hat, ist insoweit unwirksam, als die durch den Vertrag begründeten Rechte und Pflichten der Beteiligten von den Vereinbarungen in dem nach Absatz 1 wirksamen Rechtsgeschäft abweichen.

(Fortsetzung nächstes Blatt)

[1)] **Habersack II Nr. 2.**
[2)] **Habersack, Deutsche Gesetze ErgBd. Nr. 1.**

23. Beurkundungsgesetz (BeurkG)[1)]

Vom 28. August 1969
(BGBl. I S. 1513)

FNA 303-13

Lfd. Nr.	Änderndes Gesetz	Datum	Fundstelle	Betroffen	Hinweis
1.	Art. 3 G zur Änd. des RPflG, des BeurkG und zur Umwandlung des Offenbarungseides in eine eidesstattliche Versicherung	27.6.1970	BGBl. I S. 911	§§ 56, 61, 68	eingef.
2.	Art. 2 G über die Ermächt. d. Landes Bad.-Württ. zur Rechtsbereinigung	17.12. 1974	BGBl. I S. 3602	§ 61	geänd.
3.	Art. 7 AdoptionsG	2.7.1976	BGBl. I S. 1749	§§ 3,6, 7, 26	geänd.
4.	§ 3 G zur Änd. und Ergänzung beurkungsrechtlicher Vorschriften	20.2.1980	BGBl. I S. 157	§§ 9, 13, 37, 44 § 13a	geänd. eingef.
5.	Sechstes ÜberleitungsG	25.9.1990	BGBl. I S. 2106	§ 70	gegenstandslos
6.	Art. 7 Rechtspflege-VereinfachungsG	17.12. 1990	BGBl. I S. 2847	§ 62	geänd.
7.	Art. 14 § 5 KindschaftsrechtsreformG	16.12. 1997	BGBl. I S. 2942	§ 62	geänd.
8.	Art. 4 KindesunterhaltsG	6.4.1998	BGBl. I S. 666	§ 62	geänd.
9.	Art. 17 HandelsrechtsreformG	22.6.1998	BGBl. I S. 1474	§§ 39, 41	geänd.
10.	Art. 2 Drittes G zur Änd. der BNotO und anderer Gesetze	31.8.1998	BGBl. I S. 2585	§§ 1, 3, 14, 17, 34, 45 § 44a, Fünfter Abschnitt (§§ 54a–54e)	geänd. eingef.
11.	Art. 3 § 15 G zur Beendigung der Diskriminierung gleichgeschlechtlicher Gemeinschaften: Lebenspartnerschaften	16.2.2001	BGBl. I S. 266	§§ 3, 6, 7, 26	geänd.
12.	Art. 2 Abs. 6 ZustellungsreformG	25.6.2001	BGBl. I S. 1206	§ 62	geänd.
13.	Art. 5 G zur Einführung des Euro in Rechtspflegegesetzen u.a.	13.12. 2001	BGBl. I S. 3574	§ 3	geänd. mWv 1.1.2002
14.	Art. 25 Abs. 4 OLG-VertretungsänderungsG	23.7.2002	BGBl. I S. 2850, ber. S. 4410	§§ 17, 22 – 24, 33, 34 § 31	geänd. mWv 1.8.2002 aufgeh. mWv 1.8.2002
15.	Art. 2c Vaterschafts-Anfechtungs-ÄndG	23.4.2004	BGBl. I S. 598	§ 20a	eingef. mWv 30.4.2004

[1)] Überschrift geänd. mWv 1.8.2021 durch G v. 25.6.2021 (BGBl. I S. 2154).

Lfd. Nr.	Änderndes Gesetz	Datum	Fundstelle	Betroffen	Hinweis
16.	Art. 5 Abs. 20 G zur Überarbeitung des Lebenspartnerschaftsrechts	15.12. 2004	BGBl. I S. 3396	§ 3	geänd. mWv 1.1.2005
17.	Art. 8 JustizkommunikationsG	22.3.2005	BGBl. I S. 837, ber. S. 2022	§§ 19, 42, 64 § 39a	geänd. mWv 1.4.2005 eingef. mWv 1.4.2005
18.	Art. 2 Abs. 10 PersonenstandsrechtsreformG	19.2.2007	BGBl. I S. 122	§§ 34, 58 § 34a	geänd. mWv 1.1.2009 eingef. mWv 1.1.2009
19.	Art. 5 G zur Neuregelung des Rechtsberatungsrechts[1]	12.12. 2007	BGBl. I S. 2840	§ 3	geänd. mWv 18.12.2007
20.	Art. 26 FGG-ReformG	17.12. 2008	BGBl. I S. 2586	§ 54	geänd. mWv 1.9.2009
21.	Art. 7 G zur Änd. der BundesnotarO und anderer Gesetze	15.7.2009	BGBl. I S. 1798, aufgeh. durch G v. 1.6. 2017, BGBl. I S. 1396	§ 61 § 64	geänd. mWv 1.1.2018, insoweit aufgeh. durch G v. 1.6. 2017 (BGBl. I S. 1396) aufgeh. mWv 1.1.2018, insoweit aufgeh. durch G v. 1.6. 2017 (BGBl. I S. 1396)
22.	Art. 2 G zur Modernisierung des Benachrichtigungswesens in Nachlasssachen durch Schaffung des Zentralen Testamentsregisters bei der BNotK und zur Fristverlängerung nach der HofraumVO	22.12. 2010	BGBl. I S. 2255	§ 20a § 34a	geänd. mWv 28.12.2010 neu gef. mWv 1.1.2012
23.	Art. 1 G zur Stärkung des Verbraucherschutzes im notariellen Beurkundungsverfahren	15.7.2013	BGBl. I S. 2378	§ 17	geänd. mWv 1.10.2013
24.	Art. 5 G zum Internationalen Erbrecht u. zur Änd. von Vorschr. zum Erbschein sowie zur Änd. sonstiger Vorschr.	29.6.2015	BGBl. I S. 1042	§ 56	geänd. mWv 17.8.2015
25.	Art. 3 G zur Abwicklung der staatlichen Notariate in Baden-Württemberg	23.11. 2015	BGBl. I S. 2090, aufgeh. durch G v. 1.6. 2017, BGBl. I S. 1396	§ 54b	geänd. mWv 1.1.2018, insoweit aufgeh. durch G v. 1.6. 2017 (BGBl. I S. 1396)

[1] **Amtl. Anm.:** Dieses Gesetz dient der Umsetzung der Richtlinie 2005/36/EG des Europäischen Parlaments und des Rates vom 7. September 2005 über die Anerkennung von Berufsqualifikationen (ABl. EU Nr. L 255 S. 22).

Lfd. Nr.	Änderndes Gesetz	Datum	Fund-stelle	Betroffen	Hinweis
26.	Art. 2 G zur Neuordnung der Aufbewahrung von Notariatsunterlagen und zur Einrichtung des Elektronischen Urkundenarchivs bei der Bundesnotarkammer sowie zur Änd. weiterer Gesetze	1.6.2017	BGBl. I S. 1396, geänd. 2019, S. 1942	§§ 10, 34a, 39a, 40, 41, 5. Abschnitt (§§ 54a–54e), 6. Abschnitt, §§ 57, 58, 60–62, 7. Abschnitt, §§ 63–76	geänd. mWv 9.6.2017
				§§ 58, 66	geänd. mWv 1.1.2018
				§§ 1, 34, 44a, 45, 46, 49, 54	geänd. mWv 1.1.2022
				6. Abschnitt 3. Zwischenüberschrift	neu gef. mWv 1.1.2022
				§ 59	eingef. mWv 9.6.2017
				§§ 44b, 45a, 5. Abschnitt (§§ 55, 56), § 59a	eingef. mWv 1.1.2022
				§§ 55, 57, 60	aufgeh. mit Ablauf des 8.6.2017
				§ 69	aufgeh. mit Ablauf des 31.12. 2017
27.	Art. 11 Abs. 14 eIDAS-DurchführungsG[1) 2)]	18.7.2017	BGBl. I S. 2745	§ 42	geänd. mWv 29.7.2017
28.	Art. 10 G zur Umsetzung des G zur Einf. des Rechts auf Eheschließung für Personen gleichen Geschlechts	18.12. 2018	BGBl. I S. 2639	§ 3	geänd. mWv 22.12.2018
29.	Art. 13 G zur Änd. von Vorschr. über die außergerichtl. Streitbeilegung in Verbrauchersachen u. zur Änd. weiterer G	30.11. 2019	BGBl. I S. 1942	§ 76	neu gef. mWv 1.1.2022
30.	Art. 10, 11 G zur Modernisierung des notariellen Berufsrechts und zur Änd. weiterer Vorschriften	25.6.2021	BGBl. I S. 2154	Überschrift, §§ 3, 17, 39a, 42, 46, 51, 57, 58	geänd. mWv 1.8.2021
				§ 75	aufgeh. mit Ablauf des 31.7. 2021
				§§ 49, 56, 76	geänd. mWv 1.1.2022
31.	Art. 4 G zur Umsetzung der Digitalisierungsrichtlinie (DiRUG)[3)]	5.7.2021	BGBl. I S. 3338	§§ 1, 12, 39a, 42, 44a, 44b, 45, 46, 47, 49, 56, 66, 75	geänd. mWv 1.8.2022
				Gliederungs-, Paragraphenüberschriften (teilweise), §§ 31, 69	neu gef. mWv 1.8.2022
				Inhaltsübersicht, Abschnitt 2 UAbschnitt 3 (§§ 16a–16e), §§ 40a, 45b	eingef. mWv 1.8.2022

[1)] **Amtl. Anm.:** Dieses Gesetz dient der Durchführung der Verordnung (EU) Nr. 910/2014 des Europäischen Parlaments und des Rates vom 23. Juli 2014 über elektronische Identifizierung und Vertrauensdienste für elektronische Transaktionen im Binnenmarkt und zur Aufhebung der Richtlinie 1999/93/EG.

[2)] **Amtl. Anm.:** Notifiziert gemäß der Richtlinie (EU) 2015/1535 des Europäischen Parlaments und des Rates vom 9. September 2015 über ein Informationsverfahren auf dem Gebiet der technischen Vorschriften und der Vorschriften für die Dienste der Informationsgesellschaft (ABl. L 241 vom 17.9.2015, S. 1).

[3)] **Amtl. Anm.:** Dieses Gesetz dient der Umsetzung der Richtlinie (EU) 2019/1151 des Europäischen Parlaments und des Rates vom 20. Juni 2019 zur Änderung der Richtlinie (EU) 2017/1132 im Hinblick auf den Einsatz digitaler Werkzeuge und Verfahren im Gesellschaftsrecht (ABl. L 186 vom 11.7.2019, S. 80).

Vorbemerkung:
Die Änderungen durch G v. 5.7.2021 (BGBl. I S. 3338) treten erst mWv 1.8. 2022 in Kraft und sind im Text noch nicht berücksichtigt.

Nichtamtliche Inhaltsübersicht

Erster Abschnitt. Allgemeine Vorschriften

§ 1[1)] **Geltungsbereich** (1) Dieses Gesetz gilt für öffentliche Beurkundungen und Verwahrungen durch den Notar.

(2) Soweit für öffentliche Beurkundungen neben dem Notar auch andere Urkundspersonen oder sonstige Stellen zuständig sind, gelten die Vorschriften dieses Gesetzes, ausgenommen § 5 Abs. 2 ***[ab 1.1.2022:*** *und des Fünften Abschnittes****]***, entsprechend.[2)]

§ 2 Überschreiten des Amtsbezirks. Eine Beurkundung ist nicht deshalb unwirksam, weil der Notar sie außerhalb seines Amtsbezirks oder außerhalb des Landes vorgenommen hat, in dem er zum Notar bestellt ist.

§ 3[3)] **Verbot der Mitwirkung als Notar.** (1) [1]Ein Notar soll an einer Beurkundung nicht mitwirken, wenn es sich handelt um

---

[1)] § 1 Abs. 1 neu gef. durch G v. 31.8.1998 (BGBl. I S. 2585); Abs. 2 geänd. **mWv 1.1.2022** durch G v. 1.6.2017 (BGBl. I S. 1396, geänd. durch G v. 30.11.2019, BGBl. I S. 1942).

[2)] Beachte hierzu auch §§ 10 ff. KonsularG v. 11.9.1974 (BGBl. I S. 2317), zuletzt geänd. durch G v. 28.3. 2021 (BGBl. I S. 591).

[3)] § 3 Abs. 1 Nr. 3 geänd. durch G v. 2.7.1976 (BGBl. I S. 1749); Abs. 1 Nr. 4 und 5 neu gef., Nr. 6–9 und Satz 2 angef., Abs. 3 Satz 1 Nr. 2 und 3 neu gef. durch G v. 31.8.1998 (BGBl. I S. 2585); Abs. 1 Satz 1 Nr. 9 geänd. mWv 1.1.2002 durch G v. 13.12.2001 (BGBl. I S. 3574); Abs. 1 Satz 1 Nr. 7 neu gef. mWv 18.12.2007 durch G v. 12.12.2007 (BGBl. I S. 2840); Abs. 1 Satz 1 Nr. 2a neu gef. mWv 22.12.2018 durch G v. 18.12.2018 (BGBl. I S. 2639); Abs. 1 Satz 2 geänd., Abs. 3 Satz 2 neu gef. mWv 1.8.2021 durch G v. 25.6.2021 (BGBl. I S. 2154).

1. eigene Angelegenheiten, auch wenn der Notar nur mitberechtigt oder mitverpflichtet ist,
2. Angelegenheiten seines Ehegatten, früheren Ehegatten oder seines Verlobten,

2a. Angelegenheiten seines Lebenspartners oder früheren Lebenspartners,

3. Angelegenheiten einer Person, die mit dem Notar in gerader Linie verwandt oder verschwägert oder in der Seitenlinie bis zum dritten Grade verwandt oder bis zum zweiten Grade verschwägert ist oder war,
4. Angelegenheiten einer Person, mit der sich der Notar zur gemeinsamen Berufsausübung verbunden oder mit der er gemeinsame Geschäftsräume hat,
5. Angelegenheiten einer Person, deren gesetzlicher Vertreter der Notar oder eine Person im Sinne der Nummer 4 ist,
6. Angelegenheiten einer Person, deren vertretungsberechtigtem Organ der Notar oder eine Person im Sinne der Nummer 4 angehört,
7. Angelegenheiten einer Person, für die der Notar, eine Person im Sinn der Nummer 4 oder eine mit dieser im Sinn der Nummer 4 oder in einem verbundenen Unternehmen (§ 15 des Aktiengesetzes[1]) verbundene Person außerhalb einer Amtstätigkeit in derselben Angelegenheit bereits tätig war oder ist, es sei denn, diese Tätigkeit wurde im Auftrag aller Personen ausgeübt, die an der Beurkundung beteiligt sein sollen,
8. Angelegenheiten einer Person, die den Notar in derselben Angelegenheit bevollmächtigt hat oder zu der der Notar oder eine Person im Sinne der Nummer 4 in einem ständigen Dienst- oder ähnlichen ständigen Geschäftsverhältnis steht, oder
9. Angelegenheiten einer Gesellschaft, an der der Notar mit mehr als fünf vom Hundert der Stimmrechte oder mit einem anteiligen Betrag des Haftkapitals von mehr als 2 500 Euro beteiligt ist.

[2] Der Notar hat vor der Beurkundung nach einer Vorbefassung im Sinne des Satzes 1 Nummer 7 zu fragen und in der Urkunde die Antwort zu vermerken.

(2) [1] Handelt es sich um eine Angelegenheit mehrerer Personen und ist der Notar früher in dieser Angelegenheit als gesetzlicher Vertreter oder Bevollmächtigter tätig gewesen oder ist er für eine dieser Personen in anderer Sache als Bevollmächtigter tätig, so soll er vor der Beurkundung darauf hinweisen und fragen, ob er die Beurkundung gleichwohl vornehmen soll. [2] In der Urkunde soll er vermerken, daß dies geschehen ist.

(3) [1] Absatz 2 gilt entsprechend, wenn es sich handelt um

1. Angelegenheiten einer Person, deren nicht zur Vertretung berechtigtem Organ der Notar angehört,
2. Angelegenheiten einer Gemeinde oder eines Kreises, deren Organ der Notar angehört,
3. Angelegenheiten einer als Körperschaft des öffentlichen Rechts anerkannten Religions- oder Weltanschauungsgemeinschaft oder einer als Körperschaft des öffentlichen Rechts anerkannten Teilorganisation einer solchen Gemeinschaft, deren Organ der Notar angehört.

[2] In den Fällen des Satzes 1 Nummer 2 und 3 ist Absatz 1 Satz 1 Nummer 6 nicht anwendbar.

---

[1] Nr. **51**.

§ 4 Ablehnung der Beurkundung. Der Notar soll die Beurkundung ablehnen, wenn sie mit seinen Amtspflichten nicht vereinbar wäre, insbesondere wenn seine Mitwirkung bei Handlungen verlangt wird, mit denen erkennbar unerlaubte oder unredliche Zwecke verfolgt werden.

§ 5 Urkundensprache. (1) Urkunden werden in deutscher Sprache errichtet.

(2) [1]Der Notar kann auf Verlangen Urkunden auch in einer anderen Sprache errichten. [2]Er soll dem Verlangen nur entsprechen, wenn er der fremden Sprache hinreichend kundig ist.

Zweiter Abschnitt. Beurkundung von Willenserklärungen

1. Ausschließung des Notars

§ 6[1)] Ausschließungsgründe. (1) Die Beurkundung von Willenserklärungen ist unwirksam, wenn

1. der Notar selbst,
2. sein Ehegatte,
2a. sein Lebenspartner,
3. eine Person, die mit ihm in gerader Linie verwandt ist oder war, oder
4. ein Vertreter, der für eine der in den Nummern 1 bis 3 bezeichneten Personen handelt,

an der Beurkundung beteiligt ist.

(2) An der Beurkundung beteiligt sind die Erschienenen, deren im eigenen oder fremden Namen abgegebene Erklärungen beurkundet werden sollen.

§ 7[2)] Beurkundungen zugunsten des Notars oder seiner Angehörigen. Die Beurkundung von Willenserklärungen ist insoweit unwirksam, als diese darauf gerichtet sind,

1. dem Notar,
2. seinem Ehegatten oder früheren Ehegatten,
2a. seinem Lebenspartner oder früheren Lebenspartner oder
3. einer Person, die mit ihm in gerader Linie verwandt oder verschwägert oder in der Seitenlinie bis zum dritten Grade verwandt oder bis zum zweiten Grade verschwägert ist oder war,

einen rechtlichen Vorteil zu verschaffen.

2. Niederschrift

§ 8 Grundsatz. Bei der Beurkundung von Willenserklärungen muß eine Niederschrift über die Verhandlung aufgenommen werden.

§ 9[3)] Inhalt der Niederschrift. (1) [1]Die Niederschrift muß enthalten

1. die Bezeichnung des Notars und der Beteiligten

[1)] § 6 Abs. 1 Nr. 3 neu gef. durch G v. 2.7.1976 (BGBl. I S. 1749); Abs. 1 Nr. 2a eingef. mWv 1.8.2001 durch G v. 16.2.2001 (BGBl. I S. 266).

[2)] § 7 Nr. 3 geänd. durch G v. 2.7.1976 (BGBl. I S. 1749); Nr. 2 neu gef., Nr. 2a eingef. mWv 1.8.2001 durch G v. 16.2.2001 (BGBl. I S. 266).

[3)] § 9 Abs. 1 Satz 3 angef. durch G v. 20.2.1980 (BGBl. I S. 157).

sowie
2. die Erklärungen der Beteiligten.

[2] Erklärungen in einem Schriftstück, auf das in der Niederschrift verwiesen und das dieser beigefügt wird, gelten als in der Niederschrift selbst enthalten. [3] Satz 2 gilt entsprechend, wenn die Beteiligten unter Verwendung von Karten, Zeichnungen oder Abbildungen Erklärungen abgeben.

(2) Die Niederschrift soll Ort und Tag der Verhandlung enthalten.

§ 10[1)] Feststellung der Beteiligten. (1) Der Notar soll sich Gewissheit über die Person der Beteiligten verschaffen.

(2) In der Niederschrift soll die Person der Beteiligten so genau bezeichnet werden, daß Zweifel und Verwechslungen ausgeschlossen sind.

(3) [1] Aus der Niederschrift soll sich ergeben, ob der Notar die Beteiligten kennt oder wie er sich Gewißheit über ihre Person verschafft hat. [2] Kann sich der Notar diese Gewißheit nicht verschaffen, wird aber gleichwohl die Aufnahme der Niederschrift verlangt, so soll der Notar dies in der Niederschrift unter Anführung des Sachverhalts angeben.

§ 11 Feststellungen über die Geschäftsfähigkeit. (1) [1] Fehlt einem Beteiligten nach der Überzeugung des Notars die erforderliche Geschäftsfähigkeit, so soll die Beurkundung abgelehnt werden. [2] Zweifel an der erforderlichen Geschäftsfähigkeit eines Beteiligten soll der Notar in der Niederschrift feststellen.

(2) Ist ein Beteiligter schwer krank, so soll dies in der Niederschrift vermerkt und angegeben werden, welche Feststellungen der Notar über die Geschäftsfähigkeit getroffen hat.

§ 12 Nachweise für die Vertretungsberechtigung. [1] Vorgelegte Vollmachten und Ausweise über die Berechtigung eines gesetzlichen Vertreters sollen der Niederschrift in Urschrift oder in beglaubigter Abschrift beigefügt werden. [2] Ergibt sich die Vertretungsberechtigung aus einer Eintragung im Handelsregister oder in einem ähnlichen Register, so genügt die Bescheinigung eines Notars nach § 21 der Bundesnotarordnung[2)].

§ 13[3)] Vorlesen, Genehmigen, Unterschreiben. (1) [1] Die Niederschrift muß in Gegenwart des Notars den Beteiligten vorgelesen, von ihnen genehmigt und eigenhändig unterschrieben werden; soweit die Niederschrift auf Karten, Zeichnungen oder Abbildungen verweist, müssen diese den Beteiligten anstelle des Vorlesens zur Durchsicht vorgelegt werden. [2] In der Niederschrift soll festgestellt werden, daß dies geschehen ist. [3] Haben die Beteiligten die Niederschrift eigenhändig unterschrieben, so wird vermutet, daß sie in Gegenwart des Notars vorgelesen oder, soweit nach Satz 1 erforderlich, zur Durchsicht vorgelegt und von den Beteiligten genehmigt ist. [4] Die Niederschrift soll den Beteiligten auf Verlangen vor der Genehmigung auch zur Durchsicht vorgelegt werden.

(2) [1] Werden mehrere Niederschriften aufgenommen, die ganz oder teilweise übereinstimmen, so genügt es, wenn der übereinstimmende Inhalt den Beteiligten

---

[1)] *§ 10 Abs. 1 eingef., bish. Abs. 1 und 2* werden Abs. 2 und 3 mWv 9.6.2017 durch G v. 1.6.2017 (BGBl. I S. 1396).

[2)] **Habersack, Deutsche Gesetze ErgBd. Nr. 98a.**

[3)] § 13 Abs. 1 Satz 1 geänd., Satz 3 und Abs. 2 Satz 1 neu gef. durch G v. 20.2.1980 (BGBl. I S. 157).

einmal nach Absatz 1 Satz 1 vorgelesen oder anstelle des Vorlesens zur Durchsicht vorgelegt wird. [2] § 18 der Bundesnotarordnung[1)] bleibt unberührt.

(3) [1] Die Niederschrift muß von dem Notar eigenhändig unterschrieben werden. [2] Der Notar soll der Unterschrift seine Amtsbezeichnung beifügen.

§ 13a[2)] Eingeschränkte Beifügungs- und Vorlesungspflicht. (1) [1] Wird in der Niederschrift auf eine andere notarielle Niederschrift verwiesen, die nach den Vorschriften über die Beurkundung von Willenserklärungen errichtet worden ist, so braucht diese nicht vorgelesen zu werden, wenn die Beteiligten erklären, daß ihnen der Inhalt der anderen Niederschrift bekannt ist, und sie auf das Vorlesen verzichten. [2] Dies soll in der Niederschrift festgestellt werden. [3] Der Notar soll nur beurkunden, wenn den Beteiligten die andere Niederschrift zumindest in beglaubigter Abschrift bei der Beurkundung vorliegt. [4] Für die Vorlage zur Durchsicht anstelle des Vorlesens von Karten, Zeichnungen oder Abbildungen gelten die Sätze 1 bis 3 entsprechend.

(2) [1] Die andere Niederschrift braucht der Niederschrift nicht beigefügt zu werden, wenn die Beteiligten darauf verzichten. [2] In der Niederschrift soll festgestellt werden, daß die Beteiligten auf das Beifügen verzichtet haben.

(3) [1] Kann die andere Niederschrift bei dem Notar oder einer anderen Stelle rechtzeitig vor der Beurkundung eingesehen werden, so soll der Notar dies den Beteiligten vor der Verhandlung mitteilen; befindet sich die andere Niederschrift bei dem Notar, so soll er diese dem Beteiligten auf Verlangen übermitteln. [2] Unbeschadet des § 17 soll der Notar die Beteiligten auch über die Bedeutung des Verweisens auf die andere Niederschrift belehren.

(4) Wird in der Niederschrift auf Karten oder Zeichnungen verwiesen, die von einer öffentlichen Behörde innerhalb der Grenzen ihrer Amtsbefugnisse oder von einer mit öffentlichem Glauben versehenen Person innerhalb des ihr zugewiesenen Geschäftskreises mit Unterschrift und Siegel oder Stempel versehen worden sind, so gelten die Absätze 1 bis 3 entsprechend.

§ 14[3)] Eingeschränkte Vorlesungspflicht. (1) [1] Werden Bilanzen, Inventare, Nachlaßverzeichnisse oder sonstige Bestandsverzeichnisse über Sachen, Rechte und Rechtsverhältnisse in ein Schriftstück aufgenommen, auf das in der Niederschrift verwiesen und das dieser beigefügt wird, so braucht es nicht vorgelesen zu werden, wenn die Beteiligten auf das Vorlesen verzichten. [2] Das gleiche gilt für Erklärungen, die bei der Bestellung einer Hypothek, Grundschuld, Rentenschuld, Schiffshypothek oder eines Registerpfandrechts an Luftfahrzeugen aufgenommen werden und nicht im Grundbuch, Schiffsregister, Schiffsbauregister oder im Register für Pfandrechte an Luftfahrzeugen selbst angegeben zu werden brauchen. [3] Eine Erklärung, sich der sofortigen Zwangsvollstreckung zu unterwerfen, muß in die Niederschrift selbst aufgenommen werden.

(2) [1] Wird nach Absatz 1 das beigefügte Schriftstück nicht vorgelesen, so soll es den Beteiligten zur Kenntnisnahme vorgelegt und von ihnen unterschrieben werden; besteht das Schriftstück aus mehreren Seiten, soll jede Seite von ihnen unterzeichnet werden. [2] § 17 bleibt unberührt.

(3) In der Niederschrift muß festgestellt werden, daß die Beteiligten auf das Vorlesen verzichtet haben; es soll festgestellt werden, daß ihnen das beigefügte Schriftstück zur Kenntnisnahme vorgelegt worden ist.

[1)] **Habersack, Deutsche Gesetze ErgBd. Nr. 98a.**

[2)] § 13a eingef. durch G v. 20.2.1980 (BGBl. I S. 157).

[3)] § 14 Abs. 1 neu gef., Abs. 2 Satz 1 geänd. durch G v. 31.8.1998 (BGBl. I S. 2585).

§ 15 Versteigerungen. [1] Bei der Beurkundung von Versteigerungen gelten nur solche Bieter als beteiligt, die an ihr Gebot gebunden bleiben. [2] Entfernt sich ein solcher Bieter vor dem Schluß der Verhandlung, so gilt § 13 Abs. 1 insoweit nicht; in der Niederschrift muß festgestellt werden, daß sich der Bieter vor dem Schluß der Verhandlung entfernt hat.

§ 16 Übersetzung der Niederschrift. (1) Ist ein Beteiligter nach seinen Angaben oder nach der Überzeugung des Notars der deutschen Sprache oder, wenn die Niederschrift in einer anderen als der deutschen Sprache aufgenommen wird, dieser Sprache nicht hinreichend kundig, so soll dies in der Niederschrift festgestellt werden.

(2) [1] Eine Niederschrift, die eine derartige Feststellung enthält, muß dem Beteiligten anstelle des Vorlesens übersetzt werden. [2] Wenn der Beteiligte es verlangt, soll die Übersetzung außerdem schriftlich angefertigt und ihm zur Durchsicht vorgelegt werden; die Übersetzung soll der Niederschrift beigefügt werden. [3] Der Notar soll den Beteiligten darauf hinweisen, daß dieser eine schriftliche Übersetzung verlangen kann. [4] Diese Tatsachen sollen in der Niederschrift festgestellt werden.

(3) [1] Für die Übersetzung muß, falls der Notar nicht selbst übersetzt, ein Dolmetscher zugezogen werden. [2] Für den Dolmetscher gelten die §§ 6, 7 entsprechend. [3] Ist der Dolmetscher nicht allgemein vereidigt, so soll ihn der Notar vereidigen, es sei denn, daß alle Beteiligten darauf verzichten. [4] Diese Tatsachen sollen in der Niederschrift festgestellt werden. [5] Die Niederschrift soll auch von dem Dolmetscher unterschrieben werden.

3. Prüfungs- und Belehrungspflichten

§ 17[1] Grundsatz. (1) [1] Der Notar soll den Willen der Beteiligten erforschen, den Sachverhalt klären, die Beteiligten über die rechtliche Tragweite des Geschäfts belehren und ihre Erklärungen klar und unzweideutig in der Niederschrift wiedergeben. [2] Dabei soll er darauf achten, daß Irrtümer und Zweifel vermieden sowie unerfahrene und ungewandte Beteiligte nicht benachteiligt werden.

(2) [1] Bestehen Zweifel, ob das Geschäft dem Gesetz oder dem wahren Willen der Beteiligten entspricht, so sollen die Bedenken mit den Beteiligten erörtert werden. [2] Zweifelt der Notar an der Wirksamkeit des Geschäfts und bestehen die Beteiligten auf der Beurkundung, so soll er die Belehrung und die dazu abgegebenen Erklärungen der Beteiligten in der Niederschrift vermerken.

(2a) [1] Der Notar soll das Beurkundungsverfahren so gestalten, daß die Einhaltung der Amtspflichten nach den Absätzen 1 und 2 gewährleistet ist. [2] Bei Verbraucherverträgen soll der Notar darauf hinwirken, dass

1. die rechtsgeschäftlichen Erklärungen des Verbrauchers von diesem persönlich oder durch eine Vertrauensperson vor dem Notar abgegeben werden und
2. der Verbraucher ausreichend Gelegenheit erhält, sich vorab mit dem Gegenstand der Beurkundung auseinanderzusetzen; bei Verbraucherverträgen, die der Beurkundungspflicht nach § 311b Absatz 1 Satz 1 und Absatz 3 des Bürgerlichen Gesetzbuchs unterliegen, soll dem Verbraucher der beabsichtigte Text des Rechtsgeschäfts vom beurkundenden Notar oder einem Notar, mit dem sich der beurkundende Notar zur gemeinsamen Berufsausübung verbunden hat, zur Verfügung

---

[1] § 17 Abs. 2a eingef. durch G v. 31.8.1998 (BGBl. I S. 2585); Abs. 2a Satz 2, 3 angef. mWv 1.8.2002 durch G v. 23.7.2002 (BGBl. I S. 2850); Abs. 2a Satz 2 Nr. 2 neu gef. mWv 1.10.2013 durch G v. 15.7.2013 (BGBl. I S. 2378); Abs. 2a Satz 1 geänd. mWv 1.8.2021 durch G v. 25.6.2021 (BGBl. I S. 2154).

gestellt werden. Dies soll im Regelfall zwei Wochen vor der Beurkundung erfolgen. Wird diese Frist unterschritten, sollen die Gründe hierfür in der Niederschrift angegeben werden.

[3] Weitere Amtspflichten des Notars bleiben unberührt.

(3) [1] Kommt ausländisches Recht zur Anwendung oder bestehen darüber Zweifel, so soll der Notar die Beteiligten darauf hinweisen und dies in der Niederschrift vermerken. [2] Zur Belehrung über den Inhalt ausländischer Rechtsordnungen ist er nicht verpflichtet.

§ 18 Genehmigungserfordernisse. Auf die erforderlichen gerichtlichen oder behördlichen Genehmigungen oder Bestätigungen oder etwa darüber bestehende Zweifel soll der Notar die Beteiligten hinweisen und dies in der Niederschrift vermerken.

§ 19[1)] Unbedenklichkeitsbescheinigung. Darf nach dem Grunderwerbsteuerrecht eine Eintragung im Grundbuch erst vorgenommen werden, wenn die Unbedenklichkeitsbescheinigung des Finanzamts vorliegt, so soll der Notar die Beteiligten darauf hinweisen und dies in der Niederschrift vermerken.

§ 20 Gesetzliches Vorkaufsrecht. Beurkundet der Notar die Veräußerung eines Grundstücks, so soll er, wenn ein gesetzliches Vorkaufsrecht in Betracht kommen könnte, darauf hinweisen und dies in der Niederschrift vermerken.

§ 20a[2)] Vorsorgevollmacht. Beurkundet der Notar eine Vorsorgevollmacht, so soll er auf die Möglichkeit der Registrierung bei dem Zentralen Vorsorgeregister hinweisen.

§ 21 Grundbucheinsicht, Briefvorlage. (1) [1] Bei Geschäften, die im Grundbuch eingetragene oder einzutragende Rechte zum Gegenstand haben, soll sich der Notar über den Grundbuchinhalt unterrichten. [2] Sonst soll er nur beurkunden, wenn die Beteiligten trotz Belehrung über die damit verbundenen Gefahren auf einer sofortigen Beurkundung bestehen; dies soll er in der Niederschrift vermerken.

(2) Bei der Abtretung oder Belastung eines Briefpfandrechts soll der Notar in der Niederschrift vermerken, ob der Brief vorgelegen hat.

4. Beteiligung behinderter Personen

§ 22[3)] Hörbehinderte, sprachbehinderte und sehbehinderte Beteiligte.

(1) [1] Vermag ein Beteiligter nach seinen Angaben oder nach der Überzeugung des Notars nicht hinreichend zu hören, zu sprechen oder zu sehen, so soll zu der Beurkundung ein Zeuge oder ein zweiter Notar zugezogen werden, es sei denn, daß alle Beteiligten darauf verzichten. [2] Auf Verlangen eines hör- oder sprachbehinderten Beteiligten soll der Notar einen Gebärdensprachdolmetscher hinzuziehen. [3] Diese Tatsachen sollen in der Niederschrift festgestellt werden.

(2) Die Niederschrift soll auch von dem Zeugen oder dem zweiten Notar unterschrieben werden.

---

1) § 19 geänd. mWv 1.4.2005 durch G v. 22.3.2005 (BGBl. I S. 837).

2) § 20a eingef. mWv 31.7.2004 durch G v. 23.4.2004 (BGBl. I S. 598); geänd. mWv 28.12.2010 durch G v. 22.12.2010 (BGBl. I S. 2255).

3) § 22 Überschrift neu gef., Abs. 1 Satz 2 eingef., bish. Satz 2 wird Satz 3 mWv 1.8.2002 durch G v. 23.7.2002 (BGBl. I S. 2850).

§ 23[1)] Besonderheiten für hörbehinderte Beteiligte. [1] Eine Niederschrift, in der nach § 22 Abs. 1 festgestellt ist, daß ein Beteiligter nicht hinreichend zu hören vermag, muß diesem Beteiligten anstelle des Vorlesens zur Durchsicht vorgelegt werden; in der Niederschrift soll festgestellt werden, daß dies geschehen ist. [2] Hat der Beteiligte die Niederschrift eigenhändig unterschrieben, so wird vermutet, daß sie ihm zur Durchsicht vorgelegt und von ihm genehmigt worden ist.

§ 24[2)] Besonderheiten für hör- und sprachbehinderte Beteiligte, mit denen eine schriftliche Verständigung nicht möglich ist. (1) [1] Vermag ein Beteiligter nach seinen Angaben oder nach der Überzeugung des Notars nicht hinreichend zu hören oder zu sprechen und sich auch nicht schriftlich zu verständigen, so soll der Notar dies in der Niederschrift feststellen. [2] Wird in der Niederschrift eine solche Feststellung getroffen, so muss zu der Beurkundung eine Person zugezogen werden, die sich mit dem behinderten Beteiligten zu verständigen vermag und mit deren Zuziehung er nach der Überzeugung des Notars einverstanden ist; in der Niederschrift soll festgestellt werden, dass dies geschehen ist. [3] Zweifelt der Notar an der Möglichkeit der Verständigung zwischen der zugezogenen Person und dem Beteiligten, so soll er dies in der Niederschrift feststellen. [4] Die Niederschrift soll auch von der zugezogenen Person unterschrieben werden.

(2) Die Beurkundung von Willenserklärungen ist insoweit unwirksam, als diese darauf gerichtet sind, der nach Absatz 1 zugezogenen Person einen rechtlichen Vorteil zu verschaffen.

(3) Das Erfordernis, nach § 22 einen Zeugen oder zweiten Notar zuzuziehen, bleibt unberührt.

§ 25 Schreibunfähige. [1] Vermag ein Beteiligter nach seinen Angaben oder nach der Überzeugung des Notars seinen Namen nicht zu schreiben, so muß bei dem Vorlesen und der Genehmigung ein Zeuge oder ein zweiter Notar zugezogen werden, wenn nicht bereits nach § 22 ein Zeuge oder ein zweiter Notar zugezogen worden ist. [2] Diese Tatsachen sollen in der Niederschrift festgestellt werden. [3] Die Niederschrift muß von dem Zeugen oder dem zweiten Notar unterschrieben werden.

§ 26[3)] Verbot der Mitwirkung als Zeuge oder zweiter Notar. (1) Als Zeuge oder zweiter Notar soll bei der Beurkundung nicht zugezogen werden, wer

1. selbst beteiligt ist oder durch einen Beteiligten vertreten wird,
2. aus einer zu beurkundenden Willenserklärung einen rechtlichen Vorteil erlangt,
3. mit dem Notar verheiratet ist,
3a. mit ihm eine Lebenspartnerschaft führt oder
4. mit ihm in gerader Linie verwandt ist oder war.

(2) Als Zeuge soll bei der Beurkundung ferner nicht zugezogen werden, wer

1. zu dem Notar in einem ständigen Dienstverhältnis steht,
2. minderjährig ist,
3. geisteskrank oder geistesschwach ist,
4. nicht hinreichend zu hören, zu sprechen oder zu sehen vermag,

---

1) *§ 23 Überschrift neu gef. mWv 1.8.2002* durch G v. 23.7.2002 (BGBl. I S. 2850).

2) § 24 Überschrift, Abs. 1 neu gef., Abs. 2 geänd. mWv 1.8.2002 durch G v. 23.7.2002 (BGBl. I S. 2850).

3) § 26 Abs. 1 Nr. 4 geänd. durch G v. 2.7.1976 (BGBl. I S. 1749); Abs. 1 Nr. 3 neu gef, Nr. 3a eingef. mWv 1.8.2001 durch G v. 16.2.2001 (BGBl. I S. 266).

5. nicht schreiben kann oder
6. der deutschen Sprache nicht hinreichend kundig ist; dies gilt nicht im Falle des § 5 Abs. 2, wenn der Zeuge der Sprache der Niederschrift hinreichend kundig ist.

5. Besonderheiten für Verfügungen von Todes wegen

§ 27 Begünstigte Personen. Die §§ 7, 16 Abs. 3 Satz 2, § 24 Abs. 2, § 26 Abs. 1 Nr. 2 gelten entsprechend für Personen, die in einer Verfügung von Todes wegen bedacht oder zum Testamentsvollstrecker ernannt werden.

§ 28 Feststellungen über die Geschäftsfähigkeit. Der Notar soll seine Wahrnehmungen über die erforderliche Geschäftsfähigkeit des Erblassers in der Niederschrift vermerken.

§ 29 Zeugen, zweiter Notar. [1] Auf Verlangen der Beteiligten soll der Notar bei der Beurkundung bis zu zwei Zeugen oder einen zweiten Notar zuziehen und dies in der Niederschrift vermerken. [2] Die Niederschrift soll auch von diesen Personen unterschrieben werden.

§ 30 Übergabe einer Schrift. [1] Wird eine Verfügung von Todes wegen durch Übergabe einer Schrift errichtet, so muß die Niederschrift auch die Feststellung enthalten, daß die Schrift übergeben worden ist. [2] Die Schrift soll derart gekennzeichnet werden, daß eine Verwechslung ausgeschlossen ist. [3] In der Niederschrift soll vermerkt werden, ob die Schrift offen oder verschlossen übergeben worden ist. [4] Von dem Inhalt einer offen übergebenen Schrift soll der Notar Kenntnis nehmen, sofern er der Sprache, in der die Schrift verfaßt ist, hinreichend kundig ist; § 17 ist anzuwenden. [5] Die Schrift soll der Niederschrift beigefügt werden; einer Verlesung der Schrift bedarf es nicht.

§ 31[1)] *(aufgehoben)*

§ 32 Sprachunkundige. [1] Ist ein Erblasser, der dem Notar seinen letzten Willen mündlich erklärt, der Sprache, in der die Niederschrift aufgenommen wird, nicht hinreichend kundig und ist dies in der Niederschrift festgestellt, so muß eine schriftliche Übersetzung angefertigt werden, die der Niederschrift beigefügt werden soll. [2] Der Erblasser kann hierauf verzichten; der Verzicht muß in der Niederschrift festgestellt werden.

§ 33[2)] **Besonderheiten beim Erbvertrag.** Bei einem Erbvertrag gelten die §§ 30 und 32 entsprechend auch für die Erklärung des anderen Vertragschließenden.

§ 34[3)] **Verschließung, Verwahrung.** (1) [1] Die Niederschrift über die Errichtung eines Testaments soll der Notar in einen Umschlag nehmen und diesen mit dem *Prägesiegel verschließen.* [2] In den Umschlag sollen auch die nach den §§ 30 und 32 beigefügten Schriften genommen werden. [3] Auf dem Umschlag soll der Notar den Erblasser seiner Person nach näher bezeichnen und angeben, wann das Testament errichtet worden ist; diese Aufschrift soll der Notar unterschreiben. [4] Der Notar soll

---

[1)] § 31 aufgeh. mWv 1.8.2002 durch G v. 23.7.2002 (BGBl. I S. 2850).

[2)] § 33 geänd. mWv 1.8.2002 durch G v. 23.7.2002 (BGBl. I S. 2850).

[3)] § 34 Abs. 3 angef. durch G v. 31.8.1998 (BGBl. I S. 2585); Abs. 1 Satz 2 geänd. mWv 1.8.2002 durch G v. 23.7.2002 (BGBl. I S. 2850); Abs. 3 Satz 2 aufgeh.mWv 1.1.2009 durch G v. 19.2.2007 (BGBl. I S. 122); Abs. 4 angef. **mWv 1.1.2022** durch G v. 1.6.2017 (BGBl. I S. 1396).

veranlassen, daß das Testament unverzüglich in besondere amtliche Verwahrung gebracht wird.

(2) Beim Abschluß eines Erbvertrages gilt Absatz 1 entsprechend, sofern nicht die Vertragschließenden die besondere amtliche Verwahrung ausschließen; dies ist im Zweifel anzunehmen, wenn der Erbvertrag mit einem anderen Vertrag in derselben Urkunde verbunden wird.

(3) Haben die Beteiligten bei einem Erbvertrag die besondere amtliche Verwahrung ausgeschlossen, so bleibt die Urkunde in der Verwahrung des Notars.

[Abs. 4 ab 1.1.2022:]

(4) Die Urschrift einer Verfügung von Todes wegen darf nicht nach § 56 in die elektronische Form übertragen werden.

§ 34a[1)] Mitteilungs- und Ablieferungspflichten. (1) [1]Der Notar übermittelt nach Errichtung einer erbfolgerelevanten Urkunde im Sinne von § 78d Absatz 2 Satz 1 der Bundesnotarordnung[2)] die Verwahrangaben im Sinne von § 78d Absatz 2 Satz 2 der Bundesnotarordnung unverzüglich elektronisch an die das Zentrale Testamentsregister führende Registerbehörde. [2]Die Mitteilungspflicht nach Satz 1 besteht auch bei jeder Beurkundung von Änderungen erbfolgerelevanter Urkunden.

(2) Wird ein in die notarielle Verwahrung genommener Erbvertrag gemäß § 2300 Absatz 2, § 2256 Absatz 1 des Bürgerlichen Gesetzbuchs[3)] zurückgegeben, teilt der Notar dies der Registerbehörde mit.

(3) [1]Befindet sich ein Erbvertrag in der Verwahrung des Notars, liefert der Notar ihn nach Eintritt des Erbfalls an das Nachlassgericht ab, in dessen Verwahrung er danach verbleibt. [2]Enthält eine sonstige Urkunde Erklärungen, nach deren Inhalt die Erbfolge geändert werden kann, so teilt der Notar diese Erklärungen dem Nachlassgericht nach dem Eintritt des Erbfalls in beglaubigter Abschrift mit.

§ 35 Niederschrift ohne Unterschrift des Notars. Hat der Notar die Niederschrift über die Errichtung einer Verfügung von Todes wegen nicht unterschrieben, so ist die Beurkundung aus diesem Grunde nicht unwirksam, wenn er die Aufschrift auf dem verschlossenen Umschlag unterschrieben hat.

Dritter Abschnitt. Sonstige Beurkundungen

1. Niederschriften

§ 36 Grundsatz. Bei der Beurkundung anderer Erklärungen als Willenserklärungen sowie sonstiger Tatsachen oder Vorgänge muß eine Niederschrift aufgenommen werden, soweit in § 39 nichts anderes bestimmt ist.

§ 37[4)] Inhalt der Niederschrift. (1) [1]Die Niederschrift muß enthalten
1. die Bezeichnung des Notars sowie
2. den Bericht über seine Wahrnehmungen.

[1)] § 34a neu gef. mWv 1.1.2012 durch G v. 22.12.2010 (BGBl. I S. 2255); Abs. 1 Satz 1 geänd. mWv 9.6. *2017 durch G v. 1.6.2017 (BGBl. I S. 1396).*

[2)] **Habersack, Deutsche Gesetze ErgBd. Nr. 98a.**

[3)] **Nr. 20.**

[4)] § 37 Abs. 1 Satz 3 angef. durch G v. 20.2.1980 (BGBl. I S. 157).

²Der Bericht des Notars in einem Schriftstück, auf das in der Niederschrift verwiesen und das dieser beigefügt wird, gilt als in der Niederschrift selbst enthalten. ³Satz 2 gilt entsprechend, wenn der Notar unter Verwendung von Karten, Zeichnungen oder Abbildungen seinen Bericht erstellt.

(2) In der Niederschrift sollen Ort und Tag der Wahrnehmungen des Notars sowie Ort und Tag der Errichtung der Urkunde angegeben werden.

(3) § 13 Abs. 3 gilt entsprechend.

§ 38 Eide, eidesstattliche Versicherungen. (1) Bei der Abnahme von Eiden und bei der Aufnahme eidesstattlicher Versicherungen gelten die Vorschriften über die Beurkundung von Willenserklärungen entsprechend.

(2) Der Notar soll über die Bedeutung des Eides oder der eidesstattlichen Versicherung belehren und dies in der Niederschrift vermerken.

2. Vermerke

§ 39[1] Einfache Zeugnisse. Bei der Beglaubigung einer Unterschrift oder eines Handzeichens oder der Zeichnung einer Namensunterschrift, bei der Feststellung des Zeitpunktes, zu dem eine Privaturkunde vorgelegt worden ist, bei Bescheinigungen über Eintragungen in öffentlichen Registern, bei der Beglaubigung von Abschriften, Abdrucken, Ablichtungen und dergleichen (Abschriften) und bei sonstigen einfachen Zeugnissen genügt anstelle einer Niederschrift eine Urkunde, die das Zeugnis, die Unterschrift und das Präge- oder Farbdrucksiegel (Siegel) des Notars enthalten muß und Ort und Tag der Ausstellung angeben soll (Vermerk).

§ 39a[2] Einfache elektronische Zeugnisse. (1) ¹Beglaubigungen und sonstige Zeugnisse im Sinne des § 39 können elektronisch errichtet werden. ²Das hierzu erstellte Dokument muss mit einer qualifizierten elektronischen Signatur versehen werden. ³Diese soll auf einem Zertifikat beruhen, das auf Dauer prüfbar ist. ⁴Der Notar muss die qualifizierte elektronische Signatur selbst erzeugen. ⁵§ 33 Absatz 3 der Bundesnotarordnung[3] gilt entsprechend.

(2) ¹Mit dem Zeugnis muss eine Bestätigung der Notareigenschaft durch die zuständige Stelle verbunden werden. ²Das Zeugnis soll Ort und Tag der Ausstellung angeben.

(3) Bei der Beglaubigung eines elektronischen Dokuments, das mit einer qualifizierten elektronischen Signatur versehen ist, soll das Ergebnis der Signaturprüfung dokumentiert werden.

§ 40[4] Beglaubigung einer Unterschrift. (1) Eine Unterschrift soll nur beglaubigt werden, wenn sie in Gegenwart des Notars vollzogen oder anerkannt wird.

(2) Der Notar braucht die Urkunde nur darauf zu prüfen, ob Gründe bestehen, seine Amtstätigkeit zu versagen.

---

[1] § 39 geänd. durch G v. 22. 6.1998 (BGBl. I S. 1474).

[2] § 39a eingef. mWv 1.4.2005 durch G v. 22.3.2005 (BGBl. I S. 837); bish. Sätze 1–3 werden Abs. 1 und Satz 2 geänd., Satz 4 angef., bish. Sätze 4 und 5 werden Abs. 2, Abs. 3 angef. mWv 9.6.2017 durch G v. 1.6. 2017 (BGBl. I S. 1396); Abs. 1 Satz 4 neu gef., Satz 5 angef. mWv 1.8.2021 durch G v. 25.6.2021 (BGBl. I S. 2154).

[3] **Habersack, Deutsche Gesetze ErgBd. Nr. 98a.**

[4] § 40 Abs. 4 geänd. mWv 9.6.2017 durch G v. 1.6.2017 (BGBl. I S. 1396).

(3) [1] Der Beglaubigungsvermerk muß auch die Person bezeichnen, welche die Unterschrift vollzogen oder anerkannt hat. [2] In dem Vermerk soll angegeben werden, ob die Unterschrift vor dem Notar vollzogen oder anerkannt worden ist.

(4) § 10 Absatz 1, 2 und 3 Satz 1 gilt entsprechend.

(5) [1] Unterschriften ohne zugehörigen Text soll der Notar nur beglaubigen, wenn dargelegt wird, daß die Beglaubigung vor der Festlegung des Urkundeninhalts benötigt wird. [2] In dem Beglaubigungsvermerk soll angegeben werden, daß bei der Beglaubigung ein durch die Unterschrift gedeckter Text nicht vorhanden war.

(6) Die Absätze 1 bis 5 gelten für die Beglaubigung von Handzeichen entsprechend.

§ 41[1)] Beglaubigung der Zeichnung einer *Firma oder*[2)] Namensunterschrift. [1] Bei der Beglaubigung der Zeichnung einer Namensunterschrift, die zur Aufbewahrung beim Gericht bestimmt ist, muß die Zeichnung in Gegenwart des Notars vollzogen werden; dies soll in dem Beglaubigungsvermerk festgestellt werden. [2] Der Beglaubigungsvermerk muß auch die Person angeben, welche gezeichnet hat. [3] § 10 Absatz 1, 2 und 3 Satz 1 gilt entsprechend.

§ 42[3)] Beglaubigung einer Abschrift. (1) Bei der Beglaubigung der Abschrift einer Urkunde soll festgestellt werden, ob die Urkunde eine Urschrift, eine Ausfertigung, eine beglaubigte oder einfache Abschrift ist.

(2) Finden sich in einer dem Notar vorgelegten Urkunde Lücken, Durchstreichungen, Einschaltungen, Änderungen oder unleserliche Worte, zeigen sich Spuren der Beseitigung von Schriftzeichen, insbesondere Radierungen, ist der Zusammenhang einer aus mehreren Blättern bestehenden Urkunde aufgehoben oder sprechen andere Umstände dafür, daß der ursprüngliche Inhalt der Urkunde geändert worden ist, so soll dies in dem Beglaubigungsvermerk festgestellt werden, sofern es sich nicht schon aus der Abschrift ergibt.

(3) Enthält die Abschrift nur den Auszug aus einer Urkunde, so soll in dem Beglaubigungsvermerk der Gegenstand des Auszugs angegeben und bezeugt werden, daß die Urkunde über diesen Gegenstand keine weiteren Bestimmungen enthält.

(4) Bei der Beglaubigung eines Ausdrucks oder einer Abschrift eines elektronischen Dokuments, das mit einer qualifizierten elektronischen Signatur versehen ist, soll das Ergebnis der Signaturprüfung dokumentiert werden.

§ 43 Feststellung des Zeitpunktes der Vorlegung einer privaten Urkunde.

Bei der Feststellung des Zeitpunktes, zu dem eine private Urkunde vorgelegt worden ist, gilt § 42 Abs. 2 entsprechend.

[1)] § 41 Satz 1 geänd. durch G v. 22. 6.1998 (BGBl. I S. 1474); Satz 3 geänd. mWv 9.6.2017 durch G v. 1.6.2017 (BGBl. I S. 1396).

[2)] Die Überschrift wurde amtlich nicht an die Änderung des Satzes 1 durch G v. 22.6.1998 (BGBl. I *S. 1474) angepasst.*

[3)] § 42 Abs. 4 angef. mWv 1.4.2005 durch G v. 22.3.2005 (BGBl. I S. 837); Abs. 4 geänd. mWv 29.7.2017 durch G v. 18.7.2017 (BGBl. I S. 2745); Abs. 4 geänd. mWv 1.8.2021 durch G v. 25.6.2021 (BGBl. I S. 2154).

Vierter Abschnitt. Behandlung der Urkunden

§ 44[1)] Verbindung mit Schnur und Prägesiegel. [1] Besteht eine Urkunde aus mehreren Blättern, so sollen diese mit Schnur und Prägesiegel verbunden werden. [2] Das gleiche gilt für Schriftstücke sowie für Karten, Zeichnungen oder Abbildungen, die nach § 9 Abs. 1 Satz 2, 3, §§ 14, 37 Abs. 1 Satz 2, 3 cer Niederschrift beigefügt worden sind.

§ 44a[2)] Änderungen in den Urkunden. (1) [1] Zusätze und sonstige, nicht nur geringfügige Änderungen sollen am Schluß vor den Unterschriften oder am Rande vermerkt und im letzteren Falle von dem Notar besonders unterzeichnet werden. [2] Ist der Niederschrift ein Schriftstück nach § 9 Abs. 1 Satz 2, den §§ 14, 37 Abs. 1 Satz 2 beigefügt, so brauchen Änderungen in dem beigefügten Schriftstück nicht unterzeichnet zu werden, wenn aus der Niederschrift hervorgeht, daß sie genehmigt worden sind.

[Abs. 2 bis 31.12.2021:]

(2) [1] Offensichtliche Unrichtigkeiten kann der Notar auch nach Abschluß der Niederschrift durch einen von ihm zu unterschreibenden Nachtragsvermerk richtigstellen. [2] Der Nachtragsvermerk ist am Schluß nach den Unterschriften oder auf einem besonderen, mit der Urkunde zu verbindenden Blatt niederzulegen und mit dem Datum der Richtigstellung zu versehen. [3] Ergibt sich im übrigen nach Abschluß der Niederschrift die Notwendigkeit einer Änderung oder Berichtigung, so hat der Notar hierüber eine besondere Niederschrift aufzunehmen.

[Abs. 2 ab 1.1.2022:]

(2) [1] Offensichtliche Unrichtigkeiten kann der Notar auch nach Abschluß der Niederschrift durch einen von ihm zu unterschreibenden Nachtragsvermerk richtigstellen. [2] Der Nachtragsvermerk ist mit dem Datum der Richtigstellung zu versehen. [3] Der Nachtragsvermerk ist am Schluß nach den Unterschriften oder auf einem besonderen, mit der Urkunde zu verbindenden Blatt niederzulegen. [4] Wird die elektronische Fassung der Urschrift zum Zeitpunkt der Richtigstellung bereits in der elektronischen Urkundensammlung verwahrt, darf der Nachtragsvermerk nur noch auf einem gesonderten, mit der Urkunde zu verbindenden Blatt niedergelegt werden.

[Abs. 3 ab 1.1.2022:]

(3) Ergibt sich im übrigen nach Abschluß der Niederschrift die Notwendigkeit einer Änderung oder Berichtigung, so hat der Notar hierüber eine besondere Niederschrift aufzunehmen.

[§ 44b ab 1.1.2022:]

§ 44b[3)] Nachtragsbeurkundung. *(1) [1] Wird der Inhalt einer Niederschrift in einer anderen Niederschrift berichtigt, geändert, ergänzt oder aufgehoben, soll der Notar durch einen mit dem Datum zu versehenden und von ihm zu unterschreibenden Nachtragsvermerk auf die andere Niederschrift verweisen. [2] § 44a Absatz 2 Satz 3 und 4 gilt entsprechend. [3] Anstelle eines Nachtragsvermerks kann der Notar die andere Niederschrift zusammen mit der Niederschrift verwahren.*

[1)] § 44 Satz 2 neu gef. durch G v. 20.2.1980 (BGBl. I S. 157).

[2)] § 44a eingef. durch G v. 31.8.1998 (BGBl. I S. 2585); Abs. 2 Satz 2 eingef., bish. Satz 2 wird Satz 3 und geänd., Satz 4 angef., bish. Satz 3 wird Abs. 3 **mWv 1.1.2022** durch G v. 1.6.2017 (BGBl. I S. 1396).

[3)] § 44b eingef. **mWv 1.1.2022** durch G v. 1.6.2017 (BGBl. I S. 1396).

(2) Nachtragsvermerke sowie die zusammen mit der Niederschrift verwahrten anderen Niederschriften nach Absatz 1 soll der Notar in Ausfertigungen und Abschriften der Urschrift übernehmen.

§ 45[1)] ***[bis 31.12.2021:*** **Aushändigung der*]* Urschrift.** (1) Die Urschrift der notariellen Urkunde bleibt, wenn sie nicht auszuhändigen ist, in der Verwahrung des Notars.

[Abs. 2 bis 31.12.2021:]

(2) [1]Die Urschrift einer Niederschrift soll nur ausgehändigt werden, wenn dargelegt wird, daß sie im Ausland verwendet werden soll, und sämtliche Personen zustimmen, die eine Ausfertigung verlangen können. [2]In diesem Fall soll die Urschrift mit dem Siegel versehen werden; ferner soll eine Ausfertigung zurückbehalten und auf ihr vermerkt werden, an wen und weshalb die Urschrift ausgehändigt worden ist. [3]Die Ausfertigung tritt an die Stelle der Urschrift.

[Abs. 2 ab 1.1.2022:]

(2) Wird die Urschrift der notariellen Urkunde nach § 56 in ein elektronisches Dokument übertragen und in der elektronischen Urkundensammlung verwahrt, steht die elektronische Fassung der Urschrift derjenigen in Papierform gleich.

[Abs. 3 bis 31.12.2021:]

(3) Die Urschrift einer Urkunde, die in der Form eines Vermerks verfaßt ist, ist auszuhändigen, wenn nicht die Verwahrung verlangt wird.

[§ 45a ab 1.1.2022:]

§ 45a[2)] ***Aushändigung der Urschrift.*** *(1) [1]Die Urschrift einer Niederschrift soll nur ausgehändigt werden, wenn dargelegt wird, dass sie im Ausland verwendet werden soll, und sämtliche Personen zustimmen, die eine Ausfertigung verlangen können. [2]In diesem Fall soll die Urschrift mit dem Siegel versehen werden; ferner soll eine Ausfertigung zurückbehalten und auf ihr vermerkt werden, an wen und weshalb die Urschrift ausgehändigt worden ist. [3]Die Ausfertigung tritt an die Stelle der Urschrift.*

(2) Die Urschrift einer Urkunde, die in der Form eines Vermerks verfasst ist, ist auszuhändigen, wenn nicht die Verwahrung verlangt wird.

§ 46[3)] **Ersetzung der Urschrift.** (1) [1]Ist die Urschrift einer Niederschrift ganz oder teilweise zerstört worden oder abhanden gekommen und besteht Anlaß, sie zu ersetzen, so kann auf einer ***[bis 31.12.2021:*** noch vorhandenen*]* Ausfertigung oder beglaubigten Abschrift oder einer davon gefertigten beglaubigten Abschrift vermerkt werden, daß sie an die Stelle der Urschrift tritt. [2]Der Vermerk kann mit dem Beglaubigungsvermerk verbunden werden. [3]Er soll Ort und Tag der Ausstellung angeben und muß unterschrieben werden.

[Abs. 2 bis 31.12.2021:]

(2) Die Urschrift wird von der Stelle ersetzt, die für die Erteilung einer Ausfertigung zuständig ist.

[1)] § 45 Abs. 1 eingef., bish. Abs. 1 und 2 werden Abs. 2 und 3 durch G v. 31.8.1998 (BGBl. I S. 2585); Überschrift geänd., Abs. 2 neu gef., Abs. 3 aufgeh. **mWv 1.1.2022** durch G v. 1.6.2017 (BGBl. I S. 1396).

[2)] *§ 45a eingef.* ***mWv 1.1.2022*** *durch G v.* 1.6.2017 (BGBl. I S. 1396).

[3)] § 46 Abs. 1 Satz 1 geänd., Abs. 2 neu gef., Abs. 3 eingef., bish. Abs. 3 wird Abs. 4 **mWv 1.1.2022** durch G v. 1.6.2017 (BGBl. I S. 1396); Abs. 1 Satz 3 geänd. mWv 1.8.2021 durch G v. 25.6.2021 (BGBl. I S. 2154).

[Abs. 2 ab 1.1.2022:]

(2) [1] Ist die elektronische Fassung der Urschrift ganz oder teilweise zerstört worden, soll die Urschrift erneut nach § 56 in die elektronische Form übertragen und in der elektronischen Urkundensammlung verwahrt werden. [2] Ist die Urschrift nicht mehr vorhanden, gilt Absatz 1 entsprechend oder die Wiederherstellung erfolgt aus einer im Elektronischen Urkundenarchiv gespeicherten früheren elektronischen Fassung der Urschrift. [3] Für die Wiederherstellung aus einer früheren elektronischen Fassung gilt § 56 Absatz 1 entsprechend; in dem Vermerk soll zusätzlich die Tatsache der sicheren Speicherung im Elektronischen Urkundenarchiv angegeben werden.

[Abs. 3 ab 1.1.2022:]

(3) Die Ersetzung erfolgt durch die Stelle, die für die Erteilung einer Ausfertigung zuständig ist.

(3) ***[ab 1.1.2022: (4)]*** [1] Vor der Ersetzung der Urschrift soll der Schuldner gehört werden, wenn er sich in der Urkunde der sofortigen Zwangsvollstreckung unterworfen hat. [2] Von der Ersetzung der Urschrift sollen die Personen, die eine Ausfertigung verlangen können, verständigt werden, soweit sie sich ohne erhebliche Schwierigkeiten ermitteln lassen.

§ 47 Ausfertigung. Die Ausfertigung der Niederschrift vertritt die Urschrift im Rechtsverkehr.

§ 48 Zuständigkeit für die Erteilung der Ausfertigung. [1] Die Ausfertigung erteilt, soweit bundes- oder landesrechtlich nicht anderes bestimmt ist, die Stelle, welche die Urschrift verwahrt. [2] Wird die Urschrift bei einem Gericht verwahrt, so erteilt der Urkundsbeamte der Geschäftsstelle die Ausfertigung.

§ 49[1)] Form der Ausfertigung.

[Abs. 1 bis 31.12.2021:]

(1) [1] Die Ausfertigung besteht in einer Abschrift der Urschrift, die mit dem Ausfertigungsvermerk versehen ist. [2] Sie soll in der Überschrift als Ausfertigung bezeichnet sein.

[Abs. 1 ab 1.1.2022:]

(1) Die Ausfertigung besteht, jeweils mit einem Ausfertigungsvermerk versehen, in

1. einer Abschrift der Urschrift oder der elektronischen Fassung der Urschrift oder

2. einem Ausdruck der elektronischen Fassung der Urschrift.

(2) [1] Der Ausfertigungsvermerk soll den Tag und den Ort der Erteilung angeben, die Person bezeichnen, der die Ausfertigung erteilt wird, und die Übereinstimmung der Ausfertigung mit der Urschrift ***[ab 1.1.2022:** oder der elektronischen Fassung der Urschrift**]*** bestätigen. [2] Er muß unterschrieben und mit dem Siegel der erteilenden Stelle versehen sein. ***[Satz 3 ab 1.1.2022:]*** *[3] Besteht die Ausfertigung in einer Abschrift oder einem Ausdruck der elektronischen Fassung der Urschrift, soll das Ergebnis der Signaturprüfung dokumentiert werden.*

(3) Werden Abschriften von Urkunden mit der Ausfertigung durch Schnur und Prägesiegel verbunden oder befinden sie sich mit dieser auf demselben Blatt, so genügt für die Beglaubigung dieser Abschriften der Ausfertigungsvermerk; dabei soll entsprechend § 42 Abs. 3 und, wenn die Urkunden, von denen die Abschriften

---

1) § 49 Abs. 2 Satz 1 geänd., Satz 3 angef., Abs. 4 geänd. **mWv 1.1.2022** durch G v. 1.6.2017 (BGBl. I S. 1396, geänd. durch G v. 30.11.2019, BGBl. I S. 1942); Abs. 1 neu gef., Abs. 2 Satz 3 geänd. **mWv 1.1.2022** durch G v. 25.6.2021 (BGBl. I S. 2154).

hergestellt sind, nicht zusammen mit der Urschrift der ausgefertigten Urkunde verwahrt werden, auch entsprechend § 42 Abs. 1, 2 verfahren werden.

(4) ***[bis 31.12.2021:*** Auf der Urschrift***]*** ***[ab 1.1.2022:*** *Im Urkundenverzeichnis****]*** soll vermerkt werden, wem und an welchem Tage eine Ausfertigung erteilt worden ist.

(5) [1] Die Ausfertigung kann auf Antrag auch auszugsweise erteilt werden. [2] § 42 Abs. 3 ist entsprechend anzuwenden.

§ 50 Übersetzungen. (1) [1] Ein Notar kann die deutsche Übersetzung einer Urkunde mit der Bescheinigung der Richtigkeit und Vollständigkeit versehen, wenn er die Urkunde selbst in fremder Sprache errichtet hat oder für die Erteilung einer Ausfertigung der Niederschrift zuständig ist. [2] Für die Bescheinigung gilt § 39 entsprechend. [3] Der Notar soll die Bescheinigung nur erteilen, wenn er der fremden Sprache hinreichend kundig ist.

(2) [1] Eine Übersetzung, die mit einer Bescheinigung nach Absatz 1 versehen ist, gilt als richtig und vollständig. [2] Der Gegenbeweis ist zulässig.

(3) [1] Von einer derartigen Übersetzung können Ausfertigungen und Abschriften erteilt werden. [2] Die Übersetzung soll in diesem Fall zusammen mit der Urschrift verwahrt werden.

§ 51[1)] Recht auf Ausfertigungen, Abschriften und Einsicht. (1) Ausfertigungen können verlangen

1. bei Niederschriften über Willenserklärungen jeder, der eine Erklärung im eigenen Namen abgegeben hat oder in dessen Namen eine Erklärung abgegeben worden ist,
2. bei anderen Niederschriften jeder, der die Aufnahme der Urkunde beantragt hat,

sowie die Rechtsnachfolger dieser Personen.

(2) Die in Absatz 1 genannten Personen können gemeinsam in der Niederschrift oder durch besondere Erklärung gegenüber der zuständigen Stelle etwas anderes bestimmen.

(3) Wer Ausfertigungen verlangen kann, ist auch berechtigt, einfache oder beglaubigte Abschriften zu verlangen und die Urschrift einzusehen.

(4) Mitteilungspflichten, die auf Grund von Rechtsvorschriften gegenüber Gerichten oder Behörden bestehen, sowie das Recht auf Zugang zu Forschungszwecken nach § 18a der Bundesnotarordnung[2)] bleiben unberührt.

§ 52 Vollstreckbare Ausfertigungen. Vollstreckbare Ausfertigungen werden nach den dafür bestehenden Vorschriften erteilt.

§ 53 Einreichung beim Grundbuchamt oder Registergericht. Sind Willenserklärungen beurkundet worden, die beim Grundbuchamt oder Registergericht einzureichen sind, so soll der Notar dies veranlassen, sobald die Urkunde eingereicht werden kann, es sei denn, daß alle Beteiligten gemeinsam etwas anderes verlangen; auf die mit einer Verzögerung verbundenen Gefahren soll der Notar hinweisen.

§ 54[3)] Rechtsmittel. (1) Gegen die Ablehnung der Erteilung der Vollstreckungsklausel oder einer Amtshandlung nach den ***[bis 31.12.2021:*** §§ 45, 46, 51***]*** ***[ab 1.1.***

[1)] *§ 51 Abs. 4 geänd. mWv 1.8.2021* durch G v. 25.6.2021 (BGBl. I S. 2154).

[2)] **Habersack, Deutsche Gesetze ErgBd. Nr. 98a.**

[3)] § 54 Abs. 2 Satz 1 geänd. mWv 1.9.2009 durch G v. 17.12.2008 (BGBl. I S. 2586); Abs. 1 geänd. **mWv 1.1.2022** durch G v. 1.6.2017 (BGBl. I S. 1396).

2022: §§ 45a, 46 und 51] sowie gegen die Ersetzung einer Urschrift ist die Beschwerde gegeben.

(2) [1] Für das Beschwerdeverfahren gelten die Vorschriften des Gesetzes über das Verfahren in Familiensachen und in den Angelegenheiten der freiwilligen Gerichtsbarkeit[1]. [2] Über die Beschwerde entscheidet eine Zivilkammer des Landgerichts, in dessen Bezirk die Stelle, gegen die sich die Beschwerde richtet, ihren Sitz hat.

[Fünfter Abschnitt ab 1.1.2022:]

Fünfter Abschnitt.[2] Verwahrung der Urkunden

§ 55[2] [3] ***Verzeichnis und Verwahrung der Urkunden.*** *(1) Der Notar führt ein elektronisches Verzeichnis über Beurkundungen und sonstige Amtshandlungen (Urkundenverzeichnis).*

(2) Das Urkundenverzeichnis und die elektronische Urkundensammlung sind vom Notar im Elektronischen Urkundenarchiv (§ 78h der Bundesnotarordnung[4]) zu führen.

(3) Die im Urkundenverzeichnis registrierten Urkunden verwahrt der Notar in einer Urkundensammlung, einer elektronischen Urkundensammlung und einer Erbvertragssammlung.

§ 56[5] [3] ***Übertragung der Papierdokumente in die elektronische Form; Einstellung der elektronischen Dokumente in die elektronische Urkundensammlung.*** *(1) [1] Bei der Übertragung der in Papierform vorliegenden Schriftstücke in die elektronische Form soll durch geeignete Vorkehrungen nach dem Stand der Technik sichergestellt werden, dass die elektronischen Dokumente mit den in Papierform vorhandenen Schriftstücken inhaltlich und bildlich übereinstimmen. [2] Diese Übereinstimmung ist vom Notar in einem Vermerk unter Angabe des Ortes und des Tages seiner Ausstellung zu bestätigen. [3] Durchstreichungen, Änderungen, Einschaltungen, Radierungen oder andere Mängel des Schriftstücks sollen im Vermerk angegeben werden, soweit sie nicht aus dem elektronischen Dokument eindeutig ersichtlich sind. [4] Das elektronische Dokument und der Vermerk müssen mit einer qualifizierten elektronischen Signatur versehen werden. [5] § 39a Absatz 1 Satz 3 bis 5, Absatz 2 Satz 1 gilt entsprechend.*

(2) Werden nach der Einstellung der elektronischen Fassung einer in der Urkundensammlung zu verwahrenden Urschrift oder Abschrift in die elektronische Urkundensammlung Nachtragsvermerke, weitere Unterlagen oder andere Urschriften der Urschrift oder Abschrift beigefügt, sind die Nachtragsvermerke, die weiteren Unterlagen und die anderen Urschriften nach Absatz 1 in elektronische Dokumente zu übertragen und zusammen mit der elektronischen Fassung der Urschrift oder Abschrift in der elektronischen Urkundensammlung zu verwahren.

(3) Die von dem Notar in der elektronischen Urkundensammlung verwahrten elektronischen Dokumente stehen den Dokumenten gleich, aus denen sie nach den Absätzen 1 und 2 übertragen worden sind.

---

[1] Nr. **112**.

[2] 5. Abschnitt (§§ 55, 56) eingef. **mWv 1.1.2022** durch G v. 1.6.2017 (BGBl. I S. 1396, geänd. durch G v. 30.11.2019, BGBl. I S. 1942).

[3] Beachte hierzu Übergangsvorschrift in § 76.

[4] **Habersack, Deutsche Gesetze ErgBd. Nr. 98a.**

[5] § 56 eingef. **mWv 1.1.2022** durch G v. 1.6.2017 (BGBl. I S. 1396); Abs. 1 Sätze 2 und 5, Abs. 2 geänd. **mWv 1.1.2022** durch G v. 25.6.2021 (BGBl. I S. 2154).

Sechster Abschnitt.[1)] Verwahrung

§ 57[2)] Antrag auf Verwahrung. (1) Der Notar darf Bargeld zur Aufbewahrung oder zur Ablieferung an Dritte nicht entgegennehmen.

(2) Der Notar darf Geld zur Verwahrung nur entgegennehmen, wenn

1. hierfür ein berechtigtes Sicherungsinteresse der am Verwahrungsgeschäft beteiligten Personen besteht,
2. ihm ein Antrag auf Verwahrung verbunden mit einer Verwahrungsanweisung vorliegt, in der hinsichtlich der Masse und ihrer Erträge der Anweisende, der Empfangsberechtigte sowie die zeitlichen und sachlichen Bedingungen der Verwahrung und die Auszahlungsvoraussetzungen bestimmt sind,
3. er den Verwahrungsantrag und die Verwahrungsanweisung angenommen hat.

(3) Der Notar darf den Verwahrungsantrag nur annehmen, wenn die Verwahrungsanweisung den Bedürfnissen einer ordnungsgemäßen Geschäftsabwicklung und eines ordnungsgemäßen Vollzugs der Verwahrung sowie dem Sicherungsinteresse aller am Verwahrungsgeschäft beteiligten Personen genügt.

(4) Die Verwahrungsanweisung sowie deren Änderung, Ergänzung oder Widerruf bedürfen der Schriftform.

(5) Auf der Verwahrungsanweisung hat der Notar die Annahme mit Datum und Unterschrift zu vermerken, sofern die Verwahrungsanweisung nicht Gegenstand einer Niederschrift (§§ 8, 36) ist, die er selbst oder seine Notarvertretung aufgenommen hat.

(6) Die Absätze 3 bis 5 gelten entsprechend für Treuhandaufträge, die dem Notar im Zusammenhang mit dem Vollzug des der Verwahrung zugrundeliegenden Geschäfts von Personen erteilt werden, die an diesem nicht beteiligt sind.

§ 58[3)] Durchführung der Verwahrung. (1) [1]Der Notar hat anvertraute Gelder unverzüglich einem Sonderkonto für fremde Gelder (Notaranderkonto) zuzuführen. [2]Der Notar ist zu einer bestimmten Art der Anlage nur bei einer entsprechenden Anweisung der Beteiligten verpflichtet. [3]Fremdgelder sowie deren Erträge dürfen auch nicht vorübergehend auf einem sonstigen Konto des Notars oder eines Dritten geführt werden.

(2) [1]Das Notaranderkonto muß bei einem im Inland zum Geschäftsbetrieb befugten Kreditinstitut oder der Deutschen Bundesbank eingerichtet sein. [2]Die Anderkonten sollen bei Kreditinstituten in dem Amtsbereich des Notars oder den unmittelbar angrenzenden Amtsgerichtsbezirken desselben Oberlandesgerichtsbezirks eingerichtet werden, sofern in der Anweisung nicht ausdrücklich etwas anderes vorgesehen wird oder eine andere Handhabung sachlich geboten ist. [3]Für jede Verwahrungsmasse muß ein gesondertes Anderkonto geführt werden, Sammelanderkonten sind nicht zulässig.

[1)] Früherer 5. Abschnitt (§§ 54a–54e) eingef. durch G v. 31.8.1998 (BGBl. I S. 2585); bish. 5. Abschnitt wird 6. Abschnitt mWv 9.6.2017 durch G v. 1.6.2017 (BGBl. I S. 1396).

[2)] Früherer § 54a eingef. durch G v. 31.8.1998 (BGBl. I S. 2585); bish. § 54a wird § 57 mWv 9.6.2017 durch G v. 1.6.2017 (BGBl. I S. 1396); Abs. 5 geänd. mWv 1.8.2021 durch G v. 25.6.2021 (BGBl. I *S. 2154).*

[3)] Früherer § 54b eingef. durch G v. 31.8.1998 (BGBl. I S. 2585); bish. § 54b wird § 58 mWv 9.6.2017, Abs. 3 Satz 3 geänd. mWv 1.1.2018 durch G v. 1.6.2017 (BGBl. I S. 1396); Abs. 3 Satz 1 neu gef., Satz 2 aufgeh., bish. Sätze 3–8 werden Sätze 2–7 mWv 1.8.2021 durch G v. 25.6.2021 (BGBl. I S. 2154).

(3) [1] Über das Notaranderkonto dürfen nur der Notar persönlich, die Notarvertretung, der Notariatsverwalter oder der nach § 51 Absatz 1 Satz 2 der Bundesnotarordnung[1)] mit der Aktenverwahrung betraute Notar verfügen. [2] Die Landesregierungen oder die von ihnen bestimmten Stellen werden ermächtigt, durch Rechtsverordnung zu bestimmen, daß Verfügungen auch durch einen entsprechend bevollmächtigten anderen Notar oder im Land Baden-Württemberg durch Notariatsabwickler erfolgen dürfen. [3] Verfügungen sollen nur erfolgen, um Beträge unverzüglich dem Empfangsberechtigten oder einem von diesem schriftlich benannten Dritten zuzuführen. [4] Sie sind grundsätzlich im bargeldlosen Zahlungsverkehr durchzuführen, sofern nicht besondere berechtigte Interessen der Beteiligten die Auszahlung in bar oder mittels Bar- oder Verrechnungsscheck gebieten. [5] Die Gründe für eine Bar- oder Scheckauszahlung sind von dem Notar zu vermerken. [6] Die Bar- oder Scheckauszahlung ist durch den berechtigten Empfänger oder einen von ihm schriftlich Beauftragten nach Feststellung der Person zu quittieren. [7] Verfügungen zugunsten von Privat- oder Geschäftskonten des Notars sind lediglich zur Bezahlung von Kostenforderungen aus dem zugrundeliegenden Amtsgeschäft unter Angabe des Verwendungszwecks und nur dann zulässig, wenn hierfür eine notarielle Kostenrechnung erteilt und dem Kostenschuldner zugegangen ist und Auszahlungsreife des verwahrten Betrages zugunsten des Kostenschuldners gegeben ist.

(4) Eine Verwahrung soll nur dann über mehrere Anderkonten durchgeführt werden, wenn dies sachlich geboten ist und in der Anweisung ausdrücklich bestimmt ist.

(5) [1] Schecks sollen unverzüglich eingelöst oder verrechnet werden, soweit sich aus den Anweisungen nichts anderes ergibt. [2] Der Gegenwert ist nach den Absätzen 2 und 3 zu behandeln.

§ 59[2)] Verordnungsermächtigung. [1] Das Bundesministerium der Justiz und für Verbraucherschutz hat durch Rechtsverordnung mit Zustimmung des Bundesrates die näheren Bestimmungen zu treffen über den Inhalt, den Aufbau und die Führung des Verwahrungsverzeichnisses einschließlich der Verweismöglichkeiten auf die im Urkundenverzeichnis zu der Urkunde gespeicherten Daten sowie über Einzelheiten der Datenübermittlung und -speicherung sowie der Datensicherheit. [2] Die Verordnung kann auch Ausnahmen von der Eintragungspflicht anordnen. [3] Die technischen und organisatorischen Maßnahmen zur Gewährleistung der Datensicherheit müssen denen zur Gewährleistung der Datensicherheit des Elektronischen Urkundenarchivs entsprechen.

[§ 59a ab 1.1.2022:]

§ 59a[3) 4)] Verwahrungsverzeichnis. *(1) Der Notar führt ein elektronisches Verzeichnis über Verwahrungsmassen, die er nach § 23 der Bundesnotarordnung[1)] und nach den §§ 57 und 62 entgegennimmt (Verwahrungsverzeichnis).*

(2) [1] Das Verwahrungsverzeichnis ist im Elektronischen Urkundenarchiv (§ 78h der Bundesnotarordnung) zu führen. [2] Erfolgt die Verwahrung in Vollzug eines vom Notar in das Urkundenverzeichnis einzutragenden Amtsgeschäfts, soll der Notar im Verwahrungsverzeichnis auf die im Urkundenverzeichnis zu der Urkunde gespeicherten Daten verweisen, soweit diese auch in das Verwahrungsverzeichnis einzutragen wären.

---

1) **Habersack, Deutsche Gesetze ErgBd. Nr. 98a.**

2) § 59 eingef. mWv 9.6.2017 durch G v. 1.6.2017 (BGBl. I S. 1396).

3) § 59a eingef. **mWv 1.1.2022** durch G v. 1.6.2017 (BGBl. I S. 1396, geänd. durch G v. 30.11.2019, BGBl. I S. 1942).

4) Beachte hierzu Übergangsvorschrift in § 76.

§ 60[1] Widerruf. (1) Den schriftlichen Widerruf einer Anweisung hat der Notar zu beachten, soweit er dadurch Dritten gegenüber bestehende Amtspflichten nicht verletzt.

(2) Ist die Verwahrungsanweisung von mehreren Anweisenden erteilt, so ist der Widerruf darüber hinaus nur zu beachten, wenn er durch alle Anweisenden erfolgt.

(3) [1] Erfolgt der Widerruf nach Absatz 2 nicht durch alle Anweisenden und wird er darauf gegründet, daß das mit der Verwahrung durchzuführende Rechtsverhältnis aufgehoben, unwirksam oder rückabzuwickeln sei, soll sich der Notar jeder Verfügung über das Verwahrungsgut enthalten. [2] Der Notar soll alle an dem Verwahrungsgeschäft beteiligten Personen im Sinne des § 57 hiervon unterrichten. [3] Der Widerruf wird jedoch unbeachtlich, wenn

1. eine spätere übereinstimmende Anweisung vorliegt oder
2. der Widerrufende nicht innerhalb einer von dem Notar festzusetzenden angemessenen Frist dem Notar nachweist, daß ein gerichtliches Verfahren zur Herbeiführung einer übereinstimmenden Anweisung rechtshängig ist, oder
3. dem Notar nachgewiesen wird, daß die Rechtshängigkeit der nach Nummer 2 eingeleiteten Verfahren entfallen ist.

(4) Die Verwahrungsanweisung kann von den Absätzen 2 und 3 abweichende oder ergänzende Regelungen enthalten.

(5) § 15 Abs. 2 der Bundesnotarordnung bleibt unberührt.

§ 61[2] Absehen von Auszahlung. Der Notar hat von der Auszahlung abzusehen und alle an dem Verwahrungsgeschäft beteiligten Personen im Sinne des § 57 hiervon zu unterrichten, wenn

1. hinreichende Anhaltspunkte dafür vorliegen, daß er bei Befolgung der unwiderruflichen Weisung an der Erreichung unerlaubter oder unredlicher Zwecke mitwirken würde, oder
2. einem Auftraggeber im Sinne des § 57 durch die Auszahlung des verwahrten Geldes ein unwiederbringlicher Schaden erkennbar droht.

§ 62[3] Verwahrung von Wertpapieren und Kostbarkeiten. (1) Die §§ 57, 60 und 61 gelten entsprechend für die Verwahrung von Wertpapieren und Kostbarkeiten.

(2) Der Notar ist berechtigt, Wertpapiere und Kostbarkeiten auch einer Bank im Sinne des § 58 Absatz 2 in Verwahrung zu geben, und ist nicht verpflichtet, von ihm verwahrte Wertpapiere zu verwalten, soweit in der Verwahrungsanweisung nichts anderes bestimmt ist.

---

[1] Früherer § 54c eingef. durch G v. 31.8.1998 (BGBl. I S. 2585); bish. § 54c wird § 60 und Abs. 3 Satz 2 gänd. mWv 9.6.2017 durch G v. 1.6.2017 (BGBl. I S. 1396).

[2] *Früherer § 54d eingef. durch G v. 31.8.1998* (BGBl. I S. 2585); bish. § 54d wird § 61, einl. Satzteil und Nr. 2 geänd. mWv 9.6.2017 durch G v. 1.6.2017 (BGBl. I S. 1396).

[3] Früherer § 54e eingef. durch G v. 31.8.1998 (BGBl. I S. 2585); bish. § 54e wird § 62, Abs. 1 und 2 geänd. mWv 9.6.2017 durch G v. 1.6.2017 (BGBl. I S. 1396)

Siebter Abschnitt.[1] Schlußvorschriften

1. Verhältnis zu anderen Gesetzen

a) Bundesrecht

§ 63[2] Beseitigung von Doppelzuständigkeiten. (1), (2) *(nicht wiedergegebene Änderungsvorschriften)*

(3) *(aufgehoben)*

(4) Auch wenn andere Vorschriften des bisherigen Bundesrechts die gerichtliche oder notarielle Beurkundung oder Beglaubigung oder die Erklärung vor einem Gericht oder Notar vorsehen, ist nur der Notar zuständig.

§ 64[3] Beurkundungen nach dem Personenstandsgesetz. Dieses Gesetz gilt nicht für Beurkundungen nach dem Personenstandsgesetz[4].

§ 65[5] Unberührt bleibendes Bundesrecht. Soweit in diesem Gesetz nichts anderes bestimmt ist, bleiben bundesrechtliche Vorschriften über Beurkundungen unberührt.

b) Landesrecht

§ 66[6] Unberührt bleibendes Landesrecht. (1) Unbeschadet der Zuständigkeit des Notars bleiben folgende landesrechtliche Vorschriften unberührt:

1. Vorschriften über die Beurkundung von freiwilligen Versteigerungen; dies gilt nicht für die freiwillige Versteigerung von Grundstücken und grundstücksgleichen Rechten;
2. Vorschriften über die Zuständigkeit zur Aufnahme von Inventaren, Bestandsverzeichnissen, Nachlaßverzeichnissen und anderen Vermögensverzeichnissen sowie zur Mitwirkung bei der Aufnahme solcher Vermögensverzeichnisse;
3. Vorschriften, nach denen die Gerichtsvollzieher zuständig sind, Wechsel- und Scheckproteste aufzunehmen sowie das tatsächliche Angebot einer Leistung zu beurkunden;
4. Vorschriften, nach denen die Amtsgerichte zuständig sind, außerhalb eines anhängigen Verfahrens die Aussagen von Zeugen und die Gutachten von Sachverständigen, die Vereidigung sowie eidesstattliche Versicherungen dieser Personen zu beurkunden;
5. Vorschriften, nach denen Beurkundungen in Fideikommißsachen, für die ein Kollegialgericht zuständig ist, durch einen beauftragten oder ersuchten Richter erfolgen können;
6. Vorschriften, nach denen die Vorstände der Vermessungsbehörden, die das amtliche Verzeichnis im Sinne des § 2 Abs. 2 der Grundbuchordnung[7] führen,

---

[1] Früherer 5. Abschnitt wird 6. Abschnitt durch G v. 31.8.1998 (BGBl. I S. 2585); bish. 6. Abschnitt wird 7. Abschnitt mWv 9.6.2017 durch G v. 1.6.2017 (BGBl. I S. 1396).

[2] Früherer § 56 Abs. 3 aufgeh. mWv 17.8.2015 durch G v. 29.6.2015 (BGBl. I S. 1042); bish. § 56 wird § 63 mWv 9.6.2017 durch G v. 1.6.2017 (BGBl. I S. 1396).

[3] Früherer § 58 geänd. mWv 1.1.2009 durch G v. 19.2.2007 (BGBl. I S. 122); bish. § 58 wird § 64 mWv 9.6.2017 durch G v. 1.6.2017 (BGBl. I S. 1396).

[4] **Habersack, Deutsche Gesetze ErgBd. Nr. 113.**

[5] Bish. § 59 wird § 65 mWv 9.6.2017 durch G v. 1.6.2017 (BGBl. I S. 1396).

[6] Früherer § 61 Abs. 1 Nr. 12 angef. durch G v. 27.6.1970 (BGBl. I S. 911); bish. § 61 wird § 66 mWv 9.6.2017, Abs. 4 aufgeh. mWv 1.1.2018 durch G v. 1.6.2017 (BGBl. I S. 1396).

[7] Nr. **114**.

und die von den Vorständen beauftragten Beamten dieser Behörden zuständig sind, Anträge der Eigentümer auf Vereinigung oder Teilung von Grundstücken zu beurkunden oder zu beglaubigen;

7. Vorschriften über die Beurkundung der Errichtung fester Grenzzeichen (Abmarkung);
8. Vorschriften über die Beurkundung von Tatbeständen, die am Grund und Boden durch vermessungstechnische Ermittlungen festgestellt werden, durch Behörden, öffentlich bestellte Vermessungsingenieure oder Markscheider;
9. Vorschriften über Beurkundungen in Gemeinheitsteilungs- und agrarrechtlichen Ablösungsverfahren einschließlich der Rentenübernahme- und Rentengutsverfahren;
10. Vorschriften über Beurkundungen im Rückerstattungsverfahren;
11. Vorschriften über die Beglaubigung amtlicher Unterschriften zum Zwecke der Legalisation;
12. Vorschriften über Beurkundungen in Kirchenaustrittssachen.

(2) Auf Grund dieser Vorbehalte können den Gerichten Beurkundungszuständigkeiten nicht neu übertragen werden.

(3) Auf Grund anderer bundesrechtlicher Vorbehalte kann

1. die Zuständigkeit der Notare für öffentliche Beurkundungen (§ 20 der Bundesnotarordnung[1)]) nicht eingeschränkt werden,
2. nicht bestimmt werden, daß für öffentliche Beurkundungen neben dem Notar andere Urkundspersonen oder sonstige Stellen zuständig sind, und
3. keine Regelung getroffen werden, die den Vorschriften des Ersten bis Vierten Abschnitts dieses Gesetzes entgegensteht.

§ 67[2)] Zuständigkeit der Amtsgerichte, Zustellung. (1) Unbeschadet der Zuständigkeit sonstiger Stellen sind die Amtsgerichte zuständig für die Beurkundung von

1. Erklärungen über die Anerkennung der Vaterschaft,
2. Verpflichtungen zur Erfüllung von Unterhaltsansprüchen eines Kindes,
3. Verpflichtungen zur Erfüllung von Unterhaltsansprüchen nach § 1615l des Bürgerlichen Gesetzbuchs[3)].

(2) Die Zustellung von Urkunden, die eine Verpflichtung nach Absatz 1 Nr. 2 oder 3 zum Gegenstand haben, kann auch dadurch vollzogen werden, daß der Schuldner eine beglaubigte Abschrift der Urkunde ausgehändigt erhält; § 173 Satz 2 und 3 der Zivilprozeßordnung[4)] gilt entsprechend.

§ 68[5)] Übertragung auf andere Stellen. Die Länder sind befugt, durch Gesetz die Zuständigkeit für die öffentliche Beglaubigung von Abschriften oder Unterschriften anderen Personen oder Stellen zu übertragen.

[1)] **Habersack, Deutsche Gesetze ErgBd. Nr. 98a.**

[2)] Früherer § 62 Überschrift neu gef., Abs. 2 angef. durch G v. 17.12.1990 (BGBl. I S. 2847); Abs. 1 Nr. 2 und 3 neu gef. durch G v. 6.4.1998 (BGBl. I S. 666); Abs. 2 geänd. mWv 1.7.2002 durch G v. 25.6.2001 *(BGBl. I S. 1206); bish. § 62 wird § 67 mWv 9.6.2017* durch G v. 1.6.2017 (BGBl. I S. 1396).

[3)] Nr. **20**.

[4)] Nr. **100**.

[5)] Bish. § 63 wird § 68 mWv 9.6.2017 durch G v. 1.6.2017 (BGBl. I S. 1396).

§ 69[1] *(aufgehoben)*

c) Amtliche Beglaubigungen

§ 70[2] **Amtliche Beglaubigungen.** [1] Dieses Gesetz gilt nicht für amtliche Beglaubigungen, mit denen eine Verwaltungsbehörde zum Zwecke der Verwendung in Verwaltungsverfahren oder für sonstige Zwecke, für die eine öffentliche Beglaubigung nicht vorgeschrieben ist, die Echtheit einer Unterschrift oder eines Handzeichens oder die Richtigkeit der Abschrift einer Urkunde bezeugt, die nicht von einer Verwaltungsbehörde ausgestellt ist. [2] Die Beweiskraft dieser amtlichen Beglaubigungen beschränkt sich auf den in dem Beglaubigungsvermerk genannten Verwendungszweck. [3] Die Befugnis der Verwaltungsbehörden, Abschriften ihrer eigenen Urkunden oder von Urkunden anderer Verwaltungsbehörden in der dafür vorgeschriebenen Form mit uneingeschränkter Beweiskraft zu beglaubigen, bleibt unberührt.

d) Eidesstattliche Versicherungen in Verwaltungsverfahren

§ 71[2] **Eidesstattliche Versicherungen in Verwaltungsverfahren.** Dieses Gesetz gilt nicht für die Aufnahme eidesstattlicher Versicherungen in Verwaltungsverfahren.

e) Erklärungen juristischer Personen des öffentlichen Rechts

§ 72[2] **[Erklärungen juristischer Personen des öffentlichen Rechts]** Die bundes- oder landesrechtlich vorgeschriebene Beidrückung des Dienstsiegels bei Erklärungen juristischer Personen des öffentlichen Rechts wird durch die öffentliche Beurkundung ersetzt.

f) Bereits errichtete Urkunden

§ 73[3] **Bereits errichtete Urkunden.** (1) [1] §§ 45 bis 49, 51, 52, 54 dieses Gesetzes gelten auch für Urkunden, die vor dem Inkrafttreten dieses Gesetzes errichtet worden sind. [2] Dies gilt auch, wenn die Beurkundungszuständigkeit weggefallen ist.

(2) Eine vor dem Inkrafttreten dieses Gesetzes erteilte Ausfertigung einer Niederschrift ist auch dann als von Anfang an wirksam anzusehen, wenn sie den Vorschriften dieses Gesetzes genügt.

(3) § 2256 Abs. 1, 2 des Bürgerlichen Gesetzbuchs[4] gilt auch für Testamente, die vor dem Inkrafttreten dieses Gesetzes vor einem Richter errichtet worden sind.

g) Verweisungen

§ 74[5] **Verweisungen.** Soweit in Gesetzen oder Verordnungen auf die durch dieses Gesetz aufgehobenen oder abgeänderten Vorschriften verwiesen ist, treten die entsprechenden Vorschriften dieses Gesetzes an ihre Stelle.

---

[1] § 69 aufgeh. mWv 1.1.2018 durch G v. 1.6.2017 (BGBl. I S. 1396).

[2] Bish. §§ 65–67 werden §§ 70–72 mWv 9.6.2017 durch G v. 1.6.2017 (BGBl. I S 1396).

[3] Früherer § 68 Abs. 3 angef. durch G v. 27.6.1970 (BGBl. I S. 911); bish. § 68 wird § 73 mWv 9.6.2017 durch G v. 1.6.2017 (BGBl. I S. 1396).

[4] Nr. **20**.

[5] Bish. § 69 wird § 74 mWv 9.6.2017 durch G v. 1.6.2017 (BGBl. I S. 1396).

2. Geltung in Berlin

§ 75[1] *(aufgehoben)*

3.[2] *[bis 31.12.2021:* **Inkrafttreten***] [ab 1.1.2022: Übergangsvorschrift]*

[§ 76 bis 31.12.2021:]

§ 76[3] **Inkrafttreten.** Dieses Gesetz tritt am 1. Januar 1970 in Kraft.

[§ 76 ab 1.1.2022:]

§ 76[4] ***Übergangsvorschrift zur Einführung des Elektronischen Urkundenarchivs.***

(1) [1] Für Beurkundungen und sonstige Amtshandlungen, die vor dem 1. Januar 2022 vorgenommen worden sind, sind die §§ 55 und 56 nicht anzuwenden. [2] Abweichend von § 49 Absatz 4 ist auf der Urschrift zu vermerken, wem und an welchem Tag eine Ausfertigung erteilt worden ist. [3] Zusätze und Änderungen sind nach den vor dem 1. Januar 2022 geltenden Bestimmungen vorzunehmen.

(2) [1] Die Urkundensammlung und die Erbvertragssammlung für Urkunden, die vor dem 1. Januar 2022 errichtet wurden, werden von dem Notar nach Maßgabe der vor dem 1. Januar 2022 geltenden Vorschriften geführt und verwahrt. [2] Zusätze und Änderungen sind nach den vor dem 1. Januar 2022 geltenden Bestimmungen vorzunehmen.

(3) [1] Für Verwahrungsmassen, die der Notar vor dem 1. Januar 2022 entgegengenommen hat, ist § 59a vorbehaltlich der Sätze 3 und 4 nicht anzuwenden. [2] Für diese Verwahrungsmassen werden die Verwahrungsbücher, die Massenbücher, die Namensverzeichnisse zum Massenbuch und die Anderkontenlisten nach den vor dem 1. Januar 2022 geltenden Bestimmungen geführt und verwahrt. [3] Der Notar kann jedoch zum Schluss eines Kalenderjahres alle Verwahrungsmassen im Sinne des Satzes 1 in das Verwahrungsverzeichnis übernehmen und insoweit die Verzeichnisführung nach den vor dem 1. Januar 2022 geltenden Bestimmungen abschließen. [4] Dazu sind für die zu übernehmenden Verwahrungsmassen die nach den Vorschriften des Abschnitts 3 der Verordnung über die Führung notarieller Akten und Verzeichnisse erforderlichen Angaben in das Verwahrungsverzeichnis einzutragen. [5] Dabei sind sämtliche in den Massenbüchern und Verwahrungsbüchern verzeichneten Eintragungen zu übernehmen.

(4) Die Urkundenrollen, die Erbvertragsverzeichnisse und die Namensverzeichnisse zur Urkundenrolle für Urkunden, die vor dem 1. Januar 2022 errichtet wurden, werden von dem Notar nach Maßgabe der vor dem 1. Januar 2022 geltenden Vorschriften geführt und verwahrt.

---

[1] § 75 aufgeh. mWv 1.8.2021 durch G v. 25.6.2021 (BGBl. I S. 2154).

[2] Zwischenüberschrift neu gef. **mWv 1.1.2022** durch G v. 1.6.2017 (BGBl. I S. 1396, geänd. durch G v. *30.11.2019, BGBl. I S. 1942)*.

[3] Bish. § 71 wird § 76 mWv 9.6.2017 durch G v. 1.6.2017 (BGBl. I S. 1396).

[4] § 76 neu gef. **mWv 1.1.2022** durch G v. 30.11.2019 (BGBl. I S. 1942); Abs. 3 neu gef. **mWv 1.1.2022** durch G v. 25.6.2021 (BGBl. I S. 2154).

Lfd. Nr.	Änderndes Gesetz	Datum	Fundstelle	Betroffen	Hinweis
57.	Art. 1 G zur Änd. des Straßenverkehrs G und weiterer straßenverkehrsrechtl. Vorschriften	5.12.2019	BGBl. I S. 2008	§§ 6, 62, 65	geänd. mWv 12.12.2019
				§§ 6, 50	geänd. mWv 1.6.2020
58.	Art. 325 Elfte ZuständigkeitsanpassungsVO	19.6.2020	BGBl. I S. 1328	§ 6	geänd. mWv 27.6.2020
59.	Art. 2 Achtes G zur Änd. des BundesfernstraßenG und zur Änd. weiterer Vorschriften	29.6.2020	BGBl. I S. 1528	§ 6a	geänd. mWv 4.7.2020
				§§ 35, 36	geänd. mWv 1.10.2020
60.	Art. 1 G zur Haftung bei Unfällen mit Anhängern und Gespannen im Straßenverkehr	10.7.2020	BGBl. I S. 1653	§§ 7, 8, 12, 17, 18, 65	geänd. mWv 17.7.2020
				§§ 19, 19a	eingef. mWv 17.7.2020
61.	Art. 3 G über Änderungen im Berufskraftfahrerqualifikationsrecht	26.11. 2020	BGBl. I S. 2575	§ 6a	geänd. mWv 2.12.2020
62.	Art. 6 Abs. 2 Zweites G zur Änd. des BundesmeldeG	15.1.2021	BGBl. I S. 530	§ 35	geänd. mWv 1.5.2022
63.	Art. 3 G zur Modernisierung des Personenbeförderungsrechts	16.4.2021	BGBl. I S. 822	§ 2	geänd. mWv 1.8.2021
64.	Art. 4 Abs. 9 G zur Verbesserung des Schutzes von Gerichtsvollziehern vor Gewalt sowie zur Änd. weiterer zwangsvollstreckungsrechtl. Vorschriften und zur Änd. des InfektionsschutzG	7.5.2021	BGBl. I S. 850	§ 35	geänd. mWv 1.1.2022
				§§ 35, 36	geänd. mWv 1.11.2022
65.	Art. 1 und 2 Viertes G zur Änd. des StraßenverkehrsG und anderer straßenverkehrsrechtlicher Vorschriften	12.7.2021	BGBl. I S. 3091	§§ 2, 2a, 2b, 3, 4, 6a, 6b, 6c, 25, 25a, 26, 26a, 28, 28a 29, 30, 30c, 31, 32, 33, 34, 35, 36, 37, 37a, 39, 41, 42, 43, 47, 58, 60, 63, 63b, 64, 65	geänd. mWv 28.7.2021
				§§ 6, 24	neu gef. mWv 28.7.2021
				§§ 39a, 63d, 63e, 63f	eingef. mWv 28.7.2021
				§§ 23, 24b	aufgeh. mit Ablauf des 27.7. 2021
				§ 33	geänd. mWv 1.7.2023
66.	Art. 1 Gesetz zum autonomen Fahren[1]	12.7.2021	BGBl. I S. 3108	§§ 8, 12, 19, 24	geänd. mWv 28.7.2021
				§§ 1d, 1e, 1f, 1g, 1h, 1i, 1j, 1k, 1l	eingef. mWv 28.7.2021

[1] **Amtl. Anm.:** Notifiziert gemäß Richtlinie (EU) 2015/1535 des Europäischen Parlaments und des Rates vom 9. September 2015 über ein Informationsverfahren auf dem Gebiet der technischen Vorschriften und der Vorschriften für die Dienste der Informationsgesellschaft (ABl. L 241 vom 17.9.2015, S. 1).

Vorbemerkung:
Die Änderungen durch G v. 7.5.2021 (BGBl. I S. 850) treten erst mWv 1.1. 2022 und 1.11.2022 in Kraft und sind im Text noch nicht berücksichtigt.

Nichtamtliche Inhaltsübersicht

I. Verkehrsvorschriften

§ 1[1] Zulassung. (1) [1]Kraftfahrzeuge und ihre Anhänger, die auf öffentlichen Straßen in Betrieb gesetzt werden sollen, müssen von der zuständigen Behörde (Zulassungsbehörde) zum Verkehr zugelassen sein. [2]Die Zulassung erfolgt auf Antrag des Verfügungsberechtigten des Fahrzeugs bei Vorliegen einer Betriebserlaubnis, Einzelgenehmigung oder EG-Typgenehmigung durch Zuteilung eines amtlichen Kennzeichens.

(2) Als Kraftfahrzeuge im Sinne dieses Gesetzes gelten Landfahrzeuge, die durch Maschinenkraft bewegt werden, ohne an Bahngleise gebunden zu sein.

(3) [1]Keine Kraftfahrzeuge im Sinne dieses Gesetzes sind Landfahrzeuge, die durch Muskelkraft fortbewegt werden und mit einem elektromotorischen Hilfsantrieb mit einer Nenndauerleistung von höchstens 0,25 kW ausgestattet sind, dessen Unterstützung sich mit zunehmender Fahrzeuggeschwindigkeit progressiv verringert und

1. beim Erreichen einer Geschwindigkeit von 25 km/h oder früher,
2. wenn der Fahrer im Treten einhält,

unterbrochen wird. [2]Satz 1 gilt auch dann, soweit die in Satz 1 bezeichneten Fahrzeuge zusätzlich über eine elektromotorische Anfahr- oder Schiebehilfe verfügen, die eine Beschleunigung des Fahrzeuges auf eine Geschwindigkeit von bis zu 6 km/h, auch ohne gleichzeitiges Treten des Fahrers, ermöglicht. [3]Für Fahrzeuge im Sinne der Sätze 1 und 2 sind die Vorschriften über Fahrräder anzuwenden.

§ 1a[2] Kraftfahrzeuge mit hoch- oder vollautomatisierter Fahrfunktion. (1) Der Betrieb eines Kraftfahrzeugs mittels hoch- oder vollautomatisierter Fahrfunktion ist zulässig, wenn die Funktion bestimmungsgemäß verwendet wird.

(2) [1]Kraftfahrzeuge mit hoch- oder vollautomatisierter Fahrfunktion im Sinne dieses Gesetzes sind solche, die über eine technische Ausrüstung verfügen,

1. die zur Bewältigung der Fahraufgabe – einschließlich Längs- und Querführung – das jeweilige Kraftfahrzeug nach Aktivierung steuern (Fahrzeugsteuerung) kann,
2. die in der Lage ist, während der hoch- oder vollautomatisierten Fahrzeugsteuerung den an die Fahrzeugführung gerichteten Verkehrsvorschriften zu entsprechen,

---

[1] § 1 Abs. 1 Satz 2 geänd., Satz 3 aufgeh. mWv 26.6.2011 durch G v. 20.6.2011 (BGBl. I S. 1124); Abs. 3 angef. mWv 21.6.2013 durch G v. 17.6.2013 (BGBl. I S. 1558).

[2] § 1a eingef. mWv 21.6.2017 durch G v. 16.6.2017 (BGBl. I S. 1648).

3. die jederzeit durch den Fahrzeugführer manuell übersteuerbar oder deaktivierbar ist,
4. die die Erforderlichkeit der eigenhändigen Fahrzeugsteuerung durch den Fahrzeugführer erkennen kann,
5. die dem Fahrzeugführer das Erfordernis der eigenhändigen Fahrzeugsteuerung mit ausreichender Zeitreserve vor der Abgabe der Fahrzeugsteuerung an den Fahrzeugführer optisch, akustisch, taktil oder sonst wahrnehmbar anzeigen kann und
6. die auf eine der Systembeschreibung zuwiderlaufende Verwendung hinweist.

[2]Der Hersteller eines solchen Kraftfahrzeugs hat in der Systembeschreibung verbindlich zu erklären, dass das Fahrzeug den Voraussetzungen des Satzes 1 entspricht.

(3) Die vorstehenden Absätze sind nur auf solche Fahrzeuge anzuwenden, die nach § 1 Absatz 1 zugelassen sind, den in Absatz 2 Satz 1 enthaltenen Vorgaben entsprechen und deren hoch- oder vollautomatisierte Fahrfunktionen

1. in internationalen, im Geltungsbereich dieses Gesetzes anzuwendenden Vorschriften beschrieben sind und diesen entsprechen oder
2. eine Typgenehmigung gemäß Artikel 20 der Richtlinie 2007/46/EG des Europäischen Parlaments und des Rates vom 5. September 2007 zur Schaffung eines Rahmens für die Genehmigung von Kraftfahrzeugen und Kraftfahrzeuganhängern sowie von Systemen, Bauteilen und selbstständigen technischen Einheiten für diese Fahrzeuge (Rahmenrichtlinie) (ABl. L 263 vom 9.10.2007, S. 1) erteilt bekommen haben.

(4) Fahrzeugführer ist auch derjenige, der eine hoch- oder vollautomatisierte Fahrfunktion im Sinne des Absatzes 2 aktiviert und zur Fahrzeugsteuerung verwendet, auch wenn er im Rahmen der bestimmungsgemäßen Verwendung dieser Funktion das Fahrzeug nicht eigenhändig steuert.

§ 1b[1)] Rechte und Pflichten des Fahrzeugführers bei Nutzung hoch- oder vollautomatisierter Fahrfunktionen. (1) Der Fahrzeugführer darf sich während der Fahrzeugführung mittels hoch- oder vollautomatisierter Fahrfunktionen gemäß § 1a vom Verkehrsgeschehen und der Fahrzeugsteuerung abwenden; dabei muss er derart wahrnehmungsbereit bleiben, dass er seiner Pflicht nach Absatz 2 jederzeit nachkommen kann.

(2) Der Fahrzeugführer ist verpflichtet, die Fahrzeugsteuerung unverzüglich wieder zu übernehmen,

1. wenn das hoch- oder vollautomatisierte System ihn dazu auffordert oder
2. wenn er erkennt oder auf Grund offensichtlicher Umstände erkennen muss, dass die Voraussetzungen für eine bestimmungsgemäße Verwendung der hoch- oder vollautomatisierten Fahrfunktionen nicht mehr vorliegen.

§ 1c[1)] Evaluierung. [1]Das Bundesministerium für Verkehr und digitale Infrastruktur wird die Anwendung der Regelungen in Artikel 1 des Gesetzes vom 16. Juni 2017 (BGBl. I S. 1648) nach Ablauf des Jahres 2019 auf wissenschaftlicher Grundlage evaluieren. [2]Die Bundesregierung unterrichtet den Deutschen Bundestag über die Ergebnisse der Evaluierung.

[1)] §§ 1b, 1c eingef. mWv 21.6.2017 durch G v. 16.6.2017 (BGBl. I S. 1648).

§ 1d[1)] Kraftfahrzeuge mit autonomer Fahrfunktion in festgelegten Betriebsbereichen. (1) Ein Kraftfahrzeug mit autonomer Fahrfunktion im Sinne dieses Gesetzes ist ein Kraftfahrzeug, das

1. die Fahraufgabe ohne eine fahrzeugführende Person selbstständig in einem festgelegten Betriebsbereich erfüllen kann und
2. über eine technische Ausrüstung gemäß § 1e Absatz 2 verfügt.

(2) Ein festgelegter Betriebsbereich im Sinne dieses Gesetzes bezeichnet den örtlich und räumlich bestimmten öffentlichen Straßenraum, in dem ein Kraftfahrzeug mit autonomer Fahrfunktion bei Vorliegen der Voraussetzungen gemäß § 1e Absatz 1 betrieben werden darf.

(3) Technische Aufsicht eines Kraftfahrzeugs mit autonomer Fahrfunktion im Sinne dieses Gesetzes ist diejenige natürliche Person, die dieses Kraftfahrzeug während des Betriebs gemäß § 1e Absatz 2 Nummer 8 deaktivieren und für dieses Kraftfahrzeug gemäß § 1e Absatz 2 Nummer 4 und Absatz 3 Fahrmanöver freigeben kann.

(4) Risikominimaler Zustand im Sinne dieses Gesetzes ist ein Zustand, in dem sich das Kraftfahrzeug mit autonomer Fahrfunktion auf eigene Veranlassung oder auf Veranlassung der Technischen Aufsicht an einer möglichst sicheren Stelle in den Stillstand versetzt und die Warnblinkanlage aktiviert, um unter angemessener Beachtung der Verkehrssituation die größtmögliche Sicherheit für die Fahrzeuginsassen, andere Verkehrsteilnehmende und Dritte zu gewährleisten.

§ 1e[1)] Betrieb von Kraftfahrzeugen mit autonomer Fahrfunktion; Widerspruch und Anfechtungsklage. (1) [1]Der Betrieb eines Kraftfahrzeugs mittels autonomer Fahrfunktion ist zulässig, wenn

1. das Kraftfahrzeug den technischen Voraussetzungen gemäß Absatz 2 entspricht,
2. für das Kraftfahrzeug eine Betriebserlaubnis nach Absatz 4 erteilt worden ist,
3. das Kraftfahrzeug in einem von der nach Bundes- oder Landesrecht zuständigen Behörde oder auf Bundesfernstraßen, soweit dem Bund die Verwaltung zusteht, von der Gesellschaft privaten Rechts im Sinne des Infrastrukturgesellschaftserrichtungsgesetzes genehmigten, festgelegten Betriebsbereich eingesetzt wird und
4. das Kraftfahrzeug zur Teilnahme am öffentlichen Straßenverkehr gemäß § 1 Absatz 1 zugelassen ist.

[2]Ein Betrieb eines Kraftfahrzeugs gemäß § 1h und die Zulassung im Übrigen gemäß § 1 Absatz 1 bleiben hiervon unberührt.

(2) Kraftfahrzeuge mit autonomer Fahrfunktion müssen über eine technische Ausrüstung verfügen, die in der Lage ist,

1. die Fahraufgabe innerhalb des jeweiligen festgelegten Betriebsbereichs selbstständig zu bewältigen, ohne dass eine fahrzeugführende Person in die Steuerung eingreift oder die Fahrt des Kraftfahrzeugs permanent von der Technischen Aufsicht überwacht wird,
2. selbstständig den an die Fahrzeugführung gerichteten Verkehrsvorschriften zu entsprechen und die über ein System der Unfallvermeidung verfügt, das
   a) auf Schadensvermeidung und Schadensreduzierung ausgelegt ist,

---

1) §§ 1d, 1e eingef. mWv 28.7.2021 durch G v. 12.7.2021 (BGBl. I S. 3108).

b) bei einer unvermeidbaren alternativen Schädigung unterschiedlicher Rechtsgüter die Bedeutung der Rechtsgüter berücksichtigt, wobei der Schutz menschlichen Lebens die höchste Priorität besitzt, und

c) für den Fall einer unvermeidbaren alternativen Gefährdung von Menschenleben keine weitere Gewichtung anhand persönlicher Merkmale vorsieht,

3. das Kraftfahrzeug selbstständig in einen risikominimalen Zustand zu versetzen, wenn die Fortsetzung der Fahrt nur durch eine Verletzung des Straßenverkehrsrechts möglich wäre,
4. im Fall der Nummer 3 der Technischen Aufsicht selbstständig
   a) mögliche Fahrmanöver zur Fortsetzung der Fahrt vorzuschlagen sowie
   b) Daten zur Beurteilung der Situation zu liefern, damit die Technische Aufsicht über eine Freigabe des vorgeschlagenen Fahrmanövers entscheiden kann,
5. ein von der Technischen Aufsicht vorgegebenes Fahrmanöver zu überprüfen und dieses nicht auszuführen, sondern das Kraftfahrzeug selbstständig in einen risikominimalen Zustand zu versetzen, wenn das Fahrmanöver am Verkehr teilnehmende oder unbeteiligte Personen gefährden würde,
6. eine Beeinträchtigung ihrer Funktionalität der Technischen Aufsicht unverzüglich anzuzeigen,
7. ihre Systemgrenzen zu erkennen und beim Erreichen einer Systemgrenze, beim Auftreten einer technischen Störung, die die Ausübung der autonomen Fahrfunktion beeinträchtigt, oder beim Erreichen der Grenzen des festgelegten Betriebsbereichs das Kraftfahrzeug selbstständig in einen risikominimalen Zustand zu versetzen,
8. jederzeit durch die Technische Aufsicht oder durch Fahrzeuginsassen deaktiviert zu werden und im Falle einer Deaktivierung das Kraftfahrzeug selbstständig in den risikominimalen Zustand zu versetzen,
9. der Technischen Aufsicht das Erfordernis der Freischaltung eines alternativen Fahrmanövers, der Deaktivierung mit ausreichender Zeitreserve sowie Signale zum eigenen Funktionsstatus optisch, akustisch oder sonst wahrnehmbar anzuzeigen und
10. ausreichend stabile und vor unautorisierten Eingriffen geschützte Funkverbindungen, insbesondere zur Technischen Aufsicht, sicherzustellen und das Kraftfahrzeug selbstständig in einen risikominimalen Zustand zu versetzen, wenn diese Funkverbindung abbricht oder darauf unerlaubt zugegriffen wird.

(3) Zur Erfüllung der Anforderungen nach Absatz 2 Nummer 1 bis 4 ist es im Falle sonstiger Beeinträchtigungen, die dazu führen, dass die technische Ausrüstung die Fahraufgabe nicht selbstständig bewältigen kann, auch ausreichend, wenn

1. die technische Ausrüstung in der Lage ist sicherzustellen, dass alternative Fahrmanöver durch die Technische Aufsicht vorgegeben werden können,
2. die alternativen Fahrmanöver gemäß Nummer 1 durch die technische Ausrüstung selbstständig ausgeführt werden und
3. die technische Ausrüstung in der Lage ist, die Technische Aufsicht mit ausreichender Zeitreserve optisch, akustisch oder sonst wahrnehmbar zur Vorgabe eines Fahrmanövers aufzufordern.

(4) [1] Liegen die technischen Voraussetzungen gemäß Absatz 2 und die Erklärung des Herstellers nach § 1f Absatz 3 Nummer 4 vor, erteilt das Kraftfahrt-Bundesamt auf Antrag des Herstellers eine Betriebserlaubnis für ein Kraftfahrzeug mit autonomer Fahrfunktion. [2] Laufende Genehmigungsverfahren, die sachlich unter § 1d

bis § 1g fallen und in denen der Antrag auf Erteilung einer Betriebserlaubnis inklusive einer Ausnahmegenehmigung bereits gestellt worden ist, bleiben unberührt.

(5) Widerspruch und Anfechtungsklage gegen den Widerruf oder die Rücknahme einer Betriebserlaubnis für ein Kraftfahrzeug mit autonomer Fahrfunktion haben keine aufschiebende Wirkung.

(6) Widerspruch und Anfechtungsklage gegen den Widerruf oder die Rücknahme einer Genehmigung eines festgelegten Betriebsbereichs haben keine aufschiebende Wirkung.

§ 1f[1)] Pflichten der Beteiligten beim Betrieb von Kraftfahrzeugen mit autonomer Fahrfunktion. (1) [1] Der Halter eines Kraftfahrzeugs mit autonomer Fahrfunktion ist zur Erhaltung der Verkehrssicherheit und der Umweltverträglichkeit des Kraftfahrzeugs verpflichtet und hat die hierfür erforderlichen Vorkehrungen zu treffen. [2] Er hat

1. die regelmäßige Wartung der für die autonome Fahrfunktion erforderlichen Systeme sicherzustellen,
2. Vorkehrungen zu treffen, dass die sonstigen, nicht an die Fahrzeugführung gerichteten Verkehrsvorschriften eingehalten werden und
3. zu gewährleisten, dass die Aufgaben der Technischen Aufsicht erfüllt werden.

(2) Die Technische Aufsicht über ein Kraftfahrzeug mit autonomer Fahrfunktion ist verpflichtet,

1. ein alternatives Fahrmanöver nach § 1e Absatz 2 Nummer 4 und Absatz 3 zu bewerten und das Kraftfahrzeug hierfür freizuschalten, sobald ihr ein solches optisch, akustisch oder sonst wahrnehmbar durch das Fahrzeugsystem angezeigt wird, die vom Fahrzeugsystem bereitgestellten Daten ihr eine Beurteilung der Situation ermöglichen und die Durchführung des alternativen Fahrmanövers nicht die Verkehrssicherheit gefährdet,
2. die autonome Fahrfunktion unverzüglich zu deaktivieren, sobald dies optisch, akustisch oder sonst wahrnehmbar durch das Fahrzeugsystem angezeigt wird,
3. Signale der technischen Ausrüstung zum eigenen Funktionsstatus zu bewerten und gegebenenfalls erforderliche Maßnahmen zur Verkehrssicherung einzuleiten und
4. unverzüglich Kontakt mit den Insassen des Kraftfahrzeugs herzustellen und die zur Verkehrssicherung notwendigen Maßnahmen einzuleiten, wenn das Kraftfahrzeug in den risikominimalen Zustand versetzt wird.

(3) Der Hersteller eines Kraftfahrzeugs mit autonomer Fahrfunktion hat

1. über den gesamten Entwicklungs- und Betriebszeitraum des Kraftfahrzeugs gegenüber dem Kraftfahrt-Bundesamt und der zuständigen Behörde nachzuweisen, dass die elektronische und elektrische Architektur des Kraftfahrzeugs und die mit dem Kraftfahrzeug in Verbindung stehende elektronische und elektrische Architektur vor Angriffen gesichert ist,
2. eine Risikobeurteilung für das Kraftfahrzeug vorzunehmen und gegenüber dem Kraftfahrt- Bundesamt und der zuständigen Behörde nachzuweisen, wie die Risikobeurteilung durchgeführt wurde und dass kritische Elemente des Kraftfahrzeugs gegen Gefahren, die im Rahmen der Risikobeurteilung festgestellt wurden, geschützt werden,

---

[1)] § 1f eingef. mWv 28.7.2021 durch G v. 12.7.2021 (BGBl. I S. 3108).

3. eine für das autonome Fahren ausreichend sichere Funkverbindung nachzuweisen,
4. für jedes Kraftfahrzeug eine Systembeschreibung vorzunehmen, ein Betriebshandbuch zu erstellen und gegenüber dem Kraftfahrt-Bundesamt und im Betriebshandbuch verbindlich zu erklären, dass das Kraftfahrzeug die Voraussetzungen nach § 1e Absatz 2, auch in Verbindung mit Absatz 3, erfüllt,
5. für das Kraftfahrzeug eine Schulung für die am Betrieb beteiligten Personen anzubieten, in der die technische Funktionsweise insbesondere im Hinblick auf die Fahrfunktionen und die Aufgabenwahrnehmung der Technischen Aufsicht vermittelt werden, und
6. sobald er Manipulationen am Kraftfahrzeug oder an dessen elektronischer oder elektrischer Architektur oder an der mit dem Kraftfahrzeug in Verbindung stehenden elektronischen oder elektrischen Architektur erkennt, insbesondere bei einem unerlaubten Zugriff auf die Funkverbindungen des Kraftfahrzeugs, diese unverzüglich dem Kraftfahrt-Bundesamt und der nach Bundes- oder Landesrecht zuständigen Behörde oder auf Bundesfernstraßen, soweit dem Bund die Verwaltung zusteht, der Gesellschaft privaten Rechts im Sinne des Infrastrukturgesellschaftserrichtungsgesetzes mitzuteilen und erforderliche Maßnahmen einzuleiten.

§ 1g[1)] Datenverarbeitung. (1) [1]Der Halter eines Kraftfahrzeugs mit autonomer Fahrfunktion ist verpflichtet, folgende Daten beim Betrieb des Kraftfahrzeugs zu speichern:
1. Fahrzeugidentifizierungsnummer,
2. Positionsdaten,
3. Anzahl und Zeiten der Nutzung sowie der Aktivierung und der Deaktivierung der autonomen Fahrfunktion,
4. Anzahl und Zeiten der Freigabe von alternativen Fahrmanövern,
5. Systemüberwachungsdaten einschließlich Daten zum Softwarestand,
6. Umwelt- und Wetterbedingungen,
7. Vernetzungsparameter wie beispielsweise Übertragungslatenz und verfügbare Bandbreite,
8. Name der aktivierten und deaktivierten passiven und aktiven Sicherheitssysteme, Daten zum Zustand dieser Sicherheitssysteme sowie die Instanz, die das Sicherheitssystem ausgelöst hat,
9. Fahrzeugbeschleunigung in Längs- und Querrichtung,
10. Geschwindigkeit,
11. Status der lichttechnischen Einrichtungen,
12. Spannungsversorgung des Kraftfahrzeugs mit autonomer Fahrfunktion,
13. von extern an das Kraftfahrzeug gesendete Befehle und Informationen.

[2]Der Halter ist verpflichtet, dem Kraftfahrt-Bundesamt und der nach Bundes- oder Landesrecht zuständigen Behörde oder auf Bundesfernstraßen, soweit dem Bund die Verwaltung zusteht, der Gesellschaft privaten Rechts im Sinne des Infrastrukturgesellschaftserrichtungsgesetzes auf Verlangen die Daten nach Satz 1 *zu übermitteln*, soweit dies erforderlich ist

---

[1)] § 1g eingef. mWv 28.7.2021 durch G v. 12.7.2021 (BGBl. I S. 3108).

1. bezüglich des Kraftfahrt-Bundesamts für dessen Aufgabenerfüllung nach den Absätzen 4 und 5 und
2. bezüglich der nach Bundes- oder Landesrecht zuständigen Behörde oder auf Bundesfernstraßen, soweit dem Bund die Verwaltung zusteht, der Gesellschaft privaten Rechts im Sinne des Infrastrukturgesellschaftserrichtungsgesetzes für deren Aufgabenerfüllung nach Absatz 6

(2) Die Daten gemäß Absatz 1 sind bei den folgenden Anlässen zu speichern:

1. bei Eingriffen durch die Technische Aufsicht,
2. bei Konfliktszenarien, insbesondere bei Unfällen und Fast-Unfall-Szenarien,
3. bei nicht planmäßigem Spurwechsel oder Ausweichen,
4. bei Störungen im Betriebsablauf.

(3) [1] Der Hersteller eines Kraftfahrzeugs mit autonomer Fahrfunktion hat das Fahrzeug so auszustatten, dass die Speicherung der Daten gemäß Absatz 1 und 2 dem Halter tatsächlich möglich ist. [2] Der Hersteller muss den Halter präzise, klar und in leichter Sprache über die Einstellungsmöglichkeiten zur Privatsphäre und zur Verarbeitung der Daten, die beim Betrieb des Kraftfahrzeugs in der autonomen Fahrfunktion verarbeitet werden, informieren. [3] Die diesbezügliche Software des Kraftfahrzeugs muss Wahlmöglichkeiten zur Art und Weise der Speicherung und der Übermittlung der in der autonomen Fahrfunktion verarbeiteten Daten vorsehen und dem Halter entsprechende Einstellungen ermöglichen.

(4) [1] Das Kraftfahrt-Bundesamt ist berechtigt, folgende Daten beim Halter zu erheben, zu speichern und zu verwenden, soweit dies für die Überwachung des sicheren Betriebs des Kraftfahrzeugs mit autonomer Fahrfunktion erforderlich ist:

1. Daten nach Absatz 1 und
2. Vor- und Nachname der als Technische Aufsicht eingesetzten Person sowie Nachweise über ihre fachliche Qualifikation.

[2] Setzt der Halter seinerseits Beschäftigte gemäß § 26 des Bundesdatenschutzgesetzes als Technische Aufsicht ein, findet § 26 des Bundesdatenschutzgesetzes Anwendung. [3] Das Kraftfahrt-Bundesamt hat die Daten unverzüglich zu löschen, sobald sie für die Zwecke nach Satz 1 nicht mehr erforderlich sind, spätestens nach Ablauf von drei Jahren nach Einstellung des Betriebs des entsprechenden Kraftfahrzeugs.

(5) [1] Sofern es sich nicht um ein Kraftfahrzeug im Sinne des § 1k handelt, ist das Kraftfahrt-Bundesamt berechtigt, die nach Absatz 4 Nummer 1 in Verbindung mit Absatz 1 beim Halter erhobenen nicht personenbezogenen Daten für verkehrsbezogene Gemeinwohlzwecke, insbesondere zum Zweck der wissenschaftlichen Forschung im Bereich der Digitalisierung, Automatisierung und Vernetzung sowie zum Zweck der Unfallforschung im Straßenverkehr, folgenden Stellen zugänglich zu machen:

1. Hochschulen und Universitäten,
2. außeruniversitäre Forschungseinrichtungen,
3. Bundes-, Landes- und Kommunalbehörden mit Forschungs-, Entwicklungs-, Verkehrsplanungs- oder Stadtplanungsaufgaben.

[2] Die in Satz 1 genannten Stellen dürfen die Daten ausschließlich für die in Satz 1 genannten Zwecke verwenden. [3] Absatz 4 Satz 2 gilt entsprechend. [4] Allgemeine Übermittlungsvorschriften bleiben unberührt.

(6) [1] Die für die Genehmigung von festgelegten Betriebsbereichen nach Bundes- oder Landesrecht zuständigen Behörden oder auf Bundesfernstraßen, soweit

dem Bund die Verwaltung zusteht, die Gesellschaft privaten Rechts im Sinne des Infrastrukturgesellschaftserrichtungsgesetzes sind berechtigt, folgende Daten beim Halter zu erheben, zu speichern und zu verwenden, soweit dies für die Prüfung und Überwachung erforderlich ist, ob der festgelegte Betriebsbereich für den Betrieb des Kraftfahrzeugs mit autonomer Fahrfunktion geeignet ist, insbesondere für die Überprüfung und Überwachung, ob die Voraussetzungen der jeweiligen Genehmigung vorliegen und die damit verbundenen Auflagen eingehalten werden:

1. Daten nach Absatz 1 und
2. Vor- und Nachname der als Technische Aufsicht eingesetzten Person sowie Nachweise über ihre fachliche Qualifikation.

[2] Die für die Genehmigung von festgelegten Betriebsbereichen nach Bundes- oder Landesrecht zuständigen Behörden oder auf Bundesfernstraßen, soweit dem Bund die Verwaltung zusteht, die Gesellschaft privaten Rechts im Sinne des Infrastrukturgesellschaftserrichtungsgesetzes haben diese Daten unverzüglich zu löschen, sobald sie für die Zwecke nach Satz 1 nicht mehr erforderlich sind, spätestens nach Ablauf von drei Jahren nach Einstellung des Betriebs des entsprechenden Kraftfahrzeugs.

(7) [1] Unbeschadet der Absätze 1 bis 6 können Dritte vom Halter Auskunft über die gemäß Absatz 1 und 2 gespeicherten Daten verlangen, soweit diese Daten zur Geltendmachung, Befriedigung oder Abwehr von Rechtsansprüchen im Zusammenhang mit einem in § 7 Absatz 1 geregelten Ereignis erforderlich sind und das entsprechende Kraftfahrzeug mit autonomer Fahrfunktion an diesem Ereignis beteiligt war. [2] Die Dritten haben die Daten unverzüglich zu löschen, sobald sie zur Geltendmachung von Rechtsansprüchen nicht mehr erforderlich sind, spätestens mit Verjährung der Ansprüche, für deren Geltendmachung, Befriedigung oder Abwehr die Daten erhoben wurden. [3] Eine Verwendung dieser Daten durch die Dritten ist nur zu den in Satz 1 genannten Zwecken zulässig.

§ 1h[1)] Nachträgliche Aktivierung von automatisierten und autonomen Fahrfunktionen. (1) Ist in einem Kraftfahrzeug eine automatisierte oder autonome Fahrfunktion verbaut, die in internationalen, im Geltungsbereich dieses Gesetzes anzuwendenden Vorschriften nicht beschrieben ist, so ist die Erteilung einer Genehmigung für den Betrieb dieses Kraftfahrzeugs nach den einschlägigen Genehmigungsvorschriften unter Außerachtlassung der automatisierten oder autonomen Fahrfunktion nur zulässig, wenn bei Deaktivierung der automatisierten oder autonomen Fahrfunktion die Einflussnahme dieser Fahrfunktionen auf die genehmigten Systeme ausgeschlossen ist.

(2) [1] Die Aktivierung einer automatisierten oder autonomen Fahrfunktion im Sinne des Absatzes 1 in einem zugelassenen Kraftfahrzeug für den Betrieb dieser Funktionen im öffentlichen Straßenverkehr im Geltungsbereich dieses Gesetzes darf nur auf der Grundlage einer besonderen durch das Kraftfahrt- Bundesamt erteilten Genehmigung erfolgen. [2] Diese Genehmigung darf nur erteilt werden, sofern die Fahrfunktion genehmigungsfähig gemäß § 1a Absatz 3, § 1e Absatz 2 oder anderer einschlägiger Genehmigungsvorschriften ist. [3] Das Kraftfahrt-Bundesamt veröffentlicht die insofern zu beachtenden technischen Anforderungen.

[1)] § 1h eingef. mWv 28.7.2021 durch G v. 12.7.2021 (BGBl. I S. 3108).

§ 1i[1] **Erprobung von automatisierten und autonomen Fahrfunktionen.**

(1) Kraftfahrzeuge, die zur Erprobung von Entwicklungsstufen für die Entwicklung automatisierter oder autonomer Fahrfunktionen dienen, dürfen auf öffentlichen Straßen nur betrieben werden, wenn

1. für das Kraftfahrzeug eine Erprobungsgenehmigung durch das Kraftfahrt-Bundesamt nach Absatz 2 erteilt worden ist,
2. das Kraftfahrzeug nach § 1 Absatz 1 zugelassen ist,
3. das Kraftfahrzeug ausschließlich zur Erprobung betrieben wird und
4. das Kraftfahrzeug im Betrieb wie folgt permanent überwacht wird:
   a) bei automatisierten Fahrfunktionen erfolgt die Überwachung durch einen in Bezug auf technische Entwicklungen für den Kraftfahrzeugverkehr zuverlässigen Fahrzeugführer,
   b) bei autonomen Fahrfunktionen erfolgt die Überwachung durch eine vor Ort anwesende, in Bezug auf technische Entwicklungen für den Kraftfahrzeugverkehr zuverlässige Technische Aufsicht.

(2) [1]Eine Erprobungsgenehmigung gemäß Absatz 1 Nummer 1 wird vom Kraftfahrt-Bundesamt auf Antrag des Halters erteilt. [2]Das Kraftfahrt-Bundesamt kann die Erprobungsgenehmigung jederzeit mit Nebenbestimmungen versehen, die den sicheren Betrieb des Fahrzeugs sicherstellen. [3]Zu Nebenbestimmungen, die den Betrieb auf einen bestimmten Betriebsbereich beschränken, ist die nach Landesrecht zuständige Behörde des örtlich betroffenen Landes anzuhören. [4]Die Gesellschaft privaten Rechts im Sinne des Infrastrukturgesellschaftserrichtungsgesetzes ist anzuhören, soweit der Betriebsbereich Bundesautobahnen oder Bundesstraßen in Bundesverwaltung umfasst oder dies vorgesehen ist.

(3) Das Kraftfahrt-Bundesamt beteiligt das Bundesamt für Sicherheit in der Informationstechnik zu Fragen der Sicherheit in der Informationstechnik bei der Erstellung, Umsetzung und bei der Weiterentwicklung und Bewertung technischer Anforderungen.

(4) Bis sechs Monate nach Inkrafttreten der Regelungen in der auf Grundlage von § 1j Absatz 1 Nummer 7 erlassenen Verordnung gelten die bisherigen straßenverkehrsrechtlichen Vorschriften zur Erprobung, auch für Entwicklungsstufen automatisierter oder autonomer Fahrfunktionen, unverändert fort, sofern nicht bereits von den Regelungen in der auf Grundlage von § 1j Absatz 1 Nummer 7 erlassenen Verordnung Gebrauch gemacht wird.

§ 1j[1] **Verordnungsermächtigung.** (1) Das Bundesministerium für Verkehr und digitale Infrastruktur wird ermächtigt, durch Rechtsverordnung mit Zustimmung des Bundesrates Einzelheiten der Zulassung und des Betriebs von Kraftfahrzeugen mit autonomer Fahrfunktion auf öffentlichen Straßen nach den §§ 1d bis 1i zu regeln betreffend

1. die technischen Anforderungen und das Verfahren zur Erteilung einer Betriebserlaubnis gemäß § 1e Absatz 2 bis 4 durch das Kraftfahrt-Bundesamt, einschließlich
   a) der vom Hersteller zu beachtenden technischen Anforderungen an den Bau, die Beschaffenheit und die technische Ausrüstung des Kraftfahrzeugs, der vom Hersteller zu beachtenden Anforderungen an die Datenspeicherung, die Sicherheit der eingesetzten Informationstechnik und die funktionale Sicher-

---

[1] §§ 1i, 1j eingef. mWv 28.7.2021 durch G v. 12.7.2021 (BGBl. I S. 3108).

heit des Kraftfahrzeugs, der vom Hersteller zu beachtenden Anforderungen an die Erklärung gemäß § 1f Absatz 3 Nummer 4 sowie der vom Hersteller zu beachtenden Dokumentationspflichten,

b) der Anforderungen an die Prüfung und Validierung des Kraftfahrzeugs durch das Kraftfahrt- Bundesamt,

c) der Anforderungen an den Betrieb des Kraftfahrzeugs,

d) der Anforderungen an die Begutachtung des Kraftfahrzeugs durch das Kraftfahrt-Bundesamt,

e) der Marktüberwachung einschließlich Vorgaben zur Beteiligung weiterer Behörden bei der Bewertung der informationstechnischen Sicherheit von Kraftfahrzeugen und Fahrzeugteilen sowie der Regelung von Mitwirkungspflichten für Hersteller und Halter von Kraftfahrzeugen mit autonomer Fahrfunktion und

f) der Anerkennung und Bewertung der Wirkungsgleichheit von Erlaubnissen und Genehmigungen von automatisierten und autonomen Kraftfahrzeugen, die in einem anderen Mitgliedstaat der Europäischen Union auf Grundlage der jeweils geltenden nationalen Bestimmungen erteilt worden sind,

2. die Eignung von Betriebsbereichen und das Verfahren für die Bewertung und die Genehmigung von festgelegten Betriebsbereichen durch die nach Bundes- oder Landesrecht zuständigen Behörden oder auf Bundesfernstraßen, soweit dem Bund die Verwaltung zusteht, die Gesellschaft privaten Rechts im Sinne des Infrastrukturgesellschaftserrichtungsgesetzes

3. Besonderheiten des Verfahrens der Zulassung, einschließlich der Kennzeichnung der Kraftfahrzeuge und Fahrzeugteile, um deren Betriebsweisen kenntlich zu machen und um die Verkehrssicherheit zu gewährleisten,

4. Anforderungen an und Pflichten für Hersteller, Halter und die Technische Aufsicht zur Gewährleistung der Verkehrssicherheit und eines sicheren Betriebs, einschließlich von

   a) Anforderungen zur Freigabe von Fahrmanövern und zur Deaktivierung eines Kraftfahrzeugs durch die Technische Aufsicht gemäß § 1f Absatz 2 Nummer 1 und 2,

   b) technischen und organisatorischen Anforderungen an den Halter und

   c) Anforderungen an die fachliche Qualifikation und die Zuverlässigkeit der am Betrieb eines Kraftfahrzeugs mit autonomer Fahrfunktion beteiligten Personen einschließlich der hierfür erforderlichen Nachweise,

5. die technischen Einzelheiten der Speicherung der beim Betrieb des Kraftfahrzeugs mittels der autonomen Fahrfunktion erzeugten Daten nach § 1g Absatz 1, insbesondere über die genauen Zeitpunkte der Datenspeicherungen, die Parameter der Datenkategorien und die Datenformate,

6. das Verfahren zur Erteilung einer Genehmigung bei der nachträglichen Aktivierung von automatisierten und autonomen Fahrfunktionen nach § 1h einschließlich technischer Anforderungen an die Erteilung einer Betriebserlaubnis,

7. die Anforderungen und das Verfahren zur Erteilung einer Erprobungsgenehmigung nach § 1i Absatz 2 durch das Kraftfahrt-Bundesamt, einschließlich weiterer Pflichten des Halters, Ausnahmen von Anforderungen nach diesem Gesetz zu Erprobungszwecken sowie die Befugnis des Kraftfahrt-Bundesamts, Daten, die zur Schaffung einer Datenbasis zur Beurteilung der Sicherheit im Straßenverkehr und des technischen Fortschritts sowie zur evidenzbasierten Entwicklung der Regulierung von Entwicklungsstufen automatisierter oder autonomer Fahr-

funktionen erforderlich sind, in anonymisierter Form zu erheben, zu speichern und zu verwenden,

8. Abweichungen von den §§ 1d bis 1i in Bezug auf Kraftfahrzeuge der Bundeswehr, der Bundespolizei, des Bundeskriminalamts, des Bundesnachrichtendienstes, des Zollkriminalamts, des Bundesamts für Verfassungsschutz, der Gesellschaft privaten Rechts im Sinne des Infrastrukturgesellschaftserrichtungsgesetzes, der Landespolizei, der Landeskriminalämter, der Landesämter für Verfassungsschutz, des Zivil- und Katastrophenschutzes, der Feuerwehren, der Rettungsdienste und der Straßenbauverwaltungen.

(2) [1] Das Bundesministerium für Verkehr und digitale Infrastruktur wird ermächtigt, durch Rechtsverordnung ohne Zustimmung des Bundesrates Ausnahmen von den auf Grundlage des Absatzes 1 erlassenen Rechtsverordnungen zur Erprobung neuartiger Fahrzeugsteuerungseinrichtungen zu regeln. [2] Es wird ermächtigt, durch Rechtsverordnung ohne Zustimmung des Bundesrates diese Ermächtigung auf das Kraftfahrt-Bundesamt zu übertragen.

§ 1k[1)] Ausnahmen. (1) Für Kraftfahrzeuge mit autonomer Fahrfunktion gemäß § 1d Absatz 1, die für militärische, nachrichtendienstliche oder polizeiliche Zwecke, für Zwecke der Zollfahndung, des Zivil- oder Katastrophenschutzes, der Brandbekämpfung, der Straßenbauverwaltung oder der Rettungsdienste bestimmt sind, können das Bundesministerium der Finanzen, das Bundesministerium des Innern, für Bau und Heimat, das Bundesministerium der Verteidigung, das Bundesministerium für Verkehr und digitale Infrastruktur, das Bundeskanzleramt und die nach Landesrecht zuständigen Behörden Dienststellen in ihren jeweiligen Geschäftsbereichen, das Bundesministerium der Verteidigung Dienststellen der Bundeswehr bestimmen, die die Aufgaben des Kraftfahrt-Bundesamts an dessen Stelle für den jeweiligen Geschäftsbereich wahrnehmen.

(2) [1] Kraftfahrzeuge mit autonomer Fahrfunktion, die in der Bundeswehr, in der Bundespolizei, im Bundeskriminalamt, im Bundesnachrichtendienst, im Bundesamt für Verfassungsschutz, im Zollkriminalamt, in der Gesellschaft privaten Rechts im Sinne des Infrastrukturgesellschaftserrichtungsgesetzes, in der Landespolizei, in den Landeskriminalämtern, in den Landesämtern für Verfassungsschutz, im Zivil- und Katastrophenschutz, in den Feuerwehren, in den Rettungsdiensten oder in den Straßenbauverwaltungen eingesetzt werden, dürfen von den technischen Vorgaben, von Regelungen zur Festlegung von Betriebsbereichen und von Betriebsvorschriften sowie von den gemäß § 1j Absatz 1 erlassenen Verordnungen abweichen, wenn die Kraftfahrzeuge zur Erfüllung hoheitlicher Aufgaben bestimmt, für diese Zwecke gebaut oder ausgerüstet sind und wenn gewährleistet ist, dass die Kraftfahrzeuge unter gebührender Berücksichtigung der öffentlichen Sicherheit eingesetzt werden. [2] Technische Voraussetzungen, Regelungen zur Festlegung von Betriebsbereichen und Betriebsvorschriften sind dabei sinngemäß anzuwenden, sofern es der jeweilige Zweck nach Absatz 1 zulässt; Abweichungen sind auf das zwingend erforderliche Maß zu beschränken.

§ 1l[1)] Evaluierung. [1] Das Bundesministerium für Verkehr und digitale Infrastruktur wird die Anwendung der Regelungen des Gesetzes vom 12. Juli 2021 (BGBl. I S. 3108) nach Ablauf des Jahres 2023 insbesondere im Hinblick auf die Auswirkungen auf die Entwicklung des autonomen Fahrens, die Vereinbarkeit mit Datenschutzvorschriften sowie die aufgrund von Erprobungsgenehmigungen im

---

[1)] §§ 1k, 1l eingef. mWv 28.7.2021 durch G v. 12.7.2021 (BGBl. I S. 3108).

Sinne des § 1i Absatz 2 gewonnenen Erkenntnisse auf wissenschaftlicher Grundlage in nicht personenbezogener Form evaluieren und den Deutschen Bundestag über die Ergebnisse der Evaluierung unterrichten. [2]Sofern erforderlich, soll das Bundesministerium für Verkehr und digitale Infrastruktur die Evaluierung zu einem von ihm festzulegenden Zeitpunkt bis zum Jahr 2030 erneut durchführen.

§ 2[1)] Fahrerlaubnis und Führerschein. (1) [1]Wer auf öffentlichen Straßen ein Kraftfahrzeug führt, bedarf der Erlaubnis (Fahrerlaubnis) der zuständigen Behörde (Fahrerlaubnisbehörde). [2]Die Fahrerlaubnis wird in bestimmten Klassen erteilt. [3]Sie ist durch eine amtliche Bescheinigung (Führerschein) nachzuweisen. [4]Nach näherer Bestimmung durch Rechtsverordnung auf Grund des § 6 Absatz 1 Satz 1 Nummer 1 Buchstabe a und Absatz 3 Nummer 2 kann die Gültigkeitsdauer der Führerscheine festgelegt werden.

(2) [1]Die Fahrerlaubnis ist für die jeweilige Klasse zu erteilen, wenn der Bewerber

1. seinen ordentlichen Wohnsitz im Sinne des Artikels 12 der Richtlinie 2006/126/EG des Europäischen Parlaments und des Rates vom 20. Dezember 2006 über den Führerschein (ABl. L 403 vom 30.12.2006, S. 26) im Inland hat,
2. das erforderliche Mindestalter erreicht hat,
3. zum Führen von Kraftfahrzeugen geeignet ist,
4. zum Führen von Kraftfahrzeugen nach dem Fahrlehrergesetz und den auf ihm beruhenden Rechtsvorschriften ausgebildet worden ist,
5. die Befähigung zum Führen von Kraftfahrzeugen in einer theoretischen und praktischen Prüfung nachgewiesen hat,
6. Erste Hilfe leisten kann und
7. keine in einem Mitgliedstaat der Europäischen Union oder einem anderen Vertragsstaat des Abkommens über den Europäischen Wirtschaftsraum erteilte Fahrerlaubnis dieser Klasse besitzt.

[2]Nach näherer Bestimmung durch Rechtsverordnung gemäß § 6 Absatz 1 Satz 1 Nummer 1 Buchstabe b können als weitere Voraussetzungen der Vorbesitz anderer Klassen oder Fahrpraxis in einer anderen Klasse festgelegt werden. [3]Die Fahrerlaubnis kann für die Klassen C und D sowie ihre Unterklassen und Anhängerklassen befristet erteilt werden. [4]Sie ist auf Antrag zu verlängern, wenn der Bewerber zum Führen von Kraftfahrzeugen geeignet ist und kein Anlass zur Annahme besteht, dass eine der aus den Sätzen 1 und 2 ersichtlichen sonstigen Voraussetzungen fehlt.

[1)] § 2 Abs. 15 Satz 2 geänd. mWv 1.6.2005 durch G v. 3.5.2005 (BGBl. I S. 1221); Abs. 10 Satz 1 geänd. mWv 1.7.2005 durch G v. 21.6.2005 (BGBl. I S. 1818); Abs. 10 Sätze 5–8 angef., Abs. 11 Satz 2 aufgeh., Abs. 13 Satz 4 und Abs. 16 angef. mWv 23.7.2009 durch G v. 17.7.2009 (BGBl. I S. 2021); Abs. 1 Satz 4 angef., Abs. 2 Satz 1 Nr. 1 geänd. mWv 9.12.2010 durch G v. 2.12.2010 (BGBl. I S. 1748); Abs. 10 Sätze 5–8 aufgeh., Abs. 10a eingef., Abs. 13 Satz 4 und Abs. 16 neu gef. mWv 29.6.2011 durch G v. 23.6.2011 (BGBl. I S. 1213); Abs. 7 Satz 2, Abs. 9 Satz 2 geänd., Abs. 16 Satz 1 Nr. 3 neu gef., Satz 3 geänd. mWv 1.5.2014 durch G v. 28.8.2013 (BGBl. I S. 3313); Abs. 9 Sätze 2 und 3 geänd. mWv 5.12.2014 durch G v. 28.11.2014 (BGBl. I S. 1802); Abs. 2 Satz 1 Nr. 6 und Abs. 13 Satz 1 geänd. mWv 7.3.2015 durch G v. 2.3.2015 (BGBl. I S. 186); Abs. 6 Satz 1 Nr. 1 geänd. mWv 7.12.2016 durch G v. 28.11.2016 (BGBl. I S. 2722); Abs. 15 Sätze 1 und 2 geänd. mWv 1.1.2018 durch G v. 30.6.2017 (BGBl. I S. 2162); *Abs. 9 Satz 6 und Abs. 14 Satz 2* geänd. mWv 26.11.2019 durch G v. 20.11.2019 (BGBl. I S. 1626); Abs. 3 Satz 4 neu gef., Abs. 13 Satz 1 geänd. mWv 1.8.2021 durch G v. 16.4.2021 (BGBl. I S. 822); Abs. 1 Satz 4, Abs. 2 Satz 2, Abs. 3 Satz 1, Abs. 6 Satz 1, Abs. 11, Abs. 13 Satz 3 und Abs. 14 Satz 2 geänd., Abs. 8 Sätze 2 und 3 angef. mWv 28.7.2021 durch G v. 12.7.2021 (BGBl. I S. 3091).

(3) [1] Nach näherer Bestimmung durch Rechtsverordnung gemäß § 6 Absatz 1 Satz 1 Nummer 1 Buchstabe a und b kann für die Personenbeförderung in anderen Fahrzeugen als Kraftomnibussen zusätzlich zur Fahrerlaubnis nach Absatz 1 eine besondere Erlaubnis verlangt werden. [2] Die Erlaubnis wird befristet erteilt. [3] Für die Erteilung und Verlängerung können dieselben Voraussetzungen bestimmt werden, die für die Fahrerlaubnis zum Führen von Kraftomnibussen gelten. [4] Außerdem kann ein Fachkundenachweis verlangt werden. [5] Im Übrigen gelten die Bestimmungen für Fahrerlaubnisse entsprechend, soweit gesetzlich nichts anderes bestimmt ist.

(4) [1] Geeignet zum Führen von Kraftfahrzeugen ist, wer die notwendigen körperlichen und geistigen Anforderungen erfüllt und nicht erheblich oder nicht wiederholt gegen verkehrsrechtliche Vorschriften oder gegen Strafgesetze verstoßen hat. [2] Ist der Bewerber auf Grund körperlicher oder geistiger Mängel nur bedingt zum Führen von Kraftfahrzeugen geeignet, so erteilt die Fahrerlaubnisbehörde die Fahrerlaubnis mit Beschränkungen oder unter Auflagen, wenn dadurch das sichere Führen von Kraftfahrzeugen gewährleistet ist.

(5) Befähigt zum Führen von Kraftfahrzeugen ist, wer

1. ausreichende Kenntnisse der für das Führen von Kraftfahrzeugen maßgebenden gesetzlichen Vorschriften hat,
2. mit den Gefahren des Straßenverkehrs und den zu ihrer Abwehr erforderlichen Verhaltensweisen vertraut ist,
3. die zum sicheren Führen eines Kraftfahrzeugs, gegebenenfalls mit Anhänger, erforderlichen technischen Kenntnisse besitzt und zu ihrer praktischen Anwendung in der Lage ist und
4. über ausreichende Kenntnisse einer umweltbewussten und energiesparenden Fahrweise verfügt und zu ihrer praktischen Anwendung in der Lage ist.

(6) [1] Wer die Erteilung, Erweiterung, Verlängerung oder Änderung einer Fahrerlaubnis oder einer besonderen Erlaubnis nach Absatz 3, die Aufhebung einer Beschränkung oder Auflage oder die Ausfertigung oder Änderung eines Führerscheins beantragt, hat der Fahrerlaubnisbehörde nach näherer Bestimmung durch Rechtsverordnung gemäß § 6 Absatz 1 Satz 1 Nummer 1 und Absatz 3 Nummer 1 mitzuteilen und nachzuweisen

1. Familiennamen, Geburtsnamen, sonstige frühere Namen, Vornamen, Ordens- oder Künstlernamen, Doktorgrad, Geschlecht, Tag und Ort der Geburt, Anschrift, Staatsangehörigkeit, Art des Ausweisdokumentes und
2. das Vorliegen der Voraussetzungen nach Absatz 2 Satz 1 Nr. 1 bis 6 und Satz 2 und Absatz 3

sowie ein Lichtbild abzugeben. [2] Außerdem hat der Antragsteller eine Erklärung darüber abzugeben, ob er bereits eine in- oder ausländische Fahrerlaubnis der beantragten Klasse oder einen entsprechenden Führerschein besitzt.

(7) [1] Die Fahrerlaubnisbehörde hat zu ermitteln, ob der Antragsteller zum Führen von Kraftfahrzeugen, gegebenenfalls mit Anhänger, geeignet und befähigt ist, und ob er bereits eine in- oder ausländische Fahrerlaubnis oder einen entsprechenden Führerschein besitzt. [2] Sie hat dazu Auskünfte aus dem Fahreignungsregister und dem Zentralen Fahrerlaubnisregister nach den Vorschriften dieses Gesetzes einzuholen. [3] Sie kann außerdem insbesondere entsprechende Auskünfte aus ausländischen Registern oder von ausländischen Stellen einholen sowie die Beibringung eines Führungszeugnisses zur Vorlage bei der Verwaltungsbehörde nach den Vorschriften des Bundeszentralregistergesetzes verlangen.

(8) [1] Werden Tatsachen bekannt, die Bedenken gegen die Eignung oder Befähigung des Bewerbers begründen, so kann die Fahrerlaubnisbehörde anordnen, dass der Antragsteller ein Gutachten oder Zeugnis eines Facharztes oder Amtsarztes, ein Gutachten einer amtlich anerkannten Begutachtungsstelle für Fahreignung oder eines amtlich anerkannten Sachverständigen oder Prüfers für den Kraftfahrzeugverkehr innerhalb einer angemessenen Frist beibringt. [2] Anstelle eines erneuten Gutachtens einer amtlich anerkannten Begutachtungsstelle für Fahreignung genügt zum Nachweis der Wiederherstellung der Eignung in der Regel die Vorlage einer Bescheinigung über die Teilnahme an einem amtlich anerkannten Kurs zur Wiederherstellung der Kraftfahreignung, wenn

1. auf Grund eines Gutachtens einer amtlich anerkannten Begutachtungsstelle für Fahreignung die Teilnahme des Betroffenen an dieser Art von Kursen als geeignete Maßnahme angesehen wird, bestehende Eignungsmängel zu beseitigen,
2. der Betroffene nicht Inhaber einer Fahrerlaubnis ist und
3. die Fahrerlaubnisbehörde der Kursteilnahme zugestimmt hat.

[3] Satz 2 gilt nicht, wenn die Beibringung eines Gutachtens einer amtlich anerkannten Begutachtungsstelle für Fahreignung nach § 4 Absatz 10 Satz 4 oder wegen erheblichen oder wiederholten Verstoßes gegen verkehrsrechtliche Vorschriften oder gegen Strafgesetze angeordnet wird.

(9) [1] Die Registerauskünfte, Führungszeugnisse, Gutachten und Gesundheitszeugnisse dürfen nur zur Feststellung oder Überprüfung der Eignung oder Befähigung verwendet werden. [2] Sie sind nach spätestens zehn Jahren zu vernichten, es sei denn, mit ihnen im Zusammenhang stehende Eintragungen im Fahreignungsregister oder im Zentralen Fahrerlaubnisregister sind nach den Bestimmungen für diese Register zu einem früheren oder späteren Zeitpunkt zu tilgen oder zu löschen. [3] In diesem Fall ist für die Vernichtung oder Löschung der frühere oder spätere Zeitpunkt maßgeblich. [4] Die Zehnjahresfrist nach Satz 2 beginnt mit der rechts- oder bestandskräftigen Entscheidung oder mit der Rücknahme des Antrags durch den Antragsteller. [5] Die Sätze 1 bis 4 gelten auch für entsprechende Unterlagen, die der Antragsteller nach Absatz 6 Satz 1 Nr. 2 beibringt. [6] Anstelle einer Vernichtung der Unterlagen ist die Verarbeitung der darin enthaltenen Daten einzuschränken, wenn die Vernichtung wegen der besonderen Art der Führung der Akten nicht oder nur mit unverhältnismäßigem Aufwand möglich ist.

(10) [1] Bundeswehr, Bundespolizei und Polizei können durch ihre Dienststellen Fahrerlaubnisse für das Führen von Dienstfahrzeugen erteilen (Dienstfahrerlaubnisse). [2] Diese Dienststellen nehmen die Aufgaben der Fahrerlaubnisbehörde wahr. [3] Für Dienstfahrerlaubnisse gelten die Bestimmungen dieses Gesetzes und der auf ihm beruhenden Rechtsvorschriften, soweit gesetzlich nichts anderes bestimmt ist. [4] Mit Dienstfahrerlaubnissen dürfen nur Dienstfahrzeuge geführt werden.

(10a) [1] Die nach Landesrecht zuständige Behörde kann Angehörigen der Freiwilligen Feuerwehren, der nach Landesrecht anerkannten Rettungsdienste, des Technischen Hilfswerks und sonstiger Einheiten des Katastrophenschutzes, die ihre Tätigkeit ehrenamtlich ausüben, Fahrberechtigungen zum Führen von Einsatzfahrzeugen auf öffentlichen Straßen bis zu einer zulässigen Gesamtmasse von 4,75 t – auch mit Anhängern, sofern die zulässige Gesamtmasse der Kombination 4,75 t nicht übersteigt – erteilen. [2] Der Bewerber um die Fahrberechtigung muss

1. *mindestens seit zwei Jahren eine* Fahrerlaubnis der Klasse B besitzen,
2. in das Führen von Einsatzfahrzeugen bis zu einer zulässigen Gesamtmasse von 4,75 t eingewiesen worden sein und

3. in einer praktischen Prüfung seine Befähigung nachgewiesen haben.

[3]Die Fahrberechtigung gilt im gesamten Hoheitsgebiet der Bundesrepublik Deutschland zur Aufgabenerfüllung der in Satz 1 genannten Organisationen oder Einrichtungen. [4]Die Sätze 1 bis 3 gelten entsprechend für den Erwerb der Fahrberechtigung zum Führen von Einsatzfahrzeugen bis zu einer zulässigen Gesamtmasse von 7,5 t – auch mit Anhängern, sofern die zulässige Gesamtmasse der Kombination 7,5 t nicht übersteigt.

(11) Nach näherer Bestimmung durch Rechtsverordnung[1)] gemäß § 6 Absatz 1 Satz 1 Nummer 1 in Verbindung mit Absatz 3 Nummer 1 und 2 berechtigen auch ausländische Fahrerlaubnisse zum Führen von Kraftfahrzeugen im Inland.

(12) [1]Die Polizei hat Informationen über Tatsachen, die auf nicht nur vorübergehende Mängel hinsichtlich der Eignung oder auf Mängel hinsichtlich der Befähigung einer Person zum Führen von Kraftfahrzeugen schließen lassen, den Fahrerlaubnisbehörden zu übermitteln, soweit dies für die Überprüfung der Eignung oder Befähigung aus der Sicht der übermittelnden Stelle erforderlich ist. [2]Soweit die mitgeteilten Informationen für die Beurteilung der Eignung oder Befähigung nicht erforderlich sind, sind die Unterlagen unverzüglich zu vernichten.

(13) [1]Stellen oder Personen, die die Eignung oder Befähigung zur Teilnahme am Straßenverkehr oder Fachkundenachweise zwecks Vorbereitung einer verwaltungsbehördlichen Entscheidung beurteilen oder prüfen oder die in Erster Hilfe (§ 2 Abs. 2 Satz 1 Nr. 6) ausbilden, müssen für diese Aufgaben gesetzlich oder amtlich anerkannt oder beauftragt sein. [2]Personen, die die Befähigung zum Führen von Kraftfahrzeugen nach § 2 Abs. 5 prüfen, müssen darüber hinaus einer Technischen Prüfstelle für den Kraftfahrzeugverkehr nach § 10 des Kraftfahrsachverständigengesetzes angehören. [3]Voraussetzungen, Inhalt, Umfang und Verfahren für die Anerkennung oder Beauftragung und die Aufsicht werden – soweit nicht bereits im Kraftfahrsachverständigengesetz oder in auf ihm beruhenden Rechtsvorschriften geregelt – durch Rechtsverordnung gemäß § 6 Absatz 1 Satz 1 Nummer 1 Buchstabe c und d in Verbindung mit Absatz 3 Nummer 3 näher bestimmt. [4]Abweichend von den Sätzen 1 bis 3 sind Personen, die die Voraussetzungen des Absatzes 16 für die Begleitung erfüllen, berechtigt, die Befähigung zum Führen von Einsatzfahrzeugen der in Absatz 10a Satz 1 genannten Organisationen oder Einrichtungen zu prüfen.

(14) [1]Die Fahrerlaubnisbehörden dürfen den in Absatz 13 Satz 1 genannten Stellen und Personen die Daten übermitteln, die diese zur Erfüllung ihrer Aufgaben benötigen. [2]Die betreffenden Stellen und Personen dürfen diese Daten und nach näherer Bestimmung durch Rechtsverordnung gemäß § 6 Absatz 1 Satz 1 Nummer 1 Buchstabe c und d in Verbindung mit Absatz 3 Nummer 3 die bei der Erfüllung ihrer Aufgaben anfallenden Daten verarbeiten.

(15) [1]Wer zur Ausbildung, zur Ablegung der Prüfung oder zur Begutachtung der Eignung oder Befähigung ein Kraftfahrzeug auf öffentlichen Straßen führt, muss dabei von einem Fahrlehrer oder einem Fahrlehreranwärter im Sinne des Fahrlehrergesetzes begleitet werden. [2]Bei den Fahrten nach Satz 1 sowie bei der Hin- und Rückfahrt zu oder von einer Prüfung oder einer Begutachtung gilt im Sinne dieses Gesetzes der Fahrlehrer oder der Fahrlehreranwärter als Führer des

[1)] Beachte zur Einteilung der Fahrerlaubnisklassen § 6 Fahrerlaubnis-VO **(Habersack, Deutsche Gesetze ErgBd. Nr. 35d)**.

Kraftfahrzeugs, wenn der Kraftfahrzeugführer keine entsprechende Fahrerlaubnis besitzt.

(16) [1] Wer zur Einweisung oder zur Ablegung der Prüfung nach Absatz 10a ein entsprechendes Einsatzfahrzeug auf öffentlichen Straßen führt, muss von einem Fahrlehrer im Sinne des Fahrlehrergesetzes oder abweichend von Absatz 15 Satz 1 von einem Angehörigen der in Absatz 10a Satz 1 genannten Organisationen oder Einrichtungen, der

1. das 30. Lebensjahr vollendet hat,
2. mindestens seit fünf Jahren eine gültige Fahrerlaubnis der Klasse C1 besitzt und
3. zum Zeitpunkt der Einweisungs- und Prüfungsfahrten im Fahreignungsregister mit nicht mehr als zwei Punkten belastet ist,

begleitet werden. [2] Absatz 15 Satz 2 gilt entsprechend. [3] Die nach Landesrecht zuständige Behörde kann überprüfen, ob die Voraussetzungen des Satzes 1 erfüllt sind; sie kann die Auskunft nach Satz 1 Nummer 3 beim Fahreignungsregister einholen. [4] Die Fahrerlaubnis nach Satz 1 Nummer 2 ist durch einen gültigen Führerschein nachzuweisen, der während der Einweisungs- und Prüfungsfahrten mitzuführen und zur Überwachung des Straßenverkehrs berechtigten Personen auszuhändigen ist.

§ 2a[1)] Fahrerlaubnis auf Probe. (1) [1] Bei erstmaligem Erwerb einer Fahrerlaubnis wird diese auf Probe erteilt; die Probezeit dauert zwei Jahre vom Zeitpunkt der Erteilung an. [2] Bei Erteilung einer Fahrerlaubnis an den Inhaber einer im Ausland erteilten Fahrerlaubnis ist die Zeit seit deren Erwerb auf die Probezeit anzurechnen. [3] Die Regelungen über die Fahrerlaubnis auf Probe finden auch Anwendung auf Inhaber einer gültigen Fahrerlaubnis aus einem Mitgliedstaat der Europäischen Union oder einem anderen Vertragsstaat des Abkommens über den Europäischen Wirtschaftsraum, die ihren ordentlichen Wohnsitz in das Inland verlegt haben. [4] Die Zeit seit dem Erwerb der Fahrerlaubnis ist auf die Probezeit anzurechnen. [5] Die Beschlagnahme, Sicherstellung oder Verwahrung von Führerscheinen nach § 94 der Strafprozessordnung[2)], die vorläufige Entziehung nach § 111a der Strafprozessordnung und die sofort vollziehbare Entziehung durch die Fahrerlaubnisbehörde hemmen den Ablauf der Probezeit. [6] Die Probezeit endet vorzeitig, wenn die Fahrerlaubnis entzogen wird oder der Inhaber auf sie verzichtet. [7] In diesem Fall beginnt mit der Erteilung einer neuen Fahrerlaubnis eine neue Probezeit, jedoch nur im Umfang der Restdauer der vorherigen Probezeit.

(2) [1] Ist gegen den Inhaber einer Fahrerlaubnis wegen einer innerhalb der Probezeit begangenen Straftat oder Ordnungswidrigkeit eine rechtskräftige Entscheidung ergangen, die nach § 28 Absatz 3 Nummer 1 oder 3 Buchstabe a oder c in das Fahreignungsregister einzutragen ist, so hat, auch wenn die Probezeit zwischenzeitlich abgelaufen oder die Fahrerlaubnis nach § 6e Absatz 2 widerrufen worden ist, die Fahrerlaubnisbehörde

1. seine Teilnahme an einem Aufbauseminar anzuordnen und hierfür eine Frist zu setzen, wenn er eine schwerwiegende oder zwei weniger schwerwiegende Zuwiderhandlungen begangen hat,

---

[1)] § 2a Abs. 2 Satz 1 einl. Satzteil, Abs. 5 Satz 1 geänd. mWv 9.12.2010 durch G v. 2.12.2010 (BGBl. I S. 1748); Abs. 2 Satz 1 einl. Satzteil und Nr. 2 geänd., Satz 3 aufgeh., Abs. 5 Satz 1 Nr. 1 und 2 geänd., Abs. 7 *angef. mWv 1.5.2014 durch G v.* 28.8.2013 (BGBl. I S. 3313); Abs. 2 Satz 1 einl. Satzteil geänd. mWv 5.12.2014 durch G v. 28.11.2014 (BGBl. I S. 1802); Abs. 7 Satz 8 Nr. 3 geänd. mWv 28.7.2021 durch G v. 12.7.2021 (BGBl. I S. 3091).

[2)] Nr. **90**.

2. ihn schriftlich zu verwarnen und ihm nahezulegen, innerhalb von zwei Monaten an einer verkehrspsychologischen Beratung nach Absatz 7 teilzunehmen, wenn er nach Teilnahme an einem Aufbauseminar innerhalb der Probezeit eine weitere schwerwiegende oder zwei weitere weniger schwerwiegende Zuwiderhandlungen begangen hat,
3. ihm die Fahrerlaubnis zu entziehen, wenn er nach Ablauf der in Nummer 2 genannten Frist innerhalb der Probezeit eine weitere schwerwiegende oder zwei weitere weniger schwerwiegende Zuwiderhandlungen begangen hat.

[2] Die Fahrerlaubnisbehörde ist bei den Maßnahmen nach den Nummern 1 bis 3 an die rechtskräftige Entscheidung über die Straftat oder Ordnungswidrigkeit gebunden.

(2a) [1] Die Probezeit verlängert sich um zwei Jahre, wenn die Teilnahme an einem Aufbauseminar nach Absatz 2 Satz 1 Nr. 1 angeordnet worden ist. [2] Die Probezeit verlängert sich außerdem um zwei Jahre, wenn die Anordnung nur deshalb nicht erfolgt ist, weil die Fahrerlaubnis entzogen worden ist oder der Inhaber der Fahrerlaubnis auf sie verzichtet hat.

(3) Ist der Inhaber einer Fahrerlaubnis einer vollziehbaren Anordnung der zuständigen Behörde nach Absatz 2 Satz 1 Nr. 1 in der festgesetzten Frist nicht nachgekommen, so ist die Fahrerlaubnis zu entziehen.

(4) [1] Die Entziehung der Fahrerlaubnis nach § 3 bleibt unberührt; die zuständige Behörde kann insbesondere auch die Beibringung eines Gutachtens einer amtlich anerkannten Begutachtungsstelle für Fahreignung anordnen, wenn der Inhaber einer Fahrerlaubnis innerhalb der Probezeit Zuwiderhandlungen begangen hat, die nach den Umständen des Einzelfalls bereits Anlass zu der Annahme geben, dass er zum Führen von Kraftfahrzeugen ungeeignet ist. [2] Hält die Behörde auf Grund des Gutachtens seine Nichteignung nicht für erwiesen, so hat sie die Teilnahme an einem Aufbauseminar anzuordnen, wenn der Inhaber der Fahrerlaubnis an einem solchen Kurs nicht bereits teilgenommen hatte. [3] Absatz 3 gilt entsprechend.

(5) [1] Ist eine Fahrerlaubnis entzogen worden

1. nach § 3 oder nach § 4 Absatz 5 Satz 1 Nummer 3 dieses Gesetzes, weil innerhalb der Probezeit Zuwiderhandlungen begangen wurden, oder nach § 69 oder § 69b des Strafgesetzbuches[1)],
2. nach Absatz 3, weil einer Anordnung zur Teilnahme an einem Aufbauseminar nicht nachgekommen wurde,

oder wurde die Fahrerlaubnis nach § 6e Absatz 2 widerrufen, so darf eine neue Fahrerlaubnis unbeschadet der übrigen Voraussetzungen nur erteilt werden, wenn der Antragsteller nachweist, dass er an einem Aufbauseminar teilgenommen hat. [2] Das Gleiche gilt, wenn der Antragsteller nur deshalb nicht an einem angeordneten Aufbauseminar teilgenommen hat oder die Anordnung nur deshalb nicht erfolgt ist, weil die Fahrerlaubnis aus anderen Gründen entzogen worden ist oder er zwischenzeitlich auf die Fahrerlaubnis verzichtet hat. [3] Ist die Fahrerlaubnis nach Absatz 2 Satz 1 Nr. 3 entzogen worden, darf eine neue Fahrerlaubnis frühestens drei Monate nach Wirksamkeit der Entziehung erteilt werden; die Frist beginnt mit der Ablieferung des Führerscheins. [4] Auf eine mit der Erteilung einer Fahrerlaubnis nach vorangegangener Entziehung gemäß Absatz 1 Satz 7 beginnende neue Probezeit ist Absatz 2 nicht anzuwenden. [5] Die zuständige Behörde hat in diesem Fall in der Regel die Beibringung eines Gutachtens einer amtlich an-

[1)] Nr. **85**.

erkannten Begutachtungsstelle für Fahreignung anzuordnen, sobald der Inhaber einer Fahrerlaubnis innerhalb der neuen Probezeit erneut eine schwerwiegende oder zwei weniger schwerwiegende Zuwiderhandlungen begangen hat.

(6) Widerspruch und Anfechtungsklage gegen die Anordnung des Aufbauseminars nach Absatz 2 Satz 1 Nr. 1 und Absatz 4 Satz 2 sowie die Entziehung der Fahrerlaubnis nach Absatz 2 Satz 1 Nr. 3 und Absatz 3 haben keine aufschiebende Wirkung.

(7) [1] In der verkehrspsychologischen Beratung soll der Inhaber einer Fahrerlaubnis auf Probe veranlasst werden, Mängel in seiner Einstellung zum Straßenverkehr und im verkehrssicheren Verhalten zu erkennen und die Bereitschaft zu entwickeln, diese Mängel abzubauen. [2] Die Beratung findet in Form eines Einzelgesprächs statt. [3] Sie kann durch eine Fahrprobe ergänzt werden, wenn der Berater dies für erforderlich hält. [4] Der Berater soll die Ursachen der Mängel aufklären und Wege zu ihrer Beseitigung aufzeigen. [5] Erkenntnisse aus der Beratung sind nur für den Inhaber einer Fahrerlaubnis auf Probe bestimmt und nur diesem mitzuteilen. [6] Der Inhaber einer Fahrerlaubnis auf Probe erhält jedoch eine Bescheinigung über die Teilnahme zur Vorlage bei der nach Landesrecht zuständigen Behörde. [7] Die Beratung darf nur von einer Person durchgeführt werden, die hierfür amtlich anerkannt ist. [8] Die amtliche Anerkennung ist zu erteilen, wenn der Bewerber

1. persönlich zuverlässig ist,
2. über den Abschluss eines Hochschulstudiums als Diplom-Psychologe oder eines gleichwertigen Masterabschlusses in Psychologie verfügt und
3. eine Ausbildung und Erfahrungen in der Verkehrspsychologie nach näherer Bestimmung durch Rechtsverordnung nach § 6 Absatz 1 Satz 1 Nummer 1 Buchstabe a und c in Verbindung mit Absatz 3 Nummer 3 nachweist.

§ 2b[1)] Aufbauseminar bei Zuwiderhandlungen innerhalb der Probezeit.

(1) [1] Die Teilnehmer an Aufbauseminaren sollen durch Mitwirkung an Gruppengesprächen und an einer Fahrprobe veranlasst werden, eine risikobewusstere Einstellung im Straßenverkehr zu entwickeln und sich dort sicher und rücksichtsvoll zu verhalten. [2] Auf Antrag kann die anordnende Behörde der betroffenen Person die Teilnahme an einem Einzelseminar gestatten.

(2) [1] Die Aufbauseminare dürfen nur von Fahrlehrern durchgeführt werden, die Inhaber einer entsprechenden Erlaubnis nach dem Fahrlehrergesetz sind. [2] Besondere Aufbauseminare für Inhaber einer Fahrerlaubnis auf Probe, die unter dem Einfluss von Alkohol oder anderer berauschender Mittel am Verkehr teilgenommen haben, werden nach näherer Bestimmung durch Rechtsverordnung gemäß § 6 Absatz 1 Satz 1 Nummer 1 Buchstabe a und c und Absatz 3 Nummer 3 von hierfür amtlich anerkannten anderen Seminarleitern durchgeführt.

(3) Ist der Teilnehmer an einem Aufbauseminar nicht Inhaber einer Fahrerlaubnis oder unterliegt er einem rechtskräftig angeordneten Fahrverbot, so gilt hinsichtlich der Fahrprobe § 2 Abs. 15 entsprechend.

§ 2c[2)] Unterrichtung der Fahrerlaubnisbehörden durch das Kraftfahrt-Bundesamt. [1] Das Kraftfahrt-Bundesamt hat die zuständige Behörde zu unterrichten, wenn über den Inhaber einer Fahrerlaubnis Entscheidungen in das Fahr-

[1)] *§ 2b Abs. 3 geänd. mWv 9.12.2010 durch G v. 2.12.2010* (BGBl. I S. 1748); Abs. 1 Satz 2 geänd. mWv 26.11.2019 durch G v. 20.11.2019 (BGBl. I S. 1626); Abs. 2 Satz 2 geänd. mWv 28.7.2021 durch G v. 12.7.2021 (BGBl. I S. 3091).

[2)] § 2c Sätze 1 und 2 geänd. mWv 1.5.2014 durch G v. 28.8.2013 (BGBl. I S. 3313).

eignungsregister eingetragen werden, die zu Anordnungen nach § 2a Abs. 2, 4 und 5 führen können. [2] Hierzu übermittelt es die notwendigen Daten aus dem Zentralen Fahrerlaubnisregister sowie den Inhalt der Eintragungen im Fahreignungsregister über die innerhalb der Probezeit begangenen Straftaten und Ordnungswidrigkeiten. [3] Hat bereits eine Unterrichtung nach Satz 1 stattgefunden, so hat das Kraftfahrt-Bundesamt bei weiteren Unterrichtungen auch hierauf hinzuweisen.

§ 3[1)] Entziehung der Fahrerlaubnis. (1) [1] Erweist sich jemand als ungeeignet oder nicht befähigt zum Führen von Kraftfahrzeugen, so hat ihm die Fahrerlaubnisbehörde die Fahrerlaubnis zu entziehen. [2] Bei einer ausländischen Fahrerlaubnis hat die Entziehung – auch wenn sie nach anderen Vorschriften erfolgt – die Wirkung einer Aberkennung des Rechts, von der Fahrerlaubnis im Inland Gebrauch zu machen. [3] § 2 Abs. 7 und 8 gilt entsprechend.

(2) [1] Mit der Entziehung erlischt die Fahrerlaubnis. [2] Bei einer ausländischen Fahrerlaubnis erlischt das Recht zum Führen von Kraftfahrzeugen im Inland. [3] Nach der Entziehung ist der Führerschein der Fahrerlaubnisbehörde abzuliefern oder zur Eintragung der Entscheidung vorzulegen. [4] Die Sätze 1 bis 3 gelten auch, wenn die Fahrerlaubnisbehörde die Fahrerlaubnis auf Grund anderer Vorschriften entzieht.

(3) [1] Solange gegen den Inhaber der Fahrerlaubnis ein Strafverfahren anhängig ist, in dem die Entziehung der Fahrerlaubnis nach § 69 des Strafgesetzbuchs[2)] in Betracht kommt, darf die Fahrerlaubnisbehörde den Sachverhalt, der Gegenstand des Strafverfahrens ist, in einem Entziehungsverfahren nicht berücksichtigen. [2] Dies gilt nicht, wenn die Fahrerlaubnis von einer Dienststelle der Bundeswehr, der Bundespolizei oder der Polizei für Dienstfahrzeuge erteilt worden ist.

(4) [1] Will die Fahrerlaubnisbehörde in einem Entziehungsverfahren einen Sachverhalt berücksichtigen, der Gegenstand der Urteilsfindung in einem Strafverfahren gegen den Inhaber der Fahrerlaubnis gewesen ist, so kann sie zu dessen Nachteil vom Inhalt des Urteils insoweit nicht abweichen, als es sich auf die Feststellung des Sachverhalts oder die Beurteilung der Schuldfrage oder der Eignung zum Führen von Kraftfahrzeugen bezieht. [2] Der Strafbefehl und die gerichtliche Entscheidung, durch welche die Eröffnung des Hauptverfahrens oder der Antrag auf Erlass eines Strafbefehls abgelehnt wird, stehen einem Urteil gleich; dies gilt auch für Bußgeldentscheidungen, soweit sie sich auf die Feststellung des Sachverhalts und die Beurteilung der Schuldfrage beziehen.

(5) Die Fahrerlaubnisbehörde darf der Polizei die verwaltungsbehördliche oder gerichtliche Entziehung der Fahrerlaubnis oder das Bestehen eines Fahrverbots übermitteln, soweit dies im Einzelfall für die polizeiliche Überwachung im Straßenverkehr erforderlich ist.

(6) Für die Erteilung des Rechts, nach vorangegangener Entziehung oder vorangegangenem Verzicht von einer ausländischen Fahrerlaubnis im Inland wieder Gebrauch zu machen, an Personen mit ordentlichem Wohnsitz im Ausland gelten die Vorschriften über die Neuerteilung einer Fahrerlaubnis nach vorangegangener Entziehung oder vorangegangenem Verzicht entsprechend.

[1)] § 3 Abs. 3 Satz 2 geänd. mWv 1.7.2005 durch G v. 21.6.2005 (BGBl. I S. 1818); Abs. 6 neu gef., Abs. 7 angef. mWv 7.12.2016 durch G v. 28.11.2016 (BGBl. I S. 2722); Abs. 7 einl. Satzteil geänd. mWv 28.7.2021 durch G v. 12.7.2021 (BGBl. I S. 3091).

[2)] Nr. **85**.

(7) Durch Rechtsverordnung auf Grund des § 6 Absatz 1 Satz 1 Nummer 1 können Fristen und Voraussetzungen

1. für die Erteilung einer neuen Fahrerlaubnis nach vorangegangener Entziehung oder nach vorangegangenem Verzicht oder
2. für die Erteilung des Rechts, nach vorangegangener Entziehung oder vorangegangenem Verzicht von einer ausländischen Fahrerlaubnis im Inland wieder Gebrauch zu machen, an Personen mit ordentlichem Wohnsitz im Ausland

bestimmt werden.

§ 4[1)] Fahreignungs-Bewertungssystem. (1) [1] Zum Schutz vor Gefahren, die von Inhabern einer Fahrerlaubnis ausgehen, die wiederholt gegen die die Sicherheit des Straßenverkehrs betreffenden straßenverkehrsrechtlichen oder gefahrgutbeförderungsrechtlichen Vorschriften verstoßen, hat die nach Landesrecht zuständige Behörde die in Absatz 5 genannten Maßnahmen (Fahreignungs-Bewertungssystem) zu ergreifen. [2] Den in Satz 1 genannten Vorschriften stehen jeweils Vorschriften gleich, die dem Schutz

1. von Maßnahmen zur Rettung aus Gefahren für Leib und Leben von Menschen oder
2. zivilrechtlicher Ansprüche Unfallbeteiligter

dienen. [3] Das Fahreignungs-Bewertungssystem ist nicht anzuwenden, wenn sich die Notwendigkeit früherer oder anderer die Fahreignung betreffender Maßnahmen nach den Vorschriften über die Entziehung der Fahrerlaubnis nach § 3 Absatz 1 oder einer auf Grund § 6 Absatz 1 Satz 1 Nummer 1 erlassenen Rechtsverordnung ergibt. [4] Das Fahreignungs-Bewertungssystem und die Regelungen über die Fahrerlaubnis auf Probe sind nebeneinander anzuwenden.

(2) [1] Für die Anwendung des Fahreignungs-Bewertungssystems sind die in einer Rechtsverordnung nach § 6 Absatz 1 Satz 1 Nummer 4 Buchstabe b bezeichneten Straftaten und Ordnungswidrigkeiten maßgeblich. [2] Sie werden nach Maßgabe der in Satz 1 genannten Rechtsverordnung wie folgt bewertet:

1. Straftaten mit Bezug auf die Verkehrssicherheit oder gleichgestellte Straftaten, sofern in der Entscheidung über die Straftat die Entziehung der Fahrerlaubnis nach den §§ 69 und 69b des Strafgesetzbuches[2)] oder eine Sperre nach § 69a Absatz 1 Satz 3 des Strafgesetzbuches angeordnet worden ist, mit drei Punkten,
2. Straftaten mit Bezug auf die Verkehrssicherheit oder gleichgestellte Straftaten, sofern sie nicht von Nummer 1 erfasst sind, und besonders verkehrssicherheitsbeeinträchtigende oder gleichgestellte Ordnungswidrigkeiten jeweils mit zwei Punkten und
3. verkehrssicherheitsbeeinträchtigende oder gleichgestellte Ordnungswidrigkeiten mit einem Punkt.

[3] Punkte ergeben sich mit der Begehung der Straftat oder Ordnungswidrigkeit, sofern sie rechtskräftig geahndet wird. [4] Soweit in Entscheidungen über Straftaten oder Ordnungswidrigkeiten auf Tateinheit entschieden worden ist, wird nur die Zuwiderhandlung mit der höchsten Punktzahl berücksichtigt.

[1)] *§ 4 neu gef. mWv 1.5.2014 durch G v. 28.8.2013* (BGBl. I S. 3313); Abs. 3 Satz 4, Abs. 5 Satz 6 und Abs. 6 neu gef., Abs. 4 und Abs. 10 Satz 2 geänd. mWv 5.12.2014 durch G v. 28.11.2014 (BGBl. I S. 1802); Abs. 1 Satz 3 und Abs. 2 Satz 1 geänd. mWv 28.7.2021 durch G v. 12.7.2021 (BGBl. I S. 3091).

[2)] Nr. **85**.

(3) [1] Wird eine Fahrerlaubnis erteilt, dürfen Punkte für vor der Erteilung rechtskräftig gewordene Entscheidungen über Zuwiderhandlungen nicht mehr berücksichtigt werden. [2] Diese Punkte werden gelöscht. [3] Die Sätze 1 und 2 gelten auch, wenn

1. die Fahrerlaubnis entzogen,
2. eine Sperre nach § 69a Absatz 1 Satz 3 des Strafgesetzbuches angeordnet oder
3. auf die Fahrerlaubnis verzichtet

worden ist und die Fahrerlaubnis danach neu erteilt wird. [4] Die Sätze 1 und 2 gelten nicht bei

1. Entziehung der Fahrerlaubnis nach § 2a Absatz 3,
2. Verlängerung einer Fahrerlaubnis,
3. Erteilung nach Erlöschen einer befristet erteilten Fahrerlaubnis,
4. Erweiterung einer Fahrerlaubnis oder
5. vereinfachter Erteilung einer Fahrerlaubnis an Inhaber einer Dienstfahrerlaubnis oder Inhaber einer ausländischen Fahrerlaubnis.

(4) Inhaber einer Fahrerlaubnis mit einem Punktestand von einem Punkt bis zu drei Punkten sind mit der Speicherung der zugrunde liegenden Entscheidungen nach § 28 Absatz 3 Nummer 1 oder 3 Buchstabe a oder c für die Zwecke des Fahreignungs-Bewertungssystems vorgemerkt.

(5) [1] Die nach Landesrecht zuständige Behörde hat gegenüber den Inhabern einer Fahrerlaubnis folgende Maßnahmen stufenweise zu ergreifen, sobald sich in der Summe folgende Punktestände ergeben:

1. Ergeben sich vier oder fünf Punkte, ist der Inhaber einer Fahrerlaubnis beim Erreichen eines dieser Punktestände schriftlich zu ermahnen;
2. ergeben sich sechs oder sieben Punkte, ist der Inhaber einer Fahrerlaubnis beim Erreichen eines dieser Punktestände schriftlich zu verwarnen;
3. ergeben sich acht oder mehr Punkte, gilt der Inhaber einer Fahrerlaubnis als ungeeignet zum Führen von Kraftfahrzeugen und die Fahrerlaubnis ist zu entziehen.

[2] Die Ermahnung nach Satz 1 Nummer 1 und die Verwarnung nach Satz 1 Nummer 2 enthalten daneben den Hinweis, dass ein Fahreignungsseminar nach § 4a freiwillig besucht werden kann, um das Verkehrsverhalten zu verbessern; im Fall der Verwarnung erfolgt zusätzlich der Hinweis, dass hierfür kein Punktabzug gewährt wird. [3] In der Verwarnung nach Satz 1 Nummer 2 ist darüber zu unterrichten, dass bei Erreichen von acht Punkten die Fahrerlaubnis entzogen wird. [4] Die nach Landesrecht zuständige Behörde ist bei den Maßnahmen nach Satz 1 an die rechtskräftige Entscheidung über die Straftat oder die Ordnungswidrigkeit gebunden. [5] Sie hat für das Ergreifen der Maßnahmen nach Satz 1 auf den Punktestand abzustellen, der sich zum Zeitpunkt der Begehung der letzten zur Ergreifung der Maßnahme führenden Straftat oder Ordnungswidrigkeit ergeben hat. [6] Bei der Berechnung des Punktestandes werden Zuwiderhandlungen

1. unabhängig davon berücksichtigt, ob nach deren Begehung bereits Maßnahmen ergriffen worden sind,
2. nur dann berücksichtigt, wenn deren Tilgungsfrist zu dem in Satz 5 genannten Zeitpunkt noch nicht abgelaufen war.

[7] Spätere Verringerungen des Punktestandes auf Grund von Tilgungen bleiben unberücksichtigt.

(6) [1] Die nach Landesrecht zuständige Behörde darf eine Maßnahme nach Absatz 5 Satz 1 Nummer 2 oder 3 erst ergreifen, wenn die Maßnahme der jeweils davor liegenden Stufe nach Absatz 5 Satz 1 Nummer 1 oder 2 bereits ergriffen worden ist. [2] Sofern die Maßnahme der davor liegenden Stufe noch nicht ergriffen worden ist, ist diese zu ergreifen. [3] Im Fall des Satzes 2 verringert sich der Punktestand mit Wirkung vom Tag des Ausstellens der ergriffenen

1. Ermahnung auf fünf Punkte,
2. Verwarnung auf sieben Punkte,

wenn der Punktestand zu diesem Zeitpunkt nicht bereits durch Tilgungen oder Punktabzüge niedriger ist. [4] Punkte für Zuwiderhandlungen, die vor der Verringerung nach Satz 3 begangen worden sind und von denen die nach Landesrecht zuständige Behörde erst nach der Verringerung Kenntnis erhält, erhöhen den sich nach Satz 3 ergebenden Punktestand. [5] Späteren Tilgungen oder Punktabzügen wird der sich nach Anwendung der Sätze 3 und 4 ergebende Punktestand zugrunde gelegt.

(7) [1] Nehmen Inhaber einer Fahrerlaubnis freiwillig an einem Fahreignungsseminar teil und legen sie hierüber der nach Landesrecht zuständigen Behörde innerhalb von zwei Wochen nach Beendigung des Seminars eine Teilnahmebescheinigung vor, wird ihnen bei einem Punktestand von ein bis fünf Punkten ein Punkt abgezogen; maßgeblich ist der Punktestand zum Zeitpunkt der Ausstellung der Teilnahmebescheinigung. [2] Der Besuch eines Fahreignungsseminars führt jeweils nur einmal innerhalb von fünf Jahren zu einem Punktabzug. [3] Für den zu verringernden Punktestand und die Berechnung der Fünfjahresfrist ist jeweils das Ausstellungsdatum der Teilnahmebescheinigung maßgeblich.

(8) [1] Zur Vorbereitung der Maßnahmen nach Absatz 5 hat das Kraftfahrt-Bundesamt bei Erreichen der jeweiligen Punktestände nach Absatz 5, auch in Verbindung mit den Absätzen 6 und 7, der nach Landesrecht zuständigen Behörde die vorhandenen Eintragungen aus dem Fahreignungsregister zu übermitteln. [2] Unabhängig von Satz 1 hat das Kraftfahrt-Bundesamt bei jeder Entscheidung, die wegen einer Zuwiderhandlung nach

1. § 315c Absatz 1 Nummer 1 Buchstabe a des Strafgesetzbuches,
2. den §§ 316 oder 323a des Strafgesetzbuches oder
3. den §§ 24a oder 24c

ergangen ist, der nach Landesrecht zuständigen Behörde die vorhandenen Eintragungen aus dem Fahreignungsregister zu übermitteln.

(9) Widerspruch und Anfechtungsklage gegen die Entziehung nach Absatz 5 Satz 1 Nummer 3 haben keine aufschiebende Wirkung.

(10) [1] Ist die Fahrerlaubnis nach Absatz 5 Satz 1 Nummer 3 entzogen worden, darf eine neue Fahrerlaubnis frühestens sechs Monate nach Wirksamkeit der Entziehung erteilt werden. [2] Das gilt auch bei einem Verzicht auf die Fahrerlaubnis, wenn zum Zeitpunkt der Wirksamkeit des Verzichtes mindestens zwei Entscheidungen nach § 28 Absatz 3 Nummer 1 oder 3 Buchstabe a oder c gespeichert waren. [3] Die Frist nach Satz 1, auch in Verbindung mit Satz 2, beginnt mit der Ablieferung des Führerscheins nach § 3 Absatz 2 Satz 3 in Verbindung mit dessen Satz 4. [4] In den Fällen des Satzes 1, auch in Verbindung mit Satz 2, hat die nach *Landesrecht zuständige Behörde* unbeschadet der Erfüllung der sonstigen Voraussetzungen für die Erteilung der Fahrerlaubnis zum Nachweis, dass die Eignung zum Führen von Kraftfahrzeugen wiederhergestellt ist, in der Regel die Beibrin-

gung eines Gutachtens einer amtlich anerkannten Begutachtungsstelle für Fahreignung anzuordnen.

§ 4a[1)] Fahreignungsseminar. (1) [1]Mit dem Fahreignungsseminar soll erreicht werden, dass die Teilnehmer sicherheitsrelevante Mängel in ihrem Verkehrsverhalten und insbesondere in ihrem Fahrverhalten erkennen und abbauen. [2]Hierzu sollen die Teilnehmer durch die Vermittlung von Kenntnissen zum Straßenverkehrsrecht, zu Gefahrenpotenzialen und zu verkehrssicherem Verhalten im Straßenverkehr, durch Analyse und Korrektur verkehrssicherheitsgefährdender Verhaltensweisen sowie durch Aufzeigen der Bedingungen und Zusammenhänge des regelwidrigen Verkehrsverhaltens veranlasst werden.

(2) [1]Das Fahreignungsseminar besteht aus einer verkehrspädagogischen und aus einer verkehrspsychologischen Teilmaßnahme, die aufeinander abzustimmen sind. [2]Zur Durchführung sind berechtigt

1. für die verkehrspädagogische Teilmaßnahme Fahrlehrer, die über eine Seminarerlaubnis Verkehrspädagogik nach § 46 des Fahrlehrergesetzes und
2. für die verkehrspsychologische Teilmaßnahme Personen, die über eine Seminarerlaubnis Verkehrspsychologie nach Absatz 3

verfügen.

(3) [1]Wer die verkehrspsychologische Teilmaßnahme des Fahreignungsseminars im Sinne des Absatzes 2 Satz 2 Nummer 2 durchführt, bedarf der Erlaubnis (Seminarerlaubnis Verkehrspsychologie). [2]Die Seminarerlaubnis Verkehrspsychologie wird durch die nach Landesrecht zuständige Behörde erteilt. [3]Die nach Landesrecht zuständige Behörde kann nachträglich Auflagen anordnen, soweit dies erforderlich ist, um die Einhaltung der Anforderungen an Fahreignungsseminare und deren ordnungsgemäße Durchführung sicherzustellen. [4]§ 13 des Fahrlehrergesetzes gilt entsprechend.

(4) [1]Die Seminarerlaubnis Verkehrspsychologie wird auf Antrag erteilt, wenn der Bewerber

1. über einen Abschluss eines Hochschulstudiums als Diplom-Psychologe oder einen gleichwertigen Master-Abschluss in Psychologie verfügt,
2. eine verkehrspsychologische Ausbildung an einer Universität oder gleichgestellten Hochschule oder Stelle, die sich mit der Begutachtung oder Wiederherstellung der Kraftfahreignung befasst, oder eine fachpsychologische Qualifikation nach dem Stand der Wissenschaft durchlaufen hat,
3. über Erfahrungen in der Verkehrspsychologie
   a) durch eine mindestens dreijährige Begutachtung von Kraftfahrern an einer Begutachtungsstelle für Fahreignung oder eine mindestens dreijährige Durchführung von besonderen Aufbauseminaren oder von Kursen zur Wiederherstellung der Kraftfahreignung,
   b) durch eine mindestens fünfjährige freiberufliche verkehrspsychologische Tätigkeit, deren Nachweis durch Bestätigungen von Behörden oder Begutachtungsstellen für Fahreignung oder durch die Dokumentation von zehn Thera-

---

[1)] § 4a eingef. mWv 1.5.2014 durch G v. 28.8.2013 (BGBl. I S. 3313); Abs. 4 Satz 1 Nr. 3 und 4 geänd., Nr. 5 angef., Abs. 8 Satz 8 geänd. mWv 5.12.2014 durch G v. 28.11.2014 (BGBl. I S. 1802); Abs. 2 Satz 2 Nr. 1, Abs. 3 Satz 4 und Abs. 7 geänd. mWv 1.1.2018 durch G v. 30.6.2017 (BGBl. I S. 2162); Abs. 6 Satz 2 Nr. 1 bis 3 und 4 Buchst. a und b geänd. mWv 26.11.2019 durch G v. 20.11.2019 (BGBl. I S. 1626).

piemaßnahmen für verkehrsauffällige Kraftfahrer, die mit einer positiven Begutachtung abgeschlossen wurden, erbracht werden kann, oder

c) durch eine mindestens dreijährige freiberufliche verkehrspsychologische Tätigkeit nach vorherigem Erwerb einer Qualifikation als klinischer Psychologe oder Psychotherapeut nach dem Stand der Wissenschaft

verfügt,

4. im Fahreignungsregister mit nicht mehr als zwei Punkten belastet ist und
5. eine zur Durchführung der verkehrspsychologischen Teilmaßnahme geeignete räumliche und sachliche Ausstattung nachweist.

[2] Die Erlaubnis ist zu versagen, wenn Tatsachen vorliegen, die Bedenken gegen die Zuverlässigkeit des Antragstellers begründen.

(5) [1] Die Seminarerlaubnis Verkehrspsychologie ist zurückzunehmen, wenn bei ihrer Erteilung eine der Voraussetzungen des Absatzes 4 nicht vorgelegen hat. [2] Die nach Landesrecht zuständige Behörde kann von der Rücknahme absehen, wenn der Mangel nicht mehr besteht. [3] Die Seminarerlaubnis Verkehrspsychologie ist zu widerrufen, wenn nachträglich eine der in Absatz 4 genannten Voraussetzungen weggefallen ist. [4] Bedenken gegen die Zuverlässigkeit bestehen insbesondere dann, wenn der Seminarleiter wiederholt die Pflichten grob verletzt hat, die ihm nach diesem Gesetz oder den auf ihm beruhenden Rechtsverordnungen obliegen.

(6) [1] Der Inhaber einer Seminarerlaubnis Verkehrspsychologie hat die personenbezogenen Daten, die ihm als Seminarleiter der verkehrspsychologischen Teilmaßnahme bekannt geworden sind, zu speichern und fünf Jahre nach der Ausstellung einer vorgeschriebenen Teilnahmebescheinigung unverzüglich zu löschen. [2] Die Daten nach Satz 1 dürfen

1. vom Inhaber der Seminarerlaubnis Verkehrspsychologie längstens neun Monate nach der Ausstellung der Teilnahmebescheinigung für die Durchführung des jeweiligen Fahreignungsseminars verwendet werden,
2. vom Inhaber der Seminarerlaubnis Verkehrspsychologie der Bundesanstalt für Straßenwesen übermittelt und von dieser zur Evaluierung nach § 4b verwendet werden,
3. von der Bundesanstalt für Straßenwesen oder in ihrem Auftrag an Dritte, die die Evaluierung nach § 4b im Auftrag der Bundesanstalt für Straßenwesen durchführen oder an ihr beteiligt sind, übermittelt und von den Dritten für die Evaluierung verwendet werden,
4. vom Inhaber der Seminarerlaubnis Verkehrspsychologie ausschließlich in Gestalt von Name, Vorname, Geburtsdatum und Anschrift des Seminarteilnehmers sowie dessen Unterschrift zur Teilnahmebestätigung
   a) der nach Landesrecht zuständigen Behörde übermittelt und von dieser zur Überwachung nach Absatz 8 verwendet werden,
   b) an Dritte, die ein von der zuständigen Behörde genehmigtes Qualitätssicherungssystem nach Absatz 8 Satz 6 betreiben und an dem der Inhaber der Seminarerlaubnis Verkehrspsychologie teilnimmt, übermittelt und im Rahmen dieses Qualitätssicherungssystems verwendet werden.

[3] *Die E*mpfänger nach Satz 2 haben die Daten unverzüglich zu löschen, wenn sie nicht mehr für die in Satz 2 jeweils genannten Zwecke benötigt werden, spätestens jedoch fünf Jahre nach der Ausstellung der Teilnahmebescheinigung nach Satz 1.

(7) Jeder Inhaber einer Seminarerlaubnis Verkehrspsychologie hat alle zwei Jahre an einer insbesondere die Fahreignung betreffenden verkehrspsychologischen Fortbildung von mindestens sechs Stunden teilzunehmen.

(8) [1] Die Durchführung der verkehrspsychologischen Teilmaßnahme des Fahreignungsseminars unterliegt der Überwachung der nach Landesrecht zuständigen Behörde. [2] Die nach Landesrecht zuständige Behörde kann sich bei der Überwachung geeigneter Personen oder Stellen nach Landesrecht bedienen. [3] Die nach Landesrecht zuständige Behörde hat mindestens alle zwei Jahre an Ort und Stelle zu prüfen, ob die gesetzlichen Anforderungen an die Durchführung der verkehrspsychologischen Teilmaßnahme eingehalten werden. [4] Der Inhaber der Seminarerlaubnis Verkehrspsychologie hat die Prüfung zu ermöglichen. [5] Die in Satz 3 genannte Frist kann von der nach Landesrecht zuständigen Behörde auf vier Jahre verlängert werden, wenn in zwei aufeinanderfolgenden Überprüfungen keine oder nur geringfügige Mängel festgestellt worden sind. [6] Die nach Landesrecht zuständige Behörde kann von der wiederkehrenden Überwachung nach den Sätzen 1 bis 5 absehen, wenn der Inhaber einer Seminarerlaubnis Verkehrspsychologie sich einem von der nach Landesrecht zuständigen Behörde anerkannten Qualitätssicherungssystem angeschlossen hat. [7] Im Fall des Satzes 6 bleibt die Befugnis der nach Landesrecht zuständigen Behörde zur Überwachung im Sinne der Sätze 1 bis 5 unberührt. [8] Das Bundesministerium für Verkehr und digitale Infrastruktur soll durch Rechtsverordnung mit Zustimmung des Bundesrates Anforderung an Qualitätssicherungssysteme und Regeln für die Durchführung der Qualitätssicherung bestimmen.

§ 4b[1)] Evaluierung. [1] Das Fahreignungsseminar, die Vorschriften hierzu und der Vollzug werden von der Bundesanstalt für Straßenwesen wissenschaftlich begleitet und evaluiert. [2] Die Evaluierung hat insbesondere zu untersuchen, ob das Fahreignungsseminar eine verhaltensverbessernde Wirkung im Hinblick auf die Verkehrssicherheit hat. [3] Die Bundesanstalt für Straßenwesen legt das Ergebnis der Evaluierung bis zum 1. Mai 2019 dem Bundesministerium für Verkehr und digitale Infrastruktur in einem Bericht zur Weiterleitung an den Deutschen Bundestag vor.

§ 5 Verlust von Dokumenten und Kennzeichen. [1] Besteht eine Verpflichtung zur Ablieferung oder Vorlage eines Führerscheins, Fahrzeugscheins, Anhängerverzeichnisses, Fahrzeugbriefs, Nachweises über die Zuteilung des amtlichen Kennzeichens oder über die Betriebserlaubnis oder EG-Typgenehmigung, eines ausländischen Führerscheins oder Zulassungsscheins oder eines internationalen Führerscheins oder Zulassungsscheins oder amtlicher Kennzeichen oder Versicherungskennzeichen und behauptet der Verpflichtete, der Ablieferungs- oder Vorlagepflicht deshalb nicht nachkommen zu können, weil ihm der Schein, das Verzeichnis, der Brief, der Nachweis oder die Kennzeichen verloren gegangen oder sonst abhanden gekommen sind, so hat er auf Verlangen der Verwaltungsbehörde eine Versicherung an Eides statt über den Verbleib des Scheins, Verzeichnisses, Briefs, Nachweises oder der Kennzeichen abzugeben. [2] Dies gilt auch, wenn jemand für einen verloren gegangenen oder sonst abhanden gekommenen Schein, Brief oder Nachweis oder ein verloren gegangenes oder sonst abhanden gekommenes Anhängerverzeichnis oder Kennzeichen eine neue Ausfertigung oder ein neues Kennzeichen beantragt.

---

1) § 4b eingef. mWv 1.5.2014 durch G v. 28.8.2013 (BGBl. I S. 3313); Satz 3 geänd. mWv 5.12.2014 durch G v. 28.11.2014 (BGBl. I S. 1802).

§ 5a (weggefallen)

§ 5b[1)] Unterhaltung der Verkehrszeichen. (1) [1] Die Kosten der Beschaffung, Anbringung, Entfernung, Unterhaltung und des Betriebs der amtlichen Verkehrszeichen und -einrichtungen sowie der sonstigen vom Bundesministerium für Verkehr und digitale Infrastruktur zugelassenen Verkehrszeichen und -einrichtungen trägt der Träger der Straßenbaulast für diejenige Straße, in deren Verlauf sie angebracht werden oder angebracht worden sind, bei geteilter Straßenbaulast der für die durchgehende Fahrbahn zuständige Träger der Straßenbaulast. [2] Ist ein Träger der Straßenbaulast nicht vorhanden, so trägt der Eigentümer der Straße die Kosten.

(2) Diese Kosten tragen abweichend vom Absatz 1

a) die Unternehmer der Schienenbahnen für Andreaskreuze, Schranken, Blinklichter mit oder ohne Halbschranken;

b) die Unternehmer im Sinne des Personenbeförderungsgesetzes[2)] für Haltestellenzeichen;

c) die Gemeinden in der Ortsdurchfahrt für Parkuhren und andere Vorrichtungen oder Einrichtungen zur Überwachung der Parkzeit, Straßenschilder, Geländer, Wegweiser zu innerörtlichen Zielen und Verkehrszeichen für Laternen, die nicht die ganze Nacht brennen;

d) die Bauunternehmer und die sonstigen Unternehmer von Arbeiten auf und neben der Straße für Verkehrszeichen und -einrichtungen, die durch diese Arbeiten erforderlich werden;

e) die Unternehmer von Werkstätten, Tankstellen sowie sonstigen Anlagen und Veranstaltungen für die entsprechenden amtlichen oder zugelassenen Hinweiszeichen;

f) die Träger der Straßenbaulast der Straßen, von denen der Verkehr umgeleitet werden soll, für Wegweiser für Bedarfsumleitungen.

(3) Das Bundesministerium für Verkehr und digitale Infrastruktur wird ermächtigt, durch Rechtsverordnung mit Zustimmung des Bundesrates bei der Einführung neuer amtlicher Verkehrszeichen und -einrichtungen zu bestimmen, dass abweichend von Absatz 1 die Kosten entsprechend den Regelungen des Absatzes 2 ein anderer zu tragen hat.

(4) Kostenregelungen auf Grund kreuzungsrechtlicher Vorschriften nach Bundes- und Landesrecht bleiben unberührt.

(5) Diese Kostenregelung umfasst auch die Kosten für Verkehrszählungen, Lärmmessungen, Lärmberechnungen und Abgasmessungen.

(6) [1] Können Verkehrszeichen oder Verkehrseinrichtungen aus technischen Gründen oder wegen der Sicherheit und Leichtigkeit des Straßenverkehrs nicht auf der Straße angebracht werden, haben die Eigentümer der Anliegergrundstücke das Anbringen zu dulden. [2] Schäden, die durch das Anbringen oder Entfernen der Verkehrszeichen oder Verkehrseinrichtungen entstehen, sind zu beseitigen. [3] Wird die Benutzung eines Grundstücks oder sein Wert durch die Verkehrszeichen oder Verkehrseinrichtungen nicht unerheblich beeinträchtigt oder können Schäden, die durch das Anbringen oder Entfernen der Verkehrszeichen oder Verkehrseinrichtungen entstanden sind, nicht beseitigt werden, so ist eine an-

---

1) § 5b Abs. 1 Satz 1 und Abs. 3 geänd. mWv 18.8.2006 durch G v. 14.8.2006 (BGBl. I S. 1958); Abs. 1 Satz 1 und Abs. 3 geänd. mWv 5.12.2014 durch G v. 28.11.2014 (BGBl. I S. 1802).

2) **Sartorius Nr. 950.**

gemessene Entschädigung in Geld zu leisten. [4] Zur Schadensbeseitigung und zur Entschädigungsleistung ist derjenige verpflichtet, der die Kosten für die Verkehrszeichen und Verkehrseinrichtungen zu tragen hat. [5] Kommt eine Einigung nicht zustande, so entscheidet die höhere Verwaltungsbehörde. [6] Vor der Entscheidung sind die Beteiligten zu hören. [7] Die Landesregierungen werden ermächtigt, durch Rechtsverordnung die zuständige Behörde abweichend von Satz 5 zu bestimmen. [8] Sie können diese Ermächtigung auf oberste Landesbehörden übertragen.

§ 6[1)] Verordnungsermächtigungen. (1) [1] Das Bundesministerium für Verkehr und digitale Infrastruktur wird ermächtigt, soweit es zur Abwehr von Gefahren für die Sicherheit oder Leichtigkeit des Verkehrs auf öffentlichen Straßen erforderlich ist, Rechtsverordnungen mit Zustimmung des Bundesrates über Folgendes zu erlassen:

1. die Zulassung von Personen zum Straßenverkehr, insbesondere über
   a) den Inhalt und die Gültigkeitsdauer von Fahrerlaubnissen, insbesondere unterschieden nach Fahrerlaubnisklassen, über die Probezeit sowie über Auflagen und Beschränkungen zu Fahrerlaubnissen,
   b) die erforderliche Befähigung und Eignung von Personen für ihre Teilnahme am Straßenverkehr, das Mindestalter und die sonstigen Anforderungen und Voraussetzungen zur Teilnahme am Straßenverkehr,
   c) die Ausbildung und die Fortbildung von Personen zur Herstellung und zum Erhalt der Voraussetzungen nach Buchstabe b und die sonstigen Maßnahmen, um die sichere Teilnahme von Personen am Straßenverkehr zu gewährleisten, insbesondere hinsichtlich Personen, die nur bedingt geeignet oder ungeeignet oder nicht befähigt zur Teilnahme am Straßenverkehr sind,
   d) die Prüfung und Beurteilung des Erfüllens der Voraussetzungen nach den Buchstaben b und c,
   e) Ausnahmen von einzelnen Anforderungen und Inhalten der Zulassung von Personen, insbesondere von der Fahrerlaubnispflicht und von einzelnen Erteilungsvoraussetzungen,
2. das Verhalten im Verkehr, auch im ruhenden Verkehr,
3. das Verhalten der Beteiligten nach einem Verkehrsunfall, das geboten ist, um
   a) den Verkehr zu sichern und Verletzten zu helfen,
   b) Feststellungen zu ermöglichen, die zur Geltendmachung oder Abwehr von zivilrechtlichen Schadensersatzansprüchen erforderlich sind, insbesondere Feststellungen zur Person der Beteiligten, zur Art ihrer Beteiligung, zum Unfallhergang und zum Versicherer der unfallbeteiligten Fahrzeuge,
4. die Bezeichnung von im Fahreignungsregister zu speichernden Straftaten und Ordnungswidrigkeiten
   a) für die Maßnahmen nach den Regelungen der Fahrerlaubnis auf Probe nebst der Bewertung dieser Straftaten und Ordnungswidrigkeiten als schwerwiegend oder weniger schwerwiegend,
   b) für die Maßnahmen des Fahreignungsbewertungssystems, wobei
      aa) bei der Bezeichnung von Straftaten deren Bedeutung für die Sicherheit im Straßenverkehr zugrunde zu legen ist,
      bb) Ordnungswidrigkeiten mit Punkten bewertet werden und bei der Bezeichnung und Bewertung von Ordnungswidrigkeiten deren jeweilige

---

[1)] § 6 neu gef. mWv 28.7.2021 durch G v. 12.7.2021 (BGBl. I S. 3091).

Bedeutung für die Sicherheit des Straßenverkehrs und die Höhe des angedrohten Regelsatzes der Geldbuße oder eines Regelfahrverbotes zugrunde zu legen sind,

5. die Anforderungen an
   a) Bau, Einrichtung, Ausrüstung, Beschaffenheit, Prüfung und Betrieb von Fahrzeugen,
   b) die in oder auf Fahrzeugen einzubauenden oder zu verwendenden Fahrzeugteile, insbesondere Anlagen, Bauteile, Instrumente, Geräte und sonstige Ausrüstungsgegenstände, einschließlich deren Prüfung,
6. die Zulassung von Fahrzeugen zum Straßenverkehr, insbesondere über
   a) die Voraussetzungen für die Zulassung, die Vorgaben für das Inbetriebsetzen zulassungspflichtiger und zulassungsfreier Fahrzeuge, die regelmäßige Untersuchung der Fahrzeuge sowie über die Verantwortung, die Pflichten und die Rechte der Halter,
   b) Ausnahmen von der Pflicht zur Zulassung sowie Ausnahmen von einzelnen Anforderungen nach Buchstabe a,
7. die Einrichtung einer zentralen Stelle zur Erarbeitung und Evaluierung von verbindlichen Prüfvorgaben bei regelmäßigen Fahrzeuguntersuchungen,
8. die zur Verhütung von Belästigungen anderer, zur Verhütung von schädlichen Umwelteinwirkungen im Sinne des Bundes-Immissionsschutzgesetzes oder zur Unterstützung einer geordneten städtebaulichen Entwicklung erforderlichen Maßnahmen,
9. die Maßnahmen
   a) über den Straßenverkehr, die zur Erhaltung der öffentlichen Sicherheit oder zu Verteidigungszwecken erforderlich sind,
   b) zur Durchführung von Großraum- und Schwertransporten,
   c) im Übrigen, die zur Erhaltung der Sicherheit und Ordnung auf öffentlichen Straßen oder zur Verhütung einer über das verkehrsübliche Maß hinausgehenden Abnutzung der Straßen erforderlich sind, insbesondere bei Großveranstaltungen,
10. das Anbieten zum Verkauf, das Veräußern, das Verwenden, das Erwerben oder das sonstige Inverkehrbringen von Fahrzeugen und Fahrzeugteilen,
11. die Kennzeichnung und die Anforderungen an die Kennzeichnung von Fahrzeugen und Fahrzeugteilen,
12. den Nachweis über die Entsorgung oder den sonstigen Verbleib von Fahrzeugen und Fahrzeugteilen, auch nach ihrer Außerbetriebsetzung,
13. die Ermittlung, das Auffinden und die Sicherstellung von gestohlenen, verlorengegangenen oder sonst abhanden gekommenen Fahrzeugen, Fahrzeugkennzeichen sowie Führerscheinen und Fahrzeugpapieren einschließlich ihrer Vordrucke, soweit nicht die Strafverfolgungsbehörden hierfür zuständig sind,
14. die Überwachung der gewerbsmäßigen Vermietung von Kraftfahrzeugen und Anhängern an Selbstfahrer,
15. die Beschränkung des Straßenverkehrs einschließlich des ruhenden Verkehrs
    a) zugunsten schwerbehinderter Menschen mit außergewöhnlicher Gehbehinderung, mit beidseitiger Amelie oder Phokomelie oder vergleichbaren Funktionseinschränkungen sowie zugunsten blinder Menschen,
    b) zugunsten der Bewohner städtischer Quartiere mit erheblichem Parkraummangel,

c) zur Erforschung des Unfallgeschehens, des Verkehrsverhaltens, der Verkehrsabläufe oder zur Erprobung geplanter verkehrssichernder oder verkehrsregelnder Maßnahmen,

16. die Einrichtung von Sonderfahrspuren für Linienomnibusse und Taxen,
17. die Einrichtung und Nutzung von fahrzeugführerlosen Parksystemen im niedrigen Geschwindigkeitsbereich auf Parkflächen,
18. allgemeine Ausnahmen von den Verkehrsvorschriften nach Abschnitt I oder von auf Grund dieser Verkehrsvorschriften erlassener Rechtsverordnungen zur Durchführung von Versuchen, die eine Weiterentwicklung dieser Rechtsnormen zum Gegenstand haben.

[2] Rechtsverordnungen nach Satz 1 Nummer 18 über allgemeine Ausnahmen von Verkehrsvorschriften nach diesem Gesetz sind für die Dauer von längstens fünf Jahren zu befristen; eine einmalige Verlängerung der Geltungsdauer um längstens fünf Jahre ist zulässig. [3] Rechtsverordnungen können nicht nach Satz 1 erlassen werden über solche Regelungsgegenstände, über die Rechtsverordnungen nach Absatz 2 erlassen werden dürfen. [4] Die Abwehr von Gefahren für die Sicherheit oder Leichtigkeit des Verkehrs auf öffentlichen Straßen nach Satz 1 umfasst auch den straßenverkehrsrechtlichen Schutz von Maßnahmen zur Rettung aus Gefahren für Leib und Leben von Menschen oder den Schutz zivilrechtlicher Schadensersatzansprüche Unfallbeteiligter.

(2) Das Bundesministerium für Verkehr und digitale Infrastruktur wird ermächtigt, soweit es zur Abwehr von Gefahren für die Sicherheit oder Leichtigkeit des Verkehrs auf öffentlichen Straßen erforderlich ist, Rechtsverordnungen ohne Zustimmung des Bundesrates über Folgendes zu erlassen:

1. die Typgenehmigung von Fahrzeugen, Systemen, Bauteilen und selbstständigen technischen Einheiten für diese Fahrzeuge, sofern sie unionsrechtlichen Vorgaben unterliegt, über die Fahrzeugeinzelgenehmigung, sofern ihr nach Unionrecht eine Geltung in allen Mitgliedstaaten der Europäischen Union zukommt, sowie über das Anbieten zum Verkauf, das Inverkehrbringen, die Inbetriebnahme, das Veräußern oder die Einfuhr von derart genehmigten oder genehmigungspflichtigen Fahrzeugen, Systemen, Bauteilen und selbstständigen technischen Einheiten für diese Fahrzeuge, insbesondere über
   a) die Systematisierung von Fahrzeugen,
   b) die technischen und baulichen Anforderungen an Fahrzeuge, Systeme, Bauteile und selbstständige technische Einheiten, einschließlich der durchzuführenden Prüfverfahren zur Feststellung der Konformität,
   c) die Sicherstellung der Übereinstimmung von Fahrzeugen, Systemen, Bauteilen und selbstständigen technischen Einheiten für diese Fahrzeuge mit einem genehmigten Typ bei ihrer Herstellung,
   d) den Zugang zu technischen Informationen sowie zu Reparatur- und Wartungsinformationen,
   e) die Bewertung, Benennung und Überwachung von technischen Diensten,
   f) die Kennzeichnung und Verpackung von Systemen, Bauteilen und selbstständigen technischen Einheiten für Fahrzeuge oder
   g) die Zulassung von Teilen und Ausrüstungen, von denen eine ernste Gefahr für das einwandfreie Funktionieren wesentlicher Systeme von Fahrzeugen ausgehen kann,
2. die Marktüberwachung von Fahrzeugen, Systemen, Bauteilen und selbstständigen technischen Einheiten für diese Fahrzeuge,

3. die Pflichten der Hersteller und ihrer Bevollmächtigten, der Einführer sowie der Händler im Rahmen
   a) des Typgenehmigungsverfahrens im Sinne der Nummer 1,
   b) des Fahrzeugeinzelgenehmigungsverfahrens im Sinne der Nummer 1 oder
   c) des Anbietens zum Verkauf, des Inverkehrbringens, der Inbetriebnahme, des Veräußerns, der Einfuhr sowie der Marktüberwachung von Fahrzeugen, Systemen, Bauteilen und selbstständigen technischen Einheiten für diese Fahrzeuge oder
4. die Technologien, Strategien und andere Mittel, für die festgestellt ist, dass
   a) sie die Leistungen der Fahrzeuge, Systeme, Bauteile oder selbstständigen technischen Einheiten für Fahrzeuge bei Prüfverfahren unter ordnungsgemäßen Betriebsbedingungen verfälschen oder
   b) ihre Verwendung im Rahmen des Typgenehmigungsverfahrens oder des Fahrzeugeinzelgenehmigungsverfahrens im Sinne der Nummer 1 aus anderen Gründen nicht zulässig ist.

(3) In Rechtsverordnungen nach Absatz 1 oder Absatz 2 können hinsichtlich der dort genannten Gegenstände jeweils auch geregelt werden:

1. die Erteilung, Beschränkung oder Entziehung von Rechten, die sonstigen Maßnahmen zur Anordnung oder Umsetzung, die Anerkennung ausländischer Berechtigungen oder Maßnahmen, die Verwaltungsverfahren einschließlich der erforderlichen Nachweise sowie die Zuständigkeiten und die Ausnahmebefugnisse der vollziehenden Behörden im Einzelfall,
2. Art, Inhalt, Herstellung, Gestaltung, Lieferung, Ausfertigung, Beschaffenheit und Gültigkeit von Kennzeichen, Plaketten, Urkunden, insbesondere von Führerscheinen, und sonstigen Bescheinigungen,
3. die Anerkennung, Zulassung, Registrierung, Akkreditierung, Begutachtung, Beaufsichtigung oder Überwachung von natürlichen oder juristischen Personen des Privatrechts oder von sonstigen Einrichtungen im Hinblick auf ihre Tätigkeiten
   a) der Prüfung, Untersuchung, Beurteilung und Begutachtung von Personen, Fahrzeugen oder Fahrzeugteilen sowie der Herstellung und Lieferung nach Nummer 2,
   b) des Anbietens von Maßnahmen zur Herstellung oder zum Erhalt der Voraussetzungen nach Absatz 1 Satz 1 Nummer 1 Buchstabe b oder
   c) der Prüfung und Zertifizierung von Qualitätssicherungssystemen,

   einschließlich der jeweiligen Voraussetzungen, insbesondere der Anforderungen an die natürlichen oder juristischen Personen des Privatrechts oder an die Einrichtungen, an ihre Träger und an ihre verantwortlichen oder ausführenden Personen, einschließlich der Vorgabe eines Erfahrungsaustausches sowie einschließlich der Verarbeitung von personenbezogenen Daten über die die Tätigkeiten ausführenden oder hieran teilnehmenden Personen durch die zuständigen Behörden, durch die natürlichen oder juristischen Personen des Privatrechts oder durch die Einrichtungen in dem Umfang, der für ihre jeweilige Tätigkeit und deren Qualitätssicherung erforderlich ist,
4. Emissionsgrenzwerte unter Berücksichtigung der technischen Entwicklung zum Zeitpunkt des Erlasses der jeweiligen Rechtsverordnung,
5. die Mitwirkung natürlicher oder juristischer Personen des Privatrechts bei der Aufgabenwahrnehmung in Form ihrer Beauftragung, bei der Durchführung von bestimmten Aufgaben zu helfen (Verwaltungshilfe), oder in Form der

Übertragung bestimmter Aufgaben nach Absatz 1 Satz 1 Nummer 1, 5, 6, 7 oder 9 Buchstabe b oder Absatz 2 auf diese Personen (Beleihung), insbesondere

a) die Bestimmung der Aufgaben und die Art und Weise der Aufgabenerledigung,

b) die Anforderungen an diese Personen und ihre Überwachung einschließlich des Verfahrens und des Zusammenwirkens der zuständigen Behörden bei der Überwachung oder

c) die Verarbeitung von personenbezogenen Daten durch diese Personen, insbesondere die Übermittlung solcher Daten an die zuständige Behörde,

6. die Übertragung der Wahrnehmung von einzelnen Aufgaben auf die Bundesanstalt für Straßenwesen oder das Kraftfahrt-Bundesamt oder
7. die notwendige Versicherung der natürlichen oder juristischen Personen des Privatrechts oder der sonstigen Einrichtungen in den Fällen der Nummer 3 oder Nummer 5 zur Deckung aller im Zusammenhang mit den dort genannten Tätigkeiten entstehenden Ansprüche sowie die Freistellung der für die Anerkennung, Zulassung, Registrierung, Akkreditierung, Begutachtung, Beaufsichtigung, Überwachung, Beauftragung oder Aufgabenübertragung zuständigen Bundes- oder Landesbehörde von Ansprüchen Dritter wegen Schäden, die diese Personen oder Einrichtungen verursachen.

(4) [1]Rechtsverordnungen nach Absatz 1 Satz 1 Nummer 1, 2, 5 und 8 oder Absatz 2, jeweils auch in Verbindung mit Absatz 3, können auch erlassen werden

1. zur Abwehr von Gefahren, die vom Verkehr auf öffentlichen Straßen ausgehen,
2. zum Schutz vor schädlichen Umwelteinwirkungen, die von Fahrzeugen ausgehen, oder
3. zum Schutz der Verbraucher.

[2]Rechtsverordnungen nach Absatz 1 Satz 1 Nummer 1, 2, 5 und 8, auch in Verbindung mit Absatz 3, können auch erlassen werden

1. zum Schutz der Bevölkerung in Fußgängerbereichen oder verkehrsberuhigten Bereichen, der Wohnbevölkerung oder der Erholungssuchenden vor Emissionen, die vom Verkehr auf öffentlichen Straßen ausgehen, insbesondere zum Schutz vor Lärm oder vor Abgasen,
2. für Sonderregelungen an Sonn- und Feiertagen oder
3. für Sonderregelungen über das Parken in der Zeit von 22 Uhr bis 6 Uhr.

(5) Rechtsverordnungen nach Absatz 1 oder 2 können auch zur Durchführung von Rechtsakten der Europäischen Gemeinschaft oder der Europäischen Union und zur Durchführung von zwischenstaatlichen Vereinbarungen im Anwendungsbereich dieses Gesetzes erlassen werden.

(6) [1]Rechtsverordnungen nach Absatz 1 Satz 1 Nummer 1, 5 oder 8 oder nach Absatz 2, sofern sie jeweils in Verbindung mit Absatz 4 Satz 1 Nummer 2 oder Satz 2 Nummer 1 erlassen werden, oder Rechtsverordnungen nach Absatz 1 Satz 1 Nummer 12 werden vom Bundesministerium für Verkehr und digitale Infrastruktur und vom Bundesministerium für Umwelt, Naturschutz und nukleare Sicherheit gemeinsam erlassen. [2]Rechtsverordnungen nach Absatz 1 Satz 1 Nummer 11, 13 oder 14 oder nach Absatz 3 Nummer 2 in Verbindung mit Absatz 1 Nummer 1 oder 6 können auch zum Zweck der Bekämpfung von Straftaten erlassen werden. [3]Im Fall des Satzes 2 werden diese Rechtsverordnungen vom Bundesministerium für Verkehr und digitale Infrastruktur und vom Bundesministerium des Innern, für Bau und Heimat gemeinsam erlassen. [4]Rechtsverordnungen nach Absatz 1 Satz 1

Nummer 1, 2, 5 oder 8 oder nach Absatz 2, sofern sie jeweils in Verbindung mit Absatz 4 Satz 1 Nummer 3 erlassen werden, werden vom Bundesministerium für Verkehr und digitale Infrastruktur und vom Bundesministerium der Justiz und für Verbraucherschutz gemeinsam erlassen.

(7) [1] Keiner Zustimmung des Bundesrates bedürfen Rechtsverordnungen

1. zur Durchführung der Vorschriften nach Absatz 1 Satz 1 Nummer 5 in Verbindung mit Absatz 3 oder
2. über allgemeine Ausnahmen nach Absatz 1 Satz 1 Nummer 18, auch in Verbindung mit den Absätzen 3 bis 6.

[2] Vor ihrem Erlass sind die zuständigen obersten Landesbehörden zu hören.

(8) Das Bundesministerium für Verkehr und digitale Infrastruktur wird ermächtigt, durch Rechtsverordnung ohne Zustimmung des Bundesrates, jedoch unbeschadet des Absatzes 6,

1. sofern Verordnungen nach diesem Gesetz geändert oder abgelöst werden, Verweisungen in Gesetzen und Rechtsverordnungen auf diese geänderten oder abgelösten Vorschriften durch Verweisungen auf die jeweils inhaltsgleichen neuen Vorschriften zu ersetzen,
2. in den auf Grund des Absatzes 1 oder 2, jeweils auch in Verbindung mit den Absätzen 3 bis 7 erlassenen Rechtsverordnungen enthaltene Verweisungen auf Vorschriften in Rechtsakten der Europäischen Gemeinschaft oder der Europäischen Union zu ändern, soweit es zur Anpassung an Änderungen jener Vorschriften erforderlich ist, oder
3. Vorschriften der auf Grund des Absatzes 1 oder 2, jeweils auch in Verbindung mit den Absätzen 3 bis 7 erlassenen Rechtsverordnungen zu streichen oder in ihrem Wortlaut einem verbleibenden Anwendungsbereich anzupassen, sofern diese Vorschriften durch den Erlass entsprechender Vorschriften in unmittelbar im Anwendungsbereich dieses Gesetzes geltenden Rechtsakten der Europäischen Gemeinschaft oder der Europäischen Union unanwendbar geworden oder in ihrem Anwendungsbereich beschränkt worden sind.

(9) [1] In den Rechtsverordnungen nach Absatz 1, jeweils auch in Verbindung mit den Absätzen 3 bis 6, kann mit Zustimmung des Bundesrates die jeweilige Ermächtigung ganz oder teilweise auf die Landesregierungen übertragen werden, um besonderen regionalen Bedürfnissen angemessen Rechnung zu tragen. [2] Soweit eine nach Satz 1 erlassene Rechtsverordnung die Landesregierungen zum Erlass von Rechtsverordnungen ermächtigt, sind diese befugt, die Ermächtigung durch Rechtsverordnung ganz oder teilweise auf andere Landesbehörden zu übertragen.

§ 6a[1)] Gebühren. (1) Kosten (Gebühren und Auslagen) werden erhoben

1. für Amtshandlungen, einschließlich Prüfungen und Überprüfungen im Rahmen der Qualitätssicherung, Abnahmen, Begutachtungen, Untersuchungen, Verwar-

---

[1)] § 6a Abs. 6 neu gef., Abs. 7 geänd. mWv 22.1.2004 durch G v. 14.1.2004 (BGBl. I S. 74); Abs. 1 Nr. 1 Buchst. d und Abs. 8 angef. mWv 1.6.2005 durch G v. 3.5.2005 (BGBl. I S. 1221); Abs. 1 Nr. 1 Buchst. e angef., Abs. 2 Satz 1 geänd. mWv 18.8.2006 durch G v. 14.8.2006 (BGBl. I S. 1958); Abs. 2 Sätze 3–5 angef., Abs. 3 Satz 1 neu gef. mWv 15.8.2013 durch G v. 7.8.2013 (BGBl. I S. 3154); Abs. 1 Nr. 3 geänd. mWv 31.8.2013 durch G v. 28.8.2013 (BGBl. I S. 3310); Abs. 1 Nr. 1, Abs. 2 Sätze 1 und 2 geänd. mWv 31.8.2013 durch G v. 28.8.2013 (BGBl. I S. 3313); Abs. 2 Sätze 1, 3 und 5 geänd. mWv *5.12.2014 durch G v. 28.11.2014* (BGBl. I S. 1802); Abs. 8 neu gef. mWv 7.12.2016 durch G v. 28.11. 2016 (BGBl. I S. 2722); Abs. 5a eingef. mWv 4.7.2020 durch G v. 29.6.2020 (BGBl. I S. 1528); Abs. 1 Nr. 1 Buchst. e geänd. mWv 2.12.2020 durch G v. 26.11.2020 (BGBl. I S. 2575); Abs. 1 Nr. 1, Abs. 2 Sätze 1 und 2 sowie Abs. 7 geänd. mWv 28.7.2021 durch G v. 12.7.2021 (BGBl. I S. 3091).

nungen – ausgenommen Verwarnungen im Sinne des Gesetzes über Ordnungswidrigkeiten[1] –, Informationserteilungen und Registerauskünften

a) nach diesem Gesetz und nach den auf diesem Gesetz beruhenden Rechtsvorschriften,

b) nach dem Gesetz zu dem Übereinkommen vom 20. März 1958 über die Annahme einheitlicher Bedingungen für die Genehmigung der Ausrüstungsgegenstände und Teile von Kraftfahrzeugen und über die gegenseitige Anerkennung der Genehmigung vom 12. Juni 1965 (BGBl. 1965 II S. 857) in der Fassung des Gesetzes vom 20. Dezember 1968 (BGBl. 1968 II S. 1224) und nach den auf diesem Gesetz beruhenden Rechtsvorschriften,

c) nach dem Gesetz zu dem Europäischen Übereinkommen vom 30. September 1957 über die internationale Beförderung gefährlicher Güter auf der Straße (ADR) vom 18. August 1969 (BGBl. 1969 II S. 1489) und nach den auf diesem Gesetz beruhenden Rechtsvorschriften,

d) nach dem Fahrpersonalgesetz[2] und den darauf beruhenden Rechtsverordnungen, soweit die Amtshandlungen vom Kraftfahrt-Bundesamt vorgenommen werden,

e) nach dem Berufskraftfahrerqualifikationsgesetz und den darauf beruhenden Rechtsverordnungen,

2. für Untersuchungen von Fahrzeugen nach dem Personenbeförderungsgesetz[3] in der im Bundesgesetzblatt Teil III, Gliederungsnummer 9240–1, veröffentlichten bereinigten Fassung, zuletzt geändert durch Artikel 7 des Gesetzes über die unentgeltliche Beförderung Schwerbehinderter im öffentlichen Personenverkehr vom 9. Juli 1979 (BGBl. I S. 989), und nach den auf diesem Gesetz beruhenden Rechtsvorschriften,

3. für Maßnahmen im Zusammenhang mit der Außerbetriebsetzung von Kraftfahrzeugen und Kraftfahrzeuganhängern.

(2) [1] Das Bundesministerium für Verkehr und digitale Infrastruktur wird ermächtigt, die gebührenpflichtigen Amtshandlungen sowie die Gebührensätze für die einzelnen Amtshandlungen, einschließlich Prüfungen und Überprüfungen im Rahmen der Qualitätssicherung, Abnahmen, Begutachtungen, Untersuchungen, Verwarnungen – ausgenommen Verwarnungen im Sinne des Gesetzes über Ordnungswidrigkeiten –, Informationserteilungen und Registerauskünften im Sinne des Absatzes 1 durch Rechtsverordnung[4] zu bestimmen und dabei feste Sätze, auch in Form von Zeitgebühren, oder Rahmensätze vorzusehen. [2] Die Gebührensätze sind so zu bemessen, dass der mit den Amtshandlungen, einschließlich Prüfungen, Abnahmen, Begutachtungen, Untersuchungen, Verwarnungen – ausgenommen Verwarnungen im Sinne des Gesetzes über Ordnungswidrigkeiten –, Informationserteilungen und Registerauskünften verbundene Personal- und Sachaufwand gedeckt wird; der Sachaufwand kann den Aufwand für eine externe Begutachtung umfassen; bei begünstigenden Amtshandlungen kann daneben die *Bedeutung, der wirtschaftliche* Wert oder der sonstige Nutzen für den Gebührenschuldner angemessen berücksichtigt werden. [3] Im Bereich der Gebühren der Landesbehörden übt das Bundesministerium für Verkehr und digitale Infrastruktur die Ermächtigung auf der Grundlage eines Antrags oder einer Stellungnahme von

---

[1] Nr. **94**.

[2] **Loseblatt-Textsammlung Arbeitsrecht Nr. 356.**

[3] **Sartorius Nr. 950.**

[4] Gebührenordnung für Maßnahmen im Straßenverkehr (GebOSt) v. 25.1.2011 (BGBl. I S. 98), zuletzt geänd. durch G v. 10.8.2021 (BGBl. I S. 3436).

mindestens fünf Ländern beim Bundesministerium für Verkehr und digitale Infrastruktur aus. [4]Der Antrag oder die Stellungnahme sind mit einer Schätzung des Personal- und Sachaufwands zu begründen. [5]Das Bundesministerium für Verkehr und digitale Infrastruktur kann die übrigen Länder ebenfalls zur Beibringung einer Schätzung des Personal- und Sachaufwands auffordern.

(3) [1]Im Übrigen findet das Verwaltungskostengesetz in der bis zum 14. August 2013 geltenden Fassung Anwendung. [2]In den Rechtsverordnungen nach Absatz 2 können jedoch die Kostenbefreiung, die Kostengläubigerschaft, die Kostenschuldnerschaft, der Umfang der zu erstattenden Auslagen und die Kostenerhebung abweichend von den Vorschriften des Verwaltungskostengesetzes geregelt werden.

(4) In den Rechtsverordnungen nach Absatz 2 kann bestimmt werden, dass die für die einzelnen Amtshandlungen, einschließlich Prüfungen, Abnahmen, Begutachtungen und Untersuchungen, zulässigen Gebühren auch erhoben werden dürfen, wenn die Amtshandlungen aus Gründen, die nicht von der Stelle, die die Amtshandlungen hätte durchführen sollen, zu vertreten sind, und ohne ausreichende Entschuldigung des Bewerbers oder Antragstellers am festgesetzten Termin nicht stattfinden konnten oder abgebrochen werden mussten.

(5) Rechtsverordnungen über Kosten, deren Gläubiger der Bund ist, bedürfen nicht der Zustimmung des Bundesrates.

(5a) [1]Für das Ausstellen von Parkausweisen für Bewohner städtischer Quartiere mit erheblichem Parkraummangel können die nach Landesrecht zuständigen Behörden Gebühren erheben. [2]Für die Festsetzung der Gebühren werden die Landesregierungen ermächtigt, Gebührenordnungen zu erlassen. [3]In den Gebührenordnungen können auch die Bedeutung der Parkmöglichkeiten, deren wirtschaftlicher Wert oder der sonstige Nutzen der Parkmöglichkeiten für die Bewohner angemessen berücksichtigt werden. [4]In den Gebührenordnungen kann auch ein Höchstsatz festgelegt werden. [5]Die Ermächtigung kann durch Rechtsverordnung weiter übertragen werden.

(6) [1]Für das Parken auf öffentlichen Wegen und Plätzen können in Ortsdurchfahrten die Gemeinden, im Übrigen die Träger der Straßenbaulast, Gebühren erheben. [2]Für die Festsetzung der Gebühren werden die Landesregierungen ermächtigt, Gebührenordnungen zu erlassen. [3]In diesen kann auch ein Höchstsatz festgelegt werden. [4]Die Ermächtigung kann durch Rechtsverordnung weiter übertragen werden.

(7) Die Regelung des Absatzes 6 Satz 2 bis 4 ist auf die Erhebung von Gebühren für die Benutzung von bei Großveranstaltungen im Interesse der Ordnung und Sicherheit des Verkehrs eingerichteter gebührenpflichtiger Parkplätze entsprechend anzuwenden.

(8) [1]Die Zulassung eines Fahrzeugs oder die Zuteilung eines Kennzeichens für ein zulassungsfreies Fahrzeug kann durch Rechtsvorschriften davon abhängig gemacht werden, dass die nach Absatz 1 in Verbindung mit einer Rechtsverordnung nach Absatz 2 für die Zulassung des Fahrzeugs oder Zuteilung des Kennzeichens vorgesehenen Gebühren und Auslagen, einschließlich rückständiger Gebühren und Auslagen aus vorausgegangenen Zulassungsvorgängen, entrichtet sind. [2]Eine solche Regelung darf

1. für den Fall eines in bundesrechtlichen Vorschriften geregelten internetbasierten Zulassungsverfahrens vom Bundesministerium für Verkehr und digitale Infrastruktur durch Rechtsverordnung mit Zustimmung des Bundesrates,

2. von den Ländern in den übrigen Fällen sowie im Fall der Nummer 1, solange und soweit das Bundesministerium für Verkehr und digitale Infrastruktur von seiner Ermächtigung nach Nummer 1 nicht Gebrauch gemacht hat,

getroffen werden.

§ 6b[1] **Herstellung, Vertrieb und Ausgabe von Kennzeichen.** (1) Wer Kennzeichen für Fahrzeuge herstellen, vertreiben oder ausgeben will, hat dies der Zulassungsbehörde vorher anzuzeigen.

(2) (weggefallen)

(3) Über die Herstellung, den Vertrieb und die Ausgabe von Kennzeichen sind nach näherer Bestimmung (§ 6 Absatz 1 Satz 1 Nummer 6 in Verbindung mit Absatz 3 Nummer 2) Einzelnachweise zu führen, aufzubewahren und zuständigen Personen auf Verlangen zur Prüfung auszuhändigen.

(4) Die Herstellung, der Vertrieb oder die Ausgabe von Kennzeichen ist zu untersagen, wenn diese ohne die vorherige Anzeige hergestellt, vertrieben oder ausgegeben werden.

(5) Die Herstellung, der Vertrieb oder die Ausgabe von Kennzeichen kann untersagt werden, wenn

1. Tatsachen vorliegen, aus denen sich die Unzuverlässigkeit des Verantwortlichen oder der von ihm mit Herstellung, Vertrieb oder Ausgabe von Kennzeichen beauftragten Personen ergibt, oder
2. gegen die Vorschriften über die Führung, Aufbewahrung oder Aushändigung von Nachweisen über die Herstellung, den Vertrieb oder die Ausgabe von Kennzeichen verstoßen wird.

§ 6c[2] **Herstellung, Vertrieb und Ausgabe von Kennzeichenvorprodukten.** § 6b Abs. 1, 3, 4 Nr. 1 sowie Abs. 5 gilt entsprechend für die Herstellung, den Vertrieb oder die Ausgabe von bestimmten – nach näherer Bestimmung durch das Bundesministerium für Verkehr und digitale Infrastruktur festzulegenden (§ 6 Absatz 1 Satz 1 Nummer 6 in Verbindung mit Absatz 3 Nummer 2) – Kennzeichenvorprodukten, bei denen nur noch die Beschriftung fehlt.

§ 6d Auskunft und Prüfung. (1) Die mit der Herstellung, dem Vertrieb oder der Ausgabe von Kennzeichen befassten Personen haben den zuständigen Behörden oder den von ihnen beauftragten Personen über die Beachtung der in § 6b Abs. 1 bis 3 bezeichneten Pflichten die erforderlichen Auskünfte unverzüglich zu erteilen.

(2) Die mit der Herstellung, dem Vertrieb oder der Ausgabe von Kennzeichenvorprodukten im Sinne des § 6c befassten Personen haben den zuständigen Behörden oder den von ihnen beauftragten Personen über die Beachtung der in § 6b Abs. 1 und 3 bezeichneten Pflichten die erforderlichen Auskünfte unverzüglich zu erteilen.

(3) Die von der zuständigen Behörde beauftragten Personen dürfen im Rahmen der Absätze 1 und 2 Grundstücke, Geschäftsräume, Betriebsräume und Transportmittel der Auskunftspflichtigen während der Betriebs- oder Geschäftszeit zum Zwecke der Prüfung und Besichtigung betreten.

---

[1] § 6b Abs. 3 geänd. mWv 28.7.2021 durch G v. 12.7.2021 (BGBl. I S. 3091).

[2] § 6c geänd. mWv 18.8.2006 durch G v. 14.8.2006 (BGBl. I S. 1958); geänd. mWv 5.12.2014 durch G v. 28.11.2014 (BGBl. I S. 1802); geänd. mWv 28.7.2021 durch G v. 12.7.2021 (BGBl. I S. 3091).

§ 6e[1] Führen von Kraftfahrzeugen in Begleitung. (1) Das Bundesministerium für Verkehr und digitale Infrastruktur wird ermächtigt, durch Rechtsverordnung mit Zustimmung des Bundesrates zur Senkung des Unfallrisikos junger Fahranfänger die erforderlichen Vorschriften zu erlassen, insbesondere über

1. das Herabsetzen des allgemein vorgeschriebenen Mindestalters zum Führen von Kraftfahrzeugen mit einer Fahrerlaubnis der Klassen B und BE,
2. die zur Erhaltung der Sicherheit und Ordnung auf den öffentlichen Straßen notwendigen Auflagen, insbesondere dass der Fahrerlaubnisinhaber während des Führens eines Kraftfahrzeuges von mindestens einer namentlich benannten Person begleitet sein muss,
3. die Aufgaben und Befugnisse der begleitenden Person nach Nummer 2, insbesondere über die Möglichkeit, dem Fahrerlaubnisinhaber als Ansprechpartner beratend zur Verfügung zu stehen,
4. die Anforderungen an die begleitende Person nach Nummer 2, insbesondere über
   a) das Lebensalter,
   b) den Besitz einer Fahrerlaubnis sowie über deren Mitführen und Aushändigung an zur Überwachung zuständige Personen,
   c) ihre Belastung mit Eintragungen im Fahreignungsregister sowie
   d) über Beschränkungen oder das Verbot des Genusses alkoholischer Getränke und berauschender Mittel,
5. die Ausstellung einer Prüfungsbescheinigung, die abweichend von § 2 Abs. 1 Satz 3 ausschließlich im Inland längstens bis drei Monate nach Erreichen des allgemein vorgeschriebenen Mindestalters zum Nachweis der Fahrberechtigung dient, sowie über deren Mitführen und Aushändigung an zur Überwachung des Straßenverkehrs berechtigte Personen,
6. die Kosten in entsprechender Anwendung des § 6a Abs. 2 in Verbindung mit Abs. 4 und
7. das Verfahren.

(2) [1] Eine auf der Grundlage der Rechtsverordnung nach Absatz 1 erteilte Fahrerlaubnis der Klassen B und BE ist zu widerrufen, wenn der Fahrerlaubnisinhaber entgegen einer vollziehbaren Auflage nach Absatz 1 Nummer 2 ein Kraftfahrzeug ohne Begleitung durch eine namentlich benannte Person führt. [2] Die Erteilung einer neuen Fahrerlaubnis erfolgt unbeschadet der übrigen Voraussetzungen nach den Vorschriften des § 2a.

(3) [1] Im Übrigen gelten die allgemeinen Vorschriften über die Fahrerlaubnispflicht, die Erteilung, die Entziehung oder die Neuerteilung der Fahrerlaubnis, die Regelungen für die Fahrerlaubnis auf Probe, das Fahrerlaubnisregister und die Zulassung von Personen zum Straßenverkehr. [2] Für die Prüfungsbescheinigung nach Absatz 1 Nr. 5 gelten im Übrigen die Vorschriften über den Führerschein entsprechend.

---

[1] § 6e eingef. mWv 18.8.2005 durch G v. 14.8.2005 (BGBl. I S. 2412); Abs. 1 Satz 1 einl. Satzteil geänd. mWv 18.8.2006 durch G v. 14.8.2006 (BGBl. I S. 1958); Abs. 1 Satz 2 aufgeh., bish. Satz 1 einl. *Satzteil geänd., Abs. 2 aufgeh., bish.* Abs. 3 wird Abs. 2 und neu gef., bish. Abs. 4 wird Abs. 3 mWv 9.12. 2010 durch G v. 2.12.2010 (BGBl. I S. 1748); Abs. 1 Nr. 4 Buchst. c geänd. mWv 1.5.2014 durch G v. 28.8.2013 (BGBl. I S. 3313); Abs. 1 einl. Satzteil geänd. mWv 5.12.2014 durch G v. 28.11.2014 (BGBl. I S. 1802).

§ 6f[1] Entgelte für Begutachtungsstellen für Fahreignung. [1]Das Bundesministerium für Verkehr und digitale Infrastruktur kann durch Rechtsverordnung mit Zustimmung des Bundesrates die Entgelte der Begutachtungsstellen für Fahreignung festsetzen, soweit

1. die Begutachtungsstellen aus Anlass von Verwaltungsverfahren nach straßenverkehrsrechtlichen Vorschriften medizinisch-psychologische Untersuchungen durchführen und
2. die Festsetzung erforderlich ist, um die Qualität der Begutachtung zu fördern.

[2]Bei der Festsetzung der Entgelte ist den berechtigten Interessen der Leistungsbringer und der zur Zahlung der Entgelte Verpflichteten Rechnung zu tragen. [3]Soweit der Leistungsumfang nicht einheitlich geregelt ist, sind dabei Mindest- und Höchstsätze festzusetzen.

§ 6g[2] Internetbasierte Zulassungsverfahren bei Kraftfahrzeugen.

(1) [1]In Ergänzung der allgemeinen Vorschriften über die Zulassung von Fahrzeugen zum Straßenverkehr, die Zuteilung von Kennzeichen für zulassungsfreie Fahrzeuge und die Außerbetriebsetzung von Fahrzeugen können diese Verwaltungsverfahren nach Maßgabe der nachstehenden Vorschriften internetbasiert durchgeführt werden (internetbasierte Zulassung). [2]Für dieses Verwaltungsverfahren ist das Verwaltungsverfahrensgesetz[3] anzuwenden.

(2) [1]Ein Verwaltungsakt kann nach näherer Bestimmung einer Rechtsverordnung nach Absatz 4 Satz 1 Nummer 1 vollständig durch automatische Einrichtungen erlassen werden, wenn

1. die maschinelle Prüfung der Entscheidungsvoraussetzungen auf der Grundlage eines automatisierten Prüfprogrammes erfolgt, das bei der zuständigen Behörde eingerichtet ist und ausschließlich von ihr betrieben wird, und
2. sichergestellt ist, dass das Ergebnis der Prüfung nur die antragsgemäße Bescheidung oder die Ablehnung des Antrages sein kann.

[2]Ein nach Satz 1 erlassener Verwaltungsakt steht einen Monat, beginnend mit dem Tag, an dem der Verwaltungsakt wirksam wird, unter dem Vorbehalt der Nachprüfung. [3]Solange der Vorbehalt wirksam ist, kann der Verwaltungsakt jederzeit aufgehoben oder geändert werden.

(3) [1]Nach näherer Bestimmung einer Rechtsverordnung nach Absatz 4 Satz 1 Nummer 3 bis 5 können

1. natürlichen oder juristischen Personen des Privatrechts bestimmte Aufgaben eines internetbasierten Zulassungsverfahrens, ausgenommen die Entscheidung über den Antrag, oder bei der Inbetriebnahme derart zugelassener Fahrzeuge übertragen werden (Beleihung) oder
2. natürliche oder juristische Personen des Privatrechts beauftragt werden, an der Durchführung von Aufgaben im Sinne der Nummer 1 mitzuwirken (Verwaltungshilfe).

[2]Personen im Sinne des Satzes 1 müssen fachlich geeignet, zuverlässig, auch hinsichtlich ihrer Finanzen, und unabhängig von den Interessen der sonstigen Beteiligten sein.

---

[1] § 6f neu gef. mWv 1.1.2019 durch G v. 4.12.2018 (BGBl. I S. 2251).

[2] § 6g eingef. mWv 7.12.2016 durch G v. 28.11.2016 (BGBl. I S. 2722); Abs. 4 Satz 1 Nr. 8 Buchst. b, Nr. 9 sowie Satz 2 geänd. mWv 26.11.2019 durch G v. 20.11.2019 (BGBl. I S. 1626).

[3] **Sartorius Nr. 100.**

(4) [1]Das Bundesministerium für Verkehr und digitale Infrastruktur wird ermächtigt, durch Rechtsverordnung mit Zustimmung des Bundesrates

1. die Einzelheiten des Erlasses und der Aufhebung eines Verwaltungsaktes im Sinne des Absatzes 2 zu regeln, insbesondere
   a) die Anforderungen an das Prüfprogramm,
   b) besondere Bestimmungen zur Bekanntgabe, zur Wirksamkeit sowie zur Rücknahme und zum Widerruf des Verwaltungsaktes,
2. das für die Identifizierung von Antragstellern zu wahrende Vertrauensniveau zu regeln,
3. die Aufgaben im Sinne des Absatzes 3 zu bestimmen,
   a) mit denen Personen beliehen oder
   b) an deren Durchführung Verwaltungshelfer beteiligt

   werden können, sowie die Art und Weise der Aufgabenerledigung,
4. die näheren Anforderungen an Personen im Sinne des Absatzes 3 zu bestimmen, einschließlich deren Überwachung, des Verfahrens und des Zusammenwirkens der zuständigen Behörden bei der Überwachung,
5. die notwendige Haftpflichtversicherung der beliehenen oder beauftragten Person zur Deckung aller im Zusammenhang mit der Wahrnehmung der übertragenen Aufgabe oder der Hilfe zur Erfüllung der Aufgabe entstandenen Schäden sowie die Freistellung der für Übertragung oder Beauftragung und Aufsicht zuständigen Bundesbehörde oder Landesbehörde von Ansprüchen Dritter wegen etwaiger Schäden, die die beliehene oder beauftragte Person verursacht, zu regeln,
6. bestimmte Aufgaben eines internetbasierten Zulassungsverfahrens dem Kraftfahrt-Bundesamt zu übertragen, soweit die Aufgaben eine bundeseinheitliche Durchführung erfordern, und das Zusammenwirken mit den für die Zulassung zuständigen Behörden zu regeln,
7. besondere Anforderungen an die Inbetriebnahme von Fahrzeugen, die internetbasiert zugelassen sind, zu regeln, insbesondere hinsichtlich
   a) des Verwendens befristet gültiger Kennzeichenschilder einschließlich deren Herstellung, Ausstellung, Anbringung und Gültigkeitsdauer,
   b) des Versandes von Zulassungsunterlagen und der endgültigen Kennzeichenschilder
8. die Ausstellung befristet gültiger elektronischer Fahrzeugdokumente, insbesondere zum Nachweis der Zulassung, und deren Umwandlung in körperliche Dokumente zu regeln, insbesondere
   a) die Art und Weise der Erstellung, der Verwendung und der Speicherung solcher Dokumente,
   b) die Speicherung der Dokumente in einem Dateisystem, das beim Kraftfahrt-Bundesamt errichtet und von diesem betrieben wird,
9. die Errichtung und den Betrieb eines zentralen Dateisystems beim Kraftfahrt-Bundesamt
   a) mit fahrzeugbezogenen Daten, die für die Prüfung der Zulassungsfähigkeit der Fahrzeuge erforderlich sind, insbesondere mit den Daten der unionsrechtlich vorgeschriebenen Übereinstimmungsbescheinigungen einschließlich der Fahrzeug-Identifizierungsnummer,
   b) mit den Daten der Fahrzeuge, die Auskunft über nach oder auf Grund von Unionsrecht einzuhaltende Fahrzeugeigenschaften geben,

sowie die Pflicht zur Übermittlung dieser Daten durch die Hersteller oder Einführer der Fahrzeuge zu regeln,

10. die Durchführung anderer als straßenverkehrsrechtlicher Rechtsvorschriften bei einer internetbasierten Zulassung zu regeln.

[2] Das in Satz 1 Nummer 9 vorgesehene Dateisystem darf weder mit dem Zentralen Fahrzeugregister des Kraftfahrt-Bundesamtes noch mit den örtlichen Fahrzeugregistern der Zulassungsbehörden verknüpft werden.

(5) [1] Für Vorschriften des Verwaltungsverfahrens in den Absätzen 1 bis 3 und in Rechtsverordnungen auf Grund des Absatzes 4 kann durch Rechtsverordnung des Bundesministeriums für Verkehr und digitale Infrastruktur mit Zustimmung des Bundesrates vorgeschrieben werden, dass von diesen Vorschriften durch Landesrecht nicht abgewichen werden kann. [2] Die Vorschriften, von denen durch Landesrecht nicht abgewichen werden kann, sind dabei zu nennen.

II. Haftpflicht

§ 7[1)] Haftung des Halters, Schwarzfahrt. (1) Wird bei dem Betrieb eines Kraftfahrzeugs ein Mensch getötet, der Körper oder die Gesundheit eines Menschen verletzt oder eine Sache beschädigt, so ist der Halter verpflichtet, dem Verletzten den daraus entstehenden Schaden zu ersetzen.

(2) Die Ersatzpflicht ist ausgeschlossen, wenn der Unfall durch höhere Gewalt verursacht wird.

(3) [1] Benutzt jemand das Kraftfahrzeug ohne Wissen und Willen des Fahrzeughalters, so ist er anstelle des Halters zum Ersatz des Schadens verpflichtet; daneben bleibt der Halter zum Ersatz des Schadens verpflichtet, wenn die Benutzung des Kraftfahrzeugs durch sein Verschulden ermöglicht worden ist. [2] Satz 1 findet keine Anwendung, wenn der Benutzer vom Fahrzeughalter für den Betrieb des Kraftfahrzeugs angestellt ist oder wenn ihm das Kraftfahrzeug vom Halter überlassen worden ist.

§ 8[2)] Ausnahmen. Die Vorschriften des § 7 gelten nicht,

1. wenn der Unfall durch ein Kraftfahrzeug verursacht wurde, das auf ebener Bahn mit keiner höheren Geschwindigkeit als zwanzig Kilometer in der Stunde fahren kann, es sei denn, es handelt sich um ein Kraftfahrzeug mit autonomer Fahrfunktion im Sinne des § 1d Absatz 1 und 2, das sich im autonomen Betrieb befindet,
2. wenn der Verletzte bei dem Betrieb des Kraftfahrzeugs tätig war oder
3. wenn eine Sache beschädigt worden ist, die durch das Kraftfahrzeug befördert worden ist, es sei denn, dass eine beförderte Person die Sache an sich trägt oder mit sich führt.

§ 8a Entgeltliche Personenbeförderung, Verbot des Haftungsausschlusses. [1] Im Fall einer entgeltlichen, geschäftsmäßigen Personenbeförderung darf die Verpflichtung des Halters, wegen Tötung oder Verletzung beförderter Personen Schadensersatz nach § 7 zu leisten, weder ausgeschlossen noch beschränkt werden.

[1)] § 7 Abs. 1 und Abs. 3 Sätze 1 und 2 geänd., Satz 3 aufgeh. mWv 17.7.2020 durch G v. 10.7.2020 (BGBl. I S. 1653).

[2)] § 8 Nr. 1–3 geänd. mWv 17.7.2020 durch G v. 10.7.2020 (BGBl. I S. 1653); Nr. 1 geänd. mWv 28.7.2021 durch G v. 12.7.2021 (BGBl. I S. 3108).

[2] Die Geschäftsmäßigkeit einer Personenbeförderung wird nicht dadurch ausgeschlossen, dass die Beförderung von einer Körperschaft oder Anstalt des öffentlichen Rechts betrieben wird.

§ 9 Mitverschulden. Hat bei der Entstehung des Schadens ein Verschulden des Verletzten mitgewirkt, so finden die Vorschriften des § 254 des Bürgerlichen Gesetzbuchs[1)] mit der Maßgabe Anwendung, dass im Fall der Beschädigung einer Sache das Verschulden desjenigen, welcher die tatsächliche Gewalt über die Sache ausübt, dem Verschulden des Verletzten gleichsteht.

§ 10[2)] Umfang der Ersatzpflicht bei Tötung. (1) [1] Im Fall der Tötung ist der Schadensersatz durch Ersatz der Kosten einer versuchten Heilung sowie des Vermögensnachteils zu leisten, den der Getötete dadurch erlitten hat, dass während der Krankheit seine Erwerbsfähigkeit aufgehoben oder gemindert oder eine Vermehrung seiner Bedürfnisse eingetreten war. [2] Der Ersatzpflichtige hat außerdem die Kosten der Beerdigung demjenigen zu ersetzen, dem die Verpflichtung obliegt, diese Kosten zu tragen.

(2) [1] Stand der Getötete zur Zeit der Verletzung zu einem Dritten in einem Verhältnis, vermöge dessen er diesem gegenüber kraft Gesetzes unterhaltspflichtig war oder unterhaltspflichtig werden konnte, und ist dem Dritten infolge der Tötung das Recht auf Unterhalt entzogen, so hat der Ersatzpflichtige dem Dritten insoweit Schadensersatz zu leisten, als der Getötete während der mutmaßlichen Dauer seines Lebens zur Gewährung des Unterhalts verpflichtet gewesen sein würde. [2] Die Ersatzpflicht tritt auch dann ein, wenn der Dritte zur Zeit der Verletzung gezeugt, aber noch nicht geboren war.

(3) [1] Der Ersatzpflichtige hat dem Hinterbliebenen, der zur Zeit der Verletzung zu dem Getöteten in einem besonderen persönlichen Näheverhältnis stand, für das dem Hinterbliebenen zugefügte seelische Leid eine angemessene Entschädigung in Geld zu leisten. [2] Ein besonderes persönliches Näheverhältnis wird vermutet, wenn der Hinterbliebene der Ehegatte, der Lebenspartner, ein Elternteil oder ein Kind des Getöteten war.

§ 11 Umfang der Ersatzpflicht bei Körperverletzung. [1] Im Fall der Verletzung des Körpers oder der Gesundheit ist der Schadensersatz durch Ersatz der Kosten der Heilung sowie des Vermögensnachteils zu leisten, den der Verletzte dadurch erleidet, dass infolge der Verletzung zeitweise oder dauernd seine Erwerbsfähigkeit aufgehoben oder gemindert oder eine Vermehrung seiner Bedürfnisse eingetreten ist. [2] Wegen des Schadens, der nicht Vermögensschaden ist, kann auch eine billige Entschädigung in Geld gefordert werden.

§ 12[3)] Höchstbeträge. (1) [1] Der Ersatzpflichtige haftet

1. im Fall der Tötung oder Verletzung eines oder mehrerer Menschen durch dasselbe Ereignis nur bis zu einem Betrag von insgesamt fünf Millionen Euro, bei Verursachung des Schadens auf Grund der Verwendung einer hoch- oder vollautomatisierten Fahrfunktion gemäß § 1a oder beim Betrieb einer auto-

---

[1)] Nr. **20**.

[2)] § 10 Abs. 3 angef. mWv 22.7.2017 durch G v. 17.7.2017 (BGBl. I S. 2421).

[3)] *§ 12 Abs. 1 neu gef., Abs. 2 geänd.* mWv 18.12.2007 durch G v. 10.12.2007 (BGBl. I S. 2833); Abs. 1 Nr. 1 und 2 geänd. mWv 21.6.2017 durch G v. 16.6.2017 (BGBl. I S. 1648); Abs. 1 Satz 1 Nr. 1 geänd. mWv 17.7.2020 durch G v. 10.7.2020 (BGBl. I S. 1653); Abs. 1 Satz 1 Nr. 1 und 2 geänd. mWv 28.7. 2021 durch G v. 12.7.2021 (BGBl. I S. 3108).

nomen Fahrfunktion gemäß § 1e nur bis zu einem Betrag von insgesamt zehn Millionen Euro; im Fall einer entgeltlichen, geschäftsmäßigen Personenbeförderung erhöht sich für den ersatzpflichtigen Halter des befördernden Kraftfahrzeugs bei der Tötung oder Verletzung von mehr als acht beförderten Personen dieser Betrag um 600 000 Euro für jede weitere getötete oder verletzte beförderte Person;

2. im Fall der Sachbeschädigung, auch wenn durch dasselbe Ereignis mehrere Sachen beschädigt werden, nur bis zu einem Betrag von insgesamt einer Million Euro, bei Verursachung des Schadens auf Grund der Verwendung einer hoch- oder vollautomatisierten Fahrfunktion gemäß § 1a oder beim Betrieb einer autonomen Fahrfunktion gemäß § 1e, nur bis zu einem Betrag von insgesamt zwei Millionen Euro.

²Die Höchstbeträge nach Satz 1 Nr. 1 gelten auch für den Kapitalwert einer als Schadensersatz zu leistenden Rente.

(2) Übersteigen die Entschädigungen, die mehreren auf Grund desselben Ereignisses zu leisten sind, insgesamt die in Absatz 1 bezeichneten Höchstbeträge, so verringern sich die einzelnen Entschädigungen in dem Verhältnis, in welchem ihr Gesamtbetrag zu dem Höchstbetrag steht.

§ 12a[1] Höchstbeträge bei Beförderung gefährlicher Güter. (1) ¹Werden gefährliche Güter befördert, haftet der Ersatzpflichtige

1. im Fall der Tötung oder Verletzung eines oder mehrerer Menschen durch dasselbe Ereignis nur bis zu einem Betrag von insgesamt zehn Millionen Euro,
2. im Fall der Sachbeschädigung an unbeweglichen Sachen, auch wenn durch dasselbe Ereignis mehrere Sachen beschädigt werden, nur bis zu einem Betrag von insgesamt zehn Millionen Euro,

sofern der Schaden durch die die Gefährlichkeit der beförderten Güter begründenden Eigenschaften verursacht wird. ²Im Übrigen bleibt § 12 Abs. 1 unberührt.

(2) Gefährliche Güter im Sinne dieses Gesetzes sind Stoffe und Gegenstände, deren Beförderung auf der Straße nach den Anlagen A und B zu dem Europäischen Übereinkommen vom 30. September 1957 über die internationale Beförderung gefährlicher Güter auf der Straße (ADR) (BGBl. 1969 II S. 1489) in der jeweils geltenden Fassung verboten oder nur unter bestimmten Bedingungen gestattet ist.

(3) Absatz 1 ist nicht anzuwenden, wenn es sich um freigestellte Beförderungen gefährlicher Güter oder um Beförderungen in begrenzten Mengen unterhalb der im Unterabschnitt 1.1.3.6. zu dem in Absatz 2 genannten Übereinkommen festgelegten Grenzen handelt.

(4) Absatz 1 ist nicht anzuwenden, wenn der Schaden bei der Beförderung innerhalb eines Betriebs entstanden ist, in dem gefährliche Güter hergestellt, bearbeitet, verarbeitet, gelagert, verwendet oder vernichtet werden, soweit die Beförderung auf einem abgeschlossenen Gelände stattfindet.

(5) § 12 Abs. 2 gilt entsprechend.

§ 12b[2] Nichtanwendbarkeit der Höchstbeträge. Die §§ 12 und 12a sind nicht anzuwenden, wenn ein Schaden bei dem Betrieb eines gepanzerten Gleiskettenfahrzeugs verursacht wird.

---

[1] § 12a Überschrift eingef., Abs. 1 neu gef. mWv 18.12.2007 durch G v. 10.12.2007 (BGBl. I S. 2833).
[2] § 12b Überschrift eingef. mWv 18.12.2007 durch G v. 10.12.2007 (BGBl. I S. 2833).

§ 13 Geldrente. (1) Der Schadensersatz wegen Aufhebung oder Minderung der Erwerbsfähigkeit und wegen Vermehrung der Bedürfnisse des Verletzten sowie der nach § 10 Abs. 2 einem Dritten zu gewährende Schadensersatz ist für die Zukunft durch Entrichtung einer Geldrente zu leisten.

(2) Die Vorschriften des § 843 Abs. 2 bis 4 des Bürgerlichen Gesetzbuchs[1] finden entsprechende Anwendung.

(3) Ist bei der Verurteilung des Verpflichteten zur Entrichtung einer Geldrente nicht auf Sicherheitsleistung erkannt worden, so kann der Berechtigte gleichwohl Sicherheitsleistung verlangen, wenn die Vermögensverhältnisse des Verpflichteten sich erheblich verschlechtert haben; unter der gleichen Voraussetzung kann er eine Erhöhung der in dem Urteil bestimmten Sicherheit verlangen.

§ 14 Verjährung. Auf die Verjährung finden die für unerlaubte Handlungen geltenden Verjährungsvorschriften des Bürgerlichen Gesetzbuchs[1] [2] entsprechende Anwendung.

§ 15 Verwirkung. [1] Der Ersatzberechtigte verliert die ihm auf Grund der Vorschriften dieses Gesetzes zustehenden Rechte, wenn er nicht spätestens innerhalb zweier Monate, nachdem er von dem Schaden und der Person des Ersatzpflichtigen Kenntnis erhalten hat, dem Ersatzpflichtigen den Unfall anzeigt. [2] Der Rechtsverlust tritt nicht ein, wenn die Anzeige infolge eines von dem Ersatzberechtigten nicht zu vertretenden Umstands unterblieben ist oder der Ersatzpflichtige innerhalb der bezeichneten Frist auf andere Weise von dem Unfall Kenntnis erhalten hat.

§ 16 Sonstige Gesetze. Unberührt bleiben die bundesrechtlichen Vorschriften, nach welchen der Fahrzeughalter für den durch das Fahrzeug verursachten Schaden in weiterem Umfang als nach den Vorschriften dieses Gesetzes haftet oder nach welchen ein anderer für den Schaden verantwortlich ist.

§ 17[3] Schadensverursachung durch mehrere Kraftfahrzeuge. (1) Wird ein Schaden durch mehrere Kraftfahrzeuge verursacht und sind die beteiligten Fahrzeughalter einem Dritten kraft Gesetzes zum Ersatz des Schadens verpflichtet, so hängt im Verhältnis der Fahrzeughalter zueinander die Verpflichtung zum Ersatz sowie der Umfang des zu leistenden Ersatzes von den Umständen, insbesondere davon ab, inwieweit der Schaden vorwiegend von dem einen oder dem anderen Teil verursacht worden ist.

(2) Wenn der Schaden einem der beteiligten Fahrzeughalter entstanden ist, gilt Absatz 1 auch für die Haftung der Fahrzeughalter untereinander.

(3) [1] Die Verpflichtung zum Ersatz nach den Absätzen 1 und 2 ist ausgeschlossen, wenn der Unfall durch ein unabwendbares Ereignis verursacht wird, das weder auf einem Fehler in der Beschaffenheit des Kraftfahrzeugs noch auf einem Versagen seiner Vorrichtungen beruht. [2] Als unabwendbar gilt ein Ereignis nur dann, wenn sowohl der Halter als auch der Führer des Kraftfahrzeugs jede nach den Umständen des Falles gebotene Sorgfalt beobachtet hat. [3] Der Ausschluss gilt auch für die Ersatzpflicht gegenüber dem Eigentümer eines Kraftfahrzeugs, der nicht Halter ist.

---

[1] *Nr.* ***20***.

[2] § 852 BGB (Nr. **20**).

[3] § 17 Abs. 3 Sätze 1 und 2 sowie Abs. 4 geänd. mWv 17.7.2020 durch G v. 10.7.2020 (BGBl. I S. 1653).

(4) Die Vorschriften der Absätze 1 bis 3 sind entsprechend anzuwenden, wenn der Schaden durch ein Kraftfahrzeug und ein Tier oder durch ein Kraftfahrzeug und eine Eisenbahn verursacht wird.

§ 18[1)] Ersatzpflicht des Fahrzeugführers. (1) [1] In den Fällen des § 7 Abs. 1 ist auch der Führer des Kraftfahrzeugs zum Ersatz des Schadens nach den Vorschriften der §§ 8 bis 15 verpflichtet. [2] Die Ersatzpflicht ist ausgeschlossen, wenn der Schaden nicht durch ein Verschulden des Führers verursacht ist.

(2) Die Vorschrift des § 16 findet entsprechende Anwendung.

(3) Ist in den Fällen des § 17 auch der Führer eines Kraftfahrzeugs zum Ersatz des Schadens verpflichtet, so sind auf diese Verpflichtung in seinem Verhältnis zu den Haltern und Führern der anderen beteiligten Kraftfahrzeuge, zu dem Tierhalter oder Eisenbahnunternehmer die Vorschriften des § 17 entsprechend anzuwenden.

§ 19[2)] Haftung des Halters bei Unfällen mit Anhängern und Gespannen.

(1) [1] Wird bei dem Betrieb eines Anhängers, der dazu bestimmt ist, von einem Kraftfahrzeug (Zugfahrzeug) gezogen zu werden, ein Mensch getötet, der Körper oder die Gesundheit eines Menschen verletzt oder eine Sache beschädigt, ist der Halter des Anhängers verpflichtet, dem Verletzten den daraus entstehenden Schaden zu ersetzen. [2] Die Regelungen zur Haftung des Halters eines Kraftfahrzeugs nach § 7 Absatz 2 und 3, § 8 Nummer 2 und 3 sowie den §§ 8a bis 16 gelten entsprechend. [3] Die Sätze 1 und 2 gelten nicht, wenn der Unfall durch einen Anhänger verursacht wurde, der im Unfallzeitpunkt mit einem Kraftfahrzeug verbunden war, das auf ebener Bahn mit keiner höheren Geschwindigkeit als 20 Kilometer in der Stunde fahren kann, es sei denn, es handelt sich um ein Kraftfahrzeug mit autonomer Fahrfunktion im Sinne des § 1d Absatz 1 und 2, das sich im autonomen Betrieb befindet.

(2) [1] Wird der Schaden eines anderen durch ein Zugfahrzeug mit Anhänger (Gespann) verursacht, haftet der Halter jedes dieser Fahrzeuge dem anderen für die Betriebsgefahr des gesamten Gespanns als Gesamtschuldner. [2] Die Ersatzpflicht des gesamtschuldnerisch haftenden Halters ist auf die Höchstbeträge der §§ 12 und 12a beschränkt.

(3) Wird ein Schaden durch ein Gespann und ein weiteres Kraftfahrzeug verursacht und sind die beteiligten Fahrzeughalter einem Dritten kraft Gesetzes zum Ersatz des Schadens verpflichtet oder ist der Schaden einem der beteiligten Fahrzeughalter entstanden, gilt für die Ersatzpflichten im Verhältnis der Halter von Zugfahrzeug und Anhänger zu dem Halter des weiteren beteiligten Kraftfahrzeugs § 17 Absatz 1 bis 3 entsprechend.

(4) [1] Ist in den Fällen der Absätze 2 und 3 der Halter des Zugfahrzeugs oder des Anhängers zum Ersatz des Schadens verpflichtet, kann er nach § 426 des *Bürgerlichen Gesetzbuchs*[3)] von dem Halter des zu dem Gespann verbundenen anderen Fahrzeugs Ausgleich verlangen. [2] Im Verhältnis dieser Halter zueinander ist nur der Halter des Zugfahrzeugs verpflichtet. [3] Satz 2 gilt nicht, soweit sich durch den Anhänger eine höhere Gefahr verwirklicht hat als durch das Zugfahrzeug allein; in diesem Fall hängt die Verpflichtung zum Ausgleich davon ab, inwieweit der

---

[1)] § 18 Abs. 1 Satz 1 und Abs. 3 geänd. mWv 17.7.2020 durch G v. 10.7.2020 (BGBl. I S. 1653).

[2)] § 19 eingef. mWv 17.7.2020 durch G v. 10.7.2020 (BGBl. I S. 1653); Abs. 1 Satz 3 geänd. mWv 28.7.2021 durch G v. 12.7.2021 (BGBl. I S. 3108).

[3)] Nr. **20**.

Schaden vorwiegend von dem Zugfahrzeug oder dem Anhänger verursacht worden ist. [4]Das Ziehen des Anhängers allein verwirklicht im Regelfall keine höhere Gefahr. [5]Der Ersatz für Schäden der Halter des Zugfahrzeugs und des Anhängers richtet sich im Verhältnis zueinander nach den allgemeinen Vorschriften.

(5) Die Absätze 3 und 4 sind entsprechend anzuwenden, wenn der Schaden durch ein Gespann und ein Tier oder durch ein Gespann und eine Eisenbahn verursacht wird.

(6) Wird ein Schaden eines Dritten oder eines beteiligten Kraftfahrzeughalters durch einen Anhänger verursacht, der im Unfallzeitpunkt nicht mit einem Zugfahrzeug verbunden war, oder ist der Schaden an einem solchen Anhänger entstanden, ist § 17 entsprechend anzuwenden.

§ 19a[1)] Ersatzpflicht des Führers von Anhängern und Gespannen.

(1) [1]Der Führer eines Gespanns haftet wie der Führer eines Kraftfahrzeugs. [2]§ 18 Absatz 1 und 2 ist entsprechend anzuwenden.

(2) [1]Ist in den Fällen des § 19 Absatz 3 und 5 auch der Führer des Gespanns zum Ersatz des Schadens verpflichtet, ist im Verhältnis zu den Haltern und Führern der weiteren beteiligten Kraftfahrzeuge, zu dem Tierhalter oder zu dem Eisenbahnunternehmer § 17 entsprechend anzuwenden. [2]Ist der Führer des Gespanns in den Fällen des § 19 Absatz 2, 3 und 5 zum Ersatz des Schadens verpflichtet, kann er von den Haltern des Zugfahrzeugs und des Anhängers nach § 426 des Bürgerlichen Gesetzbuchs[2)] Ausgleich verlangen. [3]Der Ersatz für Schäden des Führers des Gespanns richtet sich im Verhältnis zu den Haltern des Zugfahrzeugs und des Anhängers nach den allgemeinen Vorschriften.

(3) Im Fall des § 19 Absatz 6 haftet der Führer eines Anhängers wie der Führer eines Kraftfahrzeugs.

§ 20 Örtliche Zuständigkeit. Für Klagen, die auf Grund dieses Gesetzes erhoben werden, ist auch das Gericht zuständig, in dessen Bezirk das schädigende Ereignis stattgefunden hat.

III. Straf- und Bußgeldvorschriften

§ 21 Fahren ohne Fahrerlaubnis. (1) Mit Freiheitsstrafe bis zu einem Jahr oder mit Geldstrafe wird bestraft, wer

1. ein Kraftfahrzeug führt, obwohl er die dazu erforderliche Fahrerlaubnis nicht hat oder ihm das Führen des Fahrzeugs nach § 44 des Strafgesetzbuchs[3)] oder nach § 25 dieses Gesetzes verboten ist, oder
2. als Halter eines Kraftfahrzeugs anordnet oder zulässt, dass jemand das Fahrzeug führt, der die dazu erforderliche Fahrerlaubnis nicht hat oder dem das Führen des Fahrzeugs nach § 44 des Strafgesetzbuchs oder nach § 25 dieses Gesetzes verboten ist.

(2) Mit Freiheitsstrafe bis zu sechs Monaten oder mit Geldstrafe bis zu 180 Tagessätzen wird bestraft, wer

1. eine Tat nach Absatz 1 fahrlässig begeht,

[1)] § 19a eingef. mWv 17.7.2020 durch G v. 10.7.2020 (BGBl. I S. 1653).

[2)] Nr. **20**.

[3)] Nr. **85**.

2. vorsätzlich oder fahrlässig ein Kraftfahrzeug führt, obwohl der vorgeschriebene Führerschein nach § 94 der Strafprozessordnung[1] in Verwahrung genommen, sichergestellt oder beschlagnahmt ist, oder
3. vorsätzlich oder fahrlässig als Halter eines Kraftfahrzeugs anordnet oder zulässt, dass jemand das Fahrzeug führt, obwohl der vorgeschriebene Führerschein nach § 94 der Strafprozessordnung in Verwahrung genommen, sichergestellt oder beschlagnahmt ist.

(3) In den Fällen des Absatzes 1 kann das Kraftfahrzeug, auf das sich die Tat bezieht, eingezogen werden, wenn der Täter

1. das Fahrzeug geführt hat, obwohl ihm die Fahrerlaubnis entzogen oder das Führen des Fahrzeugs nach § 44 des Strafgesetzbuchs oder nach § 25 dieses Gesetzes verboten war oder obwohl eine Sperre nach § 69a Abs. 1 Satz 3 des Strafgesetzbuchs gegen ihn angeordnet war,
2. als Halter des Fahrzeugs angeordnet oder zugelassen hat, dass jemand das Fahrzeug führte, dem die Fahrerlaubnis entzogen oder das Führen des Fahrzeugs nach § 44 des Strafgesetzbuchs oder nach § 25 dieses Gesetzes verboten war oder gegen den eine Sperre nach § 69a Abs. 1 Satz 3 des Strafgesetzbuchs angeordnet war, oder
3. in den letzten drei Jahren vor der Tat schon einmal wegen einer Tat nach Absatz 1 verurteilt worden ist.

§ 22 Kennzeichenmissbrauch. (1) Wer in rechtswidriger Absicht

1. ein Kraftfahrzeug oder einen Kraftfahrzeuganhänger, für die ein amtliches Kennzeichen nicht ausgegeben oder zugelassen worden ist, mit einem Zeichen versieht, das geeignet ist, den Anschein amtlicher Kennzeichnung hervorzurufen,
2. ein Kraftfahrzeug oder einen Kraftfahrzeuganhänger mit einer anderen als der amtlich für das Fahrzeug ausgegebenen oder zugelassenen Kennzeichnung versieht,
3. das an einem Kraftfahrzeug oder einem Kraftfahrzeuganhänger angebrachte amtliche Kennzeichen verändert, beseitigt, verdeckt oder sonst in seiner Erkennbarkeit beeinträchtigt,

wird, wenn die Tat nicht in anderen Vorschriften mit schwererer Strafe bedroht ist, mit Freiheitsstrafe bis zu einem Jahr oder mit Geldstrafe bestraft.

(2) Die gleiche Strafe trifft Personen, welche auf öffentlichen Wegen oder Plätzen von einem Kraftfahrzeug oder einem Kraftfahrzeuganhänger Gebrauch machen, von denen sie wissen, dass die Kennzeichnung in der in Absatz 1 Nr. 1 bis 3 bezeichneten Art gefälscht, verfälscht oder unterdrückt worden ist.

§ 22a Missbräuchliches Herstellen, Vertreiben oder Ausgeben von Kennzeichen. (1) Mit Freiheitsstrafe bis zu einem Jahr oder mit Geldstrafe wird bestraft, wer

1. Kennzeichen ohne vorherige Anzeige bei der zuständigen Behörde herstellt, vertreibt oder ausgibt oder
2. (weggefallen)
3. Kennzeichen in der Absicht nachmacht, dass sie als amtlich zugelassene Kennzeichen verwendet oder in Verkehr gebracht werden oder dass ein solches

[1] Nr. **90**.

Verwenden oder Inverkehrbringen ermöglicht werde, oder Kennzeichen in dieser Absicht so verfälscht, dass der Anschein der Echtheit hervorgerufen wird, oder

4. nachgemachte oder verfälschte Kennzeichen feilhält oder in den Verkehr bringt.

(2) [1] Nachgemachte oder verfälschte Kennzeichen, auf die sich eine Straftat nach Absatz 1 bezieht, können eingezogen werden. [2] § 74a des Strafgesetzbuchs[1)] ist anzuwenden.

§ 22b[2)] Missbrauch von Wegstreckenzählern und Geschwindigkeitsbegrenzern. (1) Mit Freiheitsstrafe bis zu einem Jahr oder mit Geldstrafe wird bestraft, wer

1. die Messung eines Wegstreckenzählers, mit dem ein Kraftfahrzeug ausgerüstet ist, dadurch verfälscht, dass er durch Einwirkung auf das Gerät oder den Messvorgang das Ergebnis der Messung beeinflusst,
2. die bestimmungsgemäße Funktion eines Geschwindigkeitsbegrenzers, mit dem ein Kraftfahrzeug ausgerüstet ist, durch Einwirkung auf diese Einrichtung aufhebt oder beeinträchtigt oder
3. eine Straftat nach Nummer 1 oder 2 vorbereitet, indem er Computerprogramme, deren Zweck die Begehung einer solchen Tat ist, herstellt, sich oder einem anderen verschafft, feilhält oder einem anderen überlässt.

(2) In den Fällen des Absatzes 1 Nr. 3 gilt § 149 Abs. 2 und 3 des Strafgesetzbuches[1)] entsprechend.

(3) [1] Gegenstände, auf die sich die Straftat nach Absatz 1 bezieht, können eingezogen werden. [2] § 74a des Strafgesetzbuches ist anzuwenden.

§ 23[3)] *(aufgehoben)*

§ 24[4)] (1) Ordnungswidrig handelt, wer vorsätzlich oder fahrlässig einer Rechtsverordnung nach § 1j Absatz 1 Nummer 1, 2, 4, 5 oder 6, § 6 Absatz 1 Satz 1 Nummer 1 Buchstabe a bis c oder d, Nummer 2, 3, 5, 6 Buchstabe a, Nummer 8 bis 16 oder 17, jeweils auch in Verbindung mit § 6 Absatz 3 Nummer 1 bis 5 oder 7, nach § 6e Absatz 1 Nummer 1 bis 5 oder 7 oder nach § 6g Absatz 4 Satz 1 Nummer 3, 5, 7 oder 9 oder einer vollziehbaren Anordnung auf Grund einer solchen Rechtsverordnung zuwiderhandelt, soweit die Rechtsverordnung für einen bestimmten Tatbestand auf diese Bußgeldvorschrift verweist.

(2) [1] Ordnungswidrig handelt, wer vorsätzlich oder fahrlässig

1. einer Rechtsverordnung nach § 6 Absatz 2
   a) Nummer 1 Buchstabe a bis e oder g,
   b) Nummer 1 Buchstabe f, Nummer 2 oder 3 Buchstabe b,
   c) Nummer 3 Buchstabe a oder c oder
   d) Nummer 4,

   jeweils auch in Verbindung mit § 6 Absatz 3 Nummer 1, 2, 3 Buchstabe a oder c, Nummer 4, 5 oder 7 oder einer vollziehbaren Anordnung auf Grund einer

---

[1)] Nr. **85**.

[2)] *§ 22b eingef. mWv 18.8.2005 durch G v. 14.8.2005* (BGBl. I S. 2412).

[3)] § 23 aufgeh. mWv 28.7.2021 durch G v. 12.7.2021 (BGBl. I S. 3091).

[4)] § 24 neu gef. mWv 28.7.2021 durch G v. 12.7.2021 (BGBl. I S. 3091); Abs. 1 geänd. mWv 28.7.2021 durch G v. 12.7.2021 (BGBl. I S. 3108).

solchen Rechtsverordnung zuwiderhandelt, soweit die Rechtsverordnung für einen bestimmten Tatbestand auf diese Bußgeldvorschrift verweist, oder

2. einer unmittelbar geltenden Vorschrift in Rechtsakten der Europäischen Gemeinschaft oder der Europäischen Union zuwiderhandelt, die inhaltlich einer Regelung entspricht, zu der die in Nummer 1
   a) Buchstabe a,
   b) Buchstabe b,
   c) Buchstabe c oder
   d) Buchstabe d

   genannten Vorschriften ermächtigen, soweit eine Rechtsverordnung nach Satz 2 für einen bestimmten Tatbestand auf diese Bußgeldvorschrift verweist.

[2] Das Bundesministerium für Verkehr und digitale Infrastruktur wird ermächtigt, soweit dies zur Durchsetzung der Rechtsakte der Europäischen Gemeinschaft oder der Europäischen Union erforderlich ist, durch Rechtsverordnung ohne Zustimmung des Bundesrates die Tatbestände zu bezeichnen, die als Ordnungswidrigkeit nach Satz 1 Nummer 2 geahndet werden können.

(3) Die Ordnungswidrigkeit kann in den Fällen

1. des Absatzes 2 Satz 1 Nummer 1 Buchstabe d und Nummer 2 Buchstabe d mit einer Geldbuße bis zu fünfhunderttausend Euro,
2. des Absatzes 2 Satz 1 Nummer 1 Buchstabe c und Nummer 2 Buchstabe c mit einer Geldbuße bis zu dreihunderttausend Euro,
3. des Absatzes 2 Satz 1 Nummer 1 Buchstabe a und Nummer 2 Buchstabe a mit einer Geldbuße bis zu hunderttausend Euro,
4. des Absatzes 2 Satz 1 Nummer 1 Buchstabe b und Nummer 2 Buchstabe b mit einer Geldbuße bis zu fünfzigtausend Euro,
5. des Absatzes 1 mit einer Geldbuße bis zu zweitausend Euro

geahndet werden.

(4) In den Fällen des Absatzes 3 Nummer 1 und 2 ist § 30 Absatz 2 Satz 3 des Gesetzes über Ordnungswidrigkeiten anzuwenden.

(5) Fahrzeuge, Fahrzeugteile und Ausrüstungen, auf die sich eine Ordnungswidrigkeit nach Absatz 1 in Verbindung mit § 6 Absatz 1 Satz 1 Nummer 5 oder 10 oder eine Ordnungswidrigkeit nach Absatz 2 Satz 1 bezieht, können eingezogen werden.

§ 24a[1)] [2)] 0,5 Promille-Grenze. (1) Ordnungswidrig handelt, wer im Straßenverkehr ein Kraftfahrzeug führt, obwohl er 0,25 mg/l oder mehr Alkohol in der Atemluft oder 0,5 Promille oder mehr Alkohol im Blut oder eine Alkoholmenge im Körper hat, die zu einer solchen Atem- oder Blutalkoholkonzentration führt.

(2) [1] Ordnungswidrig handelt, wer unter der Wirkung eines in der Anlage zu *dieser Vorschrift* genannten berauschenden Mittels im Straßenverkehr ein Kraftfahrzeug führt. [2] Eine solche Wirkung liegt vor, wenn eine in dieser Anlage genannte Substanz im Blut nachgewiesen wird. [3] Satz 1 gilt nicht, wenn die Substanz aus der bestimmungsgemäßen Einnahme eines für einen konkreten Krankheitsfall verschriebenen Arzneimittels herrührt.

[1)] § 24a Abs. 5 geänd. mWv 18.8.2006 durch G v. 14.8.2006 (BGBl. I S. 1958); Abs. 4 geänd. mWv 30.12.2008 durch G v. 22.12.2008 (BGBl. I S. 2965); Abs. 5 geänd. mWv 5.12.2014 durch G v. 28.11. 2014 (BGBl. I S. 1802).

[2)] Bußgeldkatalog-Verordnung – BKatV **(Habersack, Deutsche Gesetze ErgBd. Nr. 94a)**.

(3) Ordnungswidrig handelt auch, wer die Tat fahrlässig begeht.

(4) Die Ordnungswidrigkeit kann mit einer Geldbuße bis zu dreitausend Euro geahndet werden.

(5) Das Bundesministerium für Verkehr und digitale Infrastruktur wird ermächtigt, durch Rechtsverordnung im Einvernehmen mit dem Bundesministerium für Gesundheit und Soziale Sicherung und dem Bundesministerium der Justiz und für Verbraucherschutz mit Zustimmung des Bundesrates die Liste der berauschenden Mittel und Substanzen in der Anlage zu dieser Vorschrift zu ändern oder zu ergänzen, wenn dies nach wissenschaftlicher Erkenntnis im Hinblick auf die Sicherheit des Straßenverkehrs erforderlich ist.

§ 24b[1)] *(aufgehoben)*

§ 24c[2)] **Alkoholverbot für Fahranfänger und Fahranfängerinnen.**

(1) Ordnungswidrig handelt, wer in der Probezeit nach § 2a oder vor Vollendung des 21. Lebensjahres als Führer eines Kraftfahrzeugs im Straßenverkehr alkoholische Getränke zu sich nimmt oder die Fahrt antritt, obwohl er unter der Wirkung eines solchen Getränks steht.

(2) Ordnungswidrig handelt auch, wer die Tat fahrlässig begeht.

(3) Die Ordnungswidrigkeit kann mit einer Geldbuße geahndet werden.

§ 25[3)] **Fahrverbot.** (1) [1]Wird gegen die betroffene Person wegen einer Ordnungswidrigkeit nach § 24 Absatz 1, die sie unter grober oder beharrlicher Verletzung der Pflichten eines Kraftfahrzeugführers begangen hat, eine Geldbuße festgesetzt, so kann ihr die Verwaltungsbehörde oder das Gericht in der Bußgeldentscheidung für die Dauer von einem Monat bis zu drei Monaten verbieten, im Straßenverkehr Kraftfahrzeuge jeder oder einer bestimmten Art zu führen. [2]Wird gegen die betroffene Person wegen einer Ordnungswidrigkeit nach § 24a eine Geldbuße festgesetzt, so ist in der Regel auch ein Fahrverbot anzuordnen.

(2) [1]Das Fahrverbot wird mit der Rechtskraft der Bußgeldentscheidung wirksam. [2]Für seine Dauer werden von einer deutschen Behörde ausgestellte nationale und internationale Führerscheine amtlich verwahrt. [3]Dies gilt auch, wenn der Führerschein von einer Behörde eines Mitgliedstaates der Europäischen Union oder eines anderen Vertragsstaates des Abkommens über den Europäischen Wirtschaftsraum ausgestellt worden ist, sofern der Inhaber seinen ordentlichen Wohnsitz im Inland hat. [4]Wird er nicht freiwillig herausgegeben, so ist er zu beschlagnahmen.

(2a) Ist in den zwei Jahren vor der Ordnungswidrigkeit ein Fahrverbot gegen die betroffene Person nicht verhängt worden und wird auch bis zur Bußgeldentscheidung ein Fahrverbot nicht verhängt, so bestimmt die Verwaltungsbehörde oder das Gericht abweichend von Absatz 2 Satz 1, dass das Fahrverbot erst wirksam wird, wenn der Führerschein nach Rechtskraft der Bußgeldentscheidung in amtliche Verwahrung gelangt, spätestens jedoch mit Ablauf von vier Monaten seit Eintritt der Rechtskraft.

---

1) § 24b aufgeh. mWv 28.7.2021 durch G v. 12.7.2021 (BGBl. I S. 3091).

2) § 24c eingef. mWv 1.8.2007 durch G v. 19.7.2007 (BGBl. I S. 1460).

3) § 25 Abs. 4 Satz 2 neu gef. mWv 1.1.2013 durch G v. 29.7.2009 (BGBl. I S. 2258); Abs. 2a Satz 2 *aufgeh., Abs. 2b eingef.* mWv 24.8.2017 durch G v. 17.8.2017 (BGBl. I S. 3202); Abs. 1 Sätze 1 und 2, Abs. 2a und 2b Satz 1, Abs. 4 Satz 1, Abs. 6 Satz 2, Abs. 7 Satz 1 und Abs. 8 geänd. mWv 26.11.2019 durch G v. 20.11.2019 (BGBl. I S. 1626); Abs. 1 Satz 1 geänd. mWv 28.7.2021 durch G v. 12.7.2021 (BGBl. I S. 3091).

(2b) [1] Werden gegen die betroffene Person mehrere Fahrverbote rechtskräftig verhängt, so sind die Verbotsfristen nacheinander zu berechnen. [2] Die Verbotsfrist auf Grund des früher wirksam gewordenen Fahrverbots läuft zuerst. [3] Werden Fahrverbote gleichzeitig wirksam, so läuft die Verbotsfrist auf Grund des früher angeordneten Fahrverbots zuerst, bei gleichzeitiger Anordnung ist die frühere Tat maßgebend.

(3) [1] In anderen als in Absatz 2 Satz 3 genannten ausländischen Führerscheinen wird das Fahrverbot vermerkt. [2] Zu diesem Zweck kann der Führerschein beschlagnahmt werden.

(4) [1] Wird der Führerschein in den Fällen des Absatzes 2 Satz 4 oder des Absatzes 3 Satz 2 bei der betroffenen Person nicht vorgefunden, so hat sie auf Antrag der Vollstreckungsbehörde (§ 92 des Gesetzes über Ordnungswidrigkeiten[1)]) bei dem Amtsgericht eine eidesstattliche Versicherung über den Verbleib des Führerscheins abzugeben. [2] § 883 Abs. 2 und 3 der Zivilprozessordnung[2)] gilt entsprechend.

(5) [1] Ist ein Führerschein amtlich zu verwahren oder das Fahrverbot in einem ausländischen Führerschein zu vermerken, so wird die Verbotsfrist erst von dem Tag an gerechnet, an dem dies geschieht. [2] In die Verbotsfrist wird die Zeit nicht eingerechnet, in welcher der Täter auf behördliche Anordnung in einer Anstalt verwahrt wird.

(6) [1] Die Dauer einer vorläufigen Entziehung der Fahrerlaubnis (§ 111a der Strafprozessordnung[3)]) wird auf das Fahrverbot angerechnet. [2] Es kann jedoch angeordnet werden, dass die Anrechnung ganz oder zum Teil unterbleibt, wenn sie im Hinblick auf das Verhalten der betroffenen Person nach Begehung der Ordnungswidrigkeit nicht gerechtfertigt ist. [3] Der vorläufigen Entziehung der Fahrerlaubnis steht die Verwahrung, Sicherstellung oder Beschlagnahme des Führerscheins (§ 94 der Strafprozessordnung) gleich.

(7) [1] Wird das Fahrverbot nach Absatz 1 im Strafverfahren angeordnet (§ 82 des Gesetzes über Ordnungswidrigkeiten), so kann die Rückgabe eines in Verwahrung genommenen, sichergestellten oder beschlagnahmten Führerscheins aufgeschoben werden, wenn die betroffene Person nicht widerspricht. [2] In diesem Fall ist die Zeit nach dem Urteil unverkürzt auf das Fahrverbot anzurechnen.

(8) Über den Zeitpunkt der Wirksamkeit des Fahrverbots nach Absatz 2 oder 2a Satz 1 und über den Beginn der Verbotsfrist nach Absatz 5 Satz 1 ist die betroffene Person bei der Zustellung der Bußgeldentscheidung oder im Anschluss an deren Verkündung zu belehren.

§ 25a[4)] Kostentragungspflicht des Halters. (1) [1] Kann in einem Bußgeldverfahren wegen eines Halt- oder Parkverstoßes der Führer des Kraftfahrzeugs, der den Verstoß begangen hat, nicht vor Eintritt der Verfolgungsverjährung ermittelt werden oder würde seine Ermittlung einen unangemessenen Aufwand erfordern, so werden dem Halter des Kraftfahrzeugs oder seinem Beauftragten die Kosten des Verfahrens auferlegt; er hat dann auch seine Auslagen zu tragen. [2] Entsprechendes gilt für den Halter eines Kraftfahrzeuganhängers, wenn mit diesem Kraftfahrzeuganhänger, ohne dass dieser an ein Kraftfahrzeug angehängt ist, ein Halt- oder

---

[1)] Nr. **94**.
[2)] Nr. **100**.
[3)] Nr. **90**.
[4)] § 25a Überschrift neu gef., Abs. 1 Satz 2 eingef., bish. Satz 2 wird Satz 3 und neu gef. mWv 28.7. 2021 durch G v. 12.7.2021 (BGBl. I S. 3091).

Parkverstoß begangen wurde und derjenige, der den Verstoß begangen hat, nicht vor Eintritt der Verfolgungsverjährung ermittelt werden kann oder seine Ermittlung einen unangemessenen Aufwand erfordern würde. [3]Von einer Entscheidung nach Satz 1 oder 2 wird abgesehen, wenn es unbillig wäre, den Halter oder seinen Beauftragten mit den Kosten zu belasten.

(2) Die Kostenentscheidung ergeht mit der Entscheidung, die das Verfahren abschließt; vor der Entscheidung ist derjenige zu hören, dem die Kosten auferlegt werden sollen.

(3) [1]Gegen die Kostenentscheidung der Verwaltungsbehörde und der Staatsanwaltschaft kann innerhalb von zwei Wochen nach Zustellung gerichtliche Entscheidung beantragt werden. [2]§ 62 Abs. 2 des Gesetzes über Ordnungswidrigkeiten[1)] gilt entsprechend; für die Kostenentscheidung der Staatsanwaltschaft gelten auch § 50 Abs. 2 und § 52 des Gesetzes über Ordnungswidrigkeiten entsprechend. [3]Die Kostenentscheidung des Gerichts ist nicht anfechtbar.

§ 26[2)] **Zuständige Verwaltungsbehörde; Verjährung.** (1) [1]Bei Ordnungswidrigkeiten nach den § 24 Absatz 1, § 24a Absatz 1 bis 3 und § 24c Absatz 1 und 2 ist Verwaltungsbehörde im Sinne des § 36 Abs. 1 Nr. 1 des Gesetzes über Ordnungswidrigkeiten[1)] die Behörde oder Dienststelle der Polizei, die von der Landesregierung durch Rechtsverordnung[3)] näher bestimmt wird. [2]Die Landesregierung kann die Ermächtigung auf die zuständige oberste Landesbehörde übertragen.

[1)] Nr. **94**.

[2)] § 26 Abs. 1 Satz 1 geänd. mWv 1.8.2007 durch G v. 19.7.2007 (BGBl. I S. 1460); Abs. 2 geänd. mWv 29.4.2009 durch G v. 22.12.2008 (BGBl. I S. 2965); Abs. 1 Satz 1 geänd., Abs. 2 neu gef. mWv 7.12.2016 durch G v. 28.11.2016 (BGBl. I S. 2722); Abs. 1 geänd., Abs. 2 und 3 neu gef. mWv 28.7.2021 durch G v. 12.7.2021 (BGBl. I S. 3091).

[3)] **Zuständige Verwaltungsbehörden sind:**

in **Baden-Württemberg** die unteren Verwaltungsbehörden, bei Ordnungswidrigkeiten auf Bundesautobahnen das Regierungspräsidium Karlsruhe (VO der Landesregierung über Zuständigkeiten nach dem G über Ordnungswidrigkeiten (OWiZuVO) idF der Bek. v. 2.2.1990 (GBl. S. 75, ber. S. 268), zuletzt geänd. durch G v. 15.10.2020 (GBl. S. 913));

in **Bayern** das Polizeiverwaltungsamt, die Dienststellen der Landespolizei und der Bereitschaftspolizei (§ 91 ZuständigkeitsVO (ZustV) v. 16.6.2015 (GVBl. S. 184), zuletzt geänd. durch V v. 20.7.2021 (GVBl. S. 498));

in **Berlin** der Polizeipräsident in Berlin (VO über sachliche Zuständigkeiten für die Verfolgung und Ahndung von Ordnungswidrigkeiten (ZustVO-OwiG) v. 29.2.2000 (GVBl. S. 249), zuletzt geänd. durch VO v. 3.11.2020 (GVBl. S. 874));

in **Brandenburg** das Polizeipräsidium und die Kreisordnungsbehörden (VerkehrsordnungswidrigkeitenzuständigkeitsVO – VOWiZustV v. 18.6.1996 (GVBl. II S. 412), zuletzt geänd. durch VO v. 19.11.2020 (GVBl. II Nr. 109));

in **Bremen** die Ortspolizeibehörden (VO über die Zuständigkeit für die Verfolgung und Ahndung von Ordnungswidrigkeiten nach den §§ 23, 24 und 24a des StraßenverkehrsG v. 21.7.1980 (Brem.GBl. S. 229), geänd. durch VO v. 14.7.2009 (Brem.GBl. S. 281));

in **Hamburg** die Behörde für Inneres und Sport (AnO über Zuständigkeiten auf dem Gebiet des Straßenverkehrsrechts v. 5.1.1999 (Amtl. Anz. S. 345), zuletzt geänd. durch AnO v. 20.9.2011 (Amtl. Anz. S. 2157));

in **Hessen** in der Stadt Frankfurt der Oberbürgermeister als örtliche Ordnungsbehörde, im Übrigen das Regierungspräsidium Kassel als Bezirksordnungsbehörde (VO zur Bestimmung verkehrsrechtlicher Zuständigkeiten v. 12.11.2007 (GVBl. I S. 800), zuletzt geänd. durch VO v. 5.7.2021 (GVBl. S. 331));

in ***Mecklenburg-Vorpommern*** *die Landräte* und die Oberbürgermeister der kreisfreien Städte (Straßenverkehr-ZuständigkeitslandesVO – StVZustLVO M-V v. 12.8.2021 (GVOBl. M-V S. 1221));

in **Niedersachsen** die Landkreise und kreisfreien Städte (VO über sachliche Zuständigkeiten für die Verfolgung und Ahndung von Ordnungswidrigkeiten (ZustVO-OWi) v. 30.6.2021 (Nds. GVBl. S. 442)); →

(2) Verwaltungsbehörde im Sinne des § 36 Absatz 1 Nummer 1 des Gesetzes über Ordnungswidrigkeiten ist das Kraftfahrt-Bundesamt

1. abweichend von Absatz 1 bei Ordnungswidrigkeiten nach § 24 Absatz 1, soweit es für den Vollzug der bewehrten Vorschriften zuständig ist, oder
2. bei Ordnungswidrigkeiten nach § 24 Absatz 2 Satz 1.

(3) [1] Die Frist der Verfolgungsverjährung beträgt bei Ordnungswidrigkeiten nach § 24 Absatz 1 drei Monate, solange wegen der Handlung weder ein Bußgeldbescheid ergangen ist noch öffentliche Klage erhoben worden ist, danach sechs Monate. [2] Abweichend von Satz 1 beträgt die Frist der Verfolgungsverjährung bei Ordnungswidrigkeiten nach § 24 Absatz 1 in Verbindung mit § 6 Absatz 1 Satz 1 Nummer 5 oder 10 zwei Jahre, soweit diese Ordnungswidrigkeiten Zuwiderhandlungen gegen Vorschriften mit Anforderungen an Fahrzeuge oder Fahrzeugteile betreffen, die der Genehmigung ihrer Bauart bedürfen. [3] Die Frist der Verfolgungsverjährung beträgt bei Ordnungswidrigkeiten nach § 24 Absatz 2 Satz 1 Nummer 1 Buchstabe c und d und Nummer 2 Buchstabe c und d[1)] fünf Jahre.

§ 26a[2)] Bußgeldkatalog. (1) Das Bundesministerium für Verkehr und digitale Infrastruktur wird ermächtigt, durch Rechtsverordnung mit Zustimmung des Bundesrates Vorschriften zu erlassen über

1. die Erteilung einer Verwarnung (§ 56 des Gesetzes über Ordnungswidrigkeiten[3)]) wegen einer Ordnungswidrigkeit nach § 24 Absatz 1,
2. Regelsätze für Geldbußen wegen einer Ordnungswidrigkeit nach den § 24 Absatz 1, § 24a Absatz 1 bis 3 und § 24c Absatz 1 und 2,
3. die Anordnung des Fahrverbots nach § 25.

(Fortsetzung der Anm. von voriger Seite)

in **Nordrhein-Westfalen** die Kreisordnungsbehörden (VO zur Bestimmung der für die Verfolgung und Ahndung von Verkehrsordnungswidrigkeiten zuständigen Verwaltungsbehörden v. 25.9.1979 (GV. NRW. S. 652), zuletzt geänd. durch VO v. 6.12.2016 (GV. NRW. S. 1070));

in **Rheinland-Pfalz** das Polizeipräsidium Rheinpfalz (§ 8 LandesVO über Zuständigkeiten auf dem Gebiet des Straßenverkehrsrechts v. 12.3.1987 (GVBl. S. 46), zuletzt geänd. durch VO v. 24.11.2020 (GVBl. S. 670));

im **Saarland** das Landesverwaltungsamt (§ 2 StraßenverkehrszuständigkeitsG (StVZustG) v. 13.6.2001 (Amtsbl. S. 1430), zuletzt geänd. durch G v. 11.11.2020 (Amtsbl. I S. 1262));

in **Sachsen** die Großen Kreisstädte Görlitz, Hoyerswerda, Plauen und Zwickau, bei Ordnungswidrigkeiten auf Bundesautobahnen die Landesdirektion Sachsen (Ordnungswidrigkeiten-ZuständigkeitsVO – OWiZuVO v. 16.6.2014 (SächsGVBl. S. 342), geänd. durch VO v. 26.10.2015 (SächsGVBl. S. 627));

in **Sachsen-Anhalt** die Zentrale Bußgeldstelle im Technischen Polizeiamt (VO über sachliche Zuständigkeiten für die Verfolgung und Ahndung von Ordnungswidrigkeiten (ZustVO OWi) v. 2.3.2010 (GVBl. LSA S. 106), zuletzt geänd. durch VO v. 20.11.2019 (GVBl. LSA S. 940));

in **Schleswig-Holstein** die Landräte und die Bürgermeister der kreisfreien Städte (Ordnungswidrigkeiten-ZuständigkeitsVO – OWi-ZustVO v. 22.1.1988 (GVOBl. Schl.-H. S. 32), zuletzt geänd. durch VO v. *15.6.2021 (GVOBl. Schl.-H. S. 836)*);

in **Thüringen** die Zentrale Bußgeldstelle bei der Landespolizeidirektion, die Dienststellen der Polizei und Einheiten der Bereitschaftspolizei (Thüringer VO über Zuständigkeiten für die Verfolgung und Ahndung von Verkehrsordnungswidrigkeiten v. 21.4.1998 (GVBl. S. 149), zuletzt geänd. durch G v. 25.10.2011 (GVBl. S. 268)).

[1)] Nr. **35**.

[2)] § 26a Abs. 1 einl. Satzteil geänd. mWv 18.8.2006 durch G v. 14.8.2006 (BGBl. I S. 1958); Abs. 1 Nr. 2 geänd. mWv 1.8.2007 durch G v. 19.7.2007 (BGBl. I S. 1460); Abs. 1 einl. Satzteil geänd. mWv 5.12.2014 durch G v. 28.11.2014 (BGBl. I S. 1802); Abs. 1 Nr. 1 und 2 geänd. mWv 28.7.2021 durch G v. 12.7.2021 (BGBl. I S. 3091).

[3)] Nr. **94**.

(2) Die Vorschriften nach Absatz 1 bestimmen unter Berücksichtigung der Bedeutung der Ordnungswidrigkeit, in welchen Fällen, unter welchen Voraussetzungen und in welcher Höhe das Verwarnungsgeld erhoben, die Geldbuße festgesetzt und für welche Dauer das Fahrverbot angeordnet werden soll.

§ 27[1]) Informationsschreiben. (1) [1] Hat die Verwaltungsbehörde in einem Bußgeldverfahren den Halter oder Eigentümer eines Kraftfahrzeugs auf Grund einer Abfrage im Sinne des Artikels 4 der Richtlinie (EU) 2015/413 des Europäischen Parlaments und des Rates vom 11. März 2015 zur Erleichterung des grenzüberschreitenden Austauschs von Informationen über die Straßenverkehrssicherheit gefährdende Verkehrsdelikte (ABl. L 68 vom 13.3.2015, S. 9) ermittelt, übersendet sie der ermittelten Person ein Informationsschreiben. [2] In diesem Schreiben werden die Art des Verstoßes, Zeit und Ort seiner Begehung, das gegebenenfalls verwendete Überwachungsgerät, die anwendbaren Bußgeldvorschriften sowie die für einen solchen Verstoß vorgesehene Sanktion angegeben. [3] Das Informationsschreiben ist in der Sprache des Zulassungsdokuments des Kraftfahrzeugs oder in einer der Amtssprachen des Mitgliedstaates zu übermitteln, in dem das Kraftfahrzeug zugelassen ist.

(2) Absatz 1 gilt nicht, wenn die ermittelte Person ihren ordentlichen Wohnsitz im Inland hat.

IV.[2]) Fahreignungsregister

§ 28[3]) Führung und Inhalt des Fahreignungsregisters. (1) Das Kraftfahrt-Bundesamt führt das Fahreignungsregister nach den Vorschriften dieses Abschnitts.

(2) Das Fahreignungsregister wird geführt zur Speicherung von Daten, die erforderlich sind

1. für die Beurteilung der Eignung und der Befähigung von Personen zum Führen von Kraftfahrzeugen oder zum Begleiten eines Kraftfahrzeugführers entsprechend einer nach § 6e Abs. 1 erlassenen Rechtsverordnung,
2. für die Prüfung der Berechtigung zum Führen von Fahrzeugen,
3. für die Ahndung der Verstöße von Personen, die wiederholt Straftaten oder Ordnungswidrigkeiten, die im Zusammenhang mit dem Straßenverkehr stehen, begehen oder
4. für die Beurteilung von Personen im Hinblick auf ihre Zuverlässigkeit bei der Wahrnehmung der ihnen durch Gesetz, Satzung oder Vertrag übertragenen Verantwortung für die Einhaltung der zur Sicherheit im Straßenverkehr bestehenden Vorschriften.

---

1) § 27 neu eingef. mWv 31.8.2013 durch G v. 28.8.2013 (BGBl. I S. 3310); Abs. 1 Satz 1 geänd. mWv 7.12.2016 durch G v. 28.11.2016 (BGBl. I S. 2722).

2) Abschnitt IV Überschrift geänd. mWv 1.5.2014 durch G v. 28.8.2013 (BGBl. I S. 3313).

3) § 28 Abs. 2 Nr. 1 geänd. mWv 18.8.2005 durch G v. 14.8.2005 (BGBl. I S. 2412); Überschrift, Abs. 1, Abs. 2 einl. Satzteil geänd., Abs. 3 einl. Satzteil und Nr. 1–3 neu gef., Nr. 10 aufgeh., Nr. 11 geänd., Nr. 12 und 13 neu gef, bish. Nr. 13 wird Nr. 14 und geänd., Abs. 6 geänd. mWv 1.5.2014 durch G v. *28.8.2013 (BGBl. I S. 3313)*; Abs. 3 Nr. 6 neu gef., Abs. 4 Satz 2 angef. mWv 7.12.2016 durch G v. 28.11.2016 (BGBl. I S. 2722); Abs. 3 Nr. 3 Buchst. a, Abs. 5 Satz 1 und 2 sowie Abs. 6 geänd. mWv 26.11.2019 durch G v. 20.11.2019 (BGBl. I S. 1626); Abs. 3 Nr. 1 und Nr. 3 Buchst. a–c geänd. mWv 28.7.2021 durch G v. 12.7.2021 (BGBl. I S. 3091).

(3) Im Fahreignungsregister werden Daten gespeichert über

1. rechtskräftige Entscheidungen der Strafgerichte wegen einer Straftat, die in der Rechtsverordnung nach § 6 Absatz 1 Satz 1 Nummer 4 bezeichnet ist, soweit sie auf Strafe, Verwarnung mit Strafvorbehalt erkennen oder einen Schuldspruch enthalten,
2. rechtskräftige Entscheidungen der Strafgerichte, die die Entziehung der Fahrerlaubnis, eine isolierte Sperre oder ein Fahrverbot anordnen, sofern sie nicht von Nummer 1 erfasst sind, sowie Entscheidungen der Strafgerichte, die die vorläufige Entziehung der Fahrerlaubnis anordnen,
3. rechtskräftige Entscheidungen wegen einer Ordnungswidrigkeit
   a) nach den § 24 Absatz 1, § 24a oder § 24c, soweit sie in der Rechtsverordnung nach § 6 Absatz 1 Satz 1 Nummer 4 bezeichnet ist und gegen die betroffene Person
      aa) ein Fahrverbot nach § 25 angeordnet worden ist oder
      bb) eine Geldbuße von mindestens sechzig Euro festgesetzt worden ist und § 28a nichts anderes bestimmt,
   b) nach den § 24 Absatz 1, § 24a oder § 24c, soweit kein Fall des Buchstaben a vorliegt und ein Fahrverbot angeordnet worden ist,
   c) nach § 10 des Gefahrgutbeförderungsgesetzes, soweit sie in der Rechtsverordnung nach § 6 Absatz 1 Satz 1 Nummer 4 bezeichnet ist,
4. unanfechtbare oder sofort vollziehbare Verbote oder Beschränkungen, ein fahrerlaubnisfreies Fahrzeug zu führen,
5. unanfechtbare Versagungen einer Fahrerlaubnis,
6. unanfechtbare oder sofort vollziehbare
   a) Entziehungen, Widerrufe oder Rücknahmen einer Fahrerlaubnis,
   b) Feststellungen über die fehlende Berechtigung, von einer ausländischen Fahrerlaubnis im Inland Gebrauch zu machen,
7. Verzichte auf die Fahrerlaubnis,
8. unanfechtbare Ablehnungen eines Antrags auf Verlängerung der Geltungsdauer einer Fahrerlaubnis,
9. die Beschlagnahme, Sicherstellung oder Verwahrung von Führerscheinen nach § 94 der Strafprozessordnung,
10. *(aufgehoben)*
11. Maßnahmen der Fahrerlaubnisbehörde nach § 2a Abs. 2 Satz 1 Nr. 1 und 2 und § 4 Absatz 5 Satz 1 Nr. 1 und 2,
12. die Teilnahme an einem Aufbauseminar, an einem besonderen Aufbauseminar und an einer verkehrspsychologischen Beratung, soweit dies für die Anwendung der Regelungen der Fahrerlaubnis auf Probe (§ 2a) erforderlich ist,
13. die Teilnahme an einem Fahreignungsseminar, soweit dies für die Anwendung der Regelungen des Fahreignungs-Bewertungssystems (§ 4) erforderlich ist,
14. Entscheidungen oder Änderungen, die sich auf eine der in den Nummern 1 bis 13 genannten Eintragungen beziehen.

(4) [1]Die Gerichte, Staatsanwaltschaften und anderen Behörden teilen dem Kraftfahrt-Bundesamt unverzüglich die nach Absatz 3 zu speichernden oder zu einer Änderung oder Löschung einer Eintragung führenden Daten mit. [2]Die Datenübermittlung nach Satz 1 kann auch im Wege der Datenfernübertragung durch Direkteinstellung unter Beachtung des § 30a Absatz 2 bis 4 erfolgen.

(5) [1]Bei Zweifeln an der Identität einer eingetragenen Person mit der Person, auf die sich eine Mitteilung nach Absatz 4 bezieht, dürfen die Datenbestände des Zentralen Fahrerlaubnisregisters und des Zentralen Fahrzeugregisters zur Identifizierung dieser Personen verwendet werden. [2]Ist die Feststellung der Identität der betreffenden Personen auf diese Weise nicht möglich, dürfen die auf Anfrage aus den Melderegistern übermittelten Daten zur Behebung der Zweifel verwendet werden. [3]Die Zulässigkeit der Übermittlung durch die Meldebehörden richtet sich nach den Meldegesetzen der Länder. [4]Können die Zweifel an der Identität der betreffenden Personen nicht ausgeräumt werden, werden die Eintragungen über beide Personen mit einem Hinweis auf die Zweifel an deren Identität versehen.

(6) Die regelmäßige Verwendung der auf Grund des § 50 Abs. 1 im Zentralen Fahrerlaubnisregister gespeicherten Daten ist zulässig, um Fehler und Abweichungen bei den Personendaten sowie den Daten über Fahrerlaubnisse und Führerscheine der betreffenden Person im Fahreignungsregister festzustellen und zu beseitigen und um das Fahreignungsregister zu vervollständigen.

§ 28a[1)] Eintragung beim Abweichen vom Bußgeldkatalog. [1]Wird die Geldbuße wegen einer Ordnungswidrigkeit nach den § 24 Absatz 1, § 24a und § 24c lediglich mit Rücksicht auf die wirtschaftlichen Verhältnisse der betroffenen Person abweichend von dem Regelsatz der Geldbuße festgesetzt, der für die zugrunde liegende Ordnungswidrigkeit im Bußgeldkatalog (§ 26a) vorgesehen ist, so ist in der Entscheidung dieser Paragraph bei den angewendeten Bußgeldvorschriften aufzuführen, wenn der Regelsatz der Geldbuße

1. sechzig Euro oder mehr beträgt und eine geringere Geldbuße festgesetzt wird oder
2. weniger als sechzig Euro beträgt und eine Geldbuße von sechzig Euro oder mehr festgesetzt wird.

[2]In diesen Fällen ist für die Eintragung in das Fahreignungsregister der im Bußgeldkatalog vorgesehene Regelsatz maßgebend.

§ 28b (weggefallen)

§ 29[2)] Tilgung der Eintragungen. (1) [1]Die im Register gespeicherten Eintragungen werden nach Ablauf der in Satz 2 bestimmten Fristen getilgt. [2]Die Tilgungsfristen betragen

1. zwei Jahre und sechs Monate
   bei Entscheidungen über eine Ordnungswidrigkeit,

[1)] § 28a Satz 1 einl. Satzteil geänd. mWv 1.8.2007 durch G v. 19.7.2007 (BGBl. I S. 1460); Satz 1 Nr. 1, 2 und Satz 2 geänd. mWv 1.5.2014 durch G v. 28.8.2013 (BGBl. I S. 3313); Satz 1 einl. Satzteil geänd. mWv 26.11.2019 durch G v. 20.11.2019 (BGBl. I S. 1626); Satz 1 geänd. mWv 28.7.2021 durch G v. 12.7.2021 (BGBl. I S. 3091).

[2)] § 29 Abs. 4, Abs. 6 Satz 1 geänd., Satz 2 eingef., bish. Sätze 2–5 werden Sätze 3–6, Abs. 7 Satz 1 geänd. mWv 1.2.2005 durch G v. 24.8.2004 (BGBl. I S. 2198); Abs. 8 Satz 4 angef. mWv 30.12.2008 durch G v. 22.12.2008 (BGBl. I S. 2965); Abs. 8 Sätze 1 und 2 neu gef. mWv 21.6.2013 durch G v. 17.6. 2013 (BGBl. I S. 1558); Abs. 1 Sätze 2–4 neu gef., Abs. 4 Nr. 1 und 2 geänd., Nr. 4 neu gef., Abs. 5 Sätze 1 und 2 geänd., Abs. 6 aufgeh., bish. Abs. 7 und 8 werden Abs. 6 und 7 und neu gef. mWv 1.5.2014 durch G v. 28.8.2013 (BGBl. I S. 3313); Abs. 6 Sätze 2 und 4 geänd. mWv 5.12.2014 durch G v. 28.11. 2014 (BGBl. I S. 1802); Abs. 3 Nr. 4, Abs. 6 Satz 3 einl. Satzteil, Nr. 3, Satz 4 und Abs. 7 Sätze 1–3 geänd. mWv 26.11.2019 durch G v. 20.11.2019 (BGBl. I S. 1626); Abs. 1 Satz 2 Nr. 1 Buchst. a und Nr. 2 Buchst. b geänd., Abs. 6 Sätze 3 und 4 neu gef., Abs. 7 Satz 2 eingef., bish. Sätze 2–5 werden Sätze 3–6 und neuer Satz 5 geänd. mWv 28.7.2021 durch G v. 12.7.2021 (BGBl. I S. 3091).

a) die in der Rechtsverordnung nach § 6 Absatz 1 Satz 1 Nummer 4 Buchstabe b als verkehrssicherheitsbeeinträchtigende oder gleichgestellte Ordnungswidrigkeit mit einem Punkt bewertet ist oder

b) soweit weder ein Fall des Buchstaben a noch der Nummer 2 Buchstabe b vorliegt und in der Entscheidung ein Fahrverbot angeordnet worden ist,

2. fünf Jahre

a) bei Entscheidungen über eine Straftat, vorbehaltlich der Nummer 3 Buchstabe a,

b) bei Entscheidungen über eine Ordnungswidrigkeit, die in der Rechtsverordnung nach § 6 Absatz 1 Satz 1 Nummer 4 Buchstabe b als besonders verkehrssicherheitsbeeinträchtigende oder gleichgestellte Ordnungswidrigkeit mit zwei Punkten bewertet ist,

c) bei von der nach Landesrecht zuständigen Behörde verhängten Verboten oder Beschränkungen, ein fahrerlaubnisfreies Fahrzeug zu führen,

d) bei Mitteilungen über die Teilnahme an einem Fahreignungsseminar, einem Aufbauseminar, einem besonderen Aufbauseminar oder einer verkehrspsychologischen Beratung,

3. zehn Jahre

a) bei Entscheidungen über eine Straftat, in denen die Fahrerlaubnis entzogen oder eine isolierte Sperre angeordnet worden ist,

b) bei Entscheidungen über Maßnahmen oder Verzichte nach § 28 Absatz 3 Nummer 5 bis 8.

[3] Eintragungen über Maßnahmen der nach Landesrecht zuständigen Behörde nach § 2a Absatz 2 Satz 1 Nummer 1 und 2 und § 4 Absatz 5 Satz 1 Nummer 1 und 2 werden getilgt, wenn dem Inhaber einer Fahrerlaubnis die Fahrerlaubnis entzogen wird. [4] Sonst erfolgt eine Tilgung bei den Maßnahmen nach § 2a Absatz 2 Satz 1 Nummer 1 und 2 ein Jahr nach Ablauf der Probezeit und bei Maßnahmen nach § 4 Absatz 5 Satz 1 Nummer 1 und 2 dann, wenn die letzte Eintragung wegen einer Straftat oder Ordnungswidrigkeit getilgt ist. [5] Verkürzungen der Tilgungsfristen nach Absatz 1 können durch Rechtsverordnung gemäß § 30c Abs. 1 Nr. 2 zugelassen werden, wenn die eingetragene Entscheidung auf körperlichen oder geistigen Mängeln oder fehlender Befähigung beruht.

(2) Die Tilgungsfristen gelten nicht, wenn die Erteilung einer Fahrerlaubnis oder die Erteilung des Rechts, von einer ausländischen Fahrerlaubnis wieder Gebrauch zu machen, für immer untersagt ist.

(3) Ohne Rücksicht auf den Lauf der Fristen nach Absatz 1 und das Tilgungsverbot nach Absatz 2 werden getilgt

1. Eintragungen über Entscheidungen, wenn ihre Tilgung im Bundeszentralregister angeordnet oder wenn die Entscheidung im Wiederaufnahmeverfahren oder nach den §§ 86, 102 Abs. 2 des Gesetzes über Ordnungswidrigkeiten[1)] rechtskräftig aufgehoben wird,

2. Eintragungen, die in das Bundeszentralregister nicht aufzunehmen sind, wenn ihre Tilgung durch die nach Landesrecht zuständige Behörde angeordnet wird, wobei die Anordnung nur ergehen darf, wenn dies zur Vermeidung ungerechtfertigter Härten erforderlich ist und öffentliche Interessen nicht gefährdet werden,

---

[1)] Nr. **94**.

3. Eintragungen, bei denen die zugrunde liegende Entscheidung aufgehoben wird oder bei denen nach näherer Bestimmung durch Rechtsverordnung gemäß § 30c Abs. 1 Nr. 2 eine Änderung der zugrunde liegenden Entscheidung Anlass gibt,
4. sämtliche Eintragungen, wenn eine amtliche Mitteilung über den Tod der betroffenen Person eingeht.

(4) Die Tilgungsfrist (Absatz 1) beginnt

1. bei strafgerichtlichen Verurteilungen und bei Strafbefehlen mit dem Tag der Rechtskraft, wobei dieser Tag auch dann maßgebend bleibt, wenn eine Gesamtstrafe oder eine einheitliche Jugendstrafe gebildet oder nach § 30 Abs. 1 des Jugendgerichtsgesetzes[1] auf Jugendstrafe erkannt wird oder eine Entscheidung im Wiederaufnahmeverfahren ergeht, die eine registerpflichtige Verurteilung enthält,
2. bei Entscheidungen der Gerichte nach den §§ 59, 60 des Strafgesetzbuchs[2] und § 27 des Jugendgerichtsgesetzes mit dem Tag der Rechtskraft,
3. bei gerichtlichen und verwaltungsbehördlichen Bußgeldentscheidungen sowie bei anderen Verwaltungsentscheidungen mit dem Tag der Rechtskraft oder Unanfechtbarkeit der beschwerenden Entscheidung,
4. bei Aufbauseminaren nach § 2a Absatz 2 Satz 1 Nummer 1, verkehrspsychologischen Beratungen nach § 2a Absatz 2 Satz 1 Nummer 2 und Fahreignungsseminaren nach § 4 Absatz 7 mit dem Tag der Ausstellung der Teilnahmebescheinigung.

(5) [1] Bei der Versagung oder Entziehung der Fahrerlaubnis wegen mangelnder Eignung, der Anordnung einer Sperre nach § 69a Abs. 1 Satz 3 des Strafgesetzbuchs oder bei einem Verzicht auf die Fahrerlaubnis beginnt die Tilgungsfrist erst mit der Erteilung oder Neuerteilung der Fahrerlaubnis, spätestens jedoch fünf Jahre nach der Rechtskraft der beschwerenden Entscheidung oder dem Tag des Zugangs der Verzichtserklärung bei der zuständigen Behörde. [2] Bei von der nach Landesrecht zuständigen Behörde verhängten Verboten oder Beschränkungen, ein fahrerlaubnisfreies Fahrzeug zu führen, beginnt die Tilgungsfrist fünf Jahre nach Ablauf oder Aufhebung des Verbots oder der Beschränkung.

(6) [1] Nach Eintritt der Tilgungsreife wird eine Eintragung vorbehaltlich der Sätze 2 und 4 gelöscht. [2] Eine Eintragung nach § 28 Absatz 3 Nummer 1 oder 3 Buchstabe a oder c wird nach Eintritt der Tilgungsreife erst nach einer Überliegefrist von einem Jahr gelöscht. [3] Während dieser Überliegefrist darf der Inhalt dieser Eintragung nur noch zu folgenden Zwecken übermittelt, verwendet oder über ihn eine Auskunft erteilt werden:

1. zur Übermittlung an die nach Landesrecht zuständige Behörde zur dortigen Verwendung zur Anordnung von Maßnahmen im Rahmen der Fahrerlaubnis auf Probe nach § 2a,
2. zur Übermittlung an die nach Landesrecht zuständige Behörde zur dortigen Verwendung zum Ergreifen von Maßnahmen nach dem Fahreignungs-Bewertungssystem nach § 4 Absatz 5,
3. zur Auskunftserteilung an die betroffene Person nach § 30 Absatz 8,
4. zur Verwendung für die Durchführung anderer als der in den Nummern 1 oder 2 genannten Verfahren zur Erteilung oder Entziehung einer Fahrerlaubnis, wenn

[1] Nr. **89**.
[2] Nr. **85**.

die Tat als Grundlage in einer noch gespeicherten Maßnahme nach § 28 Absatz 3 Nummer 5, 6 oder 8 genannt ist.

[4] Die Löschung einer Eintragung nach § 28 Absatz 3 Nummer 3 Buchstabe a oder c unterbleibt in jedem Fall so lange, wie die betroffene Person im Zentralen Fahrerlaubnisregister als Inhaber einer Fahrerlaubnis auf Probe gespeichert ist; während dieser Zeit gilt Satz 3 Nummer 1, 3 und 4 nach Ablauf der Überliegefrist entsprechend.

(7) [1] Ist eine Eintragung im Fahreignungsregister gelöscht, dürfen die Tat und die Entscheidung der betroffenen Person für die Zwecke des § 28 Absatz 2 nicht mehr vorgehalten und nicht zu ihrem Nachteil verwertet werden. [2] Abweichend von Satz 1 darf eine Tat und die hierauf bezogene Entscheidung trotz ihrer Löschung aus dem Fahreignungsregister für die Durchführung anderer als der in Absatz 6 Satz 3 Nummer 4 genannten Verfahren zur Erteilung oder Entziehung einer Fahrerlaubnis verwendet werden, solange die Tat als Grundlage in einer noch gespeicherten Maßnahme nach § 28 Absatz 3 Nummer 5, 6 oder 8 genannt ist. [3] Unterliegt eine Eintragung im Fahreignungsregister über eine gerichtliche Entscheidung nach Absatz 1 Satz 2 Nummer 3 Buchstabe a einer zehnjährigen Tilgungsfrist, darf sie nach Ablauf eines Zeitraums, der einer fünfjährigen Tilgungsfrist nach den vorstehenden Vorschriften entspricht, nur noch für folgende Zwecke an die nach Landesrecht zuständige Behörde übermittelt und dort verwendet werden:

1. zur Durchführung von Verfahren, die eine Erteilung oder Entziehung einer Fahrerlaubnis zum Gegenstand haben,
2. zum Ergreifen von Maßnahmen nach dem Fahreignungs-Bewertungssystem nach § 4 Absatz 5.

[4] Außerdem dürfen für die Prüfung der Berechtigung zum Führen von Kraftfahrzeugen Entscheidungen der Gerichte nach den §§ 69 bis 69b des Strafgesetzbuches an die nach Landesrecht zuständige Behörde übermittelt und dort verwendet werden. [5] Die Sätze 1 bis 3 gelten nicht für Eintragungen wegen strafgerichtlicher Entscheidungen, die für die Ahndung von Straftaten herangezogen werden. [6] Insoweit gelten die Regelungen des Bundeszentralregistergesetzes[1)].

§ 30[2)] Übermittlung. (1) Die Eintragungen im Fahreignungsregister dürfen an die Stellen, die

1. für die Verfolgung von Straftaten, zur Vollstreckung oder zum Vollzug von Strafen,
2. für die Verfolgung von Ordnungswidrigkeiten und die Vollstreckung von Bußgeldbescheiden und ihren Nebenfolgen nach diesem Gesetz und dem Gesetz über das Fahrpersonal im Straßenverkehr oder

---

[1)] Nr. **92**.

[2)] § 30 Abs. 4a eingef. mWv 18.4.2008 durch G v. 8.4.2008 (BGBl. I S. 706); Abs. 10 angef. mWv 9.12.2010 durch G v. 2.12.2010 (BGBl. I S. 1748); Abs. 8 Sätze 3 und 4 angef. mWv 1.8.2013 durch G v. 25.7.2013 (BGBl. I S. 2749); Abs. 1 einl. Satzteil, Abs. 2–4a, Abs. 5 Satz 1, Abs. 7 Satz 1 einl. Satzteil, Abs. 8 Satz 1, Abs. 9 Satz 1 und Abs. 10 Satz 1 geänd., Abs. 4b eingef. mWv 1.5.2014 durch G v. 28.8. 2013 (BGBl. I S. 3313); Abs. 4a, Abs. 10 Satz 1 geänd. mWv 7.12.2016 durch G v. 28.11.2016 (BGBl. I S. 2722); Abs. 8 Satz 3 geänd. mWv 1.11.2019 durch G v. 21.6.2019 (BGBl. I S. 846); Abs. 5 Sätze 1 und 2, Abs. 6 Sätze 1, 2 und 4, Abs. 7 Sätze 2 und 3 sowie Abs. 8 Satz 1 geänd. mWv 26.11.2019 durch G v. 20.11.2019 (BGBl. I S. 1626); Abs. 8 Satz 2 geänd., Abs. 9 Satz 5 angef. mWv 28.7.2021 durch G v. 12.7.2021 (BGBl. I S. 3091).

3. für Verwaltungsmaßnahmen auf Grund dieses Gesetzes oder der auf ihm beruhenden Rechtsvorschriften

zuständig sind, übermittelt werden, soweit dies für die Erfüllung der diesen Stellen obliegenden Aufgaben zu den in § 28 Abs. 2 genannten Zwecken jeweils erforderlich ist.

(2) Die Eintragungen im Fahreignungsregister dürfen an die Stellen, die für Verwaltungsmaßnahmen auf Grund des Gesetzes über die Beförderung gefährlicher Güter, des Kraftfahrsachverständigengesetzes, des Fahrlehrergesetzes, des Personenbeförderungsgesetzes[1)], der gesetzlichen Bestimmungen über die Notfallrettung und den Krankentransport, des Güterkraftverkehrsgesetzes einschließlich der Verordnung (EWG) Nr. 881/92 des Rates vom 26. März 1992 über den Zugang zum Güterkraftverkehrsmarkt in der Gemeinschaft für Beförderungen aus oder nach einem Mitgliedstaat oder durch einen oder mehrere Mitgliedstaaten (ABl. EG Nr. L 95 S. 1), des Gesetzes über das Fahrpersonal im Straßenverkehr oder der auf Grund dieser Gesetze erlassenen Rechtsvorschriften zuständig sind, übermittelt werden, soweit dies für die Erfüllung der diesen Stellen obliegenden Aufgaben zu den in § 28 Abs. 2 Nr. 2 und 4 genannten Zwecken jeweils erforderlich ist.

(3) Die Eintragungen im Fahreignungsregister dürfen an die für Verkehrs- und Grenzkontrollen zuständigen Stellen übermittelt werden, soweit dies zu dem in § 28 Abs. 2 Nr. 2 genannten Zweck erforderlich ist.

(4) Die Eintragungen im Fahreignungsregister dürfen außerdem für die Erteilung, Verlängerung, Erneuerung, Rücknahme oder den Widerruf einer Erlaubnis für Luftfahrer oder sonstiges Luftfahrpersonal nach den Vorschriften des Luftverkehrsgesetzes[2)] oder der auf Grund dieses Gesetzes erlassenen Rechtsvorschriften an die hierfür zuständigen Stellen übermittelt werden, soweit dies für die genannten Maßnahmen erforderlich ist.

(4a) Die Eintragungen im Fahreignungsregister dürfen außerdem an die hierfür zuständigen Stellen übermittelt werden für die Erteilung, den Entzug oder das Anordnen des Ruhens von Befähigungszeugnissen und Erlaubnissen für Kapitäne, Schiffsoffiziere oder sonstige Seeleute nach den Vorschriften des Seeaufgabengesetzes und für Schiffs- und Sportbootführer und sonstige Besatzungsmitglieder nach dem Seeaufgabengesetz oder dem Binnenschifffahrtsaufgabengesetz oder der aufgrund dieser Gesetze erlassenen Rechtsvorschriften, soweit dies für die genannten Maßnahmen erforderlich ist.

(4b) Die Eintragungen im Fahreignungsregister dürfen außerdem für die Erteilung, Aussetzung, Einschränkung und Entziehung des Triebfahrzeugführerscheins auf Grund des Allgemeinen Eisenbahngesetzes oder der auf Grund dieses Gesetzes erlassenen Rechtsvorschriften an die hierfür zuständigen Stellen übermittelt werden, soweit die Eintragungen für die dortige Prüfung der Voraussetzungen für die Erteilung, Aussetzung, Einschränkung und Entziehung des Triebfahrzeugführerscheins erforderlich sind.

(5) [1] Die Eintragungen im Fahreignungsregister dürfen für die wissenschaftliche Forschung entsprechend § 38 und für statistische Zwecke entsprechend § 38a übermittelt und verwendet werden. [2] Zur Vorbereitung von Rechts- und allgemeinen Verwaltungsvorschriften auf dem Gebiet des Straßenverkehrs dürfen die Eintragungen entsprechend § 38b übermittelt und verwendet werden.

[1)] **Sartorius Nr. 950.**
[2)] **Sartorius ErgBd. Nr. 975.**

(6) [1]Der Empfänger darf die übermittelten Daten nur zu dem Zweck verarbeiten, zu dessen Erfüllung sie ihm übermittelt worden sind. [2]Der Empfänger darf die übermittelten Daten auch für andere Zwecke verarbeiten, soweit sie ihm auch für diese Zwecke hätten übermittelt werden dürfen. [3]Ist der Empfänger eine nichtöffentliche Stelle, hat die übermittelnde Stelle ihn darauf hinzuweisen. [4]Eine Verarbeitung für andere Zwecke durch nichtöffentliche Stellen bedarf der Zustimmung der übermittelnden Stelle.

(7) [1]Die Eintragungen im Fahreignungsregister dürfen an die zuständigen Stellen anderer Staaten übermittelt werden, soweit dies

1. für Verwaltungsmaßnahmen auf dem Gebiet des Straßenverkehrs,
2. zur Verfolgung von Zuwiderhandlungen gegen Rechtsvorschriften auf dem Gebiet des Straßenverkehrs oder
3. zur Verfolgung von Straftaten, die im Zusammenhang mit dem Straßenverkehr oder sonst mit Kraftfahrzeugen, Anhängern oder Fahrzeugpapieren, Fahrerlaubnissen oder Führerscheinen stehen,

erforderlich ist. [2]Der Empfänger ist darauf hinzuweisen, dass die übermittelten Daten nur zu dem Zweck verarbeitet werden dürfen, zu dessen Erfüllung sie ihm übermittelt werden. [3]Die Übermittlung unterbleibt, wenn durch sie schutzwürdige Interessen der betroffenen Person beeinträchtigt würden, insbesondere wenn im Empfängerland ein angemessener Datenschutzstandard nicht gewährleistet ist.

(8) [1]Der betroffenen Person wird auf Antrag schriftlich über den sie betreffenden Inhalt des Fahreignungsregisters und über die Anzahl der Punkte unentgeltlich Auskunft erteilt. [2]Der Antragsteller hat dem Antrag einen Identitätsnachweis beizufügen und den Antrag, wenn er schriftlich gestellt wird, eigenhändig zu unterschreiben. [3]Die Auskunft kann elektronisch erteilt werden, wenn der Antrag unter Nutzung des elektronischen Identitätsnachweises nach § 18 des Personalausweisgesetzes[1)], nach § 12 des eID-Karte-Gesetzes oder nach § 78 Absatz 5 des Aufenthaltsgesetzes[2)] gestellt wird. [4]Hinsichtlich der Protokollierung gilt § 30a Absatz 3 entsprechend.

(9) [1]Übermittlungen von Daten aus dem Fahreignungsregister sind nur auf Ersuchen zulässig, es sei denn, auf Grund besonderer Rechtsvorschrift wird bestimmt, dass die Registerbehörde bestimmte Daten von Amts wegen zu übermitteln hat. [2]Die Verantwortung für die Zulässigkeit der Übermittlung trägt die übermittelnde Stelle. [3]Erfolgt die Übermittlung auf Ersuchen des Empfängers, trägt dieser die Verantwortung. [4]In diesem Fall prüft die übermittelnde Stelle nur, ob das Übermittlungsersuchen im Rahmen der Aufgaben des Empfängers liegt, es sei denn, dass besonderer Anlass zur Prüfung der Zulässigkeit der Übermittlung besteht. [5]Begründet sich der besondere Anlass nach Satz 4 in Zweifeln an der Identität einer Person, auf die sich ein Ersuchen auf Datenübermittlung bezieht, gilt § 28 Absatz 5 Satz 1 bis 3 entsprechend.

(10) [1]Die Eintragungen über rechtskräftige oder unanfechtbare Entscheidungen nach § 28 Absatz 3 Nummer 1 bis 3 und 6, in denen Inhabern ausländischer Fahrerlaubnisse die Fahrerlaubnis entzogen oder ein Fahrverbot angeordnet wird oder die fehlende Berechtigung von der Fahrerlaubnis im Inland Gebrauch zu machen festgestellt wird, werden vom Kraftfahrt-Bundesamt an die zuständigen Stellen der Mitgliedstaaten der Europäischen Union übermittelt, um ihnen die Einleitung eigener Maßnahmen zu ermöglichen. [2]Der Umfang der zu übermit-

---

[1)] **Sartorius Nr. 255.**
[2)] **Sartorius Nr. 565.**

telnden Daten wird durch Rechtsverordnung bestimmt (§ 30c Absatz 1 Nummer 3).

§ 30a[1)] Direkteinstellung und Abruf im automatisierten Verfahren.

(1) Den Stellen, denen die Aufgaben nach § 30 Absatz 1 bis 4b obliegen, dürfen die für die Erfüllung dieser Aufgaben jeweils erforderlichen Daten aus dem Fahreignungsregister durch Abruf im automatisierten Verfahren übermittelt werden.

(2) Die Einrichtung von Anlagen zur Datenfernübertragung durch Direkteinstellung oder zum Abruf im automatisierten Verfahren ist nur zulässig, wenn nach näherer Bestimmung durch Rechtsverordnung (§ 30c Absatz 1 Nummer 5) gewährleistet ist, dass

1. die erforderlichen technischen und organisatorischen Maßnahmen nach den Artikeln 24, 25 und 32 der Verordnung (EU) 2016/679 des Europäischen Parlaments und des Rates vom 27. April 2016 zum Schutz natürlicher Personen bei der Verarbeitung personenbezogener Daten, zum freien Datenverkehr und zur Aufhebung der Richtlinie 95/46/EG (Datenschutz-Grundverordnung) (ABl. L 119 vom 4.5.2016, S. 1; L 314 vom 22.11.2016, S. 72; L 127 vom 23.5. 2018, S. 2) in der jeweils geltenden Fassung zur Sicherstellung des Datenschutzes und der Datensicherheit getroffen werden und
2. die Zulässigkeit der Direkteinstellungen oder der Abrufe nach Maßgabe des Absatzes 3 kontrolliert werden kann.

(2a) (weggefallen)

(3) [1] Das Kraftfahrt-Bundesamt fertigt über die Direkteinstellungen und die Abrufe Aufzeichnungen an, die die bei der Durchführung der Direkteinstellungen oder Abrufe verwendeten Daten, den Tag und die Uhrzeit der Direkteinstellungen oder Abrufe, die Kennung der einstellenden oder abrufenden Dienststelle und die eingestellten oder abgerufenen Daten enthalten müssen. [2] Die Zulässigkeit der Direkteinstellungen und Abrufe personenbezogener Daten wird durch Stichproben durch das Kraftfahrt-Bundesamt festgestellt und überprüft. [3] Die Protokolldaten nach Satz 1 dürfen nur für Zwecke der Datenschutzkontrolle, der Datensicherung oder zur Sicherstellung eines ordnungsgemäßen Betriebs der Datenverarbeitungsanlage verwendet werden. [4] Liegen Anhaltspunkte dafür vor, dass ohne ihre Verwendung die Verhinderung oder Verfolgung einer schwerwiegenden Straftat gegen Leib, Leben oder Freiheit einer Person aussichtslos oder wesentlich erschwert wäre, dürfen die Protokolldaten auch für diesen Zweck verwendet werden, sofern das Ersuchen der Strafverfolgungsbehörde unter Verwendung von Personendaten einer bestimmten Person gestellt wird. [5] Die Protokolldaten ind durch geeignete Vorkehrungen gegen zweckfremde Verwendung und gegen sonstigen Missbrauch zu schützen und nach sechs Monaten zu löschen.

(4) [1] Das Kraftfahrt-Bundesamt fertigt weitere Aufzeichnungen, die sich auf den Anlass der Direkteinstellung oder des Abrufs erstrecken und die Feststellung der für die Direkteinstellung oder den Abruf verantwortlichen Person ermöglichen. [2] Das Nähere wird durch Rechtsverordnung (§ 30c Absatz 1 Nummer 5) bestimmt.

[1)] § 30a Abs. 1 Satz 1 geänd. mWv 18.4.2008 durch G v. 8.4.2008 (BGBl. I S. 706); Abs. 1 neu gef., *Abs. 5 Satz 1 geänd. mWv 1.5.2014 durch G* v. 28.8.2013 (BGBl. I S. 3313); Überschrift und Abs. 1 geänd., Abs. 2–4 und Abs. 5 Satz 1 Nr. 1 Buchst. b neu gef. mWv 7.12.2016 durch G v. 28.11.2016 (BGBl. I S. 2722); Abs. 2 Nr. 1 sowie Abs. 5 Nr. 2 neu gef., Abs. 5 Satz 2 einl. Satzteil und Nr. 1 geänd. mWv 26.11.2019 durch G v. 20.11.2019 (BGBl. I S. 1626).

(5) [1] Durch Abruf im automatisierten Verfahren dürfen aus dem Fahreignungsregister für die in § 30 Abs. 7 genannten Maßnahmen an die hierfür zuständigen öffentlichen Stellen in einem Mitgliedstaat der Europäischen Union oder einem anderen Vertragsstaat des Abkommens über den Europäischen Wirtschaftsraum übermittelt werden:

1. die Tatsache folgender Entscheidungen der Verwaltungsbehörden:
   a) die unanfechtbare Versagung einer Fahrerlaubnis, einschließlich der Ablehnung der Verlängerung einer befristeten Fahrerlaubnis,
   b) die unanfechtbaren oder sofort vollziehbaren Entziehungen, Widerrufe oder Rücknahmen einer Fahrerlaubnis oder Feststellungen über die fehlende Berechtigung, von einer ausländischen Fahrerlaubnis im Inland Gebrauch zu machen,
   c) die rechtskräftige Anordnung eines Fahrverbots,
2. die Tatsache folgender Entscheidungen der Gerichte:
   a) die rechtskräftige oder vorläufige Entziehung einer Fahrerlaubnis,
   b) die rechtskräftige Anordnung einer Fahrerlaubnissperre,
   c) die rechtskräftige Anordnung eines Fahrverbots,
3. die Tatsache der Beschlagnahme, Sicherstellung oder Verwahrung des Führerscheins nach § 94 der Strafprozessordnung[1)],
4. die Tatsache des Verzichts auf eine Fahrerlaubnis und
5. zusätzlich
   a) Klasse, Art und etwaige Beschränkungen der Fahrerlaubnis, die Gegenstand der Entscheidung nach Nummer 1 oder Nummer 2 oder des Verzichts nach Nummer 4 ist, und
   b) Familiennamen, Geburtsnamen, sonstige frühere Namen, Vornamen, Ordens- oder Künstlernamen, Tag und Ort der Geburt der Person, zu der eine Eintragung nach den Nummern 1 bis 3 vorliegt.

[2] Der Abruf ist nur zulässig, wenn

1. diese Form der Datenübermittlung unter Berücksichtigung der schutzwürdigen Interessen der betroffenen Personen wegen der Vielzahl der Übermittlungen oder wegen ihrer besonderen Eilbedürftigkeit angemessen ist und
2. der Empfängerstaat die Verordnung (EU) 2016/679 anwendet.

[3] Die Absätze 2 und 3 sowie Absatz 4 wegen des Anlasses der Abrufe sind entsprechend anzuwenden.

§ 30b[2)] Automatisiertes Anfrage- und Auskunftsverfahren beim Kraftfahrt-Bundesamt. (1) [1] Die Übermittlung von Daten aus dem Fahreignungsregister nach § 30 Abs. 1 bis 4b und 7 darf nach näherer Bestimmung durch Rechtsverordnung gemäß § 30c Abs. 1 Nr. 6 in einem automatisierten Anfrage- und Auskunftsverfahren erfolgen. [2] Die anfragende Stelle hat die Zwecke anzugeben, für die die zu übermittelnden Daten benötigt werden.

(2) Solche Verfahren dürfen nur eingerichtet werden, wenn gewährleistet ist, dass

---

[1)] Nr. **90**.

[2)] § 30b Abs. 1 Satz 1 geänd. mWv 18.4.2008 durch G v. 8.4.2008 (BGBl. I S. 706); Abs. 1 Satz 1 geänd. mWv 1.5.2014 durch G v. 28.8.2013 (BGBl. I S. 3313); Abs. 3 Satz 2 geänd. mWv 1.1.2018 durch G v. 30.6.2017 (BGBl. I S. 2162).

1. die zur Sicherung gegen Missbrauch erforderlichen technischen und organisatorischen Maßnahmen ergriffen werden und
2. die Zulässigkeit der Übermittlung nach Maßgabe des Absatzes 3 kontrolliert werden kann.

(3) [1] Das Kraftfahrt-Bundesamt als übermittelnde Behörde hat Aufzeichnungen zu führen, die die übermittelten Daten, den Zeitpunkt der Übermittlung, den Empfänger der Daten und den vom Empfänger angegebenen Zweck enthalten. [2] § 30a Absatz 3 Satz 3 und 4 gilt entsprechend.

§ 30c[1)] Verordnungsermächtigungen, Ausführungsvorschriften. [1] Das Bundesministerium für Verkehr und digitale Infrastruktur wird ermächtigt, Rechtsverordnungen mit Zustimmung des Bundesrates zu erlassen über

1. den Inhalt der Eintragungen einschließlich der Personendaten nach § 28 Abs. 3,
2. Verkürzungen der Tilgungsfristen nach § 29 Abs. 1 Satz 5 und über Tilgungen ohne Rücksicht auf den Lauf der Fristen nach § 29 Abs. 3 Nr. 3,
3. die Art und den Umfang der zu übermittelnden Daten nach § 30 Absatz 1 bis 4b, 7 und 10 sowie die Bestimmung der Empfänger und den Geschäftsweg bei Übermittlungen nach § 30 Abs. 7 und 10,
4. den Identitätsnachweis bei Auskünften nach § 30 Abs. 8,
5. die Art und den Umfang der zu übermittelnden Daten nach § 28 Absatz 4 Satz 2 und § 30a Abs. 1, die Maßnahmen zur Sicherung gegen Missbrauch nach § 30a Abs. 2, die weiteren Aufzeichnungen nach § 30a Abs. 4 beim Abruf im automatisierten Verfahren und die Bestimmung der Empfänger bei Übermittlungen nach § 30a Abs. 5,
6. die Art und den Umfang der zu übermittelnden Daten nach § 30b Abs. 1 und die Maßnahmen zur Sicherung gegen Missbrauch nach § 30b Abs. 2 Nr. 1,
7. die Art und Weise der Durchführung von Datenübermittlungen,
8. die Zusammenarbeit zwischen Bundeszentralregister und Fahreignungsregister.

[2] Die Rechtsverordnungen nach Satz 1 Nummer 7, soweit Justizbehörden betroffen sind, und nach Satz 1 Nummer 8 werden im Einvernehmen mit dem Bundesministerium der Justiz und für Verbraucherschutz erlassen.

V. Fahrzeugregister

§ 31[2)] Registerführung und Registerbehörden. (1) Die Zulassungsbehörden führen ein Register über die Fahrzeuge, für die ein Kennzeichen ihres Bezirks zugeteilt oder ausgegeben wurde (örtliches Fahrzeugregister der Zulassungsbehörden).

(2) Das Kraftfahrt-Bundesamt führt ein Register über die Fahrzeuge, für die im Geltungsbereich dieses Gesetzes ein Kennzeichen zugeteilt oder ausgegeben wurde

---

1) § 30c Abs. 1, Abs. 2 Satz 1 geänd. mWv 18.8.2006 durch G v. 14.8.2006 (BGBl. I S. 1958); Abs. 1 Nr. 3 geänd. mWv 9.12.2010 durch G v. 2.12.2010 (BGBl. I S. 1748); Abs. 2 Satz 1 Nr. 2 geänd. mWv 1.5.2014 durch G v. 28.8.2013 (BGBl. I S. 3313); Abs. 1 einl. Satzteil, Abs. 2 Satz 1 einl. Satzteil und Satz 2 geänd. mWv 5.12.2014 durch G v. 28.11.2014 (BGBl. I S. 1802); Abs. 2 aufgeh., bish. Abs. 1 Satz 1 Nr. 3, 5 und 6 geänd., Nr. 7 und 8 sowie Satz 2 angef. mWv 7.12.2016 durch G v. 28.11.2016 (BGBl. I S. 2722); Überschrift geänd. mWv 28.7.2021 durch G v. 12.7.2021 (BGBl. I S. 3091).

2) § 31 Abs. 3 Satz 1 geänd. mWv 1.6.2016 durch G v. 24.5.2016 (BGBl. I S. 1217); Abs. 2 geänd. mWv 7.12.2016 durch G v. 28.11.2016 (BGBl. I S. 2722); Abs. 2 geänd. mWv 28.7.2021 durch G v. 12.7.2021 (BGBl. I S. 3091).

oder die nach Maßgabe von Vorschriften auf Grund des § 6 Absatz 1 Satz 1 Nummer 6 regelmäßig untersucht oder geprüft wurden (Zentrales Fahrzeugregister des Kraftfahrt-Bundesamtes).

(3) [1] Soweit die Dienststellen der Bundeswehr, der Polizeien des Bundes und der Länder, der Wasserstraßen- und Schifffahrtsverwaltung des Bundes eigene Register für die jeweils von ihnen zugelassenen Fahrzeuge führen, finden die Vorschriften dieses Abschnitts keine Anwendung. [2] Satz 1 gilt entsprechend für Fahrzeuge, die von den Nachfolgeunternehmen der Deutschen Bundespost zugelassen sind.

§ 32[1)] Zweckbestimmung der Fahrzeugregister. (1) Die Fahrzeugregister werden geführt zur Speicherung von Daten

1. für die Zulassung und Überwachung von Fahrzeugen nach diesem Gesetz oder den darauf beruhenden Rechtsvorschriften,
2. für Maßnahmen zur Gewährleistung des Versicherungsschutzes im Rahmen der Kraftfahrzeughaftpflichtversicherung,
3. für Maßnahmen zur Durchführung des Kraftfahrzeugsteuerrechts,
4. für Maßnahmen nach dem Bundesleistungsgesetz, dem Verkehrssicherstellungsgesetz, dem Verkehrsleistungsgesetz oder den darauf beruhenden Rechtsvorschriften,
5. für Maßnahmen des Katastrophenschutzes nach den hierzu erlassenen Gesetzen der Länder oder den darauf beruhenden Rechtsvorschriften,
6. für Maßnahmen zur Durchführung des Altfahrzeugrechts,
7. für Maßnahmen zur Durchführung des Infrastrukturabgaberechts,
8. für Maßnahmen zur Durchführung der Datenverarbeitung bei Kraftfahrzeugen mit hoch- oder vollautomatisierter Fahrfunktion nach diesem Gesetz oder nach den auf diesem Gesetz beruhenden Rechtsvorschriften und
9. für Maßnahmen nach oder zur Umsetzung von unionsrechtlichen Vorschriften, soweit diese die Verwendung von in den Fahrzeugregistern gespeicherten Daten erfordern.

(2) Die Fahrzeugregister werden außerdem geführt zur Speicherung von Daten für die Erteilung von Auskünften, um

1. Personen in ihrer Eigenschaft als Halter von Fahrzeugen,
2. Fahrzeuge eines Halters oder
3. Fahrzeugdaten

festzustellen oder zu bestimmen.

(3) [1] Das Zentrale Fahrzeugregister wird außerdem geführt zur Verwendung und Übermittlung der nach § 33 Absatz 1 gespeicherten Daten, um im Einzelfall *Halter von Fahrzeugen* zu informieren über fahrzeugbezogene Maßnahmen,

1. die für ihre Fahrzeuge in Betracht kommen und
2. die dem Schutz der Verkehrssicherheit, der Gesundheit von Personen oder der Umwelt dienen.

[1)] § 32 Abs. 1 Nr. 4 und 5 geänd., Nr. 6 angef. mWv 1.6.2005 durch G v. 3.5.2005 (BGBl. I S. 1221); Abs. 1 Nr. 5 und 6 geänd., Nr. 7 angef. mWv 12.6.2015 durch G v. 8.6.2015 (BGBl. I S. 904); Abs. 1 Nr. 6 und 7 geänd., Nr. 8 angef. mWv 21.6.2017 durch G v. 16.6.2017 (BGBl. I S. 1648); Abs. 1 Nr. 7 und 8 geänd., Nr. 9 sowie Abs. 3 angef. mWv 28.7.2021 durch G v. 12.7.2021 (BGBl. I S. 3091).

[2] Fahrzeugbezogene Maßnahmen können insbesondere auf die Verbesserung von Fahrzeugeigenschaften, insbesondere auf die Verbesserung des Abgasverhaltens, des Geräuschverhaltens, des Kraftstoffverbrauchs oder des Fahrverhaltens abzielen.

§ 33[1)] Inhalt der Fahrzeugregister. (1) [1] Im örtlichen und im Zentralen Fahrzeugregister werden, soweit dies zur Erfüllung der in § 32 genannten Aufgaben jeweils erforderlich ist, gespeichert

1. nach näherer Bestimmung durch Rechtsverordnung (§ 47 Nummer 1 und 1a) Daten über Beschaffenheit, Ausrüstung, Identifizierungsmerkmale, Zulassungsmerkmale, Prüfung und Untersuchung einschließlich der durchführenden Stelle und einer Kennung für die Feststellung des für die Durchführung der Prüfung oder Untersuchung Verantwortlichen, Kennzeichnung und Papiere des Fahrzeugs sowie über tatsächliche und rechtliche Verhältnisse in Bezug auf das Fahrzeug, insbesondere auch über die Haftpflichtversicherung, die Kraftfahrzeugbesteuerung des Fahrzeugs und die Verwertung oder Nichtentsorgung des Fahrzeugs als Abfall im Inland (Fahrzeugdaten), sowie
2. Daten über denjenigen, dem ein Kennzeichen für das Fahrzeug zugeteilt oder ausgegeben wird (Halterdaten), und zwar
   a) bei natürlichen Personen:
   Familienname, Geburtsname, Vornamen, vom Halter für die Zuteilung oder die Ausgabe des Kennzeichens angegebener Ordens- oder Künstlername, Tag sowie Staat und Ort der Geburt, Geschlecht, Anschrift; bei Fahrzeugen mit Versicherungskennzeichen entfällt die Speicherung von Geburtsnamen, Ort der Geburt und Geschlecht des Halters,
   b) bei juristischen Personen und Behörden:
   Name oder Bezeichnung und Anschrift und
   c) bei Vereinigungen:
   benannter Vertreter mit den Angaben nach Buchstabe a ***[ab 1.7.2023:** oder b]*
   und gegebenenfalls Name der Vereinigung.

[2] Im örtlichen und im Zentralen Fahrzeugregister werden zur Erfüllung der in § 32 genannten Aufgaben außerdem Daten über denjenigen gespeichert, an den ein Fahrzeug mit einem amtlichen Kennzeichen veräußert wurde (Halterdaten), und zwar

a) bei natürlichen Personen:
Familienname, Vornamen und Anschrift,
b) bei juristischen Personen und Behörden:
Name oder Bezeichnung und Anschrift und
c) bei Vereinigungen:
benannter Vertreter mit den Angaben nach Buchstabe a ***[ab 1.7.2023:** oder b]*
und gegebenenfalls Name der Vereinigung.

(2) Im örtlichen und im Zentralen Fahrzeugregister werden über beruflich Selbständige, denen ein amtliches Kennzeichen für ein Fahrzeug zugeteilt wird, für die Aufgaben nach § 32 Abs. 1 Nr. 4 und 5 Berufsdaten gespeichert, und zwar

---

[1)] § 33 Abs. 1 Satz 1 Nr. 1 geänd. mWv 1.6.2005 durch G v. 3.5.2005 (BGBl. I S. 1221); Abs. 1 Satz 2 geänd. mWv 31.8.2013 durch G v. 28.8.2013 (BGBl. I S. 3310); Abs. 1 Satz 2 wohl irrtümlich nochmal *geänd. mWv 1.5.2014 durch G v. 28.8.2013* (BGBl. I S. 3313); Abs. 1 Satz 1 Nr. 1 geänd. mWv 7.12. 2016 durch G v. 28.11.2016 (BGBl. I S. 2722); Abs. 1 Satz 1 Nr. 2 Buchst. a geänd. mWv 28.7.2021; Abs. 1 Satz 1 Nr. 2 Buchst. c und Satz 2 Buchst. c geänd. **mWv 1.7.2023** durch G v. 12.7.2021 (BGBl. I S. 3091).

1. bei natürlichen Personen der Beruf oder das Gewerbe (Wirtschaftszweig) und
2. bei juristischen Personen und Vereinigungen gegebenenfalls das Gewerbe (Wirtschaftszweig).

(3) Im örtlichen und im Zentralen Fahrzeugregister darf die Anordnung einer Fahrtenbuchauflage wegen Zuwiderhandlungen gegen Verkehrsvorschriften gespeichert werden.

(4) Ferner werden für Daten, die nicht übermittelt werden dürfen (§ 41), in den Fahrzeugregistern Übermittlungssperren gespeichert.

§ 34[1)] Erhebung der Daten. (1) [1]Wer die Zuteilung oder die Ausgabe eines Kennzeichens für ein Fahrzeug beantragt, hat der hierfür zuständigen Stelle

1. von den nach § 33 Abs. 1 Satz 1 Nr. 1 zu speichernden Fahrzeugdaten bestimmte Daten nach näherer Regelung durch Rechtsverordnung (§ 47 Nummer 1) und
2. die nach § 33 Abs. 1 Satz 1 Nr. 2 zu speichernden Halterdaten

mitzuteilen und auf Verlangen nachzuweisen. [2]Zur Mitteilung und zum Nachweis der Daten über die Haftpflichtversicherung ist gegenüber der Zulassungsbehörde auch der jeweilige Versicherer befugt. [3]Die Zulassungsbehörde kann durch Einholung von Auskünften aus dem Melderegister die Richtigkeit und Vollständigkeit der vom Antragsteller mitgeteilten Daten überprüfen.

(2) Wer die Zuteilung eines amtlichen Kennzeichens für ein Fahrzeug beantragt, hat der Zulassungsbehörde außerdem die Daten über Beruf oder Gewerbe (Wirtschaftszweig) mitzuteilen, soweit sie nach § 33 Abs. 2 zu speichern sind.

(3) [1]Wird ein Fahrzeug veräußert, für das ein amtliches Kennzeichen zugeteilt ist, so hat der Veräußerer der Zulassungsbehörde, die dieses Kennzeichen zugeteilt hat, die in § 33 Abs. 1 Satz 2 aufgeführten Daten des Erwerbers (Halterdaten) mitzuteilen. [2]Die Mitteilung ist nicht erforderlich, wenn der neue Eigentümer bereits seiner Meldepflicht nach Absatz 4 nachgekommen ist.

(4) Der Halter und der Eigentümer, wenn dieser nicht zugleich Halter ist, haben der Zulassungsbehörde jede Änderung der Daten mitzuteilen, die nach Absatz 1 erhoben wurden; dies gilt nicht für die Fahrzeuge, die ein Versicherungskennzeichen führen müssen.

(5) [1]Die Versicherer dürfen der zuständigen Zulassungsbehörde Folgendes mitteilen:

1. das Nichtbestehen oder die Beendigung des Versicherungsverhältnisses über die vorgeschriebene Haftpflichtversicherung für das betreffende Fahrzeug oder
2. die Halterdaten, sofern die Zulassungsbehörde dem Versicherer gegenüber dargelegt hat, dass sie die Mitteilung dieser Daten zur Erfüllung ihrer gesetzlichen Aufgaben für erforderlich hält.

[2]Die Versicherer haben dem Kraftfahrt-Bundesamt im Rahmen der Zulassung von Fahrzeugen mit Versicherungskennzeichen die erforderlichen Fahrzeugdaten nach näherer Bestimmung durch Rechtsverordnung (§ 47 Nummer 2) und die Halter-

---

[1)] § 34 Abs. 1 Satz 2 eingef., bish. Satz 2 wird Satz 3 mWv 1.6.2005 durch G v. 3.5.2005 (BGBl. I S. 1221); Abs. 3 Satz 2 angef., Abs. 4 geänd. mWv 26.6.2011 durch G v. 20.6.2011 (BGBl. I S. 1124); Abs. 1 Satz 1 Nr. 1 und Abs. 5 Satz 2 geänd., Abs. 6 angef. mWv 7.12.2016 durch G v. 28.11.2016 (BGBl. I S. 2722); Abs. 1 Satz 2 und Abs. 5 Satz 2 geänd., Satz 1 neu gef. mWv 28.7.2021 durch G v. 12.7.2021 (BGBl. I S. 3091).

daten nach § 33 Absatz 1 Satz 1 Nummer 2 sowie jede Änderung dieser Daten mitzuteilen.

(6) [1] Die Technischen Prüfstellen, amtlich anerkannten Überwachungsorganisationen und anerkannten Kraftfahrzeugwerkstätten, soweit diese Werkstätten Sicherheitsprüfungen durchführen, haben dem Kraftfahrt-Bundesamt nach näherer Bestimmung durch Rechtsverordnung auf Grund des § 47 Nummer 1a die nach § 33 Absatz 1 Satz 1 Nummer 1 zu speichernden oder zu einer Änderung oder Löschung einer Eintragung führenden Daten über Prüfungen und Untersuchungen einschließlich der durchführenden Stellen und Kennungen zur Feststellung der für die Durchführung der Prüfung oder Untersuchung Verantwortlichen zu übermitteln. [2] Im Fall der anerkannten Kraftfahrzeugwerkstätte erfolgt die Übermittlung über Kopfstellen; im Fall der Technischen Prüfstellen und anerkannten Überwachungsorganisationen kann die Übermittlung über Kopfstellen erfolgen. [3] Eine Speicherung der nach Satz 2 zur Übermittlung an das Kraftfahrt-Bundesamt erhaltenen Daten bei den Kopfstellen erfolgt ausschließlich zu diesem Zweck. [4] Nach erfolgter Übermittlung haben die Kopfstellen die nach Satz 3 gespeicherten Daten unverzüglich, bei elektronischer Speicherung automatisiert, zu löschen.

§ 35[1)] Übermittlung von Fahrzeugdaten und Halterdaten. (1) Die nach § 33 Absatz 1 gespeicherten Fahrzeugdaten und Halterdaten dürfen an Behörden und sonstige öffentliche Stellen im Geltungsbereich dieses Gesetzes sowie im Rahmen einer internetbasierten Zulassung an Personen im Sinne des § 6g Absatz 3 zur Erfüllung der Aufgaben der Zulassungsbehörde, des Kraftfahrt-Bundesamtes oder der Aufgaben des Empfängers nur übermittelt werden, wenn dies für die Zwecke nach § 32 Absatz 2 jeweils erforderlich ist

1. zur Durchführung der in § 32 Abs. 1 angeführten Aufgaben,
2. zur Verfolgung von Straftaten, zur Vollstreckung oder zum Vollzug von Strafen, von Maßnahmen im Sinne des § 11 Abs. 1 Nr. 8 des Strafgesetzbuchs[2)] oder von Erziehungsmaßregeln oder Zuchtmitteln im Sinne des Jugendgerichtsgesetzes[3)],
3. zur Verfolgung von Ordnungswidrigkeiten,

[1)] § 35 Abs. 3 Satz 1 Nr. 1 Buchst. e und Abs. 5 Nr. 6 geänd. mWv 1.1.2005 durch G v. 27.12.2003 (BGBl. I S. 3022); Abs. 3 Satz 1 einl. Satzteil geänd., Abs. 4b eingef. mWv 1.3.2005 durch G v. 26.1.2005 (BGBl. I S. 162); Abs. 3 Satz 1 Nr. 1 Buchst. e, Abs. 5 Nr. 6 geänd. mWv 1.1.2005 durch G v. 21.3.2005 (BGBl. I S. 818); Abs. 1 Nr. 11 und 12, Abs. 2 Nr. 1 und Abs. 5 Nr. 5 geänd., Abs. 1 Nr. 13 und Abs. 2 Nr. 1a angef. mWv 1.6.2005 durch G v. 3.5.2005 (BGBl. I S. 1221); Abs. 1 Nr. 13 geänd. mWv 1.8.2006 durch G v. 20.7.2006 (BGBl. I S. 1706); Abs. 4b geänd. mWv 1.1.2009 durch G v. 17.3.2007 (BGBl. I S. 314) iVm Bek. v. 12.12.2008 (BGBl. 2009 II S. 39); Abs. 5 Nr. 4 geänd. mWv 1.7.2009 durch G v. 29.5.2009 (BGBl. I S. 1170); Abs. 3 Satz 1 geänd., Abs. 4c eingef. mWv 1.1.2013 durch G v. 29.7.2009 (BGBl. I S. 2258, geänd. durch G v. 23.5.2011, BGBl. I S. 898); Abs. 1 Nr. 12 und 13 geänd., Nr. 14 angef., Abs. 4b geänd. mWv 18.6.2011, Abs. 1 Nr. 13 und 14 geänd., Nr. 15 angef. mWv 1.1.2013 durch G v. 23.5.2011 (BGBl. I S. 898); Abs. 1a eingef. mWv 26.6.2011 durch G v. 20.6.2011 (BGBl. I S. 1124); Abs. 1 Nr. 10 neu gef. mWv 19.7.2011 durch G v. 12.7.2011 (BGBl. I S. 1378); Abs. 2a eingef., Abs. 5 Satz 1 einl. Satzteil geänd. mWv 31.8.2013 durch G v. 28.8.2013 (BGBl. I S. 3310); Abs. 1 einl. Satzteil neu gef., Abs. 5 einl. Satzteil und Abs. 6 Satz 3 geänd. mWv 7.12.2016 durch G v. 28.11.2016 (BGBl. I S. 2722); Abs. 1 Nr. 14 und 15 geänd., Nr. 16 angef. mWv 10.3.2017 durch G v. 6.3.2017 (BGBl. I S. 399); Abs. 4b geänd. mWv 17.6.2017 durch G v. 11.6.2017 (BGBl. I S. 1607); Abs. 1 Nr. 15 und 16 geänd., Nr. 17 angef., Abs. 4c neu gef. mWv 6.7.2017 durch G v. 30.6.2017 (BGBl. I S. 2094); Abs. 1 Nr. 16 und 17 Buchst. c geänd., Nr. 18 angef. mWv 12.4.2019 durch G v. 8.4.2019 (BGBl. I S. 430); Abs. 1 Nr. 17 und 18 geänd., Nr. 19 angef. mWv 1.10.2020 durch G v. 29.6.2020 (BGBl. I S. 1528); *Abs. 4b geänd.* ***mWv 1.5.2022*** *durch* G v. 15.1.2021 (BGBl. I S. 530); Abs. 2 Satz 1 neu gef., Abs. 2a Nr. 3 geänd. mWv 28.7.2021 durch G v. 12.7.2021 (BGBl. I S. 3091).

[2)] Nr. **85**.

[3)] Nr. **89**.

4. zur Abwehr von Gefahren für die öffentliche Sicherheit oder Ordnung,
5. zur Erfüllung der den Verfassungsschutzbehörden, dem Militärischen Abschirmdienst und dem Bundesnachrichtendienst durch Gesetz übertragenen Aufgaben,
6. für Maßnahmen nach dem Abfallbeseitigungsgesetz oder den darauf beruhenden Rechtsvorschriften,
7. für Maßnahmen nach dem Wirtschaftssicherstellungsgesetz oder den darauf beruhenden Rechtsvorschriften,
8. für Maßnahmen nach dem Energiesicherungsgesetz 1975 oder den darauf beruhenden Rechtsvorschriften,
9. für die Erfüllung der gesetzlichen Mitteilungspflichten zur Sicherung des Steueraufkommens nach § 93 der Abgabenordnung,
10. zur Feststellung der Maut für die Benutzung mautpflichtiger Straßen im Sinne des § 1 des Bundesfernstraßenmautgesetzes und zur Verfolgung von Ansprüchen nach diesem Gesetz,
11. zur Ermittlung der Mautgebühr für die Benutzung von Bundesfernstraßen und zur Verfolgung von Ansprüchen nach dem Fernstraßenbauprivatfinanzierungsgesetz vom 30. August 1994 (BGBl. I S. 2243) in der jeweils geltenden Fassung,
12. zur Ermittlung der Mautgebühr für die Benutzung von Straßen nach Landesrecht und zur Verfolgung von Ansprüchen nach den Gesetzen der Länder über den gebührenfinanzierten Neu- und Ausbau von Straßen,
13. zur Überprüfung von Personen, die Sozialhilfe, Leistungen der Grundsicherung für Arbeitsuchende oder Leistungen nach dem Asylbewerberleistungsgesetz[1] beziehen, zur Vermeidung rechtswidriger Inanspruchnahme solcher Leistungen,
14. für die in § 17 des Auslandsunterhaltsgesetzes[2] genannten Zwecke,
15. für die in § 802l der Zivilprozessordnung[3] genannten Zwecke soweit kein Grund zu der Annahme besteht, dass dadurch schutzwürdige Interessen des Betroffenen beeinträchtigt werden,
16. zur Erfüllung der den Behörden der Zollverwaltung in § 2 Absatz 1 des Schwarzarbeitsbekämpfungsgesetzes[4] übertragenen Prüfungsaufgaben,
17. zur Durchführung eines Vollstreckungsverfahrens an die für die Vollstreckung nach dem Verwaltungs-Vollstreckungsgesetz[5] oder nach den Verwaltungsvollstreckungsgesetzen der Länder zuständige Behörde, wenn
    a) der Vollstreckungsschuldner seiner Pflicht, eine Vermögensauskunft zu erteilen, nicht nachkommt oder bei einer Vollstreckung in die in der Vermögensauskunft angeführten Vermögensgegenstände eine vollständige Befriedigung der Forderung, wegen der die Vermögensauskunft verlangt wird, voraussichtlich nicht zu erwarten ist,
    b) der Vollstreckungsschuldner als Halter des Fahrzeugs eingetragen ist und
    c) kein Grund zu der Annahme besteht, dass dadurch schutzwürdige Interessen des Betroffenen beeinträchtigt werden,

---

[1] **Sartorius ErgBd. Nr. 418.**
[2] **Habersack, Deutsche Gesetze ErgBd. Nr. 103o.**
[3] Nr. **100.**
[4] **Habersack, Deutsche Gesetze ErgBd. Nr. 94b.**
[5] **Sartorius Nr. 112.**

18. zur Überprüfung der Einhaltung von Verkehrsbeschränkungen und Verkehrsverboten, die aufgrund des § 40 des Bundes-Immissionsschutzgesetzes[1] nach Maßgabe der straßenverkehrsrechtlichen Vorschriften angeordnet worden oder aufgrund straßenverkehrsrechtlicher Vorschriften zum Schutz der Wohnbevölkerung oder der Bevölkerung vor Abgasen ergangen sind, oder
19. zur Überprüfung und Ergänzung der Angaben in Anträgen und Verwendungsnachweisen zu einer Förderung hinsichtlich der Einhaltung der Regelungen über die Förderung des Absatzes von elektrisch betriebenen Fahrzeugen (Umweltbonus).

(1a) Die nach § 33 Absatz 1 Nummer 1 gespeicherten Daten über Beschaffenheit, Ausrüstung und Identifizierungsmerkmale von Fahrzeugen dürfen den Zentralen Leitstellen für Brandschutz, Katastrophenschutz und Rettungsdienst, wenn dies für Zwecke nach § 32 Absatz 2 Nummer 3 erforderlich ist, zur Rettung von Unfallopfern übermittelt werden.

(2) [1]Die nach § 33 Absatz 1 gespeicherten Fahrzeugdaten und Halterdaten dürfen, soweit dies jeweils erforderlich ist, übermittelt werden
1. für die Zwecke des § 32 Absatz 1 Nummer 1 an Inhaber von Betriebserlaubnissen für Fahrzeuge, an Fahrzeughersteller oder an für den Mangel verantwortliche Teilehersteller, Werkstätten oder sonstige Produktverantwortliche, um Folgendes zu ermöglichen:
   a) Rückrufmaßnahmen zur Beseitigung von sicherheitsgefährdenden Mängeln an bereits ausgelieferten Fahrzeugen,
   b) Rückrufmaßnahmen zur Beseitigung von für die Umwelt erheblichen Mängeln an bereits ausgelieferten Fahrzeugen oder
   c) Rückrufmaßnahmen, die die Typgenehmigungsbehörde oder die Marktüberwachungsbehörde zur Beseitigung von sonstigen Unvorschriftsmäßigkeiten an bereits ausgelieferten Fahrzeugen für erforderlich erachtet,
2. für die Zwecke des § 32 Absatz 1 Nummer 6 an Fahrzeughersteller und Importeure von Fahrzeugen sowie an deren Rechtsnachfolger zur Überprüfung der Angaben über die Verwertung des Fahrzeugs nach dem Altfahrzeugrecht,
3. für die Zwecke des § 32 Absatz 1 Nummer 2 an Versicherer zur Gewährleistung des vorgeschriebenen Versicherungsschutzes oder
4. für die Zwecke des § 32 Absatz 1 Nummer 1 unmittelbar oder über Kopfstellen an Technische Prüfstellen und amtlich anerkannte Überwachungsorganisationen sowie über Kopfstellen an anerkannte Kraftfahrzeugwerkstätten, soweit diese Werkstätten Sicherheitsprüfungen durchführen, für die Durchführung der regelmäßigen Untersuchungen und Prüfungen, um die Verkehrssicherheit der Fahrzeuge und den Schutz der Verkehrsteilnehmer zu gewährleisten; § 34 Absatz 6 Satz 3 und 4 gilt entsprechend.

[2]Bei Übermittlungen nach Satz 1 Nummer 3 erfolgt eine Speicherung der Daten bei den Kopfstellen ausschließlich zum Zweck der Übermittlung an Technische Prüfstellen, amtlich anerkannte Überwachungsorganisationen und anerkannte Kraftfahrzeugwerkstätten, soweit diese Werkstätten Sicherheitsprüfungen durchführen. [3]Nach erfolgter Übermittlung haben die Kopfstellen die nach Satz 2 gespeicherten Daten unverzüglich, bei elektronischer Speicherung automatisiert, zu löschen.

[1] **Sartorius Nr. 296.**

(2a) Die nach § 33 Absatz 3 gespeicherten Daten über die Fahrtenbuchauflagen dürfen

1. den Zulassungsbehörden in entsprechender Anwendung des Absatzes 5 Nummer 1 zur Überwachung der Fahrtenbuchauflage,
2. dem Kraftfahrt-Bundesamt in entsprechender Anwendung des Absatzes 5 Nummer 1 für die Unterstützung der Zulassungsbehörden im Rahmen der Überwachung der Fahrtenbuchauflage oder
3. den hierfür zuständigen Behörden oder Gerichten zur Verfolgung von Straftaten oder von Ordnungswidrigkeiten nach § 24 Absatz 1, § 24a oder § 24c

jeweils im Einzelfall übermittelt werden.

(3) [1] Die Übermittlung von Fahrzeugdaten und Halterdaten zu anderen Zwecken als der Feststellung oder Bestimmung von Haltern oder Fahrzeugen (§ 32 Abs. 2) ist, unbeschadet der Absätze 4, 4a bis 4c, unzulässig, es sei denn, die Daten sind

1. unerlässlich zur
   a) Verfolgung von Straftaten oder zur Vollstreckung oder zum Vollzug von Strafen,
   b) Abwehr einer im Einzelfall bestehenden Gefahr für die öffentliche Sicherheit,
   c) Erfüllung der den Verfassungsschutzbehörden, dem Militärischen Abschirmdienst und dem Bundesnachrichtendienst durch Gesetz übertragenen Aufgaben,
   d) Erfüllung der gesetzlichen Mitteilungspflichten zur Sicherung des Steueraufkommens nach § 93 der Abgabenordnung, soweit diese Vorschrift unmittelbar anwendbar ist, oder
   e) Erfüllung gesetzlicher Mitteilungspflichten nach § 118 Abs. 4 Satz 4 Nr. 6 des Zwölften Buches Sozialgesetzbuch[1)]

   und
2. auf andere Weise nicht oder nicht rechtzeitig oder nur mit unverhältnismäßigem Aufwand zu erlangen.

[2] Die ersuchende Behörde hat Aufzeichnungen über das Ersuchen mit einem Hinweis auf dessen Anlass zu führen. [3] Die Aufzeichnungen sind gesondert aufzubewahren, durch technische und organisatorische Maßnahmen zu sichern und am Ende des Kalenderjahres, das dem Jahr der Erstellung der Aufzeichnung folgt, zu vernichten. [4] Die Aufzeichnungen dürfen nur zur Kontrolle der Zulässigkeit der Übermittlungen verwertet werden, es sei denn, es liegen Anhaltspunkte dafür vor, dass ihre Verwertung zur Aufklärung oder Verhütung einer schwerwiegenden Straftat gegen Leib, Leben oder Freiheit einer Person führen kann und die Aufklärung oder Verhütung ohne diese Maßnahme aussichtslos oder wesentlich erschwert wäre.

(4) [1] Auf Ersuchen des Bundeskriminalamtes kann das Kraftfahrt-Bundesamt die im Zentralen Fahrzeugregister gespeicherten Halterdaten mit dem polizeilichen Fahndungsbestand der mit Haftbefehl gesuchten Personen abgleichen. [2] Die dabei ermittelten Daten gesuchter Personen dürfen dem Bundeskriminalamt übermittelt werden. [3] Das Ersuchen des Bundeskriminalamtes erfolgt durch Übersendung eines Datenträgers.

[1)] **Sartorius ErgBd. Nr. 412.**

(4a) Auf Ersuchen der Auskunftsstelle nach § 8a des Pflichtversicherungsgesetzes[1] übermitteln die Zulassungsbehörden und das Kraftfahrt-Bundesamt die nach § 33 Abs. 1 gespeicherten Fahrzeugdaten und Halterdaten zu den in § 8a Abs. 1 des Pflichtversicherungsgesetzes genannten Zwecken.

(4b) Zu den in ***[bis 30.4.2022:*** § 7 Absatz 3 des Internationalen Familienrechtsverfahrensgesetzes[2]***]*** ***[ab 1.5.2022:*** *§ 7 Absatz 2 des Internationalen Familienrechtsverfahrensgesetzes****]***, § 4 Abs. 3 Satz 2 des Erwachsenenschutzübereinkommens-Ausführungsgesetzes vom 17. März 2007 (BGBl. I S. 314) und den in den §§ 16 und 17 des Auslandsunterhaltsgesetzes vom 23. Mai 2011 (BGBl. I S. 898) bezeichneten Zwecken übermittelt das Kraftfahrt-Bundesamt der in diesen Vorschriften bezeichneten Zentralen Behörde auf Ersuchen die nach § 33 Abs. 1 Satz 1 Nr. 2 gespeicherten Halterdaten.

(4c) Auf Ersuchen übermittelt das Kraftfahrt-Bundesamt

1. dem Gerichtsvollzieher zu den in § 755 der Zivilprozessordnung genannten Zwecken und
2. der für die Vollstreckung nach dem Verwaltungs-Vollstreckungsgesetz oder nach den Verwaltungsvollstreckungsgesetzen der Länder zuständigen Behörde, soweit diese die Angaben nicht durch Anfrage bei der Meldebehörde ermitteln kann, zur Durchführung eines Vollstreckungsverfahrens

die nach § 33 Absatz 1 Satz 1 Nummer 2 gespeicherten Halterdaten, soweit kein Grund zu der Annahme besteht, dass dadurch schutzwürdige Interessen des Betroffenen beeinträchtigt werden.

(5) Die nach § 33 Absatz 1 oder 3 gespeicherten Fahrzeugdaten und Halterdaten dürfen nach näherer Bestimmung durch Rechtsverordnung (§ 47 Nummer 3) regelmäßig übermittelt werden

1. von den Zulassungsbehörden an das Kraftfahrt-Bundesamt für das Zentrale Fahrzeugregister und vom Kraftfahrt-Bundesamt an die Zulassungsbehörden für die örtlichen Fahrzeugregister,
2. von den Zulassungsbehörden an andere Zulassungsbehörden, wenn diese mit dem betreffenden Fahrzeug befasst sind oder befasst waren,
3. von den Zulassungsbehörden an die Versicherer zur Gewährleistung des vorgeschriebenen Versicherungsschutzes (§ 32 Abs. 1 Nr. 2),
4. von den Zulassungsbehörden an die für die Ausübung der Verwaltung der Kraftfahrzeugsteuer zuständigen Behörden zur Durchführung des Kraftfahrzeugsteuerrechts (§ 32 Abs. 1 Nr. 3),
5. von den Zulassungsbehörden und vom Kraftfahrt-Bundesamt für Maßnahmen nach dem Bundesleistungsgesetz, dem Verkehrssicherstellungsgesetz, dem Verkehrsleistungsgesetz oder des Katastrophenschutzes nach den hierzu erlassenen Gesetzen der Länder oder den darauf beruhenden Rechtsvorschriften an die hierfür zuständigen Behörden (§ 32 Abs. 1 Nr. 4 und 5),
6. von den Zulassungsbehörden für Prüfungen nach § 118 Abs. 4 Satz 4 Nr. 6 des Zwölften Buches Sozialgesetzbuch an die Träger der Sozialhilfe nach dem Zwölften Buch Sozialgesetzbuch.

(6) [1]Das Kraftfahrt-Bundesamt als übermittelnde Behörde hat Aufzeichnungen zu führen, die die übermittelten Daten, den Zeitpunkt der Übermittlung, den Empfänger der Daten und den vom Empfänger angegebenen Zweck enthalten.

---

[1] Nr. **63**.

[2] **Habersack, Deutsche Gesetze ErgBd. Nr. 103n.**

[2]Die Aufzeichnungen dürfen nur zur Kontrolle der Zulässigkeit der Übermittlungen verwertet werden, sind durch technische und organisatorische Maßnahmen gegen Missbrauch zu sichern und am Ende des Kalenderhalbjahres, das dem Halbjahr der Übermittlung folgt, zu löschen oder zu vernichten. [3]Bei Übermittlung nach Absatz 5 sind besondere Aufzeichnungen entbehrlich, wenn die Angaben nach Satz 1 aus dem Register oder anderen Unterlagen entnommen werden können. [4]Die Sätze 1 und 2 gelten auch für die Übermittlungen durch das Kraftfahrt-Bundesamt nach den §§ 37 bis 40.

§ 36[1)] Abruf im automatisierten Verfahren. (1) Die Übermittlung nach § 35 Absatz 1 Nummer 1, soweit es sich um Aufgaben nach § 32 Absatz 1 Nummer 1 handelt, aus dem Zentralen Fahrzeugregister

1. an die Zulassungsbehörden oder
2. im Rahmen einer internetbasierten Zulassung an Personen im Sinne des § 6g Absatz 3

darf durch Abruf im automatisierten Verfahren erfolgen.

(2) [1]Die Übermittlung nach § 35 Abs. 1 Nr. 1 bis 5 aus dem Zentralen Fahrzeugregister darf durch Abruf im automatisierten Verfahren erfolgen

1. an die Polizeien des Bundes und der Länder sowie an Dienststellen der Zollverwaltung, soweit sie Befugnisse nach § 10 des Zollverwaltungsgesetzes ausüben oder grenzpolizeiliche Aufgaben wahrnehmen,
   a) zur Kontrolle, ob die Fahrzeuge einschließlich ihrer Ladung und die Fahrzeugpapiere vorschriftsmäßig sind,
   b) zur Verfolgung von Ordnungswidrigkeiten nach § 24 Absatz 1, § 24a oder § 24c,
   c) zur Verfolgung von Straftaten oder zur Vollstreckung oder zum Vollzug von Strafen oder
   d) zur Abwehr von Gefahren für die öffentliche Sicherheit,

1a. an die Verwaltungsbehörden im Sinne des § 26 Abs. 1 für die Verfolgung von Ordnungswidrigkeiten nach §§ 24, 24a oder § 24c,

2. an die Zollfahndungsdienststellen zur Verhütung oder Verfolgung von Steuer- und Wirtschaftsstraftaten sowie an die mit der Steuerfahndung betrauten Dienststellen der Landesfinanzbehörden zur Verhütung oder Verfolgung von Steuerstraftaten,

---

1) § 36 Abs. 2 Satz 1 Nr. 2 und Abs. 3 geänd., Abs. 3a eingef. mWv 1.6.2005 durch G v. 3.5.2005 (BGBl. I S. 1221); Abs. 2 Satz 1 einl. Satzteil, Nr. 1a, 2 sowie Abs. 3 geänd., Abs. 2 Satz 1 Nr. 3 angef. mWv 11.1.2007 durch G v. 5.1.2007 (BGBl. I S. 2, geänd. durch G v. 7.12.2011, BGBl. I S. 2576; G v. 3.12.2015, BGBl. I S. 2161 und G v. 3.12.2020, BGBl. I S. 2667); Abs. 2 Nr. 1 Buchst. b, Nr. 1a geänd. mWv 1.8.2007 durch G v. 19.7.2007 (BGBl. I S. 1460); Abs. 3b eingef. mWv 1.7 2009 durch G v. 29.5. 2009 (BGBl. I S. 1170); Abs. 2c eingef. mWv 18.6.2011, Abs. 2d eingef. mWv 1.1.2013 durch G v. 23.5. 2011 (BGBl. I S. 898); Abs. 3c eingef. mWv 26.6.2011 durch G v. 20.6.2011 (BGBl. I S. 1124); Abs. 2b geänd. mWv 19.7.2011 durch G v. 12.7.2011 (BGBl. I S. 1378); Abs. 2a eingef., bish. Abs. 2a–2d werden Abs. 2b–2e, Abs. 2f eingef., Abs. 6 Sätze 3–5 eingef., bish. Sätze 3 und 4 werden Sätze 6 und 7 mWv 31.8.2013 durch G v. 28.8.2013 (BGBl. I S. 3310); Abs. 1 und Abs. 6 Satz 3 neu gef., Abs. 2f eingef., bish. Abs. 2f wird Abs. 2g, Abs. 5 einl. Satzteil und Abs. 7 Satz 2 geänd. mWv 7.12.2016 durch G v. 28.11.2016 (BGBl. I S. 2722); Abs. 2 Satz 1 Nr. 2 geänd., Nr. 2a eingef., Abs. 2a neu gef., Abs. 2h eingef. mWv 10.3. 2017 durch G v. 6.3.2017 (BGBl. I S. 399); Abs. 2 Satz 1 Nr. 2 und Nr. 3 geänd., Nr. 4 angef. mWv 26.6. 2017 durch G v. 23.6.2017 (BGBl. I S. 1822); Abs. 2i eingef. mWv 12.4.2019 durch G v. 8.4.2019 (BGBl. I S. 430); Abs. 5 Nr. 1 geänd., Nr. 2 neu gef. mWv 26.11.2019 durch G v. 20.11.2019 (BGBl. I S. 1626); Abs. 2j eingef. mWv 1.10.2020 durch G v. 29.6.2020 (BGBl. I S. 1528); Abs. 2 Satz 1 Nr. 1b und Abs. 2f geänd. mWv 28.7.2021 durch G v. 12.7.2021 (BGBl. I S. 3091).

2a. an die Behörden der Zollverwaltung zur Verfolgung von Straftaten, die mit einem der in § 2 Absatz 1 des Schwarzarbeitsbekämpfungsgesetzes genannten Prüfgegenstände unmittelbar zusammenhängen, und
3. an die Verfassungsschutzbehörden, den Militärischen Abschirmdienst und den Bundesnachrichtendienst zur Erfüllung ihrer durch Gesetz übertragenen Aufgaben und
4. an die Zentralstelle für Finanztransaktionsuntersuchungen zur Erfüllung ihrer Aufgaben nach dem Geldwäschegesetz.

[2] Satz 1 gilt entsprechend für den Abruf der örtlich zuständigen Polizeidienststellen der Länder und Verwaltungsbehörden im Sinne des § 26 Abs. 1 aus den jeweiligen örtlichen Fahrzeugregistern.

(2a) Die Übermittlung nach § 35 Absatz 1 Nummer 9 aus dem Zentralen Fahrzeugregister darf durch Abruf im automatisierten Verfahren erfolgen

1. an die mit der Kontrolle und Erhebung der Umsatzsteuer betrauten Dienststellen der Finanzbehörden, soweit ein Abruf im Einzelfall zur Verhinderung einer missbräuchlichen Anwendung der Vorschriften des Umsatzsteuergesetzes beim Handel, Erwerb oder bei der Übertragung von Fahrzeugen erforderlich ist,
2. an die mit der Durchführung einer Außenprüfung nach § 193 der Abgabenordnung betrauten Dienststellen der Finanzbehörden, soweit ein Abruf für die Ermittlung der steuerlichen Verhältnisse im Rahmen einer Außenprüfung erforderlich ist und
3. an die mit der Vollstreckung betrauten Dienststellen der Finanzbehörden nach § 249 der Abgabenordnung, soweit ein Abruf für die Vollstreckung von Ansprüchen aus dem Steuerschuldverhältnis erforderlich ist.

(2b) Die Übermittlung nach § 35 Abs. 1 Nr. 11 und 12 aus dem Zentralen Fahrzeugregister darf durch Abruf im automatisierten Verfahren an den Privaten, der mit der Erhebung der Mautgebühr beliehen worden ist, erfolgen.

(2c) Die Übermittlung nach § 35 Abs. 1 Nr. 10 aus dem Zentralen Fahrzeugregister darf durch Abruf im automatisierten Verfahren an das Bundesamt für Güterverkehr und an eine sonstige öffentliche Stelle, die mit der Erhebung der Maut nach dem Bundesfernstraßenmautgesetz beauftragt ist, erfolgen.

(2d) Die Übermittlung nach § 35 Absatz 1 Nummer 14 aus dem Zentralen Fahrzeugregister darf durch Abruf im automatisierten Verfahren an die zentrale Behörde (§ 4 des Auslandsunterhaltsgesetzes) erfolgen.

(2e) Die Übermittlung nach § 35 Absatz 1 Nr. 15 aus dem Zentralen Fahrzeugregister darf durch Abruf im automatisierten Verfahren an den Gerichtsvollzieher erfolgen.

(2f) Die Übermittlung aus dem Zentralen Fahrzeugregister nach § 35 Absatz 2 Satz 1 Nummer 4 darf durch Abruf im automatisierten Verfahren erfolgen.

(2g) Die Übermittlung nach § 35 Absatz 2a darf durch Abruf im automatisierten Verfahren erfolgen.

(2h) Die Übermittlung nach § 35 Absatz 1 Nummer 16 darf durch Abruf im automatisierten Verfahren an die Behörden der Zollverwaltung zur Erfüllung der ihnen in § 2 Absatz 1 des Schwarzarbeitsbekämpfungsgesetzes bertragenen Prüfungsaufgaben erfolgen.

(2i) [1] In einem solchen Verfahren darf auch die Übermittlung nach § 35 Absatz 1 Nummer 18 aus dem Zentralen Fahrzeugregister an die nach Landesrecht für die

Überprüfung der Einhaltung dieser Verkehrsbeschränkungen und Verkehrsverbote zuständigen Behörden erfolgen. [2]Die Einrichtung von Anlagen zum Abruf nach Satz 1 ist für den Abruf der nach § 33 Absatz 1 Satz 1 Nummer 1 gespeicherten und für die Überprüfung der Einhaltung der jeweiligen Verkehrsbeschränkungen und Verkehrsverbote erforderlichen Fahrzeugdaten aus dem Zentralen Fahrzeugregister durch die Behörden nach Satz 1 zulässig; einer Rechtsverordnung nach Absatz 5 bedarf es nicht; die Maßgaben nach Absatz 5 Nummer 2 und 3 gelten unmittelbar.

(2j) Die Übermittlung nach § 35 Absatz 1 Nummer 19 darf durch Abruf im automatisierten Verfahren an das Bundesamt für Wirtschaft und Ausfuhrkontrolle erfolgen.

(3) Die Übermittlung nach § 35 Abs. 3 Satz 1 aus dem Zentralen Fahrzeugregister darf ferner durch Abruf im automatisierten Verfahren an die Polizeien des Bundes und der Länder zur Verfolgung von Straftaten oder zur Vollstreckung oder zum Vollzug von Strafen oder zur Abwehr einer im Einzelfall bestehenden Gefahr für die öffentliche Sicherheit, an die Zollfahndungsdienststellen zur Verhütung oder Verfolgung von Steuer- und Wirtschaftsstraftaten, an die mit der Steuerfahndung betrauten Dienststellen der Landesfinanzbehörden zur Verhütung oder Verfolgung von Steuerstraftaten sowie an die Verfassungsschutzbehörden, den Militärischen Abschirmdienst und den Bundesnachrichtendienst zur Erfüllung ihrer durch Gesetz übertragenen Aufgaben vorgenommen werden.

(3a) Die Übermittlung aus dem Zentralen Fahrzeugregister nach § 35 Abs. 4a darf durch Abruf im automatisierten Verfahren an die Auskunftsstelle nach § 8a des Pflichtversicherungsgesetzes erfolgen.

(3b) [1]Die Übermittlung aus dem Zentralen Fahrzeugregister nach § 35 Absatz 1 Nummer 1 an die für die Ausübung der Verwaltung der Kraftfahrzeugsteuer zuständigen Behörden darf durch Abruf im automatisierten Verfahren erfolgen. [2]Der Abruf ist nur zulässig, wenn die von den Zulassungsbehörden nach § 35 Absatz 5 Nummer 4 übermittelten Datenbestände unrichtig oder unvollständig sind.

(3c) Die Übermittlung aus dem Zentralen Fahrzeugregister nach § 35 Absatz 1a darf an die Zentralen Leitstellen für Brandschutz, Katastrophenschutz und Rettungsdienst zur Vorbereitung der Rettung von Personen aus Fahrzeugen durch Abruf im automatisierten Verfahren erfolgen.

(4) Der Abruf darf sich nur auf ein bestimmtes Fahrzeug oder einen bestimmten Halter richten und in den Fällen der Absätze 1 und 2 Satz 1 Nr. 1 Buchstabe a und b nur unter Verwendung von Fahrzeugdaten durchgeführt werden.

(5) Die Einrichtung von Anlagen zum Abruf im automatisierten Verfahren ist nur zulässig, wenn nach näherer Bestimmung durch Rechtsverordnung (§ 47 Nummer 4) gewährleistet ist, dass

1. die zum Abruf bereitgehaltenen Daten ihrer Art nach für den Empfänger erforderlich sind und ihre Übermittlung durch automatisierten Abruf unter Berücksichtigung der schutzwürdigen Interessen der betroffenen Person und der Aufgabe des Empfängers angemessen ist,
2. die erforderlichen technischen und organisatorischen Maßnahmen nach den Artikeln 24, 25 und 32 der Verordnung (EU) 2016/679 zur Sicherstellung des Datenschutzes und der Datensicherheit getroffen werden und
3. die Zulässigkeit der Abrufe nach Maßgabe des Absatzes 6 kontrolliert werden kann.

(5a) (weggefallen)

(6) [1] Das Kraftfahrt-Bundesamt oder die Zulassungsbehörde als übermittelnde Stelle hat über die Abrufe Aufzeichnungen zu fertigen, die die bei der Durchführung der Abrufe verwendeten Daten, den Tag und die Uhrzeit der Abrufe, die Kennung der abrufenden Dienststelle und die abgerufenen Daten enthalten müssen. [2] Die protokollierten Daten dürfen nur für Zwecke der Datenschutzkontrolle, der Datensicherung oder zur Sicherstellung eines ordnungsgemäßen Betriebs der Datenverarbeitungsanlage verwendet werden. [3] Die nach Satz 1 protokollierten Daten dürfen auch dazu verwendet werden, der betroffenen Person darüber Auskunft zu erteilen, welche ihrer in Anhang I, Abschnitt I und II der Richtlinie (EU) 2015/413 enthaltenen personenbezogenen Daten an Stellen in anderen Mitgliedstaaten der Europäischen Union zum Zweck der dortigen Verfolgung der in Artikel 2 der Richtlinie (EU) 2015/413 aufgeführten, die Straßenverkehrssicherheit gefährdenden Delikte übermittelt wurden. [4] Das Datum des Ersuchens und die zuständige Stelle nach Satz 1, an die die Übermittlung erfolgte, sind der betroffenen Person ebenfalls mitzuteilen. [5] § 36a gilt für das Verfahren nach den Sätzen 3 und 4 entsprechend. [6] Liegen Anhaltspunkte dafür vor, dass ohne ihre Verwendung die Verhinderung oder Verfolgung einer schwerwiegenden Straftat gegen Leib, Leben oder Freiheit einer Person aussichtslos oder wesentlich erschwert wäre, dürfen die Daten auch für diesen Zweck verwendet werden, sofern das Ersuchen der Strafverfolgungsbehörde unter Verwendung von Halterdaten einer bestimmten Person oder von Fahrzeugdaten eines bestimmten Fahrzeugs gestellt wird. [7] Die Protokolldaten sind durch geeignete Vorkehrungen gegen zweckfremde Verwendung und gegen sonstigen Missbrauch zu schützen und nach sechs Monaten zu löschen.

(7) [1] Bei Abrufen aus dem Zentralen Fahrzeugregister sind vom Kraftfahrt-Bundesamt weitere Aufzeichnungen zu fertigen, die sich auf den Anlass des Abrufs erstrecken und die Feststellung der für den Abruf verantwortlichen Personen ermöglichen. [2] Das Nähere wird durch Rechtsverordnung (§ 47 Nummer 5) bestimmt. [3] Dies gilt entsprechend für Abrufe aus den örtlichen Fahrzeugregistern.

(8) [1] Soweit örtliche Fahrzeugregister nicht im automatisierten Verfahren geführt werden, ist die Übermittlung der nach § 33 Abs. 1 gespeicherten Fahrzeugdaten und Halterdaten durch Einsichtnahme in das örtliche Fahrzeugregister außerhalb der üblichen Dienstzeiten an die für den betreffenden Zulassungsbezirk zuständige Polizeidienststelle zulässig, wenn

1. dies für die Erfüllung der in Absatz 2 Satz 1 Nr. 1 bezeichneten Aufgaben erforderlich ist und
2. ohne die sofortige Einsichtnahme die Erfüllung dieser Aufgaben gefährdet wäre.

[2] Die Polizeidienststelle hat die Tatsache der Einsichtnahme, deren Datum und Anlass sowie den Namen des Einsichtnehmenden aufzuzeichnen; die Aufzeichnungen sind für die Dauer eines Jahres aufzubewahren und nach Ablauf des betreffenden Kalenderjahres zu vernichten. [3] Die Sätze 1 und 2 finden entsprechende Anwendung auf die Einsichtnahme durch die Zollfahndungsämter zur Erfüllung der in Absatz 2 Satz 1 Nr. 2 bezeichneten Aufgaben.

§ 36a[1)] Automatisiertes Anfrage- und Auskunftsverfahren beim Kraftfahrt-Bundesamt. [1] Die Übermittlung der Daten aus dem Zentralen Fahrzeug*register nach den §§* 35 und 37 darf nach näherer Bestimmung durch Rechtsver-

[1)] § 36a Satz 1 geänd. mWv 7.12.2016 durch G v. 28.11.2016 (BGBl. I S. 2722).

ordnung nach § 47 Nummer 4a auch in einem automatisierten Anfrage- und Auskunftsverfahren erfolgen. [2]Für die Einrichtung und Durchführung des Verfahrens gilt § 30b Abs. 1 Satz 2, Abs. 2 und 3 entsprechend.

§ 36b Abgleich mit den Sachfahndungsdaten des Bundeskriminalamtes.

(1) [1]Das Bundeskriminalamt übermittelt regelmäßig dem Kraftfahrt-Bundesamt die im Polizeilichen Informationssystem gespeicherten Daten von Fahrzeugen, Kennzeichen, Fahrzeugpapieren und Führerscheinen, die zur Beweissicherung, Einziehung, Beschlagnahme, Sicherstellung, Eigentumssicherung und Eigentümer- oder Besitzerermittlung ausgeschrieben sind. [2]Die Daten dienen zum Abgleich mit den im Zentralen Fahrzeugregister erfassten Fahrzeugen und Fahrzeugpapieren sowie mit den im Zentralen Fahrerlaubnisregister erfassten Führerscheinen.

(2) Die Übermittlung der Daten nach Absatz 1 darf auch im automatisierten Verfahren erfolgen.

§ 37[1)] Übermittlung von Fahrzeugdaten und Halterdaten an Stellen außerhalb des Geltungsbereiches dieses Gesetzes. (1) Die nach § 33 Absatz 1 gespeicherten Fahrzeugdaten und Halterdaten dürfen vom Kraftfahrt-Bundesamt an die zuständigen Stellen anderer Staaten übermittelt werden, soweit dies nach unionsrechtlichen Vorschriften vorgeschrieben ist oder soweit dies

1. für Verwaltungsmaßnahmen auf dem Gebiet des Straßenverkehrs,
2. zur Überwachung des Versicherungsschutzes im Rahmen der Kraftfahrzeughaftpflichtversicherung,
3. zur Verfolgung von Zuwiderhandlungen gegen Rechtsvorschriften auf dem Gebiet des Straßenverkehrs oder
4. zur Verfolgung von Straftaten, die im Zusammenhang mit dem Straßenverkehr oder sonst mit Kraftfahrzeugen, Anhängern, Kennzeichen oder Fahrzeugpapieren, Fahrerlaubnissen oder Führerscheinen stehen,

erforderlich ist und keine Anhaltspunkte für Zweifel an der Gegenseitigkeit einer solchen Auskunftserteilung hinsichtlich des jeweiligen Anfragegrundes nach den Nummern 1 bis 4 und hinsichtlich der den Anfragegrund begründenden Sachverhalte durch den anderen Staat gegeben sind.

(1a) Nach Maßgabe völkerrechtlicher Verträge zwischen Mitgliedstaaten der Europäischen Union oder mit den anderen Vertragsstaaten des Abkommens über den Europäischen Wirtschaftsraum, die der Mitwirkung der gesetzgebenden Körperschaften nach Artikel 59 Absatz 2 des Grundgesetzes bedürfen, sowie nach Artikel 12 des Beschlusses des Rates 2008/615/JI vom 23. Juni 2008 (ABl. L 210 vom 6.8.2008, S. 1) dürfen die nach § 33 Absatz 1 gespeicherten Fahrzeugdaten und Halterdaten vom Kraftfahrt-Bundesamt an die zuständigen Stellen dieser Staaten auch übermittelt werden, soweit dies erforderlich ist

1. zur Verfolgung von Ordnungswidrigkeiten, die nicht von Absatz 1 Nummer 3 erfasst werden,
2. zur Verfolgung von Straftaten, die nicht von Absatz 1 Nummer 4 erfasst werden, oder
3. zur Abwehr von Gefahren für die öffentliche Sicherheit.

---

1) § 37 Abs. 2 und 3 geänd. mWv 26.11.2019 durch G v. 20.11.2019 (BGBl. I S. 1626); Abs. 1 und 1a neu gef., Abs. 4 angef. mWv 28.7.2021 durch G v. 12.7.2021 (BGBl. I S. 3091).

(2) Der Empfänger ist darauf hinzuweisen, dass die übermittelten Daten nur zu dem Zweck verwendet werden dürfen, zu dessen Erfüllung sie ihm übermittelt werden.

(3) Die Übermittlung unterbleibt, wenn durch sie schutzwürdige Interessen der betroffenen Person beeinträchtigt würden, insbesondere, wenn im Empfängerland ein angemessener Datenschutzstandard nicht gewährleistet ist.

(4) [1] Die Übermittlung unterbleibt, wenn die Übermittlung bei entsprechender Anfrage auf Grund von § 37a erfolgen könnte. [2] Die Übermittlung kann ferner unterbleiben, wenn das Kraftfahrt-Bundesamt den Aufwand für die Bearbeitung der Anfragen als nicht vertretbar beurteilt.

§ 37a[1)] Abruf im automatisierten Verfahren durch Stellen außerhalb des Geltungsbereiches dieses Gesetzes. (1) [1] Durch Abruf im automatisierten Verfahren dürfen aus dem Zentralen Fahrzeugregister für die in § 37 Abs. 1 und 1a genannten Maßnahmen an die hierfür zuständigen öffentlichen Stellen in einem Mitgliedstaat der Europäischen Union oder einem anderen Vertragsstaat des Abkommens über den Europäischen Wirtschaftsraum die zu deren Aufgabenerfüllung erforderlichen Daten nach näherer Bestimmung durch Rechtsverordnung nach § 47 Nummer 5b und 5c durch das Kraftfahrt-Bundesamt übermittelt werden. [2] Dieses automatisierte Verfahren setzt jedoch voraus, dass das Europäische Fahrzeug- und Führerschein-Informationssystem oder ein anderes informationstechnisches Verfahren genutzt wird, das vom Kraftfahrt-Bundesamt als mit vertretbarem Aufwand betreibbar beurteilt wird.

(2) [1] Der Abruf darf nur unter Verwendung von Fahrzeugdaten, bei Abrufen für die in § 37 Abs. 1a genannten Zwecke nur unter Verwendung der vollständigen Fahrzeug-Identifizierungsnummer oder des vollständigen Kennzeichens, erfolgen und sich nur auf ein bestimmtes Fahrzeug oder einen bestimmten Halter richten. [2] Ein unionsrechtlich vorgeschriebener Abruf darf ergänzend zu Satz 1

1. auch unter Verwendung von Halterdaten erfolgen oder
2. sich auf mehrere Fahrzeuge eines bestimmten Halters oder auf alle aktuellen oder früheren Halter eines bestimmten Fahrzeugs richten,

soweit dies unionsrechtlich vorgesehen ist.

(3) [1] Der Abruf ist nur zulässig, wenn

1. diese Form der Datenübermittlung unter Berücksichtigung der schutzwürdigen Interessen der betroffenen Personen wegen der Vielzahl der Übermittlungen oder wegen ihrer besonderen Eilbedürftigkeit angemessen ist,
2. der Empfängerstaat die Verordnung (EU) 2016/679 anwendet und
3. die Gegenseitigkeit der Auskunftserteilung im Sinne von § 37 Absatz 1 durch geeignete Mittel sichergestellt ist.

[2] § 36 Abs. 5 und 6 sowie Abs. 7 wegen des Anlasses der Abrufe ist entsprechend anzuwenden.

[1)] *§ 37a Abs. 1, 2 geänd.* mWv 19.7.2006 durch G v. 10.7.2006 (BGBl. I S. 1458); Abs. 1 geänd. mWv 7.12.2016 durch G v. 28.11.2016 (BGBl. I S. 2722); Abs. 3 Satz 1 einl. Satzteil, Nr. 1 und 2 geänd. mWv 26.11.2019 durch G v. 20.11.2019 (BGBl. I S. 1626); Abs. 1 Satz 1 geänd., Satz 2 und Abs. 2 Satz 2 angef., Abs. 3 Satz 1 Nr. 1, 2 geänd., Nr. 3 angef. mWv 28.7.2021 durch G v. 12.7.2021 (BGBl. I S. 3091).

§ 37b[1] Übermittlung von Fahrzeug- und Halterdaten nach der Richtlinie (EU) 2015/413. (1) Das Kraftfahrt-Bundesamt unterstützt nach Absatz 2 die in Artikel 4 Absatz 3 der Richtlinie (EU) 2015/413 genannten nationalen Kontaktstellen der anderen Mitgliedstaaten der Europäischen Union bei den Ermittlungen in Bezug auf folgende in den jeweiligen Mitgliedstaaten begangenen, die Straßenverkehrssicherheit gefährdenden Verkehrsdelikte:

1. Geschwindigkeitsübertretungen,
2. Nicht-Anlegen des Sicherheitsgurtes,
3. Überfahren eines roten Lichtzeichens,
4. Trunkenheit im Straßenverkehr,
5. Fahren unter Einfluss von berauschenden Mitteln,
6. Nicht-Tragen eines Schutzhelmes,
7. unbefugte Benutzung eines Fahrstreifens,
8. rechtswidrige Benutzung eines Mobiltelefons oder anderer Kommunikationsgeräte beim Fahren.

(2) Auf Anfrage teilt das Kraftfahrt-Bundesamt der nationalen Kontaktstelle eines anderen Mitgliedstaates der Europäischen Union folgende nach § 33 gespeicherten Daten zu Fahrzeug und Halter mit:

1. amtliches Kennzeichen,
2. Fahrzeug-Identifizierungsnummer,
3. Land der Zulassung,
4. Marke des Fahrzeugs,
5. Handelsbezeichnung,
6. EU-Fahrzeugklasse,
7. Name des Halters,
8. Vorname des Halters,
9. Anschrift des Halters,
10. Geschlecht,
11. Geburtsdatum,
12. Rechtsperson,
13. Geburtsort,

wenn dies im Einzelfall für die Erfüllung einer Aufgabe der nationalen Kontaktstelle des anfragenden Mitgliedstaates der Europäischen Union oder der zuständigen Behörde des anfragenden Mitgliedstaates der Europäischen Union erforderlich ist.

§ 37c[2] Übermittlung von Fahrzeugdaten und Halterdaten an die Europäische Kommission. Das Kraftfahrt-Bundesamt übermittelt zur Erfüllung der Berichtspflicht nach Artikel 5 Absatz 1 Unterabsatz 4 der Richtlinie 2009/103/EG des Europäischen Parlaments und des Rates vom 16. September 2009 über die Kraftfahrzeug-Haftpflichtversicherung und die Kontrolle der entsprechenden Versicherungspflicht (ABl. L 263 vom 7.10.2009, S. 11) bis zum 31. März eines jeden Jahres an die Europäische Kommission die nach § 33 Absatz 1 gespeicherten Namen oder Bezeichnungen und Anschriften der Fahrzeughalter, die nach § 2

---

[1] § 37b eingef. mWv 31.8.2013 durch G v. 28.8.2013 (BGBl. I S. 3310); Überschrift, Abs. 1 einl. Satzteil geänd. mWv 7.12.2016 durch G v. 28.11.2016 (BGBl. I S. 2722).

[2] § 37c neu gef. mWv 5.12.2014 durch G v. 28.11.2014 (BGBl. I S. 1802).

Absatz 1 Nummer 1 bis 5 des Pflichtversicherungsgesetzes von der Versicherungspflicht befreit sind.

§ 38[1)] Übermittlung an und Verwendung durch den Empfänger für wissenschaftliche Zwecke. (1) Die nach § 33 Abs. 1 gespeicherten Fahrzeugdaten und Halterdaten dürfen an Hochschulen, andere Einrichtungen, die wissenschaftliche Forschung betreiben, und öffentliche Stellen übermittelt werden, soweit

1. dies für die Durchführung bestimmter wissenschaftlicher Forschungsarbeiten erforderlich ist,
2. eine Nutzung anonymisierter Daten zu diesem Zweck nicht möglich ist und
3. das öffentliche Interesse an der Forschungsarbeit das schutzwürdige Interesse der betroffenen Person an dem Ausschluss der Übermittlung erheblich überwiegt.

(2) Die Übermittlung der Daten erfolgt durch Erteilung von Auskünften, wenn hierdurch der Zweck der Forschungsarbeit erreicht werden kann und die Erteilung keinen unverhältnismäßigen Aufwand erfordert.

(3) [1] Personenbezogene Daten werden nur an solche Personen übermittelt, die Amtsträger oder für den öffentlichen Dienst besonders Verpflichtete sind oder die zur Geheimhaltung verpflichtet worden sind. [2] § 1 Abs. 2, 3 und 4 Nr. 2 des Verpflichtungsgesetzes findet auf die Verpflichtung zur Geheimhaltung entsprechende Anwendung.

(4) [1] Die personenbezogenen Daten dürfen nur für die Forschungsarbeit verwendet werden, für die sie übermittelt worden sind. [2] Die Verwendung für andere Forschungsarbeiten oder die Übermittlung richtet sich nach den Absätzen 1 und 2 und bedarf der Zustimmung der Stelle, die die Daten übermittelt hat.

(5) [1] Die Daten sind gegen unbefugte Kenntnisnahme durch Dritte zu schützen. [2] Die wissenschaftliche Forschung betreibende Stelle hat dafür zu sorgen, dass die Verwendung der personenbezogenen Daten räumlich und organisatorisch getrennt von der Erfüllung solcher Verwaltungsaufgaben oder Geschäftszwecke erfolgt, für die diese Daten gleichfalls von Bedeutung sein können.

(6) [1] Sobald der Forschungszweck es erlaubt, sind die personenbezogenen Daten zu anonymisieren. [2] Solange dies noch nicht möglich ist, sind die Merkmale gesondert aufzubewahren, mit denen Einzelangaben über persönliche oder sachliche Verhältnisse einer bestimmten oder bestimmbaren Person zugeordnet werden können. [3] Sie dürfen mit den Einzelangaben nur zusammengeführt werden, soweit der Forschungszweck dies erfordert.

(7) Wer nach den Absätzen 1 und 2 personenbezogene Daten erhalten hat, darf diese nur veröffentlichen, wenn dies für die Darstellung von Forschungsergebnissen über Ereignisse der Zeitgeschichte unerlässlich ist.

§ 38a[1)] Übermittlung an und Verwendung durch den Empfänger für statistische Zwecke. (1) Die nach § 33 Abs. 1 gespeicherten Fahrzeug- und Halterdaten dürfen zur Vorbereitung und Durchführung von Statistiken, soweit sie durch Rechtsvorschriften angeordnet sind, übermittelt werden, wenn die Vorbereitung und Durchführung des Vorhabens allein mit anonymisierten Daten (§ 45) nicht möglich ist.

(2) Für die Verwendung der Daten nach Absatz 1 finden die Vorschriften des Bundesstatistikgesetzes und der Statistikgesetze der Länder Anwendung.

[1)] § 38 Überschrift neu gef., Abs. 1 Nr. 3, Abs. 4 Sätze 1 und 2, Abs. 5 Satz 2 geänd., Abs. 8 aufgeh., § 38a Überschrift neu gef., Abs. 2 geänd. mWv 26.11.2019 durch G v. 20.11.2019 (BGBl. I S. 1626).

§ 38b[1)] Übermittlung an und Verwendung durch den Empfänger für planerische Zwecke. (1) Die nach § 33 Abs. 1 gespeicherten Fahrzeug- und Halterdaten dürfen für im öffentlichen Interesse liegende Verkehrsplanungen an öffentliche Stellen übermittelt werden, wenn die Durchführung des Vorhabens allein mit anonymisierten Daten (§ 45) nicht oder nur mit unverhältnismäßigem Aufwand möglich ist und die betroffene Person eingewilligt hat oder schutzwürdige Interessen der betroffenen Person nicht beeinträchtigt werden.

(2) Der Empfänger der Daten hat sicherzustellen, dass

1. die Kontrolle zur Sicherstellung schutzwürdiger Interessen der betroffenen Person jederzeit gewährleistet wird,
2. die Daten nur für das betreffende Vorhaben verwendet werden,
3. zu den Daten nur die Personen Zugang haben, die mit dem betreffenden Vorhaben befasst sind,
4. diese Personen verpflichtet werden, die Daten gegenüber Unbefugten nicht zu offenbaren, und
5. die Daten anonymisiert oder gelöscht werden, sobald der Zweck des Vorhabens dies gestattet.

§ 39[2)] Übermittlung von Fahrzeugdaten und Halterdaten zur Verfolgung von Rechtsansprüchen. (1) Von den nach § 33 Abs. 1 gespeicherten Fahrzeugdaten und Halterdaten sind

1. Familienname (bei juristischen Personen, Behörden oder Vereinigungen: Name oder Bezeichnung),
2. Vornamen,
3. Ordens- und Künstlername,
4. Anschrift,
5. Art, Hersteller und Typ des Fahrzeugs,
6. Name und Anschrift des Versicherers,
7. Nummer des Versicherungsscheins, oder, falls diese noch nicht gespeichert ist, Nummer der Versicherungsbestätigung,
8. gegebenenfalls Zeitpunkt der Beendigung des Versicherungsverhältnisses,
9. gegebenenfalls Befreiung von der gesetzlichen Versicherungspflicht,
10. Zeitpunkt der Zuteilung oder Ausgabe des Kennzeichens für den Halter sowie
11. Kraftfahrzeugkennzeichen

durch die Zulassungsbehörde oder durch das Kraftfahrt-Bundesamt zu übermitteln, wenn der Empfänger unter Angabe des betreffenden Kennzeichens oder der betreffenden Fahrzeug-Identifizierungsnummer darlegt, dass er die Daten zur Geltendmachung, Sicherung oder Vollstreckung oder zur Befriedigung oder Abwehr von Rechtsansprüchen im Zusammenhang mit der Teilnahme am Straßenverkehr oder zur Erhebung einer Privatklage wegen im Straßenverkehr begangener Verstöße benötigt (einfache Registerauskunft).

[1)] § 38b Abs. 1 geänd. mWv 7.12.2016 durch G v. 28.11.2016 (BGBl. I S. 2722); Überschrift neu gef., Abs. 1, Abs. 2 Nr. 1 und 2 geänd. mWv 26.11.2019 durch G v. 20.11.2019 (BGBl. I S. 1626).

[2)] § 39 Abs. 3 Satz 1 Nr. 1b geänd. mWv 1.1.2005 durch G v. 24.12.2003 (BGBl. I S. 2954); Abs. 3 Satz 1 Nr. 1b geänd. mWv 1.1.2005 durch G v. 27.12.2003 (BGBl. I S. 3022); Abs. 2 Nr. 2 aufgeh. mWv 14.9.2007 durch G v. 7.9.2007 (BGBl. I S. 2246); Abs. 2 Nr. 1 geänd., Abs. 4 angef. mWv 28.7.2021 durch G v. 12.7.2021 (BGBl. I S. 3091).

(2) Weitere Fahrzeugdaten und Halterdaten als die nach Absatz 1 zulässigen sind zu übermitteln, wenn der Empfänger unter Angabe von Fahrzeugdaten oder Personalien des Halters glaubhaft macht, dass er

1. die Daten zur Geltendmachung, Sicherung oder Vollstreckung, zur Befriedigung oder Abwehr von Rechtsansprüchen im Zusammenhang mit der Teilnahme am Straßenverkehr, dem Diebstahl, dem sonstigen Abhandenkommen des Fahrzeugs oder zur Erhebung einer Privatklage wegen im Straßenverkehr begangener Verstöße benötigt und
2. *(aufgehoben)*
3. die Daten auf andere Weise entweder nicht oder nur mit unverhältnismäßigem Aufwand erlangen könnte.

(3) [1] Die in Absatz 1 Nr. 1 bis 5 und 11 angeführten Halterdaten und Fahrzeugdaten dürfen übermittelt werden, wenn der Empfänger unter Angabe von Fahrzeugdaten oder Personalien des Halters glaubhaft macht, dass er

1. die Daten zur Geltendmachung, Sicherung oder Vollstreckung
   a) von nicht mit der Teilnahme am Straßenverkehr im Zusammenhang stehenden öffentlich-rechtlichen Ansprüchen oder
   b) von gemäß § 7 des Unterhaltsvorschussgesetzes[1)], § 33 des Zweiten Buches Sozialgesetzbuch[2)] oder § 94 des Zwölften Buches Sozialgesetzbuch[3)] übergegangenen Ansprüchen

   in Höhe von jeweils mindestens fünfhundert Euro benötigt,
2. ohne Kenntnis der Daten zur Geltendmachung, Sicherung oder Vollstreckung des Rechtsanspruchs nicht in der Lage wäre und
3. die Daten auf andere Weise entweder nicht oder nur mit unverhältnismäßigem Aufwand erlangen könnte.

[2] § 35 Abs. 3 Satz 2 und 3 gilt entsprechend. [3] Die Aufzeichnungen dürfen nur zur Kontrolle der Zulässigkeit der Übermittlungen verwendet werden.

(4) Ist der Empfänger eine öffentlich-rechtliche Stelle mit Sitz im Ausland oder handelt er im Namen oder im Auftrag einer solchen Stelle, ist für den Antrag und die Auskunft nur das Kraftfahrt-Bundesamt zuständig.

§ 39a[4)] Auskunft über Daten. (1) [1] Einer Person wird auf Antrag schriftlich über die zu ihrer Person im örtlichen oder im Zentralen Fahrzeugregister gespeicherten Daten und über die zu ihr als Halter gespeicherten Fahrzeugdaten unentgeltlich Auskunft erteilt. [2] Die Auskunft kann elektronisch erteilt werden, wenn der Antrag unter Nutzung des elektronischen Identitätsnachweises nach § 18 des Personalausweisgesetzes[5)], nach § 12 des eID-Karte-Gesetzes oder nach § 78 Absatz 5 des Aufenthaltsgesetzes[6)] gestellt wird; in diesen Fällen gilt abweichend von § 35 Absatz 6 Satz 4 hinsichtlich der Protokollierung § 36 Absatz 6 entsprechend.

(2) [1] Einer Person darf auf Antrag schriftlich über die zu einem Dritten als Halter im örtlichen oder im Zentralen Fahrzeugregister gespeicherten Fahrzeugdaten unentgeltlich Auskunft erteilt werden, wenn

---

[1)] **Habersack, Deutsche Gesetze ErgBd. Nr. 45d.**
[2)] **Sartorius ErgBd. Nr. 402.**
[3)] ***Sartorius ErgBd. Nr. 412.***
[4)] § 39a eingef. mWv 28.7.2021 durch G v. 12.7.2021 (BGBl. I S. 3091).
[5)] **Sartorius Nr. 255.**
[6)] **Sartorius Nr. 565.**

1. der Antragsteller
   a) nachweist, dass die Verfügungsbefugnis des Halters über dessen Fahrzeuge gesetzlich oder in Folge gerichtlicher Anordnung auf den Antragsteller übergegangen ist oder auch vom Antragsteller ausgeübt werden kann, und
   b) glaubhaft macht, dass er die Daten zur Wahrnehmung straßenverkehrsrechtlicher Angelegenheiten des Halters benötigt,
2. der Antragsteller die Daten auf andere Weise entweder nicht oder nur mit unverhältnismäßigem Aufwand erlangen könnte und
3. kein Grund zu der Annahme besteht, dass durch die Auskunft schutzwürdige Interessen des Halters beeinträchtigt werden.

[2] Für die sichere Identifizierung bei der Antragstellung und für die elektronische Auskunftserteilung gilt § 30 Absatz 8 Satz 2 und 3 entsprechend; abweichend von § 35 Absatz 6 Satz 4 gilt hinsichtlich der Protokollierung § 36 Absatz 6 entsprechend.

§ 40[1)] Übermittlung sonstiger Daten. [1] Die nach § 33 Abs. 2 gespeicherten Daten über Beruf und Gewerbe (Wirtschaftszweig) dürfen nur für die Zwecke nach § 32 Abs. 1 Nr. 4 und 5 an die hierfür zuständigen Behörden übermittelt werden. [2] Außerdem dürfen diese Daten für Zwecke der Statistik (§ 38a Abs. 1) übermittelt werden; die Zulässigkeit und die Durchführung von statistischen Vorhaben richten sich nach § 38a.

§ 41[2)] Übermittlungssperren. (1) Die Anordnung von Übermittlungssperren in den Fahrzeugregistern ist zulässig, wenn erhebliche öffentliche Interessen gegen die Offenbarung der Halterdaten bestehen.

(2) Außerdem sind Übermittlungssperren auf Antrag der betroffenen Person anzuordnen, wenn sie glaubhaft macht, dass durch die Übermittlung ihre schutzwürdigen Interessen beeinträchtigt würden.

(3) [1] Die Übermittlung trotz bestehender Sperre ist im Einzelfall zulässig, wenn an der Kenntnis der gesperrten Daten ein überwiegendes öffentliches Interesse, insbesondere an der Verfolgung von Straftaten besteht. [2] Vor der Übermittlung ist der betroffenen Person Gelegenheit zur Stellungnahme zu geben, es sei denn, die Anhörung würde dem Zweck der Übermittlung zuwiderlaufen.

(4) [1] Die Übermittlung trotz bestehender Sperre ist im Einzelfall außerdem zulässig, wenn die Geltendmachung, Sicherung oder Vollstreckung oder die Befriedigung oder Abwehr von Rechtsansprüchen im Sinne des § 39 Abs. 1 und 2 sonst nicht möglich wäre. [2] Vor der Übermittlung ist der betroffenen Person Gelegenheit zur Stellungnahme zu geben.

(5) [1] Über die Aufhebung im Einzelfall nach den Absätzen 3 und 4 entscheidet die für die Anordnung der Sperre zuständige Behörde (sperrende Behörde). [2] Will diese an der Sperre festhalten, weil sie das die Sperre begründende öffentliche Interesse im Sinne des Absatzes 1 für überwiegend hält oder weil sie die Beeinträchtigung schutzwürdiger Interessen der betroffenen Person im Sinne des Absatzes 2 als vorrangig ansieht, führt sie die Entscheidung der nach Landesrecht hierfür zuständigen Behörde oder, wenn eine solche Regelung nicht getroffen ist, der obersten Landesbehörde herbei. [3] Im Fall der Aufhebung im Einzelfall wird die

---

1) § 40 Abs. 2 aufgeh. mWv 31.8.2013 durch G v. 28.8.2013 (BGBl. I S. 3310).

2) § 41 Abs. 2, Abs. 3 Satz 4, Abs. 4 Satz 2 geänd. mWv 26.11.2019 durch G v. 20.11.2019 (BGBl. I S. 1626); Abs. 3 Sätze 2 und 3 aufgeh., bish. Satz 4 wird Satz 2, Abs. 4 Satz 3 aufgeh., Abs. 5 angef. mWv 28.7.2021 durch G v. 12.7.2021 (BGBl. I S. 3091).

Übermittlung der für das Ersuchen erforderlichen Fahrzeug- und Halterdaten durch die sperrende Behörde vorgenommen. [4] Hierfür dürfen der sperrenden Behörde bei von ihr festgestellter Erforderlichkeit auf ihr Verlangen die Fahrzeug- und Halterdaten von den Registerbehörden übermittelt werden. [5] Die sperrende Behörde hat diese übermittelten Daten nach Abschluss des Verfahrens unverzüglich zu löschen.

§ 42[1)] Datenabgleich zur Beseitigung von Fehlern. (1) [1] Bei Zweifeln an der Identität eines eingetragenen Halters mit dem Halter, auf den sich eine neue Mitteilung bezieht, dürfen die Datenbestände des Fahreignungsregisters und des Zentralen Fahrerlaubnisregisters zur Identifizierung dieser Halter verwendet werden. [2] Ist die Feststellung der Identität der betreffenden Halter auf diese Weise nicht möglich, dürfen die auf Anfrage aus den Melderegistern übermittelten Daten zur Behebung der Zweifel verwendet werden. [3] Die Zulässigkeit der Übermittlung durch die Meldebehörden richtet sich nach den Meldegesetzen der Länder. [4] Können die Zweifel an der Identität der betreffenden Halter nicht ausgeräumt werden, werden die Eintragungen über beide Halter mit einem Hinweis auf die Zweifel an deren Identität versehen.

(2) [1] Die nach § 33 im Zentralen Fahrzeugregister gespeicherten Daten dürfen den Zulassungsbehörden übermittelt werden, soweit dies erforderlich ist, um Fehler und Abweichungen in deren Register festzustellen und zu beseitigen und um diese örtlichen Register zu vervollständigen. [2] Die nach § 33 im örtlichen Fahrzeugregister gespeicherten Daten dürfen dem Kraftfahrt-Bundesamt übermittelt werden, soweit dies erforderlich ist, um Fehler und Abweichungen im Zentralen Fahrzeugregister festzustellen und zu beseitigen sowie das Zentrale Fahrzeugregister zu vervollständigen. [3] Die nach § 33 im örtlichen oder im Zentralen Fahrzeugregister gespeicherten Daten dürfen an die Versicherer im Sinne des § 34 Absatz 5 übermittelt werden, soweit dies erforderlich ist, um Fehler und Abweichungen im örtlichen oder im Zentralen Fahrzeugregister festzustellen und zu beseitigen sowie um diese Register zu vervollständigen. [4] Die nach § 33 im Zentralen Fahrzeugregister gespeicherten Daten dürfen an die Technischen Prüfstellen, die amtlich anerkannten Überwachungsorganisationen und die anerkannten Kraftfahrzeugwerkstätten, soweit diese Werkstätten Sicherheitsprüfungen durchführen, sowie an ihre jeweiligen Kopfstellen im Sinne des § 34 Absatz 6 übermittelt werden, soweit dies erforderlich ist, um Fehler und Abweichungen im Zentralen Fahrzeugregister festzustellen und zu beseitigen sowie um dieses Register zu vervollständigen. [5] Die Übermittlung nach nach den Sätzen 1 bis 4 ist nur zulässig, wenn Anlass zu der Annahme besteht, dass die Register unrichtig oder unvollständig sind.

(3) [1] Die nach § 33 im Zentralen Fahrzeugregister oder im zuständigen örtlichen Fahrzeugregister gespeicherten Halter- und Fahrzeugdaten dürfen der für die Ausübung der Verwaltung der Kraftfahrzeugsteuer zuständigen Behörde übermittelt werden, soweit dies für Maßnahmen zur Durchführung des Kraftfahrzeugsteuerrechts erforderlich ist, um Fehler und Abweichungen in den Datenbeständen der für die Ausübung der Verwaltung der Kraftfahrzeugsteuer zuständigen Behörden festzustellen und zu beseitigen und um diese Datenbestände zu vervollständigen.

[1)] *§ 42 Abs. 3 Satz 1 geänd. mWv 1.7.2009 durch* G v. 29.5.2009 (BGBl. I S. 1170); Abs. 1 Satz 1 geänd. mWv 1.5.2014 durch G v. 28.8.2013 (BGBl. I S. 3313); Überschrift neu gef., Abs. 1 Sätze 1 und 2 geänd. mWv 26.11.2019 durch G v. 20.11.2019 (BGBl. I S. 1626); Abs. 2 Sätze 3 und 4 eingef., bish. Satz 3 wird Satz 5 und geänd. mWv 28.7.2021 durch G v. 12.7.2021 (BGBl. I S. 3091).

[2]Die Übermittlung nach Satz 1 ist nur zulässig, wenn Anlass zu der Annahme besteht, dass die Datenbestände unrichtig oder unvollständig sind.

§ 43[1)] Allgemeine Vorschriften für die Datenübermittlung an und die Verarbeitung der Daten durch den Empfänger. (1) [1]Übermittlungen von Daten aus den Fahrzeugregistern sind nur auf Ersuchen zulässig, es sei denn, auf Grund besonderer Rechtsvorschrift wird bestimmt, dass die Registerbehörde bestimmte Daten von Amts wegen zu übermitteln hat. [2]Die Verantwortung für die Zulässigkeit der Übermittlung trägt die übermittelnde Stelle. [3]Erfolgt die Übermittlung auf Ersuchen des Empfängers, trägt dieser die Verantwortung. [4]In diesem Fall prüft die übermittelnde Stelle nur, ob das Übermittlungsersuchen im Rahmen der Aufgaben des Empfängers liegt, es sei denn, dass besonderer Anlass zur Prüfung der Zulässigkeit der Übermittlung besteht. [5]Begründet sich der besondere Anlass nach Satz 4 in Zweifeln an der Identität einer Person, auf die sich ein Ersuchen auf Datenübermittlung bezieht, gilt § 42 Absatz 1 Satz 1 bis 3 entsprechend.

(2) [1]Der Empfänger darf die übermittelten Daten nur zu dem Zweck verarbeiten, zu dessen Erfüllung sie ihm übermittelt worden sind. [2]Der Empfänger darf die übermittelten Daten auch für andere Zwecke verarbeiten, soweit sie ihm auch für diese Zwecke hätten übermittelt werden dürfen. [3]Ist der Empfänger eine nichtöffentliche Stelle, hat die übermittelnde Stelle ihn darauf hinzuweisen. [4]Eine Verarbeitung für andere Zwecke durch nichtöffentliche Stellen bedarf der Zustimmung der übermittelnden Stelle.

§ 44[2)] Löschung der Daten in den Fahrzeugregistern. (1) Die nach § 33 Abs. 1 und 2 gespeicherten Daten sind in den Fahrzeugregistern spätestens zu löschen, wenn sie für die Aufgaben nach § 32 nicht mehr benötigt werden.

(2) Die Daten über Fahrtenbuchauflagen (§ 33 Abs. 3) sind nach Wegfall der Auflage zu löschen.

§ 45[3)] Anonymisierte Daten. [1]Auf die Verarbeitung von Daten, die keinen Bezug zu einer bestimmten oder bestimmbaren Person ermöglichen, finden die Vorschriften dieses Abschnitts keine Anwendung. [2]Zu den Daten, die einen Bezug zu einer bestimmten oder bestimmbaren Person ermöglichen, gehören auch das Kennzeichen eines Fahrzeugs, die Fahrzeug-Identifizierungsnummer und die Fahrzeugbriefnummer.

§ 46 (weggefallen)

§ 47[4)] Verordnungsermächtigungen, Ausführungsvorschriften. Das Bundesministerium für Verkehr und digitale Infrastruktur wird ermächtigt, Rechtsverordnung[5)] mit Zustimmung des Bundesrates zu erlassen

1. darüber,

[1)] § 43 Überschrift neu gef., Abs. 2 Sätze 1, 2 und 4 geänd. mWv 26.11.2019 durch G v. 20.11.2019 (BGBl. I S. 1626); Abs. 1 Satz 5 angef. mWv 28.7.2021 durch G v. 12.7.2021 (BGBl. I S. 3091).

[2)] § 44 Abs. 1 Satz 2 aufgeh. mWv 26.11.2019 durch G v. 20.11.2019 (BGBl. I S. 1626).

[3)] § 45 Satz 1 geänd. mWv 26.11.2019 durch G v. 20.11.2019 (BGBl. I S. 1626).

[4)] § 47 Abs. 1 Nr. 5a geänd. mWv 19.7.2006 durch G v. 10.7.2006 (BGBl. I S. 1458); Abs. 2 aufgeh., bish. Abs. 1 einl. Satzteil geänd. mWv 18.8.2006 durch G v. 14.8.2006 (BGBl. I S. 1958); einl. Satzteil geänd. mWv 5.12.2014 durch G v. 28.11.2014 (BGBl. I S. 1802); Nr. 1a eingef. mWv 7.12.2016 durch G v. 28.11.2016 (BGBl. I S. 2722); Überschrift geänd. mWv 28.7.2021 durch G v. 12.7.2021 (BGBl. I S. 3091).

[5)] Fahrzeug-Zulassungsverordnung – FZV v. 3.2.2011 (BGBl. I S. 139), zuletzt geänd. durch G v. 12.7. 2021 (BGBl. I S. 3091).

a) welche im Einzelnen zu bestimmenden Fahrzeugdaten (§ 33 Abs. 1 Satz 1 Nr. 1) und

b) welche Halterdaten nach § 33 Abs. 1 Satz 1 Nr. 2 in welchen Fällen der Zuteilung oder Ausgabe des Kennzeichens unter Berücksichtigung der in § 32 genannten Aufgaben

im örtlichen und im Zentralen Fahrzeugregister jeweils gespeichert (§ 33 Abs. 1) und zur Speicherung erhoben (§ 34 Abs. 1) werden,

1a. darüber, welche im Einzelnen zu bestimmenden Fahrzeugdaten und Daten über Prüfungen und Untersuchungen einschließlich der durchführenden Stellen und Kennungen zur Feststellung der für die Durchführung der Prüfung oder Untersuchung Verantwortlichen die Technischen Prüfstellen, amtlich anerkannten Überwachungsorganisationen und anerkannten Kraftfahrzeugwerkstätten, soweit diese Werkstätten Sicherheitsprüfungen durchführen, zur Speicherung im Zentralen Fahrzeugregister nach § 34 Absatz 6 mitzuteilen haben, und über die Einzelheiten des Mitteilungs- sowie des Auskunftsverfahrens,

2. darüber, welche im Einzelnen zu bestimmenden Fahrzeugdaten die Versicherer zur Speicherung im Zentralen Fahrzeugregister nach § 34 Abs. 5 Satz 2 mitzuteilen haben,

3. über die regelmäßige Übermittlung der Daten nach § 35 Abs. 5, insbesondere über die Art der Übermittlung sowie die Art und den Umfang der zu übermittelnden Daten,

4. über die Art und den Umfang der zu übermittelnden Daten und die Maßnahmen zur Sicherung gegen Missbrauch beim Abruf im automatisierten Verfahren nach § 36 Abs. 5,

4a. über die Art und den Umfang der zu übermittelnden Daten und die Maßnahmen zur Sicherung gegen Mißbrauch nach § 36a,

5. über Einzelheiten des Verfahrens nach § 36 Abs. 7 Satz 2,

5a. über die Art und den Umfang der zu übermittelnden Daten, die Bestimmung der Empfänger und den Geschäftsweg bei Übermittlungen nach § 37 Abs. 1 und 1a,

5b. darüber, welche Daten nach § 37a Abs. 1 durch Abruf im automatisierten Verfahren übermittelt werden dürfen,

5c. über die Bestimmung, welche ausländischen öffentlichen Stellen zum Abruf im automatisierten Verfahren nach § 37a Abs. 1 befugt sind,

6. über das Verfahren bei Übermittlungssperren sowie über die Speicherung, Änderung und die Aufhebung der Sperren nach § 33 Abs. 4 und § 41 und

7. über die Löschung der Daten nach § 44, insbesondere über die Voraussetzungen und Fristen für die Löschung.

VI. Fahrerlaubnisregister

§ 48[1)] Registerführung und Registerbehörden. (1) [1]Die Fahrerlaubnisbehörden (§ 2 Abs. 1) führen im Rahmen ihrer örtlichen Zuständigkeit ein Register (örtliche Fahrerlaubnisregister) über

1. von ihnen erteilte Fahrerlaubnisse sowie die entsprechenden Führerscheine,

[1)] § 48 Abs. 1 Satz 1 Nr. 1 geänd., Satz 3 angef., Abs. 2 neu gef. mWv 1.1.2015 durch G v. 28.11.2014 (BGBl. I S. 1802); Abs. 3 Satz 4 geänd. mWv 7.12.2016 durch G v. 28.11.2016 (BGBl. I S. 2722).

2. Entscheidungen, die Bestand, Art und Umfang von Fahrerlaubnissen oder sonstige Berechtigungen, ein Fahrzeug zu führen, betreffen.

[2] Abweichend von Satz 1 Nr. 2 darf die zur Erteilung einer Prüfbescheinigung zuständige Stelle Aufzeichnungen über von ihr ausgegebene Bescheinigungen für die Berechtigung zum Führen fahrerlaubnisfreier Fahrzeuge führen. [3] Sobald ein örtliches Fahrerlaubnisregister nach Maßgabe des § 65 Absatz 2 Satz 1 nicht mehr geführt werden darf, gilt Satz 1 in Verbindung mit Satz 2 nur noch für die in § 65 Absatz 2a bezeichneten Daten.

(2) Das Kraftfahrt-Bundesamt führt ein Register über Fahrerlaubnisse und die entsprechenden Führerscheine (Zentrales Fahrerlaubnisregister), die von den nach Landesrecht für den Vollzug des Fahrerlaubnisrechtes zuständigen Behörden (Fahrerlaubnisbehörden) erteilt sind.

(3) [1] Bei einer zentralen Herstellung der Führscheine übermittelt die Fahrerlaubnisbehörde dem Hersteller die hierfür notwendigen Daten. [2] Der Hersteller darf ausschließlich zum Nachweis des Verbleibs der Führerscheine alle Führerscheinnummern der hergestellten Führerscheine speichern. [3] Die Speicherung der übrigen im Führerschein enthaltenen Angaben beim Hersteller ist unzulässig, soweit sie nicht ausschließlich und vorübergehend der Herstellung des Führerscheins dient; die Angaben sind anschließend zu löschen. [4] Die Daten nach den Sätzen 1 und 2 dürfen nach näherer Bestimmung durch Rechtsverordnung gemäß § 63 Nummer 1 an das Kraftfahrt-Bundesamt zur Speicherung im Zentralen Fahrerlaubnisregister übermittelt werden; sie sind dort spätestens nach Ablauf von zwölf Monaten zu löschen, sofern dem Amt die Erteilung oder Änderung der Fahrerlaubnis innerhalb dieser Frist nicht mitgeteilt wird; beim Hersteller sind die Daten nach der Übermittlung zu löschen. [5] Vor Eingang der Mitteilung beim Kraftfahrt-Bundesamt über die Erteilung oder Änderung der Fahrerlaubnis darf das Amt über die Daten keine Auskunft erteilen.

§ 49[1] Zweckbestimmung der Register. (1) Die örtlichen Fahrerlaubnisregister und das Zentrale Fahrerlaubnisregister werden geführt zur Speicherung von Daten, die erforderlich sind, um feststellen zu können, welche Fahrerlaubnisse und welche Führerscheine eine Person besitzt oder für welche sie die Neuerteilung beantragen kann.

(2) Die örtlichen Fahrerlaubnisregister werden außerdem geführt zur Speicherung von Daten, die erforderlich sind

1. für die Beurteilung der Eignung und Befähigung von Personen zum Führen von Kraftfahrzeugen und
2. für die Prüfung der Berechtigung zum Führen von Fahrzeugen.

§ 50[2] Inhalt der Fahrerlaubnisregister. (1) In den örtlichen Fahrerlaubnis*registern* und im Zentralen Fahrerlaubnisregister werden gespeichert

1. Familiennamen, Geburtsnamen, sonstige frühere Namen, Vornamen, Ordens- oder Künstlername, Doktorgrad, Geschlecht, Tag und Ort der Geburt,

---

[1] § 49 Abs. 1 geänd. mWv 1.1.2015 durch G v. 28.11.2014 (BGBl. I S. 1802).

[2] § 50 Abs. 1 Nr. 2 und Abs. 2 Nr. 2 Buchst. a geänd. mWv 1.5.2014 durch G v. 28.8.2013 (BGBl. I S. 3313); Abs. 3 und 4 angef. mWv 1.1.2015 durch G v. 28.11.2014 (BGBl. I S. 1802); Abs. 1 Nr. 2, Abs. 2 Nr. 1 und 2 geänd. mWv 7.12.2016 durch G v. 28.11.2016 (BGBl. I S. 2722); Abs. 2 Nr. 1 geänd. mWv 26.11.2019 durch G v. 20.11.2019 (BGBl. I S. 1626); Abs. 2 Nr. 1 geänd. mWv 1.6.2020 durch G v. 5.12. 2019 (BGBl. I S. 2008).

2. nach näherer Bestimmung durch Rechtsverordnung gemäß § 63 Nummer 2 Daten über Erteilung und Registrierung (einschließlich des Umtauschs oder der Registrierung einer deutschen Fahrerlaubnis im Ausland), Bestand, Art, Umfang, Gültigkeitsdauer, Verlängerung und Änderung der Fahrerlaubnis, Datum des Beginns und des Ablaufs der Probezeit, Nebenbestimmungen zur Fahrerlaubnis, über Führerscheine und deren Geltung einschließlich der Ausschreibung zur Sachfahndung, sonstige Berechtigungen, ein Kraftfahrzeug zu führen, sowie Hinweise auf Eintragungen im Fahreignungsregister, die die Berechtigung zum Führen von Kraftfahrzeugen berühren.

(2) In den örtlichen Fahrerlaubnisregistern dürfen außerdem gespeichert werden

1. die Anschrift und die E-Mail-Adresse, soweit vom Antragsteller angegeben, der betroffenen Person, Staatsangehörigkeit, Art des Ausweisdokuments sowie
2. nach näherer Bestimmung durch Rechtsverordnung gemäß § 63 Nummer 2 Daten über
   a) Versagung, Entziehung, Widerruf und Rücknahme der Fahrerlaubnis, Verzicht auf die Fahrerlaubnis, isolierte Sperren, Fahrverbote sowie die Beschlagnahme, Sicherstellung und Verwahrung von Führerscheinen sowie Maßnahmen nach § 2a Abs. 2 und § 4 Absatz 5,
   b) Verbote oder Beschränkungen, ein Fahrzeug zu führen.

(3) Im Zentralen Fahrerlaubnisregister dürfen zusätzlich zu Absatz 1 der Grund des Erlöschens der Fahrerlaubnis oder einer Fahrerlaubnisklasse, die Dauer der Probezeit einschließlich der Restdauer nach vorzeitiger Beendigung der Probezeit, Beginn und Ende einer Hemmung der Probezeit und die Behörde, die die Unterlagen im Zusammenhang mit dem Erteilen, dem Entziehen oder dem Erlöschen einer Fahrerlaubnis oder Fahrerlaubnisklasse (Fahrerlaubnisakte) führt, gespeichert werden.

(4) Sobald ein örtliches Fahrerlaubnisregister nach Maßgabe des § 65 Absatz 2 Satz 1 nicht mehr geführt werden darf, gelten die Absätze 1 und 2 im Hinblick auf die örtlichen Fahrerlaubnisregister nur noch für die in § 65 Absatz 2a bezeichneten Daten.

§ 51[1)] Mitteilung an das Zentrale Fahrerlaubnisregister. Die Fahrerlaubnisbehörden teilen dem Kraftfahrt-Bundesamt zur Speicherung im Zentralen Fahrerlaubnisregister unverzüglich die auf Grund des § 50 Abs. 1 zu speichernden oder zu einer Änderung oder Löschung einer Eintragung führenden Daten mit.

§ 52[2)] Übermittlung. (1) Die in den Fahrerlaubnisregistern gespeicherten Daten dürfen an die Stellen, die

1. für die Verfolgung von Straftaten, zur Vollstreckung oder zum Vollzug von Strafen,
2. für die Verfolgung von Ordnungswidrigkeiten und die Vollstreckung von Bußgeldbescheiden und ihren Nebenfolgen nach diesem Gesetz oder
3. für Verwaltungsmaßnahmen auf Grund dieses Gesetzes oder der auf ihm beruhenden Rechtsvorschriften, soweit es um Fahrerlaubnisse, Führerscheine oder sonstige Berechtigungen, ein Fahrzeug zu führen, geht,

---

[1)] § 51 geänd. mWv 9.12.2010 durch G v. 2.12.2010 (BGBl. I S. 1748).
[2)] § 52 Abs. 2 geänd. mWv 1.1.2009 durch G v. 6.11.2008 (BGBl. I S. 2162).

zuständig sind, übermittelt werden, soweit dies zur Erfüllung der diesen Stellen obliegenden Aufgaben zu den in § 49 genannten Zwecken jeweils erforderlich ist.

(2) Die in den Fahrerlaubnisregistern gespeicherten Daten dürfen zu den in § 49 Abs. 1 und 2 Nr. 2 genannten Zwecken an die für Verkehrs- und Grenzkontrollen zuständigen Stellen sowie an die für Straßenkontrollen zuständigen Stellen übermittelt werden, soweit dies zur Erfüllung ihrer Aufgaben erforderlich ist.

(3) Das Kraftfahrt-Bundesamt hat entsprechend § 35 Abs. 6 Satz 1 und 2 Aufzeichnungen über die Übermittlungen nach den Absätzen 1 und 2 zu führen.

§ 53[1)] Direkteinstellung und Abruf im automatisierten Verfahren.

(1) Den Stellen, denen die Aufgaben nach § 52 obliegen, dürfen die hierfür jeweils erforderlichen Daten aus dem Zentralen Fahrerlaubnisregister und den örtlichen Fahrerlaubnisregistern zu den in § 49 genannten Zwecken durch Abruf im automatisierten Verfahren übermittelt werden.

(1a) Die Fahrerlaubnisbehörden dürfen die Daten, die sie nach § 51 dem Kraftfahrt-Bundesamt mitzuteilen haben, im Wege der Datenfernübertragung durch Direkteinstellung übermitteln.

(2) Die Einrichtung von Anlagen zur Direkteinstellung oder zum Abruf im automatisierten Verfahren ist nur zulässig, wenn nach näherer Bestimmung durch Rechtsverordnung gemäß § 63 Nummer 4 gewährleistet ist, dass

1. die erforderlichen technischen und organisatorischen Maßnahmen nach den Artikeln 24, 25 und 32 der Verordnung (EU) 2016/679 zur Sicherstellung des Datenschutzes und der Datensicherheit getroffen werden und
2. die Zulässigkeit der Direkteinstellung oder der Abrufe nach Maßgabe des Absatzes 3 kontrolliert werden kann.

(3) [1]Das Kraftfahrt-Bundesamt oder die Fahrerlaubnisbehörde als übermittelnde Stellen haben über die Direkteinstellungen und die Abrufe Aufzeichnungen zu fertigen, die die bei der Durchführung der Direkteinstellungen oder der Abrufe verwendeten Daten, den Tag und die Uhrzeit der Direkteinstellungen oder der Abrufe, die Kennung der einstellenden oder abrufenden Dienststelle und die eingestellten oder abgerufenen Daten enthalten müssen. [2]Die protokollierten Daten dürfen nur für Zwecke der Datenschutzkontrolle, der Datensicherung oder zur Sicherstellung eines ordnungsgemäßen Betriebs der Datenverarbeitungsanlage verwendet werden, es sei denn, es liegen Anhaltspunkte dafür vor, dass ohne ihre Verwendung die Verhinderung oder Verfolgung einer schwerwiegenden Straftat gegen Leib, Leben oder Freiheit einer Person aussichtslos oder wesentlich erschwert wäre. [3]Die Protokolldaten sind durch geeignete Vorkehrungen gegen zweckfremde Verwendung und gegen sonstigen Missbrauch zu schützen und beim Abruf nach sechs Monaten und bei der Direkteinstellung mit Vollendung des 110. Lebensjahres der betroffenen Person zu löschen.

(4) [1]Bei Direkteinstellungen in das und bei Abrufen aus dem Zentralen Fahrerlaubnisregister sind vom Kraftfahrt-Bundesamt weitere Aufzeichnungen zu fertigen, die sich auf den Anlass der Direkteinstellung oder des Abrufs erstrecken und die Feststellung der für die Direkteinstellung oder den Abruf verantwortlichen

---

[1)] § 53 Überschrift neu gef., Abs. 1a eingef., Abs. 2 einl. Satzteil und Nr. 2 geänd., Abs. 3 Satz 1 neu gef., Satz 3 geänd., Abs. 4 Satz 1 neu gef. mWv 9.12.2010 durch G v. 2.12.2010 (BGBl. I S. 1748); Abs. 2 einl. Satzteil, Abs. 4 Satz 2 geänd. mWv 7.12.2016 durch G v. 28.11.2016 (BGBl. I S. 2722); Abs. 2 Nr. 1 neu gef. mWv 26.11.2019 durch G v. 20.11.2019 (BGBl. I S. 1626).

Person ermöglichen. [2]Das Nähere wird durch Rechtsverordnung (§ 63 Nummer 4) bestimmt. [3]Dies gilt entsprechend für Abrufe aus den örtlichen Fahrerlaubnisregistern.

(5) [1]Aus den örtlichen Fahrerlaubnisregistern ist die Übermittlung der Daten durch Einsichtnahme in das Register außerhalb der üblichen Dienstzeiten an die für den betreffenden Bezirk zuständige Polizeidienststelle zulässig, wenn

1. dies im Rahmen der in § 49 Abs. 1 und 2 Nr. 2 genannten Zwecke für die Erfüllung der der Polizei obliegenden Aufgaben erforderlich ist und
2. ohne die sofortige Einsichtnahme die Erfüllung dieser Aufgaben gefährdet wäre.

[2]Die Polizeidienststelle hat die Tatsache der Einsichtnahme, deren Datum und Anlass sowie den Namen des Einsichtnehmenden aufzuzeichnen; die Aufzeichnungen sind für die Dauer eines Jahres aufzubewahren und nach Ablauf des betreffenden Kalenderjahres zu vernichten.

§ 54[1)] Automatisiertes Mitteilungs-, Anfrage- und Auskunftsverfahren beim Kraftfahrt-Bundesamt. [1]Die Übermittlung der Daten an das Zentrale Fahrerlaubnisregister und aus dem Zentralen Fahrerlaubnisregister nach den §§ 51, 52 und 55 darf nach näherer Bestimmung durch Rechtsverordnung gemäß § 63 Nummer 5 auch in einem automatisierten Mitteilungs-, Anfrage- und Auskunftsverfahren erfolgen. [2]Für die Einrichtung und Durchführung des Verfahrens gilt § 30b Abs. 1 Satz 2, Abs. 2 und 3 entsprechend. [3]Die Protokolldaten der Mitteilungen sind mit Vollendung des 110. Lebensjahres der betroffenen Person zu löschen.

§ 55[2)] Übermittlung von Daten an Stellen außerhalb des Geltungsbereiches dieses Gesetzes. (1) Die auf Grund des § 50 gespeicherten Daten dürfen von den Registerbehörden an die hierfür zuständigen Stellen anderer Staaten übermittelt werden, soweit dies

1. für Verwaltungsmaßnahmen auf dem Gebiet des Straßenverkehrs,
2. zur Verfolgung von Zuwiderhandlungen gegen Rechtsvorschriften auf dem Gebiet des Straßenverkehrs oder
3. zur Verfolgung von Straftaten, die im Zusammenhang mit dem Straßenverkehr oder sonst mit Kraftfahrzeugen oder Anhängern oder Fahrzeugpapieren, Fahrerlaubnissen oder Führerscheinen stehen,

erforderlich ist.

(2) Der Empfänger ist darauf hinzuweisen, dass die übermittelten Daten nur zu dem Zweck verarbeitet werden dürfen, zu dessen Erfüllung sie ihm übermittelt werden.

(3) Die Übermittlung unterbleibt, wenn durch sie schutzwürdige Interessen der betroffenen Person beeinträchtigt würden, insbesondere wenn im Empfängerland ein angemessener Datenschutzstandard nicht gewährleistet ist.

§ 56[3)] Abruf im automatisierten Verfahren durch Stellen außerhalb des Geltungsbereiches dieses Gesetzes. (1) Durch Abruf im automatisierten Ver-

[1)] § 54 Überschrift und Satz 1 neu gef., Satz 3 angef. mWv 9.12.2010 durch G v. 2.12.2010 (BGBl. I S. 1748); Satz 1 geänd. mWv 7.12.2016 durch G v. 28.11.2016 (BGBl. I S. 2722).

[2)] § 55 Abs. 2 und 3 geänd. mWv 26.11.2019 durch G v. 20.11.2019 (BGBl. I S. 1626).

[3)] § 56 Abs. 1 geänd. mWv 7.12.2016 durch G v. 28.11.2016 (BGBl. I S. 2722); Abs. 2 Satz 1 einl. Satzteil und Nr. 1 geänd., Nr. 2 neu gef. mWv 26.11.2019 durch G v. 20.11.2019 (BGBl. I S. 1626).

fahren dürfen aus dem Zentralen Fahrerlaubnisregister für die in § 55 Abs. 1 genannten Maßnahmen an die hierfür zuständigen öffentlichen Stellen in einem Mitgliedstaat der Europäischen Union oder einem anderen Vertragsstaat des Abkommens über den Europäischen Wirtschaftsraum die zu deren Aufgabenerfüllung erforderlichen Daten nach näherer Bestimmung durch Rechtsverordnung gemäß § 63 Nummer 6 übermittelt werden.

(2) [1] Der Abruf ist nur zulässig, wenn

1. diese Form der Datenübermittlung unter Berücksichtigung der schutzwürdigen Interessen der betroffenen Personen wegen der Vielzahl der Übermittlungen oder wegen ihrer besonderen Eilbedürftigkeit angemessen ist und
2. der Empfängerstaat die Verordnung (EU) 2016/679 anwendet.

[2] § 53 Abs. 2 und 3 sowie Abs. 4 wegen des Anlasses der Abrufe ist entsprechend anzuwenden.

§ 57[1)] Übermittlung an und Verwendung durch den Empfänger für wissenschaftliche, statistische und gesetzgeberische Zwecke. Für die Übermittlung und Verwendung der nach § 50 gespeicherten Daten für wissenschaftliche Zwecke gilt § 38, für statistische Zwecke § 38a und für gesetzgeberische Zwecke § 38b jeweils entsprechend.

§ 58[2)] Auskunft über eigene Daten aus den Registern. [1] Einer Privatperson wird auf Antrag schriftlich über den sie betreffenden Inhalt des örtlichen oder des Zentralen Fahrerlaubnisregisters unentgeltlich Auskunft erteilt. [2] Der Antragsteller hat dem Antrag einen Identitätsnachweis beizufügen und den Antrag, wenn er schriftlich gestellt wird, eigenhändig zu unterschreiben. [3] Die Auskunft kann elektronisch erteilt werden, wenn der Antrag unter Nutzung des elektronischen Identitätsnachweises nach § 18 des Personalausweisgesetzes[3)], nach § 12 des eID-Karte-Gesetzes oder nach § 78 Absatz 5 des Aufenthaltsgesetzes[4)] gestellt wird. [4] Hinsichtlich der Protokollierung gilt § 53 Absatz 3 entsprechend.

§ 59[5)] Datenabgleich zur Beseitigung von Fehlern. (1) [1] Bei Zweifeln an der Identität einer eingetragenen Person mit der Person, auf die sich eine Mitteilung nach § 51 bezieht, dürfen die Datenbestände des Fahreignungsregisters und des Zentralen Fahrzeugregisters zur Identifizierung dieser Personen verwendet werden. [2] Ist die Feststellung der Identität der betreffenden Personen auf diese Weise nicht möglich, dürfen die auf Anfrage aus den Melderegistern übermittelten Daten zur Behebung der Zweifel verwendet werden. [3] Die Zulässigkeit der Übermittlung durch die Meldebehörden richtet sich nach den Meldegesetzen der Länder. [4] Können die Zweifel an der Identität der betreffenden Personen nicht ausgeräumt werden, werden die Eintragungen über beide Personen mit einem Hinweis auf die Zweifel an deren Identität versehen.

[1)] § 57 Überschrift neu gef. und Wortlaut geänd. mWv 26.11.2019 durch G v. 20.11.2019 (BGBl. I S. 1626).

[2)] § 58 Sätze 3 und 4 angef. mWv 1.8.2013 durch G v. 25.7.2013 (BGBl. I S. 2749); Satz 3 geänd. mWv 1.11.2019 durch G v. 21.6.2019 (BGBl. I S. 846); Satz 2 geänd. mWv 28.7.2021 durch G v. 12.7.2021 (BGBl. I S. 3091).

[3)] **Sartorius Nr. 255.**

[4)] **Sartorius Nr. 565.**

[5)] § 59 Abs. 1 Satz 1 und Abs. 2 geänd. mWv 1.5.2014 durch G v. 28.8.2013 (BGBl. I S. 3313); Überschrift neu gef., Abs. 1 Sätze 1 und 2 sowie Abs. 2 geänd. mWv 26.11.2019 durch G v. 20.11.2019 (BGBl. I S. 1626).

(2) Die regelmäßige Verwendung der auf Grund des § 28 Abs. 3 im Fahreignungsregister gespeicherten Daten ist zulässig, um Fehler und Abweichungen bei den Personendaten sowie den Daten über Fahrerlaubnisse und Führerscheine der betreffenden Person im Zentralen Fahrerlaubnisregister festzustellen und zu beseitigen und um dieses Register zu vervollständigen.

(3) [1] Die nach § 50 Abs. 1 im Zentralen Fahrerlaubnisregister gespeicherten Daten dürfen den Fahrerlaubnisbehörden übermittelt werden, soweit dies erforderlich ist, um Fehler und Abweichungen in deren Registern festzustellen und zu beseitigen und um diese örtlichen Register zu vervollständigen. [2] Die nach § 50 Abs. 1 im örtlichen Fahrerlaubnisregister gespeicherten Daten dürfen dem Kraftfahrt-Bundesamt übermittelt werden, soweit dies erforderlich ist, um Fehler und Abweichungen im Zentralen Fahrerlaubnisregister festzustellen und zu beseitigen und um dieses Register zu vervollständigen. [3] Die Übermittlungen nach den Sätzen 1 und 2 sind nur zulässig, wenn Anlass zu der Annahme besteht, dass die Register unrichtig oder unvollständig sind.

§ 60[1)] Allgemeine Vorschriften für die Datenübermittlung an und die Verarbeitung der Daten durch den Empfänger. (1) [1] Übermittlungen von Daten aus den Fahrerlaubnisregistern sind nur auf Ersuchen zulässig, es sei denn, auf Grund besonderer Rechtsvorschrift wird bestimmt, dass die Registerbehörde bestimmte Daten von Amts wegen zu übermitteln hat. [2] Die Verantwortung für die Zulässigkeit der Übermittlung trägt die übermittelnde Stelle. [3] Erfolgt die Übermittlung auf Ersuchen des Empfängers, trägt dieser die Verantwortung. [4] In diesem Fall prüft die übermittelnde Stelle nur, ob das Übermittlungsersuchen im Rahmen der Aufgaben des Empfängers liegt, es sei denn, dass besonderer Anlass zur Prüfung der Zulässigkeit der Übermittlung besteht. [5] Begründet sich der besondere Anlass nach Satz 4 in Zweifeln an der Identität einer Person, auf die sich ein Ersuchen auf Datenübermittlung bezieht, gilt § 59 Absatz 1 Satz 1 bis 3 entsprechend.

(2) Für die Verarbeitung der Daten durch den Empfänger gilt § 43 Abs. 2.

§ 61[2)] Löschung der Daten. (1) [1] Die auf Grund des § 50 im Zentralen Fahrerlaubnisregister gespeicherten Daten sind zu löschen, soweit

1. die zugrunde liegende Fahrerlaubnis vollständig oder hinsichtlich einzelner Fahrerlaubnisklassen erloschen ist oder
2. eine amtliche Mitteilung über den Tod der betroffenen Person eingeht.

[2] Die Angaben zur Probezeit werden ein Jahr nach deren Ablauf gelöscht. [3] Satz 1 Nummer 1 gilt nicht für die nach § 50 Absatz 1 Nummer 1 gespeicherten Daten, eine erloschene Fahrerlaubnis oder Fahrerlaubnisklasse, das Datum der jeweiligen Erteilung, das Datum des jeweiligen Erlöschens, den Grund des Erlöschens einer Fahrerlaubnis oder einer Fahrerlaubnisklasse, den Beginn und das Ende der Probezeit, die Dauer der Probezeit einschließlich der Restdauer nach einer vorzeitigen Beendigung, den Beginn und das Ende der Hemmung der Probezeit, die

---

[1)] § 60 Überschrift neu gef., Abs. 2 geänd. mWv 26.11.2019 durch G v. 20.11.2019 (BGBl. I S. 1626); Abs. 1 Satz 5 angef. mWv 28.7.2021 durch G v. 12.7.2021 (BGBl. I S. 3091).

[2)] *§ 61 Abs. 2 neu gef. mWv 9.12.2010 durch* G v. 2.12.2010 (BGBl. I S. 1748); Abs. 3 Satz 1 geänd. mWv 1.5.2014 durch G v. 28.8.2013 (BGBl. I S. 3313); Abs. 1 Satz 1 einl. Satzteil geänd., Nr. 1 neu gef., Satz 3 und Abs. 4 angef. mWv 1.1.2015 durch G v. 28.11.2014 (BGBl. I S. 1802); Abs. 1 Satz 1 Nr. 2 und Abs. 2 Nr. 1 geänd. mWv 26.11.2019 durch G v. 20.11.2019 (BGBl. I S. 1626).

Beschränkungen und Auflagen zur Fahrerlaubnis oder Fahrerlaubnisklasse, die Fahrerlaubnisnummer und die Behörde, die die Fahrerlaubnisakte führt.

(2) Über die in Absatz 1 Satz 1 Nummer 1 genannten Daten darf nach dem Erlöschen der Fahrerlaubnis nur

1. den betroffenen Personen und
2. den Fahrerlaubnisbehörden zur Überprüfung im Verfahren zur Neuerteilung oder Erweiterung einer Fahrerlaubnis

Auskunft erteilt werden.

(3) [1] Soweit die örtlichen Fahrerlaubnisregister Entscheidungen enthalten, die auch im Fahreignungsregister einzutragen sind, gilt für die Löschung § 29 entsprechend. [2] Für die Löschung der übrigen Daten gilt Absatz 1.

(4) Unbeschadet der Absätze 1 bis 3 sind die im Zentralen Fahrerlaubnisregister und den örtlichen Fahrerlaubnisregistern gespeicherten Daten mit Vollendung des 110. Lebensjahres der betroffenen Person zu löschen.

§ 62[1)] Register über die Dienstfahrerlaubnisse der Bundeswehr. (1) [1] Die durch das Bundesministerium der Verteidigung bestimmte Dienststelle führt ein zentrales Register über die von den Dienststellen der Bundeswehr erteilten Dienstfahrerlaubnisse und ausgestellten Dienstführerscheine. [2] In dem Register dürfen auch die Daten gespeichert werden, die in den örtlichen Fahrerlaubnisregistern gespeichert werden dürfen.

(2) Im Zentralen Fahrerlaubnisregister beim Kraftfahrt-Bundesamt werden nur die in § 50 Abs. 1 Nr. 1 genannten Daten, die Tatsache des Bestehens einer Dienstfahrerlaubnis mit der jeweiligen Klasse und das Datum von Beginn und Ablauf einer Probezeit sowie die Fahrerlaubnisnummer gespeichert.

(3) Die im zentralen Register gemäß Absatz 1 und die gemäß Absatz 2 im zentralen Fahrerlaubnisregister beim Kraftfahrt-Bundesamt gespeicherten Daten sind nach Ablauf eines Jahres seit Ende der Möglichkeit zur Dienstleistung der betroffenen Person (§ 4 des Reservistinnen- und Reservistengesetzes), bei Grundwehrdienst Leistenden nach Ablauf eines Jahres seit Ende der Wehrpflicht der betroffenen Person (§ 3 Absatz 3 und 4 des Wehrpflichtgesetzes[2)]) zu löschen.

(4) [1] Im Übrigen finden die Vorschriften dieses Abschnitts mit Ausnahme der §§ 53 und 56 sinngemäß Anwendung. [2] Durch Rechtsverordnung gemäß § 63 Nummer 9 können Abweichungen von den Vorschriften dieses Abschnitts zugelassen werden, soweit dies zur Erfüllung der hoheitlichen Aufgaben erforderlich ist.

§ 63[3)] Verordnungsermächtigungen, Ausführungsvorschriften. Das Bundesministerium für Verkehr und digitale Infrastruktur wird ermächtigt, Rechtsverordnungen mit Zustimmung des Bundesrates zu erlassen

1. über die Übermittlung der Daten durch den Hersteller von Führerscheinen an das Kraftfahrt-Bundesamt und die dortige Speicherung nach § 48 Abs. 3 Satz 4,

---

1) § 62 Abs. 4 Satz 2 geänd. mWv 7.12.2016 durch G v. 28.11.2016 (BGBl. I S. 2722); Abs. 3 geänd. mWv 26.11.2019 durch G v. 20.11.2019 (BGBl. I S. 1626); Abs. 1 Satz 1 geänd., Abs. 3 neu gef. mWv 12.12.2019 durch G v. 5.12.2019 (BGBl. I S. 2008).

2) **Sartorius Nr. 620.**

3) § 63 Abs. 2 aufgeh., bish. Abs. 1 einl. Satzteil geänd. mWv 18.8.2006 durch G v. 14.8.2006 (BGBl. I S. 1958); einl. Satzteil geänd. mWv 5.12.2014 durch G v. 28.11.2014 (BGBl. I S. 1802); Überschrift geänd. mWv 28.7.2021 durch G v. 12.7.2021 (BGBl. I S. 3091).

2. darüber, welche Daten nach § 50 Abs. 1 Nr. 2 und Abs. 2 Nr. 2 im örtlichen und im Zentralen Fahrerlaubnisregister jeweils gespeichert werden dürfen,
3. über die Art und den Umfang der zu übermittelnden Daten nach den §§ 52 und 55 sowie die Bestimmung der Empfänger und den Geschäftsweg bei Übermittlungen nach § 55,
4. über die Art und den Umfang der zu übermittelnden Daten, die Maßnahmen zur Sicherung gegen Missbrauch und die weiteren Aufzeichnungen beim Abruf im automatisierten Verfahren nach § 53,
5. über die Art und den Umfang der zu übermittelnden Daten und die Maßnahmen zur Sicherung gegen Missbrauch nach § 54,
6. darüber, welche Daten durch Abruf im automatisierten Verfahren nach § 56 übermittelt werden dürfen,
7. über die Bestimmung, welche ausländischen öffentlichen Stellen zum Abruf im automatisierten Verfahren nach § 56 befugt sind,
8. über den Identitätsnachweis bei Auskünften nach § 58 und
9. über Sonderbestimmungen für die Fahrerlaubnisregister der Bundeswehr nach § 62 Abs. 4 Satz 2.

VIa.[1)] Datenverarbeitung

§ 63a[2)] Datenverarbeitung bei Kraftfahrzeugen mit hoch- oder vollautomatisierter Fahrfunktion. (1) [1]Kraftfahrzeuge gemäß § 1a speichern die durch ein Satellitennavigationssystem ermittelten Positions- und Zeitangaben, wenn ein Wechsel der Fahrzeugsteuerung zwischen Fahrzeugführer und dem hoch- oder vollautomatisierten System erfolgt. [2]Eine derartige Speicherung erfolgt auch, wenn der Fahrzeugführer durch das System aufgefordert wird, die Fahrzeugsteuerung zu übernehmen oder eine technische Störung des Systems auftritt.

(2) [1]Die gemäß Absatz 1 gespeicherten Daten dürfen den nach Landesrecht für die Ahndung von Verkehrsverstößen zuständigen Behörden auf deren Verlangen übermittelt werden. [2]Die übermittelten Daten dürfen durch diese gespeichert und verwendet werden. [3]Der Umfang der Datenübermittlung ist auf das Maß zu beschränken, das für den Zweck der Feststellung des Absatzes 1 im Zusammenhang mit dem durch diese Behörden geführten Verfahren der eingeleiteten Kontrolle notwendig ist. [4]Davon unberührt bleiben die allgemeinen Regelungen zur Verarbeitung personenbezogener Daten.

(3) Der Fahrzeughalter hat die Übermittlung der gemäß Absatz 1 gespeicherten Daten an Dritte zu veranlassen, wenn

1. die Daten zur Geltendmachung, Befriedigung oder Abwehr von Rechtsansprüchen im Zusammenhang mit einem in § 7 Absatz 1 geregelten Ereignis erforderlich sind und
2. das entsprechende Kraftfahrzeug mit automatisierter Fahrfunktion an diesem Ereignis beteiligt war. Absatz 2 Satz 3 findet entsprechend Anwendung.

[1)] *Abschnitt VIa (§§ 63a, 63b)* eingef. mWv 21.6.2017 durch G v. 16.6.2017 (BGBl. I S. 1648); Überschrift neu gef. mWv 12.4.2019 durch G v. 8.4.2019 (BGBl. I S. 430).

[2)] § 63a eingef. mWv 21.6.2017 durch G v. 16.6.2017 (BGBl. I S. 1648); Abs. 2 Satz 2 geänd. mWv 26.11.2019 durch G v. 20.11.2019 (BGBl. I S. 1626).

(4) Die gemäß Absatz 1 gespeicherten Daten sind nach sechs Monaten zu löschen, es sei denn, das Kraftfahrzeug war an einem in § 7 Absatz 1 geregelten Ereignis beteiligt; in diesem Fall sind die Daten nach drei Jahren zu löschen.

(5) Im Zusammenhang mit einem in § 7 Absatz 1 geregelten Ereignis können die gemäß Absatz 1 gespeicherten Daten in anonymisierter Form zu Zwecken der Unfallforschung an Dritte übermittelt werden.

§ 63b[1)] **Verordnungsermächtigungen.** [1]Das Bundesministerium für Verkehr und digitale Infrastruktur wird ermächtigt, im Benehmen mit der Beauftragten für den Datenschutz und die Informationsfreiheit, zur Durchführung von § 63a Rechtsverordnungen zu erlassen über

1. die technische Ausgestaltung und den Ort des Speichermediums sowie die Art und Weise der Speicherung gemäß § 63a Absatz 1,
2. den Adressaten der Speicherpflicht nach § 63a Absatz 1,
3. Maßnahmen zur Sicherung der gespeicherten Daten gegen unbefugten Zugriff bei Verkauf des Kraftfahrzeugs.

[2]Rechtsverordnungen nach Satz 1 sind vor Verkündung dem Deutschen Bundestag zur Kenntnis zuzuleiten.

§ 63c[2)] **Datenverarbeitung im Rahmen der Überprüfung der Einhaltung von Verkehrsbeschränkungen und Verkehrsverboten aufgrund immissionsschutzrechtlicher Vorschriften oder aufgrund straßenverkehrsrechtlicher Vorschriften zum Schutz vor Abgasen.** (1) [1]Zur Überprüfung der Einhaltung von Verkehrsbeschränkungen und Verkehrsverboten, die aufgrund des § 40 des Bundes-Immissionsschutzgesetzes[3)] nach Maßgabe der straßenverkehrsrechtlichen Vorschriften angeordnet worden sind oder aufgrund straßenverkehrsrechtlicher Vorschriften zum Schutz der Wohnbevölkerung oder der Bevölkerung vor Abgasen zur Abwehr von immissionsbedingten Gefahren ergangen sind, darf die nach Landesrecht zuständige Behörde im Rahmen von stichprobenartigen Überprüfungen mit mobilen Geräten folgende Daten, auch durch selbsttätiges Wirken des von ihr verwendeten Gerätes, erheben, speichern und verwenden:

1. das Kennzeichen des Fahrzeugs oder der Fahrzeugkombination, die in einem Gebiet mit Verkehrsbeschränkungen oder Verkehrsverboten am Verkehr teilnehmen,
2. die für die Berechtigung zur Teilnahme am Verkehr in Gebieten mit Verkehrsbeschränkungen oder Verkehrsverboten erforderlichen Merkmale des Fahrzeugs oder der Fahrzeugkombination,
3. das durch eine Einzelaufnahme hergestellte Bild des Fahrzeugs und des Fahrers,
4. den Ort und die Zeit der Teilnahme am Verkehr im Gebiet mit Verkehrsbeschränkungen oder Verkehrsverboten.

[2]Eine verdeckte Datenerhebung ist unzulässig.

(2) [1]Die nach Landesrecht zuständige Behörde darf anhand der Daten nach Absatz 1 Satz 1 Nummer 1 beim Zentralen Fahrzeugregister die nach § 33 Absatz 1 Satz 1 Nummer 1 für das jeweilige Fahrzeug gespeicherten und für die Überprüfung der Einhaltung der jeweiligen Verkehrsbeschränkungen und Verkehrsver-

---

[1)] § 63b eingef. mWv 21.6.2017 durch G v. 16.6.2017 (BGBl. I S. 1648); Überschrift geänd. mWv 28.7.2021 durch G v. 12.7.2021 (BGBl. I S. 3091).

[2)] § 63c eingef. mWv 12.4.2019 durch G v. 8.4.2019 (BGBl. I S. 430).

[3)] **Sartorius Nr. 296.**

bote erforderlichen Fahrzeugdaten in dem in § 36 Absatz 2i vorgesehenen Verfahren abrufen, um festzustellen, ob für das Fahrzeug eine Verkehrsbeschränkung oder ein Verkehrsverbot gilt. [2] Der Abruf und die Feststellung haben unverzüglich zu erfolgen.

(3) [1] Die Daten nach Absatz 1 Satz 1 Nummer 1 bis 4 und Absatz 2 dürfen ausschließlich zum Zweck der Verfolgung von diesbezüglichen Ordnungswidrigkeiten an die hierfür zuständige Verwaltungsbehörde übermittelt werden. [2] Diese Datenübermittlung hat unverzüglich nach Abschluss der Prüfung nach Absatz 2 zu erfolgen.

(4) [1] Die Daten nach Absatz 1 Satz 1 Nummer 1 bis 4 und Absatz 2 sind von der in Absatz 1 genannten Behörde unverzüglich zu löschen,

1. sobald die nach Absatz 2 vorzunehmende Prüfung ergibt, dass das Fahrzeug berechtigt ist, am Verkehr im Gebiet mit Verkehrsbeschränkungen oder Verkehrsverboten teilzunehmen, oder
2. nach der Übermittlung an die in Absatz 3 genannte, für die Verfolgung von diesbezüglichen Ordnungswidrigkeiten zuständige Verwaltungsbehörde, wenn die nach Absatz 2 vorzunehmende Prüfung ergibt, dass das Fahrzeug nicht berechtigt ist, am Verkehr im Gebiet mit Verkehrsbeschränkungen oder Verkehrsverboten teilzunehmen.

[2] Alle Daten sind von der in Absatz 1 genannten Behörde, sofern sie nach den vorgenannten Vorschriften nicht vorher zu löschen sind, spätestens zwei Wochen nach ihrer erstmaligen Erhebung zu löschen.

(5) Für die Löschung der Daten nach Absatz 1 Satz 1 Nummer 1 bis 4 und Absatz 2 durch die für die Verfolgung von diesbezüglichen Ordnungswidrigkeiten zuständige Verwaltungsbehörde gelten die Vorschriften für das Bußgeldverfahren.

(6) Sonstige Regelungen über die Überprüfung der Einhaltung des Straßenverkehrsrechts, insbesondere des Landesrechts, bleiben unberührt.

§ 63d[1] Informationen an die Halter. [1] Das Kraftfahrt-Bundesamt darf die nach § 33 Absatz 1 gespeicherten Fahrzeugdaten und Halterdaten im Einvernehmen mit dem Bundesministerium für Verkehr und digitale Infrastruktur zu den in § 32 Absatz 3 genannten Zwecken verwenden und im Einzelfall schriftliche Informationen an die Fahrzeughalter übermitteln, um sie über Maßnahmen im Sinne des § 32 Absatz 3 zu informieren. [2] Das Bundesministerium für Verkehr und digitale Infrastruktur erteilt sein Einvernehmen nach Satz 1, wenn es die jeweilige Maßnahme für geeignet hält, die in § 32 Absatz 3 Nummer 2 genannten Zwecke unter Berücksichtigung der Umstände des Einzelfalls und unter Abwägung dieser Zwecke mit den Interessen der betroffenen Fahrzeughalter angemessen zu fördern. [3] Die Eignung der angemessenen Zweckförderung wird bei staatlich geförderten Maßnahmen vermutet, so dass das Einvernehmen ohne nähere Prüfung erteilt werden darf.

§ 63e[2] Datenerhebung, Datenspeicherung und Datenverwendung für das Verkehrsmanagement. (1) Der jeweils zuständige Straßenbaulastträger oder die abweichend hiervon nach Landesrecht für das Verkehrsmanagement zuständige Behörde darf folgende Daten, soweit sie von Kraftfahrzeugen regelmäßig oder ereignisbezogen auf elektronischem Weg erhoben werden und soweit sie aus

[1] § 63d eingef. mWv 28.7.2021 durch G v. 12.7.2021 (BGBl. I S. 3091).
[2] § 63e eingef. mWv 28.7.2021 durch G v. 12.7.2021 (BGBl. I S. 3091).

diesen Fahrzeugen an andere Kraftfahrzeuge oder an die informationstechnische Straßeninfrastruktur automatisiert versendet werden, zum Zweck des Verkehrsmanagements erheben, speichern und verwenden:

1. Position des Fahrzeugs,
2. Zeitangabe,
3. Fahrtrichtung,
4. Geschwindigkeit,
5. Beschleunigung oder Verzögerung,
6. Lenkwinkel,
7. Lenkradwinkel,
8. Fahrzeugbreite,
9. Fahrzeuglänge,
10. Status der Fahrzeugbeleuchtungseinrichtungen und der Scheibenwischer,
11. Drehbewegung um die Fahrzeughochachse,
12. Fahrzeugcharakteristik: Pkw, Lkw, Krad, öffentliches Verkehrsmittel, Fahrzeug mit Sonderrechten oder Fahrzeug des öffentlichen Personennahverkehrs,
13. plötzlich eintretende Ereignisse mit Sicherheitsrelevanz, auf Grund derer ereignisbasierte Fahrzeugmeldungen generiert werden: Stauende, Notbremsung, vorübergehend rutschige Fahrbahn, Tiere, Personen, Hindernisse, Gegenstände auf der Fahrbahn, ungesicherte Unfallstellen, Kurzzeitbaustellen, eingeschränkte Sicht, Falschfahrer, nicht ausgeschilderte Straßenblockierungen oder außergewöhnliche Witterungsbedingungen, sowie
14. ZertifikatsID der in den Nummern 1 bis 13 genannten Daten.

(2) [1] Verkehrsmanagement im Sinne dieser Vorschrift ist

1. die Erfassung der Verkehrsstärke und der sonstigen Verkehrssituation einschließlich sicherheitsrelevanter Umfeldsituationen anhand
   a) der Anzahl der Fahrzeuge,
   b) der Fahrzeuggeschwindigkeit,
   c) der Art und Maße des Fahrzeugs,
   d) der Lenkung, des Beleuchtungs- und des Scheibenwischerstatus des Fahrzeugs,
   e) der zum Durchfahren eines bestimmten Abschnitts erforderlichen Zeit (Reisezeit),
   f) abrupter Fahrzeugverzögerungen und
   g) des Liegenbleibens von Fahrzeugen auf der Fahrbahn sowie
2. die unverzügliche statistische Auswertung der erfassten Daten zum Zwecke der Verkehrslenkung sowie der Verbesserung des Verkehrsflusses und der Verkehrssicherheit.

[2] *Die Verarbeitung* der Daten zu anderen Zwecken ist unzulässig.

(3) Der jeweils für das Verkehrsmanagement zuständige Straßenbaulastträger oder die abweichend hiervon nach Landesrecht für das Verkehrsmanagement zuständige Behörde hat die in Absatz 1 genannten Daten zu dem in Absatz 2 genannten Zweck

1. unverzüglich hinsichtlich Vollständigkeit und Mehrfachempfang zu prüfen und unbrauchbar unvollständige Datensätze oder mehr als einmal empfangene Datensätze bis auf den zuerst empfangenen Datensatz vor Beginn der Auswertung automatisiert zu löschen,

2. vor Beginn der Auswertung durch unverzügliche Löschung des Datums nach Absatz 1 Nummer 14 zu anonymisieren, dies gilt nicht im Fall der Auswertung von Reisezeiten zur Optimierung der Netzsteuerung, und
3. nach vollzogener Anonymisierung gemäß Nummer 2 unverzüglich auszuwerten.

(4) [1] Nach der Auswertung sind die in Absatz 1 genannten Daten unverzüglich zu löschen. [2] Das Erstellen von Verkehrsstatistiken gilt als Auswertung.

§ 63f[1)] Verkehrsunfallforschung, Verordnungsermächtigung. (1) Die Bundesanstalt für Straßenwesen darf zum Zweck der Verkehrsunfallforschung die folgenden personenbezogenen Daten der Unfallbeteiligten, der Mitfahrer zum Unfallzeitpunkt und der sonstigen Verletzten nach Maßgabe der Absätze 2 und 3 sowie nach näherer Bestimmung durch Rechtsverordnung nach Absatz 4 Nummer 2 erheben, übermitteln, speichern und verwenden:

1. Vornamen, Name, Anschrift, Telefonnummern, Geburtsdatum, Erreichbarkeit in einer medizinischen Versorgungseinrichtung,
2. Geschlecht, Familienstand, Nationalität,
3. folgende Gesundheitsdaten der Verletzten, soweit sie unfallrelevant sind: Körpergröße, Körpergewicht, Statur und Medikation zum Unfallzeitpunkt, Vorerkrankungen, Art und Schwere der erlittenen Einzelverletzungen und deren Folgen, Art und Durchführung der Behandlung,
4. Einfluss von Medikamenten, Alkohol und anderen berauschenden Mitteln auf Unfallbeteiligte zum Unfallzeitpunkt,
5. Art der Verkehrsbeteiligung, Position im oder auf dem Fahrzeug, Bekleidung, Körpergröße, Körpergewicht und Statur zum Unfallzeitpunkt,
6. amtliches Kennzeichen und Fahrzeugidentifikationsnummer der beteiligten Fahrzeuge,
7. polizeiliche Verkehrsunfallanzeigen, Unfallgutachten von Sachverständigen.

(2) [1] Eine Erhebung, Übermittlung, Speicherung und Verwendung personenbezogener Straßenverkehrs- und Unfalldaten nach Absatz 1 ist nur zulässig,

1. soweit dies zur Erfüllung des in Absatz 1 genannten Zwecks erforderlich ist und
2. soweit eine Einwilligung der betroffenen Person gemäß Artikel 4 Nummer 11 der Verordnung (EU) 2016/679 vorliegt.

[2] Die Bundesanstalt für Straßenwesen darf die personenbezogenen Daten nach Absatz 1 Nummer 1 der jeweils betroffenen Person und die amtlichen Kennzeichen der beteiligten Fahrzeuge zunächst ohne Einwilligung bei der Stelle, die den Unfall aufgenommen hat, erheben sowie die erhobenen Daten speichern und verwenden, um die Einwilligung nach Satz 1 Nummer 2 einzuholen. [3] Wird die Einwilligung nicht innerhalb von drei Monaten erteilt oder wird die Einwilligung verweigert, so hat die Bundesanstalt für Straßenwesen die personenbezogenen Daten der betroffenen Person unverzüglich zu löschen.

(3) [1] Die personenbezogenen Daten nach Absatz 1 dürfen von der Bundesanstalt für Straßenwesen ausschließlich für den in Absatz 1 genannten Zweck verarbeitet werden und nur zum Zweck der Erhebung weiterer Daten nach Absatz 1 übermittelt werden. [2] Sie sind unverzüglich nach Erreichen des Erhebungsumfangs in der Unfallakte oder nach sonstiger Beendigung der Erhebung zu anonymisieren.

[1)] § 63f eingef. mWv 28.7.2021 durch G v. 12.7.2021 (BGBl. I S. 3091).

[3] Eine Verarbeitung der personenbezogenen Daten durch Dritte zu anderen Zwecken oder eine Beschlagnahme dieser Daten bei der Bundesanstalt für Straßenwesen nach anderen Rechtsvorschriften ist unzulässig.

(4) Das Bundesministerium für Verkehr und digitale Infrastruktur wird ermächtigt, Rechtsverordnungen zu erlassen über die Verarbeitung von Straßenverkehrs- und Unfalldaten durch die Bundesanstalt für Straßenwesen zum Zweck der Verkehrsunfallforschung, insbesondere über

1. die Art und den Umfang der zu verarbeitenden nichtpersonenbezogenen Daten und
2. die näheren technischen Bestimmungen der Art und Weise der Erhebung und der sonstigen Verarbeitung der personenbezogenen Daten nach Absatz 1.

VII. Gemeinsame Vorschriften, Übergangsbestimmungen

§ 64[1) 2)] Gemeinsame Vorschriften. (1) [1] Die Meldebehörden haben dem Kraftfahrt-Bundesamt bei der Änderung des Geburtsnamens oder des Vornamens einer Person, die das 14. Lebensjahr vollendet hat, für den in Satz 2 genannten Zweck neben dem bisherigen Namen folgende weitere Daten zu übermitteln:

1. Geburtsname,
2. Familienname,
3. Vornamen,
4. Tag der Geburt,
5. Geburtsort,
6. Geschlecht,
7. Bezeichnung der Behörde, die die Namensänderung im Melderegister veranlasst hat, sowie
8. Datum und Aktenzeichen des zugrunde liegenden Rechtsakts.

[2] Enthält das Fahreignungsregister oder das Zentrale Fahrerlaubnisregister eine Eintragung über diese Person, so ist der neue Name bei der Eintragung zu vermerken. [3] Eine Mitteilung nach Satz 1 darf nur für den in Satz 2 genannten Zweck verwendet werden. [4] Enthalten die Register keine Eintragung über diese Person, ist die Mitteilung vom Kraftfahrt-Bundesamt unverzüglich zu vernichten.

(2) Unbeschadet anderer landesrechtlicher Regelungen können durch Landesrecht Aufgaben der Zulassung von Kraftfahrzeugen auf die für das Meldewesen zuständigen Behörden übertragen werden, sofern kein neues Kennzeichen erteilt werden muss oder sich die technischen Daten des Fahrzeugs nicht ändern.

(3) Die Vorschriften der Abschnitte IV bis VI sind für den Zugang zu amtlichen Informationen abschließend.

---

1) § 64 Abs. 2 angef. mWv 1.8.2013 durch G v. 25.7.2013 (BGBl. I S. 2749); Abs. 1 Satz 2 geänd. mWv 1.5.2014 durch G v. 28.8.2013 (BGBl. I S. 3313); Abs. 3 angef. mWv 28.7.2021 durch G v. 12.7.2021 (BGBl. I S. 3091).

2) Siehe hierzu ua Zweite BundesmeldedatenübermittlungsVO v. 1.12.2014 (BGBl. I S. 1950), zuletzt geänd. durch G v. 9.7.2021 (BGBl. I S. 2467).

§ 65[1)] Übergangsbestimmungen. (1) [1]Registerauskünfte, Führungszeugnisse, Gutachten und Gesundheitszeugnisse, die sich am 1. Januar 1999 bereits in den Akten befinden, brauchen abweichend von § 2 Abs. 9 Satz 2 bis 4 erst dann vernichtet zu werden, wenn sich die Fahrerlaubnisbehörde aus anderem Anlass mit dem Vorgang befasst. [2]Eine Überprüfung der Akten muss jedoch spätestens bis zum 1. Januar 2014 durchgeführt werden. [3]Anstelle einer Vernichtung der Unterlagen sind die darin enthaltenen Daten zu sperren, wenn die Vernichtung wegen der besonderen Art der Führung der Akten nicht oder nur mit unverhältnismäßigem Aufwand möglich ist.

(2) [1]Ein örtliches Fahrerlaubnisregister (§ 48 Abs. 1) darf nicht mehr geführt werden, sobald

1. sein Datenbestand mit den in § 50 Abs. 1 genannten Daten in das Zentrale Fahrerlaubnisregister übernommen worden ist,
2. die getroffenen Maßnahmen der Fahrerlaubnisbehörde nach § 2a Abs. 2 und § 4 Absatz 5 in das Fahreignungsregister übernommen worden sind und
3. der Fahrerlaubnisbehörde die Daten, die ihr nach § 30 Abs. 1 Nr. 3 und § 52 Abs. 1 Nr. 3 aus den zentralen Registern mitgeteilt werden dürfen, durch Abruf im automatisierten Verfahren mitgeteilt werden können.

[2]Die Fahrerlaubnisbehörden löschen aus ihrem örtlichen Fahrerlaubnisregister spätestens bis zum 31. Dezember 2014 die im Zentralen Fahrerlaubnisregister gespeicherten Daten, nachdem sie sich von der Vollständigkeit und Richtigkeit der in das Zentrale Fahrerlaubnisregister übernommenen Einträge überzeugt haben. [3]Die noch nicht im Zentralen Fahrerlaubnisregister gespeicherten Daten der Fahrerlaubnisbehörden werden bis zur jeweiligen Übernahme im örtlichen Register gespeichert. [4]Maßnahmen der Fahrerlaubnisbehörde nach § 2a Abs. 2 Satz 1 Nr. 1 und 2 und § 4 Absatz 5 Satz 1 Nr. 1 und 2 werden erst dann im Fahreignungsregister gespeichert, wenn eine Speicherung im örtlichen Fahrerlaubnisregister nicht mehr vorgenommen wird.

(2a) Absatz 2 ist nicht auf die Daten anzuwenden, die vor dem 1. Januar 1999 in örtlichen Fahrerlaubnisregistern gespeichert worden sind.

(3) Die Regelungen über das Verkehrszentralregister und das Punktsystem werden in die Regelungen über das Fahreignungsregister und das Fahreignungs-Bewertungssystem nach folgenden Maßgaben überführt:

1. Entscheidungen, die nach § 28 Absatz 3 in der bis zum Ablauf des 30. April 2014 anwendbaren Fassung im Verkehrszentralregister gespeichert worden sind und nach § 28 Absatz 3 in der ab dem 1. Mai 2014 anwendbaren Fassung nicht mehr zu speichern wären, werden am 1. Mai 2014 gelöscht. Für die Feststellung nach Satz 1, ob eine Entscheidung nach § 28 Absatz 3 in der ab dem 1. Mai 2014 anwendbaren Fassung nicht mehr zu speichern wäre, bleibt die Höhe der festgesetzten Geldbuße außer Betracht.

[1)] § 65 Abs. 10 Satz 2 neu gef. mWv 1.6.2005 durch G v. 3.5.2005 (BGBl. I S. 1221); Abs. 12 angef. mWv 18.8.2005 durch G v. 14.8.2005 (BGBl. I S. 2412); Abs. 10 Satz 2 neu gef., Satz 3 eingef., bish. Satz 3 wird Satz 4 mWv 7.2.2009 durch G v. 3.2.2009 (BGBl. I S. 150); Abs. 12 neu gef. mWv 9.12.2010 durch G v. 2.12.2010 (BGBl. I S. 1748); Abs. 10 Satz 2 geänd. mWv 21.6.2013 durch G v. 17.6.2013 (BGBl. I S. 1558); Abs. 2–9, 11 und 12 aufgeh., bish. Abs. 10 wird Abs. 2 und Satz 1 Nr. 2, Satz 4 geänd., Abs. 3 und 4 angef. mWv 1.5.2014 durch G v. 28.8.2013 (BGBl. I S. 3313); Abs. 3 Nr. 7 angef. mWv *5.12.2014, Abs. 2a eingef.* mWv *1.1.2015* durch G v. 28.11.2014 (BGBl. I S. 1802); Abs. 5 angef. mWv 7.12.2016 durch G v. 28.11.2016 (BGBl. I S. 2722); Abs. 4 aufgeh. mWv 12.12.2019 durch G v. 5.12.2019 (BGBl. I S. 2008); Abs. 6 angef. mWv 17.7.2020 durch G v. 10.7.2020 (BGBl. I S. 1653); Abs. 3 Nr. 3 geänd., Abs. 7 angef. mWv 28.7.2021 durch G v. 12.7.2021 (BGBl. I S. 3091).

2. Entscheidungen, die nach § 28 Absatz 3 in der bis zum Ablauf des 30. April 2014 anwendbaren Fassung im Verkehrszentralregister gespeichert worden und nicht von Nummer 1 erfasst sind, werden bis zum Ablauf des 30. April 2019 nach den Bestimmungen des § 29 in der bis zum Ablauf des 30. April 2014 anwendbaren Fassung getilgt und gelöscht. Dabei kann eine Ablaufhemmung nach § 29 Absatz 6 Satz 2 in der bis zum Ablauf des 30. April 2014 anwendbaren Fassung nicht durch Entscheidungen, die erst ab dem 1. Mai 2014 im Fahreignungsregister gespeichert werden, ausgelöst werden. Für Entscheidungen wegen Ordnungswidrigkeiten nach § 24a gilt Satz 1 mit der Maßgabe, dass sie spätestens fünf Jahre nach Rechtskraft der Entscheidung getilgt werden. Ab dem 1. Mai 2019 gilt
   a) für die Berechnung der Tilgungsfrist § 29 Absatz 1 bis 5 in der ab dem 1. Mai 2014 anwendbaren Fassung mit der Maßgabe, dass die nach Satz 1 bisher abgelaufene Tilgungsfrist angerechnet wird,
   b) für die Löschung § 29 Absatz 6 in der ab dem 1. Mai 2014 anwendbaren Fassung.
3. Auf Entscheidungen, die bis zum Ablauf des 30. April 2014 begangene Zuwiderhandlungen ahnden und erst ab dem 1. Mai 2014 im Fahreignungsregister gespeichert werden, sind dieses Gesetz und die auf Grund des § 6 Absatz 1 Nummer 1 Buchstabe s in der bis zum 27. Juli 2021 geltenden Fassung erlassenen Rechtsverordnungen in der ab dem 1. Mai 2014 geltenden Fassung anzuwenden. Dabei sind § 28 Absatz 3 Nummer 3 Buchstabe a Doppelbuchstabe bb und § 28a in der ab dem 1. Mai 2014 geltenden Fassung mit der Maßgabe anzuwenden, dass jeweils anstelle der dortigen Grenze von sechzig Euro die Grenze von vierzig Euro gilt.
4. Personen, zu denen bis zum Ablauf des 30. April 2014 im Verkehrszentralregister eine oder mehrere Entscheidungen nach § 28 Absatz 3 Satz 1 Nummer 1 bis 3 in der bis zum Ablauf des 30. April 2014 anwendbaren Fassung gespeichert worden sind, sind wie folgt in das Fahreignungs-Bewertungssystem einzuordnen:

Punktestand vor dem 1. Mai 2014	Fahreignungs-Bewertungssystem ab dem 1. Mai 2014	
	Punktestand	Stufe
1 – 3	1	Vormerkung (§ 4 Absatz 4)
4 – 5	2	
6 – 7	3	
8 – 10	4	**1**: Ermahnung (§ 4 Absatz 5 Satz 1 Nummer 1)
11 – 13	5	
14 – 15	6	**2**: Verwarnung (§ 4 Absatz 5 Satz 1 Nummer 2)
16 – 17	7	
> = 18	8	**3**: Entzug (§ 4 Absatz 5 Satz 1 Nummer 3)

   Die am 1. Mai 2014 erreichte Stufe wird für Maßnahmen nach dem Fahreignungs-Bewertungssystem zugrunde gelegt. Die Einordnung nach Satz 1 führt allein nicht zu einer Maßnahme nach dem Fahreignungs-Bewertungssystem.
5. Die Regelungen über Punkteabzüge und Aufbauseminare werden wie folgt überführt:

a) Punkteabzüge nach § 4 Absatz 4 Satz 1 und 2 in der bis zum Ablauf des 30. April 2014 anwendbaren Fassung sind vorzunehmen, wenn die Bescheinigung über die Teilnahme an einem Aufbauseminar oder einer verkehrspsychologischen Beratung bis zum Ablauf des 30. April 2014 der nach Landesrecht zuständigen Behörde vorgelegt worden ist. Punkteabzüge nach § 4 Absatz 4 Satz 1 und 2 in der bis zum Ablauf des 30. April 2014 anwendbaren Fassung bleiben bis zur Tilgung der letzten Eintragung wegen einer Straftat oder einer Ordnungswidrigkeit nach § 28 Absatz 3 Nummer 1 bis 3 in der bis zum Ablauf des 30. April 2014 anwendbaren Fassung, längstens aber zehn Jahre ab dem 1. Mai 2014 im Fahreignungsregister gespeichert.

b) Bei der Berechnung der Fünfjahresfrist nach § 4 Absatz 7 Satz 2 und 3 sind auch Punkteabzüge zu berücksichtigen, die nach § 4 Absatz 4 Satz 1 und 2 in der bis zum Ablauf des 30. April 2014 anwendbaren Fassung vorgenommen worden sind.

c) Aufbauseminare, die bis zum Ablauf des 30. April 2014 nach § 4 Absatz 3 Satz 1 Nummer 2 in der bis zum Ablauf des 30. April 2014 anwendbaren Fassung angeordnet, aber bis zum Ablauf des 30. April 2014 nicht abgeschlossen worden sind, sind bis zum Ablauf des 30. November 2014 nach dem bis zum Ablauf des 30. April 2014 anwendbaren Recht durchzuführen.

d) Abweichend von Buchstabe c kann anstelle von Aufbauseminaren, die bis zum Ablauf des 30. April 2014 nach § 4 Absatz 3 Satz 1 Nummer 2 in der bis zum Ablauf des 30. April 2014 anwendbaren Fassung angeordnet, aber bis zum Ablauf des 30. April 2014 noch nicht begonnen worden sind, die verkehrspädagogische Teilmaßnahme des Fahreignungsseminars absolviert werden.

e) Die nach Landesrecht zuständige Behörde hat dem Kraftfahrt-Bundesamt unverzüglich die Teilnahme an einem Aufbauseminar oder einer verkehrspsychologischen Beratung mitzuteilen.

6. Nachträgliche Veränderungen des Punktestandes nach den Nummern 2 oder 5 führen zu einer Aktualisierung der nach der Tabelle zu Nummer 4 erreichten Stufe im Fahreignungs-Bewertungssystem.

7. Sofern eine Fahrerlaubnis nach § 4 Absatz 7 in der bis zum 30. April 2014 anwendbaren Fassung entzogen worden ist, ist § 4 Absatz 3 Satz 1 bis 3 auf die Erteilung einer neuen Fahrerlaubnis nicht anwendbar.

(4) *(aufgehoben)*

(5) [1] Bis zum Erlass einer Rechtsverordnung nach § 6f Absatz 2, längstens bis zum Ablauf des 31. Juli 2018, gelten die in den Gebührennummern 451 bis 455 der Anlage der Gebührenordnung für Maßnahmen im Straßenverkehr vom 25. Januar 2011 (BGBl. I S. 98), die zuletzt durch Artikel 3 der Verordnung vom 15. September 2015 (BGBl. I S. 1573) geändert worden ist, in der am 6. Dezember 2016 geltenden Fassung festgesetzten Gebühren als Entgelte im Sinne des § 6f Absatz 1. [2] Die Gebührennummern 403 und 451 bis 455 der Anlage der Gebührenordnung für Maßnahmen im Straßenverkehr sind nicht mehr anzuwenden.

(6) Die durch das Gesetz zur Haftung bei Unfällen mit Anhängern und Gespannen im Straßenverkehr vom 10. Juli 2020 (BGBl. I S. 1653) geänderten Vorschriften des Straßenverkehrsgesetzes sind nicht anzuwenden, sofern der Unfall vor dem 17. Juli 2020 eingetreten ist.

(7) Ordnungswidrigkeiten nach § 23 in der bis zum Ablauf des 27. Juli 2021 geltenden Fassung können abweichend von § 4 Absatz 3 des Gesetzes über

Ordnungswidrigkeiten[1] nach den zum Zeitpunkt der Tat geltenden Bestimmungen geahndet werden.

§ 66[2] Verkündung von Rechtsverordnungen. Rechtsverordnungen können abweichend von § 2 Absatz 1 des Verkündungs- und Bekanntmachungsgesetzes im Bundesanzeiger verkündet werden.

Anlage[3]
(zu § 24a)

Liste der berauschenden Mittel und Substanzen

Berauschende Mittel	Substanzen
Cannabis	Tetrahydrocannabinol (THC)
Heroin	Morphin
Morphin	Morphin
Cocain	Cocain
Cocain	Benzoylecgonin
Amfetamin	Amfetamin
Designer-Amfetamin	Methylendioxyamfetamin (MDA)
Designer-Amfetamin	Methylendioxyethylamfetamin (MDE)
Designer-Amfetamin	Methylendioxymetamfetamin (MDMA)
Metamfetamin	Metamfetamin

[1] Nr. **94**.
[2] § 66 angef. mWv 7.2.2009 durch G v. 3.2.2009 (BGBl. I S. 150); Satz 2 aufgeh., bish. Satz 1 geänd. mWv 1.4.2012 durch G v. 22.12.2011 (BGBl. I S. 3044).
[3] Anl. neu gef. mWv 15.6.2007 durch VO v. 6.6.2007 (BGBl. I S. 1045).

35a. Straßenverkehrs-Ordnung (StVO)[1) 2)]

Vom 6. März 2013

(BGBl. I S. 367)

FNA 9233-2

Lfd. Nr.	Änderndes Gesetz	Datum	Fundstelle	Betroffen	Hinweis
1.	Art. 1 49. VO zur Änd. straßenverkehrsrechtlicher Vorschriften	22.10.2014	BGBl. I S. 1635	§§ 21, 21a, 39, 46, 49	geänd. mWv 30.10.2014
2.	Art. 2 50. VO zur Änd. straßenverkehrsrechtlicher Vorschriften[3)]	15.9.2015	BGBl. I S. 1573	§§ 39, 45, 46, Anl. 2, 3 § 52	geänd. mWv 26.9.2015 eingef. mWv 26.9.2015
3.	Art. 2 51. VO zur Änd. straßenverkehrsrechtlicher Vorschriften	17.6.2016	BGBl. I S. 1463	§§ 21a, 49	geänd. mWv 30.6.2016
4.	Erste ÄndVO	30.11.2016	BGBl. I S. 2848	§§ 2, 11, 39, 45	geänd. mWv 14.12.2016
5.	Art. 2 VO zur Änd. der Straßenbahn-Bau- und Betriebsordnung und der StVO[4)]	16.12.2016	BGBl. I S. 2938	§ 45	geänd. mWv 23.12.2016
6.	Art. 1 52. VO zur Änd. straßenverkehrsrechtlicher Vorschriften	18.5.2017	BGBl. I S. 1282	§§ 2, 23, 52	geänd. mWv 1.6.2017
7.	Art. 4 56. StrafrechtsänderungsG	30.9.2017	BGBl. I S. 3532	§§ 29, 46, 49	geänd. mWv 13.10.2017
8.	Art. 1 53. VO zur Änd. straßenverkehrsrechtlicher Vorschriften	6.10.2017	BGBl. I S. 3549	§§ 23, 25, 30, 35, 49, 52, Anl. 2	geänd. mWv 19.10.2017
9.	Art. 4a VO über die Teilnahme von Elektrokleinstfahrzeugen am Straßenverkehr und zur Änd. weiterer straßenverkehrsrechtlicher Vorschriften	6.6.2019	BGBl. I S. 756	§§ 5, 9	geänd. mWv 15.6.2019
10.	Art. 1 54. VO zur Änd. straßenverkehrsrechtlicher Vorschriften	20.4.2020	BGBl. I S. 814, geänd. S. 3047	§§ 2, 5, 9, 12, 13, 16, 21, 23, 30, 35, 37, 39, 44, 45, 46, 49, Anl. 2, 3	geänd. mWv 28.4.2020

[1)] Verkündet durch VO zur Neufassung der Straßenverkehrs-Ordnung (StVO) v. 6.3.2013 (BGBl. I S. 367).

[2)] Die StVO wurde erlassen auf Grund des § 5b Absatz 3 sowie § 6 Absatz 1 des Straßenverkehrsgesetzes (Nr. **35**) idF der Bek. v. 5.3.2003 (BGBl. I S. 310, ber. S. 919).

[3)] **Amtl. Anm.:** Notifiziert gemäß der Richtlinie 98/34/EG des Europäischen Parlaments und des Rates vom 22. Juni 1998 über ein Informationsverfahren auf dem Gebiet der Normen und technischen Vorschriften und der Vorschriften für die Dienste der Informationsgesellschaft (ABl. L 204 vom 21.07. 1998, S. 37), zuletzt geändert durch Artikel 26 Absatz 2 der Verordnung (EU) Nr. 1025/2012 des Europäischen Parlaments und des Rates vom 25. Oktober 2012 (ABl. L 316 vom 14.11.2012, S. 12).

[4)] **Amtl. Anm.:** Notifiziert gemäß der Richtlinie (EU) 2015/1535 des Europäischen Parlaments und des Rates vom 9. September 2015 über ein Informationsverfahren auf dem Gebiet der technischen Vorschriften und der Vorschriften für die Dienste der Informationsgesellschaft (ABl. L 241 vom 17.9.2015, S. 1).

Lfd. Nr.	Änderndes Gesetz	Datum	Fundstelle	Betroffen	Hinweis
11.	Art. 1 VO zur Änd. der Straßenverkehrs-O und der Vierundfünfzigsten VO zur Änd. straßenverkehrsrechtlicher Vorschriften	18.12. 2020	BGBl. I S. 3047	§§ 45, 46, 47, 52 §§ 44a, 51a	geänd. mWv 24.12.2020 eingef. mWv 24.12.2020
12.	Art. 13 Viertes G zur Änd. des StraßenverkehrsG und anderer straßenverkehrsrechtlicher Vorschriften	12.7.2021	BGBl. I S. 3091	§ 49	geänd. mWv 28.7.2021

Zweigniederlassung, bei der eine Pflicht zur Eintragung in das Handels-, Genossenschafts- oder Partnerschaftsregister besteht, hat. Befindet sich der Sitz im Ausland, so ist die Behörde zuständig, in deren Bezirk erstmalig von der Genehmigung Gebrauch gemacht wird;

5. nach § 46 Absatz 1 Nummer 5b die Straßenverkehrsbehörde, in deren Bezirk der Antragsteller seinen Wohnort hat, auch für die Bereiche, die außerhalb ihres Bezirks liegen;
6. nach § 46 Absatz 1 Nummer 7 die Straßenverkehrsbehörde, in deren Bezirk die Ladung aufgenommen wird, im Falle einer flächendeckenden Ausnahmegenehmigung die Straßenverkehrsbehörde, in deren Bezirk die den Transport durchführende Person ihren Wohnort oder Sitz oder das den Transport durchführende Unternehmen seinen Sitz oder eine Zweigniederlassung, bei der eine Pflicht zur Eintragung in das Handels-, Genossenschafts- oder Partnerschaftsregister besteht, hat. Die Behörde ist dann auch für die Genehmigung der Leerfahrt zum Beladungsort zuständig, ferner, wenn in ihrem Land von der Ausnahmegenehmigung kein Gebrauch gemacht wird oder wenn dort kein Fahrverbot besteht. Befindet sich der Wohnort oder der Sitz im Ausland, so ist die Behörde zuständig, in deren Bezirk erstmalig von der Genehmigung Gebrauch gemacht wird;
7. nach § 46 Absatz 1 Nummer 11 die Straßenverkehrsbehörde, in deren Bezirk die Verbote, Beschränkungen und Anordnungen erlassen sind, für schwerbehinderte Menschen jedoch jede Straßenverkehrsbehörde auch für solche Maßnahmen, die außerhalb ihres Bezirks angeordnet sind;
8. in allen übrigen Fällen die Straßenverkehrsbehörde, in deren Bezirk von der Ausnahmegenehmigung Gebrauch gemacht werden soll.

(3) Die Erlaubnisse für die übermäßige Benutzung der Straße durch die Bundeswehr, die in § 35 Absatz 5 genannten Truppen, die Bundespolizei, die Polizei und den Katastrophenschutz erteilen die höhere Verwaltungsbehörde oder die nach Landesrecht bestimmte Stelle, in deren Bezirk der erlaubnispflichtige Verkehr beginnt.

§ 48 Verkehrsunterricht. Wer Verkehrsvorschriften nicht beachtet, ist auf Vorladung der Straßenverkehrsbehörde oder der von ihr beauftragten Beamten verpflichtet, an einem Unterricht über das Verhalten im Straßenverkehr teilzunehmen.

§ 49[1] Ordnungswidrigkeiten. (1) Ordnungswidrig im Sinne des § 24 Absatz 1 des Straßenverkehrsgesetzes[2] handelt, wer vorsätzlich oder fahrlässig gegen eine Vorschrift über

1. das allgemeine Verhalten im Straßenverkehr nach § 1 Absatz 2,
2. die Straßenbenutzung durch Fahrzeuge nach § 2 Absatz 1 bis 3a, Absatz 4 Satz 1, 4, 5 oder 6 oder Absatz 5,
3. die Geschwindigkeit nach § 3,
4. den Abstand nach § 4,

[1] § 49 Abs. 1 Nr. 2 geänd. mWv 30.10.2014 durch VO v. 22.10.2014 (BGBl. I S. 1635); Abs. 1 Nr. 20a geänd. mWv 30.6.2016 durch VO v. 17.6.2016 (BGBl. I S. 1463); Abs. 2 Nr. 5 aufgeh. mWv 13.10.2017 durch G v. 30.9.2017 (BGBl. I S. 3532); Abs. 1 Nr. 22 neu gef., Nr. 25 geänd. mWv 19.10.2017 durch VO v. 6.10.2017 (BGBl. I S. 3549); Abs. 1 Nr. 9 und 20 geänd. mWv 28.4.2020 durch VO v. 20.4.2020 (BGBl. I S. 814); Abs. 1–4 einl. Satzteile geänd. mWv 28.7.2021 durch G v. 12.7.2021 (BGBl. I S. 3091).

[2] Nr. **35**.

5. das Überholen nach § 5 Absatz 1 oder 2, Absatz 3 Nummer 1, Absatz 3a bis 4a, Absatz 5 Satz 2, Absatz 6 oder 7,
6. das Vorbeifahren nach § 6,
7. das Benutzen linker Fahrstreifen nach § 7 Absatz 3a Satz 1, auch in Verbindung mit Satz 2, Absatz 3b, Absatz 3c Satz 3 oder den Fahrstreifenwechsel nach § 7 Absatz 5,
7a. das Verhalten auf Ausfädelungsstreifen nach § 7a Absatz 3,
8. die Vorfahrt nach § 8,
9. das Abbiegen, Wenden oder Rückwärtsfahren nach § 9 Absatz 1, Absatz 2 Satz 2 oder 3, Absatz 3 bis 6,
10. das Einfahren oder Anfahren nach § 10 Satz 1 oder Satz 2,
11. das Verhalten bei besonderen Verkehrslagen nach § 11 Absatz 1 oder 2,
12. das Halten oder Parken nach § 12 Absatz 1, 3, 3a Satz 1, Absatz 3b Satz 1, Absatz 4 Satz 1, 2 zweiter Halbsatz, Satz 3 oder 5 oder Absatz 4a bis 6,
13. Parkuhren, Parkscheine oder Parkscheiben nach § 13 Absatz 1 oder 2,
14. die Sorgfaltspflichten beim Ein- oder Aussteigen nach § 14,
15. das Liegenbleiben von Fahrzeugen nach § 15,
15a. das Abschleppen nach § 15a,
16. die Abgabe von Warnzeichen nach § 16,
17. die Beleuchtung und das Stehenlassen unbeleuchteter Fahrzeuge nach § 17 Absatz 1 bis 4, Absatz 4a Satz 1, Absatz 5 oder 6,
18. die Benutzung von Autobahnen und Kraftfahrstraßen nach § 18 Absatz 1 bis 3, Absatz 5 Satz 2 oder Absatz 6 bis 11,
19. das Verhalten
    a) an Bahnübergängen nach § 19 Absatz 1 Satz 1 Nummer 2 oder 3, Satz 2, Satz 3 oder Absatz 2 Satz 1, auch in Verbindung mit Satz 2 oder Absatz 3 bis 6 oder
    b) an und vor Haltestellen von öffentlichen Verkehrsmitteln und Schulbussen nach § 20,
20. die Personenbeförderung nach § 21 Absatz 1 Satz 1 oder 4, Absatz 1a Satz 1, auch in Verbindung mit Satz 2 Nummer 2, Absatz 2 Satz 1, 4 oder 6 oder Absatz 3 Satz 1 bis 3,
20a. das Anlegen von Sicherheitsgurten, Rollstuhl-Rückhaltesystemen oder Rollstuhlnutzer-Rückhaltesystemen nach § 21a Absatz 1 Satz 1 oder das Tragen von Schutzhelmen nach § 21a Absatz 2 Satz 1,
21. die Ladung nach § 22,
22. sonstige Pflichten des Fahrzeugführers nach § 23 Absatz 1, Absatz 1a Satz 1, auch in Verbindung mit den Sätzen 2 bis 4, Absatz 1c, Absatz 2 erster Halbsatz, Absatz 3 oder Absatz 4 Satz 1,
23. das Fahren mit Krankenfahrstühlen oder anderen als in § 24 Absatz 1 genannten Rollstühlen nach § 24 Absatz 2,
24. das Verhalten
    a) als zu Fuß Gehender nach § 25 Absatz 1 bis 4,
    b) an Fußgängerüberwegen nach § 26 oder
    c) auf Brücken nach § 27 Absatz 6,
25. den Umweltschutz nach § 30 Absatz 1 oder 2 oder das Sonn- und Feiertagsfahrverbot nach § 30 Absatz 3 Satz 1 oder 2 Nummer 7 Satz 2,

26. das Sporttreiben oder Spielen nach § 31 Absatz 1 Satz 1, Absatz 2 Satz 3,
27. das Bereiten, Beseitigen oder Kenntlichmachen von verkehrswidrigen Zuständen oder die wirksame Verkleidung gefährlicher Geräte nach § 32,
28. Verkehrsbeeinträchtigungen nach § 33 Absatz 1 oder 2 oder
29. das Verhalten nach einem Verkehrsunfall nach § 34 Absatz 1 Nummer 1, Nummer 2, Nummer 5 oder Nummer 6 Buchstabe b – sofern in diesem letzten Fall zwar eine nach den Umständen angemessene Frist gewartet, aber nicht Name und Anschrift am Unfallort hinterlassen wird – oder nach § 34 Absatz 3,

verstößt.

(2) Ordnungswidrig im Sinne des § 24 Absatz 1 des Straßenverkehrsgesetzes handelt auch, wer vorsätzlich oder fahrlässig

1. als Führer eines geschlossenen Verbandes entgegen § 27 Absatz 5 nicht dafür sorgt, dass die für geschlossene Verbände geltenden Vorschriften befolgt werden,

1a. entgegen § 27 Absatz 2 einen geschlossenen Verband unterbricht,

2. als Führer einer Kinder- oder Jugendgruppe entgegen § 27 Absatz 1 Satz 4 diese nicht den Gehweg benutzen lässt,
3. als Tierhalter oder sonst für die Tiere Verantwortlicher einer Vorschrift nach § 28 Absatz 1 oder Absatz 2 Satz 2 zuwiderhandelt,
4. als Reiter, Führer von Pferden, Treiber oder Führer von Vieh entgegen § 28 Absatz 2 einer für den gesamten Fahrverkehr einheitlich bestehenden Verkehrsregel oder Anordnung zuwiderhandelt,
5. *(aufgehoben)*
6. entgegen § 29 Absatz 2 Satz 1 eine Veranstaltung durchführt oder als Veranstaltender entgegen § 29 Absatz 2 Satz 3 nicht dafür sorgt, dass die in Betracht kommenden Verkehrsvorschriften oder Auflagen befolgt werden, oder
7. entgegen § 29 Absatz 3 ein dort genanntes Fahrzeug oder einen Zug führt.

(3) Ordnungswidrig im Sinne des § 24 Absatz 1 des Straßenverkehrsgesetzes handelt ferner, wer vorsätzlich oder fahrlässig

1. entgegen § 36 Absatz 1 bis 4 ein Zeichen oder eine Weisung oder entgegen Absatz 5 Satz 4 ein Haltgebot oder eine Anweisung eines Polizeibeamten nicht befolgt,
2. einer Vorschrift des § 37 über das Verhalten an Wechsellichtzeichen, Dauerlichtzeichen oder beim Rechtsabbiegen mit Grünpfeil zuwiderhandelt,
3. entgegen § 38 Absatz 1, 2 oder 3 Satz 3 blaues Blinklicht zusammen mit dem Einsatzhorn oder allein oder gelbes Blinklicht verwendet oder entgegen § 38 Absatz 1 Satz 2 nicht sofort freie Bahn schafft,
4. entgegen § 41 Absatz 1 ein durch Vorschriftzeichen angeordnetes Ge- oder Verbot der Anlage 2 Spalte 3 nicht befolgt,
5. entgegen § 42 Absatz 2 ein durch Richtzeichen angeordnetes Ge- oder Verbot der Anlage 3 Spalte 3 nicht befolgt,
6. entgegen § 43 Absatz 3 Satz 2 eine abgesperrte Straßenfläche befährt oder
7. einer den Verkehr verbietenden oder beschränkenden Anordnung, die nach § 45 Absatz 4 zweiter Halbsatz bekannt gegeben worden ist, zuwiderhandelt.

(4) Ordnungswidrig im Sinne des § 24 Absatz 1 des Straßenverkehrsgesetzes handelt schließlich, wer vorsätzlich oder fahrlässig

1. dem Verbot des § 35 Absatz 6 Satz 1, 2 oder 3 über die Reinigung von Gehwegen zuwiderhandelt,

1a. entgegen § 35 Absatz 6 Satz 4 keine auffällige Warnkleidung trägt,

2. entgegen § 35 Absatz 8 Sonderrechte ausübt, ohne die öffentliche Sicherheit und Ordnung gebührend zu berücksichtigen,

3. entgegen § 45 Absatz 6 mit Arbeiten beginnt, ohne zuvor Anordnungen eingeholt zu haben, diese Anordnungen nicht befolgt oder Lichtzeichenanlagen nicht bedient,

4. entgegen § 46 Absatz 3 Satz 1 eine vollziehbare Auflage der Ausnahmegenehmigung oder Erlaubnis nicht befolgt,

5. entgegen § 46 Absatz 3 Satz 3, auch in Verbindung mit Satz 4, die Bescheide, Ausdrucke oder deren digitalisierte Form nicht mitführt oder auf Verlangen nicht aushändigt oder sichtbar macht,

6. entgegen § 48 einer Vorladung zum Verkehrsunterricht nicht folgt oder

7. entgegen § 50 auf der Insel Helgoland ein Kraftfahrzeug führt oder mit einem Fahrrad fährt.

§ 50 Sonderregelung für die Insel Helgoland. Auf der Insel Helgoland sind der Verkehr mit Kraftfahrzeugen und das Radfahren verboten.

§ 51 Besondere Kostenregelung. Die Kosten der Zeichen 386.1, 386.2 und 386.3 trägt abweichend von § 5b Absatz 1 des Straßenverkehrsgesetzes[1)] derjenige, der die Aufstellung dieses Zeichens beantragt.

§ 51a[2)] Überleitung. [1] Der Bund, vertreten durch das Bundesministerium für Verkehr und digitale Infrastruktur und das Fernstraßen-Bundesamt, tritt im Rahmen seiner Zuständigkeit nach dieser Verordnung in vor dem 1. Januar 2021 eingeleitete Verwaltungsverfahren ein. [2] Er tritt mit Wirkung zum 1. Januar 2021 im Rahmen seiner Zuständigkeit nach dieser Verordnung in die Rechte und Pflichten aus den zu diesem Zeitpunkt bestehenden verkehrsrechtlichen Anordnungen ein, die von den zuständigen Straßenverkehrsbehörden der Länder bis zum 31. Dezember 2020 im eigenen Namen im Rahmen der Wahrnehmung von straßenverkehrsrechtlichen Aufgaben erlassen wurden. [3] Gleiches gilt für Vereinbarungen oder Stellungnahmen zum künftigen Handeln, wenn die straßenverkehrsrechtlichen Vorschriften beachtet wurden.

§ 52[3)] Übergangs- und Anwendungsbestimmungen. (1) Mit Ablauf des 31. Dezember 2026 sind nicht mehr anzuwenden:

1. § 39 Absatz 10,
2. § 45 Absatz 1g,
3. § 46 Absatz 1a,

---

1) Nr. **35**.

2) § 51a eingef. mWv 24.12.2020 durch VO v. 18.12.2020 (BGBl. I S. 3047).

3) § 52 eingef. mWv 26.9.2015 durch VO v. 15.9.2015 (BGBl. I S. 1573); Abs. 2 und 3 angef. mWv 1.6.2017 durch VO v. 18.5.2017 (BGBl. I S. 1282); Abs. 4 angef. mWv 19.10.2017 durch VO v. 6.10.2017 (BGBl. I S. 3549); Abs. 4 geänd., Abs. 5 angef. mWv 24.12.2020 durch VO v. 18.12.2020 (BGBl. I S. 3047).

Lfd. Nr.	Änderndes Gesetz	Datum	Fundstelle	Betroffen	Hinweis
147.	Art. 4 G zur Ausführung des HNS-Übereinkommens 2010 und zur Änd. des ÖlschadenG, der Schifffahrtsrechtlichen VerteilungsO, des SeeaufgabenG und des HGB	16.7.2021	BGBl. I S. 3079	§§ 611, 616, 617	geänd. mit noch nicht bestimmtem Inkrafttreten
148.	Art. 5 G zur Ergänzung und Änd. der Regelungen für die gleichberechtigte Teilhabe von Frauen an Führungspositionen in der Privatwirtschaft und im öffentlichen Dienst	7.8.2021	BGBl. I S. 3311	§§ 289f, 334, 340a, 340n, 341n	geänd. mWv 12.8.2021
149.	Art. 1 G zur Umsetzung der Digitalisierungsrichtlinie (DiRUG)[1]	5.7.2021	BGBl. I S. 3338	§§ 8b, 9, 9a, 9b, 10a, 12, 13e, 13f, 13g, 15, 32, 162, 175, 264, 325, 325a, 326, 327, 328, 329, 339, 340l, 340m, 340n, 340o, 341l, 341w	geänd. mWv 1.8.2022
				§§ 10, 13a, 3. Buch 2. Abschnitt 4. UAbschnitt Überschrift	neu gef. mWv 1.8.2022
				§ 9c	eingef. mWv 1.8.2022
150.	Art. 51 PersonengesellschaftsrechtsmodernisierungsG (MoPeG)	10.8.2021	BGBl. I S. 3436	§§ 8b, 30, 161, 162, 165, 169, 171, 172, 174, 177a, 234, 264c	geänd. mWv 1.1.2024
				2. Buch 1. Abschnitt (§§ 105–152), §§ 164, 166, 167, 170, 175, 176, 178, 179, 233	neu gef. mWv 1.1.2024
				§§ 125a, 129a, 130a, 130b, 153, 154, 155, 156, 157, 158, 159, 160, 168	aufgeh. bzw. nicht mehr belegt mit Ablauf des 31.12.2023

Vorbemerkung:
Die Änderungen durch G v. 5.7.2021 (BGBl. I S. 3338) treten erst mWv 1.8.2022 in Kraft und sind im Text noch nicht berücksichtigt.
Die Änderungen durch G v. 10.8.2021 (BGBl. I S. 3436) treten erst mWv 1.1.2024 in Kraft und sind im Text noch nicht berücksichtigt.

[1] **Amtl. Anm.:** Dieses Gesetz dient der Umsetzung der Richtlinie (EU) 2019/1151 des Europäischen Parlaments und des Rates vom 20. Juni 2019 zur Änderung der Richtlinie (EU) 2017/1132 im Hinblick auf den Einsatz digitaler Werkzeuge und Verfahren im Gesellschaftsrecht (ABl. L 186 vom 11.7.2019, S. 80).

§ 289d[1) 2)] **Nutzung von Rahmenwerken.** [1] Die Kapitalgesellschaft kann für die Erstellung der nichtfinanziellen Erklärung nationale, europäische oder internationale Rahmenwerke nutzen. [2] In der Erklärung ist anzugeben, ob die Kapitalgesellschaft für die Erstellung der nichtfinanziellen Erklärung ein Rahmenwerk genutzt hat und, wenn dies der Fall ist, welches Rahmenwerk genutzt wurde, sowie andernfalls, warum kein Rahmenwerk genutzt wurde.

§ 289e[3) 2)] **Weglassen nachteiliger Angaben.** (1) Die Kapitalgesellschaft muss in die nichtfinanzielle Erklärung ausnahmsweise keine Angaben zu künftigen Entwicklungen oder Belangen, über die Verhandlungen geführt werden, aufnehmen, wenn

1. die Angaben nach vernünftiger kaufmännischer Beurteilung der Mitglieder des vertretungsberechtigten Organs der Kapitalgesellschaft geeignet sind, der Kapitalgesellschaft einen erheblichen Nachteil zuzufügen, und
2. das Weglassen der Angaben ein den tatsächlichen Verhältnissen entsprechendes und ausgewogenes Verständnis des Geschäftsverlaufs, des Geschäftsergebnisses, der Lage der Kapitalgesellschaft und der Auswirkungen ihrer Tätigkeit nicht verhindert.

(2) Macht eine Kapitalgesellschaft von Absatz 1 Gebrauch und entfallen die Gründe für die Nichtaufnahme der Angaben nach der Veröffentlichung der nichtfinanziellen Erklärung, sind die Angaben in die darauf folgende nichtfinanzielle Erklärung aufzunehmen.

§ 289f[4) 5)] **Erklärung zur Unternehmensführung.** (1) [1] Börsennotierte Aktiengesellschaften sowie Aktiengesellschaften, die ausschließlich andere Wertpapiere als Aktien zum Handel an einem organisierten Markt im Sinn des § 2 Absatz 11 des Wertpapierhandelsgesetzes[6)] ausgegeben haben und deren ausgegebene Aktien auf eigene Veranlassung über ein multilaterales Handelssystem im Sinn des § 2 Absatz 8 Satz 1 Nummer 8 des Wertpapierhandelsgesetzes gehandelt werden, haben eine Erklärung zur Unternehmensführung in ihren Lagebericht aufzunehmen, die dort einen gesonderten Abschnitt bildet. [2] Sie kann auch auf der Internetseite der Gesellschaft öffentlich zugänglich gemacht werden. [3] In diesem Fall ist in den Lagebericht eine Bezugnahme aufzunehmen, welche die Angabe der Internetseite enthält.

(2) In die Erklärung zur Unternehmensführung sind aufzunehmen

1. die Erklärung gemäß § 161 des Aktiengesetzes[7)];

1a. eine Bezugnahme auf die Internetseite der Gesellschaft, auf der der Vergütungsbericht über das letzte Geschäftsjahr und der Vermerk des Abschlussprüfers gemäß § 162 des Aktiengesetzes, das geltende Vergütungssystem gemäß § 87a Absatz 1 und 2 Satz 1 des Aktiengesetzes und der letzte Vergütungsbeschluss gemäß § 113 Absatz 3 des Aktiengesetzes öffentlich zugänglich gemacht werden;

---

1) § 289d eingef. mWv 19.4.2017 durch G v. 11.4.2017 (BGBl. I S. 802).

2) Beachte hierzu Übergangsvorschrift in Art. 80 EGHGB (Nr. **50a**).

3) § 289e eingef. mWv 19.4.2017 durch G v. 11.4.2017 (BGBl. I S. 802).

4) § 289f als § 289a eingef. mWv 29.5.2009 durch G v. 25.5.2009 (BGBl. I S. 1102); Abs. 2 Nr. 3 geänd., Nr. 4 angef., Abs. 3 und 4 angef. mWv 1.5.2015, Abs. 2 Nr. 4 geänd., Nr. 5 angef. mWv 1.1.2016 durch G v. 24.4.2015 (BGBl. I S. 642); bish. § 289a wird § 289f und Abs. 2 Nr. 5 Buchst. b geänd., Nr. 6 und Abs. 5 angef. mWv 19.4.2017 durch G v. 11.4.2017 (BGBl. I S. 802); Abs. 1 Satz 1 geänd. mWv 14.7.2018 durch G v. 10.7.2018 (BGBl. I S. 1102); Abs. 2 Nr. 1a eingef., Abs. 4 Satz 1 geänd. mWv 1.1.2020 durch G v. 12.12. 2019 (BGBl. I S. 2637); Abs. 2 Nr. 4 und Nr. 5 neu gef., Nr. 5a eingef., Abs. 4 neu gef. mWv 12.8.2021 durch G v. 7.8.2021 (BGBl. I S. 3311).

5) Beachte hierzu Übergangsvorschriften in Art. 80, 83 Abs. 1 und Art. 87 EGHGB (Nr. **50a**).

6) **Habersack, Deutsche Gesetze ErgBd. Nr. 58.**

7) Nr. **51**.

2. relevante Angaben zu Unternehmensführungspraktiken, die über die gesetzlichen Anforderungen hinaus angewandt werden, nebst Hinweis, wo sie öffentlich zugänglich sind;
3. eine Beschreibung der Arbeitsweise von Vorstand und Aufsichtsrat sowie der Zusammensetzung und Arbeitsweise von deren Ausschüssen; sind die Informationen auf der Internetseite der Gesellschaft öffentlich zugänglich, kann darauf verwiesen werden;
4. bei Aktiengesellschaften im Sinne des Absatzes 1, die nach § 76 Absatz 4 und § 111 Absatz 5 des Aktiengesetzes verpflichtet sind, Zielgrößen für den Frauenanteil und Fristen für deren Erreichung festzulegen und die Festlegung der Zielgröße Null zu begründen, die vorgeschriebenen Festlegungen und Begründungen und die Angabe, ob die festgelegten Zielgrößen während des Bezugszeitraums erreicht worden sind, und, wenn nicht, Angaben zu den Gründen;
5. bei börsennotierten Aktiengesellschaften, die nach § 96 Absatz 2 und 3 des Aktiengesetzes bei der Besetzung des Aufsichtsrats jeweils einen Mindestanteil an Frauen und Männern einzuhalten haben, die Angabe, ob die Gesellschaft im Bezugszeitraum den Mindestanteil eingehalten hat, und, wenn nicht, Angaben zu den Gründen; bei börsennotierten Europäischen Gesellschaften (SE) tritt an die Stelle des § 96 Absatz 2 und 3 des Aktiengesetzes § 17 Absatz 2 oder § 24 Absatz 3 des SE-Ausführungsgesetzes;

5a. bei börsennotierten Aktiengesellschaften, die nach § 76 Absatz 3a des Aktiengesetzes mindestens eine Frau und mindestens einen Mann als Vorstandsmitglied bestellen müssen, die Angabe, ob die Gesellschaft im Bezugszeitraum diese Vorgabe eingehalten hat, und, wenn nicht, Angaben zu den Gründen; bei börsennotierten Europäischen Gesellschaften (SE) tritt an die Stelle des § 76 Absatz 3a des Aktiengesetzes § 16 Absatz 2 oder § 40 Absatz 1a des SE-Ausführungsgesetzes;

6. bei Aktiengesellschaften im Sinne des Absatzes 1, die nach § 267 Absatz 3 Satz 1 und Absatz 4 bis 5 große Kapitalgesellschaften sind, eine Beschreibung des Diversitätskonzepts, das im Hinblick auf die Zusammensetzung des vertretungsberechtigten Organs und des Aufsichtsrats in Bezug auf Aspekte wie beispielsweise Alter, Geschlecht, Bildungs- oder Berufshintergrund verfolgt wird, sowie der Ziele dieses Diversitätskonzepts, der Art und Weise seiner Umsetzung und der im Geschäftsjahr erreichten Ergebnisse.

(3) Auf börsennotierte Kommanditgesellschaften auf Aktien sind die Absätze 1 und 2 entsprechend anzuwenden.

(4) [1] Andere Kapitalgesellschaften haben in ihren Lagebericht als gesonderten Abschnitt eine Erklärung zur Unternehmensführung mit den Festlegungen, Begründungen und Angaben nach Absatz 2 Nummer 4 aufzunehmen, wenn sie nach § 76 Absatz 4 oder § 111 Absatz 5 des Aktiengesetzes oder nach § 36 oder § 52 Absatz 2 des Gesetzes betreffend die Gesellschaften mit beschränkter Haftung[1)] verpflichtet sind, Zielgrößen für den Frauenanteil und Fristen für deren Erreichung festzulegen und die Festlegung der Zielgröße Null zu begründen. [2] Absatz 1 Satz 2 und 3 gilt entsprechend. [3] Kapitalgesellschaften, die nicht zur Aufstellung eines Lageberichts verpflichtet sind, haben eine Erklärung mit den Festlegungen, Begründungen und Angaben des Satzes 1 zu erstellen und auf der Internetseite der Gesellschaft zu veröffentlichen. [4] Sie können diese Pflicht auch durch Offenlegung eines unter Berücksichtigung von *Satz 1* aufgestellten Lageberichts erfüllen.

[1)] Nr. **52**.

bei einer Prüfstelle im Sinne von § 342b Abs. 1 bei der Prüftätigkeit bekannt geworden ist,*]* unbefugt offenbart.

(2) [1] Handelt der Täter gegen Entgelt oder in der Absicht, sich oder einen anderen zu bereichern oder einen anderen zu schädigen, so ist die Strafe Freiheitsstrafe bis zu zwei Jahren oder Geldstrafe. [2] Ebenso wird bestraft, wer ein Geheimnis der in Absatz 1 bezeichneten Art, namentlich ein Betriebs- oder Geschäftsgeheimnis, das ihm unter den Voraussetzungen des Absatzes 1 bekannt geworden ist, unbefugt verwertet.

(3) Die Tat wird nur auf Antrag der Kapitalgesellschaft verfolgt.

§ 333a[1)] Verletzung der Pflichten bei Abschlussprüfungen. Mit Freiheitsstrafe bis zu einem Jahr oder mit Geldstrafe wird bestraft, wer als Mitglied eines nach § 324 Absatz 1 Satz 1 eingerichteten Prüfungsausschusses

1. eine in § 334 Absatz 2a bezeichnete Handlung begeht und dafür einen Vermögensvorteil erhält oder sich versprechen lässt oder
2. eine in § 334 Absatz 2a bezeichnete Handlung beharrlich wiederholt.

§ 334[2) 3)] Bußgeldvorschriften. (1) [1] Ordnungswidrig handelt, wer als Mitglied des vertretungsberechtigten Organs oder des Aufsichtsrats einer Kapitalgesellschaft

1. bei der Aufstellung oder Feststellung des Jahresabschlusses einer Vorschrift
   a) des § 243 Abs. 1 oder 2, der §§ 244, 245, 246, 247, 248, 249 Abs. 1 Satz 1 oder Abs. 2, des § 250 Abs. 1 oder 2, des § 251 oder des § 264 Absatz 1a oder Absatz 2 über Form oder Inhalt,
   b) des § 253 Absatz 1 Satz 1, 2, 3, 4, 5 oder Satz 6, Abs. 2 Satz 1, auch in Verbindung mit Satz 2, Absatz 3 Satz 1, 2, 3, 4 oder Satz 5, Abs. 4 oder 5, des § 254 oder des § 256a über die Bewertung,
   c) des § 265 Abs. 2, 3, 4 oder 6, der §§ 266, 268 Absatz 3, 4, 5, 6 oder Absatz 7, der §§ 272, 274, 275 oder des § 277 über die Gliederung oder
   d) des § 284 oder des § 285 über die in der Bilanz, unter der Bilanz oder im Anhang zu machenden Angaben,
2. bei der Aufstellung des Konzernabschlusses einer Vorschrift
   a) des § 294 Abs. 1 über den Konsolidierungskreis,
   b) des § 297 Absatz 1a, 2 oder 3 oder des § 298 Abs. 1 in Verbindung mit den §§ 244, 245, 246, 247, 248, 249 Abs. 1 Satz 1 oder Abs. 2, dem § 250 Abs. 1 oder dem § 251 über Inhalt oder Form,
   c) des § 300 über die Konsolidierungsgrundsätze oder das Vollständigkeitsgebot,

---

1) § 333a eingef. mWv 17.6.2016 durch G v. 10.5.2016 (BGBl. I S. 1142).

2) § 334 eingef. durch G v. 19.12.1985 (BGBl. I S. 2355); Abs. 1 Nr. 6 geänd., Abs. 4 angef. durch G v. 30.11.1990 (BGBl. I S. 2570); Abs. 5 angef. mWv 1.1.2007 durch G v. 10.11.2006 (BGBl. I S. 2553); Abs. 1 Nr. 1 Buchst. a, c und d geänd., Buchst. b neu gef., Nr. 2 Buchst. b und d, Abs. 2 geänd. mWv 29.5.2009 durch G v. 25.5.2009 (BGBl. I S. 1102); Abs. 1 Nr. 1 Buchst. b und d, Nr. 5 geänd. mWv 28.12.2012 durch G v. 20.12.2012 (BGBl. I S. 2751); Abs. 1 Nr. 1 Buchst. a, b und c, Nr. 2 Buchst. b und f geänd. mWv 23.7.2015 durch G v. 17.7.2015 (BGBl. I S. 1245); Abs. 2a eingef. mWv 17.6.2016 durch G v. 10.5.2016 (BGBl. I S. 1142); Abs. 1 Nr. 3 und 4, Abs. 3 neu gef., Abs. 3a und 3b eingef. mWv 19.4.2017 durch G v. 11.4.2017 (BGBl. I S. 802); Abs. 1 Nr. 5 geänd., Abs. 4 neu gef. mWv 19.8.2020 durch G v. 12.8.2020 (BGBl. I S. 1874); Abs. 2 neu gef., Abs. 2a einl. Satzteil und Nr. 1, Abs. 3 Satz 1 geänd., Abs. 3a Satz 2 angef., Abs. 3b Satz 1 geänd., Abs. 4 und 5 neu gef. mWv 1.7.2021 durch G v. 3.6.2021 (BGBl. I S. 1534); Abs. 1 Satz 1 Nr. 3a eingef., Sätze 2 und 3 angef. mWv 12.8.2021 durch G v. 7.8.2021 (BGBl. I S. 3311).

3) Beachte hierzu Übergangsvorschriften in Art. 75, 80, 84, 86 und 87 EGHGB (Nr. **50a**).

d) des § 308 Abs. 1 Satz 1 in Verbindung mit den in Nummer 1 Buchstabe b bezeichneten Vorschriften, des § 308 Abs. 2 oder des § 308a über die Bewertung,

e) des § 311 Abs. 1 Satz 1 in Verbindung mit § 312 über die Behandlung assoziierter Unternehmen oder

f) des § 308 Abs. 1 Satz 3, des § 313 oder des § 314 über die im Konzernanhang zu machenden Angaben,

3. bei der Aufstellung des Lageberichts oder der Erstellung eines gesonderten nichtfinanziellen Berichts einer Vorschrift der §§ 289 bis 289b Absatz 1, §§ 289c, 289d, 289e Absatz 2, auch in Verbindung mit § 289b Absatz 2 oder 3, oder des § 289f über den Inhalt des Lageberichts oder des gesonderten nichtfinanziellen Berichts,

3a. bei der Erstellung einer Erklärung zur Unternehmensführung einer Vorschrift des § 289f Absatz 4 Satz 3 in Verbindung mit Satz 1 und Absatz 2 Nummer 4 über den Inhalt,

4. bei der Aufstellung des Konzernlageberichts oder der Erstellung eines gesonderten nichtfinanziellen Konzernberichts einer Vorschrift der §§ 315 bis 315b Absatz 1, des § 315c, auch in Verbindung mit § 315b Absatz 2 oder 3, oder des § 315d über den Inhalt des Konzernlageberichts oder des gesonderten nichtfinanziellen Konzernberichts,

5. bei der Offenlegung, Hinterlegung, Veröffentlichung oder Vervielfältigung einer Vorschrift des § 328 über Form, Format oder Inhalt oder

6. einer auf Grund des § 330 Abs. 1 Satz 1 erlassenen Rechtsverordnung, soweit sie für einen bestimmten Tatbestand auf diese Bußgeldvorschrift verweist,

zuwiderhandelt. [2] In den Fällen des Satzes 1 Nummer 3 und 3a wird eine Zuwiderhandlung gegen eine Vorschrift des § 289f Absatz 2 Nummer 4, auch in Verbindung mit Absatz 3 oder 4, nicht dadurch ausgeschlossen, dass die Festlegungen oder Begründungen nach § 76 Absatz 4 oder § 111 Absatz 5 des Aktiengesetzes[1)] oder nach § 36 oder § 52 Absatz 2 des Gesetzes betreffend die Gesellschaften mit beschränkter Haftung[2)] ganz oder zum Teil unterblieben sind. [3] In den Fällen des Satzes 1 Nummer 4 wird eine Zuwiderhandlung gegen eine Vorschrift des § 315d in Verbindung mit § 289f Absatz 2 Nummer 4 nicht dadurch ausgeschlossen, dass die Festlegungen oder Begründungen nach § 76 Absatz 4 oder § 111 Absatz 5 des Aktiengesetzes ganz oder zum Teil unterblieben sind.

(2) [1] Ordnungswidrig handelt, wer einen Bestätigungsvermerk nach § 322 Absatz 1 erteilt zu dem Abschluss

1. einer Kapitalgesellschaft, die ein Unternehmen von öffentlichem Interesse nach § 316a Satz 2 Nummer 1 ist, oder

2. einer Kapitalgesellschaft, die nicht in Nummer 1 genannt ist,

obwohl nach § 319 Absatz 2 oder 3, jeweils auch in Verbindung mit Absatz 5, oder nach § 319b Absatz 1 Satz 1 oder 2, jeweils auch in Verbindung mit Absatz 2, er oder nach § 319 Absatz 4 Satz 1 oder 2, jeweils auch in Verbindung mit Absatz 5, oder nach § 319b Absatz 1 Satz 1 oder 2, jeweils auch in Verbindung mit Absatz 2, die Wirtschaftsprüfungsgesellschaft oder die Buchführungsgesellschaft, für die er tätig wird, nicht Abschlussprüfer sein darf. [2] Ordnungswidrig handelt auch, wer einen Bestätigungsvermerk nach § 322 Absatz 1 erteilt zu dem Abschluss einer

[1)] Nr. **51**.
[2)] Nr. **52**.

Kapitalgesellschaft, die ein Unternehmen von öffentlichem Interesse nach § 316a Satz 2 Nummer 1 ist, obwohl

1. er oder die Prüfungsgesellschaft, für die er tätig wird, oder ein Mitglied des Netzwerks, dem er oder die Prüfungsgesellschaft, für die er tätig wird, angehört, einer Vorschrift des Artikels 5 Absatz 4 Unterabsatz 1 Satz 1 oder Absatz 5 Unterabsatz 2 Satz 2 der Verordnung (EU) Nr. 537/2014 des Europäischen Parlaments und des Rates vom 16. April 2014 über spezifische Anforderungen an die Abschlussprüfung bei Unternehmen von öffentlichem Interesse und zur Aufhebung des Beschlusses 2005/909/EG der Kommission (ABl. L 158 vom 27.5.2014, S. 77; L 170 vom 11.6.2014, S. 66) zuwiderhandelt oder
2. er oder die Prüfungsgesellschaft, für die er tätig wird, nach Artikel 17 Absatz 3 der Verordnung (EU) Nr. 537/2014 die Abschlussprüfung nicht durchführen darf.

[3] Abschluss im Sinne der Sätze 1 und 2 ist ein Jahresabschluss, ein Einzelabschluss nach § 325 Absatz 2a oder ein Konzernabschluss, der aufgrund gesetzlicher Vorschriften zu prüfen ist.

(2a) Ordnungswidrig handelt, wer als Mitglied eines nach § 324 Absatz 1 Satz 1 eingerichteten Prüfungsausschusses einer Kapitalgesellschaft

1. die Unabhängigkeit des Abschlussprüfers oder der Prüfungsgesellschaft nicht nach Maßgabe des Artikels 4 Absatz 3 Unterabsatz 2, des Artikels 5 Absatz 4 Unterabsatz 1 Satz 1 oder des Artikels 6 Absatz 2 der Verordnung (EU) Nr. 537/2014 überwacht,
2. eine Empfehlung für die Bestellung eines Abschlussprüfers oder einer Prüfungsgesellschaft vorlegt, die den Anforderungen nach Artikel 16 Absatz 2 Unterabsatz 2 oder 3 der Verordnung (EU) Nr. 537/2014 nicht entspricht oder der ein Auswahlverfahren nach Artikel 16 Absatz 3 Unterabsatz 1 der Verordnung (EU) Nr. 537/2014 nicht vorangegangen ist, oder
3. den Gesellschaftern einen Vorschlag für die Bestellung eines Abschlussprüfers oder einer Prüfungsgesellschaft vorlegt, der den Anforderungen nach Artikel 16 Absatz 5 Unterabsatz 1 der Verordnung (EU) Nr. 537/2014 nicht entspricht.

(3) [1] Die Ordnungswidrigkeit kann in den Fällen des Absatzes 2 Satz 1 Nummer 1 und Satz 2 sowie des Absatzes 2a mit einer Geldbuße bis zu fünfhunderttausend Euro, in den Fällen der Absätze 1 und 2 Satz 1 Nummer 2 mit einer Geldbuße bis zu fünfzigtausend Euro geahndet werden. [2] Ist die Kapitalgesellschaft kapitalmarktorientiert im Sinne des § 264d, beträgt die Geldbuße in den Fällen des Absatzes 1 höchstens den höheren der folgenden Beträge:

1. zwei Millionen Euro oder
2. das Zweifache des aus der Ordnungswidrigkeit gezogenen wirtschaftlichen Vorteils, wobei der wirtschaftliche Vorteil erzielte Gewinne und vermiedene Verluste umfasst und geschätzt werden kann.

(3a) [1] Wird gegen eine kapitalmarktorientierte Kapitalgesellschaft im Sinne des § 264d in den Fällen des Absatzes 1 eine Geldbuße nach § 30 des Gesetzes über Ordnungswidrigkeiten[1)] verhängt, beträgt diese Geldbuße höchstens den höchsten der folgenden Beträge:

1. zehn Millionen Euro,

[1)] Nr. **94**.

2. 5 Prozent des jährlichen Gesamtumsatzes, den die Kapitalgesellschaft in dem der Behördenentscheidung vorausgegangenen Geschäftsjahr erzielt hat oder
3. das Zweifache des aus der Ordnungswidrigkeit gezogenen wirtschaftlichen Vorteils, wobei der wirtschaftliche Vorteil erzielte Gewinne und vermiedene Verluste umfasst und geschätzt werden kann.

[2] In den Fällen des Absatzes 3 Satz 1 in Verbindung mit Absatz 2 Satz 1 Nummer 1 oder Satz 2 ist § 30 Absatz 2 Satz 3 des Gesetzes über Ordnungswidrigkeiten anzuwenden.

(3b) [1] Gesamtumsatz im Sinne des Absatzes 3a Satz 1 Nummer 2 ist der Betrag der Umsatzerlöse nach § 277 Absatz 1 oder der Betrag der Nettoumsatzerlöse nach Maßgabe des auf das Unternehmen anwendbaren nationalen Rechts im Einklang mit Artikel 2 Nummer 5 der Richtlinie 2013/34/EU. [2] Handelt es sich bei der Kapitalgesellschaft um ein Mutterunternehmen oder um ein Tochterunternehmen im Sinne des § 290, ist anstelle des Gesamtumsatzes der Kapitalgesellschaft der Gesamtumsatz im Konzernabschluss des Mutterunternehmens maßgeblich, der für den größten Kreis von Unternehmen aufgestellt wird. [3] Wird der Konzernabschluss für den größten Kreis von Unternehmen nicht nach den in Satz 1 genannten Vorschriften aufgestellt, ist der Gesamtumsatz nach Maßgabe der den Umsatzerlösen vergleichbaren Posten des Konzernabschlusses zu ermitteln. [4] Ist ein Jahres- oder Konzernabschluss für das maßgebliche Geschäftsjahr nicht verfügbar, ist der Jahres- oder Konzernabschluss für das unmittelbar vorausgehende Geschäftsjahr maßgeblich; ist auch dieser nicht verfügbar, kann der Gesamtumsatz geschätzt werden.

(4) Verwaltungsbehörde im Sinne des § 36 Absatz 1 Satz 1 des Gesetzes über Ordnungswidrigkeiten ist

1. die Bundesanstalt für Finanzdienstleistungsaufsicht in den Fällen des Absatzes 1 bei Kapitalgesellschaften, die kapitalmarktorientiert im Sinne des § 264d sind,
2. das Bundesamt für Justiz
   a) in den Fällen des Absatzes 1, in denen nicht die Bundesanstalt für Finanzdienstleistungsaufsicht nach Nummer 1 Verwaltungsbehörde ist, und
   b) in den Fällen des Absatzes 2a,
3. die Abschlussprüferaufsichtsstelle beim Bundesamt für Wirtschaft und Ausfuhrkontrolle in den Fällen des Absatzes 2.

(5) Die Absätze 1 bis 4 sind nicht anzuwenden auf:

1. Kreditinstitute im Sinne des § 340 Absatz 1 Satz 1,
2. Finanzdienstleistungsinstitute im Sinne des § 340 Absatz 4 Satz 1,
3. Wertpapierinstitute im Sinne des § 340 Absatz 4a Satz 1,[1)]
4. Institute im Sinne des § 1 Absatz 3 des Zahlungsdiensteaufsichtsgesetzes,
5. Versicherungsunternehmen im Sinne des § 341 Absatz 1 und
6. Pensionsfonds im Sinne des § 341 Absatz 4 Satz 1.

[1)] Komma fehlt im BGBl. I.

Zweiter Titel.[1] Ordnungsgelder

§ 335[2] [3] Festsetzung von Ordnungsgeld; Verordnungsermächtigungen.

(1) [1] Gegen die Mitglieder des vertretungsberechtigten Organs einer Kapitalgesellschaft, die

1. § 325 über die Pflicht zur Offenlegung des Jahresabschlusses, des Lageberichts, des Konzernabschlusses, des Konzernlageberichts und anderer Unterlagen der Rechnungslegung oder
2. § 325a über die Pflicht zur Offenlegung der Rechnungslegungsunterlagen der Hauptniederlassung

nicht befolgen, ist wegen des pflichtwidrigen Unterlassens der rechtzeitigen Offenlegung vom Bundesamt für Justiz (Bundesamt) ein Ordnungsgeldverfahren nach den Absätzen 2 bis 6 durchzuführen; im Fall der Nummer 2 treten die in § 13e Absatz 2 Satz 5 Nummer 3 genannten Personen, sobald sie angemeldet sind, an die Stelle der Mitglieder des vertretungsberechtigten Organs der Kapitalgesellschaft. [2] Das Ordnungsgeldverfahren kann auch gegen die Kapitalgesellschaft durchgeführt werden, für die die Mitglieder des vertretungsberechtigten Organs die in Satz 1 Nr. 1 und 2 genannten Pflichten zu erfüllen haben. [3] Dem Verfahren steht nicht entgegen, dass eine der Offenlegung vorausgehende Pflicht, insbesondere die Aufstellung des Jahres- oder Konzernabschlusses oder die unverzügliche Erteilung des Prüfauftrags, noch nicht erfüllt ist. [4] Das Ordnungsgeld beträgt mindestens zweitausendfünfhundert und höchstens fünfundzwanzigtausend Euro. [5] Eingenommene Ordnungsgelder fließen dem Bundesamt zu.

(1a) [1] Ist die Kapitalgesellschaft kapitalmarktorientiert im Sinne des § 264d, beträgt das Ordnungsgeld höchstens den höheren der folgenden Beträge:

1. zehn Millionen Euro,
2. 5 Prozent des jährlichen Gesamtumsatzes, den die Kapitalgesellschaft im der Behördenentscheidung vorausgegangenen Geschäftsjahr erzielt hat, oder
3. das Zweifache des aus der unterlassenen Offenlegung gezogenen wirtschaftlichen Vorteils; der wirtschaftliche Vorteil umfasst erzielte Gewinne und vermiedene Verluste und kann geschätzt werden.

[2] Wird das Ordnungsgeld einem Mitglied des gesetzlichen Vertretungsorgans der Kapitalgesellschaft angedroht, beträgt das Ordnungsgeld abweichend von Satz 1 höchstens den höheren der folgenden Beträge:

1. zwei Millionen Euro oder

---

[1] Überschrift 2. Titel eingef. mWv 19.4.2017 durch G v. 11.4.2017 (BGBl. I S. 802).

[2] § 335 neu gef. mWv 1.1.2007 durch G v. 10.11.2006 (BGBl. I S. 2553); Abs. 2a eingef. mWv 18.12. 2007 durch G v. 10.12.2007 (BGBl. I S. 2833); Abs. 2 Satz 1 geänd. mWv 1.9.2009 durch G v. 17.12. 2008 (BGBl. I S. 2586, geänd. durch G v. 25.5.2009, BGBl. I S. 1102); Abs. 5a eingef. mWv 29.5.2009 durch G v. 25.5.2009 (BGBl. I S. 1102); Abs. 3 Sätze 4, 5 aufgeh., bish. Sätze 6, 7 werden Sätze 4, 5, Abs. 4, 5 neu gef., Abs. 5a aufgeh., Abs. 6 Satz 1 neu gef. mWv 10.10.2013 durch G v. 4.10.2013 (BGBl. I S. 3746); Abs. 1 Satz 4 geänd. mWv 10.7.2015 durch G v. 3.7.2015 (BGBl. I S. 1114); Abs. 1 Satz 4 geänd., Abs. 1a–1d eingef. mWv 26.11.2015 durch G v. 20.11.2015 (BGBl. I S. 2029); Abs. 1 Satz 1 abschl. Satzteil, Abs. 1a Satz 1 Nr. 2 geänd., Abs. 1b Satz 2 neu gef. mWv 19.4.2017 durch G v. 11.4.2017 (BGBl. I S. 802); Abs. 7 angef. mWv 13.7.2017, Überschr. geänd., Abs. 2a neu gef. mWv 1.1.2018 durch G v. 5.7.2017 (BGBl. I S. 2208); Abs. 7 Satz 1 Nr. 5 Buchst. c geänd. mWv 1.11.2019 durch G v. 21.6. 2019 (BGBl. I S. 846); Abs. 1b Satz 1 Nr. 1 geänd. mWv 26.6.2021 durch G v. 12.5.2021 (BGBl. I S. 990).

[3] Beachte hierzu Übergangsvorschriften in Art. 75 und 80 EGHGB (Nr. **50a**).

2. das Zweifache des aus der unterlassenen Offenlegung gezogenen Vorteils; der wirtschaftliche Vorteil umfasst erzielte Gewinne und vermiedene Verluste und kann geschätzt werden.

(1b) [1] Gesamtumsatz im Sinne des Absatzes 1a Satz 1 Nummer 2 ist

1. im Falle von Kreditinstituten, Zahlungsinstituten, Wertpapierinstituten und Finanzdienstleistungsinstituten im Sinne des § 340 der sich aus dem auf das Institut anwendbaren nationalen Recht im Einklang mit Artikel 27 Nummer 1, 3, 4, 6 und 7 oder Artikel 28 Nummer B1, B2, B3, B4 und B7 der Richtlinie 86/635/EWG des Rates vom 8. Dezember 1986 über den Jahresabschluss und den konsolidierten Abschluss von Banken und anderen Finanzinstituten (ABl. L 372 vom 31.12.1986, S. 1) ergebende Gesamtbetrag, abzüglich der Umsatzsteuer und sonstiger direkt auf diese Erträge erhobener Steuern,
2. im Falle von Versicherungsunternehmen der sich aus dem auf das Versicherungsunternehmen anwendbaren nationalen Recht im Einklang mit Artikel 63 der Richtlinie 91/674/EWG des Rates vom 19. Dezember 1991 über den Jahresabschluss und den konsolidierten Abschluss von Versicherungsunternehmen (ABl. L 374 vom 31.12.1991, S. 7) ergebende Gesamtbetrag, abzüglich der Umsatzsteuer und sonstiger direkt auf diese Erträge erhobener Steuern,
3. im Übrigen der Betrag der Umsatzerlöse nach § 277 Absatz 1 oder der Nettoumsatzerlöse nach Maßgabe des auf das Unternehmen anwendbaren nationalen Rechts im Einklang mit Artikel 2 Nummer 5 der Richtlinie 2013/34/EU.

[2] Handelt es sich bei der Kapitalgesellschaft um ein Mutterunternehmen oder um ein Tochterunternehmen im Sinne von § 290, ist anstelle des Gesamtumsatzes der Kapitalgesellschaft der Gesamtumsatz im Konzernabschluss des Mutterunternehmens maßgeblich, der für den größten Kreis von Unternehmen aufgestellt wird. [3] Wird der Konzernabschluss für den größten Kreis von Unternehmen nicht nach den in Satz 1 genannten Vorschriften aufgestellt, ist der Gesamtumsatz nach Maßgabe der den in Satz 1 Nummer 1 bis 3 vergleichbaren Posten des Konzernabschlusses zu ermitteln. [4] Ist ein Jahresabschluss oder Konzernabschluss für das maßgebliche Geschäftsjahr nicht verfügbar, ist der Jahres- oder Konzernabschluss für das unmittelbar vorausgehende Geschäftsjahr maßgeblich; ist auch dieser nicht verfügbar, kann der Gesamtumsatz geschätzt werden.

(1c) Soweit dem Bundesamt Ermessen bei der Höhe eines Ordnungsgeldes zusteht, hat es auch frühere Verstöße der betroffenen Person zu berücksichtigen.

(1d) [1] Das Bundesamt unterrichtet die Bundesanstalt für Finanzdienstleistungsaufsicht unverzüglich über jedes Ordnungsgeld, das gemäß Absatz 1 gegen eine Kapitalgesellschaft im Sinne des § 264d oder gegen ein Mitglied ihrer Vertretungsorgane festgesetzt wird. [2] Wird gegen eine solche Ordnungsgeldfestsetzung Beschwerde eingelegt, unterrichtet das Bundesamt die Bundesanstalt für Finanzdienstleistungsaufsicht über diesen Umstand sowie über den Ausgang des Beschwerdeverfahrens.

(2) [1] Auf das Verfahren sind die §§ 15 bis 19, § 40 Abs. 1, § 388 Abs. 1, § 389 Abs. 3, § 390 Abs. 2 bis 6 des Gesetzes über das Verfahren in Familiensachen und in den Angelegenheiten der freiwilligen Gerichtsbarkeit[1)] sowie im Übrigen § 11 Nr. 1 und 2, § 12 Abs. 1 Nr. 1 bis 3, Abs. 2 und 3, §§ 14, 15, 20 Abs. 1 und 3,

---

[1)] Nr. **112**.

§ 21 Abs. 1, §§ 23 und 26 des Verwaltungsverfahrensgesetzes[1)] nach Maßgabe der nachfolgenden Absätze entsprechend anzuwenden. [2]Das Ordnungsgeldverfahren ist ein Justizverwaltungsverfahren. [3]Zur Vertretung der Beteiligten sind auch Wirtschaftsprüfer und vereidigte Buchprüfer, Steuerberater, Steuerbevollmächtigte, Personen und Vereinigungen im Sinn des § 3 Nr. 4 des Steuerberatungsgesetzes sowie Gesellschaften im Sinn des § 3 Nr. 2 und 3 des Steuerberatungsgesetzes, die durch Personen im Sinn des § 3 Nr. 1 des Steuerberatungsgesetzes handeln, befugt.

(2a) [1]Die Akten einschließlich der Verfahrensakten in der Zwangsvollstreckung werden elektronisch geführt. [2]Auf die elektronische Aktenführung und die elektronische Kommunikation ist § 110c des Gesetzes über Ordnungswidrigkeiten[2)] entsprechend anzuwenden, jedoch dessen Satz 1

1. nicht in Verbindung mit dessen Satz 2 und § 32b der Strafprozessordnung[3)] auf
   a) die Androhung eines Ordnungsgeldes nach Absatz 3 Satz 1,
   b) die Kostenentscheidung nach Absatz 3 Satz 2 und
   c) den Erlass von Zwischenverfügungen;
2. nicht in Verbindung mit den §§ 32d und 32e Absatz 3 Satz 1 und 2 der Strafprozessordnung auf das Verfahren insgesamt sowie
3. einschließlich dessen Sätze 2 und 3 nicht auf die Beitreibung nach dem Justizbeitreibungsgesetz[4)].

[3]Satz 2 gilt entsprechend auch für Verfügungen im Sinne der Absätze 3 und 4, die automatisiert erlassen werden können.

(3) [1]Den in Absatz 1 Satz 1 und 2 bezeichneten Beteiligten ist unter Androhung eines Ordnungsgeldes in bestimmter Höhe aufzugeben, innerhalb einer Frist von sechs Wochen vom Zugang der Androhung an ihrer gesetzlichen Verpflichtung nachzukommen oder die Unterlassung mittels Einspruchs gegen die Verfügung zu rechtfertigen. [2]Mit der Androhung des Ordnungsgeldes sind den Beteiligten zugleich die Kosten des Verfahrens aufzuerlegen. [3]Der Einspruch kann auf Einwendungen gegen die Entscheidung über die Kosten beschränkt werden. [4]Der Einspruch gegen die Androhung des Ordnungsgeldes und gegen die Entscheidung über die Kosten hat keine aufschiebende Wirkung. [5]Führt der Einspruch zu einer Einstellung des Verfahrens, ist zugleich auch die Kostenentscheidung nach Satz 2 aufzuheben.

(4) [1]Wenn die Beteiligten nicht spätestens sechs Wochen nach dem Zugang der Androhung der gesetzlichen Pflicht entsprochen oder die Unterlassung mittels Einspruchs gerechtfertigt haben, ist das Ordnungsgeld festzusetzen und zugleich die frühere Verfügung unter Androhung eines erneuten Ordnungsgeldes zu wiederholen. [2]Haben die Beteiligten die gesetzliche Pflicht erst nach Ablauf der Sechswochenfrist erfüllt, hat das Bundesamt das Ordnungsgeld wie folgt herabzusetzen:

1. auf einen Betrag von 500 Euro, wenn die Beteiligten von dem Recht einer Kleinstkapitalgesellschaft nach § 326 Absatz 2 Gebrauch gemacht haben;
2. auf einen Betrag von 1 000 Euro, wenn es sich um eine kleine Kapitalgesellschaft im Sinne des § 267 Absatz 1 handelt;

[1)] **Sartorius Nr. 100.**
[2)] Nr. **94.**
[3)] Nr. **90.**
[4)] Nr. **122.**

3. auf einen Betrag von 2 500 Euro, wenn ein höheres Ordnungsgeld angedroht worden ist und die Voraussetzungen der Nummern 1 und 2 nicht vorliegen, oder
4. jeweils auf einen geringeren Betrag, wenn die Beteiligten die Sechswochenfrist nur geringfügig überschritten haben.

[3] Bei der Herabsetzung sind nur Umstände zu berücksichtigen, die vor der Entscheidung des Bundesamtes eingetreten sind.

(5) [1] Waren die Beteiligten unverschuldet gehindert, in der Sechswochenfrist nach Absatz 4 Einspruch einzulegen oder ihrer gesetzlichen Verpflichtung nachzukommen, hat ihnen das Bundesamt auf Antrag Wiedereinsetzung in den vorigen Stand zu gewähren. [2] Das Verschulden eines Vertreters ist der vertretenen Person zuzurechnen. [3] Ein Fehlen des Verschuldens wird vermutet, wenn eine Rechtsbehelfsbelehrung unterblieben ist oder fehlerhaft ist. [4] Der Antrag auf Wiedereinsetzung ist binnen zwei Wochen nach Wegfall des Hindernisses schriftlich beim Bundesamt zu stellen. [5] Die Tatsachen zur Begründung des Antrags sind bei der Antragstellung oder im Verfahren über den Antrag glaubhaft zu machen. [6] Die versäumte Handlung ist spätestens sechs Wochen nach Wegfall des Hindernisses nachzuholen. [7] Ist innerhalb eines Jahres seit dem Ablauf der Sechswochenfrist nach Absatz 4 weder Wiedereinsetzung beantragt noch die versäumte Handlung nachgeholt worden, kann Wiedereinsetzung nicht mehr gewährt werden. [8] Die Wiedereinsetzung ist nicht anfechtbar. [9] Haben die Beteiligten Wiedereinsetzung nicht beantragt oder ist die Ablehnung des Wiedereinsetzungsantrags bestandskräftig geworden, können sich die Beteiligten mit der Beschwerde nicht mehr darauf berufen, dass sie unverschuldet gehindert waren, in der Sechswochenfrist Einspruch einzulegen oder ihrer gesetzlichen Verpflichtung nachzukommen.

(6) [1] Liegen dem Bundesamt in einem Verfahren nach den Absätzen 1 bis 5 keine Anhaltspunkte über die Einstufung einer Gesellschaft im Sinne des § 267 Absatz 1 bis 3 oder des § 267a vor, kann es den in Absatz 1 Satz 1 und 2 bezeichneten Beteiligten aufgeben, die Bilanzsumme nach Abzug eines auf der Aktivseite ausgewiesenen Fehlbetrags (§ 268 Absatz 3), die Umsatzerlöse (§ 277 Absatz 1) und die durchschnittliche Zahl der Arbeitnehmer (§ 267 Absatz 5) für das betreffende Geschäftsjahr und für diejenigen Geschäftsjahre, die für die Einstufung erforderlich sind, anzugeben. [2] Unterbleiben die Angaben nach Satz 1, so wird für das weitere Verfahren vermutet, dass die Erleichterungen der §§ 326 und 327 nicht in Anspruch genommen werden können. [3] Die Sätze 1 und 2 gelten für den Konzernabschluss und den Konzernlagebericht entsprechend mit der Maßgabe, dass an die Stelle der §§ 267, 326 und 327 der § 293 tritt.

(7) [1] Das Bundesministerium der Justiz und für Verbraucherschutz kann zur näheren Ausgestaltung der elektronischen Aktenführung und elektronischen Kommunikation nach Absatz 2a in der ab dem 1. Januar 2018 geltenden Fassung durch Rechtsverordnung, die nicht der Zustimmung des Bundesrates bedarf,

1. die Weiterführung von Akten in Papierform gestatten, die bereits vor Einführung der elektronischen Aktenführung in Papierform angelegt wurden,
2. die organisatorischen und dem Stand der Technik entsprechenden technischen Rahmenbedingungen für die elektronische Aktenführung einschließlich der einzuhaltenden Anforderungen des Datenschutzes, der Datensicherheit und der Barrierefreiheit festlegen,
3. die Standards für die Übermittlung elektronischer Akten zwischen dem Bundesamt und einer anderen Behörde oder einem Gericht näher bestimmen,
4. die Standards für die Einsicht in elektronische Akten vorgeben,

5. elektronische Formulare einführen und
   a) bestimmen, dass die in den Formularen enthaltenen Angaben ganz oder teilweise in strukturierter maschinenlesbarer Form zu übermitteln sind,
   b) eine Kommunikationsplattform vorgeben, auf der die Formulare im Internet zur Nutzung bereitzustellen sind, und
   c) bestimmen, dass eine Identifikation des Formularverwenders abweichend von Absatz 2a in Verbindung mit § 110c des Gesetzes über Ordnungswidrigkeiten und § 32a Absatz 3 der Strafprozessordnung durch Nutzung des elektronischen Identitätsnachweises nach § 18 des Personalausweisgesetzes[1)], § 12 des eIDKarte-Gesetzes oder § 78 Absatz 5 des Aufenthaltsgesetzes[2)] erfolgen kann,
6. Formanforderungen und weitere Einzelheiten für den automatisierten Erlass von Entscheidungen festlegen,
7. die Einreichung elektronischer Dokumente, abweichend von Absatz 2a in Verbindung mit § 110c des Gesetzes über Ordnungswidrigkeiten und § 32a der Strafprozessordnung, erst zum 1. Januar des Jahres 2019 oder 2020 zulassen und
8. die Weiterführung der Akten in der bisherigen elektronischen Form bis zu einem bestimmten Zeitpunkt vor dem 1. Januar 2026 gestatten.

[2] Das Bundesministerium der Justiz und für Verbraucherschutz kann die Ermächtigungen des Satzes 1 durch Rechtsverordnung ohne Zustimmung des Bundesrates auf das Bundesamt für Justiz übertragen.

§ 335a[3)] Beschwerde gegen die Festsetzung von Ordnungsgeld; Rechtsbeschwerde; Verordnungsermächtigung. (1) [1] Gegen die Entscheidung, durch die das Ordnungsgeld festgesetzt oder der Einspruch oder der Antrag auf Wiedereinsetzung in den vorigen Stand verworfen wird, sowie gegen die Entscheidung nach § 335 Absatz 3 Satz 5 findet die Beschwerde nach den Vorschriften des Gesetzes über das Verfahren in Familiensachen und in den Angelegenheiten der freiwilligen Gerichtsbarkeit[4)] statt, soweit sich aus Satz 2 oder den nachstehenden Absätzen nichts anderes ergibt. [2] Die Beschwerde hat aufschiebende Wirkung, wenn sie die Festsetzung eines Ordnungsgeldes zum Gegenstand hat.

(2) [1] Die Beschwerde ist binnen einer Frist von zwei Wochen einzulegen; über sie entscheidet das für den Sitz des Bundesamtes zuständige Landgericht. [2] Zur Vermeidung von erheblichen Verfahrensrückständen oder zum Ausgleich einer übermäßigen Geschäftsbelastung wird die Landesregierung des Landes, in dem das Bundesamt seinen Sitz unterhält, ermächtigt, durch Rechtsverordnung die Entscheidung über die Rechtsmittel nach Satz 1 einem anderen Landgericht oder weiteren Landgerichten zu übertragen. [3] Die Landesregierung kann diese Ermächtigung auf die Landesjustizverwaltung übertragen. [4] Ist bei dem Landgericht eine Kammer für Handelssachen gebildet, so tritt diese Kammer an die Stelle der Zivilkammer. [5] Entscheidet über die Beschwerde die Zivilkammer, so sind die §§ 348 und 348a der Zivilprozessordnung[5)] entsprechend anzuwenden; über eine bei der Kammer für Handelssachen anhängige Beschwerde entscheidet der Vor-

---

[1)] **Sartorius Nr. 255.**

[2)] **Sartorius Nr. 565.**

[3)] § 335a neu gef. mWv 10.10.2013 durch G v. 4.10.2013 (BGBl. I S. 3746); Abs. 4 neu gef. mWv 1.1. 2018 durch G v. 5.7.2017 (BGBl. I S. 2208); Abs. 1 Satz 1 geänd., Satz 2 angef., Abs. 3 Satz 6 neu gef. mWv 19.8.2020 durch G v. 12.8.2020 (BGBl. I S. 1874).

[4)] Nr. **112**.

[5)] Nr. **100**.

sitzende. [6]Das Landgericht kann nach billigem Ermessen bestimmen, dass den Beteiligten die außergerichtlichen Kosten, die zur zweckentsprechenden Rechtsverfolgung notwendig waren, ganz oder teilweise aus der Staatskasse zu erstatten sind. [7]Satz 6 gilt entsprechend, wenn das Bundesamt der Beschwerde abhilft. [8]§ 91 Absatz 1 Satz 2 und die §§ 103 bis 107 der Zivilprozessordnung gelten entsprechend. [9]§ 335 Absatz 2 Satz 3 ist anzuwenden.

(3) [1]Gegen die Beschwerdeentscheidung ist die Rechtsbeschwerde statthaft, wenn das Landgericht sie zugelassen hat. [2]Für die Rechtsbeschwerde gelten die Vorschriften des Gesetzes über das Verfahren in Familiensachen und in den Angelegenheiten der freiwilligen Gerichtsbarkeit entsprechend, soweit sich aus diesem Absatz nichts anderes ergibt. [3]Über die Rechtsbeschwerde entscheidet das für den Sitz des Landgerichts zuständige Oberlandesgericht. [4]Die Rechtsbeschwerde steht auch dem Bundesamt zu. [5]Vor dem Oberlandesgericht müssen sich die Beteiligten durch einen Rechtsanwalt vertreten lassen; dies gilt nicht für das Bundesamt. [6]Absatz 1 Satz 2 und Absatz 2 Satz 6 und 8 gelten entsprechend.

(4) Auf die elektronische Aktenführung des Gerichts und die Kommunikation mit dem Gericht nach den Absätzen 1 bis 3 sind die folgenden Vorschriften entsprechend anzuwenden:

1. § 110a Absatz 1 Satz 1 und § 110c des Gesetzes über Ordnungswidrigkeiten[1)] sowie
2. § 110a Absatz 1 Satz 2 und 3, Absatz 2 Satz 1 und § 134 Satz 1 des Gesetzes über Ordnungswidrigkeiten mit der Maßgabe, dass die Landesregierung des Landes, in dem das Bundesamt seinen Sitz hat, die Rechtsverordnung erlässt und die Ermächtigungen durch Rechtsverordnung auf die Landesjustizverwaltung übertragen kann.

Dritter Titel.[2)] Gemeinsame Vorschriften für Straf-, Bußgeld- und Ordnungsgeldverfahren

§ 335b[3)] Anwendung der Straf- und Bußgeld- sowie der Ordnungsgeldvorschriften auf bestimmte offene Handelsgesellschaften und Kommanditgesellschaften. [1]Die Strafvorschriften der §§ 331 bis 333a, die Bußgeldvorschrift des § 334 sowie die Ordnungsgeldvorschrift des § 335 gelten auch für offene Handelsgesellschaften und Kommanditgesellschaften im Sinn des § 264a Abs. 1. [2]Das Verfahren nach § 335 ist in diesem Fall gegen die persönlich haftenden Gesellschafter oder gegen die Mitglieder der vertretungsberechtigten Organe der persönlich haftenden Gesellschafter zu richten. [3]Es kann auch gegen die offene Handelsgesellschaft oder gegen die Kommanditgesellschaft gerichtet werden. [4]§ 335a ist entsprechend anzuwenden.

§ 335c[4)] Mitteilungen an die Abschlussprüferaufsichtsstelle. (1) Das Bundesamt für Justiz übermittelt der Abschlussprüferaufsichtsstelle beim Bundesamt für Wirtschaft und Ausfuhrkontrolle alle Bußgeldentscheidungen nach § 334 Absatz 2a.

[1)] Nr. **94**.

[2)] Überschrift 3. Titel eingef. mWv 19.4.2017 durch G v. 11.4.2017 (BGBl. I S. 802).

[3)] § 335b neu gef. mWv 1.1.2007 durch G v. 10.11.2006 (BGBl. I S. 2553); Sätze 2 und 3 angef. mWv *10.10.2013 durch G v. 4.10.2013 (BGBl. I S. 3746)*; Satz 4 angef. mWv 23.7.2015 durch G v. 17.7.2015 (BGBl. I S. 1245); Satz 1 geänd. mWv 17.6.2016 durch G v. 10.5.2016 (BGBl. I S. 1142).

[4)] § 335c eingef. mWv 17.6.2016 durch G v. 10.5.2016 (BGBl. I S. 1142); Abs. 2 Satz 1 geänd. mWv 1.7.2021 durch G v. 3.6.2021 (BGBl. I S. 1534).

(2) [1] In Strafverfahren, die eine Straftat nach den §§ 332, 333 oder § 333a zum Gegenstand haben, übermittelt die Staatsanwaltschaft im Falle der Erhebung der öffentlichen Klage der Abschlussprüferaufsichtsstelle die das Verfahren abschließende Entscheidung. [2] Ist gegen die Entscheidung ein Rechtsmittel eingelegt worden, ist die Entscheidung unter Hinweis auf das eingelegte Rechtsmittel zu übermitteln.

Dritter Abschnitt. Ergänzende Vorschriften für eingetragene Genossenschaften

§ 336[1) 2)] Pflicht zur Aufstellung von Jahresabschluß und Lagebericht.

(1) [1] Der Vorstand einer Genossenschaft hat den Jahresabschluß (§ 242) um einen Anhang zu erweitern, der mit der Bilanz und der Gewinn- und Verlustrechnung eine Einheit bildet, sowie einen Lagebericht aufzustellen. [2] Der Jahresabschluß und der Lagebericht sind in den ersten fünf Monaten des Geschäftsjahrs für das vergangene Geschäftsjahr aufzustellen. [3] Ist die Genossenschaft kapitalmarktorientiert im Sinne des § 264d und begibt sie nicht ausschließlich die von § 327a erfassten Schuldtitel, beträgt die Frist nach Satz 2 vier Monate.

(2) [1] Auf den Jahresabschluss und den Lagebericht sind, soweit in diesem Abschnitt nichts anderes bestimmt ist, die folgenden Vorschriften entsprechend anzuwenden:

1. § 264 Absatz 1 Satz 4 erster Halbsatz und Absatz 1a, 2,
2. die §§ 265 bis 289e, mit Ausnahme von § 277 Absatz 3 Satz 1 und § 285 Nummer 17,
3. § 289f Absatz 4 nach Maßgabe des § 9 Absatz 3 und 4 des Genossenschaftsgesetzes[3)].

[2] Sonstige Vorschriften, die durch den Geschäftszweig bedingt sind, bleiben unberührt. [3] Genossenschaften, die die Merkmale für Kleinstkapitalgesellschaften nach § 267a Absatz 1 erfüllen (Kleinstgenossenschaften), dürfen auch die Erleichterungen für Kleinstkapitalgesellschaften nach näherer Maßgabe des § 337 Absatz 4 und § 338 Absatz 4 anwenden.

(3) § 330 Abs. 1 über den Erlaß von Rechtsverordnungen ist entsprechend anzuwenden.

§ 337[4) 5)] Vorschriften zur Bilanz. (1) [1] An Stelle des gezeichneten Kapitals ist der Betrag der Geschäftsguthaben der Mitglieder auszuweisen. [2] Dabei ist der Betrag der Geschäftsguthaben der mit Ablauf des Geschäftsjahrs ausgeschiedenen Mitglieder gesondert anzugeben. [3] Werden rückständige fällige Einzahlungen auf Geschäftsanteile in der Bilanz als Geschäftsguthaben ausgewiesen, so ist der ent-

---

1) § 336 eingef. durch G v. 19.12.1985 (BGBl. I S. 2355); Abs. 3 geänd. durch G v. 30.11.1990 (BGBl. I S. 2570); Abs. 2 Satz 3 angef. mWv 28.12.2012 durch G v. 20.12.2012 (BGBl. I S. 2751); Abs. 2 Satz 1 neu gef. mWv 1.5.2015 durch G v. 24.4.2015 (BGBl. I S. 642); Abs. 2 Satz 1 Nr. 1, 2 geänd., Satz 3 neu gef. mWv 23.7.2015 durch G v. 17.7.2015 (BGBl. I S. 1245); Abs. 2 Satz 1 Nr. 2, 3 geänd. mWv 19.4.2017 durch G v. 11.4.2017 (BGBl. I S. 802); Abs. 1 Satz 3 angef. mWv 19.8.2020 durch G v. 12.8.2020 (BGBl. I S. 1874).

2) Beachte hierzu Übergangsvorschriften in Art. 75, 80 und 84 EGHGB (Nr. **50a**).

3) Nr. **53**.

4) § 337 eingef. durch G v. 19.12.1985 (BGBl. I S. 2355); Abs. 3 geänd. mWv 9.3.2000 durch G v. 24.2.2000 (BGBl. I S. 154); Abs. 2 Satz 1 und 2, Abs. 2 Nr. 2 geänd., Abs. 1 Satz 6 angef. mWv 18.8.2006 durch G v. 14.8.2006 (BGBl. I S. 1911); Abs. 4 angef. mWv 23.7.2015 durch G v. 17.7.2015 (BGBl. I S. 1245).

5) Beachte hierzu Übergangsvorschrift in Art. 75 EGHGB (Nr. **50a**).

sprechende Betrag auf der Aktivseite unter der Bezeichnung „Rückständige fällige Einzahlungen auf Geschäftsanteile" einzustellen. [4] Werden rückständige fällige Einzahlungen nicht als Geschäftsguthaben ausgewiesen, so ist der Betrag bei dem Posten „Geschäftsguthaben" zu vermerken. [5] In beiden Fällen ist der Betrag mit dem Nennwert anzusetzen. [6] Ein in der Satzung bestimmtes Mindestkapital ist gesondert anzugeben.

(2) An Stelle der Gewinnrücklagen sind die Ergebnisrücklagen auszuweisen und wie folgt aufzugliedern:

1. Gesetzliche Rücklage;
2. andere Ergebnisrücklagen; die Ergebnisrücklage nach § 73 Abs. 3 des Genossenschaftsgesetzes[1)] und die Beträge, die aus dieser Ergebnisrücklage an ausgeschiedene Mitglieder auszuzahlen sind, müssen vermerkt werden.

(3) Bei den Ergebnisrücklagen sind in der Bilanz oder im Anhang gesondert aufzuführen:

1. Die Beträge, welche die Generalversammlung aus dem Bilanzgewinn des Vorjahrs eingestellt hat;
2. die Beträge, die aus dem Jahresüberschuß des Geschäftsjahrs eingestellt werden;
3. die Beträge, die für das Geschäftsjahr entnommen werden.

(4) Kleinstgenossenschaften, die von der Erleichterung für Kleinstkapitalgesellschaften nach § 266 Absatz 1 Satz 4 Gebrauch machen, haben den Betrag der Geschäftsguthaben der Mitglieder sowie die gesetzliche Rücklage in der Bilanz im Passivposten A Eigenkapital wie folgt auszuweisen:

Davon:

Geschäftsguthaben der Mitglieder

gesetzliche Rücklage.

§ 338[2) 3)] Vorschriften zum Anhang. (1) [1] Im Anhang sind auch Angaben zu machen über die Zahl der im Laufe des Geschäftsjahrs eingetretenen oder ausgeschiedenen sowie die Zahl der am Schluß des Geschäftsjahrs der Genossenschaft angehörenden Mitglieder. [2] Ferner sind der Gesamtbetrag, um welchen in diesem Jahr die Geschäftsguthaben sowie die Haftsummen der Mitglieder sich vermehrt oder vermindert haben, und der Betrag der Haftsummen anzugeben, für welche am Jahresschluß alle Mitglieder zusammen aufzukommen haben.

(2) Im Anhang sind ferner anzugeben:

1. Name und Anschrift des zuständigen Prüfungsverbandes, dem die Genossenschaft angehört;
2. alle Mitglieder des Vorstands und des Aufsichtsrats, auch wenn sie im Geschäftsjahr oder später ausgeschieden sind, mit dem Familiennamen und mindestens einem ausgeschriebenen Vornamen; ein etwaiger Vorsitzender des Aufsichtsrats ist als solcher zu bezeichnen.

(3) [1] An Stelle der in § 285 Nr. 9 vorgeschriebenen Angaben über die an Mitglieder von Organen geleisteten Bezüge, Vorschüsse und Kredite sind lediglich

---

[1)] Nr. **53**.

[2)] § 338 eingef. durch G v. 19.12.1985 (BGBl. I S. 2355); Abs. 3 Satz 1 geänd. mWv 10.12.2004 durch *G v. 4.12.2004 (BGBl. I S. 3166)*; Abs. 1 Satz 1 und 2 geänd. mWv 18.8.2006 durch G v. 14.8.2006 (BGBl. I S. 1911); Abs. 3 Satz 1 geänd. mWv 29.5.2009 durch G v. 25.5.2009 (BGBl. I S. 1102); Abs. 4 angef. mWv 23.7.2015 durch G v. 17.7.2015 (BGBl. I S. 1245).

[3)] Beachte hierzu Übergangsvorschrift in Art. 75 EGHGB (Nr. **50a**).

die Forderungen anzugeben, die der Genossenschaft gegen Mitglieder des Vorstands oder Aufsichtsrats zustehen. [2]Die Beträge dieser Forderungen können für jedes Organ in einer Summe zusammengefaßt werden.

(4) Kleinstgenossenschaften brauchen den Jahresabschluss nicht um einen Anhang zu erweitern, wenn sie unter der Bilanz angeben:

1. die in den §§ 251 und 268 Absatz 7 genannten Angaben und
2. die in den Absätzen 1, 2 Nummer 1 und Absatz 3 genannten Angaben.

§ 339[1)] [2)] **Offenlegung.** (1) [1]Der Vorstand hat unverzüglich nach der Generalversammlung über den Jahresabschluß, jedoch spätestens vor Ablauf des zwölften Monats des dem Abschlussstichtag nachfolgenden Geschäftsjahrs, den festgestellten Jahresabschluß, den Lagebericht, die Erklärungen nach § 264 Absatz 2 Satz 3 und § 289 Absatz 1 Satz 5 und den Bericht des Aufsichtsrats beim Betreiber des Bundesanzeigers elektronisch einzureichen. [2]Ist die Erteilung eines Bestätigungsvermerks nach § 58 Abs. 2 des Genossenschaftsgesetzes[3)] oder nach Artikel 10 Absatz 1 der Verordnung (EU) Nr. 537/2014 vorgeschrieben, so ist dieser mit dem Jahresabschluß einzureichen; hat der Prüfungsverband die Bestätigung des Jahresabschlusses versagt, so muß dies auf dem eingereichten Jahresabschluß vermerkt und der Vermerk vom Prüfungsverband unterschrieben sein. [3]Ist die Prüfung des Jahresabschlusses im Zeitpunkt der Einreichung der Unterlagen nach Satz 1 nicht abgeschlossen, so ist der Bestätigungsvermerk oder der Vermerk über seine Versagung unverzüglich nach Abschluß der Prüfung einzureichen. [4]Wird der Jahresabschluß oder der Lagebericht nach der Einreichung geändert, so ist auch die geänderte Fassung einzureichen.

(2) [1]§ 325 Absatz 1 Satz 2, Absatz 2, 2a, 4 und 6 sowie die §§ 326 bis 329 sind entsprechend anzuwenden. [2]Hat eine Kleinstgenossenschaft von der Erleichterung für Kleinstkapitalgesellschaften nach § 326 Absatz 2 Gebrauch gemacht, gilt § 9 Absatz 6 Satz 3 entsprechend.

(3) [1]Die §§ 335 und 335a finden mit den Maßgaben entsprechende Anwendung, dass sich das Ordnungsgeldverfahren gegen die Mitglieder des Vorstands der Genossenschaft richtet und nur auf Antrag des Prüfungsverbandes, dem die Genossenschaft angehört, oder eines Mitglieds, Gläubigers oder Arbeitnehmers der Genossenschaft durchzuführen ist. [2]Das Ordnungsgeldverfahren kann auch gegen die Genossenschaft durchgeführt werden, für die die Mitglieder des Vorstands die in Absatz 1 genannten Pflichten zu erfüllen haben.

[1)] § 339 eingef. durch G v. 19.12.1985 (BGBl. I S. 2355); Abs. 1 Satz 1 geänd. mWv 9.3.2000 durch G v. 24.2.2000 (BGBl. I S. 154); Abs. 3 geänd. mWv 10.12.2004 durch G v. 4.12.2004 (BGBl. I S. 3166); Abs. 1 Satz 2 geänd. mWv 18.8.2006 durch G v. 14.8.2006 (BGBl. I S. 1911); Abs. 1 Satz 1 geänd., Abs. 2 aufgeh., bish. Abs. 3 wird Abs. 2 mWv 1.1.2007 durch G v. 10.11.2006 (BGBl. I S. 2553); Abs. 1 Satz 1 geänd. mWv 1.4.2012 durch G v. 22.12.2011 (BGBl. I S. 3044); Abs. 2 neu gef. mWv 23.7.2015 durch G v. 17.7.2015 (BGBl. I S. 1245); Abs. 1 Satz 2 geänd. mWv 17.6.2016 durch G v. 10.5.2016 (BGBl. I S. 1142); Abs. 3 angef. mWv 22.7.2017 durch G v. 17.7.2017 (BGBl. I S. 2434); Abs. 1 Satz 1, Abs. 2 Satz 1 geänd. mWv 19.8.2020 durch G v. 12.8.2020 (BGBl. I S. 1874).

[2)] Beachte hierzu Übergangsvorschriften in Art. 75, 82 und 84 EGHGB (Nr. **50a**).

[3)] Nr. **53**.

Vierter Abschnitt.[1] Ergänzende Vorschriften für Unternehmen bestimmter Geschäftszweige

Erster Unterabschnitt.[2] Ergänzende Vorschriften für Kreditinstitute, Finanzdienstleistungsinstitute, Wertpapierinstitute, Zahlungsinstitute und E-Geld-Institute

Erster Titel. Anwendungsbereich

§ 340[3) 4)] **[Anwendungsbereich]** (1) [1] Dieser Unterabschnitt ist auf Kreditinstitute im Sinne des § 1 Abs. 1 des Gesetzes über das Kreditwesen[5] anzuwenden, soweit sie nach dessen § 2 Abs. 1, 4 oder 5 von der Anwendung nicht ausgenommen sind, sowie auf Zweigniederlassungen von Unternehmen mit Sitz in einem Staat, der nicht Mitglied der Europäischen Gemeinschaft und auch nicht Vertragsstaat des Abkommens über den Europäischen Wirtschaftsraum ist, sofern die Zweigniederlassung nach § 53 Abs. 1 des Gesetzes über das Kreditwesen als Kreditinstitut gilt. [2] § 340l Abs. 2 und 3 ist außerdem auf Zweigniederlassungen im Sinne des § 53b Abs. 1 Satz 1 und Abs. 7 des Gesetzes über das Kreditwesen, auch in Verbindung mit einer Rechtsverordnung nach § 53c Nr. 1 dieses Gesetzes, anzuwenden, sofern diese Zweigniederlassungen Bankgeschäfte im Sinne des § 1 Abs. 1 Satz 2 Nr. 1 bis 5 und 7 bis 12 dieses Gesetzes betreiben. [3] Zusätzliche Anforderungen auf Grund von Vorschriften, die wegen der Rechtsform oder für Zweigniederlassungen bestehen, bleiben unberührt.

(2) Dieser Unterabschnitt ist auf Unternehmen der in § 2 Abs. 1 Nr. 4 und 5 des Gesetzes über das Kreditwesen bezeichneten Art insoweit ergänzend anzuwenden, als sie Bankgeschäfte betreiben, die nicht zu den ihnen eigentümlichen Geschäften gehören.

(3) Dieser Unterabschnitt ist auf Wohnungsunternehmen mit Spareinrichtung nicht anzuwenden.

(4) [1] Dieser Unterabschnitt ist auch auf Finanzdienstleistungsinstitute im Sinne des § 1 Abs. 1a des Gesetzes über das Kreditwesen anzuwenden, soweit sie nicht nach dessen § 2 Abs. 6 oder 10 von der Anwendung ausgenommen sind, sowie auf Zweigniederlassungen von Unternehmen mit Sitz in einem anderen Staat, der nicht Mitglied der Europäischen Gemeinschaft und auch nicht Vertragsstaat des

---

[1] 4. Abschnitt (§§ 340–340o) eingef. durch G v. 30.11.1990 (BGBl. I S. 2570); Überschr. neu gef. durch G v. 24.6.1994 (BGBl. I S. 1377).

[2] 1. UAbschnitt Überschrift eingef. durch G v. 24.6.1994 (BGBl. I S. 1377); Überschrift neu gef. durch G v. 28.10.1997 (BGBl. I S. 2567); Überschrift neu gef. mWv 26.6.2021 durch G v. 12.5.2021 (BGBl. I S. 990).

[3] § 340 eingef. durch G v. 30.11.1990 (BGBl. I S. 2570); Abs. 1 Satz 2 neu gef. durch G v. 21.12.1992 (BGBl. I S. 2211); Abs. 1 Satz 1 geänd. durch G v. 27.4.1993 (BGBl. I S. 512); Abs. 1 Satz 1, Abs. 2 und 3 geänd. durch G v. 24.6.1994 (BGBl. I S. 1377); Abs. 1 Sätze 1 und 2, Abs. 2 Satz 2 geänd., Abs. 4 angef. durch G v. 22.10.1997 (BGBl. I S. 2567); Abs. 4 Satz 2 geänd. durch G v. 24.3.1998 (BGBl. I S. 529) und mWv 1.7.2002 durch G v. 21.6.2002 (BGBl. I S. 2010); Abs. 1 Sätze 1–3, Abs. 4 Sätze 1, 4 geänd. mWv 1.1.2007 durch G v. 10.11.2006 (BGBl. I S. 2553); Abs. 4 Satz 2 geänd. mWv 1.11.2007 durch G v. 16.7.2007 (BGBl. I S. 1330, geänd. durch G v. 21.12.2007, BGBl. I S. 3089); Abs. 5 angef. mWv 31.10.2009 durch G v. 25.6.2009 (BGBl. I S. 1506); Abs. 5 Satz 1 geänd. mWv 30.4.2011 durch G v. 1.3.2011 (BGBl. I S. 288) und mWv 29.12.2011 durch G v. 22.12.2011 (BGBl. I S. 2959); Abs. 4 Satz 2 geänd. mWv 1.1.2014 durch G v. 28.8.2013 (BGBl. I S. 3395); Abs. 4 Satz 3 aufgeh., bish. Satz 4 wird Satz 3, Abs. 5 Satz 2 aufgeh., bish. Satz 3 wird Satz 2 mWv 23.7.2015 durch G v. 17.7.2015 (BGBl. I S. 1245); Abs. 1 Satz 1 geänd. mWv 17.6.2016 durch G v. 10.5.2016 (BGBl. I S. 1142); Abs. 5 Satz 1 geänd. mWv *13.1.2018 durch G v. 17.7.2017 (BGBl. I S. 2446)*; Abs. 1 Satz 1 geänd., Abs. 4a eingef. mWv 26.6.2021 durch G v. 12.5.2021 (BGBl. I S. 990).

[4] Beachte hierzu Übergangsvorschrift in Art. 75 EGHGB (Nr. **50a**).

[5] **Sartorius ErgBd. Nr. 856.**

Abkommens über den Europäischen Wirtschaftsraum ist, sofern die Zweigniederlassung nach § 53 Abs. 1 des Gesetzes über das Kreditwesen als Finanzdienstleistungsinstitut gilt. [2] § 340c Abs. 1 ist nicht anzuwenden auf Finanzdienstleistungsinstitute und Kreditinstitute, soweit letztere Skontroführer im Sinne des § 27 Abs. 1 Satz 1 des Börsengesetzes und nicht CRR-Kreditinstitute im Sinne des § 1 Abs. 3d Satz 1 des Gesetzes über das Kreditwesen sind. [3] Zusätzliche Anforderungen auf Grund von Vorschriften, die wegen der Rechtsform oder für Zweigniederlassungen bestehen, bleiben unberührt.

(4a) [1] Dieser Unterabschnitt ist auch auf Wertpapierinstitute im Sinne des § 2 Absatz 1 des Wertpapierinstitutsgesetzes anzuwenden, soweit sie nicht nach dessen § 3 von der Anwendung ausgenommen sind. [2] § 340c Absatz 1 ist nicht anzuwenden auf Wertpapierinstitute, wenn diese Skontroführer im Sinne des § 27 Absatz 1 Satz 1 des Börsengesetzes sind. [3] Zusätzliche Anforderungen auf Grund von Vorschriften, die wegen der Rechtsform oder für Zweigniederlassungen bestehen, bleiben unberührt.

(5) [1] Dieser Unterabschnitt ist auch auf Institute im Sinne des § 1 Absatz 3 des Zahlungsdiensteaufsichtsgesetzes anzuwenden. [2] Zusätzliche Anforderungen auf Grund von Vorschriften, die wegen der Rechtsform oder für Zweigniederlassungen bestehen, bleiben unberührt.

Zweiter Titel.[1)] Jahresabschluß, Lagebericht, Zwischenabschluß

§ 340a[2)] [3)] [4)] Anzuwendende Vorschriften. (1) [1] Kreditinstitute, auch wenn sie nicht in der Rechtsform einer Kapitalgesellschaft betrieben werden, haben auf ihren Jahresabschluß die für große Kapitalgesellschaften geltenden Vorschriften des Ersten Unterabschnitts des Zweiten Abschnitts anzuwenden, soweit in den Vorschriften dieses Unterabschnitts nichts anderes bestimmt ist. [2] Kreditinstitute haben außerdem einen Lagebericht nach den für große Kapitalgesellschaften geltenden Bestimmungen aufzustellen.

(1a) [1] Ein Kreditinstitut hat seinen Lagebericht um eine nichtfinanzielle Erklärung zu erweitern, wenn es in entsprechender Anwendung des § 267 Absatz 3 Satz 1 und Absatz 4 bis 5 als groß gilt und im Jahresdurchschnitt mehr als 500 Arbeitnehmer beschäftigt. [2] Wenn die nichtfinanzielle Erklärung einen besonderen Abschnitt des Lageberichts bildet, darf das Kreditinstitut auf die an anderer Stelle im Lagebericht enthaltenen nichtfinanziellen Angaben verweisen. [3] § 289b Absatz 2 bis 4 und die §§ 289c bis 289e sind entsprechend anzuwenden.

(1b) [1] Ein Kreditinstitut, das nach Absatz 1 in Verbindung mit § 289f Absatz 1 eine Erklärung zur Unternehmensführung zu erstellen hat, hat darin Angaben nach § 289f Absatz 2 Nummer 6 aufzunehmen, wenn es in entsprechender

---

1) 2. Titel Überschrift geänd. durch G v. 24.6.1994 (BGBl. I S. 1377).

2) § 340a eingef. durch G v. 30.11.1990 (BGBl. I S. 2570); Abs. 1 geänd. durch G v. 24.6.1994 (BGBl. I S. 1377); Abs. 3 angef. durch G v. 21.12.1992 (BGBl. I S. 2211); Abs. 2 Satz 4 angef. durch G v. 20.4. 1998 (BGBl. I S. 707); Abs. 4 angef. durch G v. 27.4.1998 (BGBl. I S. 786); Abs. 1, Abs. 2 Sätze 1 und 2 geänd. mWv 10.12.2004 durch G v. 4.12.2004 (BGBl. I S. 3166); Abs. 3 neu gef. mWv 20.1.2007 durch G v. 5.1.2007 (BGBl. I S. 10); Abs. 2 Sätze 1 und 2 geänd. mWv 29.5.2009 durch G v. 25.5.2009 (BGBl. I S. 1102); Abs. 3 Satz 1 geänd. mWv 1.1.2014 durch G v. 28.8.2013 (BGBl. I S. 3395); Abs. 1 Satz 1 geänd., Satz 2 angef., Abs. 2 Sätze 1 und 2 geänd., Sätze 5 und 6 angef. mWv 23.7.2015 durch G v. 17.7. 2015 (BGBl. I S. 1245); Abs. 1a und 1b eingef. mWv 19.4.2017 durch G v. 11.4.2017 (BGBl. I S. 802); Abs. 2 Satz 1 geänd., Satz 4 aufgeh., bish. Sätze 5 und 6 werden Sätze 4 und 5 mWv 1.7.2021 durch G v. 3.6.2021 (BGBl. I S. 1534); Abs. 1b Satz 2 angef. mWv 12.8.2021 durch G v. 7.8.2021 (BGBl. I S. 3311).

3) Beachte hierzu Übergangsvorschriften in Art. 75, 80 und 86 EGHGB (Nr. **50a**).

4) Siehe hierzu die Kreditinstituts-RechnungslegungsVO idF der Bek. v. 11.12.1998 (BGBl. I S. 3658), zuletzt geänd. durch G v. 7.8.2021 (BGBl. I S. 3311).

Anwendung des § 267 Absatz 3 Satz 1 und Absatz 4 bis 5 als groß gilt. [2]Ein Kreditinstitut, das eine Genossenschaft ist, hat § 289f Absatz 4 nach Maßgabe des § 9 Absatz 3 und 4 des Genossenschaftsgesetzes[1)] anzuwenden.

(2) [1]§ 264 Absatz 3, §§ 264b, 265 Absatz 6 und 7, §§ 267, 268 Abs. 4 Satz 1, Abs. 5 Satz 1 und 2, §§ 276, 277 Abs. 1, 2, 3 Satz 1, § 284 Absatz 2 Nummer 3, § 285 Nr. 8 und 12, § 288 sind nicht anzuwenden. [2]An Stelle von § 247 Abs. 1, §§ 251, 266, 268 Absatz 7, §§ 275, 284 Absatz 3, § 285 Nummer 1, 2, 4, 9 Buchstabe c und Nummer 27 sind die durch Rechtsverordnung erlassenen Formblätter und anderen Vorschriften anzuwenden. [3]§ 246 Abs. 2 ist nicht anzuwenden, soweit abweichende Vorschriften bestehen. [4]§ 285 Nummer 31 ist nicht anzuwenden; unter den Posten „außerordentliche Erträge" und „außerordentliche Aufwendungen" sind Erträge und Aufwendungen auszuweisen, die außerhalb der gewöhnlichen Geschäftstätigkeit anfallen. [5]Im Anhang sind diese Posten hinsichtlich ihres Betrags und ihrer Art zu erläutern, soweit die ausgewiesenen Beträge für die Beurteilung der Ertragslage nicht von untergeordneter Bedeutung sind.

(3) [1]Sofern Kreditinstitute einer prüferischen Durchsicht zu unterziehende Zwischenabschlüsse zur Ermittlung von Zwischenergebnissen im Sinne des Artikels 26 Absatz 2 der Verordnung (EU) Nr. 575/2013 des Europäischen Parlaments und des Rates vom 26. Juni 2013 über Aufsichtsanforderungen an Kreditinstitute und Wertpapierfirmen und zur Änderung der Verordnung (EU) Nr. 646/2012 (ABl. L 176 vom 27.6.2013, S. 1) aufstellen, sind auf diese die für den Jahresabschluss geltenden Rechnungslegungsgrundsätze anzuwenden. [2]Die Vorschriften über die Bestellung des Abschlussprüfers sind auf die prüferische Durchsicht entsprechend anzuwenden. [3]Die prüferische Durchsicht ist so anzulegen, dass bei gewissenhafter Berufsausübung ausgeschlossen werden kann, dass der Zwischenabschluss in wesentlichen Belangen den anzuwendenden Rechnungslegungsgrundsätzen widerspricht. [4]Der Abschlussprüfer hat das Ergebnis der prüferischen Durchsicht in einer Bescheinigung zusammenzufassen. [5]§ 320 und § 323 gelten entsprechend.

(4) Zusätzlich haben Kreditinstitute im Anhang zum Jahresabschluß anzugeben:
1. alle Mandate in gesetzlich zu bildenden Aufsichtsgremien von großen Kapitalgesellschaften (§ 267 Abs. 3), die von gesetzlichen Vertretern oder anderen Mitarbeitern wahrgenommen werden;
2. alle Beteiligungen an großen Kapitalgesellschaften, die fünf vom Hundert der Stimmrechte überschreiten.

§ 340b[2)] Pensionsgeschäfte. (1) Pensionsgeschäfte sind Verträge, durch die ein Kreditinstitut oder der Kunde eines Kreditinstituts (Pensionsgeber) ihm gehörende Vermögensgegenstände einem anderen Kreditinstitut oder einem seiner Kunden (Pensionsnehmer) gegen Zahlung eines Betrags überträgt und in denen gleichzeitig vereinbart wird, daß die Vermögensgegenstände später gegen Entrichtung des empfangenen oder eines im voraus vereinbarten anderen Betrags an den Pensionsgeber zurückübertragen werden müssen oder können.

(2) Übernimmt der Pensionsnehmer die Verpflichtung, die Vermögensgegenstände zu einem bestimmten oder vom Pensionsgeber zu bestimmenden Zeitpunkt zurückzuübertragen, so handelt es sich um ein echtes Pensionsgeschäft.

[1)] Nr. **53**.

[2)] § 340b eingef. durch G v. 30.11.1990 (BGBl. I S. 2570); Abs. 6 geänd. mWv 1.7.2002 durch G v. 21.6.2002 (BGBl. I S. 2010).

(3) Ist der Pensionsnehmer lediglich berechtigt, die Vermögensgegenstände zu einem vorher bestimmten oder von ihm noch zu bestimmenden Zeitpunkt zurückzuübertragen, so handelt es sich um ein unechtes Pensionsgeschäft.

(4) [1] Im Falle von echten Pensionsgeschäften sind die übertragenen Vermögensgegenstände in der Bilanz des Pensionsgebers weiterhin auszuweisen. [2] Der Pensionsgeber hat in Höhe des für die Übertragung erhaltenen Betrags eine Verbindlichkeit gegenüber dem Pensionsnehmer auszuweisen. [3] Ist für die Rückübertragung ein höherer oder ein niedrigerer Betrag vereinbart, so ist der Unterschiedsbetrag über die Laufzeit des Pensionsgeschäfts zu verteilen. [4] Außerdem hat der Pensionsgeber den Buchwert der in Pension gegebenen Vermögensgegenstände im Anhang anzugeben. [5] Der Pensionsnehmer darf die ihm in Pension gegebenen Vermögensgegenstände nicht in seiner Bilanz ausweisen; er hat in Höhe des für die Übertragung gezahlten Betrags eine Forderung an den Pensionsgeber in seiner Bilanz auszuweisen. [6] Ist für die Rückübertragung ein höherer oder ein niedrigerer Betrag vereinbart, so ist der Unterschiedsbetrag über die Laufzeit des Pensionsgeschäfts zu verteilen.

(5) [1] Im Falle von unechten Pensionsgeschäften sind die Vermögensgegenstände nicht in der Bilanz des Pensionsgebers, sondern in der Bilanz des Pensionsnehmers auszuweisen. [2] Der Pensionsgeber hat unter der Bilanz den für den Fall der Rückübertragung vereinbarten Betrag anzugeben.

(6) Devisentermingeschäfte, Finanztermingeschäfte und ähnliche Geschäfte sowie die Ausgabe eigener Schuldverschreibungen auf abgekürzte Zeit gelten nicht als Pensionsgeschäfte im Sinne dieser Vorschrift.

§ 340c[1)] Vorschriften zur Gewinn- und Verlustrechnung und zum Anhang. (1) [1] Als Ertrag oder Aufwand des Handelsbestands ist der Unterschiedsbetrag aller Erträge und Aufwendungen aus Geschäften mit Finanzinstrumenten des Handelsbestands und dem Handel mit Edelmetallen sowie der zugehörigen Erträge aus Zuschreibungen und Aufwendungen aus Abschreibungen auszuweisen. [2] In die Verrechnung sind außerdem die Aufwendungen für die Bildung von Rückstellungen für drohende Verluste aus den in Satz 1 bezeichneten Geschäften und die Erträge aus der Auflösung dieser Rückstellungen einzubeziehen.

(2) [1] Die Aufwendungen aus Abschreibungen auf Beteiligungen, Anteile an verbundenen Unternehmen und wie Anlagevermögen behandelte Wertpapiere dürfen mit den Erträgen aus Zuschreibungen zu solchen Vermögensgegenständen verrechnet und in einem Aufwand- oder Ertragsposten ausgewiesen werden. [2] In die Verrechnung nach Satz 1 dürfen auch die Aufwendungen und Erträge aus Geschäften mit solchen Vermögensgegenständen einbezogen werden.

(3) Kreditinstitute, die dem haftenden Eigenkapital nicht realisierte Reserven nach § 10 Abs. 2b Satz 1 Nr. 6 oder 7 des Gesetzes über das Kreditwesen[2)] in der *bis zum* 31. Dezember 2013 geltenden Fassung zurechnen, haben den Betrag, mit dem diese Reserven dem haftenden Eigenkapital zugerechnet werden, im Anhang zur Bilanz und zur Gewinn- und Verlustrechnung anzugeben.

[1)] § 340c eingef. durch G v. 30.11.1990 (BGBl. I S. 2570); Überschrift geänd., Abs. 3 angef. durch G v. 21.12.1992 (BGBl. I S. 2211); Abs. 3 geänd. durch G v. 22.10.1997 (BGBl. I S. 2567); Abs. 1 Satz 1 neu gef. mWv 29.5.2009 durch G v. 25.5.2009 (BGBl. I S. 1102); Abs. 3 geänd. mWv 1.1.2014 durch G v. 28.8.2013 (BGBl. I S. 3395).

[2)] **Sartorius ErgBd. Nr. 856.**

§ 340d[1)] Fristengliederung. [1] Die Forderungen und Verbindlichkeiten sind im Anhang nach der Fristigkeit zu gliedern. [2] Für die Gliederung nach der Fristigkeit ist die Restlaufzeit am Bilanzstichtag maßgebend.

Dritter Titel. Bewertungsvorschriften

§ 340e[1) 2)] Bewertung von Vermögensgegenständen. (1) [1] Kreditinstitute haben Beteiligungen einschließlich der Anteile an verbundenen Unternehmen, Konzessionen, gewerbliche Schutzrechte und ähnliche Rechte und Werte sowie Lizenzen an solchen Rechten und Werten, Grundstücke, grundstücksgleiche Rechte und Bauten einschließlich der Bauten auf fremden Grundstücken, technische Anlagen und Maschinen, andere Anlagen, Betriebs- und Geschäftsausstattung sowie Anlagen im Bau nach den für das Anlagevermögen geltenden Vorschriften zu bewerten, es sei denn, daß sie nicht dazu bestimmt sind, dauernd dem Geschäftsbetrieb zu dienen; in diesem Falle sind sie nach Satz 2 zu bewerten. [2] Andere Vermögensgegenstände, insbesondere Forderungen und Wertpapiere, sind nach den für das Umlaufvermögen geltenden Vorschriften zu bewerten, es sei denn, daß sie dazu bestimmt werden, dauernd dem Geschäftsbetrieb zu dienen; in diesem Falle sind sie nach Satz 1 zu bewerten. [3] § 253 Absatz 3 Satz 6 ist nur auf Beteiligungen und Anteile an verbundenen Unternehmen im Sinn des Satzes 1 sowie Wertpapiere und Forderungen im Sinn des Satzes 2, die dauernd dem Geschäftsbetrieb zu dienen bestimmt sind, anzuwenden.

(2) [1] Abweichend von § 253 Abs. 1 Satz 1 dürfen Hypothekendarlehen und andere Forderungen mit ihrem Nennbetrag angesetzt werden, soweit der Unterschiedsbetrag zwischen dem Nennbetrag und dem Auszahlungsbetrag oder den Anschaffungskosten Zinscharakter hat. [2] Ist der Nennbetrag höher als der Auszahlungsbetrag oder die Anschaffungskosten, so ist der Unterschiedsbetrag in den Rechnungsabgrenzungsposten auf der Passivseite aufzunehmen; er ist planmäßig aufzulösen und in seiner jeweiligen Höhe in der Bilanz oder im Anhang gesondert anzugeben. [3] Ist der Nennbetrag niedriger als der Auszahlungsbetrag oder die Anschaffungskosten, so darf der Unterschiedsbetrag in den Rechnungsabgrenzungsposten auf der Aktivseite aufgenommen werden; er ist planmäßig aufzulösen und in seiner jeweiligen Höhe in der Bilanz oder im Anhang gesondert anzugeben.

(3) [1] Finanzinstrumente des Handelsbestands sind zum beizulegenden Zeitwert abzüglich eines Risikoabschlags zu bewerten. [2] Eine Umgliederung in den Handelsbestand ist ausgeschlossen. [3] Das Gleiche gilt für eine Umgliederung aus dem Handelsbestand, es sei denn, außergewöhnliche Umstände, insbesondere schwerwiegende Beeinträchtigungen der Handelbarkeit der Finanzinstrumente, führen zu einer Aufgabe der Handelsabsicht durch das Kreditinstitut. [4] Finanzinstrumente des Handelsbestands können nachträglich in eine Bewertungseinheit einbezogen werden; sie sind bei Beendigung der Bewertungseinheit wieder in den Handelsbestand umzugliedern.

(4) [1] In der Bilanz ist dem Sonderposten „Fonds für allgemeine Bankrisiken" nach § 340g in jedem Geschäftsjahr ein Betrag, der mindestens 10 vom Hundert

---

[1)] §§ 340d, § 340e eingef. mWv 1.1.1998 durch G v. 30.11.1990 (BGBl. I S. 2570); § 340e Abs. 1 Satz 3 *neu gef., Abs. 3, 4 angef.* mWv *29.5.2009* durch G v. 25.5.2009 (BGBl. I S. 1102); Abs. 4 Satz 2 Nr. 1 geänd., Nr. 2, 3 eingef., bish. Nr. 2 wird Nr. 4, Satz 3 angef. mWv 19.7.2014 durch G v. 15.7.2014 (BGBl. I S. 934); Abs. 1 Satz 3 geänd. mWv 23.7.2015 durch G v. 17.7.2015 (BGBl. I S. 1245).

[2)] Beachte hierzu Übergangsvorschrift in Art. 75 EGHGB (Nr. **50a**).

der Nettoerträge des Handelsbestands entspricht, zuzuführen und dort gesondert auszuweisen. [2] Dieser Posten darf nur aufgelöst werden

1. zum Ausgleich von Nettoaufwendungen des Handelsbestands sowie
2. zum Ausgleich eines Jahresfehlbetrags, soweit er nicht durch einen Gewinnvortrag aus dem Vorjahr gedeckt ist,
3. zum Ausgleich eines Verlustvortrags aus dem Vorjahr, soweit er nicht durch einen Jahresüberschuss gedeckt ist, oder
4. soweit er 50 vom Hundert des Durchschnitts der letzten fünf jährlichen Nettoerträge des Handelsbestands übersteigt.

[3] Auflösungen, die nach Satz 2 erfolgen, sind im Anhang anzugeben und zu erläutern.

§ 340f[1)] Vorsorge für allgemeine Bankrisiken. (1) [1] Kreditinstitute dürfen Forderungen an Kreditinstitute und Kunden, Schuldverschreibungen und andere festverzinsliche Wertpapiere sowie Aktien und andere nicht festverzinsliche Wertpapiere, die weder wie Anlagevermögen behandelt werden noch Teil des Handelsbestands sind, mit einem niedrigeren als dem nach § 253 Abs. 1 Satz 1, Abs. 4 vorgeschriebenen oder zugelassenen Wert ansetzen, soweit dies nach vernünftiger kaufmännischer Beurteilung zur Sicherung gegen die besonderen Risiken des Geschäftszweigs der Kreditinstitute notwendig ist. [2] Der Betrag der auf diese Weise gebildeten Vorsorgereserven darf vier vom Hundert des Gesamtbetrags der in Satz 1 bezeichneten Vermögensgegenstände, der sich bei deren Bewertung nach § 253 Abs. 1 Satz 1, Abs. 4 ergibt, nicht übersteigen. [3] Ein niedrigerer Wertansatz darf beibehalten werden.

(2) *(aufgehoben)*

(3) Aufwendungen und Erträge aus der Anwendung von Absatz 1 und aus Geschäften mit in Absatz 1 bezeichneten Wertpapieren und Aufwendungen aus Abschreibungen sowie Erträge aus Zuschreibungen zu diesen Wertpapieren dürfen mit den Aufwendungen aus Abschreibungen auf Forderungen, Zuführungen zu Rückstellungen für Eventualverbindlichkeiten und für Kreditrisiken sowie mit den Erträgen aus Zuschreibungen zu Forderungen oder aus deren Eingang nach teilweiser oder vollständiger Abschreibung und aus Auflösungen von Rückstellungen für Eventualverbindlichkeiten und für Kreditrisiken verrechnet und in der Gewinn- und Verlustrechnung in einem Aufwand- oder Ertragsposten ausgewiesen werden.

(4) Angaben über die Bildung und Auflösung von Vorsorgereserven nach Absatz 1 sowie über vorgenommene Verrechnungen nach Absatz 3 brauchen im Jahresabschluß, Lagebericht, Konzernabschluß und Konzernlagebericht nicht gemacht zu werden.

§ 340g[1)] Sonderposten für allgemeine Bankrisiken. (1) Kreditinstitute dürfen auf der Passivseite ihrer Bilanz zur Sicherung gegen allgemeine Bankrisiken einen Sonderposten „Fonds für allgemeine Bankrisiken“ bilden, soweit dies nach vernünftiger kaufmännischer Beurteilung wegen der besonderen Risiken des Geschäftszweigs der Kreditinstitute notwendig ist.

(2) Die Zuführungen zum Sonderposten oder die Erträge aus der Auflösung des Sonderpostens sind in der Gewinn- und Verlustrechnung gesondert auszuweisen.

[1)] §§ 340f, 340g eingef. durch G v. 30.11.1990 (BGBl. I S. 2570); § 340f Abs. 1 Sätze 1, 2 geänd., Satz 3 angef., Abs. 2 aufgeh. mWv 29.5.2009 durch G v. 25.5.2009 (BGBl. I S. 1102).

Vierter Titel. Währungsumrechnung

§ 340h[1] Währungsumrechnung. § 256a gilt mit der Maßgabe, dass Erträge, die sich aus der Währungsumrechnung ergeben, in der Gewinn- und Verlustrechnung zu berücksichtigen sind, soweit die Vermögensgegenstände, Schulden oder Termingeschäfte durch Vermögensgegenstände, Schulden oder andere Termingeschäfte in derselben Währung besonders gedeckt sind.

Fünfter Titel.[2] Konzernabschluß, Konzernlagebericht, Konzernzwischenabschluß

§ 340i[3) 4)] Pflicht zur Aufstellung. (1) [1]Kreditinstitute, auch wenn sie nicht in der Rechtsform einer Kapitalgesellschaft betrieben werden, haben unabhängig von ihrer Größe einen Konzernabschluß und einen Konzernlagebericht nach den Vorschriften des Zweiten Unterabschnitts des Zweiten Abschnitts über den Konzernabschluß und Konzernlagebericht aufzustellen, soweit in den Vorschriften dieses Unterabschnitts nichts anderes bestimmt ist. [2]Zusätzliche Anforderungen auf Grund von Vorschriften, die wegen der Rechtsform bestehen, bleiben unberührt.

(2) [1]Auf den Konzernabschluß sind, soweit seine Eigenart keine Abweichung bedingt, die §§ 340a bis 340g über den Jahresabschluß und die für die Rechtsform und den Geschäftszweig der in den Konzernabschluß einbezogenen Unternehmen mit Sitz im Geltungsbereich dieses Gesetzes geltenden Vorschriften entsprechend anzuwenden, soweit sie für große Kapitalgesellschaften gelten. [2]Die §§ 293, 298 Absatz 1, § 314 Abs. 1 Nr. 1, 3, 6 Buchstabe c und Nummer 23 sind nicht anzuwenden. [3]In den Fällen des § 315e Abs. 1 finden von den in Absatz 1 genannten Vorschriften nur die §§ 290 bis 292, 315e Anwendung; die Sätze 1 und 2 dieses Absatzes sowie § 340j sind nicht anzuwenden. [4]Soweit § 315e Absatz 1 auf § 314 Absatz 1 Nummer 6 Buchstabe c verweist, tritt an dessen Stelle § 34 Absatz 2 Nummer 2 in Verbindung mit § 37 der Kreditinstituts-Rechnungslegungsverordnung in der Fassung der Bekanntmachung vom 11. Dezember 1998 (BGBl. I S. 3658), die zuletzt durch Artikel 8 Absatz 13 des Gesetzes vom 17. Juli 2015 (BGBl. I S. 1245) geändert worden ist, in der jeweils geltenden Fassung. [5]Im Übrigen findet die Kreditinstituts-Rechnungslegungsverordnung in den Fällen des § 315e Absatz 1 keine Anwendung.

(3) Als Kreditinstitute im Sinne dieses Titels gelten auch Mutterunternehmen, deren einziger Zweck darin besteht, Beteiligungen an Tochterunternehmen zu erwerben sowie die Verwaltung und Verwertung dieser Beteiligungen wahrzunehmen, sofern diese Tochterunternehmen ausschließlich oder überwiegend Kreditinstitute sind.

(4) [1]Sofern Kreditinstitute einer prüferischen Durchsicht zu unterziehende Konzernzwischenabschlüsse zur Ermittlung von Konzernzwischenergebnissen im Sinne des Artikels 26 Absatz 2 in Verbindung mit Artikel 11 der Verordnung (EU) Nr. 575/2013 aufstellen, sind auf diese die für den Konzernabschluss geltenden Rechnungslegungsgrundsätze anzuwenden. [2]Die Vorschriften über die Bestellung

---

[1] § 340h neu gef. mWv 29.5.2009 durch G v. 25.5.2009 (BGBl. I S. 1102).

[2] 5. Titel Überschrift geänd. durch G v. 24.6.1994 (BGBl. I S. 1377).

[3] § 340i eingef. durch G v. 30.11.1990 (BGBl. I S. 2570); Abs. 4 angef. durch G v. 21.12.1992 (BGBl. I S. 2211); Abs. 1 Satz 1 geänd. durch G v. 24.6.1994 (BGBl. I S. 1377); Abs. 2 Sätze 3–5 angef. mWv 10.12.2004 durch G v. 4.12.2004 (BGBl. I S. 3166); Abs. 4 neu gef. mWv 20.1.2007 durch G v. 5.1.2007 (BGBl. I S. 10); Abs. 4 Satz 1 geänd. mWv 1.1.2014 durch G v. 28.8.2013 (BGBl. I S. 3395); Abs. 2 *Sätze 2 und 4 geänd.* mWv 23.7.2015 durch G v. 17.7.2015 (BGBl. I S. 1245); Abs. 2 Satz 3 geänd., Satz 4 neu gef., Satz 5 geänd., Abs. 5 und 6 angef. mWv 19.4.2017 durch G v. 11.4.2017 (BGBl. I S. 802); Abs. 6 neu gef. mWv 1.1.2020 durch G v. 12.12.2019 (BGBl. I S. 2637).

[4] Beachte hierzu Übergangsvorschriften in Art. 75, 80 und 83 Abs. 2 EGHGB (Nr. **50a**).

des Abschlussprüfers sind auf die prüferische Durchsicht entsprechend anzuwenden. [3]Die prüferische Durchsicht ist so anzulegen, dass bei gewissenhafter Berufsausübung ausgeschlossen werden kann, dass der Zwischenabschluss in wesentlichen Belangen den anzuwendenden Rechnungslegungsgrundsätzen widerspricht. [4]Der Abschlussprüfer hat das Ergebnis der prüferischen Durchsicht in einer Bescheinigung zusammenzufassen. [5]§ 320 und § 323 gelten entsprechend.

(5) [1]Ein Kreditinstitut, das ein Mutterunternehmen (§ 290) ist, hat den Konzernlagebericht um eine nichtfinanzielle Konzernerklärung zu erweitern, wenn auf die in den Konzernabschluss einzubeziehenden Unternehmen die folgenden Merkmale zutreffen:

1. sie erfüllen die in § 293 Absatz 1 Satz 1 Nummer 1 oder 2 geregelten Voraussetzungen für eine größenabhängige Befreiung nicht und
2. bei ihnen sind insgesamt im Jahresdurchschnitt mehr als 500 Arbeitnehmer beschäftigt.

[2]§ 267 Absatz 4 bis 5, § 298 Absatz 2, § 315b Absatz 2 bis 4 und § 315c sind entsprechend anzuwenden. [3]Wenn die nichtfinanzielle Konzernerklärung einen besonderen Abschnitt des Konzernlageberichts bildet, darf das Kreditinstitut auf die an anderer Stelle im Konzernlagebericht enthaltenen nichtfinanziellen Angaben verweisen.

(6) Ein Kreditinstitut, das nach Absatz 1 in Verbindung mit § 315d eine Konzernerklärung zur Unternehmensführung zu erstellen hat, hat darin Angaben nach § 315d in Verbindung mit § 289f Absatz 2 Nummer 6 aufzunehmen, wenn die in den Konzernabschluss einzubeziehenden Unternehmen die in § 293 Absatz 1 Satz 1 Nummer 1 oder 2 geregelten Voraussetzungen für eine Befreiung nicht erfüllen.

§ 340j[1)] Einzubeziehende Unternehmen. Bezieht ein Kreditinstitut ein Tochterunternehmen, das Kreditinstitut ist, nach § 296 Abs. 1 Nr. 3 in seinen Konzernabschluß nicht ein und ist der vorübergehende Besitz von Aktien oder Anteilen dieses Unternehmens auf eine finanzielle Stützungsaktion zur Sanierung oder Rettung des genannten Unternehmens zurückzuführen, so hat es den Jahresabschluß dieses Unternehmens seinem Konzernabschluß beizufügen und im Konzernanhang zusätzliche Angaben über die Art und die Bedingungen der finanziellen Stützungsaktion zu machen.

Sechster Titel. Prüfung

§ 340k[2) 3)] [Prüfung] (1) [1]Kreditinstitute haben unabhängig von ihrer Größe ihren Jahresabschluß und Lagebericht sowie ihren Konzernabschluß und Konzern-

[1)] § 340j eingef. durch G v. 30.11.1990 (BGBl. I S. 2570); Abs. 1 aufgeh. mWv 10.12.2004 durch G v. 4.12.2004 (BGBl. I S. 3166).

[2)] § 340k eingef. durch G v. 30.11.1990 (BGBl. I S. 2570); Abs. 1 Satz 1 geänd, Abs. 4 angef. durch G v. 22.10.1997 (BGBl. I S. 2567); Abs. 2 Satz 1 geänd. mWv 9.3.2000 durch G v. 24.2.2000 (BGBl. I S. 154); Abs. 3 Satz 4 angef. mWv 1.1.2001 durch G v. 19.12.2000 (BGBl. I S. 1769); Abs. 2 Satz 3, Abs. 3 Satz 2 neu gef., Satz 4 geänd. mWv 10.12.2004 durch G v. 4.12.2004 (BGBl. I S. 3166); Abs. 2a eingef., Abs. 5 angef. mWv 29.5.2009 durch G v. 25.5.2009 (BGBl. I S. 1102); Abs. 2 Satz 4 eingef., bish. Satz 4 wird Satz 5 und geänd., Abs. 3 Satz 4 geänd. mWv 17.6.2016 durch G v. 31.3.2016 (BGBl. I S. 518); Abs. 1 Satz 1 geänd., Satz 4 angef., Abs. 3 Satz 2 geänd., Satz 3 eingef., bish. Sätze 3 und 4 werden Sätze 4 und 5, Abs. 4, Abs. 5 Satz 1 neu gef. mWv 17.6.2016 durch G v. 10.5.2016 (BGBl. I S. 1142); Abs. 1 Satz 1 geänd., Satz 4 neu gef., Abs. 2 Satz 3, Abs. 3 Satz 2 geänd., Abs. 5 Satz 1 neu gef., Sätze 3 und 4 angef. mWv 1.7.2021 durch G v. 3.6.2021 (BGBl. I S. 1534).

[3)] Beachte hierzu Übergangsvorschrift in Art. 86 EGHGB (Nr. **50a**).

lagebericht unbeschadet der Vorschriften der §§ 28 und 29 des Gesetzes über das Kreditwesen[1)] nach den Vorschriften des Dritten Unterabschnitts des Zweiten Abschnitts über die Prüfung prüfen zu lassen; § 319 Absatz 1 Satz 2 ist nicht anzuwenden. [2] Die Prüfung ist spätestens vor Ablauf des fünften Monats des dem Abschlußstichtag nachfolgenden Geschäftsjahrs vorzunehmen. [3] Der Jahresabschluß ist nach der Prüfung unverzüglich festzustellen. [4] Die Vorschriften des Dritten Unterabschnitts des Zweiten Abschnitts sind auf Kreditinstitute, die Unternehmen von öffentlichem Interesse nach § 316a Satz 2 Nummer 1 oder 2 sind, nur insoweit anzuwenden, als nicht die Verordnung (EU) Nr. 537/2014 anzuwenden ist.

(2) [1] Ist das Kreditinstitut eine Genossenschaft oder ein rechtsfähiger wirtschaftlicher Verein, so ist die Prüfung abweichend von § 319 Abs. 1 Satz 1 von dem Prüfungsverband durchzuführen, dem das Kreditinstitut als Mitglied angehört, sofern mehr als die Hälfte der geschäftsführenden Mitglieder des Vorstands dieses Prüfungsverbands Wirtschaftsprüfer sind. [2] Hat der Prüfungsverband nur zwei Vorstandsmitglieder, so muß einer von ihnen Wirtschaftsprüfer sein. [3] § 319 Abs. 2 und 3 ist auf die gesetzlichen Vertreter des Prüfungsverbandes und auf alle vom Prüfungsverband beschäftigten Personen, die das Ergebnis der Prüfung beeinflussen können, entsprechend anzuwenden; § 319 Abs. 3 Satz 1 Nr. 2 ist auf Mitglieder des Aufsichtsorgans des Prüfungsverbandes nicht anzuwenden, sofern sichergestellt ist, dass der Abschlussprüfer die Prüfung unabhängig von den Weisungen durch das Aufsichtsorgan durchführen kann. [4] § 319 Absatz 1 Satz 3 und 4 gilt entsprechend mit der Maßgabe, dass der Prüfungsverband über einen Auszug hinsichtlich seiner Eintragung nach § 40a der Wirtschaftsprüferordnung verfügen muss, bei erstmaliger Durchführung einer Prüfung nach Absatz 1 Satz 1 spätestens sechs Wochen nach deren Beginn. [5] Ist das Mutterunternehmen eine Genossenschaft, so ist der Prüfungsverband, dem die Genossenschaft angehört, unter den Voraussetzungen der Sätze 1 bis 4 auch Abschlußprüfer des Konzernabschlusses und des Konzernlageberichts.

(2a) [1] Bei der Prüfung des Jahresabschlusses der in Absatz 2 bezeichneten Kreditinstitute durch einen Prüfungsverband darf der gesetzlich vorgeschriebene Bestätigungsvermerk nur von Wirtschaftsprüfern unterzeichnet werden. [2] Die im Prüfungsverband tätigen Wirtschaftsprüfer haben ihre Prüfungstätigkeit unabhängig, gewissenhaft, verschwiegen und eigenverantwortlich auszuüben. [3] Sie haben sich insbesondere bei der Erstattung von Prüfungsberichten unparteiisch zu verhalten. [4] Weisungen dürfen ihnen hinsichtlich ihrer Prüfungstätigkeit von Personen, die nicht Wirtschaftsprüfer sind, nicht erteilt werden. [5] Die Zahl der im Verband tätigen Wirtschaftsprüfer muss so bemessen sein, dass die den Bestätigungsvermerk unterschreibenden Wirtschaftsprüfer die Prüfung verantwortlich durchführen können.

(3) [1] Ist das Kreditinstitut eine Sparkasse, so dürfen die nach Absatz 1 vorgeschriebenen Prüfungen abweichend von § 319 Abs. 1 Satz 1 von der Prüfungsstelle eines Sparkassen- und Giroverbands durchgeführt werden. [2] Die Prüfung darf von der Prüfungsstelle jedoch nur durchgeführt werden, wenn der Leiter der Prüfungsstelle die Voraussetzungen des § 319 Abs. 1 Satz 1 und 2 erfüllt; § 319 Absatz 2, 3 und 5 sowie Artikel 5 Absatz 1, 4 Unterabsatz 1 und Absatz 5 der Verordnung (EU) Nr. 537/2014 sind auf alle vom Sparkassen- und Giroverband beschäftigten Personen, die das Ergebnis der Prüfung beeinflussen können, entsprechend anzuwenden. [3] Auf die Prüfungsstellen findet Artikel 5 der Verordnung *(EU) Nr. 537/2014* keine Anwendung. [4] Außerdem muß sichergestellt sein, daß

[1)] **Sartorius ErgBd. Nr. 856.**

der Abschlußprüfer die Prüfung unabhängig von den Weisungen der Organe des Sparkassen- und Giroverbands durchführen kann. [5]Soweit das Landesrecht nichts anderes vorsieht, findet § 319 Absatz 1 Satz 3 und 4 mit der Maßgabe Anwendung, dass die Prüfungsstelle über einen Auszug hinsichtlich ihrer Eintragung nach § 40a der Wirtschaftsprüferordnung verfügen muss, bei erstmaliger Durchführung einer Prüfung nach Absatz 1 Satz 1 spätestens sechs Wochen nach deren Beginn.

(4) [1]Ist das Kreditinstitut eine Sparkasse, finden Artikel 4 Absatz 3 Unterabsatz 2 sowie die Artikel 16, 17 und 19 der Verordnung (EU) Nr. 537/2014 keine Anwendung. [2]Artikel 4 Absatz 3 Unterabsatz 1 sowie Artikel 10 Absatz 2 Buchstabe g der Verordnung (EU) Nr. 537/2014 finden auf alle vom Sparkassen- und Giroverband beschäftigten Personen, die das Ergebnis der Prüfung beeinflussen können, entsprechende Anwendung. [3]Auf die Prüfungsstellen finden Artikel 4 Absatz 2 und 3 Unterabsatz 1 sowie Artikel 10 Absatz 2 Buchstabe g der Verordnung (EU) Nr. 537/2014 keine Anwendung.

(5) [1]Kreditinstitute, die Unternehmen von öffentlichem Interesse nach § 316a Satz 2 Nummer 1 oder 2 sind und keinen Aufsichts- oder Verwaltungsrat haben, der die Voraussetzungen des § 100 Absatz 5 des Aktiengesetzes[1)] erfüllen muss, haben § 324 anzuwenden, auch wenn sie nicht in der Rechtsform einer Kapitalgesellschaft oder einer Personenhandelsgesellschaft im Sinne des § 264a Absatz 1 betrieben werden. [2]Dies gilt für Sparkassen im Sinn des Absatzes 3 sowie sonstige landesrechtliche öffentlich-rechtliche Kreditinstitute nur, soweit das Landesrecht nichts anderes vorsieht. [3]§ 36 Absatz 4 und § 53 Absatz 3 des Genossenschaftsgesetzes[2)] bleiben unberührt. [4]§ 324 Absatz 3 Satz 1 ist nicht anwendbar auf Kreditinstitute in der Rechtsform der Genossenschaft, auf Sparkassen und auf sonstige landesrechtliche öffentlich-rechtliche Kreditinstitute.

Siebenter Titel. Offenlegung

§ 340l[3)] [Offenlegung] (1) [1]Kreditinstitute haben den Jahresabschluß und den Lagebericht sowie den Konzernabschluß und den Konzernlagebericht und die anderen in § 325 bezeichneten Unterlagen nach § 325 Abs. 2 bis 5, §§ 328, 329 Abs. 1 und 4 offenzulegen. [2]Kreditinstitute, die nicht Zweigniederlassungen sind, haben die in Satz 1 bezeichneten Unterlagen außerdem in jedem anderen Mitgliedstaat der Europäischen Gemeinschaft und in jedem anderen Vertragsstaat des Abkommens über den Europäischen Wirtschaftsraum offenzulegen, in dem sie eine Zweigniederlassung errichtet haben. [3]Die Offenlegung nach Satz 2 richtet sich nach dem Recht des jeweiligen Mitgliedstaats oder Vertragsstaats.

(2) [1]Zweigniederlassungen im Geltungsbereich dieses Gesetzes von Unternehmen mit Sitz in einem anderen Staat haben die in Absatz 1 Satz 1 bezeichneten

---

[1)] Nr. **51**.

[2)] Nr. **53**.

[3)] § 340l eingef. durch G v. 30.11.1990 (BGBl. I S. 2570); Abs. 1 Sätze 2 und 3, Abs. 2 Satz 2 geänd. durch G v. 27.4.1993 (BGBl. I S. 512); Abs. 1 Satz 2 und Abs. 2 Satz 2 geänd. durch G v. 22.10.1997 (BGBl. I S. 2567); Abs. 2 Satz 3 wird durch Sätze 3 und 4 ersetzt, Abs. 4 Sätze 1 und 2 geänd. mWv 9.3. 2000 durch G v. 24.2.2000 (BGBl. I S. 154); Abs. 2 Sätze 3 und 4, Abs. 4 neu gef. mWv 15.12.2001 durch G v. 10.12.2001 (BGBl. I S. 3414); Abs. 5 angef. mWv 10.12.2004 durch G v. 4.12.2004 (BGBl. I S. 3166); Abs. 1 Sätze 2 und 3, Abs. 2 Sätze 1 und 2 geänd., Satz 4 neu gef., Abs. 3 Satz 1 aufgeh., Abs. 4 aufgeh., bish. Abs. 5 wird Abs. 4 mWv 1.1.2007 durch G v. 10.11.2006 (BGBl. I S. 2553); Abs. 1 Satz 1, Abs. 2 Satz 1 geänd., Sätze 2 und 3 eingef., bish. Sätze 2–4 werden Sätze 4–6, neuer Satz 4 geänd., Abs. 4 Nr. 2 und 3 geänd. mWv 29.5.2009 durch G v. 25.5.2009 (BGBl. I S. 1102); Abs. 1 Satz 3, Abs. 2 Sätze 2, 3 und 6 Nr. 2 geänd., Abs. 4 einl. Satzteil und Nr. 2 neu gef., Nr. 3 geänd. mWv 23.7.2015 durch G v. 17.7.2015 (BGBl. I S. 1245); Abs. 2 Satz 3 neu gef. mWv 17.6.2016 durch G v. 31.3.2016 (BGBl. I S. 518); Abs. 2 Satz 3 Nr. 1 geänd. mWv 19.8.2020 durch G v. 12.8.2020 (BGBl. I S. 1874).

Unterlagen ihrer Hauptniederlassung, die nach deren Recht aufgestellt und geprüft worden sind, nach § 325 Abs. 2 bis 5, §§ 328, 329 Abs. 1, 3 und 4 offenzulegen. [2]Unternehmen mit Sitz in einem Drittstaat im Sinn des § 3 Abs. 1 Satz 1 der Wirtschaftsprüferordnung, deren Wertpapiere im Sinn des § 2 Absatz 1 des Wertpapierhandelsgesetzes[1)] an einer inländischen Börse zum Handel am regulierten Markt zugelassen sind, haben zudem eine Bescheinigung der Wirtschaftsprüferkammer gemäß § 134 Abs. 2a der Wirtschaftsprüferordnung über die Eintragung des Abschlussprüfers oder eine Bestätigung der Wirtschaftsprüferkammer gemäß § 134 Abs. 4 Satz 8 der Wirtschaftsprüferordnung über die Befreiung von der Eintragungsverpflichtung offenzulegen. [3]Satz 2 ist nicht anzuwenden, soweit ausschließlich Schuldtitel im Sinne des § 2 Absatz 1 Nummer 3 des Wertpapierhandelsgesetzes

1. mit einer Mindeststückelung zu je 100 000 Euro oder einem entsprechenden Betrag anderer Währung an einer inländischen Börse zum Handel am regulierten Markt zugelassen sind oder
2. mit einer Mindeststückelung zu je 50 000 Euro oder einem entsprechenden Betrag anderer Währung an einer inländischen Börse zum Handel am regulierten Markt zugelassen sind und diese Schuldtitel vor dem 31. Dezember 2010 begeben worden sind.

[4]Zweigniederlassungen im Geltungsbereich dieses Gesetzes von Unternehmen mit Sitz in einem Staat, der nicht Mitglied der Europäischen Gemeinschaft und auch nicht Vertragsstaat des Abkommens über den Europäischen Wirtschaftsraum ist, brauchen auf ihre eigene Geschäftstätigkeit bezogene gesonderte Rechnungslegungsunterlagen nach Absatz 1 Satz 1 nicht offenzulegen, sofern die nach den Sätzen 1 und 2 offenzulegenden Unterlagen nach einem an die Richtlinie 86/635/EWG angepaßten Recht aufgestellt und geprüft worden oder den nach einem dieser Rechte aufgestellten Unterlagen gleichwertig sind. [5]Die Unterlagen sind in deutscher Sprache einzureichen. [6]Soweit dies nicht die Amtssprache am Sitz der Hauptniederlassung ist, können die Unterlagen der Hauptniederlassung auch

1. in englischer Sprache oder
2. in einer von dem Register der Hauptniederlassung beglaubigten Abschrift oder,
3. wenn eine dem Register vergleichbare Einrichtung nicht vorhanden oder diese nicht zur Beglaubigung befugt ist, in einer von einem Wirtschaftsprüfer bescheinigten Abschrift, verbunden mit der Erklärung, dass entweder eine dem Register vergleichbare Einrichtung nicht vorhanden oder diese nicht zur Beglaubigung befugt ist,

eingereicht werden; von der Beglaubigung des Registers ist eine beglaubigte Übersetzung in deutscher Sprache einzureichen.

(3) § 339 ist auf Kreditinstitute, die Genossenschaften sind, nicht anzuwenden.

(4) Macht ein Kreditinstitut von dem Wahlrecht nach § 325 Absatz 2a Satz 1 Gebrauch, sind § 325 Absatz 2a Satz 3 und 5 mit folgenden Maßgaben anzuwenden:

1. Die in § 325 Abs. 2a Satz 3 genannten Vorschriften des Ersten Unterabschnitts des Zweiten Abschnitts des Dritten Buchs sind auch auf Kreditinstitute anzuwenden, die nicht in der Rechtsform einer Kapitalgesellschaft betrieben *werden.*

---

1) Habersack, Deutsche Gesetze ErgBd. Nr. 58.

2. § 285 Nummer 8 Buchstabe b findet keine Anwendung; der Personalaufwand des Geschäftsjahres ist jedoch im Anhang zum Einzelabschluss nach § 325 Absatz 2a gemäß der Gliederung nach Formblatt 3 im Posten Allgemeine Verwaltungsaufwendungen Unterposten Buchstabe a Personalaufwand der Kreditinstituts-Rechnungslegungsverordnung in der Fassung der Bekanntmachung vom 11. Dezember 1998 (BGBl. I S. 3658) in der jeweils geltenden Fassung anzugeben, sofern diese Angaben nicht gesondert in der Gewinn- und Verlustrechnung erscheinen.
3. An Stelle des § 285 Nr. 9 Buchstabe c gilt § 34 Abs. 2 Nr. 2 der Kreditinstituts-Rechnungslegungsverordnung in der Fassung der Bekanntmachung vom 11. Dezember 1998 (BGBl. I S. 3658) in der jeweils geltenden Fassung.
4. Für den Anhang gilt zusätzlich die Vorschrift des § 340a Abs. 4.
5. Im Übrigen finden die Bestimmungen des Zweiten bis Vierten Titels dieses Unterabschnitts sowie der Kreditinstituts-Rechnungslegungsverordnung keine Anwendung.

Achter Titel.[1)] Straf- und Bußgeldvorschriften, Ordnungsgelder

§ 340m[2)] [3)] Strafvorschriften. (1) [1]Die Strafvorschriften der §§ 331 bis 333 sind auch auf nicht in der Rechtsform einer Kapitalgesellschaft betriebene Kreditinstitute, auf Finanzdienstleistungsinstitute im Sinne des § 340 Absatz 4, auf Wertpapierinstitute im Sinne des § 340 Absatz 4a Satz 1 sowie auf Institute im Sinne des § 340 Absatz 5 anzuwenden. [2]§ 331 ist darüber hinaus auch anzuwenden auf die Verletzung von Pflichten durch

1. den Geschäftsleiter (§ 1 Absatz 2 Satz 1 des Kreditwesengesetzes[4)]) eines nicht in der Rechtsform der Kapitalgesellschaft betriebenen Kreditinstituts oder Finanzdienstleistungsinstituts im Sinne des § 340 Absatz 4 Satz 1,

1a. den Geschäftsleiter (§ 2 Absatz 36 des Wertpapierinstitutsgesetzes) eines nicht in der Rechtsform der Kapitalgesellschaft betriebenen Wertpapierinstituts im Sinne des § 340 Absatz 4a Satz 1,

2. den Geschäftsleiter (§ 1 Absatz 8 Satz 1 und 2 des Zahlungsdiensteaufsichtsgesetzes) eines nicht in der Rechtsform der Kapitalgesellschaft betriebenen Instituts im Sinne des § 340 Absatz 5,
3. den Inhaber eines in der Rechtsform des Einzelkaufmanns betriebenen Finanzdienstleistungsinstituts im Sinne des § 340 Absatz 4 Satz 1 oder Wertpapierinstituts im Sinne des § 340 Absatz 4a Satz 1 und
4. den Geschäftsleiter im Sinne des § 53 Absatz 2 Nummer 1 des Kreditwesengesetzes.

(2) Mit Freiheitsstrafe bis zu einem Jahr oder mit Geldstrafe wird bestraft, wer als Mitglied eines nach § 340k Absatz 5 Satz 1 in Verbindung mit § 324 Absatz 1 Satz 1 eingerichteten Prüfungsausschusses eines Kreditinstituts im Sinne des § 340 Absatz 1 Satz 1, eines Finanzdienstleistungsinstituts im Sinne des § 340 Absatz 4

---

1) 8. Titel Überschrift geänd. mWv 30.4.2011 durch G v. 1.3.2011 (BGBl. I S. 288).

2) § 340m neu gef. mWv 30.4.2011 durch G v. 1.3.2011 (BGBl. I S. 288); Abs. 2 und 3 angef. mWv 17.6.2016 durch G v. 10.5.2016 (BGBl. I S. 1142); Abs. 1 Satz 1 geänd., Satz 2 Nr. 1a eingef., Nr. 3 geänd. mWv 26.6.2021 durch G v. 12.5.2021 (BGBl. I S. 990); Abs. 2 einl. Satzteil, Abs. 3 geänd. mWv 1.7.2021 durch G v. 3.6.2021 (BGBl. I S. 1534).

3) Beachte hierzu Übergangsvorschrift in Art. 86 EGHGB (Nr. **50a**).

4) **Sartorius ErgBd. Nr. 856.**

Satz 1 oder eines Instituts im Sinne des § 1 Absatz 3 des Zahlungsdiensteaufsichtsgesetzes

1. eine in § 340n Absatz 2a bezeichnete Handlung begeht und dafür einen Vermögensvorteil erhält oder sich versprechen lässt oder
2. eine in § 340n Absatz 2a bezeichnete Handlung beharrlich wiederholt.

(3) § 335c Absatz 2 gilt in den Fällen des Absatzes 1 Satz 1 in Verbindung mit § 332 oder § 333 und des Absatzes 2 entsprechend.

§ 340n[1) 2)] **Bußgeldvorschriften.** (1) [1] Ordnungswidrig handelt, wer als Geschäftsleiter im Sinne des § 1 Abs. 2 Satz 1 oder des § 53 Abs. 2 Nr. 1 des Kreditwesengesetzes[3)] oder als Inhaber eines in der Rechtsform des Einzelkaufmanns betriebenen Finanzdienstleistungsinstituts im Sinne des § 340 Abs. 4 Satz 1, oder als Geschäftsleiter im Sinne des § 2 Absatz 36 des Wertpapierinstitutsgesetzes, oder als Inhaber eines in der Rechtsform des Einzelkaufmanns betriebenen Wertpapierinstituts im Sinne des § 340 Absatz 4a Satz 1, oder als Geschäftsleiter im Sinne des § 1 Absatz 8 Satz 1 und 2 des Zahlungsdiensteaufsichtsgesetzes eines Instituts im Sinne des § 340 Absatz 5 oder als Mitglied des Aufsichtsrats eines der vorgenannten Unternehmen

1. bei der Aufstellung oder Feststellung des Jahresabschlusses oder bei der Aufstellung des Zwischenabschlusses gemäß § 340a Abs. 3 einer Vorschrift
   a) des § 243 Abs. 1 oder 2, der §§ 244, 245, 246 Abs. 1 oder 2, dieser in Verbindung mit § 340a Abs. 2 Satz 3, des § 246 Abs. 3 Satz 1, des § 247 Abs. 2 oder 3, der §§ 248, 249 Abs. 1 Satz 1 oder Abs. 2, des § 250 Abs. 1 oder Abs. 2, des § 264 Absatz 1a oder Absatz 2, des § 340b Abs. 4 oder 5 oder des § 340c Abs. 1 über Form oder Inhalt,
   b) des § 253 Abs. 1 Satz 1, 2, 3 oder 4, Abs. 2 Satz 1, auch in Verbindung mit Satz 2, Absatz 3 Satz 1, 2, 3, 4 oder Satz 5, Abs. 4 oder 5, der §§ 254, 256a, 340e Abs. 1 Satz 1 oder 2, Abs. 3 Satz 1, 2, 3 oder 4 Halbsatz 2, Abs. 4 Satz 1 oder 2, des § 340f Abs. 1 Satz 2 oder des § 340g Abs. 2 über die Bewertung,
   c) des § 265 Abs. 2, 3 oder 4, des § 268 Abs. 3 oder 6, der §§ 272, 274 oder des § 277 Abs. 3 Satz 2 über die Gliederung,
   d) des § 284 Absatz 1, 2 Nummer 1, 2 oder Nummer 4, Absatz 3 oder des § 285 Nummer 3, 3a, 7, 9 Buchstabe a oder Buchstabe b, Nummer 10 bis 11b, 13

---

1) § 340n eingef. durch G v. 30.11.1990 (BGBl. I S. 2570); Abs. 1 Nr. 1 und 2 geänd. durch G v. 21.12. 1992 (BGBl. I S. 2211); Abs. 1 geänd. durch G v. 22.10.1997 (BGBl. I S. 2567); Abs. 3 geänd. mWv 1.1. 2002 durch G v. 10.12.2001 (BGBl. I S. 3414); Abs. 1 einl. Satzteil, Nr. 1 Buchst. d geänd., Abs. 2 neu gef. mWv 10.12.2004 durch G v. 4.12.2004 (BGBl. I S. 3166); Abs. 3 geänd. mWv 11.8.2005 durch G v. 3.8.2005 (BGBl. I S. 2267); Abs. 1 Nr. 3 und 4 geänd. mWv 14.7.2006 durch G v. 8.7.2006 (BGBl. I S. 1426); Abs. 4 angef. mWv 1.1.2007 durch G v. 10.11.2006 (BGBl. I S. 2553); Abs. 1 Nr. 1 Buchst. a und c geänd., Buchst. b und d neu gef., Nr. 2 Buchst. d, Nr. 3 und Abs. 2 geänd. mWv 29.5.2009 durch G v. 25.5.2009 (BGBl. I S. 1102); Abs. 1 Satz 1 einl. Satzteil geänd. mWv 30.4.2011 durch G v. 1.3.2011 (BGBl. I S. 288); Abs. 1 Nr. 1 Buchst. a–c geänd., Buchst. d neu gef., Nr. 2 Buchst. b und f sowie Nr. 3 und 4 geänd. mWv 23.7.2015 durch G v. 17.7.2015 (BGBl. I S. 1245); Abs. 2 und 4 geänd., Abs. 2a eingef., Abs. 5 angef. mWv 17.6.2016 durch G v. 10.5.2016 (BGBl. I S. 1142); Abs. 1 Nr. 3 und 4, Abs. 3 neu gef., Abs. 3a und 3b eingef. mWv 19.4.2017 durch G v. 11.4.2017 (BGBl. I S. 802); Abs. 1 Nr. 5 geänd. mWv 19.8.2020 durch G v. 12.8.2020 (BGBl. I S. 1874); Abs. 1 einl. Satzteil geänd. mWv 26.6. 2021 durch G v. 12.5.2021 (BGBl. I S. 990); Abs. 2 neu gef., Abs. 2a Nr. 1 einl. Satzteil und Buchst. a, Nr. 2, Abs. 3 Satz 1 geänd., Abs. 3a Satz 2 angef. mWv 1.7.2021 durch G v. 3.6.2021 (BGBl. I S. 1534); *Abs. 1 Satz 1 Nr. 3 und 4 neu* gef., Sätze 2 und 3 angef. mWv 12.8.2021 durch G v. 7.8.2021 (BGBl. I S. 3311).

2) Beachte hierzu Übergangsvorschriften in Art. 75, 80, 84, 86 und 87 EGHGB (Nr. **50a**).

3) **Sartorius ErgBd. Nr. 856.**

bis 15a, 16 bis 26, 28 bis 33 oder Nummer 34 über die im Anhang zu machenden Angaben,

2. bei der Aufstellung des Konzernabschlusses oder des Konzernzwischenabschlusses gemäß § 340i Abs. 4 einer Vorschrift
   a) des § 294 Abs. 1 über den Konsolidierungskreis,
   b) des § 297 Absatz 1a, 2 oder Absatz 3 oder des § 340i Abs. 2 Satz 1 in Verbindung mit einer der in Nummer 1 Buchstabe a bezeichneten Vorschriften über Form oder Inhalt,
   c) des § 300 über die Konsolidierungsgrundsätze oder das Vollständigkeitsgebot,
   d) des § 308 Abs. 1 Satz 1 in Verbindung mit den in Nummer 1 Buchstabe b bezeichneten Vorschriften, des § 308 Abs. 2 oder des § 308a über die Bewertung,
   e) des § 311 Abs. 1 Satz 1 in Verbindung mit § 312 über die Behandlung assoziierter Unternehmen oder
   f) des § 308 Abs. 1 Satz 3, des § 313 oder des § 314 über die im Konzernanhang zu machenden Angaben,
3. bei der Aufstellung des Lageberichts oder der Erstellung eines gesonderten nichtfinanziellen Berichts einer Vorschrift des § 289 oder des § 289a, des § 289f, auch in Verbindung mit § 340a Absatz 1b, oder des § 340a Absatz 1a, auch in Verbindung mit § 289b Absatz 2 oder 3 oder mit den §§ 289c, 289d oder § 289e Absatz 2, über den Inhalt des Lageberichts oder des gesonderten nichtfinanziellen Berichts,
4. bei der Aufstellung des Konzernlageberichts oder der Erstellung eines gesonderten nichtfinanziellen Konzernberichts einer Vorschrift des § 315 oder des § 315a, des § 315d, auch in Verbindung mit § 340i Absatz 6, oder des § 340i Absatz 5, auch in Verbindung mit § 315b Absatz 2 oder 3 oder § 315c, über den Inhalt des Konzernlageberichts oder des gesonderten nichtfinanziellen Konzernberichts,
5. bei der Offenlegung, Veröffentlichung oder Vervielfältigung einer Vorschrift des § 328 über Form, Format oder Inhalt oder
6. einer auf Grund des § 330 Abs. 2 in Verbindung mit Abs. 1 Satz 1 erlassenen Rechtsverordnung, soweit sie für einen bestimmten Tatbestand auf diese Bußgeldvorschrift verweist,

zuwiderhandelt. [2] In den Fällen des Satzes 1 Nummer 3 wird eine Zuwiderhandlung gegen eine Vorschrift des § 289f Absatz 2 Nummer 4, auch in Verbindung mit Absatz 3 oder 4 Satz 1, nicht dadurch ausgeschlossen, dass die Festlegungen oder Begründungen nach § 76 Absatz 4 oder § 111 Absatz 5 des Aktiengesetzes[1)], nach § 36 oder § 52 Absatz 2 des Gesetzes betreffend die Gesellschaften mit beschränkter Haftung[2)] oder nach § 9 Absatz 3 oder 4 des Genossenschaftsgesetzes[3)] ganz oder zum Teil unterblieben sind. [3] In den Fällen des Satzes 1 Nummer 4 wird eine Zuwiderhandlung gegen eine Vorschrift des § 315d in Verbindung mit § 289f Absatz 2 Nummer 4 nicht dadurch ausgeschlossen, dass die Festlegungen oder Begründungen nach § 76 Absatz 4 oder § 111 Absatz 5 des Aktiengesetzes ganz oder zum Teil unterblieben sind.

(2) [1] Ordnungswidrig handelt, wer einen Bestätigungsvermerk nach § 322 Absatz 1 erteilt zu dem Abschluss

---

[1)] Nr. **51**.
[2)] Nr. **52**.
[3)] Nr. **53**.

1. eines Instituts, das ein Unternehmen von öffentlichem Interesse nach § 316a Satz 2 Nummer 1 oder 2 ist, oder
2. eines Instituts, das nicht in Nummer 1 genannt ist,

obwohl nach § 319 Absatz 2 oder 3, jeweils auch in Verbindung mit Absatz 5, oder nach § 319b Absatz 1 Satz 1 oder 2, jeweils auch in Verbindung mit Absatz 2, er, nach § 319 Absatz 4 Satz 1 oder 2, jeweils auch in Verbindung mit Absatz 5, oder nach § 319b Absatz 1 Satz 1 oder 2, jeweils auch in Verbindung mit Absatz 2, die Wirtschaftsprüfungsgesellschaft oder die Buchführungsgesellschaft, für die er tätig wird, oder nach § 340k Absatz 2 Satz 1 und 2 oder Absatz 3 Satz 2 erster Halbsatz der Prüfungsverband oder die Prüfungsstelle, für den oder für die er tätig wird, nicht Abschlussprüfer sein darf. [2] Ordnungswidrig handelt auch, wer einen Bestätigungsvermerk nach § 322 Absatz 1 erteilt zu dem Abschluss eines Instituts, das ein Unternehmen von öffentlichem Interesse nach § 316a Satz 2 Nummer 1 oder 2 ist, obwohl

1. er oder die Prüfungsgesellschaft, für die er tätig wird, oder ein Mitglied des Netzwerks, dem er oder die Prüfungsgesellschaft, für die er tätig wird, angehört, einer Vorschrift des Artikels 5 Absatz 4 Unterabsatz 1 Satz 1 oder Absatz 5 Unterabsatz 2 Satz 2 der Verordnung (EU) Nr. 537/2014 zuwiderhandelt oder
2. er oder die Prüfungsgesellschaft, für die er tätig wird, nach Artikel 17 Absatz 3 der Verordnung (EU) Nr. 537/2014 die Abschlussprüfung nicht durchführen darf.

[3] Abschluss im Sinne der Sätze 1 und 2 ist ein Jahresabschluss, ein Einzelabschluss nach § 325 Absatz 2a oder ein Konzernabschluss, der aufgrund gesetzlicher Vorschriften zu prüfen ist. [4] Institut im Sinne der Sätze 1 und 2 ist ein Kreditinstitut im Sinne des § 340 Absatz 1 Satz 1, ein Finanzdienstleistungsinstitut im Sinne des § 340 Absatz 4 Satz 1, ein Wertpapierinstitut im Sinne des § 340 Absatz 4a Satz 1 oder ein Institut im Sinne des § 1 Absatz 3 des Zahlungsdiensteaufsichtsgesetzes.

(2a) Ordnungswidrig handelt, wer

1. als Mitglied eines nach § 324 Absatz 1 Satz 1, auch in Verbindung mit § 340k Absatz 5 Satz 1, eingerichteten Prüfungsausschusses eines Instituts im Sinne des Absatzes 2 Satz 4, das keine Sparkasse ist,
   a) die Unabhängigkeit des Abschlussprüfers oder der Prüfungsgesellschaft nicht nach Maßgabe des Artikels 4 Absatz 3 Unterabsatz 2, des Artikels 5 Absatz 4 Unterabsatz 1 Satz 1 oder des Artikels 6 Absatz 2 der Verordnung (EU) Nr. 537/2014 überwacht,
   b) eine Empfehlung für die Bestellung eines Abschlussprüfers oder einer Prüfungsgesellschaft vorlegt, die den Anforderungen nach Artikel 16 Absatz 2 Unterabsatz 2 oder 3 der Verordnung (EU) Nr. 537/2014 nicht entspricht oder der ein Auswahlverfahren nach Artikel 16 Absatz 3 Unterabsatz 1 der Verordnung (EU) Nr. 537/2014 nicht vorangegangen ist, oder
   c) den Gesellschaftern oder der sonst für die Bestellung des Abschlussprüfers zuständigen Stelle einen Vorschlag für die Bestellung eines Abschlussprüfers oder einer Prüfungsgesellschaft vorlegt, der den Anforderungen nach Artikel 16 Absatz 5 Unterabsatz 1 der Verordnung (EU) Nr. 537/2014 nicht entspricht, oder
2. als Mitglied eines nach § 340k Absatz 5 in Verbindung mit § 324 Absatz 1 Satz 1 eingerichteten Prüfungsausschusses eines Instituts im Sinne des Absatzes 2 Satz 4, das eine Sparkasse ist, die Unabhängigkeit der in § 340k Absatz 3 Satz 2 zweiter Halbsatz genannten Personen nicht nach Maßgabe des Artikels 5 Absatz 4

Unterabsatz 1 Satz 1 der Verordnung (EU) Nr. 537/2014 in Verbindung mit § 340k Absatz 3 Satz 2 oder nach Maßgabe des Artikels 6 Absatz 2 der Verordnung (EU) Nr. 537/2014 überwacht.

(3) [1] Die Ordnungswidrigkeit kann in den Fällen des Absatzes 2 Satz 1 Nummer 1 und Satz 2 sowie des Absatzes 2a mit einer Geldbuße bis zu fünfhunderttausend Euro, in den Fällen der Absätze 1 und 2 Satz 1 Nummer 2 mit einer Geldbuße bis zu fünfzigtausend Euro geahndet werden. [2] Ist das Kreditinstitut kapitalmarktorientiert im Sinne des § 264d, beträgt die Geldbuße in den Fällen des Absatzes 1 höchstens den höheren der folgenden Beträge:

1. zwei Millionen Euro oder
2. das Zweifache des aus der Ordnungswidrigkeit gezogenen wirtschaftlichen Vorteils, wobei der wirtschaftliche Vorteil erzielte Gewinne und vermiedene Verluste umfasst und geschätzt werden kann.

(3a) [1] Wird gegen ein Kreditinstitut, das kapitalmarktorientiert im Sinne des § 264d ist, in den Fällen des Absatzes 1 eine Geldbuße nach § 30 des Gesetzes über Ordnungswidrigkeiten[1)] verhängt, beträgt diese Geldbuße höchstens den höchsten der folgenden Beträge:

1. zehn Millionen Euro,
2. 5 Prozent des jährlichen Gesamtumsatzes, den das Kreditinstitut im der Behördenentscheidung vorausgegangenen Geschäftsjahr erzielt hat oder
3. das Zweifache des aus der Ordnungswidrigkeit gezogenen wirtschaftlichen Vorteils, wobei der wirtschaftliche Vorteil erzielte Gewinne und vermiedene Verluste umfasst und geschätzt werden kann.

[2] In den Fällen des Absatzes 3 Satz 1 in Verbindung mit Absatz 2 Satz 1 Nummer 1 oder Satz 2 ist § 30 Absatz 2 Satz 3 des Gesetzes über Ordnungswidrigkeiten anzuwenden.

(3b) [1] Als Gesamtumsatz ist anstelle des Betrags der Umsatzerlöse der sich aus dem auf das Kreditinstitut anwendbaren nationalen Recht im Einklang mit Artikel 27 Nummer 1, 3, 4, 6 und 7 oder Artikel 28 Buchstabe B Nummer 1, 2, 3, 4 und 7 der Richtlinie 86/635/EWG des Rates vom 8. Dezember 1986 über den Jahresabschluss und den konsolidierten Abschluss von Banken und anderen Finanzinstituten (ABl. L 372 vom 31.12.1986, S. 1; L 316 vom 23.11.1988, S. 51), die zuletzt durch die Richtlinie 2006/46/EG (ABl. L 224 vom 16.8.2006, S. 1) geändert worden ist, ergebende Gesamtbetrag, abzüglich der Umsatzsteuer und sonstiger direkt auf diese Erträge erhobener Steuern, maßgeblich. [2] Handelt es sich bei dem Kreditinstitut um ein Mutterunternehmen oder um ein Tochterunternehmen im Sinne des § 290, ist anstelle des Gesamtumsatzes des Kreditinstituts der jeweilige Gesamtbetrag im Konzernabschluss des Mutterunternehmens maßgeblich, der für den größten Kreis von Unternehmen aufgestellt wird. [3] Wird der Konzernabschluss für den größten Kreis von Unternehmen nicht nach den in Satz 1 genannten Vorschriften aufgestellt, ist der Gesamtumsatz nach Maßgabe der Posten des Konzernabschlusses zu ermitteln, die mit den von Satz 1 erfassten Posten vergleichbar sind. [4] Ist ein Jahres- oder Konzernabschluss für das maßgebliche Geschäftsjahr nicht verfügbar, ist der Jahres- oder Konzernabschluss für das unmittelbar vorausgehende Geschäftsjahr maßgeblich; ist auch dieser nicht verfügbar, kann der Gesamtumsatz geschätzt werden.

[1)] Nr. **94**.

(4) Verwaltungsbehörde im Sinn des § 36 Abs. 1 Nr. 1 des Gesetzes über Ordnungswidrigkeiten ist in den Fällen der Absätze 1 und 2a die Bundesanstalt für Finanzdienstleistungsaufsicht, in den Fällen des Absatzes 2 die Abschlussprüferaufsichtsstelle beim Bundesamt für Wirtschaft und Ausfuhrkontrolle.

(5) Die Bundesanstalt für Finanzdienstleistungsaufsicht übermittelt der Abschlussprüferaufsichtsstelle beim Bundesamt für Wirtschaft und Ausfuhrkontrolle alle Bußgeldentscheidungen nach Absatz 2a.

§ 340o[1] **Festsetzung von Ordnungsgeld.** [1] Personen, die

1. als Geschäftsleiter im Sinne des § 1 Absatz 2 Satz 1 des Kreditwesengesetzes[2] eines Kreditinstituts oder Finanzdienstleistungsinstituts im Sinne des § 340 Absatz 4 Satz 1, oder als Geschäftsleiter im Sinne des § 2 Absatz 36 des Wertpapierinstitutsgesetzes eines Wertpapierinstituts im Sinne des § 340 Absatz 4a Satz 1, oder als Geschäftsleiter im Sinne des § 1 Absatz 8 Satz 1 und 2 des Zahlungsdiensteaufsichtsgesetzes eines Instituts im Sinne des § 340 Absatz 5 oder als Inhaber eines in der Rechtsform des Einzelkaufmanns betriebenen Finanzdienstleistungsinstituts im Sinne des § 340 Absatz 4 Satz 1 oder Wertpapierinstituts im Sinne des § 340 Absatz 4a Satz 1,[3] den § 340l Absatz 1 Satz 1 in Verbindung mit § 325 Absatz 2 bis 5, die §§ 328, 329 Absatz 1 über die Pflicht zur Offenlegung des Jahresabschlusses, des Lageberichts, des Konzernabschlusses, des Konzernlageberichts und anderer Unterlagen der Rechnungslegung oder
2. als Geschäftsleiter von Zweigniederlassungen im Sinn des § 53 Abs. 1 des Kreditwesengesetzes § 340l Abs. 1 oder Abs. 2 über die Offenlegung der Rechnungslegungsunterlagen

nicht befolgen, sind hierzu vom Bundesamt für Justiz durch Festsetzung von Ordnungsgeld anzuhalten. [2] Die §§ 335 bis 335b sind entsprechend anzuwenden.

Zweiter Unterabschnitt.[4] Ergänzende Vorschriften für Versicherungsunternehmen und Pensionsfonds

Erster Titel. Anwendungsbereich

§ 341[5] **[Anwendungsbereich]** (1) [1] Dieser Unterabschnitt ist, soweit nichts anderes bestimmt ist, auf Unternehmen, die den Betrieb von Versicherungsgeschäften zum Gegenstand haben und nicht Träger der Sozialversicherung sind (Versicherungsunternehmen), anzuwenden. [2] Dies gilt nicht für solche Versicherungsunternehmen, die auf Grund von Gesetz, Tarifvertrag oder Satzung ausschließlich für ihre Mitglieder oder die durch Gesetz oder Satzung begünstigten Personen Leistungen erbringen oder als nicht rechtsfähige Einrichtungen ihre Aufwendungen im Umlageverfahren decken, es sei denn, sie sind Aktiengesell-

[1] § 340o neu gef. mWv 1.1.2007 durch G v. 10.11.2006 (BGBl. I S. 2553); Satz 1 Nr. 1 neu gef. mWv 30.4.2011 durch G v. 1.3.2011 (BGBl. I S. 288); Satz 1 abschl. Satzteil geänd., Satz 2 neu gef. mWv 10.10.2013 durch G v. 4.10.2013 (BGBl. I S. 3746); Satz 1 Nr. 1 geänd. mWv 26.6.2021 durch G v. 12.5. 2021 (BGBl. I S. 990).

[2] **Sartorius ErgBd. Nr. 856.**

[3] Komma fehlt im BGBl. I.

[4] 2. UAbschnitt (§§ 341–341o) eingef. durch G v. 24.6.1994 (BGBl. I S. 1377); Überschrift neu gef. mWv 1.1.2002 durch G v. 26.6.2001 (BGBl. I S. 1310).

[5] § 341 eingef. durch G v. 24.6.1994 (BGBl. I S. 1377); Abs. 4 angef. mWv 1.1.2002 durch G v. 26.6. *2001 (BGBl. I S. 1310); Abs. 4* Satz 2 geänd. mWv 26.7.2002 durch G v. 19.7.2002 (BGBl. I S. 2681); Abs. 2 Satz 2 angef. mWv 14.12.2010 durch G v. 8.12.2010 (BGBl. I S. 1768); Abs. 4 Satz 1 geänd. mWv 1.1.2016 durch G v. 1.4.2015 (BGBl. I S. 434); Abs. 2 Satz 2 neu gef. mWv 23.7.2015 durch G v. 17.7. 2015 (BGBl. I S. 1245).

schaften, Versicherungsvereine auf Gegenseitigkeit oder rechtsfähige kommunale Schadenversicherungsunternehmen.

(2) [1] Versicherungsunternehmen im Sinne des Absatzes 1 sind auch Niederlassungen im Geltungsbereich dieses Gesetzes von Versicherungsunternehmen mit Sitz in einem anderen Staat, wenn sie zum Betrieb des Direktversicherungsgeschäfts der Erlaubnis durch die deutsche Versicherungsaufsichtsbehörde bedürfen. [2] Niederlassungen von Versicherungsunternehmen mit Sitz in einem Mitgliedstaat der Europäischen Union oder einem anderen Vertragsstaat des Abkommens über den Europäischen Wirtschaftsraum, die keiner Erlaubnis zum Betrieb des Direktversicherungsgeschäfts durch die deutsche Versicherungsaufsichtsbehörde bedürfen, haben die ergänzenden Vorschriften über den Ansatz und die Bewertung von Vermögensgegenständen und Schulden des Ersten bis Vierten Titels dieses Unterabschnitts und der Versicherungsunternehmens-Rechnungslegungsverordnung in ihrer jeweils geltenden Fassung anzuwenden.

(3) Zusätzliche Anforderungen auf Grund von Vorschriften, die wegen der Rechtsform oder für Niederlassungen bestehen, bleiben unberührt.

(4) [1] Die Vorschriften des Ersten bis Siebenten Titels dieses Unterabschnitts sind mit Ausnahme von Absatz 1 Satz 2 auf Pensionsfonds (§ 236 Absatz 1 des Versicherungsaufsichtsgesetzes) entsprechend anzuwenden. [2] § 341d ist mit der Maßgabe anzuwenden, dass Kapitalanlagen für Rechnung und Risiko von Arbeitnehmern und Arbeitgebern mit dem Zeitwert unter Berücksichtigung des Grundsatzes der Vorsicht zu bewerten sind; §§ 341b, 341c sind insoweit nicht anzuwenden.

Zweiter Titel. Jahresabschluß, Lagebericht

§ 341a[1) 2)] Anzuwendende Vorschriften. (1) [1] Versicherungsunternehmen haben einen Jahresabschluß und einen Lagebericht nach den für große Kapitalgesellschaften geltenden Vorschriften des Ersten Unterabschnitts des Zweiten Abschnitts in den ersten vier Monaten des Geschäftsjahres für das vergangene Geschäftsjahr aufzustellen und dem Abschlußprüfer zur Durchführung der Prüfung vorzulegen; die Frist des § 264 Abs. 1 Satz 3 gilt nicht. [2] Ist das Versicherungsunternehmen eine Kapitalgesellschaft im Sinn des § 325 Abs. 4 Satz 1 und nicht zugleich im Sinn des § 327a, beträgt die Frist nach Satz 1 vier Monate.

(1a) [1] Ein Versicherungsunternehmen hat seinen Lagebericht um eine nichtfinanzielle Erklärung zu erweitern, wenn es in entsprechender Anwendung des § 267 Absatz 3 Satz 1 und Absatz 4 bis 5 als groß gilt und im Jahresdurchschnitt mehr als 500 Arbeitnehmer beschäftigt. [2] Wenn die nichtfinanzielle Erklärung einen besonderen Abschnitt des Lageberichts bildet, darf das Versicherungsunternehmen auf die an anderer Stelle im Lagebericht enthaltenen nichtfinanziellen Angaben verweisen. [3] § 289b Absatz 2 bis 4 und die §§ 289c bis 289e sind entsprechend anzuwenden.

[1)] § 341a eingef. durch G v. 24.6.1994 (BGBl. I S. 1377); Abs. 2 Satz 4 eingef., bish. Satz 4 wird Satz 5 durch G v. 20.4.1998 (BGBl. I S. 707); Abs. 2 Satz 4 geänd. mWv 9.3.2000 durch G v. 24.2.2000 (BGBl. I S. 154); Abs. 2 Sätze 1 und 2 geänd. mWv 10.12.2004 durch G v. 4.12.2004 (BGBl. I S. 3166); Abs. 1 Satz 2, Abs. 2 Satz 5 angef., Abs. 5 Satz 2 angef. und geänd. mWv 1.1.2007 durch G v. 10.11.2006 (BGBl. I S. 2553); Abs. 1 Satz 1, Abs. 2 Sätze 1, 2 und 5 geänd. mWv 29.5.2009 durch G v. 25.5.2009 (BGBl. I S. 1102); Abs. 2 Satz 2 geänd., Sätze 6 und 7 angef., Abs. 4 geänd. mWv 23.7.2015 durch G v. 17.7.2015 (BGBl. I S. 1245); Abs. 1a und 1b eingef. mWv 19.4.2017 durch G v. 11.4.2017 (BGBl. I S. 802); Abs. 2 Satz 1 geänd., Satz 4 aufgeh., bish. Sätze 5–7 werden Sätze 4–6 mWv 1.7.2021 durch G v. 3.6.2021 (BGBl. I S. 1534).

[2)] Beachte hierzu Übergangsvorschriften in Art. 75, 80 und 86 EGHGB (Nr. **50a**).

(1b) Ein Versicherungsunternehmen, das nach Absatz 1 in Verbindung mit § 289f Absatz 1 eine Erklärung zur Unternehmensführung zu erstellen hat, hat darin Angaben nach § 289f Absatz 2 Nummer 6 aufzunehmen, wenn es in entsprechender Anwendung des § 267 Absatz 3 Satz 1 und Absatz 4 bis 5 als groß gilt.

(2) [1] § 264 Absatz 3, § 265 Absatz 6, §§ 267, 268 Abs. 4 Satz 1, Abs. 5 Satz 1 und 2, §§ 276, 277 Abs. 1 und 2, § 285 Nr. 8 Buchstabe a und § 288 sind nicht anzuwenden. [2] Anstelle von § 247 Abs. 1, §§ 251, 265 Abs. 7, §§ 266, 268 Absatz 7, §§ 275, 284 Absatz 3, § 285 Nummer 4 und 8 Buchstabe b sowie § 286 Abs. 2 sind die durch Rechtsverordnung erlassenen Formblätter und anderen Vorschriften anzuwenden. [3] § 246 Abs. 2 ist nicht anzuwenden, soweit abweichende Vorschriften bestehen. [4] § 285 Nr. 3a gilt mit der Maßgabe, daß die Angaben für solche finanzielle Verpflichtungen nicht zu machen sind, die im Rahmen des Versicherungsgeschäfts entstehen. [5] § 285 Nummer 31 ist nicht anzuwenden; unter den Posten „außerordentliche Erträge" und „außerordentliche Aufwendungen" sind Erträge und Aufwendungen auszuweisen, die außerhalb der gewöhnlichen Geschäftstätigkeit anfallen. [6] Im Anhang sind diese Posten hinsichtlich ihres Betrags und ihrer Art zu erläutern, soweit die ausgewiesenen Beträge für die Beurteilung der Ertragslage nicht von untergeordneter Bedeutung sind.

(3) Auf Krankenversicherungsunternehmen, die das Krankenversicherungsgeschäft ausschließlich oder überwiegend nach Art der Lebensversicherung betreiben, sind die für die Rechnungslegung der Lebensversicherungsunternehmen geltenden Vorschriften entsprechend anzuwenden.

(4) Auf Versicherungsunternehmen, die nicht Aktiengesellschaften, Kommanditgesellschaften auf Aktien oder kleinere Vereine sind, sind § 152 Abs. 2 und 3 sowie die §§ 170 bis 176 des Aktiengesetzes[1)] entsprechend anzuwenden.

(5) [1] Bei Versicherungsunternehmen, die ausschließlich die Rückversicherung betreiben oder deren Beiträge aus in Rückdeckung übernommenen Versicherungen die übrigen Beiträge übersteigen, verlängert sich die in Absatz 1 Satz 1 erster Halbsatz genannte Frist von vier Monaten auf zehn Monate, sofern das Geschäftsjahr mit dem Kalenderjahr übereinstimmt; die Hauptversammlung oder die Versammlung der obersten Vertretung, die den Jahresabschluß entgegennimmt oder festzustellen hat, muß abweichend von § 175 Abs. 1 Satz 2 des Aktiengesetzes spätestens 14 Monate nach dem Ende des vergangenen Geschäftsjahres stattfinden. [2] Die Frist von vier Monaten nach Absatz 1 Satz 2 verlängert sich in den Fällen des Satzes 1 nicht.

Dritter Titel. Bewertungsvorschriften

§ 341b[2)] [3)] Bewertung von Vermögensgegenständen. (1) [1] Versicherungsunternehmen haben immaterielle Vermögensgegenstände, soweit sie entgeltlich erworben wurden, Grundstücke, grundstücksgleiche Rechte und Bauten einschließlich der Bauten auf fremden Grundstücken, technische Anlagen und Maschinen, andere Anlagen, Betriebs- und Geschäftsausstattung, Anlagen im Bau und Vorräte nach den für das Anlagevermögen geltenden Vorschriften zu bewerten.

[1)] Nr. **51**.

[2)] § 341b eingef. durch G v. 24.6.1994 (BGBl. I S. 1377); Abs. 2 Satz 1 neu gef., Satz 2 aufgeh., bish. Satz 3 wird Satz 2 mWv 4.4.2002 durch G v. 26.3.2002 (BGBl. I S. 1219); Abs. 1 Satz 3 neu gef., Abs. 2 *Satz 1 geänd., Satz 2 aufgeh., Abs. 4 angef.* mWv 29.5.2009 durch G v. 25.5.2009 (BGBl. I S. 1102); Abs. 2 geänd. mWv 22.7.2013 durch G v. 4.7.2013 (BGBl. I S. 1981); Abs. 1 Satz 3 geänd. mWv 23.7.2015 durch G v. 17.7.2015 (BGBl. I S. 1245).

[3)] Beachte hierzu Übergangsvorschrift in Art. 75 EGHGB (Nr. **50a**).

[2] Satz 1 ist vorbehaltlich Absatz 2 und § 341c auch auf Kapitalanlagen anzuwenden, soweit es sich hierbei um Beteiligungen, Anteile an verbundenen Unternehmen, Ausleihungen an verbundene Unternehmen oder an Unternehmen, mit denen ein Beteiligungsverhältnis besteht, Namensschuldverschreibungen, Hypothekendarlehen und andere Forderungen und Rechte, sonstige Ausleihungen und Depotforderungen aus dem in Rückdeckung übernommenen Versicherungsgeschäft handelt. [3] § 253 Absatz 3 Satz 6 ist nur auf die in Satz 2 bezeichneten Vermögensgegenstände anzuwenden.

(2) Auf Kapitalanlagen, soweit es sich hierbei um Aktien einschließlich der eigenen Anteile, Anteile oder Aktien an Investmentvermögen sowie sonstige festverzinsliche und nicht festverzinsliche Wertpapiere handelt, sind die für das Umlaufvermögen geltenden § 253 Abs. 1 Satz 1, Abs. 4 und 5, § 256 anzuwenden, es sei denn, dass sie dazu bestimmt werden, dauernd dem Geschäftsbetrieb zu dienen; in diesem Fall sind sie nach den für das Anlagevermögen geltenden Vorschriften zu bewerten.

(3) § 256 Satz 2 in Verbindung mit § 240 Abs. 3 über die Bewertung zum Festwert ist auf Grundstücke, Bauten und im Bau befindliche Anlagen nicht anzuwenden.

(4) Verträge, die von Pensionsfonds bei Lebensversicherungsunternehmen zur Deckung von Verpflichtungen gegenüber Versorgungsberechtigten eingegangen werden, sind mit dem Zeitwert unter Berücksichtigung des Grundsatzes der Vorsicht zu bewerten; die Absätze 1 bis 3 sind insoweit nicht anzuwenden.

§ 341c[1)] Namensschuldverschreibungen, Hypothekendarlehen und andere Forderungen. (1) Abweichend von § 253 Abs. 1 Satz 1 dürfen Namensschuldverschreibungen mit ihrem Nennbetrag angesetzt werden.

(2) [1] Ist der Nennbetrag höher als die Anschaffungskosten, so ist der Unterschiedsbetrag in den Rechnungsabgrenzungsposten auf der Passivseite aufzunehmen, planmäßig aufzulösen und in seiner jeweiligen Höhe in der Bilanz oder im Anhang gesondert anzugeben. [2] Ist der Nennbetrag niedriger als die Anschaffungskosten, darf der Unterschiedsbetrag in den Rechnungsabgrenzungsposten auf der Aktivseite aufgenommen werden; er ist planmäßig aufzulösen und in seiner jeweiligen Höhe in der Bilanz oder im Anhang gesondert anzugeben.

(3) Bei Hypothekendarlehen und anderen Forderungen dürfen die Anschaffungskosten zuzüglich oder abzüglich der kumulierten Amortisation einer Differenz zwischen den Anschaffungskosten und dem Rückzahlungsbetrag unter Anwendung der Effektivzinsmethode angesetzt werden.

§ 341d[2)] Anlagestock der fondsgebundenen Lebensversicherung. Kapitalanlagen für Rechnung und Risiko von Inhabern von Lebensversicherungsverträgen, bei denen das Anlagerisiko vom Versicherungsnehmer getragen wird, sind mit dem Zeitwert unter Berücksichtigung des Grundsatzes der Vorsicht zu bewerten; die §§ 341b, 341c sind nicht anzuwenden.

[1)] § 341c eingef. durch G v. 24.6.1994 (BGBl. I S. 1377); Abs. 1 geänd., Abs. 3 angef. mWv 25.11.2010 durch G v. 19.11.2010 (BGBl. I S. 1592).

[2)] § 341d eingef. durch G v. 24.6.1994 (BGBl. I S. 1377); geänd. mWv 1.1.2016 durch G v. 1.4.2015 (BGBl. I S. 434).

Vierter Titel. Versicherungstechnische Rückstellungen

§ 341e[1] Allgemeine Bilanzierungsgrundsätze. (1) [1] Versicherungsunternehmen haben versicherungstechnische Rückstellungen auch insoweit zu bilden, wie dies nach vernünftiger kaufmännischer Beurteilung notwendig ist, um die dauernde Erfüllbarkeit der Verpflichtungen aus den Versicherungsverträgen sicherzustellen. [2] Dabei sind mit Ausnahme der Vorschriften der §§ 74 bis 87 des Versicherungsaufsichtsgesetzes die im Interesse der Versicherten erlassenen aufsichtsrechtlichen Vorschriften über die bei der Berechnung der Rückstellungen zu verwendenden Rechnungsgrundlagen einschließlich des dafür anzusetzenden Rechnungszinsfußes und über die Zuweisung bestimmter Kapitalerträge zu den Rückstellungen zu berücksichtigen. [3] Die Rückstellungen sind nach den Wertverhältnissen am Abschlussstichtag zu bewerten und nicht nach § 253 Abs. 2 abzuzinsen.

(2) Versicherungstechnische Rückstellungen sind außer in den Fällen der §§ 341f bis 341h insbesondere zu bilden

1. für den Teil der Beiträge, der Ertrag für eine bestimmte Zeit nach dem Abschlußstichtag darstellt (Beitragsüberträge);
2. für erfolgsabhängige und erfolgsunabhängige Beitragsrückerstattungen, soweit die ausschließliche Verwendung der Rückstellung zu diesem Zweck durch Gesetz, Satzung, geschäftsplanmäßige Erklärung oder vertragliche Vereinbarung gesichert ist (Rückstellung für Beitragsrückerstattung);
3. für Verluste, mit denen nach dem Abschlußstichtag aus bis zum Ende des Geschäftsjahres geschlossenen Verträgen zu rechnen ist (Rückstellung für drohende Verluste aus dem Versicherungsgeschäft).

(3) Soweit eine Bewertung nach § 252 Abs. 1 Nr. 3 oder § 240 Abs. 4 nicht möglich ist oder der damit verbundene Aufwand unverhältnismäßig wäre, können die Rückstellungen auf Grund von Näherungsverfahren geschätzt werden, wenn anzunehmen ist, daß diese zu annähernd gleichen Ergebnissen wie Einzelberechnungen führen.

§ 341f[2] Deckungsrückstellung. (1) [1] Deckungsrückstellungen sind für die Verpflichtungen aus dem Lebensversicherungs- und dem nach Art der Lebensversicherung betriebenen Versicherungsgeschäft in Höhe ihres versicherungsmathematisch errechneten Wertes einschließlich bereits zugeteilter Überschußanteile mit Ausnahme der verzinslich angesammelten Überschußanteile und nach Abzug des versicherungsmathematisch ermittelten Barwerts der künftigen Beiträge zu bilden (prospektive Methode). [2] Ist eine Ermittlung des Wertes der künftigen Verpflichtungen und der künftigen Beiträge nicht möglich, hat die Berechnung auf Grund der aufgezinsten Einnahmen und Ausgaben der vorangegangenen Geschäftsjahre zu erfolgen (retrospektive Methode).

(2) Bei der Bildung der Deckungsrückstellung sind auch gegenüber den Versicherten eingegangene Zinssatzverpflichtungen zu berücksichtigen, sofern die derzeitigen oder zu erwartenden Erträge der Vermögenswerte des Unternehmens für die Deckung dieser Verpflichtungen nicht ausreichen.

(3) [1] In der Krankenversicherung, die nach Art der Lebensversicherung betrieben wird, ist als Deckungsrückstellung eine Alterungsrückstellung zu bilden;

---

[1] § 341e eingef. durch G v. 24.6.1994 (BGBl. I S. 1377); Abs. 1 Satz 3 angef. mWv 29.5.2009 durch G v. 25.5.2009 (BGBl. I S. 1102); Abs. 1 Satz 2 geänd. mWv 1.1.2016 durch G v. 1.4.2015 (BGBl. I S. 434).

[2] § 341f eingef. durch G v. 24.6.1994 (BGBl. I S. 1377).

hierunter fallen auch der Rückstellung bereits zugeführte Beträge aus der Rückstellung für Beitragsrückerstattung sowie Zuschreibungen, die dem Aufbau einer Anwartschaft auf Beitragsermäßigung im Alter dienen. [2]Bei der Berechnung sind die für die Berechnung der Prämien geltenden aufsichtsrechtlichen Bestimmungen zu berücksichtigen.

§ 341g[1)] Rückstellung für noch nicht abgewickelte Versicherungsfälle.

(1) [1]Rückstellungen für noch nicht abgewickelte Versicherungsfälle sind für die Verpflichtungen aus den bis zum Ende des Geschäftsjahres eingetretenen, aber noch nicht abgewickelten Versicherungsfällen zu bilden. [2]Hierbei sind die gesamten Schadenregulierungsaufwendungen zu berücksichtigen.

(2) [1]Für bis zum Abschlußstichtag eingetretene, aber bis zur inventurmäßigen Erfassung noch nicht gemeldete Versicherungsfälle ist die Rückstellung pauschal zu bewerten. [2]Dabei sind die bisherigen Erfahrungen in bezug auf die Anzahl der nach dem Abschlußstichtag gemeldeten Versicherungsfälle und die Höhe der damit verbundenen Aufwendungen zu berücksichtigen.

(3) [1]Bei Krankenversicherungsunternehmen ist die Rückstellung anhand eines statistischen Näherungsverfahrens zu ermitteln. [2]Dabei ist von den in den ersten Monaten des nach dem Abschlußstichtag folgenden Geschäftsjahres erfolgten Zahlungen für die bis zum Abschlußstichtag eingetretenen Versicherungsfälle auszugehen.

(4) Bei Mitversicherungen muß die Rückstellung der Höhe nach anteilig zumindest derjenigen entsprechen, die der führende Versicherer nach den Vorschriften oder der Übung in dem Land bilden muß, von dem aus er tätig wird.

(5) Sind die Versicherungsleistungen auf Grund rechtskräftigen Urteils, Vergleichs oder Anerkenntnisses in Form einer Rente zu erbringen, so müssen die Rückstellungsbeträge nach anerkannten versicherungsmathematischen Methoden berechnet werden.

§ 341h[2)] Schwankungsrückstellung und ähnliche Rückstellungen.

(1) Schwankungsrückstellungen sind zum Ausgleich der Schwankungen im Schadenverlauf künftiger Jahre zu bilden, wenn insbesondere

1. nach den Erfahrungen in dem betreffenden Versicherungszweig mit erheblichen Schwankungen der jährlichen Aufwendungen für Versicherungsfälle zu rechnen ist,
2. die Schwankungen nicht jeweils durch Beiträge ausgeglichen werden und
3. die Schwankungen nicht durch Rückversicherungen gedeckt sind.

(2) Für Risiken gleicher Art, bei denen der Ausgleich von Leistung und Gegenleistung wegen des hohen Schadenrisikos im Einzelfall nach versicherungsmathematischen Grundsätzen nicht im Geschäftsjahr, sondern nur in einem am Abschlußstichtag nicht bestimmbaren Zeitraum gefunden werden kann, ist eine Rückstellung zu bilden und in der Bilanz als „ähnliche Rückstellung" unter den Schwankungsrückstellungen auszuweisen.

[1)] § 341g eingef. durch G v. 24.6.1994 (BGBl. I S. 1377).
[2)] § 341h eingef. durch G v. 24.6.1994 (BGBl. I S. 1377).

Fünfter Titel. Konzernabschluß, Konzernlagebericht

§ 341i[1)] Aufstellung, Fristen. (1) [1] Versicherungsunternehmen, auch wenn sie nicht in der Rechtsform einer Kapitalgesellschaft betrieben werden, haben unabhängig von ihrer Größe einen Konzernabschluß und einen Konzernlagebericht aufzustellen. [2] Zusätzliche Anforderungen auf Grund von Vorschriften, die wegen der Rechtsform bestehen, bleiben unberührt.

(2) Als Versicherungsunternehmen im Sinne dieses Titels gelten auch Mutterunternehmen, deren einziger oder hauptsächlicher Zweck darin besteht, Beteiligungen an Tochterunternehmen zu erwerben, diese Beteiligungen zu verwalten und rentabel zu machen, sofern diese Tochterunternehmen ausschließlich oder überwiegend Versicherungsunternehmen sind.

(3) [1] Die gesetzlichen Vertreter eines Mutterunternehmens haben den Konzernabschluß und den Konzernlagebericht abweichend von § 290 Abs. 1 innerhalb von zwei Monaten nach Ablauf der Aufstellungsfrist für den zuletzt aufzustellenden und in den Konzernabschluß einzubeziehenden Abschluß, spätestens jedoch innerhalb von zwölf Monaten nach dem Stichtag des Konzernabschlusses, für das vergangene Konzerngeschäftsjahr aufzustellen und dem Abschlußprüfer des Konzernabschlusses vorzulegen; ist das Mutterunternehmen eine Kapitalgesellschaft im Sinn des § 325 Abs. 4 Satz 1 und nicht zugleich im Sinn des § 327a, tritt an die Stelle der Frist von längstens zwölf eine Frist von längstens vier Monaten. [2] § 299 Abs. 2 Satz 2 ist mit der Maßgabe anzuwenden, daß der Stichtag des Jahresabschlusses eines Unternehmens nicht länger als sechs Monate vor dem Stichtag des Konzernabschlusses liegen darf.

(4) Der Konzernabschluß und der Konzernlagebericht sind abweichend von § 175 Abs. 1 Satz 1 des Aktiengesetzes[2)] spätestens der nächsten nach Ablauf der Aufstellungsfrist für den Konzernabschluß und Konzernlagebericht einzuberufenden Hauptversammlung, die einen Jahresabschluß des Mutterunternehmens entgegennimmt oder festzustellen hat, vorzulegen.

§ 341j[3) 4)] Anzuwendende Vorschriften. (1) [1] Auf den Konzernabschluß und den Konzernlagebericht sind die Vorschriften des Zweiten Unterabschnitts des Zweiten Abschnitts über den Konzernabschluß und den Konzernlagebericht und, soweit die Eigenart des Konzernabschlusses keine Abweichungen bedingt, die §§ 341a bis 341h über den Jahresabschluß sowie die für die Rechtsform und den Geschäftszweig der in den Konzernabschluß einbezogenen Unternehmen mit Sitz im Geltungsbereich dieses Gesetzes geltenden Vorschriften entsprechend anzuwenden, soweit sie für große Kapitalgesellschaften gelten. [2] Die §§ 293, 298 Absatz 1 sowie § 314 Absatz 1 Nummer 3 und 23 sind nicht anzuwenden. [3] § 314 Abs. 1 Nr. 2a gilt mit der Maßgabe, daß die Angaben für solche finanzielle Verpflichtungen nicht zu machen sind, die im Rahmen des Versicherungsgeschäfts

---

[1)] § 341i eingef. durch G v. 24.6.1994 (BGBl. I S. 1377); Abs. 4 geänd. mWv 10.12.2004 durch G v. 4.12.2004 (BGBl. I S. 3166); Abs. 3 Satz 1 geänd. mWv 1.1.2007 durch G v. 10.11.2006 (BGBl. I S. 2553).

[2)] Nr. **51**.

[3)] § 341j eingef. durch G v. 24.6.1994 (BGBl. I S. 1377); Abs. 2 neu gef. mWv 26.7.2002 durch G v. 19.7.2002 (BGBl. I S. 2681); Abs. 1 Satz 4 angef., Abs. 3 geänd. mWv 10.12.2004 durch G v. 4.12.2004 (BGBl. I S. 3166); Abs. 1 Satz 3 geänd. mWv 29.5.2009 durch G v. 25.5.2009 (BGBl. I S. 1102); Abs. 1 *Satz 2 geänd. mWv 23.7.2015 durch G v. 17.7.2015* (BGBl. I S. 1245); Abs. 1 Satz 4 geänd., Abs. 4 und 5 angef. mWv 19.4.2017 durch G v. 11.4.2017 (BGBl. I S. 802); Abs. 5 neu gef. mWv 1.1.2020 durch G v. 12.12.2019 (BGBl. I S. 2637).

[4)] Beachte hierzu Übergangsvorschriften in Art. 75, 80 und 83 Abs. 2 EGHGB (Nr. **50a**).

entstehen. [4]In den Fällen des § 315e Abs. 1 finden abweichend von Satz 1 nur die §§ 290 bis 292, 315e Anwendung; die Sätze 2 und 3 dieses Absatzes und Absatz 2, § 341i Abs. 3 Satz 2 sowie die Bestimmungen der Versicherungsunternehmens-Rechnungslegungsverordnung vom 8. November 1994 (BGBl. I S. 3378) und der Pensionsfonds-Rechnungslegungsverordnung vom 25. Februar 2003 (BGBl. I S. 246) in ihren jeweils geltenden Fassungen sind nicht anzuwenden.

(2) § 304 Abs. 1 braucht nicht angewendet zu werden, wenn die Lieferungen oder Leistungen zu üblichen Marktbedingungen vorgenommen worden sind und Rechtsansprüche der Versicherungsnehmer begründet haben.

(3) Auf Versicherungsunternehmen, die nicht Aktiengesellschaften, Kommanditgesellschaften auf Aktien oder kleinere Vereine sind, ist § 170 Abs. 1 und 3 des Aktiengesetzes[1)] entsprechend anzuwenden.

(4) [1]Ein Versicherungsunternehmen, das ein Mutterunternehmen (§ 290) ist, hat den Konzernlagebericht um eine nichtfinanzielle Konzernerklärung zu erweitern, wenn auf die in den Konzernabschluss einzubeziehenden Unternehmen die folgenden Merkmale zutreffen:

1. sie erfüllen die in § 293 Absatz 1 Satz 1 Nummer 1 oder 2 geregelten Voraussetzungen für eine größenabhängige Befreiung nicht und
2. bei ihnen sind insgesamt im Jahresdurchschnitt mehr als 500 Arbeitnehmer beschäftigt.

[2]§ 267 Absatz 4 bis 5, § 298 Absatz 2, § 315b Absatz 2 bis 4 und § 315c sind entsprechend anzuwenden. [3]Wenn die nichtfinanzielle Erklärung einen besonderen Abschnitt des Konzernlageberichts bildet, darf das Versicherungsunternehmen auf die an anderer Stelle im Konzernlagebericht enthaltenen nichtfinanziellen Angaben verweisen.

(5) Ein Versicherungsunternehmen, das nach Absatz 1 in Verbindung mit § 315d eine Konzernerklärung zur Unternehmensführung zu erstellen hat, hat darin Angaben nach § 315d in Verbindung mit § 289f Absatz 2 Nummer 6 aufzunehmen, wenn die in den Konzernabschluss einzubeziehenden Unternehmen die in § 293 Absatz 1 Satz 1 Nummer 1 oder 2 geregelten Voraussetzungen für eine Befreiung nicht erfüllen.

Sechster Titel. Prüfung

§ 341k[2) 3)] [Prüfung] (1) [1]Versicherungsunternehmen haben unabhängig von ihrer Größe ihren Jahresabschluß und Lagebericht sowie ihren Konzernabschluß und Konzernlagebericht nach den Vorschriften des Dritten Unterabschnitts des Zweiten Abschnitts prüfen zu lassen. [2]§ 319 Absatz 1 Satz 2 ist nicht anzuwenden. [3]Hat keine Prüfung stattgefunden, so kann der Jahresabschluß nicht festgestellt werden. [4]Die Vorschriften des Dritten Unterabschnitts des Zweiten Abschnitts sind auf Versicherungsunternehmen, die Unternehmen von öffentlichem Interesse nach § 316a Satz 2 Nummer 1 oder 3 sind, nur insoweit anzuwenden, als nicht die Verordnung (EU) Nr. 537/2014 anzuwenden ist.

---

1) Nr. **51**.

2) § 341k eingef. durch G v. 24.6.1994 (BGBl. I S. 1377); Abs. 3 geänd. durch G v. 27.4.1998 (BGBl. I S. 786); Abs. 4 angef. mWv 29.5.2009 durch G v. 25.5.2009 (BGBl. I S. 1102); Abs. 1 Satz 2 neu gef., Satz 4 angef., Abs. 4 Satz 1 neu gef. mWv 17.6.2016 durch G v. 10.5.2016 (BGBl. I S. 1142); Abs. 1 Sätze 2 und 4 neu gef., Abs. 2 aufgeh., bish. Abs. 3 wird Abs. 2, bish. Abs. 4 wird Abs. 3 und Satz 1 neu gef., Satz 3 angef. mWv 1.7.2021 durch G v. 3.6.2021 (BGBl. I S. 1534).

3) Beachte hierzu Übergangsvorschrift in Art. 86 EGHGB (Nr. **50a**).

(2) In den Fällen des § 321 Abs. 1 Satz 3 hat der Abschlußprüfer die Aufsichtsbehörde unverzüglich zu unterrichten.

(3) [1] Versicherungsunternehmen, die Unternehmen von öffentlichem Interesse nach § 316a Satz 2 Nummer 1 oder 3 sind und keinen Aufsichts- oder Verwaltungsrat haben, der die Voraussetzungen des § 100 Absatz 5 des Aktiengesetzes[1)] erfüllen muss, haben § 324 anzuwenden, auch wenn sie nicht in der Rechtsform einer Kapitalgesellschaft betrieben werden. [2] Dies gilt für landesrechtliche öffentlich-rechtliche Versicherungsunternehmen nur, soweit das Landesrecht nichts anderes vorsieht. [3] § 324 Absatz 3 ist auf Versicherungsunternehmen anzuwenden, auch wenn sie nicht in der Rechtsform einer Kapitalgesellschaft betrieben werden.

Siebenter Titel. Offenlegung

§ 341l[2)] [Offenlegung] (1) [1] Versicherungsunternehmen haben den Jahresabschluß und den Lagebericht sowie den Konzernabschluß und den Konzernlagebericht und die anderen in § 325 bezeichneten Unterlagen nach § 325 Abs. 2 bis 5, §§ 328, 329 Abs. 1 und 4 offenzulegen. [2] Von den in § 341a Abs. 5 genannten Versicherungsunternehmen ist § 325 Abs. 1 mit der Maßgabe anzuwenden, dass die Frist für die Einreichung der Unterlagen beim Betreiber des Bundesanzeigers 15 Monate, im Fall des § 325 Abs. 4 Satz 1 vier Monate beträgt; § 327a ist anzuwenden.

(2) Die gesetzlichen Vertreter eines Mutterunternehmens haben abweichend von § 325 Abs. 3 unverzüglich nach der Hauptversammlung oder der dieser entsprechenden Versammlung der obersten Vertretung, welcher der Konzernabschluß und der Konzernlagebericht vorzulegen sind, jedoch spätestens vor Ablauf des dieser Versammlung folgenden Monats den Konzernabschluß mit dem Bestätigungsvermerk oder dem Vermerk über dessen Versagung und den Konzernlagebericht mit Ausnahme der Aufstellung des Anteilsbesitzes beim Betreiber des Bundesanzeigers elektronisch einzureichen.

(3) Soweit Absatz 1 Satz 1 auf § 325 Abs. 2a Satz 3 und 5 verweist, gelten die folgenden Maßgaben und ergänzenden Bestimmungen:

1. Die in § 325 Abs. 2a Satz 3 genannten Vorschriften des Ersten Unterabschnitts des Zweiten Abschnitts des Dritten Buchs sind auch auf Versicherungsunternehmen anzuwenden, die nicht in der Rechtsform einer Kapitalgesellschaft betrieben werden.
2. An Stelle des § 285 Nr. 8 Buchstabe b gilt die Vorschrift des § 51 Abs. 5 in Verbindung mit Muster 2 der Versicherungsunternehmens-Rechnungslegungsverordnung vom 8. November 1994 (BGBl. I S. 3378) in der jeweils geltenden Fassung.
3. § 341a Abs. 4 ist anzuwenden, soweit er auf die Bestimmungen der §§ 170, 171 und 175 des Aktiengesetzes[1)] über den Einzelabschluss nach § 325 Abs. 2a dieses Gesetzes verweist.

[1)] Nr. **51**.

[2)] § 341l eingef. durch G v. 24.6.1994 (BGBl. I S. 1377); Abs. 4 angef. mWv 10.12.2004 durch G v. 4.12.2004 (BGBl. I S. 3166); Abs. 1 Satz 2 neu gef., Abs. 2 aufgeh., bish. Abs. 3 und 4 werden Abs. 2 *und 3 und neuer Abs. 2 geänd. mWv 1.1.2007* durch G v. 10.11.2006 (BGBl. I S. 2553); Abs. 1 Satz 1 und Abs. 3 Nr. 2 geänd. mWv 29.5.2009 durch G v. 25.5.2009 (BGBl. I S. 1102); Abs. 1 Satz 2, Abs. 2 geänd. mWv 1.4.2012 durch G v. 22.12.2011 (BGBl. I S. 3044); Abs. 3 Nr. 2 geänd. mWv 23.7.2015 durch G v. 17.7.2015 (BGBl. I S. 1245).

4. Im Übrigen finden die Bestimmungen des Zweiten bis Vierten Titels dieses Unterabschnitts sowie der Versicherungsunternehmens-Rechnungslegungsverordnung keine Anwendung.

Achter Titel.[1] Straf- und Bußgeldvorschriften, Ordnungsgelder

§ 341m[2] [3] **Strafvorschriften.** (1) [1] Die Strafvorschriften der §§ 331 bis 333 sind auch auf nicht in der Rechtsform einer Kapitalgesellschaft betriebene Versicherungsunternehmen und Pensionsfonds anzuwenden. [2] § 331 ist darüber hinaus auch anzuwenden auf die Verletzung von Pflichten durch den Hauptbevollmächtigten (§ 68 Absatz 2 des Versicherungsaufsichtsgesetzes).

(2) Mit Freiheitsstrafe bis zu einem Jahr oder mit Geldstrafe wird bestraft, wer als Mitglied eines nach § 341k Absatz 3 Satz 1 in Verbindung mit § 324 Absatz 1 Satz 1 eingerichteten Prüfungsausschusses eines Versicherungsunternehmens

1. eine in § 341n Absatz 2a bezeichnete Handlung begeht und dafür einen Vermögensvorteil erhält oder sich versprechen lässt oder
2. eine in § 341n Absatz 2a bezeichnete Handlung beharrlich wiederholt.

(3) § 335c Absatz 2 gilt in den Fällen des Absatzes 1 Satz 1 in Verbindung mit § 332 oder § 333 und des Absatzes 2 entsprechend.

§ 341n[4] [5] **Bußgeldvorschriften.** (1) [1] Ordnungswidrig handelt, wer als Mitglied des vertretungsberechtigten Organs oder des Aufsichtsrats eines Versicherungsunternehmens oder eines Pensionsfonds oder als Hauptbevollmächtigter (§ 68 Absatz 2 des Versicherungsaufsichtsgesetzes)

1. bei der Aufstellung oder Feststellung des Jahresabschlusses einer Vorschrift
   a) des § 243 Abs. 1 oder 2, der §§ 244, 245, 246 Abs. 1 oder 2, dieser in Verbindung mit § 341a Abs. 2 Satz 3, des § 246 Abs. 3 Satz 1, des § 247 Abs. 3, der §§ 248, 249 Abs. 1 Satz 1 oder Abs. 2, des § 250 Abs. 1 oder Abs. 2, des § 264 Absatz 1a oder Absatz 2, des § 341e Abs. 1 oder 2 oder der §§ 341f, 341g oder 341h über Form oder Inhalt,

---

[1] 8. Titel Überschrift geänd. mWv 30.4.2011 durch G v. 1.3.2011 (BGBl. I S. 288).

[2] § 341m eingef. durch G v. 24.6.1994 (BGBl. I S. 1377); Satz 1 geänd. mWv 1.1.2002 durch G v. 26.6.2001 (BGBl. I S. 1310); Satz 2 geänd. mWv 1.1.2016 durch G v. 1.4.2015 (BGBl. I S. 434); Abs. 2 und 3 angef. mWv 17.6.2016 durch G v. 10.5.2016 (BGBl. I S. 1142); Abs. 2 einl. Satzteil, Abs. 3 geänd. mWv 1.7.2021 durch G v. 3.6.2021 (BGBl. I S. 1534).

[3] Beachte hierzu Übergangsvorschrift in Art. 86 EGHGB (Nr. **50a**).

[4] § 341n eingef. durch G v. 24.6.1994 (BGBl. I S. 1377); Abs. 1, Abs. 4 Sätze 1 und 2 geänd. mWv 1.1.2002 durch G v. 26.6.2001 (BGBl. I S. 1310); Abs. 3 geänd. mWv 1.1.2002 durch G v. 10.12.2001 (BGBl. I S. 3414); Abs. 1 Nr. 1 Buchst. d, Abs. 4 Satz 1 geänd., Abs. 2 neu gef. mWv 10.12.2004 durch G v. 4.12.2004 (BGBl. I S. 3166); Abs. 3 geänd. mWv 11.8.2005 durch G v. 3.8.2005 (BGBl. I S. 2267); Abs. 1 Nr. 3 und 4 geänd. mWv 14.7.2006 durch G v. 8.7.2006 (BGBl. I S. 1426); Abs. 1 Nr. 1 Buchst. d, Abs. 4 Satz 1 geänd. mWv 1.1.2007 durch G v. 10.11.2006 (BGBl. I S. 2553); Abs. 1 Nr. 1 Buchst. a und c geänd., Buchst. b und d neu gef., Nr. 2 Buchst. d und Nr. 3 sowie Abs. 2 geänd. mWv 29.5.2009 durch G v. 25.5.2009 (BGBl. I S. 1102); Abs. 1 einl. Satzteil geänd. mWv 1.1.2016 durch G v. 1.4.2015 (BGBl. I S. 434); Abs. 1 Nr. 1 Buchst. a–d, Nr. 2 Buchst. b und f, Nr. 3 und 4 geänd. mWv 23.7.2015 durch G v. 17.7.2015 (BGBl. I S. 1245); Abs. 2 geänd., Abs. 2a eingef., Abs. 4 Sätze 1 und 2 geänd., Satz 3 angef., Abs. 5 angef. mWv 17.6.2016 durch G v. 10.5.2016 (BGBl. I S. 1142); Abs. 1 Nr. 3 und 4, Abs. 3 neu gef., Abs. 3a und 3b eingef. mWv 19.4.2017 durch G v. 11.4.2017 (BGBl. I S. 802); Abs. 2a Nr. 1 geänd., Nr. 2 neu gef., Nr. 3 aufgeh. mWv 22.7.2017 durch G v. 17.7.2017 (BGBl. I S. 2446); Abs. 1 Nr. 5 geänd. mWv 19.8.2020 durch G v. 12.8.2020 (BGBl. I S. 1874); Abs. 1 Nr. 1 Buchst. d geänd., Abs. 2 und 2a neu gef., Abs. 3 Satz 1 geänd., Abs. 3a Satz 2 angef. mWv 1.7.2021 durch G v. 3.6.2021 (BGBl. I S. 1534); Abs. 1 Satz 1 Nr. 3 und 4 neu gef., Sätze 2 und 3 angef. mWv 12.8.2021 durch G v. 7.8.2021 (BGBl. I S. 3311).

[5] Beachte hierzu Übergangsvorschriften in Art. 75, 80, 84, 86 und 87 EGHGB (Nr. **50a**).

b) des § 253 Abs. 1 Satz 1, 2, 3 oder Satz 4, Abs. 2 Satz 1, auch in Verbindung mit Satz 2, Absatz 3 Satz 1, 2, 3, 4 oder Satz 5, Abs. 4, 5, der §§ 254, 256a, 341b Abs. 1 Satz 1 oder des § 341d über die Bewertung,

c) des § 265 Abs. 2, 3 oder 4, des § 268 Abs. 3 oder 6, der §§ 272, 274 oder des § 277 Abs. 3 Satz 2 über die Gliederung,

d) der §§ 284, 285 Nr. 1, 2 oder Nr. 3, auch in Verbindung mit § 341a Absatz 2 Satz 4, oder des § 285 Nummer 3a, 7, 9 bis 14a, 15a, 16 bis 33 oder Nummer 34 über die im Anhang zu machenden Angaben,

2. bei der Aufstellung des Konzernabschlusses einer Vorschrift

a) des § 294 Abs. 1 über den Konsolidierungskreis,

b) des § 297 Absatz 1a, 2 oder Absatz 3 oder des § 341j Abs. 1 Satz 1 in Verbindung mit einer der in Nummer 1 Buchstabe a bezeichneten Vorschriften über Form oder Inhalt,

c) des § 300 über die Konsolidierungsgrundsätze oder das Vollständigkeitsgebot,

d) des § 308 Abs. 1 Satz 1 in Verbindung mit den in Nummer 1 Buchstabe b bezeichneten Vorschriften, des § 308 Abs. 2 oder des § 308a über die Bewertung,

e) des § 311 Abs. 1 Satz 1 in Verbindung mit § 312 über die Behandlung assoziierter Unternehmen oder

f) des § 308 Abs. 1 Satz 3, des § 313 oder des § 314 in Verbindung mit § 341j Abs. 1 Satz 2 oder 3 über die im Konzernanhang zu machenden Angaben,

3. bei der Aufstellung des Lageberichts oder der Erstellung eines gesonderten nichtfinanziellen Berichts einer Vorschrift des § 289 oder des § 289a, des § 289f, auch in Verbindung mit § 341a Absatz 1b, oder des § 341a Absatz 1a, auch in Verbindung mit § 289b Absatz 2 oder 3 oder mit den §§ 289c, 289d oder § 289e Absatz 2, über den Inhalt des Lageberichts oder des gesonderten nichtfinanziellen Berichts,

4. bei der Aufstellung des Konzernlageberichts oder der Erstellung eines gesonderten nichtfinanziellen Konzernberichts einer Vorschrift des § 315 oder des § 315a, des § 315d, auch in Verbindung mit § 341j Absatz 5, oder des § 341j Absatz 4, auch in Verbindung mit § 315b Absatz 2 oder 3 oder § 315c, über den Inhalt des Konzernlageberichts oder des gesonderten nichtfinanziellen Konzernberichts,

5. bei der Offenlegung, Veröffentlichung oder Vervielfältigung einer Vorschrift des § 328 über Form, Format oder Inhalt oder

6. einer auf Grund des § 330 Abs. 3 und 4 in Verbindung mit Abs. 1 Satz 1 erlassenen Rechtsverordnung, soweit sie für einen bestimmten Tatbestand auf diese Bußgeldvorschrift verweist,

zuwiderhandelt. [2] In den Fällen des Satzes 1 Nummer 3 wird eine Zuwiderhandlung gegen eine Vorschrift des § 289f Absatz 2 Nummer 4, auch in Verbindung mit Absatz 4 Satz 1, nicht dadurch ausgeschlossen, dass die Festlegungen oder Begründungen nach § 76 Absatz 4 des Aktiengesetzes[1)], auch in Verbindung mit § 188 Absatz 1 Satz 2 des Versicherungsaufsichtsgesetzes, oder nach § 111 Absatz 5 des Aktiengesetzes, auch in Verbindung mit § 189 Absatz 3 Satz 1 des Versicherungsaufsichtsgesetzes, ganz oder zum Teil unterblieben sind. [3] In den Fällen des Satzes 1 Nummer 4 wird eine Zuwiderhandlung gegen eine Vorschrift des § 315d *in Verbindung mit § 289f Absatz 2* Nummer 4 nicht dadurch ausgeschlossen, dass

---

[1)] Nr. **51**.

die Festlegungen oder Begründungen nach § 76 Absatz 4 oder § 111 Absatz 5 des Aktiengesetzes ganz oder zum Teil unterblieben sind.

(2) [1] Ordnungswidrig handelt, wer einen Bestätigungsvermerk nach § 322 Absatz 1 erteilt zu dem Abschluss

1. eines Versicherungsunternehmens, das ein Unternehmen von öffentlichem Interesse nach § 316a Satz 2 Nummer 1 oder 3 ist, oder
2. eines Versicherungsunternehmens, das nicht in Nummer 1 genannt ist,

obwohl nach § 319 Absatz 2 oder 3, jeweils auch in Verbindung mit Absatz 5, oder nach § 319b Absatz 1 Satz 1 oder 2, jeweils auch in Verbindung mit Absatz 2, er oder nach § 319 Absatz 4 Satz 1 oder 2, jeweils auch in Verbindung mit Absatz 5, oder nach § 319b Absatz 1 Satz 1 oder 2, jeweils auch in Verbindung mit Absatz 2, die Wirtschaftsprüfungsgesellschaft oder die Buchführungsgesellschaft, für die er tätig wird, nicht Abschlussprüfer sein darf. [2] Ordnungswidrig handelt auch, wer einen Bestätigungsvermerk nach § 322 Absatz 1 erteilt zu dem Abschluss eines Versicherungsunternehmens, das ein Unternehmen von öffentlichem Interesse nach § 316a Satz 2 Nummer 1 oder 3 ist, obwohl

1. er oder die Prüfungsgesellschaft, für die er tätig wird, oder ein Mitglied des Netzwerks, dem er oder die Prüfungsgesellschaft, für die er tätig wird, angehört, einer Vorschrift des Artikels 5 Absatz 4 Unterabsatz 1 Satz 1 oder Absatz 5 Unterabsatz 2 Satz 2 der Verordnung (EU) Nr. 537/2014 zuwiderhandelt oder
2. er oder die Prüfungsgesellschaft, für die er tätig wird, nach Artikel 17 Absatz 3 der Verordnung (EU) Nr. 537/2014 die Abschlussprüfung nicht durchführen darf.

[3] Abschluss im Sinne der Sätze 1 und 2 ist ein Jahresabschluss, ein Einzelabschluss nach § 325 Absatz 2a oder ein Konzernabschluss, der aufgrund gesetzlicher Vorschriften zu prüfen ist.

(2a) Ordnungswidrig handelt, wer als Mitglied eines nach § 324 Absatz 1 Satz 1, auch in Verbindung mit § 341k Absatz 3 Satz 1, eingerichteten Prüfungsausschusses eines Versicherungsunternehmens

1. die Unabhängigkeit des Abschlussprüfers oder der Prüfungsgesellschaft nicht nach Maßgabe des Artikels 4 Absatz 3 Unterabsatz 2, des Artikels 5 Absatz 4 Unterabsatz 1 Satz 1 oder des Artikels 6 Absatz 2 der Verordnung (EU) Nr. 537/2014 überwacht,
2. dem Verwaltungs- oder Aufsichtsorgan eine Empfehlung für die Bestellung eines Abschlussprüfers oder einer Prüfungsgesellschaft vorlegt, die den Anforderungen nach Artikel 16 Absatz 2 Unterabsatz 2 oder 3 der Verordnung (EU) Nr. 537/2014 nicht entspricht oder der ein Auswahlverfahren nach Artikel 16 Absatz 3 Unterabsatz 1 der Verordnung (EU) Nr. 537/2014 nicht vorangegangen ist, oder
3. den Gesellschaftern oder der sonst für die Bestellung des Abschlussprüfers zuständigen Stelle einen Vorschlag für die Bestellung eines Abschlussprüfers oder einer Prüfungsgesellschaft vorlegt, der den Anforderungen nach Artikel 16 Absatz 5 Unterabsatz 1 der Verordnung (EU) Nr. 537/2014 nicht entspricht.

(3) [1] Die Ordnungswidrigkeit kann in den Fällen des Absatzes 2 Satz 1 Nummer 1 und Satz 2 sowie des Absatzes 2a mit einer Geldbuße bis zu fünfhunderttausend Euro, in den Fällen der Absätze 1 und 2 Satz 1 Nummer 2 mit einer Geldbuße bis zu fünfzigtausend Euro geahndet werden. [2] Ist das Versicherungsunternehmen kapitalmarktorientiert im Sinne des § 264d, beträgt die Geldbuße in den Fällen des Absatzes 1 höchstens den höheren der folgenden Beträge:

1. zwei Millionen Euro oder
2. das Zweifache des aus der Ordnungswidrigkeit gezogenen wirtschaftlichen Vorteils, wobei der wirtschaftliche Vorteil erzielte Gewinne und vermiedene Verluste umfasst und geschätzt werden kann.

(3a) [1] Wird gegen ein Versicherungsunternehmen, das kapitalmarktorientiert im Sinne des § 264d ist, in den Fällen des Absatzes 1 eine Geldbuße nach § 30 des Gesetzes über Ordnungswidrigkeiten[1)] verhängt, beträgt diese Geldbuße höchstens den höchsten der folgenden Beträge:

1. zehn Millionen Euro,
2. 5 Prozent des jährlichen Gesamtumsatzes, den das Versicherungsunternehmen im der Behördenentscheidung vorausgegangenen Geschäftsjahr erzielt hat oder
3. das Zweifache des aus der Ordnungswidrigkeit gezogenen wirtschaftlichen Vorteils, wobei der wirtschaftliche Vorteil erzielte Gewinne und vermiedene Verluste umfasst und geschätzt werden kann.

[2] In den Fällen des Absatzes 3 Satz 1 in Verbindung mit Absatz 2 Satz 1 Nummer 1 oder Satz 2 ist § 30 Absatz 2 Satz 3 des Gesetzes über Ordnungswidrigkeiten anzuwenden.

(Fortsetzung nächstes Blatt)

[1)] Nr. **94**.

Lfd. Nr.	Änderndes Gesetz	Datum	Fundstelle	Betroffen	Hinweis
56.	Art. 5 Abschlussprüferaufsichtsreform G[1]	31.3.2016	BGBl. I S. 518	Art. 25	geänd. mWv 17.6.2016
				40. Abschnitt (Art. 78)	eingef. mWv 17.6.2016
57.	Art. 2 Abschlussprüfungsreform G (AReG)	10.5.2016	BGBl. I S. 1142	Art. 25, 78	geänd. mWv 17.6.2016
				41. Abschnitt (Art. 79)	eingef. mWv 17.6.2016
58.	Art. 57 Zweites G über die weitere Bereinigung von Bundesrecht	8.7.2016	BGBl. I S. 1594	Art. 61	geänd. mWv 15.7.2016
59.	Art. 3, 4 CSR-Richtlinie-UmsetzungsG[2]	11.4.2017	BGBl. I S. 802	Art. 75	geänd. mWv 19.4.2017
				42. Abschnitt (Art. 80)	eingef. mWv 19.4.2017
				42. Abschnitt Überschrift	geänd. mWv 1.1.2019
				Art. 81	eingef. mWv 1.1.2019
60.	Art. 4 G zum Bürokratieabbau und zur Förderung der Transparenz bei Genossenschaften	17.7.2017	BGBl. I S. 2434	43. Abschnitt (Art. 82)	eingef. mWv 22.7.2017
61.	Art. 4 G zur Umsetzung der zweiten AktionärsrechteRL (ARUG II)[3]	12.12. 2019	BGBl. I S. 2637	Art. 73	geänd. mWv 1.1.2020
				44. Abschnitt (Art. 83)	eingef. mWv 1.1.2020
62.	Art. 2 G zur weiteren Umsetzung der TransparenzRL-ÄnderungsRL im Hinblick auf ein einheitliches elektronisches Format für Jahresfinanzberichte[4]	12.8.2020	BGBl. I S. 1874	Art. 83	geänd. mWv 19.8.2020
				45. Abschnitt (Art. 84)	eingef. mWv 19.8.2020

[1] **Amtl. Anm.:** Dieses Gesetz dient der Umsetzung der Richtlinie 2014/56/EU des Europäischen Parlaments und des Rates vom 16. April 2014 zur Änderung der Richtlinie 2006/43/EG über Abschlussprüfungen von Jahresabschlüssen und konsolidierten Abschlüssen (ABl. L 158 vom 27.5.2014, S. 196) sowie der Ausführung der Verordnung (EU) Nr. 537/2014 des Europäischen Parlaments und des Rates vom 16. April 2014 über spezifische Anforderungen an die Abschlussprüfung bei Unternehmen von öffentlichem Interesse und zur Aufhebung des Beschlusses 2005/909/EG der Kommission (ABl. L 158 vom 27.5.2014, S. 77).

[2] **Amtl. Anm.:** Dieses Gesetz dient der Umsetzung der Richtlinie 2014/95/EU des Europäischen Parlaments und des Rates vom 22. Oktober 2014 zur Änderung der Richtlinie 2013/34/EU im Hinblick auf die Angabe nichtfinanzieller und die Diversität betreffender Informationen durch bestimmte große Unternehmen und Gruppen (ABl. L 330 vom 15.11.2014, S. 1; L 369 vom 24.12.2014, S. 79).

[3] **Amtl. Anm.:** Dieses Gesetz dient der Umsetzung der Richtlinie (EU) 2017/828 des Europäischen Parlaments und des Rates vom 17. Mai 2017 zur Änderung der Richtlinie 2007/36/EG im Hinblick auf die Förderung der langfristigen Mitwirkung der Aktionäre (ABl. L 132 vom 20.5.2017, S. 1)

[4] **Amtl. Anm.:** Dieses Gesetz dient der weiteren Umsetzung der Richtlinie 2013/50/EU des Europäischen Parlaments und des Rates vom 22. Oktober 2013 zur Änderung der Richtlinie 2004/109/EG des Europäischen Parlaments und des Rates zur Harmonisierung der Transparenzanforderungen in Bezug auf Informationen über Emittenten, deren Wertpapiere zum Handel auf einem geregelten Markt zugelassen sind, der Richtlinie 2003/71/EG des Europäischen Parlaments und des Rates betreffend den Prospekt, der beim öffentlichen Angebot von Wertpapieren oder bei deren Zulassung zum Handel zu veröffentlichen ist, sowie der Richtlinie 2007/14/EG der Kommission mit Durchführungsbestimmungen zu bestimmten Vorschriften der Richtlinie 2004/109/EG (ABl. L 294 vom 6.11.2013, S. 13; L 14 vom 18.1.2014, S. 35).

Lfd. Nr.	Änderndes Gesetz	Datum	Fundstelle	Betroffen	Hinweis
63.	Art. 7 Abs. 27 G zur Umsetzung der RL (EU) 2019/2034 über die Beaufsichtigung von Wertpapierinstituten[1]	12.5.2021	BGBl. I S. 990	Art. 67	geänd. mWv 26.6.2021
64.	Art. 11 FondsstandortG[2]	3.6.2021	BGBl. I S. 1498	46. Abschnitt (Art. 85)	eingef. mWv 2.8.2021
65.	Art. 12 FinanzmarktintegritätsstärkungsG	3.6.2021	BGBl. I S. 1534	Art. 25	geänd. mWv 1.7.2021
				47. Abschnitt (Art. 86)	eingef. mWv 1.7.2021
66.	Art. 6 G zur Ergänzung und Änd. der Regelungen für die gleichberechtigte Teilhabe von Frauen an Führungspositionen in der Privatwirtschaft und im öffentlichen Dienst	7.8.2021	BGBl. I S. 3311	48. Abschnitt (Art. 87)	eingef. mWv 12.8.2021
67.	Art. 2 G zur Umsetzung der Digitalisierungsrichtlinie (DiRUG)[3]	5.7.2021	BGBl. I S. 3338	49. Abschnitt (Art. 88)	eingef. mWv 1.8.2022
68.	Art. 52 PersonengesellschaftsrechtsmodernisierungsG (MoPeG)	10.8.2021	BGBl. I S. 3436	50. Abschnitt (Art. 89)	eingef. mWv 1.1.2024

Vorbemerkung:

Die Änderung durch G v. 5.7.2021 (BGBl. I S. 3338) tritt erst mWv 1.8. 2022 in Kraft und ist im Text noch nicht berücksichtigt.

Die Änderung durch G v. 10.8.2021 (BGBl. I S. 3436) tritt erst mWv 1.1. 2024 in Kraft und ist im Text noch nicht berücksichtigt.

[1] **Amtl. Anm.:** Dieses Gesetz dient der Umsetzung der Richtlinie (EU) 2019/2034 des Europäischen Parlaments und des Rates vom 27. November 2019 über die Beaufsichtigung von Wertpapierfirmen und zur Änderung der Richtlinien 2002/87/EG, 2009/65/EG, 2011/61/EU, 2013/36/EU, 2014/59/EU und 2014/65/EU (ABl. L 314 vom 5.12.2019, S. 64) sowie der Anpassung der nationalen Gesetze und Verordnungen an die Verordnung (EU) 2019/2033 des Europäischen Parlaments und des Rates vom 27. November 2019 über die Aufsichtsanforderungen an Wertpapierfirmen und zur Änderung der Verordnungen (EU) Nr. 1093/2010, (EU) Nr. 575/2013, (EU) Nr. 600/2014 und (EU) Nr. 806/2014 (ABl. L 314 vom 5.12.2019, S. 1; L 20 vom 24.1.2020, S. 26).

[2] **Amtlicher Hinweis:** Im Internet abrufbar unter https://portal.mvp.bafin.de/MvpPortalWeb/app/login.html

[3] ***Amtl. Anm.:*** *Dieses Gesetz dient der Umsetzung* der Richtlinie (EU) 2019/1151 des Europäischen Parlaments und des Rates vom 20. Juni 2019 zur Änderung der Richtlinie (EU) 2017/1132 im Hinblick auf den Einsatz digitaler Werkzeuge und Verfahren im Gesellschaftsrecht (ABl. L 186 vom 11.7.2019, S. 80).

lich 30. Juni 2021 geltenden Fassung sind letztmals anzuwenden auf alle gesetzlich vorgeschriebenen Abschlussprüfungen für das vor dem 1. Januar 2022 beginnende Geschäftsjahr.

(2) Wenn die Voraussetzungen des § 318 Absatz 1a des Handelsgesetzbuchs, auch in Verbindung mit Artikel 79 Absatz 3 dieses Gesetzes, bis zum Ablauf des 30. Juni 2021 vorliegen, kann ein Prüfungsmandat noch für das nach dem 30. Juni 2021 beginnende Geschäftsjahr und das unmittelbar auf dieses folgende Geschäftsjahr verlängert werden.

(3) [1] § 324 Absatz 1 und 3, § 340k Absatz 5 sowie § 341k Absatz 3 des Handelsgesetzbuchs in der ab dem 1. Juli 2021 geltenden Fassung sind erstmals ab dem 1. Januar 2022 anzuwenden. [2] Soweit § 324 Absatz 2 Satz 2 des Handelsgesetzbuchs in der ab dem 1. Juli 2021 geltenden Fassung auf § 100 Absatz 5 des Aktiengesetzes[1)] verweist, ist die hierauf bezogene Übergangsregelung des § 12 Absatz 6 des Einführungsgesetzes zum Aktiengesetz[2)] entsprechend anzuwenden.

(4) [1] Die §§ 333 und 342c des Handelsgesetzbuchs in der bis einschließlich 31. Dezember 2021 geltenden Fassung sind auf die bei der Prüfstelle im Sinne von § 342b Absatz 1 des Handelsgesetzbuchs Beschäftigten weiter anzuwenden. [2] Auf die Finanzierung der Prüfstelle ist § 342d Satz 4 und 5 des Handelsgesetzbuchs in der bis einschließlich 31. Dezember 2021 geltenden Fassung für das Haushaltsjahr 2021 weiter anzuwenden. [3] Die nach § 342b Absatz 1 des Handelsgesetzbuchs in der bis zum 31. Dezember 2021 geltenden Fassung als Prüfstelle anerkannte Einrichtung hat

1. Unterlagen zu nach § 141 Absatz 1 des Wertpapierhandelsgesetzes[3)] fortgeführten Prüfungen spätestens am 31. Dezember 2051 zu vernichten,
2. Unterlagen zu bis zum 31. Dezember 2021 abgeschlossenen Prüfungen spätestens 30 Jahre nach dem jeweiligen Abschluss der Prüfung zu vernichten.

(5) § 264 Absatz 3, §§ 264b, 340a Absatz 2, § 341a Absatz 2 und § 341n Absatz 1 des Handelsgesetzbuchs in der ab dem 1. Juli 2021 geltenden Fassung sind erstmals auf Jahresabschlüsse und Lageberichte für das nach dem 31. Dezember 2020 beginnende Geschäftsjahr anzuwenden.

Achtundvierzigster Abschnitt.[4)] Übergangsvorschrift zum Gesetz zur Ergänzung und Änderung der Regelungen für die gleichberechtigte Teilhabe von Frauen an Führungspositionen in der Privatwirtschaft und im öffentlichen Dienst

Art. 87[4)] [Übergangsvorschrift zum Gesetz zur Ergänzung und Änderung der Regelungen für die gleichberechtigte Teilhabe von Frauen an Führungspositionen in der Privatwirtschaft und im öffentlichen Dienst]

Die §§ 289f, 334 Absatz 1, § 340n Absatz 1 und § 341n Absatz 1 des Handelsgesetzbuchs[5)] in der ab dem 12. August 2021 geltenden Fassung sind erstmals auf Lage- und Konzernlageberichte sowie Erklärungen zur Unternehmensführung nach § 289f Absatz 4 Satz 3 des Handelsgesetzbuchs für das nach dem 31. Dezember 2020 beginnende Geschäftsjahr anzuwenden.

---

1) Nr. **51**.
2) Nr. **51a**.
3) **Habersack, Deutsche Gesetze ErgBd. Nr. 58.**
4) 48. Abschnitt (Art. 87) angef. mWv 12.8.2021 durch G v. 7.8.2021 (BGBl. I S. 3311).
5) Nr. **50**.

50b. Gesetz über Partnerschaftsgesellschaften Angehöriger Freier Berufe (Partnerschaftsgesellschaftsgesetz – PartGG)[1)]

Vom 25. Juli 1994

(BGBl. I S. 1744)

FNA 4127-1

Lfd. Nr.	Änderndes Gesetz	Datum	Fundstelle	Betroffen	Hinweis
1.	Art. 11 HandelsrechtsreformG	22.6.1998	BGBl. I S. 1474	§§ 2, 7, 9	geänd. mWv 1.7.1998
2.	Art. 1a G zur Änd. des UmwandlungsG, des PartGG und anderer G	22.7.1998	BGBl. I S. 1878	§§ 1, 8	geänd. mWv 1.8.1998
3.	Art. 2 Zweites G zur Änd. der FGO und anderer G	19.12.2000	BGBl. I S. 1757	§ 7	geänd. mWv 1.1.2001
4.	Art. 4 Elektronische Register- und JustizkostenG	10.12.2001	BGBl. I S. 3422	§§ 4, 5, 7, 11	geänd. mWv 15.12.2001
5.	Art. 12 Abs. 12 G über elektronische Handelsregister und Genossenschaftsregister sowie das Unternehmensregister	10.11.2006	BGBl. I S. 2553	§§ 5, 11	geänd. mWv 1.1.2007
6.	Art. 22 G zur Modernisierung des GmbH-Rechts und zur Bekämpfung von Missbräuchen	23.10.2008	BGBl. I S. 2026	§ 5	geänd. mWv 1.11.2008
7.	Art. 1 G zur Einführung einer Partnerschaftsgesellschaft mit beschränkter Berufshaftung und zur Änd. des Berufsrechts der Rechtsanwälte, Patentanwälte, Steuerberater und Wirtschaftsprüfer	15.7.2013	BGBl. I S. 2386	§§ 4, 7, 8	geänd. mWv 19.7.2013
8.	Art. 7 Aktienrechtsnovelle 2016	22.12.2015	BGBl. I S. 2565	§ 4	geänd. mWv 31.12.2015
9.	Art. 33 G zur Neuregelung des Berufsrechts der anwaltlichen und steuerberatenden Berufsausübungsgesellschaften sowie zur Änd. weiterer Vorschriften im Bereich der *rechtsberatenden* Berufe	7.7.2021	BGBl. I S. 2363	§§ 1, 7	geänd. mWv 1.8.2022
10.	Art. 68 PersonengesellschaftsrechtsmodernisierungsG (MoPeG)	10.8.2021	BGBl. I S. 3436	§§ 1, 2, 4, 5, 6, 7, 8, 9, 10, 11 § 3	geänd. mWv 1.1.2024 aufgeh. mit Ablauf des 31.12.2023

[1)] Verkündet als Art. 1 G zur Schaffung von Partnerschaftsgesellschaften und zur Änd. anderer G v. 25.7.1994 (BGBl I S. 1744); Inkrafttreten gem. Art. 9 dieses G am 1.7.1995 mit Ausnahme des § 5 Abs. 2, der bereits am 1.5.1995 in Kraft getreten ist.

Vorbemerkung:
Die Änderungen durch G v. 7.7.2021 (BGBl. I S. 2363) treten erst mWv 1.8.2022 in Kraft und sind im Text noch nicht berücksichtigt.
Die Änderungen durch G v. 10.8.2021 (BGBl. I S. 3436) treten erst mWv 1.1.2024 in Kraft und sind im Text noch nicht berücksichtigt.

§ 1[1] Voraussetzungen der Partnerschaft. (1) [1]Die Partnerschaft ist eine Gesellschaft, in der sich Angehörige Freier Berufe zur Ausübung ihrer Berufe zusammenschließen. [2]Sie übt kein Handelsgewerbe aus. [3]Angehörige einer Partnerschaft können nur natürliche Personen sein.

(2) [1]Die Freien Berufe haben im allgemeinen auf der Grundlage besonderer beruflicher Qualifikation oder schöpferischer Begabung die persönliche, eigenverantwortliche und fachlich unabhängige Erbringung von Dienstleistungen höherer Art im Interesse der Auftraggeber und der Allgemeinheit zum Inhalt. [2]Ausübung eines Freien Berufs im Sinne dieses Gesetzes ist die selbständige Berufstätigkeit der Ärzte, Zahnärzte, Tierärzte, Heilpraktiker, Krankengymnasten, Hebammen, Heilmasseure, Diplom-Psychologen, Mitglieder der Rechtsanwaltskammern, Patentanwälte, Wirtschaftsprüfer, Steuerberater, beratenden Volks- und Betriebswirte, vereidigten Buchprüfer (vereidigte Buchrevisoren), Steuerbevollmächtigten, Ingenieure, Architekten, Handelschemiker, Lotsen, hauptberuflichen Sachverständigen, Journalisten, Bildberichterstatter, Dolmetscher, Übersetzer und ähnlicher Berufe sowie der Wissenschaftler, Künstler, Schriftsteller, Lehrer und Erzieher.

(3) Die Berufsausübung in der Partnerschaft kann in Vorschriften über einzelne Berufe ausgeschlossen oder von weiteren Voraussetzungen abhängig gemacht werden.

(4) Auf die Partnerschaft finden, soweit in diesem Gesetz nichts anderes bestimmt ist, die Vorschriften des Bürgerlichen Gesetzbuchs über die Gesellschaft Anwendung.

§ 2[2] Name der Partnerschaft. (1) [1]Der Name der Partnerschaft muß den Namen mindestens eines Partners, den Zusatz „und Partner" oder „Partnerschaft" sowie die Berufsbezeichnungen aller in der Partnerschaft vertretenen Berufe enthalten. [2]Die Beifügung von Vornamen ist nicht erforderlich. [3]Die Namen anderer Personen als der Partner dürfen nicht in den Namen der Partnerschaft aufgenommen werden.

(2) § 18 Abs. 2, §§ 21, 22 Abs. 1, §§ 23, 24, 30, 31 Abs. 2, §§ 32 und 37 des Handelsgesetzbuchs sind entsprechend anzuwenden; § 24 Abs. 2 des Handelsgesetzbuchs gilt auch bei Umwandlung einer Gesellschaft bürgerlichen Rechts in eine Partnerschaft.

§ 3 Partnerschaftsvertrag. (1) Der Partnerschaftsvertrag bedarf der Schriftform.

(2) Der Partnerschaftsvertrag muß enthalten

1. den Namen und den Sitz der Partnerschaft;
2. den Namen und den Vornamen sowie den in der Partnerschaft ausgeübten Beruf und den Wohnort jedes Partners;
3. den Gegenstand der Partnerschaft.

§ 4[3] Anmeldung der Partnerschaft. (1) [1]Auf die Anmeldung der Partnerschaft in das Partnerschaftsregister sind § 106 Abs. 1 und § 108 Satz 1 des Handelsgesetzbuchs entsprechend anzuwenden. [2]Die Anmeldung hat die in § 3 Abs. 2

---

[1] § 1 Abs. 2 Satz 1 eingef. durch G v. 22.7.1998 (BGBl. I S. 1878).

[2] § 2 Abs. 1 Sätze 2 und 3 angef., Abs. 2 geänd. durch G v. 22.6.1998 (BGBl. I S. 1474).

[3] § 4 Abs. 1 Satz 2 geänd. mWv 15.12.2001 durch G v. 10.12.2001 (BGBl. I S. 3422); Abs. 3 angef. mWv 19.7.2013 durch G v. 15.7.2013 (BGBl. I S. 2386); Abs. 1 Satz 1 geänd. mWv 31.12.2015 durch G v. 22.12.2015 (BGBl. I S. 2565).

vorgeschriebenen Angaben, das Geburtsdatum jedes Partners und die Vertretungsmacht der Partner zu enthalten. [3]Änderungen dieser Angaben sind gleichfalls zur Eintragung in das Partnerschaftsregister anzumelden.

(2) [1]In der Anmeldung ist die Zugehörigkeit jedes Partners zu dem Freien Beruf, den er in der Partnerschaft ausübt, anzugeben. [2]Das Registergericht legt bei der Eintragung die Angaben der Partner zugrunde, es sei denn, ihm ist deren Unrichtigkeit bekannt.

(3) Der Anmeldung einer Partnerschaft mit beschränkter Berufshaftung nach § 8 Absatz 4 muss eine Versicherungsbescheinigung gemäß § 113 Absatz 2 des Gesetzes über den Versicherungsvertrag[1)] beigefügt sein.

§ 5[2)] Inhalt der Eintragung; anzuwendende Vorschriften. (1) Die Eintragung hat die in § 3 Abs. 2 genannten Angaben, das Geburtsdatum jedes Partners und die Vertretungsmacht der Partner zu enthalten.

(2) Auf das Partnerschaftsregister und die registerrechtliche Behandlung von Zweigniederlassungen sind die §§ 8, 8a, 9, 10 bis 12, 13, 13d, 13h und 14 bis 16 des Handelsgesetzbuchs[3)] über das Handelsregister entsprechend anzuwenden; eine Pflicht zur Anmeldung einer inländischen Geschäftsanschrift besteht nicht.

§ 6 Rechtsverhältnis der Partner untereinander. (1) Die Partner erbringen ihre beruflichen Leistungen unter Beachtung des für sie geltenden Berufsrechts.

(2) Einzelne Partner können im Partnerschaftsvertrag nur von der Führung der sonstigen Geschäfte ausgeschlossen werden.

(3) [1]Im übrigen richtet sich das Rechtsverhältnis der Partner untereinander nach dem Partnerschaftsvertrag. [2]Soweit der Partnerschaftsvertrag keine Bestimmungen enthält, sind die §§ 110 bis 116 Abs. 2, §§ 117 bis 119 des Handelsgesetzbuchs[3)] entsprechend anzuwenden.

§ 7[4)] Wirksamkeit im Verhältnis zu Dritten; rechtliche Selbständigkeit; Vertretung. (1) Die Partnerschaft wird im Verhältnis zu Dritten mit ihrer Eintragung in das Partnerschaftsregister wirksam.

(2) § 124 des Handelsgesetzbuchs[3)] ist entsprechend anzuwenden.

(3) Auf die Vertretung der Partnerschaft sind die Vorschriften des § 125 Abs. 1 und 2 sowie der §§ 126 und 127 des Handelsgesetzbuchs entsprechend anzuwenden.

(4) [1]Die Partnerschaft kann als Prozess- oder Verfahrensbevollmächtigte beauftragt werden. [2]Sie handelt durch ihre Partner und Vertreter, in deren Person die für die Erbringung rechtsbesorgender Leistungen gesetzlich vorgeschriebenen Voraussetzungen im Einzelfalle vorliegen müssen, und ist in gleichem Umfang wie diese postulationsfähig. [3]Verteidiger im Sinne der §§ 137 ff. der Strafprozessordnung[5)] ist nur die für die Partnerschaft handelnde Person.

[1)] Nr. **62**.

[2)] § 5 Abs. 1 geänd. mWv 15.12.2001 durch G v. 10.12.2001 (BGBl. I S. 3422); Abs. 2 geänd. mWv 1.1.2007 durch G v. 10.11.2006 (BGBl. I S. 2553); Abs. 2 geänd. mWv 1.11.2008 durch G v. 23.10.2008 (BGBl. I S. 2026).

[3)] Nr. **50**.

[4)] *§ 7 Abs. 4 angef. durch G v. 22.6.1998* (BGBl. I S. 1474), Abs. 4 eingef., bish. Abs. 4 wird Abs. 5 mWv 1.1.2001 durch G v. 19.12.2000 (BGBl. I S. 1757); Abs. 3 geänd. mWv 15.12.2001 durch G v. 10.12.2001 (BGBl. I S. 3422); Abs. 5 neu gef. mWv 19.7.2013 durch G v. 15.7.2013 (BGBl. I S. 2386).

[5)] Nr. **90**.

(5) Für die Angabe auf Geschäftsbriefen der Partnerschaft ist § 125a Absatz 1 Satz 1, Absatz 2 des Handelsgesetzbuchs mit der Maßgabe entsprechend anzuwenden, dass bei einer Partnerschaft mit beschränkter Berufshaftung auch der von dieser gewählte Namenszusatz im Sinne des § 8 Absatz 4 Satz 3 anzugeben ist.

§ 8[1)] Haftung für Verbindlichkeiten der Partnerschaft. (1) [1]Für Verbindlichkeiten der Partnerschaft haften den Gläubigern neben dem Vermögen der Partnerschaft die Partner als Gesamtschuldner. [2]Die §§ 129 und 130 des Handelsgesetzbuchs[2)] sind entsprechend anzuwenden.

(2) Waren nur einzelne Partner mit der Bearbeitung eines Auftrags befaßt, so haften nur sie gemäß Absatz 1 für berufliche Fehler neben der Partnerschaft; ausgenommen sind Bearbeitungsbeiträge von untergeordneter Bedeutung.

(3) Durch Gesetz kann für einzelne Berufe eine Beschränkung der Haftung für Ansprüche aus Schäden wegen fehlerhafter Berufsausübung auf einen bestimmten Höchstbetrag zugelassen werden, wenn zugleich eine Pflicht zum Abschluß einer Berufshaftpflichtversicherung der Partner oder der Partnerschaft begründet wird.

(4) [1]Für Verbindlichkeiten der Partnerschaft aus Schäden wegen fehlerhafter Berufsausübung haftet den Gläubigern nur das Gesellschaftsvermögen, wenn die Partnerschaft eine zu diesem Zweck durch Gesetz vorgegebene Berufshaftpflichtversicherung unterhält. [2]Für die Berufshaftpflichtversicherung gelten § 113 Absatz 3 und die §§ 114 bis 124 des Versicherungsvertragsgesetzes[3)] entsprechend. [3]Der Name der Partnerschaft muss den Zusatz „mit beschränkter Berufshaftung" oder die Abkürzung „mbB" oder eine andere allgemein verständliche Abkürzung dieser Bezeichnung enthalten; anstelle der Namenszusätze nach § 2 Absatz 1 Satz 1 kann der Name der Partnerschaft mit beschränkter Berufshaftung den Zusatz „Part" oder „PartG" enthalten.

§ 9[4)] Ausscheiden eines Partners; Auflösung der Partnerschaft. (1) Auf das Ausscheiden eines Partners und die Auflösung der Partnerschaft sind, soweit im folgenden nichts anderes bestimmt ist, die §§ 131 bis 144 des Handelsgesetzbuchs[2)] entsprechend anzuwenden.

(2) *(aufgehoben)*

(3) Verliert ein Partner eine erforderliche Zulassung zu dem Freien Beruf, den er in der Partnerschaft ausübt, so scheidet er mit deren Verlust aus der Partnerschaft aus.

(4) [1]Die Beteiligung an einer Partnerschaft ist nicht vererblich. [2]Der Partnerschaftsvertrag kann jedoch bestimmen, daß sie an Dritte vererblich ist, die Partner im Sinne des § 1 Abs. 1 und 2 sein können. [3]§ 139 des Handelsgesetzbuchs ist nur insoweit anzuwenden, als der Erbe der Beteiligung befugt ist, seinen Austritt aus der Partnerschaft zu erklären.

§ 10 Liquidation der Partnerschaft; Nachhaftung. (1) Für die Liquidation der Partnerschaft sind die Vorschriften über die Liquidation der offenen Handelsgesellschaft entsprechend anwendbar.

[1)] § 8 Abs. 2 neu gef. durch G v. 22.7.1998 (BGBl. I S. 1878); Abs. 4 angef. mWv 19.7.2013 durch G v. 15.7.2013 (BGBl. I S. 2386).

[2)] Nr. **50**.

[3)] Nr. **62**.

[4)] § 9 Abs. 2 aufgeh. durch G v. 22.6.1998 (BGBl. I S. 1474).

(2) Nach der Auflösung der Partnerschaft oder nach dem Ausscheiden des Partners bestimmt sich die Haftung der Partner aus Verbindlichkeiten der Partnerschaft nach den §§ 159, 160 des Handelsgesetzbuchs[1].

§ 11[2] Übergangsvorschriften. (1) [1]Den Zusatz „Partnerschaft" oder „und Partner" dürfen nur Partnerschaften nach diesem Gesetz führen. [2]Gesellschaften, die eine solche Bezeichnung bei Inkrafttreten dieses Gesetzes in ihrem Namen führen, ohne Partnerschaft im Sinne dieses Gesetzes zu sein, dürfen diese Bezeichnung noch bis zum Ablauf von zwei Jahren nach Inkrafttreten dieses Gesetzes weiterverwenden. [3]Nach Ablauf dieser Frist dürfen sie eine solche Bezeichnung nur noch weiterführen, wenn sie in ihrem Namen der Bezeichnung „Partnerschaft" oder „und Partner" einen Hinweis auf die andere Rechtsform hinzufügen.

(2) [1]Die Anmeldung und Eintragung einer dem gesetzlichen Regelfall entsprechenden Vertretungsmacht der Partner und der Abwickler muss erst erfolgen, wenn eine vom gesetzlichen Regelfall abweichende Bestimmung des Partnerschaftsvertrages über die Vertretungsmacht angemeldet und eingetragen wird oder wenn erstmals die Abwickler zur Eintragung angemeldet und eingetragen werden. [2]Das Registergericht kann die Eintragung einer dem gesetzlichen Regelfall entsprechenden Vertretungsmacht auch von Amts wegen vornehmen. [3]Die Anmeldung und Eintragung des Geburtsdatums bereits eingetragener Partner muss erst bei einer Anmeldung und Eintragung bezüglich eines der Partner erfolgen.

(3) [1]Die Landesregierungen können durch Rechtsverordnung bestimmen, dass Anmeldungen und alle oder einzelne Dokumente bis zum 31. Dezember 2009 auch in Papierform zum Partnerschaftsregister eingereicht werden können. [2]Soweit eine Rechtsverordnung nach Satz 1 erlassen wird, gelten die Vorschriften über die Anmeldung und die Einreichung von Dokumenten zum Partnerschaftsregister in ihrer bis zum Inkrafttreten des Gesetzes über elektronische Handelsregister und Genossenschaftsregister sowie das Unternehmensregister vom 10. November 2006 (BGBl. I S. 2553) am 1. Januar 2007 geltenden Fassung. [3]Die Landesregierungen können durch Rechtsverordnung die Ermächtigung nach Satz 1 auf die Landesjustizverwaltungen übertragen.

---

[1] Nr. **50**.

[2] § 11 Überschrift neu gef., Abs. 2 angef. mWv 15.12.2001 durch G v. 10.12.2001 (BGBl. I S. 3422); Abs. 3 angef. mWv 1.1.2007 durch G v. 10.11.2006 (BGBl. I S. 2553).

51. Aktiengesetz

Vom 6. September 1965
(BGBl. I S. 1089)

FNA 4121-1

Lfd. Nr.	Änderndes Gesetz	Datum	Fundstelle	Betroffen	Hinweis
1.–66.	Änderungsgesetze bis einschl. G v. 25.5.2009 (BGBl. I S. 1102) nur noch in den Anmerkungen nachgewiesen				
67.	Art. 1 G zur Umsetzung der AktionärsrechteRL (ARUG)[1]	30.7.2009	BGBl. I S. 2479	§§ 27, 34, 38, 52, 71, 118, 120, 121, 122, 123, 124, 125, 126, 127, 128, 129, 130, 134, 175, 176, 179a, 181, 183, 186, 188, 193, 194, 195, 205, 206, 209, 217, 228, 234, 235, 241, 242, 243, 246, 246a, 249, 256, 267, 272, 293f, 293g, 305, 319, 320, 320b, 327b, 327c, 327d, 399, 405, 407	geänd. mWv 1.9.2009
				§§ 33a, 37a, 124a, 183a	eingef. mWv 1.9.2009
				§§ 135, 184	neu gef. mWv 1.9.2009
				§ 406	aufgeh. mWv 1.9.2009
68.	Art. 1 G zur Angemessenheit der Vorstandsvergütung	31.7.2009	BGBl. I S. 2509	§§ 87, 93, 100, 107, 116, 120, 193, 288	geänd. mWv 5.8.2009
69.	Art. 6 RestrukturierungsG	9.12.2010	BGBl. I S. 1900	§§ 93, 142	geänd. mWv 15.12.2010
70.	Art. 2 Abs. 49 G zur Änd. von Vorschriften über Verkündung und Bekanntmachungen sowie der ZPO, des EGZPO und der AO	22.12.2011	BGBl. I S. 3044	§§ 25, 97, 99, 127a, 161, 260, 305	geänd. mWv 1.4.2012
71.	Art. 3 Kleinstkapitalgesellschaften-BilanzrechtsänderungsG	20.12.2012	BGBl. I S. 2751	§§ 152, 158, 160	geänd. mWv 28.12.2012
72.	Art. 12 AIFM-Umsetzungsgesetz[2]	4.7.2013	BGBl. I S. 1981	§§ 67, 256, 258	geänd. mWv 22.7.2013

[1] **Amtl. Anm.:** Dieses Gesetz dient der Umsetzung
- der *Richtlinie 2006/68/EG* des Europäischen Parlaments und des Rates vom 6. September 2006 zur Änderung der Richtlinie 77/91/EWG des Rates in Bezug auf die Gründung von Aktiengesellschaften und die Erhaltung und Änderung ihres Kapitals (ABl. L 264 vom 25.9.2006, S. 32) und
- der Richtlinie 2007/36/EG des Europäischen Parlaments und des Rates vom 11. Juli 2007 über die Ausübung bestimmter Rechte von Aktionären in börsennotierten Gesellschaften (ABl. L 184 vom 14.7. 2007, S. 17).

[2] **Amtl. Anm.:** Dieses Gesetz dient der Umsetzung der Richtlinie 2009/65/EG des Europäischen Parlaments und des Rates vom 13. Juli 2009 zur Koordinierung der Rechts- und Verwaltungsvorschriften betreffend bestimmte Organismen für gemeinsame Anlagen in Wertpapieren (OGAW) (ABl. L 302 vom 17.11.2009, S. 1), der Richtlinie 2011/61/EU des Europäischen Parlaments und des Rates vom 8. Juni 2011 über die Verwalter alternativer Investmentfonds und zur Änderung der Richtlinien 2003/41/EG →

Lfd. Nr.	Änderndes Gesetz	Datum	Fundstelle	Betroffen	Hinweis
73.	Art. 26 2. KostenrechtsmodernisierungsG	23.7.2013	BGBl. I S. 2586	§§ 99, 132, 260	geänd. mWv 1.8.2013
74.	Art. 2 Abs. 53 G zur Modernisierung der Finanzaufsicht über Versicherungen	1.4.2015	BGBl. I S. 434	§ 70	geänd. mWv 1.1.2016
75.	Art. 3 G für die gleichberechtigte Teilhabe von Frauen und Männern an Führungspositionen in der Privatwirtschaft und im öffentlichen Dienst	24.4.2015	BGBl. I S. 642	§§ 76, 84, 95, 96, 104, 111, 124, 127, 250	geänd. mWv 1.5.2015
76.	Art. 4 Bilanzrichtlinie-Umsetzungsgesetz	17.7.2015	BGBl. I S. 1245	§§ 58, 152, 160, 209, 240, 256, 261	geänd. mWv 23.7.2015
77.	Art. 198 Zehnte ZuständigkeitsanpassungsVO	31.8.2015	BGBl. I S. 1474	§§ 127a, 128, 161	geänd. mWv 8.9.2015
78.	Art. 7 G zur Umsetzung der TransparenzRL-ÄndRL	20.11.2015	BGBl. I S. 2029	§ 135	geänd. mWv 26.11.2015
79.	Art. 1 Aktienrechtsnovelle 2016	22.12.2015	BGBl. I S. 2565	§§ 10, 25, 33a, 67, 90, 95, 121, 122, 123, 124, 127, 130, 131, 139, 140, 142, 175, 192, 194, 195, 201, 221, 246, 256, 261a, 394, 399	geänd. mWv 31.12.2015
				§ 24	aufgeh. mWv 31.12.2015
				§ 58	geänd. mWv 1.1.2017
80.	Art. 5 AbschlussprüfungsreformG	10.5.2016	BGBl. I S. 1142	§§ 100, 107, 124, 256, 405	geänd. mWv 17.6.2016
				§§ 404a, 407a	eingef. mWv 17.6.2016
81.	Art. 8 CSR-Richtlinie-Umsetzungsgesetz[1)]	11.4.2017	BGBl. I S. 802	§§ 111, 170, 171, 176, 237, 283	geänd. mWv 19.4.2017
82.	Art. 24 Abs. 16 Zweites FinanzmarktnovellierungsG	23.6.2017	BGBl. I S. 1693	§§ 20, 21, 33a, 135, 160, 161	geänd. mWv 3.1.2018
83.	Art. 9 G zur Umsetzung der Zweiten ZahlungsdiensteRL[2)]	17.7.2017	BGBl. I S. 2446	§§ 404a, 405	geänd. mWv 22.7.2017

(Fortsetzung der Anm. von voriger Seite)
und 2009/65/EG und der Verordnungen (EG) Nr. 1060/2009 und (EU) Nr. 1095/2010 (ABl. L 174 vom 1.7.2011, S. 1) sowie der Anpassung an die Verordnung (EU) Nr. 345/2013 des Europäischen Parlaments und des Rates vom 17. April 2013 über Europäische Risikokapitalfonds (ABl. L 115 vom 25.4.2013, S. 1) und die Verordnung (EU) Nr. 346/2013 des Europäischen Parlaments und des Rates vom 17. April 2013 über Europäische Fonds für soziales Unternehmertum (ABl. L 115 vom 25.4.2013, S. 18).

1) **Amtl. Anm.:** Dieses Gesetz dient der Umsetzung der Richtlinie 2014/95/EU des Europäischen Parlaments und des Rates vom 22. Oktober 2014 zur Änderung der Richtlinie 2013/34/EU im Hinblick auf die Angabe nichtfinanzieller und die Diversität betreffender Informationen durch bestimmte große Unternehmen und Gruppen (ABl. L 330 vom 15.11.2014, S. 1; L 369 vom 24.12.2014, S. 79).

2) **Amtl. Anm.:** Dieses Gesetz dient der Umsetzung der Richtlinie (EU) 2015/2366 des Europäischen *Parlaments und des Rates vom 25. November 2015* über Zahlungsdienste im Binnenmarkt, zur Änderung der Richtlinien 2002/65/EG, 2009/110/EG und 2013/36/EU und der Verordnung (EU) Nr. 1093/2010 sowie zur Aufhebung der Richtlinie 2007/64/EG (ABl. L 337 vom 23.12.2015, S. 35; L 169 vom 28.6.2016, S. 18).

Lfd. Nr.	Änderndes Gesetz	Datum	Fundstelle	Betroffen	Hinweis
84.	Art. 1 G zur Umsetzung der zweiten AktionärsrechteRL (ARUG II)[1]	12.12. 2019	BGBl. I S. 2637	§§ 67, 87, 107, 113, 118, 119, 120, 121, 123, 124, 125, 129, 135, 142, 176, 186, 214, 243, 246a, 256, 261a, 311, 400, 405	geänd. mWv 1.1.2020
				5. Teil Überschrift 1. Abschn.	neu gef. mWv 1.1.2020
				§§ 67a, 67b, 67c, 67d, 67e, 67f, 87a, 111a, 111b, 111c, 120a, 134a, 134b, 134c, 134d, 162	eingef. mWv 1.1.2020
				§ 128	aufgeh. mit Ablauf des 31.12. 2019
85.	Art. 15 Sanierungs- und Insolvenzrechtsfortentwicklungs G[2]	22.12. 2020	BGBl. I S. 3256	§§ 92, 93, 116, 302	geänd. mWv 1.1.2021
86.	Art. 15 Abs. 22 G zur Reform des Vormundschafts- und Betreuungsrechts	4.5.2021	BGBl. I S. 882	§§ 76, 100	geänd. mWv 1.1.2023
87.	Art. 7 Abs. 6 G zur Umsetzung der RL (EU) 2019/2034 über die Beaufsichtigung von Wertpapierinstituten[3]	12.5.2021	BGBl. I S. 990	§§ 70, 71, 71a, 71e, 131, 134a, 256, 258	geänd. mWv 26.6.2021
88.	Art. 15 Finanzmarktintegritätsstärkungs G	3.6.2021	BGBl. I S. 1534	§§ 91, 100, 107, 109, 124, 143, 209, 256, 258, 293d, 404a, 405, 407, 407a	geänd. mWv 1.7.2021
				§ 93	geänd. mWv 1.1.2022
89.	Art. 7 G zur Ergänzung und Änd. der Regelungen für die gleichberechtigte Teilhabe von Frauen an Führungspositionen in der Privatwirtschaft und im öffentlichen Dienst	7.8.2021	BGBl. I S. 3311	§§ 76, 84, 85, 95, 107, 111	geänd. mWv 12.8.2021
				§ 393a	eingef. mWv 12.8.2021

[1] **Amtl. Anm.:** Dieses Gesetz dient der Umsetzung der Richtlinie (EU) 2017/828 des Europäischen Parlaments und des Rates vom 17. Mai 2017 zur Änderung der Richtlinie 2007/36/EG im Hinblick auf die Förderung der langfristigen Mitwirkung der Aktionäre (ABl. L 132 vom 20.5.2017, S. 1).

[2] **Amtl. Anm.:** Dieses Gesetz dient der weiteren Umsetzung der Richtlinie (EU) 2019/1023 des Europäischen Parlaments und des Rates vom 20. Juni 2019 über präventive Restrukturierungsrahmen, über Entschuldung und über Tätigkeitsverbote sowie über Maßnahmen zur Steigerung der Effizienz von Restrukturierungs-, Insolvenz- und Entschuldungsverfahren und zur Änderung der Richtlinie (EU) 2017/1132 (Richtlinie über Restrukturierung und Insolvenz) (ABl. L 172 vom 26.6.2019, S. 18).

[3] **Amtl. Anm.:** Dieses Gesetz dient der Umsetzung der Richtlinie (EU) 2019/2034 des Europäischen Parlaments und des Rates vom 27. November 2019 über die Beaufsichtigung von Wertpapierfirmen und zur Änderung der Richtlinien 2002/87/EG, 2009/65/EG, 2011/61/EU, 2013/36/EU, 2014/59/EU und 2014/65/EU (ABl. L 314 vom 5.12.2019, S. 64) sowie der Anpassung der nationalen Gesetze und Verordnungen an die Verordnung (EU) 2019/2033 des Europäischen Parlaments und des Rates vom 27. November 2019 über die Aufsichtsanforderungen an Wertpapierfirmen und zur Änderung der Verordnungen (EU) Nr. 1093/2010, (EU) Nr. 575/2013, (EU) Nr. 600/2014 und (EU) Nr. 806/2014 (ABl. L 314 vom 5.12.2019, S. 1; L 20 vom 24.1.2020, S. 26).

Lfd. Nr.	Änderndes Gesetz	Datum	Fundstelle	Betroffen	Hinweis
90.	Art. 18 G zur Umsetzung der Digitalisierungsrichtlinie (DiRUG)[1]	5.7.2021	BGBl. I S. 3338	§§ 37, 76, 81, 225, 233, 256, 265, 303, 321	geänd. mWv 1.8.2022
91.	Art. 61 PersonengesellschaftsrechtsmodernisierungsG (MoPeG)	10.8.2021	BGBl. I S. 3436	§§ 67, 289	geänd. mWv 1.1.2024

Vorbemerkung:
Die Änderungen durch G v. 4.5.2021 (BGBl. I S. 882) treten erst mWv 1.1. 2023 in Kraft und sind im Text noch nicht berücksichtigt.
Die Änderungen durch G v. 5.7.2021 (BGBl. I S. 3338) treten erst mWv 1.8.2022 in Kraft und sind im Text noch nicht berücksichtigt.
Die Änderungen durch G v. 10.8.2021 (BGBl. I S. 3436) treten erst mWv 1.1.2024 in Kraft und sind im Text noch nicht berücksichtigt.

[1] ***Amtl. Anm.:*** *Dieses Gesetz dient der Umsetzung* der Richtlinie (EU) 2019/1151 des Europäischen Parlaments und des Rates vom 20. Juni 2019 zur Änderung der Richtlinie (EU) 2017/1132 im Hinblick auf den Einsatz digitaler Werkzeuge und Verfahren im Gesellschaftsrecht (ABl. L 186 vom 11.7.2019, S. 80).

Aktien zu verschaffen. [6] Die Gesellschaft hat den Gegenwert der Aktien zu erstatten.

§ 71e[1)] Inpfandnahme eigener Aktien. (1) [1] Dem Erwerb eigener Aktien nach § 71 Abs. 1 und 2, § 71d steht es gleich, wenn eigene Aktien als Pfand genommen werden. [2] Jedoch darf ein Kreditinstitut, ein Finanzdienstleistungsinstitut oder ein Wertpapierinstitut im Rahmen der laufenden Geschäfte eigene Aktien bis zu dem in § 71 Abs. 2 Satz 1 bestimmten Anteil am Grundkapital als Pfand nehmen. [3] § 71a gilt sinngemäß.

(2) [1] Ein Verstoß gegen Absatz 1 macht die Inpfandnahme eigener Aktien unwirksam, wenn auf sie der Ausgabebetrag noch nicht voll geleistet ist. [2] Ein schuldrechtliches Geschäft über die Inpfandnahme eigener Aktien ist nichtig, soweit der Erwerb gegen Absatz 1 verstößt.

§ 72[2)] Kraftloserklärung von Aktien im Aufgebotsverfahren. (1) [1] Ist eine Aktie oder ein Zwischenschein abhanden gekommen oder vernichtet, so kann die Urkunde im Aufgebotsverfahren nach dem Gesetz über das Verfahren in Familiensachen und in den Angelegenheiten der freiwilligen Gerichtsbarkeit[3)] für kraftlos erklärt werden. [2] § 799 Abs. 2 und § 800 des Bürgerlichen Gesetzbuchs[4)] gelten sinngemäß.

(2) Sind Gewinnanteilscheine auf den Inhaber ausgegeben, so erlischt mit der Kraftloserklärung der Aktie oder des Zwischenscheins auch der Anspruch aus den noch nicht fälligen Gewinnanteilscheinen.

(3) Die Kraftloserklärung einer Aktie nach §§ 73 oder 226 steht der Kraftloserklärung der Urkunde nach Absatz 1 nicht entgegen.

§ 73[5)] Kraftloserklärung von Aktien durch die Gesellschaft. (1) [1] Ist der Inhalt von Aktienurkunden durch eine Veränderung der rechtlichen Verhältnisse unrichtig geworden, so kann die Gesellschaft die Aktien, die trotz Aufforderung nicht zur Berichtigung oder zum Umtausch bei ihr eingereicht sind, mit Genehmigung des Gerichts für kraftlos erklären. [2] Beruht die Unrichtigkeit auf einer Änderung des Nennbetrags der Aktien, so können sie nur dann für kraftlos erklärt werden, wenn der Nennbetrag zur Herabsetzung des Grundkapitals herabgesetzt ist. [3] Namensaktien können nicht deshalb für kraftlos erklärt werden, weil die Bezeichnung des Aktionärs unrichtig geworden ist. [4] Gegen die Entscheidung des Gerichts ist die Beschwerde zulässig; eine Anfechtung der Entscheidung, durch die die Genehmigung erteilt wird, ist ausgeschlossen.

(2) [1] Die Aufforderung, die Aktien einzureichen, hat die Kraftloserklärung anzudrohen und auf die Genehmigung des Gerichts hinzuweisen. [2] Die Kraftloserklärung kann nur erfolgen, wenn die Aufforderung in der in § 64 Abs. 2 für die Nachfrist vorgeschriebenen Weise bekanntgemacht worden ist. [3] Die Kraftloserklärung geschieht durch Bekanntmachung in den Gesellschaftsblättern. [4] In der Bekanntmachung sind die für kraftlos erklärten Aktien so zu bezeichnen, daß sich aus der Bekanntmachung ohne weiteres ergibt, ob eine Aktie für kraftlos erklärt ist.

[1)] § 71e eingef. durch G v. 13.12.1978 (BGBl. I S. 1959); Abs. 1 Satz 2 geänd. durch G v. 22.10.1997 (BGBl. I S. 2567); Abs. 1 Satz 2, Abs. 2 Satz 1 geänd. durch G v. 25.3.1998 (BGBl. I S. 590); Abs. 1 Satz 2 geänd. mWv 26.6.2021 durch G v. 12.5.2021 (BGBl. I S. 990).

[2)] § 72 Abs. 1 Satz 1 geänd. mWv 1.9.2009 durch G v. 17.12.2008 (BGBl. I S. 2586).

[3)] Nr. **112**.

[4)] Nr. **20**.

[5)] § 73 Abs. 3 Satz 1 geänd. durch G v. 27.4.1998 (BGBl. I S. 786); Abs. 1 Satz 4 geänd. mWv 1.9.2009 durch G v. 17.12.2008 (BGBl. I S. 2586).

(3) [1] An Stelle der für kraftlos erklärten Aktien sind, vorbehaltlich einer Satzungsregelung nach § 10 Abs. 5, neue Aktien auszugeben und dem Berechtigten auszuhändigen oder, wenn ein Recht zur Hinterlegung besteht, zu hinterlegen. [2] Die Aushändigung oder Hinterlegung ist dem Gericht anzuzeigen.

(4) Soweit zur Herabsetzung des Grundkapitals Aktien zusammengelegt werden, gilt § 226.

§ 74 Neue Urkunden an Stelle beschädigter oder verunstalteter Aktien oder Zwischenscheine. [1] Ist eine Aktie oder ein Zwischenschein so beschädigt oder verunstaltet, daß die Urkunde zum Umlauf nicht mehr geeignet ist, so kann der Berechtigte, wenn der wesentliche Inhalt und die Unterscheidungsmerkmale der Urkunde noch sicher zu erkennen sind, von der Gesellschaft die Erteilung einer neuen Urkunde gegen Aushändigung der alten verlangen. [2] Die Kosten hat er zu tragen und vorzuschießen.

§ 75 Neue Gewinnanteilscheine. Neue Gewinnanteilscheine dürfen an den Inhaber des Erneuerungsscheins nicht ausgegeben werden, wenn der Besitzer der Aktie oder des Zwischenscheins der Ausgabe widerspricht; sie sind dem Besitzer der Aktie oder des Zwischenscheins auszuhändigen, wenn er die Haupturkunde vorlegt.

Vierter Teil. Verfassung der Aktiengesellschaft

Erster Abschnitt. Vorstand

§ 76[1)] [2)] Leitung der Aktiengesellschaft. (1) Der Vorstand hat unter eigener Verantwortung die Gesellschaft zu leiten.

(2) [1] Der Vorstand kann aus einer oder mehreren Personen bestehen. [2] Bei Gesellschaften mit einem Grundkapital von mehr als drei Millionen Euro hat er aus mindestens zwei Personen zu bestehen, es sei denn, die Satzung bestimmt, daß er aus einer Person besteht. [3] Die Vorschriften über die Bestellung eines Arbeitsdirektors bleiben unberührt.[3)]

(3) [1] Mitglied des Vorstands kann nur eine natürliche, unbeschränkt geschäftsfähige Person sein. [2] Mitglied des Vorstands kann nicht sein, wer

1. als Betreuter bei der Besorgung seiner Vermögensangelegenheiten ganz oder teilweise einem Einwilligungsvorbehalt (§ 1903 des Bürgerlichen Gesetzbuchs[4)]) unterliegt,

---

[1)] § 76 Abs. 3 Sätze 2 und 3 angef. durch G v. 4.7.1980 (BGBl. I S. 836); Abs. 3 Satz 2 eingef., bish. Sätze 2 und 3 werden Sätze 3 und 4 durch G v. 12.9.1990 (BGBl. I S. 2002); Abs. 2 Satz 2 geänd. durch G v. 9.6.1998 (BGBl. I S. 1242); Abs. 3 Sätze 2 und 3 neu gef., Satz 4 aufgeh. mWv 1.11.2008 durch G v. 23.10.2008 (BGBl. I S. 2026); Abs. 4 angef. mWv 1.5.2015 durch G v. 24.4.2015 (BGBl. I S. 642); Abs. 3a, Abs. 4 Sätze 2–4 eingef., bish. Sätze 2–4 werden Sätze 5–7 mWv 12.8.2021 durch G v. 7.8.2021 (BGBl. I S. 3311).

[2)] Siehe hierzu Übergangsvorschrift in § 26l EGAktG (Nr. **51a**).

[3)] Siehe das
– G über die Mitbestimmung der Arbeitnehmer (MitbestimmungsG – MitbestG) **(Habersack, Deutsche Gesetze ErgBd. Nr. 82a)**
– G über die Mitbestimmung der Arbeitnehmer in den Aufsichtsräten und Vorständen der Unternehmen des Bergbaus und der Eisen und Stahl erzeugenden Industrie (sog. Montan-MitbestimmungsG) **(Habersack, Deutsche Gesetze ErgBd. Nr. 82b)**
– *G zur Ergänzung des Gesetzes über die Mitbestimmung* der Arbeitnehmer in den Aufsichtsräten und Vorständen der Unternehmen des Bergbaus und der Eisen und Stahl erzeugenden Industrie (sog. Montan-MitbestimmungsergänzungsG) **(Habersack, Deutsche Gesetze ErgBd. Nr. 82c)**

[4)] Nr. **20**.

2. aufgrund eines gerichtlichen Urteils oder einer vollziehbaren Entscheidung einer Verwaltungsbehörde einen Beruf, einen Berufszweig, ein Gewerbe oder einen Gewerbezweig nicht ausüben darf, sofern der Unternehmensgegenstand ganz oder teilweise mit dem Gegenstand des Verbots übereinstimmt,
3. wegen einer oder mehrerer vorsätzlich begangener Straftaten
   a) des Unterlassens der Stellung des Antrags auf Eröffnung des Insolvenzverfahrens (Insolvenzverschleppung),
   b) nach den §§ 283 bis 283d des Strafgesetzbuchs[1)] (Insolvenzstraftaten),
   c) der falschen Angaben nach § 399 dieses Gesetzes oder § 82 des Gesetzes betreffend die Gesellschaften mit beschränkter Haftung[2)],
   d) der unrichtigen Darstellung nach § 400 dieses Gesetzes, § 331 des Handelsgesetzbuchs[3)], § 313 des Umwandlungsgesetzes[4)] oder § 17 des Publizitätsgesetzes[5)],
   e) nach den §§ 263 bis 264a oder den §§ 265b bis 266a des Strafgesetzbuchs zu einer Freiheitsstrafe von mindestens einem Jahr

   verurteilt worden ist; dieser Ausschluss gilt für die Dauer von fünf Jahren seit der Rechtskraft des Urteils, wobei die Zeit nicht eingerechnet wird, in welcher der Täter auf behördliche Anordnung in einer Anstalt verwahrt worden ist.

[3] Satz 2 Nr. 3 gilt entsprechend bei einer Verurteilung im Ausland wegen einer Tat, die mit den in Satz 2 Nr. 3 genannten Taten vergleichbar ist.

(3a) [1] Besteht der Vorstand bei börsennotierten Gesellschaften, für die das Mitbestimmungsgesetz[6)], das Gesetz über die Mitbestimmung der Arbeitnehmer in den Aufsichtsräten und Vorständen der Unternehmen des Bergbaus und der Eisen und Stahl erzeugenden Industrie[7)] in der im Bundesgesetzblatt Teil III, Gliederungsnummer 801-2, veröffentlichten bereinigten Fassung – Montan-Mitbestimmungsgesetz – oder das Gesetz zur Ergänzung des Gesetzes über die Mitbestimmung der Arbeitnehmer in den Aufsichtsräten und Vorständen der Unternehmen des Bergbaus und der Eisen und Stahl erzeugenden Industrie[8)] in der im Bundesgesetzblatt Teil III, Gliederungsnummer 801-3, veröffentlichten bereinigten Fassung – Mitbestimmungsergänzungsgesetz – gilt, aus mehr als drei Personen, so muss mindestens eine Frau und mindestens ein Mann Mitglied des Vorstands sein. [2] Eine Bestellung eines Vorstandsmitglieds unter Verstoß gegen dieses Beteiligungsgebot ist nichtig.

(4) [1] Der Vorstand von Gesellschaften, die börsennotiert sind oder der Mitbestimmung unterliegen, legt für den Frauenanteil in den beiden Führungsebenen unterhalb des Vorstands Zielgrößen fest. [2] Die Zielgrößen müssen den angestrebten Frauenanteil an der jeweiligen Führungsebene beschreiben und bei Angaben in Prozent vollen Personenzahlen entsprechen. [3] Legt der Vorstand für den Frauenanteil auf einer der Führungsebenen die Zielgröße Null fest, so hat er diesen Beschluss klar und verständlich zu begründen. [4] Die Begründung muss ausführlich die Erwägungen darlegen, die der Entscheidung zugrunde liegen. [5] Liegt der Frauenanteil bei Festlegung der Zielgrößen unter 30 Prozent, so dürfen die Ziel-

---

1) Nr. **85**.
2) Nr. **52**.
3) Nr. **50**.
4) Nr. **52a**.
5) Nr. **52b**.
6) **Habersack, Deutsche Gesetze ErgBd. Nr. 82a.**
7) **Habersack, Deutsche Gesetze ErgBd. Nr. 82b.**
8) **Habersack, Deutsche Gesetze ErgBd. Nr. 82c.**

größen den jeweils erreichten Anteil nicht mehr unterschreiten. [6] Gleichzeitig sind Fristen zur Erreichung der Zielgrößen festzulegen. [7] Die Fristen dürfen jeweils nicht länger als fünf Jahre sein.

§ 77 Geschäftsführung. (1) [1] Besteht der Vorstand aus mehreren Personen, so sind sämtliche Vorstandsmitglieder nur gemeinschaftlich zur Geschäftsführung befugt. [2] Die Satzung oder die Geschäftsordnung des Vorstands kann Abweichendes bestimmen; es kann jedoch nicht bestimmt werden, daß ein oder mehrere Vorstandsmitglieder Meinungsverschiedenheiten im Vorstand gegen die Mehrheit seiner Mitglieder entscheiden.

(2) [1] Der Vorstand kann sich eine Geschäftsordnung geben, wenn nicht die Satzung den Erlaß der Geschäftsordnung dem Aufsichtsrat übertragen hat oder der Aufsichtsrat eine Geschäftsordnung für den Vorstand erläßt. [2] Die Satzung kann Einzelfragen der Geschäftsordnung bindend regeln. [3] Beschlüsse des Vorstands über die Geschäftsordnung müssen einstimmig gefaßt werden.

§ 78[1)] Vertretung. (1) [1] Der Vorstand vertritt die Gesellschaft gerichtlich und außergerichtlich. [2] Hat eine Gesellschaft keinen Vorstand (Führungslosigkeit), wird die Gesellschaft für den Fall, dass ihr gegenüber Willenserklärungen abgegeben oder Schriftstücke zugestellt werden, durch den Aufsichtsrat vertreten.

(2) [1] Besteht der Vorstand aus mehreren Personen, so sind, wenn die Satzung nichts anderes bestimmt, sämtliche Vorstandsmitglieder nur gemeinschaftlich zur Vertretung der Gesellschaft befugt. [2] Ist eine Willenserklärung gegenüber der Gesellschaft abzugeben, so genügt die Abgabe gegenüber einem Vorstandsmitglied oder im Fall des Absatzes 1 Satz 2 gegenüber einem Aufsichtsratsmitglied. [3] An die Vertreter der Gesellschaft nach Absatz 1 können unter der im Handelsregister eingetragenen Geschäftsanschrift Willenserklärungen gegenüber der Gesellschaft abgegeben und Schriftstücke für die Gesellschaft zugestellt werden. [4] Unabhängig hiervon können die Abgabe und die Zustellung auch unter der eingetragenen Anschrift der empfangsberechtigten Person nach § 39 Abs. 1 Satz 2 erfolgen.

(3) [1] Die Satzung kann auch bestimmen, daß einzelne Vorstandsmitglieder allein oder in Gemeinschaft mit einem Prokuristen zur Vertretung der Gesellschaft befugt sind. [2] Dasselbe kann der Aufsichtsrat bestimmen, wenn die Satzung ihn hierzu ermächtigt hat. [3] Absatz 2 Satz 2 gilt in diesen Fällen sinngemäß.

(4) [1] Zur Gesamtvertretung befugte Vorstandsmitglieder können einzelne von ihnen zur Vornahme bestimmter Geschäfte oder bestimmter Arten von Geschäften ermächtigen. [2] Dies gilt sinngemäß, wenn ein einzelnes Vorstandsmitglied in Gemeinschaft mit einem Prokuristen zur Vertretung der Gesellschaft befugt ist.

§ 79[2)] *(aufgehoben)*

§ 80[3)] Angaben auf Geschäftsbriefen. (1) [1] Auf allen Geschäftsbriefen gleichviel welcher Form, die an einen bestimmten Empfänger gerichtet werden, müssen die Rechtsform und der Sitz der Gesellschaft, das Registergericht des Sitzes der Gesellschaft und die Nummer, unter der die Gesellschaft in das Handelsregister

---

[1)] § 78 Abs. 1 Satz 2 angef., Abs. 2 Satz 2 geänd., Sätze 3 und 4 angef. mWv 1.11.2008 durch G v. 23.10.2008 (BGBl. I S. 2026).

[2)] § 79 aufgeh. mWv 1.11.2008 durch G v. 23.10.2008 (BGBl. I S. 2026).

[3)] *§ 80 neu gef. durch G v. 15.8.1969 (BGBl. I S. 1146)*; Abs. 4 angef. durch G v. 22.7.1993 (BGBl. I S. 1282); Abs. 1 Satz 3 geänd. durch G v. 25.3.1998 (BGBl. I S. 590); Abs. 1 Satz 1 geänd. mWv 1.1.2007 durch G v. 10.11.2006 (BGBl. I S. 2553); Abs. 4 Satz 1 geänd. mWv 1.11.2008 durch G v. 23.10.2008 (BGBl. I S. 2026).

eingetragen ist, sowie alle Vorstandsmitglieder und der Vorsitzende des Aufsichtsrats mit dem Familiennamen und mindestens einem ausgeschriebenen Vornamen angegeben werden. [2]Der Vorsitzende des Vorstands ist als solcher zu bezeichnen. [3]Werden Angaben über das Kapital der Gesellschaft gemacht, so müssen in jedem Falle das Grundkapital sowie, wenn auf die Aktien der Ausgabebetrag nicht vollständig eingezahlt ist, der Gesamtbetrag der ausstehenden Einlagen angegeben werden.

(2) Der Angaben nach Absatz 1 Satz 1 und 2 bedarf es nicht bei Mitteilungen oder Berichten, die im Rahmen einer bestehenden Geschäftsverbindung ergehen und für die üblicherweise Vordrucke verwendet werden, in denen lediglich die im Einzelfall erforderlichen besonderen Angaben eingefügt zu werden brauchen.

(3) [1]Bestellscheine gelten als Geschäftsbriefe im Sinne des Absatzes 1. [2]Absatz 2 ist auf sie nicht anzuwenden.

(4) [1]Auf allen Geschäftsbriefen und Bestellscheinen, die von einer Zweigniederlassung einer Aktiengesellschaft mit Sitz im Ausland verwendet werden, müssen das Register, bei dem die Zweigniederlassung geführt wird, und die Nummer des Registereintrags angegeben werden; im übrigen gelten die Vorschriften der Absätze 1 bis 3 für die Angaben bezüglich der Haupt- und der Zweigniederlassung, soweit nicht das ausländische Recht Abweichungen nötig macht. [2]Befindet sich die ausländische Gesellschaft in Abwicklung, so sind auch diese Tatsache sowie alle Abwickler anzugeben.

§ 81[1)] Änderung des Vorstands und der Vertretungsbefugnis seiner Mitglieder. (1) Jede Änderung des Vorstands oder der Vertretungsbefugnis eines Vorstandsmitglieds hat der Vorstand zur Eintragung in das Handelsregister anzumelden.

(2) Der Anmeldung sind die Urkunden über die Änderung in Urschrift oder öffentlich beglaubigter Abschrift beizufügen.

(3) [1]Die neuen Vorstandsmitglieder haben in der Anmeldung zu versichern, daß keine Umstände vorliegen, die ihrer Bestellung nach § 76 Abs. 3 Satz 2 Nr. 2 und 3 sowie Satz 3 entgegenstehen, und daß sie über ihre unbeschränkte Auskunftspflicht gegenüber dem Gericht belehrt worden sind. [2]§ 37 Abs. 2 Satz 2 ist anzuwenden.

§ 82 Beschränkungen der Vertretungs- und Geschäftsführungsbefugnis.
(1) Die Vertretungsbefugnis des Vorstands kann nicht beschränkt werden.

(2) Im Verhältnis der Vorstandsmitglieder zur Gesellschaft sind diese verpflichtet, die Beschränkungen einzuhalten, die im Rahmen der Vorschriften über die Aktiengesellschaft die Satzung, der Aufsichtsrat, die Hauptversammlung und die Geschäftsordnungen des Vorstands und des Aufsichtsrats für die Geschäftsführungsbefugnis getroffen haben.

§ 83 Vorbereitung und Ausführung von Hauptversammlungsbeschlüssen. (1) [1]Der Vorstand ist auf Verlangen der Hauptversammlung verpflichtet, Maßnahmen, die in die Zuständigkeit der Hauptversammlung fallen, vorzubereiten. [2]Das gleiche gilt für die Vorbereitung und den Abschluß von Verträgen, die

---

[1)] § 81 Abs. 1 und 2 geänd. durch G v. 15.8.1969 (BGBl. I S. 1146); Abs. 3 eingef., bish. Abs. 3 wird Abs. 4 durch G v. 4.7.1980 (BGBl. I S. 836); Abs. 3 Satz 1 geänd. durch G v. 12.9.1990 (BGBl. I S. 2002); Abs. 2 geänd., Abs. 4 aufgeh. mWv 1.1.2007 durch G v. 10.11.2006 (BGBl. I S. 2553); Abs. 3 Satz 1 geänd. mWv 1.11.2008 durch G v. 23.10.2008 (BGBl. I S. 2026).

nur mit Zustimmung der Hauptversammlung wirksam werden. [3]Der Beschluß der Hauptversammlung bedarf der Mehrheiten, die für die Maßnahmen oder für die Zustimmung zu dem Vertrag erforderlich sind.

(2) Der Vorstand ist verpflichtet, die von der Hauptversammlung im Rahmen ihrer Zuständigkeit beschlossenen Maßnahmen auszuführen.

§ 84[1)] Bestellung und Abberufung des Vorstands. (1) [1]Vorstandsmitglieder bestellt der Aufsichtsrat auf höchstens fünf Jahre. [2]Eine wiederholte Bestellung oder Verlängerung der Amtszeit, jeweils für höchstens fünf Jahre, ist zulässig. [3]Sie bedarf eines erneuten Aufsichtsratsbeschlusses, der frühestens ein Jahr vor Ablauf der bisherigen Amtszeit gefaßt werden kann. [4]Nur bei einer Bestellung auf weniger als fünf Jahre kann eine Verlängerung der Amtszeit ohne neuen Aufsichtsratsbeschluß vorgesehen werden, sofern dadurch die gesamte Amtszeit nicht mehr als fünf Jahre beträgt. [5]Dies gilt sinngemäß für den Anstellungsvertrag; er kann jedoch vorsehen, daß er für den Fall einer Verlängerung der Amtszeit bis zu deren Ablauf weitergilt.

(2) Werden mehrere Personen zu Vorstandsmitgliedern bestellt, so kann der Aufsichtsrat ein Mitglied zum Vorsitzenden des Vorstands ernennen.

(3) [1]Ein Mitglied eines Vorstands, der aus mehreren Personen besteht, hat das Recht, den Aufsichtsrat um den Widerruf seiner Bestellung zu ersuchen, wenn es wegen Mutterschutz, Elternzeit, der Pflege eines Familienangehörigen oder Krankheit seinen mit der Bestellung verbundenen Pflichten vorübergehend nicht nachkommen kann. [2]Macht ein Vorstandsmitglied von diesem Recht Gebrauch, muss der Aufsichtsrat die Bestellung dieses Vorstandsmitglieds

1. im Fall des Mutterschutzes widerrufen und dabei die Wiederbestellung nach Ablauf des Zeitraums der in § 3 Absatz 1 und 2 des Mutterschutzgesetzes[2)] genannten Schutzfristen zusichern,
2. in den Fällen der Elternzeit, der Pflege eines Familienangehörigen oder der Krankheit widerrufen und dabei die Wiederbestellung nach einem Zeitraum von bis zu drei Monaten entsprechend dem Verlangen des Vorstandsmitglieds zusichern; der Aufsichtsrat kann von dem Widerruf der Bestellung absehen, wenn ein wichtiger Grund vorliegt.

[3]In den in Satz 2 Nummer 2 genannten Fällen kann der Aufsichtsrat die Bestellung des Vorstandsmitglieds auf dessen Verlangen mit Zusicherung der Wiederbestellung nach einem Zeitraum von bis zu zwölf Monaten widerrufen. [4]Das vorgesehene Ende der vorherigen Amtszeit bleibt auch als Ende der Amtszeit nach der Wiederbestellung bestehen. [5]Im Übrigen bleiben die Regelungen des Absatzes 1 unberührt. [6]Die Vorgabe des § 76 Absatz 2 Satz 2, dass der Vorstand aus mindestens zwei Personen zu bestehen hat, gilt während des Zeitraums nach den Sätzen 2 oder 3 auch dann als erfüllt, wenn diese Vorgabe ohne den Widerruf eingehalten wäre. [7]Ein Unterschreiten der in der Satzung festgelegten Mindestzahl an Vorstandsmitgliedern ist während des Zeitraums nach den Sätzen 2 oder 3 unbeachtlich. [8]§ 76 Absatz 3a und § 393a Absatz 2 Nummer 1 finden auf Bestellungen während des Zeitraums nach den Sätzen 2 oder 3 keine Anwendung, wenn das Beteiligungsgebot ohne den Widerruf eingehalten wäre. [9]§ 88 ist während des Zeitraums nach den Sätzen 2 oder 3 entsprechend anzuwenden.

[1)] *§ 84 Abs. 4 geänd. durch G v. 4.5.1976 (BGBl. I S. 1153)*; Abs. 4 geänd. mWv 1.5.2015 durch G v. 24.4.2015 (BGBl. I S. 642); Abs. 3 eingef., bish. Abs. 3 wird Abs. 4, bish. Abs. 4 wird Abs. 5 und geänd. mWv 12.8.2021 durch G v. 7.8.2021 (BGBl. I S. 3311).

[2)] **Habersack, Deutsche Gesetze ErgBd. Nr. 79.**

(4) [1] Der Aufsichtsrat kann die Bestellung zum Vorstandsmitglied und die Ernennung zum Vorsitzenden des Vorstands widerrufen, wenn ein wichtiger Grund vorliegt. [2] Ein solcher Grund ist namentlich grobe Pflichtverletzung, Unfähigkeit zur ordnungsmäßigen Geschäftsführung oder Vertrauensentzug durch die Hauptversammlung, es sei denn, daß das Vertrauen aus offenbar unsachlichen Gründen entzogen worden ist. [3] Dies gilt auch für den vom ersten Aufsichtsrat bestellten Vorstand. [4] Der Widerruf ist wirksam, bis seine Unwirksamkeit rechtskräftig festgestellt ist. [5] Für die Ansprüche aus dem Anstellungsvertrag gelten die allgemeinen Vorschriften.

(5) Die Vorschriften des Montan-Mitbestimmungsgesetzes[1)] über die besonderen Mehrheitserfordernisse für einen Aufsichtsratsbeschluß über die Bestellung eines Arbeitsdirektors oder den Widerruf seiner Bestellung bleiben unberührt.

§ 85[2)] **Bestellung durch das Gericht.** (1) [1] Fehlt ein erforderliches Vorstandsmitglied, so hat in dringenden Fällen das Gericht auf Antrag eines Beteiligten das Mitglied zu bestellen. [2] Gegen die Entscheidung ist die Beschwerde zulässig.

(1a) § 76 Absatz 3a gilt auch für die gerichtliche Bestellung.

(2) Das Amt des gerichtlich bestellten Vorstandsmitglieds erlischt in jedem Fall, sobald der Mangel behoben ist.

(3) [1] Das gerichtlich bestellte Vorstandsmitglied hat Anspruch auf Ersatz angemessener barer Auslagen und auf Vergütung für seine Tätigkeit. [2] Einigen sich das gerichtlich bestellte Vorstandsmitglied und die Gesellschaft nicht, so setzt das Gericht die Auslagen und die Vergütung fest. [3] Gegen die Entscheidung ist die Beschwerde zulässig; die Rechtsbeschwerde ist ausgeschlossen. [4] Aus der rechtskräftigen Entscheidung findet die Zwangsvollstreckung nach der Zivilprozeßordnung[3)] statt.

§ 86[4)] *(aufgehoben)*

§ 87[5)] **Grundsätze für die Bezüge der Vorstandsmitglieder.** (1) [1] Der Aufsichtsrat hat bei der Festsetzung der Gesamtbezüge des einzelnen Vorstandsmitglieds (Gehalt, Gewinnbeteiligungen, Aufwandsentschädigungen, Versicherungsentgelte, Provisionen, anreizorientierte Vergütungszusagen wie zum Beispiel Aktienbezugsrechte und Nebenleistungen jeder Art) dafür zu sorgen, dass diese in einem angemessenen Verhältnis zu den Aufgaben und Leistungen des Vorstandsmitglieds sowie zur Lage der Gesellschaft stehen und die übliche Vergütung nicht ohne besondere Gründe übersteigen. [2] Die Vergütungsstruktur ist bei börsennotierten Gesellschaften auf eine nachhaltige und langfristige Entwicklung der Gesellschaft auszurichten. [3] Variable Vergütungsbestandteile sollen daher eine mehrjährige Bemessungsgrundlage haben; für außerordentliche Entwicklungen soll der Aufsichtsrat eine Begrenzungsmöglichkeit vereinbaren. [4] Satz 1 gilt sinngemäß für Ruhegehalt, Hinterbliebenenbezüge und Leistungen verwandter Art.

[1)] **Habersack, Deutsche Gesetze ErgBd. Nr. 82b.**

[2)] § 85 Abs. 1 Satz 2 geänd., Abs. 3 Satz 3 neu gef., Satz 4 aufgeh., bish. Satz 5 wird Satz 4 mWv 1.9.2009 durch G v. 17.12.2008 (BGBl. I S. 2586); Abs. 1a eingef. mWv 12.8.2021 durch G v. 7.8.2021 (BGBl. I S. 3311).

[3)] Nr. **100**.

[4)] § 86 aufgeh. mWv 26.7.2002 durch G v. 19.7.2002 (BGBl. I S. 2681).

[5)] § 87 Abs. 3 neu gef. durch G v. 5.10.1994 (BGBl. I S. 2911); Abs. 1 und Abs. 2 Satz 1 neu gef., Abs. 2 Satz 2 eingef., bish. Sätze 2 und 3 werden Sätze 3 und 4 mWv 5.8.2009 durch G v. 31.7.2009 (BGBl. I S. 2509); Abs. 1 Satz 2 geänd., Abs. 4 angef. mWv 1.1.2020 durch G v. 12.12.2019 (BGBl. I S. 2637).

(2) [1] Verschlechtert sich die Lage der Gesellschaft nach der Festsetzung so, dass die Weitergewährung der Bezüge nach Absatz 1 unbillig für die Gesellschaft wäre, so soll der Aufsichtsrat oder im Falle des § 85 Absatz 3 das Gericht auf Antrag des Aufsichtsrats die Bezüge auf die angemessene Höhe herabsetzen. [2] Ruhegehalt, Hinterbliebenenbezüge und Leistungen verwandter Art können nur in den ersten drei Jahren nach Ausscheiden aus der Gesellschaft nach Satz 1 herabgesetzt werden. [3] Durch eine Herabsetzung wird der Anstellungsvertrag im übrigen nicht berührt. [4] Das Vorstandsmitglied kann jedoch seinen Anstellungsvertrag für den Schluß des nächsten Kalendervierteljahrs mit einer Kündigungsfrist von sechs Wochen kündigen.

(3) Wird über das Vermögen der Gesellschaft das Insolvenzverfahren eröffnet und kündigt der Insolvenzverwalter den Anstellungsvertrag eines Vorstandsmitglieds, so kann es Ersatz für den Schaden, der ihm durch die Aufhebung des Dienstverhältnisses entsteht, nur für zwei Jahre seit dem Ablauf des Dienstverhältnisses verlangen.

(4) Die Hauptversammlung kann auf Antrag nach § 122 Absatz 2 Satz 1 die nach § 87a Absatz 1 Satz 2 Nummer 1 festgelegte Maximalvergütung herabsetzen.

§ 87a[1) 2)] Vergütungssystem börsennotierter Gesellschaften. (1) [1] Der Aufsichtsrat der börsennotierten Gesellschaft beschließt ein klares und verständliches System zur Vergütung der Vorstandsmitglieder. [2] Dieses Vergütungssystem enthält mindestens die folgenden Angaben, in Bezug auf Vergütungsbestandteile jedoch nur, soweit diese tatsächlich vorgesehen sind:

1. die Festlegung einer Maximalvergütung der Vorstandsmitglieder;
2. den Beitrag der Vergütung zur Förderung der Geschäftsstrategie und zur langfristigen Entwicklung der Gesellschaft;
3. alle festen und variablen Vergütungsbestandteile und ihren jeweiligen relativen Anteil an der Vergütung;
4. alle finanziellen und nichtfinanziellen Leistungskriterien für die Gewährung variabler Vergütungsbestandteile einschließlich
   a) einer Erläuterung, wie diese Kriterien zur Förderung der Ziele gemäß Nummer 2 beitragen, und
   b) einer Darstellung der Methoden, mit denen die Erreichung der Leistungskriterien festgestellt wird;
5. Aufschubzeiten für die Auszahlung von Vergütungsbestandteilen;
6. Möglichkeiten der Gesellschaft, variable Vergütungsbestandteile zurückzufordern;
7. im Falle aktienbasierter Vergütung:
   a) Fristen,
   b) die Bedingungen für das Halten von Aktien nach dem Erwerb und
   c) eine Erläuterung, wie diese Vergütung zur Förderung der Ziele gemäß Nummer 2 beiträgt;
8. hinsichtlich vergütungsbezogener Rechtsgeschäfte:
   a) die Laufzeiten und die Voraussetzungen ihrer Beendigung, einschließlich der jeweiligen Kündigungsfristen,
   b) etwaige Zusagen von Entlassungsentschädigungen und
   c) die Hauptmerkmale der Ruhegehalts- und Vorruhestandsregelungen;

---

1) § 87a eingef. mWv 1.1.2020 durch G v. 12.12.2019 (BGBl. I S. 2637).

2) Siehe hierzu Übergangsvorschrift in § 26j EGAktG (Nr. **51a**).

9. eine Erläuterung, wie die Vergütungs- und Beschäftigungsbedingungen der Arbeitnehmer bei der Festsetzung des Vergütungssystems berücksichtigt wurden, einschließlich einer Erläuterung, welcher Kreis von Arbeitnehmern einbezogen wurde;
10. eine Darstellung des Verfahrens zur Fest- und zur Umsetzung sowie zur Überprüfung des Vergütungssystems, einschließlich der Rolle eventuell betroffener Ausschüsse und der Maßnahmen zur Vermeidung und zur Behandlung von Interessenkonflikten;
11. im Fall der Vorlage eines gemäß § 120a Absatz 3 überprüften Vergütungssystems:
    a) eine Erläuterung aller wesentlichen Änderungen und
    b) eine Übersicht, inwieweit Abstimmung und Äußerungen der Aktionäre in Bezug auf das Vergütungssystem und die Vergütungsberichte berücksichtigt wurden.

(2) [1] Der Aufsichtsrat der börsennotierten Gesellschaft hat die Vergütung der Vorstandsmitglieder in Übereinstimmung mit einem der Hauptversammlung nach § 120a Absatz 1 zur Billigung vorgelegten Vergütungssystem festzusetzen. [2] Der Aufsichtsrat kann vorübergehend von dem Vergütungssystem abweichen, wenn dies im Interesse des langfristigen Wohlergehens der Gesellschaft notwendig ist und das Vergütungssystem das Verfahren des Abweichens sowie die Bestandteile des Vergütungssystems, von denen abgewichen werden kann, benennt.

§ 88[1)] Wettbewerbsverbot. (1) [1] Die Vorstandsmitglieder dürfen ohne Einwilligung des Aufsichtsrats weder ein Handelsgewerbe betreiben noch im Geschäftszweig der Gesellschaft für eigene oder fremde Rechnung Geschäfte machen. [2] Sie dürfen ohne Einwilligung auch nicht Mitglied des Vorstands oder Geschäftsführer oder persönlich haftender Gesellschafter einer anderen Handelsgesellschaft sein. [3] Die Einwilligung des Aufsichtsrats kann nur für bestimmte Handelsgewerbe oder Handelsgesellschaften oder für bestimmte Arten von Geschäften erteilt werden.

(2) [1] Verstößt ein Vorstandsmitglied gegen dieses Verbot, so kann die Gesellschaft Schadenersatz fordern. [2] Sie kann statt dessen von dem Mitglied verlangen, daß es die für eigene Rechnung gemachten Geschäfte als für Rechnung der Gesellschaft eingegangen gelten läßt und die aus Geschäften für fremde Rechnung bezogene Vergütung herausgibt oder seinen Anspruch auf die Vergütung abtritt.

(3) [1] Die Ansprüche der Gesellschaft verjähren in drei Monaten seit dem Zeitpunkt, in dem die übrigen Vorstandsmitglieder und die Aufsichtsratsmitglieder von der zum Schadensersatz verpflichtenden Handlung Kenntnis erlangen oder ohne grobe Fahrlässigkeit erlangen müssten. [2] Sie verjähren ohne Rücksicht auf diese Kenntnis oder grob fahrlässige Unkenntnis in fünf Jahren von ihrer Entstehung an.

§ 89[2)] Kreditgewährung an Vorstandsmitglieder. (1) [1] Die Gesellschaft darf ihren Vorstandsmitgliedern Kredit nur auf Grund eines Beschlusses des Aufsichtsrats gewähren. [2] Der Beschluß kann nur für bestimmte Kreditgeschäfte oder Arten von Kreditgeschäften und nicht für länger als drei Monate im voraus gefaßt werden. [3] Er hat die Verzinsung und Rückzahlung des Kredits zu regeln. [4] Der

---

[1)] § 88 Abs. 3 neu gef. mWv 15.12.2004 durch G v. 9.12.2004 (BGBl. I S. 3214).

[2)] § 89 Abs. 6 neu gef. durch G v. 22.10.1997 (BGBl. I S. 2567); Abs. 3 Satz 1 geänd. mWv 1.8.2001 durch G v. 16.2.2001 (BGBl. I S. 266).

Gewährung eines Kredits steht die Gestattung einer Entnahme gleich, die über die dem Vorstandsmitglied zustehenden Bezüge hinausgeht, namentlich auch die Gestattung der Entnahme von Vorschüssen auf Bezüge. [5] Dies gilt nicht für Kredite, die ein Monatsgehalt nicht übersteigen.

(2) [1] Die Gesellschaft darf ihren Prokuristen und zum gesamten Geschäftsbetrieb ermächtigten Handlungsbevollmächtigten Kredit nur mit Einwilligung des Aufsichtsrats gewähren. [2] Eine herrschende Gesellschaft darf Kredite an gesetzliche Vertreter, Prokuristen oder zum gesamten Geschäftsbetrieb ermächtigte Handlungsbevollmächtigte eines abhängigen Unternehmens nur mit Einwilligung ihres Aufsichtsrats, eine abhängige Gesellschaft darf Kredite an gesetzliche Vertreter, Prokuristen oder zum gesamten Geschäftsbetrieb ermächtigte Handlungsbevollmächtigte des herrschenden Unternehmens nur mit Einwilligung des Aufsichtsrats des herrschenden Unternehmens gewähren. [3] Absatz 1 Satz 2 bis 5 gilt sinngemäß.

(3) [1] Absatz 2 gilt auch für Kredite an den Ehegatten, Lebenspartner oder an ein minderjähriges Kind eines Vorstandsmitglieds, eines anderen gesetzlichen Vertreters, eines Prokuristen oder eines zum gesamten Geschäftsbetrieb ermächtigten Handlungsbevollmächtigten. [2] Er gilt ferner für Kredite an einen Dritten, der für Rechnung dieser Personen oder für Rechnung eines Vorstandsmitglieds, eines anderen gesetzlichen Vertreters, eines Prokuristen oder eines zum gesamten Geschäftsbetrieb ermächtigten Handlungsbevollmächtigten handelt.

(4) [1] Ist ein Vorstandsmitglied, ein Prokurist oder ein zum gesamten Geschäftsbetrieb ermächtigter Handlungsbevollmächtigter zugleich gesetzlicher Vertreter oder Mitglied des Aufsichtsrats einer anderen juristischen Person oder Gesellschafter einer Personenhandelsgesellschaft, so darf die Gesellschaft der juristischen Person oder der Personenhandelsgesellschaft Kredit nur mit Einwilligung des Aufsichtsrats gewähren; Absatz 1 Satz 2 und 3 gilt sinngemäß. [2] Dies gilt nicht, wenn die juristische Person oder die Personenhandelsgesellschaft mit der Gesellschaft verbunden ist oder wenn der Kredit für die Bezahlung von Waren gewährt wird, welche die Gesellschaft der juristischen Person oder der Personenhandelsgesellschaft liefert.

(5) Wird entgegen den Absätzen 1 bis 4 Kredit gewährt, so ist der Kredit ohne Rücksicht auf entgegenstehende Vereinbarungen sofort zurückzugewähren, wenn nicht der Aufsichtsrat nachträglich zustimmt.

(6) Ist die Gesellschaft ein Kreditinstitut oder Finanzdienstleistungsinstitut, auf das § 15 des Gesetzes über das Kreditwesen[1)] anzuwenden ist, gelten anstelle der Absätze 1 bis 5 die Vorschriften des Gesetzes über das Kreditwesen.

§ 90[2)] Berichte an den Aufsichtsrat. (1) [1] Der Vorstand hat dem Aufsichtsrat zu berichten über

1. die beabsichtigte Geschäftspolitik und andere grundsätzliche Fragen der Unternehmensplanung (insbesondere die Finanz-, Investitions- und Personalplanung), wobei auf Abweichungen der tatsächlichen Entwicklung von früher berichteten Zielen unter Angabe von Gründen einzugehen ist;

[1)] **Sartorius ErgBd. Nr. 856.**

[2)] *§ 90 Abs. 1 Nr. 1 neu gef. durch G v. 27.4.1998 (BGBl. I S. 786)*; Abs. 1 Satz 1 Nr. 1, Abs. 3 Satz 2, Abs. 5 Satz 2 geänd., Abs. 1 Satz 2 eingef., bish. Satz 2 wird Satz 3, Abs. 4 Satz 2 angef. mWv 26.7.2002 durch G v. 19.7.2002 (BGBl. I S. 2681); Abs. 5 Satz 3 geänd. mWv 31.12.2015 durch G v. 22.12.2015 (BGBl. I S. 2565).

2. die Rentabilität der Gesellschaft, insbesondere die Rentabilität des Eigenkapitals;
3. den Gang der Geschäfte, insbesondere den Umsatz, und die Lage der Gesellschaft;
4. Geschäfte, die für die Rentabilität oder Liquidität der Gesellschaft von erheblicher Bedeutung sein können.

[2] Ist die Gesellschaft Mutterunternehmen (§ 290 Abs. 1, 2 des Handelsgesetzbuchs[1)]), so hat der Bericht auch auf Tochterunternehmen und auf Gemeinschaftsunternehmen (§ 310 Abs. 1 des Handelsgesetzbuchs) einzugehen. [3] Außerdem ist dem Vorsitzenden des Aufsichtsrats aus sonstigen wichtigen Anlässen zu berichten; als wichtiger Anlaß ist auch ein dem Vorstand bekanntgewordener geschäftlicher Vorgang bei einem verbundenen Unternehmen anzusehen, der auf die Lage der Gesellschaft von erheblichem Einfluß sein kann.

(2) Die Berichte nach Absatz 1 Satz 1 Nr. 1 bis 4 sind wie folgt zu erstatten:

1. die Berichte nach Nummer 1 mindestens einmal jährlich, wenn nicht Änderungen der Lage oder neue Fragen eine unverzügliche Berichterstattung gebieten;
2. die Berichte nach Nummer 2 in der Sitzung des Aufsichtsrats, in der über den Jahresabschluß verhandelt wird;
3. die Berichte nach Nummer 3 regelmäßig, mindestens vierteljährlich;
4. die Berichte nach Nummer 4 möglichst so rechtzeitig, daß der Aufsichtsrat vor Vornahme der Geschäfte Gelegenheit hat, zu ihnen Stellung zu nehmen.

(3) [1] Der Aufsichtsrat kann vom Vorstand jederzeit einen Bericht verlangen über Angelegenheiten der Gesellschaft, über ihre rechtlichen und geschäftlichen Beziehungen zu verbundenen Unternehmen sowie über geschäftliche Vorgänge bei diesen Unternehmen, die auf die Lage der Gesellschaft von erheblichem Einfluß sein können. [2] Auch ein einzelnes Mitglied kann einen Bericht, jedoch nur an den Aufsichtsrat, verlangen.

(4) [1] Die Berichte haben den Grundsätzen einer gewissenhaften und getreuen Rechenschaft zu entsprechen. [2] Sie sind möglichst rechtzeitig und, mit Ausnahme des Berichts nach Absatz 1 Satz 3, in der Regel in Textform zu erstatten.

(5) [1] Jedes Aufsichtsratsmitglied hat das Recht, von den Berichten Kenntnis zu nehmen. [2] Soweit die Berichte in Textform erstattet worden sind, sind sie auch jedem Aufsichtsratsmitglied auf Verlangen zu übermitteln, soweit der Aufsichtsrat nichts anderes beschlossen hat. [3] Der Vorsitzende des Aufsichtsrats hat die Aufsichtsratsmitglieder über die Berichte nach Absatz 1 Satz 3 spätestens in der nächsten Aufsichtsratssitzung zu unterrichten.

§ 91[2)] Organisation; Buchführung. (1) Der Vorstand hat dafür zu sorgen, daß die erforderlichen Handelsbücher geführt werden.

(2) Der Vorstand hat geeignete Maßnahmen zu treffen, insbesondere ein Überwachungssystem einzurichten, damit den Fortbestand der Gesellschaft gefährdende Entwicklungen früh erkannt werden.

(3) Der Vorstand einer börsennotierten Gesellschaft hat darüber hinaus ein im Hinblick auf den Umfang der Geschäftstätigkeit und die Risikolage des Unter-

---

[1)] Nr. **50**.

[2)] § 91 Überschrift neu gef., Abs. 2 angef., bish. Wortlaut wird Abs. 1 durch G v. 27.4.1998 (BGBl. I S. 786); Abs. 3 angef. mWv 1.7.2021 durch G v. 3.6.2021 (BGBl. I S. 1534).

nehmens angemessenes und wirksames internes Kontrollsystem und Risikomanagementsystem einzurichten.

§ 92[1)] Vorstandspflichten bei Verlust, Überschuldung oder Zahlungsunfähigkeit. Ergibt sich bei Aufstellung der Jahresbilanz oder einer Zwischenbilanz oder ist bei pflichtmäßigem Ermessen anzunehmen, daß ein Verlust in Höhe der Hälfte des Grundkapitals besteht, so hat der Vorstand unverzüglich die Hauptversammlung einzuberufen und ihr dies anzuzeigen.

§ 93[2)] Sorgfaltspflicht und Verantwortlichkeit der Vorstandsmitglieder.

(1) [1] Die Vorstandsmitglieder haben bei ihrer Geschäftsführung die Sorgfalt eines ordentlichen und gewissenhaften Geschäftsleiters anzuwenden. [2] Eine Pflichtverletzung liegt nicht vor, wenn das Vorstandsmitglied bei einer unternehmerischen Entscheidung vernünftigerweise annehmen durfte, auf der Grundlage angemessener Information zum Wohle der Gesellschaft zu handeln. [3] Über vertrauliche Angaben und Geheimnisse der Gesellschaft, namentlich Betriebs- oder Geschäftsgeheimnisse, die den Vorstandsmitgliedern durch ihre Tätigkeit im Vorstand bekanntgeworden sind, haben sie Stillschweigen zu bewahren. ***[Satz 4 bis 31.12. 2021:]*** [4] Die Pflicht des Satzes 3 gilt nicht gegenüber einer nach § 342b des Handelsgesetzbuchs[3)] anerkannten Prüfstelle im Rahmen einer von dieser durchgeführten Prüfung.

(2) [1] Vorstandsmitglieder, die ihre Pflichten verletzen, sind der Gesellschaft zum Ersatz des daraus entstehenden Schadens als Gesamtschuldner verpflichtet. [2] Ist streitig, ob sie die Sorgfalt eines ordentlichen und gewissenhaften Geschäftsleiters angewandt haben, so trifft sie die Beweislast. [3] Schließt die Gesellschaft eine Versicherung zur Absicherung eines Vorstandsmitglieds gegen Risiken aus dessen beruflicher Tätigkeit für die Gesellschaft ab, ist ein Selbstbehalt von mindestens 10 Prozent des Schadens bis mindestens zur Höhe des Eineinhalbfachen der festen jährlichen Vergütung des Vorstandsmitglieds vorzusehen.

(3) Die Vorstandsmitglieder sind namentlich zum Ersatz verpflichtet, wenn entgegen diesem Gesetz

1. Einlagen an die Aktionäre zurückgewährt werden,
2. den Aktionären Zinsen oder Gewinnanteile gezahlt werden,
3. eigene Aktien der Gesellschaft oder einer anderen Gesellschaft gezeichnet, erworben, als Pfand genommen oder eingezogen werden,
4. Aktien vor der vollen Leistung des Ausgabebetrags ausgegeben werden,
5. Gesellschaftsvermögen verteilt wird,
6. *(aufgehoben)*
7. Vergütungen an Aufsichtsratsmitglieder gewährt werden,
8. Kredit gewährt wird,

[1)] § 92 Abs. 2 aufgeh., bish. Abs. 3 wird Abs. 2 mWv 1.11.2008 durch G v. 23.10.2008 (BGBl. I S. 2026); Abs. 2 aufgeh. mWv 1.1.2021 durch G v. 22.12.2020 (BGBl. I S. 3256).

[2)] § 93 Abs. 3 Nr. 4 geänd. durch G v. 25.3.1998 (BGBl. I S. 590); Abs. 4 Satz 4 und Abs. 5 Satz 4 neu gef. durch G v. 5.10.1994 (BGBl. I S. 2911); Abs. 1 Satz 3 angef. mWv 21.12.2004 durch G v. 15.12.2004 (BGBl. I S. 3408); Abs. 1 Satz 2 eingef., bish. Sätze 2 und 3 werden Sätze 3 und 4, neuer Satz 3 geänd. mWv 1.11.2005 durch G v. 22.9.2005 (BGBl. I S. 2802); Abs. 1 Satz 4 geänd. mWv 1.1.2007 durch G v. 10.11.2006 (BGBl. I S. 2553); Abs. 2 Satz 3 angef. mWv 5.8.2009 durch G v. 31.7.2009 (BGBl. I S. 2509); *Abs. 6 neu gef. mWv 15.12.2010 durch G* v. 9.12.2010 (BGBl. I S. 1900); Abs. 3 Nr. 6 aufgeh. mWv 1.1. 2021 durch G v. 22.12.2020 (BGBl. I S. 3256); Abs. 1 Satz 4 aufgeh. **mWv 1.1.2022** durch G v. 3.6.2021 (BGBl. I S. 1534).

[3)] Nr. **50**.

9. bei der bedingten Kapitalerhöhung außerhalb des festgesetzten Zwecks oder vor der vollen Leistung des Gegenwerts Bezugsaktien ausgegeben werden.

(4) [1]Der Gesellschaft gegenüber tritt die Ersatzpflicht nicht ein, wenn die Handlung auf einem gesetzmäßigen Beschluß der Hauptversammlung beruht. [2]Dadurch, daß der Aufsichtsrat die Handlung gebilligt hat, wird die Ersatzpflicht nicht ausgeschlossen. [3]Die Gesellschaft kann erst drei Jahre nach der Entstehung des Anspruchs und nur dann auf Ersatzansprüche verzichten oder sich über sie vergleichen, wenn die Hauptversammlung zustimmt und nicht eine Minderheit, deren Anteile zusammen den zehnten Teil des Grundkapitals erreichen, zur Niederschrift Widerspruch erhebt. [4]Die zeitliche Beschränkung gilt nicht, wenn der Ersatzpflichtige zahlungsunfähig ist und sich zur Abwendung des Insolvenzverfahrens mit seinen Gläubigern vergleicht oder wenn die Ersatzpflicht in einem Insolvenzplan geregelt wird.

(5) [1]Der Ersatzanspruch der Gesellschaft kann auch von den Gläubigern der Gesellschaft geltend gemacht werden, soweit sie von dieser keine Befriedigung erlangen können. [2]Dies gilt jedoch in anderen Fällen als denen des Absatzes 3 nur dann, wenn die Vorstandsmitglieder die Sorgfalt eines ordentlichen und gewissenhaften Geschäftsleiters gröblich verletzt haben; Absatz 2 Satz 2 gilt sinngemäß. [3]Den Gläubigern gegenüber wird die Ersatzpflicht weder durch einen Verzicht oder Vergleich der Gesellschaft noch dadurch aufgehoben, daß die Handlung auf einem Beschluß der Hauptversammlung beruht. [4]Ist über das Vermögen der Gesellschaft das Insolvenzverfahren eröffnet, so übt während dessen Dauer der Insolvenzverwalter oder der Sachwalter das Recht der Gläubiger gegen die Vorstandsmitglieder aus.

(6) Die Ansprüche aus diesen Vorschriften verjähren bei Gesellschaften, die zum Zeitpunkt der Pflichtverletzung börsennotiert sind, in zehn Jahren, bei anderen Gesellschaften in fünf Jahren.

§ 94 Stellvertreter von Vorstandsmitgliedern. Die Vorschriften für die Vorstandsmitglieder gelten auch für ihre Stellvertreter.

Zweiter Abschnitt. Aufsichtsrat

§ 95[1] Zahl der Aufsichtsratsmitglieder. [1]Der Aufsichtsrat besteht aus drei Mitgliedern. [2]Die Satzung kann eine bestimmte höhere Zahl festsetzen. [3]Die Zahl muß durch drei teilbar sein, wenn dies zur Erfüllung mitbestimmungsrechtlicher Vorgaben erforderlich ist. [4]Die Höchstzahl der Aufsichtsratsmitglieder beträgt bei Gesellschaften mit einem Grundkapital

bis zu	1 500 000 Euro	neun,
von mehr als	1 500 000 Euro	fünfzehn,
von mehr als	10 000 000 Euro	einundzwanzig.

[5]Durch die vorstehenden Vorschriften werden hiervon abweichende Vorschriften des *Mitbestimmungsgesetzes*[2], des Montan-Mitbestimmungsgesetzes[3] und des Mitbestimmungsergänzungsgesetzes[4] nicht berührt.

---

[1] § 95 Satz 5 neu gef. durch G v. 4.5.1976 (BGBl. I S. 1153); Satz 4 geänd. durch G v. 9.6.1998 (BGBl. I S. 1242); Satz 5 geänd. mWv 1.5.2015 durch G v. 24.4.2015 (BGBl. I S. 642); Satz 3 geänd. mWv 31.12. 2015 durch G v. 22.12.2015 (BGBl. I S. 2565); Satz 5 geänd. mWv 12.8.2021 durch G v. 7.8.2021 (BGBl. I S. 3311).

[2] **Habersack, Deutsche Gesetze ErgBd. Nr. 82a.**

[3] **Habersack, Deutsche Gesetze ErgBd. Nr. 82b.**

[4] **Habersack, Deutsche Gesetze ErgBd. Nr. 82c.**

§ 96[1)] Zusammensetzung des Aufsichtsrats. (1) Der Aufsichtsrat setzt sich zusammen

bei Gesellschaften, für die das Mitbestimmungsgesetz gilt, aus Aufsichtsratsmitgliedern der Aktionäre und der Arbeitnehmer,[2)]

bei Gesellschaften, für die das Montan-Mitbestimmungsgesetz[3)] gilt, aus Aufsichtsratsmitgliedern der Aktionäre und der Arbeitnehmer und aus weiteren Mitgliedern,

bei Gesellschaften, für die die §§ 5 bis 13 des Mitbestimmungsergänzungsgesetzes gelten, aus Aufsichtsratsmitgliedern der Aktionäre und der Arbeitnehmer und aus einem weiteren Mitglied,

bei Gesellschaften, für die das Drittelbeteiligungsgesetz[4)] gilt, aus Aufsichtsratsmitgliedern der Aktionäre und der Arbeitnehmer,

bei Gesellschaften für die das Gesetz über die Mitbestimmung der Arbeitnehmer bei einer grenzüberschreitenden Verschmelzung[5)] vom 21. Dezember 2006 (BGBl. I S. 3332) gilt, aus Aufsichtsratsmitgliedern der Aktionäre und der Arbeitnehmer,

bei den übrigen Gesellschaften nur aus Aufsichtsratsmitgliedern der Aktionäre.

(2) [1] Bei börsennotierten Gesellschaften, für die das Mitbestimmungsgesetz, das Montan-Mitbestimmungsgesetz oder das Mitbestimmungsergänzungsgesetz gilt, setzt sich der Aufsichtsrat zu mindestens 30 Prozent aus Frauen und zu mindestens 30 Prozent aus Männern zusammen. [2] Der Mindestanteil ist vom Aufsichtsrat insgesamt zu erfüllen. [3] Widerspricht die Seite der Anteilseigner- oder Arbeitnehmervertreter auf Grund eines mit Mehrheit gefassten Beschlusses vor der Wahl der Gesamterfüllung gegenüber dem Aufsichtsratsvorsitzenden, so ist der Mindestanteil für diese Wahl von der Seite der Anteilseigner und der Seite der Arbeitnehmer getrennt zu erfüllen. [4] Es ist in allen Fällen auf volle Personenzahlen mathematisch auf- beziehungsweise abzurunden. [5] Verringert sich bei Gesamterfüllung der höhere Frauenanteil einer Seite nachträglich und widerspricht sie nun der Gesamterfüllung, so wird dadurch die Besetzung auf der anderen Seite nicht unwirksam. [6] Eine Wahl der Mitglieder des Aufsichtsrats durch die Hauptversammlung und eine Entsendung in den Aufsichtsrat unter Verstoß gegen das Mindestanteilsgebot ist nichtig. [7] Ist eine Wahl aus anderen Gründen für nichtig erklärt, so verstoßen zwischenzeitlich erfolgte Wahlen insoweit nicht gegen das Mindestanteilsgebot. [8] Auf die Wahl der Aufsichtsratsmitglieder der Arbeitnehmer sind die in Satz 1 genannten Gesetze zur Mitbestimmung anzuwenden.

(3) [1] Bei börsennotierten Gesellschaften, die aus einer grenzüberschreitenden Verschmelzung hervorgegangen sind und bei denen nach dem Gesetz über die Mitbestimmung der Arbeitnehmer bei einer grenzüberschreitenden Verschmelzung das Aufsichts- oder Verwaltungsorgan aus derselben Zahl von Anteilseigner- und Arbeitnehmervertretern besteht, müssen in dem Aufsichts- oder Verwaltungsorgan Frauen und Männer jeweils mit einem Anteil von mindestens 30 Prozent vertreten sein. [2] Absatz 2 Satz 2, 4, 6 und 7 gilt entsprechend.

[1)] § 96 Abs. 1 neu gef. durch G v. 4.5.1976 (BGBl. I S. 1153), geänd. mWv 1.7.2004 durch G v. 18.5. 2004 (BGBl. I S. 974, ber. 2769) und mWv 29.12.2006 durch G v. 21.12.2006 (BGBl. I S. 3332); Abs. 1 geänd., Abs. 2, 3 eingef., bish. Abs. 2 wird Abs. 4 mWv 1.5.2015 durch G v. 24.4.2015 (BGBl. I S. 642).

[2)] *Beachte hierzu §§ 1–7 MitbestimmungsG* **(Habersack, Deutsche Gesetze ErgBd. Nr. 82a)**.

[3)] **Habersack, Deutsche Gesetze ErgBd. Nr. 82b.**

[4)] **Habersack, Deutsche Gesetze ErgBd. Nr. 82d.**

[5)] **Loseblatt-Textsammlung Arbeitsrecht Nr. 568a.**

(4) Nach anderen als den zuletzt angewandten gesetzlichen Vorschriften kann der Aufsichtsrat nur zusammengesetzt werden[1)], wenn nach § 97 oder nach § 98 die in der Bekanntmachung des Vorstands oder in der gerichtlichen Entscheidung angegebenen gesetzlichen Vorschriften anzuwenden sind.

§ 97[2)] [1)] Bekanntmachung über die Zusammensetzung des Aufsichtsrats.

(1) [1] Ist der Vorstand der Ansicht, daß der Aufsichtsrat nicht nach den für ihn maßgebenden gesetzlichen Vorschriften zusammengesetzt ist, so hat er dies unverzüglich in den Gesellschaftsblättern und gleichzeitig durch Aushang in sämtlichen Betrieben der Gesellschaft und ihrer Konzernunternehmen bekanntzumachen. [2] In der Bekanntmachung sind die nach Ansicht des Vorstands maßgebenden gesetzlichen Vorschriften anzugeben. [3] Es ist darauf hinzuweisen, daß der Aufsichtsrat nach diesen Vorschriften zusammengesetzt wird, wenn nicht Antragsberechtigte nach § 98 Abs. 2 innerhalb eines Monats nach der Bekanntmachung im Bundesanzeiger das nach § 98 Abs. 1 zuständige Gericht anrufen.

(2) [1] Wird das nach § 98 Abs. 1 zuständige Gericht nicht innerhalb eines Monats nach der Bekanntmachung im Bundesanzeiger angerufen, so ist der neue Aufsichtsrat nach den in der Bekanntmachung des Vorstands angegebenen gesetzlichen Vorschriften zusammenzusetzen. [2] Die Bestimmungen der Satzung über die Zusammensetzung des Aufsichtsrats, über die Zahl der Aufsichtsratsmitglieder sowie über die Wahl, Abberufung und Entsendung von Aufsichtsratsmitgliedern treten mit der Beendigung der ersten Hauptversammlung, die nach Ablauf der Anrufungsfrist einberufen wird, spätestens sechs Monate nach Ablauf dieser Frist insoweit außer Kraft, als sie den nunmehr anzuwendenden gesetzlichen Vorschriften widersprechen. [3] Mit demselben Zeitpunkt erlischt das Amt der bisherigen Aufsichtsratsmitglieder. [4] Eine Hauptversammlung, die innerhalb der Frist von sechs Monaten stattfindet, kann an Stelle der außer Kraft tretenden Satzungsbestimmungen mit einfacher Stimmenmehrheit neue Satzungsbestimmungen beschließen.

(3) Solange ein gerichtliches Verfahren nach §§ 98, 99 anhängig ist, kann eine Bekanntmachung über die Zusammensetzung des Aufsichtsrats nicht erfolgen.

§ 98[3)] [1)] Gerichtliche Entscheidung über die Zusammensetzung des Aufsichtsrats. (1) Ist streitig oder ungewiss, nach welchen gesetzlichen Vorschriften der Aufsichtsrat zusammenzusetzen ist, so entscheidet darüber auf Antrag ausschließlich das Landgericht, in dessen Bezirk die Gesellschaft ihren Sitz hat.

(2) [1] Antragsberechtigt sind

1. der Vorstand,
2. jedes Aufsichtsratsmitglied,
3. jeder Aktionär,
4. der Gesamtbetriebsrat der Gesellschaft oder, wenn in der Gesellschaft nur ein Betriebsrat besteht, der Betriebsrat,

---

[1)] Beachte hierzu auch § 27 EGAktG (Nr. **51a**).

[2)] § 97 Abs. 1 Satz 3, Abs. 2 Satz 1 geänd. mWv 1.7.2004 durch G v. 18.5.2004 (BGBl. I S. 974); Abs. 1 Satz 3, Abs. 2 Satz 1 geänd. mWv 1.4.2012 durch G v. 22.12.2011 (BGBl. I S. 3044).

[3)] § 98 Abs. 2 Satz 1 Nr. 4 und 5 neu gef., Nr. 8 und Satz 2 angef. durch G v. 4.5.1976 (BGBl. I S. 1153); Abs. 2 Satz 1 Nr. 7 geänd. durch G v. 19.12.1985 (BGBl. I S. 2355); Abs. 2 Satz 1 Nr. 5 und 6 sowie Abs. 3 geänd. durch G v. 20.12.1988 (BGBl. I S. 2312); Abs. 2 Satz 1 Nr. 5 und 6 geänd. durch G v. 26.6.1990 (BGBl. I S. 1206); Abs. 2 Satz 1 Nr. 5 und 7 eingef., bish. Nr. 5 wird Nr. 6, bish. Nr. 6–8 werden Nr. 8–10, Satz 2 geänd. mWv 27.3.2002 durch G v. 23.3.2002 (BGBl. I S. 1130); Abs. 1 neu gef. mWv 1.9.2009 durch G v. 17.12.2008 (BGBl. I S. 2586).

5. der Gesamt- oder Unternehmenssprecherausschuss der Gesellschaft oder, wenn in der Gesellschaft nur ein Sprecherausschuss besteht, der Sprecherausschuss,
6. der Gesamtbetriebsrat eines anderen Unternehmens, dessen Arbeitnehmer nach den gesetzlichen Vorschriften, deren Anwendung streitig oder ungewiß ist, selbst oder durch Delegierte an der Wahl von Aufsichtsratsmitgliedern der Gesellschaft teilnehmen, oder, wenn in dem anderen Unternehmen nur ein Betriebsrat besteht, der Betriebsrat,
7. der Gesamt- oder Unternehmenssprecherausschuss eines anderen Unternehmens, dessen Arbeitnehmer nach den gesetzlichen Vorschriften, deren Anwendung streitig oder ungewiss ist, selbst oder durch Delegierte an der Wahl von Aufsichtsratsmitgliedern der Gesellschaft teilnehmen, oder, wenn in dem anderen Unternehmen nur ein Sprecherausschuss besteht, der Sprecherausschuss,
8. mindestens ein Zehntel oder einhundert der Arbeitnehmer, die nach den gesetzlichen Vorschriften, deren Anwendung streitig oder ungewiß ist, selbst oder durch Delegierte an der Wahl von Aufsichtsratsmitgliedern der Gesellschaft teilnehmen,
9. Spitzenorganisationen der Gewerkschaften, die nach den gesetzlichen Vorschriften, deren Anwendung streitig oder ungewiß ist, ein Vorschlagsrecht hätten,
10. Gewerkschaften, die nach den gesetzlichen Vorschriften, deren Anwendung streitig oder ungewiß ist, ein Vorschlagsrecht hätten.

[2] Ist die Anwendung des Mitbestimmungsgesetzes oder die Anwendung von Vorschriften des Mitbestimmungsgesetzes streitig oder ungewiß, so sind außer den nach Satz 1 Antragsberechtigten auch je ein Zehntel der wahlberechtigten in § 3 Abs. 1 Nr. 1 des Mitbestimmungsgesetzes bezeichneten Arbeitnehmer oder der wahlberechtigten leitenden Angestellten im Sinne des Mitbestimmungsgesetzes antragsberechtigt.

(3) Die Absätze 1 und 2 gelten sinngemäß, wenn streitig ist, ob der Abschlußprüfer das nach § 3 oder § 16 des Mitbestimmungsergänzungsgesetzes maßgebliche Umsatzverhältnis richtig ermittelt hat.

(4) [1] Entspricht die Zusammensetzung des Aufsichtsrats nicht der gerichtlichen Entscheidung, so ist der neue Aufsichtsrat nach den in der Entscheidung angegebenen gesetzlichen Vorschriften zusammenzusetzen. [2] § 97 Abs. 2 gilt sinngemäß mit der Maßgabe, daß die Frist von sechs Monaten mit dem Eintritt der Rechtskraft beginnt.

§ 99[1) 2)] **Verfahren.** (1) Auf das Verfahren ist das Gesetz über das Verfahren in Familiensachen und in den Angelegenheiten der freiwilligen Gerichtsbarkeit[3)] anzuwenden, soweit in den Absätzen 2 bis 5 nichts anderes bestimmt ist.

[1)] § 99 Abs. 1 geänd. durch G v. 19.12.1985 (BGBl. I S. 2355); Abs. 2 geänd. durch G v. 20.12.1988 (BGBl. I S. 2312); Abs. 6 Satz 7 aufgeh., bish. Sätze 8–10 werden Sätze 7–9 durch G v. 28.10.1994 (BGBl. I S. 3210); Abs. 2 Satz 2 geänd. mWv 27.3.2002 durch G v. 23.3.2002 (BGBl. I S. 1130); Abs. 4 Satz 4 geänd. mWv 1.7.2004 durch G v. 18.5.2004 (BGBl. I S. 974); Abs. 1 geänd., Abs. 3 Sätze 1–4 neu gef., Sätze 5–7 aufgeh., bish. Sätze 8 und 9 werden Sätze 5 und 6 mWv 1.9.2009 durch G v. 17.12.2008 (BGBl. I S. 2586); Abs. 4 Satz 4 geänd. mWv 1.4.2012 durch G v. 22.12.2011 (BGBl. I S. 3044); Abs. 6 Sätze 1–7 aufgeh., bish. Sätze 8 und 9 werden Sätze 1 und 2, neuer Satz 1 geänd. mWv 1.8.2013 durch G v. 23.7.2013 (BGBl. I S. 2586).

[2)] Beachte hierzu auch § 27 EGAktG (Nr. **51a**).

[3)] Nr. **112**.

(2) [1] Das Landgericht hat den Antrag in den Gesellschaftsblättern bekanntzumachen. [2] Der Vorstand und jedes Aufsichtsratsmitglied sowie die nach § 98 Abs. 2 antragsberechtigten Betriebsräte, Sprecherausschüsse, Spitzenorganisationen und Gewerkschaften sind zu hören.

(3) [1] Das Landgericht entscheidet durch einen mit Gründen versehenen Beschluss. [2] Gegen die Entscheidung des Landgerichts findet die Beschwerde statt. [3] Sie kann nur auf eine Verletzung des Rechts gestützt werden; § 72 Abs. 1 Satz 2 und § 74 Abs. 2 und 3 des Gesetzes über das Verfahren in Familiensachen und in den Angelegenheiten der freiwilligen Gerichtsbarkeit sowie § 547 der Zivilprozessordnung[1)] gelten sinngemäß. [4] Die Beschwerde kann nur durch die Einreichung einer von einem Rechtsanwalt unterzeichneten Beschwerdeschrift eingelegt werden. [5] Die Landesregierung kann durch Rechtsverordnung die Entscheidung über die Beschwerde für die Bezirke mehrerer Oberlandesgerichte einem der Oberlandesgerichte oder dem Obersten Landesgericht übertragen, wenn dies der Sicherung einer einheitlichen Rechtsprechung dient. [6] Die Landesregierung kann die Ermächtigung auf die Landesjustizverwaltung übertragen.

(4) [1] Das Gericht hat seine Entscheidung dem Antragsteller und der Gesellschaft zuzustellen. [2] Es hat sie ferner ohne Gründe in den Gesellschaftsblättern bekanntzumachen. [3] Die Beschwerde steht jedem nach § 98 Abs. 2 Antragsberechtigten zu. [4] Die Beschwerdefrist beginnt mit der Bekanntmachung der Entscheidung im Bundesanzeiger, für den Antragsteller und die Gesellschaft jedoch nicht vor der Zustellung der Entscheidung.

(5) [1] Die Entscheidung wird erst mit der Rechtskraft wirksam. [2] Sie wirkt für und gegen alle. [3] Der Vorstand hat die rechtskräftige Entscheidung unverzüglich zum Handelsregister einzureichen.

(6) [1] Die Kosten können ganz oder zum Teil dem Antragsteller auferlegt werden, wenn dies der Billigkeit entspricht. [2] Kosten der Beteiligten werden nicht erstattet.

§ 100[2)] Persönliche Voraussetzungen für Aufsichtsratsmitglieder.

(1) [1] Mitglied des Aufsichtsrats kann nur eine natürliche, unbeschränkt geschäftsfähige Person sein. [2] Ein Betreuter, der bei der Besorgung seiner Vermögensangelegenheiten ganz oder teilweise einem Einwilligungsvorbehalt (§ 1903 des Bürgerlichen Gesetzbuchs[3)]) unterliegt, kann nicht Mitglied des Aufsichtsrats sein.

(2) [1] Mitglied des Aufsichtsrats kann nicht sein, wer

1. bereits in zehn Handelsgesellschaften, die gesetzlich einen Aufsichtsrat zu bilden haben, Aufsichtsratsmitglied ist,
2. gesetzlicher Vertreter eines von der Gesellschaft abhängigen Unternehmens ist,
3. gesetzlicher Vertreter einer anderen Kapitalgesellschaft ist, deren Aufsichtsrat ein Vorstandsmitglied der Gesellschaft angehört, oder

---

[1)] Nr. **100**.

[2)] § 100 Abs. 3 geänd. durch G v. 4.5.1976 (BGBl. I S. 1153); Abs. 1 Satz 2 angef. durch G v. 12.9.1990 (BGBl. I S. 2002); Abs. 2 Satz 1 Nr. 1 und 3 sowie Satz 2 geänd., Satz 3 angef. durch G v. 27.4.1998 (BGBl. I S. 786); Abs. 3 geänd. mWv 1.7.2004 durch G v. 18.5.2004 (BGBl. I S. 974); Abs. 3 geänd. mWv 29.12.2006 durch G v. 21.12.2006 (BGBl. I S. 3332); Abs. 5 angef. mWv 29.5.2009 durch G v. 25.5.2009 (BGBl. I S. 1102); Abs. 2 Satz 1 Nr. 2 und 3 geänd., Nr. 4 angef. mWv 5.8.2009 durch G v. 31.7.2009 (BGBl. I S. 2509); Abs. 5 geänd. mWv 17.6.2016 durch G v. 10.5.2016 (BGBl. I S. 1142); Abs. 5 neu gef. mWv 1.7.2021 durch G v. 3.6.2021 (BGBl. I S. 1534).

[3)] Nr. **20**.

4. in den letzten zwei Jahren Vorstandsmitglied derselben börsennotierten Gesellschaft war, es sei denn, seine Wahl erfolgt auf Vorschlag von Aktionären, die mehr als 25 Prozent der Stimmrechte an der Gesellschaft halten.

[2] Auf die Höchstzahl nach Satz 1 Nr. 1 sind bis zu fünf Aufsichtsratssitze nicht anzurechnen, die ein gesetzlicher Vertreter (beim Einzelkaufmann der Inhaber) des herrschenden Unternehmens eines Konzerns in zum Konzern gehörenden Handelsgesellschaften, die gesetzlich einen Aufsichtsrat zu bilden haben, inne hat. [3] Auf die Höchstzahl nach Satz 1 Nr. 1 sind Aufsichtsratsämter im Sinne der Nummer 1 doppelt anzurechnen, für die das Mitglied zum Vorsitzenden gewählt worden ist.

(3) Die anderen persönlichen Voraussetzungen der Aufsichtsratsmitglieder der Arbeitnehmer sowie der weiteren Mitglieder bestimmen sich nach dem Mitbestimmungsgesetz[1)], dem Montan-Mitbestimmungsgesetz[2)], dem Mitbestimmungsergänzungsgesetz[3)], dem Drittelbeteiligungsgesetz[4)] und dem Gesetz über die Mitbestimmung der Arbeitnehmer bei einer grenzüberschreitenden Verschmelzung.

(4) Die Satzung kann persönliche Voraussetzungen nur für Aufsichtsratsmitglieder fordern, die von der Hauptversammlung ohne Bindung an Wahlvorschläge gewählt oder auf Grund der Satzung in den Aufsichtsrat entsandt werden.

(5)[5)] Bei Gesellschaften, die Unternehmen von öffentlichem Interesse nach § 316a Satz 2 des Handelsgesetzbuchs[6)] sind, muss mindestens ein Mitglied des Aufsichtsrats über Sachverstand auf dem Gebiet Rechnungslegung und mindestens ein weiteres Mitglied des Aufsichtsrats über Sachverstand auf dem Gebiet Abschlussprüfung verfügen; die Mitglieder müssen in ihrer Gesamtheit mit dem Sektor, in dem die Gesellschaft tätig ist, vertraut sein.

§ 101[7)] Bestellung der Aufsichtsratsmitglieder. (1) [1] Die Mitglieder des Aufsichtsrats werden von der Hauptversammlung gewählt, soweit sie nicht in den Aufsichtsrat zu entsenden oder als Aufsichtsratsmitglieder der Arbeitnehmer nach dem Mitbestimmungsgesetz[1)], dem Mitbestimmungsergänzungsgesetz[3)], dem Drittelbeteiligungsgesetz[4)] oder dem Gesetz über die Mitbestimmung der Arbeitnehmer bei einer grenzüberschreitenden Verschmelzung zu wählen sind. [2] An Wahlvorschläge ist die Hauptversammlung nur gemäß §§ 6 und 8 des Montan-Mitbestimmungsgesetzes[2)] gebunden.

(2) [1] Ein Recht, Mitglieder in den Aufsichtsrat zu entsenden, kann nur durch die Satzung und nur für bestimmte Aktionäre oder für die jeweiligen Inhaber bestimmter Aktien begründet werden. [2] Inhabern bestimmter Aktien kann das Entsendungsrecht nur eingeräumt werden, wenn die Aktien auf Namen lauten und ihre Übertragung an die Zustimmung der Gesellschaft gebunden ist. [3] Die Aktien der Entsendungsberechtigten gelten nicht als eine besondere Gattung. [4] Die Entsendungsrechte können insgesamt höchstens für ein Drittel der sich aus

---

1) **Habersack, Deutsche Gesetze ErgBd. Nr. 82a.**

2) **Habersack, Deutsche Gesetze ErgBd. Nr. 82b.**

3) **Habersack, Deutsche Gesetze ErgBd. Nr. 82c.**

4) **Habersack, Deutsche Gesetze ErgBd. Nr. 82d.**

5) Siehe hierzu § 12 Abs. 6 EGAktG (Nr. **51a**).

6) Nr. **50**.

7) *§ 101 Abs. 1 Sätze 1 und 2 geänd., Abs. 2* Satz 5 angef., Abs. 3 Satz 2 geänd. durch G v. 4.5.1976 (BGBl. I S. 1153); Abs. 2 Satz 1 geänd. durch G v. 19.12.1985 (BGBl. I S. 2355); Abs. 1 geänd. mWv 1.7. 2004 durch G v. 18.5.2004 (BGBl. I S. 974); Abs. 1 Satz 1 geänd. mWv 29.12.2006 durch G v. 21.12. 2006 (BGBl. I S. 3332); Abs. 2 Satz 5 aufgeh. mWv 11.12.2008 durch G v. 8.12.2008 (BGBl. I S. 2369).

dem Gesetz oder der Satzung ergebenden Zahl der Aufsichtsratsmitglieder der Aktionäre eingeräumt werden.

(3) [1]Stellvertreter von Aufsichtsratsmitgliedern können nicht bestellt werden. [2]Jedoch kann für jedes Aufsichtsratsmitglied mit Ausnahme des weiteren Mitglieds, das nach dem Montan-Mitbestimmungsgesetz oder dem Mitbestimmungsergänzungsgesetz auf Vorschlag der übrigen Aufsichtsratsmitglieder gewählt wird, ein Ersatzmitglied bestellt werden, das Mitglied des Aufsichtsrats wird, wenn das Aufsichtsratsmitglied vor Ablauf seiner Amtszeit wegfällt. [3]Das Ersatzmitglied kann nur gleichzeitig mit dem Aufsichtsratsmitglied bestellt werden. [4]Auf seine Bestellung sowie die Nichtigkeit und Anfechtung seiner Bestellung sind die für das Aufsichtsratsmitglied geltenden Vorschriften anzuwenden.

§ 102 Amtszeit der Aufsichtsratsmitglieder. (1) [1]Aufsichtsratsmitglieder können nicht für längere Zeit als bis zur Beendigung der Hauptversammlung bestellt werden, die über die Entlastung für das vierte Geschäftsjahr nach dem Beginn der Amtszeit beschließt. [2]Das Geschäftsjahr, in dem die Amtszeit beginnt, wird nicht mitgerechnet.

(2) Das Amt des Ersatzmitglieds erlischt spätestens mit Ablauf der Amtszeit des weggefallenen Aufsichtsratsmitglieds.

§ 103[1)] Abberufung der Aufsichtsratsmitglieder. (1) [1]Aufsichtsratsmitglieder, die von der Hauptversammlung ohne Bindung an einen Wahlvorschlag gewählt worden sind, können von ihr vor Ablauf der Amtszeit abberufen werden. [2]Der Beschluß bedarf einer Mehrheit, die mindestens drei Viertel der abgegebenen Stimmen umfaßt. [3]Die Satzung kann eine andere Mehrheit und weitere Erfordernisse bestimmen.

(2) [1]Ein Aufsichtsratsmitglied, das auf Grund der Satzung in den Aufsichtsrat entsandt ist, kann von dem Entsendungsberechtigten jederzeit abberufen und durch ein anderes ersetzt werden. [2]Sind die in der Satzung bestimmten Voraussetzungen des Entsendungsrechts weggefallen, so kann die Hauptversammlung das entsandte Mitglied mit einfacher Stimmenmehrheit abberufen.

(3) [1]Das Gericht hat auf Antrag des Aufsichtsrats ein Aufsichtsratsmitglied abzuberufen, wenn in dessen Person ein wichtiger Grund vorliegt. [2]Der Aufsichtsrat beschließt über die Antragstellung mit einfacher Mehrheit. [3]Ist das Aufsichtsratsmitglied auf Grund der Satzung in den Aufsichtsrat entsandt worden, so können auch Aktionäre, deren Anteile zusammen den zehnten Teil des Grundkapitals oder den anteiligen Betrag von einer Million Euro erreichen, den Antrag stellen. [4]Gegen die Entscheidung ist die Beschwerde zulässig.

(4) Für die Abberufung der Aufsichtsratsmitglieder, die weder von der Hauptversammlung ohne Bindung an einen Wahlvorschlag gewählt worden sind noch auf Grund der Satzung in den Aufsichtsrat entsandt sind, gelten außer Absatz 3 das Mitbestimmungsgesetz[2)], das Montan-Mitbestimmungsgesetz[3)], das Mitbestimmungsergänzungsgesetz[4)], das *Drittelbeteiligungsgesetz*[5)], das SE-Beteiligungs-

---

[1)] § 103 Abs. 4 geänd. durch G v. 4.5.1976 (BGBl. I S. 1153); Abs. 3 Satz 3 geänd. durch G v. 25.3.1998 (BGBl. I S. 590); Abs. 3 Satz 3 geänd. durch G v. 9.6.1998 (BGBl. I S. 1242); Abs. 4 geänd. mWv 1.7. 2004 durch G v. 18.5.2004 (BGBl. I S. 974); Abs. 4 geänd. mWv 29.12.2006 durch G v. 21.12.2006 (BGBl. I S. 3332); Abs. 3 Satz 4 geänd. mWv 1.9.2009 durch G v. 17.12.2008 (BGBl. I S. 2586).

[2)] **Habersack, Deutsche Gesetze ErgBd. Nr. 82a.**

[3)] **Habersack, Deutsche Gesetze ErgBd. Nr. 82b.**

[4)] **Habersack, Deutsche Gesetze ErgBd. Nr. 82c.**

[5)] **Habersack, Deutsche Gesetze ErgBd. Nr. 82d.**

gesetz[1] und das Gesetz über die Mitbestimmung der Arbeitnehmer bei einer grenzüberschreitenden Verschmelzung.

(5) Für die Abberufung eines Ersatzmitglieds gelten die Vorschriften über die Abberufung des Aufsichtsratsmitglieds, für das es bestellt ist.

§ 104[2] **Bestellung durch das Gericht.** (1) [1] Gehört dem Aufsichtsrat die zur Beschlußfähigkeit nötige Zahl von Mitgliedern nicht an, so hat ihn das Gericht auf Antrag des Vorstands, eines Aufsichtsratsmitglieds oder eines Aktionärs auf diese Zahl zu ergänzen. [2] Der Vorstand ist verpflichtet, den Antrag unverzüglich zu stellen, es sei denn, daß die rechtzeitige Ergänzung vor der nächsten Aufsichtsratssitzung zu erwarten ist. [3] Hat der Aufsichtsrat auch aus Aufsichtsratsmitgliedern der Arbeitnehmer zu bestehen, so können auch den Antrag stellen

1. der Gesamtbetriebsrat der Gesellschaft oder, wenn in der Gesellschaft nur ein Betriebsrat besteht, der Betriebsrat, sowie, wenn die Gesellschaft herrschendes Unternehmen eines Konzerns ist, der Konzernbetriebsrat,
2. der Gesamt- oder Unternehmenssprecherausschuss der Gesellschaft oder, wenn in der Gesellschaft nur ein Sprecherausschuss besteht, der Sprecherausschuss sowie, wenn die Gesellschaft herrschendes Unternehmen eines Konzerns ist, der Konzernsprecherausschuss,
3. der Gesamtbetriebsrat eines anderen Unternehmens, dessen Arbeitnehmer selbst oder durch Delegierte an der Wahl teilnehmen, oder, wenn in dem anderen Unternehmen nur ein Betriebsrat besteht, der Betriebsrat,
4. der Gesamt- oder Unternehmenssprecherausschuss eines anderen Unternehmens, dessen Arbeitnehmer selbst oder durch Delegierte an der Wahl teilnehmen, oder, wenn in dem anderen Unternehmen nur ein Sprecherausschuss besteht, der Sprecherausschuss,
5. mindestens ein Zehntel oder einhundert der Arbeitnehmer, die selbst oder durch Delegierte an der Wahl teilnehmen,
6. Spitzenorganisationen der Gewerkschaften, die das Recht haben, Aufsichtsratsmitglieder der Arbeitnehmer vorzuschlagen,
7. Gewerkschaften, die das Recht haben, Aufsichtsratsmitglieder der Arbeitnehmer vorzuschlagen.

[4] Hat der Aufsichtsrat nach dem Mitbestimmungsgesetz[3] auch aus Aufsichtsratsmitgliedern der Arbeitnehmer zu bestehen, so sind außer den nach Satz 3 Antragsberechtigten auch je ein Zehntel der wahlberechtigten in § 3 Abs. 1 Nr. 1 des Mitbestimmungsgesetzes bezeichneten Arbeitnehmer oder der wahlberechtigten leitenden Angestellten im Sinne des Mitbestimmungsgesetzes antragsberechtigt. [5] Gegen die Entscheidung ist die Beschwerde zulässig.

---

[1] **Loseblatt-Textsammlung Arbeitsrecht Nr. 569a.**

[2] § 104 Abs. 1 Satz 3 Nr. 1 und 2 neu gef., Nr. 5 angef., Abs. 1 Satz 4 eingef., bish. Satz 4 wird Satz 5, Abs. 3 und Abs. 4 Satz 4 geänd. durch G v. 4.5.1976 (BGBl. I S. 1153); Abs. 1 Satz 3 Nr. 4 geänd. durch G v. 19.12.1985 (BGBl. I S. 2355); Abs. 1 Satz 3 Nr. 2 und 3 sowie Abs. 4 Satz 4 geänd. durch G v. 20.12. 1988 (BGBl. I S. 2312); Abs. 1 Satz 3 Nr. 2 und 3 sowie Abs. 4 Satz 4 geänd. durch G v. 26.6.1990 (BGBl. I S. 1206); Abs. 1 Satz 3 Nr. 2 und 4 eingef., bish. Nr. 2 wird Nr. 3, Nr. 3–5 werden Nr. 5–7, Abs. 1 Satz 4 geänd. mWv 27.3.2002 durch G v. 23.3.2002 (BGBl. I S. 1130); Abs. 1 Satz 5 und Abs. 2 Satz 4 geänd., Abs. 6 Satz 3 neu gef., Satz 4 aufgeh., bish. Satz 5 wird Satz 4 mWv 1.9.2009 durch G v. 17.12.2008 (BGBl. I S. 2586); Abs. 5 eingef., bish. Abs. 5 und 6 werden Abs. 6 und 7 mWv 1.5.2015 durch G v. 24.4.2015 (BGBl. I S. 642).

[3] **Habersack, Deutsche Gesetze ErgBd. Nr. 82a.**

(2) [1] Gehören dem Aufsichtsrat länger als drei Monate weniger Mitglieder als die durch Gesetz oder Satzung festgesetzte Zahl an, so hat ihn das Gericht auf Antrag auf diese Zahl zu ergänzen. [2] In dringenden Fällen hat das Gericht auf Antrag den Aufsichtsrat auch vor Ablauf der Frist zu ergänzen. [3] Das Antragsrecht bestimmt sich nach Absatz 1. [4] Gegen die Entscheidung ist die Beschwerde zulässig.

(3) Absatz 2 ist auf einen Aufsichtsrat, in dem die Arbeitnehmer ein Mitbestimmungsrecht nach dem Mitbestimmungsgesetz, dem Montan-Mitbestimmungsgesetz[1)] oder dem Mitbestimmungsergänzungsgesetz[2)] haben, mit der Maßgabe anzuwenden,

1. daß das Gericht den Aufsichtsrat hinsichtlich des weiteren Mitglieds, das nach dem Montan-Mitbestimmungsgesetz oder dem Mitbestimmungsergänzungsgesetz auf Vorschlag der übrigen Aufsichtsratsmitglieder gewählt wird, nicht ergänzen kann,
2. daß es stets ein dringender Fall ist, wenn dem Aufsichtsrat, abgesehen von dem in Nummer 1 genannten weiteren Mitglied, nicht alle Mitglieder angehören, aus denen er nach Gesetz oder Satzung zu bestehen hat.

(4) [1] Hat der Aufsichtsrat auch aus Aufsichtsratsmitgliedern der Arbeitnehmer zu bestehen, so hat das Gericht ihn so zu ergänzen, daß das für seine Zusammensetzung maßgebende zahlenmäßige Verhältnis hergestellt wird. [2] Wenn der Aufsichtsrat zur Herstellung seiner Beschlußfähigkeit ergänzt wird, gilt dies nur, soweit die zur Beschlußfähigkeit nötige Zahl der Aufsichtsratsmitglieder die Wahrung dieses Verhältnisses möglich macht. [3] Ist ein Aufsichtsratsmitglied zu ersetzen, das nach Gesetz oder Satzung in persönlicher Hinsicht besonderen Voraussetzungen entsprechen muß, so muß auch das vom Gericht bestellte Aufsichtsratsmitglied diesen Voraussetzungen entsprechen. [4] Ist ein Aufsichtsratsmitglied zu ersetzen, bei dessen Wahl eine Spitzenorganisation der Gewerkschaften, eine Gewerkschaft oder die Betriebsräte ein Vorschlagsrecht hätten, so soll das Gericht Vorschläge dieser Stellen berücksichtigen, soweit nicht überwiegende Belange der Gesellschaft oder der Allgemeinheit der Bestellung des Vorgeschlagenen entgegenstehen; das gleiche gilt, wenn das Aufsichtsratsmitglied durch Delegierte zu wählen wäre, für gemeinsame Vorschläge der Betriebsräte der Unternehmen, in denen Delegierte zu wählen sind.

(5) Die Ergänzung durch das Gericht ist bei börsennotierten Gesellschaften, für die das Mitbestimmungsgesetz, das Montan-Mitbestimmungsgesetz oder das Mitbestimmungsergänzungsgesetz gilt, nach Maßgabe des § 96 Absatz 2 Satz 1 bis 5 vorzunehmen.

(6) Das Amt des gerichtlich bestellten Aufsichtsratsmitglieds erlischt in jedem Fall, sobald der Mangel behoben ist.

(7) [1] Das gerichtlich bestellte Aufsichtsratsmitglied hat Anspruch auf Ersatz angemessener barer Auslagen und, wenn den Aufsichtsratsmitgliedern der Gesellschaft eine Vergütung gewährt wird, auf Vergütung für seine Tätigkeit. [2] Auf Antrag des Aufsichtsratsmitglieds setzt das Gericht die Auslagen und die Vergütung fest. [3] Gegen die Entscheidung ist die Beschwerde zulässig; die Rechtsbeschwerde ist ausgeschlossen. [4] Aus der rechtskräftigen Entscheidung findet die Zwangsvollstreckung nach der Zivilprozeßordnung[3)] statt.

---

1) **Habersack, Deutsche Gesetze ErgBd. Nr. 82b.**
2) **Habersack, Deutsche Gesetze ErgBd. Nr. 82c.**
3) Nr. **100**.

§ 105[1)] Unvereinbarkeit der Zugehörigkeit zum Vorstand und zum Aufsichtsrat. (1) Ein Aufsichtsratsmitglied kann nicht zugleich Vorstandsmitglied, dauernd Stellvertreter von Vorstandsmitgliedern, Prokurist oder zum gesamten Geschäftsbetrieb ermächtigter Handlungsbevollmächtigter der Gesellschaft sein.

(2) [1] Nur für einen im voraus begrenzten Zeitraum, höchstens für ein Jahr, kann der Aufsichtsrat einzelne seiner Mitglieder zu Stellvertretern von fehlenden oder verhinderten Vorstandsmitgliedern bestellen. [2] Eine wiederholte Bestellung oder Verlängerung der Amtszeit ist zulässig, wenn dadurch die Amtszeit insgesamt ein Jahr nicht übersteigt. [3] Während ihrer Amtszeit als Stellvertreter von Vorstandsmitgliedern können die Aufsichtsratsmitglieder keine Tätigkeit als Aufsichtsratsmitglied ausüben. [4] Das Wettbewerbsverbot des § 88 gilt für sie nicht.

§ 106[2)] Bekanntmachung der Änderungen im Aufsichtsrat. Der Vorstand hat bei jeder Änderung in den Personen der Aufsichtsratsmitglieder unverzüglich eine Liste der Mitglieder des Aufsichtsrats, aus welcher Name, Vorname, ausgeübter Beruf und Wohnort der Mitglieder ersichtlich ist, zum Handelsregister einzureichen; das Gericht hat nach § 10 des Handelsgesetzbuchs[3)] einen Hinweis darauf bekannt zu machen, dass die Liste zum Handelsregister eingereicht worden ist.

§ 107[4)] Innere Ordnung des Aufsichtsrats. (1) [1] Der Aufsichtsrat hat nach näherer Bestimmung der Satzung aus seiner Mitte einen Vorsitzenden und mindestens einen Stellvertreter zu wählen. [2] Der Vorstand hat zum Handelsregister anzumelden, wer gewählt ist. [3] Der Stellvertreter hat nur dann die Rechte und Pflichten des Vorsitzenden, wenn dieser verhindert ist.

(2) [1] Über die Sitzungen des Aufsichtsrats ist eine Niederschrift anzufertigen, die der Vorsitzende zu unterzeichnen hat. [2] In der Niederschrift sind der Ort und der Tag der Sitzung, die Teilnehmer, die Gegenstände der Tagesordnung, der wesentliche Inhalt der Verhandlungen und die Beschlüsse des Aufsichtsrats anzugeben. [3] Ein Verstoß gegen Satz 1 oder Satz 2 macht einen Beschluß nicht unwirksam. [4] Jedem Mitglied des Aufsichtsrats ist auf Verlangen eine Abschrift der Sitzungsniederschrift auszuhändigen.

(3) [1] Der Aufsichtsrat kann aus seiner Mitte einen oder mehrere Ausschüsse bestellen, namentlich, um seine Verhandlungen und Beschlüsse vorzubereiten oder die Ausführung seiner Beschlüsse zu überwachen. [2] Er kann insbesondere einen Prüfungsausschuss bestellen, der sich mit der Überwachung des Rechnungslegungsprozesses, der Wirksamkeit des internen Kontrollsystems, des Risikomanagementsystems und des internen Revisionssystems sowie der Abschlussprüfung, hier insbesondere der Auswahl und der Unabhängigkeit des Abschlussprüfers, der Qualität der Abschlussprüfung und der vom Abschlussprüfer zusätzlich erbrachten

---

[1)] § 105 Abs. 2 Satz 1 geänd. mWv 1.11.2008 durch G v. 23.10.2008 (BGBl. I S. 2026).

[2)] § 106 neu gef. mWv 1.1.2007 durch G v. 10.11.2006 (BGBl. I S. 2553).

[3)] Nr. **50**.

[4)] § 107 Abs. 3 Satz 2 geänd. durch G v. 19.12.1985 (BGBl. I S. 2355); Abs. 3 Satz 3 angef. mWv 26.7. 2002 durch G v. 19.7.2002 (BGBl. I S. 2681); Abs. 1 Satz 3 geänd. mWv 1.11.2008 durch G v. 23.10. 2008 (BGBl. I S. 2026); Abs. 3 Satz 2 eingef., bish. Sätze 2 und 3 werden Sätze 3 und 4, Abs. 4 angef. mWv 29.5.2009 durch G v. 25.5.2009 (BGBl. I S. 1102); Abs. 3 Satz 3 geänd. mWv 5.8.2009 durch G v. 31.7.2009 (BGBl. I S. 2509); Abs. 3 Satz 2 geänd., Satz 3 eingef., bish. Sätze 3 und 4 werden Sätze 4 und 5, *Abs. 4 geänd. mWv 17.6.2016 durch G v. 10.5.2016* (BGBl. I S. 1142); Abs. 3 Sätze 4–6 eingef., bish. Sätze 4 und 5 werden Sätze 7 und 8 mWv 1.1.2020 durch G v. 12.12.2019 (BGBl. I S. 2637); Abs. 3 Satz 2 geänd., Abs. 4 neu gef. mWv 1.7.2021 durch G v. 3.6.2021 (BGBl. I S. 1534); Abs. 3 Satz 7 geänd. mWv 12.8.2021 durch G v. 7.8.2021 (BGBl. I S. 3311).

Leistungen, befasst. [3] Der Prüfungsausschuss kann Empfehlungen oder Vorschläge zur Gewährleistung der Integrität des Rechnungslegungsprozesses unterbreiten. [4] Der Aufsichtsrat der börsennotierten Gesellschaft kann außerdem einen Ausschuss bestellen, der über die Zustimmung nach § 111b Absatz 1 beschließt. [5] An dem Geschäft beteiligte nahestehende Personen im Sinne des § 111a Absatz 1 Satz 2 können nicht Mitglieder des Ausschusses sein. [6] Er muss mehrheitlich aus Mitgliedern zusammengesetzt sein, bei denen keine Besorgnis eines Interessenkonfliktes auf Grund ihrer Beziehungen zu einer nahestehenden Person besteht. [7] Die Aufgaben nach Absatz 1 Satz 1, § 59 Abs. 3, § 77 Abs. 2 Satz 1, § 84 Abs. 1 Satz 1 und 3, Absatz 2, 3 Satz 2 und 3 sowie Absatz 4 Satz 1, § 87 Abs. 1 und Abs. 2 Satz 1 und 2, § 111 Abs. 3, §§ 171, 314 Abs. 2 und 3, sowie Beschlüsse, daß bestimmte Arten von Geschäften nur mit Zustimmung des Aufsichtsrats vorgenommen werden dürfen, können einem Ausschuß nicht an Stelle des Aufsichtsrats zur Beschlußfassung überwiesen werden. [8] Dem Aufsichtsrat ist regelmäßig über die Arbeit der Ausschüsse zu berichten.

(4)[1)] [1] Der Aufsichtsrat einer Gesellschaft, die Unternehmen von öffentlichem Interesse nach § 316a Satz 2 des Handelsgesetzbuchs[2)] ist, hat einen Prüfungsausschuss im Sinne des Absatzes 3 Satz 2 einzurichten. [2] Besteht der Aufsichtsrat nur aus drei Mitgliedern, ist dieser auch der Prüfungsausschuss. [3] Der Prüfungsausschuss muss die Voraussetzungen des § 100 Absatz 5 erfüllen. [4] Jedes Mitglied des Prüfungsausschusses kann über den Ausschussvorsitzenden unmittelbar bei den Leitern derjenigen Zentralbereiche der Gesellschaft, die in der Gesellschaft für die Aufgaben zuständig sind, die den Prüfungsausschuss nach Absatz 3 Satz 2 betreffen, Auskünfte einholen. [5] Der Ausschussvorsitzende hat die eingeholte Auskunft allen Mitgliedern des Prüfungsausschusses mitzuteilen. [6] Werden Auskünfte nach Satz 4 eingeholt, ist der Vorstand hierüber unverzüglich zu unterrichten.

§ 108[3)] Beschlußfassung des Aufsichtsrats. (1) Der Aufsichtsrat entscheidet durch Beschluß.

(2) [1] Die Beschlußfähigkeit des Aufsichtsrats kann, soweit sie nicht gesetzlich geregelt ist, durch die Satzung bestimmt werden. [2] Ist sie weder gesetzlich noch durch die Satzung geregelt, so ist der Aufsichtsrat nur beschlußfähig, wenn mindestens die Hälfte der Mitglieder, aus denen er nach Gesetz oder Satzung insgesamt zu bestehen hat, an der Beschlußfassung teilnimmt. [3] In jedem Fall müssen mindestens drei Mitglieder an der Beschlußfassung teilnehmen. [4] Der Beschlußfähigkeit steht nicht entgegen, daß dem Aufsichtsrat weniger Mitglieder als die durch Gesetz oder Satzung festgesetzte Zahl angehören, auch wenn das für seine Zusammensetzung maßgebende zahlenmäßige Verhältnis nicht gewahrt ist.

(3) [1] Abwesende Aufsichtsratsmitglieder können dadurch an der Beschlußfassung des Aufsichtsrats und seiner Ausschüsse teilnehmen, daß sie schriftliche Stimmabgaben überreichen lassen. [2] Die schriftlichen Stimmabgaben können durch andere Aufsichtsratsmitglieder überreicht werden. [3] Sie können auch durch Personen, die nicht dem Aufsichtsrat angehören, übergeben werden, wenn diese nach § 109 Abs. 3 zur Teilnahme an der Sitzung berechtigt sind.

(4) Schriftliche, fernmündliche oder andere vergleichbare Formen der Beschlussfassung des Aufsichtsrats und seiner Ausschüsse sind vorbehaltlich einer

---

1) Siehe hierzu § 12 Abs. 6 und § 26k Abs. 2 EGAktG (Nr. **51a**).

2) Nr. **50**.

3) § 108 Abs. 4 neu gef. mWv 25.1.2001 durch G v. 18.1.2001 (BGBl. I S. 123).

näheren Regelung durch die Satzung oder eine Geschäftsordnung des Aufsichtsrats nur zulässig, wenn kein Mitglied diesem Verfahren widerspricht.

§ 109[1)] **Teilnahme an Sitzungen des Aufsichtsrats und seiner Ausschüsse.**

(1) [1] An den Sitzungen des Aufsichtsrats und seiner Ausschüsse sollen Personen, die weder dem Aufsichtsrat noch dem Vorstand angehören, nicht teilnehmen. [2] Sachverständige und Auskunftspersonen können zur Beratung über einzelne Gegenstände zugezogen werden. [3] Wird der Abschlussprüfer als Sachverständiger zugezogen, nimmt der Vorstand an dieser Sitzung nicht teil, es sei denn, der Aufsichtsrat oder der Ausschuss erachtet seine Teilnahme für erforderlich.

(2) Aufsichtsratsmitglieder, die dem Ausschuß nicht angehören, können an den Ausschußsitzungen teilnehmen, wenn der Vorsitzende des Aufsichtsrats nichts anderes bestimmt.

(3) Die Satzung kann zulassen, daß an den Sitzungen des Aufsichtsrats und seiner Ausschüsse Personen, die dem Aufsichtsrat nicht angehören, an Stelle von verhinderten Aufsichtsratsmitgliedern teilnehmen können, wenn diese sie hierzu in Textform ermächtigt haben.

(4) Abweichende gesetzliche Vorschriften bleiben unberührt.

§ 110[2)] **Einberufung des Aufsichtsrats.** (1) [1] Jedes Aufsichtsratsmitglied oder der Vorstand kann unter Angabe des Zwecks und der Gründe verlangen, daß der Vorsitzende des Aufsichtsrats unverzüglich den Aufsichtsrat einberuft. [2] Die Sitzung muß binnen zwei Wochen nach der Einberufung stattfinden.

(2) Wird dem Verlangen nicht entsprochen, so kann das Aufsichtsratsmitglied oder der Vorstand unter Mitteilung des Sachverhalts und der Angabe einer Tagesordnung selbst den Aufsichtsrat einberufen.

(3) [1] Der Aufsichtsrat muss zwei Sitzungen im Kalenderhalbjahr abhalten. [2] In nichtbörsennotierten Gesellschaften kann der Aufsichtsrat beschließen, dass eine Sitzung im Kalenderhalbjahr abzuhalten ist.

§ 111[3) 4)] **Aufgaben und Rechte des Aufsichtsrats.** (1) Der Aufsichtsrat hat die Geschäftsführung zu überwachen.

(2) [1] Der Aufsichtsrat kann die Bücher und Schriften der Gesellschaft sowie die Vermögensgegenstände, namentlich die Gesellschaftskasse und die Bestände an Wertpapieren und Waren, einsehen und prüfen. [2] Er kann damit auch einzelne Mitglieder oder für bestimmte Aufgaben besondere Sachverständige beauftragen. [3] Er erteilt dem Abschlußprüfer den Prüfungsauftrag für den Jahres- und den Konzernabschluß gemäß § 290 des Handelsgesetzbuchs[5)]. [4] Er kann darüber hinaus eine externe inhaltliche Überprüfung der nichtfinanziellen Erklärung oder des gesonderten nichtfinanziellen Berichts (§ 289b des Handelsgesetzbuchs), der

---

[1)] § 109 Abs. 3 geänd. mWv 1.8.2001 durch G v. 13.7.2001 (BGBl. I S. 1542); Abs. 1 Satz 3 angef. mWv 1.7.2021 durch G v. 3.6.2021 (BGBl. I S. 1534).

[2)] § 110 Abs. 3 neu gef. durch G v. 27.4.1998 (BGBl. I S. 786); Abs. 2 und 3 neu gef. mWv 26.7.2002 durch G v. 19.7.2002 (BGBl. I S. 2681).

[3)] § 111 Abs. 2 Satz 3 angef. durch G v. 27.4.1998 (BGBl. I S. 786); Abs. 4 Satz 2 geänd. mWv 26.7.2002 durch G v. 19.7.2002 (BGBl. I S. 2681); Abs. 5 eingef., bish. Abs. 5 wird Abs. 6 mWv 1.5.2015 durch G v. 24.4.2015 (BGBl. I S. 642); Abs. 2 Satz 4 angef. mWv 19.4.2017 durch G v. 11.4.2017 (BGBl. I S. 802); Abs. 5 neu gef. mWv 12.8.2021 durch G v. 7.8.2021 (BGBl. I S. 3311).

[4)] Siehe hierzu Übergangsvorschriften in §§ 26i und 26l EGAktG (Nr. **51a**).

[5)] Nr. **50**.

nichtfinanziellen Konzernerklärung oder des gesonderten nichtfinanziellen Konzernberichts (§ 315b des Handelsgesetzbuchs) beauftragen.

(3) [1] Der Aufsichtsrat hat eine Hauptversammlung einzuberufen, wenn das Wohl der Gesellschaft es fordert. [2] Für den Beschluß genügt die einfache Mehrheit.

(4) [1] Maßnahmen der Geschäftsführung können dem Aufsichtsrat nicht übertragen werden. [2] Die Satzung oder der Aufsichtsrat hat jedoch zu bestimmen, daß bestimmte Arten von Geschäften nur mit seiner Zustimmung vorgenommen werden dürfen. [3] Verweigert der Aufsichtsrat seine Zustimmung, so kann der Vorstand verlangen, daß die Hauptversammlung über die Zustimmung beschließt. [4] Der Beschluß, durch den die Hauptversammlung zustimmt, bedarf einer Mehrheit, die mindestens drei Viertel der abgegebenen Stimmen umfaßt. [5] Die Satzung kann weder eine andere Mehrheit noch weitere Erfordernisse bestimmen.

(5) [1] Der Aufsichtsrat von Gesellschaften, die börsennotiert sind oder der Mitbestimmung unterliegen, legt für den Frauenanteil im Aufsichtsrat und im Vorstand Zielgrößen fest. [2] Die Zielgrößen müssen den angestrebten Frauenanteil am jeweiligen Gesamtgremium beschreiben und bei Angaben in Prozent vollen Personenzahlen entsprechen. [3] Legt der Aufsichtsrat für den Aufsichtsrat oder den Vorstand die Zielgröße Null fest, so hat er diesen Beschluss klar und verständlich zu begründen. [4] Die Begründung muss ausführlich die Erwägungen darlegen, die der Entscheidung zugrunde liegen. [5] Liegt der Frauenanteil bei Festlegung der Zielgrößen unter 30 Prozent, so dürfen die Zielgrößen den jeweils erreichten Anteil nicht mehr unterschreiten. [6] Gleichzeitig sind Fristen zur Erreichung der Zielgrößen festzulegen. [7] Die Fristen dürfen jeweils nicht länger als fünf Jahre sein. [8] Wenn für den Aufsichtsrat bereits das Mindestanteilsgebot nach § 96 Absatz 2 oder 3 gilt, sind die Festlegungen nur für den Vorstand vorzunehmen. [9] Gilt für den Vorstand das Beteiligungsgebot nach § 76 Absatz 3a, entfällt auch die Pflicht zur Zielgrößensetzung für den Vorstand.

(6) Die Aufsichtsratsmitglieder können ihre Aufgaben nicht durch andere wahrnehmen lassen.

§ 111a[1)] Geschäfte mit nahestehenden Personen. (1) [1] Geschäfte mit nahestehenden Personen sind Rechtsgeschäfte oder Maßnahmen,

(Fortsetzung nächstes Blatt)

[1)] § 111a eingef. mWv 1.1.2020 durch G v. 12.12.2019 (BGBl. I S. 2637).

che Mitteilung erhalten hat und bevor ihm das Bestehen der wechselseitigen Beteiligung bekannt geworden ist.

(3) In der Hauptversammlung einer börsennotierten Gesellschaft kann ein Unternehmen, dem die wechselseitige Beteiligung gemäß Absatz 1 bekannt ist, sein Stimmrecht zur Wahl von Mitgliedern in den Aufsichtsrat nicht ausüben.

(4) Sind eine Aktiengesellschaft oder Kommanditgesellschaft auf Aktien und ein anderes Unternehmen wechselseitig beteiligte Unternehmen, so haben die Unternehmen einander unverzüglich die Höhe ihrer Beteiligung und jede Änderung schriftlich mitzuteilen.

Sechster Teil.[1) 2)] Rechnungslegung im Konzern

§§ 329–393[3)] *(aufgehoben)*

Viertes Buch.[4)] Sonder-, Straf- und Schlußvorschriften

Erster Teil. Sondervorschriften bei Beteiligung von Gebietskörperschaften

§ 393a[5) 6)] **Besetzung von Organen bei Aktiengesellschaften mit Mehrheitsbeteiligung des Bundes.** (1) [1] Aktiengesellschaften mit Mehrheitsbeteiligung des Bundes sind Aktiengesellschaften mit Sitz im Inland,

1. deren Anteile zur Mehrheit vom Bund gehalten werden oder
2. die große Kapitalgesellschaften (§ 267 Absatz 3 des Handelsgesetzbuchs[7)]) sind und deren Anteile zur Mehrheit von Gesellschaften gehalten werden, deren Anteile ihrerseits zur Mehrheit vom Bund gehalten werden, oder
3. die in der Regel mehr als 500 Arbeitnehmerinnen und Arbeitnehmer haben und deren Anteile zur Mehrheit von Gesellschaften gehalten werden, deren Anteile ihrerseits zur Mehrheit
   a) vom Bund gehalten werden oder
   b) von Gesellschaften gehalten werden, bei denen sich die Inhaberschaften an den Anteilen in dieser Weise bis zu Gesellschaften fortsetzen, deren Anteile zur Mehrheit vom Bund gehalten werden.

[2] Anteile, die über ein Sondervermögen des Bundes gehalten werden, bleiben außer Betracht. [3] Dem Bund stehen öffentlich-rechtliche Anstalten des Bundes, die unternehmerisch tätig sind, gleich.

(2) Für Aktiengesellschaften mit Mehrheitsbeteiligung des Bundes gelten

---

1) *Bish. Fünfter Teil wird Sechster* Teil mWv 1.1.2002 durch G v. 20.12.2001 (BGBl. I S. 3822).

2) Beachte hierzu das G über die Rechnungslegung von bestimmten Unternehmen und Konzernen (Publizitätsgesetz – PublG) (Nr. **52b**).

3) §§ 329–336 und § 338 aufgeh. durch G v. 19.12.1985 (BGBl. I S. 2355); §§ 339–393 aufgeh. durch G v. 28.10.1994 (BGBl. I S. 3210); § 337 aufgeh. mWv 26.7.2002 durch G v. 19.7.2002 (BGBl. I S. 2681).

4) Viertes Buch (§§ 339–393) aufgeh., bish. Fünftes Buch wird Viertes Buch durch G v. 28.10.1994 (BGBl. I S. 3210).

5) § 393a eingef. mWv 12.8.2021 durch G v. 7.8.2021 (BGBl. I S. 3311).

6) Siehe hierzu Übergangsvorschrift in § 26l EGAktG (Nr. **51a**).

7) Nr. **50**.

1. § 76 Absatz 3a unabhängig von einer Börsennotierung und einer Geltung des Mitbestimmungsgesetzes[1], des Montan-Mitbestimmungsgesetzes[2] oder des Mitbestimmungsergänzungsgesetzes[3], wenn der Vorstand aus mehr als zwei Personen besteht, sowie
2. § 96 Absatz 2 unabhängig von einer Börsennotierung und einer Geltung des Mitbestimmungsgesetzes, des Montan-Mitbestimmungsgesetzes oder des Mitbestimmungsergänzungsgesetzes.

(3) [1] Die Länder können die Vorgaben des Absatzes 2 durch Landesgesetz auf Aktiengesellschaften erstrecken, an denen eine Mehrheitsbeteiligung eines Landes entsprechend Absatz 1 besteht. [2] In diesem Fall gelten für Gesellschaften mit Mehrheitsbeteiligung eines Landes, die der Mitbestimmung unterliegen, die gesetzlichen Regelungen und Wahlordnungen zur Mitbestimmung in Unternehmen mit Mehrheitsbeteiligung des Bundes entsprechend.

§ 394[4] Berichte der Aufsichtsratsmitglieder. [1] Aufsichtsratsmitglieder, die auf Veranlassung einer Gebietskörperschaft in den Aufsichtsrat gewählt oder entsandt worden sind, unterliegen hinsichtlich der Berichte, die sie der Gebietskörperschaft zu erstatten haben, keiner Verschwiegenheitspflicht. [2] Für vertrauliche Angaben und Geheimnisse der Gesellschaft, namentlich Betriebs- oder Geschäftsgeheimnisse, gilt dies nicht, wenn ihre Kenntnis für die Zwecke der Berichte nicht von Bedeutung ist. [3] Die Berichtspflicht nach Satz 1 kann auf Gesetz, auf Satzung oder auf dem Aufsichtsrat in Textform mitgeteiltem Rechtsgeschäft beruhen.

§ 395 Verschwiegenheitspflicht. (1) Personen, die damit betraut sind, die Beteiligungen einer Gebietskörperschaft zu verwalten oder für eine Gebietskörperschaft die Gesellschaft, die Betätigung der Gebietskörperschaft als Aktionär oder die Tätigkeit der auf Veranlassung der Gebietskörperschaft gewählten oder entsandten Aufsichtsratsmitglieder zu prüfen, haben über vertrauliche Angaben und Geheimnisse der Gesellschaft, namentlich Betriebs- oder Geschäftsgeheimnisse, die ihnen aus Berichten nach § 394 bekanntgeworden sind, Stillschweigen zu bewahren; dies gilt nicht für Mitteilungen im dienstlichen Verkehr.

(2) Bei der Veröffentlichung von Prüfungsergebnissen dürfen vertrauliche Angaben und Geheimnisse der Gesellschaft, namentlich Betriebs- oder Geschäftsgeheimnisse, nicht veröffentlicht werden.

Zweiter Teil. Gerichtliche Auflösung

§ 396 Voraussetzungen. (1) [1] Gefährdet eine Aktiengesellschaft oder Kommanditgesellschaft auf Aktien durch gesetzwidriges Verhalten ihrer Verwaltungsträger das Gemeinwohl und sorgen der Aufsichtsrat und die Hauptversammlung nicht für eine Abberufung der Verwaltungsträger, so kann die Gesellschaft auf Antrag der zuständigen obersten Landesbehörde des Landes, in dem die Gesellschaft ihren Sitz hat, durch Urteil aufgelöst werden. [2] Ausschließlich zuständig für die Klage ist das Landgericht, in dessen Bezirk die Gesellschaft ihren Sitz hat.

(2) [1] Nach der Auflösung findet die Abwicklung nach den §§ 264 bis 273 statt. [2] Den Antrag auf Abberufung oder Bestellung der Abwickler aus einem wichtigen Grund kann auch die in Absatz 1 Satz 1 bestimmte Behörde stellen.

---

[1] **Habersack, Deutsche Gesetze ErgBd. Nr. 82a.**
[2] **Habersack, Deutsche Gesetze ErgBd. Nr. 82b.**
[3] **Habersack, Deutsche Gesetze ErgBd. Nr. 82c.**
[4] § 394 Satz 3 angef. mWv 31.12.2015 durch G v. 22.12.2015 (BGBl. I S. 2565).

§ 397 Anordnungen bei der Auflösung. Ist die Auflösungsklage erhoben, so kann das Gericht auf Antrag der in § 396 Abs. 1 Satz 1 bestimmten Behörde durch einstweilige Verfügung die nötigen Anordnungen treffen.

§ 398 Eintragung. [1] Die Entscheidungen des Gerichts sind dem Registergericht mitzuteilen. [2] Dieses trägt sie, soweit sie eintragungspflichtige Rechtsverhältnisse betreffen, in das Handelsregister ein.

Dritter Teil. Straf- und Bußgeldvorschriften. Schlußvorschriften

§ 399[1)] Falsche Angaben. (1) Mit Freiheitsstrafe bis zu drei Jahren oder mit Geldstrafe wird bestraft, wer

1. als Gründer oder als Mitglied des Vorstands oder des Aufsichtsrats zum Zweck der Eintragung der Gesellschaft oder eines Vertrags nach § 52 Absatz 1 Satz 1 über die Übernahme der Aktien, die Einzahlung auf Aktien, die Verwendung eingezahlter Beträge, den Ausgabebetrag der Aktien, über Sondervorteile, Gründungsaufwand, Sacheinlagen und Sachübernahmen oder in der nach § 37a Absatz 2, auch in Verbindung mit § 52 Absatz 6 Satz 3, abzugebenden Versicherung,
2. als Gründer oder als Mitglied des Vorstands oder des Aufsichtsrats im Gründungsbericht, im Nachgründungsbericht oder im Prüfungsbericht,
3. in der öffentlichen Ankündigung nach § 47 Nr. 3,
4. als Mitglied des Vorstands oder des Aufsichtsrats zum Zweck der Eintragung einer Erhöhung des Grundkapitals (§§ 182 bis 206) über die Einbringung des bisherigen, die Zeichnung oder Einbringung des neuen Kapitals, den Ausgabebetrag der Aktien, die Ausgabe der Bezugsaktien, über Sacheinlagen, in der Bekanntmachung nach § 183a Abs. 2 Satz 1 in Verbindung mit § 37a Abs. 2 oder in der nach § 184 Abs. 1 Satz 3 abzugebenden Versicherung,
5. als Abwickler zum Zweck der Eintragung der Fortsetzung der Gesellschaft in dem nach § 274 Abs. 3 zu führenden Nachweis oder
6. als Mitglied des Vorstands einer Aktiengesellschaft oder des Leitungsorgans einer ausländischen juristischen Person in der nach § 37 Abs. 2 Satz 1 oder § 81 Abs. 3 Satz 1 abzugebenden Versicherung oder als Abwickler in der nach § 266 Abs. 3 Satz 1 abzugebenden Versicherung

falsche Angaben macht oder erhebliche Umstände verschweigt.

(Fortsetzung nächstes Blatt)

[1)] § 399 Abs. 1 geänd. durch G v. 25.6.1969 (BGBl. I S. 645) und G v. 2.3.1974 (BGBl. I S. 469); Abs. 1 Nr. 4 und 5 geänd., Nr. 6 angef. durch G v. 4.7.1980 (BGBl. I S. 836); Abs. 1 Nr. 1 geänd. durch G v. 2.8.1994 (BGBl. I S. 1961); Abs. 2 geänd. durch G v. 28.10.1994 (BGBl. I S. 3210); Abs. 1 Nr. 1 und 6 geänd. mWv 1.11.2008 durch G v. 23.10.2008 (BGBl. I S. 2026); Abs. 1 Nr. 1 und 4 geänd. mWv 1.9. 2009 durch G v. 30.7.2009 (BGBl. I S. 2479); Abs. 1 Nr. 1 geänd. mWv 31.12.2015 durch G v. 22.12. 2015 (BGBl. I S. 2565).

51a. Einführungsgesetz zum Aktiengesetz

Vom 6. September 1965
(BGBl. I S. 1185)

FNA 4121-2

Lfd. Nr.	Änderndes Gesetz	Datum	Fund-stelle	Betroffen	Hinweis
1.–19.	Änderungsgesetze bis einschl. G v. 25.5.2009 (BGBl. I S. 1102) nur noch in den Anmerkungen nachgewiesen				
20.	Art. 2 G zur Umsetzung der AktionärsrechteRL (ARUG)[1]	30.7.2009	BGBl. I S. 2479	§ 20	neu gef. mWv 1.9.2009
21.	Art. 2 G zur Angemessenheit der Vorstandsvergütung (VorstAG)	31.7.2009	BGBl. I S. 2509	§ 23	neu gef. mWv 5.8.2009
22.	Art. 42 Bundesrecht-BereinigungsG	8.12.2010	BGBl. I S. 1864	§§ 25, 29	aufgeh. mWv 15.12.2010
23.	Art. 7 RestrukturierungsG	9.12.2010	BGBl. I S. 1900	§ 24	neu gef. mWv 15.12.2010
25.	Art. 4 Kleinstkapitalgesellschaften-Bilanzrechtsänderungsg	20.12.2012	BGBl. I S. 2751	§ 26f	eingef. mWv 28.12.2012
26.	Art. 4 G für die gleichberechtigte Teilhabe von Frauen und Männern an Führungspositionen in der Privatwirtschaft und im öffentlichen Dienst	24.4.2015	BGBl. I S. 642	§ 27 § 25	geänd. mWv 1.5.2015 neu gef. mWv 1.5.2015
27.	Art. 5 Bilanzrichtlinie-UmsetzungsG	17.7.2015	BGBl. I S. 1245	§ 26g	eingef. mWv 23.7.2015
28.	Art. 2 Aktienrechtsnovelle 2016	22.12.2015	BGBl. I S. 2565	§ 26h	eingef. mWv 31.12.2015
29.	Art. 6 Abschlussprüfungsreformg (AReG)	10.5.2016	BGBl. I S. 1142	§ 12	geänd. mWv 17.6.2016
30.	Art. 9 CSR-Richtlinie-UmsetzungsG[2]	11.4.2017	BGBl. I S. 802	§ 26i	eingef. mWv 19.4.2017

[1] ***Amtl. Anm.:*** *Dieses Gesetz dient* der Umsetzung
- der Richtlinie 2006/68/EG des Europäischen Parlaments und des Rates vom 6. September 2006 zur Änderung der Richtlinie 77/91/EWG des Rates in Bezug auf die Gründung von Aktiengesellschaften und die Erhaltung und Änderung ihres Kapitals (ABl. L 264 vom 25.9.2006, S. 32) und
- der Richtlinie 2007/36/EG des Europäischen Parlaments und des Rates vom 11. Juli 2007 über die Ausübung bestimmter Rechte von Aktionären in börsennotierten Gesellschaften (ABl. L 184 vom 14.7. 2007, S. 17).

[2] **Amtl. Anm.:** Dieses Gesetz dient der Umsetzung der Richtlinie 2014/95/EU des Europäischen Parlaments und des Rates vom 22. Oktober 2014 zur Änderung der Richtlinie 2013/34/EU im Hinblick auf die Angabe nichtfinanzieller und die Diversität betreffender Informationen durch bestimmte große Unternehmen und Gruppen (ABl. L 330 vom 15.11.2014, S. 1; L 369 vom 24.12.2014, S. 79).

Lfd. Nr.	Änderndes Gesetz	Datum	Fundstelle	Betroffen	Hinweis
31.	Art. 2 G zur Umsetzung der zweiten AktionärsrechteRL (ARUG II)[1]	12.12. 2019	BGBl. I S. 2637	§ 26j	eingef. mWv 1.1.2020
32.	Art. 16 FinanzmarktintegritätsstärkungsG	3.6.2021	BGBl. I S. 1534	§ 12	geänd. mWv 1.7.2021
				§ 26k	eingef. mWv 1.7.2021
33.	Art. 8 G zur Ergänzung und Änd. der Regelungen für die gleichberechtigte Teilhabe von Frauen an Führungspositionen in der Privatwirtschaft und im öffentlichen Dienst	7.8.2021	BGBl. I S. 3311	§ 25	geänd. mWv 12.8.2021
				§ 26l	eingef. mWv 12.8.2021
34.	Art. 19 G zur Umsetzung der Digitalisierungsrichtlinie (DiRUG)[2]	5.7.2021	BGBl. I S. 3338	§ 26m	eingef. mWv 1.8.2022

Vorbemerkung:
Die Änderung durch G v. 5.7.2021 (BGBl. I S. 3338) tritt erst mWv 1.8. 2022 in Kraft und ist im Text noch nicht berücksichtigt.

[1] **Amtl. Anm.:** Dieses Gesetz dient der Umsetzung der Richtlinie (EU) 2017/828 des Europäischen Parlaments und des Rates vom 17. Mai 2017 zur Änderung der Richtlinie 2007/36/EG im Hinblick auf die Förderung der langfristigen Mitwirkung der Aktionäre (ABl. L 132 vom 20.5.2017, S. 1).

[2] ***Amtl. Anm.:*** *Dieses Gesetz dient der Umsetzung* der Richtlinie (EU) 2019/1151 des Europäischen Parlaments und des Rates vom 20. Juni 2019 zur Änderung der Richtlinie (EU) 2017/1132 im Hinblick auf den Einsatz digitaler Werkzeuge und Verfahren im Gesellschaftsrecht (ABl. L 186 vom 11.7.2019, S. 80).

§ 22 Unternehmensverträge. (1) [1] Für Unternehmensverträge (§§ 291, 292 des Aktiengesetzes[1)]), die vor dem Inkrafttreten des Aktiengesetzes geschlossen worden sind, gelten §§ 295 bis 303, 307 bis 310, 316 des Aktiengesetzes mit Wirkung vom Inkrafttreten des Aktiengesetzes. [2] Die in § 300 Nr. 1 des Aktiengesetzes bestimmte Frist für die Auffüllung der gesetzlichen Rücklage läuft vom Beginn des nach dem 31. Dezember 1965 beginnenden Geschäftsjahrs an. [3] § 300 Nr. 1 und 3 des Aktiengesetzes gilt jedoch nicht, wenn der andere Vertragsteil beim Inkrafttreten des Aktiengesetzes auf Grund der Satzung oder von Verträgen verpflichtet ist, seine Erträge für öffentliche Zwecke zu verwenden. [4] In die gesetzliche Rücklage ist im Falle des Satzes 3 spätestens bei Beendigung des Unternehmensvertrags oder der Verpflichtung nach Satz 3 der Betrag einzustellen, der nach § 300 des Aktiengesetzes in Verbindung mit Satz 2 in die gesetzliche Rücklage einzustellen gewesen wäre, wenn diese Vorschriften für die Gesellschaft gegolten hätten. [5] Reichen die während der Dauer des Vertrags in freie Rücklagen eingestellten Beträge hierzu nicht aus, hat der andere Vertragsteil den Fehlbetrag auszugleichen.

(2) [1] Der Vorstand der Gesellschaft hat das Bestehen und die Art des Unternehmensvertrags sowie den Namen des anderen Vertragsteils unverzüglich nach dem Inkrafttreten des Aktiengesetzes zur Eintragung in das Handelsregister anzumelden. [2] Bei der Anmeldung ist das Datum des Beschlusses anzugeben, durch den die Hauptversammlung dem Vertrag zugestimmt hat. [3] Bei Teilgewinnabführungsverträgen ist außerdem die Vereinbarung über die Höhe des abzuführenden Gewinns anzumelden.

§ 23[2)] Übergangsvorschrift zum Gesetz zur Angemessenheit der Vorstandsvergütung. (1) [1] § 93 Absatz 2 Satz 3 des Aktiengesetzes[1)] in der ab dem 5. August 2009 geltenden Fassung ist ab dem 1. Juli 2010 auch auf Versicherungsverträge anzuwenden, die vor dem 5. August 2009 geschlossen wurden. [2] Ist die Gesellschaft gegenüber dem Vorstand aus einer vor dem 5. August 2009 geschlossenen Vereinbarung zur Gewährung einer Versicherung ohne Selbstbehalt im Sinne des § 93 Absatz 2 Satz 3 des Aktiengesetzes verpflichtet, so darf sie diese Verpflichtung erfüllen.

(2) § 100 Absatz 2 Satz 1 Nummer 4 des Aktiengesetzes in der ab dem 5. August 2009 geltenden Fassung ist nicht auf Aufsichtsratsmitglieder anzuwenden, die ihr Mandat am 5. August 2009 bereits innehatten.

(3) § 120 Absatz 4 und § 193 des Aktiengesetzes in der ab dem 5. August 2009 geltenden Fassung ist erstmals auf Beschlüsse anzuwenden, die in Hauptversammlungen gefasst werden, die nach dem 5. August 2009 einberufen werden.

§ 24[3)] Übergangsvorschrift zu dem Gesetz zur Restrukturierung und geordneten Abwicklung von Kreditinstituten, zur Errichtung eines Restrukturierungsfonds für Kreditinstitute und zur Verlängerung der Verjährungsfrist der aktienrechtlichen Organhaftung. § 93 Absatz 6 des Aktiengesetzes[1)] in der seit dem 15. Dezember 2010 geltenden Fassung ist auch auf die vor dem 15. Dezember 2010 entstandenen und noch nicht verjährten Ansprüche anzuwenden.

[1)] Nr. **51**.

[2)] § 23 neu gef. mWv 5.8.2009 durch G v. 31.7.2009 (BGBl. I S. 2509).

[3)] § 24 neu gef. mWv 15.12.2010 durch G v. 9.12.2010 (BGBl. I S. 1900).

§ 25[1] Übergangsvorschrift zu dem Gesetz für die gleichberechtigte Teilhabe von Frauen und Männern an Führungspositionen in der Privatwirtschaft und im öffentlichen Dienst. (1) [1]Die Festlegungen nach § 76 Absatz 4 Satz 1 und 3 sowie nach § 111 Absatz 5 Satz 1 und 3 des Aktiengesetzes[2] in der am 1. Mai 2015 geltenden Fassung haben erstmals bis spätestens 30. September 2015 zu erfolgen. [2]Die nach § 76 Absatz 4 Satz 3 und die nach § 111 Absatz 5 Satz 3 des Aktiengesetzes in der am 1. Mai 2015 geltenden Fassung erstmals festzulegende Frist darf nicht länger als bis zum 30. Juni 2017 dauern.

(2) [1]Der Mindestanteil von jeweils 30 Prozent an Frauen und Männern im Aufsichtsrat nach § 96 Absatz 2 des Aktiengesetzes ist bei erforderlich werdenden Neuwahlen und Entsendungen ab dem 1. Januar 2016 zur Besetzung einzelner oder mehrerer Aufsichtsratssitze zu beachten. [2]Reicht die Anzahl der neu zu besetzenden Aufsichtsratssitze nicht aus, um den Mindestanteil zu erreichen, sind die Sitze mit Personen des unterrepräsentierten Geschlechts zu besetzen, um dessen Anteil sukzessive zu steigern. [3]Bestehende Mandate können bis zu ihrem regulären Ende wahrgenommen werden.

(3) Für die Fälle des § 96 Absatz 3 des Aktiengesetzes gilt Absatz 2 entsprechend.

§ 26 Kommanditgesellschaften auf Aktien. Die Vorschriften dieses Abschnitts gelten sinngemäß für Kommanditgesellschaften auf Aktien.

§ 26a[3] Ergänzung fortgeführter Firmen. [1]Führt eine Aktiengesellschaft gemäß § 22 Abs. 1 des Einführungsgesetzes zum Handelsgesetzbuch[4] ihre Firma fort, ohne daß diese die Bezeichnung „Aktiengesellschaft" enthält, so muß die Gesellschaft bis zum 16. Juni 1980 diese Bezeichnung in ihre Firma aufnehmen. [2]Findet bis zu diesem Tage eine Hauptversammlung nicht statt und soll die Firma nur um die Bezeichnung „Aktiengesellschaft" ergänzt werden, so ist der Aufsichtsrat zu dieser Änderung befugt.

§ 26b[5] Änderung der Satzung. Eine Änderung der Satzung, die nach § 23 des Aktiengesetzes[2] wegen der vom 1. Juli 1979 an geltenden Fassung erforderlich wird, ist bis zum 16. Juni 1980 zur Eintragung in das Handelsregister anzumelden.

§ 26c[6] Übergangsfristen. [1]Die Vorschriften des Aktiengesetzes[2] über Sacheinlagen und Sachübernahmen sowie über deren Prüfung in der vom 1. Juli 1979 an geltenden Fassung gelten nur für Gründungen und Kapitalerhöhungen, die nach dem 16. Juni 1980 zur Eintragung in das Handelsregister angemeldet werden. [2]Die Fristen, die in § 71 Abs. 3 Satz 2 und § 71c des Aktiengesetzes in der vom 1. Juli 1979 an geltenden Fassung vorgesehen sind, beginnen nicht vor dem 16. Juni 1980. [3]Die nach § 150a des Aktiengesetzes vorgeschriebene Rücklage für eigene Aktien braucht nicht vor dem 16. Juni 1980 gebildet zu werden.

---

[1] § 25 neu gef. mWv 1.5.2015 durch G v. 24.4.2015 (BGBl. I S. 642); Abs. 1 Sätze 1 und 2 geänd. mWv 12.8.2021 durch G v. 7.8.2021 (BGBl. I S. 3311).
[2] Nr. **51**.
[3] *§ 26a eingef. durch G v. 13.12.1978 (BGBl. I S. 1959).*
[4] Nr. **50a**.
[5] § 26b eingef. durch G v. 13.12.1978 (BGBl. I S. 1959).
[6] § 26c eingef. durch G v. 13.12.1978 (BGBl. I S. 1959).

§ 26d[1] **Übergangsregelung für Verschmelzungen.** Die Vorschriften des Aktiengesetzes[2] über Verschmelzungen und Vermögensübertragungen in der vom 1. Januar 1983 an geltenden Fassung sind nicht auf Vorgänge anzuwenden, zu deren Vorbereitung bereits vor diesem Tage der Verschmelzungs- oder Übertragungsvertrag beurkundet oder eine Haupt-, Gesellschafter- oder Gewerkenversammlung oder eine oberste Vertretung einberufen worden ist.

§ 26e[3] **Übergangsregelung zum Gesetz zur Anpassung von Verjährungsvorschriften an das Gesetz zur Modernisierung des Schuldrechts.** [1] § 327 Abs. 4 des Aktiengesetzes[2] in der ab dem 15. Dezember 2004 geltenden Fassung ist auf vor diesem Datum entstandene Verbindlichkeiten anzuwenden, wenn

1. die Eintragung des Endes der Eingliederung in das Handelsregister nach § 10 des Handelsgesetzbuchs[4] nach diesem Datum bekannt gemacht worden ist und
2. die Verbindlichkeiten nicht später als vier Jahre nach dem Tag, an dem die Eintragung des Endes der Eingliederung in das Handelsregister nach § 10 des Handelsgesetzbuchs bekannt gemacht worden ist, fällig werden.

[2] Auf später fällig werdende Verbindlichkeiten im Sinne des Satzes 1 ist das bisher geltende Recht mit der Maßgabe anwendbar, dass die Verjährungsfrist ein Jahr beträgt.

§ 26f[5] **Übergangsregelungen zum Kleinstkapitalgesellschaften-Bilanzrechtsänderungsgesetz.** [1] Die §§ 152, 158 und 160 des Aktiengesetzes[2] in der Fassung des Kleinstkapitalgesellschaften-Bilanzrechtsänderungsgesetzes vom 20. Dezember 2012 (BGBl. I S. 2751) sind erstmals auf Jahres- und Konzernabschlüsse anzuwenden, die sich auf einen nach dem 30. Dezember 2012 liegenden Abschlussstichtag beziehen. [2] Auf Jahres- und Konzernabschlüsse, die sich auf einen vor dem 31. Dezember 2012 liegenden Abschlussstichtag beziehen, bleiben die §§ 152, 158 und 160 des Aktiengesetzes vom 6. September 1965 (BGBl. I S. 1089) in der bis zum 27. Dezember 2012 geltenden Fassung anwendbar.

§ 26g[6] **Übergangsregelungen zum Bilanzrichtlinie-Umsetzungsgesetz.**

[1] Die §§ 58, 152, 160, 209, 240, 256 und 261 des Aktiengesetzes[2] in der Fassung des Bilanzrichtlinie-Umsetzungsgesetzes vom 17. Juli 2015 (BGBl. I S. 1245) sind erstmals auf Jahres- und Konzernabschlüsse anzuwenden, die sich auf ein nach dem 31. Dezember 2015 beginnendes Geschäftsjahr beziehen. [2] Auf Jahres- und Konzernabschlüsse, die sich auf ein vor dem 1. Januar 2016 beginnendes Geschäftsjahr beziehen, bleiben die §§ 58, 152, 160, 209, 240, 256 und 261 des Aktiengesetzes in der bis zum 22. Juli 2015 geltenden Fassung anwendbar.

§ 26h[7] **Übergangsvorschrift zur Aktienrechtsnovelle 2016.** (1) [1] § 10 Absatz 1 des Aktiengesetzes[2] in der seit dem 31. Dezember 2015 geltenden Fassung ist nicht auf Gesellschaften anzuwenden, deren Satzung vor dem 31. Dezember 2015 durch notarielle Beurkundung festgestellt wurde und deren Aktien auf

---

[1] § 26d eingef. durch G v. 25.10.1982 (BGBl. I S. 1425).
[2] Nr. **51**.
[3] § 26e eingef. mWv 15.12.2004 durch G v. 9.12.2004 (BGBl. I S. 3214); Satz 1 Nr. 1 und 2 geänd. mWv 1.1.2007 durch G v. 10.11.2006 (BGBl. I S. 2553).
[4] Nr. **50**.
[5] § 26f eingef. mWv 28.12.2012 durch G v. 20.12.2012 (BGBl. I S. 2751).
[6] § 26g eingef. mWv 23.7.2015 durch G v. 17.7.2015 (BGBl. I S. 1245).
[7] § 26h eingef. mWv 31.12.2015 durch G v. 22.12.2015 (BGBl. I S. 2565).

Inhaber lauten. [2] Für diese Gesellschaften ist § 10 Absatz 1 des Aktiengesetzes in der am 30. Dezember 2015 geltenden Fassung weiter anzuwenden.

(2) Sieht die Satzung einer Gesellschaft einen Umwandlungsanspruch gemäß § 24 des Aktiengesetzes in der bis zum 30. Dezember 2015 geltenden Fassung vor, so bleibt diese Satzungsbestimmung wirksam.

(3) [1] Bezeichnet die Satzung gemäß § 25 Satz 2 des Aktiengesetzes in der bis zum 30. Dezember 2015 geltenden Fassung neben dem Bundesanzeiger andere Informationsmedien als Gesellschaftsblätter, so bleibt diese Satzungsbestimmung auch ab dem 31. Dezember 2015 wirksam. [2] Für einen Fristbeginn oder das sonstige Eintreten von Rechtsfolgen ist ab dem 1. Februar 2016 ausschließlich die Bekanntmachung im Bundesanzeiger maßgeblich.

(4) [1] § 122 des Aktiengesetzes in der Fassung der Aktienrechtsnovelle 2016 vom 22. Dezember 2015 (BGBl. I S. 2565) ist erstmals auf Einberufungs- und Ergänzungsverlangen anzuwenden, die der Gesellschaft am 1. Juni 2016 zugehen. [2] Auf Ergänzungsverlangen, die der Gesellschaft vor dem 1. Juni 2016 zugehen, ist § 122 in der bis zum 30. Dezember 2015 geltenden Fassung weiter anzuwenden.

§ 26i[1)] Übergangsregelung zum CSR-Richtlinie-Umsetzungsgesetz.

[1] Die §§ 111, 170, 171, 176, 237 und 283 des Aktiengesetzes[2)] in der Fassung des CSR-Richtlinie-Umsetzungsgesetzes vom 11. April 2017 (BGBl. I S. 802) sind erstmals auf Lage- und Konzernlageberichte anzuwenden, die sich auf ein nach dem 31. Dezember 2016 beginnendes Geschäftsjahr beziehen. [2] Auf Lage- und Konzernlageberichte, die sich auf vor dem 1. Januar 2017 beginnende Geschäftsjahre beziehen, bleiben die in Satz 1 bezeichneten Vorschriften in der bis zum 18. April 2017 geltenden Fassung anwendbar.

§ 26j[3)] Übergangsvorschrift zum Gesetz zur Umsetzung der zweiten Aktionärsrechterichtlinie. (1) [1] Die erstmalige Beschlussfassung nach § 87a Absatz 1, § 113 Absatz 3 und § 120a Absatz 1 des Aktiengesetzes[2)] in der ab dem 1. Januar 2020 geltenden Fassung hat bis zum Ablauf der ersten ordentlichen Hauptversammlung, die auf den 31. Dezember 2020 folgt, zu erfolgen. [2] Die erstmalige Beschlussfassung nach § 87a Absatz 2 Satz 1 des Aktiengesetzes in der ab dem 1. Januar 2020 geltenden Fassung hat bis zum Ablauf von zwei Monaten nach erstmaliger Billigung des Vergütungssystems durch die Hauptversammlung zu erfolgen. [3] Den gegenwärtigen und hinzutretenden Vorstands- oder Aufsichtsratsmitgliedern kann bis zu dem in Satz 2 zuletzt geregelten Zeitpunkt eine Vergütung nach der bestehenden Vergütungspraxis gewährt werden; die vor diesem Zeitpunkt mit ihnen geschlossenen Verträge bleiben unberührt.

(2) [1] § 162 des Aktiengesetzes in der ab dem 1. Januar 2020 geltenden Fassung ist erstmals für das nach dem 31. Dezember 2020 beginnende Geschäftsjahr anzuwenden. [2] § 162 Absatz 1 Satz 2 Nummer 2 ist bis zum Ablauf des fünften Geschäftsjahres, gerechnet ab dem Geschäftsjahr nach Satz 1, mit der Maßgabe anzuwenden, dass nicht die durchschnittliche Vergütung der letzten fünf Geschäftsjahre in die vergleichende Betrachtung einbezogen wird, sondern lediglich die durchschnittliche Vergütung über den Zeitraum seit dem Geschäftsjahr nach Satz 1. [3] Die erstmalige Beschlussfassung nach § 120a Absatz 4 des Aktiengesetzes in der ab dem 1. Januar 2020 geltenden Fassung hat bis zum Ablauf der ersten

---

[1)] § 26i eingef. mWv 19.4.2017 durch G v. 11.4.2017 (BGBl. I S. 802).
[2)] Nr. **51**.
[3)] § 26j eingef. mWv 1.1.2020 durch G v. 12.12.2019 (BGBl. I S. 2637).

ordentlichen Hauptversammlung, gerechnet ab Beginn des zweiten Geschäftsjahres, das auf den 31. Dezember 2020 folgt, zu erfolgen.

(3) § 124 des Aktiengesetzes in der ab dem 1. Januar 2020 geltenden Fassung ist erst ab dem 1. März 2020 und erstmals auf Hauptversammlungen anzuwenden, die nach dem 1. März 2020 einberufen werden.

(4) Die §§ 67, 67a bis 67f, 118, 121, 123, 125, 128, 129, 186 Absatz 2 Satz 1, § 214 Absatz 1 Satz 2, § 243 Absatz 3, § 246a Absatz 2 Nummer 2 und § 405 Absatz 2a Nummer 1 bis 5 und 7 des Aktiengesetzes in der ab dem 1. Januar 2020 geltenden Fassung sind erst ab dem 3. September 2020 anzuwenden und sind erstmals auf Hauptversammlungen anzuwenden, die nach dem 3. September 2020 einberufen werden.

(5) [1] Die Verordnung über den Ersatz von Aufwendungen der Kreditinstitute vom 17. Juni 2003 (BGBl. I S. 885), die durch Artikel 15 des Gesetzes vom 30. Juli 2009 (BGBl. I S. 2479) geändert worden ist, ist in der bis einschließlich 2. September 2020 geltenden Fassung bis zum Inkrafttreten einer Verordnung auf Grundlage der Ermächtigung in § 67f Absatz 3 des Aktiengesetzes, jedoch längstens bis einschließlich 3. September 2025 weiterhin sinngemäß anzuwenden. [2] Die Verordnung über den Ersatz von Aufwendungen der Kreditinstitute ist wie folgt sinngemäß anzuwenden:

1. auf Mitteilungen nach § 67 Absatz 4 Satz 1 bis 5 des Aktiengesetzes und bei börsennotierten Gesellschaften nach § 67d des Aktiengesetzes ist § 3 der Verordnung über den Ersatz von Aufwendungen der Kreditinstitute sinngemäß anzuwenden, und
2. auf Mitteilungen nach den §§ 67a bis 67c, auch in Verbindung mit § 125 Absatz 1, 2 und 5 des Aktiengesetzes ist § 1 der Verordnung über den Ersatz von Aufwendungen der Kreditinstitute sinngemäß anzuwenden.

§ 26k[1)] Übergangsvorschrift zum Finanzmarktintegritätsstärkungsgesetz. (1) [1] Die §§ 404a, 405 und 407a des Aktiengesetzes[2)] in der ab dem 1. Juli 2021 geltenden Fassung sind erstmals auf alle gesetzlich vorgeschriebenen Abschlussprüfungen für das nach dem 31. Dezember 2021 beginnende Geschäftsjahr anzuwenden. [2] Die in Satz 1 bezeichneten Vorschriften in der bis einschließlich 30. Juni 2021 geltenden Fassung sind letztmals anzuwenden auf alle gesetzlich vorgeschriebenen Abschlussprüfungen für das vor dem 1. Januar 2022 beginnende Geschäftsjahr.

(2) § 107 Absatz 4 Satz 1, 2, 4 bis 6, § 209 Absatz 5 und § 407 Absatz 1 des Aktiengesetzes in der ab dem 1. Juli 2021 geltenden Fassung sind erstmals ab dem 1. Januar 2022 anzuwenden.

(3) § 256 des Aktiengesetzes in der ab dem 1. Juli 2021 geltenden Fassung ist erstmals auf Jahresabschlüsse für das nach dem 31. Dezember 2021 beginnende *Geschäftsjahr anzuwenden.*

(4) § 143 Absatz 2, § 209 Absatz 4 und § 258 Absatz 4 des Aktiengesetzes in der ab dem 1. Juli 2021 geltenden Fassung sind erstmals auf Sonderprüfer, die für das nach dem 31. Dezember 2021 beginnende Geschäftsjahr bestellt, oder Prüfer, die für das nach dem 31. Dezember 2021 beginnende Geschäftsjahr gewählt werden, anzuwenden.

[1)] § 26k eingef. mWv 1.7.2021 durch G v. 3.6.2021 (BGBl. I S. 1534).
[2)] Nr. **51**.

(5) [1] § 293d in der ab dem 1. Juli 2021 geltenden Fassung ist erstmals auf die Prüfung von Unternehmensverträgen anzuwenden, die nach dem 31. Dezember 2021 geschlossen wurden. [2] § 293d in der bis einschließlich 30. Juni 2021 geltenden Fassung ist letztmals auf die Prüfung von Unternehmensverträgen anzuwenden, die vor dem 1. Januar 2022 geschlossen wurden.

§ 26l[1)] Übergangsvorschrift zum Gesetz zur Ergänzung und Änderung der Regelungen für die gleichberechtigte Teilhabe von Frauen an Führungspositionen in der Privatwirtschaft und im öffentlichen Dienst.

(1) [1] Das Beteiligungsgebot für den Vorstand nach § 76 Absatz 3a Satz 1 des Aktiengesetzes[2)] in der vom 12. August 2021 an geltenden Fassung ist ab dem 1. August 2022 bei der Bestellung einzelner oder mehrerer Vorstandsmitglieder einzuhalten. [2] Bestehende Mandate können bis zu ihrem vorgesehenen Ende wahrgenommen werden. [3] Gleiches gilt im Fall des § 393a Absatz 2 Nummer 1 des Aktiengesetzes.

(2) § 76 Absatz 4 und § 111 Absatz 5 des Aktiengesetzes in der vom 12. August 2021 an geltenden Fassung finden erstmals auf die Festlegung von Zielgrößen ab dem 12. August 2021 Anwendung.

(3) [1] Der jeweilige Mindestanteil von Frauen und Männern im Aufsichtsrat nach § 393a Absatz 2 Nummer 2 des Aktiengesetzes ist bei erforderlich werdenden Besetzungen einzelner oder mehrerer Sitze ab dem 1. April 2022 zu beachten. [2] Reicht die Anzahl der zu besetzenden Sitze nicht aus, um den Mindestanteil zu erreichen, sind diese Sitze mit Personen des unterrepräsentierten Geschlechts zu besetzen, um dessen Anteil sukzessive zu steigern. [3] Bestehende Mandate können bis zu ihrem vorgesehenen Ende wahrgenommen werden.

Zweiter Abschnitt. Anwendung aktienrechtlicher Vorschriften auf Unternehmen mit anderer Rechtsform

§ 27[3)] Entscheidung über die Zusammensetzung des Aufsichtsrats. § 96 Absatz 4, §§ 97 bis 99 des Aktiengesetzes[2)] gelten sinngemäß für Gesellschaften mit beschränkter Haftung und bergrechtliche Gewerkschaften.

§ 28[4)] *(aufgehoben)*

§ 28a[5)] Treuhandanstalt. [1] Die Vorschriften des Aktiengesetzes[2)] über herrschende Unternehmen sind auf die Treuhandanstalt nicht anzuwenden. [2] Dies gilt nicht für die Anwendung von Vorschriften über die Vertretung der Arbeitnehmer im Aufsichtsrat eines von der Treuhandanstalt verwalteten Unternehmens.

Dritter Abschnitt. Aufhebung und Änderung von Gesetzen

§ 29[6)] *(aufgehoben)*

§§ 30–32 *(nicht wiedergegebene Änderungsvorschriften)*

[1)] § 26l eingef. mWv 12.8.2021 durch G v. 7.8.2021 (BGBl. I S. 3311).
[2)] Nr. **51**.
[3)] *§ 27 geänd. mWv 1.5.2015 durch G v. 24.4.2015* (BGBl. I S. 642).
[4)] § 28 aufgeh. durch G v. 9.6.1998 (BGBl. I S. 1242).
[5)] § 28a eingef. durch G v. 14.7.1992 (BGBl. I S. 1257).
[6)] § 29 aufgeh. mWv 15.12.2010 durch G v. 8.12.2010 (BGBl. I S. 1864).

§ 33 Gesetz über die Kapitalerhöhung aus Gesellschaftsmitteln und über die Gewinn- und Verlustrechnung. (1) Die Vorschriften des Ersten Abschnitts des *Gesetzes über die Kapitalerhöhung aus Gesellschaftsmitteln und über die Gewinn- und Verlustrechnung*[1] vom 23. Dezember 1959 (Bundesgesetzbl. I S. 789) sind auf Aktiengesellschaften und Kommanditgesellschaften auf Aktien nicht mehr anzuwenden.

(2) [1] Haben Kreditinstitute auf Grund einer Aufforderung nach § 11 Abs. 1 des Gesetzes über die Kapitalerhöhung aus Gesellschaftsmitteln und über die Gewinn- und Verlustrechnung auf in ihre Sammelverwahrung genommene alte Aktien neue Aktien abgeholt und entfallen neue Aktien noch nach Ablauf eines Jahres seit der Bekanntmachung der Aufforderung zur Abholung oder, wenn diese Frist vor dem Inkrafttreten des Aktiengesetzes[2] abgelaufen ist, noch beim Inkrafttreten des Aktiengesetzes auf Teilrechte, die nicht in einer Hand vereinigt sind und deren Berechtigte sich auch nicht zur Ausübung der Rechte zusammengeschlossen haben, so gelten diese neuen Aktien als nicht abgeholt. [2] Sie sind der Gesellschaft nach Ablauf dieser Frist und, wenn die Frist beim Inkrafttreten des Aktiengesetzes bereits abgelaufen ist, unverzüglich zurückzugeben. [3] Hat die Gesellschaft den Verkauf der nicht abgeholten Aktien noch nicht angedroht, so hat sie ihn unverzüglich nach der Rückgabe der Aktien anzudrohen. [4] Für die Androhung gilt § 214 Abs. 2 Satz 2 und 3 des Aktiengesetzes. [5] § 214 Abs. 3 des Aktiengesetzes gilt sinngemäß; ist die Frist von einem Jahr seit der letzten Bekanntmachung der Androhung beim Inkrafttreten des Aktiengesetzes bereits abgelaufen, so tritt an ihre Stelle eine Frist von drei Monaten seit dem Inkrafttreten des Aktiengesetzes.

(3) *(nicht wiedergegebene Änderungsvorschrift)*

(4) Sind Aktien einer Gesellschaft an einer deutschen Börse zum amtlichen Handel zugelassen, so gilt die Zulassung auch für die neuen Aktien, die bei einer Kapitalerhöhung aus Gesellschaftsmitteln auf sie entfallen.

§§ 34–44 *(nicht wiedergegebene Änderungsvorschriften)*

Vierter Abschnitt. Schlußvorschriften

§ 45 Geltung in Berlin. *(gegenstandslos)*

§ 46 Inkrafttreten. Dieses Gesetz tritt am 1. Januar 1966 in Kraft.

---

[1] Aufgeh. mWv 1.1.1995 durch G v. 28.10.1994 (BGBl. I S. 3210).
[2] Nr. **51**.

52. Gesetz betreffend die Gesellschaften mit beschränkter Haftung (GmbHG)[1)]

in der Fassung der Bekanntmachung vom 20. Mai 1898[2)]
(RGBl. S. 846)[3)]

BGBl. III/FNA 4123-1

Lfd. Nr.	Änderndes Gesetz	Datum	Fundstelle	Betroffen	Hinweis
1.–18.	Änderungsgesetze bis einschließlich G v. 25.10.1982 nur noch in den Anmerkungen nachgewiesen				
19.	Art. 3 Bilanzrichtlinien-G	19.12.1985	BGBl. I S. 2355	§§ 29, 33, 40–42a, 46, 52, 71, 79, 82	geänd. mWv 1.1.1986
20.	Art. 8 Nr. 4 Zweites G zur Bekämpfung der Wirtschaftskriminalität	15.5.1986	BGBl. I S. 721	§ 64	geänd. mWv 1.8.1996
21.	Art. 7 § 33 BetreuungsG	12.9.1990	BGBl. I S. 2002	§§ 6, 8, 39, 66	geänd. mWv 1.1.1992
22.	Art. 1 G zur Durchführung der Zwölften RL des Rates der Europäischen Gemeinschaften auf dem Gebiet des GesellschaftsR betreffend GmbH mit einem einzigen Gesellschafter	18.12.1991	BGBl. I S. 2206	§§ 19, 35, 40, 60, 65	geänd. mWv 1.1.1992
23.	Art. 2 G zur Durchführung der Elften gesellschaftsrechtl. RL des Rates der Europäischen Gemeinschaften und über Gebäudeversicherungsverhältnisse	22.7.1993	BGBl. I S. 1282	§§ 35a, 54, 74 § 12	geänd. mWv 1.11.1993 aufgeh. mWv 1.11.1993
24.	Art. 3 G zur Änd. des D-MarkbilanzG und and. handelsrechtl. Bestimmungen	25.7.1994	BGBl. I S. 1682	§ 84	geänd. mWv 30.7.1994
25.	Art. 48 EinführungsG zur Insolvenzordnung	5.10.1994	BGBl. I S. 2911, geänd. 1998, S. 3836	§§ 9b, 32a, 32b, 60, 64, 65, 66, 84 §§ 58a–58f § 63	geänd. mWv 1.1.1999 eingef. mWv 19.10.1994 aufgeh. mWv 1.1.1999
26.	Art. 4 G zur Bereinigung des Umwandlungsrechts	28.10.1994	BGBl. I S. 3210, ber. 1995 I S. 428	§§ 33, 78, 82 §§ 57c–57o	geänd. mWv 1.1.1995 eingef. mWv 1.1.1995
27.	Art. 2 KapitalaufnahmeerleichterungsG	20.4.1998	BGBl. I S. 707	§§ 32a, 57f	geänd. mWv 24.4.1998

[1)] Überschrift geänd., Gliederungs- und Paragraphenüberschriften neu gef. mWv 1.11.2008 G v. 23.10.2008 (BGBl. I S. 2026); die Neufassung aller Gliederungs- und Paragraphenüberschriften ist nicht einzeln in Fußnoten nachgewiesen.

[2)] Neubekanntmachung des GmbHG v. 20.4.1892 (RGBl. S. 477) in der ab 1.1.1900 geltenden Fassung.

[3)] Maßgebliche amtliche Quelle ist das BGBl. III.

Lfd. Nr.	Änderndes Gesetz	Datum	Fundstelle	Betroffen	Hinweis
28.	Art. 10 G zur Kontrolle und Transparenz im Unternehmensbereich	27.4.1998	BGBl. I S. 786	§ 32a	geänd. mWv 1.5.1998
29.	Art. 3 § 3 Euro-EinführungsG	9.6.1998	BGBl. I S. 1242	§§ 5, 7, 47, 57h, 58a	geänd. mWv 1.1.1999
				§ 86	eingef. mWv 1.1.1999
30.	Art. 9 HandelsrechtsreformG	22.6.1998	BGBl. I S. 1474	§§ 4, 9c, 57a	geänd. mWv 1.7.1998
				§§ 8, 40	geänd. mWv 1.1.1999
				§ 4a	eingef. mWv 1.1.1999
31.	Art. 3 NamensaktienG	18.1.2001	BGBl. I S. 123	§ 79	geänd. mWv 25.1.2001
32.	Art. 28 G zur Anpassung der Formvorschriften des Privatrechts und anderer Vorschriften an den modernen Rechtsgeschäftsverkehr	13.7.2001	BGBl. I S. 1542	§§ 47, 48	geänd. mWv 1.8.2001
33.	Art. 3 Abs. 3 Transparenz- und PublizitätsG	19.7.2002	BGBl. I S. 2681	§ 42a	geänd. mWv 26.7.2002
				§ 87	eingef. mWv 26.7.2002
34.	Art. 6 BilanzrechtsreformG	4.12.2004	BGBl. I S. 3166	§§ 42a, 46, 52, 57f, 82	geänd. mWv 10.12.2004
35.	Art. 13 G zur Anpassung von Verjährungsvorschriften an das G zur Modernisierung des Schuldrechts	9.12.2004	BGBl. I S. 3214	§§ 9, 19, 31, 55	geänd. mWv 15.12.2004
36.	Art. 12 JustizkommunikationsG	22.3.2005	BGBl. I S. 837	§§ 30, 52, 58, 65, 75	geänd. mWv 1.4.2005
				§ 12	eingef. mWv 1.4.2005
37.	Art. 10 G über elektron. Handelsregister u. Genossenschaftsregister sowie das Unternehmensregister[1]	10.11. 2006	BGBl. I S. 2553	§§ 8, 10, 12, 35a, 39, 52, 54, 57i, 58d, 67, 73, 86	geänd. mWv 1.1.2007
				§ 59	aufgeh. mWv 1.1.2007
38.	Art. 4 Zweites G zur Änderung des UmwandlungsG	19.4.2007	BGBl. I S. 542	§ 33	geänd. mWv 25.4.2007
39.	Art. 1 G zur Modernisierung des GmbH-Rechts und zur Bekämpfung von Missbräuchen	23.10. 2008	BGBl. I S. 2026	Überschrift, §§ 2, 3, 4a, 5, 6, 7, 8, 9, 9a, 9c, 10, 14, 16, 19, 22, 26, 30, 35, 35a, 39, 40, 41, 46, 47, 55, 56, 56a, 57, 57h, 57l, 58, 58a, 58f, 60, 64, 65, 66, 71, 82, 84	geänd. mWv 1.11.2008
				Gliederungs-, Paragraphenüberschriften	neu gef. mWv 1.11.2008
				Inhaltsübersicht, §§ 5a, 55a, Anl.	eingef. mWv 1.11.2008
				§§ 17, 32a, 32b, 36, 57b, 86, 87	aufgeh. mWv 1.11.2008

[1] **Amtl. Anm.:** *(abgedruckt in Änderungstabelle Nr.* **50***)*

Lfd. Nr.	Änderndes Gesetz	Datum	Fundstelle	Betroffen	Hinweis
40.	Art. 76 FGG-ReformG	17.12. 2008	BGBl. I S. 2586	§§ 60, 66, 71, 74	geänd. mWv 1.9.2009
41.	Art. 8 Bilanzrechtsmodernisierungs G[1]	25.5.2009	BGBl. I S. 1102	§§ 33, 52, 57f	geänd. mWv 29.5.2009
42.	Art. 14b G zur Umsetzung der Aktionärsrechterichtlinie (ARUG)[2]	30.7.2009	BGBl. I S. 2479	§§ 10, 57n, 58, 58a, 58e, 58f, 65, 67, 73	geänd. mWv 1.9.2009
43.	Art. 5 G zur Angemessenheit der Vorstandsvergütung (VorstAG)	31.7.2009	BGBl. I S. 2509	§ 52	geänd. mWv 5.8.2009
44.	Art. 2 Abs. 51 G zur Änd. von Vorschriften über Verkündung und Bekanntmachungen sowie der ZPO, des EGZPO und der AO	22.12. 2011	BGBl. I S. 3044	§ 12	geänd. mWv 1.4.2012
45.	Art. 7 EhrenamtsstärkungsG	21.3.2013	BGBl. I S. 556	§ 4	geänd. mWv 29.3.2013
46.	Art. 27 2. Kostenrechtsmodernisierungs G	23.7.2013	BGBl. I S. 2586	§ 51b	geänd. mWv 1.8.2013
47.	Art. 15 G für die gleichber. Teilhabe von Frauen und Männern an Führungspositionen in der Privatwirtschaft u. im öffentl. Dienst	24.4.2015	BGBl. I S. 642	Inhaltsübersicht, § 52	geänd. mWv 1.5.2015
				§ 36	neu gef. mWv 1.5.2015
48.	Art. 6 Bilanzrichtlinie-Umsetzungs G	17.7.2015	BGBl. I S. 1245	§ 29	geänd. mWv 23.7.2015
49.	Art. 5 Aktienrechtsnovelle 2016	22.12. 2015	BGBl. I S. 2565	§ 52	geänd. mWv 31.12.2015
50.	Art. 8 Abschlussprüfungsreform G	10.5.2016	BGBl. I S. 1142	Inhaltsübersicht, § 52	geänd. mWv 17.6.2016
				§§ 86, 87, 88	eingef. mWv 17.6.2016
51.	Art. 14 G zur Umsetzung der Vierten EU-GeldwäscheRL, zur Ausf. der EU-GeldtransferVO u. zur Neuorganisation der Zentralstelle für Finanztransaktionsuntersuchungen[3]	23.6.2017	BGBl. I S. 1822	Inhaltsübersicht, §§ 8, 40	geänd. mWv 26.6.2017
52.	Art. 10 G zur Umsetzung der Zweiten ZahlungsdiensteRL[4]	17.7.2017	BGBl. I S. 2446	§§ 86, 87	geänd. mWv 22.7.2017

[1] **Amtl. Anm.:** *(abgedruckt in Änderungstabelle Nr.* **50***)*

[2] **Amtl. Anm.:** *(abgedruckt in Änderungstabelle Nr.* **51***)*

[3] **Amtl. Anm.:** Dieses Gesetz dient der Umsetzung der Richtlinie (EU) 2015/849 des Europäischen Parlaments und des Rates vom 20. Mai 2015 zur Verhinderung der Nutzung des Finanzsystems zum Zwecke der Geldwäsche und der Terrorismusfinanzierung, zur Änderung der Verordnung (EU) Nr. 648/2012 des Europäischen Parlaments und des Rates und zur Aufhebung der Richtlinie 2005/60/EG des Europäischen Parlaments und des Rates und der Richtlinie 2006/70/EG der Kommission (ABl. L 141 vom 5.6.2015, S. 73).

[4] **Amtl. Anm.:** Dieses Gesetz dient der Umsetzung der Richtlinie (EU) 2015/2366 des Europäischen Parlaments und des Rates vom 25. November 2015 über Zahlungsdienste im Binnenmarkt, zur Änderung der Richtlinien 2002/65/EG, 2009/110/EG und 2013/36/EU und der Verordnung (EU) Nr. 1093/2010 sowie zur Aufhebung der Richtlinie 2007/64/EG (ABl. L 337 vom 23.12.2015, S. 35; L 169 vom 28.6.2016, S. 18).

Lfd. Nr.	Änderndes Gesetz	Datum	Fundstelle	Betroffen	Hinweis
53.	Art. 16 Sanierungs- und Insolvenzrechtsfortentwicklungs G[1]	22.12. 2020	BGBl. I S. 3256	Inhaltsübersicht, § 71	geänd. mWv 1.1.2021
				§ 64	aufgeh. mit Ablauf des 31.12. 2020
54.	Art. 15 Abs. 23 G zur Reform des Vormundschafts- und Betreuungsrechts	4.5.2021	BGBl. I S. 882	§ 6	geänd. mWv 1.1.2023
55.	Art. 18 Finanzmarktintegritätsstärkungs G	3.6.2021	BGBl. I S. 1534	§§ 57f, 87	geänd. mWv 1.7.2021
				§ 86	neu gef. mWv 1.7.2021
56.	Art. 10 G zur Ergänzung und Änd. der Regelungen für die gleichberechtigte Teilhabe von Frauen an Führungspositionen in der Privatwirtschaft und im öffentlichen Dienst	7.8.2021	BGBl. I S. 3311	Inhaltsübersicht, §§ 36, 38, 52, Abschnitt 7	geänd. mWv 12.8.2021
				Abschnitt 6 (§ 77a)	eingef. mWv 12.8.2021
57.	Art. 20 G zur Umsetzung der Digitalisierungsrichtlinie (DiRUG)[2]	5.7.2021	BGBl. I S. 3338	Inhaltsübersicht, §§ 2, 6, 8, 39, 40, 58d, 66, 67, Anl. 1	geänd. mWv 1.8.2022
				Anl. 2	eingef. mWv 1.8.2022
58.	Art. 64 Personengesellschaftsrechtsmodernisierungs G (MoPeG)	10.8.2021	BGBl. I S. 3436	§ 40	geänd. mWv 1.1.2024

Vorbemerkung:
Die Änderung durch G v. 4.5.2021 (BGBl. I S. 882) tritt erst mWv 1.1.2023 in Kraft und ist im Text noch nicht berücksichtigt.
Die Änderungen durch G v. 5.7.2021 (BGBl. I S. 3338) treten erst mWv 1.8.2022 in Kraft und sind im Text noch nicht berücksichtigt.
Die Änderung durch G v. 10.8.2021 (BGBl. I S. 3436) tritt erst mWv 1.1. 2024 in Kraft und ist im Text noch nicht berücksichtigt.

[1] **Amtl. Anm.:** Dieses Gesetz dient der weiteren Umsetzung der Richtlinie (EU) 2019/1023 des Europäischen Parlaments und des Rates vom 20. Juni 2019 über präventive Restrukturierungsrahmen, über Entschuldung und über Tätigkeitsverbote sowie über Maßnahmen zur Steigerung der Effizienz von Restrukturierungs-, Insolvenz- und Entschuldungsverfahren und zur Änderung der Richtlinie (EU) 2017/1132 (Richtlinie über Restrukturierung und Insolvenz) (ABl. L 172 vom 26.6.2019, S. 18).

[2] ***Amtl. Anm.:*** *Dieses Gesetz dient der Umsetzung* der Richtlinie (EU) 2019/1151 des Europäischen Parlaments und des Rates vom 20. Juni 2019 zur Änderung der Richtlinie (EU) 2017/1132 im Hinblick auf den Einsatz digitaler Werkzeuge und Verfahren im Gesellschaftsrecht (ABl. L 186 vom 11.7.2019, S. 80).

Inhaltsübersicht[1)]

Abschnitt 1. Errichtung der Gesellschaft

Abschnitt 2. Rechtsverhältnisse der Gesellschaft und der Gesellschafter

Abschnitt 3. Vertretung und Geschäftsführung

[1)] Inhaltsübersicht eingef. mWv 1.11.2008 durch G v. 23.10.2008 (BGBl. I S. 2026); geänd. mWv 1.5. 2015 durch G v. 24.4.2015 (BGBl. I S. 642); mWv 17.6.2016 durch G v. 10.5.2016 (BGBl. I S. 1142); mWv 26.6.2017 durch G v. 23.6.2017 (BGBl. I S. 1822); mWv 1.1.2021 durch G v. 22.12.2020 (BGBl. I S. 3256); mWv 12.8.2021 durch G v. 7.8.2021 (BGBl. I S. 3311).

Abschnitt 1.[1] Errichtung der Gesellschaft

§ 1[2] Zweck; Gründerzahl. Gesellschaften mit beschränkter Haftung können nach Maßgabe der Bestimmungen dieses Gesetzes zu jedem gesetzlich zulässigen Zweck durch eine oder mehrere Personen errichtet werden.

§ 2[3] Form des Gesellschaftsvertrags. (1) [1]Der Gesellschaftsvertrag bedarf notarieller Form. [2]Er ist von sämtlichen Gesellschaftern zu unterzeichnen.

(1a) [1]Die Gesellschaft kann in einem vereinfachten Verfahren gegründet werden, wenn sie höchstens drei Gesellschafter und einen Geschäftsführer hat. [2]Für die Gründung im vereinfachten Verfahren ist das in der Anlage bestimmte Musterprotokoll zu verwenden. [3]Darüber hinaus dürfen keine vom Gesetz abweichenden Bestimmungen getroffen werden. [4]Das Musterprotokoll gilt zugleich als Gesellschafterliste. [5]Im Übrigen finden auf das Musterprotokoll die Vorschriften dieses Gesetzes über den Gesellschaftsvertrag entsprechende Anwendung.

(2) Die Unterzeichnung durch Bevollmächtigte ist nur auf Grund einer notariell errichteten oder beglaubigten Vollmacht zulässig.

§ 3[4] Inhalt des Gesellschaftsvertrags. (1) Der Gesellschaftsvertrag muß enthalten:

1. die Firma und den Sitz der Gesellschaft,
2. den Gegenstand des Unternehmens,
3. den Betrag des Stammkapitals,
4. die Zahl und die Nennbeträge der Geschäftsanteile, die jeder Gesellschafter gegen Einlage auf das Stammkapital (Stammeinlage) übernimmt.

(2) Soll das Unternehmen auf eine gewisse Zeit beschränkt sein oder sollen den Gesellschaftern außer der Leistung von Kapitaleinlagen noch andere Verpflichtun-

[1] Siehe hierzu auch das MitbestimmungsG **(Habersack, Deutsche Gesetze ErgBd. Nr. 82a)**, das Montan-MitbestimmungsG **(Habersack, Deutsche Gesetze ErgBd. Nr. 82b)** und das MitbestimmungsergänzungsG **(Habersack, Deutsche Gesetze ErgBd. Nr. 82c)**.

[2] § 1 neu gef. durch G v. 4.7.1980 (BGBl. I S. 836).

[3] § 2 Abs. 1 Satz 1 neu gef. durch G v. 4.7.1980 (BGBl. I S. 836); Abs. 2 geänd. durch G v. 28.8.1969 (BGBl. I S. 1513); Abs. 1a eingef. mWv 1.11.2008 durch G v. 23.10.2008 (BGBl. I S. 2026).

[4] § 3 Abs. 1 Nr. 4 neu gef. mWv 1.11.2008 durch G v. 23.10.2008 (BGBl. I S. 2026).

gen gegenüber der Gesellschaft auferlegt werden, so bedürfen auch diese Bestimmungen der Aufnahme in den Gesellschaftsvertrag.

§ 4[1)] Firma. [1]Die Firma der Gesellschaft muß, auch wenn sie nach § 22 des Handelsgesetzbuchs[2)] oder nach anderen gesetzlichen Vorschriften fortgeführt wird, die Bezeichnung „Gesellschaft mit beschränkter Haftung“ oder eine allgemein verständliche Abkürzung dieser Bezeichnung enthalten. [2]Verfolgt die Gesellschaft ausschließlich und unmittelbar steuerbegünstigte Zwecke nach den §§ 51 bis 68 der Abgabenordnung kann die Abkürzung „gGmbH“ lauten.

§ 4a[3)] Sitz der Gesellschaft. Sitz der Gesellschaft ist der Ort im Inland, den der Gesellschaftsvertrag bestimmt.

§ 5[4)] Stammkapital; Geschäftsanteil. (1) Das Stammkapital der Gesellschaft muß mindestens fünfundzwanzigtausend Euro betragen.

(2) [1]Der Nennbetrag jedes Geschäftsanteils muss auf volle Euro lauten. [2]Ein Gesellschafter kann bei Errichtung der Gesellschaft mehrere Geschäftsanteile übernehmen.

(3) [1]Die Höhe der Nennbeträge der einzelnen Geschäftsanteile kann verschieden bestimmt werden. [2]Die Summe der Nennbeträge aller Geschäftsanteile muss mit dem Stammkapital übereinstimmen.

(4) [1]Sollen Sacheinlagen geleistet werden, so müssen der Gegenstand der Sacheinlage und der Nennbetrag des Geschäftsanteils, auf den sich die Sacheinlage bezieht, im Gesellschaftsvertrag festgesetzt werden. [2]Die Gesellschafter haben in einem Sachgründungsbericht die für die Angemessenheit der Leistungen für Sacheinlagen wesentlichen Umstände darzulegen und beim Übergang eines Unternehmens auf die Gesellschaft die Jahresergebnisse der beiden letzten Geschäftsjahre anzugeben.

§ 5a[5)] Unternehmergesellschaft. (1) Eine Gesellschaft, die mit einem Stammkapital gegründet wird, das den Betrag des Mindeststammkapitals nach § 5 Abs. 1 unterschreitet, muss in der Firma abweichend von § 4 die Bezeichnung „Unternehmergesellschaft (haftungsbeschränkt)“ oder „UG (haftungsbeschränkt)“ führen.

(2) [1]Abweichend von § 7 Abs. 2 darf die Anmeldung erst erfolgen, wenn das Stammkapital in voller Höhe eingezahlt ist. [2]Sacheinlagen sind ausgeschlossen.

(Fortsetzung nächstes Blatt)

[1)] § 4 neu gef. durch G v. 22.6.1998 (BGBl. I S. 1474); Satz 2 angef. mWv 29.3.2013 durch G v. 21.3. 2013 (BGBl. I S. 556).

[2)] Nr. **50**.

[3)] § 4a eingef. durch G v. 22.6.1998 (BGBl. I S. 1474); bish. Abs. 1 geänd., Abs. 2 aufgeh. mWv 1.11. 2008 durch G v. 23.10.2008 (BGBl. I S. 2026).

[4)] *§ 5 Abs. 1 neu gef. durch G v. 28.6.1926* (RGBl. I S. 315); Abs. 1 geänd., Abs. 4 neu gef. durch G v. 4.7.1980 (BGBl. I S. 836); Abs. 1 geänd. durch G v. 9.6.1998 (BGBl. I S. 1242); Abs. 1 und 4 Satz 1 geänd., Abs. 2 und 3 neu gef. mWv 1.11.2008 durch G v. 23.10.2008 (BGBl. I S. 2026).

[5)] § 5a eingef. mWv 1.11.2008 durch G v. 23.10.2008 (BGBl. I S. 2026).

den Erwerb bilden könnte, ohne das Stammkapital oder eine nach dem Gesellschaftsvertrag zu bildende Rücklage zu mindern, die nicht zur Zahlung an die Gesellschafter verwandt werden darf.

§ 34 Einziehung von Geschäftsanteilen. (1) Die Einziehung (Amortisation) von Geschäftsanteilen darf nur erfolgen, soweit sie im Gesellschaftsvertrag zugelassen ist.

(2) Ohne die Zustimmung des Anteilsberechtigten findet die Einziehung nur statt, wenn die Voraussetzungen derselben vor dem Zeitpunkt, in welchem der Berechtigte den Geschäftsanteil erworben hat, im Gesellschaftsvertrag festgesetzt waren.

(3) Die Bestimmung in § 30 Abs. 1 bleibt unberührt.

Abschnitt 3. Vertretung und Geschäftsführung

§ 35[1] Vertretung der Gesellschaft. (1) [1] Die Gesellschaft wird durch die Geschäftsführer gerichtlich und außergerichtlich vertreten. [2] Hat eine Gesellschaft keinen Geschäftsführer (Führungslosigkeit), wird die Gesellschaft für den Fall, dass ihr gegenüber Willenserklärungen abgegeben oder Schriftstücke zugestellt werden, durch die Gesellschafter vertreten.

(2) [1] Sind mehrere Geschäftsführer bestellt, sind sie alle nur gemeinschaftlich zur Vertretung der Gesellschaft befugt, es sei denn, dass der Gesellschaftsvertrag etwas anderes bestimmt. [2] Ist der Gesellschaft gegenüber eine Willenserklärung abzugeben, genügt die Abgabe gegenüber einem Vertreter der Gesellschaft nach Absatz 1. [3] An die Vertreter der Gesellschaft nach Absatz 1 können unter der im Handelsregister eingetragenen Geschäftsanschrift Willenserklärungen abgegeben und Schriftstücke für die Gesellschaft zugestellt werden. [4] Unabhängig hiervon können die Abgabe und die Zustellung auch unter der eingetragenen Anschrift der empfangsberechtigten Person nach § 10 Abs. 2 Satz 2 erfolgen.

(3) [1] Befinden sich alle Geschäftsanteile der Gesellschaft in der Hand eines Gesellschafters oder daneben in der Hand der Gesellschaft und ist er zugleich deren alleiniger Geschäftsführer, so ist auf seine Rechtsgeschäfte mit der Gesellschaft § 181 des Bürgerlichen Gesetzbuchs[2] anzuwenden. [2] Rechtsgeschäfte zwischen ihm und der von ihm vertretenen Gesellschaft sind, auch wenn er nicht alleiniger Geschäftsführer ist, unverzüglich nach ihrer Vornahme in eine Niederschrift aufzunehmen.

§ 35a[3] Angaben auf Geschäftsbriefen. (1) [1] Auf allen Geschäftsbriefen gleichviel welcher Form, die an einen bestimmten Empfänger gerichtet werden, müssen die Rechtsform und der Sitz der Gesellschaft, das Registergericht des Sitzes der Gesellschaft und die Nummer, unter der die Gesellschaft in das Handelsregister eingetragen ist, sowie alle Geschäftsführer und, sofern die Gesellschaft einen Aufsichtsrat gebildet und dieser einen Vorsitzenden hat, der Vorsitzende des Aufsichtsrats mit dem Familiennamen und mindestens einem ausgeschriebenen

---

[1] § 35 Abs. 4 angef. durch G v. 4.7.1980 (BGBl. I S. 836); Abs. 4 Satz 2 angef. durch G v. 18.12.1991 (BGBl. I S. 2206); Abs. 1 Satz 2 angef., Abs. 2 neu gef., Abs. 3 aufgeh., bish. Abs. 4 wird Abs. 3 mWv 1.11.2008 durch G v. 23.10.2008 (BGBl. I S. 2026).

[2] Nr. **20**.

[3] § 35a eingef. durch G v. 15.8.1969 (BGBl. I S. 1146); Abs. 4 angef. durch G v. 22.7.1993 (BGBl. I S. 1282); Abs. 1 Satz 1 geänd. mWv 1.1.2007 durch G v. 10.11.2006 (BGBl. I S. 2553); Abs. 4 Satz 1 geänd. mWv 1.11.2008 durch G v. 23.10.2008 (BGBl. I S. 2026).

Vornamen angegeben werden. [2] Werden Angaben über das Kapital der Gesellschaft gemacht, so müssen in jedem Falle das Stammkapital sowie, wenn nicht alle in Geld zu leistenden Einlagen eingezahlt sind, der Gesamtbetrag der ausstehenden Einlagen angegeben werden.

(2) Der Angaben nach Absatz 1 Satz 1 bedarf es nicht bei Mitteilungen oder Berichten, die im Rahmen einer bestehenden Geschäftsverbindung ergehen und für die üblicherweise Vordrucke verwendet werden, in denen lediglich die im Einzelfall erforderlichen besonderen Angaben eingefügt zu werden brauchen.

(3) [1] Bestellscheine gelten als Geschäftsbriefe im Sinne des Absatzes 1. [2] Absatz 2 ist auf sie nicht anzuwenden.

(4) [1] Auf allen Geschäftsbriefen und Bestellscheinen, die von einer Zweigniederlassung einer Gesellschaft mit beschränkter Haftung mit Sitz im Ausland verwendet werden, müssen das Register, bei dem die Zweigniederlassung geführt wird, und die Nummer des Registereintrags angegeben werden; im übrigen gelten die Vorschriften der Absätze 1 bis 3 für die Angaben bezüglich der Haupt- und der Zweigniederlassung, soweit nicht das ausländische Recht Abweichungen nötig macht. [2] Befindet sich die ausländische Gesellschaft in Liquidation, so sind auch diese Tatsache sowie alle Liquidatoren anzugeben.

§ 36[1)] Zielgrößen und Fristen zur gleichberechtigten Teilhabe von Frauen und Männern. [1] Die Geschäftsführer einer Gesellschaft, die der Mitbestimmung unterliegt, legen für den Frauenanteil in den beiden Führungsebenen unterhalb der Geschäftsführer Zielgrößen fest. [2] Die Zielgrößen müssen den angestrebten Frauenanteil an der jeweiligen Führungsebene beschreiben und bei Angaben in Prozent vollen Personenzahlen entsprechen. [3] Legen die Geschäftsführer für den Frauenanteil auf einer der Führungsebenen die Zielgröße Null fest, so haben sie diesen Beschluss klar und verständlich zu begründen. [4] Die Begründung muss ausführlich die Erwägungen darlegen, die der Entscheidung zugrunde liegen. [5] Liegt der Frauenanteil bei Festlegung der Zielgrößen unter 30 Prozent, so dürfen die Zielgrößen den jeweils erreichten Anteil nicht mehr unterschreiten. [6] Gleichzeitig sind Fristen zur Erreichung der Zielgrößen festzulegen. [7] Die Fristen dürfen jeweils nicht länger als fünf Jahre sein.

§ 37 Beschränkungen der Vertretungsbefugnis. (1) Die Geschäftsführer sind der Gesellschaft gegenüber verpflichtet, die Beschränkungen einzuhalten, welche für den Umfang ihrer Befugnis, die Gesellschaft zu vertreten, durch den Gesellschaftsvertrag oder, soweit dieser nicht ein anderes bestimmt, durch die Beschlüsse der Gesellschafter festgesetzt sind.

(2) [1] Gegen dritte Personen hat eine Beschränkung der Befugnis der Geschäftsführer, die Gesellschaft zu vertreten, keine rechtliche Wirkung. [2] Dies gilt insbesondere für den Fall, daß die Vertretung sich nur auf gewisse Geschäfte oder Arten von Geschäften erstrecken oder nur unter gewissen Umständen oder für eine gewisse Zeit oder an einzelnen Orten stattfinden soll, oder daß die Zustimmung der Gesellschafter oder eines Organs der Gesellschaft für einzelne Geschäfte erfordert ist.

[1)] § 36 neu eingef. mWv 1.5.2015 durch G v. 24.4.2015 (BGBl. I S. 642); Sätze 2–4 eingef., bish. Sätze 2–4 werden Sätze 5–7 mWv 12.8.2021 durch G v. 7.8.2021 (BGBl. I S. 3311).

§ 38[1)] Widerruf der Bestellung. (1) Die Bestellung der Geschäftsführer ist zu jeder Zeit widerruflich, unbeschadet der Entschädigungsansprüche aus bestehenden Verträgen.

(2) [1] Im Gesellschaftsvertrag kann die Zulässigkeit des Widerrufs auf den Fall beschränkt werden, daß wichtige Gründe denselben notwendig machen. [2] Als solche Gründe sind insbesondere grobe Pflichtverletzung oder Unfähigkeit zur ordnungsmäßigen Geschäftsführung anzusehen.

(3) [1] Der Geschäftsführer hat das Recht, um den Widerruf seiner Bestellung zu ersuchen, wenn er wegen Mutterschutz, Elternzeit, der Pflege eines Familienangehörigen oder Krankheit seinen mit der Bestellung verbundenen Pflichten vorübergehend nicht nachkommen kann und mindestens ein weiterer Geschäftsführer bestellt ist. [2] Macht ein Geschäftsführer von diesem Recht Gebrauch, muss die Bestellung dieses Geschäftsführers

1. widerrufen und dabei die Wiederbestellung nach Ablauf des Zeitraums der in § 3 Absatz 1 und 2 des Mutterschutzgesetzes[2)] genannten Schutzfristen zugesichert werden,
2. in den Fällen der Elternzeit, der Pflege eines Familienangehörigen oder der Krankheit widerrufen und dabei die Wiederbestellung nach einem Zeitraum von bis zu drei Monaten entsprechend dem Verlangen des Geschäftsführers zugesichert werden; von dem Widerruf der Bestellung kann abgesehen werden, wenn ein wichtiger Grund vorliegt.

[3] In den in Satz 2 Nummer 2 genannten Fällen kann die Bestellung des Geschäftsführers auf dessen Verlangen für einen Zeitraum von bis zu zwölf Monaten widerrufen werden. [4] § 77a Absatz 2 findet auf Bestellungen während des Zeitraums nach den Sätzen 2 oder 3 keine Anwendung, wenn das Beteiligungsgebot ohne den Widerruf eingehalten wäre.

§ 39[3)] Anmeldung der Geschäftsführer. (1) Jede Änderung in den Personen der Geschäftsführer sowie die Beendigung der Vertretungsbefugnis eines Geschäftsführers ist zur Eintragung in das Handelsregister anzumelden.

(2) Der Anmeldung sind die Urkunden über die Bestellung der Geschäftsführer oder über die Beendigung der Vertretungsbefugnis in Urschrift oder öffentlich beglaubigter Abschrift beizufügen.

(3) [1] Die neuen Geschäftsführer haben in der Anmeldung zu versichern, daß keine Umstände vorliegen, die ihrer Bestellung nach § 6 Abs. 2 Satz 2 Nr. 2 und 3 sowie Satz 3 entgegenstehen und daß sie über ihre unbeschränkte Auskunftspflicht gegenüber dem Gericht belehrt worden sind. [2] § 8 Abs. 3 Satz 2 ist anzuwenden.

§ 40[4)] [5)] Liste der Gesellschafter, Verordnungsermächtigung. (1) [1] Die Geschäftsführer haben unverzüglich nach Wirksamwerden jeder Veränderung in den

---

[1)] *§ 38 Abs. 3 angef. mWv 12.8.2021 durch* G v. 7.8.2021 (BGBl. I S. 3311).

[2)] **Habersack, Deutsche Gesetze ErgBd. Nr. 79.**

[3)] § 39 neu gef. durch G v. 10.8.1937 (RGBl. I S. 897); Abs. 3 eingef., bish. Abs. 3 wird Abs. 4 durch G v. 4.7.1980 (BGBl. I S. 836); Abs. 3 Satz 1 geänd. durch G v. 12.9.1990 (BGBl. I S. 2002); Abs. 2 geänd., Abs. 4 aufgeh. mWv 1.1.2007 durch G v. 10.11.2006 (BGBl. I S. 2553); Abs. 3 Satz 1 geänd. mWv 1.11.2008 durch G v. 23.10.2008 (BGBl. I S. 2026).

[4)] § 40 neu gef. durch G v. 22.6.1998 (BGBl. I S. 1474); Abs. 1 neu gef., Abs. 2 eingef., bish. Abs. 2 wird Abs. 3 und geänd. mWv 1.11.2008 durch G v. 23.10.2008 (BGBl. I S. 2026); Überschrift, Abs. 1 Satz 1 neu gef., Sätze 2 und 3 eingef., bish. Satz 2 wird Satz 4, Abs. 4 und 5 angef. mWv 26.6.2017 durch G v. 23.6.2017 (BGBl. I S. 1822).

[5)] Beachte hierzu Übergangsvorschrift in § 8 EGGmbHG (Nr. **52/1**).

Personen der Gesellschafter oder des Umfangs ihrer Beteiligung eine von ihnen unterschriebene Liste der Gesellschafter zum Handelsregister einzureichen, aus welcher Name, Vorname, Geburtsdatum und Wohnort derselben sowie die Nennbeträge und die laufenden Nummern der von einem jeden derselben übernommenen Geschäftsanteile sowie die durch den jeweiligen Nennbetrag eines Geschäftsanteils vermittelte jeweilige prozentuale Beteiligung am Stammkapital zu entnehmen sind. [2] Ist ein Gesellschafter selbst eine Gesellschaft, so sind bei eingetragenen Gesellschaften in die Liste deren Firma, Satzungssitz, zuständiges Register und Registernummer aufzunehmen, bei nicht eingetragenen Gesellschaften deren jeweilige Gesellschafter unter einer zusammenfassenden Bezeichnung mit Name, Vorname, Geburtsdatum und Wohnort. [3] Hält ein Gesellschafter mehr als einen Geschäftsanteil, ist in der Liste der Gesellschafter zudem der Gesamtumfang der Beteiligung am Stammkapital als Prozentsatz gesondert anzugeben. [4] Die Änderung der Liste durch die Geschäftsführer erfolgt auf Mitteilung und Nachweis.

(2) [1] Hat ein Notar an Veränderungen nach Absatz 1 Satz 1 mitgewirkt, hat er unverzüglich nach deren Wirksamwerden ohne Rücksicht auf etwaige später eintretende Unwirksamkeitsgründe die Liste anstelle der Geschäftsführer zu unterschreiben, zum Handelsregister einzureichen und eine Abschrift der geänderten Liste an die Gesellschaft zu übermitteln. [2] Die Liste muss mit der Bescheinigung des Notars versehen sein, dass die geänderten Eintragungen den Veränderungen entsprechen, an denen er mitgewirkt hat, und die übrigen Eintragungen mit dem Inhalt der zuletzt im Handelsregister aufgenommenen Liste übereinstimmen.

(3) Geschäftsführer, welche die ihnen nach Absatz 1 obliegende Pflicht verletzen, haften denjenigen, deren Beteiligung sich geändert hat, und den Gläubigern der Gesellschaft für den daraus entstandenen Schaden als Gesamtschuldner.

(4) Das Bundesministerium der Justiz und für Verbraucherschutz wird ermächtigt, durch Rechtsverordnung mit Zustimmung des Bundesrates nähere Bestimmungen über die Ausgestaltung der Gesellschafterliste zu treffen.

(5) [1] Die Landesregierungen werden ermächtigt, durch Rechtsverordnung zu bestimmen, dass bestimmte in der Liste der Gesellschafter enthaltene Angaben in strukturierter maschinenlesbarer Form an das Handelsregister zu übermitteln sind, soweit nicht durch das Bundesministerium der Justiz und für Verbraucherschutz nach § 387 Absatz 2 des Gesetzes über das Verfahren in Familiensachen und in den Angelegenheiten der freiwilligen Gerichtsbarkeit[1)] entsprechende Vorschriften erlassen werden. [2] Die Landesregierungen können die Ermächtigung durch Rechtsverordnung auf die Landesjustizverwaltungen übertragen.

§ 41[2)] Buchführung. Die Geschäftsführer sind verpflichtet, für die ordnungsmäßige Buchführung der Gesellschaft zu sorgen.

§ 42[3)] Bilanz. (1) In der Bilanz des nach den §§ 242, 264 des Handelsgesetzbuchs[4)] aufzustellenden Jahresabschlusses ist das Stammkapital als gezeichnetes Kapital auszuweisen.

(2) [1] Das Recht der Gesellschaft zur Einziehung von Nachschüssen der Gesellschafter ist in der Bilanz insoweit zu aktivieren, als die Einziehung bereits beschlossen ist und den Gesellschaftern ein Recht, durch Verweisung auf den Geschäfts-

---

[1)] Nr. **112**.

[2)] *§ 41 Abs. 4 aufgeh. durch G v. 24.3.1976* (BGBl. I S. 725); Abs. 2 und 3 aufgeh. durch G v. 19.12.1985 (BGBl. I S. 2355); Absatzbez. gestr. mWv 1.11.2008 durch G v. 23.10.2008 (BGBl. I S. 2026).

[3)] § 42 neu gef. durch G v. 19.12.1985 (BGBl. I S. 2355).

[4)] Nr. **50**.

anteil sich von der Zahlung der Nachschüsse zu befreien, nicht zusteht. 2 Der nachzuschießende Betrag ist auf der Aktivseite unter den Forderungen gesondert unter der Bezeichnung „Eingeforderte Nachschüsse" auszuweisen, soweit mit der Zahlung gerechnet werden kann. 3 Ein dem Aktivposten entsprechender Betrag ist auf der Passivseite in dem Posten „Kapitalrücklage" gesondert auszuweisen.

(3) Ausleihungen, Forderungen und Verbindlichkeiten gegenüber Gesellschaftern sind in der Regel als solche jeweils gesondert auszuweisen oder im Anhang anzugeben; werden sie unter anderen Posten ausgewiesen, so muß diese Eigenschaft vermerkt werden.

§ 42a[1)] Vorlage des Jahresabschlusses und des Lageberichts. (1) 1 Die Geschäftsführer haben den Jahresabschluß und den Lagebericht unverzüglich nach der Aufstellung den Gesellschaftern zum Zwecke der Feststellung des Jahresabschlusses vorzulegen. 2 Ist der Jahresabschluß durch einen Abschlußprüfer zu prüfen, so haben die Geschäftsführer ihn zusammen mit dem Lagebericht und dem Prüfungsbericht des Abschlußprüfers unverzüglich nach Eingang des Prüfungsberichts vorzulegen. 3 Hat die Gesellschaft einen Aufsichtsrat, so ist dessen Bericht über das Ergebnis seiner Prüfung ebenfalls unverzüglich vorzulegen.

(2) 1 Die Gesellschafter haben spätestens bis zum Ablauf der ersten acht Monate oder, wenn es sich um eine kleine Gesellschaft handelt (§ 267 Abs. 1 des Handelsgesetzbuchs[2)]), bis zum Ablauf der ersten elf Monate des Geschäftsjahrs über die Feststellung des Jahresabschlusses und über die Ergebnisverwendung zu beschließen. 2 Der Gesellschaftsvertrag kann die Frist nicht verlängern. 3 Auf den Jahresabschluß sind bei der Feststellung die für seine Aufstellung geltenden Vorschriften anzuwenden.

(3) Hat ein Abschlußprüfer den Jahresabschluß geprüft, so hat er auf Verlangen eines Gesellschafters an den Verhandlungen über die Feststellung des Jahresabschlusses teilzunehmen.

(4) 1 Ist die Gesellschaft zur Aufstellung eines Konzernabschlusses und eines Konzernlageberichts verpflichtet, so sind die Absätze 1 bis 3 entsprechend anzuwenden. 2 Das Gleiche gilt hinsichtlich eines Einzelabschlusses nach § 325 Abs. 2a des Handelsgesetzbuchs, wenn die Gesellschafter die Offenlegung eines solchen beschlossen haben.

§ 43[3)] Haftung der Geschäftsführer. (1) Die Geschäftsführer haben in den Angelegenheiten der Gesellschaft die Sorgfalt eines ordentlichen Geschäftsmannes anzuwenden.

(2) Geschäftsführer, welche ihre Obliegenheiten verletzen, haften der Gesellschaft solidarisch für den entstandenen Schaden.

(3) 1 Insbesondere sind sie zum Ersatze verpflichtet, wenn den Bestimmungen des § 30 zuwider Zahlungen aus dem zur Erhaltung des Stammkapitals erforderlichen Vermögen der Gesellschaft gemacht oder den Bestimmungen des § 33 zuwider eigene Geschäftsanteile der Gesellschaft erworben worden sind. 2 Auf den Ersatzanspruch finden die Bestimmungen in § 9b Abs. 1 entsprechende Anwendung. 3 Soweit der Ersatz zur Befriedigung der Gläubiger der Gesellschaft erforder-

[1)] § 42a eingef. durch G v. 3.6.1937 (RGBl. I S. 607); neu gef. durch G v. 19.12.1985 (BGBl. I S. 2355); Abs. 4 neu gef. mWv 26.7.2002 durch G v. 19.7.2002 (BGBl. I S. 2681); Abs. 4 Satz 2 angef. mWv 10.12. 2004 durch G v. 4.12.2004 (BGBl. I S. 3166).

[2)] Nr. **50**.

[3)] § 43 Abs. 3 Satz 2 geänd. durch G v. 4.7.1980 (BGBl. I S. 836).

lich ist, wird die Verpflichtung der Geschäftsführer dadurch nicht aufgehoben, daß dieselben in Befolgung eines Beschlusses der Gesellschafter gehandelt haben.

(4) Die Ansprüche auf Grund der vorstehenden Bestimmungen verjähren in fünf Jahren.

§ 43a[1)] Kreditgewährung aus Gesellschaftsvermögen. [1]Den Geschäftsführern, anderen gesetzlichen Vertretern, Prokuristen oder zum gesamten Geschäftsbetrieb ermächtigten Handlungsbevollmächtigten darf Kredit nicht aus dem zur Erhaltung des Stammkapitals erforderlichen Vermögen der Gesellschaft gewährt werden. [2]Ein entgegen Satz 1 gewährter Kredit ist ohne Rücksicht auf entgegenstehende Vereinbarungen sofort zurückzugewähren.

§ 44 Stellvertreter von Geschäftsführern. Die für die Geschäftsführer gegebenen Vorschriften gelten auch für Stellvertreter von Geschäftsführern.

§ 45 Rechte der Gesellschafter. (1) Die Rechte, welche den Gesellschaftern in den Angelegenheiten der Gesellschaft, insbesondere in bezug auf die Führung der Geschäfte zustehen, sowie die Ausübung derselben bestimmen sich, soweit nicht gesetzliche Vorschriften entgegenstehen, nach dem Gesellschaftsvertrag.

(2) In Ermangelung besonderer Bestimmungen des Gesellschaftsvertrages finden die Vorschriften der §§ 46 bis 51 Anwendung.

§ 46[2)] Aufgabenkreis der Gesellschafter. Der Bestimmung der Gesellschafter unterliegen:

1. die Feststellung des Jahresabschlusses und die Verwendung des Ergebnisses;
1a. die Entscheidung über die Offenlegung eines Einzelabschlusses nach internationalen Rechnungslegungsstandards (§ 325 Abs. 2a des Handelsgesetzbuchs[3)]) und über die Billigung des von den Geschäftsführern aufgestellten Abschlusses;
1b. die Billigung eines von den Geschäftsführern aufgestellten Konzernabschlusses;
2. die Einforderung der Einlagen;
3. die Rückzahlung von Nachschüssen;
4. die Teilung, die Zusammenlegung sowie die Einziehung von Geschäftsanteilen;
5. die Bestellung und die Abberufung von Geschäftsführern sowie die Entlastung derselben;
6. die Maßregeln zur Prüfung und Überwachung der Geschäftsführung;
7. die Bestellung von Prokuristen und von Handlungsbevollmächtigten zum gesamten Geschäftsbetrieb;
8. die Geltendmachung von Ersatzansprüchen, welche der Gesellschaft aus der Gründung oder Geschäftsführung gegen Geschäftsführer oder Gesellschafter zustehen, sowie die Vertretung der Gesellschaft in Prozessen, welche sie gegen die Geschäftsführer zu führen hat.

[1)] § 43a eingef. durch G v. 4.7.1980 (BGBl. I S. 836).

[2)] *§ 46 Nr. 1 geänd. durch G v. 19.12.1985* (BGBl. I S. 2355); Nr. 1a und 1b eingef. mWv 10.12.2004 durch G v. 4.12.2004 (BGBl. I S. 3166); Nr. 2 neu gef. und Nr. 4 geänd. mWv 1.11.2008 durch G v. 23.10.2008 (BGBl. I S. 2026).

[3)] Nr. **50**.

§ 47[1)] Abstimmung. (1) Die von den Gesellschaftern in den Angelegenheiten der Gesellschaft zu treffenden Bestimmungen erfolgen durch Beschlußfassung nach der Mehrheit der abgegebenen Stimmen.

(2) Jeder Euro eines Geschäftsanteils gewährt eine Stimme.

(3) Vollmachten bedürfen zu ihrer Gültigkeit der Textform.

(4) [1]Ein Gesellschafter, welcher durch die Beschlußfassung entlastet oder von einer Verbindlichkeit befreit werden soll, hat hierbei kein Stimmrecht und darf ein solches auch nicht für andere ausüben. [2]Dasselbe gilt von einer Beschlußfassung, welche die Vornahme eines Rechtsgeschäfts oder die Einleitung oder Erledigung eines Rechtsstreites gegenüber einem Gesellschafter betrifft.

§ 48[2)] Gesellschafterversammlung. (1) Die Beschlüsse der Gesellschafter werden in Versammlungen gefaßt.

(2) Der Abhaltung einer Versammlung bedarf es nicht, wenn sämtliche Gesellschafter in Textform mit der zu treffenden Bestimmung oder mit der schriftlichen Abgabe der Stimmen sich einverstanden erklären.

(3) Befinden sich alle Geschäftsanteile der Gesellschaft in der Hand eines Gesellschafters oder daneben in der Hand der Gesellschaft, so hat er unverzüglich nach der Beschlußfassung eine Niederschrift aufzunehmen und zu unterschreiben.

§ 49 Einberufung der Versammlung. (1) Die Versammlung der Gesellschafter wird durch die Geschäftsführer berufen.

(2) Sie ist außer den ausdrücklich bestimmten Fällen zu berufen, wenn es im Interesse der Gesellschaft erforderlich erscheint.

(3) Insbesondere muß die Versammlung unverzüglich berufen werden, wenn aus der Jahresbilanz oder aus einer im Laufe des Geschäftsjahres aufgestellten Bilanz sich ergibt, daß die Hälfte des Stammkapitals verloren ist.

§ 50 Minderheitsrechte. (1) Gesellschafter, deren Geschäftsanteile zusammen mindestens dem zehnten Teil des Stammkapitals entsprechen, sind berechtigt, unter Angabe des Zwecks und der Gründe die Berufung der Versammlung zu verlangen.

(2) In gleicher Weise haben die Gesellschafter das Recht zu verlangen, daß Gegenstände zur Beschlußfassung der Versammlung angekündigt werden.

(3) [1]Wird dem Verlangen nicht entsprochen oder sind Personen, an welche dasselbe zu richten wäre, nicht vorhanden, so können die in Absatz 1 bezeichneten Gesellschafter unter Mitteilung des Sachverhältnisses die Berufung oder Ankündigung selbst bewirken. [2]Die Versammlung beschließt, ob die entstandenen Kosten von der Gesellschaft zu tragen sind.

§ 51 Form der Einberufung. (1) [1]Die Berufung der Versammlung erfolgt durch Einladung der Gesellschafter mittels eingeschriebener Briefe. [2]Sie ist mit einer Frist von mindestens einer Woche zu bewirken.

(2) Der Zweck der Versammlung soll jederzeit bei der Berufung angekündigt werden.

[1)] § 47 Abs. 3 geänd. mWv 1.8.2001 durch G v. 13.7.2001 (BGBl. I S. 1542); Abs. 2 neu gef. mWv 1.11.2008 durch G v. 23.10.2008 (BGBl. I S. 2026).

[2)] § 48 Abs. 3 angef. durch G v. 4.7.1980 (BGBl. I S. 836); Abs. 2 geänd. mWv 1.8.2001 durch G v. 13.7.2001 (BGBl. I S. 1542).

(3) Ist die Versammlung nicht ordnungsmäßig berufen, so können Beschlüsse nur gefaßt werden, wenn sämtliche Gesellschafter anwesend sind.

(4) Das gleiche gilt in bezug auf Beschlüsse über Gegenstände, welche nicht wenigstens drei Tage vor der Versammlung in der für die Berufung vorgeschriebenen Weise angekündigt worden sind.

§ 51a[1)] Auskunfts- und Einsichtsrecht. (1) Die Geschäftsführer haben jedem Gesellschafter auf Verlangen unverzüglich Auskunft über die Angelegenheiten der Gesellschaft zu geben und die Einsicht der Bücher und Schriften zu gestatten.

(2) [1] Die Geschäftsführer dürfen die Auskunft und die Einsicht verweigern, wenn zu besorgen ist, daß der Gesellschafter sie zu gesellschaftsfremden Zwecken verwenden und dadurch der Gesellschaft oder einem verbundenen Unternehmen einen nicht unerheblichen Nachteil zufügen wird. [2] Die Verweigerung bedarf eines Beschlusses der Gesellschafter.

(3) Von diesen Vorschriften kann im Gesellschaftsvertrag nicht abgewichen werden.

§ 51b[2)] Gerichtliche Entscheidung über das Auskunfts- und Einsichtsrecht. [1] Für die gerichtliche Entscheidung über das Auskunfts- und Einsichtsrecht findet § 132 Abs. 1, 3 und 4 des Aktiengesetzes[3)] entsprechende Anwendung. [2] Antragsberechtigt ist jeder Gesellschafter, dem die verlangte Auskunft nicht gegeben oder die verlangte Einsicht nicht gestattet worden ist.

§ 52[4)] [5)] Aufsichtsrat. (1) Ist nach dem Gesellschaftsvertrag ein Aufsichtsrat zu bestellen, so sind § 90 Abs. 3, 4, 5 Satz 1 und 2, § 95 Satz 1, § 100 Abs. 1 und 2 Nr. 2 und Abs. 5, § 101 Abs. 1 Satz 1, § 103 Abs. 1 Satz 1 und 2, §§ 105, 107 Absatz 3 Satz 2 und 3 und Absatz 4, §§ 110 bis 114, 116 des Aktiengesetzes[3)] in Verbindung mit § 93 Abs. 1 und 2 Satz 1 und 2 des Aktiengesetzes, § 124 Abs. 3 Satz 2, §§ 170, 171, 394 und 395 des Aktiengesetzes entsprechend anzuwenden, soweit nicht im Gesellschaftsvertrag ein anderes bestimmt ist.

(2) [1] Ist nach dem Drittelbeteiligungsgesetz ein Aufsichtsrat zu bestellen, so legt die Gesellschafterversammlung für den Frauenanteil im Aufsichtsrat und unter den Geschäftsführern Zielgrößen fest, es sei denn, sie hat dem Aufsichtsrat diese Aufgabe übertragen. [2] Ist nach dem Mitbestimmungsgesetz[6)], dem Montan-Mitbestimmungsgesetz[7)] oder dem Mitbestimmungsergänzungsgesetz[8)] ein Aufsichtsrat

---

[1)] § 51a eingef. durch G v. 4.7.1980 (BGBl. I S. 836).

[2)] § 51b eingef. durch G v. 4.7.1980 (BGBl. I S. 836); Satz 1 geänd. mWv 1.8.2013 durch G v. 23.7. 2013 (BGBl. I S. 2586).

[3)] Nr. **51**.

[4)] § 52 Abs. 1 neu gef. durch G v. 6.9.1965 (BGBl. I S. 1185); Abs. 1 geänd., Abs. 2 eingef., bish. Abs. 2 wird Abs. 3 durch G v. 15.8.1969 (BGBl. I S. 1146); Abs. 2 Satz 1 geänd. durch G v. 25.10.1982 (BGBl. I S. 1425); Abs. 1 geänd. durch G v. 19.12.1985 (BGBl. I S. 2355); Abs. 1 geänd. mWv 10.12.2004 durch G v. 4.12.2004 (BGBl. I S. 3166); Abs. 2 Satz 1 geänd., Satz 2 neu gef. mWv 1.1.2007 durch G v. 10.11. 2006 (BGBl. I S. 2553); Abs. 1 geänd. mWv 29.5.2009 durch G v. 25.5.2009 (BGBl. I S. 1102); Abs. 1 geänd. mWv 5.8.2009 durch G v. 31.7.2009 (BGBl. I S. 2509); Abs. 2 eingef., bish. Abs. 2 und 3 werden Abs. 3 und 4 mWv 1.5.2015 durch G v. 24.4.2015 (BGBl. I S. 642); Abs. 1 geänd. mWv 31.12.2015 durch G v. 22.12.2015 (BGBl. I S. 2565); Abs. 1 geänd. mWv 17.6.2016 durch G v. 10.5.2016 (BGBl. I S. 1142); Abs. 2 Sätze 3–5 eingef., bish. Sätze 3–5 werden Sätze 6–8 mWv 12.8.2021 durch G v. 7.8.2021 (BGBl. I S. 3311).

[5)] *Beachte hierzu Übergangsvorschriften in* § 7 EGGmbHG (Nr. **52/1**).

[6)] **Habersack, Deutsche Gesetze ErgBd. Nr. 82a.**

[7)] **Habersack, Deutsche Gesetze ErgBd. Nr. 82b.**

[8)] **Habersack, Deutsche Gesetze ErgBd. Nr. 82c.**

zu bestellen, so legt der Aufsichtsrat für den Frauenanteil im Aufsichtsrat und unter den Geschäftsführern Zielgrößen fest. [3] Die Zielgrößen müssen den angestrebten Frauenanteil am jeweiligen Gesamtgremium beschreiben und bei Angaben in Prozent vollen Personenzahlen entsprechen. [4] Wird für den Aufsichtsrat oder unter den Geschäftsführern die Zielgröße Null festgelegt, so ist dieser Beschluss klar und verständlich zu begründen. [5] Die Begründung muss ausführlich die Erwägungen darlegen, die der Entscheidung zugrunde liegen. [6] Liegt der Frauenanteil bei Festlegung der Zielgrößen unter 30 Prozent, so dürfen die Zielgrößen den jeweils erreichten Anteil nicht mehr unterschreiten. [7] Gleichzeitig sind Fristen zur Erreichung der Zielgrößen festzulegen. [8] Die Fristen dürfen jeweils nicht länger als fünf Jahre sein.

(3) [1] Werden die Mitglieder des Aufsichtsrats vor der Eintragung der Gesellschaft in das Handelsregister bestellt, gilt § 37 Abs. 4 Nr. 3 und 3a des Aktiengesetzes entsprechend. [2] Die Geschäftsführer haben bei jeder Änderung in den Personen der Aufsichtsratsmitglieder unverzüglich eine Liste der Mitglieder des Aufsichtsrats, aus welcher Name, Vorname, ausgeübter Beruf und Wohnort der Mitglieder ersichtlich ist, zum Handelsregister einzureichen; das Gericht hat nach § 10 des Handelsgesetzbuchs[1)] einen Hinweis darauf bekannt zu machen, dass die Liste zum Handelsregister eingereicht worden ist.

(4) Schadensersatzansprüche gegen die Mitglieder des Aufsichtsrats wegen Verletzung ihrer Obliegenheiten verjähren in fünf Jahren.

Abschnitt 4. Abänderungen des Gesellschaftsvertrags

§ 53[2)] Form der Satzungsänderung. (1) Eine Abänderung des Gesellschaftsvertrages kann nur durch Beschluß der Gesellschafter erfolgen.

(2) [1] Der Beschluß muß notariell beurkundet werden, derselbe bedarf einer Mehrheit von drei Vierteilen der abgegebenen Stimmen. [2] Der Gesellschaftsvertrag kann noch andere Erfordernisse aufstellen.

(3) Eine Vermehrung der den Gesellschaftern nach dem Gesellschaftsvertrag obliegenden Leistungen kann nur mit Zustimmung sämtlicher beteiligter Gesellschafter beschlossen werden.

§ 54[3)] Anmeldung und Eintragung der Satzungsänderung. (1) [1] Die Abänderung des Gesellschaftsvertrages ist zur Eintragung in das Handelsregister anzumelden. [2] Der Anmeldung ist der vollständige Wortlaut des Gesellschaftsvertrags beizufügen; er muß mit der Bescheinigung eines Notars versehen sein, daß die geänderten Bestimmungen des Gesellschaftsvertrags mit dem Beschluß über die Änderung des Gesellschaftsvertrags und die unveränderten Bestimmungen mit dem zuletzt zum Handelsregister eingereichten vollständigen Wortlaut des Gesellschaftsvertrags übereinstimmen.

(2) Bei der Eintragung genügt, sofern nicht die Abänderung die in § 10 bezeichneten Angaben betrifft, die Bezugnahme auf die bei dem Gericht eingereichten Dokumente über die Abänderung.

(3) Die Abänderung hat keine rechtliche Wirkung, bevor sie in das Handelsregister des Sitzes der Gesellschaft eingetragen ist.

[1)] Nr. **50**.

[2)] § 53 Abs. 2 Satz 1 geänd. durch G v. 28.8.1969 (BGBl. I S. 1513).

[3)] § 54 Abs. 1 Satz 2 angef. durch G v. 15.8.1969 (BGBl. I S. 1146); Abs. 2 bish. Satz 1 geänd., Satz 2 aufgeh. mWv 1.1.2007 durch G v. 10.11.2006 (BGBl. I S. 2553).

§ 55[1)] **Erhöhung des Stammkapitals.** (1) Wird eine Erhöhung des Stammkapitals beschlossen, so bedarf es zur Übernahme jedes Geschäftsanteils an dem erhöhten Kapital einer notariell aufgenommenen oder beglaubigten Erklärung des Übernehmers.

(2) [1] Zur Übernahme eines Geschäftsanteils können von der Gesellschaft die bisherigen Gesellschafter oder andere Personen, welche durch die Übernahme ihren Beitritt zu der Gesellschaft erklären, zugelassen werden. [2] Im letzteren Falle sind außer dem Nennbetrag des Geschäftsanteils auch sonstige Leistungen, zu welchen der Beitretende nach dem Gesellschaftsvertrage verpflichtet sein soll, in der in Absatz 1 bezeichneten Urkunde ersichtlich zu machen.

(3) Wird von einem der Gesellschaft bereits angehörenden Gesellschafter ein Geschäftsanteil an dem erhöhten Kapital übernommen, so erwirbt derselbe einen weiteren Geschäftsanteil.

(4) Die Bestimmungen in § 5 Abs. 2 und 3 über die Nennbeträge der Geschäftsanteile sowie die Bestimmungen in § 19 Abs. 6 über die Verjährung des Anspruchs der Gesellschaft auf Leistung der Einlagen sind auch hinsichtlich der an dem erhöhten Kapital übernommenen Geschäftsanteile anzuwenden.

§ 55a[2)] **Genehmigtes Kapital.** (1) [1] Der Gesellschaftsvertrag kann die Geschäftsführer für höchstens fünf Jahre nach Eintragung der Gesellschaft ermächtigen, das Stammkapital bis zu einem bestimmten Nennbetrag (genehmigtes Kapital) durch Ausgabe neuer Geschäftsanteile gegen Einlagen zu erhöhen. [2] Der Nennbetrag des genehmigten Kapitals darf die Hälfte des Stammkapitals, das zur Zeit der Ermächtigung vorhanden ist, nicht übersteigen.

(2) Die Ermächtigung kann auch durch Abänderung des Gesellschaftsvertrags für höchstens fünf Jahre nach deren Eintragung erteilt werden.

(3) Gegen Sacheinlagen (§ 56) dürfen Geschäftsanteile nur ausgegeben werden, wenn die Ermächtigung es vorsieht.

§ 56[3)] **Kapitalerhöhung mit Sacheinlagen.** (1) [1] Sollen Sacheinlagen geleistet werden, so müssen ihr Gegenstand und der Nennbetrag des Geschäftsanteils, auf den sich die Sacheinlage bezieht, im Beschluß über die Erhöhung des Stammkapitals festgesetzt werden. [2] Die Festsetzung ist in die in § 55 Abs. 1 bezeichnete Erklärung des Übernehmers aufzunehmen.

(2) Die §§ 9 und 19 Abs. 2 Satz 2 und Abs. 4 finden entsprechende Anwendung.

§ 56a[4)] **Leistungen auf das neue Stammkapital.** Für die Leistungen der Einlagen auf das neue Stammkapital finden § 7 Abs. 2 Satz 1 und Abs. 3 sowie § 19 Abs. 5 entsprechende Anwendung.

[1)] § 55 Abs. 1 geänd. durch G v. 28.8.1969 (BGBl. I S. 1513); Abs. 1, 2 Sätze 1 und 2, Abs. 3 geänd., Abs. 4 neu gef. mWv 1.11.2008 durch G v. 23.10.2008 (BGBl. I S. 2026).

[2)] § 55a eingef. mWv 1.11.2008 durch G v. 23.10.2008 (BGBl. I S. 2026).

[3)] *§ 56 neu gef. durch G v. 4.7.1980 (BGBl. I S. 836)*; Abs. 1 Satz 1 und Abs. 2 geänd. mWv 1.11.2008 durch G v. 23.10.2008 (BGBl. I S. 2026).

[4)] § 56a eingef. durch G v. 4.7.1980 (BGBl. I S. 836); geänd. mWv 1.11.2008 durch G v. 23.10.2008 (BGBl. I S. 2026).

§ 57[1)] **Anmeldung der Erhöhung.** (1) Die beschlossene Erhöhung des Stammkapitals ist zur Eintragung in das Handelsregister anzumelden, nachdem das erhöhte Kapital durch Übernahme von Geschäftsanteilen gedeckt ist.

(2) [1] In der Anmeldung ist die Versicherung abzugeben, daß die Einlagen auf das neue Stammkapital nach § 7 Abs. 2 Satz 1 und Abs. 3 bewirkt sind und daß der Gegenstand der Leistungen sich endgültig in der freien Verfügung der Geschäftsführer befindet. [2] § 8 Abs. 2 Satz 2 gilt entsprechend.

(3) Der Anmeldung sind beizufügen:

1. die in § 55 Abs. 1 bezeichneten Erklärungen oder eine beglaubigte Abschrift derselben;
2. eine von den Anmeldenden unterschriebene Liste der Personen, welche die neuen Geschäftsanteile übernommen haben; aus der Liste müssen die Nennbeträge der von jedem übernommenen Geschäftsanteile ersichtlich sein;
3. bei einer Kapitalerhöhung mit Sacheinlagen die Verträge, die den Festsetzungen nach § 56 zugrunde liegen oder zu ihrer Ausführung geschlossen worden sind.

(4) Für die Verantwortlichkeit der Geschäftsführer, welche die Kapitalerhöhung zur Eintragung in das Handelsregister angemeldet haben, finden § 9a Abs. 1 und 3, § 9b entsprechende Anwendung.

§ 57a[2)] **Ablehnung der Eintragung.** Für die Ablehnung der Eintragung durch das Gericht findet § 9c Abs. 1 entsprechende Anwendung.

§ 57b[3)] (weggefallen)

§ 57c[4)] **Kapitalerhöhung aus Gesellschaftsmitteln.** (1) Das Stammkapital kann durch Umwandlung von Rücklagen in Stammkapital erhöht werden (Kapitalerhöhung aus Gesellschaftsmitteln).

(2) Die Erhöhung des Stammkapitals kann erst beschlossen werden, nachdem der Jahresabschluß für das letzte vor der Beschlußfassung über die Kapitalerhöhung abgelaufene Geschäftsjahr (letzter Jahresabschluß) festgestellt und über die Ergebnisverwendung Beschluß gefaßt worden ist.

(3) Dem Beschluß über die Erhöhung des Stammkapitals ist eine Bilanz zugrunde zu legen.

(4) Neben den §§ 53 und 54 über die Abänderung des Gesellschaftsvertrags gelten die §§ 57d bis 57o.

§ 57d[5)] **Ausweisung von Kapital- und Gewinnrücklagen.** (1) Die Kapital- und Gewinnrücklagen, die in Stammkapital umgewandelt werden sollen, müssen in der letzten Jahresbilanz und, wenn dem Beschluß eine andere Bilanz zugrunde gelegt wird, auch in dieser Bilanz unter „Kapitalrücklage“ oder „Gewinnrücklagen“ oder im letzten Beschluß über die Verwendung des Jahresergebnisses als Zuführung zu diesen Rücklagen ausgewiesen sein.

---

1) § 57 Abs. 2 und 4 neu gef., Abs. 3 Nr. 3 angef. durch G v. 4.7.1980 (BGBl. I S. 836); Abs. 1, Abs. 2 Satz 1, Abs. 3 Nr. 2 geänd., Abs. 2 Satz 2 neu gef. mWv 1.11.2008 durch G v. 23.10.2008 (BGBl. I S. 2026).

2) § 57a eingef. durch G v. 4.7.1980 (BGBl. I S. 836); geänd. durch G v. 22.6.1998 (BGBl. I S. 1474).

3) § 57b aufgeh. mWv 1.11.2008 durch G v. 23.10.2008 (BGBl. I S. 2026).

4) § 57c eingef. durch G v. 28.10.1994 (BGBl. I S. 3210).

5) § 57d eingef. durch G v. 28.10.1994 (BGBl. I S. 3210).

(2) Die Rücklagen können nicht umgewandelt werden, soweit in der zugrunde gelegten Bilanz ein Verlust, einschließlich eines Verlustvortrags, ausgewiesen ist.

(3) Andere Gewinnrücklagen, die einem bestimmten Zweck zu dienen bestimmt sind, dürfen nur umgewandelt werden, soweit dies mit ihrer Zweckbestimmung vereinbar ist.

§ 57e[1)] Zugrundelegung der letzten Jahresbilanz; Prüfung. (1) Dem Beschluß kann die letzte Jahresbilanz zugrunde gelegt werden, wenn die Jahresbilanz geprüft und die festgestellte Jahresbilanz mit dem uneingeschränkten Bestätigungsvermerk der Abschlußprüfer versehen ist und wenn ihr Stichtag höchstens acht Monate vor der Anmeldung des Beschlusses zur Eintragung in das Handelsregister liegt.

(2) Bei Gesellschaften, die nicht große im Sinne des § 267 Abs. 3 des Handelsgesetzbuchs[2)] sind, kann die Prüfung auch durch vereidigte Buchprüfer erfolgen; die Abschlußprüfer müssen von der Versammlung der Gesellschafter gewählt sein.

§ 57f[3) 4)] Anforderungen an die Bilanz. (1) [1] Wird dem Beschluß nicht die letzte Jahresbilanz zugrunde gelegt, so muß die Bilanz den Vorschriften über die Gliederung der Jahresbilanz und über die Wertansätze in der Jahresbilanz entsprechen. [2] Der Stichtag der Bilanz darf höchstens acht Monate vor der Anmeldung des Beschlusses zur Eintragung in das Handelsregister liegen.

(2) [1] Die Bilanz ist, bevor über die Erhöhung des Stammkapitals Beschluß gefaßt wird, durch einen oder mehrere Prüfer darauf zu prüfen, ob sie dem Absatz 1 entspricht. [2] Sind nach dem abschließenden Ergebnis der Prüfung keine Einwendungen zu erheben, so haben die Prüfer dies durch einen Vermerk zu bestätigen. [3] Die Erhöhung des Stammkapitals kann nicht ohne diese Bestätigung der Prüfer beschlossen werden.

(3) [1] Die Prüfer werden von den Gesellschaftern gewählt; falls nicht andere Prüfer gewählt werden, gelten die Prüfer als gewählt, die für die Prüfung des letzten Jahresabschlusses von den Gesellschaftern gewählt oder vom Gericht bestellt worden sind. [2] Im Übrigen sind, soweit sich aus der Besonderheit des Prüfungsauftrags nichts anderes ergibt, § 318 Absatz 1 Satz 2, § 319 Absatz 1 bis 4, § 319b Absatz 1, § 320 Absatz 1 Satz 2 und Absatz 2, die §§ 321 und 323 des Handelsgesetzbuchs[2)] sowie bei Gesellschaften, die Unternehmen von öffentlichem Interesse nach § 316a Satz 2 des Handelsgesetzbuchs sind, auch Artikel 5 der Verordnung (EU) Nr. 537/2014 des Europäischen Parlaments und des Rates vom 16. April 2014 über spezifische Anforderungen an die Abschlussprüfung bei Unternehmen von öffentlichem Interesse und zur Aufhebung des Beschlusses 2005/909/EG der Kommission (ABl. L 158 vom 27.5.2014, S. 77; L 170 vom 11.6.2014, S. 66) anzuwenden. [3] Bei Gesellschaften, die nicht große im Sinne des § 267 Abs. 3 des Handelsgesetzbuchs sind, können auch vereidigte Buchprüfer zu Prüfern bestellt werden.

[1)] § 57e eingef. durch G v. 28.10.1994 (BGBl. I S. 3210).

[2)] *Nr.* ***50***.

[3)] § 57f eingef. durch G v. 28.10.1994 (BGBl. I S. 3210); Abs. 3 Satz 2 neu gef. mWv 1.7.2021 durch G v. 3.6.2021 (BGBl. I S. 1534).

[4)] Beachte hierzu Übergangsvorschrift in § 9 EGGmbHG (Nr. **52/1**).

§ 57g[1)] Vorherige Bekanntgabe des Jahresabschlusses. Die Bestimmungen des Gesellschaftsvertrags über die vorherige Bekanntgabe des Jahresabschlusses an die Gesellschafter sind in den Fällen des § 57f entsprechend anzuwenden.

§ 57h[2)] Arten der Kapitalerhöhung. (1) [1]Die Kapitalerhöhung kann vorbehaltlich des § 57l Abs. 2 durch Bildung neuer Geschäftsanteile oder durch Erhöhung des Nennbetrags der Geschäftsanteile ausgeführt werden. [2]Die neuen Geschäftsanteile und die Geschäftsanteile, deren Nennbetrag erhöht wird, müssen auf einen Betrag gestellt werden, der auf volle Euro lautet.

(2) [1]Der Beschluß über die Erhöhung des Stammkapitals muß die Art der Erhöhung angeben. [2]Soweit die Kapitalerhöhung durch Erhöhung des Nennbetrags der Geschäftsanteile ausgeführt werden soll, ist sie so zu bemessen, daß durch sie auf keinen Geschäftsanteil, dessen Nennbetrag erhöht wird, Beträge entfallen, die durch die Erhöhung des Nennbetrags des Geschäftsanteils nicht gedeckt werden können.

§ 57i[3)] Anmeldung und Eintragung des Erhöhungsbeschlusses.

(1) [1]Der Anmeldung des Beschlusses über die Erhöhung des Stammkapitals zur Eintragung in das Handelsregister ist die der Kapitalerhöhung zugrunde gelegte, mit dem Bestätigungsvermerk der Prüfer versehene Bilanz, in den Fällen des § 57f außerdem die letzte Jahresbilanz, sofern sie noch nicht nach § 325 Abs. 1 des Handelsgesetzbuchs[4)] eingereicht ist, beizufügen. [2]Die Anmeldenden haben dem Registergericht gegenüber zu erklären, daß nach ihrer Kenntnis seit dem Stichtag der zugrunde gelegten Bilanz bis zum Tag der Anmeldung keine Vermögensminderung eingetreten ist, die der Kapitalerhöhung entgegenstünde, wenn sie am Tag der Anmeldung beschlossen worden wäre.

(2) Das Registergericht darf den Beschluß nur eintragen, wenn die der Kapitalerhöhung zugrunde gelegte Bilanz für einen höchstens acht Monate vor der Anmeldung liegenden Zeitpunkt aufgestellt und eine Erklärung nach Absatz 1 Satz 2 abgegeben worden ist.

(3) Zu der Prüfung, ob die Bilanzen den gesetzlichen Vorschriften entsprechen, ist das Gericht nicht verpflichtet.

(4) Bei der Eintragung des Beschlusses ist anzugeben, daß es sich um eine Kapitalerhöhung aus Gesellschaftsmitteln handelt.

§ 57j[5)] Verteilung der Geschäftsanteile. [1]Die neuen Geschäftsanteile stehen den Gesellschaftern im Verhältnis ihrer bisherigen Geschäftsanteile zu. [2]Ein entgegenstehender Beschluß der Gesellschafter ist nichtig.

§ 57k[6)] Teilrechte; Ausübung der Rechte. (1) Führt die Kapitalerhöhung dazu, daß auf einen Geschäftsanteil nur ein Teil eines neuen Geschäftsanteils entfällt, so ist dieses Teilrecht selbständig veräußerlich und vererblich.

[1)] § 57g eingef. durch G v. 28.10.1994 (BGBl. I S. 3210).

[2)] § 57h eingef. durch G v. 28.10.1994 (BGBl. I S. 3210); Abs. 1 Satz 2 geänd. durch G v. 9.6.1998 (BGBl. I S. 1242); Abs. 1 Satz 2 geänd. mWv 1.11.2008 durch G v. 23.10.2008 (BGBl. I S. 2026).

[3)] § 57i eingef. durch G v. 28.10.1994 (BGBl. I S. 3210); Abs. 1 Satz 1 geänd. mWv 1.1.2007 durch G v. 10.11.2006 (BGBl. I S. 2553).

[4)] Nr. **50**.

[5)] § 57j eingef. durch G v. 28.10.1994 (BGBl. I S. 3210).

[6)] § 57k eingef. durch G v. 28.10.1994 (BGBl. I S. 3210).

(2) Die Rechte aus einem neuen Geschäftsanteil, einschließlich des Anspruchs auf Ausstellung einer Urkunde über den neuen Geschäftsanteil, können nur ausgeübt werden, wenn Teilrechte, die zusammen einen vollen Geschäftsanteil ergeben, in einer Hand vereinigt sind oder wenn sich mehrere Berechtigte, deren Teilrechte zusammen einen vollen Geschäftsanteil ergeben, zur Ausübung der Rechte (§ 18) zusammenschließen.

§ 57l[1)] Teilnahme an der Erhöhung des Stammkapitals. (1) Eigene Geschäftsanteile nehmen an der Erhöhung des Stammkapitals teil.

(2) [1] Teileingezahlte Geschäftsanteile nehmen entsprechend ihrem Nennbetrag an der Erhöhung des Stammkapitals teil. [2] Bei ihnen kann die Kapitalerhöhung nur durch Erhöhung des Nennbetrags der Geschäftsanteile ausgeführt werden. [3] Sind neben teileingezahlten Geschäftsanteilen vollständig eingezahlte Geschäftsanteile vorhanden, so kann bei diesen die Kapitalerhöhung durch Erhöhung des Nennbetrags der Geschäftsanteile und durch Bildung neuer Geschäftsanteile ausgeführt werden. [4] Die Geschäftsanteile, deren Nennbetrag erhöht wird, können auf jeden Betrag gestellt werden, der auf volle Euro lautet.

§ 57m[2)] Verhältnis der Rechte; Beziehungen zu Dritten. (1) Das Verhältnis der mit den Geschäftsanteilen verbundenen Rechte zueinander wird durch die Kapitalerhöhung nicht berührt.

(2) [1] Soweit sich einzelne Rechte teileingezahlter Geschäftsanteile, insbesondere die Beteiligung am Gewinn oder das Stimmrecht, nach der je Geschäftsanteil geleisteten Einlage bestimmen, stehen diese Rechte den Gesellschaftern bis zur Leistung der noch ausstehenden Einlagen nur nach der Höhe der geleisteten Einlage, erhöht um den auf den Nennbetrag des Stammkapitals berechneten Hundertsatz der Erhöhung des Stammkapitals, zu. [2] Werden weitere Einzahlungen geleistet, so erweitern sich diese Rechte entsprechend.

(3) Der wirtschaftliche Inhalt vertraglicher Beziehungen der Gesellschaft zu Dritten, die von der Gewinnausschüttung der Gesellschaft, dem Nennbetrag oder Wert ihrer Geschäftsanteile oder ihres Stammkapitals oder in sonstiger Weise von den bisherigen Kapital- oder Gewinnverhältnissen abhängen, wird durch die Kapitalerhöhung nicht berührt.

§ 57n[3)] Gewinnbeteiligung der neuen Geschäftsanteile. (1) Die neuen Geschäftsanteile nehmen, wenn nichts anderes bestimmt ist, am Gewinn des ganzen Geschäftsjahres teil, in dem die Erhöhung des Stammkapitals beschlossen worden ist.

(2) [1] Im Beschluß über die Erhöhung des Stammkapitals kann bestimmt werden, daß die neuen Geschäftsanteile bereits am Gewinn des letzten vor der Beschlußfassung über die Kapitalerhöhung abgelaufenen Geschäftsjahrs teilnehmen. [2] In diesem Fall ist die Erhöhung des Stammkapitals abweichend von § 57c Abs. 2 zu beschließen, bevor über die Ergebnisverwendung für das letzte vor der Beschlußfassung abgelaufene Geschäftsjahr Beschluß gefaßt worden ist. [3] Der Beschluß über die Ergebnisverwendung für das letzte vor der Beschlußfassung über die Kapitalerhöhung abgelaufene Geschäftsjahr wird erst wirksam, wenn das Stammkapital

---

[1)] § 57l eingef. durch G v. 28.10.1994 (BGBl. I S. 3210); Abs. 2 Satz 4 neu gef. mWv 1.11.2008 durch *G v. 23.10.2008 (BGBl. I S. 2026).*

[2)] § 57m eingef. durch G v. 28.10.1994 (BGBl. I S. 3210).

[3)] § 57n eingef. durch G v. 28.10.1994 (BGBl. I S. 3210); Abs. 2 Satz 4 geänd. mWv 1.9.2009 durch G v. 30.7.2009 (BGBl. I S. 2479).

erhöht worden ist. [4]Der Beschluß über die Erhöhung des Stammkapitals und der Beschluß über die Ergebnisverwendung für das letzte vor der Beschlußfassung über die Kapitalerhöhung abgelaufene Geschäftsjahr sind nichtig, wenn der Beschluß über die Kapitalerhöhung nicht binnen drei Monaten nach der Beschlußfassung in das Handelsregister eingetragen worden ist; der Lauf der Frist ist gehemmt, solange eine Anfechtungs- oder Nichtigkeitsklage rechtshängig ist.

§ 57o[1)] Anschaffungskosten. [1]Als Anschaffungskosten der vor der Erhöhung des Stammkapitals erworbenen Geschäftsanteile und der auf sie entfallenden neuen Geschäftsanteile gelten die Beträge, die sich für die einzelnen Geschäftsanteile ergeben, wenn die Anschaffungskosten der vor der Erhöhung des Stammkapitals erworbenen Geschäftsanteile auf diese und auf die auf sie entfallenden neuen Geschäftsanteile nach dem Verhältnis der Nennbeträge verteilt werden. [2]Der Zuwachs an Geschäftsanteilen ist nicht als Zugang auszuweisen.

§ 58[2)] Herabsetzung des Stammkapitals. (1) Eine Herabsetzung des Stammkapitals kann nur unter Beobachtung der nachstehenden Bestimmungen erfolgen:

1. der Beschluß auf Herabsetzung des Stammkapitals muß von den Geschäftsführern in den Gesellschaftsblättern bekanntgemacht werden; in dieser Bekanntmachung sind zugleich die Gläubiger der Gesellschaft aufzufordern, sich bei derselben zu melden; die aus den Handelsbüchern der Gesellschaft ersichtlichen oder in anderer Weise bekannten Gläubiger sind durch besondere Mitteilung zur Anmeldung aufzufordern;
2. die Gläubiger, welche sich bei der Gesellschaft melden und der Herabsetzung nicht zustimmen, sind wegen der erhobenen Ansprüche zu befriedigen oder sicherzustellen;
3. die Anmeldung des Herabsetzungsbeschlusses zur Eintragung in das Handelsregister erfolgt nicht vor Ablauf eines Jahres seit dem Tage, an welchem die Aufforderung der Gläubiger in den Gesellschaftsblättern stattgefunden hat;
4. mit der Anmeldung ist die Bekanntmachung des Beschlusses einzureichen; zugleich haben die Geschäftsführer die Versicherung abzugeben, daß die Gläubiger, welche sich bei der Gesellschaft gemeldet und der Herabsetzung nicht zugestimmt haben, befriedigt oder sichergestellt sind.

(2) [1]Die Bestimmung in § 5 Abs. 1 über den Mindestbetrag des Stammkapitals bleibt unberührt. [2]Erfolgt die Herabsetzung zum Zweck der Zurückzahlung von Einlagen oder zum Zweck des Erlasses zu leistender Einlagen, dürfen die verbleibenden Nennbeträge der Geschäftsanteile nicht unter den in § 5 Abs. 2 und 3 bezeichneten Betrag herabgehen.

§ 58a[3)] Vereinfachte Kapitalherabsetzung. (1) Eine Herabsetzung des Stammkapitals, die dazu dienen soll, Wertminderungen auszugleichen oder sonstige Verluste zu decken, kann als vereinfachte Kapitalherabsetzung vorgenommen werden.

[1)] § 57o eingef. durch G v. 28.10.1994 (BGBl. I S. 3210).

[2)] § 58 Abs. 1 Nr. 1 und 3 geänd. mWv 1.4.2005 durch G v. 22.3.2005 (BGBl. I S. 837); Abs. 2 Satz 2 neu gef. mWv 1.11.2008 durch G v. 23.10.2008 (BGBl. I S. 2026); Abs. 1 Nr. 1, 3 und 4 geänd. mWv 1.9.2009 durch G v. 30.7.2009 (BGBl. I S. 2479).

[3)] § 58a eingef. durch G v. 5.10.1994 (BGBl. I S. 2911); Abs. 3 Satz 2 neu gef., Sätze 3–5 aufgeh. mWv 1.11.2008 durch G v. 23.10.2008 (BGBl. I S. 2026); Abs. 4 Satz 3 geänd. mWv 1 9.2009 durch G v. 30.7. 2009 (BGBl. I S. 2479).

(2) [1]Die vereinfachte Kapitalherabsetzung ist nur zulässig, nachdem der Teil der Kapital- und Gewinnrücklagen, der zusammen über zehn vom Hundert des nach der Herabsetzung verbleibenden Stammkapitals hinausgeht, vorweg aufgelöst ist. [2]Sie ist nicht zulässig, solange ein Gewinnvortrag vorhanden ist.

(3) [1]Im Beschluß über die vereinfachte Kapitalherabsetzung sind die Nennbeträge der Geschäftsanteile dem herabgesetzten Stammkapital anzupassen. [2]Die Geschäftsanteile müssen auf einen Betrag gestellt werden, der auf volle Euro lautet.

(4) [1]Das Stammkapital kann unter den in § 5 Abs. 1 bestimmten Mindestnennbetrag herabgesetzt werden, wenn dieser durch eine Kapitalerhöhung wieder erreicht wird, die zugleich mit der Kapitalherabsetzung beschlossen ist und bei der Sacheinlagen nicht festgesetzt sind. [2]Die Beschlüsse sind nichtig, wenn sie nicht binnen drei Monaten nach der Beschlußfassung in das Handelsregister eingetragen worden sind. [3]Der Lauf der Frist ist gehemmt, solange eine Anfechtungs- oder Nichtigkeitsklage rechtshängig ist. [4]Die Beschlüsse sollen nur zusammen in das Handelsregister eingetragen werden.

(5) Neben den §§ 53 und 54 über die Abänderung des Gesellschaftsvertrags gelten die §§ 58b bis 58f.

§ 58b[1)] Beträge aus Rücklagenauflösung und Kapitalherabsetzung.

(1) Die Beträge, die aus der Auflösung der Kapital- oder Gewinnrücklagen und aus der Kapitalherabsetzung gewonnen werden, dürfen nur verwandt werden, um Wertminderungen auszugleichen und sonstige Verluste zu decken.

(2) [1]Daneben dürfen die gewonnenen Beträge in die Kapitalrücklage eingestellt werden, soweit diese zehn vom Hundert des Stammkapitals nicht übersteigt. [2]Als Stammkapital gilt dabei der Nennbetrag, der sich durch die Herabsetzung ergibt, mindestens aber der nach § 5 Abs. 1 zulässige Mindestnennbetrag.

(3) Ein Betrag, der auf Grund des Absatzes 2 in die Kapitalrücklage eingestellt worden ist, darf vor Ablauf des fünften nach der Beschlußfassung über die Kapitalherabsetzung beginnenden Geschäftsjahrs nur verwandt werden

1. zum Ausgleich eines Jahresfehlbetrags, soweit er nicht durch einen Gewinnvortrag aus dem Vorjahr gedeckt ist und nicht durch Auflösung von Gewinnrücklagen ausgeglichen werden kann;
2. zum Ausgleich eines Verlustvortrags aus dem Vorjahr, soweit er nicht durch einen Jahresüberschuß gedeckt ist und nicht durch Auflösung von Gewinnrücklagen ausgeglichen werden kann;
3. zur Kapitalerhöhung aus Gesellschaftsmitteln.

§ 58c[2)] Nichteintritt angenommener Verluste. [1]Ergibt sich bei Aufstellung der Jahresbilanz für das Geschäftsjahr, in dem der Beschluß über die Kapitalherabsetzung gefaßt wurde, oder für eines der beiden folgenden Geschäftsjahre, daß Wertminderungen und sonstige Verluste in der bei der Beschlußfassung angenommenen Höhe tatsächlich nicht eingetreten oder ausgeglichen waren, so ist der Unterschiedsbetrag in die Kapitalrücklage einzustellen. [2]Für einen nach Satz 1 in die Kapitalrücklage eingestellten Betrag gilt § 58b Abs. 3 sinngemäß.

[1)] § 58b eingef. durch G v. 5.10.1994 (BGBl. I S. 2911).
[2)] § 58c eingef. durch G v. 5.10.1994 (BGBl. I S. 2911).

§ 58d[1)] Gewinnausschüttung. (1) [1]Gewinn darf vor Ablauf des fünften nach der Beschlußfassung über die Kapitalherabsetzung beginnenden Geschäftsjahrs nur ausgeschüttet werden, wenn die Kapital- und Gewinnrücklagen zusammen zehn vom Hundert des Stammkapitals erreichen. [2]Als Stammkapital gilt dabei der Nennbetrag, der sich durch die Herabsetzung ergibt, mindestens aber der nach § 5 Abs. 1 zulässige Mindestnennbetrag.

(2) [1]Die Zahlung eines Gewinnanteils von mehr als vier vom Hundert ist erst für ein Geschäftsjahr zulässig, das später als zwei Jahre nach der Beschlußfassung über die Kapitalherabsetzung beginnt. [2]Dies gilt nicht, wenn die Gläubiger, deren Forderungen vor der Bekanntmachung der Eintragung des Beschlusses begründet worden waren, befriedigt oder sichergestellt sind, soweit sie sich binnen sechs Monaten nach der Bekanntmachung des Jahresabschlusses, auf Grund dessen die Gewinnverteilung beschlossen ist, zu diesem Zweck gemeldet haben. [3]Einer Sicherstellung der Gläubiger bedarf es nicht, die im Fall des Insolvenzverfahrens ein Recht auf vorzugsweise Befriedigung aus einer Deckungsmasse haben, die nach gesetzlicher Vorschrift zu ihrem Schutz errichtet und staatlich überwacht ist. [4]Die Gläubiger sind in der Bekanntmachung nach § 325 Abs. 2 des Handelsgesetzbuchs[2)] auf die Befriedigung oder Sicherstellung hinzuweisen.

§ 58e[3)] Beschluss über die Kapitalherabsetzung. (1) [1]Im Jahresabschluß für das letzte vor der Beschlußfassung über die Kapitalherabsetzung abgelaufene Geschäftsjahr können das Stammkapital sowie die Kapital- und Gewinnrücklagen in der Höhe ausgewiesen werden, in der sie nach der Kapitalherabsetzung bestehen sollen. [2]Dies gilt nicht, wenn der Jahresabschluß anders als durch Beschluß der Gesellschafter festgestellt wird.

(2) Der Beschluß über die Feststellung des Jahresabschlusses soll zugleich mit dem Beschluß über die Kapitalherabsetzung gefaßt werden.

(3) [1]Die Beschlüsse sind nichtig, wenn der Beschluß über die Kapitalherabsetzung nicht binnen drei Monaten nach der Beschlußfassung in das Handelsregister eingetragen worden ist. [2]Der Lauf der Frist ist gehemmt, solange eine Anfechtungs- oder Nichtigkeitsklage rechtshängig ist.

(4) Der Jahresabschluß darf nach § 325 des Handelsgesetzbuchs[2)] erst nach Eintragung des Beschlusses über die Kapitalherabsetzung offengelegt werden.

§ 58f[4)] Kapitalherabsetzung bei gleichzeitiger Erhöhung des Stammkapitals. (1) [1]Wird im Fall des § 58e zugleich mit der Kapitalherabsetzung eine Erhöhung des Stammkapitals beschlossen, so kann auch die Kapitalerhöhung in dem Jahresabschluß als vollzogen berücksichtigt werden. [2]Die Beschlussfassung ist nur zulässig, wenn die neuen Geschäftsanteile übernommen, keine Sacheinlagen festgesetzt sind und wenn auf jeden neuen Geschäftsanteil die Einzahlung geleistet ist, die nach § 56a zur Zeit der Anmeldung der Kapitalerhöhung bewirkt sein muss. [3]Die Übernahme und die Einzahlung sind dem Notar nachzuweisen, der den Beschluß über die Erhöhung des Stammkapitals beurkundet

---

[1)] § 58d eingef. durch G v. 5.10.1994 (BGBl. I S. 2911; Abs. 2 Satz 4 geänd. mWv 1.1.2007 durch G v. 10.11.2006 (BGBl. I S. 2553).

[2)] Nr. **50**.

[3)] § 58e eingef. durch G v. 5.10.1994 (BGBl. I S. 2911); Abs. 3 Satz 2 geänd. mWv 1.9.2009 durch G v. 30.7.2009 (BGBl. I S. 2479).

[4)] § 58f eingef. durch G v. 5.10.1994 (BGBl. I S. 2911); Abs. 1 Satz 2 neu gef. mWv 1.11.2008 durch G v. 23.10.2008 (BGBl. I S. 2026); Abs. 2 Satz 2 geänd. mWv 1.9.2009 durch G v. 30.7.2009 (BGBl. I S. 2479).

(2) [1] Sämtliche Beschlüsse sind nichtig, wenn die Beschlüsse über die Kapitalherabsetzung und die Kapitalerhöhung nicht binnen drei Monaten nach der Beschlußfassung in das Handelsregister eingetragen worden sind. [2] Der Lauf der Frist ist gehemmt, solange eine Anfechtungs- oder Nichtigkeitsklage rechtshängig ist. [3] Die Beschlüsse sollen nur zusammen in das Handelsregister eingetragen werden.

(3) Der Jahresabschluß darf nach § 325 des Handelsgesetzbuchs[1)] erst offengelegt werden, nachdem die Beschlüsse über die Kapitalherabsetzung und Kapitalerhöhung eingetragen worden sind.

§ 59[2)] (weggefallen)

Abschnitt 5. Auflösung und Nichtigkeit der Gesellschaft

§ 60[3)] **Auflösungsgründe.** (1) Die Gesellschaft mit beschränkter Haftung wird aufgelöst:

1. durch Ablauf der im Gesellschaftsvertrag bestimmten Zeit;
2. durch Beschluß der Gesellschafter; derselbe bedarf, sofern im Gesellschaftsvertrag nicht ein anderes bestimmt ist, einer Mehrheit von drei Vierteilen der abgegebenen Stimmen;
3. durch gerichtliches Urteil oder durch Entscheidung des Verwaltungsgerichts oder der Verwaltungsbehörde in den Fällen der §§ 61 und 62;
4. durch die Eröffnung des Insolvenzverfahrens; wird das Verfahren auf Antrag des Schuldners eingestellt oder nach der Bestätigung eines Insolvenzplans, der den Fortbestand der Gesellschaft vorsieht, aufgehoben, so können die Gesellschafter die Fortsetzung der Gesellschaft beschließen;
5. mit der Rechtskraft des Beschlusses, durch den die Eröffnung des Insolvenzverfahrens mangels Masse abgelehnt worden ist;
6. mit der Rechtskraft einer Verfügung des Registergerichts, durch welche nach § 399 des Gesetzes über das Verfahren in Familiensachen und in den Angelegenheiten der freiwilligen Gerichtsbarkeit[4)] ein Mangel des Gesellschaftsvertrags festgestellt worden ist;
7. durch die Löschung der Gesellschaft wegen Vermögenslosigkeit nach § 394 des Gesetzes über das Verfahren in Familiensachen und in den Angelegenheiten der freiwilligen Gerichtsbarkeit.

(2) Im Gesellschaftsvertrag können weitere Auflösungsgründe festgesetzt werden.

§ 61 Auflösung durch Urteil. (1) Die Gesellschaft kann durch gerichtliches Urteil aufgelöst werden, wenn die Erreichung des Gesellschaftszweckes unmöglich wird, oder wenn andere, in den Verhältnissen der Gesellschaft liegende, wichtige Gründe für die Auflösung vorhanden sind.

[1)] Nr. **50**.

[2)] § 59 aufgeh. mWv 1.1.2007 durch G v. 10.11.2006 (BGBl. I S. 2553).

[3)] § 60 neu gef. durch G v. 4.7.1980 (BGBl. I S. 836); Abs. 1 Nr. 5 geänd. durch G v. 18.12.1991 *(BGBl. I S. 2206); Abs. 1 Nr. 4 neu gef., Nr. 5 eingef.*, bish. Nr. 5 wird Nr. 6, Nr. 7 angef. durch G v. 5.10.1994 (BGBl. I S. 2911); Abs. 1 Nr. 6 neu gef. mWv 1.11.2008 durch G v. 23.10.2008 (BGBl. I S. 2026); Abs. 1 Nr. 6 und 7 geänd. mWv 1.9.2009 durch G v. 17.12.2008 (BGBl. I S. 2586).

[4)] Nr. **112**.

(2) [1]Die Auflösungsklage ist gegen die Gesellschaft zu richten. [2]Sie kann nur von Gesellschaftern erhoben werden, deren Geschäftsanteile zusammen mindestens dem zehnten Teil des Stammkapitals entsprechen.

(3) Für die Klage ist das Landgericht ausschließlich zuständig, in dessen Bezirk die Gesellschaft ihren Sitz hat.

§ 62[1)] Auflösung durch eine Verwaltungsbehörde. (1) Wenn eine Gesellschaft das Gemeinwohl dadurch gefährdet, daß die Gesellschafter gesetzwidrige Beschlüsse fassen oder gesetzwidrige Handlungen der Geschäftsführer wissentlich geschehen lassen, so kann sie aufgelöst werden, ohne daß deshalb ein Anspruch auf Entschädigung stattfindet.

(2) Das Verfahren und die Zuständigkeit der Behörden richtet sich nach den für streitige Verwaltungssachen *landesgesetzlich* geltenden Vorschriften.

§ 63[2)] (weggefallen)

§ 64[3)] *(aufgehoben)*

§ 65[4)] Anmeldung und Eintragung der Auflösung. (1) [1]Die Auflösung der Gesellschaft ist zur Eintragung in das Handelsregister anzumelden. [2]Dies gilt nicht in den Fällen der Eröffnung oder der Ablehnung der Eröffnung des Insolvenzverfahrens und der gerichtlichen Feststellung eines Mangels des Gesellschaftsvertrags. [3]In diesen Fällen hat das Gericht die Auflösung und ihren Grund von Amts wegen einzutragen. [4]Im Falle der Löschung der Gesellschaft (§ 60 Abs. 1 Nr. 7) entfällt die Eintragung der Auflösung.

(2) [1]Die Auflösung ist von den Liquidatoren in den Gesellschaftsblättern bekanntzumachen. [2]Durch die Bekanntmachung sind zugleich die Gläubiger der Gesellschaft aufzufordern, sich bei derselben zu melden.

§ 66[5)] Liquidatoren. (1) In den Fällen der Auflösung außer dem Fall des Insolvenzverfahrens erfolgt die Liquidation durch die Geschäftsführer, wenn nicht dieselbe durch den Gesellschaftsvertrag oder durch Beschluß der Gesellschafter anderen Personen übertragen wird.

(2) Auf Antrag von Gesellschaftern, deren Geschäftsanteile zusammen mindestens dem zehnten Teil des Stammkapitals entsprechen, kann aus wichtigen Gründen die Bestellung von Liquidatoren durch das Gericht erfolgen.

(3) [1]Die Abberufung von Liquidatoren kann durch das Gericht unter derselben Voraussetzung wie die Bestellung stattfinden. [2]Liquidatoren, welche nicht vom Gericht ernannt sind, können auch durch Beschluß der Gesellschafter vor Ablauf des Zeitraums, für welchen sie bestellt sind, abberufen werden.

[1)] § 62 Abs. 2 Sätze 2 und 3 gegenstandslos durch VwGO v. 21.1.1960 (BGBl. I S. 17).

[2)] § 63 aufgeh. durch G v. 5.10.1994 (BGBl. I S. 2911).

[3)] § 64 aufgeh. mWv 1.1.2021 durch G v. 22.12.2020 (BGBl. I S. 3256).

[4)] § 65 Abs. 1 neu gef. durch G v. 15.8.1969 (BGBl. I S. 1146); Abs. 1 Satz 2 neu gef., Satz 4 angef. durch G v. 5.10.1994 (BGBl. I S. 2911); Abs. 2 Satz 1 geänd. mWv 1.4.2005 durch G v. 22.3.2005 (BGBl. I S. 837); Abs. 1 Satz 2 geänd. mWv 1.11.2008 durch G v. 23.10.2008 (BGBl. I S. 2026); Abs. 2 Satz 1 geänd. mWv 1.9.2009 durch G v. 30.7.2009 (BGBl. I S. 2479).

[5)] § 66 Abs. 4 angef. durch G v. 4.7.1980 (BGBl. I S. 836) und geänd. durch G v. 12.9.1990 (BGBl. I S. 2002); Abs. 1 geänd. und Abs. 5 angef. durch G v. 5.10.1994 (BGBl. I S. 2911); Abs. 4 geänd. mWv 1.11.2008 durch G v. 23.10.2008 (BGBl. I S. 2026); Abs. 2 geänd. mWv 1.9.2009 durch G v. 17.12.2008 (BGBl. I S. 2586).

(4) Für die Auswahl der Liquidatoren findet § 6 Abs. 2 Satz 2 und 3 entsprechende Anwendung.

(5) [1] Ist die Gesellschaft durch Löschung wegen Vermögenslosigkeit aufgelöst, so findet eine Liquidation nur statt, wenn sich nach der Löschung herausstellt, daß Vermögen vorhanden ist, das der Verteilung unterliegt. [2] Die Liquidatoren sind auf Antrag eines Beteiligten durch das Gericht zu ernennen.

§ 67[1)] Anmeldung der Liquidatoren. (1) Die ersten Liquidatoren sowie ihre Vertretungsbefugnis sind durch die Geschäftsführer, jeder Wechsel der Liquidatoren und jede Änderung ihrer Vertretungsbefugnis sind durch die Liquidatoren zur Eintragung in das Handelsregister anzumelden.

(2) Der Anmeldung sind die Urkunden über die Bestellung der Liquidatoren oder über die Änderung in den Personen derselben in Urschrift oder öffentlich beglaubigter Abschrift beizufügen.

(3) [1] In der Anmeldung haben die Liquidatoren zu versichern, daß keine Umstände vorliegen, die ihrer Bestellung nach § 66 Abs. 4 in Verbindung mit § 6 Abs. 2 Satz 2 Nr. 2 und 3 sowie Satz 3 entgegenstehen, und daß sie über ihre unbeschränkte Auskunftspflicht gegenüber dem Gericht belehrt worden sind. [2] § 8 Abs. 3 Satz 2 ist anzuwenden.

(4) Die Eintragung der gerichtlichen Ernennung oder Abberufung der Liquidatoren geschieht von Amts wegen.

§ 68[2)] Zeichnung der Liquidatoren. (1) [1] Die Liquidatoren haben in der bei ihrer Bestellung bestimmten Form ihre Willenserklärungen kundzugeben und für die Gesellschaft zu zeichnen. [2] Ist nichts darüber bestimmt, so muß die Erklärung und Zeichnung durch sämtliche Liquidatoren erfolgen.

(2) Die Zeichnungen geschehen in der Weise, daß die Liquidatoren der bisherigen, nunmehr als Liquidationsfirma zu bezeichnenden Firma ihre Namensunterschrift beifügen.

§ 69 Rechtsverhältnisse von Gesellschaft und Gesellschaftern. (1) Bis zur Beendigung der Liquidation kommen ungeachtet der Auflösung der Gesellschaft in bezug auf die Rechtsverhältnisse derselben und der Gesellschafter die Vorschriften des zweiten und dritten Abschnitts zur Anwendung, soweit sich aus den Bestimmungen des gegenwärtigen Abschnitts und aus dem Wesen der Liquidation nicht ein anderes ergibt.

(2) Der Gerichtsstand, welchen die Gesellschaft zur Zeit ihrer Auflösung hatte, bleibt bis zur vollzogenen Verteilung des Vermögens bestehen.

§ 70 Aufgaben der Liquidatoren. [1] Die Liquidatoren haben die laufenden Geschäfte zu beendigen, die Verpflichtungen der aufgelösten Gesellschaft zu erfüllen, die Forderungen derselben einzuziehen und das Vermögen der Gesellschaft in Geld umzusetzen; sie haben die Gesellschaft gerichtlich und außergerichtlich zu vertreten. [2] Zur Beendigung schwebender Geschäfte können die Liquidatoren auch neue Geschäfte eingehen.

[1)] § 67 neu gef. durch G v. 10.8.1937 (RGBl. I S. 897); Abs. 1 neu gef. durch G v. 15.8.1969 (BGBl. I S. 1146); Abs. 3 eingef., bish. Abs. 3 und 4 werden Abs. 4 und 5 durch G v. 4.7.1980 (BGBl. I S. 836); Abs. 2 geänd., Abs. 5 aufgeh. mWv 1.1.2007 durch G v. 10.11.2006 (BGBl. I S. 2553); Abs. 3 Satz 1 geänd. mWv 1.9.2009 durch G v. 30.7.2009 (BGBl. I S. 2479).

[2)] § 68 Abs. 2 aufgeh., bish. Abs. 3 wird Abs. 2 durch G v. 15.8.1969 (BGBl. I S. 1146).

§ 71[1] Eröffnungsbilanz; Rechte und Pflichten. (1) Die Liquidatoren haben für den Beginn der Liquidation eine Bilanz (Eröffnungsbilanz) und einen die Eröffnungsbilanz erläuternden Bericht sowie für den Schluß eines jeden Jahres einen Jahresabschluß und einen Lagebericht aufzustellen.

(2) [1] Die Gesellschafter beschließen über die Feststellung der Eröffnungsbilanz und des Jahresabschlusses sowie über die Entlastung der Liquidatoren. [2] Auf die Eröffnungsbilanz und den erläuternden Bericht sind die Vorschriften über den Jahresabschluß entsprechend anzuwenden. [3] Vermögensgegenstände des Anlagevermögens sind jedoch wie Umlaufvermögen zu bewerten, soweit ihre Veräußerung innerhalb eines übersehbaren Zeitraums beabsichtigt ist oder diese Vermögensgegenstände nicht mehr dem Geschäftsbetrieb dienen; dies gilt auch für den Jahresabschluß.

(3) [1] Das Gericht kann von der Prüfung des Jahresabschlusses und des Lageberichts durch einen Abschlußprüfer befreien, wenn die Verhältnisse der Gesellschaft so überschaubar sind, daß eine Prüfung im Interesse der Gläubiger und der Gesellschafter nicht geboten erscheint. [2] Gegen die Entscheidung ist die Beschwerde zulässig.

(4) Im übrigen haben sie die aus §§ 37, 41, 43 Abs. 1, 2 und 4, § 49 Abs. 1 und 2 und aus § 15b der Insolvenzordnung[2] sich ergebenden Rechte und Pflichten der Geschäftsführer.

(5) Auf den Geschäftsbriefen ist anzugeben, dass sich die Gesellschaft in Liquidation befindet; im Übrigen gilt § 35a entsprechend.

§ 72 Vermögensverteilung. [1] Das Vermögen der Gesellschaft wird unter die Gesellschafter nach Verhältnis ihrer Geschäftsanteile verteilt. [2] Durch den Gesellschaftsvertrag kann ein anderes Verhältnis für die Verteilung bestimmt werden.

§ 73[3] Sperrjahr. (1) Die Verteilung darf nicht vor Tilgung oder Sicherstellung der Schulden der Gesellschaft und nicht vor Ablauf eines Jahres seit dem Tage vorgenommen werden, an welchem die Aufforderung an die Gläubiger (§ 65 Abs. 2) in den Gesellschaftsblättern erfolgt ist.

(2) [1] Meldet sich ein bekannter Gläubiger nicht, so ist der geschuldete Betrag, wenn die Berechtigung zur Hinterlegung vorhanden ist, für den Gläubiger zu hinterlegen. [2] Ist die Berichtigung einer Verbindlichkeit zur Zeit nicht ausführbar oder ist eine Verbindlichkeit streitig, so darf die Verteilung des Vermögens nur erfolgen, wenn dem Gläubiger Sicherheit geleistet ist.

(3) [1] Liquidatoren, welche diesen Vorschriften zuwiderhandeln, sind zum Ersatz der verteilten Beträge solidarisch verpflichtet. [2] Auf den Ersatzanspruch finden die Bestimmungen in § 43 Abs. 3 und 4 entsprechende Anwendung.

---

[1] § 71 neu gef. durch G v. 26.2.1935 (RGBl. I S. 321); Abs. 3 angef. durch G v. 15.8.1969 (BGBl. I S. 1146); Abs. 1 neu gef., Abs. 2 und 3 eingef., bish. Abs. 2 und 3 werden Abs. 4 und 5 durch G v. 19.12. 1985 (BGBl. I S. 2355); Abs. 4 geänd., Abs. 5 neu gef. mWv 1.11.2008 durch G v. 23.10.2008 (BGBl. I S. 2026); Abs. 3 Satz 2 geänd. mWv 1.9.2009 durch G v. 17.12.2008 (BGBl. I S. 2586); Abs. 4 geänd. mWv 1.1.2021 durch G v. 22.12.2020 (BGBl. I S. 3256).

[2] Nr. **110**.

[3] § 73 Abs. 1 geänd. mWv 1.1.2007 durch G v. 10.11.2006 (BGBl. I S. 2553); Abs. 1 geänd. mWv 1.9. 2009 durch G v. 30.7.2009 (BGBl. I S. 2479).

§ 74[1)] Schluss der Liquidation. (1) [1]Ist die Liquidation beendet und die Schlußrechnung gelegt, so haben die Liquidatoren den Schluß der Liquidation zur Eintragung in das Handelsregister anzumelden. [2]Die Gesellschaft ist zu löschen.

(2) [1]Nach Beendigung der Liquidation sind die Bücher und Schriften der Gesellschaft für die Dauer von zehn Jahren einem der Gesellschafter oder einem Dritten in Verwahrung zu geben. [2]Der Gesellschafter oder der Dritte wird in Ermangelung einer Bestimmung des Gesellschaftsvertrags oder eines Beschlusses der Gesellschafter durch das Gericht bestimmt.

(3) [1]Die Gesellschafter und deren Rechtsnachfolger sind zur Einsicht der Bücher und Schriften berechtigt. [2]Gläubiger der Gesellschaft können von dem Gericht zur Einsicht ermächtigt werden.

§ 75[2)] Nichtigkeitsklage. (1) Enthält der Gesellschaftsvertrag keine Bestimmungen über die Höhe des Stammkapitals oder über den Gegenstand des Unternehmens oder sind die Bestimmungen des Gesellschaftsvertrags über den Gegenstand des Unternehmens nichtig, so kann jeder Gesellschafter, jeder Geschäftsführer und, wenn ein Aufsichtsrat bestellt ist, jedes Mitglied des Aufsichtsrats im Wege der Klage beantragen, daß die Gesellschaft für nichtig erklärt werde.

(2) Die Vorschriften der §§ 246 bis 248 des Aktiengesetzes[3)] finden entsprechende Anwendung.

§ 76[4)] Heilung von Mängeln durch Gesellschafterbeschluss. Ein Mangel, der die Bestimmungen über den Gegenstand des Unternehmens betrifft, kann durch einstimmigen Beschluß der Gesellschafter geheilt werden.

§ 77 Wirkung der Nichtigkeit. (1) Ist die Nichtigkeit einer Gesellschaft in das Handelsregister eingetragen, so finden zum Zwecke der Abwicklung ihrer Verhältnisse die für den Fall der Auflösung geltenden Vorschriften entsprechende Anwendung.

(2) Die Wirksamkeit der im Namen der Gesellschaft mit Dritten vorgenommenen Rechtsgeschäfte wird durch die Nichtigkeit nicht berührt.

(3) Die Gesellschafter haben die versprochenen Einzahlungen zu leisten, soweit es zur Erfüllung der eingegangenen Verbindlichkeiten erforderlich ist.

Abschnitt 6.[5)] Sondervorschriften bei Beteiligung des Bundes

§ 77a[5) 6)] Besetzung von Organen bei Gesellschaften mit Mehrheitsbeteiligung des Bundes. (1) [1]Gesellschaften mit beschränkter Haftung mit Mehrheitsbeteiligung des Bundes sind Gesellschaften mit beschränkter Haftung mit Sitz im Inland,

1. deren Anteile zur Mehrheit vom Bund gehalten werden oder

[1)] § 74 Abs. 1 eingef., bish. Abs. 1 und 2 werden Abs. 2 und 3 durch G v. 22.7.1993 (BGBl. I S. 1282); Abs. 2 Satz 2 und Abs. 3 Satz 2 geänd. mWv 1.9.2009 durch G v. 17.12.2008 (BGBl. I S. 2586).

[2)] § 75 Abs. 1 neu gef. durch G v. 15.8.1969 (BGBl. I S. 1146); Abs. 2 geänd. mWv 1.4.2005 durch G v. 22.3.2005 (BGBl. I S. 837).

[3)] *Nr. 51.*

[4)] § 76 neu gef. durch G v. 15.8.1969 (BGBl. I S. 1146).

[5)] Abschnitt 6 (§ 77a) eingef. mWv 12.8.2021 durch G v. 7.8.2021 (BGBl. I S. 3311).

[6)] Beachte hierzu Übergangsvorschrift in § 10 EGGmbHG (Nr. **52/1**).

2. die große Kapitalgesellschaften (§ 267 Absatz 3 des Handelsgesetzbuchs[1]) sind und deren Anteile zur Mehrheit von Gesellschaften gehalten werden, deren Anteile ihrerseits zur Mehrheit vom Bund gehalten werden, oder
3. die in der Regel mehr als 500 Arbeitnehmerinnen und Arbeitnehmer haben und deren Anteile zur Mehrheit von Gesellschaften gehalten werden, deren Anteile ihrerseits zur Mehrheit
   a) vom Bund gehalten werden oder
   b) von Gesellschaften gehalten werden, bei denen sich die Inhaberschaften an den Anteilen in dieser Weise bis zu Gesellschaften fortsetzen, deren Anteile zur Mehrheit vom Bund gehalten werden.

[2] Anteile, die über ein Sondervermögen des Bundes gehalten werden, bleiben außer Betracht. [3] Dem Bund stehen öffentlich-rechtliche Anstalten des Bundes, die unternehmerisch tätig sind, gleich.

(2) [1] Hat eine Gesellschaft mit beschränkter Haftung mit Mehrheitsbeteiligung des Bundes mehr als zwei Geschäftsführer, muss mindestens ein Geschäftsführer eine Frau und mindestens ein Geschäftsführer ein Mann sein. [2] Eine Bestellung eines Geschäftsführers unter Verstoß gegen das Beteiligungsgebot ist nichtig. [3] Gilt das Beteiligungsgebot nach Satz 1, entfällt eine Pflicht zur Zielgrößensetzung für die Geschäftsführung.

(3) [1] Für die Zusammensetzung des Aufsichtsrats einer Gesellschaft mit beschränkter Haftung mit Mehrheitsbeteiligung des Bundes gilt unabhängig von einer Geltung des Mitbestimmungsgesetzes[2], des Montan-Mitbestimmungsgesetzes[3] oder des Mitbestimmungsergänzungsgesetzes[4] § 96 Absatz 2 des Aktiengesetzes[5] entsprechend. [2] Eine Pflicht zur Zielgrößensetzung besteht insoweit nicht.

(4) [1] Die Länder können die Vorgaben der Absätze 2 und 3 durch Landesgesetz auf Gesellschaften mit beschränkter Haftung erstrecken, an denen eine Mehrheitsbeteiligung eines Landes entsprechend Absatz 1 besteht. [2] In diesem Fall gelten für Gesellschaften mit Mehrheitsbeteiligung eines Landes, die der Mitbestimmung unterliegen, die gesetzlichen Regelungen und Wahlordnungen zur Mitbestimmung in Unternehmen mit Mehrheitsbeteiligung des Bundes entsprechend.

Abschnitt 7.[6] Ordnungs-, Straf- und Bußgeldvorschriften

§ 78[7] Anmeldepflichtige. Die in diesem Gesetz vorgesehenen Anmeldungen zum Handelsregister sind durch die Geschäftsführer oder die Liquidatoren, die in § 7 Abs. 1, § 57 Abs. 1, § 57i Abs. 1, § 58 Abs. 1 Nr. 3 vorgesehenen Anmeldungen sind durch sämtliche Geschäftsführer zu bewirken.

§ 79[8] Zwangsgelder. (1) [1] Geschäftsführer oder Liquidatoren, die §§ 35a, 71 Abs. 5 nicht befolgen, sind hierzu vom Registergericht durch Festsetzung von

[1] Nr. **50**.
[2] **Habersack, Deutsche Gesetze ErgBd. Nr. 82a.**
[3] **Habersack, Deutsche Gesetze ErgBd. Nr. 82b.**
[4] **Habersack, Deutsche Gesetze ErgBd. Nr. 82c.**
[5] Nr. **51**.
[6] Bish. Abschnitt 6 wird Abschnitt 7 mWv 12.8.2021 durch G v. 7.8.2021 (BGBl. I S. 3311).
[7] § 78 neu gef. durch G v. 4.7.1980 (BGBl. I S. 836); geänd. durch G v. 28.10.1994 (BGBl. I S. 3210).
[8] § 79 Abs. 1 eingef., bish. Wortlaut wird Abs. 2 durch G v. 15.8.1969 (BGBl. I S. 1146); Abs. 1 und 2 geänd. durch G v. 2.3.1974 (BGBl. I S. 469); Abs. 1 Satz 1 geänd. durch G v. 19.12.1985 (BGBl. I S. 2355); Abs. 1 Satz 2 geänd. mWv 25.1.2001 durch G v. 18.1.2001 (BGBl. I S. 123).

Zwangsgeld anzuhalten; § 14 des Handelsgesetzbuchs[1] bleibt unberührt. [2]Das einzelne Zwangsgeld darf den Betrag von fünftausend Euro nicht übersteigen.

(2) In Ansehung der in §§ 7, 54, 57 Abs. 1, § 58 Abs. 1 Nr. 3 bezeichneten Anmeldungen zum Handelsregister findet, soweit es sich um die Anmeldung zum Handelsregister des Sitzes der Gesellschaft handelt, eine Festsetzung von Zwangsgeld nach § 14 des Handelsgesetzbuchs nicht statt.

§§ 80, 81[2] (weggefallen)

§ 82[3] **Falsche Angaben.** (1) Mit Freiheitsstrafe bis zu drei Jahren oder mit Geldstrafe wird bestraft, wer

1. als Gesellschafter oder als Geschäftsführer zum Zweck der Eintragung der Gesellschaft über die Übernahme der Geschäftsanteile, die Leistung der Einlagen, die Verwendung eingezahlter Beträge, über Sondervorteile, Gründungsaufwand und Sacheinlagen,
2. als Gesellschafter im Sachgründungsbericht,
3. als Geschäftsführer zum Zweck der Eintragung einer Erhöhung des Stammkapitals über die Zeichnung oder Einbringung des neuen Kapitals oder über Sacheinlagen,
4. als Geschäftsführer in der in § 57i Abs. 1 Satz 2 vorgeschriebenen Erklärung oder
5. als Geschäftsführer einer Gesellschaft mit beschränkter Haftung oder als Geschäftsleiter einer ausländischen juristischen Person in der nach § 8 Abs. 3 Satz 1 oder § 39 Abs. 3 Satz 1 abzugebenden Versicherung oder als Liquidator in der nach § 67 Abs. 3 Satz 1 abzugebenden Versicherung

falsche Angaben macht.

(2) Ebenso wird bestraft, wer

1. als Geschäftsführer zum Zweck der Herabsetzung des Stammkapitals über die Befriedigung oder Sicherstellung der Gläubiger eine unwahre Versicherung abgibt oder
2. als Geschäftsführer, Liquidator, Mitglied eines Aufsichtsrats oder ähnlichen Organs in einer öffentlichen Mitteilung die Vermögenslage der Gesellschaft unwahr darstellt oder verschleiert, wenn die Tat nicht in § 331 Nr. 1 oder Nr. 1a des Handelsgesetzbuchs[1] mit Strafe bedroht ist.

§ 83[4] (weggefallen)

§ 84[5] **Verletzung der Verlustanzeigepflicht.** (1) Mit Freiheitsstrafe bis zu drei Jahren oder mit Geldstrafe wird bestraft, wer es als Geschäftsführer unterläßt, den Gesellschaftern einen Verlust in Höhe der Hälfte des Stammkapitals anzuzeigen.

---

[1] Nr. **50**.

[2] §§ 80 und 81 aufgeh. durch G v. 30.1.1937 (RGBl. I S. 166).

[3] § 82 neu gef. durch G v. 4.7.1980 (BGBl. I S. 836); Abs. 1 Nr. 4 eingef., bish. Nr. 4 wird Nr. 5 durch G v. 28.10.1994 (BGBl. I S. 3210); Abs. 2 Nr. 2 neu gef. durch G v. 19.12.1985 (BGBl. I S. 2355); Abs. 2 Nr. 2 geänd. mWv 10.12.2004 durch G v. 4.12.2004 (BGBl. I S. 3166); Abs. 1 Nr. 1 und 5 geänd. mWv *1.11.2008 durch G v. 23.10.2008 (BGBl. I S. 2026).*

[4] § 83 aufgeh. durch G v. 24.5.1968 (BGBl. I S. 503).

[5] § 84 neu gef. durch G v. 4.7.1980 (BGBl. I S. 836); Abs. 1 Nr. 2 neu gef. durch G v. 5.10.1994 (BGBl. I S. 2911); Abs. 1 geänd. mWv 1.11.2008 durch G v. 23.10.2008 (BGBl. I S. 2026).

(2) Handelt der Täter fahrlässig, so ist die Strafe Freiheitsstrafe bis zu einem Jahr oder Geldstrafe.

§ 85[1] Verletzung der Geheimhaltungspflicht. (1) Mit Freiheitsstrafe bis zu einem Jahr oder mit Geldstrafe wird bestraft, wer ein Geheimnis der Gesellschaft, namentlich ein Betriebs- oder Geschäftsgeheimnis, das ihm in seiner Eigenschaft als Geschäftsführer, Mitglied des Aufsichtsrats oder Liquidator bekanntgeworden ist, unbefugt offenbart.

(2) [1] Handelt der Täter gegen Entgelt oder in der Absicht, sich oder einen anderen zu bereichern oder einen anderen zu schädigen, so ist die Strafe Freiheitsstrafe bis zu zwei Jahren oder Geldstrafe. [2] Ebenso wird bestraft, wer ein Geheimnis der in Absatz 1 bezeichneten Art, namentlich ein Betriebs- oder Geschäftsgeheimnis, das ihm unter den Voraussetzungen des Absatzes 1 bekanntgeworden ist, unbefugt verwertet.

(3) [1] Die Tat wird nur auf Antrag der Gesellschaft verfolgt. [2] Hat ein Geschäftsführer oder ein Liquidator die Tat begangen, so sind der Aufsichtsrat und, wenn kein Aufsichtsrat vorhanden ist, von den Gesellschaftern bestellte besondere Vertreter antragsberechtigt. [3] Hat ein Mitglied des Aufsichtsrats die Tat begangen, so sind die Geschäftsführer oder die Liquidatoren antragsberechtigt.

§ 86[2] [3] Verletzung der Pflichten bei Abschlussprüfungen. Mit Freiheitsstrafe bis zu einem Jahr oder mit Geldstrafe wird bestraft, wer als Mitglied eines Aufsichtsrats oder als Mitglied eines Prüfungsausschusses einer Gesellschaft, die ein Unternehmen von öffentlichem Interesse nach § 316a Satz 2 Nummer 1 oder 2 des Handelsgesetzbuchs[4] ist,

1. eine in § 87 Absatz 1, 2 oder 3 bezeichnete Handlung begeht und dafür einen Vermögensvorteil erhält oder sich versprechen lässt oder
2. eine in § 87 Absatz 1, 2 oder 3 bezeichnete Handlung beharrlich wiederholt.

§ 87[5] [3] Bußgeldvorschriften. (1) Ordnungswidrig handelt, wer als Mitglied eines Aufsichtsrats oder als Mitglied eines Prüfungsausschusses einer Gesellschaft, die ein Unternehmen von öffentlichem Interesse nach § 316a Satz 2 Nummer 1 oder 2 des Handelsgesetzbuchs[4] ist,

1. die Unabhängigkeit des Abschlussprüfers oder der Prüfungsgesellschaft nicht nach Maßgabe des Artikels 4 Absatz 3 Unterabsatz 2, des Artikels 5 Absatz 4 Unterabsatz 1 Satz 1 oder des Artikels 6 Absatz 2 der Verordnung (EU) Nr. 537/2014 des Europäischen Parlaments und des Rates vom 16. April 2014 über spezifische Anforderungen an die Abschlussprüfung bei Unternehmen von öffentlichem Interesse und zur Aufhebung des Beschlusses 2005/909/EG der Kommission (ABl. L 158 vom 27.5.2014, S. 77, L 170 vom 11.6.2014, S. 66) überwacht oder
2. eine Empfehlung für die Bestellung eines Abschlussprüfers oder einer Prüfungsgesellschaft vorlegt, die den Anforderungen nach Artikel 16 Absatz 2 Unterabsatz 2 oder 3 der Verordnung (EU) Nr. 537/2014 nicht entspricht oder der

---

[1] § 85 angef. durch G v. 4.7.1980 (BGBl. I S. 836).

[2] § 86 neu gef. mWv 1.7.2021 durch G v. 3.6.2021 (BGBl. I S. 1534).

[3] Beachte hierzu Übergangsvorschrift in § 9 EGGmbHG (Nr. **52/1**).

[4] Nr. **50**.

[5] § 87 neu eingef. mWv 17.6.2016 durch G v. 10.5.2016 (BGBl. I S. 1142); Abs. 2 und 3 geänd. mWv 22.7.2017 durch G v. 17.7.2017 (BGBl. I S. 2446); Abs. 1 einl. Satzteil geänd., Nr. 2 neu gef., Abs. 2, 4 und 5 geänd. mWv 1.7.2021 durch G v. 3.6.2021 (BGBl. I S. 1534).

ein Auswahlverfahren nach Artikel 16 Absatz 3 Unterabsatz 1 der Verordnung (EU) Nr. 537/2014 nicht vorangegangen ist.

(2) Ordnungswidrig handelt, wer als Mitglied eines Aufsichtsrats, der einen Prüfungsausschuss nicht bestellt hat, einer Gesellschaft, die ein Unternehmen von öffentlichem Interesse nach § 316a Satz 2 Nummer 1 oder 2 des Handelsgesetzbuchs ist, den Gesellschaftern einen Vorschlag für die Bestellung eines Abschlussprüfers oder einer Prüfungsgesellschaft vorlegt, der den Anforderungen nach Artikel 16 Absatz 5 Unterabsatz 1 der Verordnung (EU) Nr. 537/2014 nicht entspricht.

(3) Ordnungswidrig handelt, wer als Mitglied eines Aufsichtsrats, der einen Prüfungsausschuss bestellt hat, einer in Absatz 2 genannten Gesellschaft den Gesellschaftern einen Vorschlag für die Bestellung eines Abschlussprüfers oder einer Prüfungsgesellschaft vorlegt, der den Anforderungen nach Artikel 16 Absatz 5 Unterabsatz 1 oder Unterabsatz 2 Satz 1 oder Satz 2 der Verordnung (EU) Nr. 537/2014 nicht entspricht.

(4) Die Ordnungswidrigkeit kann mit einer Geldbuße bis zu fünfhunderttausend Euro geahndet werden.

(5) Verwaltungsbehörde im Sinne des § 36 Absatz 1 Nummer 1 des Gesetzes über Ordnungswidrigkeiten ist bei einer Gesellschaft, die ein Unternehmen von öffentlichem Interesse nach § 316a Satz 2 Nummer 2 des Handelsgesetzbuchs ist, die Bundesanstalt für Finanzdienstleistungsaufsicht, im Übrigen das Bundesamt für Justiz.

§ 88[1)] Mitteilungen an die Abschlussprüferaufsichtsstelle. (1) Die nach § 87 Absatz 5 zuständige Verwaltungsbehörde übermittelt der Abschlussprüferaufsichtsstelle beim Bundesamt für Wirtschaft und Ausfuhrkontrolle alle Bußgeldentscheidungen nach § 87 Absatz 1 bis 3.

(2) [1] In Strafverfahren, die eine Straftat nach § 86 zum Gegenstand haben, übermittelt die Staatsanwaltschaft im Falle der Erhebung der öffentlichen Klage der Abschlussprüferaufsichtsstelle die das Verfahren abschließende Entscheidung. [2] Ist gegen die Entscheidung ein Rechtsmittel eingelegt worden, ist die Entscheidung unter Hinweis auf das eingelegte Rechtsmittel zu übermitteln.

Anlage[2)]
(zu § 2 Abs. 1a)

a) Musterprotokoll für die Gründung einer Einpersonengesellschaft

UR. Nr. ....

Heute, den ....,

erschien vor mir, ...,
Notar/in mit dem Amtssitz in

....,

[1)] § 88 eingef. mWv 17.6.2016 durch G v. 10.5.2016 (BGBl. I S. 1142).
[2)] Anl. angef. mWv 1.11.2008 durch G v. 23.10.2008 (BGBl. I S. 2026).

Herr/Frau[1)]

....

....

....[2)].

1. Der Erschienene errichtet hiermit nach § 2 Abs. 1a GmbHG eine Gesellschaft mit beschränkter Haftung unter der Firma .... mit dem Sitz in ....
2. Gegenstand des Unternehmens ist ....
3. Das Stammkapital der Gesellschaft beträgt .... € (i.W. .... Euro) und wird vollständig von Herrn/Frau[1)] .... (Geschäftsanteil Nr. 1) übernommen. Die Einlage ist in Geld zu erbringen, und zwar sofort in voller Höhe/zu 50 Prozent sofort, im Übrigen sobald die Gesellschafterversammlung ihre Einforderung beschließt[3)].
4. Zum Geschäftsführer der Gesellschaft wird Herr/Frau[4)] ...., geboren am ...., wohnhaft in ...., bestellt. Der Geschäftsführer ist von den Beschränkungen des § 181 des Bürgerlichen Gesetzbuchs befreit.
5. Die Gesellschaft trägt die mit der Gründung verbundenen Kosten bis zu einem Gesamtbetrag von 300 €, höchstens jedoch bis zum Betrag ihres Stammkapitals. Darüber hinausgehende Kosten trägt der Gesellschafter.
6. Von dieser Urkunde erhält eine Ausfertigung der Gesellschafter, beglaubigte Ablichtungen die Gesellschaft und das Registergericht (in elektronischer Form) sowie eine einfache Abschrift das Finanzamt – Körperschaftsteuerstelle –.
7. Der Erschienene wurde vom Notar/von der Notarin insbesondere auf Folgendes hingewiesen: ....

Hinweise:

1) Nicht Zutreffendes streichen. Bei juristischen Personen ist die Anrede Herr/Frau wegzulassen.

2) Hier sind neben der Bezeichnung des Gesellschafters und den Angaben zur notariellen Identitätsfeststellung ggf. der Güterstand und die Zustimmung des Ehegatten sowie die Angaben zu einer etwaigen Vertretung zu vermerken.

3) Nicht Zutreffendes streichen. Bei der Unternehmergesellschaft muss die zweite Alternative gestrichen werden.

4) Nicht Zutreffendes streichen.

b) Musterprotokoll für die Gründung einer Mehrpersonengesellschaft mit bis zu drei Gesellschaftern

UR. Nr. ....

Heute, den ....,

erschienen vor mir, ...,
Notar/in mit dem Amtssitz in
....,

Herr/Frau[1)]

....

....[2)],

Herr/Frau[1)]

....

....[2)],

Herr/Frau[1)]

....

....[2)].

1. Die Erschienenen errichten hiermit nach § 2 Abs. 1a GmbHG eine Gesellschaft mit beschränkter Haftung unter der Firma .... mit dem Sitz in ....
2. Gegenstand des Unternehmens ist ....
3. Das Stammkapital der Gesellschaft beträgt .... € (i.W. .... Euro) und wird wie folgt übernommen:
   Herr/Frau[1)] .... übernimmt einen Geschäftsanteil mit einem Nennbetrag in Höhe von .... € (i.W. .... Euro) (Geschäftsanteil Nr. 1),
   Herr/Frau[1)] .... übernimmt einen Geschäftsanteil mit einem Nennbetrag in Höhe von .... € (i.W. .... Euro) (Geschäftsanteil Nr. 2),
   Herr/Frau[1)] .... übernimmt einen Geschäftsanteil mit einem Nennbetrag in Höhe von .... € (i.W. .... Euro) (Geschäftsanteil Nr. 3).
   Die Einlagen sind in Geld zu erbringen, und zwar sofort in voller Höhe/zu 50 Prozent sofort, im Übrigen sobald die Gesellschafterversammlung ihre Einforderung beschließt[3)].
4. Zum Geschäftsführer der Gesellschaft wird Herr/Frau[4)] ...., geboren am ...., wohnhaft in ...., bestellt. Der Geschäftsführer ist von den Beschränkungen des § 181 des Bürgerlichen Gesetzbuchs befreit.
5. Die Gesellschaft trägt die mit der Gründung verbundenen Kosten bis zu einem Gesamtbetrag von 300 €, höchstens jedoch bis zum Betrag ihres Stammkapitals. Darüber hinausgehende Kosten tragen die Gesellschafter im Verhältnis der Nennbeträge ihrer Geschäftsanteile.
6. Von dieser Urkunde erhält eine Ausfertigung jeder Gesellschafter, beglaubigte Ablichtungen die Gesellschaft und das Registergericht (in elektronischer Form) sowie eine einfache Abschrift das Finanzamt – Körperschaftsteuerstelle –.
7. Die Erschienenen wurden vom Notar/von der Notarin insbesondere auf Folgendes hingewiesen: ....

Hinweise:

1) Nicht Zutreffendes streichen. Bei juristischen Personen ist die Anrede Herr/Frau wegzulassen.

2) Hier sind neben der Bezeichnung des Gesellschafters und den Angaben zur notariellen Identitätsfeststellung ggf. der Güterstand und die Zustimmung des Ehegatten sowie die Angaben zu einer etwaigen Vertretung zu vermerken.

3) Nicht Zutreffendes streichen. Bei der Unternehmergesellschaft muss die zweite Alternative gestrichen werden.

4) Nicht Zutreffendes streichen.

52/1. Einführungsgesetz zum Gesetz betreffend die Gesellschaften mit beschränkter Haftung (GmbHG-Einführungsgesetz – EGGmbHG)[1)]

Vom 23. Oktober 2008
(BGBl. I S. 2026)

FNA 4123-3

Lfd. Nr.	Änderndes Gesetz	Datum	Fundstelle	Betroffen	Hinweis
1.	Art. 9 BilanzrechtsmodernisierungsG	25.5.2009	BGBl. I S. 1102	§ 4	eingef. mWv 29.5.2009
2.	Art. 16 G für die gleichberecht. Teilhabe von Frauen u. Männern an Führungspositionen in der Privatwirtsch. u. im öffentl. Dienst	24.4.2015	BGBl. I S. 642	§ 5	eingef. mWv 1.5.2015
3.	Art. 7 Bilanzrichtlinie-UmsetzungsG	17.7.2015	BGBl. I S. 1245	§ 6	eingef. mWv 23.7.2015
4.	Art. 6 Aktienrechtsnovelle 2016	22.12. 2015	BGBl. I S. 2565	§ 5	geänd. mWv 31.12.2015
5.	Art. 9 AbschlussprüfungsreformG	10.5.2016	BGBl. I S. 1142	§ 7	eingef. mWv 17.6.2016
6.	Art. 15 G zur Umsetzung der Vierten EU-GeldwäscheRL, zur Ausführ. der EU-GeldtransferVO u. zur Neuorganisation der Zentralstelle für Finanztransaktionsuntersuchungen[2)]	23.6.2017	BGBl. I S. 1822	§ 8	eingef. mWv 26.6.2017
7.	Art. 19 FinanzmarktintegritätsstärkungsG	3.6.2021	BGBl. I S. 1534	§ 9	eingef. mWv 1.7.2021
8.	Art. 11 G zur Ergänzung und Änd. der Regelungen für die gleichberechtigte Teilhabe von Frauen an Führungspositionen in der Privatwirtschaft und im öffentlichen Dienst	7.8.2021	BGBl. I S. 3311	§ 5 § 10	geänd. mWv 12.8.2021 eingef. mWv 12.8.2021
9.	Art. 21 G zur Umsetzung der Digitalisierungsrichtlinie (DiRUG)[3)]	5.7.2021	BGBl. I S. 3338	§ 11	eingef. mWv 1.8.2022

[1)] Verkündet als Art. 2 G zur Modernisierung des GmbH-Rechts und zur Bekämpfung von Missbräuchen *(MoMiG) v. 23.10.2008* (BGBl. I S. 2026); Inkrafttreten gem. Art. 23 dieses G am 1.11.2008.

[2)] **Amtl. Anm.:** Dieses Gesetz dient der Umsetzung der Richtlinie (EU) 2015/849 des Europäischen Parlaments und des Rates vom 20. Mai 2015 zur Verhinderung der Nutzung des Finanzsystems zum Zwecke der Geldwäsche und der Terrorismusfinanzierung, zur Änderung der Verordnung (EU) Nr. 648/2012 des Europäischen Parlaments und des Rates und zur Aufhebung der Richtlinie 2005/60/EG des Europäischen Parlaments und des Rates und der Richtlinie 2006/70/EG der Kommission (ABl. L 141 vom 5.6.2015, S. 73).

[3)] **Amtl. Anm.:** Dieses Gesetz dient der Umsetzung der Richtlinie (EU) 2019/1151 des Europäischen Parlaments und des Rates vom 20. Juni 2019 zur Änderung der Richtlinie (EU) 2017/1132 im Hinblick auf den Einsatz digitaler Werkzeuge und Verfahren im Gesellschaftsrecht (ABl. L 186 vom 11.7.2019, S. 80).

Lfd. Nr.	Änderndes Gesetz	Datum	Fundstelle	Betroffen	Hinweis
10.	Art. 66 PersonengesellschaftsrechtsmodernisierungsG (MoPeG)	10.8.2021	BGBl. I S. 3436	§ 12	eingef. mWv 1.1.2024

Vorbemerkung:
Die Änderung durch G v. 5.7.2021 (BGBl. I S. 3338) tritt erst mWv 1.8. 2022 in Kraft und ist im Text noch nicht berücksichtigt.
Die Änderung durch G v. 10.8.2021 (BGBl. I S. 3436) tritt erst mWv 1.1. 2024 in Kraft und ist im Text noch nicht berücksichtigt.

§ 1 Umstellung auf Euro. (1) [1] Gesellschaften, die vor dem 1. Januar 1999 in das Handelsregister eingetragen worden sind, dürfen ihr auf Deutsche Mark lautendes Stammkapital beibehalten; Entsprechendes gilt für Gesellschaften, die vor dem 1. Januar 1999 zur Eintragung in das Handelsregister angemeldet und bis zum 31. Dezember 2001 eingetragen worden sind. [2] Für Mindestbetrag und Teilbarkeit von Kapital, Einlagen und Geschäftsanteilen sowie für den Umfang des Stimmrechts bleiben bis zu einer Kapitaländerung nach Satz 4 die bis dahin gültigen Beträge weiter maßgeblich. [3] Dies gilt auch, wenn die Gesellschaft ihr Kapital auf Euro umgestellt hat; das Verhältnis der mit den Geschäftsanteilen verbundenen Rechte zueinander wird durch Umrechnung zwischen Deutscher Mark und Euro nicht berührt. [4] Eine Änderung des Stammkapitals darf nach dem 31. Dezember 2001 nur eingetragen werden, wenn das Kapital auf Euro umgestellt wird.

(2) [1] Bei Gesellschaften, die zwischen dem 1. Januar 1999 und dem 31. Dezember 2001 zum Handelsregister angemeldet und in das Register eingetragen worden sind, dürfen Stammkapital und Stammeinlagen auch auf Deutsche Mark lauten. [2] Für Mindestbetrag und Teilbarkeit von Kapital, Einlagen und Geschäftsanteilen sowie für den Umfang des Stimmrechts gelten die zu dem vom Rat der Europäischen Union nach Artikel 123 Abs. 4 Satz 1 des Vertrages zur Gründung der Europäischen Gemeinschaft unwiderruflich festgelegten Umrechnungskurs in Deutsche Mark umzurechnenden Beträge des Gesetzes in der ab dem 1. Januar 1999 geltenden Fassung.

(3) [1] Die Umstellung des Stammkapitals und der Geschäftsanteile sowie weiterer satzungsmäßiger Betragsangaben auf Euro zu dem nach Artikel 123 Abs. 4 Satz 1 des Vertrages zur Gründung der Europäischen Gemeinschaft unwiderruflich festgelegten Umrechnungskurs erfolgt durch Beschluss der Gesellschafter mit einfacher Stimmenmehrheit nach § 47 des Gesetzes betreffend die Gesellschaften mit beschränkter Haftung; § 53 Abs. 2 Satz 1 des Gesetzes betreffend die Gesellschaften mit beschränkter Haftung ist nicht anzuwenden. [2] Auf die Anmeldung und Eintragung der Umstellung in das Handelsregister ist § 54 Abs. 1 Satz 2 und Abs. 2 Satz 2 des Gesetzes betreffend die Gesellschaften mit beschränkter Haftung nicht anzuwenden. [3] Werden mit der Umstellung weitere Maßnahmen verbunden, insbesondere das Kapital verändert, bleiben die hierfür geltenden Vorschriften unberührt; auf eine Herabsetzung des Stammkapitals, mit der die Nennbeträge der Geschäftsanteile auf einen Betrag nach Absatz 1 Satz 4 gestellt werden, ist jedoch § 58 Abs. 1 des Gesetzes betreffend die Gesellschaften mit beschränkter Haftung nicht anzuwenden, wenn zugleich eine Erhöhung des Stammkapitals gegen Bareinlagen beschlossen und diese in voller Höhe vor der Anmeldung zum Handelsregister geleistet werden.

§ 2 Übergangsvorschriften zum Transparenz- und Publizitätsgesetz.

§ 42a Abs. 4 des Gesetzes betreffend die Gesellschaften mit beschränkter Haftung in der Fassung des Artikels 3 Abs. 3 des Transparenz- und Publizitätsgesetzes vom 19. Juli 2002 (BGBl. I S. 2681) ist erstmals auf den Konzernabschluss und den Konzernlagebericht für das nach dem 31. Dezember 2001 beginnende Geschäftsjahr anzuwenden.

§ 3 Übergangsvorschriften zum Gesetz zur Modernisierung des GmbH-Rechts und zur Bekämpfung von Missbräuchen. (1) [1] Die Pflicht, die inländische Geschäftsanschrift bei dem Gericht nach § 8 des Gesetzes betreffend die Gesellschaften mit beschränkter Haftung in der ab dem Inkrafttreten des Gesetzes vom 23. Oktober 2008 (BGBl. I S. 2026) am 1. November 2008 geltenden Fassung zur Eintragung in das Handelsregister anzumelden, gilt auch für Gesellschaften, die zu diesem Zeitpunkt bereits in das Handelsregister eingetragen sind, es sei denn, die inländische Geschäftsanschrift ist dem Gericht bereits nach § 24 Abs. 2 der Handelsregisterverordnung mitgeteilt worden und hat sich anschließend nicht geändert. [2] In diesen Fällen ist die inländische Geschäftsanschrift mit der ersten die eingetragene Gesellschaft betreffenden Anmeldung zum Handelsregister ab dem 1. November 2008, spätestens aber bis zum 31. Oktober 2009 anzumelden. [3] Wenn bis zum 31. Oktober 2009 keine inländische Geschäftsanschrift zur Eintragung in das Handelsregister angemeldet worden ist, trägt das Gericht von Amts wegen und ohne Überprüfung kostenfrei die ihm nach § 24 Abs. 2 der Handelsregisterverordnung bekannte inländische Anschrift als Geschäftsanschrift in das Handelsregister ein; in diesem Fall gilt die mitgeteilte Anschrift zudem unabhängig von dem Zeitpunkt ihrer tatsächlichen Eintragung ab dem 31. Oktober 2009 als eingetragene inländische Geschäftsanschrift der Gesellschaft, wenn sie im elektronischen Informations- und Kommunikationssystem nach § 9 Abs. 1 des Handelsgesetzbuchs abrufbar ist. [4] Ist dem Gericht keine Mitteilung im Sinne des § 24 Abs. 2 der Handelsregisterverordnung gemacht worden, ist ihm aber in sonstiger Weise eine inländische Geschäftsanschrift bekannt geworden, so gilt Satz 3 mit der Maßgabe, dass diese Anschrift einzutragen ist, wenn sie im elektronischen Informations- und Kommunikationssystem nach § 9 Abs. 1 des Handelsgesetzbuchs abrufbar ist. [5] Dasselbe gilt, wenn eine in sonstiger Weise bekannt gewordene inländische Anschrift von einer früher nach § 24 Abs. 2 der Handelsregisterverordnung mitgeteilten Anschrift abweicht. [6] Eintragungen nach den Sätzen 3 bis 5 werden abweichend von § 10 des Handelsgesetzbuchs nicht bekannt gemacht.

(2) [1] § 6 Abs. 2 Satz 2 Nr. 3 Buchstabe a, c, d und e des Gesetzes betreffend die Gesellschaften mit beschränkter Haftung in der ab dem 1. November 2008 geltenden Fassung ist auf Personen, die vor dem 1. November 2008 zum Geschäftsführer bestellt worden sind, nicht anzuwenden, wenn die Verurteilung vor dem 1. November 2008 rechtskräftig geworden ist. [2] Entsprechendes gilt für § 6 Abs. 2 Satz 3 des Gesetzes betreffend die Gesellschaften mit beschränkter Haftung in der ab dem 1. November 2008 geltenden Fassung, soweit die Verurteilung wegen einer Tat erfolgte, die den Straftaten im Sinne des Satzes 1 vergleichbar ist.

(3) [1] Bei Gesellschaften, die vor dem 1. November 2008 gegründet worden sind, findet § 16 Abs. 3 des Gesetzes betreffend die Gesellschaften mit beschränkter Haftung in der ab dem 1. November 2008 geltenden Fassung für den Fall, dass die Unrichtigkeit in der Gesellschafterliste bereits vor dem 1. November 2008 vorhanden und dem Berechtigten zuzurechnen ist, hinsichtlich des betreffenden Geschäftsanteils frühestens auf Rechtsgeschäfte nach dem 1. Mai 2009 Anwendung. [2] Ist die Unrichtigkeit dem Berechtigten im Fall des Satzes 1 nicht zuzurechnen, so ist abweichend von dem 1. Mai 2009 der 1. November 2011 maßgebend.

(4) [1] § 19 Abs. 4 und 5 des Gesetzes betreffend die Gesellschaften mit beschränkter Haftung in der ab dem 1. November 2008 geltenden Fassung gilt auch für Einlagenleistungen, die vor diesem Zeitpunkt bewirkt worden sind, soweit sie nach der vor dem 1. November 2008 geltenden Rechtslage wegen der Vereinbarung einer Einlagenrückgewähr oder wegen einer verdeckten Sacheinlage keine Erfüllung der Einlagenverpflichtung bewirkt haben. [2] Dies gilt nicht, soweit über die aus der Unwirksamkeit folgenden Ansprüche zwischen der Gesellschaft und dem Gesellschafter bereits vor dem 1. November 2008 ein rechtskräftiges Urteil ergangen oder eine wirksame Vereinbarung zwischen der Gesellschaft und dem

Gesellschafter getroffen worden ist; in diesem Fall beurteilt sich die Rechtslage nach den bis zum 1. November 2008 geltenden Vorschriften.

§ 4[1)] Übergangsvorschrift zum Bilanzrechtsmodernisierungsgesetz.

§ 52 Abs. 1 Satz 1 des Gesetzes betreffend die Gesellschaften mit beschränkter Haftung in Verbindung mit § 100 Abs. 5 und § 107 Abs. 4 des Aktiengesetzes in der Fassung des Bilanzrechtsmodernisierungsgesetzes vom 25. Mai 2009 (BGBl. I S. 1102) findet keine Anwendung, solange alle Mitglieder des Aufsichtsrats und des Prüfungsausschusses vor dem 29. Mai 2009 bestellt worden sind.

§ 5[2)] Übergangsvorschrift zu dem Gesetz für die gleichberechtigte Teilhabe von Frauen und Männern an Führungspositionen in der Privatwirtschaft und im öffentlichen Dienst. [1] Die Festlegungen nach § 36 Satz 1 und 3 sowie § 52 Absatz 2 Satz 1, 2 und 4 des Gesetzes betreffend die Gesellschaften mit beschränkter Haftung[3)] in der am 1. Mai 2015 geltenden Fassung haben erstmals bis spätestens 30. September 2015 zu erfolgen. [2] Die nach § 36 Satz 3 und § 52 Absatz 2 Satz 4 des Gesetzes betreffend die Gesellschaften mit beschränkter Haftung in der am 1. Mai 2015 geltenden Fassung erstmals festzulegende Frist darf nicht länger als bis zum 30. Juni 2017 dauern.

§ 6[4)] Übergangsvorschriften zum Bilanzrichtlinie-Umsetzungsgesetz.

[1] § 29 des Gesetzes betreffend die Gesellschaften mit beschränkter Haftung[3)] in der Fassung des Bilanzrichtlinie-Umsetzungsgesetzes vom 17. Juli 2015 (BGBl. I S. 1245) ist erstmals auf Jahres- und Konzernabschlüsse für ein nach dem 31. Dezember 2015 beginnendes Geschäftsjahr anzuwenden. [2] Auf Jahres- und Konzernabschlüsse für ein vor dem 1. Januar 2016 beginnendes Geschäftsjahr bleibt § 29 des Gesetzes betreffend die Gesellschaften mit beschränkter Haftung in der bis zum 22. Juli 2015 geltenden Fassung anwendbar.

§ 7[5)] Übergangsvorschrift zum Abschlussprüfungsreformgesetz. § 52 Absatz 1 des Gesetzes betreffend die Gesellschaften mit beschränkter Haftung[3)] in Verbindung mit § 100 Absatz 5 und § 107 Absatz 4 des Aktiengesetzes[6)], jeweils in der Fassung des Abschlussprüfungsreformgesetzes vom 10. Mai 2016 (BGBl. I S. 1142) müssen so lange nicht angewandt werden, wie alle Mitglieder des Aufsichtsrats und des Prüfungsausschusses vor dem 17. Juni 2016 bestellt worden sind.

§ 8[7)] Übergangsvorschrift zum Gesetz zur Umsetzung der Vierten EU-Geldwäscherichtlinie, zur Ausführung der EU-Geldtransferverordnung und zur Neuorganisation der Zentralstelle für Finanztransaktionsuntersuchungen. § 8 Absatz 1 Nummer 3 und § 40 Absatz 1 Satz 1 bis 3 des Gesetzes betreffend die Gesellschaften mit beschränkter Haftung[3)] in der Fassung des Gesetzes zur Umsetzung der Vierten EU-Geldwäscherichtlinie, zur Ausführung der EU-Geldtransferverordnung und zur Neuorganisation der Zentralstelle für Finanztransaktionsuntersuchungen vom 23. Juni 2017 (BGBl. I S. 1822) finden auf

---

[1)] § 4 angef. mWv 29.5.2009 durch G v. 25.5.2009 (BGBl. I S. 1102).

[2)] § 5 angef. mWv 1.5.2015 durch G v. 24.4.2015 (BGBl. I S. 642); Sätze 1 und 2 geänd. mWv 31.12.2015 durch G v. 22.12.2015 (BGBl. I S. 2565); Sätze 1 und 2 geänd. mWv 12.8.2021 durch G v. 7.8.2021 (BGBl. I S. 3311).

[3)] Nr. **52**.

[4)] § 6 angef. mWv 23.7.2015 durch G v. 17.7.2015 (BGBl. I S. 1245).

[5)] § 7 angef. mWv 17.6.2016 durch G v. 10.5.2016 (BGBl. I S. 1142).

[6)] Nr. **51**.

[7)] § 8 angef. mWv 26.6.2017 durch G v. 23.6.2017 (BGBl. I S. 1822).

Gesellschaften mit beschränkter Haftung, die am 26. Juni 2017 in das Handelsregister eingetragen sind, mit der Maßgabe Anwendung, dass die geänderten Anforderungen an den Inhalt der Liste der Gesellschafter erst dann zu beachten sind, wenn aufgrund einer Veränderung nach § 40 Absatz 1 Satz 1 des Gesetzes betreffend die Gesellschaften mit beschränkter Haftung in der vor dem 26. Juni 2017 geltenden Fassung eine Liste einzureichen ist.

§ 9[1)] Übergangsvorschrift zum Finanzmarktintegritätsstärkungsgesetz.

(1) [1] Die §§ 86 und 87 des Gesetzes betreffend die Gesellschaften mit beschränkter Haftung[2)] in der ab dem 1. Juli 2021 geltenden Fassung sind erstmals auf alle gesetzlich vorgeschriebenen Abschlussprüfungen für das nach dem 31. Dezember 2021 beginnende Geschäftsjahr anzuwenden. [2] Die in Satz 1 genannten Vorschriften in der bis einschließlich 30. Juni 2021 geltenden Fassung sind letztmals anzuwenden auf alle gesetzlich vorgeschriebenen Abschlussprüfungen für das vor dem 1. Januar 2022 beginnende Geschäftsjahr.

(2) § 57f Absatz 3 des Gesetzes betreffend die Gesellschaften mit beschränkter Haftung in der ab dem 1. Juli 2021 geltenden Fassung ist erstmals auf Prüfer, die für das nach dem 31. Dezember 2021 beginnende Geschäftsjahr gewählt werden, anzuwenden.

§ 10[3)] Übergangsvorschrift zum Gesetz zur Ergänzung und Änderung der Regelungen für die gleichberechtigte Teilhabe von Frauen an Führungspositionen in der Privatwirtschaft und im öffentlichen Dienst.

(1) Die §§ 36 und 52 Absatz 2 des Gesetzes betreffend die Gesellschaften mit beschränkter Haftung[2)] in der vom 12. August 2021 an geltenden Fassung finden erstmals auf die Festlegung von Zielgrößen ab dem 12. August 2021 Anwendung.

(2) [1] Das Beteiligungsgebot nach § 77a Absatz 2 des Gesetzes betreffend die Gesellschaften mit beschränkter Haftung in der vom 12. August 2021 an geltenden Fassung ist ab dem 1. August 2022 bei der Bestellung einzelner oder mehrerer Geschäftsführer anzuwenden. [2] Bestehende Mandate können bis zu ihrem vorgesehenen Ende wahrgenommen werden.

(3) [1] Der jeweilige Mindestanteil von Frauen und Männern im Aufsichtsrat nach § 77a Absatz 3 des Gesetzes betreffend die Gesellschaften mit beschränkter Haftung in der vom 12. August 2021 an geltenden Fassung ist bei erforderlich werdenden Besetzungen einzelner oder mehrerer Sitze ab dem 1. April 2022 zu beachten. [2] Reicht die Anzahl der zu besetzenden Sitze nicht aus, um den Mindestanteil zu erreichen, sind diese Sitze mit Personen des unterrepräsentierten Geschlechts zu besetzen, um dessen Anteil sukzessive zu steigern. [3] Bestehende Mandate können bis zu ihrem vorgesehenen Ende wahrgenommen werden.

---

1) § 9 angef. mWv 1.7.2021 durch G v. 3.6.2021 (BGBl. I S. 1534).
2) Nr. **52**.
3) § 10 angef. mWv 12.8.2021 durch G v. 7.8.2021 (BGBl. I S. 3311).

52a. Umwandlungsgesetz (UmwG)[1)]

Vom 28. Oktober 1994
(BGBl. I S. 3210, ber. 1995 I S. 428)

FNA 4120-9-2

Lfd. Nr.	Änderndes Gesetz	Datum	Fundstelle	Betroffen	Hinweis
1.	Art. 2 StückaktienG	25.3.1998	BGBl. I S. 590	§§ 15, 46, 51, 67, 68, 69, 241, 242, 243, 258, 263, 267, 269, 273, 276, 291, 294	geänd. mWv 1.4.1998
2.	Art. 3 § 4 Euro-EinführungsG	9.6.1998	BGBl. I S. 1242	§§ 46, 54, 55, 243, 258, 263, 273, 318	geänd. mWv 1.1.1999
3.	Art. 7 HandelsrechtsreformG	22.6.1998	BGBl. I S. 1474	§§ 18, 122, 200, 228	geänd. mWv 1.7.1998
4.	Art. 1 ÄndG	22.7.1998	BGBl. I S. 1878	Inhaltsübersicht, §§ 2, 3, 5, 16, 18, 26, 29, 33, 2. Buch 2. Teil 1. Abschnitt Überschrift, §§ 37, 39, 43, 46, 51, 52, 57, 69, 74, 80, 99, 104, 126, 130, 131, 137, 191, 200, 211, 5. Buch 2. Teil 1. Abschnitt Überschrift, §§ 214, 217, 226, 228, 233, 234, 270, 282, 290, 300, 307, 313, 315, 316	geänd. mWv 1.8.1998
				2. Buch 2. Teil 1. Abschnitt 1. UAbschnitt Überschrift, 2. UAbschnitt (§§ 45a, 45b, 45c, 45d, 45e), §§ 200, 5. Buch 2. Teil 1. Abschnitt 1. UAbschnitt Überschrift, 2. UAbschnitt (§§ 225a, 225b, 225c)	eingef. mWv 1.8.1998
5.	Art. 5 NamensaktienG	18.1.2001	BGBl. I S. 123	§ 316	geänd. mWv 25.1.2001
6.	Art. 26 G RechtsgeschäftsmodernisierungsG	13.7.2001	BGBl. I S. 1542	§§ 89, 182, 216, 230, 256, 260, 267	geänd. mWv 1.8.2001
7.	Art. 3 BetrVerf-ReformG	23.7.2001	BGBl. I S. 1852	§ 322	geänd. mWv 28.7.2001
				§ 321	aufgeh. mWv 28.7.2001
8.	Art. 5 Abs. 17 SchuldrechtsmodernisierungsG[2)]	26.11. 2001	BGBl. I S. 3138	§§ 45, 133, 157, 224	geänd. mWv 1.1.2002
9.	*Art. 5 G zur Änd. des SeemannsG u. anderer G*[3)]	23.3.2002	BGBl. I S. 1163	§ 324	geänd. mWv 1.4.2002

[1)] Verkündet als Art. 1 UmwandlungsrechtsbereinigungsG v. 28.10.1994 (BGBl. I S. 3210); Inkrafttreten gem. Art. 20 dieses G am 1.1.1995.

[2)] **Amtl. Anm.:** *(abgedruckt in Änderungstabelle Nr.* **50***)*

[3)] **Amtl. Anm.:** […] Artikel 4 und 5 des Gesetzes dienen der Umsetzung der Richtlinie 2001/23/EG des Rates vom 12. März 2001 zur Angleichung der Rechtsvorschriften der Mitgliedstaaten über die Wahrung von Ansprüchen der Arbeitnehmer beim Übergang von Unternehmen, Betrieben oder Unternehmens- oder Betriebsteilen (ABl. EG Nr. L 82 S. 16) betreffend Artikel 7 Abs. 6.

Lfd. Nr.	Änderndes Gesetz	Datum	Fund-stelle	Betroffen	Hinweis
10.	Art. 4 Spruchverfahrens-neuordnungsG	12.6.2003	BGBl. I S. 838	Inhaltsübersicht, §§ 10, 15, 34, 60, 196, 212, 7. und 8. Buch	geänd. mWv 1.9.2003
				6. Buch (§§ 305–312)	aufgeh. mWv 1.9.2003
11.	Art. 8 Abs. 10 Bilanzrechts-reformG	4.12.2004	BGBl. I S. 3166	§§ 11, 313	geänd. mWv 10.12.2004
12.	Art. 10 G zur Anpassung von Verjährungsvorschriften an das Schuldrechtsmoder-nisierungsG	9.12.2004	BGBl. I S. 3214	§ 93	geänd. mWv 15.12.2004
13.	Art. 14 SCE-EinführungsG	14.8.2006	BGBl. I S. 1911	§§ 1, 2, 26, 37, 57, 74, 79, 80, 81, 82, 84, 85, 87, 88, 89, 90, 92, 93, 95, 97, 98, 107, 130, 137, 147, 148, 200, 218, 222, 252, 253, 254, 255, 256, 258, 259, 260, 262, 263, 264, 270, 271, 284, 288, 289, 315	geänd. mWv 18.8.2006
14.	Art. 8 G über elektronische Handelsregister und Genos-senschaftsregister sowie das Unternehmensregister	10.11. 2006	BGBl. I S. 2553	§§ 15, 19, 22, 25, 26, 27, , 31, 45, 61, 87, 88, 91, 94, 95, 104, 111, 117, 118, 119, 130, 133, 137, 157, 186, 187, 188, 201, 205, 209, 224, 231, 256, 271, 287, 319	geänd. mWv 1.1.2007
				§§ 77, 279, 297	aufgeh. mWv 1.1.2007
15.	Art. 1 Zweites ÄndG[1)]	19.4.2007	BGBl. I S. 542	Inhaltsübersicht, §§ 4, 16, 17, 19, 29, 35, 44, 48, 51, 52, 54, 59, 67, 68, 105, 125, 130, 131, 133, 134, 141, 151, 192, 197, 198, 213, 228, 234, 238, 245, 247, 251, 260, 274, 283, 316	geänd. mWv 25.4.2007
				2. Buch 2. Teil 10. Ab-schnitt (§§ 122a–122l), § 314a	eingef. mWv 25.4.2007
				§ 132	aufgeh. mWv 25.4.2007
16.	Art. 17 G zur Modernisie-rung des GmbH-Rechts und zur Bekämpfung von Missbräuchen	23.10. 2008	BGBl. I S. 2026	§§ 46, 51, 54, 55, 241, 242, 243, 258, 273	geänd. mWv 1.11.2008
17.	Art. 73 FGG-ReformG	17.12. 2008	BGBl. I S. 2586	§§ 10, 26	geänd. mWv 1.9.2009
18.	Art. 13 Abs. 4 Bilanzrechts-modernisierungsG	25.5.2009	BGBl. I S. 1102	§ 11	geänd. mWv 29.5.2009

[1)] **Amtl. Anm.:** *Artikel 1 dieses Gesetzes dient,* soweit er Regelungen über die grenzüberschreitende Verschmelzung von Kapitalgesellschaften enthält, der Umsetzung der Richtlinie 2005/56/EG des Europäischen Parlaments und des Rates vom 26. Oktober 2005 über die Verschmelzung von Kapitalgesellschaften aus verschiedenen Mitgliedstaaten (ABl. EU Nr. L 310 S. 1).

Lfd. Nr.	Änderndes Gesetz	Datum	Fundstelle	Betroffen	Hinweis
19.	Art. 4 G zur Umsetzung der AktionärsrechteRL (ARUG)[1]	30.7.2009	BGBl. I S. 2479	§§ 15, 16, 17, 62, 63, 64, 69, 87, 199, 230, 232, 251, 256, 260, 274, 283, 292	geänd. mWv 1.9.2009
				§ 321	eingef. mWv 1.9.2009
20.	Art. 5 G zur Erleichterung elektronischer Anmeldungen zum Vereinsregister und anderer vereinsrechtl. Änd.	24.9.2009	BGBl. I S. 3145	§§ 103, 275	geänd. mWv 30.9.2009
21.	Art. 1 Drittes G zur Änd. des UmwandlungsG[2]	11.7.2011	BGBl. I S. 1338	§§ 52, 56, 62, 63, 64, 69 75, 82, 101, 112, 125, 230, 313, 321	geänd. mWv 15.7.2011
				§ 143	neu gef. mWv 15.7.2011
22.	Art. 2 Abs. 48 G zur Änd. von Vorschriften über Verkündung und Bekanntmachungen sowie der ZPO, des EGZPO und der AO	22.12. 2011	BGBl. I S. 3044	§§ 26, 31, 104, 118, 119, 186, 187, 188, 209, 231	geänd. mWv 1.4.2012
23.	Art. 2 Abs. 32 G zur Modernisierung der Finanzaufsicht über Versicherungen	1.4.2015	BGBl. I S. 434	§§ 118, 291, 315	geänd. mWv 1.1.2016
24.	Art. 22 G für die gleichberecht. Teilhabe von Frauen u. Männern an Führungspositionen in der Privatwirtschaft u. im öffentl. Dienst	24.4.2015	BGBl. I S. 642	§ 76	geänd. mWv 1.5.2015
25.	Art. 24 Abs. 15 Zweites FinanzmarktnovellierungsG	23.6.2017	BGBl. I S. 1693	§ 63	geänd. mWv 3.1.2018
26.	Art. 5 G zum Bürokratieabbau und zur Förderung der Transparenz bei Genossenschaften	17.7.2017	BGBl. I S. 2434	§§ 82, 105, 260	geänd. mWv 22.7.2017
27.	Art. 1 Viertes ÄndG	19.12. 2018	BGBl. I S. 2694	Inhaltsübersicht, Überschrift 2. Buch 2. Teil 10. Abschnitt, §§ 122a, 122b, 122c, 122e, 122f	geänd. mWv 1.1.2019
				§ 122m	eingef. mWv 1.1.2019
28.	Art. 14 FinanzmarktintegritätsstärkungsG	3.6.2021	BGBl. I S. 1534	§§ 11, 321	geänd. mWv 1.7.2021
29.	Art. 17 G zur Umsetzung der Digitalisierungsrichtlinie (DiRUG)[3]	5.7.2021	BGBl. I S. 3338	§§ 19, 22, 137, 201	geänd. mWv 1.8.2022

[1] **Amtl. Anm.:** *(abgedruckt in Änderungstabelle Nr.* **51***)*

[2] **Amtl. Anm.:** Artikel 1 und 2 dieses Gesetzes dienen der Umsetzung der Richtlinie 2009/109/EG des Europäischen Parlaments und des Rates vom 16. September 2009 zur Änderung der Richtlinien 77/91/EWG, 78/855/EWG und 82/891/EWG des Rates sowie der Richtlinie 2005/56/EG hinsichtlich der Berichts- und Dokumentationspflicht bei Verschmelzungen und Spaltungen (ABl. L 259 vom 2.10.2009, S. 14).

[3] **Amtl. Anm.:** Dieses Gesetz dient der Umsetzung der Richtlinie (EU) 2019/1151 des Europäischen Parlaments und des Rates vom 20. Juni 2019 zur Änderung der Richtlinie (EU) 2017/1132 im Hinblick auf den Einsatz digitaler Werkzeuge und Verfahren im Gesellschaftsrecht (ABl. L 186 vom 11.7.2019, S. 80).

Lfd. Nr.	Änderndes Gesetz	Datum	Fundstelle	Betroffen	Hinweis
30.	Art. 60 PersonengesellschaftsrechtsmodernisierungsG (MoPeG)	10.8.2021	BGBl. I S. 3436	Inhaltsübersicht, §§ 3, 16, 2. Buch 2. Teil 1. Abschnitt 2. und 3. UAbschnitt Überschrift, §§ 45c, 45e, 51, 52, 69, 122f, 157, 191, 224, 228, 234	geänd. mWv 1.1.2024
				§§ 41, 42, 5. Buch 2. Teil 1. Abschnitt 1. UAbschnitt Überschrift, §§ 214, 235	neu gef. mWv 1.1.2024
				2. Buch 2. Teil 1. Abschnitt 1. UAbschnitt (§§ 39, 39a, 39b, 39c, 39d, 39e, 39f)	eingef. mWv 1.1.2024
				Bish. § 39, §§ 43, 44, 45	aufgeh. mit Ablauf des 31.12. 2023

Vorbemerkung:
Die Änderungen durch G v. 5.7.2021 (BGBl. I S. 3338) treten erst mWv 1.8.2022 in Kraft und sind im Text noch nicht berücksichtigt.
Die Änderungen durch G v. 10.8.2021 (BGBl. I S. 3436) treten erst mWv 1.1.2024 in Kraft und sind im Text noch nicht berücksichtigt.

Inhaltsübersicht[1)]

[1)] Inhaltsübersicht geänd. durch G v. 22.7.1998 (BGBl. I S. 1878); mWv 1.9.2003 durch G v. 12.6.2003 (BGBl. I S. 838); mWv 25.4.2007 durch G v. 19.4.2007 (BGBl. I S. 542); mWv 1.1.2019 durch G v. 19.12.2018 (BGBl. I S. 2694).

Erstes Buch. Möglichkeiten von Umwandlungen

§ 1[1)] Arten der Umwandlung; gesetzliche Beschränkungen. (1) Rechtsträger mit Sitz im Inland können umgewandelt werden

1. durch Verschmelzung;

[1)] § 1 Abs. 3 Satz 2 geänd. mWv 18.8.2006 durch G v. 14.8.2006 (BGBl. I S. 1911).

2. durch Spaltung (Aufspaltung, Abspaltung, Ausgliederung);
3. durch Vermögensübertragung;
4. durch Formwechsel.

(2) Eine Umwandlung im Sinne des Absatzes 1 ist außer in den in diesem Gesetz geregelten Fällen nur möglich, wenn sie durch ein anderes Bundesgesetz oder ein Landesgesetz ausdrücklich vorgesehen ist.

(3) [1] Von den Vorschriften dieses Gesetzes kann nur abgewichen werden, wenn dies ausdrücklich zugelassen ist. [2] Ergänzende Bestimmungen in Verträgen, Satzungen oder Willenserklärungen sind zulässig, es sei denn, daß dieses Gesetz eine abschließende Regelung enthält.

Zweites Buch. Verschmelzung

Erster Teil. Allgemeine Vorschriften

Erster Abschnitt. Möglichkeit der Verschmelzung

§ 2[1)] Arten der Verschmelzung. Rechtsträger können unter Auflösung ohne Abwicklung verschmolzen werden

1. im Wege der Aufnahme durch Übertragung des Vermögens eines Rechtsträgers oder mehrerer Rechtsträger (übertragende Rechtsträger) als Ganzes auf einen anderen bestehenden Rechtsträger (übernehmender Rechtsträger) oder
2. im Wege der Neugründung durch Übertragung der Vermögen zweier oder mehrerer Rechtsträger (übertragende Rechtsträger) jeweils als Ganzes auf einen neuen, von ihnen dadurch gegründeten Rechtsträger

gegen Gewährung von Anteilen oder Mitgliedschaften des übernehmenden oder neuen Rechtsträgers an die Anteilsinhaber (Gesellschafter, Partner, Aktionäre oder Mitglieder) der übertragenden Rechtsträger.

§ 3[2)] Verschmelzungsfähige Rechtsträger. (1) An Verschmelzungen können als übertragende, übernehmende oder neue Rechtsträger beteiligt sein:

1. Personenhandelsgesellschaften (offene Handelsgesellschaften, Kommanditgesellschaften) und Partnerschaftsgesellschaften;
2. Kapitalgesellschaften (Gesellschaften mit beschränkter Haftung, Aktiengesellschaften, Kommanditgesellschaften auf Aktien);
3. eingetragene Genossenschaften;
4. eingetragene Vereine (§ 21 des Bürgerlichen Gesetzbuchs[3)]);
5. genossenschaftliche Prüfungsverbände;
6. Versicherungsvereine auf Gegenseitigkeit.

(2) An einer Verschmelzung können ferner beteiligt sein:

1. wirtschaftliche Vereine (§ 22 des Bürgerlichen Gesetzbuchs), soweit sie übertragender Rechtsträger sind;
2. natürliche Personen, die als Alleingesellschafter einer Kapitalgesellschaft deren Vermögen übernehmen.

[1)] § 2 geänd. durch G v. 22.7.1998 (BGBl. I S. 1878); geänd. mWv 18.8.2006 durch G v. 14.8.2006 (BGBl. I S. 1911).

[2)] § 3 Abs. 1 Nr. 1 geänd. durch G v. 22.7.1998 (BGBl. I S. 1878).

[3)] Nr. **20**.

(3) An der Verschmelzung können als übertragende Rechtsträger auch aufgelöste Rechtsträger beteiligt sein, wenn die Fortsetzung dieser Rechtsträger beschlossen werden könnte.

(4) Die Verschmelzung kann sowohl unter gleichzeitiger Beteiligung von Rechtsträgern derselben Rechtsform als auch von Rechtsträgern unterschiedlicher Rechtsform erfolgen, soweit nicht etwas anderes bestimmt ist.

Zweiter Abschnitt. Verschmelzung durch Aufnahme

§ 4[1] Verschmelzungsvertrag. (1) [1]Die Vertretungsorgane der an der Verschmelzung beteiligten Rechtsträger schließen einen Verschmelzungsvertrag. [2]§ 311b Abs. 2 des Bürgerlichen Gesetzbuchs[2] gilt für ihn nicht.

(2) Soll der Vertrag nach einem der nach § 13 erforderlichen Beschlüsse geschlossen werden, so ist vor diesem Beschluß ein schriftlicher Entwurf des Vertrags aufzustellen.

§ 5[3] Inhalt des Verschmelzungsvertrags. (1) Der Vertrag oder sein Entwurf muß mindestens folgende Angaben enthalten:

1. den Namen oder die Firma und den Sitz der an der Verschmelzung beteiligten Rechtsträger;
2. die Vereinbarung über die Übertragung des Vermögens jedes übertragenden Rechtsträgers als Ganzes gegen Gewährung von Anteilen oder Mitgliedschaften an dem übernehmenden Rechtsträger;
3. das Umtauschverhältnis der Anteile und gegebenenfalls die Höhe der baren Zuzahlung oder Angaben über die Mitgliedschaft bei dem übernehmenden Rechtsträger;
4. die Einzelheiten für die Übertragung der Anteile des übernehmenden Rechtsträgers oder über den Erwerb der Mitgliedschaft bei dem übernehmenden Rechtsträger;
5. den Zeitpunkt, von dem an diese Anteile oder die Mitgliedschaften einen Anspruch auf einen Anteil am Bilanzgewinn gewähren, sowie alle Besonderheiten in bezug auf diesen Anspruch;
6. den Zeitpunkt, von dem an die Handlungen der übertragenden Rechtsträger als für Rechnung des übernehmenden Rechtsträgers vorgenommen gelten (Verschmelzungsstichtag);
7. die Rechte, die der übernehmende Rechtsträger einzelnen Anteilsinhabern sowie den Inhabern besonderer Rechte wie Anteile ohne Stimmrecht, Vorzugsaktien, Mehrstimmrechtsaktien, Schuldverschreibungen und Genußrechte gewährt, oder die für diese Personen vorgesehenen Maßnahmen;
8. jeden besonderen Vorteil, der einem Mitglied eines Vertretungsorgans oder eines Aufsichtsorgans der an der Verschmelzung beteiligten Rechtsträger, einem geschäftsführenden Gesellschafter, einem Partner, einem Abschlußprüfer oder einem Verschmelzungsprüfer gewährt wird;
9. die Folgen der Verschmelzung für die Arbeitnehmer und ihre Vertretungen sowie die insoweit vorgesehenen Maßnahmen.

---

[1] § 4 Abs. 1 Satz 2 geänd. mWv 25.4.2007 durch G v. 19.4.2007 (BGBl. I S. 542).
[2] Nr. **20**.
[3] § 5 Abs. 1 Nr. 8 geänd. durch G v. 22.7.1998 (BGBl. I S. 1878).

(2) Befinden sich alle Anteile eines übertragenden Rechtsträgers in der Hand des übernehmenden Rechtsträgers, so entfallen die Angaben über den Umtausch der Anteile (Absatz 1 Nr. 2 bis 5), soweit sie die Aufnahme dieses Rechtsträgers betreffen.

(3) Der Vertrag oder sein Entwurf ist spätestens einen Monat vor dem Tage der Versammlung der Anteilsinhaber jedes beteiligten Rechtsträgers, die gemäß § 13 Abs. 1 über die Zustimmung zum Verschmelzungsvertrag beschließen soll, dem zuständigen Betriebsrat dieses Rechtsträgers zuzuleiten.

§ 6 Form des Verschmelzungsvertrags. Der Verschmelzungsvertrag muß notariell beurkundet werden.

§ 7 Kündigung des Verschmelzungsvertrags. [1] Ist der Verschmelzungsvertrag unter einer Bedingung geschlossen worden und ist diese binnen fünf Jahren nach Abschluß des Vertrags nicht eingetreten, so kann jeder Teil den Vertrag nach fünf Jahren mit halbjähriger Frist kündigen; im Verschmelzungsvertrag kann eine kürzere Zeit als fünf Jahre vereinbart werden. [2] Die Kündigung kann stets nur für den Schluß des Geschäftsjahres des Rechtsträgers, dem gegenüber sie erklärt wird, ausgesprochen werden.

§ 8 Verschmelzungsbericht. (1) [1] Die Vertretungsorgane jedes der an der Verschmelzung beteiligten Rechtsträger haben einen ausführlichen schriftlichen Bericht zu erstatten, in dem die Verschmelzung, der Verschmelzungsvertrag oder sein Entwurf im einzelnen und insbesondere das Umtauschverhältnis der Anteile oder die Angaben über die Mitgliedschaft bei dem übernehmenden Rechtsträger sowie die Höhe einer anzubietenden Barabfindung rechtlich und wirtschaftlich erläutert und begründet werden (Verschmelzungsbericht); der Bericht kann von den Vertretungsorganen auch gemeinsam erstattet werden. [2] Auf besondere Schwierigkeiten bei der Bewertung der Rechtsträger sowie auf die Folgen für die Beteiligung der Anteilsinhaber ist hinzuweisen. [3] Ist ein an der Verschmelzung beteiligter Rechtsträger ein verbundenes Unternehmen im Sinne des § 15 des Aktiengesetzes[1)], so sind in dem Bericht auch Angaben über alle für die Verschmelzung wesentlichen Angelegenheiten der anderen verbundenen Unternehmen zu machen. [4] Auskunftspflichten der Vertretungsorgane erstrecken sich auch auf diese Angelegenheiten.

(2) [1] In den Bericht brauchen Tatsachen nicht aufgenommen zu werden, deren Bekanntwerden geeignet ist, einem der beteiligten Rechtsträger oder einem verbundenen Unternehmen einen nicht unerheblichen Nachteil zuzufügen. [2] In diesem Falle sind in dem Bericht die Gründe, aus denen die Tatsachen nicht aufgenommen worden sind, darzulegen.

(3) [1] Der Bericht ist nicht erforderlich, wenn alle Anteilsinhaber aller beteiligten Rechtsträger auf seine Erstattung verzichten oder sich alle Anteile des übertragenden Rechtsträgers in der Hand des übernehmenden Rechtsträgers befinden. [2] Die Verzichtserklärungen sind notariell zu beurkunden.

§ 9 Prüfung der Verschmelzung. (1) Soweit in diesem Gesetz vorgeschrieben, ist der Verschmelzungsvertrag oder sein Entwurf durch einen oder mehrere sachverständige Prüfer (Verschmelzungsprüfer) zu prüfen.

[1)] Nr. **51**.

(2) Befinden sich alle Anteile eines übertragenden Rechtsträgers in der Hand des übernehmenden Rechtsträgers, so ist eine Verschmelzungsprüfung nach Absatz 1 nicht erforderlich, soweit sie die Aufnahme dieses Rechtsträgers betrifft.

(3) § 8 Abs. 3 ist entsprechend anzuwenden.

§ 10[1)] Bestellung der Verschmelzungsprüfer. (1) [1] Die Verschmelzungsprüfer werden auf Antrag des Vertretungsorgans vom Gericht ausgewählt und bestellt. [2] Sie können auf gemeinsamen Antrag der Vertretungsorgane für mehrere oder alle beteiligten Rechtsträger gemeinsam bestellt werden. [3] Für den Ersatz von Auslagen und für die Vergütung der vom Gericht bestellten Prüfer gilt § 318 Abs. 5 des Handelsgesetzbuchs[2)].

(2) [1] Zuständig ist jedes Landgericht, in dessen Bezirk ein übertragender Rechtsträger seinen Sitz hat. [2] Ist bei dem Landgericht eine Kammer für Handelssachen gebildet, so entscheidet deren Vorsitzender an Stelle der Zivilkammer.

(3) Auf das Verfahren ist das Gesetz über das Verfahren in Familiensachen und in den Angelegenheiten der freiwilligen Gerichtsbarkeit[3)] anzuwenden, soweit in den folgenden Absätzen nichts anderes bestimmt ist.

(4) [1] Gegen die Entscheidung findet die Beschwerde statt. [2] Sie kann nur durch Einreichung einer von einem Rechtsanwalt unterzeichneten Beschwerdeschrift eingelegt werden.

(5) [1] Die Landesregierung kann die Entscheidung über die Beschwerde durch Rechtsverordnung für die Bezirke mehrerer Oberlandesgerichte einem der Oberlandesgerichte oder dem Obersten Landesgericht übertragen, wenn dies der Sicherung einer einheitlichen Rechtsprechung dient. [2] Die Landesregierung kann die Ermächtigung auf die Landesjustizverwaltung übertragen.

§ 11[4)] Stellung und Verantwortlichkeit der Verschmelzungsprüfer.

(1) [1] Für die Auswahl und das Auskunftsrecht der Verschmelzungsprüfer gelten § 319 Abs. 1 bis 4, § 319b Abs. 1, § 320 Abs. 1 Satz 2 und Abs. 2 Satz 1 und 2 des Handelsgesetzbuchs[2)] entsprechend. [2] Soweit Rechtsträger betroffen sind, die Unternehmen von öffentlichem Interesse nach § 316a Satz 2 des Handelsgesetzbuchs sind, gilt für die Auswahl der Verschmelzungsprüfer neben Satz 1 auch Artikel 5 Absatz 1 der Verordnung (EU) Nr. 537/2014 des Europäischen Parlaments und des Rates vom 16. April 2014 über spezifische Anforderungen an die Abschlussprüfung bei Unternehmen von öffentlichem Interesse und zur Aufhebung des Beschlusses 2005/909/EG der Kommission (ABl. L 158 vom 27.5.2014, S. 77; L 170 vom 11.6.2014, S. 66) entsprechend mit der Maßgabe, dass an die Stelle der in Artikel 5 Absatz 1 Unterabsatz 1 Buchstabe a und b der Verordnung (EU) Nr. 537/2014 genannten Zeiträume der Zeitraum zwischen dem Beginn des Geschäftsjahres, welches dem Geschäftsjahr vorausgeht, in dem der Verschmelzungsvertrag geschlossen wurde, und dem Zeitpunkt, in dem der Verschmelzungsprüfer den Prüfungsbericht nach § 12 erstattet hat, tritt. [3] Soweit Rechtsträger betroffen sind, für die keine Pflicht zur Prüfung des Jahresabschlusses besteht, gilt

---

[1)] § 10 Abs. 4–7 angef. mWv 18.6.2003, Abs. 1 Sätze 1 und 2 sowie Abs. 3 neu gef. mWv 1.9.2003 durch G v. 12.6.2003 (BGBl. I S. 838); Abs. 3 geänd., Abs. 4 und 6 aufgeh., bish. Abs. 5 wird Abs. 4 und Satz 1 geänd., bish. Abs. 7 wird Abs 5 mWv 1.9.2009 durch G v. 17.12.2008 (BGBl. I S. 2586).

[2)] Nr. **50**.

[3)] *Nr. **112**.*

[4)] § 11 Abs. 1 Satz 1 geänd. mWv 10.12.2004 durch G v. 4.12.2004 (BGBl. I S. 3166); Abs. 1 Satz 1 geänd. mWv 29.5.2009 durch G v. 25.5.2009 (BGBl. I S. 1102); Abs. 1 Satz 1 geänd., Satz 2 eingef., bish. Sätze 2–4 werden Sätze 3–5 mWv 1.7.2021 durch G v. 3.6.2021 (BGBl. I S. 1534).

Satz 1 entsprechend. [4]Dabei findet § 267 Abs. 1 bis 3 des Handelsgesetzbuchs für die Umschreibung der Größenklassen entsprechende Anwendung. [5]Das Auskunftsrecht besteht gegenüber allen an der Verschmelzung beteiligten Rechtsträgern und gegenüber einem Konzernunternehmen sowie einem abhängigen und einem herrschenden Unternehmen.

(2) [1]Für die Verantwortlichkeit der Verschmelzungsprüfer, ihrer Gehilfen und der bei der Prüfung mitwirkenden gesetzlichen Vertreter einer Prüfungsgesellschaft gilt § 323 des Handelsgesetzbuchs entsprechend. [2]Die Verantwortlichkeit besteht gegenüber den an der Verschmelzung beteiligten Rechtsträgern und deren Anteilsinhabern.

§ 12 Prüfungsbericht. (1) [1]Die Verschmelzungsprüfer haben über das Ergebnis der Prüfung schriftlich zu berichten. [2]Der Prüfungsbericht kann auch gemeinsam erstattet werden.

(2) [1]Der Prüfungsbericht ist mit einer Erklärung darüber abzuschließen, ob das vorgeschlagene Umtauschverhältnis der Anteile, gegebenenfalls die Höhe der baren Zuzahlung oder die Mitgliedschaft bei dem übernehmenden Rechtsträger als Gegenwert angemessen ist. [2]Dabei ist anzugeben,

1. nach welchen Methoden das vorgeschlagene Umtauschverhältnis ermittelt worden ist;
2. aus welchen Gründen die Anwendung dieser Methoden angemessen ist;
3. welches Umtauschverhältnis oder welcher Gegenwert sich bei der Anwendung verschiedener Methoden, sofern mehrere angewandt worden sind, jeweils ergeben würde; zugleich ist darzulegen, welches Gewicht den verschiedenen Methoden bei der Bestimmung des vorgeschlagenen Umtauschverhältnisses oder des Gegenwerts und der ihnen zugrundeliegenden Werte beigemessen worden ist und welche besonderen Schwierigkeiten bei der Bewertung der Rechtsträger aufgetreten sind.

(3) § 8 Abs. 2 und 3 ist entsprechend anzuwenden.

§ 13 Beschlüsse über den Verschmelzungsvertrag. (1) [1]Der Verschmelzungsvertrag wird nur wirksam, wenn die Anteilsinhaber der beteiligten Rechtsträger ihm durch Beschluß (Verschmelzungsbeschluß) zustimmen. [2]Der Beschluß kann nur in einer Versammlung der Anteilsinhaber gefaßt werden.

(2) Ist die Abtretung der Anteile eines übertragenden Rechtsträgers von der Genehmigung bestimmter einzelner Anteilsinhaber abhängig, so bedarf der Verschmelzungsbeschluß dieses Rechtsträgers zu seiner Wirksamkeit ihrer Zustimmung.

(3) [1]Der Verschmelzungsbeschluß und die nach diesem Gesetz erforderlichen Zustimmungserklärungen einzelner Anteilsinhaber einschließlich der er-

(Fortsetzung nächstes Blatt)

(BGBl. I S. 560) entstandene Verbindlichkeiten sind die §§ 45, 49 Abs. 4, §§ 56, 56f Abs. 2, § 57 Abs. 2 und § 58 Abs. 2 des Umwandlungsgesetzes in der durch Artikel 10 Abs. 8 des Gesetzes vom 19. Dezember 1985 (BGBl. I S. 2355) geänderten Fassung der Bekanntmachung vom 6. November 1969 (BGBl. I S. 2081) mit der Maßgabe anwendbar, daß die Verjährungsfrist ein Jahr beträgt. [3] In den Fällen, in denen das bisher geltende Recht eine Umwandlungsmöglichkeit nicht vorsah, verjähren die in Satz 2 genannten Verbindlichkeiten entsprechend den dort genannten Vorschriften.

§ 320 Aufhebung des Umwandlungsgesetzes 1969. Das Umwandlungsgesetz in der Fassung der Bekanntmachung vom 6. November 1969 (BGBl. I S. 2081), zuletzt geändert durch Artikel 2 des Gesetzes vom 18. März 1994 (BGBl. I S. 560), wird aufgehoben.

§ 321[1)] Übergangsvorschrift zum Gesetz zur Umsetzung der Aktionärsrechterichtlinie, zum Dritten Gesetz zur Änderung des Umwandlungsgesetzes und zum Finanzmarktintegritätsstärkungsgesetz. (1) Im Fall des § 15 Abs. 2 Satz 1 bleibt es für die Zeit vor dem 1. September 2009 bei dem bis dahin geltenden Zinssatz.

(2) § 16 Abs. 3 Satz 3 Nr. 2 in der Fassung des Gesetzes zur Umsetzung der Aktionärsrechterichtlinie vom 30. Juli 2009 (BGBl. I S. 2479) ist nicht auf Freigabeverfahren und Beschwerdeverfahren anzuwenden, die vor dem 1. September 2009 anhängig waren.

(3) § 62 Absatz 4 und 5, § 63 Absatz 2 Satz 5 bis 7, § 64 Absatz 1 sowie § 143 in der Fassung des Dritten Gesetzes zur Änderung des Umwandlungsgesetzes vom 11. Juli 2011 (BGBl. I S. 1338) sind erstmals auf Umwandlungen anzuwenden, bei denen der Verschmelzungs- oder Spaltungsvertrag nach dem 14. Juli 2011 geschlossen worden ist.

(4) [1] § 11 in der ab 1. Juli 2021 geltenden Fassung ist erstmals auf die Prüfung von Verschmelzungen anzuwenden, deren Verschmelzungsvertrag nach dem 31. Dezember 2021 geschlossen wurde. [2] § 11 in der bis einschließlich 30. Juni 2021 geltenden Fassung ist letztmals auf die Prüfung von Verschmelzungen anzuwenden, deren Verschmelzungsvertrag vor dem 1. Januar 2022 geschlossen wurde.

§ 322[2)] Gemeinsamer Betrieb. Führen an einer Spaltung oder an einer Teilübertragung nach dem Dritten oder Vierten Buch beteiligte Rechtsträger nach dem Wirksamwerden der Spaltung oder der Teilübertragung einen Betrieb gemeinsam, gilt dieser als Betrieb im Sinne des Kündigungsschutzrechts.

§ 323 Kündigungsrechtliche Stellung. (1) Die kündigungsrechtliche Stellung eines Arbeitnehmers, der vor dem Wirksamwerden einer Spaltung oder Teilübertragung nach dem Dritten oder Vierten Buch zu dem übertragenden Rechtsträger in einem Arbeitsverhältnis steht, verschlechtert sich auf Grund der Spaltung oder Teilübertragung für die Dauer von zwei Jahren ab dem Zeitpunkt ihres Wirksamwerdens nicht.

[1)] § 321 eingef. mWv 1.9.2009 durch G v. 30.7.2009 (BGBl. I S. 2479); Überschrift geänd., Abs. 3 angef. mWv 15.7.2011 durch G v. 11.7.2011 (BGBl. I S. 1338); Überschrift neu gef., Abs. 4 angef. mWv 1.7.2021 durch G v. 3.6.2021 (BGBl. I S. 1534).

[2)] § 322 Abs. 1 aufgeh. mWv 28.7.2001 durch G v. 23.7.2001 (BGBl. I S. 1852).

(2) Kommt bei einer Verschmelzung, Spaltung oder Vermögensübertragung ein Interessenausgleich zustande, in dem diejenigen Arbeitnehmer namentlich bezeichnet werden, die nach der Umwandlung einem bestimmten Betrieb oder Betriebsteil zugeordnet werden, so kann die Zuordnung der Arbeitnehmer durch das Arbeitsgericht nur auf grobe Fehlerhaftigkeit überprüft werden.

§ 324[1] **Rechte und Pflichten bei Betriebsübergang.** § 613a Abs. 1, 4 bis 6 des Bürgerlichen Gesetzbuchs[2] bleibt durch die Wirkungen der Eintragung einer Verschmelzung, Spaltung oder Vermögensübertragung unberührt.

§ 325 Mitbestimmungsbeibehaltung. (1) [1]Entfallen durch Abspaltung oder Ausgliederung im Sinne des § 123 Abs. 2 und 3 bei einem übertragenden Rechtsträger die gesetzlichen Voraussetzungen für die Beteiligung der Arbeitnehmer im Aufsichtsrat, so finden die vor der Spaltung geltenden Vorschriften noch für einen Zeitraum von fünf Jahren nach dem Wirksamwerden der Abspaltung oder Ausgliederung Anwendung. [2]Dies gilt nicht, wenn die betreffenden Vorschriften eine Mindestzahl von Arbeitnehmern voraussetzen und die danach berechnete Zahl der Arbeitnehmer des übertragenden Rechtsträgers auf weniger als in der Regel ein Viertel dieser Mindestzahl sinkt.

(2) [1]Hat die Spaltung oder Teilübertragung eines Rechtsträgers die Spaltung eines Betriebes zur Folge und entfallen für die aus der Spaltung hervorgegangenen Betriebe Rechte oder Beteiligungsrechte des Betriebsrats, so kann durch Betriebsvereinbarung oder Tarifvertrag die Fortgeltung dieser Rechte und Beteiligungsrechte vereinbart werden. [2]Die §§ 9 und 27 des Betriebsverfassungsgesetzes[3] bleiben unberührt.

---

[1] § 324 geänd. mWv 1.4.2002 durch G v. 23.3.2002 (BGBl. I S. 1163).
[2] Nr. 20.
[3] **Habersack, Deutsche Gesetze ErgBd. Nr. 82.**

52b. Gesetz über die Rechnungslegung von bestimmten Unternehmen und Konzernen (Publizitätsgesetz – PublG)[1) 2)]

Vom 15. August 1969
(BGBl. I S. 1189, ber. 1970 I S. 1113)

FNA 4120-7

Lfd. Nr.	Änderndes Gesetz	Datum	Fundstelle	Betroffen	Hinweis
1.	Art. 128 EinführungsG zum StGB	2.3.1974	BGBl. I S. 469	§§ 17, 18, 19, 21	geänd. mWv 1.1.1975
2.	Art. 2 Abs. 12 Vierzehntes G zur Änd. des VAG	29.3.1983	BGBl. I S. 377	§§ 5, 6	geänd. mWv 1.4.1983
3.	Art. 5 BilanzrichtlinienG	19.12. 1985	BGBl. I S. 2355	§§ 1, 2, 3, 5–15, 17, 20, 21	geänd. mWv 1.1.1986
				§ 16	aufgeh. mWv 1.1.1986
4.	Art. 21 § 5 Abs. 4 SteuerreformG 1990	25.7.1988	BGBl. I S. 1093	§§ 6, 14	geänd. mWv 1.1.1990
5.	Art. 4 Bankbilanzrichtlinie-G	30.11. 1990	BGBl. I S. 2570	§§ 1, 2, 3, 11, 14	geänd. mWv 1.1.1991
6.	Art. 3 Versicherungsbilanzrichtlinie-G	24.6.1994	BGBl. I S. 1377	§§ 1, 3, 11, 12	geänd. mWv 1.7.1994
7.	Art. 9 G zur Bereinigung des Umwandlungsrechts	28.10. 1994	BGBl. I S. 3210	§ 2	geänd. mWv 1.1.1995
8.	Art. 3 G zur Kontrolle und Transparenz im Unternehmensbereich	27.4.1998	BGBl. I S. 786	§ 6	geänd. mWv 1.5.1998
9.	Art. 2 Kapitalgesellschaften- u. Co-Richtlinie-G[3)]	24.2.2000	BGBl. I S. 154	Titel, §§ 3, 5, 6, 8, 11, 13, 21, 23	geänd. mWv 9.3.2000
10.	Art. 3 Euro-BilanzG	10.12. 2001	BGBl. I S. 3414	§§ 1, 11, 20, 23	geänd. mWv 1.1.2002
11.	Art. 3 BilanzrechtsreformG	4.12.2004	BGBl. I S. 3166	§§ 5, 6, 7, 9, 11, 13, 17, 21, 22, 25	geänd. mWv 10.12.2004
				§§ 23, 24	aufgeh. mWv 10.12.2004
12.	Art. 7 G über elektronische Handelsregister und Genossenschaftsregister sowie das Unternehmensregister	10.11. 2006	BGBl. I S. 2553	§§ 2, 9, 12, 15, 20, 21, 22	geänd. mWv 1.1.2007
13.	Art. 72 FGG-ReformG	17.12. 2008	BGBl. I S. 2586	§ 2	geänd. mWv 1.9.2009
14.	Art. 4 Bilanzrechtsmodernisierungs G[4)]	25.5.2009	BGBl. I S. 1102	§§ 5, 6, 7, 11, 13, 20, 22	geänd. mWv 29.5.2009

[1)] Titel geänd. mWv 9.3.2000 durch G v. 24.2.2000 (BGBl. I S. 154).
[2)] Änderungen vor dem 28.10.1994 sind nicht in Fußnoten nachgewiesen.
[3)] **Amtl. Anm.:** Dieses Gesetz dient der Umsetzung der Richtlinie 90/605/EWG des Rates vom 8. November 1990 zur Änderung der Richtlinien 78/660/EWG und 84/349/EWG über den Jahresabschluss bzw. den konsolidierten Abschluss hinsichtlich ihres Anwendungsbereichs (ABl. EG Nr. L 317 S. 60) sowie der Richtlinie 1999/60/EG des Rates vom 17. Juni 1999 zur Änderung hinsichtlich der in Ecu ausgedrückten Beträge der Richtlinie 78/660/EWG (ABl. EG Nr. L 162 S. 65)
[4)] **Amtl. Anm.:** *(abgedruckt in Änderungstabelle Nr.* **50***)*

Lfd. Nr.	Änderndes Gesetz	Datum	Fundstelle	Betroffen	Hinweis
15.	Art. 2 Abs. 47 G zur Änd. von Vorschriften über Verkündung und Bekanntmachungen sowie der ZPO, des EGZPO und der AO	22.12. 2011	BGBl. I S. 3044	§§ 2, 9, 12, 15, 20, 21	geänd. mWv 1.4.2012
16.	Art. 3 Abs. 3 G zur Änd. des HGB	4.10.2013	BGBl. I S. 3746	§§ 21, 22	geänd. mWv 10.10.2013
17.	Art. 3 Bilanzrichtlinie-UmsetzungsG	17.7.2015	BGBl. I S. 1245	§§ 5, 9, 11, 13, 14, 17, 20, 22	geänd. mWv 23.7.2015
18.	Art. 4 Abschlussprüfungsreform G (AReG)	10.5.2016	BGBl. I S. 1142	§§ 6, 7, 20, 22	geänd. mWv 17.6.2016
				§§ 19a, 21a	eingef. mWv 17.6.2016
19.	Art. 4 VG-Richtlinie-UmsetzungsG	24.5.2016	BGBl. I S. 1190	§ 3	geänd. mWv 1.6.2016
20.	Art. 7 CSR-Richtlinie-UmsetzungsG[1]	11.4.2017	BGBl. I S. 802	§§ 11, 13, 17, 20, 22	geänd. mWv 19.4.2017
21.	Art. 15 G zur Umsetzung der zweiten AktionärsrechteRL (ARUG II)[2]	12.12. 2019	BGBl. I S. 2637	§ 22	geänd. mWv 1.1.2020
22.	Art. 13 Finanzmarktintegritätsstärkungs G	3.6.2021	BGBl. I S. 1534	§§ 1, 2, 5, 6, 7, 17, 18, 20, 21a, 22	geänd. mWv 1.7.2021
23.	Art. 16 G zur Umsetzung der Digitalisierungsrichtlinie (DiRUG)[3]	5.7.2021	BGBl. I S. 3338	§§ 2, 9, 10, 12, 15, 20, 21, 22	geänd. mWv 1.8.2022
24.	Art. 59 Personengesellschaftsrechtsmodernisierungs G (MoPeG)	10.8.2021	BGBl. I S. 3436	§ 22	geänd. mWv 1.1.2024

Vorbemerkung:
Die Änderungen durch G v. 5.7.2021 (BGBl. I S. 3338) treten erst mWv 1.8.2022 in Kraft und sind im Text noch nicht berücksichtigt.
Die Änderung durch G v. 10.8.2021 (BGBl. I S. 3436) tritt erst mWv 1.1. 2024 in Kraft und ist im Text noch nicht berücksichtigt.

[1] **Amtl. Anm.:** Dieses Gesetz dient der Umsetzung der Richtlinie 2014/95/EU des Europäischen Parlaments und des Rates vom 22. Oktober 2014 zur Änderung der Richtlinie 2013/34/EU im Hinblick auf die Angabe nichtfinanzieller und die Diversität betreffender Informationen durch bestimmte große Unternehmen und Gruppen (ABl. L 330 vom 15.11.2014, S. 1; L 369 vom 24.12.2014, S. 79).

[2] **Amtl. Anm.:** Dieses Gesetz dient der Umsetzung der Richtlinie (EU) 2017/828 des Europäischen Parlaments und des Rates vom 17. Mai 2017 zur Änderung der Richtlinie 2007/36/EG im Hinblick auf die Förderung der langfristigen Mitwirkung der Aktionäre (ABl. L 132 vom 20.5.2017, S. 1).

[3] ***Amtl. Anm.:*** *Dieses Gesetz dient der Umsetzung* der Richtlinie (EU) 2019/1151 des Europäischen Parlaments und des Rates vom 20. Juni 2019 zur Änderung der Richtlinie (EU) 2017/1132 im Hinblick auf den Einsatz digitaler Werkzeuge und Verfahren im Gesellschaftsrecht (ABl. L 186 vom 11.7.2019, S. 80).

Nichtamtliche Inhaltsübersicht

Der Bundestag hat das folgende Gesetz beschlossen:

Erster Abschnitt. Rechnungslegung von Unternehmen

§ 1[1)] Zur Rechnungslegung verpflichtete Unternehmen (1) Ein Unternehmen hat nach diesem Abschnitt Rechnung zu legen, wenn für den Tag des Ablaufs eines Geschäftsjahrs (Abschlußstichtag) und für die zwei darauf folgenden Abschlußstichtage jeweils mindestens zwei der drei nachstehenden Merkmale zutreffen:

1. Die Bilanzsumme einer auf den Abschlußstichtag aufgestellten Jahresbilanz übersteigt 65 Millionen Euro.
2. Die Umsatzerlöse des Unternehmens in den zwölf Monaten vor dem Abschlußstichtag übersteigen 130 Millionen Euro.
3. Das Unternehmen hat in den zwölf Monaten vor dem Abschlußstichtag durchschnittlich mehr als fünftausend Arbeitnehmer beschäftigt.

(2) [1] Bilanzsumme nach Absatz 1 Nr. 1 ist die Bilanzsumme einer gemäß § 5 Abs. 2 aufgestellten Jahresbilanz; bei Unternehmen, die in ihrer Jahresbilanz Beträge für von ihnen geschuldete Verbrauchsteuern oder Monopolabgaben unter Rückstellungen oder Verbindlichkeiten angesetzt haben, ist die Bilanzsumme um diese Beträge zu kürzen. [2] Trifft für den Abschlußstichtag das Merkmal nach Absatz 1 Nr. 2 oder das Merkmal nach Absatz 1 Nr. 3 zu, hat das Unternehmen

---

1) § 1 Abs. 1 Nr. 1 und 2, Abs. 2 Satz 4 geänd. mWv 1.1.2002 durch G v. 10.12.2001 (BGBl. I S. 3414); Abs. 3 neu gef. mWv 1.7.2021 durch G v. 3.6.2021 (BGBl. I S. 1534).

zur Feststellung, ob auch das Merkmal nach Absatz 1 Nr. 1 zutrifft, eine Jahresbilanz nach § 5 Abs. 2 aufzustellen. [3]Für die Ermittlung der Umsatzerlöse nach Absatz 1 Nr. 2 gilt § 277 Abs. 1 des Handelsgesetzbuchs[1)] mit der Maßgabe, daß auch die in den Umsatzerlösen enthaltenen Verbrauchsteuern oder Monopolabgaben abzusetzen sind. [4]Umsatzerlöse in fremder Währung sind nach dem amtlichen Kurs in Euro umzurechnen. [5]Durchschnittliche Zahl der Arbeitnehmer nach Absatz 1 Nr. 3 ist der zwölfte Teil der Summe aus den Zahlen der am Ende eines jeden Monats beschäftigten Arbeitnehmer einschließlich der zu ihrer Berufsausbildung Beschäftigten sowie der im Ausland beschäftigten Arbeitnehmer.

(3) Ein Unternehmen hat nach diesem Abschnitt Rechnung zu legen, wenn es am Abschlussstichtag in sinngemäßer Anwendung des § 264d des Handelsgesetzbuchs kapitalmarktorientiert ist.

(4) *(aufgehoben)*

(5) Mehrere Handelsgeschäfte eines Einzelkaufmanns sind, auch wenn sie nicht unter der gleichen Firma betrieben werden, nur ein Unternehmen im Sinne dieses Gesetzes.

§ 2[2)] Beginn und Dauer der Pflicht zur Rechnungslegung. (1) [1]Das Unternehmen hat erstmals für den dritten der aufeinander folgenden Abschlußstichtage, für die mindestens zwei der drei Merkmale des § 1 Abs. 1 zutreffen, Rechnung zu legen. [2]Es hat jedoch bereits für den ersten Abschlußstichtag Rechnung zu legen, für den mindestens zwei der drei Merkmale des § 1 Abs. 1 zutreffen, wenn auf das Unternehmen während des Geschäftsjahrs das Vermögen eines anderen Unternehmens durch Umwandlung oder in anderer Weise als Ganzes übergegangen ist und auf das andere Unternehmen an den beiden letzten Abschlußstichtagen mindestens zwei der drei Merkmale des § 1 Abs. 1 zutrafen; dies gilt auch, wenn das andere Unternehmen nicht nach diesem Abschnitt Rechnung zu legen brauchte. [3]Ein Unternehmen braucht nicht mehr nach diesem Abschnitt Rechnung zu legen, wenn für drei aufeinander folgende Abschlußstichtage mindestens zwei der drei Merkmale des § 1 Abs. 1 nicht mehr zutreffen.

(2) [1]Die gesetzlichen Vertreter eines Unternehmens, auf das erstmals für einen Abschlussstichtag mindestens zwei der drei Merkmale des § 1 Abs. 1 zutreffen, haben unverzüglich beim Betreiber des Bundesanzeigers elektronisch (§ 12 Abs. 2 des Handelsgesetzbuchs[1)]) die Erklärung einzureichen, dass für diesen Abschlussstichtag zwei der drei Merkmale des § 1 Abs. 1 zutreffen. [2]Eine entsprechende Erklärung haben die gesetzlichen Vertreter auch für jeden der beiden folgenden Abschlussstichtage unverzüglich beim Betreiber des Bundesanzeigers elektronisch einzureichen, wenn die Merkmale auch für diesen Abschlussstichtag zutreffen. [3]Die gesetzlichen Vertreter haben die Erklärungen nach den Sätzen 1 und 2 unverzüglich nach ihrer Einreichung im Bundesanzeiger bekannt machen zu lassen.

(3) [1]Das Gericht hat zur Prüfung der Frage, ob ein Unternehmen nach diesem Abschnitt Rechnung zu legen hat, Prüfer zu bestellen, wenn Anlaß für die Annahme besteht, daß das Unternehmen zur Rechnungslegung nach diesem Abschnitt verpflichtet ist. [2]Hat das Unternehmen einen Aufsichtsrat, ist vor der

[1)] Nr. **50**.

[2)] *§ 2 Abs. 2 und Abs. 3 Satz 6 neu gef.* mWv 1.1.2007 durch G v. 10.11.2006 (BGBl. I S. 2553); Abs. 3 Satz 3 geänd. mWv 1.9.2009 durch G v. 17.12.2008 (BGBl. I S. 2586); Abs. 2 Sätze 1–3, Abs. 3 Satz 6 geänd. mWv 1.4.2012 durch G v. 22.12.2011 (BGBl. I S. 3044); Abs. 2 Satz 1 geänd., Abs. 4 angef. mWv 1.7.2021 durch G v. 3.6.2021 (BGBl. I S. 1534).

Bestellung außer den gesetzlichen Vertretern auch dieser zu hören. [3] Gegen die Entscheidung ist die Beschwerde zulässig. [4] Für die Auswahl der Prüfer, den Ersatz angemessener barer Auslagen und die Vergütung der Prüfer, die Verantwortlichkeit und die Rechte der Prüfer und die Kosten gelten § 142 Abs. 6, §§ 143, 145 Abs. 1 bis 3, § 146 des Aktiengesetzes[1)] und § 323 des Handelsgesetzbuchs sinngemäß; die Kosten trägt jedoch die Staatskasse, wenn eine Verpflichtung zur Rechnungslegung nach diesem Abschnitt nicht besteht. [5] Die Prüfer haben über das Ergebnis der Prüfung schriftlich zu berichten und den Bericht zu unterzeichnen. [6] Sie haben ihn unverzüglich dem Gericht und den gesetzlichen Vertretern einzureichen; kommt der Bericht zu dem Ergebnis, dass das Unternehmen zur Rechnungslegung nach diesem Abschnitt verpflichtet ist, ist der Bericht auch beim Betreiber des Bundesanzeigers elektronisch einzureichen; Absatz 2 Satz 3 gilt entsprechend. [7] Auf Verlangen haben die gesetzlichen Vertreter jedem Gesellschafter eine Abschrift des Berichts zu erteilen.

(4) Die Absätze 1 bis 3 finden im Fall des § 1 Absatz 3 keine Anwendung.

§ 3[2)] Geltungsbereich. (1) Dieser Abschnitt ist nur anzuwenden auf Unternehmen in der Rechtsform

1. einer Personenhandelsgesellschaft, für die kein Abschluss nach § 264a oder § 264b des Handelsgesetzbuchs[3)] aufgestellt wird, oder des Einzelkaufmanns,
2. *(aufgehoben)*
3. des Vereins, dessen Zweck auf einen wirtschaftlichen Geschäftsbetrieb gerichtet ist,
4. der rechtsfähigen Stiftung des bürgerlichen Rechts, wenn sie ein Gewerbe betreibt,
5. einer Körperschaft, Stiftung oder Anstalt des öffentlichen Rechts, die Kaufmann nach § 1 des Handelsgesetzbuchs sind oder als Kaufmann im Handelsregister eingetragen sind.

(2) [1] Dieser Abschnitt gilt nicht für

1. Unternehmen in der Rechtsform der Genossenschaft,

1a. Unternehmen ohne eigene Rechtspersönlichkeit einer Gemeinde, eines Gemeindeverbandes oder eines Zweckverbandes,

2. Verwertungsgesellschaften nach dem Verwertungsgesellschaftengesetz[4)].

[2] Dieser Abschnitt ist ferner auf Kreditinstitute im Sinne des § 340 des Handelsgesetzbuchs und auf die in § 2 Abs. 1 Nr. 1, 2 und 4 des Gesetzes über das Kreditwesen[5)] genannten Personen sowie auf Versicherungsunternehmen im Sinne des § 341 des Handelsgesetzbuchs nicht anzuwenden.

(3) Dieser Abschnitt gilt nicht für Unternehmen in Abwicklung.

§ 4 Gesetzliche Vertreter, Aufsichtsrat, Feststellung, Gericht. (1) [1] Im Sinne dieses Gesetzes sind gesetzliche Vertreter eines Unternehmens

1. bei einer juristischen Person die Mitglieder des vertretungsberechtigten Organs,

---

[1)] Nr. **51.**

[2)] § 3 Abs. 1 Satz 1 Nr. 1 geänd., Nr. 2 aufgeh. mWv 9.3.2000 durch G v. 24.2.2000 (BGBl. I S. 154); Abs. 2 Satz 1 Nr. 2 geänd. mWv 1.6.2016 durch G v. 24.5.2016 (BGBl. I S. 1190).

[3)] Nr. **50.**

[4)] **Habersack, Deutsche Gesetze ErgBd. Nr. 65a.**

[5)] **Sartorius ErgBd. Nr. 856.**

2. bei einer Personenhandelsgesellschaft der oder die vertretungsberechtigten Gesellschafter.

[2] Die Vorschriften für die gesetzlichen Vertreter des Unternehmens gelten, wenn es sich um das Unternehmen eines Einzelkaufmanns handelt, sinngemäß für den Einzelkaufmann oder seinen gesetzlichen Vertreter.

(2) Die Vorschriften dieses Gesetzes für den Aufsichtsrat gelten sinngemäß für ein entsprechendes Überwachungsorgan.

(3) Als Feststellung des Jahresabschlusses ist die Billigung des Jahresabschlusses durch die zuständige Stelle, und wenn es sich um das Unternehmen eines Einzelkaufmanns handelt, die Billigung des Jahresabschlusses durch den Inhaber anzusehen.

(4) Gericht im Sinne dieses Gesetzes ist das Gericht des Sitzes (der Hauptniederlassung) des Unternehmens.

§ 5[1)] Aufstellung von Jahresabschluß und Lagebericht. (1) [1] Die gesetzlichen Vertreter des Unternehmens haben den Jahresabschluß (§ 242 des Handelsgesetzbuchs[2)]) in den ersten drei Monaten des Geschäftsjahrs für das vergangene Geschäftsjahr aufzustellen. [2] Für den Inhalt des Jahresabschlusses, seine Gliederung und für die einzelnen Posten des Jahresabschlusses gelten § 264 Absatz 1a sowie die §§ 265, 266, 268 bis 275 und 277 des Handelsgesetzbuchs sinngemäß. [3] Sonstige Vorschriften, die durch die Rechtsform oder den Geschäftszweig bedingt sind, bleiben unberührt.

(2) [1] Die gesetzlichen Vertreter eines Unternehmens, das nicht in der Rechtsform einer Personenhandelsgesellschaft oder des Einzelkaufmanns geführt wird, haben den Jahresabschluß um einen Anhang zu erweitern, der mit der Bilanz und der Gewinn- und Verlustrechnung eine Einheit bildet, sowie einen Lagebericht aufzustellen. [2] Für den Anhang gelten die §§ 284, 285 Nummer 1 bis 4, 7 bis 13, 15a, 17 bis 34, § 286 des Handelsgesetzbuchs und für den Lagebericht § 289 des Handelsgesetzbuchs sinngemäß.

(2a) [1] Unternehmen, die in sinngemäßer Anwendung des § 264d des Handelsgesetzbuchs kapitalmarktorientiert sind, haben den Jahresabschluss um einen Anhang nach Absatz 2 zu ergänzen und einen Lagebericht nach Absatz 2 Satz 2 aufzustellen. [2] § 264 Abs. 1 Satz 2 des Handelsgesetzbuchs ist sinngemäß anzuwenden.

(3) § 330 des Handelsgesetzbuchs über den Erlaß von Rechtsverordnungen gilt auch für Unternehmen, auf die dieser Abschnitt nach § 3 Abs. 1 anzuwenden ist.

(4) Handelt es sich um das Unternehmen einer Personenhandelsgesellschaft oder eines Einzelkaufmanns, so dürfen das sonstige Vermögen des Einzelkaufmanns oder der Gesellschafter (Privatvermögen) nicht in die Bilanz und die auf das Privatvermögen entfallenden Aufwendungen und Erträge nicht in die Gewinn- und Verlustrechnung aufgenommen werden.

(5) [1] Personenhandelsgesellschaften und Einzelkaufleute können die Gewinn- und Verlustrechnung nach den für ihr Unternehmen geltenden Bestimmungen

---

[1)] § 5 Abs. 6 angef. mWv 9.3.2000 durch G v. 24.2.2000 (BGBl. I S. 154); Abs. 2 Satz 2 geänd. mWv 10.12.2004 durch G v. 4.12.2004 (BGBl. I S. 3166); Abs. 1 Satz 2 neu gef., Abs. 2 Satz 2 geänd., Abs. 2a eingef. mWv 29.5.2009 durch G v. 25.5.2009 (BGBl. I S. 1102); Abs. 1 Satz 2, Abs. 2 Satz 2, Abs. 2a Satz 1 geänd., Abs. 5 Satz 3 Nr. 5 neu gef. mWv 23.7.2015 durch G v. 17.7.2015 (BGBl. I S. 1245); Abs. 2a Satz 1 geänd. mWv 1.7.2021 durch G v. 3.6.2021 (BGBl. I S. 1534).

[2)] Nr. **50**.

aufstellen. [2]Bei Anwendung einer Gliederung nach § 275 des Handelsgesetzbuchs dürfen die Steuern, die Personenhandelsgesellschaften und Einzelkaufleute als Steuerschuldner zu entrichten haben, unter den sonstigen Aufwendungen ausgewiesen werden. [3]Soll die Gewinn- und Verlustrechnung nicht nach § 9 offengelegt werden, sind außerdem in einer Anlage zur Bilanz folgende Angaben zu machen:

1. Die Umsatzerlöse im Sinne des § 277 Abs. 1 des Handelsgesetzbuchs,
2. die Erträge aus Beteiligungen,
3. die Löhne, Gehälter, sozialen Abgaben sowie Aufwendungen für Altersversorgung und Unterstützung,
4. die Bewertungs- und Abschreibungsmethoden einschließlich wesentlicher Änderungen,
5. die durchschnittliche Zahl der in den letzten zwölf Monaten vor dem Abschlussstichtag beschäftigten Arbeitnehmer.

(6) Unternehmen im Sinne des § 3 Abs. 1 sind von den Anforderungen dieses Gesetzes befreit, wenn sie in den Konzernabschluss eines Mutterunternehmens im Sinne des § 11 dieses Gesetzes oder des § 290 des Handelsgesetzbuchs einbezogen sind und sie im Übrigen die entsprechend geltenden Voraussetzungen des § 264 Abs. 3 des Handelsgesetzbuchs erfüllen.

§ 6[1)] Prüfung durch die Abschlußprüfer. (1) [1]Der Jahresabschluß und der Lagebericht sind durch einen Abschlußprüfer zu prüfen. [2]Soweit in den Absätzen 2 und 3 nichts anderes bestimmt ist, gelten § 316 Absatz 3, § 317 Absatz 1, 2 Satz 1 bis 3, Absatz 3a, 4a bis 6, § 318 Absatz 1, 1a, 3 bis 8, § 319 Absatz 1 bis 4, § 319b Absatz 1, § 320 Absatz 1, 2 und 4 sowie die §§ 321 bis 324 des Handelsgesetzbuchs[2)] über die Prüfung des Jahresabschlusses sinngemäß, bei einem Unternehmen, das ein Unternehmen von öffentlichem Interesse nach § 316a Satz 2 Nummer 1 des Handelsgesetzbuchs ist, jedoch nur insoweit, als nicht die Verordnung (EU) Nr. 537/2014 des Europäischen Parlaments und des Rates vom 16. April 2014 über spezifische Anforderungen an die Abschlussprüfung bei Unternehmen von öffentlichem Interesse und zur Aufhebung des Beschlusses 2005/909/EG der Kommission (ABl. L 158 vom 27.5.2014, S. 77; L 170 vom 11.6.2014, S. 66) anzuwenden ist. [3]Die Sätze 1 und 2 gelten auch für einen Einzelabschluss nach § 9 Absatz 1 Satz 1 in Verbindung mit § 325 Absatz 2a des Handelsgesetzbuchs.

(2) Handelt es sich um das Unternehmen einer Personenhandelsgesellschaft oder eines Einzelkaufmanns, so hat sich die Prüfung auch darauf zu erstrecken, ob § 5 Abs. 4 beachtet worden ist.

(3) [1]Der Abschlußprüfer wird bei Personenhandelsgesellschaften, soweit nicht das Gesetz, die Satzung oder der Gesellschaftsvertrag etwas anderes vorsehen, von den Gesellschaftern gewählt. [2]Handelt es sich um das Unternehmen eines Einzelkaufmanns, so bestellt dieser den Abschlußprüfer. [3]Bei anderen Unternehmen *wird der Abschlußprüfer*, sofern über seine Bestellung nichts anderes bestimmt ist, vom Aufsichtsrat gewählt; hat das Unternehmen keinen Aufsichtsrat, so bestellen die gesetzlichen Vertreter den Abschlußprüfer. [4]Bei einem Unternehmen, das ein

---

[1)] § 6 Abs. 1 geänd. durch G v. 27.4.1998 (BGBl. I S. 786); Abs. 3 Satz 1 geänd., Satz 4 aufgeh. mWv 9.3.2000 durch G v. 24.2.2000 (BGBl. I S. 154); Abs. 1 Satz 2 geänd. mWv 10.12.2004 durch G v. 4.12.2004 (BGBl. I S. 3166); Abs. 1 Satz 2 neu gef. mWv 29.5.2009 durch G v. 25.5.2009 (BGBl. I S. 1102); Abs. 1 Satz 2 geänd., Abs. 3 Satz 4 angef. mWv 17.6.2016 durch G v. 10.5.2016 (BGBl. I S. 1142); Abs. 1 Satz 2 neu gef. Satz 3 angef., Abs. 3 Satz 4 geänd. mWv 1.7.2021 durch G v. 3.6.2021 (BGBl. I S. 1534).

[2)] Nr. **50**.

Unternehmen von öffentlichem Interesse nach § 316a Satz 2 Nummer 1 des Handelsgesetzbuchs ist, ist der Vorschlag zur Wahl des Abschlussprüfers auf die Empfehlung des Prüfungsausschusses zu stützen.

§ 7[1] Prüfung durch den Aufsichtsrat. [1]Hat das Unternehmen einen Aufsichtsrat, so haben die gesetzlichen Vertreter unverzüglich nach Eingang des Prüfungsberichts der Abschlußprüfer den Jahresabschluß, den Lagebericht und den Prüfungsbericht der Abschlußprüfer dem Aufsichtsrat vorzulegen. [2]Der Aufsichtsrat hat den Jahresabschluß und den Lagebericht zu prüfen; er hat über das Ergebnis seiner Prüfung schriftlich zu berichten. [3]§ 170 Abs. 3, § 171 Abs. 1 Satz 2 und 3, Abs. 2 Satz 2 bis 5, Abs. 3 des Aktiengesetzes[2] gelten sinngemäß. [4]Die Sätze 1 bis 3 gelten auch für einen Einzelabschluss nach § 9 Abs. 1 Satz 1 dieses Gesetzes in Verbindung mit § 325 Abs. 2a des Handelsgesetzbuchs[3]; für einen solchen Abschluss gilt ferner § 171 Abs. 4 Satz 1 des Aktiengesetzes sinngemäß. [5]Ist das Unternehmen ein Unternehmen von öffentlichem Interesse nach § 316a Satz 2 Nummer 1 des Handelsgesetzbuchs und hat es einen Aufsichtsrat, gelten auch § 100 Absatz 5 und § 107 Absatz 4 des Aktiengesetzes entsprechend.[4] [6]Der Prüfungsausschuss hat sich mit den in § 107 Absatz 3 Satz 2 und 3 des Aktiengesetzes beschriebenen Aufgaben zu befassen.

§ 8[5] Feststellung des Jahresabschlusses. (1) [1]Bedarf es zur Feststellung des Jahresabschlusses der Entscheidung oder Mitwirkung einer anderen Stelle als der gesetzlichen Vertreter und des Aufsichtsrats, so haben die gesetzlichen Vertreter den Jahresabschluß, wenn das Unternehmen einen Aufsichtsrat hat, unverzüglich nach Eingang seines Prüfungsberichts (§ 7), wenn das Unternehmen keinen Aufsichtsrat hat, unverzüglich nach Eingang des Prüfungsberichts der Abschlußprüfer der zuständigen Stelle vorzulegen. [2]Bedarf es zur Feststellung des Jahresabschlusses einer Versammlung der Gesellschafter, so ist die Versammlung unverzüglich nach dem Eingang des Prüfungsberichts des Aufsichtsrats oder der Abschlußprüfer einzuberufen; berufen die für die Einberufung zuständigen Stellen die Versammlung nicht unverzüglich ein, so haben die gesetzlichen Vertreter sie einzuberufen.

(2) Auf den Jahresabschluß sind bei der Feststellung die für seine Aufstellung geltenden Vorschriften anzuwenden.

(3) [1]Wird der Jahresabschluss nach Vorlage des Prüfungsberichts geändert, so hat der Abschlussprüfer diese Unterlagen erneut zu prüfen, soweit es die Änderung erfordert. [2]Über das Ergebnis der Prüfung ist zu berichten; der Bestätigungsvermerk ist entsprechend zu ergänzen. [3]Eine vor der erneuten Prüfung getroffene Entscheidung über die Feststellung des Jahresabschlusses wird erst wirksam, wenn auf Grund der erneuten Prüfung ein hinsichtlich der Änderung uneingeschränkter Bestätigungsvermerk erteilt worden ist. [4]Sie wird nichtig, wenn nicht binnen zwei Wochen seit der Entscheidung ein hinsichtlich der Änderung uneingeschränkter Bestätigungsvermerk erteilt wird.

---

[1] § 7 Satz 4 angef. mWv 10.12.2004 durch G v. 4.12.2004 (BGBl. I S. 3166); Satz 3 geänd. mWv 29.5.2009 durch G v. 25.5.2009 (BGBl. I S. 1102); Satz 3 geänd., Sätze 5 und 6 angef. mWv 17.6.2016 durch G v. 10.5.2016 (BGBl. I S. 1142); Sätze 5 und 6 neu gef. mWv 1.7.2021 durch G v. 3.6.2021 (BGBl. I S. 1534).

[2] *Nr. 51.*

[3] Nr. **50**.

[4] Siehe hierzu Übergangsvorschrift in § 22 Abs. 6.

[5] § 8 Abs. 3 Sätze 1 und 2 neu gef. mWv 9.3.2000 durch G v. 24.2.2000 (BGBl. I S. 154).

(4) Der festgestellte Jahresabschluß ist der Jahresabschluß im Sinne der für die Rechtsform des Unternehmens geltenden Vorschriften.

§ 9[1)] Offenlegung des Jahresabschlusses und des Lageberichts, Prüfung durch den Betreiber des Bundesanzeigers. (1) [1] Die gesetzlichen Vertreter des Unternehmens haben für dieses den Jahresabschluß und die sonst in § 325 Abs. 1 des Handelsgesetzbuchs[2)] bezeichneten Unterlagen, soweit sie aufzustellen sind, in sinngemäßer Anwendung des § 325 Absatz 1 bis 2b, 4 bis 6, § 328 des Handelsgesetzbuchs offenzulegen. [2] § 329 Abs. 1 und 4 des Handelsgesetzbuchs gilt sinngemäß.

(2) Personenhandelsgesellschaften und Einzelkaufleute brauchen die Gewinn- und Verlustrechnung und den Beschluß über die Verwendung des Ergebnisses nicht offenzulegen, wenn sie in einer Anlage zur Bilanz die nach § 5 Abs. 5 Satz 3 erforderlichen Angaben aufnehmen.

(3) In der Bilanz von Personenhandelsgesellschaften dürfen bei der Offenlegung die Kapitalanteile der Gesellschafter, die Rücklagen, ein Gewinnvortrag und ein Gewinn unter Abzug der nicht durch Vermögenseinlagen gedeckten Verlustanteile von Gesellschaftern, eines Verlustvortrags und eines Verlustes in einem Posten „Eigenkapital" ausgewiesen werden.

§ 10 Nichtigkeit des Jahresabschlusses. [1] Der Jahresabschluß ist nichtig, wenn er

1. nicht nach § 6 Abs. 1 Satz 1 und 2 dieses Gesetzes in Verbindung mit § 316 Abs. 3 des Handelsgesetzbuchs[2)] geprüft worden ist oder
2. von Personen geprüft worden ist, die nicht zum Abschlußprüfer bestellt sind oder nach § 6 Abs. 1 Satz 2 dieses Gesetzes in Verbindung mit § 319 Abs. 1 des Handelsgesetzbuchs nicht Abschlußprüfer sind.

[2] Die Nichtigkeit nach Nummer 2 kann nicht mehr geltend gemacht werden, wenn seit der Bekanntmachung des Jahresabschlusses im Bundesanzeiger sechs Monate verstrichen sind. [3] § 256 Abs. 6 Satz 2 des Aktiengesetzes[3)] gilt sinngemäß.

Zweiter Abschnitt. Rechnungslegung von Konzernen

§ 11[4)] Zur Rechnungslegung verpflichtete Mutterunternehmen.

(1) Kann ein Unternehmen mit Sitz (Hauptniederlassung) im Inland unmittelbar oder mittelbar einen beherrschenden Einfluss auf ein anderes Unternehmen ausüben, so hat dieses Unternehmen (Mutterunternehmen) nach den folgenden Vorschriften Rechnung zu legen, wenn für drei aufeinanderfolgende Konzernabschlußstichtage jeweils mindestens zwei der drei folgenden Merkmale zutreffen:

[1)] § 9 Abs. 1 Satz 1 geänd. mWv 10.12.2004 durch G v. 4.12.2004 (BGBl. I S. 3166); Überschrift, Abs. 1 *Sätze 1 und 2 geänd., Sätze 3 und 4 aufgeh.* mWv 1.1.2007 durch G v. 10.11.2006 (BGBl. I S. 2553); Überschrift geänd. mWv 1.4.2012 durch G v. 22.12.2011 (BGBl. I S. 3044); Abs. 1 Satz 1 geänd. mWv 23.7.2015 durch G v. 17.7.2015 (BGBl. I S. 1245).

[2)] Nr. **50**.

[3)] Nr. **51**.

[4)] § 11 Abs. 5 Satz 1 geänd., Abs. 6 neu gef. mWv 9.3.2000 durch G v. 24.2.2000 (BGBl. I S. 154); Abs. 1 Nr. 1 und 2 geänd. mWv 1.1.2002 durch G v. 10.12.2001 (BGBl. I S. 3414); Abs. 6 Satz 1 Nr. 2 neu gef., Satz 2 angef. mWv 10.12.2004 durch G v. 4.12.2004 (BGBl. I S. 3166); Abs. 1 einl. Satzteil und Abs. 3 Satz 1 geänd., Abs. 6 Satz 1 Nr. 1 neu gef. mWv 29.5.2009 durch G v. 25.5.2009 (BGBl. I S. 1102); Abs. 6 Satz 1 Nr. 1 geänd. mWv 23.7.2015 durch G v. 17.7.2015 (BGBl. I S. 1245); Abs. 6 Satz 1 Nr. 2, Satz 2 geänd. mWv 19.4.2017 durch G v. 11.4.2017 (BGBl. I S. 802).

1. Die Bilanzsumme einer auf den Konzernabschlußstichtag aufgestellten Konzernbilanz übersteigt 65 Millionen Euro.
2. Die Umsatzerlöse einer auf den Konzernabschlußstichtag aufgestellten Konzern-Gewinn- und Verlustrechnung in den zwölf Monaten vor dem Abschlußstichtag übersteigen 130 Millionen Euro.
3. Die Konzernunternehmen mit Sitz im Inland haben in den zwölf Monaten vor dem Konzernabschlußstichtag insgesamt durchschnittlich mehr als fünftausend Arbeitnehmer beschäftigt.

(2) [1] Bilanzsumme nach Absatz 1 Nr. 1 ist die Bilanzsumme einer nach § 13 Abs. 2 aufgestellten Konzernbilanz; § 1 Abs. 2 Satz 2 bis 5 gilt sinngemäß. [2] Braucht das Mutterunternehmen einen Jahresabschluß nicht aufzustellen, so ist der Abschlußstichtag des größten Unternehmens mit Sitz im Inland maßgebend.

(3) [1] Kann ein Unternehmen mit Sitz (Hauptniederlassung) im Ausland unmittelbar oder mittelbar einen beherrschenden Einfluss auf ein anderes Unternehmen ausüben und beherrscht dieses Unternehmen über ein oder mehrere zum Konzern gehörende Unternehmen mit Sitz (Hauptniederlassung) im Inland andere Unternehmen, so haben die Unternehmen mit Sitz im Inland, die der Konzernleitung am nächsten stehen (Mutterunternehmen), für ihren Konzernbereich (Teilkonzern) nach diesem Abschnitt Rechnung zu legen, wenn für drei aufeinanderfolgende Abschlußstichtage des Mutterunternehmens mindestens zwei der drei Merkmale des Absatzes 1 für den Teilkonzern zutreffen. [2] Absatz 2 gilt sinngemäß.

(4) *(aufgehoben)*

(5) [1] Dieser Abschnitt ist nicht anzuwenden, wenn das Mutterunternehmen eine Aktiengesellschaft, eine Kommanditgesellschaft auf Aktien, eine Gesellschaft mit beschränkter Haftung, ein Kreditinstitut im Sinne des § 340 des Handelsgesetzbuchs[1)] oder eine in § 2 Abs. 1 Nr. 1, 2 und 4 des Gesetzes über das Kreditwesen[2)] genannte Person oder ein Versicherungsunternehmen im Sinne des § 341 des Handelsgesetzbuchs ist oder als Personenhandelsgesellschaft nach § 3 Abs. 1 Satz 1 Nr. 1 den ersten Abschnitt nicht anzuwenden hat. [2] Weiterhin sind Personenhandelsgesellschaften und Einzelkaufleute zur Aufstellung eines Konzernabschlusses nach diesem Abschnitt nicht verpflichtet, wenn sich ihr Gewerbebetrieb auf die Vermögensverwaltung beschränkt und sie nicht die Aufgaben der Konzernleitung wahrnehmen.

(6) [1] Folgende Bestimmungen des Handelsgesetzbuchs gelten sinngemäß:
1. § 290 Abs. 2 bis 5 über die Pflicht zur Aufstellung sowie die §§ 291 und 292 über befreiende Konzernabschlüsse und Konzernlageberichte;
2. § 315e über den Konzernabschluss nach internationalen Rechnungslegungsstandards, Absatz 2 der Vorschrift jedoch nur, wenn das Mutterunternehmen seiner Rechtsform nach in den Anwendungsbereich der Verordnung (EG) Nr. 1606/2002 des Europäischen Parlaments und des Rates vom 19. Juli 2002 betreffend die Anwendung internationaler Rechnungslegungsstandards (ABl. EG Nr. L 243 S. 1) in ihrer jeweils geltenden Fassung fällt.

[2] Sind die Voraussetzungen des § 315e des Handelsgesetzbuchs erfüllt, so gilt § 13 Abs. 2 Satz 1 und 2, Abs. 3 Satz 1 und 2 in Verbindung mit § 5 Abs. 5 dieses Gesetzes nicht.

---

1) Nr. 50.
2) **Sartorius ErgBd. Nr. 856.**

§ 12[1)] Beginn und Dauer der Pflicht zur Konzernrechnungslegung.

(1) Für den Beginn und die Dauer der Pflicht, nach diesem Abschnitt Rechnung zu legen, gilt § 2 Abs. 1 Satz 1 und 3 sinngemäß.

(2) [1]Die gesetzlichen Vertreter eines Mutterunternehmens, für dessen Abschlussstichtag mindestens zwei der drei Merkmale des § 11 Abs. 1 zutreffen, haben unverzüglich beim Betreiber des Bundesanzeigers elektronisch (§ 12 Abs. 2 des Handelsgesetzbuchs[2)]) die Erklärung einzureichen, dass für diesen Abschlussstichtag zwei der drei Merkmale des § 11 Abs. 1 zutreffen; § 11 Abs. 2 Satz 2 gilt entsprechend. [2]Eine entsprechende Erklärung haben die gesetzlichen Vertreter des Mutterunternehmens auch für jeden der beiden folgenden Abschlussstichtage unverzüglich beim Betreiber des Bundesanzeigers elektronisch einzureichen, wenn die Merkmale auch für diesen Abschlussstichtag zutreffen. [3]§ 2 Abs. 2 Satz 3 gilt entsprechend.

(3) [1]Das Gericht hat zur Prüfung der Frage, ob ein Mutterunternehmen nach diesem Abschnitt Rechnung zu legen hat, Prüfer zu bestellen, wenn Anlaß für die Annahme besteht, daß das Mutterunternehmen zur Rechnungslegung nach diesem Abschnitt verpflichtet ist. [2]Hat das Mutterunternehmen einen Aufsichtsrat, so ist vor der Bestellung außer den gesetzlichen Vertretern des Mutterunternehmens auch dieser zu hören. [3]§ 2 Abs. 3 Satz 3 bis 8 gilt sinngemäß.

§ 13[3)] Aufstellung von Konzernabschluß und Konzernlagebericht.

(1) [1]Die gesetzlichen Vertreter des Mutterunternehmens haben in den ersten fünf Monaten des Konzerngeschäftsjahrs für das vergangene Konzerngeschäftsjahr einen Konzernabschluss sowie einen Konzernlagebericht oder einen Teilkonzernabschluss oder einen Teilkonzernlagebericht aufzustellen. [2]Ist das Mutterunternehmen kapitalmarktorientiert im Sinn des § 264d des Handelsgesetzbuchs[2)], sind der Konzernabschluss sowie der Konzernlagebericht in den ersten vier Monaten des Konzerngeschäftsjahres für das vergangene Konzerngeschäftsjahr aufzustellen; dies gilt nicht, wenn es ausschließlich zum Handel an einem organisierten Markt zugelassene Schuldtitel im Sinn des § 2 Absatz 1 Nummer 3 des Wertpapierhandelsgesetzes[4)] mit einer Mindeststückelung von 100 000 Euro oder dem am Ausgabetag entsprechenden Gegenwert einer anderen Währung begibt.

(2) [1]Für den Konzernabschluß oder Teilkonzernabschluß gelten die §§ 294 bis 314 des Handelsgesetzbuchs sinngemäß; soweit eine abweichende Gliederung zulässig ist, kann diese auch für den Konzernabschluß oder den Teilkonzernabschluß verwendet werden. [2]Sonstige Vorschriften, die durch die Rechtsform oder den Geschäftszweig bedingt sind, bleiben unberührt. [3]Für den Konzernlagebericht oder den Teilkonzernlagebericht gilt § 315 des Handelsgesetzbuchs sinngemäß.

(3) [1]Auf den Konzernabschluss oder den Teilkonzernabschluss braucht § 314 Abs. 1 Nr. 6 des Handelsgesetzbuchs nicht angewendet zu werden. [2]Ist das Mutterunternehmen eine Personenhandelsgesellschaft oder ein Einzelkaufmann,

---

[1)] § 12 Abs. 2 neu gef. mWv 1.1.2007 durch G v. 10.11.2006 (BGBl. I S. 2553); Abs. 2 Sätze 1 und 2 geänd. mWv 1.4.2012 durch G v. 22.12.2011 (BGBl. I S. 3044).

[2)] Nr. **50**.

[3)] § 13 Abs. 3 Satz 1 geänd. mWv 9.3.2000 durch G v. 24.2.2000 (BGBl. I S. 154); Abs. 3 Sätze 1 und 2 geänd. mWv 10.12.2004 durch G v. 4.12.2004 (BGBl. I S. 3166); Abs. 1 und Abs. 3 Satz 1 neu gef., Abs. 3 Satz 2 geänd. mWv 29.5.2009 durch G v. 25.5.2009 (BGBl. I S. 1102); Abs. 1 Satz 2 und Abs. 3 Satz 3 geänd., Abs. 4 neu gef. mWv 23.7.2015 durch G v. 17.7.2015 (BGBl. I S. 1245); Abs. 1 Satz 2 geänd. mWv 19.4.2017 durch G v. 11.4.2017 (BGBl. I S. 802).

[4)] **Habersack, Deutsche Gesetze ErgBd. Nr. 58.**

so gilt § 5 Abs. 4, 5 für den Konzernabschluß sinngemäß; dieser braucht Kapitalflussrechnung und Eigenkapitalspiegel nicht zu umfassen, soweit das Mutterunternehmen nicht kapitalmarktorientiert im Sinn des § 264d des Handelsgesetzbuchs ist. [3] Bei Anwendung des Satzes 1 oder des § 5 Abs. 5 haben der Konzernabschluß oder der Teilkonzernabschluß befreiende Wirkung nach den §§ 291 und 292 des Handelsgesetzbuchs nur, wenn das befreite Tochterunternehmen, das gleichzeitig Mutterunternehmen ist, diese Erleichterungen für seinen Konzernabschluß oder Teilkonzernabschluß hätte in Anspruch nehmen können.

(4) § 330 des Handelsgesetzbuchs über den Erlass von Rechtsverordnungen gilt auch für Konzernabschlüsse, Teilkonzernabschlüsse, Konzernlageberichte und Teilkonzernlageberichte nach diesem Abschnitt.

§ 14[1)] Prüfung des Konzernabschlusses. (1) [1] Der Konzernabschluß oder Teilkonzernabschluß ist unter Einbeziehung des Konzernlageberichts oder des Teilkonzernlageberichts durch einen Abschlußprüfer zu prüfen. [2] § 316 Abs. 3, §§ 317 bis 324 des Handelsgesetzbuchs[2)] über die Prüfung sowie § 6 Abs. 2, 3 dieses Gesetzes gelten sinngemäß.

(2) [1] Ist das Mutterunternehmen eine Genossenschaft, so ist der Prüfungsverband, dem die Genossenschaft angehört, auch Abschlußprüfer des Konzernabschlusses. [2] Der von einem Prüfungsverband geprüfte Konzernabschluß oder Teilkonzernabschluß hat befreiende Wirkung nach *nach*[3)] den §§ 291 und 292 des Handelsgesetzbuchs nur, wenn das befreite Tochterunternehmen, das gleichzeitig Mutterunternehmen ist, seinen Konzernabschluß oder Teilkonzernabschluß von dieser Person hätte prüfen lassen können.

(3) [1] Hat das Mutterunternehmen einen Aufsichtsrat, so haben die gesetzlichen Vertreter den Konzernabschluß oder den Teilkonzernabschluß, den Konzernlagebericht oder den Teilkonzernlagebericht und den Prüfungsbericht des Abschlußprüfers des Konzernabschlusses unverzüglich nach Eingang des Prüfungsberichts dem Aufsichtsrat zur Kenntnisnahme vorzulegen. [2] Jedes Aufsichtsratsmitglied hat das Recht, von den Vorlagen Kenntnis zu nehmen. [3] Die Vorlagen sind auch jedem Aufsichtsratsmitglied auf Verlangen auszuhändigen, soweit der Aufsichtsrat nichts anderes beschlossen hat.

§ 15[4)] Offenlegung des Konzernabschlusses. (1) Die gesetzlichen Vertreter des Mutterunternehmens haben für dieses den Konzernabschluß oder Teilkonzernabschluß mit dem Bestätigungsvermerk oder dem Vermerk über dessen Versagung und den Konzernlagebericht oder Teilkonzernlagebericht in sinngemäßer Anwendung des § 325 Abs. 3 bis 6 des Handelsgesetzbuchs[2)] offenzulegen.

(2) Für die Offenlegung, Veröffentlichung und Vervielfältigung des Konzernabschlusses, Teilkonzernabschlusses, Konzernlageberichts und des Teilkonzernlageberichts gilt § 328, für die Prüfungspflicht des Betreibers des Bundesanzeigers § 329 Abs. 1 und 4 des Handelsgesetzbuchs sinngemäß.

§ 16 *(aufgehoben)*

[1)] § 14 Abs. 2 Satz 2 geänd. mWv 23.7.2015 durch G v. 17.7.2015 (BGBl. I S. 1245).

[2)] *Nr. 50.*

[3)] Wortlaut amtlich.

[4)] § 15 Abs. 1 Satz 1 und Abs. 2 geänd., Abs. 1 Sätze 2 und 3 aufgeh. mWv 1.1.2007 durch G v. 10.11. 2006 (BGBl. I S. 2553); Abs. 2 geänd. mWv 1.4.2012 durch G v. 22.12.2011 (BGBl. I S. 3044).

Dritter Abschnitt. Straf-, Bußgeld- und Schlußvorschriften

§ 17[1] Unrichtige Darstellung. (1) Mit Freiheitsstrafe bis zu drei Jahren oder mit Geldstrafe wird bestraft, wer als gesetzlicher Vertreter (§ 4 Abs. 1 Satz 1) eines Unternehmens oder eines Mutterunternehmens, beim Einzelkaufmann als Inhaber oder dessen gesetzlicher Vertreter,

1. die Verhältnisse des Unternehmens im Jahresabschluß oder Lagebericht unrichtig wiedergibt oder verschleiert,

1a. zum Zwecke der Befreiung nach § 9 Abs. 1 Satz 1 in Verbindung mit § 325 Abs. 2a Satz 1, Abs. 2b des Handelsgesetzbuchs[2] einen Einzelabschluss nach den in § 315e Abs. 1 des Handelsgesetzbuchs genannten internationalen Rechnungslegungsstandards, in dem die Verhältnisse des Unternehmens unrichtig wiedergegeben oder verschleiert worden sind, offen legt,

2. die Verhältnisse des Konzerns oder Teilkonzerns im Konzernabschluß, Konzernlagebericht, Teilkonzernabschluß oder Teilkonzernlagebericht unrichtig wiedergibt oder verschleiert,

3. zum Zwecke der Befreiung nach § 11 Abs. 6 Satz 1 Nr. 1 in Verbindung mit den §§ 291 und 292 des Handelsgesetzbuchs einen Konzernabschluß, Konzernlagebericht, Teilkonzernabschluß oder Teilkonzernlagebericht, in dem die Verhältnisse des Konzerns oder Teilkonzerns unrichtig wiedergegeben oder verschleiert worden sind, offenlegt oder

4. in Aufklärungen oder Nachweisen, die nach § 2 Abs. 3 Satz 4 in Verbindung mit § 145 Abs. 2 und 3 des Aktiengesetzes[3], § 6 Abs. 1 Satz 2 in Verbindung mit § 320 Abs. 1, 2 des Handelsgesetzbuchs, § 12 Abs. 3 Satz 3 in Verbindung mit § 2 Abs. 3 Satz 4 und § 145 Abs. 2 und 3 des Aktiengesetzes oder § 14 Abs. 1 Satz 2 in Verbindung mit § 320 Abs. 3 des Handelsgesetzbuchs einem Abschlußprüfer des Unternehmens, eines verbundenen Unternehmens, des Konzerns oder des Teilkonzerns zu geben sind, unrichtige Angaben macht oder die Verhältnisse des Unternehmens, eines Tochterunternehmens, des Konzerns oder des Teilkonzerns unrichtig wiedergibt oder verschleiert.

(2) Handelt der Täter in den Fällen des Absatzes 1 Nummer 1a oder 3 leichtfertig, so ist die Strafe Freiheitsstrafe bis zu einem Jahr oder Geldstrafe.

§ 18[4] Verletzung der Berichtspflicht. (1) Mit Freiheitsstrafe bis zu drei Jahren oder mit Geldstrafe wird bestraft, wer als Prüfer nach diesem Gesetz oder als Gehilfe eines solchen Prüfers über das Ergebnis der Prüfung falsch berichtet, erhebliche Umstände im Bericht verschweigt oder einen inhaltlich unrichtigen Bestätigungsvermerk zu einem Jahresabschluss, zu einem Einzelabschluss nach § 325 Absatz 2a des Handelsgesetzbuchs[2], zu einem Konzernabschluss oder zu einem Teilkonzernabschluss erteilt.

(2) [1] Handelt der Täter gegen Entgelt oder in der Absicht, sich oder einen anderen zu bereichern oder einen anderen zu schädigen, so ist die Strafe Freiheits-

---

[1] § 17 Nr. 1a eingef., Nr. 3 geänd. mWv 10.12.2004 durch G v. 4.12.2004 (BGBl. I S. 3166); Nr. 3 geänd. mWv 23.7.2015 durch G v. 17.7.2015 (BGBl. I S. 1245); Nr. 1a geänd. mWv 19.4.2017 durch G v. 11.4.2017 (BGBl. I S. 802); Abs. 1 Nr. 1a und 3 geänd., Abs. 2 angef. mWv 1.7.2021 durch G v. 3.6. 2021 (BGBl. I S. 1534).

[2] Nr. **50**.

[3] Nr. **51**.

[4] § 18 Abs. 1 geänd., Abs. 2 Satz 2 und Abs. 3 angef. mWv 1.7.2021 durch G v. 3.6.2021 (BGBl. I S. 1534).

strafe bis zu fünf Jahren oder Geldstrafe. [2] Ebenso wird bestraft, wer einen inhaltlich unrichtigen Bestätigungsvermerk zu einem in Absatz 1 genannten Abschluss eines Unternehmens erteilt, das ein Unternehmen von öffentlichem Interesse nach § 316a Satz 2 Nummer 1 des Handelsgesetzbuchs ist.

(3) Handelt der Täter in den Fällen des Absatzes 2 Satz 2 leichtfertig, so ist die Strafe Freiheitsstrafe bis zu zwei Jahren oder Geldstrafe.

§ 19 Verletzung der Geheimhaltungspflicht. (1) Mit Freiheitsstrafe bis zu einem Jahr oder mit Geldstrafe wird bestraft, wer ein Geheimnis des Unternehmens (Konzernleitung, Teilkonzernleitung), namentlich ein Betriebs- oder Geschäftsgeheimnis, das ihm in seiner Eigenschaft als Prüfer nach diesem Gesetz oder als Gehilfe eines solchen Prüfers bekanntgeworden ist, unbefugt offenbart.

(2) [1] Handelt der Täter gegen Entgelt oder in der Absicht, sich oder einen anderen zu bereichern oder einen anderen zu schädigen, so ist die Strafe Freiheitsstrafe bis zu zwei Jahren oder Geldstrafe. [2] Ebenso wird bestraft, wer ein Geheimnis der in Absatz 1 bezeichneten Art, namentlich ein Betriebs- oder Geschäftsgeheimnis, das ihm unter den Voraussetzungen des Absatzes 1 bekanntgeworden ist, unbefugt verwertet.

(3) Die Tat wird nur auf Antrag des Unternehmens (Konzernleitung, Teilkonzernleitung) verfolgt.

§ 19a[1)] Verletzung der Pflichten bei Abschlussprüfungen. Mit Freiheitsstrafe bis zu einem Jahr oder mit Geldstrafe wird bestraft, wer als Mitglied eines Aufsichtsrats nach § 7 Satz 5 oder als Mitglied eines nach § 6 Absatz 1 Satz 2 in Verbindung mit § 324 Absatz 1 Satz 1 des Handelsgesetzbuchs[2)] oder nach § 7 Satz 6 eingerichteten Prüfungsausschusses eines Unternehmens, das kapitalmarktorientiert im Sinne des § 264d des Handelsgesetzbuchs ist,

1. eine in § 20 Absatz 2a, 2b oder Absatz 2c bezeichnete Handlung begeht und dafür einen Vermögensvorteil erhält oder sich versprechen lässt oder
2. eine in § 20 Absatz 2a, 2b oder Absatz 2c bezeichnete Handlung beharrlich wiederholt.

§ 20[3)] Bußgeldvorschriften. (1) Ordnungswidrig handelt, wer als gesetzlicher Vertreter (§ 4 Abs. 1 Satz 1) eines Unternehmens oder eines Mutterunternehmens, beim Einzelkaufmann als Inhaber oder dessen gesetzlicher Vertreter,

1. bei der Aufstellung oder Feststellung des Jahresabschlusses einer Vorschrift
   a) des § 243 Abs. 1 oder 2, der §§ 244, 245, 246, 247, 248, 249 Abs. 1 Satz 1 oder Abs. 2, des § 250 Abs. 1 oder Abs. 2 oder des § 251 des Handelsgesetzbuchs[2)] über Form oder Inhalt,

---

[1)] § 19a eingef. mWv 17.6.2016 durch G v. 10.5.2016 (BGBl. I S. 1142).

[2)] Nr. **50**.

[3)] § 20 Abs. 3 geänd. mWv 1.1.2002 durch G v. 10.12.2001 (BGBl. I S. 3414); Abs. 2 und 3 geänd., Abs. 4 angef. mWv 1.1.2007 durch G v. 10.11.2006 (BGBl. I S. 2553); Abs. 1 Nr. 1 Buchst. a und d geänd., Buchst. b und e neu gef., Buchst. c aufgeh., Nr. 2 Buchst. b und d geänd. mWv 29.5.2009 durch G v. 25.5.2009 (BGBl. I S. 1102); Abs. 2 geänd. mWv 1.4.2012 durch G v. 22.12.2011 (BGBl. I S. 3044); Abs. 1 Nr. 1 Buchst. b, d und e, Nr. 2 Buchst. b und f geänd. mWv 23.7.2015 durch G v. 17.7.2015 (BGBl. I S. 1245); Abs. 2a–2c eingef., Abs. 4 geänd. mWv 17.6.2016 durch G v. 10.5.2016 (BGBl. I S. 1142); Abs. 1 Nr. 4 geänd. mWv 19.4.2017 durch G v. 11.4.2017 (BGBl. I S. 802); Abs. 2 eingef., bish. Abs. 2 wird Abs. 1a und geänd., Abs. 2a einl. Satzteil und Nr. 1 geänd., Abs. 2b und 2c geänd., Abs. 3 und 4 neu gef., Abs. 3a eingef. mWv 1.7.2021 durch G v. 3.6.2021 (BGBl. I S. 1534).

b) des § 253 Abs. 1 Satz 1, 2, 3 oder Satz 4, Abs. 2 Satz 1, auch in Verbindung mit Satz 2, Absatz 3 Satz 1, 2, 3, 4 oder Satz 5, Abs. 4 oder Abs. 5 des Handelsgesetzbuchs über die Bewertung;[1)]

c) *(aufgehoben)*

d) des § 5 Abs. 1 Satz 2 in Verbindung mit einer Vorschrift des § 264 Absatz 1a, des § 265 Abs. 2, 3, 4 oder 6, der §§ 266, 268 Absatz 3, 4, 5, 6 oder Absatz 7, der §§ 272, 274 oder des § 275 oder des § 277 des Handelsgesetzbuchs über die Gliederung oder

e) des § 5 Abs. 2 Satz 2 in Verbindung mit § 284 oder des § 285 Nummer 1 bis 4, 7 bis 13, 15a, 17 bis 33 oder Nummer 34 des Handelsgesetzbuchs über die im Anhang zu machenden Angaben,

2. bei der Aufstellung des Konzernabschlusses oder Teilkonzernabschlusses einer Vorschrift des § 13 Abs. 2 Satz 1 in Verbindung mit einer Vorschrift

a) des § 294 Abs. 1 des Handelsgesetzbuchs über den Konsolidierungskreis,

b) des § 297 Absatz 1a, 2 oder 3 oder des § 298 Abs. 1 in Verbindung mit den §§ 244, 245, 246, 247, 248, 249 Abs. 1 Satz 1 oder Abs. 2, des § 250 Abs. 1 oder Abs. 2 oder dem § 251 des Handelsgesetzbuchs über Inhalt oder Form des Konzernabschlusses,

c) des § 300 des Handelsgesetzbuchs über die Konsolidierungsgrundsätze oder das Vollständigkeitsgebot,

d) des § 308 Abs. 1 Satz 1 in Verbindung mit den in Nummer 1 Buchstabe b bezeichneten Vorschriften des Handelsgesetzbuchs, des § 308 Abs. 2 oder des § 308a des Handelsgesetzbuchs über die Bewertung,

e) des § 311 Abs. 1 Satz 1 in Verbindung mit § 312 des Handelsgesetzbuchs über die Behandlung assoziierter Unternehmen oder

f) des § 308 Abs. 1 Satz 3, des § 313 oder des § 314 des Handelsgesetzbuchs über die im Konzernanhang zu machenden Angaben,

3. bei der Aufstellung des Lageberichts der Vorschrift des § 5 Abs. 2 Satz 2 in Verbindung mit § 289 Abs. 1 des Handelsgesetzbuchs über den Inhalt des Lageberichts,

4. bei der Aufstellung des Konzernlageberichts oder des Teilkonzernlageberichts der Vorschrift des § 13 Abs. 2 Satz 3 in Verbindung mit § 315 Absatz 1, auch in Verbindung mit Absatz 3, des Handelsgesetzbuchs über den Inhalt des Konzernlageberichts,

5. bei der Offenlegung, Veröffentlichung oder Vervielfältigung einer Vorschrift des § 9 Abs. 1 oder des § 15 Abs. 2, jeweils in Verbindung mit § 328 des Handelsgesetzbuchs über Form oder Inhalt, oder

6. einer auf Grund des § 5 Abs. 3 oder des § 13 Abs. 4, jeweils in Verbindung mit § 330 Satz 1 des Handelsgesetzbuchs, erlassenen Rechtsverordnung, soweit sie für einen bestimmten Tatbestand auf diese Bußgeldvorschrift verweist,

zuwiderhandelt.

(1a) Ordnungswidrig handelt auch, wer entgegen § 2 Abs. 2 oder § 12 Abs. 2 die dort vorgeschriebene Erklärung beim Betreiber des Bundesanzeigers nicht oder nicht rechtzeitig einreicht.

(2) [1] Ordnungswidrig handelt, wer einen Bestätigungsvermerk nach § 322 Absatz 1 des Handelsgesetzbuchs erteilt zu einem nach § 6 Absatz 1 Satz 1, auch in Verbindung mit Satz 3, zu prüfenden Abschluss

---

[1)] Zeichensetzung amtlich.

1. eines Unternehmens, das ein Unternehmen von öffentlichem Interesse nach § 316a Satz 2 Nummer 1 des Handelsgesetzbuchs ist, oder
2. eines Unternehmens, das nicht in Nummer 1 genannt ist,

obwohl nach § 6 Absatz 1 Satz 2 in Verbindung mit § 319 Absatz 2 oder 3 oder mit § 319b Absatz 1 Satz 1 oder 2 des Handelsgesetzbuchs er oder nach § 6 Absatz 1 Satz 2 in Verbindung mit § 319 Absatz 4 oder mit § 319b Absatz 1 Satz 1 oder 2 des Handelsgesetzbuchs die Wirtschaftsprüfungsgesellschaft oder die Buchführungsgesellschaft, für die er tätig wird, nicht Abschlussprüfer sein darf. [2] Ordnungswidrig handelt auch, wer einen Bestätigungsvermerk nach § 322 Absatz 1 des Handelsgesetzbuchs erteilt zu einem nach § 14 Absatz 1 Satz 1 zu prüfenden Abschluss

1. eines Mutterunternehmens, das ein Unternehmen von öffentlichem Interesse nach § 316a Satz 2 Nummer 1 des Handelsgesetzbuchs ist, oder
2. eines Mutterunternehmens, das nicht in Nummer 1 genannt ist,

obwohl nach § 14 Absatz 1 Satz 2 in Verbindung mit § 319 Absatz 2 oder 3 und Absatz 5 oder mit § 319b Absatz 1 Satz 1 oder 2 und Absatz 2 des Handelsgesetzbuchs er oder nach § 14 Absatz 1 Satz 2 in Verbindung mit § 319 Absatz 4 und 5 oder mit § 319b Absatz 1 Satz 1 oder 2 und Absatz 2 des Handelsgesetzbuchs die Wirtschaftsprüfungsgesellschaft oder die Buchführungsgesellschaft, für die er tätig wird, nicht Abschlussprüfer sein darf. [3] Ordnungswidrig handelt ferner, wer einen Bestätigungsvermerk nach § 322 Absatz 1 des Handelsgesetzbuchs erteilt zu einem nach § 6 Absatz 1 Satz 1, auch in Verbindung mit Satz 3, oder nach § 14 Absatz 1 Satz 1 zu prüfenden Abschluss eines Unternehmens oder Mutterunternehmens, das ein Unternehmen von öffentlichem Interesse nach § 316a Satz 2 Nummer 1 des Handelsgesetzbuchs ist, obwohl

1. er oder die Prüfungsgesellschaft, für die er tätig wird, oder ein Mitglied des Netzwerks, dem er oder die Prüfungsgesellschaft, für die er tätig wird, angehört, einer Vorschrift des Artikels 5 Absatz 4 Unterabsatz 1 Satz 1 oder Absatz 5 Unterabsatz 2 Satz 2 der Verordnung (EU) Nr. 537/2014 des Europäischen Parlaments und des Rates vom 16. April 2014 über spezifische Anforderungen an die Abschlussprüfung bei Unternehmen von öffentlichem Interesse und zur Aufhebung des Beschlusses 2005/909/EG der Kommission (ABl. L 158 vom 27.5.2014, S. 77; L 170 vom 11.6.2014, S. 66) zuwiderhandelt oder
2. er oder die Prüfungsgesellschaft, für die er tätig wird, nach Artikel 17 Absatz 3 der Verordnung (EU) Nr. 537/2014 die Abschlussprüfung nicht durchführen darf.

(2a) Ordnungswidrig handelt, wer als Mitglied eines nach § 6 Absatz 1 Satz 2 in Verbindung mit § 324 Absatz 1 Satz 1 des Handelsgesetzbuchs oder nach § 7 Satz 5 in Verbindung mit § 107 Absatz 4 Satz 1 des Aktiengesetzes[1)] eingerichteten Prüfungsausschusses eines Unternehmens, das ein Unternehmen von öffentlichem Interesse nach § 316a Satz 2 Nummer 1 des Handelsgesetzbuchs ist,

1. die Unabhängigkeit des Abschlussprüfers oder der Prüfungsgesellschaft nicht nach Maßgabe des Artikels 4 Absatz 3 Unterabsatz 2, des Artikels 5 Absatz 4 Unterabsatz 1 Satz 1 oder des Artikels 6 Absatz 2 der Verordnung (EU) Nr. 537/2014 überwacht oder
2. eine Empfehlung für die Bestellung eines Abschlussprüfers oder einer Prüfungsgesellschaft vorlegt, die den Anforderungen nach Artikel 16 Absatz 2 Unter-

[1)] Nr. **51**.

absatz 2 oder 3 der Verordnung (EU) Nr. 537/2014 nicht entspricht oder der ein Auswahlverfahren nach Artikel 16 Absatz 3 Unterabsatz 1 der Verordnung (EU) Nr. 537/2014 nicht vorangegangen ist.

(2b) Ordnungswidrig handelt, wer als Mitglied eines nach § 6 Absatz 1 Satz 2 in Verbindung mit § 324 Absatz 1 Satz 1 des Handelsgesetzbuchs eingerichteten Prüfungsausschusses eines in Absatz 2a genannten Unternehmens den Gesellschaftern oder der sonst für die Bestellung des Abschlussprüfers zuständigen Stelle einen Vorschlag für die Bestellung eines Abschlussprüfers oder einer Prüfungsgesellschaft vorlegt, der den Anforderungen nach Artikel 16 Absatz 5 Unterabsatz 1 der Verordnung (EU) Nr. 537/2014 nicht entspricht.

(2c) Ordnungswidrig handelt, wer als Mitglied eines Aufsichtsrats nach § 7 Satz 5, eines in Absatz 2a genannten Unternehmens den Gesellschaftern oder der sonst für die Bestellung des Abschlussprüfers zuständigen Stelle einen Vorschlag für die Bestellung eines Abschlussprüfers oder einer Prüfungsgesellschaft vorlegt, der den Anforderungen nach Artikel 16 Absatz 5 Unterabsatz 1 oder Unterabsatz 2 Satz 1 oder Satz 2 der Verordnung (EU) Nr. 537/2014 nicht entspricht.

(3) [1] Die Ordnungswidrigkeit kann in den Fällen des Absatzes 2 Satz 1 Nummer 1, Satz 2 Nummer 1 und Satz 3 sowie der Absätze 2a bis 2c mit einer Geldbuße bis zu fünfhunderttausend Euro, in den Fällen der Absätze 1, 1a und 2 Satz 1 Nummer 2 und Satz 2 Nummer 2 mit einer Geldbuße bis zu fünfzigtausend Euro geahndet werden. [2] Ist das Unternehmen kapitalmarktorientiert im Sinne des § 264d des Handelsgesetzbuchs, beträgt die Geldbuße in den Fällen des Absatzes 1 höchstens den höheren der folgenden Beträge:

1. zwei Millionen Euro,
2. das Zweifache des aus der Ordnungswidrigkeit gezogenen wirtschaftlichen Vorteils, wobei der wirtschaftliche Vorteil erzielte Gewinne und vermiedene Verluste umfasst und geschätzt werden kann.

(3a) [1] Wird gegen ein kapitalmarktorientiertes Unternehmen im Sinne des § 264d des Handelsgesetzbuchs in den Fällen des Absatzes 1 eine Geldbuße nach § 30 des Gesetzes über Ordnungswidrigkeiten[1)] verhängt, beträgt diese Geldbuße höchstens den höheren der folgenden Beträge:

1. zehn Millionen Euro,
2. 5 Prozent des jährlichen Gesamtumsatzes, den das Unternehmen in dem der Behördenentscheidung vorausgegangenen Geschäftsjahr erzielt hat, oder
3. das Zweifache des aus der Ordnungswidrigkeit gezogenen wirtschaftlichen Vorteils, wobei der wirtschaftliche Vorteil erzielte Gewinne und vermiedene Verluste umfasst und geschätzt werden kann.

[2] § 334 Absatz 3b des Handelsgesetzbuchs ist entsprechend anzuwenden. [3] In den Fällen des Absatzes 3 Satz 1 in Verbindung mit Absatz 2 Satz 1 Nummer 1, Satz 2 Nummer 1 oder Satz 3 ist § 30 Absatz 2 Satz 3 des Gesetzes über Ordnungswidrigkeiten anzuwenden.

(4) Verwaltungsbehörde im Sinne des § 36 Absatz 1 Nummer 1 des Gesetzes über Ordnungswidrigkeiten ist

1. die Bundesanstalt für Finanzdienstleistungsaufsicht in den Fällen des Absatzes 1 bei Unternehmen, die kapitalmarktorientiert im Sinne des § 264d des Handelsgesetzbuchs sind,

---

[1)] Nr. **94**.

2. das Bundesamt für Justiz
   a) in den Fällen des Absatzes 1, in denen nicht die Bundesanstalt für Finanzdienstleistungsaufsicht nach Nummer 1 Verwaltungsbehörde ist,
   b) in den Fällen des Absatzes 1a und
   c) in den Fällen der Absätze 2a bis 2c,
3. die Abschlussprüferaufsichtsstelle beim Bundesamt für Wirtschaft und Ausfuhrkontrolle in den Fällen des Absatzes 2.

§ 21[1)] Festsetzung von Ordnungsgeld. [1]Gegen die gesetzlichen Vertreter (§ 4 Abs. 1 Satz 1) eines Unternehmens oder eines Mutterunternehmens, beim Einzelkaufmann gegen die Inhaber oder deren gesetzliche Vertreter, die § 9 Abs. 1, § 15 Abs. 1 hinsichtlich der Pflicht zur Offenlegung des Jahresabschlusses, des Lageberichts, des Konzernabschlusses, des Konzernlageberichts, des Teilkonzernabschlusses oder des Teilkonzernlageberichts im Bundesanzeiger nicht befolgen, ist wegen des pflichtwidrigen Unterlassens der Offenlegung vom Bundesamt für Justiz ein Ordnungsgeld festzusetzen. [2]Die §§ 335 bis 335b des Handelsgesetzbuchs[2)] sind entsprechend anzuwenden.

§ 21a[3)] Mitteilungen an die Abschlussprüferaufsichtsstelle. (1) Das Bundesamt für Justiz übermittelt der Abschlussprüferaufsichtsstelle beim Bundesamt für Wirtschaft und Ausfuhrkontrolle alle Bußgeldentscheidungen nach § 20 Absatz 2a bis 2c.

(2) [1]In Strafverfahren, die eine Straftat nach den §§ 18, 19 oder § 19a zum Gegenstand haben, übermittelt die Staatsanwaltschaft im Falle der Erhebung der öffentlichen Klage der Abschlussprüferaufsichtsstelle die das Verfahren abschließende Entscheidung. [2]Ist gegen die Entscheidung ein Rechtsmittel eingelegt worden, ist die Entscheidung unter Hinweis auf das eingelegte Rechtsmittel zu übermitteln.

§ 22[4)] Erstmalige Anwendung geänderter Vorschriften. (1) [1]Die §§ 7, 9, 11, 13 Abs. 3 Satz 2 und § 21 in der Fassung des Bilanzrechtsreformgesetzes vom 4. Dezember 2004 (BGBl. I S. 3166) finden erstmals auf das nach dem 31. Dezember 2004 beginnende Geschäftsjahr Anwendung. [2]§ 315a Abs. 2 des Handelsgesetzbuchs[2)] in der Fassung des Bilanzrechtsreformgesetzes vom 4. Dezember 2004 (BGBl. I S. 3166) in Verbindung mit § 11 Abs. 6 Satz 1 Nr. 2 dieses Gesetzes in der Fassung des Bilanzrechtsreformgesetzes vom 4. Dezember 2004 (BGBl. I S. 3166) ist erstmals auf das nach dem 31. Dezember 2006 beginnende Geschäftsjahr anzuwenden. [3]Die bis zum 9. Dezember 2004 geltenden Fassungen des § 11 Abs. 6 Nr. 2 dieses Gesetzes und des § 292a des Handelsgesetzbuchs sind letztmals

---

1) § 21 neu gef. mWv 1.1.2007 durch G v. 10.11.2006 (BGBl. I S. 2553); Satz 1 geänd. mWv 1.4.2012 durch G v. 22.12.2011 (BGBl. I S. 3044); Satz 1 geänd., Satz 2 neu gef. mWv 10.10.2013 durch G v. 4.10.2013 (BGBl. I S. 3746).

2) Nr. **50**.

3) § 21a eingef. mWv 17.6.2016 durch G v. 10.5.2016 (BGBl. I S. 1142); Abs. 2 Satz 1 geänd. mWv 1.7.2021 durch G v. 3.6.2021 (BGBl. I S. 1534).

4) Bish. § 22 aufgeh., neuer § 22 eingef. mWv 10.12.2004 durch G v. 4.12.2004 (BGBl. I S. 3166); Abs. 2 angef. mWv 1.1.2007 durch G v. 10.11.2006 (BGBl. I S. 2553); Abs. 3 angef. mWv 29.5.2009 durch G v. 25.5.2009 (BGBl. I S. 1102); Abs. 4 angef. mWv 10.10.2013 durch G v. 4.10.2013 (BGBl. I S. 3746); Abs. 5 angef. mWv 23.7.2015 durch G v. 17.7.2015 (BGBl. I S. 1245); Abs. 6 angef. mWv 17.6.2016 durch G v. 10.5.2016 (BGBl. I S. 1142); Abs. 7 angef. mWv 19.4.2017 durch G v. 11.4.2017 (BGBl. I S. 802); Abs. 1 Satz 2 geänd. mWv 1.1.2020 durch G v. 12.12.2019 (BGBl. I S. 2637); Abs. 8 angef. mWv 1.7.2021 durch G v. 3.6.2021 (BGBl. I S. 1534).

auf das vor dem 1. Januar 2005 beginnende Geschäftsjahr anzuwenden; Artikel 58 Abs. 5 Satz 2 des Einführungsgesetzes zum Handelsgesetzbuch[1)] gilt entsprechend. [4] Soweit § 5 Abs. 1 Satz 2, Abs. 2, § 6 Abs. 1, § 9 Abs. 1 Satz 1, § 10 Satz 1 Nr. 2, § 13 Abs. 2, § 14 Abs. 1 und § 15 dieses Gesetzes auf Bestimmungen des Handelsgesetzbuchs verweisen, die in Artikel 58 Abs. 2 bis 4 des Einführungsgesetzes zum Handelsgesetzbuch aufgeführt sind, gelten die in der letztgenannten Vorschrift getroffenen Übergangsregelungen entsprechend. [5] Soweit § 13 Abs. 2 Satz 1 dieses Gesetzes auf § 297 Abs. 1 des Handelsgesetzbuchs verweist, ist Artikel 58 Abs. 5 Satz 1 des Einführungsgesetzes zum Handelsgesetzbuch entsprechend anzuwenden; dies gilt nicht, wenn das Mutterunternehmen eine Personengesellschaft oder ein Einzelkaufmann ist.

(2) [1] Die §§ 2, 9, 12, 15, 20 und 21 in der Fassung des Gesetzes über elektronische Handelsregister und Genossenschaftsregister sowie das Unternehmensregister vom 10. November 2006 (BGBl. I S. 2553) in der vom 1. Januar 2007 an geltenden Fassung finden erstmals auf das nach dem 31. Dezember 2005 beginnende Geschäftsjahr Anwendung. [2] Die §§ 2, 9, 12, 15, 20 und 21 in der bis zum Inkrafttreten des Gesetzes über elektronische Handelsregister und Genossenschaftsregister sowie das Unternehmensregister am 1. Januar 2007 geltenden Fassung sind letztmals auf das vor dem 1. Januar 2006 beginnende Geschäftsjahr anzuwenden. [3] Soweit die §§ 2, 9, 15, 20 und 21 auf Bestimmungen des Handelsgesetzbuchs verweisen, die in Artikel 61 des Einführungsgesetzes zum Handelsgesetzbuch genannt sind, gelten die in der letztgenannten Vorschrift getroffenen Übergangsregelungen im Übrigen entsprechend.

(3) [1] Soweit die §§ 5, 6, 13 und 20 in der Fassung des Bilanzrechtsmodernisierungsgesetzes vom 25. Mai 2009 (BGBl. I S. 1102) sowie in der zuvor geltenden Fassung, und soweit durch das Bilanzrechtsmodernisierungsgesetz nicht geänderte Bestimmungen dieses Gesetzes auf Bestimmungen des Handelsgesetzbuchs verweisen, sind die hierauf bezogenen Übergangsregelungen der Artikel 66 und 67 des Einführungsgesetzes zum Handelsgesetzbuch entsprechend anzuwenden. [2] In Bezug auf § 11 dieses Gesetzes sind die auf § 290 des Handelsgesetzbuchs bezogenen Übergangsregelungen des Artikels 66 Abs. 3 und 5 des Einführungsgesetzes zum Handelsgesetzbuch entsprechend anzuwenden. [3] Das Gleiche gilt für Artikel 66 Abs. 3 Satz 6 des Einführungsgesetzes zum Handelsgesetzbuch.

(4) Für § 21 in der durch das Gesetz zur Änderung des Handelsgesetzbuchs vom 4. Oktober 2013 (BGBl. I S. 3746) geänderten Fassung gilt Artikel 70 Absatz 3 des Einführungsgesetzes zum Handelsgesetzbuch entsprechend.

(5) [1] Die §§ 5, 9, 11, 13 Absatz 3 und 4 sowie die §§ 14, 17 und 20 in der Fassung des Bilanzrichtlinie-Umsetzungsgesetzes vom 17. Juli 2015 (BGBl. I S. 1245) sind erstmals auf Jahres- und Konzernabschlüsse für Geschäftsjahre anzuwenden, die nach dem 31. Dezember 2015 beginnen. [2] Auf vor dem 1. Januar 2016 beginnende Geschäftsjahre bleiben die §§ 5, 9, 11, 13, 14, 17 und 20 in der bis zum 22. Juli 2015 geltenden Fassung anwendbar.

(6) § 7 Satz 5 und 6 muss so lange nicht angewandt werden, wie alle Mitglieder des Aufsichtsrats und des Prüfungsausschusses vor dem 17. Juni 2016 bestellt worden sind.

(7) [1] Die §§ 11, 13, 17 und 20 in der Fassung des CSR-Richtlinie-Umsetzungsgesetzes vom 11. April 2017 (BGBl. I S. 802) sind erstmals auf Jahres- und Konzernabschlüsse, Lage- und Konzernlageberichte für das nach dem 31. Dezem-

[1)] Nr. **50a**.

ber 2016 beginnende Geschäftsjahr anzuwenden. [2]Die in Satz 1 bezeichneten Vorschriften in der bis zum 18. April 2017 geltenden Fassung sind letztmals anzuwenden auf Lage- und Konzernlageberichte für das vor dem 1. Januar 2017 beginnende Geschäftsjahr.

(8) [1]Die §§ 1, 2 und 5 in der ab dem 1. Juli 2021 geltenden Fassung sind erstmals auf Jahresabschlüsse und Lageberichte für das nach dem 31. Dezember 2021 beginnende Geschäftsjahr anzuwenden. [2]Soweit § 6 in der ab dem 1. Juli 2021 geltenden Fassung und soweit der durch das Finanzmarktintegritätsstärkungsgesetz nicht geänderte § 14 auf Bestimmungen des Handelsgesetzbuchs verweisen, sind die hierauf bezogenen Übergangsregelungen des Artikels 86 Absatz 1 bis 3 des Einführungsgesetzes zum Handelsgesetzbuch entsprechend anzuwenden. [3]Soweit § 7 Satz 5 in der ab dem 1. Juli 2021 geltenden Fassung auf § 100 Absatz 5 und § 107 Absatz 4 des Aktiengesetzes[1)] verweist, sind die hierauf bezogenen Übergangsregelungen des § 12 Absatz 6 und des § 26k Absatz 2 des Einführungsgesetzes zum Aktiengesetz[2)] entsprechend anzuwenden. [4]§ 20 in der ab dem 1. Juli 2021 geltenden Fassung ist erstmals auf Ordnungswidrigkeiten in Bezug auf Rechnungslegungsunterlagen und gesetzlich vorgeschriebene Abschlussprüfungen für das nach dem 31. Dezember 2021 beginnende Geschäftsjahr anzuwenden.

§ 23[3)] Inkrafttreten. Dieses Gesetz tritt am Tage nach seiner Verkündung[4)] in Kraft.

[1)] *Nr.* **51**.
[2)] Nr. **51a**.
[3)] §§ 23 und 24 aufgeh., bish. § 25 wird § 23 mWv 10.12.2004 durch G v. 4.12.2004 (BGBl. I S. 3166).
[4)] Verkündet am 20.8.1969.

52d. Gesetz über Maßnahmen im Gesellschafts-, Genossenschafts-, Vereins-, Stiftungs- und Wohnungseigentumsrecht zur Bekämpfung der Auswirkungen der COVID-19-Pandemie[1) 2)]

Vom 27. März 2020
(BGBl. I S. 569, 570)

FNA 4121-6

Lfd. Nr.	Änderndes Gesetz	Datum	Fundstelle	Betroffen	Hinweis
1.	Art. 2 G zur Änd. des BundeswahlG und des Gesetzes über Maßnahmen im Gesellschafts-, Genossenschafts-, Vereins-, Stiftungs- und Wohnungseigentumsrecht zur Bekämpfung der Auswirkungen der COVID-19-Pandemie	28.10. 2020	BGBl. I S. 2264	§ 5	geänd. mWv 6.11.2020
2.	Art. 11 G zur weiteren Verkürzung des Restschuldbefreiungsverfahrens und zur Anpassung pandemiebedingter Vorschriften im Gesellschafts-, Genossenschafts-, Vereins- und Stiftungsrecht sowie im Miet- und Pachtrecht	22.12. 2020	BGBl. I S. 3328	§§ 1, 5, 7	geänd. mWv 28.2.2021
3.	Art. 32 G zur Neuregelung des Berufsrechts der anwaltlichen und steuerberatenden Berufsausübungsgesellschaften sowie zur Änd. weiterer Vorschriften im Bereich der rechtsberatenden Berufe	7.7.2021	BGBl. I S. 2363	§ 3	geänd. mWv 28.3.2020
4.	Art. 15 AufbauhilfeG 2021	10.9.2021	BGBl. I S. 4147	§ 7	geänd. mWv 15.9.2021

§ 1[3)] Aktiengesellschaften; Kommanditgesellschaften auf Aktien; Europäische Gesellschaften (SE); Versicherungsvereine auf Gegenseitigkeit.

(1) Die Entscheidungen über die Teilnahme der Aktionäre an der Hauptversammlung im Wege elektronischer Kommunikation nach § 118 Absatz 1 Satz 2 des Aktiengesetzes[4)] (elektronische Teilnahme), die Stimmabgabe im Wege elektronischer Kommunikation nach § 118 Absatz 2 des Aktiengesetzes (Briefwahl), die Teilnahme von Mitgliedern des Aufsichtsrats im Wege der Bild- und Tonüber-

[1)] Verkündet als Art. 2 G v. 27.3.2020 (BGBl. I S. 569, geänd. durch G v. 10.9.2021, BGBl. I S. 4147); Inkrafttreten am 28.3.2020 und Außerkrafttreten mit Ablauf des 31.8.2022 gem. Art. 6 Abs. 2 dieses G.

[2)] Siehe hierzu ua VO zur Verlängerung von Maßnahmen im Gesellschafts-, Genossenschafts-, Vereins- und Stiftungsrecht zur Bekämpfung der Auswirkungen der COVID-19-Pandemie v. 20.10.2020 (BGBl. I S. 2258), geänd. durch G v. 22.12.2020 (BGBl. I S. 3328).

[3)] § 1 Abs. 2 Satz 1 Nr. 3 geänd., Satz 2 neu gef., Satz 3 angef. mWv 28.2.2021 durch G v. 22.12.2020 (BGBl. I S. 3328).

[4)] Nr. **51**.

tragung nach § 118 Absatz 3 Satz 2 des Aktiengesetzes und die Zulassung der Bild- und Tonübertragung nach § 118 Absatz 4 des Aktiengesetzes kann der Vorstand der Gesellschaft auch ohne Ermächtigung durch die Satzung oder eine Geschäftsordnung treffen.

(2) [1] Der Vorstand kann entscheiden, dass die Versammlung ohne physische Präsenz der Aktionäre oder ihrer Bevollmächtigten als virtuelle Hauptversammlung abgehalten wird, sofern

1. die Bild- und Tonübertragung der gesamten Versammlung erfolgt,
2. die Stimmrechtsausübung der Aktionäre über elektronische Kommunikation (Briefwahl oder elektronische Teilnahme) sowie Vollmachtserteilung möglich ist,
3. den Aktionären ein Fragerecht im Wege der elektronischen Kommunikation eingeräumt wird,
4. den Aktionären, die ihr Stimmrecht nach Nummer 2 ausgeübt haben, in Abweichung von § 245 Nummer 1 des Aktiengesetzes unter Verzicht auf das Erfordernis des Erscheinens in der Hauptversammlung eine Möglichkeit zum Widerspruch gegen einen Beschluss der Hauptversammlung eingeräumt wird.

[2] Der Vorstand entscheidet nach pflichtgemäßem, freiem Ermessen, wie er Fragen beantwortet; er kann auch vorgeben, dass Fragen bis spätestens einen Tag vor der Versammlung im Wege elektronischer Kommunikation einzureichen sind. [3] Anträge oder Wahlvorschläge von Aktionären, die nach § 126 oder § 127 des Aktiengesetzes zugänglich zu machen sind, gelten als in der Versammlung gestellt, wenn der den Antrag stellende oder den Wahlvorschlag unterbreitende Aktionär ordnungsgemäß legitimiert und zur Hauptversammlung angemeldet ist.

(3) [1] Abweichend von § 123 Absatz 1 Satz 1 und Absatz 2 Satz 5 des Aktiengesetzes kann der Vorstand entscheiden, die Hauptversammlung spätestens am 21. Tag vor dem Tag der Versammlung einzuberufen. [2] Abweichend von § 123 Absatz 4 Satz 2 des Aktiengesetzes hat sich der Nachweis des Anteilsbesitzes bei börsennotierten Gesellschaften auf den Beginn des zwölften Tages vor der Versammlung zu beziehen und muss bei Inhaberaktien der Gesellschaft an die in der Einberufung hierfür mitgeteilte Adresse bis spätestens am vierten Tag vor der Hauptversammlung zugehen, soweit der Vorstand in der Einberufung der Hauptversammlung keine kürzere Frist für den Zugang des Nachweises bei der Gesellschaft vorsieht; abweichende Satzungsbestimmungen sind unbeachtlich. [3] Im Fall der Einberufung mit verkürzter Frist nach Satz 1 hat die Mitteilung nach § 125 Absatz 1 Satz 1 des Aktiengesetzes spätestens zwölf Tage vor der Versammlung und die Mitteilung nach § 125 Absatz 2 des Aktiengesetzes hat an die zu Beginn des zwölften Tages vor der Hauptversammlung im Aktienregister Eingetragenen zu erfolgen. [4] Abweichend von § 122 Absatz 2 des Aktiengesetzes müssen Ergänzungsverlangen im vorgenannten Fall mindestens 14 Tage vor der Versammlung der Gesellschaft zugehen.

(4) [1] Abweichend von § 59 Absatz 1 des Aktiengesetzes kann der Vorstand auch ohne Ermächtigung durch die Satzung entscheiden, einen Abschlag auf den Bilanzgewinn nach Maßgabe von § 59 Absatz 2 des Aktiengesetzes an die Aktionäre zu zahlen. [2] Satz 1 gilt entsprechend für eine Abschlagszahlung auf die Ausgleichszahlung (§ 304 des Aktiengesetzes) an außenstehende Aktionäre im Rahmen eines Unternehmensvertrags.

(5) Der Vorstand kann entscheiden, dass die Hauptversammlung abweichend von § 175 Absatz 1 Satz 2 des Aktiengesetzes innerhalb des Geschäftsjahres stattfindet.

(6) [1] Die Entscheidungen des Vorstands nach den Absätzen 1 bis 5 bedürfen der Zustimmung des Aufsichtsrats. [2] Abweichend von § 108 Absatz 4 des Aktiengesetzes kann der Aufsichtsrat den Beschluss über die Zustimmung ungeachtet der Regelungen in der Satzung oder der Geschäftsordnung ohne physische Anwesenheit der Mitglieder schriftlich, fernmündlich oder in vergleichbarer Weise vornehmen.

(7) Die Anfechtung eines Beschlusses der Hauptversammlung kann unbeschadet der Regelung in § 243 Absatz 3 Nummer 1 des Aktiengesetzes auch nicht auf Verletzungen von § 118 Absatz 1 Satz 3 bis 5, Absatz 2 Satz 2 oder Absatz 4 des Aktiengesetzes, die Verletzung von Formerfordernissen für Mitteilungen nach § 125 des Aktiengesetzes sowie nicht auf eine Verletzung von Absatz 2 gestützt werden, es sei denn, der Gesellschaft ist Vorsatz nachzuweisen.

(8) [1] Für Unternehmen, die in der Rechtsform der Kommanditgesellschaft auf Aktien verfasst sind, gelten die vorstehenden Absätze entsprechend. [2] Für eine Europäische Gesellschaft nach der Verordnung (EG) Nr. 2157/2001 des Rates vom 8. Oktober 2001 über das Statut der Europäischen Gesellschaft (SE) (ABl. L 294 vom 10.11.2001, S. 1), die zuletzt durch die Verordnung (EU) Nr. 517/2013 (ABl. L 158 vom 10.6.2013, S. 1) geändert worden ist, gelten die Absätze 1 bis 7 mit Ausnahme des Absatzes 5 entsprechend. [3] In einer Gesellschaft nach § 20 des SE-Ausführungsgesetzes vom 22. Dezember 2004 (BGBl. I S. 3675), das zuletzt durch Artikel 9 des Gesetzes vom 12. Dezember 2019 (BGBl. I S. 2637) geändert worden ist, (Gesellschaft mit monistischem System) trifft die Entscheidungen nach den Absätzen 1 bis 4 der Verwaltungsrat; Absatz 6 findet auf eine solche Gesellschaft keine Anwendung.

(9) Die Absätze 1 und 2, Absatz 3 Satz 1 und 3 sowie die Absätze 4 bis 7 sind entsprechend auf Versicherungsvereine auf Gegenseitigkeit im Sinne des § 171 des Versicherungsaufsichtsgesetzes anzuwenden.

§ 2 Gesellschaften mit beschränkter Haftung. Abweichend von § 48 Absatz 2 des Gesetzes betreffend die Gesellschaften mit beschränkter Haftung[1)] können Beschlüsse der Gesellschafter in Textform oder durch schriftliche Abgabe der Stimmen auch ohne Einverständnis sämtlicher Gesellschafter gefasst werden.

§ 3[2)] Genossenschaften. (1) [1] Abweichend von § 43 Absatz 7 Satz 1 des Genossenschaftsgesetzes[3)] können Beschlüsse der Mitglieder auch dann schriftlich oder elektronisch gefasst werden, wenn dies in der Satzung nicht ausdrücklich zugelassen ist oder die Satzung keine Regelungen zu schriftlichen oder elektronischen Beschlussfassungen einschließlich zu virtuellen Versammlungen enthält; die elektronische Beschlussfassung schließt Beschlussfassungen in Gestalt von virtuellen Generalversammlungen ohne physische Präsenz der Mitglieder ein. [2] Der Vorstand hat in diesem Fall dafür zu sorgen, dass der Niederschrift gemäß § 47 des Genossenschaftsgesetzes ein Verzeichnis der Mitglieder, die an der Beschlussfassung mitgewirkt haben, beigefügt ist. [3] Bei jedem Mitglied, das an der Beschlussfassung, auch in Gestalt einer virtuellen Versammlung, mitgewirkt hat, ist die Art der Stimmabgabe zu vermerken. [4] Die Anfechtung eines Beschlusses der Generalversammlung kann unbeschadet der Regelungen in § 51 Absatz 1 und 2 des Genossenschaftsgesetzes nicht auf Verletzungen des Gesetzes oder der Mitgliederrechte gestützt werden, die auf technische Störungen im Zusammenhang mit der Be-

---

[1)] Nr. **52**.
[2)] § 3 Abs. 1 Sätze 1 und 3 geänd., Satz 5 angef. mWv 28.3.2020 durch G v. 7.7.2021 (BGBl. I S. 2363).
[3)] Nr. **53**.

schlussfassung nach Satz 1 zurückzuführen sind, es sei denn, der Genossenschaft ist Vorsatz oder grobe Fahrlässigkeit vorzuwerfen. [5] Für Vertreterversammlungen im Sinne des § 43a des Genossenschaftsgesetzes gelten die Sätze 1 bis 4 entsprechend; insbesondere sind auch virtuelle Vertreterversammlungen ohne physische Präsenz der Vertreter ohne entsprechende Regelungen in der Satzung zulässig.

(2) Abweichend von § 46 Absatz 1 Satz 1 des Genossenschaftsgesetzes kann die Einberufung im Internet auf der Internetseite der Genossenschaft oder durch unmittelbare Benachrichtigung in Textform erfolgen.

(3) Abweichend von § 48 Absatz 1 Satz 1 des Genossenschaftsgesetzes kann die Feststellung des Jahresabschlusses auch durch den Aufsichtsrat erfolgen.

(4) Der Vorstand einer Genossenschaft kann mit Zustimmung des Aufsichtsrats nach pflichtgemäßem Ermessen eine Abschlagszahlung auf eine zu erwartende Auszahlung eines Auseinandersetzungsguthabens eines ausgeschiedenen Mitgliedes oder eine an ein Mitglied zu erwartende Dividendenzahlung leisten; § 59 Absatz 2 des Aktiengesetzes[1)] gilt entsprechend.

(5) [1] Ein Mitglied des Vorstands oder des Aufsichtsrats einer Genossenschaft bleibt auch nach Ablauf seiner Amtszeit bis zur Bestellung seines Nachfolgers im Amt. [2] Die Anzahl der Mitglieder des Vorstands oder des Aufsichtsrats einer Genossenschaft darf weniger als die durch Gesetz oder Satzung bestimmte Mindestzahl betragen.

(6) Sitzungen des Vorstands oder des Aufsichtsrats einer Genossenschaft sowie gemeinsame Sitzungen des Vorstands und des Aufsichtsrats können auch ohne Grundlage in der Satzung oder in der Geschäftsordnung im Umlaufverfahren in Textform oder als Telefon- oder Videokonferenz durchgeführt werden.

§ 4 Umwandlungsrecht. Abweichend von § 17 Absatz 2 Satz 4 des Umwandlungsgesetzes[2)] genügt es für die Zulässigkeit der Eintragung, wenn die Bilanz auf einen höchstens zwölf Monate vor der Anmeldung liegenden Stichtag aufgestellt worden ist.

§ 5[3)] Vereine, Parteien und Stiftungen. (1) Ein Vorstandsmitglied eines Vereins oder einer Stiftung bleibt auch nach Ablauf seiner Amtszeit bis zu seiner Abberufung oder bis zur Bestellung seines Nachfolgers im Amt.

(2) Abweichend von § 32 Absatz 1 Satz 1 des Bürgerlichen Gesetzbuchs[4)] kann der Vorstand auch ohne Ermächtigungen in der Satzung vorsehen, dass Vereinsmitglieder

1. an der Mitgliederversammlung ohne Anwesenheit am Versammlungsort teilnehmen, und Mitgliederrechte im Wege der elektronischen Kommunikation ausüben können oder müssen,
2. ohne Teilnahme an der Mitgliederversammlung ihre Stimmen vor der Durchführung der Mitgliederversammlung schriftlich abgeben können.

(2a) Abweichend von § 36 des Bürgerlichen Gesetzbuchs ist der Vorstand nicht verpflichtet, die in der Satzung vorgesehene ordentliche Mitgliederversammlung einzuberufen, solange die Mitglieder sich nicht an einem Ort versammeln dürfen

---

[1)] Nr. **51**.

[2)] *Nr. **52a**.*

[3)] § 5 Überschrift geänd., Abs. 4 angef. mWv 6.11.2020 durch G v. 28.10.2020 (BGBl. I S. 2264); Abs. 2 neu gef., Abs. 2a und 3a eingef. mWv 28.2.2021 durch G v. 22.12.2020 (BGBl. I S. 3328).

[4)] Nr. **20**.

und die Durchführung der Mitgliedersammlung im Wege der elektronischen Kommunikation für den Verein oder die Vereinsmitglieder nicht zumutbar ist.

(3) Abweichend von § 32 Absatz 2 des Bürgerlichen Gesetzbuchs ist ein Beschluss ohne Versammlung der Mitglieder gültig, wenn alle Mitglieder beteiligt wurden, bis zu dem vom Verein gesetzten Termin mindestens die Hälfte der Mitglieder ihre Stimmen in Textform abgegeben haben und der Beschluss mit der erforderlichen Mehrheit gefasst wurde.

(3a) Die Absätze 2 und 3 gelten auch für den Vorstand von Vereinen und Stiftungen sowie für andere Vereins- und Stiftungsorgane.

(4) [1] Absatz 1 gilt für Vorstandsmitglieder und Vertreter in den sonstigen Organen und Gliederungen der Parteien entsprechend. [2] Absatz 2 Nummer 1 gilt für Mitglieder- und Vertreterversammlungen der Parteien und ihrer Gliederungen sowie ihrer sonstigen Organe entsprechend. [3] Dies gilt nicht für die Beschlussfassung über die Satzung und die Schlussabstimmung bei Wahlen nach § 9 Absatz 4 des Parteiengesetzes[1)]. [4] Die Wahrnehmung von Mitgliedschaftsrechten kann der Vorstand auch ohne Ermächtigung in der Satzung im Wege der Briefwahl oder auch zeitlich versetzt als Urnenwahl an verschiedenen Orten zulassen. [5] § 17 Satz 2 des Parteiengesetzes bleibt unberührt.

§ 6 Wohnungseigentümergemeinschaften. (1) Der zuletzt bestellte Verwalter im Sinne des Wohnungseigentumsgesetzes[2)] bleibt bis zu seiner Abberufung oder bis zur Bestellung eines neuen Verwalters im Amt.

(2) Der zuletzt von den Wohnungseigentümern beschlossene Wirtschaftsplan gilt bis zum Beschluss eines neuen Wirtschaftsplans fort.

§ 7[3)] Anwendungsbestimmungen. (1) § 1 ist auf Hauptversammlungen und Abschlagszahlungen auf den Bilanzgewinn anzuwenden, die bis einschließlich 31. August 2022 stattfinden.

(2) § 2 ist auf Gesellschafterversammlungen und -beschlüsse anzuwenden, die bis einschließlich 31. August 2022 stattfinden.

(3) § 3 Absatz 1 und 2 ist auf General- und Vertreterversammlungen, die bis einschließlich 31. August 2022 stattfinden, § 3 Absatz 3 ist auf Jahresabschlussfeststellungen, die bis einschließlich 31. August 2022 erfolgen, § 3 Absatz 4 ist auf Abschlagszahlungen, die bis einschließlich 31. August 2022 stattfinden, § 3 Absatz 5 ist auf bis einschließlich 31. August 2022 ablaufende Bestellungen von Vorstands- oder Aufsichtsratsmitgliedern und § 3 Absatz 6 ist auf Sitzungen des Vorstands oder des Aufsichtsrats einer Genossenschaft oder deren gemeinsame Sitzungen, die bis einschließlich 31. August 2022 stattfinden, anzuwenden.

(4) § 4 ist nur auf Anmeldungen anzuwenden, die im Jahr 2020 vorgenommen werden.

(5) § 5 ist nur anzuwenden auf

1. bis zum Ablauf des 31. August 2022 ablaufende Bestellungen von Vorständen von Vereinen, Parteien und Stiftungen und von sonstigen Vertretern in Organen und Gliederungen von Parteien sowie

---

[1)] **Sartorius Nr. 58.**

[2)] Nr. **37**.

[3)] § 7 Überschrift, Abs. 1–3 und 5 geänd. mWv 28.2.2021 durch G v. 22.12.2020 (BGBl. I S. 3328); Abs. 1–3 geänd., Abs. 5 neu gef. mWv 15.9.2021 durch G v. 10.9.2021 (BGBl. I S. 4147).

2. Versammlungen und Beschlussfassungen, die bis zum Ablauf des 31. August 2022 stattfinden.

§ 8 Verordnungsermächtigung. Das Bundesministerium der Justiz und für Verbraucherschutz wird ermächtigt, durch Rechtsverordnung ohne Zustimmung des Bundesrates die Geltung der §§ 1 bis 5 gemäß § 7 bis höchstens zum 31. Dezember 2021 zu verlängern, wenn dies aufgrund fortbestehender Auswirkungen der COVID-19-Pandemie in der Bundesrepublik Deutschland geboten erscheint.

53. Gesetz betreffend die Erwerbs- und Wirtschaftsgenossenschaften (Genossenschaftsgesetz – GenG)

In der Fassung der Bekanntmachung vom 16. Oktober 2006[1)]
(BGBl. I S. 2230)

FNA 4125-1

Lfd. Nr.	Änderndes Gesetz	Datum	Fundstelle	Betroffen	Hinweis
1.	Art. 3 G über elektronische Handelsregister und Genossenschaftsregister sowie das Unternehmensregister	10.11. 2006	BGBl. I S. 2553	Inhaltsübersicht, §§ 10, 11, 14, 16, 25a, 28, 29, 42, 48, 84, 156, 157, 160, 161	geänd. mWv 16.11.2006
				§ 14a	aufgeh. mWv 16.11.2006
2.	Art. 2 Berufsaufsichtsreform G[2)]	3.9.2007	BGBl. I S. 2178	Inhaltsübersicht, §§ 63e, 63g, 166	geänd. mWv 6.9.2007
				§ 166	eingef. mWv 6.9.2007
3.	Art. 19 G zur Modernisierung des GmbH-Rechts und zur Bekämpfung von Missbräuchen	23.10. 2008	BGBl. I S. 2026	Inhaltsübersicht, §§ 24, 25, 99, 148	geänd. mWv 1.11.2008
4.	Art. 77 FGG-ReformG	17.12. 2008	BGBl. I S. 2586	§§ 10, 26, 32, 45, 51, 54a, 56, 63d, 64b, 80, 81, 81a, 83, 93, 155, 160, 161	geänd. mWv 1.9.2009
5.	Art. 10 Bilanzrechtsmodernisierungs G[3)]	25.5.2009	BGBl. I S. 1102	Inhaltsübersicht, §§ 16, 20, 36, 38, 53, 55, 58, 63, 63a, 63b, 63c, 63e, 63g, 63h, 64, 64a, 167	geänd. mWv 29.5.2009
				§§ 63h, 167	eingef. mWv 29.5.2009
6.	Art. 8 G zur Verkürzung des Restschuldbefreiungsverfahrens und zur Stärkung der Gläubigerrechte	15.7.2013	BGBl. I S. 2379	Inhaltsübersicht	geänd. mWv 19.7.2013
				§§ 66a, 67c	eingef. mWv 19.7.2013
7.	Art. 5 G zur Verringerung der Abhängigkeit von Ratings[4)]	10.12. 2014	BGBl. I S. 2085	§§ 22, 120	geänd. mWv 19.12.2014

[1)] Neubekanntmachung des GenG v. 19.8.1994 (BGBl. I S. 2202) in der ab 18.8.2006 geltenden Fassung.

[2)] **Amtl. Anm.:** Dieses Gesetz dient der Umsetzung der Richtlinie 2006/43/EG des Europäischen Parlaments und des Rates vom 17. Mai 2006 über Abschlussprüfungen von Jahresabschlüssen und konsolidierten Abschlüssen, zur Änderung der Richtlinien 78/660/EWG und 83/349/ EWG des Rates und zur *Aufhebung der Richtlinie* 84/253/EWG des Rates (ABl. EU Nr. L 157 S. 87).

[3)] **Amtl. Anm.:** *(abgedruckt in Änderungstabelle Nr.* **50***)*

[4)] **Amtl. Anm.:** Dieses Gesetz dient der Umsetzung der Richtlinie 2013/14/EU des Europäischen Parlaments und des Rates vom 21. Mai 2013 zur Änderung der Richtlinie 2003/41/EG über die Tätigkeiten und die Beaufsichtigung von Einrichtungen der betrieblichen Altersvorsorge, der Richtlinie 2009/65/EG zur Koordinierung der Rechts- und Verwaltungsvorschriften betreffend bestimmte Organismen für gemeinsame Anlagen in Wertpapieren (OGAW) und der Richtlinie 2011/61/EU über die Verwalter alternativer Investmentfonds im Hinblick auf übermäßigen Rückgriff auf Ratings (ABl. L 145 vom 31.5.2013, S. 1) sowie zur Umsetzung von Artikel 20 Absatz 1 der Verordnung (EU) Nr. 345/2013 des Europäischen Parlaments und des Rates vom 17. April 2013 über Europäische Risikokapitalfonds (ABl. L 115 vom 25.4. 2013, S. 1) und Artikel 21 Absatz 1 der Verordnung (EU) Nr. 346/2013 des Europäischen Parlaments und →

Lfd. Nr.	Änderndes Gesetz	Datum	Fundstelle	Betroffen	Hinweis
8.	Art. 17 G für die gleichberechtigte Teilhabe von Frauen und Männern an Führungspositionen in der Privatwirtschaft und im öffentlichen Dienst	24.4.2015	BGBl. I S. 642	Inhaltsübersicht, § 9	geänd. mWv 1.5.2015
				§ 168	eingef. mWv 1.5.2015
9.	Art. 7 AbschlussprüferaufsichtsreformG[1]	31.3.2016	BGBl. I S. 518	Inhaltsübersicht, §§ 55, 56, 63c, 63e, 63f, 63g, 64	geänd. mWv 17.6.2016
				§ 63h	neu gef. mWv 17.6.2016
				§ 57a	eingef. mWv 17.6.2016
10.	Art. 10 AbschlussprüfungsreformG	10.5.2016	BGBl. I S. 1142	Inhaltsübersicht, §§ 36, 38, 53, 54a, 55, 57, 58, 63b	geänd. mWv 17.6.2016
				§ 154	neu gef. mWv 17.6.2016
				§§ 151a, 169	eingef. mWv 17.6.2016
11.	Art. 10 CSR-Richtlinie-UmsetzungsG[2]	11.4.2017	BGBl. I S. 802	Inhaltsübersicht, § 38	geänd. mWv 19.4.2017
				§ 170	eingef. mWv 19.4.2017
12.	Art. 24 Abs. 19 Zweites FinanzmarktnovellierungsG	23.6.2017	BGBl. I S. 1693	§ 166	geänd. mWv 3.1.2018
13.	Art. 1 G zum Bürokratieabbau und zur Förderung der Transparenz bei Genossenschaften	17.7.2017	BGBl. I S. 2434	Inhaltsübersicht, §§ 6, 8, 11, 15, 15a, 27, 30, 34, 36, 43a, 46, 47, 48, 53, 54, 55, 58, 59, 60, 62, 63d, 63e, 65, 95, 160, 164	geänd. mWv 22.7.2017
				§ 158	neu gef. mWv 22.7.2017
				§§ 21b, 53a, 171	eingef. mWv 22.7.2017
				§§ 161, 165	aufgeh. mit Ablauf des 21.7. 2017
14.	Art. 8 G zur Änd. des BundesversorgungsG und anderer Vorschriften	17.7.2017	BGBl. I S. 2541	Inhaltsübersicht, §§ 31, 156	geänd. mWv 25.5.2018

(Fortsetzung der Anm. von voriger Seite)
des Rates vom 17. April 2013 über Europäische Fonds für soziales Unternehmertum (ABl. L 115 vom 25.4. 2013, S. 18).

[1] **Amtl. Anm.:** Dieses Gesetz dient der Umsetzung der Richtlinie 2014/56/EU des Europäischen Parlaments und des Rates vom 16. April 2014 zur Änderung der Richtlinie 2006/43/EG über Abschlussprüfungen von Jahresabschlüssen und konsolidierten Abschlüssen (ABl. L 158 vom 27.5.2014, S. 196) sowie der Ausführung der Verordnung (EU) Nr. 537/2014 des Europäischen Parlaments und des Rates vom 16. April 2014 über spezifische Anforderungen an die Abschlussprüfung bei Unternehmen von öffentlichem Interesse und zur Aufhebung des Beschlusses 2005/909/EG der Kommission (ABl. L 158 vom 27.5.2014, S. 77).

[2] ***Amtl. Anm.:*** *Dieses Gesetz dient der* Umsetzung der Richtlinie 2014/95/EU des Europäischen Parlaments und des Rates vom 22. Oktober 2014 zur Änderung der Richtlinie 2013/34/EU im Hinblick auf die Angabe nichtfinanzieller und die Diversität betreffender Informationen durch bestimmte große Unternehmen und Gruppen (ABl. L 330 vom 15.11.2014, S. 1; L 369 vom 24.12.2014, S. 79).

Lfd. Nr.	Änderndes Gesetz	Datum	Fundstelle	Betroffen	Hinweis
15.	Art. 3 G zur weiteren Umsetzung der TransparenzRL-ÄnderungsRL im Hinblick auf ein einheitliches elektronisches Format für Jahresfinanzberichte[1]	12.8.2020	BGBl. I S. 1874	§ 53	geänd. mWv 19.8.2020
				§ 172	eingef. mWv 19.8.2020
16.	Art. 17 Sanierungs- und InsolvenzrechtsfortentwicklungsG[2]	22.12.2020	BGBl. I S. 3256	Inhaltsübersicht	geänd. mWv 1.1.2021
				§ 99	aufgeh. mit Ablauf des 31.12.2020
17.	Art. 20 FinanzmarktintegritätsstärkungsG	3.6.2021	BGBl. I S. 1534	Inhaltsübersicht, §§ 36, 38, 53, 55, 57, 58, 63e, 150, 151a, 152	geänd. mWv 1.7.2021
				§ 173	eingef. mWv 1.7.2021
18.	Art. 12 G zur Ergänzung und Änd. der Regelungen für die gleichberechtigte Teilhabe von Frauen an Führungspositionen in der Privatwirtschaft und im öffentlichen Dienst	7.8.2021	BGBl. I S. 3311	Inhaltsübersicht, §§ 9, 168	geänd. mWv 12.8.2021
				§ 174	eingef. mWv 12.8.2021
19.	Art. 22 G zur Umsetzung der Digitalisierungsrichtlinie (DiRUG)[3]	5.7.2021	BGBl. I S. 3338	Inhaltsübersicht, §§ 12, 16, 22, 28, 29, 42, 51, 53a, 89, 102	geänd. mWv 1.8.2022
				§ 156	neu gef. mWv 1.8.2022
				§ 175	eingef. mWv 1.8.2022
20.	Art. 67 PersonengesellschaftsrechtsmodernisierungsG (MoPeG)	10.8.2021	BGBl. I S. 3436	§ 43	geänd. mWv 1.1.2024

---

[1] **Amtl. Anm.:** Dieses Gesetz dient der weiteren Umsetzung der Richtlinie 2013/50/EU des Europäischen Parlaments und des Rates vom 22. Oktober 2013 zur Änderung der Richtlinie 2004/109/EG des Europäischen Parlaments und des Rates zur Harmonisierung der Transparenzanforderungen in Bezug auf Informationen über Emittenten, deren Wertpapiere zum Handel auf einem geregelten Markt zugelassen sind, der Richtlinie 2003/71/EG des Europäischen Parlaments und des Rates betreffend den Prospekt, der beim öffentlichen Angebot von Wertpapieren oder bei deren Zulassung zum Handel zu veröffentlichen ist, sowie der Richtlinie 2007/14/EG der Kommission mit Durchführungsbestimmungen zu bestimmten Vorschriften der Richtlinie 2004/109/EG (ABl. L 294 vom 6.11.2013, S. 13; L 14 vom 18.1.2014, S. 35).

[2] **Amtl. Anm.:** Dieses Gesetz dient der weiteren Umsetzung der Richtlinie (EU) 2019/1023 des Europäischen Parlaments und des Rates vom 20. Juni 2019 über präventive Restrukturierungsrahmen, über Entschuldung und über Tätigkeitsverbote sowie über Maßnahmen zur Steigerung der Effizienz von Restrukturierungs-, Insolvenz- und Entschuldungsverfahren und zur Änderung der Richtlinie (EU) 2017/1132 (Richtlinie über Restrukturierung und Insolvenz) (ABl. L 172 vom 26.6.2019, S. 18).

[3] **Amtl. Anm.:** Dieses Gesetz dient der Umsetzung der Richtlinie (EU) 2019/1151 des Europäischen Parlaments und des Rates vom 20. Juni 2019 zur Änderung der Richtlinie (EU) 2017/1132 im Hinblick auf den Einsatz digitaler Werkzeuge und Verfahren im Gesellschaftsrecht (ABl. L 186 vom 11.7.2019, S. 80).

Vorbemerkung:
Die Änderungen durch G v. 5.7.2021 (BGBl. I S. 3338) treten erst mWv 1.8. 2022 in Kraft und sind im Text noch nicht berücksichtigt.
Die Änderung durch G v. 10.8.2021 (BGBl. I S. 3436) tritt erst mWv 1.1. 2024 in Kraft und ist im Text noch nicht berücksichtigt.

Inhaltsübersicht[1)]

Abschnitt 1. Errichtung der Genossenschaft

Abschnitt 2. Rechtsverhältnisse der Genossenschaft und ihrer Mitglieder

Abschnitt 3. Verfassung der Genossenschaft

[1)] Inhaltsübersicht geänd. mWv 1.1.2007 durch G v. 10.11.2006 (BGBl. I S. 2553); mWv 6.9.2007 durch G v. 3.9.2007 (BGBl. I S. 2178); mWv 1.11.2008 durch G v. 23.10.2008 (BGBl. I S. 2026); mWv 29.5.2009 durch G v. 25.5.2009 (BGBl. I S. 1102); mWv 19.7.2013 durch G v. 15.7.2013 (BGBl. I S. 2379); mWv 1.5. 2015 durch G v. 24.4.2015 (BGBl. I S. 642); mWv 17.6.2016 durch G v. 31.3.2016 (BGBl. I S. 518); mWv 17.6.2016 durch G v. 10.5.2016 (BGBl. I S. 1142); mWv 19.4.2017 durch G v. 11.4.2017 (BGBl. I S. 802); mWv 22.7.2017 durch G v. 17.7.2017 (BGBl. I S. 2434); mWv 25.5.2018 durch G v. 17.7.2017 (BGBl. I S. 2541); mWv 1.1.2021 durch G v. 22.12.2020 (BGBl. I S. 3256); mWv 1.7.2021 durch G v. 3.6.2021 (BGBl. I S. 1534); mWv 12.8.2021 durch G v. 7.8.2021 (BGBl. I S. 3311); sie wurde nichtamtlich an die Änderungen mWv 19.8.2020 durch G v. 12.8.2020 (BGBl. I S. 1874) angepasst.

Abschnitt 1. Errichtung der Genossenschaft

§ 1 Wesen der Genossenschaft. (1) Gesellschaften von nicht geschlossener Mitgliederzahl, deren Zweck darauf gerichtet ist, den Erwerb oder die Wirtschaft ihrer Mitglieder oder deren soziale oder kulturelle Belange durch gemeinschaftlichen Geschäftsbetrieb zu fördern (Genossenschaften), erwerben die Rechte einer „eingetragenen Genossenschaft" nach Maßgabe dieses Gesetzes.

(2) Eine Beteiligung an Gesellschaften und sonstigen Personenvereinigungen einschließlich der Körperschaften des öffentlichen Rechts ist zulässig, wenn sie

1. der Förderung des Erwerbes oder der Wirtschaft der Mitglieder der Genossenschaft oder deren sozialer oder kultureller Belange oder,
2. ohne den alleinigen oder überwiegenden Zweck der Genossenschaft zu bilden, gemeinnützigen Bestrebungen der Genossenschaft

zu dienen bestimmt ist.

§ 2 Haftung für Verbindlichkeiten. Für die Verbindlichkeiten der Genossenschaft haftet den Gläubigern nur das Vermögen der Genossenschaft.

§ 3 Firma der Genossenschaft. [1] Die Firma der Genossenschaft muss, auch wenn sie nach § 22 des Handelsgesetzbuchs[1)] oder nach anderen gesetzlichen Vorschriften fortgeführt wird, die Bezeichnung „eingetragene Genossenschaft" oder die Abkürzung „eG" enthalten. [2] § 30 des Handelsgesetzbuchs gilt entsprechend.

§ 4 Mindestzahl der Mitglieder. Die Zahl der Mitglieder muss mindestens drei betragen.

§ 5 Form der Satzung. Die Satzung der Genossenschaft bedarf der schriftlichen Form.

§ 6[2)] Mindestinhalt der Satzung. Die Satzung muss enthalten:

1. die Firma und den Sitz der Genossenschaft;
2. den Gegenstand des Unternehmens;
3. Bestimmungen darüber, ob die Mitglieder für den Fall, dass die Gläubiger im Insolvenzverfahren über das Vermögen der Genossenschaft nicht befriedigt werden, Nachschüsse zur Insolvenzmasse unbeschränkt, beschränkt auf eine bestimmte Summe (Haftsumme) oder überhaupt nicht zu leisten haben;
4. Bestimmungen über die Form für die Einberufung der Generalversammlung der Mitglieder sowie für die Beurkundung ihrer Beschlüsse und über den Vorsitz in der Versammlung; die Einberufung der Generalversammlung muss durch unmittelbare Benachrichtigung sämtlicher Mitglieder in Textform oder durch Bekanntmachung in einem öffentlichen Blatt erfolgen; das Gericht kann hiervon Ausnahmen zulassen; die Bekanntmachung im Bundesanzeiger oder in einem anderen öffentlich zugänglichen elektronischen Informationsmedium genügt nicht;
5. Bestimmungen über die Form der Bekanntmachungen der Genossenschaft sowie Bestimmung der öffentlichen Blätter für Bekanntmachungen, deren Veröffentlichung in öffentlichen Blättern durch Gesetz oder Satzung vorgeschrieben ist; als öffentliches Blatt kann die Satzung öffentlich zugängliche elektronische Informationsmedien bezeichnen.

§ 7 Weiterer zwingender Satzungsinhalt. Die Satzung muss ferner bestimmen:

1. den Betrag, bis zu welchem sich die einzelnen Mitglieder mit Einlagen beteiligen können (Geschäftsanteil), sowie die Einzahlungen auf den Geschäftsanteil, zu welchen jedes Mitglied verpflichtet ist; diese müssen bis zu einem Gesamtbetrage von mindestens einem Zehntel des Geschäftsanteils nach Betrag und Zeit bestimmt sein;
2. die Bildung einer gesetzlichen Rücklage, welche zur Deckung eines aus der Bilanz sich ergebenden Verlustes zu dienen hat, sowie die Art dieser Bildung, insbesondere den Teil des Jahresüberschusses, welcher in diese Rücklage einzustellen ist, und den Mindestbetrag der letzteren, bis zu dessen Erreichung die *Einstellung zu erfolgen* hat.

§ 7a Mehrere Geschäftsanteile; Sacheinlagen. (1) [1] Die Satzung kann bestimmen, dass sich ein Mitglied mit mehr als einem Geschäftsanteil beteiligen darf. [2] Die Satzung kann eine Höchstzahl festsetzen und weitere Voraussetzungen aufstellen.

---

1) Nr. **50**.

2) § 6 Nr. 4 und 5 geänd. mWv 22.7.2017 durch G v. 17.7.2017 (BGBl. I S. 2434).

(2) [1] Die Satzung kann auch bestimmen, dass die Mitglieder sich mit mehreren Geschäftsanteilen zu beteiligen haben (Pflichtbeteiligung). [2] Die Pflichtbeteiligung muss für alle Mitglieder gleich sein oder sich nach dem Umfang der Inanspruchnahme von Einrichtungen oder anderen Leistungen der Genossenschaft durch die Mitglieder oder nach bestimmten wirtschaftlichen Merkmale der Betriebe der Mitglieder richten.

(3) Die Satzung kann Sacheinlagen als Einzahlungen auf den Geschäftsanteil zulassen.

§ 8[1)] Satzungsvorbehalt für einzelne Bestimmungen. (1) Der Aufnahme in die Satzung bedürfen Bestimmungen, nach welchen:
1. die Genossenschaft auf eine bestimmte Zeit beschränkt wird;
2. Erwerb und Fortdauer der Mitgliedschaft an den Wohnsitz innerhalb eines bestimmten Bezirks geknüpft wird;
3. das Geschäftsjahr, insbesondere das erste, auf ein mit dem Kalenderjahr nicht zusammenfallendes Jahr oder auf eine kürzere Dauer als auf ein Jahr bemessen wird;
4. die Generalversammlung über bestimmte Gegenstände nicht mit einfacher, sondern mit einer größeren Mehrheit oder nach weiteren Erfordernissen beschließen kann;
5. die Ausdehnung des Geschäftsbetriebes auf Personen, welche nicht Mitglieder der Genossenschaft sind, zugelassen wird.

(2) [1] Die Satzung kann bestimmen, dass Personen, die für die Nutzung oder Produktion der Güter und die Nutzung oder Erbringung der Dienste der Genossenschaft nicht in Frage kommen, als investierende Mitglieder zugelassen werden können. [2] Sie muss durch geeignete Regelungen sicherstellen, dass investierende Mitglieder die anderen Mitglieder in keinem Fall überstimmen können und dass Beschlüsse der Generalversammlung, für die nach Gesetz oder Satzung eine Mehrheit von mindestens drei Vierteln der abgegebenen Stimmen vorgeschrieben ist, durch investierende Mitglieder nicht verhindert werden können; zu diesem Zweck kann die Satzung das Stimmrecht investierender Mitglieder auch ganz ausschließen. [3] Die Zulassung eines investierenden Mitglieds bedarf der Zustimmung der Generalversammlung; abweichend hiervon kann die Satzung die Zustimmung des Aufsichtsrats vorschreiben. [4] Die Zahl der investierenden Mitglieder im Aufsichtsrat darf ein Viertel der Aufsichtsratsmitglieder nicht überschreiten.

§ 8a Mindestkapital. (1) In der Satzung kann ein Mindestkapital der Genossenschaft bestimmt werden, das durch die Auszahlung des Auseinandersetzungsguthabens von Mitgliedern, die ausgeschieden sind oder einzelne Geschäftsanteile gekündigt haben, nicht unterschritten werden darf.

(2) [1] Bestimmt die Satzung ein Mindestkapital, ist die Auszahlung des Auseinandersetzungsguthabens ausgesetzt, solange durch die Auszahlung das Mindestkapital unterschritten würde. [2] Das Nähere regelt die Satzung.

[1)] § 8 Abs. 2 Satz 2 geänd. mWv 22.7.2017 durch G v. 17.7.2017 (BGBl. I S. 2434).

§ 9[1) 2)] **Vorstand; Aufsichtsrat.** (1) [1]Die Genossenschaft muss einen Vorstand und einen Aufsichtsrat haben. [2]Bei Genossenschaften mit nicht mehr als 20 Mitgliedern kann durch Bestimmung in der Satzung auf einen Aufsichtsrat verzichtet werden. [3]In diesem Fall nimmt die Generalversammlung die Rechte und Pflichten des Aufsichtsrats wahr, soweit in diesem Gesetz nichts anderes bestimmt ist.

(2) [1]Die Mitglieder des Vorstands und des Aufsichtsrats müssen Mitglieder der Genossenschaft und natürliche Personen sein. [2]Gehören der Genossenschaft eingetragene Genossenschaften als Mitglieder an, können deren Mitglieder, sofern sie natürliche Personen sind, in den Vorstand oder Aufsichtsrat der Genossenschaft berufen werden; gehören der Genossenschaft andere juristische Personen oder Personengesellschaften an, gilt dies für deren zur Vertretung befugte Personen.

(3) [1]Der Vorstand einer Genossenschaft, die der Mitbestimmung unterliegt, legt für den Frauenanteil in den beiden Führungsebenen unterhalb des Vorstands Zielgrößen fest. [2]Die Zielgrößen müssen den angestrebten Frauenanteil an der jeweiligen Führungsebene beschreiben und bei Angaben in Prozent vollen Personenzahlen entsprechen. [3]Legt der Vorstand für eine der Führungsebenen die Zielgröße Null fest, so hat er dies klar und verständlich zu begründen. [4]Die Begründung muss ausführlich die Erwägungen darlegen, die der Entscheidung zugrunde liegen. [5]Liegt der Frauenanteil bei Festlegung der Zielgrößen unter 30 Prozent, so dürfen die Zielgrößen den jeweils erreichten Anteil nicht mehr unterschreiten. [6]Gleichzeitig sind Fristen zur Erreichung der Zielgrößen festzulegen. [7]Die Fristen dürfen jeweils nicht länger als fünf Jahre sein.

(4) [1]Ist bei einer Genossenschaft, die der Mitbestimmung unterliegt, ein Aufsichtsrat bestellt, legt dieser für den Frauenanteil im Aufsichtsrat und im Vorstand Zielgrößen fest. [2]Die Zielgrößen müssen den angestrebten Frauenanteil am jeweiligen Gesamtgremium beschreiben und bei Angaben in Prozent vollen Personenzahlen entsprechen. [3]Legt der Aufsichtsrat für den Aufsichtsrat oder den Vorstand die Zielgröße Null fest, so hat er dies klar und verständlich zu begründen. [4]Die Begründung muss ausführlich die Erwägungen darlegen, die der Entscheidung zugrunde liegen. [5]Liegt der Frauenanteil bei Festlegung der Zielgrößen unter 30 Prozent, so dürfen die Zielgrößen den jeweils erreichten Anteil nicht mehr unterschreiten. [6]Gleichzeitig sind Fristen zur Erreichung der Zielgrößen festzulegen. [7]Die Fristen dürfen jeweils nicht länger als fünf Jahre sein.

§ 10[3)] **Genossenschaftsregister.** (1) Die Satzung sowie die Mitglieder des Vorstands sind in das Genossenschaftsregister bei dem Gericht einzutragen, in dessen Bezirk die Genossenschaft ihren Sitz hat.

(2) Andere Datensammlungen dürfen nicht unter Verwendung oder Beifügung der Bezeichnung „Genossenschaftsregister" in den Verkehr gebracht werden.

§ 11[4)] **Anmeldung der Genossenschaft.** (1) Der Vorstand hat die Genossenschaft bei dem Gericht zur Eintragung in das Genossenschaftsregister anzumelden.

[1)] § 9 Abs. 3 und 4 angef. mWv 1.5.2015 durch G v. 24.4.2015 (BGBl. I S. 642); Abs. 3 Sätze 2–4 eingef., bish. Sätze 2–4 werden Sätze 5–7, Abs. 4 Sätze 2–4 eingef., bish. Sätze 2–4 werden Sätze 5–7 mWv 12.8. 2021 durch G v. 7.8.2021 (BGBl. I S. 3311).

[2)] Beachte hierzu Übergangsvorschrift in § 174.

[3)] § 10 Abs. 3 angef. mWv 1.1.2007 durch G v. 10.11.2006 (BGBl. I S. 2553); Abs. 2 aufgeh., bish. Abs. 3 wird Abs. 2 mWv 1.9.2009 durch G v. 17.12.2008 (BGBl. I S. 2586).

[4)] § 11 Abs. 2 Nr. 1 geänd., Abs. 4 neu gef., Abs. 5 aufgeh. mWv 1.1.2007 durch G v. 10.11.2006 (BGBl. I S. 2553); Abs. 2 Nr. 1 geänd. mWv 22.7.2017 durch G v. 17.7.2017 (BGBl. I S. 2434).

(2) Der Anmeldung sind beizufügen:

1. die Satzung, die von mindestens drei Mitgliedern unterzeichnet sein muss;
2. eine Abschrift der Urkunden über die Bestellung des Vorstands und des Aufsichtsrats;
3. die Bescheinigung eines Prüfungsverbandes, dass die Genossenschaft zum Beitritt zugelassen ist, sowie eine gutachtliche Äußerung des Prüfungsverbandes, ob nach den persönlichen oder wirtschaftlichen Verhältnissen, insbesondere der Vermögenslage der Genossenschaft, eine Gefährdung der Belange der Mitglieder oder der Gläubiger der Genossenschaft zu besorgen ist.

(3) In der Anmeldung ist ferner anzugeben, welche Vertretungsbefugnis die Vorstandsmitglieder haben.

(4) Für die Einreichung von Unterlagen nach diesem Gesetz gilt § 12 Abs. 2 des Handelsgesetzbuchs[1)] entsprechend.

§ 11a Prüfung durch das Gericht. (1) [1] Das Gericht hat zu prüfen, ob die Genossenschaft ordnungsmäßig errichtet und angemeldet ist. [2] Ist dies nicht der Fall, so hat es die Eintragung abzulehnen.

(2) [1] Das Gericht hat die Eintragung auch abzulehnen, wenn offenkundig oder auf Grund der gutachtlichen Äußerung des Prüfungsverbandes eine Gefährdung der Belange der Mitglieder oder der Gläubiger der Genossenschaft zu besorgen ist. [2] Gleiches gilt, wenn der Prüfungsverband erklärt, dass Sacheinlagen überbewertet worden sind.

(3) Wegen einer mangelhaften, fehlenden oder nichtigen Bestimmung der Satzung darf das Gericht die Eintragung nach Absatz 1 nur ablehnen, soweit diese Bestimmung, ihr Fehlen oder ihre Nichtigkeit

1. Tatsachen oder Rechtsverhältnisse betrifft, die nach den §§ 6 und 7 oder auf Grund anderer zwingender gesetzlicher Vorschriften in der Satzung bestimmt sein müssen oder die in das Genossenschaftsregister einzutragen oder von dem Gericht bekannt zu machen sind,
2. Vorschriften verletzt, die ausschließlich oder überwiegend zum Schutze der Gläubiger der Genossenschaft oder sonst im öffentlichen Interesse gegeben sind, oder
3. die Nichtigkeit der Satzung zur Folge hat.

§ 12 Veröffentlichung der Satzung. (1) Die eingetragene Satzung ist von dem Gericht im Auszug zu veröffentlichen.

(2) Die Veröffentlichung muss enthalten:

1. das Datum der Satzung,
2. die Firma und den Sitz der Genossenschaft,
3. den Gegenstand des Unternehmens,
4. die Mitglieder des Vorstands sowie deren Vertretungsbefugnis,
5. die Zeitdauer der Genossenschaft, falls diese auf eine bestimmte Zeit beschränkt ist.

§ 13 Rechtszustand vor der Eintragung. Vor der Eintragung in das Genossenschaftsregister ihres Sitzes hat die Genossenschaft die Rechte einer eingetragenen Genossenschaft nicht.

---

1) Nr. **50**.

§ 160[1)] Zwangsgeldverfahren. (1) [1]Die Mitglieder des Vorstands sind von dem Registergericht zur Befolgung der in den §§ 14, 25a, 28, 30, 32, 54 Satz 2, § 57 Absatz 1, § 59 Abs. 1, § 78 Abs. 2, § 79 Abs. 2 enthaltenen Vorschriften durch Festsetzung von Zwangsgeld anzuhalten. [2]In gleicher Weise sind die Mitglieder des Vorstands und die Liquidatoren zur Befolgung der in § 33 Abs. 1 Satz 2, § 42 Abs. 1 in Verbindung mit § 53 des Handelsgesetzbuchs[2)], §§ 47, 48 Abs. 3 und 4 Satz 4, § 51 Abs. 4 und 5, § 56 Abs. 2, §§ 84, 85 Abs. 2, § 89 dieses Gesetzes enthaltenen Vorschriften sowie die Mitglieder des Vorstands und des Aufsichtsrats und die Liquidatoren dazu anzuhalten, dafür zu sorgen, dass die Genossenschaft vorbehaltlich des § 9 Abs. 1 Satz 2 nicht länger als drei Monate ohne oder ohne beschlussfähigen Aufsichtsrat ist. [3]Das einzelne Zwangsgeld darf den Betrag von fünftausend Euro nicht übersteigen.

(2) Für das Verfahren sind die Vorschriften maßgebend, welche zur Erzwingung der im Handelsgesetzbuch angeordneten Anmeldungen zum Handelsregister gelten.

§ 161[3)] *(aufgehoben)*

§ 162 Übergangsvorschrift für Wohnungsunternehmen. Am 31. Dezember 1989 als gemeinnützige Wohnungsunternehmen oder als Organe der staatlichen Wohnungspolitik anerkannte Unternehmen, die nicht eingetragene Genossenschaften sind, bleiben Mitglieder des Prüfungsverbandes, dem sie zu diesem Zeitpunkt angehören.

§ 163 (weggefallen)

§ 164[4)] Übergangsregelung zur Beschränkung der Jahresabschlussprüfung. § 53 Abs. 2 Satz 1 in der vom 22. Juli 2017 an geltenden Fassung ist erstmals auf die Prüfung des Jahresabschlusses für ein frühestens am 31. Dezember 2017 endendes Geschäftsjahr anzuwenden.

§ 165[5)] *(aufgehoben)*

§ 166[6)] Übergangsregelung zum Berufsaufsichtsreformgesetz. (1) Ein Prüfungsverband, dem vor dem 6. September 2007 eine Bescheinigung über die Teilnahme an der Qualitätskontrolle erteilt wurde, kann eine Verlängerung der Befristung der Teilnahmebescheinigung auf insgesamt sechs Jahre beantragen, soweit er nicht unter § 63e Abs. 1 Satz 2 fällt.

(2) Ist die Teilnahmebescheinigung auf sechs Jahre befristet worden, hat ein Prüfungsverband, der bei einer Genossenschaft, einer in Artikel 25 Abs. 1 Satz 1 Nr. 1 des Einführungsgesetzes zum Handelsgesetzbuch[7)] genannten Gesellschaft oder einem in Artikel 25 Abs. 1 Satz 1 Nr. 2 des Einführungsgesetzes zum Handelsgesetzbuch genannten Unternehmen, die einen organisierten Markt im

---

[1)] § 160 Abs. 1 Satz 2 geänd., Abs. 2 Satz 2 aufgeh. mWv 1.1.2007 durch G v. 10.11.2006 (BGBl. I S. 2553); Abs. 1 Satz 1 geänd. mWv 1.9.2009 durch G v. 17.12.2008 (BGBl. I S. 2586); Abs. 1 Satz 1 geänd. mWv 22.7.2017 durch G v. 17.7.2017 (BGBl. I S. 2434).

[2)] Nr. **50**.

[3)] § 161 aufgeh. mWv 22.7.2017 durch G v. 17.7.2017 (BGBl. I S. 2434).

[4)] § 164 geänd. mWv 22.7.2017 durch G v. 17.7.2017 (BGBl. I S. 2434).

[5)] § 165 aufgeh. mWv 22.7.2017 durch G v. 17.7.2017 (BGBl. I S. 2434).

[6)] § 166 angef. mWv 6.9.2007 durch G v. 3.9.2007 (BGBl. I S. 2178); Abs. 2 geänd. mWv 3.1.2018 durch G v. 23.6.2017 (BGBl. I S. 1693).

[7)] Nr. **50a**.

Sinne des § 2 Absatz 11 des Wertpapierhandelsgesetzes in Anspruch nehmen, mehr als drei Jahre nach Ausstellen der Teilnahmebescheinigung eine der Qualitätskontrolle unterfallende Prüfung durchführt, innerhalb von sechs Monaten nach Annahme des Prüfungsauftrages eine Qualitätskontrolle durchführen zu lassen.

§ 167[1)] Übergangsvorschrift zum Bilanzrechtsmodernisierungsgesetz.

(1) § 36 Abs. 4 und § 38 Abs. 1a Satz 2 in der Fassung des Bilanzrechtsmodernisierungsgesetzes vom 25. Mai 2009 (BGBl. I S. 1102) finden keine Anwendung, solange alle Mitglieder des Aufsichtsrats und des Prüfungsausschusses vor dem 29. Mai 2009 bestellt worden sind.

(2) § 53 Abs. 3 in der Fassung des Bilanzrechtsmodernisierungsgesetzes vom 25. Mai 2009 (BGBl. I S. 1102) ist erstmals ab dem 1. Januar 2010 anzuwenden.

§ 168[2)] Übergangsvorschrift zu dem Gesetz für die gleichberechtigte Teilhabe von Frauen und Männern an Führungspositionen in der Privatwirtschaft und im öffentlichen Dienst. [1]Die Festlegungen nach § 9 Absatz 3 Satz 1 und 3 sowie Absatz 4 Satz 1 und 3 in der am 1. Mai 2015 geltenden Fassung haben erstmals bis spätestens 30. September 2015 zu erfolgen. [2]Die nach § 9 Absatz 3 Satz 3 und Absatz 4 Satz 3 in der am 1. Mai 2015 geltenden Fassung erstmals festzulegende Frist darf nicht länger als bis zum 30. Juni 2017 dauern.

§ 169[3)] Übergangsvorschrift zum Abschlussprüfungsreformgesetz.

§ 36 Absatz 4 und § 38 Absatz 1a Satz 3 jeweils in der Fassung des Abschlussprüfungsreformgesetzes vom 10. Mai 2016 (BGBl. I S. 1142) müssen so lange nicht angewandt werden, wie alle Mitglieder des Aufsichtsrats und des Prüfungsausschusses vor dem 17. Juni 2016 bestellt worden sind.

§ 170[4)] Übergangsregelung zum CSR-Richtlinie-Umsetzungsgesetz.

[1]§ 38 in der Fassung des CSR-Richtlinie-Umsetzungsgesetzes vom 11. April 2017 (BGBl. I S. 802) ist erstmals auf Lageberichte und Konzernlageberichte anzuwenden, die sich auf ein nach dem 31. Dezember 2016 beginnendes Geschäftsjahr beziehen. [2]Auf Lage- und Konzernlageberichte, die sich auf vor dem 1. Januar 2017 beginnende Geschäftsjahre beziehen, bleibt § 38 in der bis zum 18. April 2017 geltenden Fassung anwendbar.

§ 171[5)] Übergangsvorschrift zur Einführung der vereinfachten Prüfung.

§ 53a ist erstmals auf die Prüfung für ein frühestens am 31. Dezember 2017 endendes Geschäftsjahr anzuwenden.

§ 172[6)] Übergangsvorschrift zum Gesetz zur weiteren Umsetzung der Transparenzrichtlinie-Änderungsrichtlinie im Hinblick auf ein einheitliches elektronisches Format für Jahresfinanzberichte. § 53 in der ab dem 19. August 2020 geltenden Fassung ist erstmals auf Jahresabschlüsse und Lageberichte für das nach dem 31. Dezember 2019 beginnende Geschäftsjahr anzuwenden.

---

1) § 167 angef. mWv 29.5.2009 durch G v. 25.5.2009 (BGBl. I S. 1102).

2) § 168 angef. mWv 1.5.2015 durch G v. 24.4.2015 (BGBl. I S. 642); Sätze 1 und 2 geänd. mWv 12.8.2021 durch G v. 7.8.2021 (BGBl. I S. 3311).

3) *§ 169 angef. mWv 17.6.2016 durch G v. 10.5.2016* (BGBl. I S. 1142).

4) § 170 angef. mWv 19.4.2017 durch G v. 11.4.2017 (BGBl. I S. 802).

5) § 171 angef. mWv 22.7.2017 durch G v. 17.7.2017 (BGBl. I S. 2434).

6) § 172 angef. mWv 19.8.2020 durch G v. 12.8.2020 (BGBl. I S. 1874).

§ 173[1] **Übergangsvorschrift zum Finanzmarktintegritätsstärkungsgesetz.** (1) [1]Die §§ 55, 151a und 152 in der ab dem 1. Juli 2021 geltenden Fassung sind erstmals auf alle gesetzlich vorgeschriebenen Prüfungen für das nach dem 31. Dezember 2021 beginnende Geschäftsjahr anzuwenden. [2]Die in Satz 1 genannten Vorschriften in der bis einschließlich 30. Juni 2021 geltenden Fassung sind letztmals anzuwenden auf alle gesetzlich vorgeschriebenen Prüfungen für das vor dem 1. Januar 2022 beginnende Geschäftsjahr.

(2) § 53 Absatz 3 in der ab dem 1. Juli 2021 geltenden Fassung ist erstmals ab dem 1. Januar 2022 anzuwenden.

§ 174[2] **Übergangsvorschrift zum Gesetz zur Ergänzung und Änderung der Regelungen für die gleichberechtigte Teilhabe von Frauen an Führungspositionen in der Privatwirtschaft und im öffentlichen Dienst.** § 9 Absatz 3 und 4 in der vom 12. August 2021 an geltenden Fassung findet erstmals auf die Festlegung von Zielgrößen ab dem 12. August 2021 Anwendung.

[1] § 173 angef. mWv 1.7.2021 durch G v. 3.6.2021 (BGBl. I S. 1534).
[2] § 174 angef. mWv 12.8.2021 durch G v. 7.8.2021 (BGBl. I S. 3311).

62. Gesetz über den Versicherungsvertrag (Versicherungsvertragsgesetz – VVG)[1)]

Vom 23. November 2007

(BGBl. I S. 2631)

FNA 7632-6

Lfd. Nr.	Änderndes Gesetz	Datum	Fundstelle	Betroffen	Hinweis
1.	Art. 11 Versicherungsvertrags-ReformG	23.11. 2007	BGBl. I S. 2631	Kapitel 8	geänd. mWv 1.1.2009
2.	Art. 3 Zweites G zur Änd. der PflichtversicherungsG und anderer versicherungsrechtl. Vorschriften[2)]	10.12. 2007	BGBl. I S. 2833	§§ 114, 117, 119, 124, 158	geänd. mWv 18.12.2007
3.	Art. 9 Pflege-WeiterentwicklungsG	28.5.2008	BGBl. I S. 874	§ 204	geänd. mWv 1.1.2009
4.	Art. 13 Abs. 20 BilanzrechtsmodernisierungsG	25.5.2009	BGBl. I S. 1102	§ 153	geänd. mWv 29.5.2009
5.	Art. 2 Abs. 5 G zur Anpassung der Vorschriften des Internationalen Privatrechts an die VO (EG) Nr. 593/2008	25.6.2009	BGBl. I S. 1574	Inhaltsübers., §§ 6, 7, 865, 210	geänd. mWv 17.12.2009
				§ 216	eingef. mWv 17.12.2009
6.	Art. 13a G zur Änd. arzneimittelrechtl. und anderer Vorschriften[3)]	17.7.2009	BGBl. I S. 1990	§ 193	geänd. mWv 23.7.2009
7.	BVerfGE	10.6.2009	BGBl. I S. 2127	§ 193	geänd. mWv 1.1.2008
8.	Art. 10 G zur Umsetzung der VerbraucherkreditRL, des zivilrechtl. Teils der ZahlungsdiensteRL sowie zur NeuO der Vorschriften über das Widerrufs- und Rückgaberecht[4)]	29.7.2009	BGBl. I S. 2355	Inhaltsübers., §§ 8, 33	geänd. mWv 11.6.2010
				Anlage	eingef. mWv 11.6.2010

[1)] Verkündet als Art. 1 G zur Reform des Versicherungsvertragsrechts v. 23.11.2007 (BGBl. I S. 2631); Inkrafttreten gem. Art. 12 dieses G am 1.1.2008; mit Ausnahme des § 7 Abs. 2 und 3, der bereits am 30.11.2007 in Kraft getreten ist.

[2)] **Amtl. Anm.:** Dieses Gesetz dient der Umsetzung der Richtlinie 2005/14/EG des Europäischen Parlaments und des Rates vom 11. Mai 2005 zur Änderung der Richtlinien 72/166/EWG, 84/5/EWG, 88/357/EWG und 90/232/EWG des Rates sowie der Richtlinie 2000/26/EG des Europäischen Parlaments und des Rates über die Kraftfahrzeug-Haftpflichtversicherung (ABl. EU Nr. L 149 S. 14).

[3)] ***Amtl. Anm.:*** Die Verpflichtungen aus der Richtlinie 98/34/EG des Europäischen Parlaments und des Rates vom 22. Juni 1998 über ein Informationsverfahren auf dem Gebiet der Normen und technischen Vorschriften und der Vorschriften für die Dienste der Informationsgesellschaft (ABl. L 204 vom 21.7.1998, S. 37), die zuletzt durch die Richtlinie 2006/96/EG vom 20. November 2006 (ABl. L 363 vom 20.12.2006, S. 81) geändert worden ist, sind beachtet worden.

Artikel 1 Nummer 4 Buchstabe c, Nummer 6 und 49 dienen der Umsetzung von Artikel 1 Nummer 4a, Artikel 3 Nummer 7 und Artikel 81 der Richtlinie 2001/83/EG des Europäischen Parlaments und des Rates vom 6. November 2001 zur Schaffung eines Gemeinschaftskodexes für Humanarzneimittel (ABl. L 311 vom 28. November 2001, S. 67), die zuletzt durch die Richtlinie 2008/29/EG des Europäischen Parlaments und des Rates vom 11. März 2008 (ABl. L 81 vom 20.3.2008, S. 51) geändert worden ist.

[4)] **Amtl. Anm.:** *(abgedruckt in Änderungstabelle Nr.* ***20****)*

Lfd. Nr.	Änderndes Gesetz	Datum	Fundstelle	Betroffen	Hinweis
9.	Art. 6 Sozialversicherungs-StabilisierungsG	14.4.2010	BGBl. I S. 410	§ 168	geänd. mWv 17.4.2010
10.	Art. 3 G zur Anpassung der Vorschriften über den Wertersatz bei Widerruf von Fernabsatzverträgen und über verbundene Verträge	27.7.2011	BGBl. I S. 1600	§ 8, Anlage	geänd. mWv 4.8.2011
11.	Art. 2 Abs. 79 G zur Änd. von Vorschriften über Verkündung und Bekanntmachungen sowie der ZPO, des EGZPO und der AO	22.12. 2011	BGBl. I S. 3044	§ 214	geänd. mWv 1.4.2012
12.	Art. 1 G zur Änd. versicherungsrechtlicher Vorschriften[1]	24.4.2013	BGBl. I S. 932, ber. S. 2584	§§ 9, 192, 202, 204, 205 Anlage	geänd. mWv 1.5.2013 geänd. mWv 1.9.2013
13.	Art. 3 G zur Beseitigung sozialer Überforderung bei Beitragsschulden in der Krankenversicherung	15.7.2013	BGBl. I S. 2423	§ 193	geänd. mWv 1.8.2013
14.	Art. 9 G zur Umsetzung der VerbraucherrechteRL und zur Änd. des G zur Regelung der Wohnungsvermittlung[2]	20.9.2013	BGBl. I S. 3642	§§ 6, 8, 49, 211, Anl.	geänd. mWv 13.6.2014
15.	Art. 2 LebensversicherungsreformG	1.8.2014	BGBl. I S. 1330	§§ 7, 153	geänd. mWv 7.8.2014
16.	Art. 2 Abs. 49 G zur Modernisierung der Finanzaufsicht über Versicherungen	1.4.2015	BGBl. I S. 434	§§ 153, 154, 169, 192, 193, 203, 210, 211	geänd. mWv 1.1.2016
17.	Art. 8 Abs. 21 Bilanzrichtlinie-UmsetzungsG	17.7.2015	BGBl. I S. 1245	§ 210	geänd. mWv 23.7.2015
18.	Art. 15 G zur Umsetzung der RL über alternative Streitbeilegung in Verbraucherangelegenheiten und zur Durchführung der VO über Online-Streitbeilegung in Verbraucherangelegenheiten[3]	19.2.2016	BGBl. I S. 254	§ 214	geänd. mWv 1.4.2016

[1] **Amtl. Anm.:** Artikel 1 Nummer 1 und 6 dieses Gesetzes dient der Umsetzung von Artikel 6 der Richtlinie 2002/65/EG des Europäischen Parlaments und des Rates vom 23. September 2002 über den Fernabsatz von Finanzdienstleistungen an Verbraucher und zur Änderung der Richtlinie 90/619/EWG des Rates und der Richtlinien 97/7/EG und 98/27/EG (ABl. L 271 vom 9.10.2002, S. 16).

[2] **Amtl. Anm.:** Dieses Gesetz dient der Umsetzung der Richtlinie 2011/83/EU des Europäischen Parlaments und des Rates vom 25. Oktober 2011 über die Rechte der Verbraucher, zur Abänderung der Richtlinie 93/13/EWG des Rates und der Richtlinie 1999/44/EG des Europäischen Parlaments und des Rates sowie zur Aufhebung der Richtlinie 85/577/EWG des Rates und der Richtlinie 97/7/EG des Europäischen Parlaments und des Rates (ABl. L 304 vom 22.11.2011, S. 64).

[3] **Amtl. Anm.:** Dieses Gesetz dient der Umsetzung der Richtlinie 2013/11/EU des Europäischen Parlaments und des Rates vom 21. Mai 2013 über die alternative Beilegung verbraucherrechtlicher Streitigkeiten und zur Änderung der Verordnung (EG) Nr. 2006/2004 und der Richtlinie 2009/22/EG (Richtlinie über alternative Streitbeilegung in Verbraucherangelegenheiten) (ABl. L 165 vom 18.6.2013, S. 63).

Lfd. Nr.	Änderndes Gesetz	Datum	Fundstelle	Betroffen	Hinweis
19.	Art. 20 Abs. 3 BundesteilhabeG	23.12. 2016	BGBl. I S. 3234	§ 193	geänd. mWv 1.1.2020
20.	Art. 1i Heil- und HilfsmittelversorgungsG[1)]	4.4.2017	BGBl. I S. 778	§§ 192, 197, 208	geänd. mWv 11.4.2017
21.	Art. 6 Abs. 31 G zur Neuregelung des Mutterschutzrechts[2)]	23.5.2017	BGBl. I S. 1228	§ 192	geänd. mWv 1.1.2018
22.	Art. 3 G zur Umsetzung der Richtlinie (EU) 2016/97 über Versicherungsvertrieb[3)] und zur Änd. weiterer Gesetze	20.7.2017	BGBl. I S. 2789	Inhaltsübersicht, §§ 6, 7, 59, 61	geänd. mWv 23.2.2018
				§§ 1a, 6a, 7a, 7b, 7c, 7d	eingef. mWv 23.2.2018
				§ 66	neu gef. mWv 23.2.2018
				§ 155	neu gef. mWv 1.7.2018
23.	Art. 15 Betriebsrentenstärkungsgesetz	17.8.2017	BGBl. I S. 3214	§ 150	geänd. mWv 1.1.2018
24.	Art. 2 G zur Änd. von Vorschriften über die außergerichtl. Streitbeilegung in Verbrauchersachen und zur Änd. weiterer Gesetze	30.11. 2019	BGBl. I S. 1942	§ 214	geänd. mWv 6.12.2019
25.	Art. 6 Zweites G zum Schutz der Bevölkerung bei einer epidemischen Lage von nationaler Tragweite	19.5.2020	BGBl. I S. 1018	§ 204	geänd. mWv 23.5.2020
26.	Art. 2 G zur Haftung bei Unfällen mit Anhängern und Gespannen im Straßenverkehr	10.7.2020	BGBl. I S. 1653	§§ 78, 87	geänd. mWv 17.7.2020
27.	Art. 3 G zur Anpassung des Finanzdienstleistungsrechts an die Rechtsprechung des Gerichtshofs der EU vom 11. September 2019 in der Rechtssache C-383/18 und vom 26. März 2020 in der Rechtssache C-66/19	9.6.2021	BGBl. I S. 1666	§§ 7a, 7d, 8	geänd. mWv 15.6.2021
				Anl.	neu gef. mWv 15.6.2021
28.	Art. 4 GesundheitsversorgungsweiterentwicklungsG	11.7.2021	BGBl. I S. 2754	§ 192	geänd. mWv 20.7.2021

[1)] **Amtl. Anm.:** Dieses Gesetz dient der Umsetzung der Richtlinie 2013/55/EU des Europäischen Parlaments und des Rates vom 20. November 2013 zur Änderung der Richtlinie 2005/36/EG über die Anerkennung von Berufsqualifikationen und der Verordnung (EU) Nr. 1024/2012 über die Verwaltungszusammenarbeit mit Hilfe des Binnenmarkt-Informationssystems („IMI-Verordnung") (ABl. L 354 vom 28.12.2013, S. 132).

[2)] **Amtl. Anm.:** Dieses Gesetz dient der Umsetzung der Richtlinie 92/85/EWG des Rates vom 19. Oktober 1992 über die Durchführung von Maßnahmen zur Verbesserung der Sicherheit und des Gesundheitsschutzes von schwangeren Arbeitnehmerinnen, Wöchnerinnen und stillenden Arbeitnehmerinnen am Arbeitsplatz (zehnte Einzelrichtlinie im Sinne des Artikels 16 Absatz 1 der Richtlinie 89/391/EWG) (ABl. L 348 vom 28.11.1992, S. 1), die zuletzt durch die Richtlinie 2014/27/EU (ABl. L 65 vom 5.3.2014, S. 1) geändert worden ist.

[3)] **Amtl. Anm.:** (ABl. L 26 vom 2.2.2016, S. 19)

(4) Handelt es sich um einen telefonischen Kontakt, werden, selbst wenn sich der Versicherungsnehmer dafür entschieden hat, die Auskünfte gemäß Absatz 2 auf einem anderen dauerhaften Datenträger als Papier zu erhalten, die Auskünfte dem Versicherungsnehmer gemäß Absatz 1 oder Absatz 2 unmittelbar nach Abschluss des Versicherungsvertrags erteilt.

§ 7[1] Information des Versicherungsnehmers. (1) [1]Der Versicherer hat dem Versicherungsnehmer rechtzeitig vor Abgabe von dessen Vertragserklärung seine Vertragsbestimmungen einschließlich der Allgemeinen Versicherungsbedingungen sowie die in einer Rechtsverordnung nach Absatz 2 bestimmten Informationen in Textform mitzuteilen. [2]Die Mitteilungen sind in einer dem eingesetzten Kommunikationsmittel entsprechenden Weise klar und verständlich zu übermitteln. [3]Wird der Vertrag auf Verlangen des Versicherungsnehmers telefonisch oder unter Verwendung eines anderen Kommunikationsmittels geschlossen, das die Information in Textform vor der Vertragserklärung des Versicherungsnehmers nicht gestattet, muss die Information unverzüglich nach Vertragsschluss nachgeholt werden; dies gilt auch, wenn der Versicherungsnehmer durch eine gesonderte schriftliche Erklärung auf eine Information vor Abgabe seiner Vertragserklärung ausdrücklich verzichtet.

(2) [1]Das Bundesministerium der Justiz und für Verbraucherschutz wird ermächtigt, im Einvernehmen mit dem Bundesministerium der Finanzen und durch Rechtsverordnung ohne Zustimmung des Bundesrates zum Zweck einer umfassenden Information des Versicherungsnehmers festzulegen,

1. welche Einzelheiten des Vertrags, insbesondere zum Versicherer, zur angebotenen Leistung und zu den Allgemeinen Versicherungsbedingungen sowie zum Bestehen eines Widerrufsrechts, dem Versicherungsnehmer mitzuteilen sind,
2. welche weiteren Informationen dem Versicherungsnehmer bei der Lebensversicherung, insbesondere über die zu erwartenden Leistungen, ihre Ermittlung und Berechnung, über eine Modellrechnung sowie über die Abschluss- und Vertriebskosten und die Verwaltungskosten, soweit eine Verrechnung mit Prämien erfolgt, und über sonstige Kosten mitzuteilen sind,
3. welche weiteren Informationen bei der Krankenversicherung, insbesondere über die Prämienentwicklung und -gestaltung sowie die Abschluss- und Vertriebskosten und die Verwaltungskosten, mitzuteilen sind,
4. was dem Versicherungsnehmer mitzuteilen ist, wenn der Versicherer mit ihm telefonisch Kontakt aufgenommen hat und
5. in welcher Art und Weise die Informationen zu erteilen sind.

[2]Bei der Festlegung der Mitteilungen nach Satz 1 sind die vorgeschriebenen Angaben nach der Richtlinie 92/49/EWG des Rates vom 18. Juni 1992 zur Koordinierung der Rechts- und Verwaltungsvorschriften für die Direktversicherung (mit Ausnahme der Lebensversicherung) sowie zur Änderung der Richtlinien 73/239/EWG und 88/357/EWG (Dritte Richtlinie Schadenversicherung) (ABl. L 228 vom 11.8.1992, S. 1) und der Richtlinie 2002/65/EG des Europäischen Parlaments und des Rates vom 23. September 2002 über den Fernabsatz von Finanzdienstleistungen an Verbraucher und zur Änderung der Richtlinie 90/619/EWG des Rates und der Richtlinien 97/7/EG und 98/27/EG (ABl. L 271 vom 9.10.2002, S. 16) zu beachten. [3]Bei der Festlegung der Mitteilungen nach Satz 1 sind ferner zu beachten:

---

[1] § 7 Abs. 5 Satz 1 geänd. mWv 17.12.2009 durch G v. 25.6.2009 (BGBl. I S. 1574); Abs. 2 Satz 1 einl. Satzteil, Nr. 2 und 3 geänd. mWv 7.8.2014 durch G v. 1.8.2014 (BGBl. I S. 1330); Abs. 2 Satz 2 neu gef., Satz 3 angef. mWv 23.2.2018 durch G v. 20.7.2017 (BGBl. I S. 2789).

1. die technischen Durchführungsstandards, die die Europäische Aufsichtsbehörde für das Versicherungswesen und die betriebliche Altersversorgung nach der Richtlinie (EU) 2016/97 des Europäischen Parlaments und des Rates vom 20. Januar 2016 über Versicherungsvertrieb (Neufassung) (ABl. L 26 vom 2.2.2016, S. 19; L 222 vom 17.8.2016, S. 114) erarbeitet und die von der Kommission der Europäischen Union nach Artikel 15 der Verordnung (EU) Nr. 1094/2010 des Europäischen Parlaments und des Rates vom 24. November 2010 zur Errichtung einer Europäischen Aufsichtsbehörde (Europäische Aufsichtsbehörde für das Versicherungswesen und die betriebliche Altersversorgung), zur Änderung des Beschlusses Nr. 716/2009/EG und zur Aufhebung des Beschlusses 2009/79/EG der Kommission (ABl. L 331 vom 15.12.2010, S. 48), die zuletzt durch die Verordnung (EU) Nr. 258/2014 (ABl. L 105 vom 8.4.2014, S. 1) geändert worden ist, erlassen worden sind,
2. die delegierten Rechtsakte, die von der Kommission nach Artikel 29 Absatz 4 Buchstabe b und Artikel 30 Absatz 6 der Richtlinie (EU) 2016/97, jeweils in Verbindung mit Artikel 38 der Richtlinie (EU) 2016/97, erlassen worden sind.

(3) In der Rechtsverordnung nach Absatz 2 ist ferner zu bestimmen, was der Versicherer während der Laufzeit des Vertrags in Textform mitteilen muss; dies gilt insbesondere bei Änderungen früherer Informationen, ferner bei der Krankenversicherung bei Prämienerhöhungen und hinsichtlich der Möglichkeit eines Tarifwechsels sowie bei der Lebensversicherung mit Überschussbeteiligung hinsichtlich der Entwicklung der Ansprüche des Versicherungsnehmers.

(4) Der Versicherungsnehmer kann während der Laufzeit des Vertrags jederzeit vom Versicherer verlangen, dass ihm dieser die Vertragsbestimmungen einschließlich der Allgemeinen Versicherungsbedingungen in einer Urkunde übermittelt; die Kosten für die erste Übermittlung hat der Versicherer zu tragen.

(5) [1]Die Absätze 1 bis 4 sind auf Versicherungsverträge über ein Großrisiko im Sinn des § 210 Absatz 2 nicht anzuwenden. [2]Ist bei einem solchen Vertrag der Versicherungsnehmer eine natürliche Person, hat ihm der Versicherer vor Vertragsschluss das anwendbare Recht und die zuständige Aufsichtsbehörde in Textform mitzuteilen.

§ 7a[1)] Querverkäufe. (1) Wird ein Versicherungsprodukt zusammen mit einem Nebenprodukt oder einer Nebendienstleistung, das oder die keine Versicherung ist, als Paket oder als Teil eines Pakets oder derselben Vereinbarung angeboten, hat der Versicherer den Versicherungsnehmer darüber zu informieren, ob die Bestandteile getrennt voneinander gekauft werden können; ist dies der Fall, stellt er eine Beschreibung der Bestandteile der Vereinbarung oder des Pakets zur Verfügung und erbringt für jeden Bestandteil einen gesonderten Nachweis über Kosten und Gebühren.

(2) Wird ein Paket angeboten, dessen Versicherungsdeckung sich von der Versicherungsdeckung beim getrennten Erwerb seiner Bestandteile unterscheidet, stellt der Versicherer dem Versicherungsnehmer eine Beschreibung der Bestandteile des Pakets und der Art und Weise zur Verfügung, wie ihre Wechselwirkung die Versicherungsdeckung ändert.

(3) [1]Ergänzt ein Versicherungsprodukt eine Dienstleistung, die keine Versicherung ist, oder eine Ware als Teil eines Pakets oder derselben Vereinbarung, bietet der

---

[1)] § 7a eingef. mWv 23.2.2018 durch G v. 20.7.2017 (BGBl. I S. 2789); Abs. 5 Satz 2 geänd. mWv 15.6. 2021 durch G v. 9.6.2021 (BGBl. I S. 1666).

Versicherer dem Versicherungsnehmer die Möglichkeit, die Ware oder die Dienstleistung gesondert zu kaufen. [2]Dies gilt nicht, wenn das Versicherungsprodukt Folgendes ergänzt:

1. eine Wertpapierdienstleistung oder Anlagetätigkeit im Sinne des Artikels 4 Absatz 1 Nummer 2 der Richtlinie 2014/65/EU des Europäischen Parlaments und des Rates,
2. einen Kreditvertrag im Sinne des Artikels 4 Nummer 3 der Richtlinie 2014/17/EU des Europäischen Parlaments und des Rates oder
3. ein Zahlungskonto im Sinne des Artikels 2 Nummer 3 der Richtlinie 2014/92/EU des Europäischen Parlaments und des Rates.

(4) Versicherer haben in den Fällen der Absätze 1 bis 3 die Wünsche und Bedürfnisse des Versicherungsnehmers im Zusammenhang mit den Versicherungsprodukten, die Teil des Pakets oder derselben Vereinbarung sind, zu ermitteln.

(5) [1]Wird eine Restschuldversicherung als Nebenprodukt oder als Teil eines Pakets oder derselben Vereinbarung angeboten, ist der Versicherungsnehmer eine Woche nach Abgabe seiner Vertragserklärung für das Versicherungsprodukt erneut in Textform über sein Widerrufsrecht zu belehren. [2]Das Informationsblatt zu Versicherungsprodukten ist dem Versicherungsnehmer mit dieser Belehrung erneut zur Verfügung zu stellen. [3]Die Widerrufsfrist beginnt nicht vor Zugang dieser Unterlagen.

§ 7b[1)] Information bei Versicherungsanlageprodukten. (1) [1]Bei Produkten, die Versicherungsanlageprodukte im Sinne von Artikel 2 Absatz 1 Nummer 17 der Richtlinie (EU) 2016/97 sind, sind dem Versicherungsnehmer angemessene Informationen über den Vertrieb von Versicherungsanlageprodukten und sämtliche Kosten und Gebühren rechtzeitig vor Abschluss des Vertrags zur Verfügung zu stellen. [2]Diese Informationen enthalten mindestens das Folgende:

1. wenn eine Beratung erfolgt, die Information darüber, ob dem Versicherungsnehmer eine regelmäßige Beurteilung der Eignung des Versicherungsanlageprodukts, das diesem Versicherungsnehmer empfohlen wird, gemäß § 7c geboten wird;
2. geeignete Leitlinien und Warnhinweise zu den mit Versicherungsanlageprodukten oder mit bestimmten vorgeschlagenen Anlagestrategien verbundenen Risiken;
3. Informationen über den Vertrieb des Versicherungsanlageprodukts, einschließlich der Beratungskosten und der Kosten des dem Versicherungsnehmer empfohlenen Versicherungsanlageprodukts;
4. wie der Versicherungsnehmer Zahlungen leisten kann, einschließlich Zahlungen Dritter.

(2) [1]Die Informationen über alle Kosten und Gebühren, einschließlich Kosten und Gebühren im Zusammenhang mit dem Vertrieb des Versicherungsanlageprodukts, die nicht durch das zugrunde liegende Marktrisiko verursacht werden, sind in zusammengefasster Form zu erteilen; die Gesamtkosten sowie die kumulative Wirkung auf die Anlagerendite müssen verständlich sein; ferner ist dem Versicherungsnehmer auf sein Verlangen eine Aufstellung der Kosten und Gebühren zur Verfügung zu stellen. [2]Diese Informationen werden dem Versicherungsnehmer während der Laufzeit der Anlage regelmäßig, mindestens aber jährlich, zur Verfügung gestellt.

[1)] § 7b eingef. mWv 23.2.2018 durch G v. 20.7.2017 (BGBl. I S. 2789).

§ 7c[1] Beurteilung von Versicherungsanlageprodukten; Berichtspflicht.

(1) [1] Bei einer Beratung zu einem Versicherungsanlageprodukt hat der Versicherer zu erfragen:

1. Kenntnisse und Erfahrungen des Versicherungsnehmers im Anlagebereich in Bezug auf den speziellen Produkttyp oder den speziellen Typ der Dienstleistung,
2. die finanziellen Verhältnisse des Versicherungsnehmers, einschließlich der Fähigkeit des Versicherungsnehmers, Verluste zu tragen, und
3. die Anlageziele, einschließlich der Risikotoleranz des Versicherungsnehmers.

[2] Der Versicherer darf dem Versicherungsnehmer nur Versicherungsanlageprodukte empfehlen, die für diesen geeignet sind und insbesondere dessen Risikotoleranz und dessen Fähigkeit, Verluste zu ertragen, entsprechen. [3] Ein Paket von Dienstleistungen oder Produkten, die gemäß § 7a gebündelt sind, darf der Versicherer bei einer Anlageberatung nur empfehlen, wenn das gesamte Paket für den Kunden geeignet ist.

(2) [1] Der Versicherer hat stets zu prüfen, ob das Versicherungsprodukt für den Versicherungsnehmer angemessen ist. [2] Zur Beurteilung der Zweckmäßigkeit muss der Versicherer von dem Versicherungsnehmer Informationen über seine Kenntnisse und Erfahrung im Anlagebereich in Bezug auf den speziellen Produkttyp oder den speziellen Typ der Dienstleistung erfragen. [3] Wird ein Paket entsprechend § 7a angeboten, hat der Versicherer zu berücksichtigen, ob das Paket angemessen ist. [4] Ist der Versicherer der Auffassung, dass das Produkt für den Versicherungsnehmer unangemessen ist, warnt er den Versicherungsnehmer. [5] Macht der Versicherungsnehmer die in Absatz 1 Satz 1 genannten Angaben nicht oder macht er unzureichende Angaben zu seinen Kenntnissen und seiner Erfahrung, warnt ihn der Versicherer, dass er wegen unzureichender Angaben nicht beurteilen kann, ob das in Betracht gezogene Produkt für ihn angemessen ist. [6] Diese Warnungen können in einem standardisierten Format erfolgen.

(3) Versicherer können, wenn sie keine Beratung gemäß Absatz 1 leisten, Versicherungsanlageprodukte ohne die in Absatz 2 vorgesehene Prüfung vertreiben, wenn die folgenden Bedingungen erfüllt sind:

1. die Tätigkeiten beziehen sich auf eines der folgenden Versicherungsprodukte:
   a) Verträge, die ausschließlich Anlagerisiken aus Finanzinstrumenten mit sich bringen, die nicht als komplexe Finanzinstrumente im Sinne der Richtlinie 2014/65/EU gelten und keine Struktur aufweisen, die es dem Versicherungsnehmer erschwert, die mit der Anlage einhergehenden Risiken zu verstehen, oder
   b) andere nicht komplexe Versicherungsanlagen;
2. die Vertriebstätigkeit erfolgt auf Veranlassung des Versicherungsnehmers;
3. der Versicherungsnehmer wurde eindeutig darüber informiert, dass der Versicherer bei der Erbringung der Vertriebstätigkeit die Angemessenheit der angebotenen Versicherungsanlageprodukte nicht geprüft hat; eine derartige Warnung kann in standardisierter Form erfolgen;
4. der Versicherer kommt seinen Pflichten zur Vermeidung von Interessenkonflikten nach.

(4) [1] Der Versicherer erstellt eine Aufzeichnung der Vereinbarungen mit dem Versicherungsnehmer über die Rechte und Pflichten der Parteien sowie die Bedin-

[1] § 7c eingef. mWv 23.2.2018 durch G v. 20.7.2017 (BGBl. I S. 2789).

gungen, zu denen das Versicherungsunternehmen Dienstleistungen für den Versicherungsnehmer erbringt. [2] Die Rechte und Pflichten der Vertragsparteien können durch einen Verweis auf andere Dokumente oder Rechtstexte geregelt werden.

(5) [1] Der Versicherer muss dem Versicherungsnehmer angemessene Berichte über die erbrachten Dienstleistungen auf einem dauerhaften Datenträger zur Verfügung stellen. [2] Diese Berichte enthalten regelmäßige Mitteilungen an den Versicherungsnehmer, die die Art und die Komplexität der jeweiligen Versicherungsanlageprodukte sowie die Art der für den Versicherungsnehmer erbrachten Dienstleistung berücksichtigen, und gegebenenfalls die Kosten, die mit den getätigten Geschäften und den erbrachten Dienstleistungen verbunden sind. [3] Erbringt der Versicherer eine Beratungsleistung zu einem Versicherungsanlageprodukt, stellt er dem Versicherungsnehmer vor Vertragsabschluss auf einem dauerhaften Datenträger eine Erklärung zur Verfügung, in der die erbrachte Beratungsleistung und die dabei berücksichtigten Präferenzen, Ziele und anderen kundenspezifischen Merkmale aufgeführt sind. [4] § 6a findet Anwendung; über eine Website kann die Erklärung jedoch nicht erbracht werden. [5] Wenn der Versicherungsvertrag unter Verwendung eines Fernkommunikationsmittels abgeschlossen wird und die vorherige Aushändigung der Angemessenheitserklärung nicht möglich ist, kann der Versicherer dem Versicherungsnehmer die Angemessenheitserklärung auf einem dauerhaften Datenträger unverzüglich nach Abschluss des Versicherungsvertrags zur Verfügung stellen, sofern die folgenden Bedingungen erfüllt sind:

1. der Versicherungsnehmer hat dieser Vorgehensweise zugestimmt und
2. der Versicherer hat dem Versicherungsnehmer angeboten, den Zeitpunkt des Vertragsabschlusses zu verschieben, damit der Versicherungsnehmer die Angemessenheitserklärung vorher erhalten kann.

[6] Hat der Versicherer dem Versicherungsnehmer mitgeteilt, dass er eine regelmäßige Beurteilung der Eignung vornehmen werde, muss der regelmäßige Bericht jeweils eine aktualisierte Erklärung dazu enthalten, inwieweit das Versicherungsanlageprodukt den Präferenzen, Zielen und anderen kundenspezifischen Merkmalen des Versicherungsnehmers entspricht.

§ 7d[1)] Beratung, Information und Widerruf bei bestimmten Gruppenversicherungen. [1] Der Versicherungsnehmer eines Gruppenversicherungsvertrags für Restschuldversicherungen hat gegenüber der versicherten Person die Beratungs- und Informationspflichten eines Versicherers. [2] Die versicherte Person hat die Rechte eines Versicherungsnehmers, insbesondere das Widerrufsrecht. [3] Über dieses Widerrufsrecht ist eine Woche nach Abgabe der Vertragserklärung erneut in Textform zu belehren. [4] Das Informationsblatt zu Versicherungsprodukten ist mit dieser Belehrung erneut zur Verfügung zu stellen. [5] Die Widerrufsfrist beginnt nicht vor Zugang dieser Unterlagen.

§ 8[2)] [3)] Widerrufsrecht des Versicherungsnehmers. (1) [1] Der Versicherungs*nehmer kann seine* Vertragserklärung innerhalb von 14 Tagen widerrufen. [2] Der Widerruf ist in Textform gegenüber dem Versicherer zu erklären und muss keine Begründung enthalten; zur Fristwahrung genügt die rechtzeitige Absendung.

[1)] § 7d eingef. mWv 23.2.2018 durch G v. 20.7.2017 (BGBl. I S. 2789); Satz 4 geänd. mWv 15.6.2021 durch G v. 9.6.2021 (BGBl. I S. 1666).

[2)] § 8 Abs. 3 Satz 1 Nr. 4 geänd. mWv 17.12.2009 durch G v. 25.6.2009 (BGBl. I S. 1574); Abs. 1 Satz 1 und Abs. 2 Satz 1 Nr. 2 geänd., Abs. 2 Satz 2 aufgeh., bish. Satz 3 wird Satz 2, Abs. 3 Satz 2 und Abs. 5 neu gef. mWv 11.6.2010 durch G v. 29.7.2009 (BGBl. I S. 2355); Abs. 3 Nr. 2 und 3 geänd. mWv 13.6.2014 durch G v. 20.9.2013 (BGBl. I S. 3642); Abs. 2 Satz 1 Nr. 1 geänd., Satz 2 eingef., bish. Satz 2 wird Satz 3 →

(2) [1] Die Widerrufsfrist beginnt zu dem Zeitpunkt, zu dem folgende Unterlagen dem Versicherungsnehmer in Textform zugegangen sind:

1. der Versicherungsschein und die Vertragsbestimmungen einschließlich der Allgemeinen Versicherungsbedingungen sowie die weiteren Informationen, die nach der VVG-Informationspflichtenverordnung mitzuteilen sind, und
2. eine deutlich gestaltete Belehrung über das Widerrufsrecht und über die Rechtsfolgen des Widerrufs, die dem Versicherungsnehmer seine Rechte entsprechend den Erfordernissen des eingesetzten Kommunikationsmittels deutlich macht und die den Namen und die ladungsfähige Anschrift desjenigen, gegenüber dem der Widerruf zu erklären ist, sowie einen Hinweis auf den Fristbeginn und auf die Regelungen des Absatzes 1 Satz 2 enthält.

[2] Bei Versicherungsprodukten, für die ein Basisinformationsblatt nach der Verordnung (EU) Nr. 1286/2014 des Europäischen Parlaments und des Rates vom 26. November 2014 über Basisinformationsblätter für verpackte Anlageprodukte für Kleinanleger und Versicherungsanlageprodukte (PRIIP) (ABl. L 352 vom 9.12.2014, S. 1; L 358 vom 13.12.2014, S. 50), die zuletzt durch die Verordnung (EU) 2019/1156 (ABl. L 188 vom 12.7.2019, S. 55) geändert worden ist, in der jeweils geltenden Fassung oder für die ein PEPP-Basisinformationsblatt nach Artikel 26 der Verordnung (EU) 2019/1238 des Europäischen Parlaments und des Rates vom 20. Juni 2019 über ein Paneuropäisches Privates Pensionsprodukt (PEPP) (ABl. L 198 vom 25.7.2019, S. 1) in der jeweils geltenden Fassung zu erstellen ist, beginnt die Widerrufsfrist nicht, bevor auch das Basisinformationsblatt oder das PEPP-Basisinformationsblatt zur Verfügung gestellt worden ist. [3] Der Nachweis über den Zugang der Unterlagen nach den Sätzen 1 und 2 obliegt dem Versicherer.

(3) [1] Das Widerrufsrecht besteht nicht

1. bei Versicherungsverträgen mit einer Laufzeit von weniger als einem Monat,
2. bei Versicherungsverträgen über vorläufige Deckung, es sei denn, es handelt sich um einen Fernabsatzvertrag im Sinn des § 312c des Bürgerlichen Gesetzbuchs,
3. bei Versicherungsverträgen bei Pensionskassen, die auf arbeitsvertraglichen Regelungen beruhen, es sei denn, es handelt sich um einen Fernabsatzvertrag im Sinn des § 312c des Bürgerlichen Gesetzbuchs,
4. bei Versicherungsverträgen über ein Großrisiko im Sinn des § 210 Absatz 2.

[2] Das Widerrufsrecht erlischt, wenn der Vertrag von beiden Seiten auf ausdrücklichen Wunsch des Versicherungsnehmers vollständig erfüllt ist, bevor der Versicherungsnehmer sein Widerrufsrecht ausgeübt hat.

(4) [1] Die nach Absatz 2 Satz 1 Nr. 2 zu erteilende Belehrung genügt den dort genannten Anforderungen, wenn das Muster der Anlage zu diesem Gesetz in Textform verwendet wird. [2] Der Versicherer darf unter Beachtung von Absatz 2 Satz 1 Nr. 2 von dem Muster abweichen. [3] Beschränkt sich die Abweichung unter Beachtung von Absatz 2 Satz 1 Nummer 2 auf Format und Schriftgröße oder darauf, dass der Versicherer Zusätze wie die Firma oder ein Kennzeichen des Versicherers anbringt, so ist Satz 1 anzuwenden.

(Fortsetzung der Anm. von voriger Seite)
und geänd., Abs. 4 aufgeh., bish. Abs. 5 wird Abs. 4 und Satz 2 geänd., Satz 3 angef. mWv 15.6.2021 durch G v. 9.6.2021 (BGBl. I S. 1666).

[3)] Beachte hierzu Übergangsvorschrift in § 8 EGVVG (Nr. **62a**).

Kapitel 8.[1] Krankenversicherung

§ 192[1] Vertragstypische Leistungen des Versicherers. (1) Bei der Krankheitskostenversicherung ist der Versicherer verpflichtet, im vereinbarten Umfang die Aufwendungen für medizinisch notwendige Heilbehandlung wegen Krankheit oder Unfallfolgen und für sonstige vereinbarte Leistungen einschließlich solcher bei Schwangerschaft und Entbindung sowie für ambulante Vorsorgeuntersuchungen zur Früherkennung von Krankheiten nach gesetzlich eingeführten Programmen zu erstatten.

(2) Der Versicherer ist zur Leistung nach Absatz 1 insoweit nicht verpflichtet, als die Aufwendungen für die Heilbehandlung oder sonstigen Leistungen in einem auffälligen Missverhältnis zu den erbrachten Leistungen stehen.

(3) Als Inhalt der Krankheitskostenversicherung können zusätzliche Dienstleistungen, die in unmittelbarem Zusammenhang mit Leistungen nach Absatz 1 stehen, vereinbart werden, insbesondere

1. die Beratung über Leistungen nach Absatz 1 sowie über die Anbieter solcher Leistungen;
2. die Beratung über die Berechtigung von Entgeltansprüchen der Erbringer von Leistungen nach Absatz 1;
3. die Abwehr unberechtigter Entgeltansprüche der Erbringer von Leistungen nach Absatz 1;
4. die Unterstützung der versicherten Personen bei der Durchsetzung von Ansprüchen wegen fehlerhafter Erbringung der Leistungen nach Absatz 1 und der sich hieraus ergebenden Folgen;
5. die unmittelbare Abrechnung der Leistungen nach Absatz 1 mit deren Erbringern.

(4) Bei der Krankenhaustagegeldversicherung ist der Versicherer verpflichtet, bei medizinisch notwendiger stationärer Heilbehandlung das vereinbarte Krankenhaustagegeld zu leisten.

(5) [1] Bei der Krankentagegeldversicherung ist der Versicherer verpflichtet, den als Folge von Krankheit oder Unfall durch Arbeitsunfähigkeit verursachten Verdienstausfall durch das vereinbarte Krankentagegeld zu ersetzen. [2] Er ist außerdem verpflichtet, den Verdienstausfall, der während der Schutzfristen nach § 3 Absatz 1 und 2 des Mutterschutzgesetzes sowie am Entbindungstag entsteht, durch das vereinbarte Krankentagegeld zu ersetzen, soweit der versicherten Person kein anderweitiger angemessener Ersatz für den während dieser Zeit verursachten Verdienstausfall zusteht.

(6) [1] Bei der Pflegekrankenversicherung ist der Versicherer verpflichtet, im Fall der Pflegebedürftigkeit im vereinbarten Umfang die Aufwendungen für die Pflege der versicherten Person zu erstatten (Pflegekostenversicherung) oder das vereinbarte Tagegeld zu leisten (Pflegetagegeldversicherung). [2] Absatz 2 gilt für die Pflegekostenversicherung entsprechend. [3] Die Regelungen des Elften Buches Sozialgesetzbuch über die private Pflegeversicherung bleiben unberührt.

[1] Kapitel 8 (§§ 192–208) neu gef. mWv 1.1.2009 durch G v. 23.11.2007 (BGBl. I S. 2631); § 192 Abs. 8 angef. mWv 1.5.2013 durch G v. 24.4.2013 (BGBl. I S. 932); Abs. 7 Satz 1 geänd. mWv 1.1.2016 durch G v. 1.4.2015 (BGBl. I S. 434); Abs. 5 Satz 2 angef. mWv 11.4.2017 durch G v. 4.4.2017 (BGBl. I S. 778); Abs. 5 Satz 2 geänd. mWv 1.1.2018 durch G v. 23.5.2017 (BGBl. I S. 1228); Abs. 7 Satz 1 geänd., Sätze 3–5 angef. mWv 20.7.2021 durch G v. 11.7.2021 (BGBl. I S. 2754).

(7) [1] Bei der Krankheitskostenversicherung im Basistarif nach § 152 des Versicherungsaufsichtsgesetzes und im Notlagentarif nach § 153 des Versicherungsaufsichtsgesetzes kann der Leistungserbringer seinen Anspruch auf Leistungserstattung auch gegen den Versicherer geltend machen, soweit der Versicherer aus dem Versicherungsverhältnis zur Leistung verpflichtet ist. [2] Im Rahmen der Leistungspflicht des Versicherers aus dem Versicherungsverhältnis haften Versicherer und Versicherungsnehmer gesamtschuldnerisch. [3] Soweit im Notlagentarif nach § 153 des Versicherungsaufsichtsgesetzes der Versicherer die aus dem Versicherungsverhältnis geschuldete Leistung an den Leistungserbringer oder den Versicherungsnehmer erbringt, wird er von seiner Leistungspflicht gegenüber dem Leistungserbringer frei. [4] Der Versicherer kann im Basistarif nach § 152 des Versicherungsaufsichtsgesetzes und im Notlagentarif nach § 153 des Versicherungsaufsichtsgesetzes nicht mit einer ihm aus der Krankheitskostenversicherung oder der privaten Pflege-Pflichtversicherung zustehenden Prämienforderung gegen eine Forderung des Versicherungsnehmers aus diesen Versicherungen aufrechnen. [5] § 35 ist nicht anwendbar.

(8) [1] Der Versicherungsnehmer kann vor Beginn einer Heilbehandlung, deren Kosten voraussichtlich 2 000 Euro überschreiten werden, in Textform vom Versicherer Auskunft über den Umfang des Versicherungsschutzes für die beabsichtigte Heilbehandlung verlangen. [2] Ist die Durchführung der Heilbehandlung dringlich, hat der Versicherer eine mit Gründen versehene Auskunft unverzüglich, spätestens nach zwei Wochen, zu erteilen, ansonsten nach vier Wochen; auf einen vom Versicherungsnehmer vorgelegten Kostenvoranschlag und andere Unterlagen ist dabei einzugehen. [3] Die Frist beginnt mit Eingang des Auskunftsverlangens beim Versicherer. [4] Ist die Auskunft innerhalb der Frist nicht erteilt, wird bis zum Beweis des Gegenteils durch den Versicherer vermutet, dass die beabsichtigte medizinische Heilbehandlung notwendig ist.

§ 193[1)] **Versicherte Person; Versicherungspflicht.** (1) [1] Die Krankenversicherung kann auf die Person des Versicherungsnehmers oder eines anderen genommen werden. [2] Versicherte Person ist die Person, auf welche die Versicherung genommen wird.

(2) Soweit nach diesem Gesetz die Kenntnis und das Verhalten des Versicherungsnehmers von rechtlicher Bedeutung sind, ist bei der Versicherung auf die Person eines anderen auch deren Kenntnis und Verhalten zu berücksichtigen.

(3) [1] Jede Person mit Wohnsitz im Inland ist verpflichtet, bei einem in Deutschland zum Geschäftsbetrieb zugelassenen Versicherungsunternehmen für sich selbst und für die von ihr gesetzlich vertretenen Personen, soweit diese nicht selbst Verträge abschließen können, eine Krankheitskostenversicherung, die mindestens eine Kostenerstattung für ambulante und stationäre Heilbehandlung umfasst und bei der die für tariflich vorgesehene Leistungen vereinbarten absoluten und prozentualen Selbstbehalte für ambulante und stationäre Heilbehandlung für jede zu versichernde Person auf eine betragsmäßige Auswirkung von kalenderjährlich 5 000 Euro begrenzt ist, abzuschließen und aufrechtzuerhalten; für Beihilfeberechtigte ergeben sich die möglichen Selbstbehalte durch eine sinngemäße Anwendung

---

[1)] § 193 neu gef. mWv 1.1.2009 durch G v. 23.11.2007 (BGBl. I S. 2631); Abs. 3 Satz 2 Nr. 3 geänd. mWv 23.7.2009 durch G v. 17.7.2009 (BGBl. I S. 1990); Abs. 4 Satz 5 geänd., Sätze 7 und 8 angef., Abs. 6 neu gef., Abs. 7–10 eingef., bish. Abs. 7 wird Abs. 11 mWv 1.8.2013 durch G v. 15.7.2013 (BGBl. I S. 2423); Abs. 5 Satz 1 abschl. Satzteil, Abs. 7 Satz 1, Sätze 3–5, Abs. 8 Sätze 1–3, Abs. 9 Satz 2 und Abs. 11 geänd. mWv 1.1.2016 durch G v. 1.4.2015 (BGBl. I S. 434); Abs. 3 Satz 2 Nr. 4 neu gef. mWv 1.1.2020 durch G v. 23.12.2016 (BGBl. I S. 3234).

des durch den Beihilfesatz nicht gedeckten Vom-Hundert-Anteils auf den Höchstbetrag von 5 000 Euro. [2] Die Pflicht nach Satz 1 besteht nicht für Personen, die

1. in der gesetzlichen Krankenversicherung versichert oder versicherungspflichtig sind oder
2. Anspruch auf freie Heilfürsorge haben, beihilfeberechtigt sind oder vergleichbare Ansprüche haben im Umfang der jeweiligen Berechtigung oder
3. Anspruch auf Leistungen nach dem Asylbewerberleistungsgesetz haben oder
4. Empfänger laufender Leistungen nach dem Dritten, Vierten und Siebten Kapitel des Zwölften Buches Sozialgesetzbuch und Empfänger von Leistungen nach Teil

(Fortsetzung nächstes Blatt)

Anlage[1) 2) 3)]
(zu § 8 Absatz 4 Satz 1)

Muster für die Widerrufsbelehrung

Widerrufsbelehrung

Abschnitt 1

Widerrufsrecht, Widerrufsfolgen und besondere Hinweise

Widerrufsrecht

Sie können Ihre Vertragserklärung innerhalb einer Frist von [14] [1] Tagen ohne Angabe von Gründen in Textform (z.B. Brief, Fax, E-Mail) widerrufen.

Die Widerrufsfrist beginnt, nachdem Ihnen [2]
- **der Versicherungsschein, [3]**
- **die Vertragsbestimmungen,**
  einschließlich der für das Vertragsverhältnis geltenden Allgemeinen Versicherungsbedingungen, diese wiederum einschließlich der Tarifbestimmungen,
- **diese Belehrung,**
- **das Informationsblatt zu Versicherungsprodukten, [4]**
- **und die weiteren in Abschnitt 2 aufgeführten Informationen**

jeweils in Textform zugegangen sind. [5]

Zur Wahrung der Widerrufsfrist genügt die rechtzeitige Absendung des Widerrufs. Der Widerruf ist zu richten an: [6]

Widerrufsfolgen

Im Falle eines wirksamen Widerrufs endet der Versicherungsschutz und der Versicherer hat Ihnen den auf die Zeit nach Zugang des Widerrufs entfallenden Teil der Prämien zu erstatten, wenn Sie zugestimmt haben, dass der Versicherungsschutz vor dem Ende der Widerrufsfrist beginnt. Den Teil der Prämie, der auf die Zeit bis zum Zugang des Widerrufs entfällt, darf der Versicherer in diesem Fall einbehalten; dabei handelt es sich um [einen Betrag in Höhe von…] [7] . [8] Der Versicherer hat zurückzuzahlende Beträge unverzüglich, spätestens 30 Tage nach Zugang des Widerrufs, zu erstatten.

Beginnt der Versicherungsschutz nicht vor dem Ende der Widerrufsfrist, so hat der wirksame Widerruf zur Folge, dass empfangene Leistungen zurückzugewähren und gezogene Nutzungen (z.B. Zinsen) herauszugeben sind. [9]

Besondere Hinweise

Ihr Widerrufsrecht erlischt, wenn der Vertrag auf Ihren ausdrücklichen Wunsch sowohl von Ihnen als auch vom Versicherer vollständig erfüllt ist, bevor Sie Ihr Widerrufsrecht ausgeübt haben.

Abschnitt 2

Auflistung der für den Fristbeginn erforderlichen weiteren Informationen

Hinsichtlich der in Abschnitt 1 Satz 2 genannten weiteren Informationen werden die Informationspflichten im Folgenden im Einzelnen aufgeführt:

Unterabschnitt 1 [10]

Informationspflichten bei allen Versicherungszweigen

Der Versicherer hat Ihnen folgende Informationen zur Verfügung zu stellen:

1. die Identität des Versicherers und der etwaigen Niederlassung, über die der Vertrag abgeschlossen werden soll; anzugeben ist auch das Handelsregister, bei dem der Rechtsträger eingetragen ist, und die zugehörige Registernummer;
2. *die Identität einer Vertreterin oder eines Vertreters des Versicherers in dem Mitgliedstaat der Europäischen Union, in dem Sie Ihren Wohnsitz haben, wenn es eine solche Vertreterin oder einen solchen Vertreter gibt, oder die Identität einer anderen gewerblich tätigen Person als dem Versicherer, wenn Sie mit dieser geschäftlich zu tun haben, und die Eigenschaft, in der diese Person gegenüber Ihnen tätig wird;*
3. a) die ladungsfähige Anschrift des Versicherers und jede andere Anschrift, die für die Geschäftsbeziehung zwischen dem Versicherer und Ihnen maßgeblich ist, bei juristischen Personen, Personenver-

[1)] Anl. neu gef. mWv 15.6.2021 durch G v. 9.6.2021 (BGBl. I S. 1666).

[2)] Beachte hierzu Übergangsvorschrift in § 8 EGVVG (Nr. **62a**).

[3)] Im BGBl. I sind die hier in eckigen Klammern wiedergegebenen Bezugnahmen auf die Gestaltungshinweise als geschlossene Kästchen dargestellt.

einigungen oder -gruppen auch den Namen eines Vertretungsberechtigten; soweit die Mitteilung durch Übermittlung der Vertragsbestimmungen einschließlich der Allgemeinen Versicherungsbedingungen erfolgt, bedürfen die Informationen einer hervorgehobenen und deutlich gestalteten Form;

b) jede andere Anschrift, die für die Geschäftsbeziehung zwischen einer Vertreterin oder einem Vertreter des Versicherers oder einer anderen gewerblich tätigen Person gemäß Nummer 2 und Ihnen maßgeblich ist, bei juristischen Personen, Personenvereinigungen oder -gruppen auch den Namen eines Vertretungsberechtigten; soweit die Mitteilung durch Übermittlung der Vertragsbestimmungen einschließlich der Allgemeinen Versicherungsbedingungen erfolgt, bedürfen die Informationen einer hervorgehobenen und deutlich gestalteten Form;

4. die Hauptgeschäftstätigkeit des Versicherers;
5. *Angaben über das Bestehen eines Garantiefonds oder anderer Entschädigungsregelungen; Name und Anschrift des Garantiefonds sind anzugeben;*
6. die wesentlichen Merkmale der Versicherungsleistung, insbesondere Angaben über Art, Umfang und Fälligkeit der Leistung des Versicherers;
7. den Gesamtpreis der Versicherung einschließlich aller Steuern und sonstigen Preisbestandteile, wobei die Prämien einzeln auszuweisen sind, wenn das Versicherungsverhältnis mehrere selbständige Versicherungsverträge umfassen soll, oder, wenn ein genauer Preis nicht angegeben werden kann, Angaben zu den Grundlagen seiner Berechnung, die Ihnen eine Überprüfung des Preises ermöglichen;
8. *a) gegebenenfalls zusätzlich anfallende Kosten unter Angabe des insgesamt zu zahlenden Betrages sowie mögliche weitere Steuern, Gebühren oder Kosten, die nicht über den Versicherer abgeführt oder von ihm in Rechnung gestellt werden;*
   b) alle Kosten, die Ihnen für die Benutzung von Fernkommunikationsmitteln entstehen, wenn solche zusätzlichen Kosten in Rechnung gestellt werden;
9. Einzelheiten hinsichtlich der Zahlung und der Erfüllung, insbesondere zur Zahlungsweise der Prämien;
10. *die Befristung der Gültigkeitsdauer der zur Verfügung gestellten Informationen, beispielsweise die Gültigkeitsdauer befristeter Angebote, insbesondere hinsichtlich des Preises;*
11. *den Hinweis, dass sich die Finanzdienstleistung auf Finanzinstrumente bezieht, die wegen ihrer spezifischen Merkmale oder der durchzuführenden Vorgänge mit speziellen Risiken behaftet sind oder deren Preis Schwankungen auf dem Finanzmarkt unterliegt, auf die der Versicherer keinen Einfluss hat, und dass in der Vergangenheit erwirtschaftete Beträge kein Indikator für künftige Erträge sind; die jeweiligen Umstände und Risiken sind zu bezeichnen;*
12. Angaben darüber, wie der Vertrag zustande kommt, insbesondere über den Beginn der Versicherung und des Versicherungsschutzes sowie die Dauer der Frist, während der der Antragsteller an den Antrag gebunden sein soll;
13. das Bestehen oder Nichtbestehen eines Widerrufsrechts sowie die Bedingungen, Einzelheiten der Ausübung, insbesondere Namen und Anschrift derjenigen Person, gegenüber der der Widerruf zu erklären ist, und die Rechtsfolgen des Widerrufs einschließlich Informationen über den Betrag, den Sie im Falle des Widerrufs gegebenenfalls zu zahlen haben; soweit die Mitteilung durch Übermittlung der Vertragsbestimmungen einschließlich der Allgemeinen Versicherungsbedingungen erfolgt, bedürfen die Informationen einer hervorgehobenen und deutlich gestalteten Form;
14. a) Angaben zur Laufzeit des Vertrages;
   b) Angaben zur Mindestlaufzeit des Vertrages;
15. *Angaben zur Beendigung des Vertrages, insbesondere zu den vertraglichen Kündigungsbedingungen einschließlich etwaiger Vertragsstrafen;* soweit die Mitteilung durch Übermittlung der Vertragsbestimmungen einschließlich der Allgemeinen Versicherungsbedingungen erfolgt, bedürfen die Informationen einer hervorgehobenen und deutlich gestalteten Form;
16. die Mitgliedstaaten der Europäischen Union, deren Recht der Versicherer der Aufnahme von Beziehungen zu Ihnen vor Abschluss des Versicherungsvertrages zugrunde legt;
17. das auf den Vertrag anwendbare Recht, *eine Vertragsklausel über das auf den Vertrag anwendbare Recht oder über das zuständige Gericht;*
18. die Sprachen, in denen die Vertragsbedingungen und die in diesem Unterabschnitt genannten Vorabinformationen mitgeteilt werden, sowie die Sprachen, in denen sich der Versicherer verpflichtet, mit Ihrer Zustimmung die Kommunikation während der Laufzeit dieses Vertrages zu führen;
19. einen möglichen Zugang für Sie zu einem außergerichtlichen Beschwerde- und Rechtsbehelfsverfahren und gegebenenfalls die Voraussetzungen für diesen Zugang; dabei ist ausdrücklich darauf hinzuweisen, dass die Möglichkeit für Sie, den Rechtsweg zu beschreiten, hiervon unberührt bleibt;
20. Name und Anschrift der zuständigen Aufsichtsbehörde sowie die Möglichkeit einer Beschwerde bei dieser Aufsichtsbehörde.

Unterabschnitt 2 [11]

Zusätzliche Informationspflichten bei dieser Berufsunfähigkeitsversicherung

Bei dieser Berufsunfähigkeitsversicherung hat der Versicherer Ihnen zusätzlich zu den oben genannten Informationen die folgenden Informationen zur Verfügung zu stellen:

1. Angaben in Euro zur Höhe der in die Prämie einkalkulierten Kosten; dabei sind die einkalkulierten Abschlusskosten als einheitlicher Gesamtbetrag und die übrigen einkalkulierten Kosten als Anteil der Jahresprämie unter Angabe der jeweiligen Laufzeit auszuweisen; bei den übrigen einkalkulierten Kosten sind die einkalkulierten Verwaltungskosten zusätzlich gesondert als Anteil der Jahresprämie unter Angabe der jeweiligen Laufzeit auszuweisen;
2. Angaben in Euro zu möglichen sonstigen Kosten, insbesondere zu Kosten, die einmalig oder aus besonderem Anlass entstehen können;
3. Angaben über die für die Überschussermittlung und Überschussbeteiligung geltenden Berechnungsgrundsätze und Maßstäbe;
4. Angabe in Euro der in Betracht kommenden Rückkaufswerte;
5. Angaben in Euro über den Mindestversicherungsbetrag für eine Umwandlung in eine prämienfreie oder eine prämienreduzierte Versicherung und über die Leistungen aus einer prämienfreien oder prämienreduzierten Versicherung;
6. das Ausmaß, in dem die Leistungen nach den Nummern 4 und 5 garantiert sind; die Angabe hat in Euro zu erfolgen;
7. *Angaben über die der Versicherung zugrunde liegenden Fonds und die Art der darin enthaltenen Vermögenswerte;*
8. allgemeine Angaben über die für diese Versicherungsart geltende Steuerregelung;
9. *die Minderung der Wertentwicklung durch Kosten in Prozentpunkten (Effektivkosten) bis zum Beginn der Auszahlungsphase;*
10. den Hinweis, dass der in den Versicherungsbedingungen verwendete Begriff der Berufsunfähigkeit nicht mit dem Begriff der Berufsunfähigkeit oder der Erwerbsminderung im sozialrechtlichen Sinne oder dem Begriff der Berufsunfähigkeit im Sinne der Versicherungsbedingungen in der Krankentagegeldversicherung übereinstimmt.

Unterabschnitt 3 [12]

Zusätzliche Informationspflichten bei dieser Krankenversicherung

Bei dieser Krankenversicherung hat der Versicherer Ihnen zusätzlich zu den oben genannten Informationen die folgenden Informationen zur Verfügung zu stellen:

1. Angaben in Euro zur Höhe der in die Prämie einkalkulierten Kosten; dabei sind die einkalkulierten Abschlusskosten als einheitlicher Gesamtbetrag und die übrigen einkalkulierten Kosten als Anteil der Jahresprämie unter Angabe der jeweiligen Laufzeit auszuweisen; bei den übrigen einkalkulierten Kosten sind die einkalkulierten Verwaltungskosten zusätzlich gesondert als Anteil der Jahresprämie unter Angabe der jeweiligen Laufzeit auszuweisen;
2. Angaben in Euro zu möglichen sonstigen Kosten, insbesondere zu Kosten, die einmalig oder aus besonderem Anlass entstehen können;
3. Angaben über die Auswirkungen steigender Krankheitskosten auf die zukünftige Beitragsentwicklung;
4. Hinweise auf die Möglichkeiten zur Beitragsbegrenzung im Alter, insbesondere auf die Möglichkeiten eines Wechsels in den Basistarif oder in andere Tarife gemäß § 204 des Versicherungsvertragsgesetzes und der Vereinbarung von Leistungsausschlüssen sowie auf die Möglichkeit einer Prämienminderung gemäß § 152 Absatz 3 und 4 des Versicherungsaufsichtsgesetzes;
5. einen Hinweis, dass ein Wechsel von der privaten in die gesetzliche Krankenversicherung in fortgeschrittenem Alter in der Regel ausgeschlossen ist;
6. einen Hinweis, dass ein Wechsel innerhalb der privaten Krankenversicherung in fortgeschrittenem Alter mit höheren Beiträgen verbunden sein kann und gegebenenfalls auf einen Wechsel in den Basistarif beschränkt ist;
7. eine Übersicht in Euro über die Beitragsentwicklung im Zeitraum der dem Angebot vorangehenden zehn Jahre; anzugeben ist, welcher *monatlichen*[1] Beitrag in den dem Angebot vorangehenden zehn Jahren jeweils zu entrichten gewesen wäre, wenn der Versicherungsvertrag zum damaligen Zeitpunkt von einer Person gleichen Geschlechts wie Sie mit Eintrittsalter von 35 Jahren abgeschlossen worden wäre; besteht der angebotene Tarif noch nicht seit zehn Jahren, so ist auf den Zeitpunkt der Einführung des Tarifs abzustellen, und es ist darauf hinzuweisen, dass die Aussagekraft der Übersicht wegen der kurzen Zeit, die seit der Einführung des Tarifs vergangen ist, begrenzt ist; ergänzend ist die Entwicklung eines vergleichbaren Tarifs, der bereits seit zehn Jahren besteht, darzustellen.

(Ort), (Datum), (Unterschrift des Versicherungsnehmers) [13] [14]

---

[1] Richtig wohl: „monatliche“.

Gestaltungshinweise:

[1] Für die Lebensversicherung lautet der Klammerzusatz: „30".

[2] Bei Versicherungsprodukten, für die nach der Verordnung (EU) Nr. 1286/2014 ein Basisinformationsblatt zu erstellen ist, sind hier die Wörter **„das Basisinformationsblatt zur Verfügung gestellt worden ist und"** einzusetzen. Bei Versicherungsprodukten, bei denen nach der Verordnung (EU) 2019/1238 ein PEPP-Basisinformationsblatt zu erstellen ist, sind hier die Wörter **„das PEPP-Basisinformationsblatt zur Verfügung gestellt worden ist und"** einzusetzen.

[3] Der Punkt **„der Versicherungsschein,"** entfällt bei Belehrung der versicherten Person eines Vertrages gemäß § 7d des Versicherungsvertragsgesetzes (VVG).

[4] Der Punkt **„das Informationsblatt zu Versicherungsprodukten"** ist nur aufzunehmen, wenn ein Informationsblatt zu Versicherungsprodukten nach § 4 der VVG-Informationspflichtenverordnung zur Verfügung zu stellen ist. Bei Altersvorsorge- und Basisrentenverträgen, für die ein individuelles Produktinformationsblatt nach § 7 Absatz 1 des Altersvorsorgeverträge-Zertifizierungsgesetzes zu erstellen ist, sind die Wörter **„das Informationsblatt zu Versicherungsprodukten"** durch die Wörter **„das Produktinformationsblatt"** zu ersetzen.

[5] Bei Restschuldversicherungen, die als Nebenprodukt oder als Teil eines Pakets oder derselben Vereinbarung angeboten werden (§ 7a Absatz 5 VVG), sowie bei Belehrung der versicherten Person eines Vertrages gemäß § 7d VVG ist folgender Satz einzufügen:

„Die Widerrufsfrist beginnt zudem nicht, bevor Ihnen mindestens eine Woche nach Abgabe Ihrer Vertragserklärung die Belehrung über das Widerrufsrecht und das Informationsblatt zu Versicherungsprodukten erneut in Textform zugegangen sind."

[6] Hier sind einzusetzen: Name/Firma und ladungsfähige Anschrift des Widerrufsadressaten. Zusätzlich können angegeben werden: Telefaxnummer, E-Mail-Adresse und/oder, wenn die Versicherungsnehmerin oder der Versicherungsnehmer eine Bestätigung ihrer oder seiner Widerrufserklärung an den Versicherer erhält, auch eine Internetadresse.

[7] Der Betrag kann auch in anderen Unterlagen, zum Beispiel im Antrag, ausgewiesen sein; dann lautet der Klammerzusatz je nach Ausgestaltung: „den im Antrag/im … auf Seite …/unter Nummer … ausgewiesenen Betrag".

[8] Bei der Lebensversicherung ist gegebenenfalls folgender Satz einzufügen:

„Den Rückkaufswert einschließlich der Überschussanteile hat der Versicherer Ihnen auszuzahlen."

[9] Wird der Versicherungsvertrag mit einem zusammenhängenden Vertrag abgeschlossen, sind am Ende des Absatzes zu „Widerrufsfolgen" folgende Sätze anzufügen:

„Haben Sie Ihr Widerrufsrecht hinsichtlich des Versicherungsvertrages wirksam ausgeübt, so sind Sie auch an einen mit dem Versicherungsvertrag zusammenhängenden Vertrag nicht mehr gebunden. Ein zusammenhängender Vertrag liegt vor, wenn er einen Bezug zu dem widerrufenen Vertrag aufweist und eine Dienstleistung des Versicherers oder eines Dritten auf der Grundlage einer Vereinbarung zwischen dem Dritten und dem Versicherer betrifft. Eine Vertragsstrafe darf weder vereinbart noch verlangt werden."

[10] Die unter Abschnitt 2 Unterabschnitt 1 Nummer 2, 3 Buchstabe b, Nummer 5, 8 Buchstabe a und b, Nummer 10, 11 und 14 Buchstabe b aufgelisteten und kursiv gedruckten Informationen sind nur dann in die Widerrufsbelehrung aufzunehmen, wenn sie für den vorliegenden Vertrag einschlägig sind. Bei Aufnahme ist der Kursivdruck zu entfernen. Eine Information ist auch dann vollständig aufzunehmen, wenn sie nur teilweise einschlägig ist, wenn beispielsweise bei Nummer 8 Buchstabe a nur zusätzlich Kosten, nicht aber weitere Steuern, die nicht über den Versicherer abgeführt oder von ihm in Rechnung gestellt werden, anfallen. Werden Informationen gemäß der vorstehenden Vorgabe nicht aufgenommen, so ist die fortlaufende Nummerierung entsprechend anzupassen (wird beispielsweise Nummer 8 nicht übernommen, wird Nummer 9 zu Nummer 8 etc.). Die in den Nummern 3, 8 und 14 vorgesehenen Buchstaben a und b sind jeweils nur zu verwenden, wenn dort sowohl die Informationen unter Buchstabe a als auch diejenigen unter Buchstabe b aufgenommen werden. Die kursiv gedruckten Wörter „*, insbesondere zu den vertraglichen Kündigungsbedingungen einschließlich etwaiger Vertragsstrafen*" in Nummer 15 und „*, eine Vertragsklausel über das auf den Vertrag anwendbare Recht oder über das zuständige Gericht*" in Nummer 17 sind jeweils nur aufzunehmen, wenn sie für den vorliegenden Vertrag einschlägig sind. Bei Aufnahme entfällt der Kursivdruck. Folgen keine weiteren Unterabschnitte, so ist die Überschrift „Unterabschnitt 1" zu entfernen und das Wort „Unterabschnitt" in Nummer 18 durch das Wort „Abschnitt" zu ersetzen.

[11] Dieser Unterabschnitt ist nur einzufügen bei der Berufsunfähigkeitsversicherung, der Lebensversicherung und der Unfallversicherung mit Prämienrückgewähr. Bei der Lebensversicherung gilt dies mit der Maßgabe, dass das Wort „Berufsunfähigkeitsversicherung" jeweils durch das Wort „Lebensversicherung" zu ersetzen ist und die Information unter Nummer 10 entfällt. Bei der Unfallversicherung mit Prämienrückgewähr gilt dies mit der Maßgabe, dass das Wort „Berufsunfähigkeitsversicherung" jeweils durch die Wörter „Unfallversicherung mit Prämienrückgewähr" zu ersetzen ist und nur die Informationen in den Nummern 3 bis 8 aufzunehmen sind.

Die Information unter Nummer 7 ist nur einzufügen bei der fondsgebundenen Lebens- oder Berufsunfähigkeitsversicherung oder der fondsgebundenen Unfallversicherung mit Prämienrückgewähr. Die Information unter Nummer 9 ist nur einzufügen bei Lebens- und Berufsunfähigkeitsversicherungsverträgen, die Versicherungsschutz für ein Risiko bieten, bei dem der Eintritt der Verpflichtung des Versicherers gewiss ist. Bei Übernahme der Informationen unter Nummer 7 oder Nummer 9 entfällt der Kursivdruck.

Werden Informationen gemäß den vorstehenden Vorgaben nicht aufgenommen, ist die fortlaufende Nummerierung entsprechend anzupassen (wird beispielsweise Nummer 7 nicht übernommen, wird Nummer 8 zu Nummer 7 etc.). Die letzte in die Widerrufsbelehrung aufgenommene Information in diesem Unterabschnitt soll mit dem Satzzeichen „." abschließen.

[12] Dieser Unterabschnitt ist nur einzufügen bei der substitutiven Krankenversicherung. Handelt es sich um den zweiten Unterabschnitt, so ist die Überschrift **„Unterabschnitt 3"** durch die Überschrift **„Unterabschnitt 2"** zu ersetzen.

[13] *Bei Belehrung der versicherten Person eines Vertrages* nach § 7d VVG lautet der Klammerzusatz „der versicherten Person".

[14] Ort, Datum und Unterschriftsleiste können entfallen. In diesem Fall sind die Angaben entweder durch die Wörter „Ende der Widerrufsbelehrung" oder durch die Wörter „Ihr(e) [einsetzen: Firma des Versicherers]" zu ersetzen.

62a. Einführungsgesetz zum Versicherungsvertragsgesetz[1) 2)]

Vom 30. Mai 1908
(RGBl. S. 305)

BGBl. III/FNA 7632-2

Lfd. Nr.	Änderndes Gesetz	Datum	Fundstelle	Betroffen	Hinweis
1.	2. Abschn. VO zur Vereinheitlichung des Rechts der Vertragsversicherung	19.12. 1939	RGBl. S. 2443	Art. 2	aufgeh. mWv 1.7.1940
2.	Art. 3 Zweites DurchführungsG/EWG zum VAG	28.6.1990	BGBl.I S. 1249	Überschrift Erstes Kapitel (vor Art. 1), Zweites Kapitel (Überschrift und Art. 7, 8, 9, 10, 11, 12, 13, 14)	eingef. mWv 1.7.1990
3.	Art. 3 Drittes DurchführungsG/EWG zum VAG	21.7.1994	BGBl.I S. 1630	Art. 7, 8, 9, 10, 13, 14	geänd. mWv 29.7.1994
				Art. 15	eingef. mWv 29.7.1994
4.	Art. 8 Kapitalgesellschaften- und Co-RL-G[3)]	24.2.2000	BGBl.I S. 154	Art. 10	geänd. mWv 9.3.2000
5.	Art. 2 Versicherungsvertrags-ReformG	23.11. 2007	BGBl. I S. 2631	Gesetzestitel, Kapitel 1 (Art. 1, 2, 3, 4, 5, 6), Art. 10	geänd. mWv 1.1.2008
6.	Art. 4 Zweites G zur Änd. des PflichtversicherungsG und anderer versicherungsrechtl. Vorschriften	10.12. 2007	BGBl. I S. 2833	Art. 7	geänd. mWv 18.12.2007
7.	Art. 2 Abs. 4 G zur Anpassung der Vorschriften des Internationalen Privatrechts an die VO (EG) Nr. 593/ 2008	25.6.2009	BGBl. I S. 1574	Überschrift vor Art. 1, Kapitel 2 (Art. 7, 8, 9, 10, 11, 12, 13, 14, 15)	aufgeh. mWv 17.12.2009
8.	Art. 5 G zur Beseitigung sozialer Überforderung bei Beitragsschulden in der Krankenversicherung	15.7.2013	BGBl. I S. 2423	Art. 7	eingef. mWv 1.8.2013
9.	Art. 2 Abs. 51 G zur Modernisierung der Finanzaufsicht über Versicherungen	1.4.2015	BGBl. I S. 434	Art. 7	geänd. mWv 1.1.2016
10.	Art. 4 G zur Anpassung des Finanzdienstleistungsrechts an die Rechtsprechung des Gerichtshofs der EU vom 11. September 2019 in der *Rechtssache C-383/18* und vom 26. März 2020 in der Rechtssache C-66/19	9.6.2021	BGBl. I S. 1666	Art. 8	eingef. mWv 15.6.2021

[1)] Gesetzestitel geänd. mWv 1.1.2008 durch G v. 23.11.2007 (BGBl. I S. 2631)

[2)] Überschr. Kap. 1 und gesamtes Kap. 2 aufgeh. mWv 17.12.2009 durch G v. 25.6.2009 (BGBl. I S. 1574).

[3)] **Amtl. Anm.:** *(abgedruckt in Änderungstabelle Nr.* ***52b****)*

Art. 1 Altverträge, Allgemeine Versicherungsbedingungen. (1) Auf Versicherungsverhältnisse, die bis zum Inkrafttreten des Versicherungsvertragsgesetzes[1] vom 23. November 2007 (BGBl. I S. 2631) am 1. Januar 2008 entstanden sind (Altverträge), ist das Gesetz über den Versicherungsvertrag in der bis dahin geltenden Fassung bis zum 31. Dezember 2008 anzuwenden, soweit in Absatz 2 und den Artikeln 2 bis 6 nichts anderes bestimmt ist.

(2) Ist bei Altverträgen ein Versicherungsfall bis zum 31. Dezember 2008 eingetreten, ist insoweit das Gesetz über den Versicherungsvertrag in der bis zum 31. Dezember 2007 geltenden Fassung weiter anzuwenden.

(3) Der Versicherer kann bis zum 1. Januar 2009 seine Allgemeinen Versicherungsbedingungen für Altverträge mit Wirkung zum 1. Januar 2009 ändern, soweit sie von den Vorschriften des Versicherungsvertragsgesetzes abweichen, und er dem Versicherungsnehmer die geänderten Versicherungsbedingungen unter Kenntlichmachung der Unterschiede spätestens einen Monat vor diesem Zeitpunkt in Textform mitteilt.

(4) Auf Fristen nach § 12 Abs. 3 des Gesetzes über den Versicherungsvertrag, die vor dem 1. Januar 2008 begonnen haben, ist § 12 Abs. 3 des Gesetzes über den Versicherungsvertrag auch nach dem 1. Januar 2008 anzuwenden.

Art. 2 Vollmacht des Versicherungsvertreters, Krankenversicherung.

Auf Altverträge sind die folgenden Vorschriften des Versicherungsvertragsgesetzes[1] bereits ab 1. Januar 2008 anzuwenden:

1. die §§ 69 bis 73 über die Vertretungsmacht des Versicherungsvertreters und der in § 73 erfassten Vermittler;
2. die §§ 192 bis 208 für die Krankenversicherung, wenn der Versicherer dem Versicherungsnehmer die auf Grund dieser Vorschriften geänderten Allgemeinen Versicherungsbedingungen und Tarifbestimmungen unter Kenntlichmachung der Unterschiede spätestens einen Monat vor dem Zeitpunkt in Textform mitgeteilt hat, zu dem die Änderungen wirksam werden sollen.

Art. 3 Verjährung. (1) § 195 des Bürgerlichen Gesetzbuchs[2] ist auf Ansprüche anzuwenden, die am 1. Januar 2008 noch nicht verjährt sind.

(2) Wenn die Verjährungsfrist nach § 195 des Bürgerlichen Gesetzbuchs länger ist als die Frist nach § 12 Abs. 1 des Gesetzes über den Versicherungsvertrag in der bis zum 31. Dezember 2007 geltenden Fassung, ist die Verjährung mit dem Ablauf der in § 12 Abs. 1 des Gesetzes über den Versicherungsvertrag in der bis zum 31. Dezember 2007 geltenden Fassung bestimmten Frist vollendet.

(3) [1] Wenn die Verjährungsfrist nach § 195 des Bürgerlichen Gesetzbuchs kürzer ist als die Frist nach § 12 Abs. 1 des Gesetzes über den Versicherungsvertrag in der bis zum 31. Dezember 2007 geltenden Fassung, wird die kürzere Frist vom 1. Januar 2008 an berechnet. [2] Läuft jedoch die längere Frist nach § 12 Abs. 1 des Gesetzes über den Versicherungsvertrag in der bis zum 31. Dezember 2007 geltenden Fassung früher als die Frist nach § 195 des Bürgerlichen Gesetzbuchs ab, ist die Verjährung mit dem Ablauf der längeren Frist vollendet.

(4) Die Absätze 1 bis 3 sind entsprechend auf Fristen anzuwenden, die für die Geltendmachung oder den Erwerb oder Verlust eines Rechtes maßgebend sind.

---

[1] Nr. **62**.
[2] Nr. **20**.

Art. 4 Lebensversicherung, Berufsunfähigkeitsversicherung. (1) [1] § 153 des Versicherungsvertragsgesetzes[1)] ist auf Altverträge nicht anzuwenden, wenn eine Überschussbeteiligung nicht vereinbart worden ist. [2] Ist eine Überschussbeteiligung vereinbart, ist § 153 des Versicherungsvertragsgesetzes ab dem 1. Januar 2008 auf Altverträge anzuwenden; vereinbarte Verteilungsgrundsätze gelten als angemessen.

(2) Auf Altverträge ist anstatt des § 169 des Versicherungsvertragsgesetzes, auch soweit auf ihn verwiesen wird, § 176 des Gesetzes über den Versicherungsvertrag in der bis zum 31. Dezember 2007 geltenden Fassung weiter anzuwenden.

(3) Auf Altverträge über eine Berufsunfähigkeitsversicherung sind die §§ 172, 174 bis 177 des Versicherungsvertragsgesetzes nicht anzuwenden.

Art. 5 Rechte der Gläubiger von Grundpfandrechten. (1) [1] Rechte, die Gläubigern von Grundpfandrechten gegenüber dem Versicherer nach den §§ 99 bis 107c des Gesetzes über den Versicherungsvertrag in der bis zum 31. Dezember 2007 geltenden Fassung zustehen, bestimmen sich auch nach dem 31. Dezember 2008 nach diesen Vorschriften. [2] Die Anmeldung eines Grundpfandrechts beim Versicherer kann nur bis zum 31. Dezember 2008 erklärt werden.

(2) [1] Hypotheken, Grundschulden, Rentenschulden und Reallasten,

1. die in der Zeit vom 1. Januar 1943 bis zum 30. Juni 1994 zu Lasten von Grundstücken begründet worden sind,
2. für die eine Gebäudeversicherung bei einer öffentlichen Anstalt unmittelbar kraft Gesetzes oder infolge eines gesetzlichen Zwanges bei einer solchen Anstalt genommen worden ist und
3. die nach der Verordnung zur Ergänzung und Änderung des Gesetzes über den Versicherungsvertrag in der im Bundesgesetzblatt Teil III, Gliederungsnummer 7632-1-1, veröffentlichten bereinigten Fassung als angemeldet im Sinn der §§ 99 bis 106 des Gesetzes über den Versicherungsvertrag gelten,

sind, wenn das Versicherungsverhältnis nach Überleitung in ein vertragliches Versicherungsverhältnis auf Grund des Gesetzes zur Überleitung landesrechtlicher Gebäudeversicherungsverhältnisse vom 22. Juli 1993 (BGBl. I S. 1282, 1286) fortbesteht, zur Erhaltung der durch die Fiktion begründeten Rechte bis spätestens 31. Dezember 2008 beim Versicherer anzumelden. [2] Die durch die Verordnung zur Ergänzung und Änderung des Gesetzes über den Versicherungsvertrag begründete Fiktion erlischt mit Ablauf des 31. Dezember 2008.

Art. 6 Versicherungsverhältnisse nach § 190 des Gesetzes über den Versicherungsvertrag. Das Versicherungsvertragsgesetz gilt nicht für die in § 190 des Gesetzes über den Versicherungsvertrag[1)] in der bis zum 31. Dezember 2007 geltenden Fassung bezeichneten Altverträge.

Art. 7[2)] Krankenversicherung, Versicherungsverhältnisse nach § 193 Ab-*satz* 6 des Versicherungsvertragsgesetzes. [1] Versicherungsnehmer, für die am 1. August 2013 das Ruhen der Leistungen gemäß § 193 Absatz 6 des Versicherungsvertragsgesetzes festgestellt ist, gelten ab diesem Zeitpunkt als im Notlagentarif *§ 153 des Versicherungsaufsichtsgesetzes*[3)] versichert. [2] Versicherungsnehmer gelten rückwirkend ab dem Zeitpunkt, zu dem die Leistungen aus dem Vertrag

[1)] Nr. **62**.

[2)] Art. 7 angef. mWv 1.8.2013 durch G v. 15.7.2013 (BGBl. I S. 2423); Sätze 1 und 4 geänd. mWv 1.1. 2016 durch G v. 1.4.2015 (BGBl. I S. 434).

[3)] Richtig wohl: „gemäß § 153 des Versicherungsaufsichtsgesetzes".

ruhend gestellt worden sind, als im Notlagentarif versichert, wenn die monatliche Prämie des Notlagentarifs niedriger ist als die in diesem Zeitpunkt geschuldete Prämie. [3] Dies gilt unter der Maßgabe, dass die zum Zeitpunkt des Ruhendstellens aus dem Vertrag erworbenen Rechte und Alterungsrückstellungen erhalten bleiben und in Anspruch genommene Ruhensleistungen im Verhältnis zum Versicherungsnehmer als solche des Notlagentarifs gelten. [4] Eine Anrechnung gebildeter Alterungsrückstellungen nach § 153 Absatz 2 Satz 6 des Versicherungsaufsichtsgesetzes auf die zu zahlende Prämie findet rückwirkend nicht statt. [5] Der Versicherungsnehmer kann der rückwirkenden Versicherung nach Satz 2 widersprechen. [6] Die Versicherer haben auf die Versicherung im Notlagentarif innerhalb von drei Monaten nach dem 1. August 2013 hinzuweisen und hierbei den Versicherungsnehmer über sein Widerspruchsrecht nach Satz 5 unter Hinweis auf die mit der rückwirkenden Versicherung verbundenen Folgen zu informieren; der Widerspruch muss innerhalb von sechs Monaten nach Zugang des Hinweises beim Versicherer eingehen.

Art. 8[1)] Musterwiderrufsbelehrung. [1] Das Muster in der Anlage des Versicherungsvertragsgesetzes[2)] in der bis einschließlich 14. Juni 2021 geltenden Fassung kann noch bis zum Ablauf des 31. Dezember 2021 verwendet werden. [2] In diesem Fall ist § 8 des Versicherungsvertragsgesetzes in der bis einschließlich 14. Juni 2021 geltenden Fassung anzuwenden.

[1)] Art. 8 angef. mWv 15.6.2021 durch G v. 9.6.2021 (BGBl. I S. 1666).
[2)] Nr. **62**.

63. Gesetz über die Pflichtversicherung für Kraftfahrzeughalter (Pflichtversicherungsgesetz)[1)]

In der Fassung der Bekanntmachung vom 5. April 1965[2)]
(BGBl. I S. 213)

FNA 925-1

Lfd. Nr.	Änderndes Gesetz	Datum	Fundstelle	Betroffen	Hinweis
1.	Art. 139 EinführungsG zum OWiG	24.5.1968	BGBl. I S. 503	§§ 6, 11	geänd. mWv 1.10.1968
2.	§ 1 VO zur Änd. der Mindesthöhe der Versicherungssummen in der Pflichtversicherung für Kraftfahrzeughalter	23.7.1971	BGBl. I S. 1109	Anl.	geänd. mWv 1.8.1971
3.	Art. 269 EinführungsG zum StGB	2.3.1974	BGBl. I S. 469	§ 6	geänd. mWv 1.1.1975
4.	Art. 14 Zuständigkeitsanpassungs-G	18.3.1975	BGBl. I S. 705	§§ 4, 13, 14	geänd. mWv 21.3.1975
5.	Art. 2 Abs. 6 Erstes DurchführungsG/EWG zum VAG	18.12. 1975	BGBl. I S. 3139	§§ 2, 8, 13	geänd. mWv 1.2.1976
6.	§ 9 OpferentschädigungsG	11.5.1976	BGBl. I S. 1181	§ 12	geänd. mWv 16.5.1976
7.	§ 1 Zweite VO zur Änd. der Mindesthöhe der Versicherungssummen in der Pflichtversicherung für Kraftfahrzeughalter	22.4.1981	BGBl. I S. 394	Anl.	geänd. mWv 1.7.1981
8.	Art. 2 Abs. 7 Vierzehntes G zur Änd. des VAG	29.3.1983	BGBl. I S. 377	§§ 2, 8, 13	geänd. mWv 1.4.1983
9.	Art. 1 Erstes ÄndG	22.3.1988	BGBl. I S. 358	§ 3	geänd. mWv 1.7.1988
10.	Art. 6 Abs. 123 EisenbahnneuordnungsG	27.12. 1993	BGBl. I S. 2378	§ 12	geänd. mWv 1.1.1994
11.	Art. 5 Drittes DurchführungsG/EWG zum VAG	21.7.1994	BGBl. I S. 1630	§§ 4, 5, 8, 9, 10, 11, 12, 13, 14, 15	geänd. mWv 29.7.1994
				§ 16	aufgeh. mWv 29.7.1994
12.	§ 1 Dritte VO zur Änd. der Mindesthöhe der Versicherungssummen in der Pflichtversicherung für *Kraftfahrzeughalter*	26.5.1997	BGBl. I S. 1240	Anl.	geänd. mWv 1.7.1997
13.	Art. 1 VO über die Umstellung der Mindesthöhe der Versicherungssummen in der Pflichtversicherung für Kraftfahrzeughalter auf Euro	22.10. 2000	BGBl. I S. 1484	Anl.	geänd. mWv 1.1.2002

[1)] Verkündet als Art. 1 G zur Änderung von Vorschriften über die Pflichtversicherung für Kraftfahrzeughalter v. 5.4.1965 (BGBl. I S. 213).

[2)] Neubekanntmachung des G v. 7.11.1939 (RGBl. I S. 2223) in der ab 1.10.1965 geltenden Fassung.

Lfd. Nr.	Änderndes Gesetz	Datum	Fundstelle	Betroffen	Hinweis
14.	Art. 33 G zur Anpassung der Formvorschriften des Privatrechts und anderer Vorschriften an den modernen Rechtsgeschäftsverkehr	13.7.2001	BGBl. I S. 1542	§ 3	geänd. mWv 1.8.2001
15.	Art. 252 Siebente Zuständigkeitsanpassungs-VO	29.10. 2001	BGBl. I S. 2785	§§ 4, 7, 11, 13, 14	geänd. mWv 7.11.2001
16.	Art. 5 Abs. 29 SchuldrechtsmodernisierungsG[1]	26.11. 2001	BGBl. I S. 3138	§ 3	geänd. mWv 1.1.2002
17.	Art. 1 Pflichtversicherungsrechts-ÄndG[2]	10.7.2002	BGBl. I S. 2586	§§ 2, 5, 8, 12	geänd. mWv 1.1.2003
				§§ 3a, 8a, 12a, 12b, 13a	eingef. mWv 1.1.2003
18.	Art. 10 Abs. 6 Zweites Schadensersatzrechts-ÄndG	19.07. 2002	BGBl. I S. 2674	§ 12	geänd. mWv 1.8.2002
19.	Art. 234 Achte ZuständigkeitsanpassungsVO	25.11. 2003	BGBl. I S. 2304	§§ 4, 7, 11, 13, 14	geänd. mWv 28.11.2003
20.	Art. 296 Neunte ZuständigkeitsanpassungsVO	31.10. 2006	BGBl. I S. 2407	§§ 4, 7, 11, 13, 14	geänd. mWv 8.11.2006
21.	Art. 8 G zur Reform des Versicherungsvertragsrechts	23.11. 2007	BGBl. I S. 2631	§§ 2, 3, 3a, 4	geänd. mWv 1.1.2008
				§ 3b	eingef. mWv 1.1.2008
22.	Art. 1 Zweites G zur Änd. des PflichtversicherungsG und anderer versicherungsrechtlicher Vorschriften[3]	10.12. 2007	BGBl. I S. 2833, geänd. 2012, S. 2182 und 2013, S. 932	§§ 2, 3a, 4, 5, 7, 8a, 12, 12a, 12b, Anl.	geänd. mWv 18.12.2012
				§ 12c	geänd. mWv 18.12.2012
23.	Art. 1 VO zur Anpassung der Mindestversicherungssummen und zur Änd. der Kraftfahrzeug-PflichtversicherungsVO	6.12.2011	BGBl. I S. 2628	Anl.	geänd. mWv 1.1.2012
24.	Art. 3 und 5 G zur Änd. versicherungsrechtlicher Vorschriften	24.4.2013	BGBl. I S. 932	§§ 4, 7, 8a, 9, 12, 12a, 12b, 12c	geänd. mWv 1.5.2013
				§ 16	eingef. mWv 1.5.2013
25.	Art. 2 Abs. 48 G zur Modernisierung der Finanzaufsicht über Versicherungen	1.4.2015	BGBl. I S. 434	§§ 2, 5, 8, 8a, 13	geänd. mWv 1.1.2016
26.	Art. 493 Zehnte ZuständigkeitsanpassungsVO	31.8.2015	BGBl. I S. 1474	§§ 4, 7, 8a, 11, 13, 13a, 14	geänd. mWv 8.9.2015

[1] **Amtl. Anm.:** *(vom Abdruck wurde abgesehen)*

[2] **Amtl. Anm.:** Dieses Gesetz dient der Umsetzung der Richtlinie 2000/26/EG des Europäischen Parlaments und des Rates vom 16. Mai 2000 zur Angleichung der Rechtsvorschriften der Mitgliedstaaten über die Kraftfahrzeug-Haftpflichtversicherung und zur Änderung der Richtlinien 73/239/EWG und 88/357/EWG des Rates (ABl. EG Nr. L 181 S. 65).

[3] **Amtl. Anm.:** Dieses Gesetz dient der Umsetzung der Richtlinie 2005/14/EG des Europäischen Parlaments und des Rates vom 11. Mai 2005 zur Änderung der Richtlinien 72/166/EWG, 84/5/EWG, 88/357/EWG und 90/232/EWG des Rates sowie der Richtlinie 2000/26/EG des Europäischen Parlaments und des Rates über die Kraftfahrzeug-Haftpflichtversicherung (ABl. EU Nr. L 149 S. 14).

Lfd. Nr.	Änderndes Gesetz	Datum	Fundstelle	Betroffen	Hinweis
27.	Art. 1 VO zur Anpassung der Mindestversicherungssummen des PflichtversicherungsG	6.2.2017	BGBl. I S. 147	Anl.	geänd. mWv 11.6.2016
28.	Art. 2 G zum autonomen Fahren[1]	12.7.2021	BGBl. I S. 3108	§ 1	geänd. mWv 28.7.2021

[1] **Amtl. Anm.:** Notifiziert gemäß Richtlinie (EU) 2015/1535 des Europäischen Parlaments und des Rates vom 9. September 2015 über ein Informationsverfahren auf dem Gebiet der technischen Vorschriften und der Vorschriften für die Dienste der Informationsgesellschaft (ABl. L 241 vom 17.9.2015, S. 1).

Erster Abschnitt. Pflichtversicherung[1)]

§ 1[2)] **[Versicherungspflicht]** [1]Der Halter eines Kraftfahrzeugs oder Anhängers mit regelmäßigem Standort im Inland ist verpflichtet, für sich, den Eigentümer und den -Fahrer eine Haftpflichtversicherung zur Deckung der durch den Gebrauch des Fahrzeugs verursachten Personenschäden, Sachschäden und sonstigen Vermögensschäden nach den folgenden Vorschriften abzuschließen und aufrechtzuerhalten, wenn das Fahrzeug auf öffentlichen Wegen oder Plätzen (§ 1 des Straßenverkehrsgesetzes[3)]) verwendet wird. [2]Der Halter eines Kraftfahrzeugs mit autonomer Fahrfunktion im Sinne des § 1d des Straßenverkehrsgesetzes ist verpflichtet, eine Haftpflichtversicherung gemäß Satz 1 auch für eine Person der Technischen Aufsicht abzuschließen und aufrechtzuerhalten.

§ 2[4)] **[Befreiung von der Versicherungspflicht]** (1) § 1 gilt nicht für

1. die Bundesrepublik Deutschland,
2. die Länder,
3. die Gemeinden mit mehr als einhunderttausend Einwohnern,
4. die Gemeindeverbände sowie Zweckverbände, denen ausschließlich Körperschaften des öffentlichen Rechts angehören,
5. juristische Personen, die von einem nach § 3 Absatz 1 Nummer 4 des Versicherungsaufsichtsgesetzes von der Versicherungsaufsicht freigestellten Haftpflichtschadenausgleich Deckung erhalten,
6. Halter von
   a) Kraftfahrzeugen, deren durch die Bauart bestimmte Höchstgeschwindigkeit sechs Kilometer je Stunde nicht übersteigt,
   b) selbstfahrenden Arbeitsmaschinen und Staplern im Sinne des § 3 Abs. 2 Satz 1 Nr. 1 Buchstabe a der Fahrzeug-Zulassungsverordnung, deren Höchstgeschwindigkeit 20 Kilometer je Stunde nicht übersteigt, wenn sie den Vorschriften über das Zulassungsverfahren nicht unterliegen,
   c) Anhängern, die den Vorschriften über das Zulassungsverfahren nicht unterliegen.

(2) [1]Die nach Absatz 1 Nrn. 1 bis 5 von der Versicherungspflicht befreiten Fahrzeughalter haben, sofern nicht auf Grund einer von ihnen abgeschlossenen und den Vorschriften dieses Gesetzes entsprechenden Versicherung Haftpflichtversicherungsschutz gewährt wird, bei Schäden der in § 1 bezeichneten Art für den Fahrer und die übrigen Personen, die durch eine auf Grund dieses Gesetzes abgeschlossene Haftpflichtversicherung Deckung erhalten würden, in gleicher Weise und in gleichem Umfang einzutreten wie ein Versicherer bei Bestehen einer solchen Haftpflichtversicherung. [2]Die Verpflichtung beschränkt sich auf den Betrag der festgesetzten Mindestversicherungssummen. [3]Wird ein Personen- oder

---

[1)] Siehe auch das G über die Haftpflichtversicherung für ausländische Kraftfahrzeuge und Kraftfahrzeuganhänger v. 24.7.1956 (BGBl. I S. 667), zuletzt geänd. durch VO v. 31.8.2015 (*BGBl. I S. 1474*).

[2)] § 1 Satz 2 angef. mWv 28.7.2021 durch G v. 12.7.2021 (BGBl. I S. 3108).

[3)] Nr. **35**.

[4)] § 2 Abs. 1 Nr. 5 neu gef. durch G v. 18.12.1975 (BGBl. I S. 3139); Abs. 1 Nr. 5 geänd. durch G v. 29.3.1983 (BGBl. I S. 377); Abs. 2 Satz 3 geänd. mWv 1.1.2003 durch G v. 10.7.2002 (BGBl. I S. 2586); Abs. 2 Sätze 3 und 4 geänd. mWv 1.1.2008 durch G v. 23.11.2007 (BGBl. I S. 2631); Abs. 1 Nr. 6 Buchst. b neu gef., Abs. 2 Sätze 3 und 4 eingef., bish. Sätze 3 und 4 werden Sätze 5 und 6 mWv 18.12.2007 durch G v. 10.12.2007 (BGBl. I S. 2833); Abs. 1 Nr. 5 geänd. mWv 1.1.2016 durch G v. 1.4.2015 (BGBl. I S. 434).

Sachschaden verursacht, haftet der Fahrzeughalter im Verhältnis zu einem Dritten auch, wenn der Fahrer den Eintritt der Tatsache, für die er dem Dritten verantwortlich ist, vorsätzlich und widerrechtlich herbeigeführt hat. [4]§ 12 Abs. 1 Satz 2 bis 5 gilt entsprechend. [5]Die Vorschriften der §§ 100 bis 124 des Versicherungsvertragsgesetzes[1)] sowie der §§ 3 und 3b sowie die Kraftfahrzeug-Pflichtversicherungsverordnung[2)] sind sinngemäß anzuwenden. [6]Erfüllt der Fahrzeughalter Verpflichtungen nach Satz 1, so kann er in sinngemäßer Anwendung der §§ 116 und 124 des Versicherungsvertragsgesetzes Ersatz der aufgewendeten Beträge verlangen, wenn bei Bestehen einer Versicherung der Versicherer gegenüber dem Fahrer oder der sonstigen mitversicherten Person leistungsfrei gewesen wäre; im übrigen ist der Rückgriff des Halters gegenüber diesen Personen ausgeschlossen.

§ 3[3)] [Einschränkung der Leistungspflicht beim Direktanspruch] [1]Ist der Versicherer gegenüber dem Versicherungsnehmer nicht zur Leistung verpflichtet, weil das Fahrzeug den Bau- und Betriebsvorschriften der Straßenverkehrs-Zulassungs-Ordnung nicht entsprach oder von einem unberechtigten Fahrer oder von einem Fahrer ohne die vorgeschriebene Fahrerlaubnis geführt wurde, kann der Versicherer den Dritten abweichend von § 117 Abs. 3 Satz 2 des Versicherungsvertragsgesetzes[1)] nicht auf die Möglichkeit verweisen, Ersatz seines Schadens von einem anderen Schadensversicherer oder von einem Sozialversicherungsträger zu erlangen. [2]Soweit der Dritte jedoch von einem nach § 2 Abs. 1 Nr. 1 bis 5 von der Versicherungspflicht befreiten Fahrzeughalter Ersatz seines Schadens erlangen kann, entfällt die Leistungspflicht des Versicherers.

§ 3a[4)] [Schadensersatzangebot] (1) Macht der Dritte den Anspruch nach § 115 Abs. 1 des Versicherungsvertragsgesetzes[1)] geltend, gelten darüber hinaus die folgenden Vorschriften:

1. Der Versicherer oder der Schadenregulierungsbeauftragte haben dem Dritten unverzüglich, spätestens innerhalb von drei Monaten, ein mit Gründen versehenes Schadenersatzangebot vorzulegen, wenn die Eintrittspflicht unstreitig ist und der Schaden beziffert wurde, oder eine mit Gründen versehene Ant-

(Fortsetzung nächstes Blatt)

[1)] Nr. **62**.
[2)] Nr. **63a**.
[3)] § 3 neu gef. mWv *1.1.2008 durch G v. 23.11.2007 (BGBl. I S. 2631)*.
[4)] *§ 3a eingef. mWv 1.1.2003* durch G v. 10.7.2002 (BGBl. I S. 2586); einl. Satzteil geänd. mWv 1.1.2008 durch G v. 23.11.2007 (BGBl. I S. 2631); Abs. 2 angef. mWv 18.12.2007 durch G v. 10.12.2007 (BGBl. I S. 2833).

Lfd. Nr.	Änderndes Gesetz	Datum	Fundstelle	Betroffen	Hinweis
				§ 65a, Teil 5 (§§ 106a–106h), § 159	eingef. mWv 14.1.2019
				§ 125a	aufgeh. mit Ablauf des 13.1. 2019
				bish. Teile 5–9 werden Teile 6–10	mWv 14.1.2019
				Inhaltsübersicht	geänd. mWv 1.5.2020
				§§ 53, 54	neu gef. mWv 1.5.2020
39.	Art. 24 TelekommunikationsmodernisierungsG[1]	23.6.2021	BGBl. I S. 1858	§ 19	geänd. mWv 1.12.2021
40.	Art. 10 Abs. 1 Viertes G zur Änd. des Lebensmittel- und Futtermittelgesetzbuches sowie anderer Vorschriften	27.7.2021	BGBl. I S. 3274	§ 134	geänd. mWv 10.8.2021
41.	Art. 5 Zweites G zur Vereinfachung und Modernisierung des Patentrechts	10.8.2021	BGBl. I S. 3490	§§ 33, 47, 55, 62, 65, 143a	geänd. mWv 18.8.2021
				Inhaltsübersicht, § 60, Teil 6 Überschrift, Teil 6 Abschnitt 2 Überschrift, §§ 120, 121, 122, 123, 124, 125	geänd. mWv 1.5.2022
				Teil 6 Abschnitt 1 (§§ 107, 108, 109, 110, 111, 112, 113, 114, 115, 116, 117, 118), § 119	neu gef. mWv 1.5.2022
				bish. Teil 6 Abschnitt 2 (bish. §§ 119–125)	aufgeh. mit Ablauf des 30.4. 2022

Vorbemerkung:
Die Änderung durch G v. 23.6.2021 (BGBl. I S. 1858) tritt erst mWv 1.12. 2021 in Kraft und ist im Text noch nicht berücksichtigt.
Die Änderungen durch G v. 10.8.2021 (BGBl. I S. 3490) treten teilweise erst mWv 1.5.2022 in Kraft und sind insoweit im Text noch nicht berücksichtigt.

[1] **Amtl. Anm.:** Dieses Gesetz dient der Umsetzung der Richtlinie (EU) 2018/1972 des Europäischen Parlaments und des Rates vom 11. Dezember 2018 über den europäischen Kodex für die elektronische Kommunikation (Neufassung) (ABl. L 321 vom 17.12.2018, S. 36).

Vorbemerkung

Die Änderung durch G v. 23.6.2021 (BGBl. I S. 1858) tritt erst mWv 1.12.2021 in Kraft und ist im Text noch nicht berücksichtigt.

Die Änderungen durch G v. 10.8.2021 (BGBl. I S. 3490) treten teilweise erst mWv 1.5.2022 in Kraft und sind insoweit im Text noch nicht berücksichtigt.

(2) Der Inhaber einer Marke kann die Rechte aus der Marke gegen einen Linzenznehmer geltend machen, der hinsichtlich

1. der Dauer der Lizenz,
2. der von der Eintragung erfaßten Form, in der die Marke benutzt werden darf,
3. der Art der Waren oder Dienstleistungen, für die die Lizenz erteilt wurde,
4. des Gebiets, in dem die Marke angebracht werden darf, oder
5. der Qualität der von ihm hergestellten Waren oder der von ihm erbrachten Dienstleistungen

gegen eine Bestimmung des Lizenzvertrages verstößt.

(3) [1]Der Lizenznehmer kann Klage wegen Verletzung einer Marke nur mit Zustimmung ihres Inhabers erheben. [2]Abweichend von Satz 1 kann der Inhaber einer ausschließlichen Lizenz Klage wegen Verletzung einer Marke erheben, wenn der Inhaber der Marke nach förmlicher Aufforderung nicht selbst innerhalb einer angemessenen Frist Klage wegen Verletzung einer Marke erhoben hat.

(4) Jeder Lizenznehmer kann einer vom Inhaber der Marke erhobenen Verletzungsklage beitreten, um den Ersatz seines Schadens geltend zu machen.

(5) Ein Rechtsübergang nach § 27 oder die Erteilung einer Lizenz nach Absatz 1 berührt nicht die Lizenzen, die Dritten vorher erteilt worden sind.

(6) [1]Das Deutsche Patent- und Markenamt trägt auf Antrag des Inhabers der Marke oder des Lizenznehmers die Erteilung einer Lizenz in das Register ein, wenn ihm die Zustimmung des anderen Teils nachgewiesen wird. [2]Für die Änderung einer eingetragenen Lizenz gilt Entsprechendes. [3]Die Eintragung wird auf Antrag des Inhabers der Marke oder des Lizenznehmers gelöscht [4]Der Löschungsantrag des Inhabers der Marke bedarf des Nachweises der Zustimmung des bei der Eintragung benannten Lizenznehmers oder seines Rechtsnachfolgers.

§ 31 Angemeldete Marken. Die §§ 27 bis 30 gelten entsprechend für durch Anmeldung von Marken begründete Rechte.

Teil 3. Verfahren in Markenangelegenheiten

Abschnitt 1. Eintragungsverfahren

§ 32[1)] Erfordernisse der Anmeldung. (1) [1]Die Anmeldung zur Eintragung einer Marke in das Register ist beim Deutschen Patent- und Markenamt einzureichen. [2]Die Anmeldung kann auch über ein Patentinformationszentrum eingereicht werden, wenn diese Stelle durch Bekanntmachung des Bundesministeriums der Justiz und für Verbraucherschutz im Bundesgesetzblatt dazu bestimmt ist, Markenanmeldungen entgegenzunehmen.

(2) Die Anmeldung muß enthalten:

1. einen Antrag auf Eintragung,
2. Angaben, die es erlauben, die Identität des Anmelders festzustellen,
3. eine Darstellung der Marke, die nicht dem Schutzhindernis nach § 8 Absatz 1 unterfällt, und

---

1) § 32 Abs. 4 aufgeh. mWv 1.1.2002 durch G v. 13.12.2001 (BGBl. I S. 3656); Abs. 1 Satz 2 angef. mWv 1.6.2004 durch G v. 12.3.2004 (BGBl. I S. 390); Abs. 1 Satz 2 geänd. mWv 8.9.2015 durch VO v. 31.8.2015 (BGBl. I S. 1474); Abs. 1 Satz 1 geänd., Abs. 2 Nr. 1 eingef., bish. Nr. 1–3 werden Nr. 2–4, neue Nr. 3 neu gef. mWv 14.1.2019 durch G v. 11.12.2018 (BGBl. I S. 2357).

4. ein Verzeichnis der Waren oder Dienstleistungen, für die die Eintragung beantragt wird.

(3) Die Anmeldung muß den weiteren Anmeldungserfordernissen entsprechen, die in einer Rechtsverordnung nach § 65 Abs. 1 Nr. 2 bestimmt worden sind.

§ 33[1] **Anmeldetag; Anspruch auf Eintragung; Veröffentlichung der Anmeldung.** (1) [1]Der Anmeldetag einer Marke ist der Tag, an dem der Anmelder die Anmeldung mit den Angaben nach § 32 Absatz 2 beim Deutschen Patent- und Markenamt eingereicht hat. [2]Der Eingang der Anmeldeunterlagen bei einem Patentinformationszentrum, das durch Bekanntmachung des Bundesministeriums der Justiz und für Verbraucherschutz im Bundesgesetzblatt zur Entgegennahme von Markenanmeldungen bestimmt ist, gilt als Eingang beim Deutschen Patent- und Markenamt.

(2) [1]Die Anmeldung einer Marke, deren Anmeldetag feststeht, begründet einen Anspruch auf Eintragung. [2]Dem Eintragungsantrag ist stattzugeben, es sei denn, daß die Anmeldungserfordernisse nicht erfüllt sind oder daß absolute Schutzhindernisse der Eintragung entgegenstehen.

(3) [1]Die Anmeldung einer Marke, die sämtliche Angaben nach § 32 Absatz 2 enthält, wird einschließlich solcher Angaben veröffentlicht, die es erlauben, die Identität des Anmelders festzustellen. [2]Das Deutsche Patent- und Markenamt kann von einer Veröffentlichung absehen, soweit die Anmeldung eine Marke betrifft, die offensichtlich gegen die öffentliche Ordnung oder die guten Sitten verstößt.

§ 34[2] **Ausländische Priorität.** (1) Die Inanspruchnahme der Priorität einer früheren ausländischen Anmeldung richtet sich nach den Vorschriften der Staatsverträge mit der Maßgabe, daß die Priorität nach der Pariser Verbandsübereinkunft auch für Dienstleistungen in Anspruch genommen werden kann.

(2) Ist die frühere ausländische Anmeldung in einem Staat eingereicht worden, mit dem kein Staatsvertrag über die Anerkennung der Priorität besteht, so kann der Anmelder ein dem Prioritätsrecht nach der Pariser Verbandsübereinkunft entsprechendes Prioritätsrecht in Anspruch nehmen, soweit nach einer Bekanntmachung des Bundesministeriums der Justiz und für Verbraucherschutz im Bundesgesetzblatt der andere Staat aufgrund einer ersten Anmeldung beim Deutschen Patent- und Markenamt ein Prioritätsrecht gewährt, das nach Voraussetzungen und Inhalt dem Prioritätsrecht nach der Pariser Verbandsübereinkunft vergleichbar ist.

(3) [1]Wer eine Priorität nach Absatz 1 oder 2 in Anspruch nimmt, hat innerhalb von zwei Monaten nach dem Anmeldetag Zeit und Staat der früheren Anmeldung anzugeben. [2]Hat der Anmelder diese Angaben gemacht, fordert ihn das Deutsche Patent- und Markenamt auf, innerhalb von zwei Monaten nach der Zustellung der Aufforderung das Aktenzeichen der früheren Anmeldung anzugeben und eine Abschrift der früheren Anmeldung einzureichen. [3]Innerhalb dieser Fristen können die Angaben geändert werden. [4]Werden die Angaben nicht rechtzeitig gemacht, so wird der Prioritätsanspruch für diese Anmeldung verwirkt.

---

[1] § 33 Überschrift geänd., Abs. 3 angef. durch G v. 22.6.1998 (BGBl. I S. 1474); Abs. 1 neu gef. mWv 1.6.2004 durch G v. 12.3.2004 (BGBl. I S. 390); Abs. 1 Nr. 2 geänd. mWv 8.9.2015 durch VO v. 31.8.2015 (BGBl. I S. 1474); Abs. 2 Satz 2 geänd., Abs. 3 neu gef. mWv 1.7.2016 durch G v. 4.4.2016 (BGBl. I S. 558); Abs. 1 *neu gef. mWv 14.1.2019 durch G v. 11.12.2018* (BGBl. I S. 2357); Abs. 3 Satz 2 angef. *mWv 18.8.2021 durch G* v. 10.8.2021 (BGBl. I S. 3490).

[2] § 34 Abs. 2 geänd. mWv 8.9.2015 durch VO v. 31.8.2015 (BGBl. I S. 1474); Abs. 2 und 3 Satz 2 geänd. mWv 14.1.2019 durch G v. 11.12.2018 (BGBl. I S. 2357).

§ 35[1] **Ausstellungspriorität.** (1) Hat der Anmelder der Marke Waren oder Dienstleistungen unter der angemeldeten Marke

1. auf einer amtlichen oder amtlich anerkannten internationalen Ausstellung im Sinne des am 22. November 1928 in Paris unterzeichneten Abkommens über internationale Ausstellungen oder
2. auf einer sonstigen inländischen oder ausländischen Ausstellung

zur Schau gestellt, kann er, wenn er die Anmeldung innerhalb einer Frist von sechs Monaten seit der erstmaligen Zurschaustellung der Waren oder Dienstleistungen unter der angemeldeten Marke einreicht, von diesem Tag an ein Prioritätsrecht im Sinne des § 34 in Anspruch nehmen.

(2) Die in Absatz 1 Nr. 1 bezeichneten Ausstellungen werden vom Bundesministerium der Justiz und für Verbraucherschutz im Bundesanzeiger bekanntgemacht.

(3) Die Ausstellungen nach Absatz 1 Nummer 2 werden im Einzelfall vom Bundesministerium der Justiz und für Verbraucherschutz bestimmt und im Bundesanzeiger bekanntgemacht.

(4) [1] Wer eine Priorität nach Absatz 1 in Anspruch nimmt, hat innerhalb von zwei Monaten nach dem Anmeldetag den Tag der erstmaligen Zurschaustellung sowie die Ausstellung anzugeben. [2] Hat der Anmelder diese Angaben gemacht, fordert ihn das Deutsche Patent- und Markenamt auf, innerhalb von zwei Monaten nach der Zustellung der Aufforderung die Nachweise für die Zurschaustellung der Waren oder Dienstleistungen unter der angemeldeten Marke einzureichen. [3] Werden die Nachweise nicht rechtzeitig eingereicht, so wird der Prioritätsanspruch für diese Anmeldung verwirkt.

(5) Die Ausstellungspriorität nach Absatz 1 verlängert nicht die Prioritätsfrist nach § 34.

§ 36[2] **Prüfung der Anmeldungserfordernisse.** (1) Das Deutsche Patent- und Markenamt prüft, ob

1. die Anmeldung der Marke den Erfordernissen für die Zuerkennung eines Anmeldetages nach § 33 Abs. 1 genügt,
2. die Anmeldung den sonstigen Anmeldungserfordernissen entspricht,
3. die Gebühren in ausreichender Höhe gezahlt worden sind und
4. der Anmelder nach § 7 Inhaber einer Marke sein kann.

(2) [1] Werden nach Absatz 1 Nummer 1 festgestellte Mängel der Anmeldung nicht innerhalb einer vom Deutschen Patent- und Markenamt bestimmten Frist beseitigt, so gilt die Anmeldung als zurückgenommen. [2] Werden die festgestellten Mängel fristgerecht beseitigt, so wird als Anmeldetag der Tag zuerkannt, an dem die Mängel beseitigt worden sind.

(3) [1] Werden innerhalb einer vom Deutschen Patent- und Markenamt bestimmten Frist Klassengebühren nicht oder in nicht ausreichender Höhe nachgezahlt oder wird vom Anmelder keine Bestimmung darüber getroffen, welche Waren- oder Dienstleistungsklassen durch den gezahlten Gebührenbetrag gedeckt werden

---

[1] § 35 Abs. 2 geänd., Abs. 3 neu gef. mWv 1.1.2014 durch G v. 10.10.2013 (BGBl. I S. 3799); Abs. 2 und 3 geänd. mWv 8.9.2015 durch VO v. 31.8.2015 (BGBl. I S. 1474); Abs. 4 Satz 2 geänd. mWv 14.1. 2019 durch G v. 11.12.2018 (BGBl. I S. 2357).

[2] § 36 Abs. 1 Nr. 3 und Abs. 3 neu gef., Abs. 2 Satz 1 geänd. mWv 1.1.2002 durch G v. 13.12.2001 (BGBl. I S. 3656); Abs. 1 einl. Satzteil, Abs. 3 Satz 1 und Abs. 5 geänd., Abs. 2 und 4 neu gef. mWv 14.1. 2019 durch G v. 11.12.2018 (BGBl. I S. 2357).

sollen, so werden zunächst die Leitklasse und sodann die übrigen Klassen in der Reihenfolge der Klasseneinteilung berücksichtigt. [2] Im Übrigen gilt die Anmeldung als zurückgenommen.

(4) Werden sonstige Mängel innerhalb einer vom Deutschen Patent- und Markenamt bestimmten Frist nicht beseitigt, so weist das Deutsche Patent- und Markenamt die Anmeldung zurück.

(5) Kann der Anmelder nicht nach § 7 Inhaber einer Marke sein, so weist das Deutsche Patent- und Markenamt die Anmeldung zurück.

§ 37[1)] Prüfung auf absolute Schutzhindernisse; Bemerkungen Dritter.

(1) Ist die Marke nach § 3, 8 oder 10 von der Eintragung ausgeschlossen, so wird die Anmeldung zurückgewiesen.

(2) Ergibt die Prüfung, daß die Marke zwar am Anmeldetag (§ 33 Abs. 1) nicht den Voraussetzungen des § 8 Abs. 2 Nr. 1, 2 oder 3 entsprach, daß das Schutzhindernis aber nach dem Anmeldetag weggefallen ist, so kann die Anmeldung nicht zurückgewiesen werden, wenn der Anmelder sich damit einverstanden erklärt, daß ungeachtet des ursprünglichen Anmeldetages und einer etwa nach § 34 oder § 35 in Anspruch genommenen Priorität der Tag, an dem das Schutzhindernis weggefallen ist, als Anmeldetag gilt und für die Bestimmung des Zeitrangs im Sinne des § 6 Abs. 2 maßgeblich ist.

(3) Eine Anmeldung wird nach § 8 Abs. 2 Nr. 4 oder Nummer 14 nur zurückgewiesen, wenn die Eignung zur Täuschung oder die Bösgläubigkeit ersichtlich ist.

(4) Eine Anmeldung wird nach § 10 nur zurückgewiesen, wenn die Notorietät der älteren Marke amtsbekannt ist und wenn die weiteren Voraussetzungen des § 9 Abs. 1 Nr. 1 oder 2 gegeben sind.

(5) Die Absätze 1 bis 4 sind entsprechend anzuwenden, wenn die Marke nur für einen Teil der Waren oder Dienstleistungen, für die sie angemeldet worden ist, von der Eintragung ausgeschlossen ist.

(6) [1] Natürliche oder juristische Personen sowie die Verbände der Hersteller, Erzeuger, Dienstleistungsunternehmer, Händler und Verbraucher können vor der Eintragung der Marke beim Deutschen Patent- und Markenamt schriftliche Bemerkungen einreichen, in denen sie erläutern, aus welchen Gründen die Marke von Amts wegen nicht eingetragen werden sollte. [2] Die Personen und Verbände können beim Deutschen Patent- und Markenamt auch schriftliche Bemerkungen einreichen, in denen sie erläutern, aus welchen Gründen die Anmeldung einer Kollektiv- oder Gewährleistungsmarke zurückzuweisen ist. [3] Die Personen und Verbände sind an dem Verfahren beim Deutschen Patent- und Markenamt nicht beteiligt.

§ 38[2)] Beschleunigte Prüfung. Auf Antrag des Anmelders wird die Prüfung nach den §§ 36 und 37 beschleunigt durchgeführt.

§ 39 Zurücknahme, Einschränkung und Berichtigung der Anmeldung.

(1) Der Anmelder kann die Anmeldung jederzeit zurücknehmen oder das in der Anmeldung enthaltene Verzeichnis der Waren und Dienstleistungen einschränken.

[1)] *§ 37 Abs. 3 neu gef.* mWv 1.6.2004 durch G v. 12.3.2004 (BGBl. I S. 390); Überschrift neu gef., Abs. 3 geänd., Abs. 6 angef. mWv 14.1.2019 durch G v. 11.12.2018 (BGBl. I S. 2357).

[2)] § 38 Abs. 2 aufgeh. mWv 1.1.2002 durch G v. 13.12.2001 (BGBl. I S. 3656).

(2) Der Inhalt der Anmeldung kann auf Antrag des Anmelders zur Berichtigung von sprachlichen Fehlern, Schreibfehlern oder sonstigen offensichtlichen Unrichtigkeiten geändert werden.

§ 40[1)] Teilung der Anmeldung. (1) [1]Der Anmelder kann die Anmeldung teilen, indem er erklärt, daß die Anmeldung der Marke für die in der Teilungserklärung aufgeführten Waren und Dienstleistungen als abgetrennte Anmeldung weiterbehandelt werden soll. [2]Für jede Teilanmeldung bleibt der Zeitrang der ursprünglichen Anmeldung erhalten.

(2) [1]Wird die Gebühr nach dem Patentkostengesetz[2)] für das Teilungsverfahren nicht innerhalb von drei Monaten nach dem Zugang der Teilungserklärung gezahlt, so gilt die abgetrennte Anmeldung als zurückgenommen. [2]Die Teilungserklärung kann nicht widerrufen werden.

§ 41[3)] Eintragung, Veröffentlichung und Markeninformation. (1) Entspricht die Anmeldung den Anmeldungserfordernissen und wird sie nicht gemäß § 37 zurückgewiesen, so wird die angemeldete Marke in das Register eingetragen.

(2) [1]Die Eintragung wird veröffentlicht. [2]Die Veröffentlichung kann in elektronischer Form erfolgen.

(3) [1]Zur weiteren Verarbeitung oder Nutzung zu Zwecken der Markeninformation kann das Deutsche Patent- und Markenamt die in das Register eingetragenen Angaben an Dritte in elektronischer Form übermitteln. [2]Die Übermittlung erfolgt nicht, soweit die Einsicht nach § 62 Absatz 4 ausgeschlossen ist.

§ 42[4)] Widerspruch. (1) [1]Innerhalb einer Frist von drei Monaten nach dem Tag der Veröffentlichung der Eintragung der Marke gemäß § 41 Absatz 2 kann von dem Inhaber einer Marke oder einer geschäftlichen Bezeichnung mit älterem Zeitrang gegen die Eintragung der Marke Widerspruch erhoben werden. [2]Innerhalb dieser Frist kann auch von Personen, die berechtigt sind, Rechte aus einer geschützten Ursprungsbezeichnung oder einer geschützten geografischen Angabe mit älterem Zeitrang geltend zu machen, gegen die Eintragung der Marke Widerspruch erhoben werden.

(2) Der Widerspruch kann nur darauf gestützt werden, daß die Marke

1. wegen einer angemeldeten oder eingetragenen Marke mit älterem Zeitrang nach § 9,
2. wegen einer notorisch bekannten Marke mit älterem Zeitrang nach § 10 in Verbindung mit § 9,
3. wegen ihrer Eintragung für einen Agenten oder Vertreter des Markeninhabers nach § 11,

---

[1)] § 40 Abs. 2 Satz 2 aufgeh., bish. Sätze 3 und 4 werden Sätze 2 und 3, neuer Satz 2 geänd. mWv 1.1. 2002 durch G v. 13.12.2001 (BGBl. I S. 3656); Abs. 2 Satz 1 neu gef., Satz 2 aufgeh., bish. Satz 3 wird Satz 2 mWv 1.7.2016 durch G v. 4.4.2016 (BGBl. I S. 558).

[2)] **Habersack, Deutsche Gesetze ErgBd. Nr. 70b.**

[3)] § 41 Überschrift neu gef., Satz 2 aufgeh., bish. Satz 1 wird Abs. 1, Abs. 2 und 3 angef. mWv 1.7.2016 durch G v. 4.4.2016 (BGBl. I S. 558).

[4)] § 42 Abs. 3 aufgeh. mWv 1.1.2002 durch G v. 13.12.2001 (BGBl. I S. 3656); Abs. 1 und Abs. 2 Nr. 1–3 geänd., Nr. 4 angef. mWv 1.10.2009 durch G v. 31.7.2009 (BGBl. I S. 2521); Abs. 1 geänd. mWv 1.7.2016 durch G v. 4.4.2016 (BGBl. I S. 558); Abs. 1 Satz 2 angef., Abs. 2 Nr. 3 und 4 geänd., Nr. 5 und Abs. 3, 4 angef. mWv 14.1.2019 durch G v. 11.12.2018 (BGBl. I S. 2357).

4. wegen einer nicht eingetragenen Marke mit älterem Zeitrang nach § 4 Nr. 2 oder einer geschäftlichen Bezeichnung mit älterem Zeitrang nach § 5 in Verbindung mit § 12 oder
5. wegen einer Ursprungsbezeichnung oder geografischen Angabe mit älterem Zeitrang in Verbindung mit § 13

gelöscht werden kann.

(3) Ein Widerspruch kann auf der Grundlage eines älteren Rechts oder mehrerer älterer Rechte erhoben werden, wenn diese Rechte demselben Inhaber gehören.

(4) Den am Widerspruchsverfahren beteiligten Parteien wird auf beiderseitigen Antrag eine Frist von mindestens zwei Monaten eingeräumt, um eine gütliche Einigung zu ermöglichen.

§ 43[1)] Einrede mangelnder Benutzung; Entscheidung über den Widerspruch. (1) [1] Ist der Widerspruch vom Inhaber einer eingetragenen Marke mit älterem Zeitrang erhoben worden, so hat er, wenn der Gegner die Einrede der Nichtbenutzung erhebt, nachzuweisen, dass die Marke innerhalb der letzten fünf Jahre vor dem Anmelde- oder Prioritätstag der Marke, gegen die der Widerspruch sich richtet, gemäß § 26 benutzt worden ist, sofern zu diesem Zeitpunkt seit mindestens fünf Jahren kein Widerspruch mehr gegen sie möglich war. [2] Der Nachweis kann auch durch eine eidesstattliche Versicherung erbracht werden. [3] Bei der Entscheidung werden nur Waren und Dienstleistungen berücksichtigt, für die die Benutzung nachgewiesen worden ist.

(2) [1] Ergibt die Prüfung des Widerspruchs, daß die Marke für alle oder für einen Teil der Waren oder Dienstleistungen, für die sie eingetragen ist, zu löschen ist, so wird die Eintragung ganz oder teilweise gelöscht. [2] Kann die Eintragung der Marke nicht gelöscht werden, so wird der Widerspruch zurückgewiesen.

(3) Ist die eingetragene Marke wegen einer oder mehrerer Marken mit älterem Zeitrang zu löschen, so kann das Verfahren über weitere Widersprüche bis zur rechtskräftigen Entscheidung über die Eintragung der Marke ausgesetzt werden.

(4) Im Falle der Löschung nach Absatz 2 ist § 52 Abs. 2 und 3 entsprechend anzuwenden.

§ 44 Eintragungsbewilligungsklage. (1) Der Inhaber der Marke kann im Wege der Klage gegen den Widersprechenden geltend machen, daß ihm trotz der Löschung der Eintragung nach § 43 ein Anspruch auf die Eintragung zusteht.

(2) Die Klage nach Absatz 1 ist innerhalb von sechs Monaten nach Unanfechtbarkeit der Entscheidung, mit der die Eintragung gelöscht worden ist, zu erheben.

(3) Die Eintragung aufgrund einer Entscheidung zugunsten des Inhabers der Marke wird unter Wahrung des Zeitrangs der Eintragung vorgenommen.

Abschnitt 2. Berichtigung; Teilung; Schutzdauer und Verlängerung

§ 45 Berichtigung des Registers und von Veröffentlichungen. (1) [1] Eintragungen im Register können auf Antrag oder von Amts wegen zur Berichtigung von sprachlichen Fehlern, Schreibfehlern oder sonstigen offensichtlichen Unrichtigkeiten geändert werden. [2] War die von der Berichtigung betroffene Eintragung veröffentlicht worden, so ist die berichtigte Eintragung zu veröffentlichen.

[1)] § 43 Abs. 1 neu gef. mWv 14.1.2019 durch G v. 11.12.2018 (BGBl. I S. 2357).

(2) Absatz 1 ist entsprechend auf die Berichtigung von Veröffentlichungen anzuwenden.

§ 46[1] **Teilung der Eintragung.** (1) [1]Der Inhaber einer eingetragenen Marke kann die Eintragung teilen, indem er erklärt, daß die Eintragung der Marke für die in der Teilungserklärung aufgeführten Waren oder Dienstleistungen als abgetrennte Eintragung fortbestehen soll. [2]Für jede Teileintragung bleibt der Zeitrang der ursprünglichen Eintragung erhalten.

(2) [1]Die Teilung kann erst nach Ablauf der Frist zur Erhebung des Widerspruchs erklärt werden. [2]Die Erklärung ist nur zulässig, wenn ein im Zeitpunkt ihrer Abgabe anhängiger Widerspruch gegen die Eintragung der Marke oder eine in diesem Zeitpunkt anhängige Klage auf Erklärung des Verfalls oder der Nichtigkeit oder ein in diesem Zeitpunkt gestellter Antrag auf Erklärung des Verfalls oder der Nichtigkeit der Marke sich nach der Teilung nur gegen einen der Teile der ursprünglichen Eintragung richten würde.

(3) [1]Wird die Gebühr nach dem Patentkostengesetz[2] für das Teilungsverfahren nicht innerhalb von drei Monaten nach dem Zugang der Teilungserklärung gezahlt, so gilt dies als Verzicht auf die abgetrennte Eintragung. [2]Die Teilungserklärung kann nicht widerrufen werden.

§ 47[3] **Schutzdauer und Verlängerung.** (1) Die Schutzdauer einer eingetragenen Marke beträgt zehn Jahre, gerechnet vom Tag der Anmeldung an (§ 33 Absatz 1).

(2) Die Eintragung der Marke wird auf Antrag des Markeninhabers oder einer durch Gesetz oder Vertrag hierzu ermächtigten Person um jeweils zehn Jahre verlängert, sofern die Verlängerungsgebühr entrichtet worden ist.

(3) [1]Die Verlängerung der Schutzdauer kann auch dadurch bewirkt werden, dass die Verlängerungsgebühr und eine Klassengebühr für jede zu verlängernde Klasse ab der vierten Klasse der Klasseneinteilung der Waren und Dienstleistungen gezahlt wird. [2]Der Erhalt der Zahlung gilt als Antrag des Markeninhabers oder einer ermächtigten Person nach Absatz 2.

(4) [1]Beziehen sich die Gebühren nur auf einen Teil der Waren oder Dienstleistungen, für die die Marke eingetragen ist, so wird die Schutzdauer nur für diese Waren oder Dienstleistungen verlängert. [2]Werden lediglich die erforderlichen Klassengebühren nicht gezahlt, so wird die Schutzdauer, soweit nicht Satz 1 Anwendung findet, nur für die Klassen verlängert, für die die gezahlten Gebühren ausreichen. [3]Besteht eine Leitklasse, so wird sie vorrangig berücksichtigt. [4]Im Übrigen werden die Klassen in der Reihenfolge der Klasseneinteilung berücksichtigt.

(5) [1]Das Deutsche Patent- und Markenamt unterrichtet den Markeninhaber mindestens sechs Monate im Voraus über den Ablauf der Schutzdauer. [2]Das *Deutsche Patent*- und Markenamt haftet nicht für eine unterbliebene Unterrichtung.

---

[1] § 46 Abs. 3 Satz 2 aufgeh., bish. Sätze 3 und 4 werden Sätze 2 und 3, neuer Satz 2 geänd. mWv 1.1. 2002 durch G v. 13.12.2001 (BGBl. I S. 3656); Abs. 3 Satz 1 neu gef., Satz 2 aufgeh., bish. Satz 3 wird Satz 2 mWv 1.7.2016 durch G v. 4.4.2016 (BGBl. I S. 558); Abs. 2 Satz 2 geänd. mWv 14.1.2019 durch G v. 11.12.2018 (BGBl. I S. 2357).

[2] **Habersack, Deutsche Gesetze ErgBd. Nr. 70b.**

[3] § 47 neu gef. mWv 14.1.2019 durch G v. 11.12.2018 (BGBl. I S. 2357); Abs. 1 neu gef. mWv 18.8. 2021 durch G v. 10.8.2021 (BGBl. I S. 3490).

(6) [1]Der Antrag auf Verlängerung soll innerhalb eines Zeitraums von sechs Monaten vor Ablauf der Schutzdauer eingereicht werden. [2]Der Antrag kann noch innerhalb einer Nachfrist von sechs Monaten nach Ablauf der Schutzdauer eingereicht werden.

(7) [1]Die Verlängerung der Schutzdauer wird am Tag nach dem Ablauf der vorausgehenden Schutzdauer wirksam. [2]Sie wird in das Register eingetragen und veröffentlicht.

(8) Wird die Schutzdauer nicht verlängert, so wird die Eintragung der Marke mit Wirkung zum Ablauf der Schutzdauer gelöscht.

Abschnitt 3.[1)] Verzicht; Verfalls- und Nichtigkeitsverfahren

§ 48 Verzicht. (1) Auf Antrag des Inhabers der Marke wird die Eintragung jederzeit für alle oder für einen Teil der Waren oder Dienstleistungen, für die sie eingetragen ist, im Register gelöscht.

(2) Ist im Register eine Person als Inhaber eines Rechts an der Marke eingetragen, so wird die Eintragung nur mit Zustimmung dieser Person gelöscht.

§ 49[2)] Verfall. (1) [1]Die Eintragung einer Marke wird auf Antrag für verfallen erklärt und gelöscht, wenn die Marke nach dem Tag, ab dem kein Widerspruch mehr gegen sie möglich ist, innerhalb eines ununterbrochenen Zeitraums von fünf Jahren nicht gemäß § 26 benutzt worden ist. [2]Der Verfall einer Marke kann jedoch nicht geltend gemacht werden, wenn nach Ende dieses Zeitraums und vor Stellung des Antrags auf Erklärung des Verfalls eine Benutzung der Marke gemäß § 26 begonnen oder wieder aufgenommen worden ist. [3]Wird die Benutzung jedoch im Anschluß an einen ununterbrochenen Zeitraum von fünf Jahren der Nichtbenutzung innerhalb von drei Monaten vor der Stellung des Antrags auf Erklärung des Verfalls begonnen oder wieder aufgenommen, so bleibt sie unberücksichtigt, sofern die Vorbereitungen für die erstmalige oder die erneute Benutzung erst stattgefunden haben, nachdem der Inhaber der Marke Kenntnis davon erhalten hat, daß der Antrag auf Erklärung des Verfalls gestellt werden könnte. [4]Wird der Antrag auf Erklärung des Verfalls nach § 53 Abs. 1 beim Deutschen Patent- und Markenamt gestellt, so bleibt für die Berechnung der Frist von drei Monaten nach Satz 3 der Antrag beim Deutschen Patent- und Markenamt maßgeblich, wenn die Klage auf Erklärung des Verfalls nach § 55 Abs. 1 innerhalb von drei Monaten nach Zustellung der Mitteilung nach § 53 Abs. 4 erhoben wird.

(2) Die Eintragung einer Marke wird ferner auf Antrag für verfallen erklärt und gelöscht,

1. wenn die Marke infolge des Verhaltens oder der Untätigkeit ihres Inhabers im geschäftlichen Verkehr zur gebräuchlichen Bezeichnung der Waren oder Dienstleistungen, für die sie eingetragen ist, geworden ist;
2. wenn die Marke infolge ihrer Benutzung durch den Inhaber oder mit seiner Zustimmung für die Waren oder Dienstleistungen, für die sie eingetragen ist, geeignet ist, das Publikum insbesondere über die Art, die Beschaffenheit oder die geographische Herkunft dieser Waren oder Dienstleistungen zu täuschen oder

---

[1)] *Abschnitt 3 Überschrift neu gef.* mWv 14.1.2019 durch G v. 11.12.2018 (BGBl. I S. 2357).

[2)] *§ 49* Abs. 1 Satz 1 neu gef., Sätze 2–4, Abs. 2 einl. Satzteil und Abs. 3 geänd. mWv 14.1.2019 durch G v. 11.12.2018 (BGBl. I S. 2357).

3. wenn der Inhaber der Marke nicht mehr die in § 7 genannten Voraussetzungen erfüllt.

(3) Liegt ein Verfallsgrund nur für einen Teil der Waren oder Dienstleistungen vor, für die die Marke eingetragen ist, so wird die Eintragung nur für diese Waren oder Dienstleistungen für verfallen erklärt und gelöscht.

§ 50[1] Nichtigkeit wegen absoluter Schutzhindernisse. (1) Die Eintragung einer Marke wird auf Antrag für nichtig erklärt und gelöscht, wenn sie entgegen §§ 3, 7 oder 8 eingetragen worden ist.

(2) [1] Ist die Marke entgegen § 3, 7 oder 8 Absatz 2 Nummer 1 bis 13 eingetragen worden, so kann die Eintragung nur für nichtig erklärt und gelöscht werden, wenn das Schutzhindernis noch im Zeitpunkt der Entscheidung über den Antrag auf Erklärung der Nichtigkeit besteht. [2] § 8 Absatz 2 Nummer 1, 2 oder 3 findet im Nichtigkeitsverfahren keine Anwendung, wenn die Marke sich bis zu dem Antrag auf Erklärung der Nichtigkeit infolge ihrer Benutzung für die Waren und Dienstleistungen, für die sie eingetragen worden ist, in den beteiligten Verkehrskreisen durchgesetzt hat. [3] Ist die Marke entgegen § 8 Absatz 2 Nummer 1, 2 oder 3 eingetragen worden, so kann die Eintragung nur dann gelöscht werden, wenn der Antrag auf Löschung innerhalb von zehn Jahren seit dem Tag der Eintragung gestellt wird.

(3) Die Eintragung einer Marke kann von Amts wegen für nichtig erklärt und gelöscht werden, wenn sie entgegen § 8 Abs. 2 Nummer 4 bis 14 eingetragen worden ist und

1. das Nichtigkeitsverfahren innerhalb eines Zeitraums von zwei Jahren seit dem Tag der Eintragung eingeleitet wird,
2. das Schutzhindernis gemäß § 8 Abs. 2 Nummer 4 bis 13 auch noch im Zeitpunkt der Entscheidung über die Erklärung der Nichtigkeit besteht und
3. die Eintragung ersichtlich entgegen den genannten Vorschriften vorgenommen worden ist.

(4) Liegt ein Nichtigkeitsgrund nur für einen Teil der Waren oder Dienstleistungen vor, für die die Marke eingetragen ist, so wird die Eintragung nur für diese Waren oder Dienstleistungen für nichtig erklärt und gelöscht.

§ 51[2] Nichtigkeit wegen des Bestehens älterer Rechte. (1) [1] Die Eintragung einer Marke wird auf Klage gemäß § 55 oder Antrag gemäß § 53 für nichtig erklärt und gelöscht, wenn ihr ein Recht im Sinne der §§ 9 bis 13 mit älterem Zeitrang entgegensteht. [2] Der Antrag auf Erklärung der Nichtigkeit kann auch auf mehrere ältere Rechte desselben Inhabers gestützt werden.

(2) [1] Die Eintragung kann aufgrund der Eintragung einer Marke mit älterem Zeitrang nicht für nichtig erklärt und gelöscht werden, soweit der Inhaber der Marke mit älterem Zeitrang die Benutzung der Marke mit jüngerem Zeitrang für die Waren oder Dienstleistungen, für die sie eingetragen ist, während eines Zeitraums von fünf aufeinanderfolgenden Jahren in Kenntnis dieser Benutzung geduldet hat, es sei denn, daß die Anmeldung der Marke mit jüngerem Zeitrang bösgläubig vorgenommen worden ist. [2] Das gleiche gilt für den Inhaber eines

---

[1] § 50 Abs. 1 neu gef., Abs. 2 Satz 1, Satz 3 einl. Satzteil und Nr. 2 geänd. mWv 1.6.2004 durch G v. 12.3.2004 (BGBl. I S. 390); Abs. 1 geänd., Abs. 2 neu gef., Abs. 3 einl. Satzteil, Nr. 1 und 2, Abs. 4 geänd. mWv 14.1.2019 durch G v. 11.12.2018 (BGBl. I S. 2357).

[2] § 51 Abs. 1 und 4 neu gef., Abs. 2 Sätze 1 und 3, Abs. 3 und 5 geänd. mWv 14.1.2019 durch G v. 11.12.2018 (BGBl. I S. 2357).

Rechts mit älterem Zeitrang an einer durch Benutzung erworbenen Marke im Sinne des § 4 Nr. 2, an einer notorisch bekannten Marke im Sinne des § 4 Nr. 3, an einer geschäftlichen Bezeichnung im Sinne des § 5 oder an einer Sortenbezeichnung im Sinne des § 13 Abs. 2 Nr. 4. [3] Die Eintragung einer Marke kann ferner nicht für nichtig erklärt und gelöscht werden, wenn der Inhaber eines der in den §§ 9 bis 13 genannten Rechte mit älterem Zeitrang der Eintragung der Marke vor der Stellung des Antrags auf Erklärung der Nichtigkeit zugestimmt hat.

(3) Die Eintragung kann aufgrund einer bekannten Marke oder einer bekannten geschäftlichen Bezeichnung mit älterem Zeitrang nicht für nichtig erklärt und gelöscht werden, wenn die Marke oder die geschäftliche Bezeichnung an dem für den Zeitrang der Eintragung der Marke mit jüngerem Zeitrang maßgeblichen Tag noch nicht im Sinne des § 9 Abs. 1 Nr. 3, des § 14 Absatz 2 Satz 1 Nummer 3 oder des § 15 Abs. 3 bekannt war.

(4) [1] Die Eintragung kann aufgrund der Eintragung einer Marke mit älterem Zeitrang nicht für nichtig erklärt und gelöscht werden, wenn die Eintragung der Marke mit älterem Zeitrang am Anmelde- oder Prioritätstag der Marke mit jüngerem Zeitrang aus folgenden Gründen hätte für verfallen oder nichtig erklärt und gelöscht werden können:

1. Verfall nach § 49 oder
2. absolute Schutzhindernisse nach § 50.

[2] Für die Prüfung der Verwechslungsgefahr nach § 9 Absatz 1 Nummer 2 ist auf die Kennzeichnungskraft der älteren Marke am Anmelde- oder Prioritätstag der jüngeren Marke abzustellen.

(5) Liegt ein Nichtigkeitsgrund nur für einen Teil der Waren oder Dienstleistungen vor, für die die Marke eingetragen ist, so wird die Eintragung nur für diese Waren oder Dienstleistungen für nichtig erklärt und gelöscht.

§ 52[1)] Wirkungen des Verfalls und der Nichtigkeit. (1) [1] Die Wirkungen einer eingetragenen Marke gelten in dem Umfang, in dem die Marke für verfallen erklärt wird, von dem Zeitpunkt der Stellung des Antrags (§ 53) oder der Erhebung der Klage (§ 55) auf Erklärung des Verfalls an als nicht eingetreten. [2] In der Entscheidung kann auf Antrag einer Partei ein früherer Zeitpunkt, zu dem einer der Verfallsgründe eingetreten ist, festgesetzt werden.

(2) Die Wirkungen einer eingetragenen Marke gelten in dem Umfang, in dem die Marke für nichtig erklärt worden ist, von Anfang an als nicht eingetreten.

(3) Vorbehaltlich der Vorschriften über den Ersatz des Schadens, der durch fahrlässiges oder vorsätzliches Verhalten des Inhabers einer Marke verursacht worden ist, sowie der Vorschriften über ungerechtfertigte Bereicherung berührt die Löschung der Eintragung aufgrund Verfalls oder Nichtigkeit der Marke nicht

1. Entscheidungen in Verletzungsverfahren, die vor der Entscheidung über den Antrag auf Erklärung des Verfalls oder der Nichtigkeit rechtskräftig geworden und vollstreckt worden sind, und
2. vor der Entscheidung über den Antrag auf Erklärung des Verfalls oder der Nichtigkeit geschlossene Verträge insoweit, als sie vor dieser Entscheidung erfüllt worden sind. Es kann jedoch verlangt werden, daß in Erfüllung des Vertrages

---

[1)] § 52 Überschrift, Abs. 1 und 2 neu gef., Abs. 3 einl. Satzteil, Nr. 1 und 2 geänd. mWv 14.1.2019 durch G v. 11.12.2018 (BGBl. I S. 2357).

gezahlte Beträge aus Billigkeitsgründen insoweit zurückerstattet werden, wie die Umstände dies rechtfertigen.

§ 53[1)] Verfalls- und Nichtigkeitsverfahren vor dem Deutschen Patent- und Markenamt. (1) [1]Der Antrag auf Erklärung des Verfalls (§ 49) und der Nichtigkeit wegen absoluter Schutzhindernisse (§ 50) und älterer Rechte (§ 51) ist schriftlich beim Deutschen Patent- und Markenamt zu stellen. [2]Die zur Begründung dienenden Tatsachen und Beweismittel sind anzugeben. [3]Für die Sicherheitsleistung gilt § 81 Absatz 6 des Patentgesetzes[2)] entsprechend. [4]Der Antrag ist unzulässig, soweit über denselben Streitgegenstand zwischen den Parteien durch unanfechtbaren Beschluss oder rechtskräftiges Urteil entschieden wurde. [5]Dies gilt auch, wenn über denselben Streitgegenstand zwischen den Parteien eine Klage nach § 55 rechtshängig ist. [6]§ 325 Absatz 1 der Zivilprozessordnung[3)] gilt entsprechend. [7]Werden zwischen denselben Beteiligten mehrere Anträge nach Satz 1 gestellt, so können diese verbunden und kann über diese in einem Verfahren durch Beschluss entschieden werden.

(2) Der Antrag auf Erklärung des Verfalls und der Nichtigkeit wegen absoluter Schutzhindernisse kann von jeder natürlichen oder juristischen Person gestellt werden sowie von jedem Interessenverband von Herstellern, Erzeugern, Dienstleistungsunternehmern, Händlern oder Verbrauchern, der am Verfahren beteiligt sein kann.

(3) Der Antrag auf Erklärung der Nichtigkeit wegen des Bestehens älterer Rechte kann von dem Inhaber der in den §§ 9 bis 13 genannten Rechte und Personen, die berechtigt sind, Rechte aus einer geschützten geografischen Angabe oder geschützten Ursprungsbezeichnung geltend zu machen, gestellt werden.

(4) Wird ein Antrag auf Erklärung des Verfalls oder der Nichtigkeit gestellt oder ein Nichtigkeitsverfahren von Amts wegen eingeleitet, so stellt das Deutsche Patent- und Markenamt dem Inhaber der eingetragenen Marke eine Mitteilung hierüber zu und fordert ihn auf, sich innerhalb von zwei Monaten nach der Zustellung zu dem Antrag oder dem von Amts wegen eingeleiteten Verfahren zu erklären.

(5) [1]Widerspricht der Inhaber der Löschung aufgrund Verfalls oder Nichtigkeit nicht innerhalb der in Absatz 4 genannten Frist, so wird die Nichtigkeit oder der Verfall erklärt und die Eintragung gelöscht. [2]Wird dem Antrag auf Nichtigkeit fristgemäß widersprochen, so teilt das Deutsche Patent- und Markenamt dem Antragsteller den Widerspruch mit. [3]Wird dem Antrag auf Verfall fristgemäß widersprochen, so stellt das Deutsche Patent- und Markenamt dem Antragsteller den Widerspruch zu. [4]Das Verfallsverfahren wird nur fortgesetzt, wenn innerhalb eines Monats nach Zustellung des Widerspruchs die Gebühr zur Weiterverfolgung des Verfallsverfahrens nach dem Patentkostengesetz[4)] gezahlt wird. [5]Anderenfalls gilt das Verfallsverfahren als abgeschlossen.

(6) [1]Ist der Antrag auf Erklärung der Nichtigkeit wegen älterer Rechte vom Inhaber einer eingetragenen Marke mit älterem Zeitrang erhoben worden, so hat er auf Einrede des Antragsgegners nachzuweisen, dass die Marke innerhalb der letzten fünf Jahre vor Antragstellung gemäß § 26 benutzt worden ist, sofern zu diesem Zeitpunkt seit mindestens fünf Jahren kein Widerspruch mehr gegen sie

---

[1)] § 53 neu gef. mWv 1.5.2020 durch G v. 11.12.2018 (BGBl. I S. 2357).

[2)] **Habersack, Deutsche Gesetze ErgBd. Nr. 70.**

[3)] Nr. **100**.

[4)] **Habersack, Deutsche Gesetze ErgBd. Nr. 70b.**

möglich war. [2] Wurde Widerspruch erhoben, werden die fünf Jahre ab dem Zeitpunkt gerechnet, ab dem die das Widerspruchsverfahren beendende Entscheidung Rechtskraft erlangt hat oder der Widerspruch zurückgenommen wurde. [3] Endet der Zeitraum von fünf Jahren der Nichtbenutzung nach Stellung des Antrags, so hat der Antragsteller auf Einrede des Antragsgegners nachzuweisen, dass die Marke innerhalb der letzten fünf Jahre vor der Entscheidung gemäß § 26 benutzt worden ist. [4] War die Marke mit älterem Zeitrang am Anmelde- oder Prioritätstag der Marke mit jüngerem Zeitrang bereits seit mindestens fünf Jahren eingetragen, so hat der Antragsteller auf Einrede des Antragsgegners ferner nachzuweisen, dass die Eintragung der Marke mit älterem Zeitrang an diesem Tag nicht nach § 49 Absatz 1 für verfallen hätte erklärt werden können. [5] Bei der Entscheidung werden nur die Waren oder Dienstleistungen berücksichtigt, für die die Benutzung nachgewiesen worden ist. [6] Der Nachweis kann auch durch eine eidesstattliche Versicherung erbracht werden.

(7) [1] Ist das durch die Eintragung der Marke begründete Recht auf einen anderen übertragen worden oder übergegangen, so ist die Entscheidung in der Sache auch gegen den Rechtsnachfolger wirksam und vollstreckbar. [2] Für die Befugnis des Rechtsnachfolgers, in das Verfahren einzutreten, gelten die §§ 66 bis 74 und 76 der Zivilprozessordnung entsprechend.

§ 54[1)] Beitritt zum Verfalls- und Nichtigkeitsverfahren. (1) [1] Ein Dritter kann einem Verfalls- oder Nichtigkeitsverfahren beitreten, wenn über den Antrag auf Erklärung des Verfalls oder der Nichtigkeit noch keine unanfechtbare Entscheidung getroffen wurde und er glaubhaft machen kann, dass

1. gegen ihn ein Verfahren wegen Verletzung derselben eingetragenen Marke anhängig ist oder
2. er aufgefordert wurde, eine behauptete Verletzung derselben eingetragenen Marke zu unterlassen.

[2] Der Beitritt kann innerhalb von drei Monaten ab Einleitung des Verfahrens nach Satz 1 Nummer 1 oder ab Zugang der Unterlassungsaufforderung nach Satz 1 Nummer 2 beantragt werden.

(2) [1] Für die Antragstellung gilt § 53 Absatz 1 bis 3 entsprechend. [2] Erfolgt der Beitritt im Beschwerdeverfahren vor dem Bundespatentgericht, erhält der Beitretende die Stellung eines Beschwerdebeteiligten.

§ 55[2)] Verfalls- und Nichtigkeitsverfahren vor den ordentlichen Gerichten. (1) [1] Die Klage auf Erklärung des Verfalls (§ 49) oder der Nichtigkeit wegen Bestehens älterer Rechte (§ 51) ist gegen den als Inhaber der Marke Eingetragenen oder seinen Rechtsnachfolger zu richten. [2] Die Klage ist unzulässig, wenn über denselben Streitgegenstand zwischen den Parteien

1. bereits gemäß § 53 entschieden wurde,
2. ein Antrag gemäß § 53 beim Deutschen Patent- und Markenamt gestellt wurde.

[3] § 325 Absatz 1 der Zivilprozessordnung[3)] gilt entsprechend.

---

1) § 54 neu gef. mWv 1.5.2020 durch G v. 11.12.2018 (BGBl. I S. 2357).

2) § 55 Abs. 2 Nr. 3 geänd. mWv 8.7.2004 durch G v. 3.7.2004 (BGBl. I S. 1414); Überschrift geänd., Abs. 1 *neu gef., Abs. 2 Nr. 1–3 geänd., Abs. 3 Sätze 1* und 3 neu gef., Abs. 5 angef. mWv 14.1.2019 durch G v. *11.12.2018 (BGBl. I S. 2357); Abs. 3* Satz 3 geänd. mWv 18.8.2021 durch G v. 10.8.2021 (BGBl. I *S. 3490*).

3) Nr. **100**.

(2) Zur Erhebung der Klage sind befugt:

1. in den Fällen des Antrags auf Erklärung des Verfalls jede Person,
2. in den Fällen des Antrags auf Erklärung der Nichtigkeit wegen des Bestehens von Rechten mit älterem Zeitrang die Inhaber der in den §§ 9 bis 13 aufgeführten Rechte,
3. in den Fällen des Antrags auf Erklärung der Nichtigkeit wegen des Bestehens einer geographischen Herkunftsangabe mit älterem Zeitrang (§ 13 Abs. 2 Nr. 5) die nach § 8 Abs. 3 des Gesetzes gegen den unlauteren Wettbewerb[1)] zur Geltendmachung von Ansprüchen Berechtigten.

(3) [1] Ist die Klage auf Erklärung der Nichtigkeit vom Inhaber einer eingetragenen Marke mit älterem Zeitrang erhoben worden, so hat er auf Einrede des Beklagten nachzuweisen, dass die Marke innerhalb der letzten fünf Jahre vor Erhebung der Klage gemäß § 26 benutzt worden ist, sofern zu diesem Zeitpunkt seit mindestens fünf Jahren kein Widerspruch mehr gegen sie möglich war. [2] Endet der Zeitraum von fünf Jahren der Nichtbenutzung nach Erhebung der Klage, so hat der Kläger auf Einrede des Beklagten nachzuweisen, daß die Marke innerhalb der letzten fünf Jahre vor dem Schluß der mündlichen Verhandlung gemäß § 26 benutzt worden ist. [3] War die Marke mit älterem Zeitrang am Anmelde- oder Prioritätstag der jüngeren Marke bereits seit mindestens fünf Jahren eingetragen, so hat der Kläger auf Einrede des Beklagten ferner nachzuweisen, dass die Eintragung der Marke mit älterem Zeitrang an diesem Tag nicht nach § 49 Absatz 1 hätte für verfallen erklärt und gelöscht werden können. [4] Bei der Entscheidung werden nur die Waren oder Dienstleistungen berücksichtigt, für die die Benutzung nachgewiesen worden ist.

(4) [1] Ist vor oder nach Erhebung der Klage das durch die Eintragung der Marke begründete Recht auf einen anderen übertragen worden oder übergegangen, so ist die Entscheidung in der Sache selbst auch gegen den Rechtsnachfolger wirksam und vollstreckbar. [2] Für die Befugnis des Rechtsnachfolgers, in den Rechtsstreit einzutreten, gelten die §§ 66 bis 74 und 76 der Zivilprozeßordnung entsprechend.

(5) [1] Das Gericht teilt dem Deutschen Patent- und Markenamt den Tag der Erhebung der Klage mit. [2] Das Deutsche Patent- und Markenamt vermerkt den Tag der Erhebung der Klage im Register. [3] Das Gericht übermittelt dem Deutschen Patent- und Markenamt eine Ausfertigung des rechtskräftigen Urteils. [4] Das Deutsche Patent- und Markenamt trägt das Ergebnis des Verfahrens mit dem Datum der Rechtskraft in das Register ein.

Abschnitt 4.[2)] Allgemeine Vorschriften für das Verfahren vor dem Deutschen Patent- und Markenamt

§ 56[3)] Zuständigkeiten im Deutschen Patent- und Markenamt.

(1) Im Deutschen Patent- und Markenamt werden zur Durchführung der Verfahren in Markenangelegenheiten Markenstellen und Markenabteilungen gebildet.

(2) [1] Die Markenstellen *sind für* die Prüfung von angemeldeten Marken und für die Beschlußfassung im Eintragungsverfahren zuständig. [2] Die Aufgaben einer Markenstelle nimmt ein Mitglied des Deutschen Patent- und Markenamts (Prüfer) wahr. [3] Die Aufgaben können auch von einem Beamten des gehobenen Dienstes

---

[1)] Nr. **73**.

[2)] Abschnitt 4 Überschrift neu gef. mWv 14.1.2019 durch G v. 11.12.2018 (BGBl. I S. 2357).

[3)] § 56 Überschrift, Abs. 1, 2 Sätze 2 und 4, Abs. 3 Sätze 2 und 3, § 57 Abs. 1 geänd. mWv 14.1.2019 durch G v. 11.12.2018 (BGBl. I S. 2357).

oder von einem vergleichbaren Angestellten wahrgenommen werden. [4]Beamte des gehobenen Dienstes und vergleichbare Angestellte sind jedoch nicht befugt, eine Beeidigung anzuordnen, einen Eid abzunehmen oder ein Ersuchen nach § 95 Abs. 2 an das Bundespatentgericht zu richten.

(3) [1]Die Markenabteilungen sind für die Angelegenheiten zuständig, die nicht in die Zuständigkeit der Markenstellen fallen. [2]Die Aufgaben einer Markenabteilung werden in der Besetzung mit mindestens drei Mitgliedern des Deutschen Patent- und Markenamts wahrgenommen. [3]Der Vorsitzende einer Markenabteilung kann alle in die Zuständigkeit der Markenabteilung fallenden Angelegenheiten mit Ausnahme der Entscheidung über die Erklärung des Verfalls oder der Nichtigkeit einer Marke nach § 53 allein bearbeiten oder diese Angelegenheiten einem Angehörigen der Markenabteilung zur Bearbeitung übertragen.

§ 57[1)] Ausschließung und Ablehnung. (1) Für die Ausschließung und Ablehnung der Prüfer und der Mitglieder der Markenabteilungen sowie der mit der Wahrnehmung von Angelegenheiten, die den Markenstellen oder den Markenabteilungen obliegen, betrauten Beamten und Beamtinnen des gehobenen und mittleren Dienstes oder Angestellten gelten die §§ 41 bis 44, 45 Abs. 2 Satz 2, §§ 47 bis 49 der Zivilprozeßordnung über die Ausschließung und Ablehnung der Gerichtspersonen entsprechend.

(2) Über das Ablehnungsgesuch entscheidet, soweit es einer Entscheidung bedarf, eine Markenabteilung.

§ 58[2)] Gutachten. (1) Das Deutsche Patent- und Markenamt ist verpflichtet, auf Ersuchen der Gerichte oder der Staatsanwaltschaften über Fragen, die angemeldete oder eingetragene Marken betreffen, Gutachten abzugeben, wenn in dem Verfahren voneinander abweichende Gutachten mehrerer Sachverständiger vorliegen.

(2) Im übrigen ist das Deutsche Patent- und Markenamt nicht befugt, ohne Genehmigung des Bundesministeriums der Justiz und für Verbraucherschutz außerhalb seines gesetzlichen Aufgabenbereichs Beschlüsse zu fassen oder Gutachten abzugeben.

§ 59[3)] Ermittlung des Sachverhalts; rechtliches Gehör. (1) [1]Das Deutsche Patent- und Markenamt ermittelt den Sachverhalt von Amts wegen. [2]Es ist an das Vorbringen und die Beweisanträge der Beteiligten nicht gebunden.

(2) Soll die Entscheidung des Deutschen Patent- und Markenamts auf Umstände gestützt werden, die dem Anmelder oder Inhaber der Marke oder einem anderen am Verfahren Beteiligten noch nicht mitgeteilt waren, so ist ihm vorher Gelegenheit zu geben, sich dazu innerhalb einer bestimmten Frist zu äußern.

§ 60[4)] Ermittlungen; Anhörungen; Niederschrift. (1) [1]Das Deutsche Patent- und Markenamt kann jederzeit die Beteiligten laden und anhören, Zeugen, Sachverständige und Beteiligte eidlich oder uneidlich vernehmen, Augenschein nehmen, die Beweiskraft einer vorgelegten Urkunde würdigen sowie andere zur Aufklärung der Sache erforderlichen Ermittlungen anstellen. [2]Die Vorschriften des

---

[1)] § 56 Überschrift, Abs. 1, 2 Sätze 2 und 4, Abs. 3 Sätze 2 und 3, § 57 Abs. 1 geänd. mWv 14.1.2019 durch G v. 11.12.2018 (BGBl. I S. 2357).

[2)] § 58 Abs. 2 geänd. mWv 8.9.2015 durch VO v. 31.8.2015 (BGBl. I S. 1474); Abs. 1 und 2 geänd. mWv 14.1.2019 *durch G v. 11.12.2018 (BGBl. I S. 2357).*

[3)] *§ 59 Abs. 1 Satz 1 und Abs. 2* geänd. mWv 14.1.2019 durch G v. 11.12.2018 (BGBl. I S. 2357).

[4)] § 60 Abs. 1 neu gef., Abs. 2 Satz 2 geänd., Satz 4 angef. mWv 14.1.2019 durch G v. 11.12.2018 (BGBl. I S. 2357).

Buches 2 der Zivilprozessordnung[1)] zu diesen Beweismitteln sind entsprechend anzuwenden.

(2) [1] Bis zum Beschluß, mit dem das Verfahren abgeschlossen wird, ist der Anmelder oder Inhaber der Marke oder ein anderer an dem Verfahren Beteiligter auf Antrag anzuhören, wenn dies sachdienlich ist. [2] Hält das Deutsche Patent- und Markenamt die Anhörung nicht für sachdienlich, so weist es den Antrag zurück. [3] Der Beschluß, durch den der Antrag zurückgewiesen wird, ist selbständig nicht anfechtbar. [4] Im Verfalls- oder Nichtigkeitsverfahren findet eine Anhörung statt, wenn ein Beteiligter dies beantragt oder das Deutsche Patent- und Markenamt dies für sachdienlich erachtet.

(3) [1] Über die Anhörungen und Vernehmungen ist eine Niederschrift zu fertigen, die den wesentlichen Gang der Verhandlung wiedergeben und die rechtserheblichen Erklärungen der Beteiligten enthalten soll. [2] Die §§ 160a, 162 und 163 der Zivilprozeßordnung sind entsprechend anzuwenden. [3] Die Beteiligten erhalten eine Abschrift der Niederschrift.

§ 61[2)] Beschlüsse; Rechtsmittelbelehrung. (1) [1] Die Beschlüsse des Deutschen Patent- und Markenamts sind, auch wenn sie nach Satz 3 verkündet worden sind, zu begründen und den Beteiligten von Amts wegen in Abschrift zuzustellen; eine Beglaubigung der Abschrift ist nicht erforderlich. [2] Ausfertigungen werden nur auf Antrag eines Beteiligten und nur in Papierform erteilt. [3] Falls eine Anhörung stattgefunden hat, können sie auch am Ende der Anhörung verkündet werden. [4] Einer Begründung bedarf es nicht, wenn am Verfahren nur der Anmelder oder Inhaber der Marke beteiligt ist und seinem Antrag stattgegeben wird.

(2) [1] Mit Zustellung des Beschlusses sind die Beteiligten über das Rechtsmittel, das gegen den Beschluss gegeben ist, über die Stelle, bei der das Rechtsmittel einzulegen ist, über die Rechtsmittelfrist und, sofern für das Rechtsmittel eine Gebühr nach dem Patentkostengesetz[3)] zu zahlen ist, über die Gebühr zu belehren. [2] Die Frist für das Rechtsmittel beginnt nur zu laufen, wenn die Beteiligten nach Satz 1 belehrt worden sind. [3] Ist die Belehrung unterblieben oder unrichtig erteilt, so ist die Einlegung des Rechtsmittels nur innerhalb eines Jahres seit Zustellung des Beschlusses zulässig, außer wenn der Beteiligte schriftlich dahingehend belehrt worden ist, daß ein Rechtsmittel nicht gegeben sei. [4] § 91 ist entsprechend anzuwenden. [5] Die Sätze 1 bis 4 gelten entsprechend für den Rechtsbehelf der Erinnerung nach § 64.

§ 62[4)] Akteneinsicht; Registereinsicht. (1) Das Deutsche Patent- und Markenamt gewährt auf Antrag Einsicht in die Akten von Anmeldungen von Marken, wenn ein berechtigtes Interesse glaubhaft gemacht wird.

(2) Nach der Eintragung der Marke wird Einsicht in die Akten der eingetragenen Marke gewährt.

(3) Die Einsicht in die Akten nach Absatz 2 kann bei elektronisch geführten Akten auch über das Internet gewährt werden.

[1)] Nr. **100**.

[2)] § 61 Abs. 1 Satz 1 neu gef., Satz 2 eingef., bish. Sätze 2 und 3 werden Sätze 3 und 4, Abs. 2 Satz 1 neu gef., Satz 2 geänd. mWv 1.10.2016 durch G v. 4.4.2016 (BGBl. I S. 558).

[3)] **Habersack, Deutsche Gesetze ErgBd. Nr. 70b.**

[4)] § 62 Abs. 3 und 4 eingef., bish. Abs. 3 wird Abs. 5 mWv 25.10.2013 durch G v. 19.10.2013 (BGBl. I S. 3830); Abs. 2 und 3 geänd. mWv 1.7.2016 durch G v. 4.4.2016 (BGBl. I S. 558); Abs. 1 geänd. mWv 14.1.2019 durch G v. 11.12.2018 (BGBl. I S. 2357); Abs. 4 neu gef. mWv 18.8.2021 durch G v. 10.8. 2021 (BGBl. I S. 3490).

(4) Die Akteneinsicht nach den Absätzen 1 bis 3 ist ausgeschlossen, soweit

1. ihr eine Rechtsvorschrift entgegensteht,
2. das schutzwürdige Interesse der betroffenen Person im Sinne des Artikels 4 Nummer 1 der Verordnung (EU) 679/2016[1] des Europäischen Parlaments und des Rates vom 27. April 2016 zum Schutz natürlicher Personen bei der Verarbeitung personenbezogener Daten, zum freien Datenverkehr und zur Aufhebung der Richtlinie 95/46/EG (Datenschutz-Grundverordnung) (ABl. L 119 vom 4.5.2016, S. 1; L 314 vom 22.11.2016, S. 72; L 127 vom 23.5.2018, S. 2) in der jeweils geltenden Fassung offensichtlich überwiegt oder
3. sie auf Akteninhalte bezogen ist, die offensichtlich gegen die öffentliche Ordnung oder die guten Sitten verstoßen.

(5) Die Einsicht in das Register steht jeder Person frei.

§ 62a[2] Datenschutz. [1]Soweit personenbezogene Daten im Register oder in öffentlich zugänglichen elektronischen Informationsdiensten des Deutschen Patent- und Markenamtes enthalten sind, bestehen nicht

1. das Recht auf Auskunft gemäß Artikel 15 Absatz 1 Buchstabe c der Verordnung (EU) 2016/679[1],
2. die Mitteilungspflicht gemäß Artikel 19 Satz 2 der Verordnung (EU) 2016/679 und
3. das Recht auf Widerspruch gemäß Artikel 21 Absatz 1 der Verordnung (EU) 2016/679.

[2]Das Recht auf Erhalt einer Kopie nach Artikel 15 Absatz 3 der Verordnung (EU) 2016/679 wird dadurch erfüllt, dass die betroffene Person Einsicht in das Register oder in öffentlich zugängliche elektronische Informationsdienste des Deutschen Patent- und Markenamtes nehmen kann.

§ 63[3] Kosten der Verfahren. (1) [1]Sind an dem Verfahren mehrere Personen beteiligt, so kann das Deutsche Patent- und Markenamt in der Entscheidung bestimmen, daß die Kosten des Verfahrens einschließlich der Auslagen des Deutschen Patent- und Markenamts und der den Beteiligten erwachsenen Kosten, soweit sie zur zweckentsprechenden Wahrung der Ansprüche und Rechte notwendig waren, einem Beteiligten ganz oder teilweise zur Last fallen, wenn dies der Billigkeit entspricht. [2]Die Bestimmung kann auch getroffen werden, wenn der Beteiligte die Erinnerung, die Anmeldung der Marke, den Widerspruch oder den Antrag auf Erklärung des Verfalls oder der Nichtigkeit ganz oder teilweise zurücknimmt oder wenn die Eintragung der Marke wegen Verzichts oder wegen Nichtverlängerung der Schutzdauer ganz oder teilweise im Register gelöscht wird. [3]Soweit eine Bestimmung über die Kosten nicht getroffen wird, trägt jeder Beteiligte die ihm erwachsenen Kosten selbst.

(2) [1]Wenn eine Entscheidung nach Absatz 1 ergeht, setzt das Deutsche Patent- und Markenamt den Gegenstandswert fest; § 23 Absatz 3 Satz 2 und § 33 Absatz 1

---

[1] **Sartorius Nr. 246.**

[2] § 62a eingef. mWv 25.5.2018 durch G v. 17.7.2017 (BGBl. I S. 2541).

[3] § 63 Abs. 2 neu gef. mWv 1.1.2002 durch G v. 13.12.2001 (BGBl. I S. 3656); Abs. 3 Satz 4 geänd. mWv *1.6.2004 durch G v. 12.3.2004 (BGBl. I S. 390)*; Abs. 3 Satz 2 neu gef. mWv 1.7.2006 durch G v. *21.6.2006 (BGBl. I S. 1318)*; Abs. 2 eingef., bish. Abs. 2 und 3 werden Abs. 3 und 4 mWv 1.7.2016 durch G v. 4.4.2016 (BGBl. I S. 558); Abs. 1 Sätze 1 und 2, Abs. 3, Abs. 4 Sätze 1 und 5 geänd. mWv 14.1.2019 durch G v. 11.12.2018 (BGBl. I S. 2357).

des Rechtsanwaltsvergütungsgesetzes[1] gelten entsprechend. [2]Der Beschluss über den Gegenstandswert kann mit der Entscheidung nach Absatz 1 verbunden werden.

(3) Das Deutsche Patent- und Markenamt kann anordnen, dass die Gebühr nach dem Patentkostengesetz[2] für die beschleunigte Prüfung, für das Widerspruchs-, Verfalls- oder Nichtigkeitsverfahren ganz oder teilweise zurückgezahlt wird, wenn dies der Billigkeit entspricht.

(4) [1]Der Betrag der zu erstattenden Kosten wird auf Antrag durch das Deutsche Patent- und Markenamt festgesetzt. [2]Die Vorschriften der Zivilprozessordnung[3] über das Kostenfestsetzungsverfahren (§§ 103 bis 107) und die Zwangsvollstreckung aus Kostenfestsetzungsbeschlüssen (§§ 724 bis 802) sind entsprechend anzuwenden. [3]An die Stelle der Erinnerung tritt die Beschwerde gegen den Kostenfestsetzungsbeschluß. [4]§ 66 ist mit der Maßgabe anzuwenden, daß die Beschwerde innerhalb von zwei Wochen einzulegen ist. [5]Die vollstreckbare Ausfertigung wird vom Urkundsbeamten der Geschäftsstelle des Bundespatentgerichts erteilt.

§ 64[4] Erinnerung. (1) [1]Gegen die Beschlüsse der Markenstellen und der Markenabteilungen, die von einem Beamten des gehobenen Dienstes oder einem vergleichbaren Angestellten erlassen worden sind, findet die Erinnerung statt. [2]Die Erinnerung hat aufschiebende Wirkung.

(2) Die Erinnerung ist innerhalb eines Monats nach Zustellung beim Deutschen Patent- und Markenamt einzulegen.

(3) [1]Erachtet der Beamte oder Angestellte, dessen Beschluß angefochten wird, die Erinnerung für begründet, so hat er ihr abzuhelfen. [2]Dies gilt nicht, wenn dem Erinnerungsführer ein anderer an dem Verfahren Beteiligter gegenübersteht.

(4) Über die Erinnerung entscheidet ein Mitglied des Deutschen Patent- und Markenamts durch Beschluss.

(5) Die Markenstelle oder die Markenabteilung kann anordnen, dass die Gebühr nach dem Patentkostengesetz für die Erinnerung ganz oder teilweise zurückgezahlt wird.

(6) [1]Anstelle der Erinnerung kann die Beschwerde nach § 66 eingelegt werden. [2]Ist in einem Verfahren, an dem mehrere Personen beteiligt sind, gegen einen Beschluss von einem Beteiligten Erinnerung und von einem anderen Beteiligten Beschwerde eingelegt worden, so kann der Erinnerungsführer ebenfalls Beschwerde einlegen. [3]Wird die Beschwerde des Erinnerungsführers nicht innerhalb eines Monats nach Zustellung der Beschwerde des anderen Beteiligten gemäß § 66 Abs. 4 Satz 2 eingelegt, so gilt seine Erinnerung als zurückgenommen.

(7) [1]Nach Einlegung einer Beschwerde nach Absatz 6 Satz 2 oder nach § 66 Abs. 3 kann über eine Erinnerung nicht mehr entschieden werden. [2]Eine gleichwohl danach erlassene Erinnerungsentscheidung ist gegenstandslos.

---

[1] Nr. **117**.

[2] **Habersack, Deutsche Gesetze ErgBd. Nr. 70b.**

[3] Nr. **100**.

[4] § 64 Abs. 5 eingef., bish. Abs. 5 wird Abs. 6 mWv 1.1.2002 durch G v. 13.12.2001 (BGBl. I S. 3656); Abs. 6 eingef., bish. Abs. 6 wird Abs. 7 und Satz 1 geänd. mWv 1.10.2009 durch G v. 31.7.2009 (BGBl. I S. 2521); Abs. 2 geänd., Abs. 4 neu gef. mWv 14.1.2019 durch G v. 11.12.2018 (BGBl. I S. 2357).

§ 64a[1]) Kostenregelungen im Verfahren vor dem Deutschen Patent- und Markenamt. Im Verfahren vor dem Deutschen Patent- und Markenamt gilt für die Kosten das Patentkostengesetz.

§ 65[2]) Rechtsverordnungsermächtigung. (1) Das Bundesministerium der Justiz und für Verbraucherschutz wird ermächtigt, durch Rechtsverordnung[3]) ohne Zustimmung des Bundesrates

1. die Einrichtung und den Geschäftsgang sowie die Form des Verfahrens in Markenangelegenheiten zu regeln, soweit nicht durch Gesetz Bestimmungen darüber getroffen sind,
2. weitere Erfordernisse für die Anmeldung von Marken zu bestimmen,
3. die Klasseneinteilung von Waren und Dienstleistungen festzulegen,
4. nähere Bestimmungen für die Durchführung der Prüfungs-, Widerspruchs-, Verfalls- und Nichtigkeitsverfahren zu treffen,
5. Bestimmungen über das Register der eingetragenen Marken und gegebenenfalls gesonderte Bestimmungen über das Register für Kollektivmarken und Gewährleistungsmarken zu treffen,
6. die in das Register aufzunehmenden Angaben über eingetragene Marken sowie über Widerspruchs- und Nichtigkeitsverfahren zu regeln und Umfang sowie Art und Weise der Veröffentlichung dieser Angaben festzulegen,
7. Bestimmungen über die sonstigen in diesem Gesetz vorgesehenen Verfahren vor dem Deutschen Patent- und Markenamt zu treffen, wie insbesondere das Verfahren bei der Teilung von Anmeldungen und von Eintragungen, das Verfahren zur Erteilung von Auskünften oder Bescheinigungen, das Verfahren der Wiedereinsetzung, das Verfahren der Akteneinsicht, das Verfahren über den Schutz international registrierter Marken und das Verfahren über die Umwandlung von Unionsmarken,
8. Bestimmungen über die in das Register aufzunehmenden Angaben über Lizenzen zu treffen,
9. Bestimmungen über die Form zu treffen, in der Anträge und Eingaben in Markenangelegenheiten einzureichen sind, einschließlich der Übermittlung von Anträgen und Eingaben durch elektronische Datenübertragung,
10. Bestimmungen darüber zu treffen, in welcher Form Beschlüsse, Bescheide oder sonstige Mitteilungen des Deutschen Patent- und Markenamts in Markenangelegenheiten den Beteiligten zu übermitteln sind, einschließlich der Übermittlung durch elektronische Datenübertragung, soweit nicht eine bestimmte Form der Übermittlung gesetzlich vorgeschrieben ist,
11. Bestimmungen darüber zu treffen, in welchen Fällen und unter welchen Voraussetzungen Eingaben und Schriftstücke in Markenangelegenheiten in anderen Sprachen als der deutschen Sprache berücksichtigt werden,

---

[1]) § 64a neu gef. mWv 14.1.2019 durch G v. 11.12.2018 (BGBl. I S. 2357).

[2]) § 65 Abs. 1 Nr. 7 geänd. durch G v. 19.7.1996 (BGBl. I S. 1014); Nr. 14 angef. durch G v. 22.6.1998 (BGBl. I S. 1474); Nr. 1, 12 neu gef. durch G. v. 22.7.1998 (BGBl. I S. 1827); Abs. 1 Nr. 12 geänd., Nr. 13 aufgeh., bish. Nr. 14 wird Nr. 13, Abs. 2 geänd. mWv 1.1.2002 durch G v. 13.12.2001 (BGBl. I S. 3656); Abs. 1 Nr. 1 neu gef. mWv 19.3.2004 durch G v. 12.3.2004 (BGBl. I S. 390); Abs. 1 einl. Satzteil, Abs. 2 geänd. mWv 8.9.2015 durch VO v. 31.8.2015 (BGBl. I S. 1474); Abs. 1 Nr. 4–7 geänd., Nr. 8 eingef., bish. Nr. 8–13 werden Nr. 9–14, neue Nr. 10, 12 und 13 geänd. mWv 14.1.2019 durch G v. 11.12.2018 (BGBl. I S. 2357); *Abs. 1 Nr. 14 geänd., Nr. 15 angef.* mWv 18.8.2021 durch G v. 10.8.2021 (BGBl. I *S. 3490).*

[3]) Siehe VO zur Ausführung des Markengesetzes (Markenverordnung – MarkenV) **(Habersack, Deutsche Gesetze ErgBd. Nr. 72a)**.

12. Beamte und Beamtinnen des gehobenen Dienstes oder vergleichbare Angestellte mit der Wahrnehmung von Angelegenheiten zu betrauen, die den Markenabteilungen obliegen und die ihrer Art nach keine besonderen rechtlichen Schwierigkeiten bieten, mit Ausnahme der Beschlußfassung über die Löschung von Marken aufgrund Verzichts, Verfalls oder Nichtigkeit (§ 48 Abs. 1, § 53), der Abgabe von Gutachten (§ 58 Abs. 1) und der Entscheidungen, mit denen die Abgabe eines Gutachten abgelehnt wird,
13. Beamte und Beamtinnen des mittleren Dienstes oder vergleichbare Angestellte mit der Wahrnehmung von Angelegenheiten zu betrauen, die den Markenstellen oder Markenabteilungen obliegen und die ihrer Art nach keine besonderen rechtlichen Schwierigkeiten bieten, mit Ausnahme von Entscheidungen über Anmeldungen und Widersprüche,
14. die in die Veröffentlichung nach § 33 Abs. 3 aufzunehmenden Angaben zu regeln und Umfang sowie Art und Weise der Veröffentlichung dieser Angaben festzulegen,
15. für Fristen in Markenangelegenheiten eine für alle Dienststellen des Deutschen Patent- und Markenamts geltende Regelung über die zu berücksichtigenden gesetzlichen Feiertage zu treffen.

(2) Das Bundesministerium der Justiz und für Verbraucherschutz kann die Ermächtigung zum Erlaß von Rechtsverordnungen nach Absatz 1 durch Rechtsverordnung ohne Zustimmung des Bundesrates ganz oder teilweise dem Deutschen Patent- und Markenamt übertragen.

§ 65a[1] Verwaltungszusammenarbeit. Das Deutsche Patent- und Markenamt arbeitet in den Tätigkeitsbereichen, die für den nationalen, internationalen und den Markenschutz in der Europäischen Union von Belang sind, effektiv mit anderen nationalen Markenämtern, der Weltorganisation für geistiges Eigentum und dem Amt der Europäischen Union für geistiges Eigentum zusammen und fördert die Angleichung von Vorgehensweisen und Instrumenten im Zusammenhang mit der Prüfung, Eintragung, Verwaltung und Löschung von Marken.

Abschnitt 5.[2] Verfahren vor dem Bundespatentgericht

§ 66[3] Beschwerde. (1) [1] Gegen die Beschlüsse der Markenstellen und der Markenabteilungen findet unbeschadet der Vorschrift des § 64 die Beschwerde an das Bundespatentgericht statt. [2] Die Beschwerde steht den am Verfahren vor dem Deutschen Patent- und Markenamt Beteiligten zu. [3] Die Beschwerde hat aufschiebende Wirkung.

(2) Die Beschwerde ist innerhalb eines Monats nach Zustellung des Beschlusses beim Deutschen Patent- und Markenamt schriftlich einzulegen.

(3) [1] Ist über eine Erinnerung nach § 64 innerhalb von sechs Monaten nach ihrer Einlegung nicht entschieden worden und hat der Erinnerungsführer nach *Ablauf dieser Frist* Antrag auf Entscheidung gestellt, so ist die Beschwerde abweichend von Absatz 1 Satz 1 unmittelbar gegen den Beschluß der Markenstelle oder

---

[1] § 65a eingef. mWv 14.1.2019 durch G v. 11.12.2018 (BGBl. I S. 2357).

[2] Abschnitt 5 Überschrift neu gef. mWv 14.1.2019 durch G v. 11.12.2018 (BGBl. I S. 2357).

[3] § 66 Abs. 2 geänd., Abs. 3 Satz 6 neu gef., Abs. 5 aufgeh., bish. Abs. 6 wird Abs. 5 und geänd. mWv 1.1.2002 durch G v. 13.12.2001 (BGBl. I S. 3656); Abs. 1 Satz 1 neu gef. mWv 1.10.2009 durch G v. 31.7.2009 (BGBl. I S. 2521); Abs. 5 Satz 6 angef. mWv 1.1.2014 durch G v. 31.8.2013 (BGBl. I S. 3533); Abs. 1 Sätze 1 und 2, Abs. 2, Abs. 5 Sätze 4–6 geänd. mWv 14.1.2019 durch G v. 11.12.2018 (BGBl. I S. 2357).

der Markenabteilung zulässig, wenn über die Erinnerung nicht innerhalb von zwei Monaten nach Zugang des Antrags entschieden worden ist. [2] Steht dem Erinnerungsführer in dem Erinnerungsverfahren ein anderer Beteiligter gegenüber, so ist Satz 1 mit der Maßgabe anzuwenden, daß an die Stelle der Frist von sechs Monaten nach Einlegung der Erinnerung eine Frist von zehn Monaten tritt. [3] Hat der andere Beteiligte ebenfalls Erinnerung eingelegt, so bedarf die Beschwerde nach Satz 2 der Einwilligung des anderen Beteiligten. [4] Die schriftli-

(Fortsetzung nächstes Blatt)

statt. [2] Gegen eine Entscheidung nach § 130 Abs. 5 Satz 1 steht die Beschwerde denjenigen Personen zu, die gegen den Antrag fristgerecht Einspruch eingelegt haben oder die durch den stattgebenden Beschluss auf Grund der nach § 130 Abs. 5 Satz 4 veröffentlichten geänderten Angaben in ihrem berechtigten Interesse betroffen sind. [3] Im Übrigen sind die Vorschriften dieses Gesetzes über das Beschwerdeverfahren vor dem Bundespatentgericht (§§ 66 bis 82) und über das Rechtsbeschwerdeverfahren vor dem Bundesgerichtshof (§§ 83 bis 90) entsprechend anzuwenden.

§ 134[1)] Überwachung. (1) Die nach der Verordnung (EU) Nr. 1151/2012 und den zu ihrer Durchführung erlassenen Vorschriften erforderliche Überwachung und Kontrolle obliegt den nach Landesrecht zuständigen Stellen.

(2) [1] Soweit es zur Überwachung und Kontrolle im Sinn des Absatzes 1 erforderlich ist, können die Beauftragten der zuständigen Stellen bei Betrieben, die Agrarerzeugnisse oder Lebensmittel in Verkehr bringen oder herstellen (§ 3 Absatz 1 Nummer 1 des Lebensmittel- und Futtermittelgesetzbuchs[2)]) oder innergemeinschaftlich verbringen, einführen oder ausführen, während der Geschäfts- oder Betriebszeit

1. Geschäftsräume und Grundstücke, Verkaufseinrichtungen und Transportmittel betreten und dort Besichtigungen vornehmen,
2. Proben gegen Empfangsbescheinigung entnehmen; auf Verlangen des Betroffenen ist ein Teil der Probe oder, falls diese unteilbar ist, eine zweite Probe amtlich verschlossen und versiegelt zurückzulassen,
3. Geschäftsunterlagen einsehen und prüfen,
4. Auskunft verlangen.

[2] Diese Befugnisse erstrecken sich auch auf Agrarerzeugnisse oder Lebensmittel, die an öffentlichen Orten, insbesondere auf Märkten, Plätzen, Straßen oder im Umherziehen in den Verkehr gebracht werden.

(3) Inhaber oder Leiter der Betriebe sind verpflichtet, das Betreten der Geschäftsräume und Grundstücke, Verkaufseinrichtungen und Transportmittel sowie die dort vorzunehmenden Besichtigungen zu gestatten, die zu besichtigenden Agrarerzeugnisse oder Lebensmittel selbst oder durch andere so darzulegen, dass die Besichtigung ordnungsgemäß vorgenommen werden kann, selbst oder durch andere die erforderliche Hilfe bei Besichtigungen zu leisten, die Proben entnehmen zu lassen, die geschäftlichen Unterlagen vorzulegen, prüfen zu lassen und Auskünfte zu erteilen.

(4) Erfolgt die Überwachung bei der Einfuhr oder bei der Ausfuhr, so gelten die Absätze 2 und 3 entsprechend auch für denjenigen, der die Agrarerzeugnisse oder Lebensmittel für den Betriebsinhaber innergemeinschaftlich verbringt, einführt oder ausführt.

(5) Der zur Erteilung einer Auskunft Verpflichtete kann die Auskunft auf solche Fragen verweigern, deren Beantwortung ihn selbst oder einen der in § 383 Abs. 1 Nr. 1 bis 3 der Zivilprozessordnung[3)] bezeichneten Angehörigen der Gefahr

---

1) § 134 neu gef. mWv 1.9.2008 durch G v. 7.7.2008 (BGBl. I S. 1191); Abs. 2 und Abs. 6 Satz 1 geänd. mWv 1.7.2016 durch G v. 4.4.2016 (BGBl. I S. 558); Abs. 2 Satz 1 einl. Satzteil geänd. mWv 10.8.2021 durch G v. 27.7.2021 (BGBl. I S. 3274).

2) **Sartorius ErgBd. Nr. 862.**

3) Nr. **100**.

strafrechtlicher Verfolgung oder eines Verfahrens nach dem Gesetz über Ordnungswidrigkeiten[1)] aussetzen würde.

(6) [1] Für Amtshandlungen, die nach Artikel 37 Absatz 1 der Verordnung (EU) Nr. 1151/2012 zu Kontrollzwecken vorzunehmen sind, werden kostendeckende Gebühren und Auslagen erhoben. [2] Die kostenpflichtigen Tatbestände werden durch das Landesrecht bestimmt.

§ 135[2)] Ansprüche wegen Verletzung. (1) [1] Wer im geschäftlichen Verkehr Handlungen vornimmt, die gegen Artikel 13 der Verordnung (EU) Nr. 1151/2012 verstoßen, kann von den nach § 8 Abs. 3 des Gesetzes gegen den unlauteren Wettbewerb[3)] zur Geltendmachung von Ansprüchen Berechtigten bei Wiederholungsgefahr auf Unterlassung in Anspruch genommen werden. [2] Der Anspruch besteht auch dann, wenn eine Zuwiderhandlung erstmalig droht. [3] Die §§ 18, 19, 19a und 19c gelten entsprechend.

(2) § 128 Abs. 2 und 3 gilt entsprechend.

§ 136[2)] Verjährung. Die Ansprüche nach § 135 verjähren nach § 20.

Abschnitt 3. Ermächtigungen zum Erlaß von Rechtsverordnungen

§ 137[4)] Nähere Bestimmungen zum Schutz einzelner geographischer Herkunftsangaben. (1) Das Bundesministerium der Justiz und für Verbraucherschutz wird ermächtigt, im Einvernehmen mit den Bundesministerien für Wirtschaft und Energie und für Ernährung und Landwirtschaft durch Rechtsverordnung mit Zustimmung des Bundesrates nähere Bestimmungen über einzelne geographische Herkunftsangaben zu treffen.

(2) [1] In der Rechtsverordnung können

1. durch Bezugnahme auf politische oder geographische Grenzen das Herkunftsgebiet,
2. die Qualität oder sonstige Eigenschaften im Sinne des § 127 Abs. 2 sowie die dafür maßgeblichen Umstände, wie insbesondere Verfahren oder Art und Weise der Erzeugung oder Herstellung der Waren oder der Erbringung der Dienstleistungen oder Qualität oder sonstige Eigenschaften der verwendeten Ausgangsmaterialien wie deren Herkunft, und
3. die Art und Weise der Verwendung der geographischen Herkunftsangabe

geregelt werden. [2] Bei der Regelung sind die bisherigen lauteren Praktiken, Gewohnheiten und Gebräuche bei der Verwendung der geographischen Herkunftsangabe zu berücksichtigen.

§ 138[5)] Sonstige Vorschriften für das Verfahren bei Anträgen und Einsprüchen nach der Verordnung (EU) Nr. 1151/2012. (1) Das Bundesministerium der Justiz und für Verbraucherschutz wird ermächtigt, durch Rechtsverord-

---

[1)] Nr. **94**.

[2)] Teil 6 Abschnitt 2 (§§ 130–136) neu gef. mWv 1.9.2008 durch G v. 7.7.2008 (BGBl. I S. 1191); § 135 Abs. 1 Satz 1 geänd. mWv 1.7.2016 durch G v. 4.4.2016 (BGBl. I S. 558).

[3)] Nr. **73**.

[4)] § 137 Abs. 1 geänd. mWv 7.11.2001 durch VO v. 29.10.2001 (BGBl. I S. 2785); Abs. 1 geänd. mWv 28.11.2003 durch VO v. 25.11.2003 (BGBl. I S. 2304); Abs. 1 geänd. mWv 8.11.2006 durch VO v. 31.10.2006 (BGBl. I S. 2407); Abs. 1 geänd. mWv 8.9.2015 durch VO v. 31.8.2015 (BGBl. I S. 1474).

[5)] § 138 neu gef. mWv 1.9.2008 durch G v. 7.7.2008 (BGBl. I S. 1191); Abs. 1 und 2 geänd. mWv 8.9.2015 durch VO v. 31.8.2015 (BGBl. I S. 1474); Überschrift geänd. mWv 1.7.2016 durch G v. 4.4.2016 (BGBl. I S. 558).

nung[1)] ohne Zustimmung des Bundesrates nähere Bestimmungen über das Antrags-, Einspruchs-, Änderungs- und Löschungsverfahren (§§ 130 bis 132) zu treffen.

(2) Das Bundesministerium der Justiz und für Verbraucherschutz kann die Ermächtigung zum Erlass von Rechtsverordnungen nach Absatz 1 durch Rechtsverordnung ohne Zustimmung des Bundesrates ganz oder teilweise auf das Deutsche Patent- und Markenamt übertragen.

§ 139[2)] Durchführungsbestimmungen zur Verordnung (EU) Nr. 1151/ 2012; Verordnungsermächtigung. (1) [1] Das Bundesministerium der Justiz und für Verbraucherschutz wird ermächtigt, im Einvernehmen mit dem Bundesministerium für Wirtschaft und Energie und dem Bundesministerium für Ernährung und Landwirtschaft durch Rechtsverordnung mit Zustimmung des Bundesrates weitere Einzelheiten des Schutzes von Ursprungsbezeichnungen und geographischen Angaben nach der Verordnung (EU) Nr. 1151/2012 zu regeln, soweit sich das Erfordernis hierfür aus der Verordnung (EU) Nr. 1151/2012 oder den zu ihrer Durchführung erlassenen Vorschriften des Rates oder der Europäischen Kommission ergibt. [2] In Rechtsverordnungen nach Satz 1 können insbesondere Vorschriften über

1. die Kennzeichnung der Agrarerzeugnisse oder Lebensmittel,
2. die Berechtigung zum Verwenden der geschützten Bezeichnungen oder
3. die Voraussetzungen und das Verfahren bei der Überwachung oder Kontrolle beim innergemeinschaftlichen Verbringen oder bei der Einfuhr oder Ausfuhr

erlassen werden. [3] Rechtsverordnungen nach Satz 1 können auch erlassen werden, wenn die Mitgliedstaaten nach den dort genannten gemeinschaftsrechtlichen Vorschriften befugt sind, ergänzende Vorschriften zu erlassen.

(2) [1] Die Landesregierungen werden ermächtigt, durch Rechtsverordnung die Durchführung der nach Artikel 37 Absatz 1 der Verordnung (EU) Nr. 1151/2012 erforderlichen Kontrollen zugelassenen privaten Kontrollstellen zu übertragen oder solche an der Durchführung dieser Kontrollen zu beteiligen. [2] Die Landesregierungen können auch die Voraussetzungen und das Verfahren der Zulassung privater Kontrollstellen durch Rechtsverordnung regeln. [3] Sie sind befugt, die Ermächtigung nach den Sätzen 1 und 2 durch Rechtsverordnung ganz oder teilweise auf andere Behörden zu übertragen.

Teil 8.[3)] Verfahren in Kennzeichenstreitsachen

§ 140[4)] Kennzeichenstreitsachen. (1) Für alle Klagen, durch die ein Anspruch aus einem der in diesem Gesetz geregelten Rechtsverhältnisse geltend gemacht wird (Kennzeichenstreitsachen), sind die Landgerichte ohne Rücksicht auf den Streitwert ausschließlich zuständig.

[1)] Siehe VO zur Ausführung des Markengesetzes (Markenverordnung – MarkenV) **(Habersack, Deutsche Gesetze ErgBd. Nr. 72a)**.

[2)] § 139 neu gef. mWv 1.9.2008 durch G v. 7.7.2008 (BGBl. I S. 1191); Abs. 1 Satz 1 geänd. mWv 8.9. 2015 durch VO v. 31.8.2015 (BGBl. I S. 1474); Überschrift neu gef., Abs. 1 Satz 1 und Abs. 2 Satz 1 geänd. mWv 1.7.2016 durch G v. 4.4.2016 (BGBl. I S. 558).

[3)] Bish. Teil 7 wird Teil 8 mWv 14.1.2019 durch G v. 11.12.2018 (BGBl. I S. 2357).

[4)] § 140 Abs. 5 geänd. mWv 1.1.2002 durch G v. 13.12.2001 (BGBl. I S. 3656); Abs. 3 und 4 aufgeh., bish. Abs. 5 wird Abs. 3 mWv 1.8.2002 durch G v. 23.7.2002 (BGBl. I S. 2850); Abs. 3 geänd. mWv 1.7. 2004 durch G v. 5.5.2004 (BGBl. I S. 718); Abs. 3 eingef., bish. Abs. 3 wird Abs. 4 mWv 14.1.2019 durch G v. 11.12.2018 (BGBl. I S. 2357).

(2) [1]Die Landesregierungen werden ermächtigt, durch Rechtsverordnung die Kennzeichenstreitsachen insgesamt oder teilweise für die Bezirke mehrerer Landgerichte einem von ihnen zuzuweisen,[1)] sofern dies der sachlichen Förderung oder schnelleren Erledigung der Verfahren dient. [2]Die Landesregierungen können diese Ermächtigung auf die Landesjustizverwaltungen übertragen. [3]Die Länder können außerdem durch Vereinbarung den Gerichten eines Landes obliegende Aufgaben insgesamt oder teilweise dem zuständigen Gericht eines anderen Landes übertragen.

(3) Zur Sicherung der in diesem Gesetz bezeichneten Ansprüche auf Unterlassung können einstweilige Verfügungen auch ohne die Darlegung und Glaubhaftmachung der in den §§ 935 und 940 der Zivilprozessordnung[2)] bezeichneten Voraussetzungen erlassen werden.

(4) Von den Kosten, die durch die Mitwirkung eines Patentanwalts in einer Kennzeichenstreitsache entstehen, sind die Gebühren nach § 13 des Rechtsanwaltsvergütungsgesetzes[3)] und außerdem die notwendigen Auslagen des Patentanwalts zu erstatten.

§ 141[4)] Gerichtsstand bei Ansprüchen nach diesem Gesetz und dem Gesetz gegen den unlauteren Wettbewerb. Ansprüche, welche die in diesem Gesetz geregelten Rechtsverhältnisse betreffen und auf Vorschriften des Gesetzes

---

[1)] Die Länder haben hierzu folgende Vorschriften erlassen:
- **Baden-Württemberg:** Zuständig für Kennzeichenstreitsachen des OLG-Bezirks Karlsruhe ist das LG Mannheim und des OLG-Bezirks Stuttgart ist das LG Stuttgart (§ 13 Zuständigkeitsverordnung Justiz – ZuVOJu v. 20.11.1998 (GBl. S. 680), zuletzt geänd. durch VO v. 26.11.2020 (GBl. S. 1099))
- **Bayern:** Zuständig für Kennzeichenstreitsachen des OLG-Bezirks München ist das LG München I, für die OLG-Bezirke Nürnberg und Bamberg das LG Nürnberg-Fürth (§ 43 GZVJu v. 11.6.2012 (GVBl. S. 295), zuletzt geänd. durch V v. 24.11.2020 (GVBl. S. 654))
- **Mecklenburg-Vorpommern:** Zuständig für Kennzeichenstreitsachen des OLG-Bezirks Rostock ist das LG Rostock (§ 4 KonzVO M-V v. 28.3.1994 (GVOBl. M-V S. 514), zuletzt geänd. durch VO v. 22.2.2018 (GVOBl. M-V S. 59))
- **Niedersachsen:** Zuständig für Kennzeichenstreitsachen für die Bezirke aller Landgerichte ist das LG Braunschweig (§ 5 ZustVO-Justiz v. 18.12.2009 (Nds. GVBl. S. 506, ber. S. 283), zuletzt geänd. durch VO v. 12.1.2021 (Nds. GVBl. S. 12))
- **Nordrhein-Westfalen:** Zuständig für Kennzeichenstreitsachen des OLG-Bezirks Düsseldorf ist das LG Düsseldorf, für die Landgerichtsbezirke Bielefeld, Detmold, Münster und Paderborn das LG Bielefeld, für die Landgerichtsbezirke Arnsberg, Bochum, Dortmund, Essen, Hagen und Siegen das LG Bochum und für den OLG-Bezirk Köln das LG Köln (§ 1 VO über die Zusammenfassung von Designstreitsachen, Kennzeichenstreitsachen und Urheberrechtsstreitsachen sowie Streitigkeiten nach dem Olympiamarkenschutzgesetz v. 30.8.2011 (GV. NRW. S. 468), geänd. durch VO v. 25.3.2014 (GV. NRW. S. 249))
- **Rheinland-Pfalz:** Zuständig für Kennzeichenstreitsachen des OLG-Bezirks Zweibrücken ist das LG Frankenthal (Pfalz) und des OLG-Bezirks Koblenz das LG Koblenz (§ 8 LandesVO über die gerichtliche Zuständigkeit in Zivilsachen und Angelegenheiten der freiwilligen Gerichtsbarkeit v. 22.11.1985 (GVBl. S. 267), zuletzt geänd. durch VO v. 27.11.2019 (GVBl. S. 345))
- **Sachsen-Anhalt:** Zuständig für Kennzeichenstreitsachen für die Bezirke aller Landgerichte ist das LG Magdeburg (§ 6 VO über Zuständigkeiten der Amtsgerichte und Landgerichte in Zivilsachen v. 1.9. 1992 (GVBl. LSA S. 664), zuletzt geänd. durch VO v. 12.2.2021 (GVBl. LSA S. 57))
- **Schleswig-Holstein:** Zuständig für Kennzeichenstreitsachen für die Bezirke aller Landgerichte ist das LG Kiel (§ 22 Abs. 2 Justizzuständigkeitsverordnung – JZVO v. 15.11.2019 (GVOBl. Schl.-H. S. 546, 548), geänd. durch VO v. 7.12.2020 (GVOBl. Schl.-H. S. 994))
- **Thüringen:** Zuständig für Kennzeichenstreitsachen des OLG-Bezirks ist das LG Erfurt (§ 5 ThürGerZustVO v. 17.11.2011 (GVBl. S. 511), zuletzt geänd. durch VO v. 6.12.2019 (GVBl. S. 562))

[2)] *Nr. **100**.*

[3)] Nr. **117**.

[4)] § 141 geänd. mWv 8.7.2004 durch G v. 3.7.2004 (BGBl. I S. 1414).

gegen den unlauteren Wettbewerb[1] gegründet werden, brauchen nicht im Gerichtsstand des § 14 des Gesetzes gegen den unlauteren Wettbewerb geltend gemacht zu werden.

§ 142 Streitwertbegünstigung. (1) Macht in bürgerlichen Rechtsstreitigkeiten, in denen durch Klage ein Anspruch aus einem der in diesem Gesetz geregelten Rechtsverhältnisse geltend gemacht wird, eine Partei glaubhaft, daß die Belastung mit den Prozeßkosten nach dem vollen Streitwert ihre wirtschaftliche Lage erheblich gefährden würde, so kann das Gericht auf ihren Antrag anordnen, daß die Verpflichtung dieser Partei zur Zahlung von Gerichtskosten sich nach einem ihrer Wirtschaftslage angepaßten Teil des Streitwerts bemißt.

(2) [1] Die Anordnung nach Absatz 1 hat zur Folge, daß die begünstigte Partei die Gebühren ihres Rechtsanwalts ebenfalls nur nach diesem Teil des Streitwerts zu entrichten hat. [2] Soweit ihr Kosten des Rechtsstreits auferlegt werden oder soweit sie diese übernimmt, hat sie die von dem Gegner entrichteten Gerichtsgebühren und die Gebühren seines Rechtsanwalts nur nach dem Teil des Streitwerts zu erstatten. [3] Soweit die außergerichtlichen Kosten dem Gegner auferlegt oder von ihm übernommen werden, kann der Rechtsanwalt der begünstigten Partei seine Gebühren von dem Gegner nach dem für diesen geltenden Streitwert beitreiben.

(3) [1] Der Antrag nach Absatz 1 kann vor der Geschäftsstelle des Gerichts zur Niederschrift erklärt werden. [2] Er ist vor der Verhandlung zur Hauptsache zu stellen. [3] Danach ist er nur zulässig, wenn der angenommene oder festgesetzte Streitwert später durch das Gericht heraufgesetzt wird. [4] Vor der Entscheidung über den Antrag ist der Gegner zu hören.

Teil 9.[2] Straf- und Bußgeldvorschriften; Beschlagnahme bei der Einfuhr und Ausfuhr

Abschnitt 1. Straf- und Bußgeldvorschriften

§ 143[3] Strafbare Kennzeichenverletzung. (1) Wer im geschäftlichen Verkehr widerrechtlich

1. entgegen § 14 Abs. 2 Satz 1 Nr. 1 oder 2 ein Zeichen benutzt,
2. entgegen § 14 Abs. 2 Satz 1 Nr. 3 ein Zeichen in der Absicht benutzt, die Unterscheidungskraft oder die Wertschätzung einer bekannten Marke auszunutzen oder zu beeinträchtigen,
3. entgegen § 14 Abs. 4 Nr. 1 ein Zeichen anbringt oder entgegen § 14 Abs. 4 Nr. 2 oder 3 eine Aufmachung oder Verpackung oder ein Kennzeichnungsmittel anbietet, in den Verkehr bringt, besitzt, einführt oder ausführt, soweit Dritten die Benutzung des Zeichens
   a) nach § 14 Abs. 2 Satz 1 Nr. 1 oder 2 untersagt wäre oder
   b) nach § 14 Abs. 2 Satz 1 Nr. 3 untersagt wäre und die Handlung in der Absicht vorgenommen wird, die Ausnutzung oder Beeinträchtigung der Unterscheidungskraft oder der Wertschätzung einer bekannten Marke zu ermöglichen,

---

[1] Nr. **73**.

[2] Bish. Teil 8 wird Teil 9 mWv 14.1.2019 durch G v. 11.12.2018 (BGBl. I S. 2357).

[3] § 143 Abs. 1a und 7 eingef., Abs. 4 geänd. durch G v. 19.7.1996 (BGBl. I S. 1014); Abs. 1a und 7 aufgeh., Abs. 4 geänd. mWv 20.12.2001 durch G v. 13.12.2001 (BGBl. I S. 3656); Abs. 2 neu gef. mWv 17.10.2013 durch G v. 10.10.2013 (BGBl. I S. 3799); Abs. 5 Satz 3 geänd. mWv 1.7.2017 durch G v. 13.4.2017 (BGBl. I S. 872); Abs. 1 Nr. 1, 2, 3 Buchst. a und b geänd. mWv 14.1.2019 durch G v. 11.12.2018 (BGBl. I S. 2357).

4. entgegen § 15 Abs. 2 eine Bezeichnung oder ein Zeichen benutzt oder
5. entgegen § 15 Abs. 3 eine Bezeichnung oder ein Zeichen in der Absicht benutzt, die Unterscheidungskraft oder die Wertschätzung einer bekannten geschäftlichen Bezeichnung auszunutzen oder zu beeinträchtigen,

wird mit Freiheitsstrafe bis zu drei Jahren oder mit Geldstrafe bestraft.

(2) Handelt der Täter in den Fällen des Absatzes 1 gewerbsmäßig oder als Mitglied einer Bande, die sich zur fortgesetzten Begehung solcher Taten verbunden hat, so ist die Strafe Freiheitsstrafe von drei Monaten bis zu fünf Jahren.

(3) Der Versuch ist strafbar.

(4) In den Fällen des Absatzes 1 wird die Tat nur auf Antrag verfolgt, es sei denn, daß die Strafverfolgungsbehörde wegen des besonderen öffentlichen Interesses an der Strafverfolgung ein Einschreiten von Amts wegen für geboten hält.

(5) [1] Gegenstände, auf die sich die Straftat bezieht, können eingezogen werden. [2] § 74a des Strafgesetzbuchs[1)] ist anzuwenden. [3] Soweit den in § 18 bezeichneten Ansprüchen auf Vernichtung im Verfahren nach den Vorschriften der Strafprozeßordnung über die Entschädigung des Verletzten (§§ 403 bis 406c der Strafprozeßordnung[2)]) stattgegeben wird, sind die Vorschriften über die Einziehung (§§ 74 bis 74f des Strafgesetzbuches) nicht anzuwenden.

(6) [1] Wird auf Strafe erkannt, so ist, wenn der Verletzte es beantragt und ein berechtigtes Interesse daran dartut, anzuordnen, daß die Verurteilung auf Verlangen öffentlich bekanntgemacht wird. [2] Die Art der Bekanntmachung ist im Urteil zu bestimmen.

§ 143a[3)] Strafbare Verletzung der Unionsmarke. (1) Wer die Rechte des Inhabers einer Unionsmarke nach Artikel 9 Absatz 1 der Unionsmarkenverordnung verletzt, indem er trotz eines Verbotes und ohne Zustimmung des Markeninhabers im geschäftlichen Verkehr

1. ein mit der Unionsmarke identisches Zeichen für Waren oder Dienstleistungen benutzt, die mit denjenigen identisch sind, für die sie eingetragen ist,
2. ein Zeichen benutzt, wenn wegen der Identität oder Ähnlichkeit des Zeichens mit der Unionsmarke und der Identität oder Ähnlichkeit der durch die Unionsmarke und das Zeichen erfassten Waren oder Dienstleistungen für das Publikum die Gefahr von Verwechslungen besteht, einschließlich der Gefahr, dass das Zeichen mit der Marke gedanklich in Verbindung gebracht wird, oder
3. ein mit der Unionsmarke identisches Zeichen oder ein ähnliches Zeichen für Waren oder Dienstleistungen benutzt, die nicht denen ähnlich sind, für die die Unionsmarke eingetragen ist, wenn diese in der Gemeinschaft bekannt ist und das Zeichen in der Absicht benutzt wird, die Unterscheidungskraft oder die Wertschätzung der Unionsmarke ohne rechtfertigenden Grund in unlauterer Weise auszunutzen oder zu beeinträchtigen,

wird mit Freiheitsstrafe bis zu drei Jahren oder mit Geldstrafe bestraft.

(2) § 143 Abs. 2 bis 6 gilt entsprechend.

[1)] Nr. **85**.

[2)] Nr. **90**.

[3)] *§ 143a eingef. mWv 20.12.2001 durch G v. 13.12.2001* (BGBl. I S. 3656); Abs. 1 geänd. mWv 28.12. *2010* durch G v. 22.12.2010 (BGBl. I S. 2248); Überschrift und Abs. 1 einl. Satzteil geänd. mWv 14.1. 2019 durch G v. 11.12.2018 (BGBl. I S. 2357); Abs. 1 Nr. 1–3 geänd. mWv 18.8.2021 durch G v. 10.8. 2021 (BGBl. I S. 3490).

§ 144[1] Strafbare Benutzung geographischer Herkunftsangaben.

(1) Wer im geschäftlichen Verkehr widerrechtlich eine geographische Herkunftsangabe, einen Namen, eine Angabe oder ein Zeichen

1. entgegen § 127 Abs. 1 oder 2, jeweils auch in Verbindung mit Abs. 4 oder einer Rechtsverordnung nach § 137 Abs. 1, benutzt oder
2. entgegen § 127 Abs. 3, auch in Verbindung mit Abs. 4 oder einer Rechtsverordnung nach § 137 Abs. 1, in der Absicht benutzt, den Ruf oder die Unterscheidungskraft einer geographischen Herkunftsangabe auszunutzen oder zu beeinträchtigen,

wird mit Freiheitsstrafe bis zu zwei Jahren oder mit Geldstrafe bestraft.

(2) Ebenso wird bestraft, wer entgegen Artikel 13 Absatz 1 Buchstabe a oder b der Verordnung (EU) Nr. 1151/2012 des Europäischen Parlaments und des Rates vom 21. November 2012 über Qualitätsregelungen für Agrarerzeugnisse und Lebensmittel (ABl. L 343 vom 14.12.2012, S. 1) im geschäftlichen Verkehr

1. einen eingetragenen Namen für ein dort genanntes Erzeugnis verwendet oder
2. sich einen eingetragenen Namen aneignet oder ihn nachahmt.

(3) Der Versuch ist strafbar.

(4) Bei einer Verurteilung bestimmt das Gericht, daß die widerrechtliche Kennzeichnung der im Besitz des Verurteilten befindlichen Gegenstände beseitigt wird oder, wenn dies nicht möglich ist, die Gegenstände vernichtet werden.

(5) [1] Wird auf Strafe erkannt, so ist, wenn das öffentliche Interesse dies erfordert, anzuordnen, daß die Verurteilung öffentlich bekanntgemacht wird. [2] Die Art der Bekanntmachung ist im Urteil zu bestimmen.

§ 145[2] Bußgeldvorschriften. (1) Ordnungswidrig handelt, wer im geschäftlichen Verkehr widerrechtlich in identischer oder nachgeahmter Form

1. ein Wappen, eine Flagge oder ein anderes staatliches Hoheitszeichen oder ein Wappen eines inländischen Ortes oder eines inländischen Gemeinde- oder weiteren Kommunalverbandes im Sinne des § 8 Abs. 2 Nr. 6 ,
2. ein amtliches Prüf- oder Gewährzeichen im Sinne des § 8 Abs. 2 Nr. 7 oder
3. ein Kennzeichen, ein Siegel oder eine Bezeichnung im Sinne des § 8 Abs. 2 Nr. 8

zur Kennzeichnung von Waren oder Dienstleistungen benutzt.

(2) Ordnungswidrig handelt, wer vorsätzlich oder fahrlässig

1. entgegen § 134 Abs. 3, auch in Verbindung mit Abs. 4,
   a) das Betreten von Geschäftsräumen, Grundstücken, Verkaufseinrichtungen oder Transportmitteln oder deren Besichtigung nicht gestattet,
   b) die zu besichtigenden Agrarerzeugnisse oder Lebensmittel nicht so darlegt, daß die Besichtigung ordnungsgemäß vorgenommen werden kann,
   c) die erforderliche Hilfe bei der Besichtigung nicht leistet,
   d) Proben nicht entnehmen läßt,

---

[1] § 144 Abs. 1 Nr. 1 und 2 geänd. durch G v. 19.7.1996 (BGBl. I S. 1014); Abs. 2 neu gef. und Abs. 6 aufgeh. mWv 1.9.2008 durch G v. 7.7.2008 (BGBl. I S. 1191); Abs. 2 einl. Satzteil, Nr. 1 und 2 geänd. mWv 1.7.2016 durch G v. 4.4.2016 (BGBl. I S. 558).

[2] § 145 Abs. 3 geänd. mWv 1.1.2002 durch G v. 13.12.2001 (BGBl. I S. 3656); Abs. 5 angef. mWv 1.1.2007 durch G v. 17.12.2006 (BGBl. I S. 3171).

e) geschäftliche Unterlagen nicht oder nicht vollständig vorlegt oder nicht prüfen läßt oder

f) eine Auskunft nicht, nicht richtig oder nicht vollständig erteilt oder

2. einer nach § 139 Abs. 1 erlassenen Rechtsverordnung zuwiderhandelt, soweit sie für einen bestimmten Tatbestand auf diese Bußgeldvorschrift verweist.

(3) Die Ordnungswidrigkeit kann in den Fällen des Absatzes 1 mit einer Geldbuße bis zu zweitausendfünfhundert Euro und in den Fällen des Absatzes 2 mit einer Geldbuße bis zu zehntausend Euro geahndet werden.

(4) In den Fällen des Absatzes 1 ist § 144 Abs. 4 entsprechend anzuwenden.

(5) Verwaltungsbehörde im Sinn des § 36 Abs. 1 Nr. 1 des Gesetzes über Ordnungswidrigkeiten[1)] ist in den Fällen des Absatzes 1 das Bundesamt für Justiz.

Abschnitt 2. Beschlagnahme von Waren bei der Einfuhr und Ausfuhr

§ 146[2)] Beschlagnahme bei der Verletzung von Kennzeichenrechten.

(1) [1] Waren, die widerrechtlich mit einer nach diesem Gesetz geschützten Marke oder geschäftlichen Bezeichnung versehen sind, unterliegen, soweit nicht die Verordnung (EU) Nr. 608/2013 des Europäischen Parlaments und des Rates vom 12. Juni 2013 zur Durchsetzung der Rechte geistigen Eigentums durch die Zollbehörden und zur Aufhebung der Verordnung (EG) Nr. 1383/2003 des Rates (ABl. L 181 vom 29.6.2013, S. 15) in ihrer jeweils geltenden Fassung anzuwenden ist, auf Antrag und gegen Sicherheitsleistung des Rechtsinhabers bei ihrer Einfuhr oder Ausfuhr der Beschlagnahme durch die Zollbehörde, sofern die Rechtsverletzung offensichtlich ist. [2] Dies gilt für den Verkehr mit anderen Mitgliedstaaten der Europäischen Union sowie mit den anderen Vertragsstaaten des Abkommens über den Europäischen Wirtschaftsraum nur, soweit Kontrollen durch die Zollbehörden stattfinden.

(2) [1] Ordnet die Zollbehörde die Beschlagnahme an, unterrichtet sie unverzüglich den Verfügungsberechtigten sowie den Antragsteller. [2] Dem Antragsteller sind Herkunft, Menge und Lagerort der Waren sowie Name und Anschrift des Verfügungsberechtigten mitzuteilen. [3] Das Brief- und Postgeheimnis (Artikel 10 des Grundgesetzes[3)]) wird insoweit eingeschränkt. [4] Dem Antragsteller wird Gelegenheit gegeben, die Waren zu besichtigen, soweit hierdurch nicht in Geschäfts- oder Betriebsgeheimnisse eingegriffen wird.

§ 147 Einziehung; Widerspruch; Aufhebung der Beschlagnahme.

(1) Wird der Beschlagnahme nicht spätestens nach Ablauf von zwei Wochen nach Zustellung der Mitteilung nach § 146 Abs. 2 Satz 1 widersprochen, ordnet die Zollbehörde die Einziehung der beschlagnahmten Waren an.

(2) [1] Widerspricht der Verfügungsberechtigte der Beschlagnahme, unterrichtet die Zollbehörde hiervon unverzüglich den Antragsteller. [2] Dieser hat gegenüber der Zollbehörde unverzüglich zu erklären, ob er den Antrag nach § 146 Abs. 1 in bezug auf die beschlagnahmten Waren aufrechterhält.

(3) [1] Nimmt der Antragsteller den Antrag zurück, hebt die Zollbehörde die Beschlagnahme unverzüglich auf. [2] Hält der Antragsteller den Antrag aufrecht und

---

1) Nr. **94**.

2) § 146 Abs. 1 *Satz 1 geänd. durch G v. 19.7.1996* (BGBl. I S. 1014); Abs. 1 Satz 1 geänd. mWv 1.9. *2008 durch G v. 7.7.2008* (BGBl. I S. 1191); Abs. 1 Satz 1 geänd. mWv 1.7.2016 durch G v. 4.4.2016 (BGBl. I S. 558).

3) **Habersack, Deutsche Gesetze ErgBd. Nr. 1.**

legt er eine vollziehbare gerichtliche Entscheidung vor, die die Verwahrung der beschlagnahmten Waren oder eine Verfügungsbeschränkung anordnet, trifft die Zollbehörde die erforderlichen Maßnahmen.

(4) [1] Liegen die Fälle des Absatzes 3 nicht vor, hebt die Zollbehörde die Beschlagnahme nach Ablauf von zwei Wochen nach Zustellung der Mitteilung an den Antragsteller nach Absatz 2 auf. [2] Weist der Antragsteller nach, daß die gerichtliche Entscheidung nach Absatz 3 Satz 2 beantragt, ihm aber noch nicht zugegangen ist, wird die Beschlagnahme für längstens zwei weitere Wochen aufrechterhalten.

§ 148[1)] Zuständigkeiten; Rechtsmittel. (1) [1] Der Antrag nach § 146 Abs. 1 ist bei der Generalzolldirektion zu stellen und hat Wirkung für ein Jahr, sofern keine kürzere Geltungsdauer beantragt wird. [2] Der Antrag kann wiederholt werden.

(2) Für die mit dem Antrag verbundenen Amtshandlungen werden vom Antragsteller Kosten nach Maßgabe des § 178 der Abgabenordnung erhoben.

(3) [1] Die Beschlagnahme und die Einziehung können mit den Rechtsmitteln angefochten werden, die im Bußgeldverfahren nach dem Gesetz über Ordnungswidrigkeiten[2)] gegen die Beschlagnahme und Einziehung zulässig sind. [2] Im Rechtsmittelverfahren ist der Antragsteller zu hören. [3] Gegen die Entscheidung des Amtsgerichts ist die sofortige Beschwerde zulässig. [4] Über die sofortige Beschwerde entscheidet das Oberlandesgericht.

§ 149 Schadensersatz bei ungerechtfertigter Beschlagnahme. Erweist sich die Beschlagnahme als von Anfang an ungerechtfertigt und hat der Antragsteller den Antrag nach § 146 Abs. 1 in bezug auf die beschlagnahmten Waren aufrechterhalten oder sich nicht unverzüglich erklärt (§ 147 Abs. 2 Satz 2), so ist er verpflichtet, den dem Verfügungsberechtigten durch die Beschlagnahme entstandenen Schaden zu ersetzen.

§ 150[3)] Verfahren nach der Verordnung (EU) Nr. 608/2013. Für das Verfahren nach der Verordnung (EU) Nr. 608/2013 gelten § 148 Absatz 1 und 2 sowie § 149 entsprechend, soweit die Verordnung keine Bestimmungen enthält, die dem entgegenstehen.

§ 151[4)] Verfahren nach deutschem Recht bei geographischen Herkunftsangaben. (1) [1] Waren, die widerrechtlich mit einer nach diesem Gesetz oder nach Rechtsvorschriften der Europäischen Union geschützten geographischen Herkunftsangabe versehen sind, unterliegen, soweit nicht die Verordnung (EU) Nr. 608/2013 anzuwenden ist, bei ihrer Einfuhr, Ausfuhr oder Durchfuhr der Beschlagnahme zum Zwecke der Beseitigung der widerrechtlichen Kennzeichnung, sofern die Rechtsverletzung offensichtlich ist. [2] Dies gilt für den Verkehr mit anderen Mitgliedstaaten der Europäischen Union sowie mit den anderen Vertragsstaaten des Abkommens über den Europäischen Wirtschaftsraum nur, soweit Kontrollen durch die Zollbehörden stattfinden.

[1)] § 148 Abs. 1 geänd. mWv 1.1.2008 durch G v. 13.12.2007 (BGBl. I S. 2897); Abs. 1 Satz 1 geänd. mWv 1.9.2008 durch G v. 7.7.2008 (BGBl. I S. 1191); Abs. 1 Satz 1 geänd. mWv 1.1.2016 durch G v. 3.12.2015 (BGBl. I S. 2178).

[2)] Nr. **94**.

[3)] § 150 neu gef. mWv 1.7.2016 durch G v. 4.4.2016 (BGBl. I S. 558).

[4)] § 151 Überschrift neu gef. und Abs. 1 Satz 1 geänd. mWv 1.9.2008 durch G v. 7.7.2008 (BGBl. I S. 1191); Abs. 1 Satz 1 geänd. mWv 1.7.2016 durch G v. 4.4.2016 (BGBl. I S. 558).

(2) [1] Die Beschlagnahme wird durch die Zollbehörde vorgenommen. [2] Die Zollbehörde ordnet auch die zur Beseitigung der widerrechtlichen Kennzeichnung erforderlichen Maßnahmen an.

(3) Wird den Anordnungen der Zollbehörde nicht entsprochen oder ist die Beseitigung untunlich, ordnet die Zollbehörde die Einziehung der Waren an.

(4) [1] Die Beschlagnahme und die Einziehung können mit den Rechtsmitteln angefochten werden, die im Bußgeldverfahren nach dem Gesetz über Ordnungswidrigkeiten[1)] gegen die Beschlagnahme und Einziehung zulässig sind. [2] Gegen die Entscheidung des Amtsgerichts ist die sofortige Beschwerde zulässig. [3] Über die sofortige Beschwerde entscheidet das Oberlandesgericht.

Teil 10.[2)] Übergangsvorschriften

§ 152 Anwendung dieses Gesetzes. Die Vorschriften dieses Gesetzes finden, soweit nachfolgend nichts anderes bestimmt ist, auch auf Marken, die vor dem 1. Januar 1995 angemeldet oder eingetragen oder durch Benutzung im geschäftlichen Verkehr oder durch notorische Bekanntheit erworben worden sind, und auf geschäftliche Bezeichnungen Anwendung, die vor dem 1. Januar 1995 nach den bis dahin geltenden Vorschriften geschützt waren.

§ 153 Schranken für die Geltendmachung von Verletzungsansprüchen.

(1) Standen dem Inhaber einer vor dem 1. Januar 1995 eingetragenen oder durch Benutzung oder notorische Bekanntheit erworbenen Marke oder einer geschäftlichen Bezeichnung nach den bis dahin geltenden Vorschriften gegen die Benutzung der Marke, der geschäftlichen Bezeichnung oder eines übereinstimmenden Zeichens keine Ansprüche wegen Verletzung zu, so können die Rechte aus der Marke oder aus der geschäftlichen Bezeichnung nach diesem Gesetz nicht gegen die Weiterbenutzung dieser Marke, dieser geschäftlichen Bezeichnung oder dieses Zeichens geltend gemacht werden.

(2) Auf Ansprüche des Inhabers einer vor dem 1. Januar 1995 eingetragenen oder durch Benutzung oder notorische Bekanntheit erworbenen Marke oder einer geschäftlichen Bezeichnung ist § 21 mit der Maßgabe anzuwenden, daß die in § 21 Abs. 1 und 2 vorgesehene Frist von fünf Jahren mit dem 1. Januar 1995 zu laufen beginnt.

§ 154 Dingliche Rechte; Zwangsvollstreckung; Konkursverfahren.

(1) Ist vor dem 1. Januar 1995 an dem durch die Anmeldung oder Eintragung einer Marke begründeten Recht ein dingliches Recht begründet worden oder war das durch die Anmeldung oder Eintragung begründete Recht Gegenstand von Maßnahmen der Zwangsvollstreckung, so können diese Rechte oder Maßnahmen nach § 29 Abs. 2 in das Register eingetragen werden.

(2) Absatz 1 ist entsprechend anzuwenden, wenn das durch die Anmeldung oder Eintragung einer Marke begründete Recht durch ein Konkursverfahren erfaßt worden ist.

§ 155 Lizenzen. Auf vor dem 1. Januar 1995 an dem durch die Anmeldung oder Eintragung, durch die Benutzung oder durch die notorische Bekanntheit einer Marke begründeten Recht erteilte Lizenzen ist § 30 mit der Maßgabe

[1)] Nr. **94**.

[2)] Bish. Teil 9 wird Teil 10 mWv 14.1.2019 durch G v. 11.12.2018 (BGBl. I S. 2357).

anzuwenden, daß diesen Lizenzen die Wirkung des § 30 Abs. 5 nur insoweit zugute kommt, als es sich um nach dem 1. Januar 1995 eingetretene Rechtsübergänge oder an Dritte erteilte Lizenzen handelt.

§ 156[1)] Löschung einer eingetragenen Marke wegen absoluter Schutzhindernisse. [1] Ist vor dem 1. Januar 1995 ein Verfahren von Amts wegen zur Löschung der Eintragung einer Marke wegen des Bestehens absoluter Schutzhindernisse nach § 10 Absatz 2 Nummer 2 des Warenzeichengesetzes eingeleitet worden oder ist vor diesem Zeitpunkt ein Antrag auf Löschung nach dieser Vorschrift gestellt worden, so wird die Eintragung nur gelöscht, wenn die Marke sowohl nach den bis dahin geltenden Vorschriften als auch nach den Vorschriften dieses Gesetzes nicht schutzfähig ist. [2] Dies gilt auch dann, wenn nach dem 1. Januar 1995 ein Verfahren nach § 54 zur Löschung der Eintragung einer Marke eingeleitet wird, die vor dem 1. Januar 1995 eingetragen worden ist.

§ 157[2)] Löschung einer eingetragenen Marke wegen des Bestehens älterer Rechte. (1) [1] Ist vor dem 1. Januar 1995 eine Klage auf Löschung der Eintragung einer Marke aufgrund einer früher angemeldeten Marke nach § 11 Abs. 1 Nr. 1 des Warenzeichengesetzes oder aufgrund eines sonstigen älteren Rechts erhoben worden, so wird, soweit in Absatz 2 nichts anderes bestimmt ist, die Eintragung nur gelöscht, wenn der Klage sowohl nach den bis dahin geltenden Vorschriften als auch nach den Vorschriften dieses Gesetzes stattzugeben ist. [2] Dies gilt auch dann, wenn nach dem 1. Januar 1995 eine Klage nach § 55 auf Löschung der Eintragung einer Marke erhoben worden ist oder nach dem 1. Mai 2020 ein Antrag nach § 53 auf Erklärung des Verfalls und der Nichtigkeit einer Marke gestellt wird, die vor dem 1. Januar 1995 eingetragen worden ist.

(2) [1] In den Fällen des Absatzes 1 Satz 1 ist § 51 Abs. 2 Satz 1 und 2 nicht anzuwenden. [2] In den Fällen des Absatzes 1 Satz 2 ist § 51 Abs. 2 Satz 1 und 2 mit der Maßgabe anzuwenden, daß die Frist von fünf Jahren mit dem 1. Januar 1995 zu laufen beginnt.

§ 158[3)] Übergangsvorschriften. (1) Artikel 229 § 6 des Einführungsgesetzes zum Bürgerlichen Gesetzbuche[4)] findet mit der Maßgabe entsprechende Anwendung, dass § 20 in der bis zum 1. Januar 2002 geltenden Fassung den Vorschriften des Bürgerlichen Gesetzbuchs[5)] über die Verjährung in der bis zum 1. Januar 2002 geltenden Fassung gleichgestellt ist.

(2) Ist die Anmeldung vor dem 1. Oktober 2009 eingereicht worden, ist für den gegen die Eintragung erhobenen Widerspruch § 42 Absatz 1 und 2 in der bis zum 1. Oktober 2009 geltenden Fassung anzuwenden.

(3) Ist die Anmeldung zwischen dem 1. Oktober 2009 und dem 14. Januar 2019 eingereicht worden, ist für den gegen die Eintragung erhobenen Widerspruch § 42 Absatz 1 und 2 in der bis zum 14. Januar 2019 geltenden Fassung anzuwenden.

[1)] § 156 aufgeh., bish. § 162 wird § 156 und neu gef. mWv 1.7.2016 durch G v. 4.4.2016 (BGBl. I S. 558).

[2)] § 157 aufgeh., bish. § 163 wird § 157 mWv 1.7.2016 durch G v. 4.4.2016 (BGBl. I S. 558); Abs. 1 Satz 2 neu gef. mWv 14.1.2019 durch G v. 11.12.2018 (BGBl. I S. 2357).

[3)] § 158 neu gef. mWv 14.1.2019 durch G v. 11.12.2018 (BGBl. I S. 2357).

[4)] Nr. **21**.

[5)] Nr. **20**.

(4) Ist der Widerspruch vor dem 14. Januar 2019 erhoben worden, findet § 42 Absatz 3 und 4 keine Anwendung.

(5) Ist in einem Verfahren über einen Widerspruch, der vor dem 14. Januar 2019 erhoben worden ist, die Benutzung der Marke, wegen der Widerspruch erhoben worden ist, bestritten worden oder wird die Benutzung in einem solchen Widerspruchsverfahren bestritten, so sind die §§ 26 und 43 Absatz 1 in ihrer bis dahin geltenden Fassung weiter anzuwenden.

(6) Ist der Antrag auf Löschung einer eingetragenen Marke wegen Verfalls gemäß § 49 vor dem 14. Januar 2019 gestellt oder die Löschungsklage wegen Verfalls oder aufgrund älterer Rechte gemäß § 51 vor diesem Zeitpunkt erhoben worden, so sind § 49 Absatz 1, § 51 Absatz 4 Nummer 1, § 55 Absatz 3 und § 26 in ihrer bis dahin geltenden Fassung weiter anzuwenden.

(7) § 8 Absatz 2 Nummer 9 bis 12 gilt nicht für Marken, die vor dem 14. Januar 2019 beim Deutschen Patent- und Markenamt angemeldet worden sind.

(8) [1] § 50 Absatz 2 Satz 1 gilt nur für Anträge gemäß § 50 Absatz 1, die nach dem 14. Januar 2019 erhoben worden sind. [2] Ist der Antrag gemäß § 50 Absatz 1 vor dem 14. Januar 2019 gestellt worden, so ist § 50 Absatz 2 in seiner bisher geltenden Fassung anzuwenden.

(9) [1] Für Erinnerungen und Beschwerden, die vor dem 1. Oktober 2009 eingelegt worden sind, gelten die §§ 64 und 66 in der bis zum 1. Oktober 2009 geltenden Fassung. [2] Für mehrseitige Verfahren, bei denen von einem Beteiligten Erinnerung und von einem anderen Beteiligten Beschwerde eingelegt worden ist, ist für die Anwendbarkeit der genannten Vorschriften der Tag der Einlegung der Beschwerde maßgebend.

(10) § 102 Absatz 4 gilt nicht für Kollektivmarken, die vor dem 14. Januar 2019 eingetragen worden sind.

§ 159[1)] Schutzdauer und Verlängerung. (1) Die Vorschriften dieses Gesetzes über die Schutzdauer und ihre Verlängerung (§ 47) sind auf vor dem 14. Januar 2019 eingetragene Marken mit der Maßgabe anzuwenden, dass für die Berechnung der Frist, nach der die Schutzdauer endet, § 47 Absatz 1 in seiner bis dahin geltenden Fassung weiter anzuwenden ist.

(2) Für eingetragene Marken, deren Schutzdauer gemäß § 47 Absatz 1 spätestens zwölf Monate nach dem 31. Januar 2019 endet, sind die §§ 3, 5 und 7 des Patentkostengesetzes[2)] vom 13. Dezember 2001 (BGBl. I S. 3656), das zuletzt durch Artikel 13 des Gesetzes vom 4. April 2016 (BGBl. I S. 558) geändert worden ist, in ihrer bis dahin geltenden Fassung weiter anzuwenden.

§§ 160, 161[3)] *(aufgehoben)*

[1)] § 159 angef. mWv 14.1.2019 durch G v. 11.12.2018 (BGBl. I S. 2357).
[2)] **Habersack, Deutsche Gesetze ErgBd. Nr. 70b.**
[3)] §§ 160 und 161 aufgeh. mWv 1.7.2016 durch G v. 4.4.2016 (BGBl. I S. 558).

73. Gesetz gegen den unlauteren Wettbewerb (UWG)[1]

in der Fassung der Bekanntmachung vom 3. März 2010[2]
(BGBl. I S. 254)

FNA 43-7

Lfd. Nr.	Änderndes Gesetz	Datum	Fundstelle	Betroffen	Hinweis
1.	Art. 8 Abs. 6 G zur Ums. der VerbraucherkreditRL, des zivilrechtl. Teils der ZahlungsdiensteRL sowie zur Neuordnung der Vorschr. über das Widerrufs- und Rückgaberecht[3]	29.7.2009	BGBl. I S. 2355	§ 8	geänd. mWv 31.10.2009
2.	Art. 5 G zur Ums. der VerbraucherrechteRL u. zur Änd. des G zur Regelung der Wohnungsvermittlung[3]	20.9.2013	BGBl. I S. 3642	§ 5a, Anh.	geänd. mWv 13.6.2014
3.	Art. 6 G gegen unseriöse Geschäftspraktiken[3]	1.10.2013	BGBl. I S. 3714	§§ 7, 8, 12, 20	geänd. mWv 9.10.2013
4.	Art. 1 Zweites ÄndG	2.12.2015	BGBl. I S. 2158	§§ 2, 5, 5a, Anhang	geänd. mWv 10.12.2015
				§§ 3a, 4a	eingef. mWv 10.12.2015
				§§ 3, 4	neu gef. mWv 10.12.2015
5.	Art. 4 G zur Verbesserung der zivilrechtl. Durchsetz. von verbraucherschütz. Vorschr. d. DatenschutzR	17.2.2016	BGBl. I S. 233	§ 8	geänd. mWv 24.2.2016
6.	Art. 5 G zur Ums. der RL (EU) 2016/943 zum Schutz von Geschäftsgeheimnissen vor rechtswidrigem Erwerb sowie rechtswidriger Nutzung u. Offenlegung	18.4.2019	BGBl. I S. 466	§§ 17, 18, 19	aufgeh. mit Ablauf des 25.4. 2019

[1] **Amtl. Anm.:** Dieses Gesetz dient der Umsetzung der Richtlinie 2005/29/EG des Europäischen Parlaments und des Rates vom 11. Mai 2005 über unlautere Geschäftspraktiken von Unternehmen gegenüber Verbrauchern im Binnenmarkt und zur Änderung der Richtlinie 84/450/EWG des Rates, der Richtlinien 97/7/EG, 98/27/EG und 2002/65/EG des Europäischen Parlaments und des Rates sowie der Verordnung (EG) Nr. 2006/2004 des Europäischen Parlaments und des Rates (ABl. L 149 vom 11.6.2005, S. 22; berichtigt im ABl. L 253 vom 25.9.2009, S. 18) sowie der Richtlinie 2006/114/EG des Europäischen Parlaments und des Rates vom 12. Dezember 2006 über irreführende und vergleichende Werbung (kodifizierte Fassung) (ABl. L 376 vom 27.12.2006, S. 21). Es dient ferner der Umsetzung von Artikel 13 der Richtlinie 2002/58/EG des Europäischen Parlaments und des Rates vom 12. Juli 2002 über die Verarbeitung personenbezogener Daten und den Schutz der Privatsphäre in der elektronischen Kommunikation (ABl. L 201 vom 31.7.2002, S. 37), der zuletzt durch Artikel 2 Nummer 7 der Richtlinie 2009/136/EG (ABl. L 337 vom 18.12.2009, S. 11) geändert worden ist.

Die Verpflichtungen aus der Richtlinie 98/34/EG des Europäischen Parlaments und des Rates vom 22. Juni 1998 über ein Informationsverfahren auf dem Gebiet der Normen und technischen Vorschriften und der Vorschriften für die Dienste der Informationsgesellschaft (ABl. L 204 vom 21.7.1998, S. 37), die zuletzt durch die Richtlinie 2006/96/EG (ABl. L 363 vom 20.12.2006, S. 81) geändert worden ist, sind beachtet worden.

[2] Neubekanntmachung des UWG v. 3.7.2004 (BGBl. I S. 1414) in der ab 4.8.2009 geltenden Fassung.

[3] **Amtl. Anm.:** *(abgedruckt in Änderungstabelle Nr.* **20***)*

Lfd. Nr.	Änderndes Gesetz	Datum	Fundstelle	Betroffen	Hinweis
7.	Art. 2 G zur Änd. des TelemedienG und weiterer Gesetze[1]	19.11. 2020	BGBl. I S. 2456	§ 8a	eingef. mWv 27.11.2020
8.	Art. 1 G zur Stärkung des fairen Wettbewerbs	26.11. 2020	BGBl. I S. 2568	§§ 8, 11, 12, 15	geänd. mWv 2.12.2020
				§§ 13, 14, 20	neu gef. mWv 2.12.2020
				§§ 8b, 8c, 13a, 15a	eingef. mWv 2.12.2020
				§ 8	geänd. mWv 1.12.2021
9.	Art. 3 G für faire Verbraucherverträge[2]	10.8.2021	BGBl. I S. 3433	§ 20	neu gef. mWv 1.10.2021
				§ 7a	eingef. mWv 1.10.2021
10.	Art. 1 G zur Stärkung des Verbraucherschutzes im Wettbewerbs- und Gewerberecht[3) 2)]	10.8.2021	BGBl. I S. 3504	§§ 5, 7, 11, 14, 20	geänd. mWv 28.5.2022
				§§ 1, 2, 5a, 9, 19, Anh.	neu gef. mWv 28.5.2022
				§§ 5b, 5c	eingef. mWv 28.5.2022

Vorbemerkung:
Die Änderungen durch G v. 10.8.2021 (BGBl. I S. 3504) treten erst mWv 28.5.2022 in Kraft und sind im Text noch nicht berücksichtigt.

[1] **Amtl. Anm.:** Dieses Gesetz dient der Umsetzung der Richtlinie (EU) 2018/1808 des Europäischen Parlaments und des Rates vom 14. November 2018 zur Änderung der Richtlinie 2010/13/EU zur Koordinierung bestimmter Rechts- und Verwaltungsvorschriften der Mitgliedstaaten über die Bereitstellung audiovisueller Mediendienste (Richtlinie über audiovisuelle Mediendienste) im Hinblick auf sich verändernde Marktgegebenheiten (ABl. L 303 vom 28.11.2018, S. 69).

[2] **Amtl. Anm.:** Notifiziert gemäß der Richtlinie (EU) 2015/1535 des Europäischen Parlaments und des Rates vom 9. September 2015 über ein Informationsverfahren auf dem Gebiet der technischen Vorschriften und der Vorschriften für die Dienste der Informationsgesellschaft (ABl. L 241 vom 17.9.2015, S. 1).

[3] **Amtl. Anm.:** Dieses Gesetz dient der Umsetzung der Richtlinie (EU) 2019/2161 des Europäischen Parlaments und des Rates vom 27. November 2019 zur Änderung der Richtlinie 93/13/EWG des Rates und der Richtlinien 98/6/EG, 2005/29/EG und 2011/83/EU des Europäischen Parlaments und des Rates zur besseren Durchsetzung und Modernisierung der Verbraucherschutzvorschriften der Union (ABl. L 328 vom 18.12.2019, S. 7).

Kapitel 1. Allgemeine Bestimmungen

§ 1 Zweck des Gesetzes. [1]Dieses Gesetz dient dem Schutz der Mitbewerber, der Verbraucherinnen und Verbraucher sowie der sonstigen Marktteilnehmer vor unlauteren geschäftlichen Handlungen. [2]Es schützt zugleich das Interesse der Allgemeinheit an einem unverfälschten Wettbewerb.

§ 2[1)] Definitionen. (1) Im Sinne dieses Gesetzes bedeutet

1. „geschäftliche Handlung“ jedes Verhalten einer Person zugunsten des eigenen oder eines fremden Unternehmens vor, bei oder nach einem Geschäftsabschluss, das mit der Förderung des Absatzes oder des Bezugs von Waren oder Dienstleistungen oder mit dem Abschluss oder der Durchführung eines Vertrags über Waren oder Dienstleistungen objektiv zusammenhängt; als Waren gelten auch Grundstücke, als Dienstleistungen auch Rechte und Verpflichtungen;
2. „Marktteilnehmer“ neben Mitbewerbern und Verbrauchern alle Personen, die als Anbieter oder Nachfrager von Waren oder Dienstleistungen tätig sind;
3. „Mitbewerber“ jeder Unternehmer, der mit einem oder mehreren Unternehmern als Anbieter oder Nachfrager von Waren oder Dienstleistungen in einem konkreten Wettbewerbsverhältnis steht;
4. „Nachricht“ jede Information, die zwischen einer endlichen Zahl von Beteiligten über einen öffentlich zugänglichen elektronischen Kommunikationsdienst ausgetauscht oder weitergeleitet wird; dies schließt nicht Informationen ein, die als Teil eines Rundfunkdienstes über ein elektronisches Kommunikationsnetz an die Öffentlichkeit weitergeleitet werden, soweit die Informationen nicht mit dem identifizierbaren Teilnehmer oder Nutzer, der sie erhält, in Verbindung gebracht werden können;
5. „Verhaltenskodex“ Vereinbarungen oder Vorschriften über das Verhalten von Unternehmern, zu welchem diese sich in Bezug auf Wirtschaftszweige oder einzelne geschäftliche Handlungen verpflichtet haben, ohne dass sich solche Verpflichtungen aus Gesetzes- oder Verwaltungsvorschriften ergeben;
6. „Unternehmer“ jede natürliche oder juristische Person, die geschäftliche Handlungen im Rahmen ihrer gewerblichen, handwerklichen oder beruflichen Tätigkeit vornimmt, und jede Person, die im Namen oder Auftrag einer solchen Person handelt;
7. „unternehmerische Sorgfalt“ der Standard an Fachkenntnissen und Sorgfalt, von dem billigerweise angenommen werden kann, dass ein Unternehmer ihn in seinem Tätigkeitsbereich gegenüber Verbrauchern nach Treu und Glauben unter Berücksichtigung der anständigen Marktgepflogenheiten einhält;
8. „wesentliche Beeinflussung des wirtschaftlichen Verhaltens des Verbrauchers“ die Vornahme einer geschäftlichen Handlung, um die Fähigkeit des Verbrauchers, eine informierte Entscheidung zu treffen, spürbar zu beeinträchtigen und damit den Verbraucher zu einer geschäftlichen Entscheidung zu veranlassen, die er andernfalls nicht getroffen hätte;
9. „geschäftliche Entscheidung“ jede Entscheidung eines Verbrauchers oder sonstigen Marktteilnehmers darüber, ob, wie und unter welchen Bedingungen er ein Geschäft abschließen, eine Zahlung leisten, eine Ware oder Dienstleistung behalten oder abgeben oder ein vertragliches Recht im Zusammenhang mit

[1)] § 2 Abs. 1 Nr. 7 geänd., Nr. 8 und 9 angef. mWv 10.12.2015 durch G v. 2.12.2015 (BGBl. I S. 2158).

einer Ware oder Dienstleistung ausüben will, unabhängig davon, ob der Verbraucher oder sonstige Marktteilnehmer sich entschließt, tätig zu werden.

(2) Für den Verbraucherbegriff gilt § 13 des Bürgerlichen Gesetzbuchs[1] entsprechend.

§ 3[2] Verbot unlauterer geschäftlicher Handlungen. (1) Unlautere geschäftliche Handlungen sind unzulässig.

(2) Geschäftliche Handlungen, die sich an Verbraucher richten oder diese erreichen, sind unlauter, wenn sie nicht der unternehmerischen Sorgfalt entsprechen und dazu geeignet sind, das wirtschaftliche Verhalten des Verbrauchers wesentlich zu beeinflussen.

(3) Die im Anhang dieses Gesetzes aufgeführten geschäftlichen Handlungen gegenüber Verbrauchern sind stets unzulässig.

(4) [1] Bei der Beurteilung von geschäftlichen Handlungen gegenüber Verbrauchern ist auf den durchschnittlichen Verbraucher oder, wenn sich die geschäftliche Handlung an eine bestimmte Gruppe von Verbrauchern wendet, auf ein durchschnittliches Mitglied dieser Gruppe abzustellen. [2] Geschäftliche Handlungen, die für den Unternehmer vorhersehbar das wirtschaftliche Verhalten nur einer eindeutig identifizierbaren Gruppe von Verbrauchern wesentlich beeinflussen, die auf Grund von geistigen oder körperlichen Beeinträchtigungen, Alter oder Leichtgläubigkeit im Hinblick auf diese geschäftlichen Handlungen oder die diesen zugrunde liegenden Waren oder Dienstleistungen besonders schutzbedürftig sind, sind aus der Sicht eines durchschnittlichen Mitglieds dieser Gruppe zu beurteilen.

§ 3a[2] Rechtsbruch. Unlauter handelt, wer einer gesetzlichen Vorschrift zuwiderhandelt, die auch dazu bestimmt ist, im Interesse der Marktteilnehmer das Marktverhalten zu regeln, und der Verstoß geeignet ist, die Interessen von Verbrauchern, sonstigen Marktteilnehmern oder Mitbewerbern spürbar zu beeinträchtigen.

§ 4[2] Mitbewerberschutz. Unlauter handelt, wer

1. die Kennzeichen, Waren, Dienstleistungen, Tätigkeiten oder persönlichen oder geschäftlichen Verhältnisse eines Mitbewerbers herabsetzt oder verunglimpft;
2. über die Waren, Dienstleistungen oder das Unternehmen eines Mitbewerbers oder über den Unternehmer oder ein Mitglied der Unternehmensleitung Tatsachen behauptet oder verbreitet, die geeignet sind, den Betrieb des Unternehmens oder den Kredit des Unternehmers zu schädigen, sofern die Tatsachen nicht erweislich wahr sind; handelt es sich um vertrauliche Mitteilungen und hat der Mitteilende oder der Empfänger der Mitteilung an ihr ein berechtigtes Interesse, so ist die Handlung nur dann unlauter, wenn die Tatsachen der Wahrheit zuwider behauptet oder verbreitet wurden;
3. Waren oder Dienstleistungen anbietet, die eine Nachahmung der Waren oder Dienstleistungen eines Mitbewerbers sind, wenn er
   a) eine vermeidbare Täuschung der Abnehmer über die betriebliche Herkunft herbeiführt,
   b) die Wertschätzung der nachgeahmten Ware oder Dienstleistung unangemessen ausnutzt oder beeinträchtigt oder

[1] Nr. **20**.
[2] §§ 3, 4 neu gef., § 3a eingef. mWv 10.12.2015 durch G v. 2.12.2015 (BGBl. I S. 2158).

c) die für die Nachahmung erforderlichen Kenntnisse oder Unterlagen unredlich erlangt hat;

4. Mitbewerber gezielt behindert.

§ 4a[1] Aggressive geschäftliche Handlungen. (1) [1] Unlauter handelt, wer eine aggressive geschäftliche Handlung vornimmt, die geeignet ist, den Verbraucher oder sonstigen Marktteilnehmer zu einer geschäftlichen Entscheidung zu veranlassen, die dieser andernfalls nicht getroffen hätte. [2] Eine geschäftliche Handlung ist aggressiv, wenn sie im konkreten Fall unter Berücksichtigung aller Umstände geeignet ist, die Entscheidungsfreiheit des Verbrauchers oder sonstigen Marktteilnehmers erheblich zu beeinträchtigen durch

1. Belästigung,
2. Nötigung einschließlich der Anwendung körperlicher Gewalt oder
3. unzulässige Beeinflussung.

[3] Eine unzulässige Beeinflussung liegt vor, wenn der Unternehmer eine Machtposition gegenüber dem Verbraucher oder sonstigen Marktteilnehmer zur Ausübung von Druck, auch ohne Anwendung oder Androhung von körperlicher Gewalt, in einer Weise ausnutzt, die die Fähigkeit des Verbrauchers oder sonstigen Marktteilnehmers zu einer informierten Entscheidung wesentlich einschränkt.

(2) [1] Bei der Feststellung, ob eine geschäftliche Handlung aggressiv im Sinne des Absatzes 1 Satz 2 ist, ist abzustellen auf

1. Zeitpunkt, Ort, Art oder Dauer der Handlung;
2. die Verwendung drohender oder beleidigender Formulierungen oder Verhaltensweisen;
3. die bewusste Ausnutzung von konkreten Unglückssituationen oder Umständen von solcher Schwere, dass sie das Urteilsvermögen des Verbrauchers oder sonstigen Marktteilnehmers beeinträchtigen, um dessen Entscheidung zu beeinflussen;
4. belastende oder unverhältnismäßige Hindernisse nichtvertraglicher Art, mit denen der Unternehmer den Verbraucher oder sonstigen Marktteilnehmer an der Ausübung seiner vertraglichen Rechte zu hindern versucht, wozu auch das Recht gehört, den Vertrag zu kündigen oder zu einer anderen Ware oder Dienstleistung oder einem anderen Unternehmer zu wechseln
5. Drohungen mit rechtlich unzulässigen Handlungen.

[2] Zu den Umständen, die nach Nummer 3 zu berücksichtigen sind, zählen insbesondere geistige und körperliche Beeinträchtigungen, das Alter, die geschäftliche Unerfahrenheit, die Leichtgläubigkeit, die Angst und die Zwangslage von Verbrauchern.

§ 5[2] Irreführende geschäftliche Handlungen. (1) [1] Unlauter handelt, wer eine irreführende geschäftliche Handlung vornimmt, die geeignet ist, den Verbraucher oder sonstigen Marktteilnehmer zu einer geschäftlichen Entscheidung zu veranlassen, die er andernfalls nicht getroffen hätte. [2] Eine geschäftliche Handlung ist irreführend, wenn sie unwahre Angaben enthält oder sonstige zur Täuschung geeignete Angaben über folgende Umstände enthält:

---

[1] § 4a eingef. mWv 10.12.2015 durch G v. 2.12.2015 (BGBl. I S. 2158).
[2] § 5 Abs. 1 Satz 1 geänd. mWv 10.12.2015 durch G v. 2.12.2015 (BGBl. I S. 2158).

1. die wesentlichen Merkmale der Ware oder Dienstleistung wie Verfügbarkeit, Art, Ausführung, Vorteile, Risiken, Zusammensetzung, Zubehör, Verfahren oder Zeitpunkt der Herstellung, Lieferung oder Erbringung, Zwecktauglichkeit, Verwendungsmöglichkeit, Menge, Beschaffenheit, Kundendienst und Beschwerdeverfahren, geographische oder betriebliche Herkunft, von der Verwendung zu erwartende Ergebnisse oder die Ergebnisse oder wesentlichen Bestandteile von Tests der Waren oder Dienstleistungen;
2. den Anlass des Verkaufs wie das Vorhandensein eines besonderen Preisvorteils, den Preis oder die Art und Weise, in der er berechnet wird, oder die Bedingungen, unter denen die Ware geliefert oder die Dienstleistung erbracht wird;
3. die Person, Eigenschaften oder Rechte des Unternehmers wie Identität, Vermögen einschließlich der Rechte des geistigen Eigentums, den Umfang von Verpflichtungen, Befähigung, Status, Zulassung, Mitgliedschaften oder Beziehungen, Auszeichnungen oder Ehrungen, Beweggründe für die geschäftliche Handlung oder die Art des Vertriebs;
4. Aussagen oder Symbole, die im Zusammenhang mit direktem oder indirektem Sponsoring stehen oder sich auf eine Zulassung des Unternehmers oder der Waren oder Dienstleistungen beziehen;
5. die Notwendigkeit einer Leistung, eines Ersatzteils, eines Austauschs oder einer Reparatur;
6. die Einhaltung eines Verhaltenskodexes, auf den sich der Unternehmer verbindlich verpflichtet hat, wenn er auf diese Bindung hinweist, oder
7. Rechte des Verbrauchers, insbesondere solche auf Grund von Garantieversprechen oder Gewährleistungsrechte bei Leistungsstörungen.

(2) Eine geschäftliche Handlung ist auch irreführend, wenn sie im Zusammenhang mit der Vermarktung von Waren oder Dienstleistungen einschließlich vergleichender Werbung eine Verwechslungsgefahr mit einer anderen Ware oder Dienstleistung oder mit der Marke oder einem anderen Kennzeichen eines Mitbewerbers hervorruft.

(3) Angaben im Sinne von Absatz 1 Satz 2 sind auch Angaben im Rahmen vergleichender Werbung sowie bildliche Darstellungen und sonstige Veranstaltungen, die darauf zielen und geeignet sind, solche Angaben zu ersetzen.

(4) [1] Es wird vermutet, dass es irreführend ist, mit der Herabsetzung eines Preises zu werben, sofern der Preis nur für eine unangemessen kurze Zeit gefordert worden ist. [2] Ist streitig, ob und in welchem Zeitraum der Preis gefordert worden ist, so trifft die Beweislast denjenigen, der mit der Preisherabsetzung geworben hat.

§ 5a[1] Irreführung durch Unterlassen. (1) Bei der Beurteilung, ob das Verschweigen einer Tatsache irreführend ist, sind insbesondere deren Bedeutung für die geschäftliche Entscheidung nach der Verkehrsauffassung sowie die Eignung des Verschweigens zur Beeinflussung der Entscheidung zu berücksichtigen.

(2) [1] Unlauter handelt, wer im konkreten Fall unter Berücksichtigung aller Umstände dem Verbraucher eine wesentliche Information vorenthält,

1. die der Verbraucher je nach den Umständen benötigt, um eine informierte geschäftliche Entscheidung zu treffen, und

[1] § 5a Abs. 3 Nr. 3 geänd. mWv 13.6.2014 durch G v. 20.9.2013 (BGBl. I S. 3642); Abs. 2 neu gef., Abs. 3 Nr. 4 und Abs. 4 geänd., Abs. 5 und 6 angef. mWv 10.12.2015 durch G v. 2.12.2015 (BGBl. I S. 2158).

2. deren Vorenthalten geeignet ist, den Verbraucher zu einer geschäftlichen Entscheidung zu veranlassen, die er andernfalls nicht getroffen hätte.

[2] Als Vorenthalten gilt auch

1. das Verheimlichen wesentlicher Informationen,
2. die Bereitstellung wesentlicher Informationen in unklarer, unverständlicher oder zweideutiger Weise,
3. die nicht rechtzeitige Bereitstellung wesentlicher Informationen.

(3) Werden Waren oder Dienstleistungen unter Hinweis auf deren Merkmale und Preis in einer dem verwendeten Kommunikationsmittel angemessenen Weise so angeboten, dass ein durchschnittlicher Verbraucher das Geschäft abschließen kann, gelten folgende Informationen als wesentlich im Sinne des Absatzes 2, sofern sie sich nicht unmittelbar aus den Umständen ergeben:

1. alle wesentlichen Merkmale der Ware oder Dienstleistung in dem dieser und dem verwendeten Kommunikationsmittel angemessenen Umfang;
2. die Identität und Anschrift des Unternehmers, gegebenenfalls die Identität und Anschrift des Unternehmers, für den er handelt;
3. der Gesamtpreis oder in Fällen, in denen ein solcher Preis auf Grund der Beschaffenheit der Ware oder Dienstleistung nicht im Voraus berechnet werden kann, die Art der Preisberechnung sowie gegebenenfalls alle zusätzlichen Fracht-, Liefer- und Zustellkosten oder in Fällen, in denen diese Kosten nicht im Voraus berechnet werden können, die Tatsache, dass solche zusätzlichen Kosten anfallen können;
4. Zahlungs-, Liefer- und Leistungsbedingungen sowie Verfahren zum Umgang mit Beschwerden, soweit sie von Erfordernissen der unternehmerischen Sorgfalt abweichen, und
5. das Bestehen eines Rechts zum Rücktritt oder Widerruf.

(4) Als wesentlich im Sinne des Absatzes 2 gelten auch Informationen, die dem Verbraucher auf Grund unionsrechtlicher Verordnungen oder nach Rechtsvorschriften zur Umsetzung unionsrechtlicher Richtlinien für kommerzielle Kommunikation einschließlich Werbung und Marketing nicht vorenthalten werden dürfen.

(5) Bei der Beurteilung, ob Informationen vorenthalten wurden, sind zu berücksichtigen:

1. räumliche oder zeitliche Beschränkungen durch das für die geschäftliche Handlung gewählte Kommunikationsmittel sowie
2. alle Maßnahmen des Unternehmers, um dem Verbraucher die Informationen auf andere Weise als durch das Kommunikationsmittel nach Nummer 1 zur Verfügung zu stellen.

(6) Unlauter handelt auch, wer den kommerziellen Zweck einer geschäftlichen Handlung nicht kenntlich macht, sofern sich dieser nicht unmittelbar aus den Umständen ergibt, und das Nichtkenntlichmachen geeignet ist, den Verbraucher zu einer geschäftlichen Entscheidung zu veranlassen, die er andernfalls nicht getroffen hätte.

§ 6 Vergleichende Werbung. (1) Vergleichende Werbung ist jede Werbung, die unmittelbar oder mittelbar einen Mitbewerber oder die von einem Mitbewerber angebotenen Waren oder Dienstleistungen erkennbar macht.

(2) Unlauter handelt, wer vergleichend wirbt, wenn der Vergleich

1. sich nicht auf Waren oder Dienstleistungen für den gleichen Bedarf oder dieselbe Zweckbestimmung bezieht,
2. nicht objektiv auf eine oder mehrere wesentliche, relevante, nachprüfbare und typische Eigenschaften oder den Preis dieser Waren oder Dienstleistungen bezogen ist,
3. im geschäftlichen Verkehr zu einer Gefahr von Verwechslungen zwischen dem Werbenden und einem Mitbewerber oder zwischen den von diesen angebotenen Waren oder Dienstleistungen oder den von ihnen verwendeten Kennzeichen führt,
4. den Ruf des von einem Mitbewerber verwendeten Kennzeichens in unlauterer Weise ausnutzt oder beeinträchtigt,
5. die Waren, Dienstleistungen, Tätigkeiten oder persönlichen oder geschäftlichen Verhältnisse eines Mitbewerbers herabsetzt oder verunglimpft oder
6. eine Ware oder Dienstleistung als Imitation oder Nachahmung einer unter einem geschützten Kennzeichen vertriebenen Ware oder Dienstleistung darstellt.

§ 7[1)] Unzumutbare Belästigungen. (1) [1] Eine geschäftliche Handlung, durch die ein Marktteilnehmer in unzumutbarer Weise belästigt wird, ist unzulässig. [2] Dies gilt insbesondere für Werbung, obwohl erkennbar ist, dass der angesprochene Marktteilnehmer diese Werbung nicht wünscht.

(2) Eine unzumutbare Belästigung ist stets anzunehmen

1. bei Werbung unter Verwendung eines in den Nummern 2 und 3 nicht aufgeführten, für den Fernabsatz geeigneten Mittels der kommerziellen Kommunikation, durch die ein Verbraucher hartnäckig angesprochen wird, obwohl er dies erkennbar nicht wünscht;
2. bei Werbung mit einem Telefonanruf gegenüber einem Verbraucher ohne dessen vorherige ausdrückliche Einwilligung oder gegenüber einem sonstigen Marktteilnehmer ohne dessen zumindest mutmaßliche Einwilligung,
3. bei Werbung unter Verwendung einer automatischen Anrufmaschine, eines Faxgerätes oder elektronischer Post, ohne dass eine vorherige ausdrückliche Einwilligung des Adressaten vorliegt, oder
4. bei Werbung mit einer Nachricht,
   a) bei der die Identität des Absenders, in dessen Auftrag die Nachricht übermittelt wird, verschleiert oder verheimlicht wird oder
   b) bei der gegen § 6 Absatz 1 des Telemediengesetzes[2)] verstoßen wird oder in der der Empfänger aufgefordert wird, eine Website aufzurufen, die gegen diese Vorschrift verstößt, oder
   c) bei der keine gültige Adresse vorhanden ist, an die der Empfänger eine Aufforderung zur Einstellung solcher Nachrichten richten kann, ohne dass hierfür andere als die Übermittlungskosten nach den Basistarifen entstehen.

(3) Abweichend von Absatz 2 Nummer 3 ist eine unzumutbare Belästigung bei einer Werbung unter Verwendung elektronischer Post nicht anzunehmen, wenn

1. ein Unternehmer im Zusammenhang mit dem Verkauf einer Ware oder Dienstleistung von dem Kunden dessen elektronische Postadresse erhalten hat,

---

[1)] § 7 Abs. 2 Nr. 4 neu gef. mWv 9.10.2013 durch G v. 1.10.2013 (BGBl. I S. 3714).
[2)] **Sartorius ErgBd. Nr. 922.**

2. der Unternehmer die Adresse zur Direktwerbung für eigene ähnliche Waren oder Dienstleistungen verwendet,
3. der Kunde der Verwendung nicht widersprochen hat und
4. der Kunde bei Erhebung der Adresse und bei jeder Verwendung klar und deutlich darauf hingewiesen wird, dass er der Verwendung jederzeit widersprechen kann, ohne dass hierfür andere als die Übermittlungskosten nach den Basistarifen entstehen.

§ 7a[1)] Einwilligung in Telefonwerbung. (1) Wer mit einem Telefonanruf gegenüber einem Verbraucher wirbt, hat dessen vorherige ausdrückliche Einwilligung in die Telefonwerbung zum Zeitpunkt der Erteilung in angemessener Form zu dokumentieren und gemäß Absatz 2 Satz 1 aufzubewahren.

(2) [1] Die werbenden Unternehmen müssen den Nachweis nach Absatz 1 ab Erteilung der Einwilligung sowie nach jeder Verwendung der Einwilligung fünf Jahre aufbewahren. [2] Die werbenden Unternehmen haben der nach § 20 Absatz 3 zuständigen Verwaltungsbehörde den Nachweis nach Absatz 1 auf Verlangen unverzüglich vorzulegen.

Kapitel 2. Rechtsfolgen

§ 8[2)] Beseitigung und Unterlassung. (1) [1] Wer eine nach § 3 oder § 7 unzulässige geschäftliche Handlung vornimmt, kann auf Beseitigung und bei Wiederholungsgefahr auf Unterlassung in Anspruch genommen werden. [2] Der Anspruch auf Unterlassung besteht bereits dann, wenn eine derartige Zuwiderhandlung gegen § 3 oder § 7 droht.

(2) Werden die Zuwiderhandlungen in einem Unternehmen von einem Mitarbeiter oder Beauftragten begangen, so sind der Unterlassungsanspruch und der Beseitigungsanspruch auch gegen den Inhaber des Unternehmens begründet.

[Abs. 3 bis 30.11.2021:]

(3) Die Ansprüche aus Absatz 1 stehen zu:

1. jedem Mitbewerber;
2. rechtsfähigen Verbänden zur Förderung gewerblicher oder selbständiger beruflicher Interessen, soweit ihnen eine erhebliche Zahl von Unternehmern angehört, die Waren oder Dienstleistungen gleicher oder verwandter Art auf demselben Markt vertreiben, wenn sie insbesondere nach ihrer personellen, sachlichen und finanziellen Ausstattung imstande sind, ihre satzungsmäßigen Aufgaben der Verfolgung gewerblicher oder selbständiger beruflicher Interessen tatsächlich wahrzunehmen und soweit die Zuwiderhandlung die Interessen ihrer Mitglieder berührt;
3. qualifizierten Einrichtungen, die nachweisen, dass sie in der Liste der qualifizierten Einrichtungen nach § 4 des Unterlassungsklagengesetzes[3)] oder in dem Verzeichnis der Europäischen Kommission nach Artikel 4 Absatz 3 der Richtlinie 2009/22/EG des Europäischen Parlaments und des Rates vom 23. April

---

[1)] § 7a eingef. mWv 1.10.2021 durch G v. 10.8.2021 (BGBl. I S. 3433).

[2)] § 8 Abs. 5 Satz 1 neu gef. mWv 31.10.2009 durch G v. 29.7.2009 (BGBl. I S. 2355); Abs. 4 Sätze 2 und 3 angef. mWv 9.10.2013 durch G v. 1.10.2013 (BGBl. I S. 3714); Abs. 3 Nr. 2 geänd., Nr. 3 neu gef., Abs. 5 Satz 1 geänd. mWv 24.2.2016 durch G v. 17.2.2016 (BGBl. I S. 233); Abs. 4 neu gef., Abs. 5 Satz 2 geänd. mWv 2.12.2020, Abs. 3 neu gef. **mWv 1.12.2021** durch G v. 26.11.2020 (BGBl. I S. 2568).

[3)] Nr. **105**.

2009 über Unterlassungsklagen zum Schutz der Verbraucherinteressen (ABl. L 110 vom 1.5.2009, S. 30) eingetragen sind;
4. den Industrie- und Handelskammern oder den Handwerkskammern.

[Abs. 3 ab 1.12.2021:]

(3) Die Ansprüche aus Absatz 1 stehen zu:
1. *jedem Mitbewerber, der Waren oder Dienstleistungen in nicht unerheblichem Maße und nicht nur gelegentlich vertreibt oder nachfragt,*
2. *denjenigen rechtsfähigen Verbänden zur Förderung gewerblicher oder selbstständiger beruflicher Interessen, die in der Liste der qualifizierten Wirtschaftsverbände nach § 8b eingetragen sind, soweit ihnen eine erhebliche Zahl von Unternehmern angehört, die Waren oder Dienstleistungen gleicher oder verwandter Art auf demselben Markt vertreiben, und die Zuwiderhandlung die Interessen ihrer Mitglieder berührt,*
3. *den qualifizierten Einrichtungen, die in der Liste der qualifizierten Einrichtungen nach § 4 des Unterlassungsklagengesetzes eingetragen sind, oder den qualifizierten Einrichtungen aus anderen Mitgliedstaaten der Europäischen Union, die in dem Verzeichnis der Europäischen Kommission nach Artikel 4 Absatz 3 der Richtlinie 2009/22/EG des Europäischen Parlaments und des Rates vom 23. April 2009 über Unterlassungsklagen zum Schutz der Verbraucherinteressen (ABl. L 110 vom 1.5.2009, S. 30), die zuletzt durch die Verordnung (EU) 2018/302 (ABl. L 60I vom 2.3.2018, S. 1) geändert worden ist, eingetragen sind,*
4. *den Industrie- und Handelskammern, den nach der Handwerksordnung[1)] errichteten Organisationen und anderen berufsständischen Körperschaften des öffentlichen Rechts im Rahmen der Erfüllung ihrer Aufgaben sowie den Gewerkschaften im Rahmen der Erfüllung ihrer Aufgaben bei der Vertretung selbstständiger beruflicher Interessen.*

(4) Stellen nach Absatz 3 Nummer 2 und 3 können die Ansprüche nicht geltend machen, solange ihre Eintragung ruht.

(5) [1] § 13 des Unterlassungsklagengesetzes ist entsprechend anzuwenden; in § 13 Absatz 1 und 3 Satz 2 des Unterlassungsklagengesetzes treten an die Stelle der dort aufgeführten Ansprüche nach dem Unterlassungsklagengesetz die Ansprüche nach dieser Vorschrift. [2] Im Übrigen findet das Unterlassungsklagengesetz keine Anwendung, es sei denn, es liegt ein Fall des § 4e des Unterlassungsklagengesetzes vor.

§ 8a[2)] Anspruchsberechtigte bei einem Verstoß gegen die Verordnung (EU) 2019/1150. Anspruchsberechtigt nach § 8 Absatz 1 sind bei einem Verstoß gegen die Verordnung (EU) 2019/1150 des Europäischen Parlaments und des Rates vom 20. Juni 2019 zur Förderung von Fairness und Transparenz für gewerbliche Nutzer von Online-Vermittlungsdiensten (ABl. L 186 vom 11.7.2019, S. 57) abweichend von § 8 Absatz 3 die Verbände, Organisationen und öffentlichen Stellen, die die Voraussetzungen des Artikels 14 Absatz 3 und 4 der Verordnung (EU) 2019/1150 erfüllen.

§ 8b[3)] Liste der qualifizierten Wirtschaftsverbände. (1) Das Bundesamt für Justiz führt eine Liste der qualifizierten Wirtschaftsverbände und veröffentlicht sie in der jeweils aktuellen Fassung auf seiner Internetseite.

(2) Ein rechtsfähiger Verband, zu dessen satzungsmäßigen Aufgaben es gehört, gewerbliche oder selbstständige berufliche Interessen zu verfolgen und zu fördern

---

[1)] **Sartorius Nr. 815.**
[2)] § 8a eingef. mWv 27.11.2020 durch G v. 19.11.2020 (BGBl. I S. 2456).
[3)] § 8b eingef. mWv 2.12.2020 durch G v. 26.11.2020 (BGBl. I S. 2568).

sowie zu Fragen des lauteren Wettbewerbs zu beraten und zu informieren, wird auf seinen Antrag in die Liste eingetragen, wenn

1. er mindestens 75 Unternehmer als Mitglieder hat,
2. er zum Zeitpunkt der Antragstellung seit mindestens einem Jahr seine satzungsmäßigen Aufgaben wahrgenommen hat,
3. auf Grund seiner bisherigen Tätigkeit sowie seiner personellen, sachlichen und finanziellen Ausstattung gesichert erscheint, dass er
   a) seine satzungsmäßigen Aufgaben auch künftig dauerhaft wirksam und sachgerecht erfüllen wird und
   b) seine Ansprüche nicht vorwiegend geltend machen wird, um für sich Einnahmen aus Abmahnungen oder Vertragsstrafen zu erzielen,
4. seinen Mitgliedern keine Zuwendungen aus dem Verbandsvermögen gewährt werden und Personen, die für den Verband tätig sind, nicht durch unangemessen hohe Vergütungen oder andere Zuwendungen begünstigt werden.

(3) § 4 Absatz 3 und 4 sowie die §§ 4a bis 4d des Unterlassungsklagengesetzes[1] sind entsprechend anzuwenden.

§ 8c[2] Verbot der missbräuchlichen Geltendmachung von Ansprüchen; Haftung. (1) Die Geltendmachung der Ansprüche aus § 8 Absatz 1 ist unzulässig, wenn sie unter Berücksichtigung der gesamten Umstände missbräuchlich ist.

(2) Eine missbräuchliche Geltendmachung ist im Zweifel anzunehmen, wenn

1. die Geltendmachung der Ansprüche vorwiegend dazu dient, gegen den Zuwiderhandelnden einen Anspruch auf Ersatz von Aufwendungen oder von Kosten der Rechtsverfolgung oder die Zahlung einer Vertragsstrafe entstehen zu lassen,
2. ein Mitbewerber eine erhebliche Anzahl von Verstößen gegen die gleiche Rechtsvorschrift durch Abmahnungen geltend macht, wenn die Anzahl der geltend gemachten Verstöße außer Verhältnis zum Umfang der eigenen Geschäftstätigkeit steht oder wenn anzunehmen ist, dass der Mitbewerber das wirtschaftliche Risiko seines außergerichtlichen oder gerichtlichen Vorgehens nicht selbst trägt,
3. ein Mitbewerber den Gegenstandswert für eine Abmahnung unangemessen hoch ansetzt,
4. offensichtlich überhöhte Vertragsstrafen vereinbart oder gefordert werden,
5. eine vorgeschlagene Unterlassungsverpflichtung offensichtlich über die abgemahnte Rechtsverletzung hinausgeht,
6. mehrere Zuwiderhandlungen, die zusammen hätten abgemahnt werden können, einzeln abgemahnt werden oder
7. wegen einer Zuwiderhandlung, für die mehrere Zuwiderhandelnde verantwortlich sind, die Ansprüche gegen die Zuwiderhandelnden ohne sachlichen Grund nicht zusammen geltend gemacht werden.

(3) [1] Im Fall der missbräuchlichen Geltendmachung von Ansprüchen kann der Anspruchsgegner vom Anspruchsteller Ersatz der für seine Rechtsverteidigung erforderlichen Aufwendungen fordern. [2] Weitergehende Ersatzansprüche bleiben unberührt.

---

[1] Nr. **105**.
[2] § 8c eingef. mWv 2.12.2020 durch G v. 26.11.2020 (BGBl. I S. 2568).

§ 9 Schadensersatz. [1] Wer vorsätzlich oder fahrlässig eine nach § 3 oder § 7 unzulässige geschäftliche Handlung vornimmt, ist den Mitbewerbern zum Ersatz des daraus entstehenden Schadens verpflichtet. [2] Gegen verantwortliche Personen von periodischen Druckschriften kann der Anspruch auf Schadensersatz nur bei einer vorsätzlichen Zuwiderhandlung geltend gemacht werden.

§ 10 Gewinnabschöpfung. (1) Wer vorsätzlich eine nach § 3 oder § 7 unzulässige geschäftliche Handlung vornimmt und hierdurch zu Lasten einer Vielzahl von Abnehmern einen Gewinn erzielt, kann von den gemäß § 8 Absatz 3 Nummer 2 bis 4 zur Geltendmachung eines Unterlassungsanspruchs Berechtigten auf Herausgabe dieses Gewinns an den Bundeshaushalt in Anspruch genommen werden.

(2) [1] Auf den Gewinn sind die Leistungen anzurechnen, die der Schuldner auf Grund der Zuwiderhandlung an Dritte oder an den Staat erbracht hat. [2] Soweit der Schuldner solche Leistungen erst nach Erfüllung des Anspruchs nach Absatz 1 erbracht hat, erstattet die zuständige Stelle des Bundes dem Schuldner den abgeführten Gewinn in Höhe der nachgewiesenen Zahlungen zurück.

(3) Beanspruchen mehrere Gläubiger den Gewinn, so gelten die §§ 428 bis 430 des Bürgerlichen Gesetzbuchs[1)] entsprechend.

(4) [1] Die Gläubiger haben der zuständigen Stelle des Bundes über die Geltendmachung von Ansprüchen nach Absatz 1 Auskunft zu erteilen. [2] Sie können von der zuständigen Stelle des Bundes Erstattung der für die Geltendmachung des Anspruchs erforderlichen Aufwendungen verlangen, soweit sie vom Schuldner keinen Ausgleich erlangen können. [3] Der Erstattungsanspruch ist auf die Höhe des an den Bundeshaushalt abgeführten Gewinns beschränkt.

(5) Zuständige Stelle im Sinn der Absätze 2 und 4 ist das Bundesamt für Justiz.

§ 11[2)] Verjährung. (1) Die Ansprüche aus §§ 8, 9 und 13 Absatz 3 verjähren in sechs Monaten.

(2) Die Verjährungsfrist beginnt, wenn

1. der Anspruch entstanden ist und
2. der Gläubiger von den den Anspruch begründenden Umständen und der Person des Schuldners Kenntnis erlangt oder ohne grobe Fahrlässigkeit erlangen müsste.

(3) Schadensersatzansprüche verjähren ohne Rücksicht auf die Kenntnis oder grob fahrlässige Unkenntnis in zehn Jahren von ihrer Entstehung, spätestens in 30 Jahren von der den Schaden auslösenden Handlung an.

(4) Andere Ansprüche verjähren ohne Rücksicht auf die Kenntnis oder grob fahrlässige Unkenntnis in drei Jahren von der Entstehung an.

Kapitel 3. Verfahrensvorschriften

§ 12[3)] Einstweiliger Rechtsschutz; Veröffentlichungsbefugnis; Streitwertminderung. (1) Zur Sicherung der in diesem Gesetz bezeichneten Ansprüche auf Unterlassung können einstweilige Verfügungen auch ohne die Darlegung und

---

1) Nr. **20**.

2) *§ 11 Abs. 1 geänd. mWv 2.12.2020 durch G v. 26.11.2020* (BGBl. I S. 2568).

3) § 12 Abs. 4 neu gef. und Abs. 5 angef. mWv 9.10.2013 durch G v. 1.10.2013 (BGBl. I S. 3714); Überschrift neu gef., Abs. 1 aufgeh., bish. Abs. 2–4 werden Abs. 1–3, bish. Abs. 5 wird Abs. 4 und Satz 1 geänd. mWv 2.12.2020 durch G v. 26.11.2020 (BGBl. I S. 2568).

Glaubhaftmachung der in den §§ 935 und 940 der Zivilprozessordnung[1)] bezeichneten Voraussetzungen erlassen werden.

(2) [1] Ist auf Grund dieses Gesetzes Klage auf Unterlassung erhoben worden, so kann das Gericht der obsiegenden Partei die Befugnis zusprechen, das Urteil auf Kosten der unterliegenden Partei öffentlich bekannt zu machen, wenn sie ein berechtigtes Interesse dartut. [2] Art und Umfang der Bekanntmachung werden im Urteil bestimmt. [3] Die Befugnis erlischt, wenn von ihr nicht innerhalb von drei Monaten nach Eintritt der Rechtskraft Gebrauch gemacht worden ist. [4] Der Ausspruch nach Satz 1 ist nicht vorläufig vollstreckbar.

(3) [1] Macht eine Partei in Rechtsstreitigkeiten, in denen durch Klage ein Anspruch aus einem der in diesem Gesetz geregelten Rechtsverhältnisse geltend gemacht wird, glaubhaft, dass die Belastung mit den Prozesskosten nach dem vollen Streitwert ihre wirtschaftliche Lage erheblich gefährden würde, so kann das Gericht auf ihren Antrag anordnen, dass die Verpflichtung dieser Partei zur Zahlung von Gerichtskosten sich nach einem ihrer Wirtschaftslage angepassten Teil des Streitwerts bemisst. [2] Die Anordnung hat zur Folge, dass

1. die begünstigte Partei die Gebühren ihres Rechtsanwalts ebenfalls nur nach diesem Teil des Streitwerts zu entrichten hat,
2. die begünstigte Partei, soweit ihr Kosten des Rechtsstreits auferlegt werden oder soweit sie diese übernimmt, die von dem Gegner entrichteten Gerichtsgebühren und die Gebühren seines Rechtsanwalts nur nach dem Teil des Streitwerts zu erstatten hat und
3. der Rechtsanwalt der begünstigten Partei, soweit die außergerichtlichen Kosten dem Gegner auferlegt oder von ihm übernommen werden, seine Gebühren von dem Gegner nach dem für diesen geltenden Streitwert beitreiben kann.

(4) [1] Der Antrag nach Absatz 3 kann vor der Geschäftsstelle des Gerichts zur Niederschrift erklärt werden. [2] Er ist vor der Verhandlung zur Hauptsache anzubringen. [3] Danach ist er nur zulässig, wenn der angenommene oder festgesetzte Streitwert später durch das Gericht heraufgesetzt wird. [4] Vor der Entscheidung über den Antrag ist der Gegner zu hören.

§ 13[2)] Abmahnung; Unterlassungsverpflichtung; Haftung. (1) Die zur Geltendmachung eines Unterlassungsanspruchs Berechtigten sollen den Schuldner vor der Einleitung eines gerichtlichen Verfahrens abmahnen und ihm Gelegenheit geben, den Streit durch Abgabe einer mit einer angemessenen Vertragsstrafe bewehrten Unterlassungsverpflichtung beizulegen.

(2) In der Abmahnung muss klar und verständlich angegeben werden:

1. Name oder Firma des Abmahnenden sowie im Fall einer Vertretung zusätzlich Name oder Firma des Vertreters,
2. die Voraussetzungen der Anspruchsberechtigung nach § 8 Absatz 3,
3. ob und in welcher Höhe ein Aufwendungsersatzanspruch geltend gemacht wird und wie sich dieser berechnet,
4. die Rechtsverletzung unter Angabe der tatsächlichen Umstände,
5. in den Fällen des Absatzes 4, dass der Anspruch auf Aufwendungsersatz ausgeschlossen ist.

[1)] Nr. **100**.

[2)] § 13 neu gef. mWv 2.12.2020 durch G v. 26.11.2020 (BGBl. I S. 2568).

(3) Soweit die Abmahnung berechtigt ist und den Anforderungen des Absatzes 2 entspricht, kann der Abmahnende vom Abgemahnten Ersatz der erforderlichen Aufwendungen verlangen.

(4) Der Anspruch auf Ersatz der erforderlichen Aufwendungen nach Absatz 3 ist für Anspruchsberechtigte nach § 8 Absatz 3 Nummer 1 ausgeschlossen bei

1. im elektronischen Geschäftsverkehr oder in Telemedien begangenen Verstößen gegen gesetzliche Informations- und Kennzeichnungspflichten oder
2. sonstigen Verstößen gegen die Verordnung (EU) 2016/679[1] des Europäischen Parlaments und des Rates vom 27. April 2016 zum Schutz natürlicher Personen bei der Verarbeitung personenbezogener Daten, zum freien Datenverkehr und zur Aufhebung der Richtlinie 95/46/EG (Datenschutz-Grundverordnung) (ABl. L 119 vom 4.5.2016, S. 1; L 314 vom 22.11.2016, S. 72; L 127 vom 23.5. 2018, S. 2) und das Bundesdatenschutzgesetz[2] durch Unternehmen sowie gewerblich tätige Vereine, sofern sie in der Regel weniger als 250 Mitarbeiter beschäftigen.

(5) [1] Soweit die Abmahnung unberechtigt ist oder nicht den Anforderungen des Absatzes 2 entspricht oder soweit entgegen Absatz 4 ein Anspruch auf Aufwendungsersatz geltend gemacht wird, hat der Abgemahnte gegen den Abmahnenden einen Anspruch auf Ersatz der für seine Rechtsverteidigung erforderlichen Aufwendungen. [2] Der Anspruch nach Satz 1 ist beschränkt auf die Höhe des Aufwendungsersatzanspruchs, die der Abmahnende geltend macht. [3] Bei einer unberechtigten Abmahnung ist der Anspruch nach Satz 1 ausgeschlossen, wenn die fehlende Berechtigung der Abmahnung für den Abmahnenden zum Zeitpunkt der Abmahnung nicht erkennbar war. [4] Weitergehende Ersatzansprüche bleiben unberührt.

§ 13a[3] Vertragsstrafe. (1) Bei der Festlegung einer angemessenen Vertragsstrafe nach § 13 Absatz 1 sind folgende Umstände zu berücksichtigen:

1. Art, Ausmaß und Folgen der Zuwiderhandlung,
2. Schuldhaftigkeit der Zuwiderhandlung und bei schuldhafter Zuwiderhandlung die Schwere des Verschuldens,
3. Größe, Marktstärke und Wettbewerbsfähigkeit des Abgemahnten sowie
4. wirtschaftliches Interesse des Abgemahnten an erfolgten und zukünftigen Verstößen.

(2) Die Vereinbarung einer Vertragsstrafe nach Absatz 1 ist für Anspruchsberechtigte nach § 8 Absatz 3 Nummer 1 bei einer erstmaligen Abmahnung bei Verstößen nach § 13 Absatz 4 ausgeschlossen, wenn der Abgemahnte in der Regel weniger als 100 Mitarbeiter beschäftigt.

(3) Vertragsstrafen dürfen eine Höhe von 1 000 Euro nicht überschreiten, wenn die Zuwiderhandlung angesichts ihrer Art, ihres Ausmaßes und ihrer Folgen die Interessen von Verbrauchern, Mitbewerbern und sonstigen Marktteilnehmern in nur unerheblichem Maße beeinträchtigt und wenn der Abgemahnte in der Regel weniger als 100 Mitarbeiter beschäftigt.

---

[1] **Sartorius Nr. 246.**
[2] **Sartorius Nr. 245.**
[3] § 13a eingef. mWv 2.12.2020 durch G v. 26.11.2020 (BGBl. I S. 2568).

(4) Verspricht der Abgemahnte auf Verlangen des Abmahnenden eine unangemessen hohe Vertragsstrafe, schuldet er lediglich eine Vertragsstrafe in angemessener Höhe.

(5) [1] Ist lediglich eine Vertragsstrafe vereinbart, deren Höhe noch nicht beziffert wurde, kann der Abgemahnte bei Uneinigkeit über die Höhe auch ohne Zustimmung des Abmahnenden eine Einigungsstelle nach § 15 anrufen. [2] Das Gleiche gilt, wenn der Abgemahnte nach Absatz 4 nur eine Vertragsstrafe in angemessener Höhe schuldet. [3] Ist ein Verfahren vor der Einigungsstelle anhängig, so ist eine erst nach Anrufung der Einigungsstelle erhobene Klage nicht zulässig.

§ 14[1)] Sachliche und örtliche Zuständigkeit; Verordnungsermächtigung.

(1) Für alle bürgerlichen Rechtsstreitigkeiten, mit denen ein Anspruch auf Grund dieses Gesetzes geltend gemacht wird, sind die Landgerichte ausschließlich zuständig.

(2) [1] Für alle bürgerlichen Rechtsstreitigkeiten, mit denen ein Anspruch auf Grund dieses Gesetzes geltend gemacht wird, ist das Gericht zuständig, in dessen Bezirk der Beklagte seinen allgemeinen Gerichtsstand hat. [2] Für alle bürgerlichen Rechtsstreitigkeiten, mit denen ein Anspruch auf Grund dieses Gesetzes geltend gemacht wird, ist außerdem das Gericht zuständig, in dessen Bezirk die Zuwiderhandlung begangen wurde. [3] Satz 2 gilt nicht für

1. Rechtsstreitigkeiten wegen Zuwiderhandlungen im elektronischen Geschäftsverkehr oder in Telemedien oder
2. Rechtsstreitigkeiten, die von den nach § 8 Absatz 3 Nummer 2 bis 4 zur Geltendmachung eines Unterlassungsanspruchs Berechtigten geltend gemacht werden,

es sei denn, der Beklagte hat im Inland keinen allgemeinen Gerichtsstand.

(3) [1] Die Landesregierungen werden ermächtigt, durch Rechtsverordnung für die Bezirke mehrerer Landgerichte eines von ihnen als Gericht für Wettbewerbsstreitsachen zu bestimmen, wenn dies der Rechtspflege in Wettbewerbsstreitsachen dienlich ist. [2] Die Landesregierungen können die Ermächtigung durch Rechtsverordnung auf die Landesjustizverwaltungen übertragen. [3] Die Länder können außerdem durch Vereinbarung die den Gerichten eines Landes obliegenden Klagen nach Absatz 1 insgesamt oder teilweise dem zuständigen Gericht eines anderen Landes übertragen.

§ 15[2)] Einigungsstellen. (1) Die Landesregierungen errichten bei Industrie- und Handelskammern Einigungsstellen zur Beilegung von bürgerlichen Rechtsstreitigkeiten, in denen ein Anspruch auf Grund dieses Gesetzes geltend gemacht wird (Einigungsstellen).

(2) [1] Die Einigungsstellen sind mit einer vorsitzenden Person, die die Befähigung zum Richteramt nach dem Deutschen Richtergesetz[3)] hat, und beisitzenden Personen zu besetzen. [2] Als beisitzende Personen werden im Falle einer Anrufung durch eine nach § 8 Absatz 3 Nummer 3 zur Geltendmachung eines Unterlassungsanspruchs berechtigte qualifizierte Einrichtung Unternehmer und Verbraucher in gleicher Anzahl tätig, sonst mindestens zwei sachverständige Unternehmer. [3] Die vorsitzende Person soll auf dem Gebiet des Wettbewerbsrechts erfahren sein. [4] Die beisitzenden Personen werden von der vorsitzenden Person für den jeweili-

---

[1)] § 14 neu gef. mWv 2.12.2020 durch G v. 26.11.2020 (BGBl. I S. 2568).
[2)] § 15 Abs. 3 Satz 2 geänd. mWv 2.12.2020 durch G v. 26.11.2020 (BGBl. I S. 2568).
[3)] **Habersack, Deutsche Gesetze ErgBd. Nr. 97.**

gen Streitfall aus einer alljährlich für das Kalenderjahr aufzustellenden Liste berufen. [5]Die Berufung soll im Einvernehmen mit den Parteien erfolgen. [6]Für die Ausschließung und Ablehnung von Mitgliedern der Einigungsstelle sind die § 41 bis 43 und § 44 Absatz 2 bis 4 der Zivilprozessordnung[1)] entsprechend anzuwenden. [7]Über das Ablehnungsgesuch entscheidet das für den Sitz der Einigungsstelle zuständige Landgericht (Kammer für Handelssachen oder, falls es an einer solchen fehlt, Zivilkammer).

(3) [1]Die Einigungsstellen können bei bürgerlichen Rechtsstreitigkeiten, in denen ein Anspruch auf Grund dieses Gesetzes geltend gemacht wird, angerufen werden, wenn der Gegner zustimmt. [2]Soweit die geschäftlichen Handlungen Verbraucher betreffen, können die Einigungsstellen von jeder Partei zu einer Aussprache mit dem Gegner über den Streitfall angerufen werden; einer Zustimmung des Gegners bedarf es nicht.

(4) Für die Zuständigkeit der Einigungsstellen ist § 14 entsprechend anzuwenden.

(5) [1]Die der Einigungsstelle vorsitzende Person kann das persönliche Erscheinen der Parteien anordnen. [2]Gegen eine unentschuldigt ausbleibende Partei kann die Einigungsstelle ein Ordnungsgeld festsetzen. [3]Gegen die Anordnung des persönlichen Erscheinens und gegen die Festsetzung des Ordnungsgeldes findet die sofortige Beschwerde nach den Vorschriften der Zivilprozessordnung an das für den Sitz der Einigungsstelle zuständige Landgericht (Kammer für Handelssachen oder, falls es an einer solchen fehlt, Zivilkammer) statt.

(6) [1]Die Einigungsstelle hat einen gütlichen Ausgleich anzustreben. [2]Sie kann den Parteien einen schriftlichen, mit Gründen versehenen Einigungsvorschlag machen. [3]Der Einigungsvorschlag und seine Begründung dürfen nur mit Zustimmung der Parteien veröffentlicht werden.

(7) [1]Kommt ein Vergleich zustande, so muss er in einem besonderen Schriftstück niedergelegt und unter Angabe des Tages seines Zustandekommens von den Mitgliedern der Einigungsstelle, welche in der Verhandlung mitgewirkt haben, sowie von den Parteien unterschrieben werden. [2]Aus einem vor der Einigungsstelle geschlossenen Vergleich findet die Zwangsvollstreckung statt; § 797a der Zivilprozessordnung ist entsprechend anzuwenden.

(8) Die Einigungsstelle kann, wenn sie den geltend gemachten Anspruch von vornherein für unbegründet oder sich selbst für unzuständig erachtet, die Einleitung von Einigungsverhandlungen ablehnen.

(9) [1]Durch die Anrufung der Einigungsstelle wird die Verjährung in gleicher Weise wie durch Klageerhebung gehemmt. [2]Kommt ein Vergleich nicht zustande, so ist der Zeitpunkt, zu dem das Verfahren beendet ist, von der Einigungsstelle festzustellen. [3]Die vorsitzende Person hat dies den Parteien mitzuteilen.

(10) [1]Ist ein Rechtsstreit der in Absatz 3 Satz 2 bezeichneten Art ohne vorherige Anrufung der Einigungsstelle anhängig gemacht worden, so kann das Gericht auf Antrag den Parteien unter Anberaumung eines neuen Termins aufgeben, vor diesem Termin die Einigungsstelle zur Herbeiführung eines gütlichen Ausgleichs anzurufen. [2]In dem Verfahren über den Antrag auf Erlass einer einstweiligen Verfügung ist diese Anordnung nur zulässig, wenn der Gegner zustimmt. [3]Absatz 8 ist nicht anzuwenden. [4]Ist ein Verfahren vor der Einigungsstelle anhängig, so ist eine erst nach Anrufung der Einigungsstelle erhobene Klage des Antrags-

---

[1)] Nr. **100**.

gegners auf Feststellung, dass der geltend gemachte Anspruch nicht bestehe, nicht zulässig.

(11) [1]Die Landesregierungen werden ermächtigt, durch Rechtsverordnung die zur Durchführung der vorstehenden Bestimmungen und zur Regelung des Verfahrens vor den Einigungsstellen erforderlichen Vorschriften zu erlassen, insbesondere über die Aufsicht über die Einigungsstellen, über ihre Besetzung unter angemessener Beteiligung der nicht den Industrie- und Handelskammern angehörenden *Unternehmern*[1)] (§ 2 Abs. 2 bis 6 des Gesetzes zur vorläufigen Regelung des Rechts der Industrie- und Handelskammern[2)] in der im Bundesgesetzblatt Teil III, Gliederungsnummer 701-1, veröffentlichten bereinigten Fassung), und über die Vollstreckung von Ordnungsgeldern, sowie Bestimmungen über die Erhebung von Auslagen durch die Einigungsstelle zu treffen. [2]Bei der Besetzung der Einigungsstellen sind die Vorschläge der für ein Bundesland errichteten, mit öffentlichen Mitteln geförderten Verbraucherzentralen zur Bestimmung der in Absatz 2 Satz 2 genannten Verbraucher zu berücksichtigen.

(12) Abweichend von Absatz 2 Satz 1 kann in den Ländern Brandenburg, Mecklenburg-Vorpommern, Sachsen, Sachsen-Anhalt und Thüringen die Einigungsstelle auch mit einem Rechtskundigen als Vorsitzendem besetzt werden, der die Befähigung zum Berufsrichter nach dem Recht der Deutschen Demokratischen Republik erworben hat.

§ 15a[3)] **Überleitungsvorschrift zum Gesetz zur Stärkung des fairen Wettbewerbs.** (1) § 8 Absatz 3 Nummer 2 ist nicht anzuwenden auf Verfahren, die am 1. September 2021 bereits rechtshängig sind.

(2) Die §§ 13 und 13a Absatz 2 und 3 sind nicht anzuwenden auf Abmahnungen, die vor dem 2. Dezember 2020 bereits zugegangen sind.

Kapitel 4. Straf- und Bußgeldvorschriften

§ 16 Strafbare Werbung. (1) Wer in der Absicht, den Anschein eines besonders günstigen Angebots hervorzurufen, in öffentlichen Bekanntmachungen oder in Mitteilungen, die für einen größeren Kreis von Personen bestimmt sind, durch unwahre Angaben irreführend wirbt, wird mit Freiheitsstrafe bis zu zwei Jahren oder mit Geldstrafe bestraft.

(2) Wer es im geschäftlichen Verkehr unternimmt, Verbraucher zur Abnahme von Waren, Dienstleistungen oder Rechten durch das Versprechen zu veranlassen, sie würden entweder vom Veranstalter selbst oder von einem Dritten besondere Vorteile erlangen, wenn sie andere zum Abschluss gleichartiger Geschäfte veranlassen, die ihrerseits nach der Art dieser Werbung derartige Vorteile für eine entsprechende Werbung weiterer Abnehmer erlangen sollen, wird mit Freiheitsstrafe bis zu zwei Jahren oder mit Geldstrafe bestraft.

§§ 17–19[4)] *(aufgehoben)*

§ 20[5)] **Bußgeldvorschriften.** (1) Ordnungswidrig handelt, wer vorsätzlich oder fahrlässig

---

[1)] Richtig wohl: „Unternehmer".
[2)] **Sartorius Nr. 818.**
[3)] § 15a eingef. mWv 2.12.2020 durch G v. 26.11.2020 (BGBl. I S. 2568).
[4)] §§ 17–19 aufgeh. mWv 26.4.2019 durch G v. 18.4.2019 (BGBl. I S. 466).
[5)] § 20 neu gef. mWv 1.10.2021 durch G v. 10.8.2021 (BGBl. I S. 3433).

1. entgegen § 7 Absatz 1 Satz 1 in Verbindung mit Absatz 2 Nummer 2 oder 3 mit einem Telefonanruf oder unter Verwendung einer automatischen Anrufmaschine gegenüber einem Verbraucher ohne dessen vorherige ausdrückliche Einwilligung wirbt,
2. entgegen § 7a Absatz 1 eine dort genannte Einwilligung nicht, nicht richtig, nicht vollständig oder nicht rechtzeitig dokumentiert oder nicht oder nicht mindestens fünf Jahre aufbewahrt,
3. entgegen § 8b Absatz 3 in Verbindung mit § 4b Absatz 1 des Unterlassungsklagengesetzes[1)], auch in Verbindung mit einer Rechtsverordnung nach § 4d Nummer 2 des Unterlassungsklagengesetzes, einen dort genannten Bericht nicht, nicht richtig, nicht vollständig oder nicht rechtzeitig erstattet oder
4. einer Rechtsverordnung nach § 8b Absatz 3 in Verbindung mit § 4d Nummer 1 des Unterlassungsklagengesetzes oder einer vollziehbaren Anordnung auf Grund einer solchen Rechtsverordnung zuwiderhandelt, soweit die Rechtsverordnung für einen bestimmten Tatbestand auf diese Bußgeldvorschrift verweist.

(2) Die Ordnungswidrigkeit kann in den Fällen des Absatzes 1 Nummer 1 mit einer Geldbuße bis zu dreihunderttausend Euro, in den Fällen des Absatzes 1 Nummer 2 mit einer Geldbuße bis zu fünfzigtausend Euro und in den übrigen Fällen mit einer Geldbuße bis zu hunderttausend Euro geahndet werden.

(3) Verwaltungsbehörde im Sinne des § 36 Absatz 1 Nummer 1 des Gesetzes über Ordnungswidrigkeiten[2)] ist in den Fällen des Absatzes 1 Nummer 1 und 2 die Bundesnetzagentur für Elektrizität, Gas, Telekommunikation, Post und Eisenbahnen, in den übrigen Fällen das Bundesamt für Justiz.

Anhang[3)]
(zu § 3 Absatz 3)

Unzulässige geschäftliche Handlungen im Sinne des § 3 Absatz 3 sind

1. die unwahre Angabe eines Unternehmers, zu den Unterzeichnern eines Verhaltenskodexes zu gehören;
2. die Verwendung von Gütezeichen, Qualitätskennzeichen oder Ähnlichem ohne die erforderliche Genehmigung;
3. die unwahre Angabe, ein Verhaltenskodex sei von einer öffentlichen oder anderen Stelle gebilligt;
4. die unwahre Angabe, ein Unternehmer, eine von ihm vorgenommene geschäftliche Handlung oder eine Ware oder Dienstleistung sei von einer öffentlichen oder privaten Stelle bestätigt, gebilligt oder genehmigt worden, oder die unwahre Angabe, den Bedingungen für die Bestätigung, Billigung oder Genehmigung werde entsprochen;
5. Waren- oder Dienstleistungsangebote im Sinne des § 5a Abs. 3 zu einem bestimmten Preis, wenn der Unternehmer nicht darüber aufklärt, dass er hinreichende Gründe für die Annahme hat, er werde nicht in der Lage sein, diese oder gleichartige Waren oder Dienstleistungen für einen angemessenen Zeitraum in angemessener Menge zum genannten Preis bereitzustellen oder

---

1) *Nr.* ***105***.

2) Nr. **94**.

3) Anh. geänd. mWv 13.6.2014 durch G v. 20.9.2013 (BGBl. I S. 3642); geänd. mWv 10.12.2015 durch G v. 2.12.2015 (BGBl. I S. 2158).

bereitstellen zu lassen (Lockangebote). Ist die Bevorratung kürzer als zwei Tage, obliegt es dem Unternehmer, die Angemessenheit nachzuweisen;

6. Waren- oder Dienstleistungsangebote im Sinne des § 5a Abs. 3 zu einem bestimmten Preis, wenn der Unternehmer sodann in der Absicht, stattdessen eine andere Ware oder Dienstleistung abzusetzen, eine fehlerhafte Ausführung der Ware oder Dienstleistung vorführt oder sich weigert zu zeigen, was er beworben hat, oder sich weigert, Bestellungen dafür anzunehmen oder die beworbene Leistung innerhalb einer vertretbaren Zeit zu erbringen;
7. die unwahre Angabe, bestimmte Waren oder Dienstleistungen seien allgemein oder zu bestimmten Bedingungen nur für einen sehr begrenzten Zeitraum verfügbar, um den Verbraucher zu einer sofortigen geschäftlichen Entscheidung zu veranlassen, ohne dass dieser Zeit und Gelegenheit hat, sich auf Grund von Informationen zu entscheiden;
8. Kundendienstleistungen in einer anderen Sprache als derjenigen, in der die Verhandlungen vor dem Abschluss des Geschäfts geführt worden sind, wenn die ursprünglich verwendete Sprache nicht Amtssprache des Mitgliedstaats ist, in dem der Unternehmer niedergelassen ist; dies gilt nicht, soweit Verbraucher vor dem Abschluss des Geschäfts darüber aufgeklärt werden, dass diese Leistungen in einer anderen als der ursprünglich verwendeten Sprache erbracht werden;
9. die unwahre Angabe oder das Erwecken des unzutreffenden Eindrucks, eine Ware oder Dienstleistung sei verkehrsfähig;
10. die unwahre Angabe oder das Erwecken des unzutreffenden Eindrucks, gesetzlich bestehende Rechte stellten eine Besonderheit des Angebots dar;
11. der vom Unternehmer finanzierte Einsatz redaktioneller Inhalte zu Zwecken der Verkaufsförderung, ohne dass sich dieser Zusammenhang aus dem Inhalt oder aus der Art der optischen oder akustischen Darstellung eindeutig ergibt (als Information getarnte Werbung);
12. unwahre Angaben über Art und Ausmaß einer Gefahr für die persönliche Sicherheit des Verbrauchers oder seiner Familie für den Fall, dass er die angebotene Ware nicht erwirbt oder die angebotene Dienstleistung nicht in Anspruch nimmt;
13. Werbung für eine Ware oder Dienstleistung, die der Ware oder Dienstleistung eines bestimmten Herstellers ähnlich ist, wenn dies in der Absicht geschieht, über die betriebliche Herkunft der beworbenen Ware oder Dienstleistung zu täuschen;
14. die Einführung, der Betrieb oder die Förderung eines Systems zur Verkaufsförderung, bei dem vom Verbraucher ein finanzieller Beitrag für die Möglichkeit verlangt wird, allein oder hauptsächlich durch die Einführung weiterer Teilnehmer in das System eine Vergütung zu erlangen (Schneeball- oder Pyramidensystem);
15. *die unwahre* Angabe, der Unternehmer werde demnächst sein Geschäft aufgeben oder seine Geschäftsräume verlegen;
16. die Angabe, durch eine bestimmte Ware oder Dienstleistung ließen sich die Gewinnchancen bei einem Glücksspiel erhöhen;
17. die unwahre Angabe oder das Erwecken des unzutreffenden Eindrucks, der Verbraucher habe bereits einen Preis gewonnen oder werde ihn gewinnen oder werde durch eine bestimmte Handlung einen Preis gewinnen oder einen sonstigen Vorteil erlangen, wenn es einen solchen Preis oder Vorteil tatsächlich nicht gibt, oder wenn jedenfalls die Möglichkeit, einen Preis oder sonstigen

Vorteil zu erlangen, von der Zahlung eines Geldbetrags oder der Übernahme von Kosten abhängig gemacht wird;

18. die unwahre Angabe, eine Ware oder Dienstleistung könne Krankheiten, Funktionsstörungen oder Missbildungen heilen;
19. eine unwahre Angabe über die Marktbedingungen oder Bezugsquellen, um den Verbraucher dazu zu bewegen, eine Ware oder Dienstleistung zu weniger günstigen Bedingungen als den allgemeinen Marktbedingungen abzunehmen oder in Anspruch zu nehmen;
20. das Angebot eines Wettbewerbs oder Preisausschreibens, wenn weder die in Aussicht gestellten Preise noch ein angemessenes Äquivalent vergeben werden;
21. das Angebot einer Ware oder Dienstleistung als „gratis", „umsonst", „kostenfrei" oder dergleichen, wenn hierfür gleichwohl Kosten zu tragen sind; dies gilt nicht für Kosten, die im Zusammenhang mit dem Eingehen auf das Waren- oder Dienstleistungsangebot oder für die Abholung oder Lieferung der Ware oder die Inanspruchnahme der Dienstleistung unvermeidbar sind;
22. die Übermittlung von Werbematerial unter Beifügung einer Zahlungsaufforderung, wenn damit der unzutreffende Eindruck vermittelt wird, die beworbene Ware oder Dienstleistung sei bereits bestellt;
23. die unwahre Angabe oder das Erwecken des unzutreffenden Eindrucks, der Unternehmer sei Verbraucher oder nicht für Zwecke seines Geschäfts, Handels, Gewerbes oder Berufs tätig;
24. die unwahre Angabe oder das Erwecken des unzutreffenden Eindrucks, es sei im Zusammenhang mit Waren oder Dienstleistungen in einem anderen Mitgliedstaat der Europäischen Union als dem des Warenverkaufs oder der Dienstleistung ein Kundendienst verfügbar;
25. das Erwecken des Eindrucks, der Verbraucher könne bestimmte Räumlichkeiten nicht ohne vorherigen Vertragsabschluss verlassen;
26. bei persönlichem Aufsuchen in der Wohnung die Nichtbeachtung einer Aufforderung des Besuchten, diese zu verlassen oder nicht zu ihr zurückzukehren, es sein denn, der Besuch ist zur rechtmäßigen Durchsetzung einer vertraglichen Verpflichtung gerechtfertigt;
27. Maßnahmen, durch die der Verbraucher von der Durchsetzung seiner vertraglichen Rechte aus einem Versicherungsverhältnis dadurch abgehalten werden soll, dass von ihm bei der Geltendmachung seines Anspruchs die Vorlage von Unterlagen verlangt wird, die zum Nachweis dieses Anspruchs nicht erforderlich sind, oder dass Schreiben zur Geltendmachung eines solchen Anspruchs systematisch nicht beantwortet werden;
28. die in eine Werbung einbezogene unmittelbare Aufforderung an Kinder, selbst die beworbene Ware zu erwerben oder die beworbene Dienstleistung in Anspruch zu nehmen oder ihre Eltern oder andere Erwachsene dazu zu veranlassen;
29. die Aufforderung zur Bezahlung nicht bestellter, aber gelieferter Waren oder erbrachter Dienstleistungen oder eine Aufforderung zur Rücksendung oder Aufbewahrung nicht bestellter Sachen und
30. die ausdrückliche Angabe, dass der Arbeitsplatz oder Lebensunterhalt des Unternehmers gefährdet sei, wenn der Verbraucher die Ware oder Dienstleistung nicht abnehme.

74. Gesetz gegen Wettbewerbsbeschränkungen (GWB)

In der Fassung der Bekanntmachung vom 26. Juni 2013[1)]
(BGBl. I S. 1750, ber. S. 3245)

FNA 703-5

Lfd. Nr.	Änderndes Gesetz	Datum	Fundstelle	Betroffen	Hinweis
1.	Art. 2 Abs. 13 G zur Modern. d. AußenwirtschaftsR	6.6.2013	BGBl. I S. 1482	§§ 47j, 50c, 81	geänd. mWv 1.9.2013
2.	Art. 2 Achtes G zur Änd. des GWB	26.6.2013	BGBl. I S. 1738, aufgeh. durch G v. 1.6. 2017, BGBl. I S. 1416	§ 20	geänd. mWv 1.1.2018
3.	Art. 16 AIFM-UmsetzungsG[2)]	4.7.2013	BGBl. I S. 1981	§§ 38, 39	geänd. mWv 22.7.2013
4.	Art. 2 Abs. 78 G zur Strukturreform des Gebührenrechts des Bundes	7.8.2013	BGBl. I S. 3154	§ 128	geänd. mWv 15.8.2013
5.	Art. 5 G zur grundlegenden Reform des EEG und zur Änd. weiterer Bestimm. des Energiewirtschaftsrechts	21.7.2014	BGBl. I S. 1066	§§ 47f, 47g	geänd. mWv 1.8.2014
6.	Art. 3 G zur Teilumsetzung der EnergieeffizienzRL und zur Verschiebung des Außerkrafttretens des § 47g Abs. 2 GWB[3)]	15.4.2015	BGBl. I S. 578, geänd. 2017, S. 1416	§ 47g	geänd. mWv 1.1.2021
7.	Art. 8 Abs. 16 Bilanzrichtlinie-UmsetzungsG	17.7.2015	BGBl. I S. 1245	§ 36	geänd. mWv 23.7.2015
8.	Art. 258 Zehnte ZuständigkeitsanpassungsVO	31.8.2015	BGBl. I S. 1474	§§ 41, 42, 46, 47a, 47c, 47h, 47i, 47k, 47l, 48, 51, 52, 53, 56, 59, 63, 66, 100b, 106, 127, 129, 129a, 129b	geänd. mWv 8.9.2015

[1)] Neubekanntmachung des GWB idF der Bek. v. 15.7.2005 (BGBl. I S. 2114, ber. 2009 S. 3850) in der ab 30.6.2013 geltenden Fassung.

[2)] **Amtl. Anm.:** Dieses Gesetz dient der Umsetzung der Richtlinie 2009/65/EG des Europäischen Parlaments und des Rates vom 13. Juli 2009 zur Koordinierung der Rechts- und Verwaltungsvorschriften betreffend bestimmte Organismen für gemeinsame Anlagen in Wertpapieren (OGAW) (ABl. L 302 vom 17.11.2009, S. 1), der Richtlinie 2011/61/EU des Europäischen Parlaments und des Rates vom 8. Juni 2011 über die Verwalter alternativer Investmentfonds und zur Änderung der Richtlinien 2003/41/EG und 2009/65/EG und der Verordnungen (EG) Nr. 1060/2009 und (EU) Nr. 1095/2010 (ABl. L 174 vom 1.7.2011, S. 1) sowie der Anpassung an die Verordnung (EU) Nr. 345/2013 des Europäischen Parlaments und des Rates vom 17. April 2013 über Europäische Risikokapitalfonds (ABl. L 115 vom 25.4.2013, S. 1) und die Verordnung (EU) Nr. 346/2013 des Europäischen Parlaments und des Rates vom 17. April 2013 über Europäische Fonds für soziales Unternehmertum (ABl. L 115 vom 25.4.2013, S. 18).

[3)] **Amtl. Anm.:** Dieses Gesetz dient der Teilumsetzung der Richtlinie 2012/27/EU des Europäischen Parlaments und des Rates vom 25. Oktober 2012 zur Energieeffizienz, zur Änderung der Richtlinien 2009/125/EG und 2010/30/EU und zur Aufhebung der Richtlinien 2004/8/EG und 2006/32/EG (ABl. L 315 vom 14.11.2012, S. 1), die zuletzt durch die Richtlinie 2013/12/EU (ABl. L 141 vom 28.5.2013, S. 28) geändert worden ist.

Lfd. Nr.	Änderndes Gesetz	Datum	Fundstelle	Betroffen	Hinweis
9.	Art. 1 VergaberechtsmodernisierungsG	17.2.2016	BGBl. I S. 203	§ 114	geänd. mWv 24.2.2016
				Inhaltsübersicht	geänd. mWv 18.4.2016
				§ 113	neu gef. mWv 24.2.2016
				Teil 4 (§§ 97–184), Teil 5 (§ 185), Teil 6 (§ 186)	neu gef. mWv 18.4.2016
				Anl.	aufgeh. mWv 18.4.2016
10.	Art. 2 StrommarktG	26.7.2016	BGBl. I S. 1786	Inhaltsübersicht, § 53	geänd. mWv 30.7.2016
11.	Art. 4 Abs. 8 G zur Verbesserung der Bekämpfung des Menschenhandels und zur Änd. des BZRG sowie des SGB VIII	11.10. 2016	BGBl. I S. 2226	§ 123	geänd. mWv 15.10.2016
12.	Art. 5 G zur Einf. von Ausschreibungen für Strom aus erneuerb. Energien u. zu weiteren Änd. des Rechts der erneuerb. Energien	13.10. 2016	BGBl. I S. 2258	§ 47g	geänd. mWv 1.1.2017
13.	Art. 95 G zum Abbau verzichtbarer Anordnungen der Schriftform im Verwaltungsrecht des Bundes	29.3.2017	BGBl. I S. 626	§§ 47, 61	geänd. mWv 5.4.2017
14.	Art. 6 Abs. 33 G zur Reform der strafrechtlichen Vermögensabschöpfung	13.4.2017	BGBl. I S. 872	§§ 34, 34a, 82a	geänd. mWv 1.7.2017
15.	Art. 1 Neuntes G zur Änd. des G gegen Wettbewerbsbeschränkungen[1]	1.6.2017	BGBl. I S. 1416	Inhaltsübersicht, §§ 18, 19, 20, 21, 22, 26, 30, 32, 32e, 33c, 34, 34a, 35, 36, 37, 38, 39, 40, 41, 42, 47d, 47e, 47f, 47g, 47h, 47j, 47k, 50c, 53, 54, 56, 63, 73, 80, 81, 81b, 82, 83, 84, 87, 89a, 90, 91, 92, 94, 186	geänd. mWv 9.6.2017
				§§ 33a–33f, 33h	eingef. mWv 27.12.2016
				Teil 1 Kapitel 6 Abschnitt 1 und 2 Überschriften, §§ 33g, 43a, 81a, 89b, 89c, 89d, 89e	eingef. mWv 9.6.2017
				Teil 1–3 und 5, Teil 1 Kapitel 1–9, Kapitel 9 Abschnitt 1–3, Teil 2 Kapitel 1 und 2, Teil 3 Kapitel 1–5, Kapitel 1 Abschnitt 1–4 Überschriften, § 33	neu gef. mWv 9.6.2017
				§ 78a	aufgeh. mit Ablauf des 8.6.2017

[1] ***Amtl. Anm.:*** *Dieses Gesetz dient der Umsetzung* der Richtlinie 2014/104/EU des Europäischen Parlaments und des Rates vom 26. November 2014 über bestimmte Vorschriften für Schadensersatzklagen nach nationalem Recht wegen Zuwiderhandlungen gegen wettbewerbsrechtliche Bestimmungen der Mitgliedstaaten und der Europäischen Union (ABl. L 349 vom 5.12.2014, S. 1).

Lfd. Nr.	Änderndes Gesetz	Datum	Fundstelle	Betroffen	Hinweis
16.	Art. 2 Abs. 2 G zur Einführung eines Wettbewerbsregisters und zur Änd. des G gegen Wettbewerbsbeschränkungen	18.7.2017	BGBl. I S. 2739, geänd. 2021, S. 2	§§ 39, 123, 124 § 125	geänd. mWv 29.7.2017 neu gef. mit noch nicht bestimmtem Inkrafttreten
17.	Art. 6 Zweites G zur Stärkung der Verfahrensrechte von Beschuldigten im Strafverfahren und zur Änd. des Schöffenrechts[1]	27.8.2017	BGBl. I S. 3295	§ 81b	geänd. mWv 5.9.2017
18.	Art. 10 Abs. 9 G zur Neuregelung des Schutzes von Geheimnissen bei der Mitwirkung Dritter an der Berufsausübung schweigepflichtiger Personen	30.10. 2017	BGBl. I S. 3618	§ 47	geänd. mWv 9.11.2017
19.	Art. 10 G zur Einführung einer zivilprozessualen Musterfeststellungsklage	12.7.2018	BGBl. I S. 1151	§ 33h	geänd. mWv 1.11.2018
20.	Art. 1 G zur beschleunigten Beschaffung im Bereich der Verteidigung und Sicherheit und zur Optimierung der Vergabestatistik[2]	25.3.2020	BGBl. I S. 674	Inhaltsübersicht, §§ 107, 114, 150, 169, 170, 173, 176	geänd. mWv 2.4.2020
21.	Art. 1 G zur Abmilderung der Folgen der COVID-19-Pandemie im Wettbewerbsrecht und für den Bereich der Selbstverwaltungsorganisationen der gewerbl. Wirtschaft	25.5.2020	BGBl. I S. 1067	§ 186	geänd. mWv 29.5.2020
22.	Art. 220 Elfte ZuständigkeitsanpassungsVO	19.6.2020	BGBl. I S. 1328	§ 46	geänd. mWv 27.6.2020
23.	Art. 2 Abs. 8 G zur Änd. des EG-VerbraucherschutzdurchsetzungsG sowie des G über die Errichtung des Bundesamts für Justiz	25.6.2020	BGBl. I S. 1474	§ 50c	geänd. mWv 30.6.2020
24.	Art. 3 G zur Änd. des G zur Regelung von Ingenieur- und Architektenleistungen und anderer Gesetze	12.11. 2020	BGBl. I S. 2392	§ 114	geänd. mWv 19.11.2020
25.	Art. 7 G zur Stärkung des fairen Wettbewerbs	26.11. 2020	BGBl. I S. 2568	§§ 32e, 34a	geänd. mWv 2.12.2020

[1] **Amtl. Anm.:** Die Artikel 1 bis 6 dieses Gesetzes dienen der Umsetzung der Richtlinie 2013/48/EU des Europäischen Parlaments und des Rates vom 22. Oktober 2013 über das Recht auf Zugang zu einem Rechtsbeistand in Strafverfahren und in Verfahren zur Vollstreckung des Europäischen Haftbefehls sowie über das Recht auf Benachrichtigung eines Dritten bei Freiheitsentzug und das Recht auf Kommunikation mit Dritten und mit Konsularbehörden während des Freiheitsentzugs (ABl. L 294 vom 6.11.2013, S. 1).

[2] **Amtl. Anm.:** *(vom Abdruck wurde abgesehen)*

Lfd. Nr.	Änderndes Gesetz	Datum	Fundstelle	Betroffen	Hinweis
26.	Art. 1 GWB-DigitalisierungsG[1)]	18.1.2021	BGBl. I S. 2	Inhaltsübersicht, §§ 18, 19, 20, 32a, 32c, 32e, 33a, 33c, 34a, 35, 36, 38, 39, 40, 44, 46, 47d, 47k, Teil 2 Kapitel 3 Überschrift, §§ 53, 83, 86a, 88, 89b, 90a, 91, 92, 93, 94, 140, 163, 168, 175, 186	geänd. mWv 19.1.2021
				Teil 2 Kapitel 1 und 2 (§§ 48–50f), Teil 3 Kapitel 1 (§§ 54–80), Teil 3 Kapitel 2 Abschnitte 1 und 2 (§§ 81–81n), §§ 82, 82a	neu gef. mWv 19.1.2021
				§§ 19a, 39a, Teil 3 Kapitel 2 Abschnitt 3 Überschrift, § 82b	eingef. mWv 19.1.2021
27.	Art. 8 G zur Ums. der VO des Europäischen Parlaments und des Rates über europäische Unternehmensstatistiken zur Aufh. von zehn Rechtsakten im Bereich Unternehmensstatistiken und zur Änd. anderer Statistikgesetze	22.2.2021	BGBl. I S. 266	§ 47c	geänd. mWv 1.4.2021
28.	Art. 5 Abs. 3 G zur Verbesserung der strafrechtl. Bekämpfung der Geldwäsche	9.3.2021	BGBl. I S. 327	§ 123	geänd. mWv 18.3.2021
29.	Art. 30 TelekommunikationsmodernisierungsG[2)]	23.6.2021	BGBl. I S. 1858	§ 46	geänd. mWv 1.12.2021
30.	Art. 4 G zur Errichtung und Führung eines Registers über Unternehmensbasisdaten und zur Einführung einer bundeseinheitlichen Wirtschaftsnummer für Unternehmen und zur Änd. weiterer Gesetze	9.7.2021	BGBl. I S. 2506	§§ 20, 31b, 33c, 39, 50b, 50f, 73, 74, 75, 80, 81	geänd. mWv 15.7.2021
31.	Art. 2 G über die unternehmerischen Sorgfaltspflichten in Lieferketten	16.7.2021	BGBl. I S. 2959	§ 124	geänd. mWv 1.1.2023
32.	Art. 10 Abs. 2 Viertes G zur Änd. des Lebensmittel- und Futtermittelgesetzbuches sowie anderer Vorschriften	27.7.2021	BGBl. I S. 3274	§ 20	geänd. mWv 10.8.2021

[1)] **Amtl. Anm.:** Artikel 1 dieses Gesetzes dient der Umsetzung der Richtlinie (EU) 2019/1 des Europäischen Parlaments und des Rates vom 11. Dezember 2018 zur Stärkung der Wettbewerbsbehörden der Mitgliedstaaten im Hinblick auf eine wirksamere Durchsetzung der Wettbewerbsvorschriften und zur Gewährleistung des reibungslosen Funktionierens des Binnenmarkts (ABl. L 11 vom 14.1.2019, S. 3) und der Richtlinie 2014/104/EU des Europäischen Parlaments und des Rates vom 26. November 2014 über bestimmte Vorschriften für Schadensersatzklagen nach nationalem Recht wegen Zuwiderhandlungen gegen wettbewerbsrechtliche Bestimmungen der Mitgliedstaaten und der Europäischen Union (ABl. L 349 vom 5.12.2014, S. 1).

[2)] **Amtl. Anm.:** Dieses Gesetz dient der Umsetzung der Richtlinie (EU) 2018/1972 des Europäischen Parlaments und des Rates vom 11. Dezember 2018 über den europäischen Kodex für die elektronische Kommunikation (Neufassung) (ABl. L 321 vom 17.12.2018, S. 36).

Vorbemerkung:
Die Änderung durch G v. 23.6.2021 (BGBl. I S. 1858) tritt erst mWv 1.12.2021 in Kraft und ist im Text noch nicht berücksichtigt.
Die Änderung durch G v. 16.7.2021 (BGBl. I S. 2959) tritt erst mWv 1.1. 2023 in Kraft und ist im Text noch nicht berücksichtigt.

§ 20[1)] Verbotenes Verhalten von Unternehmen mit relativer oder überlegener Marktmacht. (1) [1] § 19 Absatz 1 in Verbindung mit Absatz 2 Nummer 1 gilt auch für Unternehmen und Vereinigungen von Unternehmen, soweit von ihnen andere Unternehmen als Anbieter oder Nachfrager einer bestimmten Art von Waren oder gewerblichen Leistungen in der Weise abhängig sind, dass ausreichende und zumutbare Möglichkeiten, auf dritte Unternehmen auszuweichen, nicht bestehen und ein deutliches Ungleichgewicht zur Gegenmacht der anderen Unternehmen besteht (relative Marktmacht). [2] § 19 Absatz 1 in Verbindung mit Absatz 2 Nummer 1 gilt ferner auch für Unternehmen, die als Vermittler auf mehrseitigen Märkten tätig sind, soweit andere Unternehmen mit Blick auf den Zugang zu Beschaffungs- und Absatzmärkten von ihrer Vermittlungsleistung in der Weise abhängig sind, dass ausreichende und zumutbare Ausweichmöglichkeiten nicht bestehen. [3] Es wird vermutet, dass ein Anbieter einer bestimmten Art von Waren oder gewerblichen Leistungen von einem Nachfrager abhängig im Sinne des Satzes 1 ist, wenn dieser Nachfrager bei ihm zusätzlich zu den verkehrsüblichen Preisnachlässen oder sonstigen Leistungsentgelten regelmäßig besondere Vergünstigungen erlangt, die gleichartigen Nachfragern nicht gewährt werden.

(1a) [1] Eine Abhängigkeit nach Absatz 1 kann sich auch daraus ergeben, dass ein Unternehmen für die eigene Tätigkeit auf den Zugang zu Daten angewiesen ist, die von einem anderen Unternehmen kontrolliert werden. [2] Die Verweigerung des Zugangs zu solchen Daten gegen angemessenes Entgelt kann eine unbillige Behinderung nach Absatz 1 in Verbindung mit § 19 Absatz 1, Absatz 2 Nummer 1 darstellen. [3] Dies gilt auch dann, wenn ein Geschäftsverkehr für diese Daten bislang nicht eröffnet ist.

(2) § 19 Absatz 1 in Verbindung mit Absatz 2 Nummer 5 gilt auch für Unternehmen und Vereinigungen von Unternehmen im Verhältnis zu den von ihnen abhängigen Unternehmen.

(3) [1] Unternehmen mit gegenüber kleinen und mittleren Wettbewerbern überlegener Marktmacht dürfen ihre Marktmacht nicht dazu ausnutzen, solche Wettbewerber unmittelbar oder mittelbar unbillig zu behindern. [2] Eine unbillige Behinderung im Sinne des Satzes 1 liegt insbesondere vor, wenn ein Unternehmen

1. Lebensmittel im Sinne des Artikels 2 der Verordnung (EG) Nr. 178/2002[2)] des Europäischen Parlaments und des Rates zur Festlegung der allgemeinen Grundsätze und Anforderungen des Lebensmittelrechts, zur Errichtung der Europäischen Behörde für Lebensmittelsicherheit und zur Festlegung von Verfahren zur Lebensmittelsicherheit (ABl. L 31 vom 1.2.2002, S. 1), die zuletzt durch die Verordnung (EU) 2019/1381 (ABl. L 231 vom 6.9.2019, S. 1) geändert worden ist, unter Einstandspreis oder
2. andere Waren oder gewerbliche Leistungen nicht nur gelegentlich unter Einstandspreis oder
3. von kleinen oder mittleren Unternehmen, mit denen es auf dem nachgelagerten *Markt* beim Vertrieb von Waren oder gewerblichen Leistungen im Wettbewerb steht, für deren Lieferung einen höheren Preis fordert, als es selbst auf diesem Markt

---

[1)] § 20 Abs. 3 Satz 3 eingef., bish. Sätze 3 und 4 werden Sätze 4 und 5, Abs. 4 geänd. mWv 9.6.2017 durch G v. 1.6.2017 (BGBl. I S. 1416); Abs. 1 Satz 1 neu gef., Satz 2 eingef., bish. Satz 2 wird Satz 3, Abs. 1a und 3a eingef. mWv 19.1.2021 durch G v. 18.1.2021 (BGBl. I S. 2); Abs. 1a Satz 2 geänd. mWv 15.7.2021 durch G v. 9.7.2021 (BGBl. I S. 2506); Abs. 3 Satz 2 Nr. 1 geänd. mWv 10.8.2021 durch G v. 27.7.2021 (BGBl. I S. 3274).

[2)] **Sartorius ErgBd. Nr. 860.**

anbietet, es sei denn, dies ist jeweils sachlich gerechtfertigt. [3] Einstandspreis im Sinne des Satzes 2 ist der zwischen dem Unternehmen mit überlegener Marktmacht und seinem Lieferanten vereinbarte Preis für die Beschaffung der Ware oder Leistung, auf den allgemein gewährte und im Zeitpunkt des Angebots bereits mit hinreichender Sicherheit feststehende Bezugsvergünstigungen anteilig angerechnet werden, soweit nicht für bestimmte Waren oder Leistungen ausdrücklich etwas anderes vereinbart ist. [4] Das Anbieten von Lebensmitteln unter Einstandspreis ist sachlich gerechtfertigt, wenn es geeignet ist, den Verderb oder die drohende Unverkäuflichkeit der Waren beim Händler durch rechtzeitigen Verkauf zu verhindern sowie in vergleichbar schwerwiegenden Fällen. [5] Werden Lebensmittel an gemeinnützige Einrichtungen zur Verwendung im Rahmen ihrer Aufgaben abgegeben, liegt keine unbillige Behinderung vor.

(3a) Eine unbillige Behinderung im Sinne des Absatzes 3 Satz 1 liegt auch vor, wenn ein Unternehmen mit überlegener Marktmacht auf einem Markt im Sinne des § 18 Absatz 3a die eigenständige Erzielung von Netzwerkeffekten durch Wettbewerber behindert und hierdurch die ernstliche Gefahr begründet, dass der Leistungswettbewerb in nicht unerheblichem Maße eingeschränkt wird.

(4) Ergibt sich auf Grund bestimmter Tatsachen nach allgemeiner Erfahrung der Anschein, dass ein Unternehmen seine Marktmacht im Sinne des Absatzes 3 ausgenutzt hat, so obliegt es diesem Unternehmen, den Anschein zu widerlegen und solche anspruchsbegründenden Umstände aus seinem Geschäftsbereich aufzuklären, deren Aufklärung dem betroffenen Wettbewerber oder einem Verband nach § 33 Absatz 4 nicht möglich, dem in Anspruch genommenen Unternehmen aber leicht möglich und zumutbar ist.

(5) Wirtschafts- und Berufsvereinigungen sowie Gütezeichengemeinschaften dürfen die Aufnahme eines Unternehmens nicht ablehnen, wenn die Ablehnung eine sachlich nicht gerechtfertigte ungleiche Behandlung darstellen und zu einer unbilligen Benachteiligung des Unternehmens im Wettbewerb führen würde.

§ 21[1)] Boykottverbot, Verbot sonstigen wettbewerbsbeschränkenden Verhaltens. (1) Unternehmen und Vereinigungen von Unternehmen dürfen nicht ein anderes Unternehmen oder Vereinigungen von Unternehmen in der Absicht, bestimmte Unternehmen unbillig zu beeinträchtigen, zu Liefersperren oder Bezugssperren auffordern.

(2) Unternehmen und Vereinigungen von Unternehmen dürfen anderen Unternehmen keine Nachteile androhen oder zufügen und keine Vorteile versprechen oder gewähren, um sie zu einem Verhalten zu veranlassen, das nach folgenden Vorschriften nicht zum Gegenstand einer vertraglichen Bindung gemacht werden darf:

1. nach diesem Gesetz,
2. nach Artikel 101 oder 102 des Vertrages über die Arbeitsweise der Europäischen Union[2)] oder
3. nach einer Verfügung der Europäischen Kommission oder der Kartellbehörde, die auf Grund dieses Gesetzes oder auf Grund der Artikel 101 oder 102 des Vertrages über die Arbeitsweise der Europäischen Union[3)] ergangen ist.

[1)] *§ 21 Abs. 2 Nr. 3 ber. durch G v. 12.8.2013* (BGBl. I S. 3245); Abs. 3 Nr. 1 neu gef. mWv 9.6.2017 durch G v. 1.6.2017 (BGBl. I S. 1416).

[2)] Abgedruckt in Anm. zu § 22.

[3)] **Sartorius Nr. 1001.**

(3) Unternehmen und Vereinigungen von Unternehmen dürfen andere Unternehmen nicht zwingen,

1. einer Vereinbarung oder einem Beschluss im Sinne der §§ 2, 3, 28 Absatz 1 oder § 30 Absatz 2a oder Absatz 2b beizutreten oder
2. sich mit anderen Unternehmen im Sinne des § 37 zusammenzuschließen oder
3. in der Absicht, den Wettbewerb zu beschränken, sich im Markt gleichförmig zu verhalten.

(Fortsetzung nächstes Blatt)

Lfd. Nr.	Änderndes Gesetz	Datum	Fundstelle	Betroffen	Hinweis
113.	Art. 1 G zur Verbesserung der Information über einen Schwangerschaftsabbruch	22.3.2019	BGBl. I S. 350	§ 219a	geänd. mWv 29.3.2019
114.	Art. 6 G zur Änd. des BundeswahlG und anderer G	18.6.2019	BGBl. I S. 834	§ 107a	geänd. mWv 1.7.2019
115.	Art. 2 G zur Umsetzung der RL (EU) 2017/1371[1]	19.6.2019	BGBl. I S. 844	§§ 264, 335a	geänd. mWv 28.6.2019
116.	Art. 8 G zur Reform der Psychotherapeutenausbildung	15.11. 2019	BGBl. I S. 1604	§ 139	geänd. mWv 1.9.2020
117.	Art. 62 Zweites Datenschutz-Anpassungs- und Umsetzungsgesetz EU[2]	20.11. 2019	BGBl. I S. 1626	§§ 203, 355	geänd. mWv 26.11.2019
118.	Art. 1 57. G zur Änd. des Strafgesetzbuches – Versuchsstrafbarkeit des Cybergroomings	3.3.2020	BGBl. I S. 431	§§ 176, 176a, 184b, 184i	geänd. mWv 13.3.2020
119.	Urt. des BVerfG – 2 BvR 2347/15 u.a. -	26.2.2020	BGBl. I S. 525	§ 217	nichtig
120.	Art. 1 58. G zur Änd des Strafgesetzbuchs – Strafrechtlicher Schutz bei Verunglimpfung der Europäischen Union und ihrer Symbole	12.6.2020	BGBl. I S. 1247	Inhaltsübersicht, §§ 104, 104a § 90c	geänd. mWv 24.6.2020 eingef. mWv 24.6.2020
121.	Art. 5 G zur Durchführung der VO (EU) 2017/1939 des Rates vom 12.10.2017 zur Durchführung einer Verstärkten Zusammenarbeit zur Errichtung der Europäischen Staatsanwaltschaft und zur Änd. weiterer Vorschriften	10.7.2020	BGBl. I S. 1648	§§ 203, 353b	geänd. mWv 17.7.2020
122.	Art. 1 59. G zur Änd. des Strafgesetzbuches – Verbesserung des Persönlichkeitsschutzes bei Bildaufnahmen	9.10.2020	BGBl. I S. 2075	Inhaltsübersicht, §§ 201a, 205 § 184k	geänd. mWv 1.1.2021 eingef. mWv 1.1.2021
123.	Art. 1 60. G zur Änd. des Strafgesetzbuches – Modernisierung des Schriftenbegriffs und anderer Begriffe sowie Erweiterung der Strafbarkeit nach den §§ 86, 86a, 111 und 130 des Strafgesetzbuches bei Handlungen im Ausland	30.11. 2020	BGBl. I S. 2600	Inhaltsübersicht, §§ 5, 6, 11, 20, 74d, 76a, 80a, 86, 86a, 90, 90a, 90b, 90c, 91, 111, 130, 130a, 131, 140, 165, 166, 176, 176a, 184, 184a, 184b, 184c, 186, 187, 188, 194, 200, 219a § 184d	geänd. mWv 1.1.2021 aufgeh. mit Ablauf des 31.12. 2020

[1] **Amtl. Anm.:** ABl. L 198 vom 28.7.2017, S. 29; L 350 vom 29.12.2017, S. 50.

[2] **Amtl. Anm.:** Dieses Gesetz dient der Umsetzung der Richtlinie (EU) 2016/680 des Europäischen Parlaments und des Rates vom 27. April 2016 zum Schutz natürlicher Personen bei der Verarbeitung personenbezogener Daten durch die zuständigen Behörden zum Zweck der Verhütung, Ermittlung, Aufdeckung oder Verfolgung von Straftaten oder der Strafvollstreckung sowie zum freien Datenverkehr und zur Aufhebung des Rahmenbeschlusses 2008/977/JI des Rates (ABl. L 119 vom 4.5.2016, S. 89; L 127 vom 23.5. 2018, S. 9).

Lfd. Nr.	Änderndes Gesetz	Datum	Fundstelle	Betroffen	Hinweis
124.	Art. 47 JahressteuerG 2020	21.12. 2020	BGBl. I S. 3096	§ 73e	geänd. mWv 29.12.2020
125.	Art. 1 G zur Verbesserung der strafrechtlichen Bekämpfung der Geldwäsche[1]	9.3.2021	BGBl. I S. 327	Inhaltsübersicht, § 76a	geänd. mWv 18.3.2021
				§ 261	neu gef. mWv 18.3.2021
126.	Art. 1 61. ÄndG – Umsetzung der RL (EU) 2019/713 des Europäischen Parlaments und des Rates vom 17. April 2019 zur Bekämpfung von Betrug und Fälschung im Zusammenhang mit unbaren Zahlungsmitteln und zur Ersetzung des Rahmenbeschlusses 2001/413/JI des Rates[2]	10.3.2021	BGBl. I S. 333	Inhaltsübersicht, §§ 6, 138, 152a, 152b, 263a	geänd. mWv 18.3.2021
				§ 152c	eingef. mWv 18.3.2021
127.	Art. 1 G zur Bekämpfung des Rechtsextremismus und der Hasskriminalität[3]	30.3.2021	BGBl. I S. 441, geänd. 2021, S. 448	Inhaltsübersicht, §§ 46, 115, 126, 140, 185, 186, 188, 194, 241	geänd. mWv 3.4.2021
128.	Art. 1 G zur Bekämpfung sexualisierter Gewalt gegen Kinder	16.6.2021	BGBl. I S. 1810	Inhaltsübersicht, §§ 66, 78b, 140, 174, 174a, 174b, 174c, 180, 181b, 183, 184c	geänd. mWv 1.7.2021
				§§ 176, 176a, 176b, 184b	neu gef. mWv 1.7.2021
				§§ 176c, 176d, 184l	eingef. mWv 1.7.2021
129.	Art. 20 G zur Fortentwicklung der StrafprozessO und zur Änd. weiterer Vorschriften	25.6.2021	BGBl. I S. 2099	§§ 78c, 129, 355	geänd. mWv 1.7.2021
130.	Art. 29 G zur Neuregelung des Berufsrechts der anwaltlichen und steuerberatenden Berufsausübungsgesellschaften sowie zur Änd. weiterer Vorschriften im Bereich der rechtsberatenden Berufe	7.7.2021	BGBl. I S. 2363	§ 203	geänd. mWv 1.8.2022
131.	Art. 1 G zur Änd. des Strafgesetzbuches – effektivere Bekämpfung von Nachstellungen und bessere Erfassung des Cyberstalkings sowie Verbesserung des strafrechtlichen Schutzes gegen Zwangsprostitution	10.8.2021	BGBl. I S. 3513	§ 232a	geänd. mWv 1.10.2021
				§ 238	neu gef. mWv 1.10.2021

[1] **Amtl. Anm.:** Artikel 1 dieses Gesetzes dient der Umsetzung der Richtlinie (EU) 2018/1673 des Europäischen Parlaments und des Rates vom 23. Oktober 2018 über die strafrechtliche Bekämpfung der Geldwäsche (ABl. L 284 vom 12.11.2018, S. 22).

[2] ***Amtl. Anm.:*** *(ABl. L 123 vom 10.5.2019, S. 18).*

[3] **Amtl. Anm.:** Notifiziert gemäß der Richtlinie (EU) 2015/1535 des Europäischen Parlaments und des Rates vom 9. September 2015 über ein Informationsverfahren auf dem Gebiet der technischen Vorschriften und der Vorschriften für die Dienste der Informationsgesellschaft (ABl. L 241 vom 17.9.2015, S. 1).

Lfd. Nr.	Änderndes Gesetz	Datum	Fundstelle	Betroffen	Hinweis
132.	Art. 2 G zur Änd. des Anti-Doping-G	12.8.2021	BGBl. I S. 3542	§§ 145d, 164	geänd. mWv 1.10.2021
133.	Art. 1 G zur Änd. des Strafgesetzbuches – Strafbarkeit des Betreibens krimineller Handelsplattformen im Internet[1)]	12.8.2021	BGBl. I S. 3544	Inhaltsübersicht, §§ 5, 128, 129 § 127	geänd. mWv 1.10.2021 eingef. mWv 1.10.2021

Vorbemerkung:
Die Änderung durch G v. 7.7.2021 (BGBl. I S. 2363) tritt erst mWv 1.8.2022 in Kraft und ist im Text noch nicht berücksichtigt.

[1)] **Amtl. Anm.:** Notifiziert gemäß der Richtlinie (EU) 2015/1535 des Europäischen Parlaments und des Rates vom 9. September 2015 über ein Informationsverfahren auf dem Gebiet der technischen Vorschriften und der Vorschriften für die Dienste der Informationsgesellschaft (ABl. L 241 vom 17.9.2015, S. 1).

Inhaltsübersicht[1)]

Allgemeiner Teil

Erster Abschnitt. Das Strafgesetz

Erster Titel. Geltungsbereich

Zweiter Titel. Sprachgebrauch

Zweiter Abschnitt. Die Tat

Erster Titel. Grundlagen der Strafbarkeit

Zweiter Titel. Versuch

[1)] Inhaltsübersicht geänd. mWv 21.4.2001 durch G v. 12.4.2001 (BGBl. I S. 530); mWv 1.1.2002 durch G v. 20.12.2001 (BGBl. I S. 3983); mWv 30.6.2002 durch G v. 26.6.2002 (BGBl. I S. 2254); mWv 28.8.2002 durch G v. 21.8.2002 (BGBl. I S. 3344); mWv 30.8.2002 durch G v. 22.8.2002 (BGBl. I S. 3390); mWv 28.12.2003 durch G v. 22.12.2003 (BGBl. I S. 2838); mWv 1.4.2004 durch G v. 27.12.2003 (BGBl. I S. 3007); mWv 29.7.2004 durch G v. 23.7.2004 (BGBl. I S. 1838); mWv 6.8.2004 durch G v. 30.7.2004 (BGBl. I S. 2012); mWv 19.2.2005 durch G v. 11.2.2005 (BGBl. I S. 239); mWv 25.4.2006 durch G v. 19.4.2006 (BGBl. I S. 866); mWv 31.3.2007 durch G v. 22.3.2007 (BGBl. I S. 354); mWv 18.4.2007 durch G v. 13.4.2007 (BGBl. I S. 513); mWv 11.8.2007 durch G v. 7.8.2007 (BGBl. I S. 1786); mWv 5.11.2008 durch G v. 31.10.2008 (BGBl. I S. 2149); mWv 1.9.2009 durch G v. 29.7.2009 (BGBl. I S. 2288); mWv 4.8.2009 durch G v. 30.7.2009 (BGBl. I S. 2437); mWv 1.1.2011 durch G v. 22.12.2010 (BGBl. I S. 2300); mWv 1.7.2011 durch G v. 23.6.2011 (BGBl. I S. 1266); mWv 14.12.2011 durch G v. 6.12.2011 (BGBl. I S. 2557); mWv 1.6.2013 durch G v. 5.12.2012 (BGBl. I S. 2425); mWv 28.9.2013 durch G v. 24.9.2013 (BGBl. I S. 3671); mWv 1.9.2014 durch G v. 23.4.2014 (BGBl. I S. 410); mWv 27.1.2015 durch G v. 21.1.2015 (BGBl. I S. 10); mWv 20.6.2015 durch G v. 12.6.2015 (BGBl. I S. 926); mWv 26.11.2015 durch G v. 20.11.2015 (BGBl. I S. 2010); *mWv 26.11.2015 durch G v. 20.11.2015* (BGBl. I S. 2025); mWv 10.12.2015 durch G v. 3.12.2015 (BGBl. I S. 2177); mWv 18.12.2015 durch G v. 10.12.2015 (BGBl. I S. 2218); mWv 4.6.2016 durch G v. 30.5.2016 (BGBl. I S. 1254); mWv 15.10.2016 durch G v. 11.10.2016 (BGBl. I S. 2226); mWv 10.11.2016 durch G v. 4.11.2016 (BGBl. I S. 2460); mWv 1.1.2017 durch G v. 22.12.2016 (BGBl. I S. 3150); mWv 19.4.2017 durch G v. 11.4.2017 (BGBl. I S. 815); mWv 1.7.2017 durch G v. 13.4.2017 (BGBl. I S. 872); mWv 30.5.2017 durch G v. 23.5.2017 (BGBl. I S. 1226); mWv 1.1.2018 durch G v. 17.7.2017 (BGBl. I S. 2439); mWv 13.10.2017 durch G v. 30.9.2017 (BGBl. I S. 3532); mWv 24.6.2020 durch G v. 12.6.2020 (BGBl. I S. 1247); mWv 1.1.2021 durch G v. 9.10.2020 (BGBl. I S. 2075); mWv 1.1.2021 durch G v. 30.11.2020 (BGBl. I S. 2600); mWv 18.3.2021 durch G v. 9.3.2021 (BGBl. I S. 327); mWv 18.3.2021 durch G v. 10.3.2021 (BGBl. I S. 333); mWv 3.4.2021 durch G v. 30.3.2021 (BGBl. I S. 441, geänd. durch G v. 30.3.2021, BGBl. I S. 448); mWv 1.7.2021 durch G v. 16.6.2021 (BGBl. I S. 1810); mWv 1.10.2021 durch G v. 12.8.2021 (BGBl. I S. 3544).

Allgemeiner Teil

Erster Abschnitt. Das Strafgesetz

Erster Titel. Geltungsbereich

§ 1 Keine Strafe ohne Gesetz Eine Tat kann nur bestraft werden, wenn die Strafbarkeit gesetzlich bestimmt war, bevor die Tat begangen wurde.

§ 2[1)] Zeitliche Geltung. (1) Die Strafe und ihre Nebenfolgen bestimmen sich nach dem Gesetz, das zur Zeit der Tat gilt.

(2) Wird die Strafdrohung während der Begehung der Tat geändert, so ist das Gesetz anzuwenden, das bei Beendigung der Tat gilt.

(3) Wird das Gesetz, das bei Beendigung der Tat gilt, vor der Entscheidung geändert, so ist das mildeste Gesetz anzuwenden.

(4) [1] Ein Gesetz, das nur für eine bestimmte Zeit gelten soll, ist auf Taten, die während seiner Geltung begangen sind, auch dann anzuwenden, wenn es außer Kraft getreten ist. [2] Dies gilt nicht, soweit ein Gesetz etwas anderes bestimmt.

(5) Für Einziehung und Unbrauchbarmachung gelten die Absätze 1 bis 4 entsprechend.

(6) Über Maßregeln der Besserung und Sicherung ist, wenn gesetzlich nichts anderes bestimmt ist, nach dem Gesetz zu entscheiden, das zur Zeit der Entscheidung gilt.

§ 3 Geltung für Inlandstaten. Das deutsche Strafrecht gilt für Taten, die im Inland begangen werden.

§ 4[2)] Geltung für Taten auf deutschen Schiffen und Luftfahrzeugen. Das deutsche Strafrecht gilt, unabhängig vom Recht des Tatorts, für Taten, die auf einem Schiff oder in einem Luftfahrzeug begangen werden, das berechtigt ist, die Bundesflagge oder das Staatszugehörigkeitszeichen der Bundesrepublik Deutschland zu führen.

§ 5[3)] Auslandstaten mit besonderem Inlandsbezug. Das deutsche Strafrecht gilt, unabhängig vom Recht des Tatorts, für folgende Taten, die im Ausland begangen werden:

1. *(aufgehoben)*
2. Hochverrat (§§ 81 bis 83);
3. Gefährdung des demokratischen Rechtsstaates

[1)] § 2 Abs. 5 geänd. mWv 1.7.2017 durch G v. 13.4.2017 (BGBl. I S. 872).

[2)] § 4 geänd. mWv 1.3.1999 durch G v. 25.8.1998 (BGBl. I S. 2432).

[3)] § 5 Nr. 15 geänd. mWv 1.8.2007 durch G v. 20.7.2007 (BGBl. I S. 1574); Nr. 14a geänd. mWv 1.9.2014 durch G v. 23.4.2014 (BGBl. I S. 410); Überschrift und Nr. 6 neu gef., Nr. 6a aufgeh., Nr. 8 und 9 neu gef., Nr. 9a eingef. mWv 27.1.2015 durch G v. 21.1.2015 (BGBl. I S. 10); Nr. 14a aufgeh., Nr. 15 und 16 eingef., bish. Nr. 15 wird Nr. 17 mWv 26.11.2015 durch G v. 20.11.2015 (BGBl. I S. 2025); Nr. 8 geänd. mWv 10.11.2016 durch G v. 4.11.2016 (BGBl. I S. 2460); Nr. 1 aufgeh. mWv 1.1.2017 durch G v. 22.12.2016 (BGBl. I S. 3150); Nr. 10a eingef. mWv 19.4.2017 durch G v. 11.4.2017 (BGBl. I S. 815); Nr. 3 Buchst. a und b eingef., bish. Buchst. a und b werden Buchst. c und d, Nr. 5a eingef. mWv 1.1.2021 durch G v. 30.11.2020 (BGBl. I S. 2600); Nr. 5a Buchst. a geänd., Buchst. b eingef., bish. Buchst. b wird Buchst. c mWv 1.10.2021 durch G v. 12.8.2021 (BGBl. I S. 3544).

a) in den Fällen des § 86 Absatz 1, wenn Propagandamittel im Inland wahrnehmbar verbreitet oder der inländischen Öffentlichkeit zugänglich gemacht werden und der Täter Deutscher ist oder seine Lebensgrundlage im Inland hat,

b) in den Fällen des § 86a Absatz 1 Nummer 1, wenn ein Kennzeichen im Inland wahrnehmbar verbreitet oder in einer der inländischen Öffentlichkeit zugänglichen Weise oder in einem im Inland wahrnehmbar verbreiteten Inhalt (§ 11 Absatz 3) verwendet wird und der Täter Deutscher ist oder seine Lebensgrundlage im Inland hat,

c) in den Fällen der §§ 89, 90a Abs. 1 und des § 90b, wenn der Täter Deutscher ist und seine Lebensgrundlage im räumlichen Geltungsbereich dieses Gesetzes hat, und

d) in den Fällen der §§ 90 und 90a Abs. 2;

4. Landesverrat und Gefährdung der äußeren Sicherheit (§§ 94 bis 100a);

5. Straftaten gegen die Landesverteidigung

a) in den Fällen der §§ 109 und 109e bis 109g und

b) in den Fällen der §§ 109a, 109d und 109h, wenn der Täter Deutscher ist und seine Lebensgrundlage im räumlichen Geltungsbereich dieses Gesetzes hat;

5a. Widerstand gegen die Staatsgewalt und Straftaten gegen die öffentliche Ordnung

a) in den Fällen des § 111, wenn die Aufforderung im Inland wahrnehmbar ist und der Täter Deutscher ist oder seine Lebensgrundlage im Inland hat,

b) in den Fällen des § 127, wenn der Zweck der Handelsplattform darauf ausgerichtet ist, die Begehung von rechtswidrigen Taten im Inland zu ermöglichen oder zu fördern und der Täter Deutscher ist oder seine Lebensgrundlage im Inland hat, und

c) in den Fällen des § 130 Absatz 2 Nummer 1, auch in Verbindung mit Absatz 5, wenn ein in Absatz 2 Nummer 1 oder Absatz 3 bezeichneter Inhalt (§ 11 Absatz 3) in einer Weise, die geeignet ist, den öffentlichen Frieden zu stören, im Inland wahrnehmbar verbreitet oder der inländischen Öffentlichkeit zugänglich gemacht wird und der Täter Deutscher ist oder seine Lebensgrundlage im Inland hat;

6. Straftaten gegen die persönliche Freiheit

a) in den Fällen der §§ 234a und 241a, wenn die Tat sich gegen eine Person richtet, die zur Zeit der Tat Deutsche ist und ihren Wohnsitz oder gewöhnlichen Aufenthalt im Inland hat,

b) in den Fällen des § 235 Absatz 2 Nummer 2, wenn die Tat sich gegen eine Person richtet, die zur Zeit der Tat ihren Wohnsitz oder gewöhnlichen Aufenthalt im Inland hat, und

c) in den Fällen des § 237, wenn der Täter zur Zeit der Tat Deutscher ist oder wenn die Tat sich gegen eine Person richtet, die zur Zeit der Tat ihren Wohnsitz oder gewöhnlichen Aufenthalt im Inland hat;

7. *Verletzung* von Betriebs- oder Geschäftsgeheimnissen eines im räumlichen Geltungsbereich dieses Gesetzes liegenden Betriebs, eines Unternehmens, das dort seinen Sitz hat, oder eines Unternehmens mit Sitz im Ausland, das von einem Unternehmen mit Sitz im räumlichen Geltungsbereich dieses Gesetzes abhängig ist und mit diesem einen Konzern bildet;

8. Straftaten gegen die sexuelle Selbstbestimmung in den Fällen des § 174 Absatz 1, 2 und 4, der §§ 176 bis 178 und des § 182, wenn der Täter zur Zeit der Tat Deutscher ist;

9. Straftaten gegen das Leben

a) in den Fällen des § 218 Absatz 2 Satz 2 Nummer 1 und Absatz 4 Satz 1, wenn der Täter zur Zeit der Tat Deutscher ist, und

b) in den übrigen Fällen des § 218, wenn der Täter zur Zeit der Tat Deutscher ist und seine Lebensgrundlage im Inland hat;

9a. Straftaten gegen die körperliche Unversehrtheit

a) in den Fällen des § 226 Absatz 1 Nummer 1 in Verbindung mit Absatz 2 bei Verlust der Fortpflanzungsfähigkeit, wenn der Täter zur Zeit der Tat Deutscher ist, und

b) in den Fällen des § 226a, wenn der Täter zur Zeit der Tat Deutscher ist oder wenn die Tat sich gegen eine Person richtet, die zur Zeit der Tat ihren Wohnsitz oder gewöhnlichen Aufenthalt im Inland hat;

10. falsche uneidliche Aussage, Meineid und falsche Versicherung an Eides Statt (§§ 153 bis 156) in einem Verfahren, das im räumlichen Geltungsbereich dieses Gesetzes bei einem Gericht oder einer anderen deutschen Stelle anhängig ist, die zur Abnahme von Eiden oder eidesstattlichen Versicherungen zuständig ist;

10a. Sportwettbetrug und Manipulation von berufssportlichen Wettbewerben (§§ 265c und 265d), wenn sich die Tat auf einen Wettbewerb bezieht, der im Inland stattfindet;

11. Straftaten gegen die Umwelt in den Fällen der §§ 324, 326, 330 und 330a, die im Bereich der deutschen ausschließlichen Wirtschaftszone begangen werden, soweit völkerrechtliche Übereinkommen zum Schutze des Meeres ihre Verfolgung als Straftaten gestatten;

11a. Straftaten nach § 328 Abs. 2 Nr. 3 und 4, Abs. 4 und 5, auch in Verbindung mit § 330, wenn der Täter zur Zeit der Tat Deutscher ist;

12. Taten, die ein deutscher Amtsträger oder für den öffentlichen Dienst besonders Verpflichteter während eines dienstlichen Aufenthalts oder in Beziehung auf den Dienst begeht;

13. Taten, die ein Ausländer als Amtsträger oder für den öffentlichen Dienst besonders Verpflichteter begeht;

14. Taten, die jemand gegen einen Amtsträger, einen für den öffentlichen Dienst besonders Verpflichteten oder einen Soldaten der Bundeswehr während der Ausübung ihres Dienstes oder in Beziehung auf ihren Dienst begeht;

15. Straftaten im Amt nach den §§ 331 bis 337, wenn

a) der Täter zur Zeit der Tat Deutscher ist,

b) der Täter zur Zeit der Tat Europäischer Amtsträger ist und seine Dienststelle ihren Sitz im Inland hat,

c) die Tat gegenüber einem Amtsträger, einem für den öffentlichen Dienst besonders Verpflichteten oder einem Soldaten der Bundeswehr begangen wird oder

d) die Tat gegenüber einem Europäischen Amtsträger oder Schiedsrichter, der zur Zeit der Tat Deutscher ist, oder einer nach § 335a gleichgestellten Person begangen wird, die zur Zeit der Tat Deutsche ist;

16. Bestechlichkeit und Bestechung von Mandatsträgern (§ 108e), wenn

a) der Täter zur Zeit der Tat Mitglied einer deutschen Volksvertretung oder *Deutscher ist oder*

b) die Tat gegenüber einem Mitglied einer deutschen Volksvertretung oder einer Person, die zur Zeit der Tat Deutsche ist, begangen wird;

androht, wird mit Freiheitsstrafe bis zu drei Jahren oder mit Geldstrafe bestraft.

(2) Ebenso wird bestraft, wer in einer Weise, die geeignet ist, den öffentlichen Frieden zu stören, wider besseres Wissen vortäuscht, die Verwirklichung einer der in Absatz 1 genannten rechtswidrigen Taten stehe bevor.

§ 127[1] Betreiben krimineller Handelsplattformen im Internet. (1) [1] Wer eine Handelsplattform im Internet betreibt, deren Zweck darauf ausgerichtet ist, die Begehung von rechtswidrigen Taten zu ermöglichen oder zu fördern, wird mit Freiheitsstrafe bis zu fünf Jahren oder mit Geldstrafe bestraft, wenn die Tat nicht in anderen Vorschriften mit schwererer Strafe bedroht ist. [2] Rechtswidrige Taten im Sinne des Satzes 1 sind

1. Verbrechen,
2. Vergehen nach
   a) den §§ 86, 86a, 91, 130, 147 und 148 Absatz 1 Nummer 3, den §§ 149, 152a und 176a Absatz 2, § 176b Absatz 2, § 180 Absatz 2, § 184b Absatz 1 Satz 2, § 184c Absatz 1, § 184l Absatz 1 und 3, den §§ 202a, 202b, 202c, 202d, 232 und 232a Absatz 1, 2, 5 und 6, nach § 232b Absatz 1, 2 und 4 in Verbindung mit § 232a Absatz 5, nach den §§ 233, 233a, 236, 259 und 260, nach § 261 Absatz 1 und 2 unter den in § 261 Absatz 5 Satz 2 genannten Voraussetzungen sowie nach den §§ 263, 263a, 267, 269, 275, 276, 303a und 303b,
   b) § 4 Absatz 1 bis 3 des Anti-Doping-Gesetzes,
   c) § 29 Absatz 1 Satz 1 Nummer 1, auch in Verbindung mit Absatz 6, sowie Absatz 2 und 3 des Betäubungsmittelgesetzes[2],
   d) § 19 Absatz 1 bis 3 des Grundstoffüberwachungsgesetzes,
   e) § 4 Absatz 1 und 2 des Neue-psychoaktive-Stoffe-Gesetzes,
   f) § 95 Absatz 1 bis 3 des Arzneimittelgesetzes[3],
   g) § 52 Absatz 1 Nummer 1 und 2 Buchstabe b und c, Absatz 2 und 3 Nummer 1 und 7 sowie Absatz 5 und 6 des Waffengesetzes[4],
   h) § 40 Absatz 1 bis 3 des Sprengstoffgesetzes[5],
   i) § 13 des Ausgangsstoffgesetzes,
   j) § 83 Absatz 1 Nummer 4 und 5 sowie Absatz 4 des Kulturgutschutzgesetzes,
   k) den §§ 143, 143a und 144 des Markengesetzes[6] sowie
   l) den §§ 51 und 65 des Designgesetzes[7].

(2) Handelsplattform im Internet im Sinne dieser Vorschrift ist jede virtuelle Infrastruktur im frei zugänglichen wie im durch technische Vorkehrungen zugangsbeschränkten Bereich des Internets, die Gelegenheit bietet, Menschen, Waren, Dienstleistungen oder Inhalte (§ 11 Absatz 3) anzubieten oder auszutauschen.

(3) Mit Freiheitsstrafe von sechs Monaten bis zu zehn Jahren wird bestraft, wer *im Fall des Absatzes* 1 gewerbsmäßig oder als Mitglied einer Bande handelt, die sich zur fortgesetzten Begehung solcher Taten verbunden hat.

---

[1] § 127 eingef. mWv 1.10.2021 durch G v. 12.8.2021 (BGBl. I S. 3544).
[2] **Habersack, Deutsche Gesetze ErgBd. Nr. 86.**
[3] **Sartorius ErgBd. Nr. 272.**
[4] **Sartorius Nr. 820.**
[5] **Sartorius ErgBd. Nr. 822.**
[6] Nr. 72.
[7] **Habersack, Deutsche Gesetze ErgBd. Nr. 69.**

(4) Mit Freiheitsstrafe von einem Jahr bis zu zehn Jahren wird bestraft, wer bei der Begehung einer Tat nach Absatz 1 beabsichtigt oder weiß, dass die Handelsplattform im Internet den Zweck hat, Verbrechen zu ermöglichen oder zu fördern.

128[1)] Bildung bewaffneter Gruppen. Wer unbefugt eine Gruppe, die über Waffen oder andere gefährliche Werkzeuge verfügt, bildet oder befehligt oder wer sich einer solchen Gruppe anschließt, sie mit Waffen oder Geld versorgt oder sonst unterstützt, wird mit Freiheitsstrafe bis zu zwei Jahren oder mit Geldstrafe bestraft.

§ 129[2)] Bildung krimineller Vereinigungen. (1) [1] Mit Freiheitsstrafe bis zu fünf Jahren oder mit Geldstrafe wird bestraft, wer eine Vereinigung gründet oder sich an einer Vereinigung als Mitglied beteiligt, deren Zweck oder Tätigkeit auf die Begehung von Straftaten gerichtet ist, die im Höchstmaß mit Freiheitsstrafe von mindestens zwei Jahren bedroht sind. [2] Mit Freiheitsstrafe bis zu drei Jahren oder mit Geldstrafe wird bestraft, wer eine solche Vereinigung unterstützt oder für sie um Mitglieder oder Unterstützer wirbt.

(2) Eine Vereinigung ist ein auf längere Dauer angelegter, von einer Festlegung von Rollen der Mitglieder, der Kontinuität der Mitgliedschaft und der Ausprägung der Struktur unabhängiger organisierter Zusammenschluss von mehr als zwei Personen zur Verfolgung eines übergeordneten gemeinsamen Interesses.

(3) Absatz 1 ist nicht anzuwenden,

1. wenn die Vereinigung eine politische Partei ist, die das Bundesverfassungsgericht nicht für verfassungswidrig erklärt hat,
2. wenn die Begehung von Straftaten nur ein Zweck oder eine Tätigkeit von untergeordneter Bedeutung ist oder
3. soweit die Zwecke oder die Tätigkeit der Vereinigung Straftaten nach den §§ 84 bis 87 betreffen.

(4) Der Versuch, eine in Absatz 1 Satz 1 und Absatz 2 bezeichnete Vereinigung zu gründen, ist strafbar.

(5) [1] In besonders schweren Fällen des Absatzes 1 Satz 1 ist auf Freiheitsstrafe von sechs Monaten bis zu fünf Jahren zu erkennen. [2] Ein besonders schwerer Fall liegt in der Regel vor, wenn der Täter zu den Rädelsführern oder Hintermännern der Vereinigung gehört. [3] In den Fällen des Absatzes 1 Satz 1 ist auf Freiheitsstrafe von sechs Monaten bis zu zehn Jahren zu erkennen, wenn der Zweck oder die Tätigkeit der Vereinigung darauf gerichtet ist, in *§ 100b Absatz 2 Nummer 1 Buchstabe a, c, d, e und g bis n*[3)], Nummer 2 bis 8 und 10 der Strafprozessordnung genannte Straftaten mit Ausnahme der in § 100b Absatz 2 Nummer 1 Buchstabe h

---

[1)] § 127 eingef., bish. § 127 wird § 128 mWv 1.10.2021 durch G v. 12.8.2021 (BGBl. I S. 3544).

[2)] § 129 Abs. 1 geänd. mWv 30.8.2002 durch G v. 22.8.2002 (BGBl. I S. 3390); Abs. 4 geänd. mWv 1.7.2005 durch G v. 24.6.2005 (BGBl. I S. 1841); Abs. 1 neu gef., Abs. 2 eingef., bish. Abs. 2 wird Abs. 3, bish. Abs. 3 wird Abs. 4 und geänd., bish. Abs. 4 wird Abs. 5 und neu gef., bish. Abs. 5 wird Abs. 6 und geänd., bish. Abs. 6 wird Abs. 7 mWv 22.7.2017 durch G v. 17.7.2017 (BGBl. I S. 2440); Abs. 5 Satz 3 geänd. mWv 24.8.2017 durch G v. 17.8.2017 (BGBl. I S. 3202, ber. S. 3630); Abs. 5 Satz 3 geänd. mWv 1.7.2021 durch G v. 25.6.2021 (BGBl. I S. 2099); Abs. 5 Satz 3 geänd. mWv 1.10.2021 durch G v. 12.8.2021 (BGBl. I S. 3544) (aufgrund der vorhergehenden Änd. teilweise nicht ausführbar).

[3)] *Folgende Änderungsanweisung in G v. 12.8.2021* (BGBl. I S. 3544) ist mangels Textübereinstimmung („m" statt „n") nicht ausführbar: „In § 129 Absatz 5 Satz 3 werden die Wörter „§ 100b Absatz 2 Nummer 1 Buchstabe a, c, d, e und g bis m" durch die Wörter „§ 100b Absatz 2 Nummer 1 Buchstabe a, b, d bis f und h bis o" [...] ersetzt."

der Strafprozessordnung genannten Straftaten nach den §§ 239a und 239b des Strafgesetzbuches zu begehen.

(6) Das Gericht kann bei Beteiligten, deren Schuld gering und deren Mitwirkung von untergeordneter Bedeutung ist, von einer Bestrafung nach den Absätzen 1 und 4 absehen.

(7) Das Gericht kann die Strafe nach seinem Ermessen mildern (§ 49 Abs. 2) oder von einer Bestrafung nach diesen Vorschriften absehen, wenn der Täter

1. sich freiwillig und ernsthaft bemüht, das Fortbestehen der Vereinigung oder die Begehung einer ihren Zielen entsprechenden Straftat zu verhindern, oder
2. freiwillig sein Wissen so rechtzeitig einer Dienststelle offenbart, daß Straftaten, deren Planung er kennt, noch verhindert werden können;

erreicht der Täter sein Ziel, das Fortbestehen der Vereinigung zu verhindern, oder wird es ohne sein Bemühen erreicht, so wird er nicht bestraft.

§ 129a[1] Bildung terroristischer Vereinigungen. (1) Wer eine Vereinigung (§ 129 Absatz 2) gründet, deren Zwecke oder deren Tätigkeit darauf gerichtet sind,

1. Mord (§ 211) oder Totschlag (§ 212) oder Völkermord (§ 6 des Völkerstrafgesetzbuches[2]) oder Verbrechen gegen die Menschlichkeit (§ 7 des Völkerstrafgesetzbuches) oder Kriegsverbrechen (§§ 8, 9, 10, 11 oder § 12 des Völkerstrafgesetzbuches) oder
2. Straftaten gegen die persönliche Freiheit in den Fällen des § 239a oder des § 239b

zu begehen, oder wer sich an einer solchen Vereinigung als Mitglied beteiligt, wird mit Freiheitsstrafe von einem Jahr bis zu zehn Jahren bestraft.

(2) Ebenso wird bestraft, wer eine Vereinigung gründet, deren Zwecke oder deren Tätigkeit darauf gerichtet sind,

1. einem anderen Menschen schwere körperliche oder seelische Schäden, insbesondere der in § 226 bezeichneten Art, zuzufügen,
2. Straftaten nach den §§ 303b, 305, 305a oder gemeingefährliche Straftaten in den Fällen der §§ 306 bis 306c oder 307 Abs. 1 bis 3, des § 308 Abs. 1 bis 4, des § 309 Abs. 1 bis 5, der §§ 313, 314 oder 315 Abs. 1, 3 oder 4, des § 316b Abs. 1 oder 3 oder des § 316c Abs. 1 bis 3 oder des § 317 Abs. 1,
3. Straftaten gegen die Umwelt in den Fällen des § 330a Abs. 1 bis 3,
4. Straftaten nach § 19 Abs. 1 bis 3, § 20 Abs. 1 oder 2, § 20a Abs. 1 bis 3, § 19 Abs. 2 Nr. 2 oder Abs. 3 Nr. 2, § 20 Abs. 1 oder 2 oder § 20a Abs. 1 bis 3, jeweils auch in Verbindung mit § 21, oder nach § 22a Abs. 1 bis 3 des Gesetzes über die Kontrolle von Kriegswaffen[3] oder
5. Straftaten nach § 51 Abs. 1 bis 3 des Waffengesetzes[4]

---

[1] § 129a Abs. 1 Nr. 1 geänd. mWv 30.6.2002 durch G v. 26.6.2002 (BGBl. I S. 2254); Abs. 3 geänd. mWv 30.8.2002 durch G v. 22.8.2002 (BGBl. I S. 3390); Abs. 1 Nr. 1 und 2 geänd., Nr. 3 aufgeh., Abs. 2 und 3 eingef., bish. Abs. 2, 4 und 7 werden Abs. 4, 6 und 9 und geänd., bish. Abs. 3 wird Abs. 5 und neu gef., bish. Abs. 5 und 6 werden Abs. 7 und 8 mWv 28.12.2003 durch G v. 22.12.2003 (BGBl. I S. 2836); Abs. 9 geänd. mWv 30.7.2016 durch G v. 26.7.2016 (BGBl. I S. 1818); Abs. 1 einl. Satzteil und Abs. 7 geänd. mWv 22.7.2017 durch G v. 17.7.2017 (BGBl. I S. 2440).

[2] **Habersack, Deutsche Gesetze ErgBd. Nr. 85g.**

[3] **Sartorius Nr. 823.**

[4] **Sartorius Nr. 820.**

zu begehen, oder wer sich an einer solchen Vereinigung als Mitglied beteiligt, wenn eine der in den Nummern 1 bis 5 bezeichneten Taten bestimmt ist, die Bevölkerung auf erhebliche Weise einzuschüchtern, eine Behörde oder eine internationale Organisation rechtswidrig mit Gewalt oder durch Drohung mit Gewalt zu nötigen oder die politischen, verfassungsrechtlichen, wirtschaftlichen oder sozialen Grundstrukturen eines Staates oder einer internationalen Organisation zu beseitigen oder erheblich zu beeinträchtigen, und durch die Art ihrer Begehung oder ihre Auswirkungen einen Staat oder eine internationale Organisation erheblich schädigen kann.

(3) Sind die Zwecke oder die Tätigkeit der Vereinigung darauf gerichtet, eine der in Absatz 1 und 2 bezeichneten Straftaten anzudrohen, ist auf Freiheitsstrafe von sechs Monaten bis zu fünf Jahren zu erkennen.

(4) Gehört der Täter zu den Rädelsführern oder Hintermännern, so ist in den Fällen der Absätze 1 und 2 auf Freiheitsstrafe nicht unter drei Jahren, in den Fällen des Absatzes 3 auf Freiheitsstrafe von einem Jahr bis zu zehn Jahren zu erkennen.

(5) [1] Wer eine in Absatz 1, 2 oder Absatz 3 bezeichnete Vereinigung unterstützt, wird in den Fällen der Absätze 1 und 2 mit Freiheitsstrafe von sechs Monaten bis zu zehn Jahren, in den Fällen des Absatzes 3 mit Freiheitsstrafe bis zu fünf Jahren oder mit Geldstrafe bestraft. [2] Wer für eine in Absatz 1 oder Absatz 2 bezeichnete Vereinigung um Mitglieder oder Unterstützer wirbt, wird mit Freiheitsstrafe von sechs Monaten bis zu fünf Jahren bestraft.

(6) Das Gericht kann bei Beteiligten, deren Schuld gering und deren Mitwirkung von untergeordneter Bedeutung ist, in den Fällen der Absätze 1, 2, 3 und 5 die Strafe nach seinem Ermessen (§ 49 Abs. 2) mildern.

(7) § 129 Absatz 7 gilt entsprechend.

(8) Neben einer Freiheitsstrafe von mindestens sechs Monaten kann das Gericht die Fähigkeit, öffentliche Ämter zu bekleiden, und die Fähigkeit, Rechte aus öffentlichen Wahlen zu erlangen, aberkennen (§ 45 Abs. 2).

(9) In den Fällen der Absätze 1, 2, 4 und 5 kann das Gericht Führungsaufsicht anordnen (§ 68 Abs. 1).

§ 129b[1)] Kriminelle und terroristische Vereinigungen im Ausland; Einziehung. (1) [1] Die §§ 129 und 129a gelten auch für Vereinigungen im Ausland. [2] Bezieht sich die Tat auf eine Vereinigung außerhalb der Mitgliedstaaten der Europäischen Union, so gilt dies nur, wenn sie durch eine im räumlichen Geltungsbereich dieses Gesetzes ausgeübte Tätigkeit begangen wird oder wenn der Täter oder das Opfer Deutscher ist oder sich im Inland befindet. [3] In den Fällen des Satzes 2 wird die Tat nur mit Ermächtigung des Bundesministeriums der Justiz und für Verbraucherschutz verfolgt. [4] Die Ermächtigung kann für den Einzelfall oder allgemein auch für die Verfolgung künftiger Taten erteilt werden, die sich auf eine bestimmte Vereinigung beziehen. [5] Bei der Entscheidung über die Ermächtigung zieht das Ministerium in Betracht, ob die Bestrebungen der Vereinigung gegen die Grundwerte einer die Würde des Menschen achtenden staatlichen Ordnung oder gegen das friedliche Zusammenleben der Völker gerichtet sind und bei Abwägung aller Umstände als verwerflich erscheinen.

[1)] § 129b eingef. mWv 30.8.2002 durch G v. 22.8.2002 (BGBl. I S. 3390); Abs. 1 Satz 3 geänd. mWv 8.9.2015 durch VO v. 31.8.2015 (BGBl. I S. 1474); Überschrift und Abs. 2 geänd. mWv 1.7.2017 durch G v. 13.4.2017 (BGBl. I S. 872).

(2) In den Fällen der §§ 129 und 129a, jeweils auch in Verbindung mit Absatz 1, ist § 74a anzuwenden.

§ 130[1] Volksverhetzung. (1) Wer in einer Weise, die geeignet ist, den öffentlichen Frieden zu stören,

1. gegen eine nationale, rassische, religiöse oder durch ihre ethnische Herkunft bestimmte Gruppe, gegen Teile der Bevölkerung oder gegen einen Einzelnen wegen seiner Zugehörigkeit zu einer vorbezeichneten Gruppe oder zu einem Teil der Bevölkerung zum Hass aufstachelt, zu Gewalt- oder Willkürmaßnahmen auffordert oder
2. die Menschenwürde anderer dadurch angreift, dass er eine vorbezeichnete Gruppe, Teile der Bevölkerung oder einen Einzelnen wegen seiner Zugehörigkeit zu einer vorbezeichneten Gruppe oder zu einem Teil der Bevölkerung beschimpft, böswillig verächtlich macht oder verleumdet,

wird mit Freiheitsstrafe von drei Monaten bis zu fünf Jahren bestraft.

(2) Mit Freiheitsstrafe bis zu drei Jahren oder mit Geldstrafe wird bestraft, wer

1. einen Inhalt (§ 11 Absatz 3) verbreitet oder der Öffentlichkeit zugänglich macht oder einer Person unter achtzehn Jahren einen Inhalt (§ 11 Absatz 3) anbietet, überlässt oder zugänglich macht, der
   a) zum Hass gegen eine in Absatz 1 Nummer 1 bezeichnete Gruppe, gegen Teile der Bevölkerung oder gegen einen Einzelnen wegen seiner Zugehörigkeit zu einer in Absatz 1 Nummer 1 bezeichneten Gruppe oder zu einem Teil der Bevölkerung aufstachelt,
   b) zu Gewalt- oder Willkürmaßnahmen gegen in Buchstabe a genannte Personen oder Personenmehrheiten auffordert oder
   c) die Menschenwürde von in Buchstabe a genannten Personen oder Personenmehrheiten dadurch angreift, dass diese beschimpft, böswillig verächtlich gemacht oder verleumdet werden oder
2. einen in Nummer 1 Buchstabe a bis c bezeichneten Inhalt (§ 11 Absatz 3) herstellt, bezieht, liefert, vorrätig hält, anbietet, bewirbt oder es unternimmt, diesen ein- oder auszuführen, um ihn im Sinne der Nummer 1 zu verwenden oder einer anderen Person eine solche Verwendung zu ermöglichen.

(3) Mit Freiheitsstrafe bis zu fünf Jahren oder mit Geldstrafe wird bestraft, wer eine unter der Herrschaft des Nationalsozialismus begangene Handlung der in § 6 Abs. 1 des Völkerstrafgesetzbuches[2] bezeichneten Art in einer Weise, die geeignet ist, den öffentlichen Frieden zu stören, öffentlich oder in einer Versammlung billigt, leugnet oder verharmlost.

(4) Mit Freiheitsstrafe bis zu drei Jahren oder mit Geldstrafe wird bestraft, wer öffentlich oder in einer Versammlung den öffentlichen Frieden in einer die Würde der Opfer verletzenden Weise dadurch stört, dass er die nationalsozialistische Gewalt- und Willkürherrschaft billigt, verherrlicht oder rechtfertigt.

---

[1] § 130 Abs. 3 geänd. mWv 30.6.2002 durch G v. 26.6.2002 (BGBl. I S. 2254); Abs. 2 Nr. 2 geänd. mWv 1.4.2004 durch G v. 27.12.2003 (BGBl. I S. 3007); Abs. 4 eingef., bish. Abs. 4 und 5 werden Abs. 5 und 6 und geänd. mWv 1.4.2005 durch G v. 24.3.2005 (BGBl. I S. 969); Abs. 1 und Abs. 2 Nr. 1 neu gef. mWv 22.3.2011 durch G v. 16.3.2011 (BGBl. I S. 418); Abs. 2 und 5 neu gef., Abs. 6 eingef., bish. Abs. 6 wird Abs. 7 mWv 27.1.2015 durch G v. 21.1.2015 (BGBl. I S. 10); Abs. 2 Nr. 1 einl. Satzteil und Buchst. c geänd., Nr. 2 aufgeh., bish. Nr. 3 wird Nr. 2 und neu gef., Abs. 5 neu gef., Abs. 6 und 7 geänd. mWv 1.1.2021 durch G v. 30.11.2020 (BGBl. I S. 2600).

[2] **Habersack, Deutsche Gesetze ErgBd. Nr. 85g.**

(5) Absatz 2 gilt auch für einen in den Absätzen 3 oder 4 bezeichneten Inhalt (§ 11 Absatz 3).

(6) In den Fällen des Absatzes 2 Nummer 1, auch in Verbindung mit Absatz 5, ist der Versuch strafbar.

(7) In den Fällen des Absatzes 2, auch in Verbindung mit den Absätzen 5 und 6, sowie in den Fällen der Absätze 3 und 4 gilt § 86 Abs. 3 entsprechend.

§ 130a[1)] Anleitung zu Straftaten. (1) Wer einen Inhalt (§ 11 Absatz 3), der geeignet ist, als Anleitung zu einer in § 126 Abs. 1 genannten rechtswidrigen Tat zu dienen, und dazu bestimmt ist, die Bereitschaft anderer zu fördern oder zu wecken, eine solche Tat zu begehen, verbreitet oder der Öffentlichkeit zugänglich macht, wird mit Freiheitsstrafe bis zu drei Jahren oder mit Geldstrafe bestraft.

(2) Ebenso wird bestraft, wer

1. einen Inhalt (§ 11 Absatz 3), der geeignet ist, als Anleitung zu einer in § 126 Abs. 1 genannten rechtswidrigen Tat zu dienen, verbreitet oder der Öffentlichkeit zugänglich macht oder
2. öffentlich oder in einer Versammlung zu einer in § 126 Abs. 1 genannten rechtswidrigen Tat eine Anleitung gibt,

um die Bereitschaft anderer zu fördern oder zu wecken, eine solche Tat zu begehen.

(3) § 86 Abs. 3 gilt entsprechend.

§ 131[2)] Gewaltdarstellung. (1) [1] Mit Freiheitsstrafe bis zu einem Jahr oder mit Geldstrafe wird bestraft, wer

1. einen Inhalt (§ 11 Absatz 3), der grausame oder sonst unmenschliche Gewalttätigkeiten gegen Menschen oder menschenähnliche Wesen in einer Art schildert, die eine Verherrlichung oder Verharmlosung solcher Gewalttätigkeiten ausdrückt oder die das Grausame oder Unmenschliche des Vorgangs in einer die Menschenwürde verletzenden Weise darstellt,
   a) verbreitet oder der Öffentlichkeit zugänglich macht,
   b) einer Person unter achtzehn Jahren anbietet, überlässt oder zugänglich macht oder
2. einen in Nummer 1 bezeichneten Inhalt (§ 11 Absatz 3) herstellt, bezieht, liefert, vorrätig hält, anbietet, bewirbt oder es unternimmt, diesen ein- oder auszuführen, um ihn im Sinne der Nummer 1 zu verwenden oder einer anderen Person eine solche Verwendung zu ermöglichen.

[2] In den Fällen des Satzes 1 Nummer 1 ist der Versuch strafbar.

(2) Absatz 1 gilt nicht, wenn die Handlung der Berichterstattung über Vorgänge des Zeitgeschehens oder der Geschichte dient.

(3) Absatz 1 Satz 1 Nummer 1 Buchstabe b ist nicht anzuwenden, wenn der zur Sorge für die Person Berechtigte handelt; dies gilt nicht, wenn der Sorgeberechtig-

---

[1)] § 130a Abs. 1 und Abs. 2 Nr. 1 geänd., Abs. 3 eingef., bish. Abs. 3 wird Abs. 4 mWv 27.1.2015 durch G v. 21.1.2015 (BGBl. I S. 10); Abs. 1 und Abs. 2 Nr. 1 geänd., Abs. 3 aufgeh., bish. Abs. 4 wird Abs. 3 mWv 1.1.2021 durch G v. 30.11.2020 (BGBl. I S. 2600).

[2)] § 131 Abs. 1 und 2 geänd., Abs. 4 neu gef. mWv 1.4.2004 durch G v. 27.12.2003 (BGBl. I S. 3007); *Abs. 1 neu gef., Abs. 2 aufgeh., bish. Abs. 3 wird* Abs. 2 und geänd., bish. Abs. 4 wird Abs. 3 und geänd. mWv 27.1.2015 durch G v. 21.1.2015 (BGBl. I S. 10); Abs. 1 Satz 1 Nr. 1 einl. Satzteil geänd., Nr. 2 aufgeh., bish. Nr. 3 wird Nr. 2 und neu gef., Satz 2 und Abs. 3 geänd. mWv 1.1.2021 durch G v. 30.11.2020 (BGBl. I S. 2600).

te durch das Anbieten, Überlassen oder Zugänglichmachen seine Erziehungspflicht gröblich verletzt.

§ 132 Amtsanmaßung. Wer unbefugt sich mit der Ausübung eines öffentlichen Amtes befaßt oder eine Handlung vornimmt, welche nur kraft eines öffentlichen Amtes vorgenommen werden darf, wird mit Freiheitsstrafe bis zu zwei Jahren oder mit Geldstrafe bestraft.

§ 132a Mißbrauch von Titeln, Berufsbezeichnungen und Abzeichen.

(1) Wer unbefugt

1. inländische oder ausländische Amts- oder Dienstbezeichnungen, akademische Grade, Titel oder öffentliche Würden führt,
2. die Berufsbezeichnung Arzt, Zahnarzt, Psychologischer Psychotherapeut, Kinder- und Jugendlichenpsychotherapeut, Psychotherapeut, Tierarzt, Apotheker, Rechtsanwalt, Patentanwalt, Wirtschaftsprüfer, vereidigter Buchprüfer, Steuerberater oder Steuerbevollmächtigter führt,
3. die Bezeichnung öffentlich bestellter Sachverständiger führt oder
4. inländische oder ausländische Uniformen, Amtskleidungen oder Amtsabzeichen trägt,

wird mit Freiheitsstrafe bis zu einem Jahr oder mit Geldstrafe bestraft.

(2) Den in Absatz 1 genannten Bezeichnungen, akademischen Graden, Titeln, Würden, Uniformen, Amtskleidungen oder Amtsabzeichen stehen solche gleich, die ihnen zum Verwechseln ähnlich sind.

(3) Die Absätze 1 und 2 gelten auch für Amtsbezeichnungen, Titel, Würden, Amtskleidungen und Amtsabzeichen der Kirchen und anderen Religionsgesellschaften des öffentlichen Rechts.

(4) Gegenstände, auf die sich eine Straftat nach Absatz 1 Nr. 4, allein oder in Verbindung mit Absatz 2 oder 3, bezieht, können eingezogen werden.

§ 133 Verwahrungsbruch. (1) Wer Schriftstücke oder andere bewegliche Sachen, die sich in dienstlicher Verwahrung befinden oder ihm oder einem anderen dienstlich in Verwahrung gegeben worden sind, zerstört, beschädigt, unbrauchbar macht oder der dienstlichen Verfügung entzieht, wird mit Freiheitsstrafe bis zu zwei Jahren oder mit Geldstrafe bestraft.

(2) Dasselbe gilt für Schriftstücke oder andere bewegliche Sachen, die sich in amtlicher Verwahrung einer Kirche oder anderen Religionsgesellschaft des öffentlichen Rechts befinden oder von dieser dem Täter oder einem anderen amtlich in Verwahrung gegeben worden sind.

(3) Wer die Tat an einer Sache begeht, die ihm als Amtsträger oder für den öffentlichen Dienst besonders Verpflichteten anvertraut worden oder zugänglich geworden ist, wird mit Freiheitsstrafe bis zu fünf Jahren oder mit Geldstrafe bestraft.

§ 134 Verletzung amtlicher Bekanntmachungen. Wer wissentlich ein dienstliches Schriftstück, das zur Bekanntmachung öffentlich angeschlagen oder ausgelegt ist, zerstört, beseitigt, verunstaltet, unkenntlich macht oder in seinem Sinn entstellt, wird mit Freiheitsstrafe bis zu einem Jahr oder mit Geldstrafe bestraft.

§ 135 (weggefallen)

§ 136 Verstrickungsbruch; Siegelbruch. (1) Wer eine Sache, die gepfändet oder sonst dienstlich in Beschlag genommen ist, zerstört, beschädigt, unbrauchbar macht oder in anderer Weise ganz oder zum Teil der Verstrickung entzieht, wird mit Freiheitsstrafe bis zu einem Jahr oder mit Geldstrafe bestraft.

(2) Ebenso wird bestraft, wer ein dienstliches Siegel beschädigt, ablöst oder unkenntlich macht, das angelegt ist, um Sachen in Beschlag zu nehmen, dienstlich zu verschließen oder zu bezeichnen, oder wer den durch ein solches Siegel bewirkten Verschluß ganz oder zum Teil unwirksam macht.

(3) [1] Die Tat ist nicht nach den Absätzen 1 und 2 strafbar, wenn die Pfändung, die Beschlagnahme oder die Anlegung des Siegels nicht durch eine rechtmäßige Diensthandlung vorgenommen ist. [2] Dies gilt auch dann, wenn der Täter irrig annimmt, die Diensthandlung sei rechtmäßig.

(4) § 113 Abs. 4 gilt sinngemäß.

§ 137 (weggefallen)

§ 138[1)] Nichtanzeige geplanter Straftaten. (1) Wer von dem Vorhaben oder der Ausführung

1. *(aufgehoben)*
2. eines Hochverrats in den Fällen der §§ 81 bis 83 Abs. 1,
3. eines Landesverrats oder einer Gefährdung der äußeren Sicherheit in den Fällen der §§ 94 bis 96, 97a oder 100,
4. einer Geld- oder Wertpapierfälschung in den Fällen der §§ 146, 151, 152 oder einer Fälschung von Zahlungskarten mit Garantiefunktion in den Fällen des § 152b Abs. 1 bis 3,
5. eines Mordes (§ 211) oder Totschlags (§ 212) oder eines Völkermordes (§ 6 des Völkerstrafgesetzbuches[2)]) oder eines Verbrechens gegen die Menschlichkeit (§ 7 des Völkerstrafgesetzbuches) oder eines Kriegsverbrechens (§§ 8, 9, 10, 11 oder 12 des Völkerstrafgesetzbuches) oder eines Verbrechens der Aggression (§ 13 des Völkerstrafgesetzbuches),
6. einer Straftat gegen die persönliche Freiheit in den Fällen des § 232 Absatz 3 Satz 2, des § 232a Absatz 3, 4 oder 5, des § 232b Absatz 3 oder 4, des § 233a Absatz 3 oder 4, jeweils soweit es sich um Verbrechen handelt, der §§ 234, 234a, 239a oder 239b,
7. eines Raubes oder einer räuberischen Erpressung (§§ 249 bis 251 oder 255) oder
8. einer gemeingefährlichen Straftat in den Fällen der §§ 306 bis 306c oder 307 Abs. 1 bis 3, des § 308 Abs. 1 bis 4, des § 309 Abs. 1 bis 5, der §§ 310, 313, 314 oder 315 Abs. 3, des § 315b Abs. 3 oder der §§ 316a oder 316c

zu einer Zeit, zu der die Ausführung oder der Erfolg noch abgewendet werden kann, glaubhaft erfährt und es unterläßt, der Behörde oder dem Bedrohten recht-

---

[1)] § 138 Abs. 1 Nr. 6 geänd. mWv 30.6.2002 durch G v. 26.6.2002 (BGBl. I S. 2254); Abs. 2 neu gef. mWv 30.8.2002 durch G v. 22.8.2002 (BGBl. I S. 3390); Abs. 1 Nr. 4 geänd. mWv 28.12.2003 durch G v. 22.12.2003 (BGBl. I S. 2838); Abs. 1 Nr. 5 aufgeh., bish. Nr. 6–9 werden Nr. 5–8, neue Nr. 6 geänd. mWv 19.2.2005 durch G v. 11.2.2005 (BGBl. I S. 239); Abs. 2 neu gef. mWv 4.8.2009 durch G v. 30.7. 2009 (BGBl. I S. 2437); Abs. 1 Nr. 6 geänd. mWv 15.10.2016 durch G v. 11.10.2016 (BGBl. I S. 2226); Abs. 1 Nr. 1 aufgeh., Nr. 5 geänd. mWv 1.1.2017 durch G v. 22.12.2016 (BGBl. I S. 3150); Abs. 1 Nr. 4 geänd. mWv 18.3.2021 durch G v. 10.3.2021 (BGBl. I S. 333).

[2)] **Habersack, Deutsche Gesetze ErgBd. Nr. 85g.**

zeitig Anzeige zu machen, wird mit Freiheitsstrafe bis zu fünf Jahren oder mit Geldstrafe bestraft.

(2) [1] Ebenso wird bestraft, wer

1. von der Ausführung einer Straftat nach § 89a oder
2. von dem Vorhaben oder der Ausführung einer Straftat nach § 129a, auch in Verbindung mit § 129b Abs. 1 Satz 1 und 2,

zu einer Zeit, zu der die Ausführung noch abgewendet werden kann, glaubhaft erfährt und es unterlässt, der Behörde unverzüglich Anzeige zu erstatten. [2] § 129b Abs. 1 Satz 3 bis 5 gilt im Fall der Nummer 2 entsprechend.

(3) Wer die Anzeige leichtfertig unterläßt, obwohl er von dem Vorhaben oder der Ausführung der rechtswidrigen Tat glaubhaft erfahren hat, wird mit Freiheitsstrafe bis zu einem Jahr oder mit Geldstrafe bestraft.

§ 139[1)] Straflosigkeit der Nichtanzeige geplanter Straftaten. (1) Ist in den Fällen des § 138 die Tat nicht versucht worden, so kann von Strafe abgesehen werden.

(2) Ein Geistlicher ist nicht verpflichtet anzuzeigen, was ihm in seiner Eigenschaft als Seelsorger anvertraut worden ist.

(3) [1] Wer eine Anzeige unterläßt, die er gegen einen Angehörigen erstatten müßte, ist straffrei, wenn er sich ernsthaft bemüht hat, ihn von der Tat abzuhalten oder den Erfolg abzuwenden, es sei denn, daß es sich um

1. einen Mord oder Totschlag (§§ 211 oder 212),
2. einen Völkermord in den Fällen des § 6 Abs. 1 Nr. 1 des Völkerstrafgesetzbuches[2)] oder ein Verbrechen gegen die Menschlichkeit in den Fällen des § 7 Abs. 1 Nr. 1 des Völkerstrafgesetzbuches oder ein Kriegsverbrechen in den Fällen des § 8 Abs. 1 Nr. 1 des Völkerstrafgesetzbuches oder
3. einen erpresserischen Menschenraub (§ 239a Abs. 1), eine Geiselnahme (§ 239b Abs. 1) oder einen Angriff auf den Luft- und Seeverkehr (§ 316c Abs. 1) durch eine terroristische Vereinigung (§ 129a, auch in Verbindung mit § 129b Abs. 1)

handelt. [2] Unter denselben Voraussetzungen ist ein Rechtsanwalt, Verteidiger, Arzt, Psychotherapeut, Psychologischer Psychotherapeut oder Kinder- und Jugendlichenpsychotherapeut nicht verpflichtet anzuzeigen, was ihm in dieser Eigenschaft anvertraut worden ist. [3] Die berufsmäßigen Gehilfen der in Satz 2 genannten Personen und die Personen, die bei diesen zur Vorbereitung auf den Beruf tätig sind, sind nicht verpflichtet mitzuteilen, was ihnen in ihrer beruflichen Eigenschaft bekannt geworden ist.

(4) [1] Straffrei ist, wer die Ausführung oder den Erfolg der Tat anders als durch Anzeige abwendet. [2] Unterbleibt die Ausführung oder der Erfolg der Tat ohne Zutun des zur Anzeige Verpflichteten, so genügt zu seiner Straflosigkeit sein ernsthaftes Bemühen, den Erfolg abzuwenden.

[1)] § 139 Abs. 3 Satz 1 Nr. 2 geänd. mWv 30.6.2002 durch G v. 26.6.2002 (BGBl. I S. 2254); Abs. 3 Satz 1 Nr. 3 geänd. mWv 30.8.2002 durch G v. 22.8.2002 (BGBl. I S. 3390); Abs. 3 Satz 2 neu gef., Satz 3 angef. mWv 1.4.2004 durch G v. 27.12.2003 (BGBl. I S. 3007); Abs. 3 Satz 2 geänd. mWv 1.9.2020 durch G v. 15.11.2019 (BGBl. I S. 1604).

[2)] **Habersack, Deutsche Gesetze ErgBd. Nr. 85g.**

§ 140[1)] Belohnung und Billigung von Straftaten. Wer eine der in § 138 Absatz 1 Nummer 2 bis 4 und 5 letzte Alternative oder in § 126 Absatz 1 genannten rechtswidrigen Taten oder eine rechtswidrige Tat nach § 176 Absatz 1 oder nach den §§ 176c und 176d

1. belohnt, nachdem sie begangen oder in strafbarer Weise versucht worden ist, oder
2. in einer Weise, die geeignet ist, den öffentlichen Frieden zu stören, öffentlich, in einer Versammlung oder durch Verbreiten eines Inhalts (§ 11 Absatz 3) billigt,

wird mit Freiheitsstrafe bis zu drei Jahren oder mit Geldstrafe bestraft.

§ 141 (weggefallen)

§ 142 Unerlaubtes Entfernen vom Unfallort. (1) Ein Unfallbeteiligter, der sich nach einem Unfall im Straßenverkehr vom Unfallort entfernt, bevor er

1. zugunsten der anderen Unfallbeteiligten und der Geschädigten die Feststellung seiner Person, seines Fahrzeugs und der Art seiner Beteiligung durch seine Anwesenheit und durch die Angabe, daß er an dem Unfall beteiligt ist, ermöglicht hat oder
2. eine nach den Umständen angemessene Zeit gewartet hat, ohne daß jemand bereit war, die Feststellungen zu treffen,

wird mit Freiheitsstrafe bis zu drei Jahren oder mit Geldstrafe bestraft.

(2) Nach Absatz 1 wird auch ein Unfallbeteiligter bestraft, der sich

1. nach Ablauf der Wartefrist (Absatz 1 Nr. 2) oder
2. berechtigt oder entschuldigt

vom Unfallort entfernt hat und die Feststellungen nicht unverzüglich nachträglich ermöglicht.

(3) [1]Der Verpflichtung, die Feststellungen nachträglich zu ermöglichen, genügt der Unfallbeteiligte, wenn er den Berechtigten (Absatz 1 Nr. 1) oder einer nahe gelegenen Polizeidienststelle mitteilt, daß er an dem Unfall beteiligt gewesen ist, und wenn er seine Anschrift, seinen Aufenthalt sowie das Kennzeichen und den Standort seines Fahrzeugs angibt und dieses zu unverzüglichen Feststellungen für eine ihm zumutbare Zeit zur Verfügung hält. [2]Dies gilt nicht, wenn er durch sein Verhalten die Feststellungen absichtlich vereitelt.

(4) Das Gericht mildert in den Fällen der Absätze 1 und 2 die Strafe (§ 49 Abs. 1) oder kann von Strafe nach diesen Vorschriften absehen, wenn der Unfallbeteiligte innerhalb von vierundzwanzig Stunden nach einem Unfall außerhalb des fließenden Verkehrs, der ausschließlich nicht bedeutenden Sachschaden zur Folge hat, freiwillig die Feststellungen nachträglich ermöglicht (Absatz 3).

(5) Unfallbeteiligter ist jeder, dessen Verhalten nach den Umständen zur Verursachung des Unfalls beigetragen haben kann.

§ 143[2)] *(aufgehoben)*

[1)] § 140 einl. Satzteil geänd. mWv 1.4.2004 durch G v. 27.12.2003 (BGBl. I S. 3007); einl. Satzteil geänd. mWv 19.2.2005 durch G v. 11.2.2005 (BGBl. I S. 239); einl. Satzteil geänd. mWv 10.11.2016 durch G v. 4.11.2016 (BGBl. I S. 2460); einl. Satzteil geänd. mWv 1.1.2017 durch G v. 22.12.2016 *(BGBl. I S. 3150); Nr. 2 geänd. mWv 1.1.2021* durch G v. 30.11.2020 (BGBl. I S. 2600); einl. Satzteil und Nr. 1 neu gef. mWv 3.4.2021 durch G v. 30.3.2021 (BGBl. I S. 441, geänd. durch G v. 30.3.2021, BGBl. I S. 448); einl. Satzteil geänd. mWv 1.7.2021 durch G v. 16.6.2021 (BGBl. I S. 1810).

[2)] § 143 aufgeh. mWv 25.4.2006 durch G v. 19.4.2006 (BGBl. I S. 866).

§ 144 (weggefallen)

§ 145 Mißbrauch von Notrufen und Beeinträchtigung von Unfallverhütungs- und Nothilfemitteln. (1) Wer absichtlich oder wissentlich

1. Notrufe oder Notzeichen mißbraucht oder
2. vortäuscht, daß wegen eines Unglücksfalles oder wegen gemeiner Gefahr oder Not die Hilfe anderer erforderlich sei,

wird mit Freiheitsstrafe bis zu einem Jahr oder mit Geldstrafe bestraft.

(2) Wer absichtlich oder wissentlich

1. die zur Verhütung von Unglücksfällen oder gemeiner Gefahr dienenden Warn- oder Verbotszeichen beseitigt, unkenntlich macht oder in ihrem Sinn entstellt oder
2. die zur Verhütung von Unglücksfällen oder gemeiner Gefahr dienenden Schutzvorrichtungen oder die zur Hilfeleistung bei Unglücksfällen oder gemeiner Gefahr bestimmten Rettungsgeräte oder anderen Sachen beseitigt, verändert oder unbrauchbar macht,

wird mit Freiheitsstrafe bis zu zwei Jahren oder mit Geldstrafe bestraft, wenn die Tat nicht in § 303 oder § 304 mit Strafe bedroht ist.

§ 145a[1)] Verstoß gegen Weisungen während der Führungsaufsicht. [1] Wer während der Führungsaufsicht gegen eine bestimmte Weisung der in § 68b Abs. 1 bezeichneten Art verstößt und dadurch den Zweck der Maßregel gefährdet, wird mit Freiheitsstrafe bis zu drei Jahren oder mit Geldstrafe bestraft. [2] Die Tat wird nur auf Antrag der Aufsichtsstelle (§ 68a) verfolgt.

§ 145b (weggefallen)

§ 145c Verstoß gegen das Berufsverbot. Wer einen Beruf, einen Berufszweig, ein Gewerbe oder einen Gewerbezweig für sich oder einen anderen ausübt oder durch einen anderen für sich ausüben läßt, obwohl dies ihm oder dem anderen strafgerichtlich untersagt ist, wird mit Freiheitsstrafe bis zu einem Jahr oder mit Geldstrafe bestraft.

§ 145d[2)] Vortäuschen einer Straftat. (1) Wer wider besseres Wissen einer Behörde oder einer zur Entgegennahme von Anzeigen zuständigen Stelle vortäuscht,

1. daß eine rechtswidrige Tat begangen worden sei oder
2. daß die Verwirklichung einer der in § 126 Abs. 1 genannten rechtswidrigen Taten bevorstehe,

wird mit Freiheitsstrafe bis zu drei Jahren oder mit Geldstrafe bestraft, wenn die Tat nicht in § 164, § 258 oder § 258a mit Strafe bedroht ist.

(2) Ebenso wird bestraft, wer wider besseres Wissen eine der in Absatz 1 bezeichneten Stellen über den Beteiligten

1. an einer rechtswidrigen Tat oder
2. an einer bevorstehenden, in § 126 Abs. 1 genannten rechtswidrigen Tat

zu täuschen sucht.

[1)] § 145a Satz 1 geänd. mWv 18.4.2007 durch G v. 13.4.2007 (BGBl. I S. 513).

[2)] § 145d Abs. 3 und 4 angef. mWv 1.9.2009 durch G v. 29.7.2009 (BGBl. I S. 2288); Abs. 3 Nr. 2 und abschl. Satzteil geänd. mWv 1.10.2021 durch G v. 12.8.2021 (BGBl. I S. 3542).

(3) Mit Freiheitsstrafe von drei Monaten bis zu fünf Jahren wird bestraft, wer

1. eine Tat nach Absatz 1 Nr. 1 oder Absatz 2 Nr. 1 begeht oder
2. wider besseres Wissen einer der in Absatz 1 bezeichneten Stellen vortäuscht, dass die Verwirklichung einer der in § 46b Abs. 1 Satz 1 Nr. 2 dieses Gesetzes, in § 31 Satz 1 Nummer 2 des Betäubungsmittelgesetzes[1] oder in § 4a Satz 1 Nummer 2 des Anti-Doping-Gesetzes genannten rechtswidrigen Taten bevorstehe, oder
3. wider besseres Wissen eine dieser Stellen über den Beteiligten an einer bevorstehenden Tat nach Nummer 2 zu täuschen sucht,

um eine Strafmilderung oder ein Absehen von Strafe nach § 46b dieses Gesetzes, § 31 des Betäubungsmittelgesetzes oder § 4a des Anti-Doping-Gesetzes zu erlangen.

(4) In minder schweren Fällen des Absatzes 3 ist die Strafe Freiheitsstrafe bis zu drei Jahren oder Geldstrafe.

Achter Abschnitt. Geld- und Wertzeichenfälschung

§ 146[2] Geldfälschung. (1) Mit Freiheitsstrafe nicht unter einem Jahr wird bestraft, wer

1. Geld in der Absicht nachmacht, daß es als echt in Verkehr gebracht oder daß ein solches Inverkehrbringen ermöglicht werde, oder Geld in dieser Absicht so verfälscht, daß der Anschein eines höheren Wertes hervorgerufen wird,
2. falsches Geld in dieser Absicht sich verschafft oder feilhält oder
3. falsches Geld, das er unter den Voraussetzungen der Nummern 1 oder 2 nachgemacht, verfälscht oder sich verschafft hat, als echt in Verkehr bringt.

(2) Handelt der Täter gewerbsmäßig oder als Mitglied einer Bande, die sich zur fortgesetzten Begehung einer Geldfälschung verbunden hat, so ist die Strafe Freiheitsstrafe nicht unter zwei Jahren.

(3) In minder schweren Fällen des Absatzes 1 ist auf Freiheitsstrafe von drei Monaten bis zu fünf Jahren, in minder schweren Fällen des Absatzes 2 auf Freiheitsstrafe von einem Jahr bis zu zehn Jahren zu erkennen.

§ 147 Inverkehrbringen von Falschgeld. (1) Wer, abgesehen von den Fällen des § 146, falsches Geld als echt in Verkehr bringt, wird mit Freiheitsstrafe bis zu fünf Jahren oder mit Geldstrafe bestraft.

(2) Der Versuch ist strafbar.

§ 148 Wertzeichenfälschung. (1) Mit Freiheitsstrafe bis zu fünf Jahren oder mit Geldstrafe wird bestraft, wer

1. amtliche Wertzeichen in der Absicht nachmacht, daß sie als echt verwendet oder in Verkehr gebracht werden oder daß ein solches Verwenden oder Inverkehrbringen ermöglicht werde, oder amtliche Wertzeichen in dieser Absicht so verfälscht, daß der Anschein eines höheren Wertes hervorgerufen wird,
2. falsche amtliche Wertzeichen in dieser Absicht sich verschafft oder
3. falsche amtliche Wertzeichen als echt verwendet, feilhält oder in Verkehr bringt.

---

[1] **Habersack, Deutsche Gesetze ErgBd. Nr. 86.**

[2] § 146 Abs. 1 Nr. 2 geänd. mWv 28.12.2003 durch G v. 22.12.2003 (BGBl. I S. 2838).

(2) Wer bereits verwendete amtliche Wertzeichen, an denen das Entwertungszeichen beseitigt worden ist, als gültig verwendet oder in Verkehr bringt, wird mit Freiheitsstrafe bis zu einem Jahr oder mit Geldstrafe bestraft.

(3) Der Versuch ist strafbar.

§ 149[1] Vorbereitung der Fälschung von Geld und Wertzeichen. (1) Wer eine Fälschung von Geld oder Wertzeichen vorbereitet, indem er

1. Platten, Formen, Drucksätze, Druckstöcke, Negative, Matrizen, Computerprogramme oder ähnliche Vorrichtungen, die ihrer Art nach zur Begehung der Tat geeignet sind,
2. Papier, das einer solchen Papierart gleicht oder zum Verwechseln ähnlich ist, die zur Herstellung von Geld oder amtlichen Wertzeichen bestimmt und gegen Nachahmung besonders gesichert ist, oder
3. Hologramme oder andere Bestandteile, die der Sicherung gegen Fälschung dienen,

herstellt, sich oder einem anderen verschafft, feilhält, verwahrt oder einem anderen überläßt, wird, wenn er eine Geldfälschung vorbereitet, mit Freiheitsstrafe bis zu fünf Jahren oder mit Geldstrafe, sonst mit Freiheitsstrafe bis zu zwei Jahren oder mit Geldstrafe bestraft.

(2) Nach Absatz 1 wird nicht bestraft, wer freiwillig

1. die Ausführung der vorbereiteten Tat aufgibt und eine von ihm verursachte Gefahr, daß andere die Tat weiter vorbereiten oder sie ausführen, abwendet oder die Vollendung der Tat verhindert und
2. die Fälschungsmittel, soweit sie noch vorhanden und zur Fälschung brauchbar sind, vernichtet, unbrauchbar macht, ihr Vorhandensein einer Behörde anzeigt oder sie dort abliefert.

(3) Wird ohne Zutun des Täters die Gefahr, daß andere die Tat weiter vorbereiten oder sie ausführen, abgewendet oder die Vollendung der Tat verhindert, so genügt an Stelle der Voraussetzungen des Absatzes 2 Nr. 1 das freiwillige und ernsthafte Bemühen des Täters, dieses Ziel zu erreichen.

§ 150[2] Einziehung. Ist eine Straftat nach diesem Abschnitt begangen worden, so werden das falsche Geld, die falschen oder entwerteten Wertzeichen und die in § 149 bezeichneten Fälschungsmittel eingezogen.

§ 151[3] Wertpapiere. Dem Geld im Sinne der §§ 146, 147, 149 und 150 stehen folgende Wertpapiere gleich, wenn sie durch Druck und Papierart gegen Nachahmung besonders gesichert sind:

1. Inhaber- sowie solche Orderschuldverschreibungen, die Teile einer Gesamtemission sind, wenn in den Schuldverschreibungen die Zahlung einer bestimmten Geldsumme versprochen wird;
2. Aktien;
3. von Kapitalverwaltungsgesellschaften ausgegebene Anteilscheine;

---

[1] § 149 Abs. 1 Nr. 1 und 2 geänd., Nr. 3 angef. mWv 30.8.2002 durch G v. 22.8.2002 (BGBl. I S. 3387).

[2] § 150 Überschrift geänd., Abs. 1 neu gef. mWv 28.12.2003 durch G v. 22.12 2003 (BGBl. I S. 2838); Überschrift geänd., Abs. 1 aufgeh. mWv 1.7.2017 durch G v. 13.4.2017 (BGBl. I S. 872).

[3] § 151 Nr. 5 geänd. mWv 28.12.2003 durch G v. 22.12.2003 (BGBl. I S. 2838); Nr. 3 geänd. mWv 22.7.2013 durch G v. 4.7.2013 (BGBl. I S. 1981).

4. Zins-, Gewinnanteil- und Erneuerungsscheine zu Wertpapieren der in den Nummern 1 bis 3 bezeichneten Art sowie Zertifikate über Lieferung solcher Wertpapiere;
5. Reiseschecks.

§ 152 Geld, Wertzeichen und Wertpapiere eines fremden Währungsgebiets. Die §§ 146 bis 151 sind auch auf Geld, Wertzeichen und Wertpapiere eines fremden Währungsgebiets anzuwenden.

§ 152a[1] Fälschung von Zahlungskarten, Schecks, Wechseln und anderen körperlichen unbaren Zahlungsinstrumenten. (1) Wer zur Täuschung im Rechtsverkehr oder, um eine solche Täuschung zu ermöglichen,

1. inländische oder ausländische Zahlungskarten, Schecks, Wechsel oder andere körperliche unbare Zahlungsinstrumente nachmacht oder verfälscht oder
2. solche falschen Karten, Schecks, Wechsel oder anderen körperlichen unbaren Zahlungsinstrumente sich oder einem anderen verschafft, feilhält, einem anderen überlässt oder gebraucht,

wird mit Freiheitsstrafe bis zu fünf Jahren oder mit Geldstrafe bestraft.

(2) Der Versuch ist strafbar.

(3) Handelt der Täter gewerbsmäßig oder als Mitglied einer Bande, die sich zur fortgesetzten Begehung von Straftaten nach Absatz 1 verbunden hat, so ist die Strafe Freiheitsstrafe von sechs Monaten bis zu zehn Jahren.

(4) Zahlungskarten und andere körperliche unbare Zahlungsinstrumente im Sinne des Absatzes 1 sind nur solche, die durch Ausgestaltung oder Codierung besonders gegen Nachahmung gesichert sind.

(5) § 149, soweit er sich auf die Fälschung von Wertzeichen bezieht, und § 150 gelten entsprechend.

§ 152b[2] Fälschung von Zahlungskarten mit Garantiefunktion. (1) Wer eine der in § 152a Abs. 1 bezeichneten Handlungen in Bezug auf Zahlungskarten mit Garantiefunktion begeht, wird mit Freiheitsstrafe von einem Jahr bis zu zehn Jahren bestraft.

(2) Handelt der Täter gewerbsmäßig oder als Mitglied einer Bande, die sich zur fortgesetzten Begehung von Straftaten nach Absatz 1 verbunden hat, so ist die Strafe Freiheitsstrafe nicht unter zwei Jahren.

(3) In minder schweren Fällen des Absatzes 1 ist auf Freiheitsstrafe von drei Monaten bis zu fünf Jahren, in minder schweren Fällen des Absatzes 2 auf Freiheitsstrafe von einem Jahr bis zu zehn Jahren zu erkennen.

(4) Zahlungskarten mit Garantiefunktion im Sinne des Absatzes 1 sind Kreditkarten und sonstige Karten,

1. die es ermöglichen, den Aussteller im Zahlungsverkehr zu einer garantierten Zahlung zu veranlassen, und

---

[1] § 152a neu gef. mWv 28.12.2003 durch G v. 22.12.2003 (BGBl. I S. 2838); Abs. 5 geänd. mWv 1.7. 2017 durch G v. 13.4.2017 (BGBl. I S. 872); Überschrift, Abs. 1 Nr. 1 und 2 geänd., Abs. 4 neu gef. *mWv 18.3.2021 durch G v. 10.3.2021 (BGBl. I S. 333).*

[2] § 152b eingef. mWv 28.12.2003 durch G v. 22.12.2003 (BGBl. I S. 2838); Abs. 5 geänd. mWv 1.7. 2017 durch G v. 13.4.2017 (BGBl. I S. 872); Überschrift, Abs. 1, Abs. 4 einl. Satzteil geänd. mWv 18.3. 2021 durch G v. 10.3.2021 (BGBl. I S. 333).

2. durch Ausgestaltung oder Codierung besonders gegen Nachahmung gesichert sind.

(5) § 149, soweit er sich auf die Fälschung von Geld bezieht, und § 150 gelten entsprechend.

§ 152c[1] Vorbereitung des Diebstahls und der Unterschlagung von Zahlungskarten, Schecks, Wechseln und anderen körperlichen unbaren Zahlungsinstrumenten. (1) Wer eine Straftat nach § 242 oder § 246, die auf die Erlangung inländischer oder ausländischer Zahlungskarten, Schecks, Wechsel oder anderer körperlicher unbarer Zahlungsinstrumente gerichtet ist, vorbereitet, indem er

1. Computerprogramme oder Vorrichtungen, deren Zweck die Begehung einer solchen Tat ist, herstellt, sich oder einem anderen verschafft oder einem anderen überlässt oder
2. Passwörter oder sonstige Sicherungscodes, die zur Begehung einer solchen Tat geeignet sind, herstellt, sich oder einem anderen verschafft oder einem anderen überlässt,

wird mit Freiheitsstrafe bis zu zwei Jahren oder mit Geldstrafe bestraft.

(2) [1] § 149 Absatz 2 und 3 gilt entsprechend. [2] § 152a Absatz 4 ist anwendbar.

Neunter Abschnitt. Falsche uneidliche Aussage und Meineid

§ 153[2] Falsche uneidliche Aussage. Wer vor Gericht oder vor einer anderen zur eidlichen Vernehmung von Zeugen oder Sachverständigen zuständigen Stelle als Zeuge oder Sachverständiger uneidlich falsch aussagt, wird mit Freiheitsstrafe von drei Monaten bis zu fünf Jahren bestraft.

§ 154 Meineid. (1) Wer vor Gericht oder vor einer anderen zur Abnahme von Eiden zuständigen Stelle falsch schwört, wird mit Freiheitsstrafe nicht unter einem Jahr bestraft.

(2) In minder schweren Fällen ist die Strafe Freiheitsstrafe von sechs Monaten bis zu fünf Jahren.

§ 155 Eidesgleiche Bekräftigungen. Dem Eid stehen gleich

1. die den Eid ersetzende Bekräftigung,
2. die Berufung auf einen früheren Eid oder auf eine frühere Bekräftigung.

§ 156 Falsche Versicherung an Eides Statt. Wer vor einer zur Abnahme einer Versicherung an Eides Statt zuständigen Behörde eine solche Versicherung falsch abgibt oder unter Berufung auf eine solche Versicherung falsch aussagt, wird mit Freiheitsstrafe bis zu drei Jahren oder mit Geldstrafe bestraft.

§ 157 Aussagenotstand. (1) Hat ein Zeuge oder Sachverständiger sich eines Meineids oder einer falschen uneidlichen Aussage schuldig gemacht, so kann das Gericht die Strafe nach seinem Ermessen mildern (§ 49 Abs. 2) und im Falle uneidlicher Aussage auch ganz von Strafe absehen, wenn der Täter die Unwahrheit gesagt hat, um von einem Angehörigen oder von sich selbst die Gefahr abzuwen-

---

[1] § 152c eingef. mWv 18.3.2021 durch G v. 10.3.2021 (BGBl. I S. 333).

[2] § 153 Abs. 2 angef. mWv 26.6.2001 durch G v. 19.6.2001 (BGBl. I S. 1142); Abs. 2 aufgeh. mWv 5.11.2008 durch G v. 31.10.2008 (BGBl. I S. 2149).

den, bestraft oder einer freiheitsentziehenden Maßregel der Besserung und Sicherung unterworfen zu werden.

(2) Das Gericht kann auch dann die Strafe nach seinem Ermessen mildern (§ 49 Abs. 2) oder ganz von Strafe absehen, wenn ein noch nicht Eidesmündiger uneidlich falsch ausgesagt hat.

§ 158 Berichtigung einer falschen Angabe. (1) Das Gericht kann die Strafe wegen Meineids, falscher Versicherung an Eides Statt oder falscher uneidlicher Aussage nach seinem Ermessen mildern (§ 49 Abs. 2) oder von Strafe absehen, wenn der Täter die falsche Angabe rechtzeitig berichtigt.

(2) Die Berichtigung ist verspätet, wenn sie bei der Entscheidung nicht mehr verwertet werden kann oder aus der Tat ein Nachteil für einen anderen entstanden ist oder wenn schon gegen den Täter eine Anzeige erstattet oder eine Untersuchung eingeleitet worden ist.

(3) Die Berichtigung kann bei der Stelle, der die falsche Angabe gemacht worden ist oder die sie im Verfahren zu prüfen hat, sowie bei einem Gericht, einem Staatsanwalt oder einer Polizeibehörde erfolgen.

§ 159 Versuch der Anstiftung zur Falschaussage. Für den Versuch der Anstiftung zu einer falschen uneidlichen Aussage (§ 153) und einer falschen Versicherung an Eides Statt (§ 156) gelten § 30 Abs. 1 und § 31 Abs. 1 Nr. 1 und Abs. 2 entsprechend.

§ 160 Verleitung zur Falschaussage. (1) Wer einen anderen zur Ableistung eines falschen Eides verleitet, wird mit Freiheitsstrafe bis zu zwei Jahren oder mit Geldstrafe bestraft; wer einen anderen zur Ableistung einer falschen Versicherung an Eides Statt oder einer falschen uneidlichen Aussage verleitet, wird mit Freiheitsstrafe bis zu sechs Monaten oder mit Geldstrafe bis zu einhundertachtzig Tagessätzen bestraft.

(2) Der Versuch ist strafbar.

§ 161[1] Fahrlässiger Falscheid; fahrlässige falsche Versicherung an Eides Statt. (1) Wenn eine der in den §§ 154 bis 156 bezeichneten Handlungen aus Fahrlässigkeit begangen worden ist, so tritt Freiheitsstrafe bis zu einem Jahr oder Geldstrafe ein.

(2) [1] Straflosigkeit tritt ein, wenn der Täter die falsche Angabe rechtzeitig berichtigt. [2] Die Vorschriften des § 158 Abs. 2 und 3 gelten entsprechend.

§ 162[2] Internationale Gerichte; nationale Untersuchungsausschüsse.

(1) Die §§ 153 bis 161 sind auch auf falsche Angaben in einem Verfahren vor einem internationalen Gericht, das durch einen für die Bundesrepublik Deutschland verbindlichen Rechtsakt errichtet worden ist, anzuwenden.

(2) Die §§ 153 und 157 bis 160, soweit sie sich auf falsche uneidliche Aussagen beziehen, sind auch auf falsche Angaben vor einem Untersuchungsausschuss eines Gesetzgebungsorgans des Bundes oder eines Landes anzuwenden.

§ 163[3] *(aufgehoben)*

---

[1] § 161 eingef. mWv 5.11.2008 durch G v. 31.10.2008 (BGBl. I S. 2149).
[2] § 162 eingef. mWv 5.11.2008 durch G v. 31.10.2008 (BGBl. I S. 2149).
[3] § 163 aufgeh. mWv 5.11.2008 durch G v. 31.10.2008 (BGBl. I S. 2149).

Zehnter Abschnitt. Falsche Verdächtigung

§ 164[1] Falsche Verdächtigung. (1) Wer einen anderen bei einer Behörde oder einem zur Entgegennahme von Anzeigen zuständigen Amtsträger oder militärischen Vorgesetzten oder öffentlich wider besseres Wissen einer rechtswidrigen Tat oder der Verletzung einer Dienstpflicht in der Absicht verdächtigt, ein behördliches Verfahren oder andere behördliche Maßnahmen gegen ihn herbeizuführen oder fortdauern zu lassen, wird mit Freiheitsstrafe bis zu fünf Jahren oder mit Geldstrafe bestraft.

(2) Ebenso wird bestraft, wer in gleicher Absicht bei einer der in Absatz 1 bezeichneten Stellen oder öffentlich über einen anderen wider besseres Wissen eine sonstige Behauptung tatsächlicher Art aufstellt, die geeignet ist, ein behördliches Verfahren oder andere behördliche Maßnahmen gegen ihn herbeizuführen oder fortdauern zu lassen.

(3) [1] Mit Freiheitsstrafe von sechs Monaten bis zu zehn Jahren wird bestraft, wer die falsche Verdächtigung begeht, um eine Strafmilderung oder ein Absehen von Strafe nach § 46b dieses Gesetzes, § 31 des Betäubungsmittelgesetzes[2] oder § 4a des Anti-Doping-Gesetzes zu erlangen. [2] In minder schweren Fällen ist die Strafe Freiheitsstrafe von drei Monaten bis zu fünf Jahren.

§ 165[3] Bekanntgabe der Verurteilung. (1) [1] Ist die Tat nach § 164 öffentlich oder durch Verbreiten eines Inhalts (§ 11 Absatz 3) begangen und wird ihretwegen auf Strafe erkannt, so ist auf Antrag des Verletzten anzuordnen, daß die Verurteilung wegen falscher Verdächtigung auf Verlangen öffentlich bekanntgemacht wird. [2] Stirbt der Verletzte, so geht das Antragsrecht auf die in § 77 Abs. 2 bezeichneten Angehörigen über. [3] § 77 Abs. 2 bis 4 gilt entsprechend.

(2) Für die Art der Bekanntmachung gilt § 200 Abs. 2 entsprechend.

Elfter Abschnitt. Straftaten, welche sich auf Religion und Weltanschauung beziehen

§ 166[4] Beschimpfung von Bekenntnissen, Religionsgesellschaften und Weltanschauungsvereinigungen. (1) Wer öffentlich oder durch Verbreiten eines Inhalts (§ 11 Absatz 3) den Inhalt des religiösen oder weltanschaulichen Bekenntnisses anderer in einer Weise beschimpft, die geeignet ist, den öffentlichen Frieden zu stören, wird mit Freiheitsstrafe bis zu drei Jahren oder mit Geldstrafe bestraft.

(2) Ebenso wird bestraft, wer öffentlich oder durch Verbreiten eines Inhalts (§ 11 Absatz 3) eine im Inland bestehende Kirche oder andere Religionsgesellschaft oder Weltanschauungsvereinigung, ihre Einrichtungen oder Gebräuche in einer Weise beschimpft, die geeignet ist, den öffentlichen Frieden zu stören.

§ 167 Störung der Religionsausübung. (1) Wer

1. den Gottesdienst oder eine gottesdienstliche Handlung einer im Inland bestehenden Kirche oder anderen Religionsgesellschaft absichtlich und in grober Weise stört oder

---

[1] § 164 Abs. 3 angef. mWv 1.9.2009 durch G v. 29.7.2009 (BGBl. I S. 2288); Abs. 3 Satz 1 geänd. mWv 1.10.2021 durch G v. 12.8.2021 (BGBl. I S. 3542).

[2] **Habersack, Deutsche Gesetze ErgBd. Nr. 86.**

[3] § 165 Abs. 1 Satz 1 geänd. mWv 1.1.2021 durch G v. 30.11.2020 (BGBl. I S. 2600).

[4] § 166 Abs. 1 und 2 geänd. mWv 1.1.2021 durch G v. 30.11.2020 (BGBl. I S. 2600).

2. an einem Ort, der dem Gottesdienst einer solchen Religionsgesellschaft gewidmet ist, beschimpfenden Unfug verübt,

wird mit Freiheitsstrafe bis zu drei Jahren oder mit Geldstrafe bestraft.

(2) Dem Gottesdienst stehen entsprechende Feiern einer im Inland bestehenden Weltanschauungsvereinigung gleich.

§ 167a Störung einer Bestattungsfeier. Wer eine Bestattungsfeier absichtlich oder wissentlich stört, wird mit Freiheitsstrafe bis zu drei Jahren oder mit Geldstrafe bestraft.

(Fortsetzung nächstes Blatt)

(2) Verursacht der Täter eine der in Absatz 1 bezeichneten Folgen absichtlich oder wissentlich, so ist die Strafe Freiheitsstrafe nicht unter drei Jahren.

(3) In minder schweren Fällen des Absatzes 1 ist auf Freiheitsstrafe von sechs Monaten bis zu fünf Jahren, in minder schweren Fällen des Absatzes 2 auf Freiheitsstrafe von einem Jahr bis zu zehn Jahren zu erkennen.

§ 226a[1] Verstümmelung weiblicher Genitalien. (1) Wer die äußeren Genitalien einer weiblichen Person verstümmelt, wird mit Freiheitsstrafe nicht unter einem Jahr bestraft.

(2) In minder schweren Fällen ist auf Freiheitsstrafe von sechs Monaten bis zu fünf Jahren zu erkennen.

§ 227[2] Körperverletzung mit Todesfolge. (1) Verursacht der Täter durch die Körperverletzung (§§ 223 bis 226a) den Tod der verletzten Person, so ist die Strafe Freiheitsstrafe nicht unter drei Jahren.

(2) In minder schweren Fällen ist auf Freiheitsstrafe von einem Jahr bis zu zehn Jahren zu erkennen.

§ 228 Einwilligung. Wer eine Körperverletzung mit Einwilligung der verletzten Person vornimmt, handelt nur dann rechtswidrig, wenn die Tat trotz der Einwilligung gegen die guten Sitten verstößt.

§ 229 Fahrlässige Körperverletzung. Wer durch Fahrlässigkeit die Körperverletzung einer anderen Person verursacht, wird mit Freiheitsstrafe bis zu drei Jahren oder mit Geldstrafe bestraft.

§ 230 Strafantrag. (1) [1] Die vorsätzliche Körperverletzung nach § 223 und die fahrlässige Körperverletzung nach § 229 werden nur auf Antrag verfolgt, es sei denn, daß die Strafverfolgungsbehörde wegen des besonderen öffentlichen Interesses an der Strafverfolgung ein Einschreiten von Amts wegen für geboten hält. [2] Stirbt die verletzte Person, so geht bei vorsätzlicher Körperverletzung das Antragsrecht nach § 77 Abs. 2 auf die Angehörigen über.

(2) [1] Ist die Tat gegen einen Amtsträger, einen für den öffentlichen Dienst besonders Verpflichteten oder einen Soldaten der Bundeswehr während der Ausübung seines Dienstes oder in Beziehung auf seinen Dienst begangen, so wird sie auch auf Antrag des Dienstvorgesetzten verfolgt. [2] Dasselbe gilt für Träger von Ämtern der Kirchen und anderen Religionsgesellschaften des öffentlichen Rechts.

§ 231 Beteiligung an einer Schlägerei. (1) Wer sich an einer Schlägerei oder an einem von mehreren verübten Angriff beteiligt, wird schon wegen dieser Beteiligung mit Freiheitsstrafe bis zu drei Jahren oder mit Geldstrafe bestraft, wenn durch die Schlägerei oder den Angriff der Tod eines Menschen oder eine schwere Körperverletzung (§ 226) verursacht worden ist.

(2) Nach Absatz 1 ist nicht strafbar, wer an der Schlägerei oder dem Angriff beteiligt war, ohne daß ihm dies vorzuwerfen ist.

---

[1] § 226a eingef. mWv 28.9.2013 durch G v. 24.9.2013 (BGBl. I S. 3671).
[2] § 227 Abs. 1 geänd. mWv 28.9.2013 durch G v. 24.9.2013 (BGBl. I S. 3671).

Achtzehnter Abschnitt. Straftaten gegen die persönliche Freiheit

§ 232[1] **Menschenhandel.** (1) [1]Mit Freiheitsstrafe von sechs Monaten bis zu fünf Jahren wird bestraft, wer eine andere Person unter Ausnutzung ihrer persönlichen oder wirtschaftlichen Zwangslage oder ihrer Hilflosigkeit, die mit dem Aufenthalt in einem fremden Land verbunden ist, oder wer eine andere Person unter einundzwanzig Jahren anwirbt, befördert, weitergibt, beherbergt oder aufnimmt, wenn

1. diese Person ausgebeutet werden soll
   a) bei der Ausübung der Prostitution oder bei der Vornahme sexueller Handlungen an oder vor dem Täter oder einer dritten Person oder bei der Duldung sexueller Handlungen an sich selbst durch den Täter oder eine dritte Person,
   b) durch eine Beschäftigung,
   c) bei der Ausübung der Bettelei oder
   d) bei der Begehung von mit Strafe bedrohten Handlungen durch diese Person,
2. diese Person in Sklaverei, Leibeigenschaft, Schuldknechtschaft oder in Verhältnissen, die dem entsprechen oder ähneln, gehalten werden soll oder
3. dieser Person rechtswidrig ein Organ entnommen werden soll.

[2]Ausbeutung durch eine Beschäftigung im Sinne des Satzes 1 Nummer 1 Buchstabe b liegt vor, wenn die Beschäftigung aus rücksichtslosem Gewinnstreben zu Arbeitsbedingungen erfolgt, die in einem auffälligen Missverhältnis zu den Arbeitsbedingungen solcher Arbeitnehmer stehen, welche der gleichen oder einer vergleichbaren Beschäftigung nachgehen (ausbeuterische Beschäftigung).

(2) Mit Freiheitsstrafe von sechs Monaten bis zu zehn Jahren wird bestraft, wer eine andere Person, die in der in Absatz 1 Satz 1 Nummer 1 bis 3 bezeichneten Weise ausgebeutet werden soll,

1. mit Gewalt, durch Drohung mit einem empfindlichen Übel oder durch List anwirbt, befördert, weitergibt, beherbergt oder aufnimmt oder
2. entführt oder sich ihrer bemächtigt oder ihrer Bemächtigung durch eine dritte Person Vorschub leistet.

(3) [1]In den Fällen des Absatzes 1 ist auf Freiheitsstrafe von sechs Monaten bis zu zehn Jahren zu erkennen, wenn

1. das Opfer zur Zeit der Tat unter achtzehn Jahren alt ist,
2. der Täter das Opfer bei der Tat körperlich schwer misshandelt oder durch die Tat oder eine während der Tat begangene Handlung wenigstens leichtfertig in die Gefahr des Todes oder einer schweren Gesundheitsschädigung bringt oder
3. der Täter gewerbsmäßig handelt oder als Mitglied einer Bande, die sich zur fortgesetzten Begehung solcher Taten verbunden hat.

[2]In den Fällen des Absatzes 2 ist auf Freiheitsstrafe von einem Jahr bis zu zehn Jahren zu erkennen, wenn einer der in Satz 1 Nummer 1 bis 3 bezeichneten Umstände vorliegt.

(4) In den Fällen der Absätze 1, 2 und 3 Satz 1 ist der Versuch strafbar.

§ 232a[2] **Zwangsprostitution.** (1) Mit Freiheitsstrafe von sechs Monaten bis zu zehn Jahren wird bestraft, wer eine andere Person unter Ausnutzung ihrer

---

[1] § 232 neu gef. mWv 15.10.2016 durch G v. 11.10.2016 (BGBl. I S. 2226).

[2] § 232a eingef. mWv 15.10.2016 durch G v. 11.10.2016 (BGBl. I S. 2226); Abs. 6 Satz 2 eingef., bish. Satz 2 wird Satz 3 und geänd. mWv 1.10.2021 durch G v. 10.8.2021 (BGBl. I S. 3513).

persönlichen oder wirtschaftlichen Zwangslage oder ihrer Hilflosigkeit, die mit dem Aufenthalt in einem fremden Land verbunden ist, oder wer eine andere Person unter einundzwanzig Jahren veranlasst,

1. die Prostitution aufzunehmen oder fortzusetzen oder
2. sexuelle Handlungen, durch die sie ausgebeutet wird, an oder vor dem Täter oder einer dritten Person vorzunehmen oder von dem Täter oder einer dritten Person an sich vornehmen zu lassen.

(2) Der Versuch ist strafbar.

(3) Mit Freiheitsstrafe von einem Jahr bis zu zehn Jahren wird bestraft, wer eine andere Person mit Gewalt, durch Drohung mit einem empfindlichen Übel oder durch List zu der Aufnahme oder Fortsetzung der Prostitution oder den in Absatz 1 Nummer 2 bezeichneten sexuellen Handlungen veranlasst.

(4) In den Fällen des Absatzes 1 ist auf Freiheitsstrafe von einem Jahr bis zu zehn Jahren und in den Fällen des Absatzes 3 auf Freiheitsstrafe nicht unter einem Jahr zu erkennen, wenn einer der in § 232 Absatz 3 Satz 1 Nummer 1 bis 3 bezeichneten Umstände vorliegt.

(5) In minder schweren Fällen des Absatzes 1 ist auf Freiheitsstrafe von drei Monaten bis zu fünf Jahren zu erkennen, in minder schweren Fällen der Absätze 3 und 4 auf Freiheitsstrafe von sechs Monaten bis zu zehn Jahren.

(6) [1] Mit Freiheitsstrafe von drei Monaten bis zu fünf Jahren wird bestraft, wer an einer Person, die Opfer

1. eines Menschenhandels nach § 232 Absatz 1 Satz 1 Nummer 1 Buchstabe a, auch in Verbindung mit § 232 Absatz 2, oder
2. einer Tat nach den Absätzen 1 bis 5

geworden ist und der Prostitution nachgeht, gegen Entgelt sexuelle Handlungen vornimmt oder von ihr an sich vornehmen lässt und dabei deren persönliche oder wirtschaftliche Zwangslage oder deren Hilflosigkeit, die mit dem Aufenthalt in einem fremden Land verbunden ist, ausnutzt. [2] Verkennt der Täter bei der sexuellen Handlung zumindest leichtfertig die Umstände des Satzes 1 Nummer 1 oder 2 oder die persönliche oder wirtschaftliche Zwangslage des Opfers oder dessen Hilfslosigkeit, so ist die Strafe Freiheitsstrafe bis zu drei Jahren oder Geldstrafe. [3] Nach den Sätzen 1 und 2 wird nicht bestraft, wer eine Tat nach Satz 1 Nummer 1 oder 2, die zum Nachteil der Person, die nach Satz 1 der Prostitution nachgeht, begangen wurde, freiwillig bei der zuständigen Behörde anzeigt oder freiwillig eine solche Anzeige veranlasst, wenn nicht diese Tat zu diesem Zeitpunkt ganz oder zum Teil bereits entdeckt war und der Täter dies wusste oder bei verständiger Würdigung der Sachlage damit rechnen musste.

§ 232b[1)] **Zwangsarbeit.** (1) Mit Freiheitsstrafe von sechs Monaten bis zu zehn Jahren wird bestraft, wer eine andere Person unter Ausnutzung ihrer persönlichen oder wirtschaftlichen Zwangslage oder ihrer Hilflosigkeit, die mit dem Aufenthalt in einem fremden Land verbunden ist, oder wer eine andere Person unter einundzwanzig Jahren veranlasst,

1. eine ausbeuterische Beschäftigung (§ 232 Absatz 1 Satz 2) aufzunehmen oder fortzusetzen,
2. sich in Sklaverei, Leibeigenschaft, Schuldknechtschaft oder in Verhältnisse, die dem entsprechen oder ähneln, zu begeben oder

---

1) § 232b eingef. mWv 15.10.2016 durch G v. 11.10.2016 (BGBl. I S. 2226).

3. die Bettelei, bei der sie ausgebeutet wird, aufzunehmen oder fortzusetzen.

(2) Der Versuch ist strafbar.

(3) Mit Freiheitsstrafe von einem Jahr bis zu zehn Jahren wird bestraft, wer eine andere Person mit Gewalt, durch Drohung mit einem empfindlichen Übel oder durch List veranlasst,

1. eine ausbeuterische Beschäftigung (§ 232 Absatz 1 Satz 2) aufzunehmen oder fortzusetzen,
2. sich in Sklaverei, Leibeigenschaft, Schuldknechtschaft oder in Verhältnisse, die dem entsprechen oder ähneln, zu begeben oder
3. die Bettelei, bei der sie ausgebeutet wird, aufzunehmen oder fortzusetzen.

(4) § 232a Absatz 4 und 5 gilt entsprechend.

§ 233[1] Ausbeutung der Arbeitskraft. (1) Mit Freiheitsstrafe bis zu drei Jahren oder mit Geldstrafe wird bestraft, wer eine andere Person unter Ausnutzung ihrer persönlichen oder wirtschaftlichen Zwangslage oder ihrer Hilflosigkeit, die mit dem Aufenthalt in einem fremden Land verbunden ist, oder wer eine andere Person unter einundzwanzig Jahren ausbeutet

1. durch eine Beschäftigung nach § 232 Absatz 1 Satz 2,
2. bei der Ausübung der Bettelei oder
3. bei der Begehung von mit Strafe bedrohten Handlungen durch diese Person.

(2) Auf Freiheitsstrafe von sechs Monaten bis zu zehn Jahren ist zu erkennen, wenn

1. das Opfer zur Zeit der Tat unter achtzehn Jahren alt ist,
2. der Täter das Opfer bei der Tat körperlich schwer misshandelt oder durch die Tat oder eine während der Tat begangene Handlung wenigstens leichtfertig in die Gefahr des Todes oder einer schweren Gesundheitsschädigung bringt,
3. der Täter das Opfer durch das vollständige oder teilweise Vorenthalten der für die Tätigkeit des Opfers üblichen Gegenleistung in wirtschaftliche Not bringt oder eine bereits vorhandene wirtschaftliche Not erheblich vergrößert oder
4. der Täter als Mitglied einer Bande handelt, die sich zur fortgesetzten Begehung solcher Taten verbunden hat.

(3) Der Versuch ist strafbar.

(4) In minder schweren Fällen des Absatzes 1 ist auf Freiheitsstrafe bis zu zwei Jahren oder auf Geldstrafe zu erkennen, in minder schweren Fällen des Absatzes 2 auf Freiheitsstrafe von drei Monaten bis zu fünf Jahren.

(5) [1] Mit Freiheitsstrafe bis zu zwei Jahren oder mit Geldstrafe wird bestraft, wer einer Tat nach Absatz 1 Nummer 1 Vorschub leistet durch die

1. Vermittlung einer ausbeuterischen Beschäftigung (§ 232 Absatz 1 Satz 2),
2. Vermietung von Geschäftsräumen oder
3. Vermietung von Räumen zum Wohnen an die auszubeutende Person.

[2] Satz 1 gilt nicht, wenn die Tat bereits nach anderen Vorschriften mit schwererer Strafe bedroht ist.

[1] § 233 neu gef. mWv 15.10.2016 durch G v. 11.10.2016 (BGBl. I S. 2226).

§ 233a[1] **Ausbeutung unter Ausnutzung einer Freiheitsberaubung.**

(1) Mit Freiheitsstrafe von sechs Monaten bis zu zehn Jahren wird bestraft, wer eine andere Person einsperrt oder auf andere Weise der Freiheit beraubt und sie in dieser Lage ausbeutet

1. bei der Ausübung der Prostitution,
2. durch eine Beschäftigung nach § 232 Absatz 1 Satz 2,
3. bei der Ausübung der Bettelei oder
4. bei der Begehung von mit Strafe bedrohten Handlungen durch diese Person.

(2) Der Versuch ist strafbar.

(3) In den Fällen des Absatzes 1 ist auf Freiheitsstrafe von einem Jahr bis zu zehn Jahren zu erkennen, wenn einer der in § 233 Absatz 2 Nummer 1 bis 4 bezeichneten Umstände vorliegt.

(4) In minder schweren Fällen des Absatzes 1 ist auf Freiheitsstrafe von drei Monaten bis zu fünf Jahren, in minder schweren Fällen des Absatzes 3 auf Freiheitsstrafe von sechs Monaten bis zu zehn Jahren zu erkennen.

§ 233b[2] **Führungsaufsicht.** In den Fällen der §§ 232, 232a Absatz 1 bis 5, der §§ 232b, 233 Absatz 1 bis 4 und des § 233a kann das Gericht Führungsaufsicht anordnen (§ 68 Abs. 1).

§ 234[3] **Menschenraub.** (1) Wer sich einer anderen Person mit Gewalt, durch Drohung mit einem empfindlichen Übel oder durch List bemächtigt, um sie in hilfloser Lage auszusetzen oder dem Dienst in einer militärischen oder militärähnlichen Einrichtung im Ausland zuzuführen, wird mit Freiheitsstrafe von einem Jahr bis zu zehn Jahren bestraft.

(2) In minder schweren Fällen ist die Strafe Freiheitsstrafe von sechs Monaten bis zu fünf Jahren.

§ 234a Verschleppung. (1) Wer einen anderen durch List, Drohung oder Gewalt in ein Gebiet außerhalb des räumlichen Geltungsbereichs dieses Gesetzes verbringt oder veranlaßt, sich dorthin zu begeben, oder davon abhält, von dort zurückzukehren, und dadurch der Gefahr aussetzt, aus politischen Gründen verfolgt zu werden und hierbei im Widerspruch zu rechtsstaatlichen Grundsätzen durch Gewalt- oder Willkürmaßnahmen Schaden an Leib oder Leben zu erleiden, der Freiheit beraubt oder in seiner beruflichen oder wirtschaftlichen Stellung empfindlich beeinträchtigt zu werden, wird mit Freiheitsstrafe nicht unter einem Jahr bestraft.

(2) In minder schweren Fällen ist die Strafe Freiheitsstrafe von drei Monaten bis zu fünf Jahren.

(3) Wer eine solche Tat vorbereitet, wird mit Freiheitsstrafe bis zu fünf Jahren *oder mit* Geldstrafe bestraft.

§ 235 Entziehung Minderjähriger. (1) Mit Freiheitsstrafe bis zu fünf Jahren oder mit Geldstrafe wird bestraft, wer

---

[1] § 233a neu gef. mWv 15.10.2016 durch G v. 11.10.2016 (BGBl. I S. 2226).

[2] § 233b eingef. mWv 19.2.2005 durch G v. 11.2.2005 (BGBl. I S. 239); Abs. 1 und 2 geänd. mWv 15.10.2016 durch G v. 11.10.2016 (BGBl. I S. 2226); Überschrift geänd., Abs. 2 aufgeh. mWv 1.7.2017 durch G v. 13.4.2017 (BGBl. I S. 872).

[3] § 234 neu gef. mWv 19.2.2005 durch G v. 11.2.2005 (BGBl. I S. 239).

1. eine Person unter achtzehn Jahren mit Gewalt, durch Drohung mit einem empfindlichen Übel oder durch List oder
2. ein Kind, ohne dessen Angehöriger zu sein,

den Eltern, einem Elternteil, dem Vormund oder dem Pfleger entzieht oder vorenthält.

(2) Ebenso wird bestraft, wer ein Kind den Eltern, einem Elternteil, dem Vormund oder dem Pfleger

1. entzieht, um es in das Ausland zu verbringen, oder
2. im Ausland vorenthält, nachdem es dorthin verbracht worden ist oder es sich dorthin begeben hat.

(3) In den Fällen des Absatzes 1 Nr. 2 und des Absatzes 2 Nr. 1 ist der Versuch strafbar.

(4) Auf Freiheitsstrafe von einem Jahr bis zu zehn Jahren ist zu erkennen, wenn der Täter

1. das Opfer durch die Tat in die Gefahr des Todes oder einer schweren Gesundheitsschädigung oder einer erheblichen Schädigung der körperlichen oder seelischen Entwicklung bringt oder
2. die Tat gegen Entgelt oder in der Absicht begeht, sich oder einen Dritten zu bereichern.

(5) Verursacht der Täter durch die Tat den Tod des Opfers, so ist die Strafe Freiheitsstrafe nicht unter drei Jahren.

(6) In minder schweren Fällen des Absatzes 4 ist auf Freiheitsstrafe von sechs Monaten bis zu fünf Jahren, in minder schweren Fällen des Absatzes 5 auf Freiheitsstrafe von einem Jahr bis zu zehn Jahren zu erkennen.

(7) Die Entziehung Minderjähriger wird in den Fällen der Absätze 1 bis 3 nur auf Antrag verfolgt, es sei denn, daß die Strafverfolgungsbehörde wegen des besonderen öffentlichen Interesses an der Strafverfolgung ein Einschreiten von Amts wegen für geboten hält.

§ 236[1)] Kinderhandel. (1) [1] Wer sein noch nicht achtzehn Jahre altes Kind oder seinen noch nicht achtzehn Jahre alten Mündel oder Pflegling unter grober Vernachlässigung der Fürsorge- oder Erziehungspflicht einem anderen auf Dauer überlässt und dabei gegen Entgelt oder in der Absicht handelt, sich oder einen Dritten zu bereichern, wird mit Freiheitsstrafe bis zu fünf Jahren oder mit Geldstrafe bestraft. [2] Ebenso wird bestraft, wer in den Fällen des Satzes 1 das Kind, den Mündel oder Pflegling auf Dauer bei sich aufnimmt und dafür ein Entgelt gewährt.

(2) [1] Wer unbefugt

1. die Adoption einer Person unter achtzehn Jahren vermittelt oder
2. eine Vermittlungstätigkeit ausübt, die zum Ziel hat, daß ein Dritter eine Person unter achtzehn Jahren auf Dauer bei sich aufnimmt,

und dabei gegen Entgelt oder in der Absicht handelt, sich oder einen Dritten zu bereichern, wird mit Freiheitsstrafe bis zu drei Jahren oder mit Geldstrafe bestraft. [2] Ebenso wird bestraft, wer als Vermittler der Adoption einer Person unter achtzehn Jahren einer Person für die Erteilung der erforderlichen Zustimmung zur

---

[1)] § 236 Abs. 1 neu gef., Abs. 5 geänd. mWv 1.4.2004 durch G v. 27.12.2003 (BGBl. I S. 3007); Abs. 2 Satz 2 eingef., bish. Satz 2 wird Satz 3 mWv 5.11.2008 durch G v. 31.10.2008 (BGBl. I S. 2149).

Adoption ein Entgelt gewährt. [3]Bewirkt der Täter in den Fällen des Satzes 1, daß die vermittelte Person in das Inland oder in das Ausland verbracht wird, so ist die Strafe Freiheitsstrafe bis zu fünf Jahren oder Geldstrafe.

(3) Der Versuch ist strafbar.

(4) Auf Freiheitsstrafe von sechs Monaten bis zu zehn Jahren ist zu erkennen, wenn der Täter

1. aus Gewinnsucht, gewerbsmäßig oder als Mitglied einer Bande handelt, die sich zur fortgesetzten Begehung eines Kinderhandels verbunden hat, oder
2. das Kind oder die vermittelte Person durch die Tat in die Gefahr einer erheblichen Schädigung der körperlichen oder seelischen Entwicklung bringt.

(5) In den Fällen der Absätze 1 und 3 kann das Gericht bei Beteiligten und in den Fällen der Absätze 2 und 3 bei Teilnehmern, deren Schuld unter Berücksichtigung des körperlichen oder seelischen Wohls des Kindes oder der vermittelten Person gering ist, die Strafe nach seinem Ermessen mildern (§ 49 Abs. 2) oder von Strafe nach den Absätzen 1 bis 3 absehen.

§ 237[1)] Zwangsheirat. (1) [1]Wer einen Menschen rechtswidrig mit Gewalt oder durch Drohung mit einem empfindlichen Übel zur Eingehung der Ehe nötigt, wird mit Freiheitsstrafe von sechs Monaten bis zu fünf Jahren bestraft. [2]Rechtswidrig ist die Tat, wenn die Anwendung der Gewalt oder die Androhung des Übels zu dem angestrebten Zweck als verwerflich anzusehen ist.

(2) Ebenso wird bestraft, wer zur Begehung einer Tat nach Absatz 1 den Menschen durch Gewalt, Drohung mit einem empfindlichen Übel oder durch List in ein Gebiet außerhalb des räumlichen Geltungsbereiches dieses Gesetzes verbringt oder veranlasst, sich dorthin zu begeben, oder davon abhält, von dort zurückzukehren.

(3) Der Versuch ist strafbar.

(4) In minder schweren Fällen ist die Strafe Freiheitsstrafe bis zu drei Jahren oder Geldstrafe.

§ 238[2)] Nachstellung. (1) Mit Freiheitsstrafe bis zu drei Jahren oder mit Geldstrafe wird bestraft, wer einer anderen Person in einer Weise unbefugt nachstellt, die geeignet ist, deren Lebensgestaltung nicht unerheblich zu beeinträchtigen, indem er wiederholt

1. die räumliche Nähe dieser Person aufsucht,
2. unter Verwendung von Telekommunikationsmitteln oder sonstigen Mitteln der Kommunikation oder über Dritte Kontakt zu dieser Person herzustellen versucht,
3. unter missbräuchlicher Verwendung von personenbezogenen Daten dieser Person
   a) Bestellungen von Waren oder Dienstleistungen für sie aufgibt oder
   b) Dritte veranlasst, Kontakt mit ihr aufzunehmen,
4. diese Person mit der Verletzung von Leben, körperlicher Unversehrtheit, Gesundheit oder Freiheit ihrer selbst, eines ihrer Angehörigen oder einer anderen ihr nahestehenden Person bedroht,

---

[1)] § 237 neu gef. mWv 1.7.2011 durch G v. 23.6.2011 (BGBl. I S. 1266).
[2)] § 238 neu gef. mWv 1.10.2021 durch G v. 10.8.2021 (BGBl. I S. 3513).

5. zulasten dieser Person, eines ihrer Angehörigen oder einer anderen ihr nahestehenden Person eine Tat nach § 202a, § 202b oder § 202c begeht,
6. eine Abbildung dieser Person, eines ihrer Angehörigen oder einer anderen ihr nahestehenden Person verbreitet oder der Öffentlichkeit zugänglich macht,
7. einen Inhalt (§ 11 Absatz 3), der geeignet ist, diese Person verächtlich zu machen oder in der öffentlichen Meinung herabzuwürdigen, unter Vortäuschung der Urheberschaft der Person verbreitet oder der Öffentlichkeit zugänglich macht oder
8. eine mit den Nummern 1 bis 7 vergleichbare Handlung vornimmt.

(2) [1] In besonders schweren Fällen des Absatzes 1 Nummer 1 bis 7 wird die Nachstellung mit Freiheitsstrafe von drei Monaten bis zu fünf Jahren bestraft. [2] Ein besonders schwerer Fall liegt in der Regel vor, wenn der Täter

1. durch die Tat eine Gesundheitsschädigung des Opfers, eines Angehörigen des Opfers oder einer anderen dem Opfer nahestehenden Person verursacht,
2. das Opfer, einen Angehörigen des Opfers oder eine andere dem Opfer nahestehende Person durch die Tat in die Gefahr des Todes oder einer schweren Gesundheitsschädigung bringt,
3. dem Opfer durch eine Vielzahl von Tathandlungen über einen Zeitraum von mindestens sechs Monaten nachstellt,
4. bei einer Tathandlung nach Absatz 1 Nummer 5 ein Computerprogramm einsetzt, dessen Zweck das digitale Ausspähen anderer Personen ist,
5. eine durch eine Tathandlung nach Absatz 1 Nummer 5 erlangte Abbildung bei einer Tathandlung nach Absatz 1 Nummer 6 verwendet,
6. einen durch eine Tathandlung nach Absatz 1 Nummer 5 erlangten Inhalt (§ 11 Absatz 3) bei einer Tathandlung nach Absatz 1 Nummer 7 verwendet oder
7. über einundzwanzig Jahre ist und das Opfer unter sechzehn Jahre ist.

(3) Verursacht der Täter durch die Tat den Tod des Opfers, eines Angehörigen des Opfers oder einer anderen dem Opfer nahestehenden Person, so ist die Strafe Freiheitsstrafe von einem Jahr bis zu zehn Jahren.

§ 239 Freiheitsberaubung. (1) Wer einen Menschen einsperrt oder auf andere Weise der Freiheit beraubt, wird mit Freiheitsstrafe bis zu fünf Jahren oder mit Geldstrafe bestraft.

(2) Der Versuch ist strafbar.

(3) Auf Freiheitsstrafe von einem Jahr bis zu zehn Jahren ist zu erkennen, wenn der Täter

1. das Opfer länger als eine Woche der Freiheit beraubt oder
2. durch die Tat oder eine während der Tat begangene Handlung eine schwere Gesundheitsschädigung des Opfers verursacht.

(4) Verursacht der Täter durch die Tat oder eine während der Tat begangene Handlung den Tod des Opfers, so ist die Strafe Freiheitsstrafe nicht unter drei Jahren.

(5) In minder schweren Fällen des Absatzes 3 ist auf Freiheitsstrafe von sechs Monaten bis zu fünf Jahren, in minder schweren Fällen des Absatzes 4 auf Freiheitsstrafe von einem Jahr bis zu zehn Jahren zu erkennen.

§ 239a Erpresserischer Menschenraub. (1) Wer einen Menschen entführt oder sich eines Menschen bemächtigt, um die Sorge des Opfers um sein Wohl oder die Sorge eines Dritten um das Wohl des Opfers zu einer Erpressung (§ 253) auszunutzen, oder wer die von ihm durch eine solche Handlung geschaffene Lage eines Menschen zu einer solchen Erpressung ausnutzt, wird mit Freiheitsstrafe nicht unter fünf Jahren bestraft.

(2) In minder schweren Fällen ist die Strafe Freiheitsstrafe nicht unter einem Jahr.

(3) Verursacht der Täter durch die Tat wenigstens leichtfertig den Tod des Opfers, so ist die Strafe lebenslange Freiheitsstrafe oder Freiheitsstrafe nicht unter zehn Jahren.

(4) [1] Das Gericht kann die Strafe nach § 49 Abs. 1 mildern, wenn der Täter das Opfer unter Verzicht auf die erstrebte Leistung in dessen Lebenskreis zurückgelangen läßt. [2] Tritt dieser Erfolg ohne Zutun des Täters ein, so genügt sein ernsthaftes Bemühen, den Erfolg zu erreichen.

§ 239b Geiselnahme. (1) Wer einen Menschen entführt oder sich eines Menschen bemächtigt, um ihn oder einen Dritten durch die Drohung mit dem Tod oder einer schweren Körperverletzung (§ 226) des Opfers oder mit dessen Freiheitsentziehung von über einer Woche Dauer zu einer Handlung, Duldung oder Unterlassung zu nötigen, oder wer die von ihm durch eine solche Handlung geschaffene Lage eines Menschen zu einer solchen Nötigung ausnutzt, wird mit Freiheitsstrafe nicht unter fünf Jahren bestraft.

(2) § 239a Abs. 2 bis 4 gilt entsprechend.

(Fortsetzung nächstes Blatt)

Lfd. Nr.	Änderndes Gesetz	Datum	Fundstelle	Betroffen	Hinweis
40.	Art. 9 Transparenzregister- und FinanzinformationsG[1]	25.6.2021	BGBl. I S. 2083	Art. 316k	geänd. mWv 1.7.2021
41.	Art. 3 G zur Änd. des Anti-Doping-G	12.8.2021	BGBl. I S. 3542	Art. 316m	eingef. mWv 1.10.2021

[1] **Amtl. Anm.:** Dieses Gesetz dient der Umsetzung der Richtlinie (EU) 2019/1153 des Europäischen Parlaments und des Rates vom 20. Juni 2019 zur Festlegung von Vorschriften zur Erleichterung der Nutzung von Finanz- und sonstigen Informationen für die Verhütung, Aufdeckung, Untersuchung oder Verfolgung bestimmter Straftaten und zur Aufhebung des Beschlusses 2000/642/JI des Rates (ABl. L 186 vom 11.7.2019, S. 122), der Umsetzung der Richtlinie (EU) 2018/843 des Europäischen Parlaments und des Rates vom 30. Mai 2018 zur Änderung der Richtlinie (EU) 2015/849 zur Verhinderung der Nutzung des Finanzsystems zum Zwecke der Geldwäsche und der Terrorismusfinanzierung und zur Änderung der Richtlinien 2009/138/EG und 2013/36/EU (ABl. L 156 vom 19.6.2018, S. 43) sowie der Umsetzung der Richtlinie (EU) 2019/2177 des Europäischen Parlaments und des Rates vom 18. Dezember 2019 zur Änderung der Richtlinie 2009/138/EG betreffend die Aufnahme und Ausübung der Versicherungs- und der Rückversicherungstätigkeit (Solvabilität II), der Richtlinie 2014/65/EU über Märkte für Finanzinstrumente, und der Richtlinie (EU) 2015/849 zur Verhinderung der Nutzung des Finanzsystems zum Zwecke der Geldwäsche und der Terrorismusfinanzierung (ABl. L 334 vom 27.12.2019, S. 155).

§ 66 Absatz 3 Satz 1 des Strafgesetzbuches verwiesen wird, sind die Vorschriften in der am 1. Juli 2021 geltenden Fassung anwendbar. [3]Die Artikel 316g und 316i bleiben unberührt.

Art. 316m[1)] Übergangsvorschrift zum Gesetz zur Änderung des Anti-Doping-Gesetzes. § 4a des Anti-Doping-Gesetzes in der Fassung des Artikels 1 des Gesetzes zur Änderung des Anti-Doping-Gesetzes vom 12. August 2021 (BGBl. I S. 3542) ist nicht auf Verfahren anzuwenden, in denen vor dem 1. Oktober 2021 die Eröffnung des Hauptverfahrens beschlossen worden ist.

Art. 317[2)] Überleitung des Verfahrens wegen Ordnungswidrigkeiten nach neuem Recht. (1) [1]Die bei Inkrafttreten des neuen Rechts schwebenden Verfahren wegen einer Zuwiderhandlung, die nach neuem Recht nur noch mit Geldbuße bedroht ist, werden in der Lage, in der sie sich befinden, nach den Vorschriften des Gesetzes über Ordnungswidrigkeiten[3)] fortgesetzt, soweit nichts anderes bestimmt ist. [2]Hat das Gericht wegen einer solchen Zuwiderhandlung bereits das Hauptverfahren eröffnet oder einen Strafbefehl oder eine Strafverfügung erlassen, so bleibt die Staatsanwaltschaft für die Verfolgung auch im Bußgeldverfahren zuständig. [3]§ 72 des Gesetzes über Ordnungswidrigkeiten ist in diesem Falle nicht anzuwenden.

(2) [1]Die §§ 79, 80 des Gesetzes über Ordnungswidrigkeiten gelten nicht, wenn das Urteil vor Inkrafttreten des neuen Rechts wegen einer Zuwiderhandlung ergangen ist, die nach neuem Recht nur noch mit Geldbuße bedroht ist; in diesen Fällen gelten die §§ 313 und 334 der Strafprozeßordnung[4)] in der bisherigen Fassung fort. [2]Ist das Revisionsgericht der Auffassung, daß ein solches Urteil allein wegen des neuen Rechts dem Gesetz nicht entspricht, so berichtigt es den Schuldspruch und wandelt eine Verurteilung zu einer Geldstrafe in eine solche zu einer entsprechenden Geldbuße um. [3]Das Revisionsgericht kann auch in einem Beschluß nach § 349 Abs. 2 der Strafprozeßordnung so verfahren, wenn es die Revision im übrigen einstimmig für offensichtlich unbegründet erachtet. [4]Hebt das Revisionsgericht das angefochtene Urteil auf, so kann es abweichend von § 354 Abs. 2 der Strafprozeßordnung die Sache an das Gericht, dessen Urteil aufgehoben wird, zurückverweisen.

Art. 318[2)] Zuwiderhandlungen nach den Gesetzen auf dem Gebiet der Sozialversicherung. (1) Auf die vor dem 1. Januar 1975 begangenen Zuwiderhandlungen nach den Gesetzen auf dem Gebiet der Sozialversicherung, die nach bisherigem Recht mit Ordnungsstrafe bedroht waren und nach neuem Recht Ordnungswidrigkeiten sind, ist das neue Recht mit der Beschränkung anzuwenden, daß sich das Höchstmaß der Geldbuße nach dem Höchstmaß der bisherigen Ordnungsstrafe bestimmt.

(2) Ist jedoch vor dem 1. Januar 1975 wegen einer der in Absatz 1 bezeichneten Zuwiderhandlungen ein Ordnungsstrafbescheid erlassen worden, so ist in dem weiteren Verfahren das bisherige Recht anzuwenden.

[1)] Art. 316m eingef. mWv 1.10.2021 durch G v. 12.8.2021 (BGBl. I S. 3542).

[2)] Für das Gebiet der ehem. DDR finden die Art. 317 und 318 aufgrund des EVertr. v. 31.8.1990 (BGBl. II S. 889, 957) keine Anwendung.

[3)] Nr. **94**.

[4)] Nr. **90**.

Art. 319[1] **Anwendung des bisherigen Kostenrechts.** In Straf- und Bußgeldsachen werden Gebühren nach dem bisherigen Recht erhoben, wenn die über die Kosten ergangene Entscheidung vor dem 1. Januar 1975 rechtskräftig geworden ist.

Art. 320[2] *(aufgehoben)*

Art. 321[3] *(aufgehoben)*

Art. 322[1] **Verweisungen.** Soweit in anderen Vorschriften auf Vorschriften verwiesen wird, die durch dieses Gesetz geändert werden, treten an deren Stelle die geänderten Vorschriften.

Art. 323 Ermächtigung zur Neubekanntmachung. *(hier nicht wiedergegeben)*

Art. 324[4] **Sonderregelung für Berlin.** (1) [1] Artikel 18 II Nr. 3, soweit diese Nummer sich auf § 5 Nr. 5 bezieht, 19 Nr. 5 Buchstabe b, Nr. 6 bis 9, 12, 34 bis 41, 207, soweit diese Nummer sich auf die §§ 84 bis 87, 89 und 109 bis 109k bezieht, Artikel 21 Nr. 24 Buchstabe b, Artikel 26 Nr. 52 und 53, Artikel 27, 28, 31, 34, 35, 70, 147, 152 bis 159, 181, 287 Nr. 44, 52, 56, 77 und 81 und Artikel 326 Abs. 5 Nr. 7 bis 9 sind im Land Berlin nicht anzuwenden. [2] Artikel 230 ist in Berlin erst anzuwenden, wenn das durch ihn geänderte Gesetz vom Land Berlin übernommen ist.

(2) Die §§ 113 und 114 des Strafgesetzbuches[5] in der Fassung des Artikels 19 Nr. 43 und 44 sind auch im Land Berlin anzuwenden.

(3) Für folgende Vorschriften des Strafgesetzbuches gelten im Land Berlin die nachstehend bezeichneten Besonderheiten:
1.–6. *(hier nicht wiedergegeben)*

(4) Die zugunsten des Bundes und der Länder, ihrer verfassungsmäßigen Ordnung, ihrer Staatsorgane und deren Mitglieder geltenden Strafvorschriften sind auch hinsichtlich des Landes Berlin anzuwenden.

(5) Für § 74a Abs. 1 des Gerichtsverfassungsgesetzes[6] gelten im Land Berlin die nachstehend bezeichneten Besonderheiten:
1., 2. *(hier nicht wiedergegeben)*

Art. 325[7] *(aufgehoben)*

Art. 326[4] [8] **Inkrafttreten; Übergangsfassungen.** (1) Dieses Gesetz tritt am 1. Januar 1975 in Kraft, soweit nichts anderes bestimmt ist.

(2) § 78a Abs. 2, 3 des Gerichtsverfassungsgesetzes[6] in der Fassung des Artikels 22 Nr. 6 sowie Artikel 29 Nr. 26 Buchstabe a, Artikel 61 Nr. 1, Artikel 161 Nr. 2 Buchstabe d, Nr. 9 Buchstabe a, Artikel 171 Nr. 2, Artikel 249 Nr. 5 bis 7,

---

[1] Für das Gebiet der ehem. DDR finden die Art. 319 und 322 aufgrund des EVertr. v. 31.8.1990 (BGBl. II S. 889, 957) keine Anwendung.

[2] Art. 320 aufgeh. mWv 1.1.2002 durch G v. 13.12.2001 (BGBl. I S. 3574).

[3] Art. 321 aufgeh. mWv 15.12.2010 durch G v. 8.12.2010 (BGBl. I S. 1864).

[4] Für das Gebiet der ehem. DDR finden die Art. 324 und 326 aufgrund des EVertr. v. 31.8.1990 (BGBl. II S. 889, 957) keine Anwendung.

[5] Nr. **85**.

[6] Nr. **95**.

[7] Art. 325 aufgeh. mWv 1.6.2004 durch G v. 12.3.2004 (BGBl. I S. 390).

[8] Art. 326 Abs. 2 geänd. durch G v. 15.8.1974 (BGBl. I S. 1942); Abs. 4 und 5 aufgeh. durch G v. 20.12.1984 (BGBl. I S. 1654).

Artikel 250 Nr. 3, 4 Buchstabe a, Artikel 287 Nr. 24, 25, Artikel 294 Satz 2, Artikel 302, 315 Abs. 1, auch soweit diese Vorschrift nach Artikel 315 Abs. 3 entsprechend gilt, Artikel 323, 324 Abs. 4 und Artikel 325 Satz 2 treten am Tage nach der Verkündung[1)] in Kraft.

(3) Artikel 19 Nr. 148, 159, 194 und 206, soweit in dieser Nummer § 361 Nr. 3 bis 5, 7 und 8 des Strafgesetzbuches[2)] aufgehoben wird, sowie Artikel 313 treten einen Monat nach der Verkündung[1)] in Kraft.

(4), (5) *(aufgehoben)*

(6) *(hier nicht wiedergegeben)*

[1)] Verkündet am 9.3.1974.

[2)] Nr. **85**.

88. Gesetz zur weiteren Vereinfachung des Wirtschaftsstrafrechts (Wirtschaftsstrafgesetz 1954)

In der Fassung der Bekanntmachung vom 3. Juni 1975[1]
(BGBl. I S. 1313)

FNA 453-11

Lfd. Nr.	Änderndes Gesetz	Datum	Fundstelle	Betroffen	Hinweis
1.	Art. 3 G zur Erhöhung des Angebots an Mietwohnungen	20.12. 1982	BGBl. I S. 1912		
2.	Art. 2 G zur Regelung der Preisangaben	3.12.1984	BGBl. I S. 1429		
3.	Art. 8 Zweites G zur Bekämpfung der Wirtschaftskriminalität	15.5.1986	BGBl. I S. 721		
4.	Art. 7 G zur Bekämpfung des illegalen Rauschgifthandels und anderer Erscheinungsformen der Organisierten Kriminalität	15.7.1992	BGBl. I S. 1302		
5.	Art. 2 Viertes MietrechtsänderungsG	21.7.1993	BGBl. I S. 1257		
6.	Art. 5 MietrechtsreformG	19.6.2001	BGBl. I S. 1149	§ 5	geänd. mWv 1.9.2001
7.	Art. 23 EuroeinführungsG	13.12. 2001	BGBl. I S. 3574	§§ 2, 3, 4, 5	geänd. mWv 1.1.2002
8.	§ 20 Abs. 2 FleischG	9.4.2008	BGBl. I S. 714	§ 16	geänd. mWv 1.11.2008
9.	Art. 55 Bundesrecht-BereinigungsG	8.12.2010	BGBl. I S. 1864	§§ 20, 21a, 22	aufgeh. mWv 15.12.2010
10.	Art. 6 Abs. 29 G zur Reform der strafrechtlichen Vermögensabschöpfung	13.4.2017	BGBl. I S. 872	§§ 8, 11	geänd. mWv 1.7.2017
11.	Art. 3 MietrechtsanpassungsG	18.12. 2018	BGBl. I S. 2648	§ 6	eingef. mWv 1.1.2019
12.	Art. 2 G zur Verlängerung des Betrachtungszeitraums für die ortsübliche Vergleichsmiete	21.12. 2019	BGBl. I S. 2911	§ 5	geänd. mWv 1.1.2020
13.	Art. 76 Personengesell*schaftsrecht*smodernisierungsG (MoPeG)	10.8.2021	BGBl. I S. 3436	§ 10	geänd. mWv 1.1.2024

Vorbemerkung:
Die Änderung durch G v. 10.8.2021 (BGBl. I S. 3436) tritt erst mWv 1.1. 2024 in Kraft und ist im Text noch nicht berücksichtigt.

[1] Neubekanntmachung des WiStG (WirtschaftsstrafG 1954) v. 9.7.1954 (BGBl. I S. 175) in der ab 1.1. 1975 geltenden Fassung.

Erster Abschnitt. Ahndung von Zuwiderhandlungen im Bereich des Wirtschaftsrechts

§ 1 Strafbare Verstöße gegen Sicherstellungsvorschriften. (1) Wer eine Zuwiderhandlung nach

1. § 18 des Wirtschaftssicherstellungsgesetzes,
2. § 26 des Verkehrssicherstellungsgesetzes,
3. § 22 des Ernährungssicherstellungsgesetzes,
4. § 28 des Wassersicherstellungsgesetzes

begeht, wird mit Freiheitsstrafe bis zu fünf Jahren oder mit Geldstrafe bestraft.

(2) Der Versuch ist strafbar.

(3) [1] In besonders schweren Fällen ist die Strafe Freiheitsstrafe nicht unter sechs Monaten. [2] Ein besonders schwerer Fall liegt in der Regel vor, wenn

1. durch die Handlung
   a) die Versorgung, sei es auch nur auf einem bestimmten Gebiet in einem örtlichen Bereich, schwer gefährdet wird oder
   b) das Leben oder die Freiheit eines anderen gefährdet wird oder eine Maßnahme nicht rechtzeitig getroffen werden kann, die erforderlich ist, um eine gegenwärtige Gefahr für das Leben oder die Freiheit eines anderen abzuwenden, oder
2. der Täter
   a) bei Begehung der Tat eine einflußreiche Stellung im Wirtschaftsleben oder in der Wirtschaftsverwaltung zur Erzielung von bedeutenden Vermögensvorteilen gröblich mißbraucht,
   b) eine außergewöhnliche Mangellage bei der Versorgung mit Sachen oder Leistungen des lebenswichtigen Bedarfs zur Erzielung von bedeutenden Vermögensvorteilen gewissenlos ausnutzt oder
   c) gewerbsmäßig zur Erzielung von hohen Gewinnen handelt.

(4) Handelt der Täter fahrlässig, so ist die Strafe Freiheitsstrafe bis zu zwei Jahren oder Geldstrafe.

§ 2[1)] Ordnungswidrige Verstöße gegen Sicherstellungsvorschriften.

(1) Ordnungswidrig handelt, wer vorsätzlich oder fahrlässig eine der in § 1 Abs. 1 bezeichneten Handlungen begeht, wenn die Tat ihrem Umfang und ihrer Auswirkung nach, namentlich nach Art und Menge der Sachen oder Leistungen, auf die sie sich bezieht, nicht geeignet ist,

1. die Versorgung, sei es auch nur auf einem bestimmten Gebiet in einem örtlichen Bereich, merkbar zu stören und
2. die Verwirklichung der sonstigen Ziele, denen die in § 1 Abs. 1 bezeichneten Rechtsvorschriften im allgemeinen oder im Einzelfall zu dienen bestimmt sind, merkbar zu beeinträchtigen.

(2) Absatz 1 ist nicht anzuwenden, wenn der Täter die Tat beharrlich wiederholt.

(3) Die Ordnungswidrigkeit und der Versuch einer Ordnungswidrigkeit können *mit einer Geldbuße bis zu fünfundzwanzigtausend Euro* geahndet werden.

[1)] § 2 Abs. 3 geänd. mWv 1.1.2002 durch G v. 13.12.2001 (BGBl. I S. 3574).

§ 3[1)] Verstöße gegen die Preisregelung. (1) [1] Ordnungswidrig handelt, wer in anderen als den in den §§ 1, 2 bezeichneten Fällen vorsätzlich oder fahrlässig einer Rechtsvorschrift über

1. Preise, Preisspannen, Zuschläge oder Abschläge,
2. Preisangaben,
3. Zahlungs- oder Lieferungsbedingungen oder
4. andere der Preisbildung oder dem Preisschutz dienende Maßnahmen

oder einer auf Grund einer solchen Rechtsvorschrift ergangenen vollziehbaren Verfügung zuwiderhandelt, soweit die Rechtsvorschrift für einen bestimmten Tatbestand auf diese Vorschrift verweist. [2] Die Verweisung ist nicht erforderlich, soweit § 16 dies bestimmt.

(2) Die Ordnungswidrigkeit kann mit einer Geldbuße bis zu fünfundzwanzigtausend Euro geahndet werden.

§ 4[2)] Preisüberhöhung in einem Beruf oder Gewerbe. (1) Ordnungswidrig handelt, wer vorsätzlich oder leichtfertig in befugter oder unbefugter Betätigung in einem Beruf oder Gewerbe für Gegenstände oder Leistungen des lebenswichtigen Bedarfs Entgelte fordert, verspricht, vereinbart, annimmt oder gewährt, die infolge einer Beschränkung des Wettbewerbs oder infolge der Ausnutzung einer wirtschaftlichen Machtstellung oder einer Mangellage unangemessen hoch sind.

(2) Die Ordnungswidrigkeit kann mit einer Geldbuße bis zu fünfundzwanzigtausend Euro geahndet werden.

§ 5[3)] Mietpreisüberhöhung. (1) Ordnungswidrig handelt, wer vorsätzlich oder leichtfertig für die Vermietung von Räumen zum Wohnen oder damit verbundene Nebenleistungen unangemessen hohe Entgelte fordert, sich versprechen lässt oder annimmt.

(2) [1] Unangemessen hoch sind Entgelte, die infolge der Ausnutzung eines geringen Angebots an vergleichbaren Räumen die üblichen Entgelte um mehr als 20 vom Hundert übersteigen, die in der Gemeinde oder in vergleichbaren Gemeinden für die Vermietung von Räumen vergleichbarer Art, Größe, Ausstattung, Beschaffenheit und Lage oder damit verbundene Nebenleistungen in den letzten sechs Jahren vereinbart oder, von Erhöhungen der Betriebskosten abgesehen, geändert worden sind. [2] Nicht unangemessen hoch sind Entgelte, die zur Deckung der laufenden Aufwendungen des Vermieters erforderlich sind, sofern sie unter Zugrundelegung der nach Satz 1 maßgeblichen Entgelte nicht in einem auffälligen Missverhältnis zu der Leistung des Vermieters stehen.

(3) Die Ordnungswidrigkeit kann mit einer Geldbuße bis zu fünfzigtausend Euro geahndet werden.

§ 6[4)] Durchführung einer baulichen Veränderung in missbräuchlicher Weise. (1) Ordnungswidrig handelt, wer in der Absicht, einen Mieter von Wohnraum *hierdurch zur Kündigung* oder zur Mitwirkung an der Aufhebung des Miet-

---

[1)] § 3 Abs. 1 Satz 1 Nr. 2 geänd. durch G v. 3.12.1984 (BGBl. I S. 1429); Abs. 2 geänd. mWv 1.1.2002 durch G v. 13.12.2001 (BGBl. I S. 3574).

[2)] § 4 Abs. 2 geänd. mWv 1.1.2002 durch G v. 13.12.2001 (BGBl. I S. 3574).

[3)] § 5 neu gef. mWv 1.9.2001 durch G v. 19.6.2001 (BGBl. I S. 1149); Abs. 3 geänd. mWv 1.1.2002 durch G v. 13.12.2001 (BGBl. I S. 3574); Abs. 2 Satz 1 geänd. mWv 1.1.2020 durch G v. 21.12.2019 (BGBl. I S. 2911).

[4)] § 6 aufgeh. durch G v. 21.7.1993 (BGBl. I S. 1257); eingef. mWv 1.1.2019 durch G v. 18.12.2018 (BGBl. I S. 2648).

verhältnisses zu veranlassen, eine bauliche Veränderung in einer Weise durchführt oder durchführen lässt, die geeignet ist, zu erheblichen, objektiv nicht notwendigen Belastungen des Mieters zu führen.

(2) Die Ordnungswidrigkeit kann mit einer Geldbuße bis zu hunderttausend Euro geahndet werden.

Zweiter Abschnitt. Ergänzende Vorschriften

§ 7 Einziehung. Ist eine Zuwiderhandlung im Sinne der §§ 1 bis 4 begangen worden, so können

1. Gegenstände, auf die sich die Tat bezieht, und
2. Gegenstände, die zu ihrer Begehung oder Vorbereitung gebraucht worden oder bestimmt gewesen sind,

eingezogen werden.

§ 8[1)] Abführung des Mehrerlöses. (1) [1]Hat der Täter durch eine Zuwiderhandlung im Sinne der §§ 1 bis 6 einen höheren als den zulässigen Preis erzielt, so ist anzuordnen, daß er den Unterschiedsbetrag zwischen dem zulässigen und dem erzielten Preis (Mehrerlös) an das Land abführt, soweit er ihn nicht auf Grund einer rechtlichen Verpflichtung zurückerstattet hat. [2]Die Abführung kann auch angeordnet werden, wenn eine rechtswidrige Tat nach den §§ 1 bis 6 vorliegt, der Täter jedoch nicht schuldhaft gehandelt hat oder die Tat aus anderen Gründen nicht geahndet werden kann.

(2) [1]Wäre die Abführung des Mehrerlöses eine unbillige Härte, so kann die Anordnung auf einen angemessenen Betrag beschränkt werden oder ganz unterbleiben. [2]Sie kann auch unterbleiben, wenn der Mehrerlös gering ist.

(3) [1]Die Höhe des Mehrerlöses kann geschätzt werden. [2]Der abzuführende Betrag ist zahlenmäßig zu bestimmen.

(4) [1]Die Abführung des Mehrerlöses tritt an die Stelle der Einziehung von Taterträgen (§§ 73 bis 73e und 75 des Strafgesetzbuches[2)], § 29a des Gesetzes über Ordnungswidrigkeiten). [2]Bei Zuwiderhandlungen im Sinne des § 1 gelten die Vorschriften des Strafgesetzbuches über die Verjährung der Einziehung von Taterträgen entsprechend.

§ 9 Rückerstattung des Mehrerlöses. (1) Statt der Abführung kann auf Antrag des Geschädigten die Rückerstattung des Mehrerlöses an ihn angeordnet werden, wenn sein Rückforderungsanspruch gegen den Täter begründet erscheint.

(2) Legt der Täter oder der Geschädigte, nachdem die Abführung des Mehrerlöses angeordnet ist, eine rechtskräftige Entscheidung vor, in welcher der Rückforderungsanspruch gegen den Täter festgestellt ist, so ordnet die Vollstreckungsbehörde an, daß die Anordnung der Abführung des Mehrerlöses insoweit nicht mehr vollstreckt oder der Geschädigte aus dem bereits abgeführten Mehrerlös befriedigt wird.

(3) Die Vorschriften der Strafprozeßordnung[3)] über die Entschädigung des Verletzten (§§ 403 bis 406c) sind mit Ausnahme des § 405 Satz 1, § 406a Abs. 3 und § 406c Abs. 2 entsprechend anzuwenden.

[1)] *§ 8 Abs. 4 neu gef. durch G v. 15.5.1986 (BGBl. I S. 721)*; Abs. 4 Satz 1 geänd. durch G v. 15.7.1992 *(BGBl. I S. 1302)*; Abs. 4 Sätze 1 und 2 geänd. mWv 1.7.2017 durch G v. 13.4.2017 (BGBl. I S. 872).

[2)] Nr. **85**.

[3)] Nr. **90**.

§ 10 Selbständige Abführung des Mehrerlöses. (1) Kann ein Straf- oder Bußgeldverfahren nicht durchgeführt werden, so kann die Abführung oder Rückerstattung des Mehrerlöses selbständig angeordnet werden, wenn im übrigen die Voraussetzungen des § 8 oder § 9 vorliegen.

(2) Ist eine rechtswidrige Tat nach diesem Gesetz in einem Betrieb begangen worden, so kann die Abführung des Mehrerlöses gegen den Inhaber oder Leiter des Betriebes und, falls der Inhaber eine juristische Person oder eine Personengesellschaft des Handelsrechts ist, auch gegen diese selbständig angeordnet werden, wenn ihnen der Mehrerlös zugeflossen ist.

§ 11[1] Verfahren. (1) [1]Im Strafverfahren ist die Abführung des Mehrerlöses im Urteil auszusprechen. [2]Für das selbständige Verfahren gelten § 435 Absatz 1, 2 und 3 Satz 1 und § 436 Absatz 1 und 2 in Verbindung mit § 434 Absatz 2 oder 3 der Strafprozeßordnung[2] entsprechend.

(2) [1]Im Bußgeldverfahren ist die Abführung des Mehrerlöses im Bußgeldbescheid auszusprechen. [2]Im selbständigen Verfahren steht der von der Verwaltungsbehörde zu erlassende Bescheid einem Bußgeldbescheid gleich.

§ 12 (weggefallen)

§ 13 Besondere Vorschriften für das Strafverfahren. (1) [1]Soweit für Straftaten nach § 1 das Amtsgericht sachlich zuständig ist, ist örtlich zuständig das Amtsgericht, in dessen Bezirk das Landgericht seinen Sitz hat. [2]Die Landesregierung kann durch Rechtsverordnung die örtliche Zuständigkeit des Amtsgerichts abweichend regeln, soweit dies mit Rücksicht auf die Wirtschafts- oder Verkehrsverhältnisse, den Aufbau der Verwaltungsbehörden oder andere örtliche Bedürfnisse zweckmäßig erscheint. [3]Die Landesregierung kann diese Ermächtigung auf die Landesjustizverwaltung übertragen.

(2) Im Strafverfahren wegen einer Zuwiderhandlung im Sinne des § 1 gelten die §§ 49, 63 Abs. 1 bis 3 Satz 1 und § 76 Abs. 1, 4 des Gesetzes über Ordnungswidrigkeiten[3] über die Beteiligung der Verwaltungsbehörde im Verfahren der Staatsanwaltschaft und im gerichtlichen Verfahren entsprechend.

§ 14 (weggefallen)

Dritter Abschnitt. Übergangs- und Schlußvorschriften

§ 15 (weggefallen)

§ 16[4] Verweisungen. [1]Verweisen Vorschriften der in § 3 Abs. 1 Satz 1 bezeichneten Art auf die Straf- und Bußgeldvorschriften dieses Gesetzes in der vor dem 1. Januar 1975 geltenden Fassung, auf die Straf- und Bußgeldvorschriften des Wirtschaftsstrafgesetzes in der früher geltenden Fassung, auf dessen § 18 oder auf eine nach § 102 des genannten Gesetzes außer Kraft getretene Vorschrift, so gelten solche Verweisungen als ausdrückliche Verweisungen im Sinne des § 3 Abs. 1 Satz 1. [2]Das gleiche gilt, wenn in Vorschriften der in § 3 Abs. 1 Satz 1 bezeichneten Art auf die Straf- und Bußgeldvorschriften des Getreidegesetzes, des Milch-

[1] § 11 Abs. 1 Satz 2 geänd. mWv 1.7.2017 durch G v. 13.4.2017 (BGBl. I S. 872).
[2] Nr. **90**.
[3] Nr. **94**.
[4] § 16 Satz 2 geänd. mWv 1.11.2008 durch G v. 9.4.2008 (BGBl. I S. 714).

und Fettgesetzes sowie des Zuckergesetzes in der vor dem 1. Januar 1975 geltenden Fassung verwiesen wird. [3]Soweit eine Verweisung nach § 104 Abs. 3 des Wirtschaftsstrafgesetzes in der früher geltenden Fassung nicht erforderlich war, bestimmt sich die Ahndung der Zuwiderhandlungen nach § 3 Abs. 1 Satz 1, ohne daß es einer Verweisung bedarf.

§§ 17–19 (weggefallen)

§ 20[1)] *(aufgehoben)*

§ 21 Begriffsbestimmung. Wirtschaftsstrafgesetz in der früher geltenden Fassung im Sinne der §§ 15 bis 18 ist das Wirtschaftsstrafgesetz vom 26. Juli 1949 (Gesetzblatt der Verwaltung des Vereinigten Wirtschaftsgebietes S. 193) mit seinen weiteren Fassungen, die durch die Erstreckungsverordnung vom 24. Januar 1950 (Bundesgesetzbl. S. 24), das Gesetz zur Erstreckung und zur Verlängerung der Geltungsdauer des Wirtschaftsstrafgesetzes vom 29. März 1950 (Bundesgesetzbl. S. 78), das Gesetz zur Verlängerung des Wirtschaftsstrafgesetzes vom 30. März 1951 (Bundesgesetzbl. I S. 223), das Gesetz zur Änderung und Verlängerung des Wirtschaftsstrafgesetzes vom 25. März 1952 (Bundesgesetzbl. I S. 188) und das Gesetz zur Verlängerung des Wirtschaftsstrafgesetzes vom 17. Dezember 1952 (Bundesgesetzbl. I S. 805) bestimmt sind.

§§ 21a, 22[2)] *(aufgehoben)*

§ 23[3)] **Inkrafttreten.** Dieses Gesetz tritt am Tage nach seiner Verkündung[4)] in Kraft.

[1)] § 20 aufgeh. mWv 15.12.2010 durch G v. 8.12.2010 (BGBl. I S. 1864).

[2)] *§§ 21a und 22 aufgeh. mWv 15.12.2010 durch G v. 8.12.2010* (BGBl. I S. 1864).

[3)] **Amtl. Anm.:** § 23 betrifft das Inkrafttreten des Gesetzes in der ursprünglichen Fassung. Der Zeitpunkt des Inkrafttretens der späteren Änderungen ergibt sich aus den Änderungsgesetzen.

[4)] Verkündet am 9.7.1954.

89. Jugendgerichtsgesetz (JGG)

In der Fassung der Bekanntmachung vom 11. Dezember 1974[1)]
(BGBl. I S. 3427)

FNA 451-1

Lfd. Nr.	Änderndes Gesetz	Datum	Fundstelle	Betroffen	Hinweis
1.–21.	Änderungsgesetze bis einschl. G v. 13.12.2007 (BGBl. I S. 2894) nur noch in den Anmerkungen nachgewiesen				
22.	Art. 1 G zur Einführung der nachträglichen Sicherungsverwahrung bei Verurteilungen nach Jugendstrafrecht	8.7.2008	BGBl. I S. 1212	§§ 7, 41, 82, 106	geänd. mWv 12.7.2008
23.	Art. 84 FGG-ReformG	17.12.2008	BGBl. I S. 2586	§§ 3, 34, 42, 53, 54, 55, 67, 70, 84, 98, 104	geänd. mWv 1.9.2009
24.	Art. 3 G zur Änd. des Untersuchungshaftrechts	29.7.2009	BGBl. I S. 2274	§§ 83, 92, 109, 110, 121	geänd. mWv 1.1.2010
				§§ 72b, 89b, 2. Teil 3. Hauptstück 1. Abschnitt 4. UAbschnitt (§ 89c)	eingef. mWv 1.1.2010
				§§ 91, 93	aufgeh. mWv 1.1.2010
25.	Art. 7 Zweites OpferrechtsreformG	29.7.2009	BGBl. I S. 2280	§ 80	geänd. mWv 1.10.2009
26.	Art. 52 Bundesrecht-BereinigungsG	8.12.2010	BGBl. I S. 1864	§§ 35, 112a, 112c, 112d, 112e, 116	geänd. mWv 15.12.2010
				§§ 112b, 115, 117, 118, 119, 120, 122, 123, 124	aufgeh. mWv 15.12.2010
27.	Art. 3 Abs. 2 G zur Neuordnung des Rechts der Sicherungsverwahrung und zu begleitenden Regelungen	22.12.2010	BGBl. I S. 2300	§§ 7, 104, 106, 109	geänd. mWv 1.1.2011
				2. Teil 2. Hauptstück 3. Abschnitt 10. UAbschnitt (§ 81a)	eingef. mWv 1.1.2011
28.	BVerfG, Urt.	4.5.2011	BGBl. I S. 1003	§§ 7, 106	
29.	Art. 3 G über die Besetzung der großen Straf- und Jugendkammern in der Hauptverhandlung und zur Änd. weiterer gerichtsverfassungsrechtlicher Vorschriften sowie des BundesdisziplinarG	6.12.2011	BGBl. I S. 2554	§§ 33a, 33b, 108, 121	geänd. mWv 1.1.2012

[1)] Neubekanntmachung des JGG v. 4.8.1953 (BGBl. I S. 751) in der ab 1.1.1975 geltenden Fassung.

Lfd. Nr.	Änderndes Gesetz	Datum	Fundstelle	Betroffen	Hinweis
30.	Art. 1 G zur Erweiterung der jugendgerichtlichen Handlungsmöglichkeiten	4.9.2012	BGBl. I S. 1854	§ 105	geänd. mWv 8.9.2012
				§§ 26, 57, 104, 109	geänd. mWv 7.10.2012
				§ 89	neu gef. mWv 7.10.2012
				§§ 61, 61a, 61b, 70a	eingef. mWv 7.10.2012
				§§ 8, 21, 26, 30, 31, 59, 61, 61b, 87	geänd. mWv 7.3.2013
				§ 16a	eingef. mWv 7.3.2013
31.	Art. 2 G zur bundesrechtlichen Umsetzung des Abstandsgebotes im Recht der Sicherungsverwahrung	5.12.2012	BGBl. I S. 2425	§§ 7, 81a, 82, 92, 106, 108	geänd. mWv 1.6.2013
32.	Art. 3 G zur Stärkung der Rechte von Opfern sexuellen Missbrauchs	26.6.2013	BGBl. I S. 1805	§§ 36, 109	geänd. mWv 1.1.2014
33.	Art. 7 G zur Stärkung des Rechts des Angeklagten auf Vertretung in der Berufungsverhandlung und über die Anerkennung von Abwesenheitsentscheidungen in der Rechtshilfe	17.7.2015	BGBl. I S. 1332	§ 69	geänd. mWv 25.7.2015
34.	Art. 6 Abs. 28 G zur Reform der strafrechtlichen Vermögensabschöpfung	13.4.2017	BGBl. I S. 872	§ 76	geänd. mWv 1.7.2017
35.	Art. 2 G zur effektiveren und praxistauglicheren Ausgestaltung des Strafverfahrens	17.8.2017	BGBl. I S. 3202	§§ 8, 89a	geänd. mWv 24.8.2017
36.	Art. 4 Zweites G zur Stärkung der Verfahrensrechte von Beschuldigten im Strafverfahren und zur Änd. des Schöffenrechts[1)]	27.8.2017	BGBl. I S. 3295	§§ 78, 104	geänd. mWv 5.9.2017
				§ 67a	eingef. mWv 5.9.2017
37.	Art. 7 G zur Stärkung der Rechte von Betroffenen bei Fixierungen im Rahmen von Freiheitsentziehungen	19.6.2019	BGBl. I S. 840	§ 93	neu gef. mWv 28.6.2019
38.	Art. 5 G zur Modernisierung des Strafverfahrens	10.12. 2019	BGBl. I S. 2121	§ 80	geänd. mWv 13.12.2019

[1)] **Amtl. Anm.:** Die Artikel 1 bis 6 dieses Gesetzes dienen der Umsetzung der Richtlinie 2013/48/EU des Europäischen Parlaments und des Rates vom 22. Oktober 2013 über das Recht auf Zugang zu einem Rechtsbeistand in Strafverfahren und in Verfahren zur Vollstreckung des Europäischen Haftbefehls sowie über das Recht auf Benachrichtigung eines Dritten bei Freiheitsentzug und das Recht auf Kommunikation mit Dritten und mit Konsularbehörden während des Freiheitsentzugs (ABl. L 294 vom 6.11.2013, S. 1).

Lfd. Nr.	Änderndes Gesetz	Datum	Fundstelle	Betroffen	Hinweis
39.	Art. 1 G zur Stärkung der Verfahrensrechte von Beschuldigten im Jugendstrafverfahren[1]	9.12.2019	BGBl. I S. 2146	§§ 1, 38, 43, 44, 50, 51, 67, 68, 70, 70b, 78, 89c, 92, 93, 104, 109, 110	geänd. mWv 17.12.2019
				§ 67a	neu gef. mWv 17.12.2019
				§§ 46a, 51a, 68a, 68b, 70a, 70c	eingef. mWv 17.12.2019
				§ 70c	geänd. mWv 1.1.2020
40.	Art. 15 Abs. 25 G zur Reform des Vormundschafts- und Betreuungsrechts	4.5.2021	BGBl. I S. 882	§ 34	geänd. mWv 1.1.2023
41.	Art. 8 Kinder- und JugendstärkungsG	3.6.2021	BGBl. I S. 1444	§ 37a	eingef. mWv 10.6.2021
42.	Art. 6 G zur Bekämpfung sexualisierter Gewalt gegen Kinder	16.6.2021	BGBl. I S. 1810	§ 106	geänd. mWv 1.7.2021
				§ 37	geänd. mWv 1.1.2022
43.	Art. 21 G zur Fortentwicklung der StrafprozessO und zur Änd. weiterer Vorschriften	25.6.2021	BGBl. I S. 2099	§§ 35, 81, 109	geänd. mWv 1.7.2021

Vorbemerkung:
Die Änderung durch G v. 4.5.2021 (BGBl. I S. 882) tritt erst mWv 1.1.2023 in Kraft und ist im Text noch nicht berücksichtigt.

[1] **Amtl. Anm.:** Dieses Gesetz dient der Umsetzung der Richtlinie (EU) 2016/800 des Europäischen Parlaments und des Rates vom 11. Mai 2016 über Verfahrensgarantien für Kinder, die Verdächtige oder beschuldigte Personen in Strafverfahren sind (ABl. L 132 vom 21.5.2016, S. 1).

Nichtamtliche Inhaltsübersicht

Erster Teil. Anwendungsbereich

§ 1[1] **Persönlicher und sachlicher Anwendungsbereich.** (1) Dieses Gesetz gilt, wenn ein Jugendlicher oder ein Heranwachsender eine Verfehlung begeht, die nach den allgemeinen Vorschriften mit Strafe bedroht ist.

(2) Jugendlicher ist, wer zur Zeit der Tat vierzehn, aber noch nicht achtzehn, Heranwachsender, wer zur Zeit der Tat achtzehn, aber noch nicht einundzwanzig Jahre alt ist.

---

[1] § 1 Abs. 3 angef. mWv 17.12.2019 durch G v. 9.12.2019 (BGBl. I S. 2146).

(3) Ist zweifelhaft, ob der Beschuldigte zur Zeit der Tat das achtzehnte Lebensjahr vollendet hat, sind die für Jugendliche geltenden Verfahrensvorschriften anzuwenden.

§ 2[1] Ziel des Jugendstrafrechts; Anwendung des allgemeinen Strafrechts.

(1) [1]Die Anwendung des Jugendstrafrechts soll vor allem erneuten Straftaten eines Jugendlichen oder Heranwachsenden entgegenwirken. [2]Um dieses Ziel zu erreichen, sind die Rechtsfolgen und unter Beachtung des elterlichen Erziehungsrechts auch das Verfahren vorrangig am Erziehungsgedanken auszurichten.

(2) Die allgemeinen Vorschriften gelten nur, soweit in diesem Gesetz nichts anderes bestimmt ist.

Zweiter Teil. Jugendliche

Erstes Hauptstück. Verfehlungen Jugendlicher und ihre Folgen

Erster Abschnitt. Allgemeine Vorschriften

§ 3[2] Verantwortlichkeit. [1]Ein Jugendlicher ist strafrechtlich verantwortlich, wenn er zur Zeit der Tat nach seiner sittlichen und geistigen Entwicklung reif genug ist, das Unrecht der Tat einzusehen und nach dieser Einsicht zu handeln. [2]Zur Erziehung eines Jugendlichen, der mangels Reife strafrechtlich nicht verantwortlich ist, kann der Richter dieselben Maßnahmen anordnen wie das Familiengericht.

§ 4 Rechtliche Einordnung der Taten Jugendlicher. Ob die rechtswidrige Tat eines Jugendlichen als Verbrechen oder Vergehen anzusehen ist und wann sie verjährt, richtet sich nach den Vorschriften des allgemeinen Strafrechts.

§ 5 Die Folgen der Jugendstraftat. (1) Aus Anlaß der Straftat eines Jugendlichen können Erziehungsmaßregeln angeordnet werden.

(2) Die Straftat eines Jugendlichen wird mit Zuchtmitteln oder mit Jugendstrafe geahndet, wenn Erziehungsmaßregeln nicht ausreichen.

(3) Von Zuchtmitteln und Jugendstrafe wird abgesehen, wenn die Unterbringung in einem psychiatrischen Krankenhaus oder einer Entziehungsanstalt die Ahndung durch den Richter entbehrlich macht.

§ 6 Nebenfolgen. (1) [1]Auf Unfähigkeit, öffentliche Ämter zu bekleiden, Rechte aus öffentlichen Wahlen zu erlangen oder in öffentlichen Angelegenheiten zu wählen oder zu stimmen, darf nicht erkannt werden. [2]Die Bekanntgabe der Verurteilung darf nicht angeordnet werden.

(2) Der Verlust der Fähigkeit, öffentliche Ämter zu bekleiden und Rechte aus öffentlichen Wahlen zu erlangen (§ 45 Abs. 1 des Strafgesetzbuches[3]), tritt nicht ein.

---

[1] *§ 2 Überschrift neu gef., Abs. 1 eingef. mWv 1.1.2008* durch G v. 13.12.2007 (BGBl. I S. 2894).
[2] § 3 geänd. durch G v. 16.12.1997 (BGBl. I S. 2942); Satz 2 geänd. mWv 1.9.2009 durch G v. 17.12.2008 (BGBl. I S. 2586).
[3] Nr. **85**.

§ 7[1] Maßregeln der Besserung und Sicherung. (1) Als Maßregeln der Besserung und Sicherung im Sinne des allgemeinen Strafrechts können die Unterbringung in einem psychiatrischen Krankenhaus oder einer Entziehungsanstalt, die Führungsaufsicht oder die Entziehung der Fahrerlaubnis angeordnet werden (§ 61 Nr. 1, 2, 4 und 5 des Strafgesetzbuches[2]).

(2) [1]Das Gericht kann im Urteil die Anordnung der Sicherungsverwahrung vorbehalten, wenn

1. der Jugendliche zu einer Jugendstrafe von mindestens sieben Jahren verurteilt wird wegen oder auch wegen eines Verbrechens
   a) gegen das Leben, die körperliche Unversehrtheit oder die sexuelle Selbstbestimmung oder
   b) nach § 251 des Strafgesetzbuches, auch in Verbindung mit § 252 oder § 255 des Strafgesetzbuches,

   durch welches das Opfer seelisch oder körperlich schwer geschädigt oder einer solchen Gefahr ausgesetzt worden ist, und
2. die Gesamtwürdigung des Jugendlichen und seiner Tat oder seiner Taten ergibt, dass er mit hoher Wahrscheinlichkeit erneut Straftaten der in Nummer 1 bezeichneten Art begehen wird.

[2]Das Gericht ordnet die Sicherungsverwahrung an, wenn die Gesamtwürdigung des Verurteilten, seiner Tat oder seiner Taten und ergänzend seiner Entwicklung bis zum Zeitpunkt der Entscheidung ergibt, dass von ihm Straftaten der in Satz 1 Nummer 1 bezeichneten Art zu erwarten sind; § 66a Absatz 3 Satz 1 des Strafgesetzbuches gilt entsprechend. [3]Für die Prüfung, ob die Unterbringung in der Sicherungsverwahrung am Ende des Vollzugs der Jugendstrafe auszusetzen ist, und für den Eintritt der Führungsaufsicht gilt § 67c Absatz 1 des Strafgesetzbuches entsprechend.

(3) [1]Wird neben der Jugendstrafe die Anordnung der Sicherungsverwahrung vorbehalten und hat der Verurteilte das siebenundzwanzigste Lebensjahr noch nicht vollendet, so ordnet das Gericht an, dass bereits die Jugendstrafe in einer sozialtherapeutischen Einrichtung zu vollziehen ist, es sei denn, dass die Resozialisierung des Verurteilten dadurch nicht besser gefördert werden kann. [2]Diese Anordnung kann auch nachträglich erfolgen. [3]Solange der Vollzug in einer sozialtherapeutischen Einrichtung noch nicht angeordnet oder der Gefangene noch nicht in eine sozialtherapeutische Einrichtung verlegt worden ist, ist darüber jeweils nach sechs Monaten neu zu entscheiden. [4]Für die nachträgliche Anordnung nach Satz 2 ist die Strafvollstreckungskammer zuständig, wenn der Betroffene das vierundzwanzigste Lebensjahr vollendet hat, sonst die für die Entscheidung über Vollzugsmaßnahmen nach § 92 Absatz 2 zuständige Jugendkammer. [5]Im Übrigen gelten zum Vollzug der Jugendstrafe § 66c Absatz 2 und § 67a Absatz 2 bis 4 des Strafgesetzbuches entsprechend.

(4) Ist die wegen einer Tat der in Absatz 2 bezeichneten Art angeordnete Unterbringung in einem psychiatrischen Krankenhaus nach § 67d Abs. 6 des Strafgesetzbuches für erledigt erklärt worden, weil der die Schuldfähigkeit ausschließende oder vermindernde Zustand, auf dem die Unterbringung beruhte, im

---

[1] § 7 geänd. durch G v. 20.12.1984 (BGBl. I S. 1654); Abs. 2–4 angef., mWv 12.7.2008 durch G v. 8.7. 2008 (BGBl. I S. 1212); Abs. 3 Nr. 2 geänd., Abs. 4 Satz 1 aufgeh. mWv 1.1.2011 durch G v. 22.12.2010 (BGBl. I S. 2300); Abs. 2 neu gef., Abs. 3 eingef., bish. Abs. 3 wird Abs. 4, bish. Abs. 4 wird Abs. 5 und geänd. mWv 1.6.2013 durch G v. 5.12.2012 (BGBl. I S. 2425).

[2] Nr. **85**.

Zeitpunkt der Erledigungsentscheidung nicht bestanden hat, so kann das Gericht nachträglich die Unterbringung in der Sicherungsverwahrung anordnen, wenn

1. die Unterbringung des Betroffenen nach § 63 des Strafgesetzbuches wegen mehrerer solcher Taten angeordnet wurde oder wenn der Betroffene wegen einer oder mehrerer solcher Taten, die er vor der zur Unterbringung nach § 63 des Strafgesetzbuches führenden Tat begangen hat, schon einmal zu einer Jugendstrafe von mindestens drei Jahren verurteilt oder in einem psychiatrischen Krankenhaus untergebracht worden war und
2. die Gesamtwürdigung des Betroffenen, seiner Taten und ergänzend seiner Entwicklung bis zum Zeitpunkt der Entscheidung ergibt, dass er mit hoher Wahrscheinlichkeit erneut Straftaten der in Absatz 2 bezeichneten Art begehen wird.

(5) Die regelmäßige Frist zur Prüfung, ob die weitere Vollstreckung der Unterbringung in der Sicherungsverwahrung zur Bewährung auszusetzen oder für erledigt zu erklären ist (§ 67e des Strafgesetzbuches), beträgt in den Fällen der Absätze 2 und 4 sechs Monate, wenn die untergebrachte Person bei Beginn des Fristlaufs das vierundzwanzigste Lebensjahr noch nicht vollendet hat.

§ 8[1)] Verbindung von Maßnahmen und Jugendstrafe. (1) [1] Erziehungsmaßregeln und Zuchtmittel, ebenso mehrere Erziehungsmaßregeln oder mehrere Zuchtmittel können nebeneinander angeordnet werden. [2] Mit der Anordnung von Hilfe zur Erziehung nach § 12 Nr. 2 darf Jugendarrest nicht verbunden werden.

(2) [1] Neben Jugendstrafe können nur Weisungen und Auflagen erteilt und die Erziehungsbeistandschaft angeordnet werden. [2] Unter den Voraussetzungen des § 16a kann neben der Verhängung einer Jugendstrafe oder der Aussetzung ihrer Verhängung auch Jugendarrest angeordnet werden. [3] Steht der Jugendliche unter Bewährungsaufsicht, so ruht eine gleichzeitig bestehende Erziehungsbeistandschaft bis zum Ablauf der Bewährungszeit.

(3) [1] Neben Erziehungsmaßregeln, Zuchtmitteln und Jugendstrafe kann auf die nach diesem Gesetz zulässigen Nebenstrafen und Nebenfolgen erkannt werden. [2] Ein Fahrverbot darf die Dauer von drei Monaten nicht überschreiten.

Zweiter Abschnitt. Erziehungsmaßregeln

§ 9[2)] Arten. Erziehungsmaßregeln sind

1. die Erteilung von Weisungen,
2. die Anordnung, Hilfe zur Erziehung im Sinne des § 12 in Anspruch zu nehmen.

§ 10[3)] Weisungen. (1) [1] Weisungen sind Gebote und Verbote, welche die Lebensführung des Jugendlichen regeln und dadurch seine Erziehung fördern und sichern sollen. [2] Dabei dürfen an die Lebensführung des Jugendlichen keine unzumutbaren Anforderungen gestellt werden. [3] Der Richter kann dem Jugendlichen insbesondere auferlegen,

1. Weisungen zu befolgen, die sich auf den Aufenthaltsort beziehen,

---

[1)] § 8 Abs. 1 Satz 2 geänd. durch G v. 26.6.1990 (BGBl. I S. 1163); Abs. 2 Satz 1 neu gef., Satz 2 eingef., bish. Satz 2 wird Satz 3, Abs. 3 neu gef. mWv 7.3.2013 durch G v. 4.9.2012 (BGBl. I S. 1854); Abs. 3 *Satz 2 angef. mWv 24.8.2017 durch G v. 17.8.2017 (BGBl. I S. 3202).*

[2)] § 9 neu gef. durch G v. 26.6.1990 (BGBl. I S. 1163); Nr. 2 neu gef. durch G v. 16.2.1993 (BGBl. I S. 239).

[3)] § 10 Abs. 1 Satz 3 geänd. durch G v. 30.8.1990 (BGBl. I S. 1853).

2. bei einer Familie oder in einem Heim zu wohnen,
3. eine Ausbildungs- oder Arbeitsstelle anzunehmen,
4. Arbeitsleistungen zu erbringen,
5. sich der Betreuung und Aufsicht einer bestimmten Person (Betreuungshelfer) zu unterstellen,
6. an einem sozialen Trainingskurs teilzunehmen,
7. sich zu bemühen, einen Ausgleich mit dem Verletzten zu erreichen (Täter-Opfer-Ausgleich),
8. den Verkehr mit bestimmten Personen oder den Besuch von Gast- oder Vergnügungsstätten zu unterlassen oder
9. an einem Verkehrsunterricht teilzunehmen.

(2) [1] Der Richter kann dem Jugendlichen auch mit Zustimmung des Erziehungsberechtigten und des gesetzlichen Vertreters auferlegen, sich einer heilerzieherischen Behandlung durch einen Sachverständigen oder einer Entziehungskur zu unterziehen. [2] Hat der Jugendliche das sechzehnte Lebensjahr vollendet, so soll dies nur mit seinem Einverständnis geschehen.

§ 11[1)] Laufzeit und nachträgliche Änderung von Weisungen; Folgen der Zuwiderhandlung. (1) [1] Der Richter bestimmt die Laufzeit der Weisungen. [2] Die Laufzeit darf zwei Jahre nicht überschreiten; sie soll bei einer Weisung nach § 10 Abs. 1 Satz 3 Nr. 5 nicht mehr als ein Jahr, bei einer Weisung nach § 10 Abs. 1 Satz 3 Nr. 6 nicht mehr als sechs Monate betragen.

(2) Der Richter kann Weisungen ändern, von ihnen befreien oder ihre Laufzeit vor Ablauf bis auf drei Jahre verlängern, wenn dies aus Gründen der Erziehung geboten ist.

(3) [1] Kommt der Jugendliche Weisungen schuldhaft nicht nach, so kann Jugendarrest verhängt werden, wenn eine Belehrung über die Folgen schuldhafter Zuwiderhandlung erfolgt war. [2] Hiernach verhängter Jugendarrest darf bei einer Verurteilung insgesamt die Dauer von vier Wochen nicht überschreiten. [3] Der Richter sieht von der Vollstreckung des Jugendarrestes ab, wenn der Jugendliche nach Verhängung des Arrestes der Weisung nachkommt.

§ 12[2)] Hilfe zur Erziehung. Der Richter kann dem Jugendlichen nach Anhörung des Jugendamts auch auferlegen, unter den im Achten Buch Sozialgesetzbuch genannten Voraussetzungen Hilfe zur Erziehung

1. in Form der Erziehungsbeistandschaft im Sinne des § 30 des Achten Buches Sozialgesetzbuch[3)] oder
2. in einer Einrichtung über Tag und Nacht oder in einer sonstigen betreuten Wohnform im Sinne des § 34 des Achten Buches Sozialgesetzbuch

in Anspruch zu nehmen.

Dritter Abschnitt. Zuchtmittel

§ 13 Arten und Anwendung. (1) Der Richter ahndet die Straftat mit Zuchtmitteln, wenn Jugendstrafe nicht geboten ist, dem Jugendlichen aber eindringlich

---

[1)] § 11 Abs. 1 Satz 2 und Abs. 3 Satz 3 neu gef. durch G v. 30.8.1990 (BGBl. I S 1853).

[2)] § 12 neu gef. durch G v. 26.6.1990 (BGBl. I S. 1163); einl. Satzteil geänd. durch G v. 16.2.1993 (BGBl. I S. 239).

[3)] **Habersack, Deutsche Gesetze ErgBd. Nr. 46.**

zum Bewußtsein gebracht werden muß, daß er für das von ihm begangene Unrecht einzustehen hat.

(2) Zuchtmittel sind

1. die Verwarnung,
2. die Erteilung von Auflagen,
3. der Jugendarrest.

(3) Zuchtmittel haben nicht die Rechtswirkungen einer Strafe.

§ 14 Verwarnung. Durch die Verwarnung soll dem Jugendlichen das Unrecht der Tat eindringlich vorgehalten werden.

§ 15[1)] Auflagen. (1) [1] Der Richter kann dem Jugendlichen auferlegen,

1. nach Kräften den durch die Tat verursachten Schaden wiedergutzumachen,
2. sich persönlich bei dem Verletzten zu entschuldigen,
3. Arbeitsleistungen zu erbringen oder
4. einen Geldbetrag zugunsten einer gemeinnützigen Einrichtung zu zahlen.

[2] Dabei dürfen an den Jugendlichen keine unzumutbaren Anforderungen gestellt werden.

(2) Der Richter soll die Zahlung eines Geldbetrages nur anordnen, wenn

1. der Jugendliche eine leichte Verfehlung begangen hat und anzunehmen ist, daß er den Geldbetrag aus Mitteln zahlt, über die er selbständig verfügen darf, oder
2. dem Jugendlichen der Gewinn, den er aus der Tat erlangt, oder das Entgelt, das er für sie erhalten hat, entzogen werden soll.

(3) [1] Der Richter kann nachträglich Auflagen ändern oder von ihrer Erfüllung ganz oder zum Teil befreien, wenn dies aus Gründen der Erziehung geboten ist. [2] Bei schuldhafter Nichterfüllung von Auflagen gilt § 11 Abs. 3 entsprechend. [3] Ist Jugendarrest vollstreckt worden, so kann der Richter die Auflagen ganz oder zum Teil für erledigt erklären.

§ 16[2)] Jugendarrest. (1) Der Jugendarrest ist Freizeitarrest, Kurzarrest oder Dauerarrest.

(2) Der Freizeitarrest wird für die wöchentliche Freizeit des Jugendlichen verhängt und auf eine oder zwei Freizeiten bemessen.

(3) [1] Der Kurzarrest wird statt des Freizeitarrestes verhängt, wenn der zusammenhängende Vollzug aus Gründen der Erziehung zweckmäßig erscheint und weder die Ausbildung noch die Arbeit des Jugendlichen beeinträchtigt werden. [2] Dabei stehen zwei Tage Kurzarrest einer Freizeit gleich.

(4) [1] Der Dauerarrest beträgt mindestens eine Woche und höchstens vier Wochen. [2] Er wird nach vollen Tagen oder Wochen bemessen.

§ 16a[3)] Jugendarrest neben Jugendstrafe. (1) Wird die Verhängung oder die Vollstreckung der Jugendstrafe zur Bewährung ausgesetzt, so kann abweichend von § 13 Absatz 1 daneben Jugendarrest verhängt werden, wenn

---

[1)] *§ 15 Abs. 1 Satz 1 Nr. 3 eingef., bish. Nr. 3 wird Nr. 4, Abs. 3* Satz 1 neu gef. durch G v. 30.8.1990 *(BGBl. I S.* 1853).

[2)] § 16 Abs. 2 neu gef., Abs. 3 Satz 3 aufgeh. durch G v. 30.8.1990 (BGBl. I S. 1853).

[3)] § 16a eingef. mWv 7.3.2013 durch G v. 4.9.2012 (BGBl. I S. 1854).

1. dies unter Berücksichtigung der Belehrung über die Bedeutung der Aussetzung zur Bewährung und unter Berücksichtigung der Möglichkeit von Weisungen und Auflagen geboten ist, um dem Jugendlichen seine Verantwortlichkeit für das begangene Unrecht und die Folgen weiterer Straftaten zu verdeutlichen,
2. dies geboten ist, um den Jugendlichen zunächst für eine begrenzte Zeit aus einem Lebensumfeld mit schädlichen Einflüssen herauszunehmen und durch die Behandlung im Vollzug des Jugendarrests auf die Bewährungszeit vorzubereiten, oder
3. dies geboten ist, um im Vollzug des Jugendarrests eine nachdrücklichere erzieherische Einwirkung auf den Jugendlichen zu erreichen oder um dadurch bessere Erfolgsaussichten für eine erzieherische Einwirkung in der Bewährungszeit zu schaffen.

(2) Jugendarrest nach Absatz 1 Nummer 1 ist in der Regel nicht geboten, wenn der Jugendliche bereits früher Jugendarrest als Dauerarrest verbüßt oder sich nicht nur kurzfristig im Vollzug von Untersuchungshaft befunden hat.

Vierter Abschnitt. Die Jugendstrafe

§ 17[1)] Form und Voraussetzungen. (1) Die Jugendstrafe ist Freiheitsentzug in einer für ihren Vollzug vorgesehenen Einrichtung.

(2) Der Richter verhängt Jugendstrafe, wenn wegen der schädlichen Neigungen des Jugendlichen, die in der Tat hervorgetreten sind, Erziehungsmaßregeln oder Zuchtmittel zur Erziehung nicht ausreichen oder wenn wegen der Schwere der Schuld Strafe erforderlich ist.

§ 18 Dauer der Jugendstrafe. (1) [1]Das Mindestmaß der Jugendstrafe beträgt sechs Monate, das Höchstmaß fünf Jahre. [2]Handelt es sich bei der Tat um ein Verbrechen, für das nach dem allgemeinen Strafrecht eine Höchststrafe von mehr als zehn Jahren Freiheitsstrafe angedroht ist, so ist das Höchstmaß zehn Jahre. [3]Die Strafrahmen des allgemeinen Strafrechts gelten nicht.

(2) Die Jugendstrafe ist so zu bemessen, daß die erforderliche erzieherische Einwirkung möglich ist.

§ 19[2)] *(aufgehoben)*

Fünfter Abschnitt. Aussetzung der Jugendstrafe zur Bewährung

§ 20 (weggefallen)

§ 21[3)] Strafaussetzung. (1) [1]Bei der Verurteilung zu einer Jugendstrafe von nicht mehr als einem Jahr setzt das Gericht die Vollstreckung der Strafe zur Bewährung aus, wenn zu erwarten ist, daß der Jugendliche sich schon die Verurteilung zur Warnung dienen lassen und auch ohne die Einwirkung des Strafvollzugs unter der erzieherischen Einwirkung in der Bewährungszeit künftig einen rechtschaffenen Lebenswandel führen wird. [2]Dabei sind namentlich die Persönlichkeit des Jugendlichen, sein Vorleben, die Umstände seiner Tat, sein Verhalten nach der Tat, seine Lebensverhältnisse und die Wirkungen zu berücksichtigen, die von der Aussetzung für ihn zu erwarten sind. [3]Das Gericht setzt die Vollstreckung

---

[1)] § 17 Abs. 1 geänd. mWv 1.1.2008 durch G v. 13.12.2007 (BGBl. I S. 2894).

[2)] § 19 aufgeh. durch G v. 30.8.1990 (BGBl. I S. 1853).

[3)] § 21 Abs. 1 Satz 1 geänd., Abs. 2 neu gef. durch G v. 30.8.1990 (BGBl. I S. 1853); Abs. 1 Satz 1 geänd., Satz 3 angef., Abs. 2 geänd. mWv 7.3.2013 durch G v. 4.9.2012 (BGBl. I S. 1854).

der Strafe auch dann zur Bewährung aus, wenn die in Satz 1 genannte Erwartung erst dadurch begründet wird, dass neben der Jugendstrafe ein Jugendarrest nach § 16a verhängt wird.

(2) Das Gericht setzt unter den Voraussetzungen des Absatzes 1 auch die Vollstreckung einer höheren Jugendstrafe, die zwei Jahre nicht übersteigt, zur Bewährung aus, wenn nicht die Vollstreckung im Hinblick auf die Entwicklung des Jugendlichen geboten ist.

(3) [1] Die Strafaussetzung kann nicht auf einen Teil der Jugendstrafe beschränkt werden. [2] Sie wird durch eine Anrechnung von Untersuchungshaft oder einer anderen Freiheitsentziehung nicht ausgeschlossen.

§ 22 Bewährungszeit. (1) [1] Der Richter bestimmt die Dauer der Bewährungszeit. [2] Sie darf drei Jahre nicht überschreiten und zwei Jahre nicht unterschreiten.

(2) [1] Die Bewährungszeit beginnt mit der Rechtskraft der Entscheidung über die Aussetzung der Jugendstrafe. [2] Sie kann nachträglich bis auf ein Jahr verkürzt oder vor ihrem Ablauf bis auf vier Jahre verlängert werden. [3] In den Fällen des § 21 Abs. 2 darf die Bewährungszeit jedoch nur bis auf zwei Jahre verkürzt werden.

§ 23 Weisungen und Auflagen. (1) [1] Der Richter soll für die Dauer der Bewährungszeit die Lebensführung des Jugendlichen durch Weisungen erzieherisch beeinflussen. [2] Er kann dem Jugendlichen auch Auflagen erteilen. [3] Diese Anordnungen kann er auch nachträglich treffen, ändern oder aufheben. [4] Die §§ 10, 11 Abs. 3 und § 15 Abs. 1, 2, 3 Satz 2 gelten entsprechend.

(2) Macht der Jugendliche Zusagen für seine künftige Lebensführung oder erbietet er sich zu angemessenen Leistungen, die der Genugtuung für das begangene Unrecht dienen, so sieht der Richter in der Regel von entsprechenden Weisungen oder Auflagen vorläufig ab, wenn die Erfüllung der Zusagen oder des Anerbietens zu erwarten ist.

§ 24[1)] Bewährungshilfe. (1) [1] Der Richter unterstellt den Jugendlichen in der Bewährungszeit für höchstens zwei Jahre der Aufsicht und Leitung eines hauptamtlichen Bewährungshelfers. [2] Er kann ihn auch einem ehrenamtlichen Bewährungshelfer unterstellen, wenn dies aus Gründen der Erziehung zweckmäßig erscheint. [3] § 22 Abs. 2 Satz 1 gilt entsprechend.

(2) [1] Der Richter kann eine nach Absatz 1 getroffene Entscheidung vor Ablauf der Unterstellungszeit ändern oder aufheben; er kann auch die Unterstellung des Jugendlichen in der Bewährungszeit erneut anordnen. [2] Dabei kann das in Absatz 1 Satz 1 bestimmte Höchstmaß überschritten werden.

(3) [1] Der Bewährungshelfer steht dem Jugendlichen helfend und betreuend zur Seite. [2] Er überwacht im Einvernehmen mit dem Richter die Erfüllung der Weisungen, Auflagen, Zusagen und Anerbieten. [3] Der Bewährungshelfer soll die Erziehung des Jugendliche fördern und möglichst mit dem Erziehungsberechtigten und dem gesetzlichen Vertreter vertrauensvoll zusammenwirken. [4] Er hat bei der Ausübung seines Amtes das Recht auf Zutritt zu dem Jugendlichen. [5] Er kann von dem Erziehungsberechtigten, dem gesetzlichen Vertreter, der Schule, dem Ausbildenden Auskunft über die Lebensführung des Jugendlichen verlangen.

---

1) § 24 Abs. 1 Satz 1 geänd., Satz 3 angef., Abs. 2 eingef., bish. Abs. 2 wird Abs. 3, neuer Abs. 3 Satz 5 geänd. durch G v. 30.8.1990 (BGBl. I S. 1853).

§ 25[1] **Bestellung und Pflichten des Bewährungshelfers.** [1]Der Bewährungshelfer wird vom Richter bestellt. [2]Der Richter kann ihm für seine Tätigkeit nach § 24 Abs. 3 Anweisungen erteilen. [3]Der Bewährungshelfer berichtet über die Lebensführung des Jugendlichen in Zeitabständen, die der Richter bestimmt. [4]Gröbliche oder beharrliche Verstöße gegen Weisungen, Auflagen, Zusagen oder Anerbieten teilt er dem Richter mit.

§ 26[2] **Widerruf der Strafaussetzung.** (1) [1]Das Gericht widerruft die Aussetzung der Jugendstrafe, wenn der Jugendliche

1. in der Bewährungszeit eine Straftat begeht und dadurch zeigt, daß die Erwartung, die der Strafaussetzung zugrunde lag, sich nicht erfüllt hat,
2. gegen Weisungen gröblich oder beharrlich verstößt oder sich der Aufsicht und Leitung des Bewährungshelfers beharrlich entzieht und dadurch Anlaß zu der Besorgnis gibt, daß er erneut Straftaten begehen wird, oder
3. gegen Auflagen gröblich oder beharrlich verstößt.

[2]Satz 1 Nr. 1 gilt entsprechend, wenn die Tat in der Zeit zwischen der Entscheidung über die Strafaussetzung und deren Rechtskraft begangen worden ist. [3]Wurde die Jugendstrafe nachträglich durch Beschluss ausgesetzt, ist auch § 57 Absatz 5 Satz 2 des Strafgesetzbuches[3] entsprechend anzuwenden.

(2) Das Gericht sieht jedoch von dem Widerruf ab, wenn es ausreicht,

1. weitere Weisungen oder Auflagen zu erteilen,
2. die Bewährungs- oder Unterstellungszeit bis zu einem Höchstmaß von vier Jahren zu verlängern oder
3. den Jugendlichen vor Ablauf der Bewährungszeit erneut einem Bewährungshelfer zu unterstellen.

(3) [1]Leistungen, die der Jugendliche zur Erfüllung von Weisungen, Auflagen, Zusagen oder Anerbieten (§ 23) erbracht hat, werden nicht erstattet. [2]Das Gericht kann jedoch, wenn es die Strafaussetzung widerruft, Leistungen, die der Jugendliche zur Erfüllung von Auflagen oder entsprechenden Anerbieten erbracht hat, auf die Jugendstrafe anrechnen. [3]Jugendarrest, der nach § 16a verhängt wurde, wird in dem Umfang, in dem er verbüßt wurde, auf die Jugendstrafe angerechnet.

§ 26a Erlaß der Jugendstrafe. [1]Widerruft der Richter die Strafaussetzung nicht, so erläßt er die Jugendstrafe nach Ablauf der Bewährungszeit. [2]§ 26 Abs. 3 Satz 1 ist anzuwenden.

Sechster Abschnitt. Aussetzung der Verhängung der Jugendstrafe

§ 27 Voraussetzungen. Kann nach Erschöpfung der Ermittlungsmöglichkeiten nicht mit Sicherheit beurteilt werden, ob in der Straftat eines Jugendlichen schädliche Neigungen von einem Umfang hervorgetreten sind, daß eine Jugendstrafe erforderlich ist, so kann der Richter die Schuld des Jugendlichen feststellen, die Entscheidung über die Verhängung der Jugendstrafe aber für eine von ihm zu bestimmende Bewährungszeit aussetzen.

---

[1] § 25 Satz 2 geänd. durch G v. 30.8.1990 (BGBl. I S. 1853).

[2] § 26 Abs. 1 Satz 2 angef., Abs. 2 neu gef. durch G v. 30.8.1990 (BGBl. I S. 1853); Abs. 1 Satz 1 geänd., Satz 3 angef., Abs. 2 einl. Satzteil, Abs. 3 Satz 2 geänd. mWv 7.10.2012, Abs. 3 Satz 3 angef. mWv 7.3.2013 durch G v. 4.9.2012 (BGBl. I S. 1854).

[3] Nr. **85**.

§ 28 Bewährungszeit. (1) Die Bewährungszeit darf zwei Jahre nicht überschreiten und ein Jahr nicht unterschreiten.

(2) [1] Die Bewährungszeit beginnt mit der Rechtskraft des Urteils, in dem die Schuld des Jugendlichen festgestellt wird. [2] Sie kann nachträglich bis auf ein Jahr verkürzt oder vor ihrem Ablauf bis auf zwei Jahre verlängert werden.

§ 29[1)] Bewährungshilfe. [1] Der Jugendliche wird für die Dauer oder einen Teil der Bewährungszeit der Aufsicht und Leitung eines Bewährungshelfers unterstellt. [2] Die §§ 23, 24 Abs. 1 Satz 1 und 2, Abs. 2 und 3 und die §§ 25, 28 Abs. 2 Satz 1 sind entsprechend anzuwenden.

§ 30[2)] Verhängung der Jugendstrafe; Tilgung des Schuldspruchs.

(1) [1] Stellt sich vor allem durch schlechte Führung des Jugendlichen während der Bewährungszeit heraus, daß die in dem Schuldspruch mißbilligte Tat auf schädliche Neigungen von einem Umfang zurückzuführen ist, daß eine Jugendstrafe erforderlich ist, so erkennt das Gericht auf die Strafe, die es im Zeitpunkt des Schuldspruchs bei sicherer Beurteilung der schädlichen Neigungen des Jugendlichen ausgesprochen hätte. [2] § 26 Absatz 3 Satz 3 gilt entsprechend.

(2) Liegen die Voraussetzungen des Absatzes 1 Satz 1 nach Ablauf der Bewährungszeit nicht vor, so wird der Schuldspruch getilgt.

Siebenter Abschnitt. Mehrere Straftaten

§ 31[3)] Mehrere Straftaten eines Jugendlichen. (1) [1] Auch wenn ein Jugendlicher mehrere Straftaten begangen hat, setzt das Gericht nur einheitlich Erziehungsmaßregeln, Zuchtmittel oder eine Jugendstrafe fest. [2] Soweit es dieses Gesetz zuläßt (§ 8), können ungleichartige Erziehungsmaßregeln und Zuchtmittel nebeneinander angeordnet oder Maßnahmen mit der Strafe verbunden werden. [3] Die gesetzlichen Höchstgrenzen des Jugendarrestes und der Jugendstrafe dürfen nicht überschritten werden.

(2) [1] Ist gegen den Jugendlichen wegen eines Teils der Straftaten bereits rechtskräftig die Schuld festgestellt oder eine Erziehungsmaßregel, ein Zuchtmittel oder eine Jugendstrafe festgesetzt worden, aber noch nicht vollständig ausgeführt, verbüßt oder sonst erledigt, so wird unter Einbeziehung des Urteils in gleicher Weise nur einheitlich auf Maßnahmen oder Jugendstrafe erkannt. [2] Die Anrechnung bereits verbüßten Jugendarrestes steht im Ermessen des Gerichts, wenn es auf Jugendstrafe erkennt. [3] § 26 Absatz 3 Satz 3 und § 30 Absatz 1 Satz 2 bleiben unberührt.

(3) [1] Ist es aus erzieherischen Gründen zweckmäßig, so kann das Gericht davon absehen, schon abgeurteilte Straftaten in die neue Entscheidung einzubeziehen. [2] Dabei kann es Erziehungsmaßregeln und Zuchtmittel für erledigt erklären, wenn es auf Jugendstrafe erkennt.

§ 32 Mehrere Straftaten in verschiedenen Alters- und Reifestufen. [1] Für mehrere Straftaten, die gleichzeitig abgeurteilt werden und auf die teils Jugendstrafrecht und teils allgemeines Strafrecht anzuwenden wäre, gilt einheitlich das

---

[1)] § 29 neu gef. durch G v. 30.8.1990 (BGBl. I S. 1853).

[2)] *§ 30 Abs. 1 Satz 2 aufgeh. durch G v. 30.8.1990* (BGBl. I S. 1853); Abs. 1 Satz 1 geänd., Satz 2 angef., Abs 2 geänd. mWv 7.3.2013 durch G v. 4.9.2012 (BGBl. I S. 1854).

[3)] § 31 Abs. 1 Satz 1, Abs. 2 Satz 2 geänd., Satz 3 angef., Abs. 3 Sätze 1 und 2 geänd. mWv 7.3.2013 durch G v. 4.9.2012 (BGBl. I S. 1854).

Jugendstrafrecht, wenn das Schwergewicht bei den Straftaten liegt, die nach Jugendstrafrecht zu beurteilen wären. [2] Ist dies nicht der Fall, so ist einheitlich das allgemeine Strafrecht anzuwenden.

Zweites Hauptstück. Jugendgerichtsverfassung und Jugendstrafverfahren

Erster Abschnitt. Jugendgerichtsverfassung

§ 33[1)] Jugendgerichte. (1) Über Verfehlungen Jugendlicher entscheiden die Jugendgerichte.

(2) Jugendgerichte sind der Strafrichter als Jugendrichter, das Schöffengericht (Jugendschöffengericht) und die Strafkammer (Jugendkammer).

(3) [1] Die Landesregierungen werden ermächtigt, durch Rechtsverordnung zu regeln, daß ein Richter bei einem Amtsgericht zum Jugendrichter für den Bezirk mehrerer Amtsgerichte (Bezirksjugendrichter) bestellt und daß bei einem Amtsgericht ein gemeinsames Jugendschöffengericht für den Bezirk mehrerer Amtsgerichte eingerichtet wird. [2] Die Landesregierungen können die Ermächtigung durch Rechtsverordnung auf die Landesjustizverwaltungen übertragen.[2)]

§ 33a[3)] Besetzung des Jugendschöffengerichts. (1) [1] Das Jugendschöffengericht besteht aus dem Jugendrichter als Vorsitzenden und zwei Jugendschöffen. [2] Als Jugendschöffen sollen zu jeder Hauptverhandlung ein Mann und eine Frau herangezogen werden.

(2) Bei Entscheidungen außerhalb der Hauptverhandlung wirken die Jugendschöffen nicht mit.

§ 33b[4)] Besetzung der Jugendkammer. (1) Die Jugendkammer ist mit drei Richtern einschließlich des Vorsitzenden und zwei Jugendschöffen (große Jugendkammer), in Verfahren über Berufungen gegen Urteile des Jugendrichters mit dem Vorsitzenden und zwei Jugendschöffen (kleine Jugendkammer) besetzt.

[1)] § 33 Abs. 3 aufgeh., bish. Abs. 4 wird Abs. 3 durch G v. 11.1.1993 (BGBl. I S. 50).

[2)] Die Länder haben hierzu ua folgende Vorschriften erlassen: **Baden-Württemberg:** §§ 21 und 23 ZuVOJu v. 20.11.1998 (GBl. S. 680), zuletzt geänd. durch VO v. 26.11.2020 (GBl. S. 1099); **Bayern:** GZVJu v. 11.6.2012 (GVBl. S. 295), zuletzt geänd. durch V v. 24.11.2020 (GVBl. S. 654); **Berlin:** ZuwV v. 8.5.2008 (GVBl. S. 116), zuletzt geänd. durch VO v. 16.9.2019 (GVBl. S. 627); **Brandenburg:** GerZV v. 2.9.2014 (GVBl. II Nr. 62), zuletzt geänd. durch VO v. 26.11.2018 (GVBl. II Nr. 89); **Hamburg:** WeiterübertragungsVO-JugendgerichtsG v. 22.1.2002 (HmbGVBl. S. 11), zuletzt geänd. durch VO v. 6.10.2020 (HmbGVBl. S. 523); VO über die Zuständigkeit des Amtsgerichts Hamburg in Strafsachen gegen Jugendliche und Heranwachsende v. 18.3.2004 (HmbGVBl. S. 182); **Hessen:** JuZuV v. 3.6.2013 (GVBl. S. 386), zuletzt geänd. durch G v. 8.10.2020 (GVBl. S. 710); **Niedersachsen:** SubdelegationsVO-Justiz v. 6.7.2007 (Nds. GVBl. S. 244), zuletzt geänd. durch VO v. 2.1.2021 (Nds. GVBl. S. 2); **Nordrhein-Westfalen:** VO über die Zuständigkeit der Amtsgerichte in Strafsachen gegen Erwachsene, in Jugendstrafsachen, in Bußgeldverfahren und Abschiebungshaftsachen v. 5.7.2010 (GV. NRW. S. 422), zuletzt geänd. durch VO v. 19.8.2021 (GV. NRW. S. 1046); **Rheinland-Pfalz:** LandesVO über die gerichtliche Zuständigkeit in Strafsachen und Bußgeldverfahren v. 19.11.1985 (GVBl. S. 265), zuletzt geänd. durch VO v. 11.8.2017 (GVBl. S. 186); **Sachsen-Anhalt:** VO zur Übertragung von Verordnungsermächtigungen im Bereich der Justiz v. 28.3.2008 (GVBl. LSA S. 137), zuletzt geänd. durch G v. 8.3.2021 (GVBl. LSA S. 88); **Schleswig-Holstein:** JErmÜVO v. 4.12.1996 (GVOBl. Schl.-H. S. 720), zuletzt geänd. durch VO v. 26.11.2020 (GVOBl. Schl.-H. S. 923).

[3)] § 33a eingef. durch G v. 11.1.1993 (BGBl. I S. 50); Überschrift neu gef. mWv 1.1.2012 durch G v. 6.12.2011 (BGBl. I S. 2554).

[4)] § 33b eingef. mWv 1.3.1993, Abs. 2 aufgeh. mWv 31.12.2008 durch G v. 11.1.1993 (BGBl. I S. 50, geänd. durch G v. 22.12.1997, BGBl. I S. 3223, G v. 19.12.2000, BGBl. I S. 1756, G v. 23.7.2002, BGBl. I S. 2850, G v. 24.8.2004, BGBl. I S. 2198, G v. 22.12.2006, BGBl. I S. 3416, G v. 7.12.2008, BGBl. I S. 2348); Überschrift und Abs. 2 neu gef., Abs. 3–6 eingef., bish. Abs. 3 wird Abs 7 mWv 1.1.2012 durch G v. 6.12.2011 (BGBl. I S. 2554).

(2) [1] Bei der Eröffnung des Hauptverfahrens beschließt die große Jugendkammer über ihre Besetzung in der Hauptverhandlung. [2] Ist das Hauptverfahren bereits eröffnet, beschließt sie hierüber bei der Anberaumung des Termins zur Hauptverhandlung. [3] Sie beschließt eine Besetzung mit drei Richtern einschließlich des Vorsitzenden und zwei Jugendschöffen, wenn

1. die Sache nach den allgemeinen Vorschriften einschließlich der Regelung des § 74e des Gerichtsverfassungsgesetzes[1)] zur Zuständigkeit des Schwurgerichts gehört,
2. ihre Zuständigkeit nach § 41 Absatz 1 Nummer 5 begründet ist oder
3. nach dem Umfang oder der Schwierigkeit der Sache die Mitwirkung eines dritten Richters notwendig erscheint.

[4] Im Übrigen beschließt die große Jugendkammer eine Besetzung mit zwei Richtern einschließlich des Vorsitzenden und zwei Jugendschöffen.

(3) Die Mitwirkung eines dritten Richters ist nach Absatz 2 Satz 3 Nummer 3 in der Regel notwendig, wenn

1. die Jugendkammer die Sache nach § 41 Absatz 1 Nummer 2 übernommen hat,
2. die Hauptverhandlung voraussichtlich länger als zehn Tage dauern wird oder
3. die Sache eine der in § 74c Absatz 1 Satz 1 des Gerichtsverfassungsgesetzes genannten Straftaten zum Gegenstand hat.

(4) [1] In Verfahren über die Berufung gegen ein Urteil des Jugendschöffengerichts gilt Absatz 2 entsprechend. [2] Die große Jugendkammer beschließt ihre Besetzung mit drei Richtern einschließlich des Vorsitzenden und zwei Jugendschöffen auch dann, wenn mit dem angefochtenen Urteil auf eine Jugendstrafe von mehr als vier Jahren erkannt wurde.

(5) Hat die große Jugendkammer eine Besetzung mit zwei Richtern einschließlich des Vorsitzenden und zwei Jugendschöffen beschlossen und ergeben sich vor Beginn der Hauptverhandlung neue Umstände, die nach Maßgabe der Absätze 2 bis 4 eine Besetzung mit drei Richtern einschließlich des Vorsitzenden und zwei Jugendschöffen erforderlich machen, beschließt sie eine solche Besetzung.

(6) Ist eine Sache vom Revisionsgericht zurückverwiesen oder die Hauptverhandlung ausgesetzt worden, kann die jeweils zuständige Jugendkammer erneut nach Maßgabe der Absätze 2 bis 4 über ihre Besetzung beschließen.

(7) § 33a Abs. 1 Satz 2, Abs. 2 gilt entsprechend.

§ 34[2)] Aufgaben des Jugendrichters. (1) Dem Jugendrichter obliegen alle Aufgaben, die ein Richter beim Amtsgericht im Strafverfahren hat.

(2) [1] Dem Jugendrichter sollen für die Jugendlichen die familiengerichtlichen Erziehungsaufgaben übertragen werden. [2] Aus besonderen Gründen, namentlich wenn der Jugendrichter für den Bezirk mehrerer Amtsgerichte bestellt ist, kann hiervon abgewichen werden.

[1)] Nr. **95**.

[2)] *§ 34 Abs. 3 Nr. 2 geänd., Nr. 3 aufgeh. durch G v. 26.6.1990* (BGBl. I S. 1163); Abs. 2 Satz 2, Abs. 3 Nr. 2 geänd. durch G v. 30.8.1990 (BGBl. I S. 1853); Abs. 2 Satz 1 neu gef., Abs. 3 einl. Satzteil und Nr. 2 geänd. durch G v. 16.12.1997 (BGBl. I S. 2942); Abs. 2 Satz 1 und Abs. 3 einl. Satzteil geänd. mWv 1.9. 2009 durch G v. 17.12.2008 (BGBl. I S. 2586).

(3) Familiengerichtliche Erziehungsaufgaben sind

1. die Unterstützung der Eltern, des Vormundes und des Pflegers durch geeignete Maßnahmen (§ 1631 Abs. 3, §§ 1800, 1915 des Bürgerlichen Gesetzbuches[1]),
2. die Maßnahmen zur Abwendung einer Gefährdung des Jugendlichen (§§ 1666, 1666a, 1837 Abs. 4, § 1915 des Bürgerlichen Gesetzbuches).

§ 35[2)] Jugendschöffen. (1) [1]Die Schöffen der Jugendgerichte (Jugendschöffen) werden auf Vorschlag des Jugendhilfeausschusses für die Dauer von fünf Geschäftsjahren von dem in § 40 des Gerichtsverfassungsgesetzes[3] vorgesehenen Ausschuß gewählt. [2]Dieser soll eine gleiche Anzahl von Männern und Frauen wählen.

(2) [1]Der Jugendhilfeausschuß soll ebensoviele Männer wie Frauen und muss mindestens die doppelte Anzahl von Personen vorschlagen, die als Jugendschöffen und Jugendersatzschöffen benötigt werden. [2]Die Vorgeschlagenen sollen erzieherisch befähigt und in der Jugenderziehung erfahren sein.

(3) [1]Die Vorschlagsliste des Jugendhilfeausschusses gilt als Vorschlagsliste im Sinne des § 36 des Gerichtsverfassungsgesetzes. [2]Für die Aufnahme in die Liste ist die Zustimmung von zwei Dritteln der anwesenden stimmberechtigten Mitglieder, mindestens jedoch der Hälfte aller stimmberechtigten Mitglieder des Jugendhilfeausschusses erforderlich. [3]Die Vorschlagsliste ist im Jugendamt eine Woche lang zu jedermanns Einsicht aufzulegen. [4]Der Zeitpunkt der Auflegung ist vorher öffentlich bekanntzumachen.

(4) Bei der Entscheidung über Einsprüche gegen die Vorschlagsliste des Jugendhilfeausschusses und bei der Wahl der Jugendschöffen und Jugendersatzschöffen führt der Jugendrichter den Vorsitz in dem Schöffenwahlausschuß.

(5) Die Jugendschöffen werden in besondere für Männer und Frauen getrennt zu führende Schöffenlisten aufgenommen.

(6) Die Wahl der Jugendschöffen erfolgt gleichzeitig mit der Wahl der Schöffen für die Schöffengerichte und die Strafkammern.

§ 36[4] Jugendstaatsanwalt. (1) [1]Für Verfahren, die zur Zuständigkeit der Jugendgerichte gehören, werden Jugendstaatsanwälte bestellt. [2]Richter auf Probe und Beamte auf Probe sollen im ersten Jahr nach ihrer Ernennung nicht zum Jugendstaatsanwalt bestellt werden.

(2) [1]Jugendstaatsanwaltliche Aufgaben dürfen Amtsanwälten nur übertragen werden, wenn diese die besonderen Anforderungen erfüllen, die für die Wahrnehmung jugendstaatsanwaltlicher Aufgaben an Staatsanwälte gestellt werden. [2]Referendaren kann im Einzelfall die Wahrnehmung jugendstaatsanwaltlicher Aufgaben unter Aufsicht eines Jugendstaatsanwalts übertragen werden. [3]Die Sitzungsvertretung in Verfahren vor den Jugendgerichten dürfen Referendare nur unter Aufsicht und im Beisein eines Jugendstaatsanwalts wahrnehmen.

---

[1] Nr. **20**.

[2] § 35 Abs. 1 Satz 1, Abs. 2 Satz 1, Abs. 3 Satz 1 und Abs. 4 geänd. durch G v. 16.2.1993 (BGBl. I S. 239); Abs. 1 Satz 1, Abs. 2 Satz 1 geänd. mWv 1.1.2005 durch G v. 21.12.2004 (BGBl. I S. 3599); Abs. 3 Satz 2 neu gef., Abs. 6 angef. mWv 15.12.2010 durch G v. 8.12.2010 (BGBl. I S. 1864); Abs. 2 Satz 1, Abs. 4 geänd. mWv 1.7.2021 durch G v. 25.6.2021 (BGBl. I S. 2099).

[3] Nr. **95**.

[4] § 36 Abs. 1 Satz 2 und Abs. 2 angef. mWv 1.1.2014 durch G v. 26.6.2013 (BGBl. I S. 1805).

[§ 37 bis 31.12.2021:]

§ 37 Auswahl der Jugendrichter und Jugendstaatsanwälte. Die Richter bei den Jugendgerichten und die Jugendstaatsanwälte sollen erzieherisch befähigt und in der Jugenderziehung erfahren sein.

[§ 37 ab 1.1.2022:]

§ 37[1)] Auswahl der Jugendrichter und Jugendstaatsanwälte. *(1) [1] Die Richter bei den Jugendgerichten und die Jugendstaatsanwälte sollen erzieherisch befähigt und in der Jugenderziehung erfahren sein. [2] Sie sollen über Kenntnisse auf den Gebieten der Kriminologie, Pädagogik und Sozialpädagogik sowie der Jugendpsychologie verfügen. [3] Einem Richter oder Staatsanwalt, dessen Kenntnisse auf diesen Gebieten nicht belegt sind, sollen die Aufgaben eines Jugendrichters oder Jugendstaatsanwalts erstmals nur zugewiesen werden, wenn der Erwerb der Kenntnisse durch die Wahrnehmung von einschlägigen Fortbildungsangeboten oder eine anderweitige einschlägige Weiterqualifizierung alsbald zu erwarten ist.*

(2) Von den Anforderungen des Absatzes 1 kann bei Richtern und Staatsanwälten, die nur im Bereitschaftsdienst zur Wahrnehmung jugendgerichtlicher oder jugendstaatsanwaltlicher Aufgaben eingesetzt werden, abgewichen werden, wenn andernfalls ein ordnungsgemäßer und den betroffenen Richtern und Staatsanwälten zumutbarer Betrieb des Bereitschaftsdiensts nicht gewährleistet wäre.

(3) [1] Als Jugendrichter beim Amtsgericht oder als Vorsitzender einer Jugendkammer sollen nach Möglichkeit Personen eingesetzt werden, die bereits über Erfahrungen aus früherer Wahrnehmung jugendgerichtlicher oder jugendstaatsanwaltlicher Aufgaben verfügen. [2] Davon kann bei Richtern, die nur im Bereitschaftsdienst Geschäfte des Jugendrichters wahrnehmen, abgewichen werden. [3] Ein Richter auf Probe darf im ersten Jahr nach seiner Ernennung Geschäfte des Jugendrichters nicht wahrnehmen.

§ 37a[2)] Zusammenarbeit in gemeinsamen Gremien. (1) Jugendrichter und Jugendstaatsanwälte können zum Zweck einer abgestimmten Aufgabenwahrnehmung fallübergreifend mit öffentlichen Einrichtungen und sonstigen Stellen, deren Tätigkeit sich auf die Lebenssituation junger Menschen auswirkt, zusammenarbeiten, insbesondere durch Teilnahme an gemeinsamen Konferenzen und Mitwirkung in vergleichbaren gemeinsamen Gremien.

(2) An einzelfallbezogener derartiger Zusammenarbeit sollen Jugendstaatsanwälte teilnehmen, wenn damit aus ihrer Sicht die Erreichung des Ziels nach § 2 Absatz 1 gefördert wird.

(Fortsetzung nächstes Blatt)

[1)] § 37 Abs. 1 Sätze 2 und 3, Abs. 2 und 3 angef. **mWv 1.1.2022** durch G v. 16.6.2021 (BGBl. I S. 1810).

[2)] § 37a eingef. mWv 10.6.2021 durch G v. 3.6.2021 (BGBl. I S. 1444).

beobachtet wird. [2]Im vorbereitenden Verfahren entscheidet der Richter, der für die Eröffnung des Hauptverfahrens zuständig wäre.

(2) [1]Gegen den Beschluß ist sofortige Beschwerde zulässig. [2]Sie hat aufschiebende Wirkung.

(3) Die Verwahrung in der Anstalt darf die Dauer von sechs Wochen nicht überschreiten.

§ 74 Kosten und Auslagen. Im Verfahren gegen einen Jugendlichen kann davon abgesehen werden, dem Angeklagten Kosten und Auslagen aufzuerlegen.

Achter Unterabschnitt. Vereinfachtes Jugendverfahren

§ 75 (weggefallen)

§ 76[1)] Voraussetzungen des vereinfachten Jugendverfahrens. [1]Der Staatsanwalt kann bei dem Jugendrichter schriftlich oder mündlich beantragen, im vereinfachten Jugendverfahren zu entscheiden, wenn zu erwarten ist, daß der Jugendrichter ausschließlich Weisungen erteilen, Hilfe zur Erziehung im Sinne des § 12 Nr. 1 anordnen, Zuchtmittel verhängen, auf ein Fahrverbot erkennen, die Fahrerlaubnis entziehen und eine Sperre von nicht mehr als zwei Jahren festsetzen oder die Einziehung aussprechen wird. [2]Der Antrag des Staatsanwalts steht der Anklage gleich.

§ 77[2)] Ablehnung des Antrags. (1) [1]Der Jugendrichter lehnt die Entscheidung im vereinfachten Verfahren ab, wenn sich die Sache hierzu nicht eignet, namentlich wenn die Anordnung von Hilfe zur Erziehung im Sinne des § 12 Nr. 2 oder die Verhängung von Jugendstrafe wahrscheinlich oder eine umfangreiche Beweisaufnahme erforderlich ist. [2]Der Beschluß kann bis zur Verkündung des Urteils ergehen. [3]Er ist nicht anfechtbar.

(2) Lehnt der Jugendrichter die Entscheidung im vereinfachten Verfahren ab, so reicht der Staatsanwalt eine Anklageschrift ein.

§ 78[3)] Verfahren und Entscheidung. (1) [1]Der Jugendrichter entscheidet im vereinfachten Jugendverfahren auf Grund einer mündlichen Verhandlung durch Urteil. [2]Er darf auf Hilfe zur Erziehung im Sinne des § 12 Nr. 2, Jugendstrafe oder Unterbringung in einer Entziehungsanstalt nicht erkennen.

(2) [1]Der Staatsanwalt ist nicht verpflichtet, an der Verhandlung teilzunehmen. [2]Nimmt er nicht teil, so bedarf es seiner Zustimmung zu einer Einstellung des Verfahrens in der Verhandlung oder zur Durchführung der Verhandlung in Abwesenheit des Angeklagten nicht.

(3) [1]Zur Vereinfachung, Beschleunigung und jugendgemäßen Gestaltung des Verfahrens darf von Verfahrensvorschriften abgewichen werden, soweit dadurch die Erforschung der Wahrheit nicht beeinträchtigt wird. [2]Die Vorschriften über *die Anwesenheit* des Angeklagten (§ 50), die Stellung der Erziehungsberechtigten und der gesetzlichen Vertreter und deren Unterrichtung (§§ 67, 67a), die Mitteilungen an amtliche Stellen (§ 70) und die Unterrichtung des Jugendlichen

---

[1)] § 76 Satz 1 neu gef. durch G v. 30.8.1990 (BGBl. I S. 1853); Satz 1 geänd. mWv 1.1.1991 durch G v. 26.6.1990 (BGBl. I S. 1163); Satz 1 geänd. mWv 1.7.2017 durch G v. 13.4.2017 (BGBl. I S. 872).

[2)] § 77 Abs. 1 Satz 1 geänd. durch G v. 26.6.1990 (BGBl. I S. 1163).

[3)] § 78 Abs. 1 Satz 2 geänd. durch G v. 26.6.1990 (BGBl. I S. 1163); Abs. 3 Satz 3 angef. mWv 31.12. 2006 durch G v. 22.12.2006 (BGBl. I S. 3416); Abs. 3 Satz 2 neu gef. mWv 17.12.2019 durch G v. 9.12. 2019 (BGBl. I S. 2146).

(§ 70a) müssen beachtet werden. [3]Bleibt der Beschuldigte der mündlichen Verhandlung fern und ist sein Fernbleiben nicht genügend entschuldigt, so kann die Vorführung angeordnet werden, wenn dies mit der Ladung angedroht worden ist.

Neunter Unterabschnitt. Ausschluß von Vorschriften des allgemeinen Verfahrensrechts

§ 79 Strafbefehl und beschleunigtes Verfahren. (1) Gegen einen Jugendlichen darf kein Strafbefehl erlassen werden.

(2) Das beschleunigte Verfahren des allgemeinen Verfahrensrechts ist unzulässig.

§ 80[1)] Privatklage und Nebenklage. (1) [1]Gegen einen Jugendlichen kann Privatklage nicht erhoben werden. [2]Eine Verfehlung, die nach den allgemeinen Vorschriften durch Privatklage verfolgt werden kann, verfolgt der Staatsanwalt auch dann, wenn Gründe der Erziehung oder ein berechtigtes Interesse des Verletzten, das dem Erziehungszweck nicht entgegensteht, es erfordern.

(2) [1]Gegen einen jugendlichen Privatkläger ist Widerklage zulässig. [2]Auf Jugendstrafe darf nicht erkannt werden.

(3) [1]Der erhobenen öffentlichen Klage kann sich als Nebenkläger nur anschließen, wer verletzt worden ist

1. durch ein Verbrechen gegen das Leben, die körperliche Unversehrtheit oder die sexuelle Selbstbestimmung oder nach § 239 Absatz 3, § 239a oder § 239b des Strafgesetzbuches[2)], durch welches das Opfer seelisch oder körperlich schwer geschädigt oder einer solchen Gefahr ausgesetzt worden ist,
2. durch einen besonders schweren Fall eines Vergehens nach § 177 Absatz 6 des Strafgesetzbuches, durch welches das Opfer seelisch oder körperlich schwer geschädigt oder einer solchen Gefahr ausgesetzt worden ist, oder
3. durch ein Verbrechen nach § 251 des Strafgesetzbuches, auch in Verbindung mit § 252 oder § 255 des Strafgesetzbuches.

[2]Im Übrigen gelten § 395 Absatz 2 Nummer 1, Absatz 4 und 5 und §§ 396 bis 402 der Strafprozessordnung[3)] entsprechend.

§ 81[4)] Adhäsionsverfahren. Die Vorschriften der Strafprozeßordnung über das Adhäsionsverfahren (§§ 403 bis 406c der Strafprozeßordnung[3)]) werden im Verfahren gegen einen Jugendlichen nicht angewendet.

Zehnter Unterabschnitt.[5)] [6)] Anordnung der Sicherungsverwahrung

§ 81a[7)] [6)] Verfahren und Entscheidung. Für das Verfahren und die Entscheidung über die Anordnung der Unterbringung in der Sicherungsverwahrung gelten

---

[1)] § 80 Abs. 3 neu gef. mWv 31.12.2006 durch G v. 22.12.2006 (BGBl. I S. 3416); Abs. 3 Satz 2 geänd. mWv 1.10.2009 durch G v. 29.7.2009 (BGBl. I S. 2280); Abs. 3 Satz 1 neu gef. mWv 13.12.2019 durch G v. 10.12.2019 (BGBl. I S. 2121).

[2)] Nr. **85**.

[3)] Nr. **90**.

[4)] § 81 Überschrift neu gef., Wortlaut geänd. mWv 1.7.2021 durch G v. 25.6.2021 (BGBl. I S. 2099).

[5)] *10. UAbschnitt (§ 81a) eingef. mWv 1.1.2011 durch G* v. 22.12.2010 (BGBl. I S. 2300).

[6)] Beachte hierzu Übergangsvorschrift in Art. 316f EGStGB (Nr. **85a**).

[7)] § 81a eingef. mWv 1.1.2011 durch G v. 22.12.2010 (BGBl. I S. 2300); Abs. 2 aufgeh. mWv 1.6.2013 durch G v. 5.12.2012 (BGBl. I S. 2425).

(3) [1] Das Höchstmaß der Jugendstrafe für Heranwachsende beträgt zehn Jahre. [2] Handelt es sich bei der Tat um Mord und reicht das Höchstmaß nach Satz 1 wegen der besonderen Schwere der Schuld nicht aus, so ist das Höchstmaß 15 Jahre.

§ 106[1)] Milderung des allgemeinen Strafrechts für Heranwachsende; Sicherungsverwahrung. (1) Ist wegen der Straftat eines Heranwachsenden das allgemeine Strafrecht anzuwenden, so kann das Gericht an Stelle von lebenslanger Freiheitsstrafe auf eine Freiheitsstrafe von zehn bis zu fünfzehn Jahren erkennen.

(2) Das Gericht kann anordnen, daß der Verlust der Fähigkeit, öffentliche Ämter zu bekleiden und Rechte aus öffentlichen Wahlen zu erlangen (§ 45 Abs. 1 des Strafgesetzbuches[2)]), nicht eintritt.

(3) [1] Sicherungsverwahrung darf neben der Strafe nicht angeordnet werden. [2] Das Gericht kann im Urteil die Anordnung der Sicherungsverwahrung vorbehalten, wenn

1. der Heranwachsende zu einer Freiheitsstrafe von mindestens fünf Jahren verurteilt wird wegen eines oder mehrerer Verbrechen
   a) gegen das Leben, die körperliche Unversehrtheit oder die sexuelle Selbstbestimmung oder
   b) nach § 251 des Strafgesetzbuches, auch in Verbindung mit § 252 oder § 255 des Strafgesetzbuches,

   durch welche das Opfer seelisch oder körperlich schwer geschädigt oder einer solchen Gefahr ausgesetzt worden ist, und
2. auf Grund der Gesamtwürdigung des Heranwachsenden und seiner Tat oder seiner Taten mit hinreichender Sicherheit feststellbar oder zumindest wahrscheinlich ist, dass bei ihm ein Hang zu Straftaten der in Nummer 1 bezeichneten Art vorliegt und er infolgedessen zum Zeitpunkt der Verurteilung für die Allgemeinheit gefährlich ist.

(4) Unter den übrigen Voraussetzungen des Absatzes 3 Satz 2 kann das Gericht einen solchen Vorbehalt auch aussprechen, wenn

1. die Verurteilung wegen eines oder mehrerer Vergehen nach den §§ 176a und 176b des Strafgesetzbuches erfolgt,
2. die übrigen Voraussetzungen des § 66 Absatz 3 des Strafgesetzbuches erfüllt sind, soweit dieser nicht auf § 66 Absatz 1 Satz 1 Nummer 4 des Strafgesetzbuches verweist, und
3. es sich auch bei den maßgeblichen früheren und künftig zu erwartenden Taten um solche der in Nummer 1 oder Absatz 3 Satz 2 Nummer 1 genannten Art handelt, durch welche das Opfer seelisch oder körperlich schwer geschädigt oder einer solchen Gefahr ausgesetzt worden ist oder würde.

[1)] § 106 Abs. 2 Satz 2 geänd. durch G v. 20.12.1984 (BGBl. I S. 1654); Abs. 1 geänd., Abs. 2 Satz 1 aufgeh., bish. Satz 2 geänd., Abs. 3 und 4 angef. mWv 1.4.2004 durch G v. 27.12.2003 (BGBl. I S. 3007); Überschrift neu gef., Abs. 5 und 6 angef. mWv 29.7.2004 durch G v. 23.7.2004 (BGBl. I S. 1838); Abs. 7 angef. mWv 12.7.2008 durch G v. 8.7.2008 (BGBl. I S. 1212); Abs. 6 Nr. 2 geänd., Abs. 7 aufgeh. mWv 1.1.2011 durch G v. 22.12.2010 (BGBl. I S. 2300); Abs. 3 neu gef., Abs. 4 eingef., bish. Abs. 4–6 werden Abs. 5–7, neuer Abs. 5 Sätze 1 und 3 geänd., Satz 5 angef., neuer Abs. 6 neu gef. mWv 1.6.2013 durch G v. 5.12.2012 (BGBl. I S. 2425); Abs. 4 Nr. 1 geänd. mWv 1.7.2021 durch G v. 16.6.2021 (BGBl. I S. 1810).

[2)] Nr. **85**.

(5) [1]Wird neben der Strafe die Anordnung der Sicherungsverwahrung vorbehalten und hat der Verurteilte das siebenundzwanzigste Lebensjahr noch nicht vollendet, so ordnet das Gericht an, dass bereits die Strafe in einer sozialtherapeutischen Einrichtung zu vollziehen ist, es sei denn, dass die Resozialisierung des Täters dadurch nicht besser gefördert werden kann. [2]Diese Anordnung kann auch nachträglich erfolgen. [3]Solange der Vollzug in einer sozialtherapeutischen Einrichtung noch nicht angeordnet oder der Gefangene noch nicht in eine sozialtherapeutische Einrichtung verlegt worden ist, ist darüber jeweils nach sechs Monaten neu zu entscheiden. [4]Für die nachträgliche Anordnung nach Satz 2 ist die Strafvollstreckungskammer zuständig. [5]§ 66c Absatz 2 und § 67a Absatz 2 bis 4 des Strafgesetzbuches bleiben unberührt.

(6) Das Gericht ordnet die Sicherungsverwahrung an, wenn die Gesamtwürdigung des Verurteilten, seiner Tat oder seiner Taten und ergänzend seiner Entwicklung bis zum Zeitpunkt der Entscheidung ergibt, dass von ihm Straftaten der in Absatz 3 Satz 2 Nummer 1 oder Absatz 4 bezeichneten Art zu erwarten sind; § 66a Absatz 3 Satz 1 des Strafgesetzbuches gilt entsprechend.

(7) Ist die wegen einer Tat der in Absatz 3 Satz 2 Nr. 1 bezeichneten Art angeordnete Unterbringung in einem psychiatrischen Krankenhaus nach § 67d Abs. 6 des Strafgesetzbuches für erledigt erklärt worden, weil der die Schuldfähigkeit ausschließende oder vermindernde Zustand, auf dem die Unterbringung beruhte, im Zeitpunkt der Erledigungsentscheidung nicht bestanden hat, so kann das Gericht die Unterbringung in der Sicherungsverwahrung nachträglich anordnen, wenn

1. die Unterbringung des Betroffenen nach § 63 des Strafgesetzbuches wegen mehrerer solcher Taten angeordnet wurde oder wenn der Betroffene wegen einer oder mehrerer solcher Taten, die er vor der zur Unterbringung nach § 63 des Strafgesetzbuches führenden Tat begangen hat, schon einmal zu einer Freiheitsstrafe von mindestens drei Jahren verurteilt oder in einem psychiatrischen Krankenhaus untergebracht worden war und
2. die Gesamtwürdigung des Betroffenen, seiner Taten und ergänzend seiner Entwicklung bis zum Zeitpunkt der Entscheidung ergibt, dass er mit hoher Wahrscheinlichkeit erneut Straftaten der in Absatz 3 Satz 2 Nr. 1 bezeichneten Art begehen wird.

Zweiter Abschnitt. Gerichtsverfassung und Verfahren

§ 107[1)] Gerichtsverfassung. Von den Vorschriften über die Jugendgerichtsverfassung gelten die §§ 33 bis 34 Abs. 1 und §§ 35 bis 38 für Heranwachsende entsprechend.

§ 108[2)] [3)] Zuständigkeit. (1) Die Vorschriften über die Zuständigkeit der Jugendgerichte (§§ 39 bis 42) gelten auch bei Verfehlungen Heranwachsender.

(2) Der Jugendrichter ist für Verfehlungen Heranwachsender auch zuständig, wenn die Anwendung des allgemeinen Strafrechts zu erwarten ist und nach § 25 des Gerichtsverfassungsgesetzes[4)] der Strafrichter zu entscheiden hätte.

[1)] § 107 geänd. durch G v. 11.1.1993 (BGBl. I S. 50).

[2)] § 108 Abs. 3 neu gef. mWv 29.7.2004 durch G v. 23.7.2004 (BGBl. I S. 1838); Abs. 3 Satz 3 angef. mWv 1.1.2012 durch G v. 6.12.2011 (BGBl. I S. 2554); Abs. 3 Satz 2 geänd. mWv 1.6.2013 durch G v. 5.12.2012 (BGBl. I S. 2425).

[3)] Beachte hierzu Übergangsvorschrift in Art. 316f EGStGB (Nr. **85a**).

[4)] Nr. **95**.

(3) [1] Ist wegen der rechtswidrigen Tat eines Heranwachsenden das allgemeine Strafrecht anzuwenden, so gilt § 24 Abs. 2 des Gerichtsverfassungsgesetzes. [2] Ist im Einzelfall eine höhere Strafe als vier Jahre Freiheitsstrafe oder die Unterbringung des Beschuldigten in einem psychiatrischen Krankenhaus, allein oder neben einer Strafe, oder in der Sicherungsverwahrung (§ 106 Absatz 3, 4, 7) zu erwarten, so ist die Jugendkammer zuständig. [3] Der Beschluss einer verminderten Besetzung in der Hauptverhandlung (§ 33b) ist nicht zulässig, wenn die Anordnung der Unterbringung in der Sicherungsverwahrung, deren Vorbehalt oder die Anordnung der Unterbringung in einem psychiatrischen Krankenhaus zu erwarten ist.

§ 109[1)] **Verfahren.** (1) [1] Von den Vorschriften über das Jugendstrafverfahren (§§ 43 bis 81a) sind im Verfahren gegen einen Heranwachsenden die §§ 43, 46a, 47a, 50 Absatz 3 und 4, die §§ 51a, 68 Nummer 1, 4 und 5, die §§ 68a, 68b, 70 Absatz 2 und 3, die §§ 70a, 70b Absatz 1 Satz 1 und Absatz 2, die §§ 70c, 72a bis 73 und 81a entsprechend anzuwenden. [2] Die Bestimmungen des § 70a sind nur insoweit anzuwenden, als sich die Unterrichtung auf Vorschriften bezieht, die nach dem für die Heranwachsenden geltenden Recht nicht ausgeschlossen sind. [3] Die Jugendgerichtshilfe und in geeigneten Fällen auch die Schule werden von der Einleitung und dem Ausgang des Verfahrens unterrichtet. [4] Sie benachrichtigen den Staatsanwalt, wenn ihnen bekannt wird, daß gegen den Beschuldigten noch ein anderes Strafverfahren anhängig ist. [5] Die Öffentlichkeit kann ausgeschlossen werden, wenn dies im Interesse des Heranwachsenden geboten ist.

(2) [1] Wendet der Richter Jugendstrafrecht an (§ 105), so gelten auch die §§ 45, 47 Abs. 1 Satz 1 Nr. 1, 2 und 3, Abs. 2, 3, §§ 52, 52a, 54 Abs. 1, §§ 55 bis 66, 74 und 79 Abs. 1 entsprechend. [2] § 66 ist auch dann anzuwenden, wenn die einheitliche Festsetzung von Maßnahmen oder Jugendstrafe nach § 105 Abs. 2 unterblieben ist. [3] § 55 Abs. 1 und 2 ist nicht anzuwenden, wenn die Entscheidung im beschleunigten Verfahren des allgemeinen Verfahrensrechts ergangen ist. [4] § 74 ist im Rahmen einer Entscheidung über die Auslagen des Antragstellers nach § 472a der Strafprozessordnung[2)] nicht anzuwenden.

(3) In einem Verfahren gegen einen Heranwachsenden findet § 407 Abs. 2 Satz 2 der Strafprozeßordnung keine Anwendung.

Dritter Abschnitt. Vollstreckung, Vollzug und Beseitigung des Strafmakels

§ 110[3)] **Vollstreckung und Vollzug.** (1) Von den Vorschriften über die Vollstreckung und den Vollzug bei Jugendlichen gelten § 82 Abs. 1, §§ 83 bis 93a für Heranwachsende entsprechend, soweit der Richter Jugendstrafrecht angewendet (§ 105) und nach diesem Gesetz zulässige Maßnahmen oder Jugendstrafe verhängt hat.

(2) Für die Vollstreckung von Untersuchungshaft an zur Tatzeit Heranwachsenden *gilt § 89c Absatz 1 und* 3 entsprechend.

[1)] § 109 Abs. 2 Satz 1 geänd. durch G v. 30.8.1990 (BGBl. I S. 1853); Abs. 2 Satz 3 angef. durch G v. 28.10.1994 (BGBl. I S. 3186); Abs. 3 angef. durch G v. 11.1.1993 (BGBl. I S. 50); Abs. 2 Satz 1 geänd., Satz 4 angef. mWv 31.12.2006 durch G v. 22.12.2006 (BGBl. I S. 3416); Abs. 1 Satz 1 neu gef., Satz 2 eingef., bish. Sätze 2–4 werden Sätze 3–5 mWv 17.12.2019 durch G v. 9.12.2019 (BGBl. I S. 2146); Abs. 2 Satz 4 geänd. mWv 1.7.2021 durch G v. 25.6.2021 (BGBl. I S. 2099).

[2)] Nr. **90**.

[3)] § 110 Abs. 2 neu gef. mWv 1.1.2010 durch G v. 29.7.2009 (BGBl. I S. 2274); Abs. 2 geänd. mWv 17.12.2019 durch G v. 9.12.2019 (BGBl. I S. 2146).

§ 111 Beseitigung des Strafmakels. Die Vorschriften über die Beseitigung des Strafmakels (§§ 97 bis 101) gelten für Heranwachsende entsprechend, soweit der Richter Jugendstrafe verhängt hat.

Vierter Abschnitt. Heranwachsende vor Gerichten, die für allgemeine Strafsachen zuständig sind

§ 112 Entsprechende Anwendung. [1] Die §§ 102, 103, 104 Abs. 1 bis 3 und 5 gelten für Verfahren gegen Heranwachsende entsprechend. [2] Die in § 104 Abs. 1 genannten Vorschriften sind nur insoweit anzuwenden, als sie nach dem für die Heranwachsenden geltenden Recht nicht ausgeschlossen sind. [3] Hält der Richter die Erteilung von Weisungen für erforderlich, so überläßt er die Auswahl und Anordnung dem Jugendrichter, in dessen Bezirk sich der Heranwachsende aufhält.

Vierter Teil. Sondervorschriften für Soldaten der Bundeswehr

§ 112a[1] Anwendung des Jugendstrafrechts. Das Jugendstrafrecht (§§ 3 bis 32, 105) gilt für die Dauer des Wehrdienstverhältnisses eines Jugendlichen oder Heranwachsenden mit folgenden Abweichungen:

1. Hilfe zur Erziehung im Sinne des § 12 darf nicht angeordnet werden.
2. *(aufgehoben)*
3. Bei der Erteilung von Weisungen und Auflagen soll der Richter die Besonderheiten des Wehrdienstes berücksichtigen. Weisungen und Auflagen, die bereits erteilt sind, soll er diesen Besonderheiten anpassen.
4. Als ehrenamtlicher Bewährungshelfer kann ein Soldat bestellt werden. Er untersteht bei seiner Tätigkeit (§ 25 Satz 2) nicht den Anweisungen des Richters.
5. Von der Überwachung durch einen Bewährungshelfer, der nicht Soldat ist, sind Angelegenheiten ausgeschlossen, für welche die militärischen Vorgesetzten des Jugendlichen oder Heranwachsenden zu sorgen haben. Maßnahmen des Disziplinarvorgesetzten haben den Vorrang.

§ 112b[2] *(aufgehoben)*

§ 112c[3] Vollstreckung. (1) Der Vollstreckungsleiter sieht davon ab, Jugendarrest, der wegen einer vor Beginn des Wehrdienstverhältnisses begangenen Tat verhängt ist, gegenüber Soldaten der Bundeswehr zu vollstrecken, wenn die Besonderheiten des Wehrdienstes es erfordern und ihnen nicht durch einen Aufschub der Vollstreckung Rechnung getragen werden kann.

(2) Die Entscheidung des Vollstreckungsleiters nach Absatz 1 ist eine jugendrichterliche Entscheidung im Sinne des § 83.

---

[1] § 112a Nr. 1 neu gef. durch G v. 26.6.1990 (BGBl. I S. 1163); Nr. 2 aufgeh. mWv 15.12.2010 durch G v. 8.12.2010 (BGBl. I S. 1864).

[2] § 112b aufgeh. mWv 15.12.2010 durch G v. 8.12.2010 (BGBl. I S. 1864).

[3] § 112c Abs. 1 aufgeh., bish. Abs. 2 und 3 werden Abs. 1 und 2, neuer Abs. 2 neu gef. mWv 15.12.2010 durch G v. 8.12.2010 (BGBl. I S. 1864).

Lfd. Nr.	Änderndes Gesetz	Datum	Fundstelle	Betroffen	Hinweis
173.	Art. 2 59. G zur Änd. des Strafgesetzbuches – Verbesserung des Persönlichkeitsschutzes bei Bildaufnahmen	9.10.2020	BGBl. I S. 2075	§§ 255a, 374, 395, 397a	geänd. mWv 1.1.2021
174.	Art. 2 60. G zur Änd. des Strafgesetzbuches – Modernisierung des Schriftenbegriffs und anderer Begriffe sowie Erweiterung der Strafbarkeit nach den §§ 86, 86a, 111 und 130 des Strafgesetzbuches bei Handlungen im Ausland	30.11. 2020	BGBl. I S. 2600	Inhaltsübersicht, §§ 97, 100a, 100b, 100g, 111q	geänd. mWv 1.1.2021
175.	Art. 2 G zur Durchführung der VO (EU) 2019/1148 des Europäischen Parlaments und des Rates vom 20.6.2019 über die Vermarktung und Verwendung von Ausgangsstoffen für Explosivstoffe, zur Änd. der VO (EG) Nr. 1907/2006 und zur Aufh. der VO (EU) Nr. 98/2013	3.12.2020	BGBl. I S. 2678	§ 100a	geänd. mWv 1.2.2021
176.	Art. 49 JahressteuerG 2020	21.12. 2020	BGBl. I S. 3096	§ 459g	geänd. mWv 29.12.2020
177.	Art. 3 G zur Verbesserung der strafrechtlichen Bekämpfung der Geldwäsche	9.3.2021	BGBl. I S. 327	§§ 53, 100a, 100b, 100g	geänd. mWv 18.3.2021
178.	Art. 2 G zur Bekämpfung des Rechtsextremismus und der Hasskriminalität[1]	30.3.2021	BGBl. I S. 441, aufgeh. 2021, S. 448	Inhaltsübersicht, §§ 100g, 100j, 101a, 101b, 374	geänd. [aufgeh. durch G v. 30.3. 2021, BGBl. I S. 448]
179.	Art. 8 G zur Anpassung der Regelungen über die Bestandsdatenauskunft an die Vorgaben aus der Entscheidung des BVerfG v. 27.5. 2020	30.3.2021	BGBl. I S. 448, ber. S. 1380	Inhaltsübersicht, §§ 100j, 101a, 101b, 374 § 100k	geänd. mWv 2.4.2021 eingef. mWv 2.4.2021
180.	Art. 9 G zur Änd. des BND-G zur Umsetzung der Vorgaben des Bundesverfassungsgerichts sowie des Bundesverwaltungsgerichts	19.4.2021	BGBl. I S. 771	§§ 474, 492	geänd. mWv 1.1.2022
181.	Art. 15 Abs. 6 G zur Reform des Vormundschafts- *und Betreuungsrechts*	4.5.2021	BGBl. I S. 882	§ 126a	geänd. mWv 1.1.2023
182.	Art. 2 G zur Bekämpfung sexualisierter Gewalt gegen Kinder	16.6.2021	BGBl. I S. 1810	Inhaltsübersicht, §§ 48, 53, 100a, 100b, 100g, 110d, 112, 112a	geänd. mWv 1.7.2021

[1] **Amtl. Anm.:** Notifiziert gemäß der Richtlinie (EU) 2015/1535 des Europäischen Parlaments und des Rates vom 9. September 2015 über ein Informationsverfahren auf dem Gebiet der technischen Vorschriften und der Vorschriften für die Dienste der Informationsgesellschaft (ABl. L 241 vom 17.9.2015, S. 1).

Lfd. Nr.	Änderndes Gesetz	Datum	Fundstelle	Betroffen	Hinweis
				§ 48a	eingef. mWv 1.7.2021
183.	Art. 17 TelekommunikationsmodernisierungsG[1]	23.6.2021	BGBl. I S. 1858	§§ 100g, 100j, 101a	geänd. mWv 1.12.2021
184.	Art. 2 G zur Regelung des Datenschutzes und des Schutzes der Privatsphäre in der Telekommunikation und bei Telemedien	23.6.2021	BGBl. I S. 1982	§§ 100j, 100k	geänd. mWv 1.12.2021
185.	Art. 1 G zur Fortentwicklung der StrafprozessO und zur Änd. weiterer Vorschriften	25.6.2021	BGBl. I S. 2099	Inhaltsübersicht, §§ 32b, 32e, 32f, 58a, 68, 99, 100, 100a, 100b, 100j, 101, 101a, 104, 110, 111d, 111h, 111i, 111k, 111l, 111n, 111o, 114b, 136, 138d, 145a, 163a, 168, 168a, 168b, 168c, 200, 222, 268, 271, 272, 286, 323, 330, 345, 5. Buch 2. Abschnitt, § 385, 5. Buch 3. und 4. Abschnitt, §§ 403, 404, 405, 5. Buch 5. Abschnitt, §§ 406e, 413, 421, 430, 435, 459g, 459h, 459i, 459j, 459k, 459l, 459m, 462, 472a, 479, 492	geänd. mWv 1.7.2021
				5. Buch 4. Abschnitt Überschrift	neu gef. mWv 1.7.2021
				§§ 95a, 163g, 5. Buch 1. Abschnitt (§ 373b), § 463e	eingef. mWv 1.7.2021
186.	Art. 15 G zur Neuregelung des Berufsrechts der anwaltlichen und steuerberatenden Berufsausübungsgesellschaften sowie zur Änd. weiterer Vorschriften im Bereich der rechtsberatenden Berufe	7.7.2021	BGBl. I S. 2363	§§ 32a, 53a	geänd. mWv 1.8.2022
187.	Art. 1 G zur Durchführung der VO (EU) 2019/816 sowie zur Änd. weiterer Vorschriften	10.8.2021	BGBl. I S. 3420	§ 81b	geänd. mWv 1.10.2022
188.	Art. 2 G zur Änd. des Strafgesetzbuches – Strafbarkeit des Betreibens krimineller Handelsplattformen im Internet[2]	12.8.2021	BGBl. I S. 3544	§§ 100a, 100b, 100g, 100j	geänd. mWv 1.10.2021

[1] **Amtl. Anm.:** Dieses Gesetz dient der Umsetzung der Richtlinie (EU) 2018/1972 des Europäischen Parlaments und des Rates vom 11. Dezember 2018 über den europäischen Kodex für die elektronische Kommunikation (Neufassung) (ABl. L 321 vom 17.12.2018, S. 36).

[2] ***Amtl. Anm.:*** *Notifiziert gemäß der Richtlinie (EU)* 2015/1535 des Europäischen Parlaments und des Rates vom 9. September 2015 über ein Informationsverfahren auf dem Gebiet der technischen Vorschriften und der Vorschriften für die Dienste der Informationsgesellschaft (ABl. L 241 vom 17.9.2015, S. 1).

Vorbemerkung:
Die Änderung durch G v. 4.5.2021 (BGBl. I S. 882) tritt erst mWv 1.1.2023 in Kraft und ist im Text noch nicht berücksichtigt.
Die Änderungen durch G v. 23.6.2021 (BGBl. I S. 1858) treten erst mWv 1.12.2021 in Kraft und sind im Text noch nicht berücksichtigt.
Die Änderungen durch G v. 7.7.2021 (BGBl. I S. 2363) treten erst mWv 1.8.2022 in Kraft und sind im Text noch nicht berücksichtigt.
Die Änderungen durch G v. 10.8.2021 (BGBl. I S. 3420) treten erst mWv 1.10.2022 in Kraft und sind im Text noch nicht berücksichtigt.

Übertragung ist nicht anfechtbar; sie kann jederzeit widerrufen werden. [4]Solange eine Anordnung nach Satz 2 nicht ergangen ist, legt die Staatsanwaltschaft die ihr ausgelieferten Postsendungen sofort, und zwar verschlossene Postsendungen ungeöffnet, dem Gericht vor.

(4) [1]Über eine von der Staatsanwaltschaft verfügte Maßnahme nach § 99 entscheidet das nach § 98 zuständige Gericht. [2]Über die Öffnung einer ausgelieferten Postsendung entscheidet das Gericht, das die Beschlagnahme angeordnet oder bestätigt hat.

(5) [1]Postsendungen, deren Öffnung nicht angeordnet worden ist, sind unverzüglich an den vorgesehenen Empfänger weiterzuleiten. [2]Dasselbe gilt, soweit nach der Öffnung die Zurückbehaltung nicht erforderlich ist.

(6) Der Teil einer zurückbehaltenen Postsendung, dessen Vorenthaltung nicht mit Rücksicht auf die Untersuchung geboten erscheint, ist dem vorgesehenen Empfänger abschriftlich mitzuteilen.

§ 100a[1)] Telekommunikationsüberwachung. (1) [1]Auch ohne Wissen der Betroffenen darf die Telekommunikation überwacht und aufgezeichnet werden, wenn

1. bestimmte Tatsachen den Verdacht begründen, dass jemand als Täter oder Teilnehmer eine in Absatz 2 bezeichnete schwere Straftat begangen, in Fällen, in denen der Versuch strafbar ist, zu begehen versucht, oder durch eine Straftat vorbereitet hat,
2. die Tat auch im Einzelfall schwer wiegt und
3. die Erforschung des Sachverhalts oder die Ermittlung des Aufenthaltsortes des Beschuldigten auf andere Weise wesentlich erschwert oder aussichtslos wäre.

[2]Die Überwachung und Aufzeichnung der Telekommunikation darf auch in der Weise erfolgen, dass mit technischen Mitteln in von dem Betroffenen genutzte informationstechnische Systeme eingegriffen wird, wenn dies notwendig ist, um die Überwachung und Aufzeichnung insbesondere in unverschlüsselter Form zu ermöglichen. [3]Auf dem informationstechnischen System des Betroffenen gespeicherte Inhalte und Umstände der Kommunikation dürfen überwacht und aufgezeichnet werden, wenn sie auch während des laufenden Übertragungsvorgangs im öffent-

---

[1)] § 100a neu gef. mWv 1.1.2008 durch G v. 21.12.2007 (BGBl. I S. 3198); Abs. 2 Nr. 8 geänd. mWv 19.3.2008 durch G v. 11.3.2008 (BGBl. I S. 306); Abs. 2 Nr. 1 Buchst. g geänd. mWv 5.11.2008 durch G v. 31.10.2008 (BGBl. I S. 2149); Abs. 2 Nr. 1 Buchst. a geänd. mWv 4.8.2009 durch G v. 30.7.2009 (BGBl. I S. 2437); Abs. 2 Nr. 6 geänd. mWv 1.9.2013 durch G v. 6.6.2013 (BGBl. I S. 1482); Abs. 2 Nr. 1 Buchst. b geänd. mWv 1.9.2014 durch G v. 23.4.2014 (BGBl. I S. 410); Abs. 2 Nr. 1 Buchst. g geänd. mWv 27.1.2015 durch G v. 21.1.2015 (BGBl. I S. 10); Abs. 2 Nr. 1 Buchst. a geänd. mWv 20.6.2015 durch G v. 12.6.2015 (BGBl. I S. 926); Abs. 2 Nr. 4 einl. Satzteil geänd. mWv 24.10.2015 durch G v. 20.10.2015 (BGBl. I S. 1722); Abs. 2 Nr. 3 neu gef. mWv 18.12.2015 durch G v. 10.12.2015 (BGBl. I S. 2210); Abs. 2 Nr. 1 Buchst. i geänd. mWv 15.10.2016 durch G v. 11.10.2016 (BGBl. I S. 2226); Abs. 2 Nr. 1 Buchst. f geänd. mWv 10.11.2016 durch G v. 4.11.2016 (BGBl. I S. 2460); Abs. 2 Nr. 9a eingef. mWv 26.11.2016 durch G v. 21.11.2016 (BGBl. I S. 2615); Abs. 2 Nr. 1 Buchst. a geänd., Nr. 10 Buchst. d angef. mWv 1.1.2017 durch *G v. 22.12.2016 (BGBl. I S.* 3150); Abs. 2 Nr. 1 Buchst. p eingef., bish. Buchst. p–t werden Buchst. q–u mWv 19.4.2017 durch G v. 11.4.2017 (BGBl. I S. 815); Abs. 1 Sätze 2 und 3 angef., Abs. 3 geänd., Abs. 4 neu gef., Abs. 5 und 6 angef. mWv 24.8.2017 durch G v. 17.8.2017 (BGBl. I S. 3202); Abs. 2 Nr. 1 Buchst. q eingef., bish. Buchst. q–u werden Buchst. r–v mWv 18.7.2019 durch G v. 11.7 2019 (BGBl. I S. 1066); Abs. 2 Nr. 1 Buchst. j geänd. mWv 13.12.2019 und geänd. **mWv 12.12.2024** durch G v. 10.12.2019 (BGBl. I S. 2121); Abs. 2 Nr. 1 Buchst. g geänd. mWv 1.1.2021 durch G v. 30.11.2020 (BGBl. I S. 2600); Abs. 2 Nr. 5a eingef. mWv 1.2.2021 durch G v. 3.12.2020 (BGBl. I S. 2678); Abs. 2 Nr. 1 Buchst. m neu gef. mWv 18.3.2021 durch G v. 9.3.2021 (BGBl. I S. 327); Abs. 2 Nr. 1 Buchst. f und g geänd. mWv 1.7. 2021 durch G v. 16.6.2021 (BGBl. I S. 1810); Abs. 2 Nr. 2 Buchst. a neu gef. mWv 1.7.2021 durch G v. 25.6.2021 (BGBl. I S. 2099); Abs. 2 Nr. 1 Buchst. d geänd. mWv 1.10.2021 durch G v. 12.8.2021 (BGBl. I S. 3544).

lichen Telekommunikationsnetz in verschlüsselter Form hätten überwacht und aufgezeichnet werden können.

(2) Schwere Straftaten im Sinne des Absatzes 1 Nr. 1 sind:

1. aus dem Strafgesetzbuch[1]:
   a) Straftaten des Friedensverrats, des Hochverrats und der Gefährdung des demokratischen Rechtsstaates sowie des Landesverrats und der Gefährdung der äußeren Sicherheit nach den §§ 80a bis 82, 84 bis 86, 87 bis 89a, 89c Absatz 1 bis 4, 94 bis 100a,
   b) Bestechlichkeit und Bestechung von Mandatsträgern nach § 108e,
   c) Straftaten gegen die Landesverteidigung nach den §§ 109d bis 109h,
   d) Straftaten gegen die öffentliche Ordnung nach § 127 Absatz 3 und 4 sowie den §§ 129 bis 130,
   e) Geld- und Wertzeichenfälschung nach den §§ 146 und 151, jeweils auch in Verbindung mit § 152, sowie nach § 152a Abs. 3 und § 152b Abs. 1 bis 4,
   f) Straftaten gegen die sexuelle Selbstbestimmung in den Fällen der §§ 176, 176c, 176d und, unter den in § 177 Absatz 6 Satz 2 Nummer 2 genannten Voraussetzungen, des § 177,
   g) Verbreitung, Erwerb und Besitz kinder- und jugendpornographischer Inhalte nach § 184b, § 184c Absatz 2,
   h) Mord und Totschlag nach den §§ 211 und 212,
   i) Straftaten gegen die persönliche Freiheit nach den §§ 232, 232a Absatz 1 bis 5, den §§ 232b, 233 Absatz 2, den §§ 233a, 234, 234a, 239a und 239b,
   j) Bandendiebstahl nach § 244 Abs. 1 Nr. 2 ***[bis 11.12.2024:*** , Wohnungseinbruchdiebstahl nach § 244 Absatz 4***]*** und schwerer Bandendiebstahl nach § 244a,
   k) Straftaten des Raubes und der Erpressung nach den §§ 249 bis 255,
   l) gewerbsmäßige Hehlerei, Bandenhehlerei und gewerbsmäßige Bandenhehlerei nach den §§ 260 und 260a,
   m) Geldwäsche nach § 261, wenn die Vortat eine der in den Nummern 1 bis 11 genannten schweren Straftaten ist,
   n) Betrug und Computerbetrug unter den in § 263 Abs. 3 Satz 2 genannten Voraussetzungen und im Falle des § 263 Abs. 5, jeweils auch in Verbindung mit § 263a Abs. 2,
   o) Subventionsbetrug unter den in § 264 Abs. 2 Satz 2 genannten Voraussetzungen und im Falle des § 264 Abs. 3 in Verbindung mit § 263 Abs. 5,
   p) Sportwettbetrug und Manipulation von berufssportlichen Wettbewerben unter den in § 265e Satz 2 genannten Voraussetzungen,
   q) Vorenthalten und Veruntreuen von Arbeitsentgelt unter den in § 266a Absatz 4 Satz 2 Nummer 4 genannten Voraussetzungen,
   r) Straftaten der Urkundenfälschung unter den in § 267 Abs. 3 Satz 2 genannten Voraussetzungen und im Fall des § 267 Abs. 4, jeweils auch in Verbindung mit § 268 Abs. 5 oder § 269 Abs. 3, sowie nach § 275 Abs. 2 und § 276 Abs. 2,
   s) Bankrott unter den in § 283a Satz 2 genannten Voraussetzungen,
   t) Straftaten gegen den Wettbewerb nach § 298 und, unter den in § 300 Satz 2 genannten Voraussetzungen, nach § 299,

---

[1] Nr. **85**.

u) gemeingefährliche Straftaten in den Fällen der §§ 306 bis 306c, 307 Abs. 1 bis 3, des § 308 Abs. 1 bis 3, des § 309 Abs. 1 bis 4, des § 310 Abs. 1, der §§ 313, 314, 315 Abs. 3, des § 315b Abs. 3 sowie der §§ 316a und 316c,

v) Bestechlichkeit und Bestechung nach den §§ 332 und 334,

2. aus der Abgabenordnung:

a) Steuerhinterziehung unter den in § 370 Absatz 3 Satz 2 Nummer 1 genannten Voraussetzungen, sofern der Täter als Mitglied einer Bande, die sich zur fortgesetzten Begehung von Taten nach § 370 Absatz 1 verbunden hat, handelt, oder unter den in § 370 Absatz 3 Satz 2 Nummer 5 genannten Voraussetzungen,

b) gewerbsmäßiger, gewaltsamer und bandenmäßiger Schmuggel nach § 373,

c) Steuerhehlerei im Falle des § 374 Abs. 2,

3. aus dem Anti-Doping-Gesetz:
Straftaten nach § 4 Absatz 4 Nummer 2 Buchstabe b,

4. aus dem Asylgesetz[1]:

a) Verleitung zur missbräuchlichen Asylantragstellung nach § 84 Abs. 3,

b) gewerbs- und bandenmäßige Verleitung zur missbräuchlichen Asylantragstellung nach § 84a,

5. aus dem Aufenthaltsgesetz[2]:

a) Einschleusen von Ausländern nach § 96 Abs. 2,

b) Einschleusen mit Todesfolge und gewerbs- und bandenmäßiges Einschleusen nach § 97,

5a. aus dem Ausgangsstoffgesetz:
Straftaten nach § 13 Absatz 3,

6. aus dem Außenwirtschaftsgesetz:
vorsätzliche Straftaten nach den §§ 17 und 18 des Außenwirtschaftsgesetzes,

7. aus dem Betäubungsmittelgesetz[3]:

a) Straftaten nach einer in § 29 Abs. 3 Satz 2 Nr. 1 in Bezug genommenen Vorschrift unter den dort genannten Voraussetzungen,

b) Straftaten nach den §§ 29a, 30 Abs. 1 Nr. 1, 2 und 4 sowie den §§ 30a und 30b,

8. aus dem Grundstoffüberwachungsgesetz:
Straftaten nach § 19 Abs. 1 unter den in § 19 Abs. 3 Satz 2 genannten Voraussetzungen,

9. aus dem Gesetz über die Kontrolle von Kriegswaffen[4]:

a) Straftaten nach § 19 Abs. 1 bis 3 und § 20 Abs. 1 und 2 sowie § 20a Abs. 1 bis 3, jeweils auch in Verbindung mit § 21,

b) Straftaten nach § 22a Abs. 1 bis 3,

9a. aus dem Neue-psychoaktive-Stoffe-Gesetz:
Straftaten nach § 4 Absatz 3 Nummer 1 Buchstabe a,

---

[1] **Sartorius Nr. 567.**
[2] **Sartorius Nr. 565.**
[3] **Habersack, Deutsche Gesetze ErgBd. Nr. 86.**
[4] **Sartorius Nr. 823.**

10. aus dem Völkerstrafgesetzbuch[1]:
  a) Völkermord nach § 6,
  b) Verbrechen gegen die Menschlichkeit nach § 7,
  c) Kriegsverbrechen nach den §§ 8 bis 12,
  d) Verbrechen der Aggression nach § 13,
11. aus dem Waffengesetz[2]:
  a) Straftaten nach § 51 Abs. 1 bis 3,
  b) Straftaten nach § 52 Abs. 1 Nr. 1 und 2 Buchstabe c und d sowie Abs. 5 und 6.

(3) Die Anordnung darf sich nur gegen den Beschuldigten oder gegen Personen richten, von denen auf Grund bestimmter Tatsachen anzunehmen ist, dass sie für den Beschuldigten bestimmte oder von ihm herrührende Mitteilungen entgegennehmen oder weitergeben oder dass der Beschuldigte ihren Anschluss oder ihr informationstechnisches System benutzt.

(4) [1] Auf Grund der Anordnung einer Überwachung und Aufzeichnung der Telekommunikation hat jeder, der Telekommunikationsdienste erbringt oder daran mitwirkt, dem Gericht, der Staatsanwaltschaft und ihren im Polizeidienst tätigen Ermittlungspersonen (§ 152 des Gerichtsverfassungsgesetzes[3]) diese Maßnahmen zu ermöglichen und die erforderlichen Auskünfte unverzüglich zu erteilen. [2] Ob und in welchem Umfang hierfür Vorkehrungen zu treffen sind, bestimmt sich nach dem Telekommunikationsgesetz[4] und der Telekommunikations-Überwachungsverordnung. [3] § 95 Absatz 2 gilt entsprechend.

(5) [1] Bei Maßnahmen nach Absatz 1 Satz 2 und 3 ist technisch sicherzustellen, dass

1. ausschließlich überwacht und aufgezeichnet werden können:
  a) die laufende Telekommunikation (Absatz 1 Satz 2), oder
  b) Inhalte und Umstände der Kommunikation, die ab dem Zeitpunkt der Anordnung nach § 100e Absatz 1 auch während des laufenden Übertragungsvorgangs im öffentlichen Telekommunikationsnetz hätten überwacht und aufgezeichnet werden können (Absatz 1 Satz 3),
2. an dem informationstechnischen System nur Veränderungen vorgenommen werden, die für die Datenerhebung unerlässlich sind, und
3. die vorgenommenen Veränderungen bei Beendigung der Maßnahme, soweit technisch möglich, automatisiert rückgängig gemacht werden.

[2] Das eingesetzte Mittel ist nach dem Stand der Technik gegen unbefugte Nutzung zu schützen. [3] Kopierte Daten sind nach dem Stand der Technik gegen Veränderung, unbefugte Löschung und unbefugte Kenntnisnahme zu schützen.

(6) Bei jedem Einsatz des technischen Mittels sind zu protokollieren

1. die Bezeichnung des technischen Mittels und der Zeitpunkt seines Einsatzes,
2. die Angaben zur Identifizierung des informationstechnischen Systems und die daran vorgenommenen nicht nur flüchtigen Veränderungen,
3. die Angaben, die die Feststellung der erhobenen Daten ermöglichen, und
4. die Organisationseinheit, die die Maßnahme durchführt.

---

1) **Habersack, *Deutsche Gesetze* ErgBd. Nr. 85g.**
2) **Sartorius Nr. 820.**
3) Nr. **95**.
4) **Sartorius ErgBd. Nr. 920.**

§ 100b[1] **Online-Durchsuchung.** (1) Auch ohne Wissen des Betroffenen darf mit technischen Mitteln in ein von dem Betroffenen genutztes informationstechnisches System eingegriffen und dürfen Daten daraus erhoben werden (Online-Durchsuchung), wenn

1. bestimmte Tatsachen den Verdacht begründen, dass jemand als Täter oder Teilnehmer eine in Absatz 2 bezeichnete besonders schwere Straftat begangen oder in Fällen, in denen der Versuch strafbar ist, zu begehen versucht hat,
2. die Tat auch im Einzelfall besonders schwer wiegt und
3. die Erforschung des Sachverhalts oder die Ermittlung des Aufenthaltsortes des Beschuldigten auf andere Weise wesentlich erschwert oder aussichtslos wäre.

(2) Besonders schwere Straftaten im Sinne des Absatzes 1 Nummer 1 sind:

1. aus dem Strafgesetzbuch[2]:
   a) Straftaten des Hochverrats und der Gefährdung des demokratischen Rechtsstaates sowie des Landesverrats und der Gefährdung der äußeren Sicherheit nach den §§ 81, 82, 89a, 89c Absatz 1 bis 4, nach den §§ 94, 95 Absatz 3 und § 96 Absatz 1, jeweils auch in Verbindung mit § 97b, sowie nach den §§ 97a, 98 Absatz 1 Satz 2, § 99 Absatz 2 und den §§ 100, 100a Absatz 4,
   b) Betreiben krimineller Handelsplattformen im Internet in den Fällen des § 127 Absatz 3 und 4, sofern der Zweck der Handelsplattform im Internet darauf ausgerichtet ist, in den Buchstaben a und c bis o sowie in den Nummern 2 bis 10 genannte besonders schwere Straftaten zu ermöglichen oder zu fördern,
   c) Bildung krimineller Vereinigungen nach § 129 Absatz 1 in Verbindung mit Absatz 5 Satz 3 und Bildung terroristischer Vereinigungen nach § 129a Absatz 1, 2, 4, 5 Satz 1 erste Alternative, jeweils auch in Verbindung mit § 129b Absatz 1,
   d) Geld- und Wertzeichenfälschung nach den §§ 146 und 151, jeweils auch in Verbindung mit § 152, sowie nach § 152a Absatz 3 und § 152b Absatz 1 bis 4,
   e) Straftaten gegen die sexuelle Selbstbestimmung in den Fällen des § 176 Absatz 1 und der §§ 176c, 176d und, unter den in § 177 Absatz 6 Satz 2 Nummer 2 genannten Voraussetzungen, des § 177,
   f) Verbreitung, Erwerb und Besitz kinderpornografischer Inhalte in den Fällen des § 184b Absatz 1 Satz 1 und Absatz 2,
   g) Mord und Totschlag nach den §§ 211, 212,
   h) Straftaten gegen die persönliche Freiheit in den Fällen des § 232 Absatz 2 und 3, des § 232a Absatz 1, 3, 4 und 5 zweiter Halbsatz, des § 232b Absatz 1 und 3 sowie Absatz 4, dieser in Verbindung mit § 232a Absatz 4 und 5 zweiter Halbsatz, des § 233 Absatz 2, des § 233a Absatz 1, 3 und 4 zweiter Halbsatz, der §§ 234 und 234a Absatz 1 und 2 sowie der §§ 239a und 239b,
   i) Bandendiebstahl nach § 244 Absatz 1 Nummer 2 und schwerer Bandendiebstahl nach § 244a,

---

[1] § 100b neu gef. mWv 24.8.2017 durch G v. 17.8.2017 (BGBl. I S. 3202); Abs. 2 Nr. 1 Buchst. e geänd. mWv 1.1.2021 durch G v. 30.11.2020 (BGBl. I S. 2600); Abs. 2 Nr. 1 Buchst. l neu gef. mWv 18.3.2021 durch G v. 9.3.2021 (BGBl. I S. 327); Abs. 2 Nr. 1 Buchst. d und e geänd. mWv 1.7.2021 durch G v. 16.6. 2021 (BGBl. I S. 1810); Abs. 2 Nr. 1 Buchst. g neu gef., Buchst. m eingef., bish. Buchst. m wird Buchst. n, Nr. 4 eingef., bish. Nr. 4 und 5 werden Nr. 5 und 6, Nr. 7 und 8 eingef., bish. Nr. 6 und 7 werden Nr. 9 und 10 mWv 1.7.2021 durch G v. 25.6.2021 (BGBl. I S. 2099); Abs. 2 Nr. 1 Buchst. b eingef., bish. Buchst. b–n werden Buchst. c–o mWv 1.10.2021 durch G v. 12.8.2021 (BGBl. I S. 3544).

[2] Nr. **85**.

j) schwerer Raub und Raub mit Todesfolge nach § 250 Absatz 1 oder Absatz 2, § 251,
k) räuberische Erpressung nach § 255 und besonders schwerer Fall einer Erpressung nach § 253 unter den in § 253 Absatz 4 Satz 2 genannten Voraussetzungen,
l) gewerbsmäßige Hehlerei, Bandenhehlerei und gewerbsmäßige Bandenhehlerei nach den §§ 260, 260a,
m) besonders schwerer Fall der Geldwäsche nach § 261 unter den in § 261 Absatz 5 Satz 2 genannten Voraussetzungen, wenn die Vortat eine der in den Nummern 1 bis 7 genannten besonders schweren Straftaten ist,
n) Computerbetrug in den Fällen des § 263a Absatz 2 in Verbindung mit § 263 Absatz 5,
o) besonders schwerer Fall der Bestechlichkeit und Bestechung nach § 335 Absatz 1 unter den in § 335 Absatz 2 Nummer 1 bis 3 genannten Voraussetzungen,

2. aus dem Asylgesetz[1]:
   a) Verleitung zur missbräuchlichen Asylantragstellung nach § 84 Absatz 3,
   b) gewerbs- und bandenmäßige Verleitung zur missbräuchlichen Asylantragstellung nach § 84a Absatz 1,
3. aus dem Aufenthaltsgesetz[2]:
   a) Einschleusen von Ausländern nach § 96 Absatz 2,
   b) Einschleusen mit Todesfolge oder gewerbs- und bandenmäßiges Einschleusen nach § 97,
4. aus dem Außenwirtschaftsgesetz:
   a) Straftaten nach § 17 Absatz 1, 2 und 3, jeweils auch in Verbindung mit Absatz 6 oder 7,
   b) Straftaten nach § 18 Absatz 7 und 8, jeweils auch in Verbindung mit Absatz 10,
5. aus dem Betäubungsmittelgesetz[3]:
   a) besonders schwerer Fall einer Straftat nach § 29 Absatz 1 Satz 1 Nummer 1, 5, 6, 10, 11 oder 13, Absatz 3 unter der in § 29 Absatz 3 Satz 2 Nummer 1 genannten Voraussetzung,
   b) eine Straftat nach den §§ 29a, 30 Absatz 1 Nummer 1, 2, 4, § 30a,
6. aus dem Gesetz über die Kontrolle von Kriegswaffen[4]:
   a) eine Straftat nach § 19 Absatz 2 oder § 20 Absatz 1, jeweils auch in Verbindung mit § 21,
   b) besonders schwerer Fall einer Straftat nach § 22a Absatz 1 in Verbindung mit Absatz 2,
7. aus dem Grundstoffüberwachungsgesetz:
   Straftaten nach § 19 Absatz 3,
8. aus dem Neue-psychoaktive-Stoffe-Gesetz:
   Straftaten nach § 4 Absatz 3 Nummer 1,

---

[1] ***Sartorius Nr. 567.***
[2] **Sartorius Nr. 565.**
[3] **Habersack, Deutsche Gesetze ErgBd. Nr. 86.**
[4] **Sartorius Nr. 823.**

9. aus dem Völkerstrafgesetzbuch[1]:
   a) Völkermord nach § 6,
   b) Verbrechen gegen die Menschlichkeit nach § 7,
   c) Kriegsverbrechen nach den §§ 8 bis 12,
   d) Verbrechen der Aggression nach § 13,
10. aus dem Waffengesetz[2]:
   a) besonders schwerer Fall einer Straftat nach § 51 Absatz 1 in Verbindung mit Absatz 2,
   b) besonders schwerer Fall einer Straftat nach § 52 Absatz 1 Nummer 1 in Verbindung mit Absatz 5.

(3) [1] Die Maßnahme darf sich nur gegen den Beschuldigten richten. [2] Ein Eingriff in informationstechnische Systeme anderer Personen ist nur zulässig, wenn auf Grund bestimmter Tatsachen anzunehmen ist, dass
1. der in der Anordnung nach § 100e Absatz 3 bezeichnete Beschuldigte informationstechnische Systeme der anderen Person benutzt, und
2. die Durchführung des Eingriffs in informationstechnische Systeme des Beschuldigten allein nicht zur Erforschung des Sachverhalts oder zur Ermittlung des Aufenthaltsortes eines Mitbeschuldigten führen wird.

[3] Die Maßnahme darf auch durchgeführt werden, wenn andere Personen unvermeidbar betroffen werden.

(4) § 100a Absatz 5 und 6 gilt mit Ausnahme von Absatz 5 Satz 1 Nummer 1 entsprechend.

§ 100c[3] Akustische Wohnraumüberwachung. (1) Auch ohne Wissen der Betroffenen darf das in einer Wohnung nichtöffentlich gesprochene Wort mit technischen Mitteln abgehört und aufgezeichnet werden, wenn
1. bestimmte Tatsachen den Verdacht begründen, dass jemand als Täter oder Teilnehmer eine in § 100b Absatz 2 bezeichnete besonders schwere Straftat begangen oder in Fällen, in denen der Versuch strafbar ist, zu begehen versucht hat,
2. die Tat auch im Einzelfall besonders schwer wiegt,
3. auf Grund tatsächlicher Anhaltspunkte anzunehmen ist, dass durch die Überwachung Äußerungen des Beschuldigten erfasst werden, die für die Erforschung des Sachverhalts oder die Ermittlung des Aufenthaltsortes eines Mitbeschuldigten von Bedeutung sind, und
4. die Erforschung des Sachverhalts oder die Ermittlung des Aufenthaltsortes eines Mitbeschuldigten auf andere Weise unverhältnismäßig erschwert oder aussichtslos wäre.

(2) [1] Die Maßnahme darf sich nur gegen den Beschuldigten richten und nur in *Wohnungen des* Beschuldigten durchgeführt werden. [2] In Wohnungen anderer Personen ist die Maßnahme nur zulässig, wenn auf Grund bestimmter Tatsachen anzunehmen ist, dass

---

[1] **Habersack, Deutsche Gesetze ErgBd. Nr. 85g.**

[2] **Sartorius Nr. 820.**

[3] § 100c eingef. durch G v. 15.7.1992 (BGBl. I S. 1302); neu gef. mWv 1.7.2005 durch G v. 24.6.2005 (BGBl. I S. 1841); Abs. 1 einl. Satzteil und Nr. 1 geänd. mWv 1.1.2008 durch G v. 21.12.2007 (BGBl. I S. 3198); Abs. 1 Nr. 1 geänd., Abs. 2 aufgeh., bish. Abs. 3 wird Abs. 2 und Satz 2 Nr. 1 geänd., Abs. 4–7 aufgeh. mWv 24.8.2017 durch G v. 17.8.2017 (BGBl. I S. 3202).

1. der in der Anordnung nach § 100e Absatz 3 bezeichnete Beschuldigte sich dort aufhält und
2. die Maßnahme in Wohnungen des Beschuldigten allein nicht zur Erforschung des Sachverhalts oder zur Ermittlung des Aufenthaltsortes eines Mitbeschuldigten führen wird.

[3] Die Maßnahme darf auch durchgeführt werden, wenn andere Personen unvermeidbar betroffen werden.

§ 100d[1)] Kernbereich privater Lebensgestaltung; Zeugnisverweigerungsberechtigte. (1) Liegen tatsächliche Anhaltspunkte für die Annahme vor, dass durch eine Maßnahme nach den §§ 100a bis 100c allein Erkenntnisse aus dem Kernbereich privater Lebensgestaltung erlangt werden, ist die Maßnahme unzulässig.

(2) [1] Erkenntnisse aus dem Kernbereich privater Lebensgestaltung, die durch eine Maßnahme nach den §§ 100a bis 100c erlangt wurden, dürfen nicht verwertet werden. [2] Aufzeichnungen über solche Erkenntnisse sind unverzüglich zu löschen. [3] Die Tatsache ihrer Erlangung und Löschung ist zu dokumentieren.

(3) [1] Bei Maßnahmen nach § 100b ist, soweit möglich, technisch sicherzustellen, dass Daten, die den Kernbereich privater Lebensgestaltung betreffen, nicht erhoben werden. [2] Erkenntnisse, die durch Maßnahmen nach § 100b erlangt wurden und den Kernbereich privater Lebensgestaltung betreffen, sind unverzüglich zu löschen oder von der Staatsanwaltschaft dem anordnenden Gericht zur Entscheidung über die Verwertbarkeit und Löschung der Daten vorzulegen. [3] Die Entscheidung des Gerichts über die Verwertbarkeit ist für das weitere Verfahren bindend.

(4) [1] Maßnahmen nach § 100c dürfen nur angeordnet werden, soweit auf Grund tatsächlicher Anhaltspunkte anzunehmen ist, dass durch die Überwachung Äußerungen, die dem Kernbereich privater Lebensgestaltung zuzurechnen sind, nicht erfasst werden. [2] Das Abhören und Aufzeichnen ist unverzüglich zu unterbrechen, wenn sich während der Überwachung Anhaltspunkte dafür ergeben, dass Äußerungen, die dem Kernbereich privater Lebensgestaltung zuzurechnen sind, erfasst werden. [3] Ist eine Maßnahme unterbrochen worden, so darf sie unter den in Satz 1 genannten Voraussetzungen fortgeführt werden. [4] Im Zweifel hat die Staatsanwaltschaft über die Unterbrechung oder Fortführung der Maßnahme unverzüglich eine Entscheidung des Gerichts herbeizuführen; § 100e Absatz 5 gilt entsprechend. [5] Auch soweit für bereits erlangte Erkenntnisse ein Verwertungsverbot nach Absatz 2 in Betracht kommt, hat die Staatsanwaltschaft unverzüglich eine Entscheidung des Gerichts herbeizuführen. [6] Absatz 3 Satz 3 gilt entsprechend.

(5) [1] In den Fällen des § 53 sind Maßnahmen nach den §§ 100b und 100c unzulässig; ergibt sich während oder nach Durchführung der Maßnahme, dass ein Fall des § 53 vorliegt, gilt Absatz 2 entsprechend. [2] In den Fällen der §§ 52 und 53a dürfen aus Maßnahmen nach den §§ 100b und 100c gewonnene Erkenntnisse nur verwertet werden, wenn dies unter Berücksichtigung der Bedeutung des zugrunde liegenden Vertrauensverhältnisses nicht außer Verhältnis zum Interesse an der Erforschung des Sachverhalts oder der Ermittlung des Aufenthaltsortes eines Beschuldigten steht. [3] § 160a Absatz 4 gilt entsprechend.

[1)] § 100d neu gef. mWv 24.8.2017 durch G v. 17.8.2017 (BGBl. I S. 3202, ber. S. 3630).

§ 100e[1)] Verfahren bei Maßnahmen nach den §§ 100a bis 100c.

(1) [1] Maßnahmen nach § 100a dürfen nur auf Antrag der Staatsanwaltschaft durch das Gericht angeordnet werden. [2] Bei Gefahr im Verzug kann die Anordnung auch durch die Staatsanwaltschaft getroffen werden. [3] Soweit die Anordnung der Staatsanwaltschaft nicht binnen drei Werktagen von dem Gericht bestätigt wird, tritt sie außer Kraft. [4] Die Anordnung ist auf höchstens drei Monate zu befristen. [5] Eine Verlängerung um jeweils nicht mehr als drei Monate ist zulässig, soweit die Voraussetzungen der Anordnung unter Berücksichtigung der gewonnenen Ermittlungsergebnisse fortbestehen.

(2) [1] Maßnahmen nach den §§ 100b und 100c dürfen nur auf Antrag der Staatsanwaltschaft durch die in § 74a Absatz 4 des Gerichtsverfassungsgesetzes[2)] genannte Kammer des Landgerichts angeordnet werden, in dessen Bezirk die Staatsanwaltschaft ihren Sitz hat. [2] Bei Gefahr im Verzug kann diese Anordnung auch durch den Vorsitzenden getroffen werden. [3] Dessen Anordnung tritt außer Kraft, wenn sie nicht binnen drei Werktagen von der Strafkammer bestätigt wird. [4] Die Anordnung ist auf höchstens einen Monat zu befristen. [5] Eine Verlängerung um jeweils nicht mehr als einen Monat ist zulässig, soweit die Voraussetzungen unter Berücksichtigung der gewonnenen Ermittlungsergebnisse fortbestehen. [6] Ist die Dauer der Anordnung auf insgesamt sechs Monate verlängert worden, so entscheidet über weitere Verlängerungen das Oberlandesgericht.

(3) [1] Die Anordnung ergeht schriftlich. [2] In ihrer Entscheidungsformel sind anzugeben:

1. soweit möglich, der Name und die Anschrift des Betroffenen, gegen den sich die Maßnahme richtet,
2. der Tatvorwurf, auf Grund dessen die Maßnahme angeordnet wird,
3. Art, Umfang, Dauer und Endzeitpunkt der Maßnahme,
4. die Art der durch die Maßnahme zu erhebenden Informationen und ihre Bedeutung für das Verfahren,
5. bei Maßnahmen nach § 100a die Rufnummer oder eine andere Kennung des zu überwachenden Anschlusses oder des Endgerätes, sofern sich nicht aus bestimmten Tatsachen ergibt, dass diese zugleich einem anderen Endgerät zugeordnet ist; im Fall des § 100a Absatz 1 Satz 2 und 3 eine möglichst genaue Bezeichnung des informationstechnischen Systems, in das eingegriffen werden soll,
6. bei Maßnahmen nach § 100b eine möglichst genaue Bezeichnung des informationstechnischen Systems, aus dem Daten erhoben werden sollen,
7. bei Maßnahmen nach § 100c die zu überwachende Wohnung oder die zu überwachenden Wohnräume.

(4) [1] In der Begründung der Anordnung oder Verlängerung von Maßnahmen nach den §§ 100a bis 100c sind deren Voraussetzungen und die wesentlichen Abwägungsgesichtspunkte darzulegen. [2] Insbesondere sind einzelfallbezogen anzugeben:

1. die bestimmten Tatsachen, die den Verdacht begründen,
2. die wesentlichen Erwägungen zur Erforderlichkeit und Verhältnismäßigkeit der Maßnahme,
3. bei Maßnahmen nach § 100c die tatsächlichen Anhaltspunkte im Sinne des § 100d Absatz 4 Satz 1.

[1)] § 100e neu gef. mWv 24.8.2017 durch G v. 17.8.2017 (BGBl. I S. 3202).
[2)] Nr. **95**.

(5) [1] Liegen die Voraussetzungen der Anordnung nicht mehr vor, so sind die auf Grund der Anordnung ergriffenen Maßnahmen unverzüglich zu beenden. [2] Das anordnende Gericht ist nach Beendigung der Maßnahme über deren Ergebnisse zu unterrichten. [3] Bei Maßnahmen nach den §§ 100b und 100c ist das anordnende Gericht auch über den Verlauf zu unterrichten. [4] Liegen die Voraussetzungen der Anordnung nicht mehr vor, so hat das Gericht den Abbruch der Maßnahme anzuordnen, sofern der Abbruch nicht bereits durch die Staatsanwaltschaft veranlasst wurde. [5] Die Anordnung des Abbruchs einer Maßnahme nach den §§ 100b und 100c kann auch durch den Vorsitzenden erfolgen.

(6) Die durch Maßnahmen nach den §§ 100b und 100c erlangten und verwertbaren personenbezogenen Daten dürfen für andere Zwecke nach folgenden Maßgaben verwendet werden:

1. Die Daten dürfen in anderen Strafverfahren ohne Einwilligung der insoweit überwachten Personen nur zur Aufklärung einer Straftat, auf Grund derer Maßnahmen nach § 100b oder § 100c angeordnet werden könnten, oder zur Ermittlung des Aufenthalts der einer solchen Straftat beschuldigten Person verwendet werden.
2. [1] Die Verwendung der Daten, auch solcher nach § 100d Absatz 5 Satz 1 zweiter Halbsatz, zu Zwecken der Gefahrenabwehr ist nur zur Abwehr einer im Einzelfall bestehenden Lebensgefahr oder einer dringenden Gefahr für Leib oder Freiheit einer Person, für die Sicherheit oder den Bestand des Staates oder für Gegenstände von bedeutendem Wert, die der Versorgung der Bevölkerung dienen, von kulturell herausragendem Wert oder in § 305 des Strafgesetzbuches[1)] genannt sind, zulässig. [2] Die Daten dürfen auch zur Abwehr einer im Einzelfall bestehenden dringenden Gefahr für sonstige bedeutende Vermögenswerte verwendet werden. [3] Sind die Daten zur Abwehr der Gefahr oder für eine vorgerichtliche oder gerichtliche Überprüfung der zur Gefahrenabwehr getroffenen Maßnahmen nicht mehr erforderlich, so sind Aufzeichnungen über diese Daten von der für die Gefahrenabwehr zuständigen Stelle unverzüglich zu löschen. [4] Die Löschung ist aktenkundig zu machen. [5] Soweit die Löschung lediglich für eine etwaige vorgerichtliche oder gerichtliche Überprüfung zurückgestellt ist, dürfen die Daten nur für diesen Zweck verwendet werden; für eine Verwendung zu anderen Zwecken sind sie zu sperren.
3. Sind verwertbare personenbezogene Daten durch eine entsprechende polizeirechtliche Maßnahme erlangt worden, dürfen sie in einem Strafverfahren ohne Einwilligung der insoweit überwachten Personen nur zur Aufklärung einer Straftat, auf Grund derer die Maßnahmen nach § 100b oder § 100c angeordnet werden könnten, oder zur Ermittlung des Aufenthalts der einer solchen Straftat beschuldigten Person verwendet werden.

§ 100f[2)] Akustische Überwachung außerhalb von Wohnraum. (1) Auch ohne Wissen der betroffenen Personen darf außerhalb von Wohnungen das nichtöffentlich gesprochene Wort mit technischen Mitteln abgehört und aufgezeichnet werden, wenn bestimmte Tatsachen den Verdacht begründen, dass jemand als Täter oder Teilnehmer eine in § 100a Abs. 2 bezeichnete, auch im Einzelfall schwerwiegende Straftat begangen oder in Fällen, in denen der Versuch strafbar ist, zu begehen versucht hat, und die Erforschung des Sachverhalts oder die Ermittlung des Auf-

---

[1)] Nr. **85**.

[2)] § 100f eingef. durch G v. 4.5.1998 (BGBl. I S. 845); neu gef. mWv 1.1.2008 durch G v. 21.12.2007 (BGBl. I S. 3198); Abs. 1 geänd., Abs. 4 neu gef. mWv 26.11.2019 durch G v. 20.11.2019 (BGBl. I S. 1724).

enthaltsortes eines Beschuldigten auf andere Weise aussichtslos oder wesentlich erschwert wäre.

(2) [1] Die Maßnahme darf sich nur gegen einen Beschuldigten richten. [2] Gegen andere Personen darf die Maßnahme nur angeordnet werden, wenn auf Grund bestimmter Tatsachen anzunehmen ist, dass sie mit einem Beschuldigten in Verbindung stehen oder eine solche Verbindung hergestellt wird, die Maßnahme zur Erforschung des Sachverhalts oder zur Ermittlung des Aufenthaltsortes eines Beschuldigten führen wird und dies auf andere Weise aussichtslos oder wesentlich erschwert wäre.

(3) Die Maßnahme darf auch durchgeführt werden, wenn Dritte unvermeidbar betroffen werden.

(4) § 100d Absatz 1 und 2 sowie § 100e Absatz 1, 3, 5 Satz 1 gelten entsprechend.

§ 100g[1)] Erhebung von Verkehrsdaten. (1) [1] Begründen bestimmte Tatsachen den Verdacht, dass jemand als Täter oder Teilnehmer

1. eine Straftat von auch im Einzelfall erheblicher Bedeutung, insbesondere eine in § 100a Absatz 2 bezeichnete Straftat, begangen hat, in Fällen, in denen der Versuch strafbar ist, zu begehen versucht hat oder durch eine Straftat vorbereitet hat oder
2. eine Straftat mittels Telekommunikation begangen hat,

so dürfen Verkehrsdaten (§ 96 Absatz 1 des Telekommunikationsgesetzes[2)] und § 2a Absatz 1 des Gesetzes über die Errichtung einer Bundesanstalt für den Digitalfunk der Behörden und Organisationen mit Sicherheitsaufgaben) erhoben werden, soweit dies für die Erforschung des Sachverhalts erforderlich ist und die Erhebung der Daten in einem angemessenen Verhältnis zur Bedeutung der Sache steht. [2] Im Fall des Satzes 1 Nummer 2 ist die Maßnahme nur zulässig, wenn die Erforschung des Sachverhalts auf andere Weise aussichtslos wäre. [3] Die Erhebung gespeicherter (retrograder) Standortdaten ist nach diesem Absatz nur unter den Voraussetzungen des Absatzes 2 zulässig. [4] Im Übrigen ist die Erhebung von Standortdaten nur für künftig anfallende Verkehrsdaten oder in Echtzeit und nur im Fall des Satzes 1 Nummer 1 zulässig, soweit sie für die Erforschung des Sachverhalts oder die Ermittlung des Aufenthaltsortes des Beschuldigten erforderlich ist.

(2) [1] Begründen bestimmte Tatsachen den Verdacht, dass jemand als Täter oder Teilnehmer eine der in Satz 2 bezeichneten besonders schweren Straftaten begangen hat oder in Fällen, in denen der Versuch strafbar ist, eine solche Straftat zu begehen versucht hat, und wiegt die Tat auch im Einzelfall besonders schwer, dürfen die nach

---

[1)] § 100g eingef. mWv 1.1.2002 durch G v. 20.12.2001 (BGBl. I S. 3879, geänd. durch G v. 9.12.2004, BGBl. I S. 3231 und G v. 21.12.2007, BGBl. I S. 3198); neu gef. mWv 18.12.2015 durch G v. 10.12.2015 (BGBl. I S. 2218); Abs. 2 Satz 2 Nr. 1 Buchst. f geänd. mWv 15.10.2016 durch G v. 11.10.2016 (BGBl. I S. 2226); Abs. 2 Satz 2 Nr. 1 Buchst. c geänd. mWv 10.11.2016 durch G v. 4.11.2016 (BGBl. I S. 2460); Abs. 2 Satz 2 Nr. 1 Buchst. a geänd., Nr. 7 Buchst. d angef. mWv 1.1.2017 durch G v. 22.12.2016 (BGBl. I *S. 3150); Abs. 2 Satz 2 Nr. 1* Buchst. b geänd. mWv 22.7.2017 durch G v. 17.7.2017 (BGBl. I S. 2440); Abs. 2 Satz 2 Nr. 1 Buchst. g geänd. mWv 22.7.2017 durch G v. 17.7.2017 (BGBl. I S. 2442); Abs. 1 Satz 1 abschl. Satzteil geänd., Satz 3 neu gef., Satz 4 angef., Abs. 5 geänd. mWv 26.11.2019 durch G v. 20.11.2019 (BGBl. I S. 1724); Abs. 2 Satz 2 Nr. 1 Buchst. d geänd. mWv 1.1.2021 durch G v. 30.11.2020 (BGBl. I S. 2600); Abs. 2 Satz 2 Nr. 1 Buchst. g geänd. mWv 18.3.2021 durch G v. 9.3.2021 (BGBl. I S. 327); Überschrift neu gef., Abs. 1 Satz 2 eingef., bish. Sätze 2–4 werden Sätze 3–5, neuer Satz 5 und Abs. 5 geänd. mWv 1.7.2021 durch G v. 30.3.2021 (BGBl. I S. 441, insoweit aufgeh. durch G v. 30.3.2021, BGBl. I S. 448); Abs. 2 Satz 2 Nr. 1 Buchst. c und d geänd. mWv 1.7.2021 durch G v. 16.6.2021 (BGBl. I S. 1810); Abs. 2 Satz 2 Nr. 1 Buchst. b neu gef., Buchst. c eingef., bish. Buchst. c–h werden Buchst. d–i mWv 1.10. 2021 durch G v. 12.8.2021 (BGBl. I S. 3544).

[2)] **Sartorius ErgBd. Nr. 920.**

§ 113b des Telekommunikationsgesetzes gespeicherten Verkehrsdaten erhoben werden, soweit die Erforschung des Sachverhalts oder die Ermittlung des Aufenthaltsortes des Beschuldigten auf andere Weise wesentlich erschwert oder aussichtslos wäre und die Erhebung der Daten in einem angemessenen Verhältnis zur Bedeutung der Sache steht. [2] Besonders schwere Straftaten im Sinne des Satzes 1 sind:

1. aus dem Strafgesetzbuch[1)]:
   a) Straftaten des Hochverrats und der Gefährdung des demokratischen Rechtsstaates sowie des Landesverrats und der Gefährdung der äußeren Sicherheit nach den §§ 81, 82, 89a, nach den §§ 94, 95 Absatz 3 und § 96 Absatz 1, jeweils auch in Verbindung mit § 97b, sowie nach den §§ 97a, 98 Absatz 1 Satz 2, § 99 Absatz 2 und den §§ 100, 100a Absatz 4,
   b) besonders schwerer Fall des Landfriedensbruchs nach § 125a sowie Betreiben krimineller Handelsplattformen im Internet in den Fällen des § 127 Absatz 3 und 4,
   c) Bildung krimineller Vereinigungen nach § 129 Absatz 1 in Verbindung mit Absatz 5 Satz 3 sowie Bildung terroristischer Vereinigungen nach § 129a Absatz 1, 2, 4, 5 Satz 1 erste Alternative, jeweils auch in Verbindung mit § 129b Absatz 1,
   d) Straftaten gegen die sexuelle Selbstbestimmung in den Fällen der §§ 176, 176c, 176d und, unter den in § 177 Absatz 6 Satz 2 Nummer 2 genannten Voraussetzungen, des § 177,
   e) Verbreitung, Erwerb und Besitz kinder- und jugendpornographischer Inhalte in den Fällen des § 184b Absatz 1 Satz 1, Absatz 2 und 3 sowie des § 184c Absatz 2,
   f) Mord und Totschlag nach den §§ 211 und 212,
   g) Straftaten gegen die persönliche Freiheit in den Fällen der §§ 234, 234a Absatz 1, 2, §§ 239a, 239b und Zwangsprostitution und Zwangsarbeit nach § 232a Absatz 3, 4 oder 5 zweiter Halbsatz, § 232b Absatz 3 oder 4 in Verbindung mit § 232a Absatz 4 oder 5 zweiter Halbsatz und Ausbeutung unter Ausnutzung einer Freiheitsberaubung nach § 233a Absatz 3 oder 4 zweiter Halbsatz,
   h) Einbruchdiebstahl in eine dauerhaft genutzte Privatwohnung nach § 244 Absatz 4, schwerer Bandendiebstahl nach § 244a Absatz 1, schwerer Raub nach § 250 Absatz 1 oder Absatz 2, Raub mit Todesfolge nach § 251, räuberische Erpressung nach § 255 und besonders schwerer Fall einer Erpressung nach § 253 unter den in § 253 Absatz 4 Satz 2 genannten Voraussetzungen, gewerbsmäßige Bandenhehlerei nach § 260a Absatz 1, besonders schwerer Fall der Geldwäsche nach § 261 unter den in § 261 Absatz 5 Satz 2 genannten Voraussetzungen, wenn die Vortat eine der in den Nummern 1 bis 8 genannten besonders schweren Straftaten ist,
   i) gemeingefährliche Straftaten in den Fällen der §§ 306 bis 306c, 307 Absatz 1 bis 3, des § 308 Absatz 1 bis 3, des § 309 Absatz 1 bis 4, des § 310 Absatz 1, der §§ 313, 314, 315 Absatz 3, des § 315b Absatz 3 sowie der §§ 316a und 316c,
2. aus dem Aufenthaltsgesetz[2)]:
   a) Einschleusen von Ausländern nach § 96 Absatz 2,

[1)] Nr. **85**.
[2)] **Sartorius Nr. 565.**

b) Einschleusen mit Todesfolge oder gewerbs- und bandenmäßiges Einschleusen nach § 97,

3. aus dem Außenwirtschaftsgesetz:
Straftaten nach § 17 Absatz 1 bis 3 und § 18 Absatz 7 und 8,

4. aus dem Betäubungsmittelgesetz[1]:
   a) besonders schwerer Fall einer Straftat nach § 29 Absatz 1 Satz 1 Nummer 1, 5, 6, 10, 11 oder 13, Absatz 3 unter der in § 29 Absatz 3 Satz 2 Nummer 1 genannten Voraussetzung,
   b) eine Straftat nach den §§ 29a, 30 Absatz 1 Nummer 1, 2, 4, § 30a,

5. aus dem Grundstoffüberwachungsgesetz:
eine Straftat nach § 19 Absatz 1 unter den in § 19 Absatz 3 Satz 2 genannten Voraussetzungen,

6. aus dem Gesetz über die Kontrolle von Kriegswaffen[2]:
   a) eine Straftat nach § 19 Absatz 2 oder § 20 Absatz 1, jeweils auch in Verbindung mit § 21,
   b) besonders schwerer Fall einer Straftat nach § 22a Absatz 1 in Verbindung mit Absatz 2,

7. aus dem Völkerstrafgesetzbuch[3]:
   a) Völkermord nach § 6,
   b) Verbrechen gegen die Menschlichkeit nach § 7,
   c) Kriegsverbrechen nach den §§ 8 bis 12,
   d) Verbrechen der Aggression nach § 13,

8. aus dem Waffengesetz[4]:
   a) besonders schwerer Fall einer Straftat nach § 51 Absatz 1 in Verbindung mit Absatz 2,
   b) besonders schwerer Fall einer Straftat nach § 52 Absatz 1 Nummer 1 in Verbindung mit Absatz 5.

(3) [1]Die Erhebung aller in einer Funkzelle angefallenen Verkehrsdaten (Funkzellenabfrage) ist nur zulässig,

1. wenn die Voraussetzungen des Absatzes 1 Satz 1 Nummer 1 erfüllt sind,
2. soweit die Erhebung der Daten in einem angemessenen Verhältnis zur Bedeutung der Sache steht und
3. soweit die Erforschung des Sachverhalts oder die Ermittlung des Aufenthaltsortes des Beschuldigten auf andere Weise aussichtslos oder wesentlich erschwert wäre.

[2]Auf nach § 113b des Telekommunikationsgesetzes gespeicherte Verkehrsdaten darf für eine Funkzellenabfrage nur unter den Voraussetzungen des Absatzes 2 zurückgegriffen werden.

(4) [1]Die Erhebung von Verkehrsdaten nach Absatz 2, auch in Verbindung mit Absatz 3 Satz 2, die sich gegen eine der in § 53 Absatz 1 Satz 1 Nummer 1 bis 5 genannten Personen richtet und die voraussichtlich Erkenntnisse erbringen würde, über die diese das Zeugnis verweigern dürfte, ist unzulässig. [2]Dennoch erlangte Erkenntnisse dürfen nicht verwendet werden. [3]Aufzeichnungen hierüber sind unverzüglich zu löschen. [4]Die Tatsache ihrer Erlangung und der Löschung der Auf-

---

[1] **Habersack, Deutsche Gesetze ErgBd. Nr. 86.**
[2] **Sartorius Nr. 823.**
[3] **Habersack, Deutsche Gesetze ErgBd. Nr. 85g.**
[4] **Sartorius Nr. 820.**

zeichnungen ist aktenkundig zu machen. [5] Die Sätze 2 bis 4 gelten entsprechend, wenn durch eine Ermittlungsmaßnahme, die sich nicht gegen eine in § 53 Absatz 1 Satz 1 Nummer 1 bis 5 genannte Person richtet, von dieser Person Erkenntnisse erlangt werden, über die sie das Zeugnis verweigern dürfte. [6] § 160a Absatz 3 und 4 gilt entsprechend.

(5) Erfolgt die Erhebung von Verkehrsdaten nicht beim Erbringer von Telekommunikationsdiensten, bestimmt sie sich nach Abschluss des Kommunikationsvorgangs nach den allgemeinen Vorschriften.

§ 100h[1)] Weitere Maßnahmen außerhalb von Wohnraum. (1) [1] Auch ohne Wissen der betroffenen Personen dürfen außerhalb von Wohnungen

1. Bildaufnahmen hergestellt werden,
2. sonstige besondere für Observationszwecke bestimmte technische Mittel verwendet werden,

wenn die Erforschung des Sachverhalts oder die Ermittlung des Aufenthaltsortes eines Beschuldigten auf andere Weise weniger erfolgversprechend oder erschwert wäre. [2] Eine Maßnahme nach Satz 1 Nr. 2 ist nur zulässig, wenn Gegenstand der Untersuchung eine Straftat von erheblicher Bedeutung ist.

(2) [1] Die Maßnahmen dürfen sich nur gegen einen Beschuldigten richten. [2] Gegen andere Personen sind

1. Maßnahmen nach Absatz 1 Nr. 1 nur zulässig, wenn die Erforschung des Sachverhalts oder die Ermittlung des Aufenthaltsortes eines Beschuldigten auf andere Weise erheblich weniger erfolgversprechend oder wesentlich erschwert wäre,
2. Maßnahmen nach Absatz 1 Nr. 2 nur zulässig, wenn auf Grund bestimmter Tatsachen anzunehmen ist, dass sie mit einem Beschuldigten in Verbindung stehen oder eine solche Verbindung hergestellt wird, die Maßnahme zur Erforschung des Sachverhalts oder zur Ermittlung des Aufenthaltsortes eines Beschuldigten führen wird und dies auf andere Weise aussichtslos oder wesentlich erschwert wäre.

(3) Die Maßnahmen dürfen auch durchgeführt werden, wenn Dritte unvermeidbar mitbetroffen werden.

(4) § 100d Absatz 1 und 2 gilt entsprechend.

§ 100i[2)] Technische Ermittlungsmaßnahmen bei Mobilfunkendgeräten.

(1) Begründen bestimmte Tatsachen den Verdacht, dass jemand als Täter oder Teilnehmer eine Straftat von auch im Einzelfall erheblicher Bedeutung, insbesondere eine in § 100a Abs. 2 bezeichnete Straftat, begangen hat, in Fällen, in denen der Versuch strafbar ist, zu begehen versucht hat oder durch eine Straftat vorbereitet hat, so dürfen durch technische Mittel

1. die Gerätenummer eines Mobilfunkendgerätes und die Kartennummer der darin verwendeten Karte sowie
2. der Standort eines Mobilfunkendgerätes

ermittelt werden, soweit dies für die Erforschung des Sachverhalts oder die Ermittlung des Aufenthaltsortes des Beschuldigten erforderlich ist.

[1)] § 100h eingef. mWv 1.1.2002 durch G v. 20.12.2001 (BGBl. I S. 3879, geänd. durch G v. 9.12.2004, BGBl. I S. 3231 und G v. 21.12.2007, BGBl. I S. 3198); neu gef. mWv 1.1.2008 durch G v. 21.12.2007 *(BGBl. I S. 3198); Abs. 1 Satz 1 einl. Satzteil geänd.*, Abs. 4 angef. mWv 26.11.2019 durch G v. 20.11.2019 (BGBl. I S. 1724).

[2)] § 100i eingef. mWv 14.8.2002 durch G v. 6.8.2002 (BGBl. I S. 3018); neu gef. mWv 1.1.2008 durch G v. 21.12.2007 (BGBl. I S. 3198); Abs. 3 geänd. mWv 24.8.2017 durch G v. 17.8.2017 (BGBl. I S. 3202).

(2) [1] Personenbezogene Daten Dritter dürfen anlässlich solcher Maßnahmen nur erhoben werden, wenn dies aus technischen Gründen zur Erreichung des Zwecks nach Absatz 1 unvermeidbar ist. [2] Über den Datenabgleich zur Ermittlung der gesuchten Geräte- und Kartennummer hinaus dürfen sie nicht verwendet werden und sind nach Beendigung der Maßnahme unverzüglich zu löschen.

(3) [1] § 100a Abs. 3 und § 100e Absatz 1 Satz 1 bis 3, Absatz 3 Satz 1 und Absatz 5 Satz 1 gelten entsprechend. [2] Die Anordnung ist auf höchstens sechs Monate zu befristen. [3] Eine Verlängerung um jeweils nicht mehr als sechs weitere Monate ist zulässig, soweit die in Absatz 1 bezeichneten Voraussetzungen fortbestehen.

§ 100j[1)] Bestandsdatenauskunft. (1) [1] Soweit dies für die Erforschung des Sachverhalts oder die Ermittlung des Aufenthaltsortes eines Beschuldigten erforderlich ist, darf Auskunft verlangt werden

1. über die nach den §§ 95 und 111 des Telekommunikationsgesetzes[2)] erhobenen Daten (§ 113 Absatz 1 Satz 1 des Telekommunikationsgesetzes) von demjenigen, der geschäftsmäßig Telekommunikationsdienste erbringt oder daran mitwirkt, und
2. über ***[bis 30.11.2021:*** die nach § 14 des Telemediengesetzes[3)] erhobenen Daten (§ 15a Absatz 1 Satz 1 des Telemediengesetzes)***] [ab 1.12.2021:*** *Bestandsdaten gemäß § 2 Absatz 2 Nummer 2 des Telekommunikation-Telemedien-Datenschutz-Gesetzes (§ 22 Absatz 1 Satz 1 des Telekommunikation-Telemedien-Datenschutz-Gesetzes)****]*** von demjenigen, der geschäftsmäßig eigene oder fremde Telemedien zur Nutzung bereithält oder den Zugang zur Nutzung vermittelt.

[2] Bezieht sich das Auskunftsverlangen nach Satz 1 Nummer 1 auf Daten, mittels derer der Zugriff auf Endgeräte oder auf Speichereinrichtungen, die in diesen Endgeräten oder hiervon räumlich getrennt eingesetzt werden, geschützt wird (§ 113 Absatz 1 Satz 2 des Telekommunikationsgesetzes), darf die Auskunft nur verlangt werden, wenn die gesetzlichen Voraussetzungen für die Nutzung der Daten vorliegen. [3] Bezieht sich das Auskunftsverlangen nach Satz 1 Nummer 2 auf ***[bis 30.11.2021:*** nach § 14 Absatz 1 des Telemediengesetzes***] [ab 1.12.2021:*** *als Bestandsdaten****]*** erhobene Passwörter oder andere Daten, mittels derer der Zugriff auf Endgeräte oder auf Speichereinrichtungen, die in diesen Endgeräten oder hiervon räumlich getrennt eingesetzt werden, geschützt wird ***[bis 30.11.2021:*** (§ 15b des Telemediengesetzes)***] [ab 1.12.2021:*** *(§ 23 des Telekommunikation-Telemedien-Datenschutz-Gesetzes)****]***, darf die Auskunft nur verlangt werden, wenn die gesetzlichen Voraussetzungen für ihre Nutzung zur Verfolgung einer besonders schweren Straftat nach § 100b Absatz 2 Nummer 1 Buchstabe a, c, e, f, g, h oder m, Nummer 3 Buchstabe b erste Alternative oder Nummer 5, 6, 9 oder 10 vorliegen.

(2) [1] Die Auskunft nach Absatz 1 darf auch anhand einer zu einem bestimmten Zeitpunkt zugewiesenen Internetprotokoll-Adresse verlangt werden (§ 113 Absatz 1

[1)] *§ 100j* eingef. mWv 1.7.2013 durch G v. 20.6.2013 (BGBl. I S. 1602); Abs. 2 geänd. mWv 18.12.2015 durch G v. 10.12.2015 (BGBl. I S. 2218); Abs. 3 Satz 4 geänd. mWv 26.11.2019 durch G v. 20.11.2019 (BGBl. I S. 1724); Abs. 1 Satz 1 neu gef., Satz 2, Abs. 2 Satz 1, Abs. 5 Satz 1 geänd. mWv 1.7.2021 durch G v. 30.3.2021 (BGBl. I S. 441, insoweit aufgeh. durch G v. 30.3.2021, BGBl. I S. 448); Abs. 1 Satz 1 neu gef., Satz 2 geänd., Satz 3 angef., Abs. 2 Satz 1 geänd., Satz 2 angef., Abs. 3 Sätze 1 und 4 geänd., Satz 2 neu gef., Abs. 4 Satz 1, Abs. 5 Satz 1 geänd. mWv 2.4.2021 durch G v. 30.3.2021 (BGBl. I S. 448, ber. S. 1380); Abs. 1 Satz 1 Nr. 2, Satz 3, Abs. 2 Satz 1 geänd. **mWv 1.12.2021** durch G v. 23.6.2021 (BGBl. I S. 1982); Abs. 1 Satz 3 geänd. mWv 1.7.2021 durch G v. 25.6.2021 (BGBl. I S. 2099); Abs. 1 Satz 3 geänd. mWv 1.10.2021 durch G v. 12.8.2021 (BGBl. I S. 3544).

[2)] **Sartorius ErgBd. Nr. 920.**

[3)] **Sartorius ErgBd. Nr. 922.**

Satz 3, § 113c Absatz 1 Nummer 3 des Telekommunikationsgesetzes und ***[bis 30.11. 2021:*** § 15a Absatz 1 Satz 3 und 4 des Telemediengesetzes***]*** ***[ab 1.12.2021:*** *§ 22 Absatz 1 Satz 3 und 4 des Telekommunikation-Telemedien-Datenschutz-Gesetzes****]***). [2]Das Vorliegen der Voraussetzungen für ein Auskunftsverlangen nach Satz 1 ist aktenkundig zu machen.

(3) [1]Auskunftsverlangen nach Absatz 1 Satz 2 und 3 dürfen nur auf Antrag der Staatsanwaltschaft durch das Gericht angeordnet werden. [2]Im Fall von Auskunftsverlangen nach Absatz 1 Satz 2 kann die Anordnung bei Gefahr im Verzug auch durch die Staatsanwaltschaft oder ihre Ermittlungspersonen (§ 152 des Gerichtsverfassungsgesetzes) getroffen werden. [3]In diesem Fall ist die gerichtliche Entscheidung unverzüglich nachzuholen. [4]Die Sätze 1 bis 3 finden bei Auskunftsverlangen nach Absatz 1 Satz 2 keine Anwendung, wenn die betroffene Person vom Auskunftsverlangen bereits Kenntnis hat oder haben muss oder wenn die Nutzung der Daten bereits durch eine gerichtliche Entscheidung gestattet wird. [5]Das Vorliegen der Voraussetzungen nach Satz 4 ist aktenkundig zu machen.

(4) [1]Die betroffene Person ist in den Fällen des Absatzes 1 Satz 2 und 3 und des Absatzes 2 über die Beauskunftung zu benachrichtigen. [2]Die Benachrichtigung erfolgt, soweit und sobald hierdurch der Zweck der Auskunft nicht vereitelt wird. [3]Sie unterbleibt, wenn ihr überwiegende schutzwürdige Belange Dritter oder der betroffenen Person selbst entgegenstehen. [4]Wird die Benachrichtigung nach Satz 2 zurückgestellt oder nach Satz 3 von ihr abgesehen, sind die Gründe aktenkundig zu machen.

(5) [1]Auf Grund eines Auskunftsverlangens nach Absatz 1 oder 2 hat derjenige, der geschäftsmäßig Telekommunikationsdienste oder Telemediendienste erbringt oder daran mitwirkt, die zur Auskunftserteilung erforderlichen Daten unverzüglich zu übermitteln. [2]§ 95 Absatz 2 gilt entsprechend.

§ 100k[1)] Erhebung von Nutzungsdaten bei Telemediendiensten.

(1) [1]Begründen bestimmte Tatsachen den Verdacht, dass jemand als Täter oder Teilnehmer eine Straftat von auch im Einzelfall erheblicher Bedeutung, insbesondere eine in § 100a Absatz 2 bezeichnete Straftat, begangen hat, in Fällen, in denen der Versuch strafbar ist, zu begehen versucht hat oder durch eine Straftat vorbereitet hat, dürfen von demjenigen, der geschäftsmäßig eigene oder fremde Telemedien zur Nutzung bereithält oder den Zugang zur Nutzung vermittelt, Nutzungsdaten ***[bis 30.11.2021:*** (§ 15 Absatz 1 des Telemediengesetzes[2)])***]*** ***[ab 1.12.2021:*** *(§ 2 Absatz 2 Nummer 3 des Telekommunikation-Telemedien-Datenschutz-Gesetzes)****]*** erhoben werden, soweit dies für die Erforschung des Sachverhalts erforderlich ist und die Erhebung der Daten in einem angemessenen Verhältnis zur Bedeutung der Sache steht. [2]Die Erhebung gespeicherter (retrograder) Standortdaten ist nur unter den Voraussetzungen von § 100g Absatz 2 zulässig. [3]Im Übrigen ist die Erhebung von Standortdaten nur für künftig anfallende Nutzungsdaten oder in Echtzeit zulässig, soweit sie für die Erforschung des Sachverhalts oder die Ermittlung des Aufenthaltsortes des Beschuldigten erforderlich ist.

(2) [1]Soweit die Straftat nicht von Absatz 1 erfasst wird, dürfen Nutzungsdaten auch dann erhoben werden, wenn bestimmte Tatsachen den Verdacht begründen, dass jemand als Täter oder Teilnehmer mittels Telemedien eine der folgenden

(Fortsetzung nächstes Blatt)

[1)] *§ 100k* eingef. mWv 2.4.2021 durch G v. 30.3.2021 (BGBl. I S. 448, ber. S. 1380); Abs. 1 Satz 1, Abs. 3 geänd. **mWv 1.12.2021** durch G v. 23.6.2021 (BGBl. I S. 1982).

[2)] **Sartorius ErgBd. Nr. 922.**

Lfd. Nr.	Änderndes Gesetz	Datum	Fundstelle	Betroffen	Hinweis
50.	Art. 2 Abs. 6 50. G zur Änd. des StGB – Verbesserung des Schutzes der sexuellen Selbstbestimmung	4.11.2016	BGBl. I S. 2460	§§ 32, 34, 41, 46	geänd. mWv 10.11.2016
51.	Art. 5 G zur Umsetzung der Vierten EU-GeldwäscheRL, zur Ausführung der EU-GeldtransferVO und zur Neuorganisation der Zentralstelle für Finanztransaktionsuntersuchungen[1]	23.6.2017	BGBl. I S. 1822	§ 41	geänd. mWv 26.6.2017
52.	Art. 1 Siebtes G zur Änd. des BundeszentralregisterG	18.7.2017	BGBl. I S. 2732	§§ 1, 3, 7, 10, 13, 19, 20a, 21, 21a, 25, 26, 27, 28, 29, 30, 30a, 30c, 31, 32, 34, 35, 37, 39, 40, 41, 42, 42a, 44a, 45, 49, 50, 51, 52, 53, 54 55, 57, 58, 60, 61, 62, 63. 64, 64b, 65, 69	geänd. mWv 29.7.2017
				§ 48	neu gef. mWv 29.7.2017
				§ 21a	eingef. mWv 29.7.2017
				§§ 42c, 56a	aufgeh. mit Ablauf des 28.7. 2017
				§ 30b	geänd. mWv 31.8.2018
				§§ 3, 11, 15, 24, 60	geänd. mWv 31.8.2020
				§ 8	aufgeh. mit Ablauf des 30.8. 2020
53.	Art. 5 Abs. 3 G zur Einführung einer Karte für Unionsbürger und Angehörige des Europäischen Wirtschaftsraums mit Funktion zum elektronischen Identitätsnachweis sowie zur Änd. des PersonalausweisG und weiterer Vorschriften[2) 3)]	21.6.2019	BGBl. I S. 846	§ 30c	geänd. mWv 1.11.2019

[1] **Amtl. Anm.:** Dieses Gesetz dient der Umsetzung der Richtlinie (EU) 2015/849 des Europäischen Parlaments und des Rates vom 20. Mai 2015 zur Verhinderung der Nutzung des Finanzsystems zum Zwecke der Geldwäsche und der Terrorismusfinanzierung, zur Änderung der Verordnung (EU) Nr. 648/2012 des Europäischen Parlaments und des Rates und zur Aufhebung der Richtlinie 2005/60/EG des Europäischen Parlaments und des Rates und der Richtlinie 2006/70/EG der Kommission (ABl. L 141 vom 5.6.2015, S. 73).

[2] **Amtl. Anm.:** Notifiziert gemäß der Richtlinie (EU) 2015/1535 des Europäischen Parlaments und des Rates vom 9. September 2015 über ein Informationsverfahren auf dem Gebiet der technischen Vorschriften und der Vorschriften für die Dienste der Informationsgesellschaft (ABl. L 241 vom 17.9.2015, S. 1).

[3] Die Änd. des Inkrafttretens dieses G durch Art. 154a G v. 20.11.2019 (BGBl. I S. 1626) ist unbeachtlich, da das G bei Erlass des ÄndG bereits in Kraft getreten war.

Lfd. Nr.	Änderndes Gesetz	Datum	Fundstelle	Betroffen	Hinweis
54.	Art. 52 Zweites Datenschutz-Anpassungs- und Umsetzungsgesetz EU[1]	20.11. 2019	BGBl. I S. 1626	§§ 5, 11, 20, 21, 21a, 42, 42a, 57, 64, 64b, 69	gеänd. mWv 26.11.2019
55.	Art. 26 Abs. 3 G zur Umsetzung der RL (EU) 2016/680 im Strafverfahren sowie zur Anpassung datenschutzrechtlicher Bestimmungen an die VO (EU) 2016/679	20.11. 2019	BGBl. I S. 1724	§ 20a	geänd. mWv 26.11.2019
56.	Art. 4 G zur Verbesserung rehabilitierungsrechtlicher Vorschriften für Opfer der politischen Verfolgung in der ehemaligen DDR und zur Änd. des AdoptionsvermittlungsG	22.11. 2019	BGBl. I S. 1752	§ 64b	geänd. mWv 29.11.2019
57.	Art. 2 G zur Durchführung der Eurojust-VO	9.12.2019	BGBl. I S. 2010	§ 41	geänd. mWv 12.12.2019
58.	Art. 7 G zur Änd. des UmweltauditG, des AtomG, des StandortauswahlG, der EndlagervorausleistungsVO und anderer G und VO	12.12. 2019	BGBl. I S. 2510	§ 41	geänd. mWv 1.1.2020
59.	Art. 4 G zur Verbesserung der Rahmenbedingungen luftsicherheitsrechtl. Zuverlässigkeitsüberprüfungen	22.4.2020	BGBl. I S. 840	§ 61	geänd. mWv 1.5.2020
60.	Art. 4 G zur Durchführung der VO (EU) 2017/1939 des Rates vom 12.10.2017 zur Durchführung einer Verstärkten Zusammenarbeit zur Errichtung der Europäischen Staatsanwaltschaft und zur Änd. weiterer Vorschriften[2]	10.7.2020	BGBl. I S. 1648	§§ 42, 57a § 30b	geänd. mWv 17.7.2020 neu gef. mWv 17.7.2020
61.	Art. 3 Abs. 3 59. G zur Änd. des StGB – Verbesserung des Persönlichkeitsschutzes bei Bildaufnahmen	9.10.2020	BGBl. I S. 2075	§§ 32, 34, 41, 46	geänd. mWv 1.1.2021
62.	Art. 4 G zur Anpassung der Kostenvorschriften im Bereich der Entsorgung radioaktiver Abfälle sowie zur Änd. weiterer Vorschriften	7.12.2020	BGBl. I S. 2760	§ 41	geänd. mWv 1.1.2021

[1] **Amtl. Anm.:** Dieses Gesetz dient der Umsetzung der Richtlinie (EU) 2016/680 des Europäischen Parlaments und des Rates vom 27. April 2016 zum Schutz natürlicher Personen bei der Verarbeitung personenbezogener Daten durch die zuständigen Behörden zum Zweck der Verhütung, Ermittlung, Aufdeckung oder Verfolgung von Straftaten oder der Strafvollstreckung sowie zum freien Datenverkehr und zur Aufhebung des Rahmenbeschlusses 2008/977/JI des Rates (ABl. L 119 vom 4.5.2016, S. 89; L 127 vom 23.5.2018, S. 9).

[2] **Amtl. Anm.:** Artikel 4 dieses Gesetzes dient der Umsetzung der Richtlinie (EU) 2019/884 des Europäischen Parlaments und des Rates vom 17. April 2019 zur Änderung des Rahmenbeschlusses 2009/315/JI des Rates im Hinblick auf den Austausch von Informationen über Drittstaatsangehörige und auf das Europäische Strafregisterinformationssystem (ECRIS) sowie zur Ersetzung des Beschlusses 2009/316/JI des Rates (ABl. L 151 vom 7.6.2019, S. 143).

Lfd. Nr.	Änderndes Gesetz	Datum	Fundstelle	Betroffen	Hinweis
63.	Art. 15 Abs. 7 G zur Reform des Vormundschafts- und Betreuungsrechts	4.5.2021	BGBl. I S. 882	§ 60	geänd. mWv 1.1.2023
64.	Art. 4 G zur Bekämpfung sexualisierter Gewalt gegen Kinder	16.6.2021	BGBl. I S. 1810	§§ 32, 33, 34, 41, 45, 46, 59	geänd. mWv 1.7.2022
65.	Art. 2 G zur Durchführung der VO (EU) 2019/816 sowie zur Änd. weiterer Vorschriften	10.8.2021	BGBl. I S. 3420	§§ 5, 21, 41	geänd. mWv 18.8.2021
				§ 20b	eingef. mWv 18.8.2021
				§§ 5, 21a, 32, 41, 57, 57a	geänd. mWv 1.10.2022
				2. Teil 8. Abschnitt (§§ 58a, 58b, 58c)	eingef. mWv 1.10.2022

Vorbemerkung:

Die Änderung durch G v. 4.5.2021 (BGBl. I S. 882) tritt erst mWv 1.1.2023 in Kraft und ist im Text noch nicht berücksichtigt.

Die Änderungen durch G v. 10.8.2021 (BGBl. I S. 3420) treten teilweise erst mWv 1.10.2022 in Kraft und sind insoweit im Text noch nicht berücksichtigt.

Nichtamtliche Inhaltsübersicht

Erster Teil. Registerbehörde

§ 1[1)] **Bundeszentralregister.** (1) Für den Geltungsbereich dieses Gesetzes führt das Bundesamt für Justiz ein Zentralregister und ein Erziehungsregister (Bundeszentralregister).

(2) [1]Die näheren Bestimmungen trifft das Bundesministerium der Justiz und für Verbraucherschutz. [2]Soweit die Bestimmungen die Erfassung und Aufbereitung der Daten sowie die Auskunftserteilung betreffen, werden sie von der Bundesregierung mit Zustimmung des Bundesrates erlassen.

§ 2[2)] *(aufgehoben)*

Zweiter Teil. Das Zentralregister

Erster Abschnitt. Inhalt und Führung des Registers

§ 3[3)] **Inhalt des Registers.** In das Register werden eingetragen

1. strafgerichtliche Verurteilungen (§§ 4 bis 7),
2. *(aufgehoben)*
3. Entscheidungen von Verwaltungsbehörden und Gerichten (§ 10),
4. gerichtliche Entscheidungen und Verfügungen von Strafverfolgungsbehörden wegen Schuldunfähigkeit (§ 11),
5. gerichtliche Feststellungen nach § 17 Abs. 2, § 18,
6. nachträgliche Entscheidungen und Tatsachen, die sich auf eine der in den Nummern 1 bis 4 genannten Eintragungen beziehen (§§ 12 bis 16, § 17 Abs. 1).

[1)] § 1 neu gef. mWv 1.1.2007 durch G v. 17.12.2006 (BGBl. I S. 3171); Abs. 1 geänd. mWv 27.4.2012 durch G v. 15.12.2011 (BGBl. I S. 2714); Abs. 1 und 2 Satz 1 geänd. mWv 29.7.2017 durch G v. 18.7. 2017 (BGBl. I S. 2732).

[2)] § 2 aufgeh. mWv 1.1.2007 durch G v. 17.12.2006 (BGBl. I S. 3171).

[3)] § 3 Nr. 2 aufgeh., Nr. 6 geänd. durch G v. 12.9.1990 (BGBl. I S. 2002); Nr. 4 neu gef. mWv 29.7. 2017, Nr. 1 geänd. mWv 31.8.2020 durch G v. 18.7.2017 (BGBl. I S. 2732).

§ 4 Verurteilungen. In das Register sind die rechtskräftigen Entscheidungen einzutragen, durch die ein deutsches Gericht im Geltungsbereich dieses Gesetzes wegen einer rechtswidrigen Tat

1. auf Strafe erkannt,
2. eine Maßregel der Besserung und Sicherung angeordnet,
3. jemanden nach § 59 des Strafgesetzbuchs[1] mit Strafvorbehalt verwarnt oder
4. nach § 27 des Jugendgerichtsgesetzes[2] die Schuld eines Jugendlichen oder Heranwachsenden festgestellt

hat.

§ 5[3] Inhalt der Eintragung. (1) Einzutragen sind

1. die Personendaten der betroffenen Person; dazu gehören der Geburtsname, ein hiervon abweichender Familienname, die Vornamen, das Geschlecht, das Geburtsdatum, der Geburtsort, die Staatsangehörigkeit und die Anschrift sowie abweichende Personendaten,
2. die entscheidende Stelle samt Geschäftsnummer,
3. der Tag der (letzten) Tat,
4. der Tag des ersten Urteils; bei Strafbefehlen gilt als Tag des ersten Urteils der Tag der Unterzeichnung durch den Richter; ist gegen den Strafbefehl Einspruch eingelegt worden, so ist der Tag der auf den Einspruch ergehenden Entscheidung Tag des ersten Urteils, außer wenn der Einspruch verworfen wurde,
5. der Tag der Rechtskraft,
6. die rechtliche Bezeichnung der Tat, deren die verurteilte Person schuldig gesprochen worden ist, unter Angabe der angewendeten Strafvorschriften,
7. die verhängten Strafen, die nach § 59 des Strafgesetzbuchs[1] vorbehaltene Strafe sowie alle kraft Gesetzes eintretenden oder in der Entscheidung neben einer Strafe oder neben Freisprechung oder selbständig angeordneten oder vorbehaltenen Maßnahmen (§ 11 Abs. 1 Nr. 8 des Strafgesetzbuchs) und Nebenfolgen.

(2) Die Anordnung von Erziehungsmaßregeln und Zuchtmitteln sowie von Nebenstrafen und Nebenfolgen, auf die bei Anwendung von Jugendstrafrecht erkannt worden ist, wird in das Register eingetragen, wenn sie mit einem Schuldspruch nach § 27 des Jugendgerichtsgesetzes[2], einer Verurteilung zu Jugendstrafe oder der Anordnung einer Maßregel der Besserung und Sicherung verbunden ist.

(3) [1] Ist auf Geldstrafe erkannt, so sind die Zahl der Tagessätze und die Höhe eines Tagessatzes einzutragen. [2] Ist auf Vermögensstrafe erkannt, so sind deren Höhe und die Dauer der Ersatzfreiheitsstrafe einzutragen.

§ 6 Gesamtstrafe und Einheitsstrafe. Wird aus mehreren Einzelstrafen nachträglich eine Gesamtstrafe gebildet oder eine einheitliche Jugendstrafe festgesetzt, so ist auch diese in das Register einzutragen.

---

[1] Nr. **85**.

[2] Nr. **89**.

[3] *§ 5 Abs. 1 Nr. 7 geänd., Abs. 3 Satz 2 angef. durch G v. 15.7.1992* (BGBl. I S. 1302); Abs. 1 Nr. 1 *neu* gef. mWv 30.4.2002 durch G v. 23.4.2002 (BGBl. I S. 1406); Abs. 1 Nr. 7 geänd. mWv 28.8.2002 durch G v. 21.8.2002 (BGBl. I S. 3344); Abs. 1 Nr. 1 geänd. mWv 26.11.2019 durch G v. 20.11.2019 (BGBl. I S. 1626); Abs. 1 Nr. 6 geänd. mWv 18.8.2021 durch G v. 10.8.2021 (BGBl. I S. 3420).

§ 7[1] **Aussetzung zur Bewährung; Vorbehalt der Entscheidung über die Aussetzung.** (1) [1]Wird die Vollstreckung einer Strafe oder eine Maßregel der Besserung und Sicherung zur Bewährung ausgesetzt oder wird die Entscheidung über die Aussetzung einer Jugendstrafe zur Bewährung im Urteil einem nachträglichen Beschluss vorbehalten, so ist dies in das Register einzutragen. [2]Dabei ist das Ende der Bewährungszeit, der Führungsaufsicht oder einer vom Gericht für die Entscheidung über die Aussetzung einer Jugendstrafe zur Bewährung gesetzten Frist zu vermerken.

(2) Hat das Gericht den Verurteilten nach § 56d des Strafgesetzbuchs[2] oder nach § 61b Absatz 1 Satz 2 des Jugendgerichtsgesetzes[3] der Aufsicht und Leitung eines Bewährungshelfers unterstellt, so ist auch diese Entscheidung einzutragen.

(3) Wird jemand mit Strafvorbehalt verwarnt (§ 59 des Strafgesetzbuchs) oder wird die Entscheidung über die Verhängung einer Jugendstrafe zur Bewährung ausgesetzt (§ 27 des Jugendgerichtsgesetzes), so ist das Ende der Bewährungszeit einzutragen.

§§ 8, 9[4] *(aufgehoben)*

§ 10[5] **Entscheidungen von Verwaltungsbehörden und Gerichten.**

(1) [1]In das Register sind die vollziehbaren und die nicht mehr anfechtbaren Entscheidungen einer Verwaltungsbehörde einzutragen, durch die

1. von einer deutschen Behörde die Entfernung eines Mitgliedes einer Truppe oder eines zivilen Gefolges der Stationierungsstreitkräfte nach Artikel III Abs. 5 des NATO-Truppenstatuts verlangt wird,
2. ein Paß versagt, entzogen oder in seinem Geltungsbereich beschränkt oder angeordnet wird, daß ein Personalausweis nicht zum Verlassen des Gebiets des Geltungsbereichs des Grundgesetzes[6] über eine Auslandsgrenze berechtigt,
3. a) nach dem Waffengesetz[7] der Besitz und Erwerb von Waffen und Munition untersagt wird,
   b) die Erteilung einer Waffenbesitzkarte, eines Munitionserwerbscheins, eines Waffenscheins, eines Jagdscheins oder einer Erlaubnis nach § 27 des Sprengstoffgesetzes wegen Unzuverlässigkeit oder fehlender persönlicher Eignung abgelehnt oder nach § 34 des Sprengstoffgesetzes[8] zurückgenommen oder widerrufen wird.

[2]Einzutragen sind auch der Verzicht auf die Erlaubnis zum Erwerb und Besitz von Waffen (§ 10 Absatz 1 des Waffengesetzes) oder Munition (§ 10 Absatz 3 des Waffengesetzes), zum Führen einer Waffe (§ 10 Absatz 4 des Waffengesetzes), zur

---

[1] § 7 Überschrift und Abs. 1 neu gef., Abs. 2 geänd. durch G v. 18.7.2017 (BGBl. I S. 2732).
[2] Nr. **85**.
[3] Nr. **89**.
[4] § 8 aufgeh. mWv 31.8.2020 durch G v. 18.7.2017 (BGBl. I S. 2732); § 9 aufgeh. durch G v. 12.9. 1990 (BGBl. I S. 2002).
[5] § 10 Abs. 1 Nr. 1 und 2 aufgeh., bish. Nr. 3–5 werden Nr. 1–3 mWv 1.10.2002 durch G v. 23.4.2002 (BGBl. I S. 1406); Abs. 1 Nr. 3 Buchst. b geänd. mWv 1.9.2005 durch G v. 15.6 2005 (BGBl. I S. 1626); Abs. 1 Nr. 3 Buchst. a neu gef., Buchst. b geänd. mWv 27.4.2012 durch G v. 15.12.2011 (BGBl. I S. 2714); Abs. 1 Satz 2 angef., Abs. 2 Satz 1 Nr. 1, 2 und abschl. Satzteil geänd., Satz 2 angef. mWv 29.7. 2017 durch G v. 18.7.2017 (BGBl. I S. 2732).
[6] **Habersack, Deutsche Gesetze ErgBd. Nr. 1.**
[7] **Sartorius Nr. 820.**
[8] **Sartorius ErgBd. Nr. 822.**

Ausübung der Jagd (§ 15 des Bundesjagdgesetzes[1]) sowie der Verzicht auf die Erlaubnis nach § 27 des Sprengstoffgesetzes, wenn der jeweilige Verzicht während eines Rücknahme- oder Widerrufsverfahrens wegen Unzuverlässigkeit oder fehlender persönlicher Eignung oder nach § 34 des Sprengstoffgesetzes erfolgt.

(2) [1] In das Register sind auch die vollziehbaren und die nicht mehr anfechtbaren Entscheidungen einer Verwaltungsbehörde sowie rechtskräftige gerichtliche Entscheidungen einzutragen, durch die wegen Unzuverlässigkeit, Ungeeignetheit oder Unwürdigkeit

1. ein Antrag auf Zulassung zu einem Beruf abgelehnt oder eine erteilte Erlaubnis zurückgenommen oder widerrufen,
2. die Ausübung eines Berufes untersagt,
3. die Befugnis zur Einstellung oder Ausbildung von Auszubildenden entzogen oder
4. die Beschäftigung, Beaufsichtigung, Anweisung oder Ausbildung von Kindern und Jugendlichen verboten

wird; richtet sich die Entscheidung nicht gegen eine natürliche Person, so ist die Eintragung bei der vertretungsberechtigten natürlichen Person vorzunehmen, die unzuverlässig, ungeeignet oder unwürdig ist. [2] Einzutragen sind auch Verzichte auf eine Zulassung zu einem Beruf während eines Rücknahme- oder Widerrufsverfahrens wegen Unzuverlässigkeit, Ungeeignetheit oder Unwürdigkeit.

(3) Wird eine nach Absatz 1 oder 2 eingetragene vollziehbare Entscheidung unanfechtbar, so ist dies in das Register einzutragen.

§ 11[2) 3)] Schuldunfähigkeit. (1) [1] In das Register sind einzutragen

1. gerichtliche Entscheidungen und Verfügungen einer Strafverfolgungsbehörde, durch die ein Strafverfahren wegen erwiesener oder nicht auszuschließender Schuldunfähigkeit oder auf psychischer Krankheit beruhender Verhandlungsunfähigkeit ohne Verurteilung abgeschlossen wird,
2. gerichtliche Entscheidungen, durch die der Antrag der Staatsanwaltschaft, eine Maßregel der Besserung und Sicherung selbständig anzuordnen (§ 413 der Strafprozessordnung[4]), mit der Begründung abgelehnt wird, dass von dem Beschuldigten erhebliche rechtswidrige Taten nicht zu erwarten seien oder dass er für die Allgemeinheit trotzdem nicht gefährlich sei,

sofern die Entscheidung oder Verfügung auf Grund eines medizinischen Sachverständigengutachtens in einem Strafverfahren ergangen ist und das Gutachten bei der Entscheidung nicht älter als fünf Jahre ist. [2] Das Datum des Gutachtens ist einzutragen. [3] Verfügungen der Staatsanwaltschaft werden eingetragen, wenn auf Grund bestimmter Tatsachen davon auszugehen ist, dass weitere Ermittlungen zur Erhebung der öffentlichen Klage führen würden. [4] § 5 findet entsprechende Anwendung. [6] Ferner ist einzutragen, ob es sich bei der Tat um ein Vergehen oder ein Verbrechen handelt.

(2) Die Registerbehörde unterrichtet die betroffene Person von der Eintragung.

---

[1] **Sartorius Nr. 890.**

[2] § 11 Abs. 1 neu gef., Abs. 2 eingef., bish. Abs. 2 wird Abs. 3 mWv 1.10.2002 durch G v. 23.4.2002 (BGBl. I S. 1406); Abs. 1 Satz 1 abschl. Satzteil geänd. mWv 31.8.2020 durch G v. 18.7.2017 (BGBl. I S. 2732); Abs. 2 geänd. mWv 26.11.2019 durch G v. 20.11.2019 (BGBl. I S. 1626).

[3] Beachte hierzu Übergangsvorschrift in § 69 Abs. 3.

[4] Nr. **90**.

(3) Absatz 1 gilt nicht, wenn lediglich die fehlende Verantwortlichkeit eines Jugendlichen (§ 3 des Jugendgerichtsgesetzes[1)]) festgestellt wird oder nicht ausgeschlossen werden kann.

§ 12[2)] Nachträgliche Entscheidungen nach allgemeinem Strafrecht.

(1) In das Register sind einzutragen

1. die nachträgliche Aussetzung der Strafe, eines Strafrestes oder einer Maßregel der Besserung und Sicherung; dabei ist das Ende der Bewährungszeit oder der Führungsaufsicht zu vermerken,
2. die nachträgliche Unterstellung des Verurteilten unter die Aufsicht und Leitung eines Bewährungshelfers sowie die Abkürzung oder Verlängerung der Bewährungszeit oder der Führungsaufsicht,
3. der Erlaß oder Teilerlaß der Strafe,
4. die Überweisung des Täters in den Vollzug einer anderen Maßregel der Besserung und Sicherung,
5. der Widerruf der Aussetzung einer Strafe, eines Strafrestes oder einer Maßregel der Besserung und Sicherung zur Bewährung und der Widerruf des Straferlasses,
6. die Aufhebung der Unterstellung unter die Aufsicht und Leitung eines Bewährungshelfers,
7. der Tag des Ablaufs des Verlustes der Amtsfähigkeit, der Wählbarkeit und des Wahl- und Stimmrechts,
8. die vorzeitige Aufhebung der Sperre für die Erteilung der Fahrerlaubnis,
9. Entscheidungen über eine vorbehaltene Sicherungsverwahrung,
10. die nachträgliche Anordnung der Unterbringung in der Sicherungsverwahrung.

(2) [1] Wird nach einer Verwarnung mit Strafvorbehalt auf die vorbehaltene Strafe erkannt, so ist diese Entscheidung in das Register einzutragen. [2] Stellt das Gericht nach Ablauf der Bewährungszeit fest, daß es bei der Verwarnung sein Bewenden hat (§ 59b Abs. 2 des Strafgesetzbuchs[3)]), so wird die Eintragung über die Verwarnung mit Strafvorbehalt aus dem Register entfernt.

§ 13[4)] Nachträgliche Entscheidungen nach Jugendstrafrecht. (1) In das Register sind einzutragen

1. die Aussetzung der Jugendstrafe zur Bewährung durch Beschluß; dabei ist das Ende der Bewährungszeit zu vermerken,
2. die Aussetzung des Strafrestes; dabei ist das Ende der Bewährungszeit zu vermerken,
3. die Abkürzung oder Verlängerung der Bewährungszeit,
4. der Erlaß oder Teilerlaß der Jugendstrafe,
5. die Beseitigung des Strafmakels,

[1)] Nr. **89**.

[2)] § 12 Abs. 1 Nr. 8 geänd., Nr. 9 angef. mWv 28.8.2002 durch G v. 21.8.2002 (BGBl. I S. 3344); Abs. 1 Nr. 9 geänd., Nr. 10 angef. mWv 29.7.2004 durch G v. 23.7.2004 (BGBl. I S. 1838).

[3)] Nr. **85**.

[4)] § 13 Abs. 2 Satz 1 geänd. durch G v. 30.8.1990 (BGBl. I S. 1853); Abs. 1 Nr. 2 neu gef. mWv 30.4. 2002 durch G v. 23.4.2002 (BGBl. I S. 1406); Abs. 3 angef. mWv 27.4.2012 durch G v. 15.12.2011 (BGBl. I S. 2714); Abs. 1 Nr. 6 geänd., Nr. 7 und 8 angef. mWv 29.7.2017 durch G v. 18.7.2017 (BGBl. I S. 2732).

6. der Widerruf der Aussetzung einer Jugendstrafe oder eines Strafrestes und der Beseitigung des Strafmakels,
7. Entscheidungen über eine vorbehaltene Sicherungsverwahrung,
8. die nachträgliche Anordnung der Unterbringung in der Sicherungsverwahrung.

(2) [1] Wird nach § 30 Abs. 1 des Jugendgerichtsgesetzes[1)] auf Jugendstrafe erkannt, so ist auch diese in das Register einzutragen; § 7 Abs. 1 gilt entsprechend. [2] Die Eintragung über einen Schuldspruch wird aus dem Register entfernt, wenn der Schuldspruch

1. nach § 30 Abs. 2 des Jugendgerichtsgesetzes getilgt wird oder
2. nach § 31 Abs. 2, § 66 des Jugendgerichtsgesetzes in eine Entscheidung einbezogen wird, die in das Erziehungsregister einzutragen ist.

(3) Die Eintragung über eine Verurteilung wird aus dem Register entfernt, wenn diese in eine Entscheidung einbezogen wird, die in das Erziehungsregister einzutragen ist.

§ 14 Gnadenerweise und Amnestien. In das Register sind einzutragen

1. die Aussetzung einer im Register eingetragenen Strafe oder einer Maßregel der Besserung und Sicherung sowie deren Widerruf; wird eine Bewährungszeit festgesetzt, so ist auch deren Ende zu vermerken,
2. die Unterstellung des Verurteilten unter die Aufsicht und Leitung eines Bewährungshelfers sowie die Abkürzung oder Verlängerung der Bewährungszeit,
3. der Erlaß, der Teilerlaß, die Ermäßigung oder die Umwandlung einer im Register eingetragenen Strafe oder einer Maßregel der Besserung und Sicherung sowie die Wiederverleihung von Fähigkeiten und Rechten, die der Verurteilte nach dem Strafgesetz infolge der Verurteilung verloren hatte,
4. die Aufhebung der Unterstellung unter die Aufsicht und Leitung eines Bewährungshelfers.

§ 15[2)] Eintragung der Vollstreckung und des Freiheitsentzugs. Ist eine Freiheitsstrafe, ein Strafarrest, eine Jugendstrafe oder eine Maßregel der Besserung und Sicherung zu vollstrecken, sind in das Register das Datum einzutragen,

1. an dem die Vollstreckung der Freiheitsstrafe, des Strafarrests, der Jugendstrafe oder der Maßregel der Besserung und Sicherung endet oder in sonstiger Weise erledigt ist,
2. an dem nach einer Aussetzung zur Bewährung der Freiheitsentzug tatsächlich endet,
3. an dem eine Freiheitsstrafe und eine freiheitsentziehende Maßregel der Besserung und Sicherung, die auf Grund einer Entscheidung zu vollstrecken sind, jeweils beginnt oder endet und
4. an dem bei Anordnung einer Sperre für die Erteilung einer Fahrerlaubnis (§ 69a des Strafgesetzbuchs[3)]) deren Ablauf der Sperre eintritt.

§ 16 Wiederaufnahme des Verfahrens. (1) In das Register ist der rechtskräftige Beschluß einzutragen, durch den das Gericht wegen einer registerpflichtigen

---

[1)] *Nr.* **89**.

[2)] § 15 neu gef. mWv 27.4.2012 durch G v. 15.12.2011 (BGBl. I S. 2714); einl. Satzteil, Nr. 2 und 3 geänd., Nr. 4 angef. mWv 31.8.2020 durch G v. 18.7.2017 (BGBl. I S. 2732).

[3)] Nr. **85**.

Verurteilung die Wiederaufnahme des Verfahrens anordnet (§ 370 Abs. 2 der Strafprozeßordnung[1]).

(2) [1] Ist die endgültige Entscheidung in dem Wiederaufnahmeverfahren (§§ 371, 373 der Strafprozeßordnung) rechtskräftig geworden, so wird die Eintragung nach Absatz 1 aus dem Register entfernt. [2] Wird durch die Entscheidung das frühere Urteil aufrechterhalten, so wird dies im Register vermerkt. [3] Andernfalls wird die auf die erneute Hauptverhandlung ergangene Entscheidung in das Register eingetragen, wenn sie eine registerpflichtige Verurteilung enthält, die frühere Eintragung wird aus dem Register entfernt.

§ 17 Sonstige Entscheidungen und gerichtliche Feststellungen.

(1) [1] Wird die Vollstreckung einer Strafe, eines Strafrestes oder der Unterbringung in einer Entziehungsanstalt nach § 35 – auch in Verbindung mit § 38 – des Betäubungsmittelgesetzes[2] zurückgestellt, so ist dies in das Register einzutragen. [2] Dabei ist zu vermerken, bis zu welchem Tage die Vollstreckung zurückgestellt worden ist. [3] Wird nachträglich ein anderer Tag festgesetzt oder die Zurückstellung der Vollstreckung widerrufen, so ist auch dies mitzuteilen.

(2) Wird auf Freiheitsstrafe von nicht mehr als zwei Jahren erkannt und hat das Gericht festgestellt, daß der Verurteilte die Tat auf Grund einer Betäubungsmittelabhängigkeit begangen hat, so ist diese Feststellung in das Register einzutragen; dies gilt auch bei einer Gesamtstrafe von nicht mehr als zwei Jahren, wenn der Verurteilte alle oder den ihrer Bedeutung nach überwiegenden Teil der abgeurteilten Straftaten auf Grund einer Betäubungsmittelabhängigkeit begangen hat.

§ 18 Straftaten im Zusammenhang mit der Ausübung eines Gewerbes.

Ist eine Verurteilung im Falle des § 32 Abs. 4 in ein Führungszeugnis aufzunehmen, so ist dies in das Register einzutragen.

§ 19[3] Aufhebung von Entscheidungen. (1) Wird eine nach § 10 eingetragene Entscheidung aufgehoben oder durch eine neue Entscheidung gegenstandslos, so wird die Eintragung aus dem Register entfernt.

(2) Entsprechend wird verfahren, wenn

1. die Vollziehbarkeit einer nach § 10 eingetragenen Entscheidung aufgrund behördlicher oder gerichtlicher Entscheidung entfällt,
2. die Verwaltungsbehörde eine befristete Entscheidung erlassen oder in der Mitteilung an das Register bestimmt hat, daß die Entscheidung nur für eine bestimmte Frist eingetragen werden soll, und diese Frist abgelaufen ist,
3. ein nach § 10 Absatz 1 Satz 1 Nummer 3 Buchstabe b oder Absatz 2 Satz 2 eingetragener Verzicht durch eine spätere Entscheidung gegenstandslos wird.

§ 20[4] Mitteilungen, Berichtigungen, Sperrvermerke. (1) [1] Gerichte und Behörden teilen der Registerbehörde die in den §§ 4 bis 19 bezeichneten Entscheidungen, Feststellungen und Tatsachen mit. [2] Stellen sie fest, dass die mitgeteilten Daten unrichtig sind, haben sie der Registerbehörde dies und, soweit

---

[1] Nr. **90**.

[2] **Habersack, Deutsche Gesetze ErgBd. Nr. 86.**

[3] § 19 neu gef. durch G v. 12.9.1990 (BGBl. I S. 2002); Abs. 2 Nr. 2 geänd., Nr. 3 angef. mWv 29.7.2017 durch G v. 18.7.2017 (BGBl. I S. 2732).

[4] § 20 neu gef. mWv 1.10.2002 durch G v. 23.4.2002 (BGBl. I S. 1406); Abs. 1 Sätze 6–8 angef. mWv 1.9.2014 durch G v. 6.9.2013 (BGBl. I S. 3556); Abs. 2 neu gef. mWv 26.11.2019 durch G v. 20.11.2019 (BGBl. I S. 1626).

und sobald sie bekannt sind, die richtigen Daten unverzüglich anzugeben. [3]Stellt die Registerbehörde eine Unrichtigkeit fest, hat sie die mitteilende Stelle zu ersuchen, die richtigen Daten mitzuteilen. [4]In beiden Fällen hat die Registerbehörde die unrichtige Eintragung zu berichtigen. [5]Die mitteilende Stelle sowie Stellen, denen nachweisbar eine unrichtige Auskunft erteilt worden ist, sind hiervon zu unterrichten, sofern es sich nicht um eine offenbare Unrichtigkeit handelt. [6]Die Unterrichtung der mitteilenden Stelle unterbleibt, wenn seit Eingang der Mitteilung nach Satz 1 mehr als zehn Jahre verstrichen sind. [7]Dies gilt nicht bei Verurteilung zu lebenslanger Freiheitsstrafe sowie bei Anordnung der Unterbringung in der Sicherungsverwahrung oder in einem psychiatrischen Krankenhaus. [8]Die Frist verlängert sich bei Verurteilung zu Freiheitsstrafe, Strafarrest oder Jugendstrafe um deren Dauer.

(2) [1]Legt die betroffene Person schlüssig dar, dass eine Eintragung unrichtig ist, so hat die Registerbehörde die Eintragung mit einem Sperrvermerk zu versehen, solange sich weder die Richtigkeit noch die Unrichtigkeit der Eintragung feststellen lässt. [2]Die betroffene Person kann nur in diesem Fall abweichend von Artikel 18 Absatz 1 Buchstabe a der Verordnung (EU) 2016/679[1)] des Europäischen Parlaments und des Rates vom 27. April 2016 zum Schutz natürlicher Personen bei der Verarbeitung personenbezogener Daten, zum freien Datenverkehr und zur Aufhebung der Richtlinie 95/46/EG (Datenschutz-Grundverordnung) (ABl. L 119 vom 4.5.2016, S. 1; L 314 vom 22.11.2016, S. 72; L 127 vom 23.5.2018, S. 2) in der jeweils geltenden Fassung die Einschränkung der Verarbeitung der gespeicherten Daten von der Registerbehörde verlangen. [3]Die Daten dürfen außer zur Prüfung der Richtigkeit und außer in den Fällen des Absatzes 3 Satz 1 ohne Einwilligung der betroffenen Person nicht verarbeitet werden. [4]Absatz 1 Satz 5 bis 8 gilt entsprechend.

(3) [1]Sind Eintragungen mit einem Sperrvermerk versehen, wird eine Auskunft über sie nur den in § 41 Abs. 1 Nr. 1, 3 bis 5 genannten Stellen erteilt. [2]In der Auskunft ist auf den Sperrvermerk hinzuweisen. [3]Im Übrigen wird nur auf den Sperrvermerk hingewiesen.

§ 20a[2)] Änderung von Personendaten. (1) [1]Die Meldebehörden haben der Registerbehörde bei Änderung des Geburtsnamens, Familiennamens, Vornamens oder Geburtsdatums einer Person für die in den Absätzen 2 und 3 genannten Zwecke neben dem bisherigen Namen oder Geburtsdatum folgende weitere Daten zu übermitteln:

1. Geburtsname,
2. Familienname,
3. Vorname,
4. Geburtsdatum,
5. Geburtsort,
6. Anschrift,
7. Bezeichnung der Behörde, die die Änderung im Melderegister veranlaßt hat, sowie

---

[1)] **Sartorius Nr. 246.**

[2)] § 20a eingef. mWv 1.6.1998 durch G v. 18.6.1997 (BGBl. I S. 1430); Abs. 1 Satz 2 angef. mWv 30.4. 2002 durch G v. 23.4.2002 (BGBl. I S. 1406); Abs. 1 Satz 1 geänd. mWv 1.9.2014 durch G v. 6.9.2013 (BGBl. I S. 3556); Überschrift neu gef., Abs. 1 Satz 1 einl. Satzteil und Nr. 7 geänd., Abs. 2 neu gef., Abs. 3 Satz 1 geänd. mWv 29.7.2017 durch G v. 18.7.2017 (BGBl. I S. 2732); Abs. 3 Satz 1 geänd. mWv 26.11.2019 durch G v. 20.11.2019 (BGBl. I S. 1724).

8. Datum und Aktenzeichen des zugrundeliegenden Rechtsaktes.

[2] Die Mitteilung ist ungeachtet des Offenbarungsverbots nach § 5 Abs. 1 des Transsexuellengesetzes und des Adoptionsgeheimnisses nach § 1758 Abs. 1 des Bürgerlichen Gesetzbuchs[1)] zulässig.

(2) Enthält das Register eine Eintragung oder einen Suchvermerk über diejenige Person, deren Geburtsname, Familienname, Vorname oder Geburtsdatum sich geändert hat, ist der geänderte Name oder das geänderte Geburtsdatum in den Eintrag oder den Suchvermerk aufzunehmen.

(3) [1] Eine Mitteilung nach Absatz 1 darf nur für die in Absatz 2, § 494 Absatz 1 der Strafprozeßordnung[2)] oder in § 153a Abs. 2 der Gewerbeordnung[3)] genannten Zwecke verwendet werden. [2] Liegen diese Voraussetzungen nicht vor, so ist die Mitteilung von der Registerbehörde unverzüglich zu vernichten.

§ 20b[4)] Identifizierungsverfahren. [1] Soweit dies zur Durchführung der Aufgaben der Registerbehörde, insbesondere nach diesem Gesetz erforderlich ist, darf die Registerbehörde bei Zweifeln an der Identität einer Person, für die eine Eintragung im Bundeszentralregister gespeichert ist, ausschließlich zur Feststellung der Identität dieser Person, allein oder nebeneinander, insbesondere Auskünfte von den folgenden öffentlichen Stellen einholen:

1. aus dem Melderegister,
2. aus dem Ausländerzentralregister sowie
3. von Ausländerbehörden und Standesämtern.

[2] Im Rahmen eines solchen Auskunftsersuchens darf die Registerbehörde den ersuchten öffentlichen Stellen die hierzu erforderlichen personenbezogenen Daten übermitteln. [3] Die ersuchten öffentlichen Stellen haben die von der Registerbehörde übermittelten personenbezogenen Daten spätestens nach Erteilung der Auskunft unverzüglich zu löschen.

§ 21[5) 6)] Automatisiertes Auskunftsverfahren. [1] Die Einrichtung eines automatisierten Anfrage- und Auskunftsverfahrens für die Übermittlung personenbezogener Daten ist zulässig, soweit diese Form der Datenübermittlung unter Berücksichtigung der schutzwürdigen Interessen der betroffenen Personen wegen der Vielzahl der Übermittlungen oder wegen ihrer besonderen Eilbedürftigkeit angemessen ist und wenn gewährleistet ist, dass die Daten gegen den unbefugten Zugriff Dritter bei der Übermittlung wirksam geschützt werden. [2] § 493 Absatz 2 und 3 Satz 1 und 2 der Strafprozessordnung[2)] gilt entsprechend; für Auskunftsersuchen der Verfassungsschutzbehörden des Bundes und der Länder, des Bundesnachrichtendienstes und des Militärischen Abschirmdienstes gelten darüber hinaus § 492 Absatz 4a der Strafprozessordnung und § 8 der Verordnung über den Betrieb des Zentralen Staatsanwaltschaftlichen Verfahrensregisters entsprechend.

[1)] Nr. **20**.
[2)] Nr. **90**.
[3)] **Sartorius Nr. 800.**
[4)] § 20b eingef. mWv 18.8.2021 durch G v. 10.8.2021 (BGBl. I S. 3420).
[5)] Früherer § 21a eingef. mWv 30.4.2002 durch G v. 23.4.2002 (BGBl. I S. 1406); Satz 2 neu gef. mWv 26.11.2015 durch G v. 20.11.2015 (BGBl. I S. 2017); bish. § 21a wird § 21 mWv 29.7.2017 durch G v. 18.7.2017 (BGBl. I S. 2732); Satz 1 geänd. mWv 26.11.2019 durch G v. 20.11.2019 (BGBl. I S. 1626); Satz 1 geänd. mWv 18.8.2021 durch G v. 10.8.2021 (BGBl. I S. 3420).
[6)] Beachte hierzu Übergangsvorschrift in § 69 Abs. 5.

§ 21a[1)] Protokollierungen. (1) Die Registerbehörde fertigt zu den von ihr erteilten Auskünften, Mitteilungen und Hinweisen Protokolle, die folgende Daten enthalten:
1. die Vorschrift, auf der die Auskunft oder der Hinweis beruht,
2. den Zweck der Auskunft,
3. die in der Anfrage und der Auskunft verarbeiteten Personendaten,
4. die Person oder Stelle, die um Erteilung der Auskunft ersucht hat, den Empfänger eines Hinweises sowie die Behörde in den Fällen des § 30 Absatz 5 oder deren Kennung,
5. den Zeitpunkt der Übermittlung,
6. die Namen der Bediensteten, die die Mitteilung gemacht haben, oder eine Kennung, außer bei Abrufen im automatisierten Verfahren,
7. das Aktenzeichen, außer bei Führungszeugnissen nach § 30 Absatz 1, den §§ 30a und 30b.

(2) [1] Die Protokolldaten nach Absatz 1 dürfen nur für Mitteilungen über Berichtigungen nach § 20, zu internen Prüfzwecken, zur Datenschutzkontrolle und zur Auskunft aus Protokolldaten entsprechend Absatz 3 verarbeitet werden. [2] Sie sind durch geeignete Vorkehrungen gegen Missbrauch zu schützen. [3] Protokolldaten sowie Nachweise nach § 30c Absatz 3 sind nach einem Jahr zu löschen, es sei denn, sie werden für Zwecke nach Satz 1 benötigt. [4] Danach sind sie unverzüglich zu löschen.

(3) [1] Soweit sich das Auskunftsrecht der betroffenen Person nach Artikel 15 der Verordnung (EU) 2016/679[2)] auf Auskünfte bezieht, die einer Stelle nach den §§ 31 und 41 erteilt wurden, entscheidet die Registerbehörde über die Beschränkung des Auskunftsrechts nach Maßgabe des Bundesdatenschutzgesetzes[3)] im Einvernehmen mit dieser Stelle. [2] Für die Antragsberechtigung und das Verfahren gilt § 30 entsprechend. [3] Wird mit der Protokolldatenauskunft eine Selbstauskunft nach § 42 beantragt, gilt § 42 Satz 2 bis 5 entsprechend.

§ 22[4)] Hinweispflicht der Registerbehörde. (1) [1] Erhält das Register eine Mitteilung über
1. eine Verwarnung mit Strafvorbehalt,
2. die Aussetzung der Verhängung einer Jugendstrafe,
3. die Zurückstellung der Vollstreckung oder die Aussetzung einer Strafe, eines Strafrestes oder einer Maßregel der Besserung und Sicherung zur Bewährung,
4. den Erlaß oder Teilerlaß der Strafe,

so wird die Behörde, welche die Mitteilung gemacht hat, von der Registerbehörde unterrichtet, wenn eine Mitteilung über eine weitere Verurteilung eingeht, bevor sich aus dem Register ergibt, daß die Entscheidung nicht mehr widerrufen werden kann. [2] Ist eine Maßregel der Besserung und Sicherung ausgesetzt, so stehen in den Fällen der Nummer 3 Mitteilungen nach § 11 einer Mitteilung über eine Verurteilung gleich.

[1)] § 21a eingef. mWv 29.7.2017 durch G v. 18.7.2017 (BGBl. I S. 2732); Abs. 1 Nr. 3 und Abs. 2 Satz 1 geänd., Abs. 3 angef. mWv 26.11.2019 durch G v. 20.11.2019 (BGBl. I S. 1626).

[2)] *Sartorius Nr. 246.*

[3)] Sartorius Nr. 245.

[4)] § 22 Abs. 2 neu gef. mWv 30.4.2002 durch G v. 23.4.2002 (BGBl. I S. 1406); Abs. 4 angef. mWv 27.4.2012 durch G v. 15.12.2011 (BGBl. I S. 2714).

(2) Das Gleiche gilt, wenn eine Mitteilung über die Bewilligung einer weiteren in Absatz 1 bezeichneten Anordnung oder ein Suchvermerk eingeht.

(3) Wird eine in Absatz 1 bezeichnete Entscheidung widerrufen und ist im Register eine weitere Entscheidung nach Absatz 1 eingetragen, so hat die Registerbehörde die Behörde, welche die weitere Entscheidung mitgeteilt hat, von dem Widerruf zu benachrichtigen.

(4) Ist im Register eine Führungsaufsicht, aber noch nicht deren Beendigung eingetragen, unterrichtet die Registerbehörde, sobald sie eine Mitteilung über die Anordnung oder den Eintritt einer neuen Führungsaufsicht erhält, die Behörde, welche die bereits eingetragene Führungsaufsicht mitgeteilt hat, über die neue Eintragung.

§ 23 Hinweis auf Gesamtstrafenbildung. Ist bei Eintragung einer Verurteilung in das Register ersichtlich, daß im Register eine weitere Verurteilung eingetragen ist, bei der die Bildung einer Gesamtstrafe mit der neu einzutragenden Verurteilung in Betracht kommt, so weist die Registerbehörde die Behörde, welche die letzte Mitteilung gemacht hat, auf die Möglichkeit einer Gesamtstrafenbildung hin.

§ 24[1)] Entfernung von Eintragungen. (1) [1] Eintragungen über Personen, deren Tod der Registerbehörde amtlich mitgeteilt worden ist, werden drei Jahre nach dem Eingang der Mitteilung aus dem Register entfernt. [2] Während dieser Zeit darf nur den Gerichten und Staatsanwaltschaften Auskunft erteilt werden.

(2) Eintragungen, die eine über 90 Jahre alte Person betreffen, werden ebenfalls aus dem Register entfernt.

(3) [1] Eintragungen nach § 11 werden bei Verfahren wegen eines Vergehens nach zehn Jahren, bei Verfahren wegen eines Verbrechens nach 20 Jahren aus dem Register entfernt. [2] Bei Straftaten nach den §§ 174 bis 180 oder § 182 des Strafgesetzbuches[2)] beträgt die Frist 20 Jahre. [3] Die Frist beginnt mit dem Tag der Entscheidung oder Verfügung.

(4) Sind im Register mehrere Eintragungen nach § 11 vorhanden, so ist die Entfernung einer Eintragung erst zulässig, wenn für alle Eintragungen die Voraussetzungen der Entfernung vorliegen.

(5) [1] Eine zu entfernende Eintragung nach § 11 wird ein Jahr nach Eintritt der Entfernungsreife aus dem Register gelöscht. [2] Während dieser Frist darf über die Eintragung nur der betroffenen Person Auskunft erteilt werden.

§ 25[3)] Anordnung der Entfernung. (1) [1] Die Registerbehörde kann auf Antrag oder von Amts wegen im Benehmen mit der Stelle, welche die Entscheidung getroffen hat, insbesondere im Interesse der Rehabilitierung der betroffenen Person anordnen, daß Eintragungen nach den §§ 10 und 11 vorzeitig aus dem *Register entfernt* werden, soweit nicht das öffentliche Interesse einer solchen Anordnung entgegensteht. [2] Vor ihrer Entscheidung soll sie in den Fällen des § 11

[1)] § 24 Abs. 1 neu gef., Abs. 3 und 4 angef. mWv 30.4.2002 durch G v. 23.4.2002 (BGBl. I S. 1406); Abs. 5 angef. mWv 31.8.2020 durch G v. 18.7.2017 (BGBl. I S. 2732).

[2)] Nr. **85**.

[3)] § 25 Abs. 1 Sätze 1 und 2 geänd. durch G v. 12.9.1990 (BGBl. I S. 2002); Abs. 1 Satz 1, Abs. 2 Satz 2 geänd. mWv 30.4.2002 durch G v. 23.4.2002 (BGBl. I S. 1406); Abs. 1 Sätze 1 und 2, Abs. 2 Satz 2 geänd. mWv 1.1.2007 durch G v. 17.12.2006 (BGBl. I S. 3171); Abs. 1 Sätze 1 und 2, Abs. 2 Sätze 1 und 2 geänd. mWv 29.7.2017 durch G v. 18.7.2017 (BGBl. I S. 2732).

die Anhörung einer oder eines in der Psychiatrie erfahrenen medizinischen Sachverständigen durchführen.

(2) 1 Gegen die Ablehnung eines Antrags auf Entfernung einer Eintragung steht der antragstellenden Person innerhalb zwei Wochen nach der Bekanntgabe der Entscheidung die Beschwerde zu. 2 Hilft die Registerbehörde der Beschwerde nicht ab, so entscheidet das Bundesministerium der Justiz und für Verbraucherschutz.

§ 26[1)] Zu Unrecht entfernte Eintragungen. Die Registerbehörde hat vor ihrer Entscheidung darüber, ob eine zu Unrecht aus dem Register entfernte Eintragung wieder in das Register aufgenommen wird, der betroffenen Person Gelegenheit zur Stellungnahme zu geben.

Zweiter Abschnitt.[2)] Suchvermerke

§ 27[3)] Speicherung. Auf Grund einer Ausschreibung zur Festnahme oder zur Feststellung des Aufenthalts einer Person wird auf Ersuchen einer Behörde ein Suchvermerk im Register gespeichert, wenn der Suchvermerk der Erfüllung hoheitlicher Aufgaben oder der Durchführung von Maßnahmen der Zentralen Behörde nach § 7 des Internationalen Familienrechtsverfahrensgesetzes[4)] vom 26. Januar 2005 (BGBl. I S. 162), § 4 Abs. 3 des Erwachsenenschutzübereinkommens-Ausführungsgesetzes vom 17. März 2007 (BGBl. I S. 314) oder nach den §§ 16 und 17 des Auslandsunterhaltsgesetzes vom 23. Mai 2011 (BGBl. I S. 898) dient und der Aufenthaltsort der betroffenen Person zum Zeitpunkt des Ersuchens unbekannt ist.

§ 28[5)] Behandlung. (1) 1 Enthält das Register eine Eintragung oder erhält es eine Mitteilung über die gesuchte Person, gibt die Registerbehörde der suchenden Behörde bekannt

1. das Datum und die Geschäftsnummer der Entscheidung,
2. die Behörde, die mitgeteilt hat, sowie
3. die letzte mitgeteilte Anschrift der gesuchten Person.

2 Entsprechend ist zu verfahren, wenn ein Antrag auf Erteilung eines Führungszeugnisses oder auf Auskunft aus dem Register eingeht.

(2) 1 Liegen von verschiedenen Behörden Anfragen vor, welche dieselbe Person betreffen, so ist jeder Behörde von der Anfrage der anderen Behörde Mitteilung zu machen. 2 Entsprechendes gilt, wenn Anfragen von derselben Behörde unter verschiedenen Geschäftsnummern vorliegen.

---

1) § 26 neu gef. mWv 1.1.2007 durch G v. 17.12.2006 (BGBl. I S. 3171); geänd. mWv 29.7.2017 durch G v. 18.7.2017 (BGBl. I S. 2732).

2) 2. Abschnitt Überschrift neu gef. mWv 30.4.2002 durch G v. 23.4.2002 (BGBl. I S. 1406).

3) § 27 neu gef. mWv 30.4.2002 durch G v. 23.4.2002 (BGBl. I S. 1406); geänd. mWv 1.3.2005 durch G v. 26.1.2005 (BGBl. I S. 162); mWv 1.1.2009 durch G v. 17.3.2007 (BGBl. I S. 314); mWv 18.6.2011 durch G v. 23.5.2011 (BGBl. I S. 898); mWv 29.7.2017 durch G v. 18.7.2017 (BGBl. I S. 2732).

4) **Habersack, Deutsche Gesetze ErgBd. Nr. 103n.**

5) § 28 Abs. 1 Satz 1 neu gef. mWv 29.7.2017 durch G v. 18.7.2017 (BGBl. I S. 2732).

§ 29[1] **Erledigung.** (1) Erledigt sich ein Suchvermerk vor Ablauf von drei Jahren seit der Speicherung, so ist dies der Registerbehörde mitzuteilen.

(2) Der Suchvermerk wird entfernt, wenn seine Erledigung mitgeteilt wird, spätestens jedoch nach Ablauf von drei Jahren seit der Speicherung.

Dritter Abschnitt.[2] Auskunft aus dem Register

1. Führungszeugnis

§ 30[3] **Antrag.** (1) [1] Jeder Person, die das 14. Lebensjahr vollendet hat, wird auf Antrag ein Zeugnis über den sie betreffenden Inhalt des Registers erteilt (Führungszeugnis). [2] Hat sie eine gesetzliche Vertretung, ist auch diese antragsberechtigt. [3] Ist die Person geschäftsunfähig, ist nur ihre gesetzliche Vertretung antragsberechtigt.

(2) [1] Wohnt die antragstellende Person innerhalb des Geltungsbereichs dieses Gesetzes, ist der Antrag persönlich oder mit amtlich oder öffentlich beglaubigter Unterschrift schriftlich bei der Meldebehörde zu stellen. [2] Bei der Antragstellung sind die Identität und im Fall der gesetzlichen Vertretung die Vertretungsmacht nachzuweisen. [3] Die antragstellende Person und ihre gesetzliche Vertretung können sich bei der Antragstellung nicht durch Bevollmächtigte vertreten lassen. [4] Die Meldebehörde nimmt die Gebühr für das Führungszeugnis entgegen, behält davon zwei Fünftel ein und führt den Restbetrag an die Bundeskasse ab.

(3) [1] Wohnt die antragstellende Person außerhalb des Geltungsbereichs dieses Gesetzes, so kann sie den Antrag unmittelbar bei der Registerbehörde stellen. [2] Absatz 2 Satz 2 und 3 gilt entsprechend.

(4) Die Übersendung des Führungszeugnisses ist nur an die antragstellende Person zulässig.

(5) [1] Wird das Führungszeugnis zur Vorlage bei einer Behörde beantragt, so ist es der Behörde unmittelbar zu übersenden. [2] Die Behörde hat der antragstellenden Person auf Verlangen Einsicht in das Führungszeugnis zu gewähren. [3] Die antragstellende Person kann verlangen, daß das Führungszeugnis, wenn es Eintragungen enthält, zunächst an ein von ihr benanntes Amtsgericht zur Einsichtnahme durch sie übersandt wird. [4] Die Meldebehörde hat die antragstellende Person in den Fällen, in denen der Antrag bei ihr gestellt wird, auf diese Möglichkeit hinzuweisen. [5] Das Amtsgericht darf die Einsicht nur der antragstellenden Person persönlich gewähren. [6] Nach Einsichtnahme ist das Führungszeugnis an die Behörde weiterzuleiten oder, falls die antragstellende Person dem widerspricht, vom Amtsgericht zu vernichten.

(6) [1] Wohnt die antragstellende Person außerhalb des Geltungsbereichs dieses Gesetzes, so kann sie verlangen, dass das Führungszeugnis, wenn es Eintragungen enthält, zunächst an eine von ihr benannte amtliche Vertretung der Bundesrepublik Deutschland zur Einsichtnahme durch sie übersandt wird. [2] Absatz 5 Satz 5 und 6 gilt für die amtliche Vertretung der Bundesrepublik Deutschland entsprechend.

---

[1] § 29 Abs. 1 geänd., Abs. 2 neu gef. mWv 29.7.2017 durch G v. 18.7.2017 (BGBl. I S. 2732).

[2] 3. Abschnitt Überschrift geänd. mWv 27.4.2012 durch G v. 15.12.2011 (BGBl. I S. 2714).

[3] § 30 Abs. 1 Satz 1 geänd. mWv 27.4.2012 durch G v. 15.12.2011 (BGBl. I S. 2714); Abs. 1 Sätze 2, 3 und Abs. 2 neu gef., Abs. 3 Satz 1 geänd., Abs. 4 neu gef., Abs. 5 Sätze 2–6 geänd., Abs. 6 Satz 1 neu gef. mWv 29.7.2017 durch G v. 18.7.2017 (BGBl. I S. 2732).

§ 30a[1)] Antrag auf ein erweitertes Führungszeugnis. (1) Einer Person wird auf Antrag ein erweitertes Führungszeugnis erteilt,

1. wenn die Erteilung in gesetzlichen Bestimmungen unter Bezugnahme auf diese Vorschrift vorgesehen ist oder
2. wenn dieses Führungszeugnis benötigt wird für
   a) eine berufliche oder ehrenamtliche Beaufsichtigung, Betreuung, Erziehung oder Ausbildung Minderjähriger oder
   b) eine Tätigkeit, die in einer Buchstabe a vergleichbaren Weise geeignet ist, Kontakt zu Minderjährigen aufzunehmen.

(2) [1] Wer einen Antrag auf Erteilung eines erweiterten Führungszeugnisses stellt, hat eine schriftliche Aufforderung vorzulegen, in der die Person, die das erweiterte Führungszeugnis von der antragstellenden Person verlangt, bestätigt, dass die Voraussetzungen nach Absatz 1 vorliegen. [2] Im Übrigen gilt § 30 entsprechend.

§ 30b[2)] Europäisches Führungszeugnis. (1) [1] Sofern der Mitgliedstaat eine Übermittlung nach seinem Recht vorsieht, wird in das Führungszeugnis nach § 30 oder § 30a Absatz 1 die Mitteilung über Eintragungen in den Strafregistern anderer Mitgliedstaaten der Europäischen Union vollständig und in der übermittelten Sprache (Europäisches Führungszeugnis) für die folgenden Personen aufgenommen:

1. für Personen, die die Staatsangehörigkeit eines anderen Mitgliedstaates der Europäischen Union besitzen, sowie
2. für Drittstaatsangehörige.

[2] Nicht aufgenommen werden Entscheidungen deutscher Gerichte. [3] § 30 gilt entsprechend.

(2) Ersuchen der Registerbehörde um Übermittlung der nach Absatz 1 in das Führungszeugnis zusätzlich aufzunehmenden Eintragungen für ein Europäisches Führungszeugnis von Personen, die die Staatsangehörigkeit eines anderen Mitgliedstaates der Europäischen Union besitzen, sind an den Herkunftsmitgliedstaat zu richten.

(3) Ersuchen der Registerbehörde um Übermittlung der nach Absatz 1 in das Führungszeugnis zusätzlich aufzunehmenden Eintragungen für ein Führungszeugnis von Drittstaatsangehörigen sind unter Nutzung des zentralisierten Systems für die Ermittlung der Mitgliedstaaten, die über Informationen zu Verurteilungen von Drittstaatsangehörigen verfügen, an die an diesem System teilnehmenden Mitgliedstaaten der Europäischen Union zu richten.

(4) [1] Das Führungszeugnis soll spätestens 20 Werktage nach der Übermittlung der Ersuchen der Registerbehörde erteilt werden. [2] Haben die Mitgliedstaaten keine Auskunft aus ihrem Strafregister erteilt, ist hierauf im Führungszeugnis hinzuweisen.

[1)] *§ 30a eingef. mWv 1.5.2010 durch G v. 16.7.2009* (BGBl. I S. 1952); Abs. 1 Nr. 2 Buchst. a aufgeh., bish. Buchst. b und c werden Buchst. a und b und geänd., Abs. 2 Satz 1 geänd. mWv 29.7.2017 durch G v. 18.7.2017 (BGBl. I S. 2732).

[2)] § 30b neu gef. mWv 17.7.2020 durch G v. 10.7.2020 (BGBl. I S. 1648).

§ 30c[1)] Elektronische Antragstellung. (1) [1] Erfolgt die Antragstellung abweichend von § 30 Absatz 2 oder Absatz 3 elektronisch, ist der Antrag unter Nutzung des im Internet angebotenen Zugangs unmittelbar bei der Registerbehörde zu stellen. [2] Die antragstellende Person kann sich nicht durch Bevollmächtigte vertreten lassen. [3] Handelt sie in gesetzlicher Vertretung, hat sie ihre Vertretungsmacht nachzuweisen.

(2) [1] Der elektronische Identitätsnachweis nach § 18 des Personalausweisgesetzes[2)], nach § 12 des eID-Karte-Gesetzes oder nach § 78 Absatz 5 des Aufenthaltsgesetzes[3)] ist zu führen. [2] Dabei müssen aus dem elektronischen Speicher- und Verarbeitungsmedium des Personalausweises, der eID-Karte oder des elektronischen Aufenthaltstitels an die Registerbehörde übermittelt werden:

1. die Daten nach § 18 Absatz 3 Satz 1 des Personalausweisgesetzes, nach § 12 Absatz 3 Satz 2 des eID-Karte-Gesetzes in Verbindung mit § 18 Absatz 3 Satz 1 des Personalausweisgesetzes oder nach § 78 Absatz 5 Satz 2 des Aufenthaltsgesetzes in Verbindung mit § 18 Absatz 3 Satz 1 des Personalausweisgesetzes und
2. Familienname, Geburtsname, Vornamen, Geburtsort sowie Geburtsdatum, Staatsangehörigkeit und Anschrift.

[3] Lässt das elektronische Speicher- und Verarbeitungsmedium die Übermittlung des Geburtsnamens nicht zu, ist der Geburtsname im Antrag anzugeben und nachzuweisen. [4] Bei der Datenübermittlung ist ein dem jeweiligen Stand der Technik entsprechendes sicheres Verfahren zu verwenden, das die Vertraulichkeit und Integrität des elektronisch übermittelten Datensatzes gewährleistet.

(3) [1] Vorzulegende Nachweise sind gleichzeitig mit dem Antrag elektronisch einzureichen und ihre Echtheit sowie inhaltliche Richtigkeit sind an Eides statt zu versichern. [2] Bei vorzulegenden Schriftstücken kann die Registerbehörde im Einzelfall die Vorlage des Originals verlangen.

(4) [1] Die näheren Einzelheiten des elektronischen Verfahrens regelt die Registerbehörde. [2] Im Übrigen gilt § 30 entsprechend.

§ 31[4)] Erteilung des Führungszeugnisses und des erweiterten Führungszeugnisses an Behörden. (1) [1] Behörden erhalten über eine bestimmte Person ein Führungszeugnis, soweit sie es zur Erledigung ihrer hoheitlichen Aufgaben benötigen und eine Aufforderung an die betroffene Person, ein Führungszeugnis vorzulegen, nicht sachgemäß ist oder erfolglos bleibt. [2] Die Behörde hat der betroffenen Person auf Verlangen Einsicht in das Führungszeugnis zu gewähren.

(2) [1] Behörden erhalten zum Zweck des Schutzes Minderjähriger ein erweitertes Führungszeugnis unter den Voraussetzungen des Absatzes 1. [2] Absatz 1 Satz 2 gilt entsprechend.

§ 32[5)] Inhalt des Führungszeugnisses. (1) [1] In das Führungszeugnis werden die in den §§ 4 bis 16 bezeichneten Eintragungen aufgenommen. [2] Soweit in

---

[1)] § 30c eingef. mWv 1.9.2014 durch G v. 6.9.2013 (BGBl. I S. 3556); Abs. 1 Sätze 2 und 3 neu gef. mWv 29.7.2017 durch G v. 18.7.2017 (BGBl. I S. 2732); Abs. 2 Sätze 1, 2 einl. Satzteil und Nr. 1 geänd. mWv 1.11.2019 durch G v. 21.6.2019 (BGBl. I S. 846).

[2)] **Sartorius Nr. 255.**

[3)] **Sartorius Nr. 565.**

[4)] § 31 Überschrift neu gef., Abs. 2 angef. mWv 1.5.2010 durch G v. 16.7.2009 (BGBl. I S. 1952); Abs. 1 Sätze 1 und 2 geänd. mWv 29.7.2017 durch G v. 18.7.2017 (BGBl. I S. 2732).

[5)] § 32 Abs. 2 Nr. 10 aufgeh. durch G v. 12.9.1990 (BGBl. I S. 2002); Abs. 1 Satz 2 angef. durch G v. 26.1.1998 (BGBl. I S. 160); Abs. 2 Nr. 10 eingef., Abs. 3 Nr. 3 neu gef., Nr. 4 angef. mWv 1.10.2002 durch G v. 23.4.2002 (BGBl. I S. 1406); Abs. 2 Nr. 11 geänd., Nr. 12 angef. mWv 28.8.2002 durch G v. →

Absatz 2 Nr. 3 bis 9 hiervon Ausnahmen zugelassen werden, gelten diese nicht bei Verurteilungen wegen einer Straftat nach den §§ 174 bis 180 oder 182 des Strafgesetzbuches[1)].

(2) Nicht aufgenommen werden

1. die Verwarnung mit Strafvorbehalt nach § 59 des Strafgesetzbuchs,
2. der Schuldspruch nach § 27 des Jugendgerichtsgesetzes[2)],
3. Verurteilungen, durch die auf Jugendstrafe von nicht mehr als zwei Jahren erkannt worden ist, wenn die Vollstreckung der Strafe oder eines Strafrestes gerichtlich oder im Gnadenwege zur Bewährung ausgesetzt oder nach § 35 des Betäubungsmittelgesetzes[3)] zurückgestellt und diese Entscheidung nicht widerrufen worden ist,
4. Verurteilungen, durch die auf Jugendstrafe erkannt worden ist, wenn der Strafmakel gerichtlich oder im Gnadenwege als beseitigt erklärt und die Beseitigung nicht widerrufen worden ist,
5. Verurteilungen, durch die auf
   a) Geldstrafe von nicht mehr als neunzig Tagessätzen,
   b) Freiheitsstrafe oder Strafarrest von nicht mehr als drei Monaten

   erkannt worden ist, wenn im Register keine weitere Strafe eingetragen ist,
6. Verurteilungen, durch die auf Freiheitsstrafe von nicht mehr als zwei Jahren erkannt worden ist, wenn die Vollstreckung der Strafe oder eines Strafrestes
   a) nach § 35 oder § 36 des Betäubungsmittelgesetzes zurückgestellt oder zur Bewährung ausgesetzt oder
   b) nach § 56 oder § 57 des Strafgesetzbuchs zur Bewährung ausgesetzt worden ist und sich aus dem Register ergibt, daß der Verurteilte die Tat oder bei Gesamtstrafen alle oder den ihrer Bedeutung nach überwiegenden Teil der Taten auf Grund einer Betäubungsmittelabhängigkeit begangen hat,

   diese Entscheidungen nicht widerrufen worden sind und im Register keine weitere Strafe eingetragen ist,
7. Verurteilungen, durch die neben Jugendstrafe oder Freiheitsstrafe von nicht mehr als zwei Jahren die Unterbringung in einer Entziehungsanstalt angeordnet worden ist, wenn die Vollstreckung der Strafe, des Strafrestes oder der Maßregel nach § 35 des Betäubungsmittelgesetzes zurückgestellt worden ist und im übrigen die Voraussetzungen der Nummer 3 oder 6 erfüllt sind,
8. Verurteilungen, durch die Maßregeln der Besserung und Sicherung, Nebenstrafen oder Nebenfolgen allein oder in Verbindung miteinander oder in Verbindung mit Erziehungsmaßregeln oder Zuchtmitteln angeordnet worden sind,

---

(Fortsetzung der Anm. von voriger Seite)
21.8.2002 (BGBl. I S. 3344); Abs. 5 angef. mWv 1.5.2010 durch G v. 16.7.2009 (BGBl. I S. 1952); Abs. 5 geänd. mWv 27.1.2015 durch G v. 21.1.2015 (BGBl. I S. 10); Abs. 5 geänd. mWv 15.10.2016 durch G v. 11.10.2016 (BGBl. I S. 2226); Abs. 5 geänd. mWv 10.11.2016 durch G v. 4.11.2016 (BGBl. I S. 2460); Abs. 3 Nr. 2, Abs. 4 Nr. 2 Buchst. b und abschl. Satzteil geänd. mWv 29.7.2017 durch G v. 18.7.2017 (BGBl. I S. 2732); Abs. 5 geänd. mWv 1.1.2021 durch G v. 9.10.2020 (BGBl. I S. 2075); Abs. 5 geänd. ***mWv 1.7.2022** durch G v. 16.6.2021 (BGBl. I S. 1810).*

[1)] ***Nr. 85.***

[2)] Nr. **89.**

[3)] **Habersack, Deutsche Gesetze ErgBd. Nr. 86.**

9. Verurteilungen, bei denen die Wiederaufnahme des gesamten Verfahrens vermerkt ist; ist die Wiederaufnahme nur eines Teils des Verfahrens angeordnet, so ist im Führungszeugnis darauf hinzuweisen,
10. abweichende Personendaten gemäß § 5 Abs. 1 Nr. 1,
11. Eintragungen nach den §§ 10 und 11,
12. die vorbehaltene Sicherungsverwahrung, falls von der Anordnung der Sicherungsverwahrung rechtskräftig abgesehen worden ist.

(3) In ein Führungszeugnis für Behörden (§ 30 Abs. 5, § 31) sind entgegen Absatz 2 auch aufzunehmen

1. Verurteilungen, durch die eine freiheitsentziehende Maßregel der Besserung und Sicherung angeordnet worden ist,
2. Eintragungen nach § 10, wenn die Entscheidung oder der Verzicht nicht länger als zehn Jahre zurückliegt,
3. Eintragungen nach § 11, wenn die Entscheidung oder Verfügung nicht länger als fünf Jahre zurückliegt,
4. abweichende Personendaten gemäß § 5 Abs. 1 Nr. 1, sofern unter diesen Daten Eintragungen erfolgt sind, die in ein Führungszeugnis für Behörden aufzunehmen sind.

(4) In ein Führungszeugnis für Behörden (§ 30 Abs. 5, § 31) sind ferner die in Absatz 2 Nr. 5 bis 9 bezeichneten Verurteilungen wegen Straftaten aufzunehmen, die

1. bei oder in Zusammenhang mit der Ausübung eines Gewerbes oder dem Betrieb einer sonstigen wirtschaftlichen Unternehmung oder
2. bei der Tätigkeit in einem Gewerbe oder einer sonstigen wirtschaftlichen Unternehmung
   a) von einem Vertreter oder Beauftragten im Sinne des § 14 des Strafgesetzbuchs oder
   b) von einer Person, die in einer Rechtsvorschrift ausdrücklich als verantwortlich bezeichnet ist,

begangen worden sind, wenn das Führungszeugnis für die in § 149 Abs. 2 Satz 1 Nr. 1 der Gewerbeordnung[1] bezeichneten Entscheidungen bestimmt ist.

(5) Soweit in Absatz 2 Nummer 3 bis 9 Ausnahmen für die Aufnahme von Eintragungen zugelassen werden, gelten diese nicht bei einer Verurteilung wegen einer Straftat nach den §§ 171, 180a, 181a, 183 bis 184g, ***[bis 30.6.2022:*** 184i bis 184k***] [ab 1.7.2022: 184i bis 184l]***, 201a Absatz 3, den §§ 225, 232 bis 233a, 234, 235 oder § 236 des Strafgesetzbuchs, wenn ein erweitertes Führungszeugnis nach § 30a oder § 31 Absatz 2 erteilt wird.

§ 33[2] Nichtaufnahme von Verurteilungen nach Fristablauf. (1) Nach Ablauf einer bestimmten Frist werden Verurteilungen nicht mehr in das Führungszeugnis aufgenommen.

---

[1] **Sartorius Nr. 800.**

[2] § 33 Abs. 2 Nr. 3 ber. durch BGBl. 1985 I S. 195; Abs. 2 Nr. 2 und 3 geänd., Nr. 4 angef. **mWv 1.7. 2022** durch G v. 16.6.2021 (BGBl. I S. 1810).

(2) Dies gilt nicht bei Verurteilungen, durch die

1. auf lebenslange Freiheitsstrafe erkannt worden ist, wenn der Strafrest nicht nach § 57a Abs. 3 Satz 2 in Verbindung mit § 56g des Strafgesetzbuches[1] oder im Gnadenwege erlassen ist,
2. Sicherungsverwahrung angeordnet worden ist ***[bis 30.6.2022:** oder**]** **[ab 1.7. 2022:** ,**]***
3. die Unterbringung in einem psychiatrischen Krankenhaus angeordnet worden ist, wenn ein Führungszeugnis für Behörden (§ 30 Abs. 5, § 31) beantragt wird ***[bis 30.6.2022:** .**]** **[ab 1.7.2022:** oder**]***

[Nr. 4 ab 1.7.2022:]

4. *wegen einer Straftat nach den §§ 176c oder 176d des Strafgesetzbuches erkannt worden ist*
   a) auf Freiheitsstrafe von mindestens fünf Jahren oder
   b) auf Freiheitsstrafe von mindestens drei Jahren bei zwei oder mehr im Register eingetragenen Verurteilungen nach den §§ 176c oder 176d des Strafgesetzbuches,

   wenn ein erweitertes Führungszeugnis oder ein erweitertes Führungszeugnis für Behörden (§ 30 Absatz 5, § 31) beantragt wird.

§ 34[2] Länge der Frist. (1) Die Frist, nach deren Ablauf eine Verurteilung nicht mehr in das Führungszeugnis aufgenommen wird, beträgt

1. drei Jahre bei
   a) Verurteilungen zu
      aa) Geldstrafe und
      bb) Freiheitsstrafe oder Strafarrest von nicht mehr als drei Monaten,

      wenn die Voraussetzungen des § 32 Absatz 2 nicht vorliegen,
   b) Verurteilungen zu Freiheitsstrafe oder Strafarrest von mehr als drei Monaten, aber nicht mehr als einem Jahr, wenn die Vollstreckung der Strafe oder eines Strafrestes gerichtlich oder im Gnadenweg zur Bewährung ausgesetzt, diese Entscheidung nicht widerrufen worden und im Register nicht außerdem Freiheitsstrafe, Strafarrest oder Jugendstrafe eingetragen ist,
   c) Verurteilungen zu Jugendstrafe von nicht mehr als einem Jahr, wenn die Voraussetzungen des § 32 Absatz 2 nicht vorliegen,
   d) Verurteilungen zu Jugendstrafe von mehr als zwei Jahren, wenn ein Strafrest nach Ablauf der Bewährungszeit gerichtlich oder im Gnadenweg erlassen worden ist,
2. zehn Jahre bei Verurteilungen wegen einer Straftat nach den §§ 174 bis 180 oder 182 des Strafgesetzbuches[1] zu einer Freiheitsstrafe oder Jugendstrafe von mehr als einem Jahr,
3. fünf Jahre in den übrigen Fällen.

---

[1] Nr. **85**.

[2] § 34 Abs. 2 geänd. durch G v. 15.7.1992 (BGBl. I S. 1302); Abs. 1 Nr. 2 eingef., bish. Nr. 2 wird Nr. 3, Abs. 2 Satz 1 geänd. durch G v. 26.1.1998 (BGBl. I S. 160); Abs. 2 eingef., bish. Abs. 2 wird Abs. 3 und Satz 1 geänd. mWv 1.5.2010 durch G v. 16.7.2009 (BGBl. I S. 1952); Abs. 3 Satz 1 geänd. mWv 27.4.2012 durch G v. 15.12.2011 (BGBl. I S. 2714); Abs. 2 geänd. mWv 27.1.2015 durch G v. 21.1.2015 (BGBl. I S. 10); Abs. 2 geänd. mWv 15.10.2016 durch G v. 11.10.2016 (BGBl. I S. 2226); Abs. 2 geänd. mWv 10.11.2016 durch G v. 4.11.2016 (BGBl. I S. 2460); Abs. 1 Nr. 1 neu gef. mWv 29.7.2017 durch G v. 18.7.2017 (BGBl. I S. 2732); Abs. 2 geänd. mWv 1.1.2021 durch G v. 9.10.2020 (BGBl. I S. 2075); Abs. 2 und 3 Satz 1 neu gef., Satz 2 eingef., bish. Satz 2 wird Satz 3 **mWv 1.7.2022** durch G v. 16.6.2021 (BGBl. I S. 1810).

[Abs. 2 bis 30.6.2022:]

(2) Die Frist, nach deren Ablauf eine Verurteilung wegen einer Straftat nach den §§ 171, 180a, 181a, 183 bis 184g, 184i bis 184k, 201a Absatz 3, den §§ 225, 232 bis 233a, 234, 235 oder § 236 des Strafgesetzbuchs zu einer Freiheitsstrafe oder Jugendstrafe von mehr als einem Jahr nicht mehr in ein erweitertes Führungszeugnis aufgenommen wird, beträgt zehn Jahre.

[Abs. 2 ab 1.7.2022:]

(2) Die Frist, nach deren Ablauf eine Verurteilung wegen einer Straftat nach den §§ 171, 174 bis 180a, 181a, 182 bis 184g, 184i bis 184l, 201a Absatz 3, den §§ 225, 232 bis 233a, 234, 235 oder § 236 des Strafgesetzbuches nicht mehr in ein erweitertes Führungszeugnis aufgenommen wird, beträgt

1. zehn Jahre

a) bei Verurteilungen zu Geldstrafe oder Freiheitsstrafe oder Strafarrest oder Jugendstrafe,

b) bei einer Verurteilung, durch die eine freiheitsentziehende Maßregel der Besserung und Sicherung allein angeordnet worden ist,

2. zwanzig Jahre bei einer Verurteilung wegen einer Straftat nach den §§ 176 bis 176d des Strafgesetzbuches zu Freiheitsstrafe oder Jugendstrafe von mehr als einem Jahr.

(3) ***[Satz 1 bis 30.6.2022:]*** [1] In den Fällen des Absatzes 1 Nr. 1 Buchstabe d, Nr. 2, Nr. 3 und des Absatzes 2 verlängert sich die Frist um die Dauer der Freiheitsstrafe, des Strafarrestes oder der Jugendstrafe. ***[Satz 1 ab 1.7.2022:]*** *[1] In den Fällen des Absatzes 1 Nummer 1 Buchstabe d, Nummer 2 und 3 verlängert sich die Frist um die Dauer der Freiheitsstrafe, des Strafarrests oder der Jugendstrafe.* ***[Satz 2 ab 1.7.2022:]*** *[2] In den Fällen des Absatzes 2 verlängert sich die Frist bei einer Verurteilung zu einer Freiheitsstrafe oder Jugendstrafe von mehr als einem Jahr um die Dauer der Freiheitsstrafe oder der Jugendstrafe.* [2] ***[ab 1.7.2022: [3]]*** Bei Erlaß des Restes einer lebenslangen Freiheitsstrafe verlängert sich die Frist um den zwischen dem Tag des ersten Urteils und dem Ende der Bewährungszeit liegenden Zeitraum, mindestens jedoch um zwanzig Jahre.

§ 35[1)] Gesamtstrafe, Einheitsstrafe und Nebenentscheidungen. (1) Ist eine Gesamtstrafe oder eine einheitliche Jugendstrafe gebildet oder ist nach § 30 Abs. 1 des Jugendgerichtsgesetzes[2)] auf Jugendstrafe erkannt worden, so ist allein die neue Entscheidung für § 32 Abs. 2 und § 34 maßgebend.

(2) Bei der Feststellung der Frist nach § 34 bleiben Nebenstrafen, Nebenfolgen und neben Freiheitsstrafe oder Strafarrest ausgesprochene Geldstrafen sowie Maßregeln der Besserung und Sicherung unberücksichtigt.

§ 36 Beginn der Frist. [1] Die Frist beginnt mit dem Tag des ersten Urteils (§ 5 *Abs. 1 Nr. 4*). [2] *Dieser* Tag bleibt auch maßgebend, wenn

1. eine Gesamtstrafe oder eine einheitliche Jugendstrafe gebildet,
2. nach § 30 Abs. 1 des Jugendgerichtsgesetzes[2)] auf Jugendstrafe erkannt wird oder
3. eine Entscheidung im Wiederaufnahmeverfahren ergeht, die eine registerpflichtige Verurteilung enthält.

[1)] § 35 Abs. 2 neu gef. mWv 29.7.2017 durch G v. 18.7.2017 (BGBl. I S. 2732).

[2)] Nr. **89**.

§ 37[1] Ablaufhemmung. (1) Haben Verurteilte infolge der Verurteilung die Fähigkeit, öffentliche Ämter zu bekleiden und Rechte aus öffentlichen Wahlen zu erlangen, oder das Recht, in öffentlichen Angelegenheiten zu wählen oder zu stimmen, verloren, so läuft die Frist nicht ab, solange sie diese Fähigkeit oder dieses Recht nicht wiedererlangt haben.

(2) Die Frist läuft ferner nicht ab, solange sich aus dem Register ergibt, daß die Vollstreckung einer Strafe oder eine der in § 61 des Strafgesetzbuchs[2] aufgeführten Maßregeln der Besserung und Sicherung mit Ausnahme der Sperre für die Erteilung einer Fahrerlaubnis noch nicht erledigt oder die Strafe noch nicht erlassen ist.

§ 38 Mehrere Verurteilungen. (1) Sind im Register mehrere Verurteilungen eingetragen, so sind sie alle in das Führungszeugnis aufzunehmen, solange eine von ihnen in das Zeugnis aufzunehmen ist.

(2) Außer Betracht bleiben

1. Verurteilungen, die nur in ein Führungszeugnis für Behörden aufzunehmen sind (§ 32 Abs. 3, 4, § 33 Abs. 2 Nr. 3),
2. Verurteilungen in den Fällen des § 32 Abs. 2 Nr. 1 bis 4,
3. Verurteilungen, durch die auf Geldstrafe von nicht mehr als neunzig Tagessätzen oder auf Freiheitsstrafe oder Strafarrest von nicht mehr als drei Monaten erkannt worden ist.

§ 39[3] Anordnung der Nichtaufnahme. (1) [1] Die Registerbehörde kann auf Antrag oder von Amts wegen anordnen, daß Verurteilungen und Eintragungen nach § 11 entgegen diesem Gesetz nicht in das Führungszeugnis aufgenommen werden. [2] Dies gilt nicht, soweit das öffentliche Interesse der Anordnung entgegensteht. [3] Die Anordnung kann auf Führungszeugnisse ohne Einbeziehung der Führungszeugnisse für Behörden, auf Führungszeugnisse ohne Einbeziehung der erweiterten Führungszeugnisse, auf Führungszeugnisse ohne Einbeziehung der erweiterten Führungszeugnisse für Behörden oder auf die einmalige Erteilung eines Führungszeugnisses beschränkt werden. [4] Die Registerbehörde soll das erkennende Gericht und die sonst zuständige Behörde hören. [5] Betrifft die Eintragung eine solche der in § 11 bezeichneten Art oder eine Verurteilung, durch die eine freiheitsentziehende Maßregel der Besserung und Sicherung angeordnet worden ist, soll sie auch die Stellungnahme eines oder einer in der Psychiatrie erfahrenen medizinischen Sachverständigen einholen.

(2) Haben Verurteilte infolge der Verurteilung durch ein Gericht im Geltungsbereich dieses Gesetzes die Fähigkeit, öffentliche Ämter zu bekleiden und Rechte aus öffentlichen Wahlen zu erlangen, oder das Recht, in öffentlichen Angelegenheiten zu wählen oder zu stimmen, verloren, so darf eine Anordnung nach Absatz 1 nicht ergehen, solange sie diese Fähigkeit oder dieses Recht nicht wiedererlangt haben.

---

[1] § 37 Abs. 2 geänd. mWv 1.10.2002 durch G v. 23.4.2002 (BGBl. I S. 1406); Abs. 1 geänd. mWv 29.7.2017 durch G v. 18.7.2017 (BGBl. I S. 2732).

[2] Nr. **85**.

[3] § 39 Überschrift, Abs. 1 Satz 1, Abs. 3 Satz 2 geänd., Abs. 1 Satz 4 neu gef. mWv 30.4.2002 durch G v. 23.4.2002 (BGBl. I S. 1406); Abs. 1 Sätze 1, 3 und 4, Abs. 3 Satz 2 geänd. mWv 1.1.2007 durch G v. 17.12.2006 (BGBl. I S. 3171); Abs. 1 Satz 3 eingef., bish. Sätze 3 und 4 werden Sätze 4 und 5 mWv 1.5.2010 durch G v. 16.7.2009 (BGBl. I S. 1952); Abs. 1 Satz 4 neu gef., Satz 5, Abs. 2, Abs. 3 Sätze 1 und 2 geänd. mWv 29.7.2017 durch G v. 18.7.2017 (BGBl. I S. 2732).

(3) [1] Gegen die Ablehnung einer Anordnung nach Absatz 1 steht der antragstellenden Person innerhalb zwei Wochen nach der Bekanntgabe der Entscheidung die Beschwerde zu. [2] Hilft die Registerbehörde der Beschwerde nicht ab, so entscheidet das Bundesministerium der Justiz und für Verbraucherschutz.

§ 40[1)] Nachträgliche Eintragung. [1] Wird eine weitere Verurteilung im Register eingetragen oder erfolgt eine weitere Eintragung nach § 11, so kommt der betroffenen Person eine Anordnung nach § 39 nicht zugute, solange die spätere Eintragung in das Führungszeugnis aufzunehmen ist. [2] § 38 Abs. 2 gilt entsprechend.

2.[2)] Unbeschränkte Auskunft aus dem Register

§ 41[3)] Umfang der Auskunft. (1) Eintragungen, die in ein Führungszeugnis nicht aufgenommen werden, sowie Suchvermerke dürfen, unbeschadet der §§ 42 und 57, nur zur Kenntnis gegeben werden

1. den Gerichten, Gerichtsvorständen, Staatsanwaltschaften, dem nationalen Mitglied nach Maßgabe des § 5 Absatz 1 Nummer 2 des Eurojust-Gesetzes, den Aufsichtsstellen nach § 68a des Strafgesetzbuchs[4)] sowie der Bewährungshilfe für Zwecke der Rechtspflege sowie den Justizvollzugsbehörden für Zwecke des Strafvollzugs einschließlich der Überprüfung aller im Strafvollzug tätigen Personen,
2. den obersten Bundes- und Landesbehörden,
3. den Verfassungsschutzbehörden des Bundes und der Länder, dem Bundesnachrichtendienst und dem Militärischen Abschirmdienst für die diesen Behörden übertragenen Sicherheitsaufgaben,
4. den Finanzbehörden für die Verfolgung von Straftaten, die zu ihrer Zuständigkeit gehören,
5. den Kriminaldienst verrichtenden Dienststellen der Polizei für Zwecke der Verhütung und Verfolgung von Straftaten,
6. den Einbürgerungsbehörden für Einbürgerungsverfahren,

---

1) § 40 neu gef. mWv 30.4.2002 durch G v. 23.4.2002 (BGBl. I S. 1406); Satz 1 geänd. mWv 29.7.2017 durch G v. 18.7.2017 (BGBl. I S. 2732).

2) 2. UAbschnitt Überschrift geänd. mWv 27.4.2012 durch G v. 15.12.2011 (BGBl. I S. 2714).

3) § 41 Abs. 2 aufgeh. durch G v. 12.9.1990 (BGBl. I S. 2002); Abs. 1 Nr. 10 geänd. durch G v. 24.6. 1994 (BGBl. I S. 1416); Abs. 1 Nr. 9 neu gef. durch G v. 23.11.1994 (BGBl. I S. 3475); Abs. 3 Satz 2 angef. durch G v. 26.1.1998 (BGBl. I S. 160); Abs. 1 Nr. 10 geänd., Nr. 11 eingef. durch G v. 31.8.1998 (BGBl. I S. 2600); Abs. 1 Nr. 13 angef. mWv 1.1.2002 durch G v. 9.1.2002 (BGBl. I S. 361); Abs. 1 einl. Satzteil, Nr. 1, 3, 7, und 9 geänd., Nr. 12 eingef. mWv 30.4.2002 durch G v. 23.4.2002 (BGBl. I S. 1406); Abs. 1 Nr. 13 geänd. mWv 15.1.2005 durch G v. 11.1.2005 (BGBl. I S. 78); Abs. 1 Nr. 7 geänd. mWv 28.8.2007 durch G v. 19.8.2007 (BGBl. I S. 1970); Abs. 3 Satz 2 neu gef. mWv 1.5.2010 durch G v. 16.7. 2009 (BGBl. I S. 1952); Abs. 1 Nr. 11 neu gef. mWv 1.9.2009 durch G v. 14.8.2009 (BGBl. I S. 2827); Abs. 5 aufgeh. mWv 27.4.2012 durch G v. 15.12.2011 (BGBl. I S. 2714); Abs. 1 Nr. 4 und Abs. 4 Satz 1 geänd. mWv 14.9.2013 durch G v. 6.9.2013 (BGBl. I S. 3556); Abs. 3 Satz 2 geänd. mWv 27.1.2015 durch G v. 21.1.2015 (BGBl. I S. 10); Abs. 3 Satz 2 geänd. mWv 15.10.2016 durch G v. 11.10.2016 (BGBl. I S. 2226); Abs. 3 Satz 2 geänd. mWv 10.11.2016 durch G v. 4.11.2016 (BGBl. I S. 2460); Abs. 1 Satz 1 Nr. 13 geänd., Nr. 14 angef. mWv 26.6.2017 durch G v. 23.6.2017 (BGBl. I S. 1822); Abs. 1 einl. Satzteil und Nr. 11 neu gef., Nr. 1 geänd., bish. Abs. 3 wird Abs. 2 und Satz 1 geänd., bish. Abs. 4 wird Abs. 3 und Satz 1 geänd. mWv 29.7.2017 durch G v. 18.7.2017 (BGBl. I S. 2732); Abs. 1 Nr. 1 geänd. mWv 12.12.2019 durch G v. 9.12.2019 (BGBl. I S. 2010); Abs. 2 Satz 2 geänd. mWv 1.1.2021 durch G v. 9.10.2020 (BGBl. I S. 2075); Abs. 1 Nr. 12 neu gef. mWv 1.1.2021 durch G v. 7.12.2020 (BGBl. I S. 2760); Abs. 2 Satz 2 geänd. **mWv 1.7.2022** durch G v. 16.6.2021 (BGBl. I S. 1810); Abs. 1 Nr. 1 geänd. mWv 18.8.2021 durch G v. 10.8.2021 (BGBl. I S. 3420).

4) Nr. **85**.

7. den Ausländerbehörden und dem Bundesamt für Migration und Flüchtlinge, wenn sich die Auskunft auf einen Ausländer bezieht,
8. den Gnadenbehörden für Gnadensachen,
9. den für waffenrechtliche oder sprengstoffrechtliche Erlaubnisse, für die Erteilung von Jagdscheinen, für Erlaubnisse zum Halten eines gefährlichen Hundes oder für Erlaubnisse für das Bewachungsgewerbe und die Überprüfung des Bewachungspersonals zuständigen Behörden,
10. dem Bundesinstitut für Arzneimittel und Medizinprodukte im Rahmen des Erlaubnisverfahrens nach dem Betäubungsmittelgesetz[1)],
11. den Rechtsanwaltskammern oder der Patentanwaltskammer für Entscheidungen in Zulassungs-, Aufnahme- und Aufsichtsverfahren nach der Bundesrechtsanwaltsordnung[2)], der Patentanwaltsordnung, dem Gesetz über die Tätigkeit europäischer Rechtsanwälte in Deutschland[3)] oder dem Gesetz über die Tätigkeit europäischer Patentanwälte in Deutschland[4)],
12. dem Bundesamt für die Sicherheit der nuklearen Entsorgung, dem Eisenbahn-Bundesamt und den zuständigen Landesbehörden im Rahmen der atom- und strahlenschutzrechtlichen Zuverlässigkeitsüberprüfung nach dem Atomgesetz[5)] und dem Strahlenschutzgesetz,
13. den Luftsicherheitsbehörden für Zwecke der Zuverlässigkeitsüberprüfung nach § 7 des Luftsicherheitsgesetzes[6)],
14. der Zentralstelle für Finanztransaktionsuntersuchungen zur Erfüllung ihrer Aufgaben nach dem Geldwäschegesetz[7)].

(2) [1] Eintragungen nach § 17 und Verurteilungen zu Jugendstrafe, bei denen der Strafmakel als beseitigt erklärt ist, dürfen nicht nach Absatz 1 mitgeteilt werden; über sie wird nur noch den Strafgerichten und Staatsanwaltschaften für ein Strafverfahren gegen die betroffene Person Auskunft erteilt. [2] Dies gilt nicht für Verurteilungen wegen einer Straftat nach den §§ 171, 174 bis 180a, 181a, 182 bis 184g, ***[bis 30.6.2022:*** 184i bis 184k***]*** ***[ab 1.7.2022:*** *184i bis 184l*]***, 201a Absatz 3, den §§ 225, 232 bis 233a, 234, 235 oder § 236 des Strafgesetzbuchs.

(3) [1] Die Auskunft nach den Absätzen 1 und 2 wird nur auf ausdrückliches Ersuchen erteilt. [2] Die in Absatz 1 genannten Stellen haben den Zweck anzugeben, für den die Auskunft benötigt wird; sie darf nur für diesen Zweck verwertet werden.

§ 42[8)] Auskunft an die betroffene Person. [1] Das Auskunftsrecht nach Artikel 15 Absatz 1 der Verordnung (EU) 2016/679[9)] wird dadurch gewährleistet, dass der betroffenen Person mitgeteilt wird, welche Eintragungen über sie im Register enthalten sind. [2] Für die Antragsberechtigung und das Verfahren gilt § 30 Absatz 1,

---

[1)] **Habersack, Deutsche Gesetze ErgBd. Nr. 86.**
[2)] **Habersack, Deutsche Gesetze ErgBd. Nr. 98.**
[3)] **Habersack, Deutsche Gesetze ErgBd. Nr. 98/4.**
[4)] **Habersack, Deutsche Gesetze ErgBd. Nr. 98/5.**
[5)] **Sartorius Nr. 835.**
[6)] **Sartorius ErgBd. Nr. 976.**
[7)] **Habersack, Deutsche Gesetze ErgBd. Nr. 88a.**
[8)] § 42 Überschrift neu gef., Abs. 2 aufgeh., bish. Abs. 1 Satz 3 neu gef. und Satz 5 geänd. mWv 30.4.2002 durch G v. 23.4.2002 (BGBl. I S. 1406); Satz 5 geänd. mWv 14.9.2013 durch G v. 6.9.2013 (BGBl. I S. 3556); *Überschrift, Sätze 3–5 geänd., Satz 7 angef.* mWv 29.7.2017 durch G v. 18.7.2017 (BGBl. I S. 2732); Überschrift geänd., Sätze 1 und 2 neu gef., Satz 7 geänd. mWv 26.11.2019 durch G v. 20.11.2019 (BGBl. I S. 1626); Satz 2 geänd. mWv 17.7.2020 durch G v. 10.7.2020 (BGBl. I S. 1648).
[9)] **Sartorius Nr. 246.**

für den Umfang der Auskunft gilt § 30b Absatz 1 Satz 1 und Absatz 2 bis 4 entsprechend. [3] Erfolgt die Mitteilung nicht durch Einsichtnahme bei der Registerbehörde, so ist sie, wenn die antragstellende Person im Geltungsbereich dieses Gesetzes wohnt, an ein von ihr benanntes Amtsgericht zu senden, bei dem sie die Mitteilung persönlich einsehen kann. [4] Befindet sich die betroffene Person in amtlichem Gewahrsam einer Justizbehörde, so tritt die Anstaltsleitung an die Stelle des Amtsgerichts. [5] Wohnt die antragstellende Person außerhalb des Geltungsbereichs dieses Gesetzes, so ist die Mitteilung an eine von ihr benannte amtliche Vertretung der Bundesrepublik Deutschland zu senden, bei der sie die Mitteilung persönlich einsehen kann. [6] Nach Einsichtnahme ist die Mitteilung vom Amtsgericht, der Anstaltsleitung oder der amtlichen Vertretung der Bundesrepublik Deutschland zu vernichten. [7] Zum Schutz der betroffenen Personen ist die Aushändigung der Mitteilung oder einer Kopie unzulässig.

§ 42a[1)] Auskunft für wissenschaftliche Zwecke. (1) [1] Die Übermittlung personenbezogener Daten aus dem Register an Hochschulen, andere Einrichtungen, die wissenschaftliche Forschung betreiben, und öffentliche Stellen ist zulässig, soweit

1. dies für die Durchführung bestimmter wissenschaftlicher Forschungsarbeiten erforderlich ist,
2. eine Nutzung anonymisierter Daten zu diesem Zweck nicht möglich oder die Anonymisierung mit einem unverhältnismäßigen Aufwand verbunden ist und
3. das öffentliche Interesse an der Forschungsarbeit das schutzwürdige Interesse der betroffenen Person an dem Ausschluss der Übermittlung erheblich überwiegt.

[2] Bei der Abwägung nach Satz 1 Nr. 3 ist im Rahmen des öffentlichen Interesses das wissenschaftliche Interesse an dem Forschungsvorhaben besonders zu berücksichtigen.

(1a) [1] Die mehrfache Übermittlung von personenbezogenen Daten für eine wissenschaftliche Forschungsarbeit kann für einen angemessenen Zeitraum nach Anhörung des Bundesbeauftragten für den Datenschutz und die Informationsfreiheit mit Zustimmung des Bundesministeriums der Justiz und für Verbraucherschutz zugelassen werden, wenn

1. die Voraussetzungen von Absatz 1 Nummer 1 und 2 vorliegen,
2. ein bedeutendes öffentliches Interesse an der Forschungsarbeit besteht und
3. das bedeutende öffentliche Interesse an der Forschungsarbeit das schutzwürdige Interesse der betroffenen Personen an dem Ausschluss der Übermittlung erheblich überwiegt.

[2] Die übermittelten Daten sollen pseudonymisiert werden; ein Verzicht auf eine Pseudonymisierung ist nur zulässig, wenn dies zur Erreichung des Forschungszweckes unerlässlich ist. [3] Absatz 1 Satz 2 gilt entsprechend. [4] Der Zeitraum ist *insbesondere* unter Berücksichtigung des Forschungszweckes, einer beabsichtigten Pseudonymisierung der Daten, der Schwere der untersuchten Straftaten und der Länge der gesetzlichen Tilgungsfristen festzusetzen; ein Übermittlungszeitraum, der im Ergebnis die Tilgungsfristen mehr als verdoppelt, ist in der Regel nicht

[1)] § 42a eingef. mWv 1.10.2002 durch G v. 23.4.2002 (BGBl. I S. 1406); Abs. 6 Satz 2 geänd. mWv 1.1.2007 durch G v. 17.12.2006 (BGBl. I S. 3171); Abs. 1a eingef., Abs. 3 Satz 2 neu gef. mWv 22.12.2011 durch G v. 15.12.2011 (BGBl. I S. 2714); Abs. 1 Satz 1 Nr. 3, Abs. 1a Satz 1 einl. Satzteil geänd. mWv 29.7.2017 durch G v. 18.7.2017 (BGBl. I S. 2732); Abs. 3 Sätze 1 und 2, Abs. 4 Satz 2 geänd., Abs. 7 neu gef. mWv 26.11.2019 durch G v. 20.11.2019 (BGBl. I S. 1626).

mehr angemessen. [5]Die Sätze 1 bis 4 gelten entsprechend, wenn bei einmaliger Übermittlung personenbezogene Daten mit früher übermittelten, noch nicht anonymisierten Daten eines anderen Forschungsvorhabens zusammengeführt werden sollen.

(2) [1]Personenbezogene Daten werden nur an solche Personen übermittelt, die Amtsträger oder für den öffentlichen Dienst besonders Verpflichtete sind oder die zur Geheimhaltung verpflichtet worden sind. [2]§ 1 Abs. 2, 3 und Abs. 4 Nr. 2 des Verpflichtungsgesetzes findet auf die Verpflichtung zur Geheimhaltung entsprechende Anwendung.

(3) [1]Die personenbezogenen Daten dürfen nur für den Zweck verarbeitet werden, für den sie übermittelt worden sind. [2]Die Verarbeitung für andere Forschungsvorhaben oder die Weitergabe richtet sich nach den Absätzen 1 und 2 und bedarf der Zustimmung der Registerbehörde; Absatz 1a gilt entsprechend, wenn mehrfach von der Registerbehörde übermittelte personenbezogene Daten verknüpft werden sollen.

(4) [1]Die Daten sind gegen unbefugte Kenntnisnahme durch Dritte zu schützen. [2]Die wissenschaftliche Forschung betreibende Stelle hat dafür zu sorgen, dass die Verarbeitung der personenbezogenen Daten räumlich und organisatorisch getrennt von der Erfüllung solcher Verwaltungsaufgaben oder Geschäftszwecke erfolgt, für die diese Daten gleichfalls von Bedeutung sein können.

(5) [1]Sobald der Forschungszweck es erlaubt, sind die personenbezogenen Daten zu anonymisieren. [2]Solange dies noch nicht möglich ist, sind die Merkmale gesondert aufzubewahren, mit denen Einzelangaben über persönliche oder sachliche Verhältnisse einer bestimmten oder bestimmbaren Person zugeordnet werden können. [3]Sie dürfen mit den Einzelangaben nur zusammengeführt werden, soweit der Forschungszweck dies erfordert.

(6) [1]Wer nach den Absätzen 1 und 2 personenbezogene Daten erhalten hat, darf diese nur veröffentlichen, wenn dies für die Darstellung von Forschungsergebnissen über Ereignisse der Zeitgeschichte unerlässlich ist. [2]Die Veröffentlichung bedarf der Zustimmung der Registerbehörde.

(7) Ist der Empfänger eine nichtöffentliche Stelle, finden die Vorschriften der Verordnung (EU) 2016/679[1)] auch Anwendung für die nichtautomatisierte Verarbeitung personenbezogener Daten, die nicht in einem Dateisystem gespeichert sind oder gespeichert werden sollen.

(8) Ist es der Registerbehörde mit vertretbarem Aufwand möglich, kann sie mit den Registerdaten vorbereitende Analysen durchführen.

§ 42b[2)] Auskünfte zur Vorbereitung von Rechtsvorschriften und allgemeinen Verwaltungsvorschriften. [1]Die Registerbehörde kann öffentlichen Stellen zur Vorbereitung und Überprüfung von Rechtsvorschriften und allgemeinen Verwaltungsvorschriften Auskünfte in anonymisierter Form erteilen. [2]§ 42a Abs. 8 gilt entsprechend.

§ 42c[3)] *(aufgehoben)*

§ 43 Weiterleitung von Auskünften. Oberste Bundes- oder Landesbehörden dürfen Eintragungen, die in ein Führungszeugnis nicht aufgenommen werden,

---

[1)] **Sartorius Nr. 246.**
[2)] § 42b eingef. mWv 1.10.2002 durch G v. 23.4.2002 (BGBl. I S. 1406).
[3)] § 42c aufgeh. mWv 29.7.2017 durch G v. 18.7.2017 (BGBl. I S. 2732).

einer nachgeordneten oder ihrer Aufsicht unterstehenden Behörde nur mitteilen, wenn dies zur Vermeidung von Nachteilen für den Bund oder ein Land unerläßlich ist oder wenn andernfalls die Erfüllung öffentlicher Aufgaben erheblich gefährdet oder erschwert würde.

3. Auskünfte an Behörden

§ 43a[1] Verfahrensübergreifende Mitteilungen von Amts wegen.

(1) In Verfahren nach den §§ 25, 39, 49, 55 Absatz 2 und § 63 Absatz 3 ist die Übermittlung personenbezogener Daten zulässig, wenn die Kenntnis der Daten aus der Sicht der übermittelnden Stelle

1. zur Verfolgung einer Straftat,
2. zur Abwehr eines erheblichen Nachteils für das Gemeinwohl oder einer Gefahr für die öffentliche Sicherheit,
3. zur Abwehr einer schwerwiegenden Beeinträchtigung der Rechte einer anderen Person,
4. zur Abwehr einer erheblichen Gefährdung des Wohls einer minderjährigen Person oder
5. zur Erledigung eines Suchvermerks

erforderlich ist.

(2) Die §§ 18 bis 22 des Einführungsgesetzes zum Gerichtsverfassungsgesetz[2] gelten entsprechend.

§ 44[3] Vertrauliche Behandlung der Auskünfte. Auskünfte aus dem Register an Behörden (§ 30 Abs. 5, §§ 31, 41, 43) dürfen nur den mit der Entgegennahme oder Bearbeitung betrauten Bediensteten zur Kenntnis gebracht werden.

4.[4] Versagung der Auskunft zu Zwecken des Zeugenschutzes

§ 44a[5] Versagung der Auskunft. (1) Die Registerbehörde sperrt den Datensatz einer im Register eingetragenen Person für die Auskunftserteilung, wenn eine Zeugenschutzstelle mitteilt, dass dies zum Schutz der Person als Zeuge oder Zeugin erforderlich ist.

(2) [1] Die Registerbehörde soll die Erteilung einer Auskunft aus dem Register über die gesperrten Personendaten versagen, soweit entgegenstehende öffentliche Interessen oder schutzwürdige Interessen Dritter nicht überwiegen. [2] Sie gibt der Zeugenschutzstelle zuvor Gelegenheit zur Stellungnahme; die Beurteilung der Zeugenschutzstelle, dass die Versagung der Auskunft für Zwecke des Zeugenschutzes erforderlich ist, ist für die Registerbehörde bindend. [3] Die Versagung der Auskunft bedarf keiner Begründung.

(3) [1] Die Registerbehörde legt über eine Person, über die keine Eintragung vorhanden ist, einen besonders gekennzeichneten Personendatensatz an, wenn die Zeugenschutzstelle darlegt, dass dies zum Schutze dieser Person als Zeuge oder Zeugin vor Ausforschung durch missbräuchliche Auskunftsersuchen erforderlich

---

[1] § 43a eingef. mWv 22.12.2011 durch G v. 15.12.2011 (BGBl. I S. 2714).

[2] Nr. **95a**.

[3] § 44 geänd. mWv 27.4.2012 durch G v. 15.12.2011 (BGBl. I S. 2714).

[4] 4. UAbschnitt (§ 44a) eingef. mWv 30.4.2002 durch G v. 23.4.2002 (BGBl. I S. 1406).

[5] § 44a eingef. mWv 30.4.2002 durch G v. 23.4.2002 (BGBl. I S. 1406); Abs. 2 Satz 1 geänd. mWv 27.4.2012 durch G v. 15.12.2011 (BGBl. I S. 2714); Abs. 1 und 3 Satz 1 geänd. mWv 29.7.2017 durch G v. 18.7.2017 (BGBl. I S. 2732).

ist. [2] Über diesen Datensatz werden Auskünfte nicht erteilt. [3] Die Registerbehörde unterrichtet die Zeugenschutzstelle über jeden Antrag auf Erteilung einer Auskunft, der zu dieser Person oder zu sonst von der Zeugenschutzstelle bestimmten Daten eingeht.

(4) Die §§ 161, 161a der Strafprozessordnung[1)] bleiben unberührt.

Vierter Abschnitt. Tilgung

§ 45[2)] Tilgung nach Fristablauf. (1) Eintragungen über Verurteilungen (§ 4) werden nach Ablauf einer bestimmten Frist getilgt.

(2) [1] Eine zu tilgende Eintragung wird ein Jahr nach Eintritt der Tilgungsreife aus dem Register entfernt. [2] Während dieser Zeit darf über die Eintragung nur der betroffenen Person Auskunft erteilt werden.

(3) Absatz 1 gilt nicht

1. bei Verurteilungen zu lebenslanger Freiheitsstrafe,
2. bei Anordnung der Unterbringung in der Sicherungsverwahrung oder in einem psychiatrischen Krankenhaus ***[bis 30.6.2022: .] [ab 1.7.2022:** oder**]***

[Nr. 3 ab 1.7.2022:]

3. *bei Verurteilungen wegen einer Straftat nach den §§ 176c oder 176d des Strafgesetzbuches*[3)]*, durch die erkannt worden ist*
   a) auf Freiheitsstrafe von mindestens fünf Jahren oder
   b) auf Freiheitsstrafe von mindestens drei Jahren bei zwei oder mehr im Register eingetragenen Verurteilungen nach den §§ 176c oder 176d des Strafgesetzbuches.

§ 46[4)] Länge der Tilgungsfrist. (1) Die Tilgungsfrist beträgt

1. fünf Jahre
   bei Verurteilungen
   a) zu Geldstrafe von nicht mehr als neunzig Tagessätzen, wenn keine Freiheitsstrafe, kein Strafarrest und keine Jugendstrafe im Register eingetragen ist,
   b) zu Freiheitsstrafe oder Strafarrest von nicht mehr als drei Monaten, wenn im Register keine weitere Strafe eingetragen ist,
   c) zu Jugendstrafe von nicht mehr als einem Jahr,
   d) zu Jugendstrafe von nicht mehr als zwei Jahren, wenn die Vollstreckung der Strafe oder eines Strafrestes gerichtlich oder im Gnadenwege zur Bewährung ausgesetzt worden ist,
   e) zu Jugendstrafe von mehr als zwei Jahren, wenn ein Strafrest nach Ablauf der Bewährungszeit gerichtlich oder im Gnadenwege erlassen worden ist,

---

[1)] Nr. **90**.

[2)] § 45 Abs. 3 Nr. 2 ber. durch BGBl. 1985 I S. 195; Abs. 2 Satz 2 geänd. mWv 29.7.2017 durch G v. 18.7.2017 (BGBl. I S. 2732); Abs. 3 Nr. 2 geänd., Nr. 3 angef. **mWv 1.7.2022** durch G v. 16.6.2021 (BGBl. I S. 1810).

[3)] Nr. **85**.

[4)] § 46 Abs. 3 geänd. durch G v. 15.7.1992 (BGBl. I S. 1302); Abs. 1 Nr. 3 eingef., bish. Nr. 3 wird Nr. 4, Abs. 3 geänd. durch G v. 26.1.1998 (BGBl. I S. 160); Abs. 1 Nr. 2 Buchst. d angef., Abs. 3 geänd. mWv 1.5.2010 durch G v. 16.7.2009 (BGBl. I S. 1952); Abs. 3 geänd. mWv 27.4.2012 durch G v. 15.12. 2011 (BGBl. I S. 2714); Abs. 1 Nr. 2 Buchst. a und c und Abs. 3 geänd. mWv 14.9.2013 durch G v. 6.9. 2013 (BGBl. I S. 3556); Abs. 1 Nr. 2 Buchst. d geänd. mWv 27.1.2015 durch G v. 21.1.2015 (BGBl. I S. 10); Abs. 1 Nr. 2 Buchst. d geänd. mWv 15.10.2016 durch G v. 11.10.2016 (BGBl. I S. 2226); Abs. 1 Nr. 2 Buchst. d geänd. mWv 10.11.2016 durch G v. 4.11.2016 (BGBl. I S. 2460); Abs. 1 Nr. 2 Buchst. d geänd. mWv 1.1.2021 durch G v. 9.10.2020 (BGBl. I S. 2075); Abs. 1 Nr. 1a eingef., Nr. 2 Buchst. d aufgeh., Abs. 3 Satz 1 geänd., Satz 2 angef. **mWv 1.7.2022** durch G v. 16.6.2021 (BGBl. I S. 1810).

f) zu Jugendstrafe, wenn der Strafmakel gerichtlich oder im Gnadenwege als beseitigt erklärt worden ist,

g) durch welche eine Maßnahme (§ 11 Abs. 1 Nr. 8 des Strafgesetzbuchs[1)]) mit Ausnahme der Sperre für die Erteilung einer Fahrerlaubnis für immer und des Berufsverbots für immer, eine Nebenstrafe oder eine Nebenfolge allein oder in Verbindung miteinander oder in Verbindung mit Erziehungsmaßregeln oder Zuchtmitteln angeordnet worden ist,

[Nr. 1a ab 1.7.2022:]

1a. zehn Jahre
bei Verurteilungen wegen einer Straftat nach den §§ 171, 174 bis 180a, 181a, 182 bis 184g, 184i bis 184l, 201a Absatz 3, den §§ 225, 232 bis 233a, 234, 235 oder § 236 des Strafgesetzbuches, wenn

a) es sich um Fälle der Nummer 1 Buchstabe a bis f handelt,

b) durch sie allein die Unterbringung in einer Entziehungsanstalt angeordnet worden ist,

2. zehn Jahre
bei Verurteilungen zu

a) Geldstrafe und Freiheitsstrafe oder Strafarrest von nicht mehr als drei Monaten, wenn die Voraussetzungen der Nummer 1 Buchstabe a und b nicht vorliegen,

b) Freiheitsstrafe oder Strafarrest von mehr als drei Monaten, aber nicht mehr als einem Jahr, wenn die Vollstreckung der Strafe oder eines Strafrestes gerichtlich oder im Gnadenwege zur Bewährung ausgesetzt worden und im Register nicht außerdem Freiheitsstrafe, Strafarrest oder Jugendstrafe eingetragen ist,

c) Jugendstrafe von mehr als einem Jahr, außer in den Fällen der Nummer 1 Buchstabe d bis f,

[Buchst. d bis 30.6.2022:]

d) Jugendstrafe bei Verurteilungen wegen einer Straftat nach den §§ 171, 180a, 181a, 183 bis 184g, 184i bis 184k, 201a Absatz 3, den §§ 225, 232 bis 233a, 234, 235 oder § 236 des Strafgesetzbuchs von mehr als einem Jahr in Fällen der Nummer 1 Buchstabe d bis f,

3. zwanzig Jahre bei Verurteilungen wegen einer Straftat nach den §§ 174 bis 180 oder 182 des Strafgesetzbuches zu einer Freiheitsstrafe oder Jugendstrafe von mehr als einem Jahr,

4. fünfzehn Jahre
in allen übrigen Fällen.

(2) Die Aussetzung der Strafe oder eines Strafrestes zur Bewährung oder die Beseitigung des Strafmakels bleiben bei der Berechnung der Frist unberücksichtigt, wenn diese Entscheidungen widerrufen worden sind.

(3) ***[ab 1.7.2022:*** *[1]* ***]*** In den Fällen des Absatzes 1 Nr. 1 Buchstabe e, Nr. 2 Buchstabe c ***[bis 30.6.2022:*** und d***]*** sowie Nummer 3 und 4 verlängert sich die Frist um die Dauer der Freiheitsstrafe, des Strafarrestes oder der Jugendstrafe. ***[Satz 2 ab 1.7.2022:]*** *[2] In den Fällen des Absatzes 1 Nummer 1a verlängert sich die Frist bei einer Verurteilung zu einer Jugendstrafe von mehr als einem Jahr um die Dauer der Jugendstrafe.*

[1)] Nr. **85**.

§ 47[1] Feststellung der Frist und Ablaufhemmung. (1) Für die Feststellung und Berechnung der Frist gelten die §§ 35, 36 entsprechend.

(2) [1]Die Tilgungsfrist läuft nicht ab, solange sich aus dem Register ergibt, daß die Vollstreckung einer Strafe oder eine der in § 61 des Strafgesetzbuchs[2] aufgeführten Maßregeln der Besserung und Sicherung noch nicht erledigt oder die Strafe noch nicht erlassen ist. [2]§ 37 Abs. 1 gilt entsprechend.

(3) [1]Sind im Register mehrere Verurteilungen eingetragen, so ist die Tilgung einer Eintragung erst zulässig, wenn für alle Verurteilungen die Voraussetzungen der Tilgung vorliegen. [2]Die Eintragung einer Verurteilung, durch die eine Sperre für die Erteilung der Fahrerlaubnis für immer angeordnet worden ist, hindert die Tilgung anderer Verurteilungen nur, wenn zugleich auf eine Strafe erkannt worden ist, für die allein die Tilgungsfrist nach § 46 noch nicht abgelaufen wäre.

§ 48[3] Anordnung der Tilgung wegen Gesetzesänderung. Ist die Verurteilung ausschließlich wegen einer Handlung eingetragen, für die das nach der Verurteilung geltende Gesetz keine Strafe mehr vorsieht, oder droht das neue Gesetz für die Handlung nur noch Geldbuße allein oder Geldbuße in Verbindung mit einer Nebenfolge an, wird die Eintragung auf Antrag der betroffenen Person getilgt.

§ 49[4] Anordnung der Tilgung in besonderen Fällen. (1) [1]Die Registerbehörde kann auf Antrag oder von Amts wegen anordnen, daß Eintragungen entgegen den §§ 45, 46 zu tilgen sind, falls die Vollstreckung erledigt ist und das öffentliche Interesse der Anordnung nicht entgegensteht. [2]Die Registerbehörde soll das erkennende Gericht und die sonst zuständige Behörde hören. [3]Betrifft die Eintragung eine Verurteilung, durch welche eine freiheitsentziehende Maßregel der Besserung und Sicherung angeordnet worden ist, so soll sie auch die Stellungnahme eines oder einer in der Psychiatrie erfahrenen medizinischen Sachverständigen einholen.

(2) Hat der Verurteilte infolge der Verurteilung durch ein Gericht im Geltungsbereich dieses Gesetzes die Fähigkeit, öffentliche Ämter zu bekleiden und Rechte aus öffentlichen Wahlen zu erlangen, oder das Recht, in öffentlichen Angelegenheiten zu wählen oder zu stimmen, verloren, so darf eine Anordnung nach Absatz 1 nicht ergehen, solange er diese Fähigkeit oder dieses Recht nicht wiedererlangt hat.

(3) [1]Gegen die Ablehnung einer Anordnung nach Absatz 1 steht dem Antragsteller innerhalb zwei Wochen nach der Bekanntgabe der Entscheidung die Beschwerde zu. [2]Hilft die Registerbehörde der Beschwerde nicht ab, so entscheidet das Bundesministerium der Justiz und für Verbraucherschutz.

§ 50[5] Zu Unrecht getilgte Eintragungen. Die Registerbehörde hat vor ihrer Entscheidung darüber, ob eine zu Unrecht im Register getilgte Eintragung wieder in das Register aufgenommen wird, der betroffenen Person Gelegenheit zur Stellungnahme zu geben.

---

[1] § 47 Abs. 2 Satz 1 geänd. mWv 30.4.2002 durch G v. 23.4.2002 (BGBl. I S. 1406).

[2] Nr. **85**.

[3] § 48 neu gef. mWv 29.7.2017 durch G v. 18.7.2017 (BGBl. I S. 2732).

[4] § 49 Abs. 3 Satz 2 geänd. mWv 30.4.2002 durch G v. 23.4.2002 (BGBl. I S. 1406); Abs. 1 Sätze 1 und 3, Abs. 3 Satz 2 geänd. mWv 1.1.2007 durch G v. 17.12.2006 (BGBl. I S. 3171); Abs. 1 Satz 2 neu gef., Satz 3 und Abs. 3 Satz 2 geänd. mWv 29.7.2017 durch G v. 18.7.2017 (BGBl. I S. 2732).

[5] § 50 neu gef. mWv 1.1.2007 durch G v. 17.12.2006 (BGBl. I S. 3171); geänd. mWv 29.7.2017 durch G v. 18.7.2017 (BGBl. I S. 2732).

Fünfter Abschnitt. Rechtswirkungen der Tilgung

§ 51[1] **Verwertungsverbot.** (1) Ist die Eintragung über eine Verurteilung im Register getilgt worden oder ist sie zu tilgen, so dürfen die Tat und die Verurteilung der betroffenen Person im Rechtsverkehr nicht mehr vorgehalten und nicht zu ihrem Nachteil verwertet werden.

(2) Aus der Tat oder der Verurteilung entstandene Rechte Dritter, gesetzliche Rechtsfolgen der Tat oder der Verurteilung und Entscheidungen von Gerichten oder Verwaltungsbehörden, die im Zusammenhang mit der Tat oder der Verurteilung ergangen sind, bleiben unberührt.

§ 52[2] **Ausnahmen.** (1) Die frühere Tat darf abweichend von § 51 Abs. 1 nur berücksichtigt werden, wenn

1. die Sicherheit der Bundesrepublik Deutschland oder eines ihrer Länder eine Ausnahme zwingend gebietet,
2. in einem erneuten Strafverfahren ein Gutachten über die Voraussetzungen der §§ 20, 21, 63, 64, 66, 66a oder 66b des Strafgesetzbuchs[3] zu erstatten ist, falls die Umstände der früheren Tat für die Beurteilung der Schuldfähigkeit oder Gefährlichkeit der betroffenen Person von Bedeutung sind,
3. die Wiederaufnahme des früheren Verfahrens beantragt wird,
4. die betroffene Person die Zulassung zu einem Beruf oder einem Gewerbe, die Einstellung in den öffentlichen Dienst oder die Erteilung einer Waffenbesitzkarte, eines Munitionserwerbscheins, Waffenscheins, Jagdscheins oder einer Erlaubnis nach § 27 des Sprengstoffgesetzes[4] beantragt, falls die Zulassung, Einstellung oder Erteilung der Erlaubnis sonst zu einer erheblichen Gefährdung der Allgemeinheit führen würde; das gleiche gilt, wenn die betroffene Person die Aufhebung einer die Ausübung eines Berufes oder Gewerbes untersagenden Entscheidung beantragt oder
5. dies in gesetzlichen Bestimmungen unter Bezugnahme auf diese Vorschrift vorgesehen ist.

(2) [1] Abweichend von § 51 Absatz 1 darf eine frühere Tat ferner

1. in einem Verfahren, das die Erteilung oder Entziehung einer Fahrerlaubnis zum Gegenstand hat,
2. zur Ergreifung von Maßnahmen nach dem Fahreignungs-Bewertungssystem nach § 4 Absatz 5 des Straßenverkehrsgesetzes[5]

berücksichtigt werden, solange die Verurteilung nach den Vorschriften der §§ 28 bis 30b des Straßenverkehrsgesetzes verwertet werden darf. [2] Außerdem dürfen für die Prüfung der Berechtigung zum Führen von Kraftfahrzeugen Entscheidungen der Gerichte nach den §§ 69 bis 69b des Strafgesetzbuches verwertet werden.

---

[1] § 51 Abs. 1 geänd. mWv 29.7.2017 durch G v. 18.7.2017 (BGBl. I S. 2732).

[2] § 52 Abs. 2 neu gef. durch G v. 24.4.1998 (BGBl. I S. 747); Abs. 2 Satz 2 geänd. mWv 30.4.2002 durch G v. 23.4.2002 (BGBl. I S. 1406); Abs. 2 Satz 1 neu gef. mWv 5.12.2014 durch G v. 28.11.2014 (BGBl. I S. 1802); Abs. 1 Nr. 2–4 geänd., Nr. 5 angef. mWv 29.7.2017 durch G v. 18.7.2017 (BGBl. I S. 2732).

[3] Nr. **85**.

[4] **Sartorius ErgBd. Nr. 822.**

[5] Nr. **35**.

Sechster Abschnitt. Begrenzung von Offenbarungspflichten des Verurteilten

§ 53[1)] Offenbarungspflicht bei Verurteilungen. (1) Verurteilte dürfen sich als unbestraft bezeichnen und brauchen den der Verurteilung zugrunde liegenden Sachverhalt nicht zu offenbaren, wenn die Verurteilung

1. nicht in das Führungszeugnis oder nur in ein Führungszeugnis nach § 32 Abs. 3, 4 aufzunehmen oder
2. zu tilgen ist.

(2) Soweit Gerichte oder Behörden ein Recht auf unbeschränkte Auskunft haben, können Verurteilte ihnen gegenüber keine Rechte aus Absatz 1 Nr. 1 herleiten, falls sie hierüber belehrt werden.

Siebter Abschnitt.[2)] Internationaler Austausch von Registerinformationen

§ 53a[3)] Grenzen der internationalen Zusammenarbeit. [1]Die Eintragung einer Verurteilung, die nicht durch ein deutsches Gericht im Geltungsbereich dieses Gesetzes ergangen ist, in das Register oder die Erteilung einer Auskunft aus dem Register an eine Stelle eines anderen Staates oder an eine über- und zwischenstaatliche Stelle ist unzulässig, wenn die Verurteilung oder die Erteilung der Auskunft wesentlichen Grundsätzen der deutschen Rechtsordnung widerspricht. [2]Liegt eine Verurteilung oder ein Ersuchen eines Mitgliedstaates der Europäischen Union vor, ist die Eintragung der Verurteilung oder die Erledigung des Ersuchens unzulässig, wenn die Verurteilung oder die Erledigung des Ersuchens im Widerspruch zur Charta der Grundrechte der Europäischen Union[4)] steht.

§ 54[5)] Eintragungen in das Register. (1) Strafrechtliche Verurteilungen, die nicht durch deutsche Gerichte im Geltungsbereich dieses Gesetzes ergangen sind, werden in das Register eingetragen, wenn

1. die verurteilte Person die deutsche Staatsangehörigkeit besitzt oder im Geltungsbereich dieses Gesetzes geboren oder wohnhaft ist,
2. wegen des der Verurteilung zugrunde liegenden oder sinngemäß umgestellten Sachverhalts auch nach dem im Geltungsbereich dieses Gesetzes geltenden Recht, ungeachtet etwaiger Verfahrenshindernisse, eine Strafe oder eine Maßregel der Besserung und Sicherung hätte verhängt werden können,
3. die Entscheidung rechtskräftig ist.

(2) Erfüllt eine Verurteilung die Voraussetzungen des Absatzes 1 Nr. 2 nur hinsichtlich eines Teils der abgeurteilten Tat oder Taten, so wird die ganze Verurteilung eingetragen.

(3) [1]Ist eine Verurteilung einzutragen oder ist sie bereits eingetragen, wird auch Folgendes eingetragen:

1. als Folgemaßnahmen spätere Entscheidungen oder sonstige Tatsachen, die sich auf die Verurteilung beziehen,

---

[1)] § 53 Abs. 1 einl. Satzteil und Abs. 2 geänd. mWv 29.7.2017 durch G v. 18.7.2017 (BGBl. I S. 2732).
[2)] 7. Abschnitt Überschrift neu gef. mWv 27.4.2012 durch G v. 15.12.2011 (BGBl. I S. 2714).
[3)] *§ 53a eingef. mWv 27.4.2012 durch G v. 15.12.2011* (BGBl. I S. 2714).
[4)] **Sartorius Nr. 1002.**
[5)] § 54 Abs. 3 angef. mWv 27.4.2012 durch G v. 15.12.2011 (BGBl. I S. 2714); Abs. 1 Nr. 1 geänd. mWv 29.7.2017 durch G v. 18.7.2017 (BGBl. I S. 2732).

2. bei der Übermittlung einer Strafnachricht mitgeteilte Bedingungen, die die Verwendung des Mitgeteilten beschränken,
3. soweit es sich um eine Verurteilung aus einem Mitgliedstaat der Europäischen Union handelt, Mitteilungen zu
   a) der Tilgung,
   b) dem Ort der Tatbegehung und
   c) den Rechtsverlusten, die sich aus der Verurteilung ergeben,
4. eine deutsche Entscheidung, durch die die ausländische Freiheitsstrafe oder Maßregel der Besserung und Sicherung für vollstreckbar erklärt wurde.

[2] Wird eine eingetragene Verurteilung durch die Eintragung einer Folgemaßnahme ergänzt, ist § 55 Absatz 2 nicht anzuwenden.

§ 55[1)] Verfahren bei der Eintragung. (1) Die Registerbehörde trägt eine Verurteilung, die nicht durch ein deutsches Gericht im Geltungsbereich dieses Gesetzes ergangen ist, ein, wenn ihr die Verurteilung von einer Behörde des Staates, der sie ausgesprochen hat, mitgeteilt worden ist und sich aus der Mitteilung nicht ergibt, daß die Voraussetzungen des § 54 nicht vorliegen.

(2) [1] Die betroffene Person soll unverzüglich zu der Eintragung gehört werden, wenn ihr Aufenthalt feststellbar ist. [2] Ergibt sich, daß bei einer Verurteilung oder einem abtrennbaren Teil einer Verurteilung die Voraussetzungen des § 54 Abs. 1 nicht vorliegen, so ist die Eintragung insoweit zu entfernen. [3] Lehnt die Registerbehörde einen Antrag der betroffenen Person auf Entfernung der Eintragung ab, so steht der betroffenen Person innerhalb von zwei Wochen nach der Bekanntgabe der Entscheidung die Beschwerde zu. [4] Hilft die Registerbehörde der Beschwerde nicht ab, so entscheidet das Bundesministerium der Justiz und für Verbraucherschutz.

§ 56[2)] Behandlung von Eintragungen. (1) [1] Eintragungen nach § 54 werden bei der Anwendung dieses Gesetzes wie Eintragungen von Verurteilungen durch deutsche Gerichte im Geltungsbereich dieses Gesetzes behandelt. [2] Hierbei steht eine Rechtsfolge der im Geltungsbereich dieses Gesetzes geltenden Rechtsfolge gleich, der sie am meisten entspricht; Nebenstrafen und Nebenfolgen haben für die Anwendung dieses Gesetzes keine Rechtswirkung.

(2) Für die Nichtaufnahme einer nach § 54 eingetragenen Verurteilung in das Führungszeugnis und für die Tilgung der Eintragung bedarf es nicht der Erledigung der Vollstreckung.

(3) Die §§ 39 und 49 gelten entsprechend.

§ 56a[3)] *(aufgehoben)*

§ 56b[4)] Speicherung zum Zweck der Auskunftserteilung an Mitgliedstaaten der Europäischen Union. (1) [1] Übermittelt eine Zentralbehörde eines anderen Mitgliedstaates eine strafrechtliche Verurteilung über eine Person, die die deutsche Staatsangehörigkeit besitzt, und ist die Eintragung der Verurteilung nicht

---

[1)] § 55 Abs. 2 Satz 4 geänd. mWv 30.4.2002 durch G v. 23.4.2002 (BGBl. I S. 1406); Abs. 2 Sätze 3 und 4 geänd. mWv 1.1.2007 durch G v. 17.12.2006 (BGBl. I S. 3171); Abs. 2 Sätze 1, 3 und 4 geänd. mWv 29.7.2017 durch G v. 18.7.2017 (BGBl. I S. 2732).

[2)] § 56 Abs. 3 angef. mWv 27.4.2012 durch G v. 15.12.2011 (BGBl. I S. 2714).

[3)] § 56a aufgeh. mWv 29.7.2017 durch G v. 18.7.2017 (BGBl. I S. 2732).

[4)] § 56b eingef. mWv 27.4.2012 durch G v. 15.12.2011 (BGBl. I S. 2714).

zulässig, weil die Voraussetzungen des § 54 Absatz 1 Nummer 2 nicht vorliegen, werden die Verurteilung sowie eintragungsfähige Folgemaßnahmen im Register gesondert gespeichert. [2] Speicherungen nach dieser Vorschrift dürfen an einen anderen Mitgliedstaat nur zur Unterstützung eines strafrechtlichen Verfahrens in diesem Staat auf Grund eines Ersuchens übermittelt werden.

(2) Die §§ 42 und 55 Absatz 2 gelten entsprechend.

(3) Die Speicherung wird im Register gelöscht, wenn

1. mitgeteilt wird, dass eine Tilgung durch den Urteilsmitgliedstaat erfolgt ist, oder
2. fünf Jahre abgelaufen sind; § 47 Absatz 1 gilt bei der Fristberechnung entsprechend.

§ 57[1)] Auskunft an ausländische sowie über- und zwischenstaatliche Stellen. (1) Ersuchen von Stellen eines anderen Staates sowie von über- und zwischenstaatlichen Stellen um Erteilung einer unbeschränkten Auskunft aus dem Register oder um Erteilung eines Führungszeugnisses an Behörden werden nach den hierfür geltenden völkerrechtlichen Verträgen, soweit an ihnen nach Artikel 59 Absatz 2 Satz 1 des Grundgesetzes[2)] die gesetzgebenden Körperschaften mitgewirkt haben, von der Registerbehörde ausgeführt.

(2) [1] Soweit kein völkerrechtlicher Vertrag im Sinne des Absatzes 1 vorliegt, kann die Registerbehörde als ausführende Behörde den in Absatz 1 genannten Stellen für die gleichen Zwecke und in gleichem Umfang eine unbeschränkte Auskunft aus dem Register oder ein Führungszeugnis an Behörden erteilen wie vergleichbaren deutschen Stellen. [2] Die empfangende Stelle ist darauf hinzuweisen, dass sie die Auskunft nur zu dem Zweck verwenden darf, für den sie erteilt worden ist. [3] Die Übermittlung personenbezogener Daten muss im Einklang mit Kapitel V der Verordnung (EU) 2016/679[3)] und den sonstigen allgemeinen datenschutzrechtlichen Vorschriften stehen.

(3) [1] Regelmäßige Benachrichtigungen über strafrechtliche Verurteilungen und nachfolgende Maßnahmen, die im Register eingetragen werden (Strafnachrichten), werden nach den hierfür geltenden völkerrechtlichen Verträgen, die der Mitwirkung der gesetzgebenden Körperschaften nach Artikel 59 Abs. 2 des Grundgesetzes bedurften, erstellt und übermittelt. [2] Absatz 2 Satz 2 gilt entsprechend. [3] Ist eine Strafnachricht übermittelt worden, wird der empfangenden Stelle auch die Entfernung der Eintragung aus dem Register mitgeteilt.

(4) Die Verantwortung für die Zulässigkeit der Übermittlung trägt die übermittelnde Stelle.

(5) [1] Eine nach § 54 Absatz 3 Satz 1 Nummer 2 eingetragene Bedingung ist bei der Ausführung von Ersuchen nach den Absätzen 1 und 2 zu beachten. [2] Ist im Register zu einer nach § 54 eingetragenen Verurteilung eines anderen Mitgliedstaates die Tilgung der Verurteilung im Urteilsmitgliedstaat eingetragen, unterbleibt eine Auskunft aus dem Register über diese Verurteilung.

[1)] § 57 neu gef. mWv 30.4.2002 durch G v. 23.4.2002 (BGBl. I S. 1406); Abs. 1 und 2 Satz 1 neu gef., Abs. 3 Satz 1 geänd., Satz 3 und Abs. 5 angef. mWv 27.4.2012 durch G v. 15.12.2011 (BGBl. I S. 2714); Abs. *2 Satz 2, Abs. 3 Satz 3 geänd. mWv 29.7.2017 durch G v. 18.7.2017* (BGBl. I S. 2732); Abs. 2 Satz 3 neu gef. mWv 26.11.2019 durch G v. 20.11.2019 (BGBl. I S. 1626).

[2)] **Habersack, Deutsche Gesetze ErgBd. Nr. 1.**

[3)] **Sartorius Nr. 246.**

§ 57a[1)] Austausch von Registerinformationen mit Mitgliedstaaten der Europäischen Union. (1) [1] Strafnachrichten über Personen, die die Staatsangehörigkeit eines anderen Mitgliedstaates der Europäischen Union besitzen, werden erstellt und der Registerbehörde des Mitgliedstaates übermittelt, dessen Staatsangehörigkeit die verurteilte Person besitzt. [2] Besitzt die Person die Staatsangehörigkeit mehrerer Mitgliedstaaten, ist jedem betroffenen Mitgliedstaat eine Strafnachricht zu übermitteln. [3] Die Sätze 1 und 2 sind auch anzuwenden, wenn die verurteilte Person zugleich die deutsche Staatsangehörigkeit besitzt. [4] § 57 Absatz 3 Satz 3 gilt entsprechend.

(2) [1] Ersuchen eines anderen Mitgliedstaates um Erteilung einer unbeschränkten Auskunft aus dem Register zur Unterstützung eines strafrechtlichen Verfahrens werden von der Registerbehörde erledigt; in die Auskunft sind auch die Eintragungen nach § 56b aufzunehmen. [2] § 57 Absatz 5 gilt entsprechend.

(3) [1] Für Ersuchen eines anderen Mitgliedstaates um Erteilung einer unbeschränkten Auskunft aus dem Register oder um Erteilung eines Führungszeugnisses an Behörden zur Unterstützung eines nichtstrafrechtlichen Verfahrens oder eines Verfahrens wegen einer Ordnungswidrigkeit gilt § 57 Absatz 1, 2 und 5 entsprechend. [2] Enthält die im Register eingetragene Verurteilung eines anderen Mitgliedstaates eine nach § 54 Absatz 3 Satz 1 Nummer 2 eingetragene Bedingung, die die Verwendung der Mitteilung der Verurteilung auf strafrechtliche Verfahren beschränkt, wird dem ersuchenden Mitgliedstaat, falls dem Ersuchen stattgegeben wird, nur mitgeteilt,

1. dass eine strafrechtliche Verurteilung eines anderen Mitgliedstaates vorhanden ist, deren Verwendung auf strafrechtliche Verfahren beschränkt ist, und
2. in welchem Mitgliedstaat die Verurteilung ergangen ist.

(4) [1] Ersuchen eines Mitgliedstaates der Europäischen Union um Erteilung einer Auskunft aus dem Register für nichtstrafrechtliche Zwecke, deren Art oder Umfang in diesem Gesetz nicht vorgesehen ist, erledigt die Registerbehörde, soweit die Erteilung nach Maßgabe von Rechtsakten der Europäischen Union geboten ist, es sei denn, dass eine besondere fachliche Bewertung zur Beschränkung der Auskunft erforderlich ist. [2] Ist eine solche Bewertung erforderlich, erhält die für die internationale Amtshilfe zuständige Behörde eine Auskunft aus dem Register. [3] § 57 Absatz 1, 2 und 4 sowie § 8e des Verwaltungsverfahrensgesetzes[2)] gelten entsprechend.

(5) [1] Zur Aufnahme von deutschen Registerinformationen in das Führungszeugnis eines anderen Mitgliedstaates ist diesem auf sein Ersuchen ein Führungszeugnis für Private oder zur Vorlage bei einer Behörde nach § 30 über eine Person, die die deutsche Staatsangehörigkeit besitzt und im ersuchenden Mitgliedstaat wohnt, zu erteilen. [2] Betrifft das Ersuchen eine Auskunft über die sie betreffenden Eintragungen in das Strafregister einer Person, so erteilt die Registerbehörde eine unbeschränkte Auskunft. [3] Aus dem Ersuchen muss hervorgehen, dass ein entsprechender Antrag der Person im ersuchenden Mitgliedstaat vorliegt. [4] Ein Führungszeugnis nach § 30a wird zu dem in Satz 1 genannten Zweck erteilt, wenn die Voraussetzungen nach § 30a vorliegen.

(6) Die Verantwortung für die Zulässigkeit der Übermittlung trägt die übermittelnde Stelle.

[1)] § 57a eingef. mWv 27.4.2012 durch G v. 15.12.2011 (BGBl. I S. 2714); Abs. 5 Satz 2 eingef., bish. Sätze 2 und 3 werden Sätze 3 und 4 mWv 17.7.2020 durch G v. 10.7.2020 (BGBl. I S. 1648).

[2)] **Sartorius Nr. 100.**

(7) Ersuchen, die ausschließlich die Erteilung einer Auskunft aus dem Strafregister eines anderen Mitgliedstaates der Europäischen Union zum Inhalt haben und ihrem Umfang nach einer unbeschränkten Auskunft nach § 41 oder einem Behördenführungszeugnis nach § 31 vergleichbar sind, werden über die Registerbehörde an die Zentralbehörde des ersuchten Mitgliedstaates gerichtet.

§ 58[1)] Berücksichtigung von Verurteilungen. [1] Eine strafrechtliche Verurteilung gilt, auch wenn sie nicht nach § 54 in das Register eingetragen ist, als tilgungsreif, sobald eine ihr vergleichbare Verurteilung im Geltungsbereich dieses Gesetzes tilgungsreif wäre. [2] § 53 gilt auch zugunsten der außerhalb des Geltungsbereichs dieses Gesetzes Verurteilten.

Dritter Teil. Das Erziehungsregister

§ 59[2)] Führung des Erziehungsregisters. Für das Erziehungsregister gelten die Vorschriften des Zweiten Teils, soweit die §§ 60 bis 64 nicht etwas anderes bestimmen.

§ 60[3)] Eintragungen in das Erziehungsregister. (1) In das Erziehungsregister werden die folgenden Entscheidungen und Anordnungen eingetragen, soweit sie nicht nach § 5 Abs. 2 in das Zentralregister einzutragen sind:

1. die Anordnung von Maßnahmen nach § 3 Satz 2 des Jugendgerichtsgesetzes[4)],
2. die Anordnung von Erziehungsmaßregeln oder Zuchtmitteln sowie eines diesbezüglich verhängten Ungehorsamsarrestes (§§ 9 bis 16 des Jugendgerichtsgesetzes), Nebenstrafen oder Nebenfolgen (§ 8 Abs. 3, § 76 des Jugendgerichtsgesetzes) allein oder in Verbindung miteinander,
3. der Schuldspruch, der nach § 13 Absatz 2 Satz 2 aus dem Zentralregister entfernt worden ist, sowie die Entscheidung, die nach § 13 Absatz 3 aus dem Zentralregister entfernt worden ist,
4. Entscheidungen, in denen das Gericht die Auswahl und Anordnung von Erziehungsmaßregeln dem Familiengericht überläßt (§§ 53, 104 Abs. 4 des Jugendgerichtsgesetzes),
5. Anordnungen des Familiengerichts, die auf Grund einer Entscheidung nach Nummer 4 ergehen,
6. der Freispruch wegen mangelnder Reife und die Einstellung des Verfahrens aus diesem Grunde (§ 3 Satz 1 des Jugendgerichtsgesetzes),
7. das Absehen von der Verfolgung nach § 45 des Jugendgerichtsgesetzes und die Einstellung des Verfahrens nach § 47 des Jugendgerichtsgesetzes,
8. *(aufgehoben)*
9. vorläufige und endgültige Entscheidungen des Familiengerichts nach § 1666 Abs. 1 und § 1666a des Bürgerlichen Gesetzbuchs sowie Entscheidungen des Familiengerichts nach § 1837 Abs. 4 in Verbindung mit § 1666 Abs. 1 und

---

1) § 58 Satz 2 geänd. mWv 29.7.2017 durch G v. 18.7.2017 (BGBl. I S. 2732).

2) § 59 Satz 1 aufgeh. mWv 27.4.2012 durch G v. 15.12.2011 (BGBl. I S. 2714).

3) § 60 Abs. 1 Nr. 8 sowie Abs. 3 und 4 aufgeh. durch G v. 26.6.1990 (BGBl. I S. 1163); Abs. 2 geänd. durch G v. 30.8.1990 (BGBl. I S. 1853); Abs. 1 Nr. 4 und 5 geänd., Nr. 9 neu gef. durch G v. 16.12.1997 (BGBl. I S. 2942); Abs. 1 Nr. 4, 5 und 9 geänd. mWv 1.9.2009 durch G v. 17.12.2008 (BGBl. I S. 2586); *Abs. 1 Nr. 2 geänd. mWv 15.12.2010 durch G v. 8.12.2010* (BGBl. I S. 1864); Abs. 1 Nr. 3 neu gef., Abs. 3 angef. mWv 27.4.2012 durch G v. 15.12.2011 (BGBl. I S. 2714); Abs. 1 Nr. 2 und 4, Abs. 2 geänd. mWv 29.7.2017, Abs. 1 Nr. 3 geänd. mWv 31.8.2020 durch G v. 18.7.2017 (BGBl. I S. 2732).

4) Nr. **89**.

§ 1666a des Bürgerlichen Gesetzbuchs, welche die Sorge für die Person des Minderjährigen betreffen; ferner die Entscheidungen, durch welche die vorgenannten Entscheidungen aufgehoben oder geändert werden.

(2) In den Fällen des Absatzes 1 Nr. 7 ist zugleich die vom Gericht nach § 45 Abs. 3 oder § 47 Abs. 1 Satz 1 Nr. 3 des Jugendgerichtsgesetzes getroffene Maßnahme einzutragen.

(3) Ist ein Jugendarrest angeordnet worden, wird auch seine vollständige Nichtvollstreckung eingetragen.

§ 61[1] Auskunft aus dem Erziehungsregister. (1) Eintragungen im Erziehungsregister dürfen – unbeschadet der §§ 21a, 42a – nur mitgeteilt werden

1. den Strafgerichten und Staatsanwaltschaften für Zwecke der Rechtspflege sowie den Justizvollzugsbehörden für Zwecke des Strafvollzugs einschließlich der Überprüfung aller im Strafvollzug tätigen Personen,
2. den Familiengerichten für Verfahren, welche die Sorge für die Person des im Register Geführten betreffen,
3. den Jugendämtern und den Landesjugendämtern für die Wahrnehmung von Erziehungsaufgaben der Jugendhilfe,
4. den Gnadenbehörden für Gnadensachen,
5. den für waffen- und sprengstoffrechtliche Erlaubnisse sowie den für luftsicherheitsrechtliche Zuverlässigkeitsüberprüfungen zuständigen Behörden mit der Maßgabe, dass nur Entscheidungen und Anordnungen nach § 60 Abs. 1 Nr. 1 bis 7 mitgeteilt werden dürfen,
6. den Verfassungsschutzbehörden des Bundes und der Länder, dem Bundesnachrichtendienst und dem Militärischen Abschirmdienst für die diesen Behörden übertragenen Sicherheitsaufgaben, wenn eine Auskunft nach § 41 Absatz 1 Nummer 3 im Einzelfall nicht ausreicht, und mit der Maßgabe, dass nur Entscheidungen und Anordnungen nach § 60 Absatz 1 Nummer 1 bis 7 mitgeteilt werden dürfen.

(2) Soweit Behörden sowohl aus dem Zentralregister als auch aus dem Erziehungsregister Auskunft zu erteilen ist, werden auf ein Ersuchen um Auskunft aus dem Zentralregister (§ 41 Absatz 3) auch die in das Erziehungsregister aufgenommenen Eintragungen mitgeteilt.

(3) Auskünfte aus dem Erziehungsregister dürfen nicht an andere als die in Absatz 1 genannten Behörden weitergeleitet werden.

§ 62[2] Suchvermerke. Im Erziehungsregister können Suchvermerke unter den Voraussetzungen des § 27 nur von den Behörden gespeichert werden, denen Auskunft aus dem Erziehungsregister erteilt wird.

---

[1] § 61 Abs. 1 einl. Satzteil und Nr. 1 geänd. mWv 30.4.2002 durch G v. 23.4.2002 (BGBl. I S. 1406); Abs. 1 Nr. 4 geänd., Nr. 5 angef. mWv 1.4.2003 durch G v. 11.10.2002 (BGBl. I S. 3970); Abs. 1 Nr. 5 geänd. mWv 1.9.2005 durch G v. 15.6.2005 (BGBl. I S. 1626); Abs. 1 Nr. 2 geänd. mWv 1.9.2009 durch G v. 17.12.2008 (BGBl. I S. 2586); Abs. 1 Nr. 5 geänd., Nr. 6 angef. mWv 21.11.2015 durch G v. 17.11. 2015 (BGBl. I S. 1938); Abs. 1 einl. Satzteil und Abs. 2 geänd. mWv 29.7.2017 durch G v. 18.7.2017 (BGBl. I S. 2732); Abs. 1 Nr. 5 geänd. mWv 1.5.2020 durch G v. 22.4.2020 (BGBl. I S. 840).

[2] § 62 neu gef. mWv 30.4.2002 durch G v. 23.4.2002 (BGBl. I S. 1406); geänd. mWv 29.7.2017 durch G v. 18.7.2017 (BGBl. I S. 2732).

§ 63[1)] Entfernung von Eintragungen. (1) Eintragungen im Erziehungsregister werden entfernt, sobald die betroffene Person das 24. Lebensjahr vollendet hat.

(2) Die Entfernung unterbleibt, solange im Zentralregister eine Verurteilung zu Freiheitsstrafe, Strafarrest oder Jugendstrafe oder eine freiheitsentziehende Maßregel der Besserung und Sicherung eingetragen ist.

(3) [1]Die Registerbehörde kann auf Antrag oder von Amts wegen anordnen, daß Eintragungen vorzeitig entfernt werden, wenn die Vollstreckung erledigt ist und das öffentliche Interesse einer solchen Anordnung nicht entgegensteht. [2]§ 49 Abs. 3 ist anzuwenden.

(4) Die §§ 51, 52 gelten entsprechend.

§ 64[2)] Begrenzung von Offenbarungspflichten der betroffenen Person.

(1) Eintragungen in das Erziehungsregister und die ihnen zugrunde liegenden Sachverhalte braucht die betroffene Person nicht zu offenbaren.

(2) Soweit Gerichte oder Behörden ein Recht auf Auskunft aus dem Erziehungsregister haben, kann die betroffene Person ihnen gegenüber keine Rechte aus Absatz 1 herleiten, falls sie hierüber belehrt wird.

Vierter Teil.[3)] Übernahme des Strafregisters beim Generalstaatsanwalt der Deutschen Demokratischen Republik

§ 64a[4)] Strafregister der Deutschen Demokratischen Republik.

(1) Die Registerbehörde ist für das Speichern, Verändern, Übermitteln, Sperren und Löschen der Eintragungen und der zugrunde liegenden Unterlagen des bisher beim Generalstaatsanwalt der Deutschen Demokratischen Republik geführten Strafregisters zuständig; sie trägt als speichernde Stelle insoweit die datenschutzrechtliche Verantwortung.

(2) [1]Eintragungen des bisher beim Generalstaatsanwalt der Deutschen Demokratischen Republik geführten Strafregisters werden in das Zentralregister oder das Erziehungsregister übernommen. [2]Die Übernahme der Eintragungen in das Zentralregister oder das Erziehungsregister erfolgt spätestens anlässlich der Bearbeitung einer Auskunft aus dem Zentralregister oder dem Erziehungsregister nach Prüfung durch die Registerbehörde unter Beachtung von Absatz 3. [3]Die Entscheidung über die Übernahme aller Eintragungen hat innerhalb von drei Jahren zu erfolgen.

(3) [1] Nicht übernommen werden Eintragungen

1. über Verurteilungen oder Erkenntnisse, bei denen der zugrunde liegende Sachverhalt im Zeitpunkt der Übernahme dieses Gesetzes nicht mehr mit Strafe bedroht oder mit Ordnungsmitteln belegt ist,
2. über Verurteilungen oder Erkenntnisse, bei denen sich ergibt, daß diese mit rechtsstaatlichen Maßstäben nicht vereinbar sind,

---

1) § 63 Abs. 1 ber. durch BGBl. 1985 I S. 195; Abs. 3 Satz 1 geänd. mWv 1.1.2007 durch G v. 17.12. 2006 (BGBl. I S. 3171); Abs. 1 geänd. mWv 29.7.2017 durch G v. 18.7.2017 (BGBl. I S. 2732).

2) § 64 Abs. 1 und 2 geänd. mWv 29.7.2017 durch G v. 18.7.2017 (BGBl. I S. 2732); Überschrift geänd. mWv 26.11.2019 durch G v. 20.11.2019 (BGBl. I S. 1626).

3) 4. Teil (§§ 64a und 64b) eingef. aufgrund EVertr. v. 31.8.1990 (BGBl. II S. 889, 956)

4) *§ 64a eingef. aufgrund EVertr. v. 31.8.1990* (BGBl. II S. 889, 956); Abs. 3 Satz 2 angef. durch G v. 16.6.1995 (BGBl. I S. 818); Abs. 1 geänd. mWv 1.1.2007 durch G v. 17.12.2006 (BGBl. I S. 3171); Abs. 1, 2 Satz 1, Abs. 4 Sätze 1 und 3 geänd., Abs. 2 Satz 2 neu gef. mWv 27.4.2012 durch G v. 15.12.2011 (BGBl. I S. 2714).

3. von Untersuchungsorganen und von Staatsanwaltschaften im Sinne des Strafregistergesetzes der Deutschen Demokratischen Republik.

[2] Für Verurteilungen, die nicht übernommen wurden, gelten die §§ 51 bis 53.

(4) [1] Bis zur Entscheidung über die Übernahme sind die Eintragungen nach Absatz 1 außerhalb des Zentralregisters oder des Erziehungsregisters zu speichern und für Auskünfte nach diesem Gesetz zu sperren. [2] Dies gilt auch für Eintragungen, deren Übernahme abgelehnt worden ist. [3] Die in das Zentralregister oder das Erziehungsregister zu übernehmenden Eintragungen werden vom Zeitpunkt der Übernahmeentscheidung an nach den Vorschriften dieses Gesetzes behandelt.

(5) [1] Die Tilgungsfrist berechnet sich weiterhin nach den bisherigen Bestimmungen (§§ 26 bis 34 des Strafregistergesetzes der Deutschen Demokratischen Republik). [2] Erfolgt eine Neueintragung nach Übernahme des Bundeszentralregistergesetzes, gelten für die Feststellung und Berechnung der Tilgungsfrist die Vorschriften dieses Gesetzes.

§ 64b[1)] Eintragungen und Eintragungsunterlagen. (1) [1] Die nach § 64a Absatz 1 gespeicherten Eintragungen und Eintragungsunterlagen aus dem ehemaligen Strafregister der Deutschen Demokratischen Republik dürfen den für die Rehabilitierung zuständigen Stellen für Zwecke der Rehabilitierung übermittelt werden. [2] Eine Verarbeitung für andere Zwecke ist nur mit Einwilligung der betroffenen Person zulässig.

(2) [1] Auf Anforderung darf den zuständigen Stellen mitgeteilt werden, welche Eintragungen gemäß § 64a Abs. 3 nicht in das Zentralregister oder das Erziehungsregister übernommen worden sind, soweit dies bei Richtern und Staatsanwälten wegen ihrer dienstlichen Tätigkeit in der Deutschen Demokratischen Republik für dienstrechtliche Maßnahmen oder zur Rehabilitierung betroffener Personen erforderlich ist. [2] Die Mitteilung kann alle Eintragungen, die die anfordernde Stelle für ihre Entscheidung nach Satz 1 benötigt, oder nur solche Eintragungen umfassen, die bestimmte, von der anfordernden Stelle vorgegebene Eintragungsmerkmale erfüllen.

Fünfter Teil.[2)] Übergangs- und Schlußvorschriften

§ 65[3)] Übernahme von Eintragungen in das Zentralregister. (1) Eintragungen, die vor dem Inkrafttreten dieses Gesetzes in das Strafregister aufgenommen worden sind, werden in das Zentralregister übernommen.

(2) Nicht übernommen werden Eintragungen über Verurteilungen zu

1. Geldstrafe, die mehr als zwei Jahre vor dem Inkrafttreten dieses Gesetzes ausgesprochen worden ist, wenn die Ersatzfreiheitsstrafe nicht mehr als drei Monate beträgt und keine weitere Eintragung im Register enthalten ist,
2. Geldstrafe, bei der die Voraussetzungen der Nummer 1 nicht vorliegen, Freiheitsstrafe und Jugendstrafe von nicht mehr als neun Monaten sowie Strafarrest,

[1)] § 64b eingef. aufgrund EVertr. v. 31.8.1990 (BGBl. II S. 889, 956); neu gef. durch G v. 29.10.1992 (BGBl. I S. 1814); Abs. 1 neu gef. mWv 1.1.2000 durch G v. 17.12.1999 (BGBl. I S. 2662); Abs. 2 Satz 1 geänd. mWv 27.4.2012 durch G v. 15.12.2011 (BGBl. I S. 2714); Abs. 1 Satz 3 geänd. mWv 29.7.2017 durch G v. 18.7.2017 (BGBl. I S. 2732); Abs. 1 Satz 3 und Abs. 2 Satz 1 geänd. mWv 26.11.2019 durch G v. 20.11.2019 (BGBl. I S. 1626); Abs. 1 Satz 1 neu gef., Satz 2 aufgeh., bish. Satz 3 wird Satz 2 mWv 29.11.2019 durch G v. 22.11.2019 (BGBl. I S. 1752).

[2)] Bish. 4. Teil wird 5. Teil aufgrund EVertr. v. 31.8.1990 (BGBl. II S. 889, 956).

[3)] § 65 Abs. 3 Nr. 1 und 2 geänd. mWv 29.7.2017 durch G v. 18.7.2017 (BGBl. I S. 2732).

wenn die Strafe mehr als fünf Jahre vor dem Inkrafttreten dieses Gesetzes ausgesprochen worden ist,
3. Freiheitsstrafe und Jugendstrafe von mehr als neun Monaten, aber nicht mehr als drei Jahren, die mehr als zehn Jahre vor dem Inkrafttreten dieses Gesetzes ausgesprochen worden ist,
4. Freiheitsstrafe und Jugendstrafe von mehr als drei, aber nicht mehr als fünf Jahren, die mehr als fünfzehn Jahre vor dem Inkrafttreten dieses Gesetzes ausgesprochen worden ist.

(3) Absatz 2 gilt nicht, wenn
1. die betroffene Person als gefährlicher Gewohnheitsverbrecher oder innerhalb der letzten zehn Jahre vor dem Inkrafttreten dieses Gesetzes zu Freiheitsstrafe oder Jugendstrafe von mehr als neun Monaten verurteilt worden ist,
2. gegen die betroffene Person auf Unterbringung in einer Heil- oder Pflegeanstalt oder auf Untersagung der Erteilung der Fahrerlaubnis für immer erkannt worden ist.

(4) Nicht übernommen werden ferner Eintragungen über Entscheidungen von Verwaltungsbehörden aus der Zeit bis zum 23. Mai 1945.

(5) Die in das Zentralregister zu übernehmenden Eintragungen werden nach den Vorschriften dieses Gesetzes behandelt.

§ 66 Bei Inkrafttreten dieses Gesetzes getilgte oder tilgungsreife Eintragungen. Für die Verurteilungen, die bei dem Inkrafttreten dieses Gesetzes im Strafregister getilgt oder tilgungsreif sind oder die nach § 65 Abs. 2 nicht in das Zentralregister übernommen werden, gelten die §§ 51 bis 53.

§ 67 Eintragungen in der Erziehungskartei. Die bei dem Inkrafttreten dieses Gesetzes vorhandenen Eintragungen in der gerichtlichen Erziehungskartei sind in das Erziehungsregister zu übernehmen.

§ 68 Bestimmungen und Bezeichnungen in anderen Vorschriften. Soweit in anderen Vorschriften auf das Gesetz über beschränkte Auskunft aus dem Strafregister und die Tilgung von Strafvermerken oder auf Bestimmungen des Jugendgerichtsgesetzes[1)], welche die Behandlung von Verurteilungen nach Jugendstrafrecht im Strafregister betreffen, verwiesen wird oder Bezeichnungen verwendet werden, die durch dieses Gesetz aufgehoben oder geändert werden, treten an ihre Stelle die entsprechenden Bestimmungen und Bezeichnungen dieses Gesetzes.

§ 69[2)] Übergangsvorschriften. (1) Sind strafrechtliche Verurteilungen, die nicht durch deutsche Gerichte im Geltungsbereich dieses Gesetzes ergangen sind, vor dem 1. August 1984 in das Zentralregister oder das Erziehungsregister eingetragen worden, so ist die Eintragung nach den bis zum Inkrafttreten des Zweiten Gesetzes zur Änderung des Bundeszentralregistergesetzes vom 17. Juli 1984 (BGBl. I S. 990) geltenden Vorschriften zu behandeln.

[1)] Nr. **89**.

[2)] § 69 neu gef. mWv 1.10.2002 durch G v. 23.4.2002 (BGBl. I S. 1406); Abs. 1 eingef., bish. Abs. 1 und 2 werden Abs. 2 und 3 mWv 25.4.2006 durch G v. 19.4.2006 (BGBl. I S. 866); Abs. 4 angef. mWv *1.5.2010 durch G v. 16.7.2009 (BGBl. I S. 1952)*; Abs. 1 und Abs. 3 Satz 1 geänd. mWv 27.4.2012 durch G v. 15.12.2011 (BGBl. I S. 2714); Abs. 5 angef. mWv 26.11.2015 durch G v. 20.11.2015 (BGBl. I S. 2017); Abs. 5 neu gef. mWv 26.11.2019 durch G v. 20.11.2019 (BGBl. I S. 1626); Abs. 4 neu gef. **mWv 1.7.2022** durch G v. 16.6.2021 (BGBl. I S. 1810).

(2) [1] Verurteilungen wegen einer Straftat nach den §§ 174 bis 180 oder § 182 des Strafgesetzbuches[1)] zu einer Freiheitsstrafe oder Jugendstrafe, die vor dem 1. Juli 1998 in das Zentralregister eingetragen wurden, werden nach den Vorschriften dieses Gesetzes in der ab dem 1. Juli 1998 gültigen Fassung behandelt. [2] In ein Führungszeugnis oder eine unbeschränkte Auskunft werden vor dem 30. Januar 1998 erfolgte Verurteilungen nur aufgenommen, soweit sie zu diesem Zeitpunkt in ein Führungszeugnis oder eine unbeschränkte Auskunft aufzunehmen waren.

(3) [1] Eintragungen nach § 11, die vor dem 1. Oktober 2002 erfolgt sind, werden nach 20 Jahren aus dem Zentralregister entfernt. [2] Die Frist beginnt mit dem Tag der Entscheidung oder Verfügung. [3] § 24 Abs. 4 gilt entsprechend.

[Abs. 4 bis 30.6.2022:]

(4) Verurteilungen wegen einer Straftat nach den §§ 171, 180a, 181a, 183 bis 184f, 225, 232 bis 233a, 234, 235 oder § 236 des Strafgesetzbuchs, die vor dem 1. Mai 2010 in das Zentralregister eingetragen wurden, werden nach den Vorschriften dieses Gesetzes in der ab 1. Mai 2010 geltenden Fassung behandelt.

[Abs. 4 ab 1.7.2022:]

(4) Verurteilungen wegen einer Straftat nach den §§ 171, 174 bis 180a, 181a, 182 bis 184g, 184i bis 184k, 201a Absatz 3, den §§ 225, 232 bis 233a, 234, 235 oder § 236 des Strafgesetzbuches, die vor dem 1. Juli 2022 in das Zentralregister eingetragen wurden, werden nach den Vorschriften dieses Gesetzes in der ab 1. Juli 2022 geltenden Fassung behandelt.

(5) [1] § 21 Satz 2 in der ab dem 29. Juli 2017 geltenden Fassung ist erst ab dem 1. Mai 2018 anzuwenden. [2] Bis zum 30. April 2018 ist § 21a Satz 2 in der am 20. November 2015 geltenden Fassung weiter anzuwenden.

§§ 70, 71[2)] *(aufgehoben)*

[1)] Nr. **85**.

[2)] §§ 70 und 71 aufgeh. mWv 30.4.2002 durch G v. 23.4.2002 (BGBl. I S. 1406).

94. Gesetz über Ordnungswidrigkeiten (OWiG)

In der Fassung der Bekanntmachung vom 19. Februar 1987[1)]
(BGBl. I S. 602)

FNA 454-1

Lfd. Nr.	Änderndes Gesetz	Datum	Fundstelle	Betroffen	Hinweis
1.–30.	Änderungsgesetze bis einschl. G v. 7.8.2007 (BGBl. I S. 1786) nur noch in den Anmerkungen nachgewiesen				
31.	Art. 4 Abs. 11 G zur Reform der Sachaufklärung in der Zwangsvollstreckung	29.7.2009	BGBl. I S. 2258	§ 90	geänd. mWv 1.1.2013
32.	Art. 2 G zur Regelung der Verständigung im Strafverfahren	29.7.2009	BGBl. I S. 2353	§ 78	geänd. mWv 4.8.2009
33.	Art. 4 Achtes G zur Änd. des GWB	26.6.2013	BGBl. I S. 1738	§§ 30, 130	geänd. mWv 30.6.2013
34.	Art. 30 2. KostenrechtsmodernisierungsG	23.7.2013	BGBl. I S. 2586	§ 107	geänd. mWv 1.8.2013
35.	Art. 2 Abs. 70 und Art. 4 Abs. 58 G zur Strukturreform des Gebührenrechts des Bundes	7.8.2013	BGBl. I S. 3154, geänd. durch G v. 18.7. 2016, BGBl. I S. 1666	§ 107	geänd. mWv 15.8.2013
				§ 107	geänd. mWv 14.8.2018, insoweit aufgeh. durch G v. 18.7. 2016 (BGBl. I S. 1666)
36.	Art. 8 Fünftes G zur Änd. des StraßenverkehrsG und anderer Gesetze	28.8.2013	BGBl. I S. 3313	§ 56	geänd. mWv 1.5.2014
37.	Art. 18 G zur Förderung des elektronischen Rechtsverkehrs mit den Gerichten	10.10. 2013	BGBl. I S. 3786	§§ 46, 110d	geänd. mWv 1.7.2014
				§ 110d	geänd. mWv 1.1.2018
38.	Art. 4 Bundeswehr-AttraktivitätssteigerungsG	13.5.2015	BGBl. I S. 706	§ 131	geänd. mWv 23.5.2015
39.	Art. 4 Abs. 55 G zur Aktualisierung der Strukturreform des Gebührenrechts des Bundes	18.7.2016	BGBl. I S. 1666	§ 107	geänd. mWv 1.10.2021
40.	Art. 4 G zur Regulierung des Prostitutionsgewerbes	21.10. 2016	BGBl. I S. 2372	§§ 120, 123	geänd. mWv 1.7.2017
41.	Art. 5 G zur Reform der strafrechtlichen Vermögensabschöpfung	13.4.2017	BGBl. I S. 872	1. Teil 5. Abschnitt Überschrift, § 22, 1. Teil 6. Abschnitt Überschrift, §§ 30, 87, 88, 90, 99, 110b, 133	geänd. mWv 1.7.2017
				§ 29a	neu gef. mWv 1.7.2017

[1)] Neubekanntmachung des OWiG v. 24.5.1968 (BGBl. I S. 481) in der ab 1.4.1987 geltenden Fassung.

Lfd. Nr.	Änderndes Gesetz	Datum	Fundstelle	Betroffen	Hinweis
42.	Art. 8, 9 G zur Einführung der elektronischen Akte in der Justiz und zur weiteren Förderung des elektronischen Rechtsverkehrs	5.7.2017	BGBl. I S. 2208	§ 134	eingef. mWv 13.7.2017
				§§ 33, 49, 49b, 49c, 51, 73, 74, 77a, 78, 79, 107	geänd. mWv 1.1.2018
				§ 49d, 2. Teil 12. Abschnitt (§§ 110a, 110b, 110c)	neu gef. mWv 1.1.2018
				§§ 110d, 110e	aufgeh. mit Ablauf des 31.12. 2017
				§ 110a	geänd. mWv 1.7.2025
				§ 110a	geänd. mWv 1.1.2026
43.	Art. 11 Abs. 33 eIDAS-DurchführungsG[1) 2)]	18.7.2017	BGBl. I S. 2745	§§ 110a, 110b, 110c, 110d	geänd. mWv 29.7.2017
44.	Art. 5 G zur effektiveren und praxistauglicheren Ausgestaltung des Strafverfahrens	17.8.2017	BGBl. I S. 3202	§§ 46, 77a	geänd. mWv 24.8.2017
45.	Art. 5 Zweites G zur Stärkung der Verfahrensrechte von Beschuldigten im Strafverfahren und zur Änd. des Schöffenrechts[3)]	27.8.2017	BGBl. I S. 3295	§ 55	geänd. mWv 5.9.2017
46.	Art. 3 G zur Stärkung des Rechts des Angeklagten auf Anwesenheit in der Verhandlung	17.12. 2018	BGBl. I S. 2571	§ 110a	geänd. mWv 21.12.2018
47.	Art. 5 Abs. 15 G zur Einführung einer Karte für Unionsbürger und Angehörige des Europäischen Wirtschaftsraums mit Funktion zum elektronischen Identitätsnachweis sowie zur Änd. des PersonalausweisG und weiterer Vorschriften[2) 4)]	21.6.2019	BGBl. I S. 846	§ 110b	geänd. mWv 1.11.2019

[1)] **Amtl. Anm.:** Dieses Gesetz dient der Durchführung der Verordnung (EU) Nr. 910/2014 des Europäischen Parlaments und des Rates vom 23. Juli 2014 über elektronische Identifizierung und Vertrauensdienste für elektronische Transaktionen im Binnenmarkt und zur Aufhebung der Richtlinie 1999/93/EG.

[2)] **Amtl. Anm.:** Notifiziert gemäß der Richtlinie (EU) 2015/1535 des Europäischen Parlaments und des Rates vom 9. September 2015 über ein Informationsverfahren auf dem Gebiet der technischen Vorschriften und der Vorschriften für die Dienste der Informationsgesellschaft (ABl. L 241 vom 17.9.2015, S. 1).

[3)] **Amtl. Anm.:** Die Artikel 1 bis 6 dieses Gesetzes dienen der Umsetzung der Richtlinie 2013/48/EU des Europäischen Parlaments und des Rates vom 22. Oktober 2013 über das Recht auf Zugang zu einem Rechtsbeistand in Strafverfahren und in Verfahren zur Vollstreckung des Europäischen Haftbefehls sowie über das Recht auf Benachrichtigung eines Dritten bei Freiheitsentzug und das Recht auf Kommunikation mit Dritten und mit Konsularbehörden während des Freiheitsentzugs (ABl. L 294 vom 6.11.2013, S. 1).

[4)] Die Änd. des Inkrafttretens dieses G durch Art. 154a G v. 20.11.2019 (BGBl. I S. 1626) ist unbeachtlich, da das G bei Erlass des ÄndG bereits in Kraft getreten war.

Lfd. Nr.	Änderndes Gesetz	Datum	Fundstelle	Betroffen	Hinweis
48.	Art. 26 Abs. 6 G zur Umsetzung der RL (EU) 2016/680 im Strafverfahren sowie zur Anpassung datenschutzrechtl. Bestimmungen an die VO (EU) 2016/679	20.11. 2019	BGBl. I S. 1724	§§ 49a, 49b, 49c	geänd. mWv 26.11.2019
49.	Art. 8 G zur Neuregelung des Rechts der notwendigen Verteidigung[1)]	10.12. 2019	BGBl. I S. 2128	§ 60	geänd. mWv 13.12.2019
50.	Art. 5 G zur Stärkung der Verfahrensrechte von Beschuldigten im Jugendstrafverfahren[2)]	9.12.2019	BGBl. I S. 2146	§ 107	geänd. mWv 17.12.2019
51.	Art. 185 Elfte ZuständigkeitsanpassungsVO	19.6.2020	BGBl. I S. 1328	§ 131	geänd. mWv 27.6.2020
52.	Art. 3 60. G zur Änd. des Strafgesetzbuches – Modernisierung des Schriftenbegriffs und anderer Begriffe sowie Erweiterung der Strafbarkeit nach den §§ 86, 86a, 111 und 130 des Strafgesetzbuches bei Handlungen im Ausland	30.11. 2020	BGBl. I S. 2600	§§ 12, 116, 119, 123	geänd. mWv 1.1.2021
53.	Art. 2 61. G zur Änd. des Strafgesetzbuches – Umsetzung der RL (EU) 2019/713 des Europäischen Parlaments und des Rates vom 17. April 2019 zur Bekämpfung von Betrug und Fälschung im Zusammenhang mit unbaren Zahlungsmitteln und zur Ersetzung des Rahmenbeschlusses 2001/413/JI des Rates[3)]	10.3.2021	BGBl. I S. 333	§ 127	geänd. mWv 18.3.2021
54.	Art. 9a G zur Anpassung der Regelungen über die Bestandsdatenauskunft an die Vorgaben aus der Entscheidung des BVerfG v. 27.5. 2020	30.3.2021	BGBl. I S. 448	§ 46	geänd. mWv 2.4.2021
55.	Art. 23 G zur Fortentwicklung der StrafprozessO und zur Änd. weiterer Vorschriften	25.6.2021	BGBl. I S. 2099	§§ 33, 51	geänd. mWv 1.7.2021

[1)] **Amtl. Anm.:** Dieses Gesetz dient der Umsetzung der Richtlinie (EU) 2016/1919 des Europäischen Parlaments und des Rates vom 26. Oktober 2016 über Prozesskostenhilfe für Verdächtige und beschuldigte Personen in Strafverfahren sowie für gesuchte Personen in Verfahren zur Vollstreckung eines Europäischen Haftbefehls (ABl. L 297 vom 4.11.2016, S. 1; L 91 vom 5.4.2017, S. 40). [...]

[2)] **Amtl. Anm.:** Dieses Gesetz dient der Umsetzung der Richtlinie (EU) 2016/800 des Europäischen Parlaments und des Rates vom 11. Mai 2016 über Verfahrensgarantien für Kinder, die Verdächtige oder beschuldigte Personen in Strafverfahren sind (ABl. L 132 vom 21.5.2016, S. 1).

[3)] **Amtl. Anm.:** (ABl. L 123 vom 10.5.2019, S. 18).

(3) Absatz 1 ist auch anzuwenden, wenn nach § 47 die Verfolgungsbehörde von der Verfolgung der Ordnungswidrigkeit absieht oder das Gericht das Verfahren einstellt.

§ 28 Entschädigung. (1) [1] Stand das Eigentum an der Sache oder das eingezogene Recht zur Zeit der Rechtskraft der Entscheidung über die Einziehung einem Dritten zu oder war der Gegenstand mit dem Recht eines Dritten belastet, das durch die Entscheidung erloschen oder beeinträchtigt ist, so wird der Dritte unter Berücksichtigung des Verkehrswertes angemessen in Geld entschädigt. [2] Die Entschädigungspflicht trifft den Staat oder die Körperschaft oder Anstalt des öffentlichen Rechts, auf die das Eigentum an der Sache oder das eingezogene Recht übergegangen ist.

(2) Eine Entschädigung wird nicht gewährt, wenn

1. der Dritte wenigstens leichtfertig dazu beigetragen hat, daß die Sache oder das Recht Mittel oder Gegenstand der Handlung oder ihrer Vorbereitung gewesen ist,
2. der Dritte den Gegenstand oder das Recht an dem Gegenstand in Kenntnis der Umstände, welche die Einziehung zulassen, in verwerflicher Weise erworben hat oder
3. es nach den Umständen, welche die Einziehung begründet haben, auf Grund von Rechtsvorschriften außerhalb des Ordnungswidrigkeitenrechts zulässig wäre, den Gegenstand dem Dritten ohne Entschädigung dauernd zu entziehen.

(3) In den Fällen des Absatzes 2 kann eine Entschädigung gewährt werden, soweit es eine unbillige Härte wäre, sie zu versagen.

§ 29[1)] Sondervorschrift für Organe und Vertreter. (1) Hat jemand

1. als vertretungsberechtigtes Organ einer juristischen Person oder als Mitglied eines solchen Organs,
2. als Vorstand eines nicht rechtsfähigen Vereins oder als Mitglied eines solchen Vorstandes,
3. als vertretungsberechtigter Gesellschafter einer rechtsfähigen Personengesellschaft,
4. als Generalbevollmächtigter oder in leitender Stellung als Prokurist oder Handlungsbevollmächtigter einer juristischen Person oder einer in Nummer 2 oder 3 genannten Personenvereinigung oder
5. als sonstige Person, die für die Leitung des Betriebs oder Unternehmens einer juristischen Person oder einer in Nummer 2 oder 3 genannten Personenvereinigung verantwortlich handelt, wozu auch die Überwachung der Geschäftsführung oder die sonstige Ausübung von Kontrollbefugnissen in leitender Stellung gehört,

eine Handlung vorgenommen, die ihm gegenüber unter den übrigen Voraussetzungen der §§ 22 bis 25 und 28 die Einziehung eines Gegenstandes oder des Wertersatzes zulassen oder den Ausschluß der Entschädigung begründen würde, so wird seine Handlung bei Anwendung dieser Vorschriften dem Vertretenen zugerechnet.

(2) § 9 Abs. 3 gilt entsprechend.

[1)] § 29 Abs. 1 Nr. 2 und 3 geänd., Nr. 4 angef. durch G v. 27.6.1994 (BGBl. I S. 1440); Abs. 1 Nr. 3 und 4 geänd., Nr. 5 angef. mWv 30.8.2002 durch G v. 22.8.2002 (BGBl. I S. 3387).

Sechster Abschnitt.[1)] Einziehung des Wertes von Taterträgen; Geldbuße gegen juristische Personen und Personenvereinigungen

§ 29a[2)] Einziehung des Wertes von Taterträgen. (1) Hat der Täter durch eine mit Geldbuße bedrohte Handlung oder für sie etwas erlangt und wird gegen ihn wegen der Handlung eine Geldbuße nicht festgesetzt, so kann gegen ihn die Einziehung eines Geldbetrages bis zu der Höhe angeordnet werden, die dem Wert des Erlangten entspricht.

(2) [1] Die Anordnung der Einziehung eines Geldbetrages bis zu der in Absatz 1 genannten Höhe kann sich gegen einen anderen, der nicht Täter ist, richten, wenn

1. er durch eine mit Geldbuße bedrohte Handlung etwas erlangt hat und der Täter für ihn gehandelt hat,
2. ihm das Erlangte
   a) unentgeltlich oder ohne rechtlichen Grund übertragen wurde oder
   b) übertragen wurde und er erkannt hat oder hätte erkennen müssen, dass das Erlangte aus einer mit Geldbuße bedrohten Handlung herrührt, oder
3. das Erlangte auf ihn
   a) als Erbe übergegangen ist oder
   b) als Pflichtteilsberechtigter oder Vermächtnisnehmer übertragen worden ist.

[2] Satz 1 Nummer 2 und 3 findet keine Anwendung, wenn das Erlangte zuvor einem Dritten, der nicht erkannt hat oder hätte erkennen müssen, dass das Erlangte aus einer mit Geldbuße bedrohten Handlung herrührt, entgeltlich und mit rechtlichem Grund übertragen wurde.

(3) [1] Bei der Bestimmung des Wertes des Erlangten sind die Aufwendungen des Täters oder des anderen abzuziehen. [2] Außer Betracht bleibt jedoch das, was für die Begehung der Tat oder für ihre Vorbereitung aufgewendet oder eingesetzt worden ist.

(4) [1] Umfang und Wert des Erlangten einschließlich der abzuziehenden Aufwendungen können geschätzt werden. [2] § 18 gilt entsprechend.

(5) Wird gegen den Täter ein Bußgeldverfahren nicht eingeleitet oder wird es eingestellt, so kann die Einziehung selbständig angeordnet werden.

§ 30[3)] Geldbuße gegen juristische Personen und Personenvereinigungen.

(1) Hat jemand

1. als vertretungsberechtigtes Organ einer juristischen Person oder als Mitglied eines solchen Organs,
2. als Vorstand eines nicht rechtsfähigen Vereins oder als Mitglied eines solchen Vorstandes,

---

[1)] 6. Abschnitt Überschrift geänd. durch G v. 15.7.1992 (BGBl. I S. 1302); geänd. mWv 1.7.2017 durch G v. 13.4.2017 (BGBl. I S. 872).

[2)] § 29a neu gef. mWv 1.7.2017 durch G v. 13.4.2017 (BGBl. I S. 872).

[3)] § 30 Abs. 1 neu gef. durch G v. 27.6.1994 (BGBl. I S. 1440); Abs. 2 Satz 3 angef., Abs. 4 Satz 2 eingef., bish. Satz 2 wird Satz 3 und geänd. durch G v. 13.8.1997 (BGBl. I S. 2038); Abs. 2 Satz 1 Nr. 1 und 2 geänd. mWv 1.1.2002 durch G v. 13.12.2001 (BGBl. I S. 3574); Abs. 1 Nr. 3 und 4, Abs. 2 Satz 1 Nr. 1 und 2 geänd., Abs. 1 Nr. 5 angef. mWv 30.8.2002 durch G v. 22.8.2002 (BGBl. I S. 3387); Abs. 2 Satz 1 Nr. 1 und 2 geänd., Satz 3 eingef., bish. Satz 3 wird Satz 4, Abs. 2a eingef., Abs. 6 angef. mWv 30.6.2013 durch G v. 26.6.2013 (BGBl. I S. 1738); Abs. 5 und 6 geänd. mWv 1.7.2017 durch G v. 13.4.2017 (BGBl. I S. 872).

3. als vertretungsberechtigter Gesellschafter einer rechtsfähigen Personengesellschaft,
4. als Generalbevollmächtigter oder in leitender Stellung als Prokurist oder Handlungsbevollmächtigter einer juristischen Person oder einer in Nummer 2 oder 3 genannten Personenvereinigung oder
5. als sonstige Person, die für die Leitung des Betriebs oder Unternehmens einer juristischen Person oder einer in Nummer 2 oder 3 genannten Personenvereinigung verantwortlich handelt, wozu auch die Überwachung der Geschäftsführung oder die sonstige Ausübung von Kontrollbefugnissen in leitender Stellung gehört,

eine Straftat oder Ordnungswidrigkeit begangen, durch die Pflichten, welche die juristische Person oder die Personenvereinigung treffen, verletzt worden sind oder die juristische Person oder die Personenvereinigung bereichert worden ist oder werden sollte, so kann gegen diese eine Geldbuße festgesetzt werden.

(2) [1] Die Geldbuße beträgt

1. im Falle einer vorsätzlichen Straftat bis zu zehn Millionen Euro,
2. im Falle einer fahrlässigen Straftat bis zu fünf Millionen Euro.

[2] Im Falle einer Ordnungswidrigkeit bestimmt sich das Höchstmaß der Geldbuße nach dem für die Ordnungswidrigkeit angedrohten Höchstmaß der Geldbuße. [3] Verweist das Gesetz auf diese Vorschrift, so verzehnfacht sich das Höchstmaß der Geldbuße nach Satz 2 für die im Gesetz bezeichneten Tatbestände. [4] Satz 2 gilt auch im Falle einer Tat, die gleichzeitig Straftat und Ordnungswidrigkeit ist, wenn das für die Ordnungswidrigkeit angedrohte Höchstmaß der Geldbuße das Höchstmaß nach Satz 1 übersteigt.

(2a) [1] Im Falle einer Gesamtrechtsnachfolge oder einer partiellen Gesamtrechtsnachfolge durch Aufspaltung (§ 123 Absatz 1 des Umwandlungsgesetzes[1)]) kann die Geldbuße nach Absatz 1 und 2 gegen den oder die Rechtsnachfolger festgesetzt werden. [2] Die Geldbuße darf in diesen Fällen den Wert des übernommenen Vermögens sowie die Höhe der gegenüber dem Rechtsvorgänger angemessenen Geldbuße nicht übersteigen. [3] Im Bußgeldverfahren tritt der Rechtsnachfolger oder treten die Rechtsnachfolger in die Verfahrensstellung ein, in der sich der Rechtsvorgänger zum Zeitpunkt des Wirksamwerdens der Rechtsnachfolge befunden hat.

(3) § 17 Abs. 4 und § 18 gelten entsprechend.

(4) [1] Wird wegen der Straftat oder Ordnungswidrigkeit ein Straf- oder Bußgeldverfahren nicht eingeleitet oder wird es eingestellt oder wird von Strafe abgesehen, so kann die Geldbuße selbständig festgesetzt werden. [2] Durch Gesetz kann bestimmt werden, daß die Geldbuße auch in weiteren Fällen selbständig festgesetzt werden kann. [3] Die selbständige Festsetzung einer Geldbuße gegen die juristische Person oder Personenvereinigung ist jedoch ausgeschlossen, wenn die Straftat oder Ordnungswidrigkeit aus rechtlichen Gründen nicht verfolgt werden kann; § 33 Abs. 1 Satz 2 bleibt unberührt.

(5) Die Festsetzung einer Geldbuße gegen die juristische Person oder Personenvereinigung schließt es aus, gegen sie wegen derselben Tat die Einziehung nach den §§ 73 oder 73c des Strafgesetzbuches[2)] oder nach § 29a anzuordnen.

---

1) Nr. **52a**.
2) Nr. **85**.

(6) Bei Erlass eines Bußgeldbescheids ist zur Sicherung der Geldbuße § 111e Absatz 2 der Strafprozessordnung[1)] mit der Maßgabe anzuwenden, dass an die Stelle des Urteils der Bußgeldbescheid tritt.

Siebenter Abschnitt. Verjährung

§ 31[2)] Verfolgungsverjährung. (1) [1] Durch die Verjährung werden die Verfolgung von Ordnungswidrigkeiten und die Anordnung von Nebenfolgen ausgeschlossen. [2] § 27 Abs. 2 Satz 1 Nr. 1 bleibt unberührt.

(2) Die Verfolgung von Ordnungswidrigkeiten verjährt, wenn das Gesetz nichts anderes bestimmt,

1. in drei Jahren bei Ordnungswidrigkeiten, die mit Geldbuße im Höchstmaß von mehr als fünfzehntausend Euro bedroht sind,
2. in zwei Jahren bei Ordnungswidrigkeiten, die mit Geldbuße im Höchstmaß von mehr als zweitausendfünfhundert bis zu fünfzehntausend Euro bedroht sind,
3. in einem Jahr bei Ordnungswidrigkeiten, die mit Geldbuße im Höchstmaß von mehr als eintausend bis zu zweitausendfünfhundert Euro bedroht sind,
4. in sechs Monaten bei den übrigen Ordnungswidrigkeiten.

(3) [1] Die Verjährung beginnt, sobald die Handlung beendet ist. [2] Tritt ein zum Tatbestand gehörender Erfolg erst später ein, so beginnt die Verjährung mit diesem Zeitpunkt.

§ 32 Ruhen der Verfolgungsverjährung. (1) [1] Die Verjährung ruht, solange nach dem Gesetz die Verfolgung nicht begonnen oder nicht fortgesetzt werden kann. [2] Dies gilt nicht, wenn die Handlung nur deshalb nicht verfolgt werden kann, weil Antrag oder Ermächtigung fehlen.

(2) Ist vor Ablauf der Verjährungsfrist ein Urteil des ersten Rechtszuges oder ein Beschluß nach § 72 ergangen, so läuft die Verjährungsfrist nicht vor dem Zeitpunkt ab, in dem das Verfahren rechtskräftig abgeschlossen ist.

§ 33[3)] Unterbrechung der Verfolgungsverjährung. (1) [1] Die Verjährung wird unterbrochen durch

1. die erste Vernehmung des Betroffenen, die Bekanntgabe, daß gegen ihn das Ermittlungsverfahren eingeleitet ist, oder die Anordnung dieser Vernehmung oder Bekanntgabe,
2. jede richterliche Vernehmung des Betroffenen oder eines Zeugen oder die Anordnung dieser Vernehmung,
3. jede Beauftragung eines Sachverständigen durch die Verfolgungsbehörde oder den Richter, wenn vorher der Betroffene vernommen oder ihm die Einleitung des Ermittlungsverfahrens bekanntgegeben worden ist,
4. jede Beschlagnahme- oder Durchsuchungsanordnung der Verfolgungsbehörde oder des Richters und richterliche Entscheidungen, welche diese aufrechterhalten,

---

[1)] Nr. **90**.

[2)] § 31 Abs. 2 Nr. 2 und 3 geänd. durch G v. 26.1.1998 (BGBl. I S. 156); Abs. 2 Nr. 1–3 geänd. mWv 1.1.2002 *durch G v. 13.12.2001 (BGBl. I S. 3574).*

[3)] § 33 Abs. 1 Satz 2 geänd. durch G v. 27.6.1994 (BGBl. I S. 1440); Abs. 1 Satz 1 Nr. 8–10 neu gef. durch G v. 26.1.1998 (BGBl. I S. 156); Abs. 2 Satz 2 geänd. mWv 1.1.2018 durch G v. 5.7.2017 (BGBl. I S. 2208); Abs. 2 Sätze 1 und 2 geänd. mWv 1.7.2021 durch G v. 25.6.2021 (BGBl. I S. 2099).

5. die vorläufige Einstellung des Verfahrens wegen Abwesenheit des Betroffenen durch die Verfolgungsbehörde oder den Richter sowie jede Anordnung der Verfolgungsbehörde oder des Richters, die nach einer solchen Einstellung des Verfahrens zur Ermittlung des Aufenthalts des Betroffenen oder zur Sicherung von Beweisen ergeht,
6. jedes Ersuchen der Verfolgungsbehörde oder des Richters, eine Untersuchungshandlung im Ausland vorzunehmen,
7. die gesetzlich bestimmte Anhörung einer anderen Behörde durch die Verfolgungsbehörde vor Abschluß der Ermittlungen,
8. die Abgabe der Sache durch die Staatsanwaltschaft an die Verwaltungsbehörde nach § 43,
9. den Erlaß des Bußgeldbescheides, sofern er binnen zwei Wochen zugestellt wird, ansonsten durch die Zustellung,
10. den Eingang der Akten beim Amtsgericht gemäß § 69 Abs. 3 Satz 1 und Abs. 5 Satz 2 und die Zurückverweisung der Sache an die Verwaltungsbehörde nach § 69 Abs. 5 Satz 1,
11. jede Anberaumung einer Hauptverhandlung,
12. den Hinweis auf die Möglichkeit, ohne Hauptverhandlung zu entscheiden (§ 72 Abs. 1 Satz 2),
13. die Erhebung der öffentlichen Klage,
14. die Eröffnung des Hauptverfahrens,
15. den Strafbefehl oder eine andere dem Urteil entsprechende Entscheidung.

[2] Im selbständigen Verfahren wegen der Anordnung einer Nebenfolge oder der Festsetzung einer Geldbuße gegen eine juristische Person oder Personenvereinigung wird die Verjährung durch die dem Satz 1 entsprechenden Handlungen zur Durchführung des selbständigen Verfahrens unterbrochen.

(2) [1] Die Verjährung ist bei einer schriftlichen Anordnung oder Entscheidung in dem Zeitpunkt unterbrochen, in dem die Anordnung oder Entscheidung abgefasst wird. [2] Ist das Dokument nicht alsbald nach der Abfassung in den Geschäftsgang gelangt, so ist der Zeitpunkt maßgebend, in dem es tatsächlich in den Geschäftsgang gegeben worden ist.

(3) [1] Nach jeder Unterbrechung beginnt die Verjährung von neuem. [2] Die Verfolgung ist jedoch spätestens verjährt, wenn seit dem in § 31 Abs. 3 bezeichneten Zeitpunkt das Doppelte der gesetzlichen Verjährungsfrist, mindestens jedoch zwei Jahre verstrichen sind. [3] Wird jemandem in einem bei Gericht anhängigen Verfahren eine Handlung zur Last gelegt, die gleichzeitig Straftat und Ordnungswidrigkeit ist, so gilt als gesetzliche Verjährungsfrist im Sinne des Satzes 2 die Frist, die sich aus der Strafdrohung ergibt. [4] § 32 bleibt unberührt.

(4) [1] Die Unterbrechung wirkt nur gegenüber demjenigen, auf den sich die *Handlung bezieht.* [2] Die Unterbrechung tritt in den Fällen des Absatzes 1 Satz 1 Nr. 1 bis 7, 11 und 13 bis 15 auch dann ein, wenn die Handlung auf die Verfolgung der Tat als Straftat gerichtet ist.

§ 34[1)] Vollstreckungsverjährung. (1) Eine rechtskräftig festgesetzte Geldbuße darf nach Ablauf der Verjährungsfrist nicht mehr vollstreckt werden.

[1)] § 34 Abs. 2 Nr. 1 und 2 geänd. durch G v. 26.1.1998 (BGBl. I S. 156); Abs. 2 Nr. 1 und 2 geänd. mWv 1.1.2002 durch G v. 13.12.2001 (BGBl. I S. 3574).

(2) Die Verjährungsfrist beträgt
1. fünf Jahre bei einer Geldbuße von mehr als eintausend Euro,
2. drei Jahre bei einer Geldbuße bis zu eintausend Euro.

(3) Die Verjährung beginnt mit der Rechtskraft der Entscheidung.

(4) Die Verjährung ruht, solange
1. nach dem Gesetz die Vollstreckung nicht begonnen oder nicht fortgesetzt werden kann,
2. die Vollstreckung ausgesetzt ist oder
3. eine Zahlungserleichterung bewilligt ist.

(5) [1]Die Absätze 1 bis 4 gelten entsprechend für Nebenfolgen, die zu einer Geldzahlung verpflichten. [2]Ist eine solche Nebenfolge neben einer Geldbuße angeordnet, so verjährt die Vollstreckung der einen Rechtsfolge nicht früher als die der anderen.

Zweiter Teil. Bußgeldverfahren

Erster Abschnitt. Zuständigkeit zur Verfolgung und Ahndung von Ordnungswidrigkeiten

§ 35 Verfolgung und Ahndung durch die Verwaltungsbehörde. (1) Für die Verfolgung von Ordnungswidrigkeiten ist die Verwaltungsbehörde zuständig, soweit nicht hierzu nach diesem Gesetz die Staatsanwaltschaft oder an ihrer Stelle für einzelne Verfolgungshandlungen der Richter berufen ist.

(2) Die Verwaltungsbehörde ist auch für die Ahndung von Ordnungswidrigkeiten zuständig, soweit nicht hierzu nach diesem Gesetz das Gericht berufen ist.

§ 36[1)] Sachliche Zuständigkeit der Verwaltungsbehörde. (1) Sachlich zuständig ist
1. die Verwaltungsbehörde, die durch Gesetz bestimmt wird,
2. mangels einer solchen Bestimmung
   a) die fachlich zuständige oberste Landesbehörde oder
   b) das fachlich zuständige Bundesministerium, soweit das Gesetz von Bundesbehörden ausgeführt wird.

(2) [1]Die Landesregierung kann die Zuständigkeit nach Absatz 1 Nr. 2 Buchstabe a durch Rechtsverordnung auf eine andere Behörde oder sonstige Stelle übertragen. [2]Die Landesregierung kann die Ermächtigung auf die oberste Landesbehörde übertragen.

(3) Das nach Absatz 1 Nr. 2 Buchstabe b zuständige Bundesministerium kann seine Zuständigkeit durch Rechtsverordnung, die nicht der Zustimmung des Bundesrates bedarf, auf eine andere Behörde oder sonstige Stelle übertragen.

§ 37 Örtliche Zuständigkeit der Verwaltungsbehörde. (1) Örtlich zuständig ist die Verwaltungsbehörde, in deren Bezirk
1. die Ordnungswidrigkeit begangen oder entdeckt worden ist oder
2. der Betroffene zur Zeit der Einleitung des Bußgeldverfahrens seinen Wohnsitz hat.

---

1) § 36 Abs. 1 Nr. 2 Buchst. b, Abs. 3 geänd. durch G v. 26.1.1998 (BGBl. I S. 156).

(2) Ändert sich der Wohnsitz des Betroffenen nach Einleitung des Bußgeldverfahrens, so ist auch die Verwaltungsbehörde örtlich zuständig, in deren Bezirk der neue Wohnsitz liegt.

(3) Hat der Betroffene im räumlichen Geltungsbereich dieses Gesetzes keinen Wohnsitz, so wird die Zuständigkeit auch durch den gewöhnlichen Aufenthaltsort bestimmt.

(4) [1] Ist die Ordnungswidrigkeit auf einem Schiff, das berechtigt ist, die Bundesflagge zu führen, außerhalb des räumlichen Geltungsbereichs dieses Gesetzes begangen worden, so ist auch die Verwaltungsbehörde örtlich zuständig, in deren Bezirk der Heimathafen oder der Hafen im räumlichen Geltungsbereich dieses Gesetzes liegt, den das Schiff nach der Tat zuerst erreicht. [2] Satz 1 gilt entsprechend für Luftfahrzeuge, die berechtigt sind, das Staatszugehörigkeitszeichen der Bundesrepublik Deutschland zu führen.

§ 38 Zusammenhängende Ordnungswidrigkeiten. [1] Bei zusammenhängenden Ordnungswidrigkeiten, die einzeln nach § 37 zur Zuständigkeit verschiedener Verwaltungsbehörden gehören würden, ist jede dieser Verwaltungsbehörden zuständig. [2] Zwischen mehreren Ordnungswidrigkeiten besteht ein Zusammenhang, wenn jemand mehrerer Ordnungswidrigkeiten beschuldigt wird oder wenn hinsichtlich derselben Tat mehrere Personen einer Ordnungswidrigkeit beschuldigt werden.

§ 39 Mehrfache Zuständigkeit. (1) [1] Sind nach den §§ 36 bis 38 mehrere Verwaltungsbehörden zuständig, so gebührt der Vorzug der Verwaltungsbehörde, die wegen der Tat den Betroffenen zuerst vernommen hat, ihn durch die Polizei zuerst hat vernehmen lassen oder der die Akten von der Polizei nach der Vernehmung des Betroffenen zuerst übersandt worden sind. [2] Diese Verwaltungsbehörde kann in den Fällen des § 38 das Verfahren wegen der zusammenhängenden Tat wieder abtrennen.

(2) [1] In den Fällen des Absatzes 1 Satz 1 kann die Verfolgung und Ahndung jedoch einer anderen der zuständigen Verwaltungsbehörden durch eine Vereinbarung dieser Verwaltungsbehörden übertragen werden, wenn dies zur Beschleunigung oder Vereinfachung des Verfahrens oder aus anderen Gründen sachdienlich erscheint. [2] Sind mehrere Verwaltungsbehörden sachlich zuständig, so soll die Verwaltungsbehörde, der nach Absatz 1 Satz 1 der Vorzug gebührt, die anderen sachlich zuständigen Verwaltungsbehörden spätestens vor dem Abschluß der Ermittlungen hören.

(3) Kommt eine Vereinbarung nach Absatz 2 Satz 1 nicht zustande, so entscheidet auf Antrag einer der beteiligten Verwaltungsbehörden

1. die gemeinsame nächsthöhere Verwaltungsbehörde,
2. wenn eine gemeinsame höhere Verwaltungsbehörde fehlt, das nach § 68 zuständige gemeinsame Gericht und,
3. wenn nach § 68 verschiedene Gerichte zuständig wären, das für diese Gerichte gemeinsame obere Gericht.

(4) In den Fällen der Absätze 2 und 3 kann die Übertragung in gleicher Weise wieder aufgehoben werden.

§ 40[1)] Verfolgung durch die Staatsanwaltschaft. Im Strafverfahren ist die Staatsanwaltschaft für die Verfolgung der Tat auch unter dem rechtlichen Gesichtspunkt einer Ordnungswidrigkeit zuständig, soweit ein Gesetz nichts anderes bestimmt.

§ 41 Abgabe an die Staatsanwaltschaft. (1) Die Verwaltungsbehörde gibt die Sache an die Staatsanwaltschaft ab, wenn Anhaltspunkte dafür vorhanden sind, daß die Tat eine Straftat ist.

(2) Sieht die Staatsanwaltschaft davon ab, ein Strafverfahren einzuleiten, so gibt sie die Sache an die Verwaltungsbehörde zurück.

§ 42 Übernahme durch die Staatsanwaltschaft. (1) [1] Die Staatsanwaltschaft kann bis zum Erlaß des Bußgeldbescheides die Verfolgung der Ordnungswidrigkeit übernehmen, wenn sie eine Straftat verfolgt, die mit der Ordnungswidrigkeit zusammenhängt. [2] Zwischen einer Straftat und einer Ordnungswidrigkeit besteht ein Zusammenhang, wenn jemand sowohl einer Straftat als auch einer Ordnungswidrigkeit oder wenn hinsichtlich derselben Tat eine Person einer Straftat und eine andere einer Ordnungswidrigkeit beschuldigt wird.

(2) Die Staatsanwaltschaft soll die Verfolgung nur übernehmen, wenn dies zur Beschleunigung des Verfahrens oder wegen des Sachzusammenhangs oder aus anderen Gründen für die Ermittlungen oder die Entscheidung sachdienlich erscheint.

§ 43 Abgabe an die Verwaltungsbehörde. (1) Stellt die Staatsanwaltschaft in den Fällen des § 40 das Verfahren nur wegen der Straftat ein oder übernimmt sie in den Fällen des § 42 die Verfolgung nicht, sind aber Anhaltspunkte dafür vorhanden, daß die Tat als Ordnungswidrigkeit verfolgt werden kann, so gibt sie die Sache an die Verwaltungsbehörde ab.

(2) Hat die Staatsanwaltschaft die Verfolgung übernommen, so kann sie die Sache an die Verwaltungsbehörde abgeben, solange das Verfahren noch nicht bei Gericht anhängig ist; sie hat die Sache abzugeben, wenn sie das Verfahren nur wegen der zusammenhängenden Straftat einstellt.

§ 44 Bindung der Verwaltungsbehörde. Die Verwaltungsbehörde ist an die Entschließung der Staatsanwaltschaft gebunden, ob eine Tat als Straftat verfolgt wird oder nicht.

§ 45 Zuständigkeit des Gerichts. Verfolgt die Staatsanwaltschaft die Ordnungswidrigkeit mit einer zusammenhängenden Straftat, so ist für die Ahndung der Ordnungswidrigkeit das Gericht zuständig, das für die Strafsache zuständig ist.

Zweiter Abschnitt. Allgemeine Verfahrensvorschriften

§ 46[2)] Anwendung der Vorschriften über das Strafverfahren. (1) Für das Bußgeldverfahren gelten, soweit dieses Gesetz nichts anderes bestimmt, sinngemäß die Vorschriften der allgemeinen Gesetze über das Strafverfahren, namentlich der

---

[1)] § 40 geänd. durch G v. 13.8.1997 (BGBl. I S. 2038).

[2)] § 46 Abs. 3 Satz 4 geänd. durch G v. 28.10.1994 (BGBl. I S. 3186); Abs. 4 Sätze 2 und 3 angef. durch G v. 17.3.1997 (BGBl. I S. 534); Abs. 3 Satz 4 geänd. durch G v. 18.6.1997 (BGBl. I S. 1430); Abs. 8 *angef. mWv 1.10.2002 durch G v. 26.7.2002 (BGBl. I S. 2864,* ber. S. 3516); Abs. 5 Satz 2 angef. mWv 1.9.2004 durch G v. 24.8.2004 (BGBl. I S. 2198); Abs. 8 geänd. mWv 1.7.2014 durch G v. 10.10.2013 (BGBl. I S. 3786); Abs. 4 Satz 2 eingef., bish. Sätze 2 und 3 werden Sätze 3 und 4 mWv 24.8.2017 durch G v. 17.8.2017 (BGBl. I S. 3202); Abs. 4a eingef. mWv 2.4.2021 durch G v. 30.3.2021 (BGBl. I S. 448).

Strafprozeßordnung[1]), des Gerichtsverfassungsgesetzes[2]) und des Jugendgerichtsgesetzes[3]).

(2) Die Verfolgungsbehörde hat, soweit dieses Gesetz nichts anderes bestimmt, im Bußgeldverfahren dieselben Rechte und Pflichten wie die Staatsanwaltschaft bei der Verfolgung von Straftaten.

(3) [1] Anstaltsunterbringung, Verhaftung und vorläufige Festnahme, Beschlagnahme von Postsendungen und Telegrammen sowie Auskunftsersuchen über Umstände, die dem Post- und Fernmeldegeheimnis unterliegen, sind unzulässig. [2] § 160 Abs. 3 Satz 2 der Strafprozeßordnung über die Gerichtshilfe ist nicht anzuwenden. [3] Ein Klageerzwingungsverfahren findet nicht statt. [4] Die Vorschriften über die Beteiligung des Verletzten am Verfahren und über das länderübergreifende staatsanwaltliche Verfahrensregister sind nicht anzuwenden; dies gilt nicht für § 406e der Strafprozeßordnung.

(4) [1] § 81a Abs. 1 Satz 2 der Strafprozeßordnung ist mit der Einschränkung anzuwenden, daß nur die Entnahme von Blutproben und andere geringfügige Eingriffe zulässig sind. [2] Die Entnahme einer Blutprobe bedarf abweichend von § 81a Absatz 2 Satz 1 der Strafprozessordnung keiner richterlichen Anordnung, wenn bestimmte Tatsachen den Verdacht begründen, dass eine Ordnungswidrigkeit nach den §§ 24a und 24c des Straßenverkehrsgesetzes[4]) begangen worden ist. [3] In einem Strafverfahren entnommene Blutproben und sonstige Körperzellen, deren Entnahme im Bußgeldverfahren nach Satz 1 zulässig gewesen wäre, dürfen verwendet werden. [4] Die Verwendung von Blutproben und sonstigen Körperzellen zur Durchführung einer Untersuchung im Sinne des § 81e der Strafprozeßordnung ist unzulässig.

(4a) § 100j Absatz 1 Satz 1 Nummer 2 der Strafprozessordnung, auch in Verbindung mit § 100j Absatz 2 der Strafprozessordnung, ist mit der Einschränkung anzuwenden, dass die Erhebung von Bestandsdaten nur zur Verfolgung von Ordnungswidrigkeiten zulässig ist, die gegenüber natürlichen Personen mit Geldbußen im Höchstmaß von mehr als fünfzehntausend Euro bedroht sind.

(5) [1] Die Anordnung der Vorführung des Betroffenen und der Zeugen, die einer Ladung nicht nachkommen, bleibt dem Richter vorbehalten. [2] Die Haft zur Erzwingung des Zeugnisses (§ 70 Abs. 2 der Strafprozessordnung) darf sechs Wochen nicht überschreiten.

(6) Im Verfahren gegen Jugendliche und Heranwachsende kann von der Heranziehung der Jugendgerichtshilfe (§ 38 des Jugendgerichtsgesetzes) abgesehen werden, wenn ihre Mitwirkung für die sachgemäße Durchführung des Verfahrens entbehrlich ist.

(7) Im gerichtlichen Verfahren entscheiden beim Amtsgericht Abteilungen für Bußgeldsachen, beim Landgericht Kammern für Bußgeldsachen und beim Oberlandesgericht sowie beim Bundesgerichtshof Senate für Bußgeldsachen.

(8) *Die Vorschriften zur Durchführung* des § 191a Absatz 1 Satz 1 bis 4 des Gerichtsverfassungsgesetzes im Bußgeldverfahren sind in der Rechtsverordnung nach § 191a Abs. 2 des Gerichtsverfassungsgesetzes zu bestimmen.

---

[1]) Nr. **90**.
[2]) Nr. **95**.
[3]) Nr. **89**.
[4]) Nr. **35**.

§ 47[1)] Verfolgung von Ordnungswidrigkeiten. (1) [1]Die Verfolgung von Ordnungswidrigkeiten liegt im pflichtgemäßen Ermessen der Verfolgungsbehörde. [2]Solange das Verfahren bei ihr anhängig ist, kann sie es einstellen.

(2) [1]Ist das Verfahren bei Gericht anhängig und hält dieses eine Ahndung nicht für geboten, so kann es das Verfahren mit Zustimmung der Staatsanwaltschaft in jeder Lage einstellen. [2]Die Zustimmung ist nicht erforderlich, wenn durch den Bußgeldbescheid eine Geldbuße bis zu einhundert Euro verhängt worden ist und die Staatsanwaltschaft erklärt hat, sie nehme an der Hauptverhandlung nicht teil. [3]Der Beschluß ist nicht anfechtbar.

(3) Die Einstellung des Verfahrens darf nicht von der Zahlung eines Geldbetrages an eine gemeinnützige Einrichtung oder sonstige Stelle abhängig gemacht oder damit in Zusammenhang gebracht werden.

§ 48[2)] *(aufgehoben)*

§ 49[3)] Akteneinsicht des Betroffenen und der Verwaltungsbehörde.

(1) [1]Die Verwaltungsbehörde gewährt dem Betroffenen auf Antrag Einsicht in die Akten, soweit der Untersuchungszweck, auch in einem anderen Straf- oder Bußgeldverfahren, nicht gefährdet werden kann und nicht überwiegende schutzwürdige Interessen Dritter entgegenstehen. [2]Werden die Akten nicht elektronisch geführt, können an Stelle der Einsichtnahme in die Akten Kopien aus den Akten übermittelt werden.

(2) [1]Ist die Staatsanwaltschaft Verfolgungsbehörde, so ist die sonst zuständige Verwaltungsbehörde befugt, die Akten, die dem Gericht vorliegen oder im gerichtlichen Verfahren vorzulegen wären, einzusehen sowie sichergestellte und beschlagnahmte Gegenstände zu besichtigen. [2]Akten, die in Papierform geführt werden, werden der Verwaltungsbehörde auf Antrag zur Einsichtnahme übersandt.

§ 49a[4)] Verfahrensübergreifende Mitteilungen von Amts wegen.

(1) [1]Von Amts wegen dürfen Gerichte, Staatsanwaltschaften und Verwaltungsbehörden personenbezogene Daten aus Bußgeldverfahren den zuständigen Behörden und Gerichten übermitteln, soweit dies aus Sicht der übermittelnden Stelle erforderlich ist für

1. die Verfolgung von Straftaten oder von anderen Ordnungswidrigkeiten,
2. Entscheidungen in anderen Bußgeldsachen einschließlich der Entscheidungen bei der Vollstreckung von Bußgeldentscheidungen oder in Gnadensachen oder
3. sonstige Entscheidungen oder Maßnahmen nach § 477 Absatz 2 der Strafprozessordnung[5)];

Gleiches gilt für die Behörden des Polizeidienstes, soweit dies die entsprechende Anwendung von § 480 Absatz 1 der Strafprozessordnung gestattet. [2]Die §§ 478,

---

[1)] § 47 Abs. 2 Satz 2 eingef., bish. Satz 2 wird Satz 3 durch G v. 26.1.1998 (BGBl. I S. 156); Abs. 2 Satz 2 geänd. mWv 1.1.2002 durch G v. 13.12.2001 (BGBl. I S. 3574).

[2)] § 48 aufgeh. mWv 1.9.2004 durch G v. 24.8.2004 (BGBl. I S. 2198).

[3)] § 49 Überschrift geänd., Abs. 1 eingef. durch G v. 18.6.1997 (BGBl. I S. 1430); Abs. 1 neu gef., Abs. 2 Satz 2 geänd. mWv 1.1.2018 durch G v. 5.7.2017 (BGBl. I S. 2208).

[4)] § 49a eingef. durch G v. 18.6.1997 (BGBl. I S. 1430); Abs. 1 neu gef., Abs. 2–3 eingef., bish. Abs. 2 wird Abs. 4, neuer Abs. 4 Satz 1 einl. Satzteil und Nr. 1 geänd., Abs. 5 angef. mWv 1.10.2002 durch G v. 26.7.2002 (BGBl. I S. 2864, ber. S. 3516); Abs. 1 Satz 1 Nr. 3 und abschl. Satzteil geänd., Satz 2, Abs. 5 Satz 1 neu gef. mWv 26.11.2019 durch G v. 20.11.2019 (BGBl. I S. 1724).

[5)] Nr. **90**.

479 Absatz 1, 2, 5 Satz 1 und Absatz 6 sowie § 480 Absatz 1 und 2 der Strafprozessordnung gelten sinngemäß.

(2) Die Übermittlung ist auch zulässig, wenn besondere Umstände des Einzelfalls die Übermittlung für die in § 14 Abs. 1 Nr. 4 bis 9 des Einführungsgesetzes zum Gerichtsverfassungsgesetz[1] genannten Zwecke in Verbindung mit Absatz 2 Satz 2 und 4 jener Vorschrift in sinngemäßer Anwendung erfordern.

(3) Eine Übermittlung nach den Absätzen 1 und 2 unterbleibt, soweit für die übermittelnde Stelle offensichtlich ist, dass schutzwürdige Interessen des Betroffenen an dem Ausschluss der Übermittlung überwiegen.

(4) [1] Für die Übermittlung durch Verwaltungsbehörden sind zusätzlich sinngemäß anzuwenden

1. die §§ 12, 13, 16, 17 Nr. 2 bis 5 und §§ 18 bis 21 des Einführungsgesetzes zum Gerichtsverfassungsgesetz und
2. § 22 des Einführungsgesetzes zum Gerichtsverfassungsgesetz mit der Maßgabe, daß an die Stelle des Verfahrens nach den §§ 23 bis 30 dieses Gesetzes das Verfahren nach § 62 Abs. 1 Satz 1, Abs. 2 und an die Stelle des in § 25 des Einführungsgesetzes zum Gerichtsverfassungsgesetz bezeichneten Gerichts das in § 68 bezeichnete Gericht tritt.

[2] Die für das Bußgeldverfahren zuständige Behörde darf darüber hinaus die dieses Verfahren abschließende Entscheidung derjenigen Verwaltungsbehörde übermitteln, die das Bußgeldverfahren veranlaßt oder sonst an dem Verfahren mitgewirkt hat, wenn dies aus der Sicht der übermittelnden Stelle zur Erfüllung einer in der Zuständigkeit des Empfängers liegenden Aufgabe, die im Zusammenhang mit dem Gegenstand des Verfahrens steht, erforderlich ist; ist mit der Entscheidung ein Rechtsmittel verworfen worden, so darf auch die angefochtene Enscheidung übermittelt werden. [3] Das Bundesministerium, das für bundesrechtliche Bußgeldvorschriften in seinem Geschäftsbereich zuständig ist, kann insoweit mit Zustimmung des Bundesrates allgemeine Verwaltungsvorschriften im Sinne des § 12 Abs. 5 des Einführungsgesetzes zum Gerichtsverfassungsgesetz erlassen.

(5) [1] § 481 der Strafprozessordnung ist sinngemäß anzuwenden. [2] Eine Übermittlung entsprechend § 481 Abs. 1 Satz 2 der Strafprozessordnung unterbleibt unter der Voraussetzung des Absatzes 3. [3] Von § 482 der Strafprozessordnung ist nur Absatz 1 sinngemäß anzuwenden, wobei die Mitteilung des Aktenzeichens auch an eine andere Verwaltungsbehörde, die das Bußgeldverfahren veranlasst oder sonst an dem Verfahren mitgewirkt hat, erfolgt.

§ 49b[2] Verfahrensübergreifende Mitteilungen auf Ersuchen; sonstige Verwendung von Daten für verfahrensübergreifende Zwecke. Für die Erteilung von Auskünften und Gewährung von Akteneinsicht auf Ersuchen sowie die sonstige Verwendung von Daten aus Bußgeldverfahren für verfahrensübergreifende Zwecke gelten die §§ 474 bis 476, 478 bis 481 und 498 Absatz 2 der Strafprozessordnung[3] sinngemäß, wobei

---

[1] Nr. **95a**.

[2] § 49b eingef. mWv 1.10.2002 durch G v. 26.7.2002 (BGBl. I S. 2864, ber. S. 3516); Nr. 3 und 4 geänd., Nr. 5 angef. mWv 1.4.2005 durch G v. 22.3.2005 (BGBl. I S. 837); einl. Satzteil geänd. mWv 1.1. 2018 durch G v. 5.7.2017 (BGBl. I S. 2208); einl. Satzteil, Nr. 1–5 geänd. mWv 26.11.2019 durch G v. 20.11.2019 (BGBl. I S. 1724).

[3] Nr. **90**.

1. in § 474 Absatz 2 Satz 1 Nummer 1 der Strafprozessordnung an die Stelle der Straftat die Ordnungswidrigkeit tritt,
2. in § 474 Absatz 2 Satz 1 Nummer 2 und 3 und § 481 der Strafprozessordnung an die Stelle besonderer Vorschriften über die Übermittlung oder Verwendung personenbezogener Informationen aus Strafverfahren solche über die Übermittlung oder Verwendung personenbezogener Daten aus Bußgeldverfahren treten,
3. in § 479 Absatz 1 der Strafprozessordnung an die Stelle der Zwecke des Strafverfahrens die Zwecke des Bußgeldverfahrens treten,
4. in § 479 Absatz 4 Nummer 2 der Strafprozessordnung an die Stelle der Frist von zwei Jahren eine Frist von einem Jahr tritt und
5. § 480 Absatz 3 Satz 1 der Strafprozessordnung mit der Maßgabe anzuwenden ist, dass für die Übermittlung durch Verwaltungsbehörden über den Antrag auf gerichtliche Entscheidung das in § 68 bezeichnete Gericht im Verfahren nach § 62 Abs. 1 Satz 1, Abs. 2 entscheidet.

§ 49c[1)] Dateiregelungen. (1) Für die Verarbeitung und Nutzung personenbezogener Daten in Dateien gelten vorbehaltlich des § 496 Absatz 3 der Strafprozessordnung[2)] und besonderer Regelungen in anderen Gesetzen die Vorschriften des Zweiten Abschnitts des Achten Buches der Strafprozessordnung nach Maßgabe der folgenden Vorschriften sinngemäß.

(2) [1] Die Speicherung, Veränderung und Nutzung darf vorbehaltlich des Absatzes 3 nur bei Gerichten, Staatsanwaltschaften und Verwaltungsbehörden einschließlich Vollstreckungsbehörden sowie den Behörden des Polizeidienstes erfolgen, soweit dies entsprechend den §§ 483, 484 Abs. 1 und § 485 der Strafprozessordnung zulässig ist; dabei treten an die Stelle der Zwecke des Strafverfahrens die Zwecke des Bußgeldverfahrens. [2] Personenbezogene Daten aus Bußgeldverfahren dürfen auch verwendet werden, soweit es für Zwecke eines Strafverfahrens, Gnadenverfahrens oder der internationalen Rechts- und Amtshilfe in Straf- und Bußgeldsachen erforderlich ist. [3] Die Speicherung personenbezogener Daten von Personen, die zur Tatzeit nicht strafmündig waren, für Zwecke künftiger Bußgeldverfahren ist unzulässig.

(3) Die Errichtung einer gemeinsamen automatisierten Datei entsprechend § 486 der Strafprozessordnung für die in Absatz 2 genannten Stellen, die den Geschäftsbereichen verschiedener Bundes- oder Landesministerien angehören, ist nur zulässig, wenn sie zur ordnungsgemäßen Aufgabenerfüllung erforderlich und unter Berücksichtigung der schutzwürdigen Interessen der Betroffenen angemessen ist.

(4) [1] § 487 Abs. 1 Satz 1 der Strafprozessordnung ist mit der Maßgabe anzuwenden, dass die nach den Absätzen 1 bis 3 gespeicherten Daten den zuständigen Stellen nur für die in Absatz 2 genannten Zwecke übermittelt werden dürfen; § 49a Abs. 3 gilt für Übermittlungen von Amts wegen entsprechend. [2] § 487 Abs. 2 der Strafprozessordnung ist mit der Maßgabe anzuwenden, dass die Übermittlung erfolgen kann, soweit sie nach diesem Gesetz aus den Akten erfolgen könnte.

(5) Soweit personenbezogene Daten für Zwecke der künftigen Verfolgung von Ordnungswidrigkeiten gespeichert werden, darf die Frist im Sinne von § 489 Absatz 3 Satz 2 Nummer 1 der Strafprozessordnung bei einer Geldbuße von mehr

---

[1)] *§ 49c eingef. mWv 1.10.2002 durch G v. 26.7.2002* (BGBl. I S. 2864, ber. S. 3516); Abs. 1 geänd. mWv 1.1.2018 durch G v. 5.7.2017 (BGBl. I S. 2208); Abs. 5 geänd. mWv 26.11.2019 durch G v. 20.11. 2019 (BGBl. I S. 1724).

[2)] Nr. **90**.

als 250 Euro fünf Jahre, in allen übrigen Fällen des § 489 Absatz 3 Satz 2 Nummer 1 bis 3 der Strafprozessordnung zwei Jahre nicht übersteigen.

§ 49d[1] Schutz personenbezogener Daten in einer elektronischen Akte.

§ 496 Absatz 1 und 2 sowie die §§ 497 und 498 Absatz 1 der Strafprozessordnung[2] gelten entsprechend, wobei in § 496 Absatz 1 und § 498 Absatz 1 der Strafprozessordnung an die Stelle des jeweiligen Strafverfahrens das jeweilige Bußgeldverfahren tritt.

§ 50 Bekanntmachung von Maßnahmen der Verwaltungsbehörde.

(1) [1] Anordnungen, Verfügungen und sonstige Maßnahmen der Verwaltungsbehörde werden der Person, an die sich die Maßnahme richtet, formlos bekanntgemacht. [2] Ist gegen die Maßnahme ein befristeter Rechtsbehelf zulässig, so wird sie in einem Bescheid durch Zustellung bekanntgemacht.

(2) Bei der Bekanntmachung eines Bescheides der Verwaltungsbehörde, der durch einen befristeten Rechtsbehelf angefochten werden kann, ist die Person, an die sich die Maßnahme richtet, über die Möglichkeit der Anfechtung und die dafür vorgeschriebene Frist und Form zu belehren.

§ 51[3] Verfahren bei Zustellungen der Verwaltungsbehörde. (1) [1] Für das Zustellungsverfahren der Verwaltungsbehörde gelten die Vorschriften des Verwaltungszustellungsgesetzes[4], wenn eine Verwaltungsbehörde des Bundes das Verfahren durchführt, sonst die entsprechenden landesrechtlichen Vorschriften, soweit die Absätze 2 bis 5 nichts anderes bestimmen. [2] Wird ein Dokument mit Hilfe automatischer Einrichtungen erstellt, so wird das so hergestellte Dokument zugestellt.

(2) Ein Bescheid (§ 50 Abs. 1 Satz 2) wird dem Betroffenen zugestellt und, wenn er einen gesetzlichen Vertreter hat, diesem mitgeteilt.

(3) [1] Der gewählte Verteidiger, dessen Bevollmächtigung nachgewiesen ist, sowie der bestellte Verteidiger gelten als ermächtigt, Zustellungen und sonstige Mitteilungen für den Betroffenen in Empfang zu nehmen; für die Zustellung einer Ladung des Betroffenen gilt dies nur, wenn der Verteidiger in der Vollmacht ausdrücklich zur Empfangnahme von Ladungen ermächtigt ist. [2] Zum Nachweis der Bevollmächtigung genügt die Übermittlung einer Kopie der Vollmacht durch den Verteidiger. [3] Die Nachreichung der Vollmacht im Original kann verlangt werden; hierfür kann eine Frist bestimmt werden. [4] Wird ein Bescheid dem Verteidiger nach Satz 1 Halbsatz 1 zugestellt, so wird der Betroffene hiervon zugleich unterrichtet; dabei erhält er formlos eine Abschrift des Bescheides. [5] Wird ein Bescheid dem Betroffenen zugestellt, so wird der Verteidiger hiervon zugleich unterrichtet, auch wenn eine Vollmacht bei den Akten nicht vorliegt; dabei erhält er formlos eine Abschrift des Bescheides.

(4) Wird die für den Beteiligten bestimmte Zustellung an mehrere Empfangsberechtigte bewirkt, so richtet sich die Berechnung einer Frist nach der zuletzt bewirkten Zustellung.

---

[1] § 49d neu gef. mWv 1.1.2018 durch G v. 5.7.2017 (BGBl. I S. 2208).

[2] Nr. **90**.

[3] § 51 Abs. 1 Satz 1, Abs. 5 Sätze 1 und 2 geänd. mWv 1.2.2006, Abs. 5 Satz 3 aufgeh. mWv 1.8.2006 durch G v. 12.8.2005 (BGBl. I S. 2354); Abs. 1 Satz 2 geänd. mWv 1.1.2018 durch G v. 5.7.2017 (BGBl. I S. 2208); Abs. 3 Satz 1 geänd., Sätze 2 und 3 eingef., bish. Sätze 2 und 3 werden Sätze 4 und 5 mWv 1.7. 2021 durch G v. 25.6.2021 (BGBl. I S. 2099).

[4] **Sartorius Nr. 110.**

(5) [1] § 6 Abs. 1 des Verwaltungszustellungsgesetzes und die entsprechenden landesrechtlichen Vorschriften sind nicht anzuwenden. [2] Hat der Betroffene einen Verteidiger, so sind auch § 7 Abs. 1 Satz 1 und 2 und Abs. 2 des Verwaltungszustellungsgesetzes des und die entsprechenden landesrechtlichen Vorschriften nicht anzuwenden.

§ 52 Wiedereinsetzung in den vorigen Stand. (1) Für den befristeten Rechtsbehelf gegen den Bescheid der Verwaltungsbehörde gelten die §§ 44, 45, 46 Abs. 2 und 3 und § 47 der Strafprozeßordnung[1)] über die Wiedereinsetzung in den vorigen Stand entsprechend, soweit Absatz 2 nichts anderes bestimmt.

(2) [1] Über die Gewährung der Wiedereinsetzung in den vorigen Stand und den Aufschub der Vollstreckung entscheidet die Verwaltungsbehörde. [2] Ist das Gericht, das bei rechtzeitigem Rechtsbehelf zur Entscheidung in der Sache selbst zuständig gewesen wäre, mit dem Rechtsbehelf befaßt, so entscheidet es auch über die Gewährung der Wiedereinsetzung in den vorigen Stand und den Aufschub der Vollstreckung. [3] Verwirft die Verwaltungsbehörde den Antrag auf Wiedereinsetzung in den vorigen Stand, so ist gegen den Bescheid innerhalb von zwei Wochen nach Zustellung der Antrag auf gerichtliche Entscheidung nach § 62 zulässig.

Dritter Abschnitt. Vorverfahren

I. Allgemeine Vorschriften

§ 53[2)] Aufgaben der Polizei. (1) [1] Die Behörden und Beamten des Polizeidienstes haben nach pflichtgemäßem Ermessen Ordnungswidrigkeiten zu erforschen und dabei alle unaufschiebbaren Anordnungen zu treffen, um die Verdunkelung der Sache zu verhüten. [2] Sie haben bei der Erforschung von Ordnungswidrigkeiten, soweit dieses Gesetz nichts anderes bestimmt, dieselben Rechte und Pflichten wie bei der Verfolgung von Straftaten. [3] Ihre Akten übersenden sie unverzüglich der Verwaltungsbehörde, in den Fällen des Zusammenhangs (§ 42) der Staatsanwaltschaft.

(2) Die Beamten des Polizeidienstes, die zu Ermittlungspersonen der Staatsanwaltschaft bestellt sind (§ 152 des Gerichtsverfassungsgesetzes[3)]), können nach den für sie geltenden Vorschriften der Strafprozeßordnung[1)] Beschlagnahmen, Durchsuchungen, Untersuchungen und sonstige Maßnahmen anordnen.

§ 54 (weggefallen)

§ 55[4)] Anhörung des Betroffenen. (1) § 163a Abs. 1 der Strafprozeßordnung[1)] ist mit der Einschränkung anzuwenden, daß es genügt, wenn dem Betroffenen Gelegenheit gegeben wird, sich zu der Beschuldigung zu äußern.

(2) [1] Der Betroffene braucht nicht darauf hingewiesen zu werden, daß er auch schon vor seiner Vernehmung einen von ihm zu wählenden Verteidiger befragen kann. [2] § 136 Absatz 1 Satz 3 bis 5 der Strafprozeßordnung ist nicht anzuwenden.

[1)] *Nr.* ***90***.

[2)] § 53 Abs. 2 geänd. mWv 1.9.2004 durch G v. 24.8.2004 (BGBl. I S. 2198).

[3)] Nr. **95**.

[4)] § 55 Abs. 2 Satz 2 geänd. mWv 5.9.2017 durch G v. 27.8.2017 (BGBl. I S. 3295).

Lfd. Nr.	Änderndes Gesetz	Datum	Fundstelle	Betroffen	Hinweis
23.	Art. 3 G zur Neuordnung der Aufbewahrung von Notariatsunterlagen und zur Einrichtung des Elektron. Urkundenarchivs bei der Bundesnotarkammer sowie zur Änd. weiterer Gesetze	1.6.2017	BGBl. I S. 1396	§ 33	geänd. mWv 1.1.2018
24.	Art. 1 G zur Durchführung der VO (EU) 2015/848 über Insolvenzverfahren[1)]	5.6.2017	BGBl. I S. 1476	§§ 3, 19a	geänd. mWv 26.6.2017
25.	Art. 6 Abs. 1 G zur Änd. von Vorschriften im Bereich des Internationalen Privat- und Zivilverfahrensrechts	11.6.2017	BGBl. I S. 1607	§§ 20, 36b	geänd. mWv 17.6.2017
26.	Art. 6 G zur Bekämpfung von Kinderehen	17.7.2017	BGBl. I S. 2429	§ 14	geänd. mWv 22.7.2017
27.	Art. 4 G zum Internationalen Güterrecht und zur Änd. von Vorschriften des Internationalen Privatrechts	17.12. 2018	BGBl. I S. 2573	§ 20	geänd. mWv 29.1.2019
28.	Art. 3 G zur Umsetzung der Entscheidung des Bundesverfassungsgerichts vom 26. März 2019 zum Ausschluss der Stiefkindadoption in nichtehel. Familien	19.3.2020	BGBl. I S. 541	§ 14	geänd. mWv 31.3.2020
29.	Art. 4 G zur Reform des Vormundschafts- und Betreuungsrechts	4.5.2021	BGBl. I S. 882	§§ 14, 15, 19, 33	geänd. mWv 1.1.2023
30.	Art. 4 G zum Schutz von Kindern mit Varianten der Geschlechtsentwicklung	12.5.2021	BGBl. I S. 1082	§ 14	geänd. mWv 22.5.2021
31.	Art. 6 G zur Fortentwicklung der StrafprozessO und zur Änd. weiterer Vorschr.	25.6.2021	BGBl. I S. 2099	§ 31	geänd. mWv 1.7.2021
32.	Art. 24 Abs. 4 G zur Modernisierung des notariellen Berufsrechts und zur Änd. weiterer Vorschriften	25.6.2021	BGBl. I S. 2154	§§ 20, 23, 36b	geänd. mWv 1.8.2021
33.	Art. 9 G zur Neuregelung des Berufsrechts der anwaltlichen und steuerberatenden Berufsausübungsgesellschaften sowie zur Änd. weiterer Vorschriften im Bereich der rechtsberatenden Berufe	7.7.2021	BGBl. I S. 2363	§§ 3, 20, 23, 25a, 26, 31, 36b § 39	geänd. mWv 1.8.2022 aufgeh. mit Ablauf des 31.7. 2022
34.	Art. 2 G zur Durchführung der VO (EU) 2019/1111 sowie zur Änd. sonstiger Vorschriften	10.8.2021	BGBl. I S. 3424	§ 14	geänd. mWv 1.8.2022

[1)] **Amtl. Anm.:** Dieses Gesetz dient der Durchführung der Verordnung (EU) 2015/848 des Europäischen Parlaments und des Rates vom 20. Mai 2015 über Insolvenzverfahren (ABl. L 141 vom 5.6.2015, S. 19; L 349 vom 21.12.2016, S. 6), die zuletzt durch die Verordnung (EU) 2017/353 (ABl. L 57 vom 3.3. 2017, S. 19) geändert worden ist.

Lfd. Nr.	Änderndes Gesetz	Datum	Fundstelle	Betroffen	Hinweis
35.	Art. 30 PersonengesellschaftsrechtsmodernisierungsG (MoPeG)	10.8.2021	BGBl. I S. 3436	§§ 3, 17	geänd. mWv 1.1.2024
36.	Art. 11 Abs. 1 Zweites G zur Vereinfachung und Modernisierung des Patentrechts	10.8.2021	BGBl. I S. 3490	§ 23	geänd. mWv 1.5.2022

Vorbemerkung:

Die Änderungen durch G v. 4.5.2021 (BGBl. I S. 882) treten erst mWv 1.1. 2023 in Kraft und sind im Text noch nicht berücksichtigt.

Die Änderungen durch G v. 7.7.2021 (BGBl. I S. 2363) treten erst mWv 1.8.2022 in Kraft und sind im Text noch nicht berücksichtigt.

Die Änderung durch G v. 10.8.2021 (BGBl. I S. 3424) tritt erst mWv 1.8. 2022 in Kraft und ist im Text noch nicht berücksichtigt.

Die Änderungen durch G v. 10.8.2021 (BGBl. I S. 3436) treten erst mWv 1.1.2024 in Kraft und sind im Text noch nicht berücksichtigt.

Die Änderung durch G v. 10.8.2021 (BGBl. I S. 3490) tritt erst mWv 1.5. 2022 in Kraft und ist im Text noch nicht berücksichtigt.

Lfd. Nr.	Änderndes Gesetz	Datum	Fundstelle	Betroffen	Hinweis
67.	Art. 8 G zur Fortentwicklung der StrafprozessO und zur Änd. weiterer Vorschriften	25.6.2021	BGBl. I S. 2099	§ 299	geänd. mWv 1.7.2021
68.	Art. 14 G zur Modernisierung des notariellen Berufsrechts und zur Änd. weiterer Vorschriften	25.6.2021	BGBl. I S. 2154	§ 797	neu gef. mWv 1.8.2021
69.	Art. 13 G zur Neuregelung des Berufsrechts der anwaltlichen und steuerberatenden Berufsausübungsgesellschaften sowie zur Änd. weiterer Vorschriften im Bereich der rechtsberatenden Berufe	7.7.2021	BGBl. I S. 2363	§ 130a	geänd. mWv 1.8.2022
70.	Art. 3 G zur Durchführung der VO (EU) 2019/1111 sowie zur Änd. sonstiger Vorschriften	10.8.2021	BGBl. I S. 3424	§§ 1080, 1111	geänd. mWv 18.8.2021
71.	Art. 34 PersonengesellschaftsrechtsmodernisierungsG (MoPeG)	10.8.2021	BGBl. I S. 3436	Inhaltsübersicht, § 50	geänd. mWv 1.1.2024
				§§ 736, 859	neu gef. mWv 1.1.2024
				§ 735	aufgeh. mit Ablauf des 31.12. 2023

Vorbemerkung:

Die Änderungen durch G v. 22.11.2020 (BGBl. I S. 2466, geänd. durch G v. 7.5.2021, BGBl. I S. 850) treten teilweise erst mWv 1.12.2021 in Kraft und sind insoweit im Text noch nicht berücksichtigt.

Die Änderungen durch G v. 7.5.2021 (BGBl. I S. 850) treten erst mWv 1.12.2021 und mWv 1.1.2022 in Kraft und sind im Text noch nicht berücksichtigt.

Die Änderungen durch G v. 4.5.2021 (BGBl. I S. 882) treten erst mWv 1.1. 2023 in Kraft und sind im Text noch nicht berücksichtigt.

Die Änderung durch G v. 7.7.2021 (BGBl. I S. 2363) tritt erst mWv 1.8. 2022 in Kraft und ist im Text noch nicht berücksichtigt.

Die Änderungen durch G v. 10.8.2021 (BGBl. I S. 3436) treten erst mWv 1.1.2024 in Kraft und sind im Text noch nicht berücksichtigt.

Streitsachen mit grenzüberschreitendem Bezug durch Festlegung gemeinsamer Mindestvorschriften für die Prozesskostenhilfe in derartigen Streitsachen (ABl. EG Nr. L 26 S. 41, ABl. EU Nr. L 32 S. 15) gelten die §§ 114 bis 127a, soweit nachfolgend nichts Abweichendes bestimmt ist.

§ 1077[1)] Ausgehende Ersuchen. (1) [1] Für die Entgegennahme und Übermittlung von Anträgen natürlicher Personen auf grenzüberschreitende Prozesskostenhilfe ist das Amtsgericht zuständig, in dessen Bezirk der Antragsteller seinen Wohnsitz oder gewöhnlichen Aufenthalt hat (Übermittlungsstelle). [2] Die Landesregierungen können die Aufgaben der Übermittlungsstelle einem Amtsgericht für die Bezirke mehrerer Amtsgerichte durch Rechtsverordnung zuweisen. [3] Sie können die Ermächtigung durch Rechtsverordnung auf die Landesjustizverwaltungen übertragen. [4] § 21 Satz 1 des Auslandsunterhaltsgesetzes[2)] bleibt unberührt.

(2) [1] Das Bundesministerium der Justiz und für Verbraucherschutz wird ermächtigt, durch Rechtsverordnung[3)] mit Zustimmung des Bundesrates die in Artikel 16 Abs. 1 der Richtlinie 2003/8/EG vorgesehenen Standardformulare für Anträge auf grenzüberschreitende Prozesskostenhilfe und für deren Übermittlung einzuführen. [2] Soweit Standardformulare für Anträge auf grenzüberschreitende Prozesskostenhilfe und für deren Übermittlung eingeführt sind, müssen sich der Antragsteller und die Übermittlungsstelle ihrer bedienen.

(3) [1] Die Übermittlungsstelle kann die Übermittlung durch Beschluss vollständig oder teilweise ablehnen, wenn der Antrag offensichtlich unbegründet ist oder offensichtlich nicht in den Anwendungsbereich der Richtlinie 2003/8/EG fällt. [2] Sie kann von Amts wegen Übersetzungen von dem Antrag beigefügten fremdsprachigen Anlagen fertigen, soweit dies zur Vorbereitung einer Entscheidung nach Satz 1 erforderlich ist. [3] Gegen die ablehnende Entscheidung findet die sofortige Beschwerde nach Maßgabe des § 127 Abs. 2 Satz 2 und 3 statt.

(4) [1] Die Übermittlungsstelle fertigt von Amts wegen Übersetzungen der Eintragungen im Standardformular für Anträge auf Prozesskostenhilfe sowie der beizufügenden Anlagen

a) in eine der Amtssprachen des Mitgliedstaats der zuständigen Empfangsstelle, die zugleich einer der Amtssprachen der Europäischen Union entspricht, oder
b) in eine andere von diesem Mitgliedstaat zugelassene Sprache.

[2] Die Übermittlungsstelle prüft die Vollständigkeit des Antrags und wirkt darauf hin, dass Anlagen, die nach ihrer Kenntnis zur Entscheidung über den Antrag erforderlich sind, beigefügt werden.

(5) [1] Die Übermittlungsstelle übersendet den Antrag und die beizufügenden Anlagen ohne Legalisation oder gleichwertige Förmlichkeiten an die zuständige Empfangsstelle des Mitgliedstaats des Gerichtsstands oder des Vollstreckungsmitgliedstaats. [2] Die Übermittlung erfolgt innerhalb von 14 Tagen nach Vorliegen der gemäß Absatz 4 zu fertigenden Übersetzungen.

(6) [1] Hat die zuständige Stelle des anderen Mitgliedstaats das Ersuchen um Prozesskostenhilfe auf Grund der persönlichen und wirtschaftlichen Verhältnisse des Antragstellers abgelehnt oder eine Ablehnung angekündigt, so stellt die Übermittlungsstelle auf Antrag eine Bescheinigung der Bedürftigkeit aus, wenn der Antrag-

---

[1)] § 1077 Abs. 1 Satz 4 angef. mWv 18.6.2011 durch G v. 23.5.2011 (BGBl. I S. 898); Abs. 2 Satz 1 geänd. mWv 8.9.2015 durch VO v. 31.8.2015 (BGBl. I S. 1474).

[2)] **Habersack, Deutsche Gesetze ErgBd. Nr. 103o.**

[3)] Siehe die EG-ProzesskostenhilfevordruckVO v. 21.12.2004 (BGBl. I S. 3538).

steller in einem entsprechenden deutschen Verfahren nach § 115 Abs. 1 und 2 als bedürftig anzusehen wäre. [2]Absatz 4 Satz 1 gilt für die Übersetzung der Bescheinigung entsprechend. [3]Die Übermittlungsstelle übersendet der Empfangsstelle des anderen Mitgliedstaats die Bescheinigung der Bedürftigkeit zwecks Ergänzung des ursprünglichen Ersuchens um grenzüberschreitende Prozesskostenhilfe.

§ 1078 Eingehende Ersuchen. (1) [1]Für eingehende Ersuchen um grenzüberschreitende Prozesskostenhilfe ist das Prozessgericht oder das Vollstreckungsgericht zuständig. [2]Die Anträge müssen in deutscher Sprache ausgefüllt und die Anlagen von einer Übersetzung in die deutsche Sprache begleitet sein. [3]Eine Legalisation oder gleichwertige Förmlichkeiten dürfen nicht verlangt werden.

(2) [1]Das Gericht entscheidet über das Ersuchen nach Maßgabe der §§ 114 bis 116. [2]Es übersendet der übermittelnden Stelle eine Abschrift seiner Entscheidung.

(3) Der Antragsteller erhält auch dann grenzüberschreitende Prozesskostenhilfe, wenn er nachweist, dass er wegen unterschiedlich hoher Lebenshaltungskosten im Mitgliedstaat seines Wohnsitzes oder gewöhnlichen Aufenthalts einerseits und im Geltungsbereich dieses Gesetzes andererseits die Kosten der Prozessführung nicht, nur zum Teil oder nur in Raten aufbringen kann.

(4) [1]Wurde grenzüberschreitende Prozesskostenhilfe bewilligt, so gilt für jeden weiteren Rechtszug, der von dem Antragsteller oder dem Gegner eingeleitet wird, ein neuerliches Ersuchen um grenzüberschreitende Prozesskostenhilfe als gestellt. [2]Das Gericht hat dahin zu wirken, dass der Antragsteller die Voraussetzungen für die Bewilligung der grenzüberschreitenden Prozesskostenhilfe für den jeweiligen Rechtszug darlegt.

Abschnitt 4. Europäische Vollstreckungstitel nach der Verordnung (EG) Nr. 805/2004

Titel 1. Bestätigung inländischer Titel als Europäische Vollstreckungstitel

§ 1079[1)] Zuständigkeit. Für die Ausstellung der Bestätigungen nach

1. Artikel 9 Abs. 1, Artikel 24 Abs. 1, Artikel 25 Abs. 1 und
2. Artikel 6 Abs. 2 und 3

der Verordnung (EG) Nr. 805/2004[2)] sind die Gerichte, Behörden oder Notare zuständig, denen die Erteilung einer vollstreckbaren Ausfertigung des Titels obliegt.

§ 1080[3)] Entscheidung. (1) [1]Bestätigungen nach Artikel 9 Abs. 1, Artikel 24 Abs. 1, Artikel 25 Abs. 1 und Artikel 6 Abs. 3 der Verordnung (EG) Nr. 805/2004[2)] sind ohne Anhörung des Schuldners auszustellen. [2]Eine Ausfertigung der Bestätigung ist dem Schuldner von Amts wegen zuzustellen. [3]Das gilt nicht, wenn die antragstellende Person Übermittlung an sich zur Zustellung im Parteibetrieb beantragt hat.

(2) Wird der Antrag auf Ausstellung einer Bestätigung zurückgewiesen, so sind die Vorschriften über die Anfechtung der Entscheidung über die Erteilung einer Vollstreckungsklausel entsprechend anzuwenden.

[1)] § 1079 abschl. Satzteil geänd. mWv 10.1.2015 durch G v. 8.7.2014 (BGBl. I S. 890).
[2)] **Habersack, Deutsche Gesetze ErgBd. Nr. 103f.**
[3)] § 1080 Abs. 1 Satz 3 angef. mWv 18.8.2021 durch G v. 10.8.2021 (BGBl. I S. 3424).

§ 1081 Berichtigung und Widerruf. (1) [1]Ein Antrag nach Artikel 10 Abs. 1 der Verordnung (EG) Nr. 805/2004[1)] auf Berichtigung oder Widerruf einer gerichtlichen Bestätigung ist bei dem Gericht zu stellen, das die Bestätigung ausgestellt hat. [2]Über den Antrag entscheidet dieses Gericht. [3]Ein Antrag auf Berichtigung oder Widerruf einer notariellen oder behördlichen Bestätigung ist an die Stelle zu richten, die die Bestätigung ausgestellt hat. [4]Die Notare oder Behörden leiten den Antrag unverzüglich dem Amtsgericht, in dessen Bezirk sie ihren Sitz haben, zur Entscheidung zu.

(2) [1]Der Antrag auf Widerruf durch den Schuldner ist nur binnen einer Frist von einem Monat zulässig. [2]Ist die Bestätigung im Ausland zuzustellen, beträgt die Frist zwei Monate. [3]Sie ist eine Notfrist und beginnt mit der Zustellung der Bestätigung, jedoch frühestens mit der Zustellung des Titels, auf den sich die Bestätigung bezieht. [4]In dem Antrag auf Widerruf sind die Gründe darzulegen, weshalb die Bestätigung eindeutig zu Unrecht erteilt worden ist.

(3) § 319 Abs. 2 und 3 ist auf die Berichtigung und den Widerruf entsprechend anzuwenden.

Titel 2. Zwangsvollstreckung aus Europäischen Vollstreckungstiteln im Inland

§ 1082 Vollstreckungstitel. Aus einem Titel, der in einem anderen Mitgliedstaat der Europäischen Union nach der Verordnung (EG) Nr. 805/2004[1)] als Europäischer Vollstreckungstitel bestätigt worden ist, findet die Zwangsvollstreckung im Inland statt, ohne dass es einer Vollstreckungsklausel bedarf.

§ 1083 Übersetzung. Hat der Gläubiger nach Artikel 20 Abs. 2 Buchstabe c der Verordnung (EG) Nr. 805/2004[1)] eine Übersetzung vorzulegen, so ist diese in deutscher Sprache zu verfassen und von einer hierzu in einem der Mitgliedstaaten der Europäischen Union befugten Person zu beglaubigen.

§ 1084 Anträge nach den Artikeln 21 und 23 der Verordnung (EG) Nr. 805/2004. (1) [1]Für Anträge auf Verweigerung, Aussetzung oder Beschränkung der Zwangsvollstreckung nach den Artikeln 21 und 23 der Verordnung (EG) Nr. 805/2004[1)] ist das Amtsgericht als Vollstreckungsgericht zuständig. [2]Die Vorschriften des Buches 8 über die örtliche Zuständigkeit des Vollstreckungsgerichts sind entsprechend anzuwenden. [3]Die Zuständigkeit nach den Sätzen 1 und 2 ist ausschließlich.

(2) [1]Die Entscheidung über den Antrag nach Artikel 21 der Verordnung (EG) Nr. 805/2004 ergeht durch Beschluss. [2]Auf die Einstellung der Zwangsvollstreckung und die Aufhebung der bereits getroffenen Vollstreckungsmaßregeln sind § 769 Abs. 1 und 3 sowie § 770 entsprechend anzuwenden. [3]Die Aufhebung einer Vollstreckungsmaßregel ist auch ohne Sicherheitsleistung zulässig.

(3) [1]Über den Antrag auf Aussetzung oder Beschränkung der Vollstreckung nach Artikel 23 der Verordnung (EG) Nr. 805/2004 wird durch einstweilige Anordnung entschieden. [2]Die Entscheidung ist unanfechtbar.

§ 1085 Einstellung der Zwangsvollstreckung. Die Zwangsvollstreckung ist entsprechend den §§ 775 und 776 auch dann einzustellen oder zu beschränken, wenn die Ausfertigung einer Bestätigung über die Nichtvollstreckbarkeit oder über die Beschränkung der Vollstreckbarkeit nach Artikel 6 Abs. 2 der Verordnung (EG) Nr. 805/2004[1)] vorgelegt wird.

[1)] **Habersack, Deutsche Gesetze ErgBd. Nr. 103f.**

§ 1086[1)] Vollstreckungsabwehrklage. (1) [1]Für Klagen nach § 795 Satz 1 in Verbindung mit § 767 ist das Gericht ausschließlich örtlich zuständig, in dessen Bezirk der Schuldner seinen Wohnsitz hat, oder, wenn er im Inland keinen Wohnsitz hat, das Gericht, in dessen Bezirk die Zwangsvollstreckung stattfinden soll oder stattgefunden hat. [2]Der Sitz von Gesellschaften oder juristischen Personen steht dem Wohnsitz gleich.

(2) § 767 Abs. 2 ist entsprechend auf gerichtliche Vergleiche und öffentliche Urkunden anzuwenden.

Abschnitt 5.[2)] Europäisches Mahnverfahren nach der Verordnung (EG) Nr. 1896/2006

Titel 1. Allgemeine Vorschriften

§ 1087[3)] Zuständigkeit. Für die Bearbeitung von Anträgen auf Erlass und Überprüfung sowie die Vollstreckbarerklärung eines Europäischen Zahlungsbefehls nach der Verordnung (EG) Nr. 1896/2006[4)] ist das Amtsgericht Wedding in Berlin ausschließlich zuständig.

§ 1088[5)] Maschinelle Bearbeitung. (1) [1]Der Antrag auf Erlass des Europäischen Zahlungsbefehls und der Einspruch können in einer nur maschinell lesbaren Form bei Gericht eingereicht werden, wenn diese dem Gericht für seine maschinelle Bearbeitung geeignet erscheint. [2]§ 130a Absatz 5 Satz 1 gilt entsprechend.

(2) Der Senat des Landes Berlin bestimmt durch Rechtsverordnung, die nicht der Zustimmung des Bundesrates bedarf, den Zeitpunkt, in dem beim Amtsgericht Wedding die maschinelle Bearbeitung der Mahnverfahren eingeführt wird; er kann die Ermächtigung durch Rechtsverordnung auf die Senatsverwaltung für Justiz des Landes Berlin übertragen.

§ 1089[2)] Zustellung. (1) [1]Ist der Europäische Zahlungsbefehl im Inland zuzustellen, gelten die Vorschriften über das Verfahren bei Zustellungen von Amts wegen entsprechend. [2]Die §§ 185 bis 188 sind nicht anzuwenden.

(2) Ist der Europäische Zahlungsbefehl in einem anderen Mitgliedstaat der Europäischen Union zuzustellen, gelten die Vorschriften der Verordnung (EG) Nr. 1393/2007[6)] sowie für die Durchführung § 1068 Abs. 1 und § 1069 Abs. 1 entsprechend.

Titel 2. Einspruch gegen den Europäischen Zahlungsbefehl

§ 1090[7)] Verfahren nach Einspruch. (1) [1]Im Fall des Artikels 17 Abs. 1 der Verordnung (EG) Nr. 1896/2006[4)] fordert das Gericht den Antragsteller mit der Mitteilung nach Artikel 17 Abs. 3 der Verordnung (EG) Nr. 1896/2006 auf, das Gericht zu bezeichnen, das für die Durchführung des streitigen Verfahrens zuständig ist. [2]Das Gericht setzt dem Antragsteller hierfür eine nach den Umständen

---

[1)] § 1086 Abs. 1 Satz 1 geänd. mWv 10.1.2015 durch G v. 8.7.2014 (BGBl. I S. 890).

[2)] Abschnitt 5 (§§ 1087–1096) angef. mWv 12.12.2008 durch G v. 30.10.2008 (BGBl. I S. 2122).

[3)] § 1087 angef. mWv 12.12.2008 durch G v. 30.10.2008 (BGBl. I S. 2122); geänd. mWv 10.1.2015 durch G v. 8.7.2014 (BGBl. I S. 890).

[4)] **Habersack, Deutsche Gesetze ErgBd. Nr. 103g.**

[5)] § 1088 angef. mWv 12.12.2008 durch G v. 30.10.2008 (BGBl. I S. 2122); Abs. 1 Satz 2 geänd. mWv *1.1.2018 durch G v. 10.10.2013 (BGBl. I S. 3786).*

[6)] **Habersack, Deutsche Gesetze ErgBd. Nr. 103c.**

[7)] § 1090 angef. mWv 12.12.2008 durch G v. 30.10.2008 (BGBl. I S. 2122); Abs. 1 Sätze 4 und 5 angef. mWv 17.6.2017 durch G v. 11.6.2017 (BGBl. I S. 1607).

angemessene Frist und weist ihn darauf hin, dass dem für die Durchführung des streitigen Verfahrens bezeichneten Gericht die Prüfung seiner Zuständigkeit vorbehalten bleibt. [3]Die Aufforderung ist dem Antragsgegner mitzuteilen. [4]Für den Fall, dass der Antragsteller nicht innerhalb der ihm hierfür nach Satz 2 gesetzten Frist das für die Durchführung des streitigen Verfahrens zuständige Gericht benennt, ist der Europäische Zahlungsbefehl aufzuheben. [5]Hierdurch endet das Verfahren nach der Verordnung (EG) Nr. 1896/2006.

(2) [1]Nach Eingang der Mitteilung des Antragstellers nach Absatz 1 Satz 1 gibt das Gericht, das den Europäischen Zahlungsbefehl erlassen hat, das Verfahren von Amts wegen an das vom Antragsteller bezeichnete Gericht ab. [2]§ 696 Abs. 1 Satz 3 bis 5, Abs. 2, 4 und 5 sowie § 698 gelten entsprechend.

(3) Die Streitsache gilt als mit Zustellung des Europäischen Zahlungsbefehls rechtshängig geworden, wenn sie nach Übersendung der Aufforderung nach Absatz 1 Satz 1 und unter Berücksichtigung der Frist nach Absatz 1 Satz 2 alsbald abgegeben wird.

§ 1091[1)] Einleitung des Streitverfahrens. § 697 Abs. 1 bis 3 gilt entsprechend.

Titel 3. Überprüfung des Europäischen Zahlungsbefehls in Ausnahmefällen

§ 1092[1)] Verfahren. (1) [1]Die Entscheidung über einen Antrag auf Überprüfung des Europäischen Zahlungsbefehls nach Artikel 20 Abs. 1 oder Abs. 2 der Verordnung (EG) Nr. 1896/2006[2)] ergeht durch Beschluss. [2]Der Beschluss ist unanfechtbar.

(2) Der Antragsgegner hat die Tatsachen, die eine Aufhebung des Europäischen Zahlungsbefehls begründen, glaubhaft zu machen.

(3) Erklärt das Gericht den Europäischen Zahlungsbefehl für nichtig, endet das Verfahren nach der Verordnung (EG) Nr. 1896/2006.

(4) Eine Wiedereinsetzung in die Frist nach Artikel 16 Abs. 2 der Verordnung (EG) Nr. 1896/2006 findet nicht statt.

§ 1092a[3)] Rechtsbehelf bei Nichtzustellung oder bei nicht ordnungsgemäßer Zustellung des Europäischen Zahlungsbefehls. (1) [1]Der Antragsgegner kann die Aufhebung des Europäischen Zahlungsbefehls beantragen, wenn ihm der Europäische Zahlungsbefehl

1. nicht zugestellt wurde oder
2. in einer nicht den Anforderungen der Artikel 13 bis 15 der Verordnung (EG) Nr. 1896/2006[2)] genügenden Weise zugestellt wurde.

[2]Der Antrag muss innerhalb eines Monats ab dem Zeitpunkt gestellt werden, zu dem der Antragsgegner Kenntnis vom Erlass des Europäischen Zahlungsbefehls oder des Zustellungsmangels gehabt hat oder hätte haben können. [3]Gibt das Gericht dem Antrag aus einem der in Satz 1 genannten Gründe statt, wird der Europäische Zahlungsbefehl für nichtig erklärt.

(2) [1]Hat das Gericht zum Zeitpunkt der Antragstellung nach Absatz 1 Satz 1 den Europäischen Zahlungsbefehl bereits nach Artikel 18 der Verordnung (EG) Nr. 1896/2006 für vollstreckbar erklärt und gibt es dem Antrag nunmehr statt, so

---

[1)] Abschnitt 5 (§§ 1087–1096) angef. mWv 12.12.2008 durch G v. 30.10.2008 (BGBl. I S. 2122).
[2)] **Habersack, Deutsche Gesetze ErgBd. Nr. 103g.**
[3)] § 1092a eingef. mWv 17.6.2017 durch G v. 11.6.2017 (BGBl. I S. 1607).

erklärt es die Zwangsvollstreckung aus dem Zahlungsbefehl für unzulässig. ²Absatz 1 Satz 3 gilt entsprechend.

(3) ¹Die Entscheidung ergeht durch Beschluss. ²Der Beschluss ist unanfechtbar. ³§ 1092 Absatz 2 bis 4 findet entsprechende Anwendung.

Titel 4. Zwangsvollstreckung aus dem Europäischen Zahlungsbefehl

§ 1093[1] **Vollstreckungsklausel.** Aus einem nach der Verordnung (EG) Nr. 1896/2006[2] erlassenen und für vollstreckbar erklärten Europäischen Zahlungsbefehl findet die Zwangsvollstreckung im Inland statt, ohne dass es einer Vollstreckungsklausel bedarf.

§ 1094[1] **Übersetzung.** Hat der Gläubiger nach Artikel 21 Abs. 2 Buchstabe b der Verordnung (EG) Nr. 1896/2006[2] eine Übersetzung vorzulegen, so ist diese in deutscher Sprache zu verfassen und von einer in einem der Mitgliedstaaten der Europäischen Union hierzu befugten Person zu beglaubigen.

§ 1095[3] **Vollstreckungsschutz und Vollstreckungsabwehrklage gegen den im Inland erlassenen Europäischen Zahlungsbefehl.** (1) ¹Wird die Überprüfung eines im Inland erlassenen Europäischen Zahlungsbefehls nach Artikel 20 der Verordnung (EG) Nr. 1896/2006[2] oder dessen Aufhebung nach § 1092a beantragt, gilt § 707 entsprechend. ²Für die Entscheidung über den Antrag nach § 707 ist das Gericht zuständig, das über den Antrag nach Artikel 20 der Verordnung (EG) Nr. 1896/2006 entscheidet.

(2) Einwendungen, die den Anspruch selbst betreffen, sind nur insoweit zulässig, als die Gründe, auf denen sie beruhen, nach Zustellung des Europäischen Zahlungsbefehls entstanden sind und durch Einspruch nach Artikel 16 der Verordnung (EG) Nr. 1896/2006 nicht mehr geltend gemacht werden können.

§ 1096[4] **Anträge nach den Artikeln 22 und 23 der Verordnung (EG) Nr. 1896/2006; Vollstreckungsabwehrklage.** (1) ¹Für Anträge auf Verweigerung der Zwangsvollstreckung nach Artikel 22 Abs. 1 der Verordnung (EG) Nr. 1896/2006[2] gilt § 1084 Abs. 1 und 2 entsprechend. ²Für Anträge auf Aussetzung oder Beschränkung der Zwangsvollstreckung nach Artikel 23 der Verordnung (EG) Nr. 1896/2006 ist § 1084 Abs. 1 und 3 entsprechend anzuwenden.

(2) ¹Für Anträge auf Verweigerung der Zwangsvollstreckung nach Artikel 22 Abs. 2 der Verordnung (EG) Nr. 1896/2006 gilt § 1086 Abs. 1 entsprechend. ²Für Klagen nach § 795 Satz 1 in Verbindung mit § 767 sind § 1086 Abs. 1 und § 1095 Abs. 2 entsprechend anzuwenden.

---

[1] Abschnitt 5 (§§ 1087–1096) angef. mWv 12.12.2008 durch G v. 30.10.2008 (BGBl. I S. 2122).

[2] **Habersack, Deutsche Gesetze ErgBd. Nr. 103g.**

[3] *§ 1095 angef. mWv 12.12.2008 durch G v. 30.10.2008* (BGBl. I S. 2122); Abs. 1 Satz 1 geänd. mWv 17.6.2017 durch G v. 11.6.2017 (BGBl. I S. 1607).

[4] § 1096 angef. mWv 12.12.2008 durch G v. 30.10.2008 (BGBl. I S. 2122); Abs. 2 Satz 2 geänd. mWv 10.1.2015 durch G v. 8.7.2014 (BGBl. I S. 890).

Abschnitt 6.[1] Europäisches Verfahren für geringfügige Forderungen nach der Verordnung (EG) Nr. 861/2007

Titel 1. Erkenntnisverfahren

§ 1097[2] Einleitung und Durchführung des Verfahrens. (1) Die Formblätter gemäß der Verordnung (EG) Nr. 861/2007[3] und andere Anträge oder Erklärungen können als Schriftsatz, als Telekopie oder nach Maßgabe des § 130a als elektronisches Dokument bei Gericht eingereicht werden.

(2) Im Fall des Artikels 4 Abs. 3 der Verordnung (EG) Nr. 861/2007 wird das Verfahren über die Klage ohne Anwendung der Vorschriften der Verordnung (EG) Nr. 861/2007 fortgeführt.

§ 1098[1] Annahmeverweigerung auf Grund der verwendeten Sprache.

[1] Die Frist zur Erklärung der Annahmeverweigerung nach Artikel 6 Abs. 3 der Verordnung (EG) Nr. 861/2007[3] beträgt eine Woche. [2] Sie ist eine Notfrist und beginnt mit der Zustellung des Schriftstücks. [3] Der Empfänger ist über die Folgen einer Versäumung der Frist zu belehren.

§ 1099[1] Widerklage. (1) Eine Widerklage, die nicht den Vorschriften der Verordnung (EG) Nr. 861/2007[3] entspricht, ist außer im Fall des Artikels 5 Abs. 7 Satz 1 der Verordnung (EG) Nr. 861/2007 als unzulässig abzuweisen.

(2) [1] Im Fall des Artikels 5 Abs. 7 Satz 1 der Verordnung (EG) Nr. 861/2007 wird das Verfahren über die Klage und die Widerklage ohne Anwendung der Vorschriften der Verordnung (EG) Nr. 861/2007 fortgeführt. [2] Das Verfahren wird in der Lage übernommen, in der es sich zur Zeit der Erhebung der Widerklage befunden hat.

§ 1100[4] Mündliche Verhandlung. (1) [1] Das Gericht kann den Parteien sowie ihren Bevollmächtigten und Beiständen gestatten, sich während einer Verhandlung an einem anderen Ort aufzuhalten und dort Verfahrenshandlungen vorzunehmen. [2] § 128a Abs. 1 Satz 2 und Abs. 3 Satz 1 bleibt unberührt.

(2) Die Bestimmung eines frühen ersten Termins zur mündlichen Verhandlung (§ 275) ist ausgeschlossen.

§ 1101[5] Beweisaufnahme. (1) Das Gericht kann die Beweise in der ihm geeignet erscheinenden Art aufnehmen, soweit Artikel 9 Abs. 2 bis 4 der Verordnung (EG) Nr. 861/2007[3] nichts anderes bestimmt.

(2) [1] Das Gericht kann einem Zeugen, Sachverständigen oder einer Partei gestatten, sich während einer Vernehmung an einem anderen Ort aufzuhalten. [2] § 128a Abs. 2 Satz 2, 3 und Abs. 3 Satz 1 bleibt unberührt.

§ 1102[1] Urteil. [1] Urteile bedürfen keiner Verkündung. [2] Die Verkündung eines Urteils wird durch die Zustellung ersetzt.

---

[1] Abschnitt 6 (§§ 1097–1109) angef. mWv 1.1.2009 durch G v. 30.10.2008 (BGBl. I S. 2122).

[2] § 1097 angef. mWv 1.1.2009 durch G v. 30.10.2008 (BGBl. I S. 2122); Abs. 1 geänd. mWv 10.1. 2015 durch G v. 8.7.2014 (BGBl. I S. 890).

[3] **Habersack, Deutsche Gesetze ErgBd. Nr. 103e.**

[4] § 1100 angef. mWv 1.1.2009 durch G v. 30.10.2008 (BGBl. I S. 2122); Abs. 1 Satz 2 geänd. mWv 14.7.2017 durch G v. 11.6.2017 (BGBl. I S. 1607).

[5] § 1101 angef. mWv 1.1.2009 durch G v. 30.10.2008 (BGBl. I S. 2122); Abs. 1, Abs. 2 Satz 2 geänd. mWv 14.7.2017 durch G v. 11.6.2017 (BGBl. I S. 1607).

§ 1103[1] **Säumnis.** [1]Äußert sich eine Partei binnen der für sie geltenden Frist nicht oder erscheint sie nicht zur mündlichen Verhandlung, kann das Gericht eine Entscheidung nach Lage der Akten erlassen. [2]§ 251a ist nicht anzuwenden.

§ 1104[2] **Abhilfe bei unverschuldeter Säumnis des Beklagten.** (1) [1]Liegen die Voraussetzungen des Artikels 18 Abs. 1 und 2 der Verordnung (EG) Nr. 861/2007[3] vor, wird das Verfahren fortgeführt; es wird in die Lage zurückversetzt, in der es sich vor Erlass des Urteils befand. [2]Auf Antrag stellt das Gericht die Nichtigkeit des Urteils durch Beschluss fest.

(2) Der Beklagte hat die tatsächlichen Voraussetzungen des Artikels 18 Abs. 1 und 2 der Verordnung (EG) Nr. 861/2007 glaubhaft zu machen.

§ 1104a[4] **Gemeinsame Gerichte.** [1]Die Landesregierungen werden ermächtigt, durch Rechtsverordnung einem Amtsgericht für die Bezirke mehrerer Amtsgerichte und einem Landgericht für die Bezirke mehrerer Landgerichte die Angelegenheiten in europäischen Verfahren für geringfügige Forderungen nach der Verordnung (EG) Nr. 861/2007[3] zuzuweisen, wenn dies der sachlichen Förderung der Verfahren dient. [2]Die Landesregierungen können die Ermächtigung auf die Landesjustizverwaltungen übertragen.

Titel 2. Zwangsvollstreckung

§ 1105[1] **Zwangsvollstreckung inländischer Titel.** (1) [1]Urteile sind für vorläufig vollstreckbar ohne Sicherheitsleistung zu erklären. [2]Die §§ 712 und 719 Abs. 1 Satz 1 in Verbindung mit § 707 sind nicht anzuwenden.

(2) [1]Für Anträge auf Beschränkung der Zwangsvollstreckung nach Artikel 15 Abs. 2 in Verbindung mit Artikel 23 der Verordnung (EG) Nr. 861/2007[3] ist das Gericht der Hauptsache zuständig. [2]Die Entscheidung ergeht im Wege einstweiliger Anordnung. [3]Sie ist unanfechtbar. [4]Die tatsächlichen Voraussetzungen des Artikels 23 der Verordnung (EG) Nr. 861/2007 sind glaubhaft zu machen.

§ 1106[1] **Bestätigung inländischer Titel.** (1) Für die Ausstellung der Bestätigung nach Artikel 20 Abs. 2 der Verordnung (EG) Nr. 861/2007[3] ist das Gericht zuständig, dem die Erteilung einer vollstreckbaren Ausfertigung des Titels obliegt.

(2) [1]Vor Ausfertigung der Bestätigung ist der Schuldner anzuhören. [2]Wird der Antrag auf Ausstellung einer Bestätigung zurückgewiesen, so sind die Vorschriften über die Anfechtung der Entscheidung über die Erteilung einer Vollstreckungsklausel entsprechend anzuwenden.

§ 1107[1] **Ausländische Vollstreckungstitel.** Aus einem Titel, der in einem Mitgliedstaat der Europäischen Union nach der Verordnung (EG) Nr. 861/2007[3] ergangen ist, findet die Zwangsvollstreckung im Inland statt, ohne dass es einer Vollstreckungsklausel bedarf.

§ 1108[1] **Übersetzung.** Hat der Gläubiger nach Artikel 21 Abs. 2 Buchstabe b der Verordnung (EG) Nr. 861/2007[3] eine Übersetzung vorzulegen, so ist diese in

---

[1] Abschnitt 6 (§§ 1097–1109) angef. mWv 1.1.2009 durch G v. 30.10.2008 (BGBl. I S. 2122).

[2] § 1104 angef. *mWv 1.1.2009 durch G v. 30.10.2008 (BGBl. I S. 2122)*; Abs. 1 Satz 1, Abs. 2 geänd. mWv 14.7.2017 durch G v. 11.6.2017 (BGBl. I S. 1607).

[3] **Habersack, Deutsche Gesetze ErgBd. Nr. 103e.**

[4] § 1104a eingef. mWv 14.7.2017 durch G v. 11.6.2017 (BGBl. I S. 1607).

deutscher Sprache zu verfassen und von einer in einem der Mitgliedstaaten der Europäischen Union hierzu befugten Person zu erstellen.

§ 1109[1)] Anträge nach den Artikeln 22 und 23 der Verordnung (EG) Nr. 861/2007; Vollstreckungsabwehrklage. (1) [1] Auf Anträge nach Artikel 22 der Verordnung (EG) Nr. 861/2007[2)] ist § 1084 Abs. 1 und 2 entsprechend anzuwenden. [2] Auf Anträge nach Artikel 23 der Verordnung (EG) Nr. 861/2007 ist § 1084 Abs. 1 und 3 entsprechend anzuwenden.

(2) § 1086 gilt entsprechend.

Abschnitt 7.[3)] Anerkennung und Vollstreckung nach der Verordnung (EU) Nr. 1215/2012

Titel 1. Bescheinigung über inländische Titel

§ 1110[3)] Zuständigkeit. Für die Ausstellung der Bescheinigung nach den Artikeln 53 und 60 der Verordnung (EU) Nr. 1215/2012[4)] sind die Gerichte oder Notare zuständig, denen die Erteilung einer vollstreckbaren Ausfertigung des Titels obliegt.

§ 1111[5)] Verfahren. (1) [1] Bescheinigungen nach den Artikeln 53 und 60 der Verordnung (EU) Nr. 1215/2012[4)] sind ohne Anhörung des Schuldners auszustellen. [2] In den Fällen des § 726 Absatz 1 und der §§ 727 bis 729 kann der Schuldner vor der Ausstellung der Bescheinigung gehört werden. [3] Eine Ausfertigung der Bescheinigung ist dem Schuldner von Amts wegen zuzustellen. [4] Das gilt nicht, wenn die antragstellende Person Übermittlung an sich zur Zustellung im Parteibetrieb beantragt hat.

(2) Für die Anfechtbarkeit der Entscheidung über die Ausstellung der Bescheinigung nach Absatz 1 gelten die Vorschriften über die Anfechtbarkeit der Entscheidung über die Erteilung der Vollstreckungsklausel entsprechend.

Titel 2. Anerkennung und Vollstreckung ausländischer Titel im Inland

§ 1112[3)] Entbehrlichkeit der Vollstreckungsklausel. Aus einem Titel, der in einem anderen Mitgliedstaat der Europäischen Union vollstreckbar ist, findet die Zwangsvollstreckung im Inland statt, ohne dass es einer Vollstreckungsklausel bedarf.

§ 1113[3)] Übersetzung oder Transliteration. Hat eine Partei nach Artikel 57 der Verordnung (EU) Nr. 1215/2012[4)] eine Übersetzung oder eine Transliteration vorzulegen, so ist diese in deutscher Sprache abzufassen und von einer in einem Mitgliedstaat der Europäischen Union hierzu befugten Person zu erstellen.

§ 1114[3)] Anfechtung der Anpassung eines Titels. Für die Anfechtung der Anpassung eines Titels (Artikel 54 der Verordnung (EU) Nr. 1215/2012)[4)] sind folgende Rechtsgrundlagen entsprechend anzuwenden:

---

1) Abschnitt 6 (§§ 1097–1109) angef. mWv 1.1.2009 durch G v. 30.10.2008 (BGBl. I S. 2122).

2) **Habersack, Deutsche Gesetze ErgBd. Nr. 103e.**

3) Abschnitt 7 (§§ 1110–1117) angef. mWv 10.1.2015 durch G v. 8.7.2014 (BGBl. I S. 890).

4) **Habersack, Deutsche Gesetze ErgBd. Nr. 103.**

5) § 1111 angef. mWv 10.1.2015 durch G v. 8.7.2014 (BGBl. I S. 890); Abs. 1 Satz 4 angef. mWv 18.8.2021 durch G v. 10.8.2021 (BGBl. I S. 3424).

1. im Fall von Maßnahmen des Gerichtsvollziehers oder des Vollstreckungsgerichts § 766,
2. im Fall von Entscheidungen des Vollstreckungsgerichts oder von Vollstreckungsmaßnahmen des Prozessgerichts § 793 und
3. im Fall von Vollstreckungsmaßnahmen des Grundbuchamts § 71 der Grundbuchordnung[1)].

§ 1115[2)] Versagung der Anerkennung oder der Vollstreckung. (1) Für Anträge auf Versagung der Anerkennung oder der Vollstreckung (Artikel 45 Absatz 4 und Artikel 47 Absatz 1 der Verordnung (EU) Nr. 1215/2012)[3)] ist das Landgericht ausschließlich zuständig.

(2) [1] Örtlich zuständig ist ausschließlich das Landgericht, in dessen Bezirk der Schuldner seinen Wohnsitz hat. [2] Hat der Schuldner im Inland keinen Wohnsitz, ist ausschließlich das Landgericht zuständig, in dessen Bezirk die Zwangsvollstreckung durchgeführt werden soll. [3] Der Sitz von Gesellschaften und juristischen Personen steht dem Wohnsitz gleich.

(3) Der Antrag auf Versagung kann bei dem zuständigen Landgericht schriftlich eingereicht oder mündlich zu Protokoll der Geschäftsstelle erklärt werden.

(4) [1] Über den Antrag auf Versagung entscheidet der Vorsitzende einer Zivilkammer durch Beschluss. [2] Der Beschluss ist zu begründen und kann ohne mündliche Verhandlung ergehen. [3] Der Antragsgegner ist vor der Entscheidung zu hören.

(5) [1] Gegen die Entscheidung findet die sofortige Beschwerde statt. [2] Die Notfrist des § 569 Absatz 1 Satz 1 beträgt einen Monat und beginnt mit der Zustellung der Entscheidung. [3] Gegen den Beschluss des Beschwerdegerichts findet die Rechtsbeschwerde statt.

(6) [1] Über den Antrag auf Aussetzung oder Beschränkung der Vollstreckung und den Antrag, die Vollstreckung von der Leistung einer Sicherheit abhängig zu machen (Artikel 44 Absatz 1 der Verordnung (EU) Nr. 1215/2012), wird durch einstweilige Anordnung entschieden. [2] Die Entscheidung ist unanfechtbar.

§ 1116[2)] Wegfall oder Beschränkung der Vollstreckbarkeit im Ursprungsmitgliedstaat. [1] Auf Antrag des Schuldners (Artikel 44 Absatz 2 der Verordnung (EU) Nr. 1215/2012)[3)] ist die Zwangsvollstreckung entsprechend § 775 Nummer 1 und 2 und § 776 auch dann einzustellen oder zu beschränken, wenn der Schuldner eine Entscheidung eines Gerichts des Ursprungsmitgliedstaats über die Nichtvollstreckbarkeit oder über die Beschränkung der Vollstreckbarkeit vorlegt. [2] Auf Verlangen des Vollstreckungsorgans ist eine Übersetzung der Entscheidung vorzulegen. [3] § 1108 gilt entsprechend.

§ 1117[2)] Vollstreckungsabwehrklage. (1) Für Klagen nach § 795 Satz 1 in Verbindung mit § 767 gilt § 1086 Absatz 1 entsprechend.

(2) Richtet sich die Klage gegen die Vollstreckung aus einem gerichtlichen Vergleich oder einer öffentlichen Urkunde, ist § 767 Absatz 2 nicht anzuwenden.

[1)] Nr. **114**.
[2)] Abschnitt 7 (§§ 1110–1117) angef. mWv 10.1.2015 durch G v. 8.7.2014 (BGBl. I S. 890).
[3)] **Habersack, Deutsche Gesetze ErgBd. Nr. 103.**

101. Gesetz, betreffend die Einführung der Zivilprozeßordnung

Vom 30. Januar 1877
(RGBl. S. 244)

BGBl. III/FNA 310-2

Lfd. Nr.	Änderndes Gesetz	Datum	Fundstelle	Betroffen	Hinweis
1.-21.	Änderungsgesetze bis einschl. G v. 16.8.2005 (BGBl. I S. 2437) nur noch in den Anmerkungen nachgewiesen				
22.	Art. 49 Erstes BMJ-RechtsbereinigungsG	19.4.2006	BGBl. I S. 866	§§ 20, 21, 22	neu gef. mWv 25.4.2006
				§§ 32, 33, 34	eingef. mWv 25.4.2006
				§§ 1, 2, 13, 16, 17	aufgeh. mWv 25.4.2006
23.	Art. 3 Abs. 16 G zur Umsetzung europäischer RL zur Verwirklichung des Grundsatzes der Gleichbehandlung[1]	14.8.2006	BGBl. I S. 1897	§ 15a	geänd. mWv 18.8.2006
24.	Art. 9 Zweites JustizmodernisierungsG	22.12.2006	BGBl. I S. 3416	§ 26	geänd. mWv 31.12.2006
				§ 35	eingef. mWv 31.12.2006
25.	Art. 7 Abs. 5 G zur Stärkung der Selbstverwaltung der Rechtsanwaltschaft	26.3.2007	BGBl. I S. 358	§ 26	geänd. mWv 1.6.2007
26.	Art. 19 Abs. 3 G zur Neuregelung des Rechtsberatungsrechts[2]	12.12.2007	BGBl. I S. 2840	§ 25	aufgeh. mWv 1.7.2008
27.	Art. 3 Abs. 2 G zur Änd. des Unterhaltsrechts	21.12.2007	BGBl. I S. 3189	§ 36	eingef. mWv 1.1.2008
28.	Art. 9 RisikobegrenzungsG	12.8.2008	BGBl. I S. 1666	§ 37	eingef. mWv 19.8.2008
29.	Art. 28 FGG-ReformG	17.12.2008	BGBl. I S. 2586	§§ 15a, 26	geänd. mWv 1.9.2009
				§ 11	aufgeh. mWv 1.9.2009
30.	Art. 2 G zur Reform des Kontopfändungsschutzes	7.7.2009	BGBl. I S. 1707	§ 20	geänd. mWv 1.7.2010
				§ 38	eingef. mWv 1.7.2010

[1] **Amtl. Anm.:** *(abgedruckt unter Nr.* ***34****)*

[2] **Amtl. Anm.:** Dieses Gesetz dient der Umsetzung der Richtlinie 2005/36/EG des Europäischen Parlaments und des Rates vom 7. September 2005 über die Anerkennung von Berufsqualifikationen (ABl. EU Nr. L 255 S. 22).

Lfd. Nr.	Änderndes Gesetz	Datum	Fundstelle	Betroffen	Hinweis
31.	Art. 5 G zur Reform der Sachaufklärung in der Zwangsvollstreckung	29.7.2009	BGBl. I S. 2258	§ 39	eingef. mWv 1.1.2013
32.	Art. 9 Abs. 3 G zur Modernisierung von Verfahren im anwaltlichen und notariellen Berufsrecht, zur Errichtung einer Schlichtungsstelle der Rechtsanwaltschaft sowie zur Änd. sonstiger Vorschriften[1]	30.7.2009	BGBl. I S. 2449	§ 26	geänd. mWv 5.8.2009
33.	Art. 6a G zur Ermittlung von Regelbedarfen und zur Änd. des Zweiten und Zwölften Buches Sozialgesetzbuch	24.3.2011	BGBl. I S. 453	§ 37a	eingef. mWv 30.3.2011
34.	Art. 3 G zur Änderung des § 522 ZPO	21.10. 2011	BGBl. I S. 2082	§ 26	geänd. mWv 27.10.2011
				§ 38a	eingef. mWv 27.10.2011
35.	Art. 4 G zur Änd. von Vorschriften über Verkündung und Bekanntmachungen sowie der ZPO, des EGZPO und der AO	22.12. 2011	BGBl. I S. 3044	§ 39	geänd. mWv 1.1.2013
36.	Art. 5 MietrechtsänderungsG	11.3.2013	BGBl. I S. 434	§ 22	geänd. mWv 1.5.2013
37.	Art. 5 G zur Änd. des Prozesskostenhilfe- und Beratungshilferechts	31.8.2013	BGBl. I S. 3533	§ 40	eingef. mWv 1.1.2014
38.	Art. 3 G zur Erleichterung der Umsetzung der Grundbuchamtsreform in Baden-Württemberg sowie zur Änd. des EGZPO und des WohnungseigentumsG	5.12.2014	BGBl. I S. 1962	§ 26	geänd. mWv 13.12.2014
39.	Art. 4 G zur Umsetzung der RL über alternative Streitbeilegung in Verbraucherangelegenheiten und zur Durchführung der VO über Online-Streitbeilegung in Verbraucherangelegenheiten[2]	19.2.2016	BGBl. I S. 254	§ 15a	geänd. mWv 1.4.2016

[1] **Amtl. Anm.:** Dieses Gesetz dient der Umsetzung der Richtlinie 2006/123/EG des Europäischen Parlaments und des Rates vom 12. Dezember 2006 über Dienstleistungen im Binnenmarkt (ABl. L 376 vom 27.12.2006, S. 36).

[2] **Amtl. Anm.:** Dieses Gesetz dient der Umsetzung der Richtlinie 2013/11/EU des Europäischen Parlaments und des Rates vom 21. Mai 2013 über die alternative Beilegung verbraucherrechtlicher Streitigkeiten und zur Änderung der Verordnung (EG) Nr. 2006/2004 und der Richtlinie 2009/22/EG (Richtlinie über alternative Streitbeilegung in Verbraucherangelegenheiten) (ABl. L 165 vom 18.6.2013, S. 63).

Lfd. Nr.	Änderndes Gesetz	Datum	Fund-stelle	Betroffen	Hinweis
40.	Art. 3 G zur Änd. des Sachverständigenrechts und zur weiteren Änd. des G über das Verfahren in Familiensachen und in den Angelegenheiten der freiwilligen Gerichtsbarkeit sowie zur Änd. weiterer Gesetze	11.10. 2016	BGBl. I S. 2222	§ 41	eingef. mWv 15.10.2016
41.	Art. 4, 21 Abs. 10 EU-KontenpfändungsVO-DurchführungsG	21.11. 2016	BGBl. I S. 2591	§ 43	eingef. mWv 26.11.2016
				§ 42	eingef. mWv 18.1.2017
				§ 43	aufgeh. mit Ablauf des 31.12. 2021
42.	Art. 4 G zur Änd. der InsO und zur Änd. des EGZPO	22.12. 2016	BGBl. I S. 3147	§ 26	geänd. mWv 1.1.2017
43.	Art. 1 ÄndG	21.6.2018	BGBl. I S. 863	§ 26	geänd. mWv 1.7.2018
44.	Art. 1 G zur Regelung der Wertgrenze für die Nichtzulassungsbeschwerde in Zivilsachen, zum Ausbau der Spezialisierung bei den Gerichten sowie zur Änd. weiterer prozessrechtlicher Vorschriften	12.12. 2019	BGBl. I S. 2633	§ 26	geänd. mWv 1.1.2020
45.	Art. 1 G zur weiteren Verkürzung des Restschuldbefreiungsverfahrens und zur Anpassung pandemiebedingter Vorschriften im Gesellschafts-, Genossenschafts-, Vereins- und Stiftungsrecht sowie im Miet- und Pachtrecht	22.12. 2020	BGBl. I S. 3328	§ 44	eingef. mWv 31.12.2020
46.	Art. 33 PersonengesellschaftsrechtsmodernisierungsG (MoPeG)	10.8.2021	BGBl. I S. 3436	§ 45	eingef. mWv 1.1.2024
47.	Art. 5, 6 AufbauhilfeG 2021	10.9.2021	BGBl. I S. 4147	§ 23	neu gef. mWv 15.9.2021
				§ 23	geänd. mWv 1.12.2021

Vorbemerkung:

***Die Änderung* durch G v. 10.8.2021 (BGBl. I S. 3436) tritt erst mWv 1.1. 2024 in Kraft und ist im Text noch nicht berücksichtigt.**

§§ 1, 2[1)] *(aufgehoben)*

§ 3 [Geltungsbereich der ZPO] (1) Die Zivilprozeßordnung[2)] findet auf alle bürgerlichen Rechtsstreitigkeiten Anwendung, welche vor die ordentlichen Gerichte gehören.

(2) Insoweit die Gerichtsbarkeit in bürgerlichen Rechtsstreitigkeiten, für welche besondere Gerichte zugelassen sind, durch die Landesgesetzgebung den ordentlichen Gerichten übertragen wird, kann dieselbe ein abweichendes Verfahren gestatten.

§ 4 [Kein Ausschluss des Rechtsweges] Für bürgerliche Rechtsstreitigkeiten, für welche nach dem Gegenstand oder der Art des Anspruchs der Rechtsweg zulässig ist, darf aus dem Grunde, weil als Partei der Fiskus, eine Gemeinde oder eine andere öffentliche Korporation beteiligt ist, der Rechtsweg durch die Landesgesetzgebung nicht ausgeschlossen werden.

§§ 5, 6 *(gegenstandslos)*

§ 7[3)] **[Entscheidung über die Verhandlungszuständigkeit durch Berufungsgericht im Falle des § 8 EGGVG]** (1) [1] Ist in einem Land auf Grund des § 8 des Einführungsgesetzes zum Gerichtsverfassungsgesetz[4)] für bürgerliche Rechtsstreitigkeiten ein oberstes Landesgericht eingerichtet, so entscheidet das Berufungsgericht, wenn es die Revision zulässt, oder das Gericht, das die Rechtsbeschwerde zulässt, gleichzeitig über die Zuständigkeit für die Verhandlung und Entscheidung über das Rechtsmittel. [2] Die Entscheidung ist für das oberste Landesgericht und den Bundesgerichtshof bindend.

(2) [1] Die Nichtzulassungsbeschwerde, der Antrag auf Zulassung der Sprungrevision oder die Rechtsbeschwerde im Falle des § 574 Abs. 1 Nr. 1 der Zivilprozessordnung[2)] ist bei dem Bundesgerichtshof einzureichen. [2] Betreffen die Gründe für die Zulassung der Revision oder der Rechtsbeschwerde im Wesentlichen Rechtsnormen, die in den Landesgesetzen enthalten sind, so erklärt sich der Bundesgerichtshof durch Beschluss zur Entscheidung über die Beschwerde oder den Antrag für unzuständig und übersendet dem obersten Landesgericht die Prozessakten. [3] Das oberste Landesgericht ist an die Entscheidung des Bundesgerichtshofes über die Zuständigkeit gebunden. [4] Es gibt Gelegenheit zu einer Änderung oder Ergänzung der Begründung der Beschwerde oder des Antrags.

§ 8[5)] *(aufgehoben)*

§ 9[6)] **[Bestimmung des zuständigen Gerichts]** Das oberste Landesgericht für bürgerliche Rechtsstreitigkeiten bestimmt das zuständige Gericht auch dann, wenn nach § 36 Abs. 2 der Zivilprozeßordnung[2)] ein in seinem Bezirk gelegenes Oberlandesgericht zu entscheiden hätte.

§ 10 *(gegenstandslos)*

[1)] §§ 1 und 2 aufgeh. mWv 25.4.2006 durch G v. 19.4.2006 (BGBl. I S. 866).
[2)] Nr. **100**.
[3)] § 7 neu gef. mWv 1.1.2002 durch G v. 27.7.2001 (BGBl. I S. 1887).
[4)] Nr. **95a**.
[5)] § 8 aufgeh. mWv 1.1.2002 durch G v. 27.7.2001 (BGBl. I S. 1887).
[6)] § 9 neu gef. durch G v. 22.12.1997 (BGBl. I S. 3224).

§ 11[1] *(aufgehoben)*

§ 12 [Gesetz im Sinne der ZPO] Gesetz im Sinne der Zivilprozeßordnung[2] und dieses Gesetzes ist jede Rechtsnorm.

§ 13[3] *(aufgehoben)*

§ 14 [Verhältnis zu den Landesgesetzen] (1) Die prozeßrechtlichen Vorschriften der Landesgesetze treten für alle bürgerlichen Rechtsstreitigkeiten, deren Entscheidung in Gemäßheit des § 3 nach den Vorschriften der Zivilprozeßordnung[2] zu erfolgen hat, außer Kraft, soweit nicht in der Zivilprozeßordnung auf sie verwiesen oder soweit nicht bestimmt ist, daß sie nicht berührt werden.

(2) *(gegenstandslos)*

§ 15[4] **[Landesrechtliche Vorbehalte]** Unberührt bleiben:
1. die landesgesetzlichen Vorschriften über die Einstellung des Verfahrens für den Fall, daß ein Kompetenzkonflikt zwischen den Gerichten und den Verwaltungsbehörden oder Verwaltungsgerichten entsteht;
2. die landesgesetzlichen Vorschriften über das Verfahren bei Streitigkeiten, welche die Zwangsenteignung und die Entschädigung wegen derselben betreffen;
3. die landesgesetzlichen Vorschriften über die Zwangsvollstreckung wegen Geldforderungen gegen einen Gemeindeverband oder eine Gemeinde, soweit nicht dingliche Rechte verfolgt werden;
4. die landesgesetzlichen Vorschriften, nach welchen auf die Zwangsvollstreckung gegen einen Rechtsnachfolger des Schuldners, soweit sie in das zu einem Lehen, mit Einschluß eines allodifizierten Lehens, zu einem Stammgute, Familienfideikommiß oder Anerbengute gehörende Vermögen stattfinden soll, die Vorschriften über die Zwangsvollstreckung gegen einen Erben des Schuldners entsprechende Anwendung finden.

§ 15a[5] **[Einigungsversuch vor Gütestelle]** (1) [1]Durch Landesgesetz[6] kann bestimmt werden, dass die Erhebung der Klage erst zulässig ist, nachdem von einer durch die Landesjustizverwaltung eingerichteten oder anerkannten Gütestelle versucht worden ist, die Streitigkeit einvernehmlich beizulegen
1. in vermögensrechtlichen Streitigkeiten vor dem Amtsgericht über Ansprüche, deren Gegenstand an Geld oder Geldeswert die Summe von 750 Euro nicht übersteigt,
2. in Streitigkeiten über Ansprüche aus dem Nachbarrecht nach den §§ 910, 911, 923 des Bürgerlichen Gesetzbuchs[7] und nach § 906 des Bürgerlichen Gesetzbuchs sowie nach den landesgesetzlichen Vorschriften im Sinne des Artikels 124

---

[1] § 11 aufgeh. mWv 1.9.2009 durch G v. 17.12.2008 (BGBl. I S. 2586).

[2] Nr. **100**.

[3] § 13 aufgeh. mWv 25.4.2006 durch G v. 19.4.2006 (BGBl. I S. 866).

[4] § 15 Nr. 3 neu gef. durch G v. 20.8.1953 (BGBl. I S. 952).

[5] § 15a eingef. durch G v. 15.12.1999 (BGBl. I S. 2400); Abs. 1 Satz 1 Nr. 1 geänd. mWv 1.1.2002 durch G v. 13.12.2001 (BGBl. I S. 3574); Abs. 1 Satz 1 Nr. 3 geänd., Nr. 4 angef. mWv 18.8.2006 durch G v. 14.8.2006 (BGBl. I S. 1897); Abs. 2 Satz 1 Nr. 1 geänd., Nr. 2 aufgeh. mWv 1.9.2009 durch G v. 17.12.2008 (BGBl. I S. 2586); Abs. 3 Satz 2 neu gef. mWv 1.4.2016 durch G v. 19.2.2016 (BGBl. I S. 254).

[6] Landesgesetze abgedruckt in **Habersack, Deutsche Gesetze ErgBd. Nr. 104** bis **104l**.

[7] Nr. **20**.

des Einführungsgesetzes zum Bürgerlichen Gesetzbuche[1)], sofern es sich nicht um Einwirkungen von einem gewerblichen Betrieb handelt,

3. in Streitigkeiten über Ansprüche wegen Verletzung der persönlichen Ehre, die nicht in Presse oder Rundfunk begangen worden sind,
4. in Streitigkeiten über Ansprüche nach Abschnitt 3 des Allgemeinen Gleichbehandlungsgesetzes[2)].

[2]Der Kläger hat eine von der Gütestelle ausgestellte Bescheinigung über einen erfolglosen Einigungsversuch mit der Klage einzureichen. [3]Diese Bescheinigung ist ihm auf Antrag auch auszustellen, wenn binnen einer Frist von drei Monaten das von ihm beantragte Einigungsverfahren nicht durchgeführt worden ist.

(2) [1]Absatz 1 findet keine Anwendung auf

1. Klagen nach den §§ 323, 323a, 324, 328 der Zivilprozessordnung[3)], Widerklagen und Klagen, die binnen einer gesetzlichen oder gerichtlich angeordneten Frist zu erheben sind,
2. *(aufgehoben)*
3. Wiederaufnahmeverfahren,
4. Ansprüche, die im Urkunden- oder Wechselprozess geltend gemacht werden,
5. die Durchführung des streitigen Verfahrens, wenn ein Anspruch im Mahnverfahren geltend gemacht worden ist,
6. Klagen wegen vollstreckungsrechtlicher Maßnahmen, insbesondere nach dem Achten Buch der Zivilprozessordnung.

[2]Das Gleiche gilt, wenn die Parteien nicht in demselben Land wohnen oder ihren Sitz oder eine Niederlassung haben.

(3) [1]Das Erfordernis eines Einigungsversuchs vor einer von der Landesjustizverwaltung eingerichteten oder anerkannten Gütestelle entfällt, wenn die Parteien einvernehmlich einen Einigungsversuch vor einer sonstigen Gütestelle, die Streitbeilegungen betreibt, unternommen haben. [2]Das Einvernehmen nach Satz 1 wird unwiderleglich vermutet, wenn ein Verbraucher eine Verbraucherschlichtungsstelle, eine branchengebundene andere Gütestelle oder eine andere Gütestelle der Industrie- und Handelskammer, der Handwerkskammer oder der Innung angerufen hat. [3]Absatz 1 Satz 2 gilt entsprechend.

(4) Zu den Kosten des Rechtsstreits im Sinne des § 91 Abs. 1, 2 der Zivilprozessordnung gehören die Kosten der Gütestelle, die durch das Einigungsverfahren nach Absatz 1 entstanden sind.

(5) Das Nähere regelt das Landesrecht; es kann auch den Anwendungsbereich des Absatzes 1 einschränken, die Ausschlussgründe des Absatzes 2 erweitern und bestimmen, dass die Gütestelle ihre Tätigkeit von der Einzahlung eines angemessenen Kostenvorschusses abhängig machen und gegen eine im Gütetermin nicht erschienene Partei ein Ordnungsgeld festsetzen darf.

(6) [1]*Gütestellen im Sinne dieser Bestimmung können auch durch Landesrecht anerkannt werden.* [2]*Die vor diesen Gütestellen geschlossenen Vergleiche gelten als Vergleiche im Sinne des § 794 Abs. 1 Nr. 1 der Zivilprozessordnung.*

§§ 16, 17[4)] *(aufgehoben)*

[1)] Nr. **21**.
[2)] Nr. **34**.
[3)] Nr. **100**.
[4)] §§ 16 und 17 aufgeh. mWv 25.4.2006 durch G v. 19.4.2006 (BGBl. I S. 866).

§ 18 *(gegenstandslos)*

§ 19 [Begriff der Rechtskraft] (1) Rechtskräftig im Sinne dieses Gesetzes sind Endurteile, welche mit einem ordentlichen Rechtsmittel nicht mehr angefochten werden können.

(2) Als ordentliche Rechtsmittel im Sinne des vorstehenden Absatzes sind diejenigen Rechtsmittel anzusehen, welche an eine von dem Tage der Verkündung oder Zustellung des Urteils laufende Notfrist gebunden sind.

§ 20[1)] Übergangsvorschriften zum Sechsten Gesetz zur Änderung der Pfändungsfreigrenzen. (1) [1] Eine vor dem Inkrafttreten des Sechsten Gesetzes zur Änderung der Pfändungsfreigrenzen vom 1. April 1992 (BGBl. I S. 745) am 1. Juli 1992 ausgebrachte Pfändung, die nach den Pfändungsfreigrenzen des bis zu diesem Zeitpunkt geltenden Rechts bemessen worden ist, richtet sich hinsichtlich der Leistungen, die nach dem 1. Juli 1992 fällig werden, nach den seit diesem Zeitpunkt geltenden Vorschriften. [2] Auf Antrag des Gläubigers, des Schuldners oder des Drittschuldners hat das Vollstreckungsgericht den Pfändungsbeschluss entsprechend zu berichtigen. [3] Der Drittschuldner kann nach dem Inhalt des früheren Pfändungsbeschlusses mit befreiender Wirkung leisten, bis ihm der Berichtigungsbeschluss zugestellt wird.

(2) [1] Soweit die Wirksamkeit einer Verfügung über Arbeitseinkommen davon abhängt, dass die Forderung der Pfändung unterworfen ist, sind die Vorschriften des Artikels 1 des Sechsten Gesetzes zur Änderung der Pfändungsfreigrenzen vom 1. April 1992 (BGBl. I S. 745) auch dann anzuwenden, wenn die Verfügung vor dem 1. Juli 1992 erfolgt ist. [2] Der Schuldner der Forderung kann nach Maßgabe der bis zu diesem Zeitpunkt geltenden Vorschriften so lange mit befreiender Wirkung leisten, bis ihm eine entgegenstehende vollstreckbare gerichtliche Entscheidung zugestellt wird oder eine Verzichtserklärung desjenigen zugeht, an den der Schuldner auf Grund dieses Gesetzes weniger als bisher zu leisten hat.

(3) Die Absätze 1 und 2 gelten entsprechend, wenn sich die unpfändbaren Beträge zum 1. Juli des jeweiligen Jahres ändern.

§ 21[2)] Übergangsvorschriften zum Siebten Gesetz zur Änderung der Pfändungsfreigrenzen. (1) [1] Für eine vor dem 1. Januar 2002 ausgebrachte Pfändung sind hinsichtlich der nach diesem Zeitpunkt fälligen Leistungen die Vorschriften des § 850a Nr. 4, § 850b Abs. 1 Nr. 4, § 850c und § 850f Abs. 3 der Zivilprozessordnung[3)] in der ab diesem Zeitpunkt geltenden Fassung anzuwenden. [2] Auf Antrag des Gläubigers, des Schuldners oder des Drittschuldners hat das Vollstreckungsgericht den Pfändungsbeschluss entsprechend zu berichtigen. [3] Der Drittschuldner kann nach dem Inhalt des früheren Pfändungsbeschlusses mit befreiender Wirkung leisten, bis ihm der Berichtigungsbeschluss zugestellt wird.

(2) [1] Soweit die Wirksamkeit einer Verfügung über Arbeitseinkommen davon abhängt, dass die Forderung der Pfändung unterworfen ist, sind die Vorschriften des § 850a Nr. 4, § 850b Abs. 1 Nr. 4, § 850c und § 850f Abs. 3 der Zivilprozessordnung in der ab dem 1. Januar 2002 geltenden Fassung hinsichtlich der Leistungen, die nach diesem Zeitpunkt fällig werden, auch anzuwenden, wenn die

---

[1)] § 20 neu gef. mWv 25.4.2006 durch G v. 19.4.2006 (BGBl. I S. 866); Abs. 3 angef. mWv 1.7.2010 *durch G v. 7.7.2009 (BGBl. I S. 1707).*

[2)] Früherer § 20 neu gef. mWv 1.1.2002 durch G v. 13.12.2001 (BGBl. I S. 3638); bish. § 20 wird § 21 und amtl. Überschrift eingef. mWv 25.4.2006 durch G v. 19.4.2006 (BGBl. I S. 866).

[3)] Nr. **100**.

Verfügung vor diesem Zeitpunkt erfolgt ist. [2]Der Drittschuldner kann nach den bis zum 1. Januar 2002 geltenden Vorschriften so lange mit befreiender Wirkung leisten, bis ihm eine entgegenstehende vollstreckbare gerichtliche Entscheidung zugestellt wird oder eine Verzichtserklärung desjenigen zugeht, an den der Schuldner nach den ab diesem Zeitpunkt geltenden Vorschriften weniger zu leisten hat.

§ 22[1)] Überleitungsvorschriften zum Zweiten Gesetz zur Änderung zwangsvollstreckungsrechtlicher Vorschriften (2. Zwangsvollstreckungsnovelle) (1) [1]§ 708 Nr. 11 der Zivilprozessordnung ist in seiner bis zum 1. Januar 1999 geltenden Fassung (Inkrafttreten der 2. Zwangsvollstreckungsnovelle vom 17. Dezember 1997 (BGBl. I S. 3039, 1998 I S. 583), die durch Artikel 8 des Gesetzes vom 19. Dezember 1998 (BGBl. I S. 3836) geändert worden ist) anzuwenden, wenn die mündliche Verhandlung, auf die das Urteil ergeht, vor dem 1. Januar 1999 geschlossen worden ist. [2]Im schriftlichen Verfahren tritt an die Stelle des Schlusses der mündlichen Verhandlung der Zeitpunkt, bis zu dem Schriftsätze eingereicht werden können.

(2) § 765a Abs. 3 der Zivilprozessordnung in der Fassung des Artikels 1 Nr. 9 Buchstabe c der 2. Zwangsvollstreckungsnovelle gilt nicht, wenn die Räumung binnen einem Monat seit Inkrafttreten der 2. Zwangsvollstreckungsnovelle am 1. Januar 1999 stattfinden soll.

(3) § 788 Abs. 1 Satz 3 der Zivilprozessordnung in der Fassung des Artikels 1 Nr. 11 Buchstabe a der 2. Zwangsvollstreckungsnovelle gilt nur für Kosten, die nach Inkrafttreten der 2. Zwangsvollstreckungsnovelle am 1. Januar 1999 entstehen.

(4) § 794 Abs. 1 Nr. 5 der Zivilprozessordnung ist in seiner bis zum 1. Januar 1999 geltenden Fassung anzuwenden, wenn die Urkunde vor dem Inkrafttreten der 2. Zwangsvollstreckungsnovelle am 1. Januar 1999 errichtet wurde.

(5) § 807 Abs. 1 Nr. 3 und 4 der Zivilprozessordnung in der Fassung des Artikels 1 Nr. 14 Buchstabe a der 2. Zwangsvollstreckungsnovelle gilt nicht für die Verfahren, in denen der Gerichtsvollzieher die Vollstreckung vor dem Inkrafttreten der 2. Zwangsvollstreckungsnovelle am 1. Januar 1999 versucht hatte.

(6) § 833 Abs. 2 der Zivilprozessordnung in der Fassung des Artikels 1 Nr. 23 Buchstabe a der 2. Zwangsvollstreckungsnovelle gilt nicht für Arbeits- oder Dienstverhältnisse, die vor dem Inkrafttreten der 2. Zwangsvollstreckungsnovelle am 1. Januar 1999 beendet waren.

(7) § 866 Abs. 3 Satz 1 und § 867 Abs. 2 der Zivilprozessordnung in der Fassung des Artikels 1 Nr. 26 und 27 Buchstabe a der 2. Zwangsvollstreckungsnovelle gelten nicht für Eintragungen, die vor dem Inkrafttreten der 2. Zwangsvollstreckungsnovelle am 1. Januar 1999 beantragt worden sind.

(8) *(aufgehoben)*

(9) Auf Anträge auf Bestimmung eines Termins zur Abnahme der eidesstattlichen Versicherung, die vor dem 1. Januar 1999 gestellt worden sind, finden die §§ 807, 899, 900 der Zivilprozessordnung und § 20 Nr. 17 des Rechtspflegergesetzes in der jeweils bis zum 1. Januar 1999 geltenden Fassung Anwendung.

[1)] § 22 neu gef. mWv 25.4.2006 durch G v. 19.4.2006 (BGBl. I S. 866); Abs. 8 aufgeh. mWv 1.5.2013 durch G v. 11.3.2013 (BGBl. I S. 434).

§ 23[1)] Schutz von Hochwasser-Soforthilfen vor Pfändungen auf Pfändungsschutzkonten. (1) Staatliche Soforthilfen, die als Billigkeitsleistungen zur Überbrückung von Notlagen von Bürgern oder zur Milderung von Schäden der Unternehmen der Land- und Forstwirtschaft und der gewerblichen Wirtschaft sowie der Angehörigen freier Berufe und Selbstständigen, in den von den Starkregen- und Hochwasserereignissen im Juli 2021 betroffenen Gebieten gewährt werden, werden den in ***[bis 30.11.2021:*** § 850k Absatz 2 Satz 1 der Zivilprozessordnung[2)]***] [ab 1.12.2021:*** *§ 902 Satz 1 der Zivilprozessordnung****]*** genannten Beträgen und Geldleistungen, die nicht von der Pfändung erfasst werden, gleichgestellt.

(2) Das Kreditinstitut ist dem Schuldner auch dann zur Leistung aus dem Guthaben für die nach Absatz 1 nicht von der Pfändung erfassten Soforthilfen im Rahmen des vertraglich Vereinbarten verpflichtet, wenn der Schuldner durch Vorlage des Bewilligungsbescheides oder eines Kontoauszuges nachweist, dass das Guthaben nicht von der Pfändung erfasst ist.

[Abs. 3 bis 30.11.2021:]

(3) Das Guthaben auf Grund von Soforthilfen auf einem Pfändungsschutzkonto wird bis zum Ablauf des dritten Kalendermonats, der auf den Monat der Gutschrift folgt, nicht von der Pfändung erfasst.

(4) ***[ab 1.12.2021:*** *(3)****]*** Die ***[bis 30.11.2021:*** Absätze 1 bis 3***] [ab 1.12.2021:*** *Absätze 1 und 2****]*** gelten nicht für Pfändungen wegen Rückforderungen von Soforthilfen im Sinne des Absatzes 1.

§ 24[3)] [Übergangsvorschrift zum Gesetz zur Neugliederung, Vereinfachung und Reform des Mietrechts vom 19. Juni 2001] Auf einen Räumungsrechtsstreit, der vor dem 1. September 2001 rechtshängig geworden ist, finden § 93b Abs. 1 und 2, § 721 Abs. 7 sowie § 794a Abs. 5 der Zivilprozessordnung in der bis zu diesem Zeitpunkt geltenden Fassung Anwendung.

§§ 24a, 25[4)] *(aufgehoben)*

§ 26[5)] [Übergangsvorschriften zum Gesetz zur Reform des Zivilprozesses vom 27. Juli 2001] Für das Gesetz zur Reform des Zivilprozesses vom 27. Juli 2001 gelten folgende Übergangsvorschriften:

1. *(aufgehoben)*
2. [1]Für am 1. Januar 2002 anhängige Verfahren finden die §§ 23, 105 Abs. 3 des Gerichtsverfassungsgesetzes und § 92 Abs. 2, §§ 128, 269 Abs. 3, §§ 278, 313a, 495a der Zivilprozessordnung sowie die Vorschriften über das Verfahren im ersten Rechtszug vor dem Einzelrichter in der am 31. Dezember 2001 geltenden Fassung weiter Anwendung. [2]Für das Ordnungsgeld gilt § 178 des Gerichtsverfassungsgesetzes in der am 31. Dezember 2001 geltenden Fassung, wenn der Beschluss, der es festsetzt, vor dem 1. Januar 2002 verkündet oder,

---

1) § 23 neu gef. mWv 15.9.2021, Abs. 1 geänd., Abs. 3 aufgeh., bish. Abs. 3 wird Abs. 4 und geänd. **mWv 1.12.2021** durch G v. 10.9.2021 (BGBl. I S. 4147).

2) Nr. **100**.

3) § 24 eingef. mWv 1.9.2001 durch G v. 19.6.2001 (BGBl. I S. 1149).

4) § 24a aufgeh. mWv 1.7.2002 durch G v. 26.11.2001 (BGBl. I S. 3138), § 25 aufgeh. mWv 1.7.2008 durch G v. 12.12.2007 (BGBl. I S. 2840).

5) *§ 26 angef. mWv 1.1.2002 durch G v. 27.7.2001* (BGBl. I S. 1887, geänd. durch G v. 26.11.2001, BGBl. I S. 3138); Nr. 1 aufgeh. mWv 1.6.2007 durch G v. 26.3.2007 (BGBl. I S. 358); Nr. 9 aufgeh. mWv 1.9.2009 durch G v. 17.12.2008 (BGBl. I S. 2586); Nr. 8 aufgeh. mWv 1.1.2020 durch G v. 12.12.2019 (BGBl. I S. 2633).

soweit eine Verkündung nicht stattgefunden hat, der Geschäftsstelle übergeben worden ist.

3. [1] Das Bundesministerium der Justiz gibt die nach § 115 Abs. 3 Nr. 2 Satz 1 vom Einkommen abzusetzenden Beträge für die Zeit vom 1. Januar 2002 bis zum 30. Juni 2002 neu bekannt. [2] Die Prozesskostenhilfebekanntmachung 2001 ist insoweit nicht mehr anzuwenden.
4. Ist die Prozesskostenhilfe vor dem 1. Januar 2002 bewilligt worden, gilt § 115 Abs. 1 Satz 4 der Zivilprozessordnung für den Rechtszug in der im Zeitpunkt der Bewilligung geltenden Fassung weiter.
5. [1] Für die Berufung gelten die am 31. Dezember 2001 geltenden Vorschriften weiter, wenn die mündliche Verhandlung, auf die das anzufechtende Urteil ergeht, vor dem 1. Januar 2002 geschlossen worden ist. [2] In schriftlichen Verfahren tritt an die Stelle des Schlusses der mündlichen Verhandlung der Zeitpunkt, bis zu dem Schriftsätze eingereicht werden können.
6. § 541 der Zivilprozessordnung in der am 31. Dezember 2001 geltenden Fassung ist nur noch anzuwenden, soweit nach Nummer 5 Satz 1 über die Berufung nach den bisherigen Vorschriften zu entscheiden ist, am 1. Januar 2002 Rechtsfragen zur Vorabentscheidung dem übergeordneten Oberlandesgericht oder dem Bundesgerichtshof vorliegen oder nach diesem Zeitpunkt noch vorzulegen sind.
7. [1] Für die Revision gelten die am 31. Dezember 2001 geltenden Vorschriften weiter, wenn die mündliche Verhandlung auf die das anzufechtende Urteil ergeht, vor dem 1. Januar 2002 geschlossen worden ist. [2] In schriftlichen Verfahren tritt an die Stelle des Schlusses der mündlichen Verhandlung der Zeitpunkt, bis zu dem Schriftsätze eingereicht werden können.
8. *(aufgehoben)*
9. *(aufgehoben)*
10. Für Beschwerden und für die Erinnerung finden die am 31. Dezember 2001 geltenden Vorschriften weiter Anwendung, wenn die anzufechtende Entscheidung vor dem 1. Januar 2002 verkündet oder, soweit eine Verkündung nicht stattgefunden hat, der Geschäftsstelle übergeben worden ist.
11. Soweit nach den Nummern 2 bis 5, 7 und 9 in der vor dem 1. Januar 2002 geltenden Fassung Vorschriften weiter anzuwenden sind, die auf Geldbeträge in Deutscher Mark Bezug nehmen, sind diese Vorschriften vom 1. Januar 2002 an mit der Maßgabe anzuwenden, dass die Beträge nach dem Umrechnungskurs 1 Euro = 1,95583 Deutsche Mark und den Rundungsregeln der Verordnung (EG) Nr. 1103/97 des Rates vom 17. Juni 1997 über bestimmte Vorschriften im Zusammenhang mit der Einführung des Euro (ABl. EG Nr. L 162 S. 1) in die Euro-Einheit umgerechnet werden.

§ 27[1)] [Übergangsvorschrift zum Gesetz zur Einführung des Euro in Rechtspflegegesetzen und in Gesetzen des Straf- und Ordnungswidrigkeitenrechts, zur Änderung der Mahnvordruckverordnungen sowie zur Änderung weiterer Gesetze vom 13. Dezember 2001] Auf vereinfachte Verfahren über den Unterhalt Minderjähriger (§§ 645 bis 660 der Zivilprozessordnung[2)]), in denen der Antrag auf Festsetzung von Unterhalt vor dem 1. Januar 2002 eingereicht wurde, finden die Vorschriften über das vereinfachte Verfahren

[1)] § 27 eingef. mWv 1.1.2002 durch G v. 13.12.2001 (BGBl. I S. 3574).
[2)] Nr. **100**.

über den Unterhalt Minderjähriger in der am 31. Dezember 2001 geltenden Fassung weiter Anwendung.

§ 28[1)] **[Übergangsvorschrift zum Gesetz zur Modernisierung des Schuldrechts vom 26. November 2001]** (1) Das Mahnverfahren findet nicht statt für Ansprüche eines Unternehmers aus einem Vertrag, für den das Verbraucherkreditgesetz gilt, wenn der nach dem Verbraucherkreditgesetz anzugebende effektive oder anfängliche effektive Jahreszins den bei Vertragsschluss geltenden Basiszinssatz nach § 247 des Bürgerlichen Gesetzbuchs[2)] um mehr als zwölf Prozentpunkte übersteigt.

(2) § 690 Abs. 1 Nr. 3 der Zivilprozessordnung[3)] findet auf Verträge, für die das Verbraucherkreditgesetz gilt, mit der Maßgabe Anwendung, dass an die Stelle der Angabe des nach den §§ 492, 502 des Bürgerlichen Gesetzbuchs anzugebenden effektiven oder anfänglichen effektiven Jahreszinses die Angabe des nach dem Verbraucherkreditgesetz anzugebenden effektiven oder anfänglichen effektiven Jahreszinses tritt.

§ 29[4)] **[Übergangsvorschriften zum 1. Justizmodernisierungsgesetz]**

Für das 1. Justizmodernisierungsgesetz vom 24. August 2004 (BGBl. I S. 2198) gelten folgende Übergangsvorschriften:

1. Auf Verfahren, die am 1. September 2004 anhängig sind, findet § 91a der Zivilprozessordnung in der vor dem 1. September 2004 geltenden Fassung Anwendung.
2. [1] § 91 in der seit dem 1. September 2004 geltenden Fassung ist auch auf Verfahren anzuwenden, die zu diesem Zeitpunkt anhängig oder rechtskräftig abgeschlossen worden sind; einer Kostenrückfestsetzung steht nicht entgegen, dass sie vor dem 1. September 2004 abgelehnt worden ist. [2] Haben die Parteien etwas anderes vereinbart, bleibt es dabei.
3. Auf Verfahren, die am 1. September 2004 anhängig sind, findet § 411a der Zivilprozessordnung[3)] keine Anwendung.

§ 30[5)] **[Übergangsvorschrift zum Justizkommunikationsgesetz]** [1] Für Artikel 1 Nr. 2a und 3a des Justizkommunikationsgesetzes vom 22. März 2005 (BGBl. I S. 837) gilt folgende Übergangsvorschrift:
[2] Ist einer Partei vor dem Inkrafttreten dieses Gesetzes für einen Rechtszug Prozesskostenhilfe bewilligt worden, so ist für diesen Rechtszug insoweit das bisherige Recht anzuwenden. [3] Maßgebend ist das Datum des Bewilligungsbeschlusses. [4] Eine Maßnahme der Zwangsvollstreckung gilt als besonderer Rechtszug.

§ 31[6)] **[Übergangsvorschrift zum Kapitalanleger-Musterverfahren-Einführungsgesetz]** [1] Für das Gesetz zur Einführung von Kapitalanleger-Musterver-

---

1) § 28 angef. mWv 1.1.2002 durch G v. 26.11.2001 (BGBl. I S. 3138); Abs. 1 geänd. mWv 12.4.2002 durch G v. 5.4.2002 (BGBl. I S. 1250).

2) Nr. **20**.

3) Nr. **100**.

4) *§ 29 angef. mWv 1.9.2004 durch G v. 24.8.2004* (BGBl. I S. 2198).

5) § 30 angef. mWv 1.4.2005 durch G v. 22.3.2005 (BGBl. I S. 837).

6) § 31 angef. mWv 1.11.2005 durch G v. 16.8.2005 (BGBl. I S. 2437, geänd. durch G v. 22.12.2006, BGBl. I S. 3416).

Lfd. Nr.	Änderndes Gesetz	Datum	Fundstelle	Betroffen	Hinweis
48.	Art. 2 G zur Durchführung der VO (EU) 2015/848 über Insolvenzverfahren[1]	5.6.2017	BGBl. I S. 1476	§§ 13, 15a, 27, 35, 303a, 305	geänd. mWv 26.6.2017
49.	Art. 24 Abs. 3 Zweites FinanzmarktnovellierungsG	23.6.2017	BGBl. I S. 1693	§ 340	geänd. mWv 3.1.2018
50.	Art. 2 Pfändungsschutzkonto-FortentwicklungsG	22.11. 2020	BGBl. I S. 2466	§ 36	geänd. mWv 1.12.2021
51.	Art. 5 Sanierungs- und InsolvenzrechtsfortentwicklungsG[2] [3]	22.12. 2020	BGBl. I S. 3256	§§ 3, 3a, 3c, 4, 5, 14, 15a, 18, 19, 21, 39, 55, 56, 56a, 59, 66, 174, 210a, 217, 220, 222, 230, 232, 235, 245, 251, 252, 253, 254, 258, 269f, 270g, 272, 274, 276a, 284, 292, 348, 354	geänd. mWv 1.1.2021
				§§ 270, 270a, 270b, 270c	neu gef. mWv 1.1.2021
				§§ 10a, 15b, 223a, 238b, 245a, 270d, 270e, 270f	eingef. mWv 1.1.2021
52.	Art. 2, 6 G zur weiteren Verkürzung des Restschuldbefreiungsverfahrens und zur Anpassung pandemiebedingter Vorschriften im Gesellschafts-, Genossenschafts-, Vereins- und Stiftungsrecht sowie im Miet- und Pachtrecht[4] [5]	22.12. 2020	BGBl. I S. 3328	§§ 286, 287, 287a, 295, 296, 300a, 301	geänd. mWv 1.10.2020
				§ 300	neu gef. mWv 1.10.2020
				§§ 35, 287a, 295, 296	geänd. mWv 31.12.2020
				§ 295a	eingef. mWv 31.12.2020
53.	Art. 2 G zur Verbesserung des Schutzes von Gerichtsvollziehern vor Gewalt sowie zur Änd. weiterer zwangsvollstreckungsrechtlicher Vorschriften und zur Änd. des InfektionsschutzG	7.5.2021	BGBl. I S. 850	§ 36	geänd. mWv 1.1.2022
				§ 98	geänd. mWv 1.11.2022
54.	Art. 5 G zur Vereinheitlichung des Stiftungsrechts und zur Änd. des InfektionsschutzG	16.7.2021	BGBl. I S. 2947	§§ 23, 31	geänd. mWv 1.1.2026

[1] **Amtl. Anm.:** Dieses Gesetz dient der Durchführung der Verordnung (EU) 2015/848 des Europäischen Parlaments und des Rates vom 20. Mai 2015 über Insolvenzverfahren (ABl. L 141 vom 5.6.2015, S. 19; L 349 vom 21.12.2016, S. 6), die zuletzt durch die Verordnung (EU) 2017/353 (ABl. L 57 vom 3.3. 2017, S. 19) geändert worden ist.

[2] **Amtl. Anm.:** Dieses Gesetz dient der weiteren Umsetzung der Richtlinie (EU) 2019/1023 des Europäischen Parlaments und des Rates vom 20. Juni 2019 über präventive Restrukturierungsrahmen, über Entschuldung und über Tätigkeitsverbote sowie über Maßnahmen zur Steigerung der Effizienz von Restrukturierungs-, Insolvenz- und Entschuldungsverfahren und zur Änderung der Richtlinie (EU) 2017/1132 (Richtlinie über Restrukturierung und Insolvenz) (ABl. L 172 vom 26.6.2019, S. 18).

[3] Beachte zu den Änderungen durch dieses G die Übergangsvorschrift in Art. 103m EGInsO (Nr. **110a**).

[4] **Amtl. Anm.:** Artikel 2 dieses Gesetzes dient der Umsetzung der Richtlinie (EU) 2019/1023 des Europäischen Parlaments und des Rates vom 20. Juni 2019 über präventive Restrukturierungsrahmen, über Entschuldung und über Tätigkeitsverbote sowie über Maßnahmen zur Steigerung der Effizienz von Restrukturierungs-, Insolvenz- und Entschuldungsverfahren und zur Änderung der Richtlinie (EU) 2017/1132 (Richtlinie über Restrukturierung und Insolvenz) (ABl. L 172 vom 26.6.2019, S. 18).

[5] Beachte zu den Änderungen durch dieses G die Übergangsvorschriften in Art. 103k und 103l EGInsO (Nr. **110a**).

Lfd. Nr.	Änderndes Gesetz	Datum	Fund-stelle	Betroffen	Hinweis
55.	Art. 35 PersonengesellschaftsrechtsmodernisierungsG (MoPeG)	10.8.2021	BGBl. I S. 3436	§§ 11, 15, 15a, 18, 19, 23, 27, 31, 84, 93, 118, 138, 225a, 227, 230, 260, 276a	geänd. mWv 1.1.2024

Vorbemerkung:
Die Änderungen durch G v. 22.11.2020 (BGBl. I S. 2466) treten erst mWv 1.12.2021 in Kraft und sind im Text noch nicht berücksichtigt.
Die Änderungen durch G v. 7.5.2021 (BGBl. I S. 850) treten erst mWv 1.1. 2022 und mWv 1.11.2022 in Kraft und sind im Text noch nicht berücksichtigt.
Die Änderungen durch G v. 16.7.2021 (BGBl. I S. 2947) treten erst mWv 1.1.2026 in Kraft und sind im Text noch nicht berücksichtigt.
Die Änderungen durch G v. 10.8.2021 (BGBl. I S. 3436) treten erst mWv 1.1.2024 in Kraft und sind im Text noch nicht berücksichtigt.

§ 15[1) 2)] Antragsrecht bei juristischen Personen und Gesellschaften ohne Rechtspersönlichkeit. (1) [1]Zum Antrag auf Eröffnung eines Insolvenzverfahrens über das Vermögen einer juristischen Person oder einer Gesellschaft ohne Rechtspersönlichkeit ist außer den Gläubigern jedes Mitglied des Vertretungsorgans, bei einer Gesellschaft ohne Rechtspersönlichkeit oder bei einer Kommanditgesellschaft auf Aktien jeder persönlich haftende Gesellschafter, sowie jeder Abwickler berechtigt. [2]Bei einer juristischen Person ist im Fall der Führungslosigkeit auch jeder Gesellschafter, bei einer Aktiengesellschaft oder einer Genossenschaft zudem auch jedes Mitglied des Aufsichtsrats zur Antragstellung berechtigt.

(2) [1]Wird der Antrag nicht von allen Mitgliedern des Vertretungsorgans, allen persönlich haftenden Gesellschaftern, allen Gesellschaftern der juristischen Person, allen Mitgliedern des Aufsichtsrats oder allen Abwicklern gestellt, so ist er zulässig, wenn der Eröffnungsgrund glaubhaft gemacht wird. [2]Zusätzlich ist bei Antragstellung durch Gesellschafter einer juristischen Person oder Mitglieder des Aufsichtsrats auch die Führungslosigkeit glaubhaft zu machen. [3]Das Insolvenzgericht hat die übrigen Mitglieder des Vertretungsorgans, persönlich haftenden Gesellschafter, Gesellschafter der juristischen Person, Mitglieder des Aufsichtsrats oder Abwickler zu hören.

(3) [1]Ist bei einer Gesellschaft ohne Rechtspersönlichkeit kein persönlich haftender Gesellschafter eine natürliche Person, so gelten die Absätze 1 und 2 entsprechend für die organschaftlichen Vertreter und die Abwickler der zur Vertretung der Gesellschaft ermächtigten Gesellschafter. [2]Entsprechendes gilt, wenn sich die Verbindung von Gesellschaften in dieser Art fortsetzt.

§ 15a[3) 4) 5)] Antragspflicht bei juristischen Personen und Gesellschaften ohne Rechtspersönlichkeit. (1) [1]Wird eine juristische Person zahlungsunfähig oder überschuldet, haben die Mitglieder des Vertretungsorgans oder die Abwickler ohne schuldhaftes Zögern einen Eröffnungsantrag zu stellen. [2]Der Antrag ist spätestens drei Wochen nach Eintritt der Zahlungsunfähigkeit und sechs Wochen nach Eintritt der Überschuldung zu stellen. [3]Das Gleiche gilt für die organschaftlichen Vertreter der zur Vertretung der Gesellschaft ermächtigten Gesellschafter oder die Abwickler bei einer Gesellschaft ohne Rechtspersönlichkeit, bei der kein persönlich haftender Gesellschafter eine natürliche Person ist; dies gilt nicht, wenn zu den persönlich haftenden Gesellschaftern eine andere Gesellschaft gehört, bei der ein persönlich haftender Gesellschafter eine natürliche Person ist.

(2) Bei einer Gesellschaft im Sinne des Absatzes 1 Satz 3 gilt Absatz 1 sinngemäß, wenn die organschaftlichen Vertreter der zur Vertretung der Gesellschaft ermächtigten Gesellschafter ihrerseits Gesellschaften sind, bei denen kein persönlich haftender Gesellschafter eine natürliche Person ist, oder sich die Verbindung von Gesellschaften in dieser Art fortsetzt.

(3) Im Fall der Führungslosigkeit einer Gesellschaft mit beschränkter Haftung ist auch jeder Gesellschafter, im Fall der Führungslosigkeit einer Aktiengesellschaft oder

---

[1)] *§ 15 Abs. 1 Satz 2 angef., Abs. 2 Satz 1 geänd.,* Satz 2 eingef., bish. Satz 2 wird Satz 3 und geänd. mWv 1.11.2008 durch G v. 23.10.2008 (BGBl. I S. 2026).

[2)] Beachte hierzu Übergangsvorschrift in Art. 103d EGInsO (Nr. **110a**).

[3)] § 15a eingef. mWv 1.11.2008 durch G v. 23.10.2008 (BGBl. I S. 2026); Abs. 1 Satz 1, Abs. 2 geänd. mWv 1.3.2012 durch G v. 7.12.2011 (BGBl. I S. 2582); Abs. 6 angef. mWv 1.7.2014 durch G v. 15.7.2013 (BGBl. I S. 2379); Abs. 4 neu gef., Abs 6 eingef., bish. Abs. 6 wird Abs. 7 und geänd. mWv 26.6.2017 durch G v. 5.6. 2017 (BGBl. I S. 1476); Abs. 1 Satz 1 geänd., Satz 2 eingef., bish. Satz 2 wird Satz 3, Abs. 2, Abs. 4 einl. Satzteil geänd. mWv 1.1.2021 durch G v. 22.12.2020 (BGBl. I S. 3256).

[4)] Beachte hierzu Übergangsvorschrift in Art. 103d und 103g EGInsO (Nr. **110a**).

[5)] Siehe hierzu das COVID-19-Insolvenzaussetzungsgesetz (Nr. **110d**) und das Insolvenzantragspflicht-Aussetzungsgesetz v. 10.9.2021 (BGBl. I S. 4147, 4149).

einer Genossenschaft ist auch jedes Mitglied des Aufsichtsrats zur Stellung des Antrags verpflichtet, es sei denn, diese Person hat von der Zahlungsunfähigkeit und der Überschuldung oder der Führungslosigkeit keine Kenntnis.

(4) Mit Freiheitsstrafe bis zu drei Jahren oder mit Geldstrafe wird bestraft, wer entgegen Absatz 1 Satz 1 und 2, auch in Verbindung mit Satz 3 oder Absatz 2 oder Absatz 3, einen Eröffnungsantrag
1. nicht oder nicht rechtzeitig stellt oder
2. nicht richtig stellt.

(5) Handelt der Täter in den Fällen des Absatzes 4 fahrlässig, ist die Strafe Freiheitsstrafe bis zu einem Jahr oder Geldstrafe.

(6) Im Falle des Absatzes 4 Nummer 2, auch in Verbindung mit Absatz 5, ist die Tat nur strafbar, wenn der Eröffnungsantrag rechtskräftig als unzulässig zurückgewiesen wurde.

(7) Auf Vereine und Stiftungen, für die § 42 Absatz 2 des Bürgerlichen Gesetzbuchs[1] gilt, sind die Absätze 1 bis 6 nicht anzuwenden.

§ 15b[2] [3] Zahlungen bei Zahlungsunfähigkeit und Überschuldung; Verjährung. (1) [1] Die nach § 15a Absatz 1 Satz 1 antragspflichtigen Mitglieder des Vertretungsorgans und Abwickler einer juristischen Person dürfen nach dem Eintritt der Zahlungsunfähigkeit oder der Überschuldung der juristischen Person keine Zahlungen mehr für diese vornehmen. [2] Dies gilt nicht für Zahlungen, die mit der Sorgfalt eines ordentlichen und gewissenhaften Geschäftsleiters vereinbar sind.

(2) [1] Zahlungen, die im ordnungsgemäßen Geschäftsgang erfolgen, insbesondere solche Zahlungen, die der Aufrechterhaltung des Geschäftsbetriebs dienen, gelten vorbehaltlich des Absatzes 3 als mit der Sorgfalt eines ordentlichen und gewissenhaften Geschäftsleiters vereinbar. [2] Im Rahmen des für eine rechtzeitige Antragstellung maßgeblichen Zeitraums nach § 15a Absatz 1 Satz 1 und 2 gilt dies nur, solange die Antragspflichtigen Maßnahmen zur nachhaltigen Beseitigung der Insolvenzreife oder zur Vorbereitung eines Insolvenzantrags mit der Sorgfalt eines ordentlichen und gewissenhaften Geschäftsleiters betreiben. [3] Zahlungen, die im Zeitraum zwischen der Stellung des Antrags und der Eröffnung des Verfahrens geleistet werden, gelten auch dann als mit der Sorgfalt eines ordentlichen und gewissenhaften Geschäftsleiters vereinbar, wenn diese mit Zustimmung eines vorläufigen Insolvenzverwalters vorgenommen wurden.

(3) Ist der nach § 15a Absatz 1 Satz 1 und 2 für eine rechtzeitige Antragstellung maßgebliche Zeitpunkt verstrichen und hat der Antragspflichtige keinen Antrag gestellt, sind Zahlungen in der Regel nicht mit der Sorgfalt eines ordentlichen und gewissenhaften Geschäftsleiters vereinbar.

(4) [1] Werden entgegen Absatz 1 Zahlungen geleistet, sind die Antragspflichtigen der juristischen Person zur Erstattung verpflichtet. [2] Ist der Gläubigerschaft der juristischen Person ein geringerer Schaden entstanden, beschränkt sich die Ersatzpflicht auf den Ausgleich dieses Schadens. [3] Soweit die Erstattung oder der Ersatz zur Befriedigung der Gläubiger der juristischen Person erforderlich ist, wird die Pflicht nicht dadurch ausgeschlossen, dass dieselben in Befolgung eines Beschlusses eines Organs der juristischen Person gehandelt haben. [4] Ein Verzicht der juristischen Person auf Erstattungs- oder Ersatzansprüche oder ein Vergleich der juristi-

[1] Nr. **20**.
[2] § 15b eingef. mWv 1.1.2021 durch G v. 22.12.2020 (BGBl. I S. 3256).
[3] Beachte hierzu Übergangsvorschrift in Art. 103m EGInsO (Nr. **110a**).

110a. Einführungsgesetz zur Insolvenzordnung (EGInsO)

Vom 5. Oktober 1994
(BGBl. I S. 2911)

FNA 311-14-1

Lfd. Nr.	Änderndes Gesetz	Datum	Fundstelle	Betroffen	Hinweis
1.–18.	Änderungsgesetze bis einschließl. G v. 12.12.2007 (BGBl. I S. 2840) nur noch in den Anmerkungen nachgewiesen				
19.	Art. 10 G zur Modernisierung des GmbH-Rechts und zur Bekämpfung von Missbräuchen	23.10.2008	BGBl. I S. 2026	Art. 103d	eingef. mWv 1.11.2008
20.	Art. 4 Haushaltsbegleitgesetz 2011	9.12.2010	BGBl. I S. 1885	Art. 103e	eingef. mWv 1.1.2011
21.	Art. 3 G zur Umsetzung der DienstleistungsRL in der Justiz und zur Änd. weiterer Vorschriften[1]	22.12.2010	BGBl. I S. 2248	Art. 102a	eingef. mWv 28.12.2010
22.	Art. 4 G zur Änderung des § 522 ZPO	21.10.2011	BGBl. I S. 2082	Art. 102 § 7	geänd. mWv 27.10.2011
				Art. 103f	eingef. mWv 27.10.2011
23.	Art. 3 G zur weiteren Erleichterung der Sanierung von Unternehmen	7.12.2011	BGBl. I S. 2582	Art. 103g	eingef. mWv 1.3.2012
24.	Art. 2 Abs. 29 G zur Änd. von Vorschriften über Verkündung und Bekanntmachungen sowie der ZPO, des EGZPO und der AO	22.12.2011	BGBl. I S. 3044	Art. 103	geänd. mWv 1.4.2012
25.	Art. 19 G zur Einführung einer Rechtsbehelfsbelehrung im Zivilprozess und zur Änd. anderer Vorschriften	5.12.2012	BGBl. I S. 2418	Art. 103g	geänd. mWv 12.12.2012
26.	Art. 9 EMIR-AusführungsG	13.2.2013	BGBl. I S. 174	Art. 102b	eingef. mWv 16.2.2013
27.	Art. 6 G zur Verkürzung des Restschuldbefreiungsverfahrens und zur Stärkung der Gläubigerrechte	15.7.2013	BGBl. I S. 2379	Art. 102 § 5	geänd. mWv 1.7.2014
				Art. 103h, 107	eingef. mWv 1.7.2014
28.	*Art. 8 Abs. 4 Bilanzrichtlinie-UmsetzungsG*	17.7.2015	BGBl. I S. 1245	Art. 103i	eingef. mWv 23.7.2015
29.	Art. 3 Abs. 1 G zur Änd. der InsO und zur Änd. des EGZPO	22.12.2016	BGBl. I S. 3147	Art. 105a	eingef. mWv 29.12.2016

[1] **Amtl. Anm.:** Artikel 1 Nummer 1 und 2, Artikel 2 bis 5 und 8 Nummer 1, Artikel 9 bis 11 und 15 Nummer 2 und 4 und Artikel 18 dieses Gesetzes dienen der Umsetzung der Richtlinie 2006/123/EG des Europäischen Parlaments und des Rates vom 12. Dezember 2006 über Dienstleistungen im Binnenmarkt (ABl. L 376 vom 27.12.2006, S. 36).

Lfd. Nr.	Änderndes Gesetz	Datum	Fundstelle	Betroffen	Hinweis
30.	Art. 2 G zur Verbesserung der Rechtssicherheit bei Anfechtungen nach der InsO und nach dem AnfechtungsG	29.3.2017	BGBl. I S. 654	Art. 103j	eingef. mWv 5.4.2017
31.	Art. 3 G zur Durchführung der VO (EU) 2015/848 über Insolvenzverfahren[1]	5.6.2017	BGBl. I S. 1476	Art. 102c	eingef. mWv 26.6.2017
				Art. 102c § 22	eingef. mWv 21.4.2018
32.	Art. 8 Sanierungs- und InsolvenzrechtsfortentwicklungsG[2]	22.12. 2020	BGBl. I S. 3256	Art. 102c §§ 4, 9, 20, 26	geänd. mWv 1.1.2021
				Art. 103m	eingef. mWv 1.1.2021
33.	Art. 3, 7 G zur weiteren Verkürzung des Restschuldbefreiungsverfahrens und zur Anpassung pandemiebedingter Vorschriften im Gesellschafts-, Genossenschafts-, Vereins- und Stiftungsrecht sowie im Miet- und Pachtrecht	22.12. 2020	BGBl. I S. 3328	Art. 103k, 107a	eingef. mWv 1.10.2020
				Art. 103l	eingef. mWv 31.12.2020
34.	Art. 36 PersonengesellschaftsrechtsmodernisierungsG (MoPeG)	10.8.2021	BGBl. I S. 3436	Art. 103m	geänd. mWv 18.8.2021

[1] **Amtl. Anm.:** Dieses Gesetz dient der Durchführung der Verordnung (EU) 2015/848 des Europäischen Parlaments und des Rates vom 20. Mai 2015 über Insolvenzverfahren (ABl. L 141 vom 5.6.2015, S. 19; L 349 vom 21.12.2016, S. 6), die zuletzt durch die Verordnung (EU) 2017/353 (ABl. L 57 vom 3.3. 2017, S. 19) geändert worden ist.

[2] **Amtl. Anm.:** Dieses Gesetz dient der weiteren Umsetzung der Richtlinie (EU) 2019/1023 des *Europäischen Parlaments und des Rates vom 20. Juni 2019* über präventive Restrukturierungsrahmen, über Entschuldung und über Tätigkeitsverbote sowie über Maßnahmen zur Steigerung der Effizienz von Restrukturierungs-, Insolvenz- und Entschuldungsverfahren und zur Änderung der Richtlinie (EU) 2017/1132 (Richtlinie über Restrukturierung und Insolvenz) (ABl. L 172 vom 26.6.2019, S. 18).

Art. 103l[1)] Überleitungsvorschrift zu Artikel 6 des Gesetzes zur weiteren Verkürzung des Restschuldbefreiungsverfahrens und zur Anpassung pandemiebedingter Vorschriften im Gesellschafts-, Genossenschafts-, Vereins- und Stiftungsrecht sowie im Miet- und Pachtrecht. Auf Insolvenzverfahren, die vor dem 31. Dezember 2020 beantragt worden sind, sind die bis dahin geltenden Vorschriften weiter anzuwenden.

Art. 103m[2)] Überleitungsvorschrift zum Sanierungs- und Insolvenzrechtsfortentwicklungsgesetz. [1] Auf Insolvenzverfahren, die vor dem 1. Januar 2021 beantragt worden sind, sind die bis dahin geltenden Vorschriften weiter anzuwenden. [2] § 15b der Insolvenzordnung[3)] in der Fassung des Sanierungs- und Insolvenzrechtsfortentwicklungsgesetzes vom 22. Dezember 2020 (BGBl. I S. 3256) ist erstmals auf Zahlungen anzuwenden, die nach dem 31. Dezember 2020 vorgenommen worden sind. [3] Auf Zahlungen, die vor dem 1. Januar 2021 vorgenommen worden sind, sind die bis zum 31. Dezember 2020 geltenden gesetzlichen Vorschriften weiterhin anzuwenden.

Art. 104 Anwendung des neuen Rechts. In einem Insolvenzverfahren, das nach dem 31. Dezember 1998 beantragt wird, gelten die Insolvenzordnung[3)] und dieses Gesetz auch für Rechtsverhältnisse und Rechte, die vor dem 1. Januar 1999 begründet worden sind.

Art. 105 Finanztermingeschäfte. (1) [1] War für Finanzleistungen, die einen Markt- oder Börsenpreis haben, eine bestimmte Zeit oder eine bestimmte Frist vereinbart und tritt die Zeit oder der Ablauf der Frist erst nach der Eröffnung eines Konkursverfahrens ein, so kann nicht die Erfüllung verlangt, sondern nur eine Forderung wegen der Nichterfüllung geltend gemacht werden. [2] Als Finanzleistungen gelten insbesondere

1. die Lieferung von Edelmetallen,
2. die Lieferung von Wertpapieren oder vergleichbaren Rechten soweit nicht der Erwerb einer Beteiligung an einem Unternehmen zur Herstellung einer dauernden Verbindung zu diesem Unternehmen beabsichtigt ist,
3. Geldleistungen, die in ausländischer Währung oder in einer Rechnungseinheit zu erbringen sind,
4. Geldleistungen, deren Höhe unmittelbar oder mittelbar durch den Kurs einer ausländischen Währung oder einer Rechnungseinheit, durch den Zinssatz von Forderungen oder durch den Preis anderer Güter oder Leistungen bestimmt wird,
5. Optionen und andere Rechte auf Lieferungen oder Geldleistungen im Sinne der Nummern 1 bis 4.

[3] Sind Geschäfte über Finanzleistungen in einem Rahmenvertrag zusammengefaßt, für den vereinbart ist, daß er bei Vertragsverletzungen nur einheitlich beendet werden kann, so gilt die Gesamtheit dieser Geschäfte als ein gegenseitiger Vertrag.

(2) [1] Die Forderung wegen der Nichterfüllung richtet sich auf den Unterschied zwischen dem vereinbarten Preis und dem Markt- oder Börsenpreis, der am zweiten Werktag nach der Eröffnung des Verfahrens am Erfüllungsort für einen

[1)] Art. 103l eingef. mWv 31.12.2020 durch G v. 22.12.2020 (BGBl. I S. 3328).

[2)] Art. 103m eingef. mWv 1.1.2021 durch G v. 22.12.2020 (BGBl. I S. 3256); Sätze 2, 3 angef. mWv 18.8.2021 durch G v. 10.8.2021 (BGBl. I S. 3436).

[3)] Nr. **110**.

Vertrag mit der vereinbarten Erfüllungszeit maßgeblich ist. [2]Der andere Teil kann eine solche Forderung nur als Konkursgläubiger geltend machen.

(3) Die in den Absätzen 1 und 2 für den Fall der Eröffnung eines Konkursverfahrens getroffenen Regelungen gelten entsprechend für den Fall der Eröffnung eines Vergleichs- oder Gesamtvollstreckungsverfahrens.

Art. 105a[1)] Überleitungsvorschrift zum Gesetz zur Änderung der Insolvenzordnung und zur Änderung des Gesetzes, betreffend die Einführung der Zivilprozessordnung. (1) Auf Insolvenzverfahren, die vor dem 10. Juni 2016 beantragt worden sind, ist § 104 der Insolvenzordnung[2)] in der bis dahin geltenden Fassung anzuwenden.

(2) Auf Insolvenzverfahren, die vor dem 29. Dezember 2016 beantragt worden sind, ist § 104 der Insolvenzordnung in der bis dahin geltenden Fassung anzuwenden.

Art. 106 Insolvenzanfechtung. Die Vorschriften der Insolvenzordnung[2)] über die Anfechtung von Rechtshandlungen sind auf die vor dem 1. Januar 1999 vorgenommenen Rechtshandlungen nur anzuwenden, soweit diese nicht nach dem bisherigen Recht der Anfechtung entzogen oder in geringerem Umfang unterworfen sind.

Art. 107[3)] Evaluierungsvorschrift zum Gesetz zur Verkürzung des Restschuldbefreiungsverfahrens und zur Stärkung der Gläubigerrechte.

(1) [1]Die Bundesregierung berichtet dem Deutschen Bundestag bis zum 30. Juni 2018, in wie vielen Fällen bereits nach drei Jahren eine Restschuldbefreiung erteilt werden konnte. [2]Der Bericht hat auch Angaben über die Höhe der im Insolvenz- und Restschuldbefreiungsverfahren erzielten Befriedigungsquoten zu enthalten.

(2) Sofern sich aus dem Bericht die Notwendigkeit gesetzgeberischer Maßnahmen ergibt, soll die Bundesregierung diese vorschlagen.

Art. 107a[4)] Evaluationsvorschrift zum Gesetz zur weiteren Verkürzung des Restschuldbefreiungsverfahrens und zur Anpassung pandemiebedingter Vorschriften im Gesellschafts-, Genossenschafts-, Vereins- und Stiftungsrecht sowie im Miet- und Pachtrecht. (1) [1]Die Bundesregierung berichtet dem Deutschen Bundestag bis zum 30. Juni 2024, wie sich die Verkürzung des Restschuldbefreiungsverfahrens auf das Antrags-, Zahlungs- und Wirtschaftsverhalten von Verbraucherinnen und Verbrauchern ausgewirkt hat. [2]Der Bericht geht auch auf etwaige Hindernisse ein, die von den bestehenden Möglichkeiten der Speicherung insolvenzbezogener Informationen durch Auskunfteien für einen wirtschaftlichen Neustart nach Erteilung der Restschuldbefreiung ausgehen.

(2) Sofern sich aus dem Bericht die Notwendigkeit gesetzgeberischer Maßnahmen ergibt, soll die Bundesregierung diese vorschlagen.

Art. 108 Fortbestand der Vollstreckungsbeschränkung. (1) Bei der Zwangsvollstreckung gegen einen Schuldner, über dessen Vermögen ein Gesamtvollstreckungsverfahren durchgeführt worden ist, ist auch nach dem 31. Dezember

---

[1)] Art. 105a eingef. mWv 29.12.2016 durch G v. 22.12.2016 (BGBl. I S. 3147).

[2)] *Nr. 110.*

[3)] Art. 107 aufgeh. mWv 1.7.2007 durch G v. 13.4.2007 (BGBl. I S. 509); neu eingef. mWv 1.7.2014 durch G v. 15.7.2013 (BGBl. I S. 2379).

[4)] Art. 107a eingef. mWv 1.10.2020 durch G v. 22.12.2020 (BGBl. I S. 3328).

1998 die Vollstreckungsbeschränkung des § 18 Abs. 2 Satz 3 der Gesamtvollstreckungsordnung zu beachten.

(2) Wird über das Vermögen eines solchen Schuldners nach den Vorschriften der Insolvenzordnung ein Insolvenzverfahren eröffnet, so sind die Forderungen, die der Vollstreckungsbeschränkung unterliegen, im Rang nach den in § 39 Abs. 1 der Insolvenzordnung[1)] bezeichneten Forderungen zu berichtigen.

Art. 109 Schuldverschreibungen. Soweit den Inhabern von Schuldverschreibungen, die vor dem 1. Januar 1963 von anderen Kreditinstituten als Hypothekenbanken ausgegeben worden sind, nach Vorschriften des Landesrechts in Verbindung mit § 17 Abs. 1 des Einführungsgesetzes zur Konkursordnung ein Vorrecht bei der Befriedigung aus Hypotheken, Reallasten oder Darlehen des Kreditinstituts zusteht, ist dieses Vorrecht auch in künftigen Insolvenzverfahren zu beachten.

Art. 110 Inkrafttreten. (1) Die Insolvenzordnung und dieses Gesetz treten, soweit nichts anderes bestimmt ist, am 1. Januar 1999 in Kraft.

(2) [1] § 2 Abs. 2 und § 7 Abs. 3 der Insolvenzordnung[1)] sowie die Ermächtigung der Länder in § 305 Abs. 1 Nr. 1 der Insolvenzordnung treten am Tage nach der Verkündung[2)] in Kraft. [2] Gleiches gilt für § 65 der Insolvenzordnung und für § 21 Abs. 2 Nr. 1, § 73 Abs. 2, § 274 Abs. 1, § 293 Abs. 2 und § 313 der Insolvenzordnung, soweit sie § 65 der Insolvenzordnung für entsprechend anwendbar erklären.

(3) Artikel 2 Nr. 9 dieses Gesetzes, soweit darin die Aufhebung von § 2 Abs. 1 Satz 2 des Gesetzes über die Auflösung und Löschung von Gesellschaften und Genossenschaften angeordnet wird, Artikel 22, Artikel 24 Nr. 2, Artikel 32 Nr. 3, Artikel 48 Nr. 4, Artikel 54 Nr. 4 und Artikel 85 Nr. 1 und 2 Buchstabe e, Artikel 87 Nr. 8 Buchstabe d und Artikel 105 dieses Gesetzes treten am Tage nach der Verkündung[2)] in Kraft.

[1)] Nr. **110**.
[2)] Verkündet am 18.10.1994.

Lfd. Nr.	Änderndes Gesetz	Datum	Fundstelle	Betroffen	Hinweis
55.	Art. 7 Abs. 39 G zur Umsetzung der RL (EU) 2019/2034 über die Beaufsichtigung von Wertpapierinstituten[1]	12.5.2021	BGBl. I S. 990	§ 375	geänd. mWv 26.6.2021
56.	Art. 3 G zum Schutz von Kindern mit Varianten der Geschlechtsentwicklung	12.5.2021	BGBl. I S. 1082	Inhaltsübersicht	geänd. mWv 22.5.2021
				§ 167b	eingef. mWv 22.5.2021
57.	Art. 2 G zur Änd. des Versorgungsausgleichsrechts	12.5.2021	BGBl. I S. 1085	§§ 114, 222, 226	geänd. mWv 1.8.2021
58.	Art. 7 Kinder- und JugendstärkungsG	3.6.2021	BGBl. I S. 1444	§ 166	geänd. mWv 10.6.2021
59.	Art. 26 Abs. 5 FinanzmarktintegritätsstärkungsG	3.6.2021	BGBl. I S. 1534	§ 375	geänd. mWv 1.7.2021
60.	Art. 5 G zur Bekämpfung sexualisierter Gewalt gegen Kinder	16.6.2021	BGBl. I S. 1810	Inhaltsübersicht, §§ 68, 174, 191, 493	geänd. mWv 1.7.2021
				§§ 158, 159	neu gef. mWv 1.7.2021
				§§ 158b, 158c	eingef. mWv 1.7.2021
				§ 158a	eingef. mWv 1.1.2022
61.	Art. 15 G zur Modernisierung des notariellen Berufsrechts und zur Änd. weiterer Vorschriften	25.6.2021	BGBl. I S. 2154	§ 347	geänd. mWv 1.8.2021
62.	Art. 6 G zur Vereinheitlichung des Stiftungsrechts und zur Änd. des InfektionsschutzG	16.7.2021	BGBl. I S. 2947	§ 356	geänd. mWv 1.7.2023
63.	Art. 8 G zur Umsetzung der Digitalisierungsrichtlinie (DiRUG)[2]	5.7.2021	BGBl. I S. 3338	§§ 387, 393, 394	geänd. mWv 1.8.2022
64.	Art. 45 PersonengesellschaftsrechtsmodernisierungsG (MoPeG)	10.8.2021	BGBl. I S. 3436	§§ 376, 387	geänd. mWv 18.8.2021
				Inhaltsübersicht, §§ 374, 375, 376, 378, 379, 380, 382, 388, 392, 393, 394	geänd. mWv 1.1.2024

[1] **Amtl. Anm.:** Dieses Gesetz dient der Umsetzung der Richtlinie (EU) 2019/2034 des Europäischen Parlaments und des Rates vom 27. November 2019 über die Beaufsichtigung von Wertpapierfirmen und zur Änderung der Richtlinien 2002/87/EG, 2009/65/EG, 2011/61/EU, 2013/36/EU, 2014/59/EU und 2014/65/EU (ABl. L 314 vom 5.12.2019, S. 64) sowie der Anpassung der nationalen Gesetze und Verordnungen an die Verordnung (EU) 2019/2033 des Europäischen Parlaments und des Rates vom 27. November 2019 über die Aufsichtsanforderungen an Wertpapierfirmen und zur Änderung der Verordnungen (EU) Nr. 1093/2010, (EU) Nr. 575/2013, (EU) Nr. 600/2014 und (EU) Nr. 806/2014 (ABl. L 314 vom 5.12.2019, S. 1; L 20 vom 24.1.2020, S. 26).

[2] **Amtl. Anm.:** Dieses Gesetz dient der Umsetzung der Richtlinie (EU) 2019/1151 des Europäischen Parlaments und des Rates vom 20. Juni 2019 zur Änderung der Richtlinie (EU) 2017/1132 im Hinblick auf den Einsatz digitaler Werkzeuge und Verfahren im Gesellschaftsrecht (ABl. L 186 vom 11.7.2019, S. 80).

Vorbemerkung:
Die Änderungen durch G v. 7.5.2021 (BGBl. I S. 850) treten erst mWv 1.1. 2022 in Kraft und sind im Text noch nicht berücksichtigt.
Die Änderungen durch G v. 4.5.2021 (BGBl. I S. 882) treten erst mWv 1.1. 2023 in Kraft und sind im Text noch nicht berücksichtigt.
Die Änderung durch G v. 16.7.2021 (BGBl. I S. 2947) tritt erst mWv 1.7. 2023 in Kraft und ist im Text noch nicht berücksichtigt.
Die Änderungen durch G v. 5.7.2021 (BGBl. I S. 3338) treten erst mWv 1.8.2022 in Kraft und sind im Text noch nicht berücksichtigt.
Die Änderungen durch G v. 10.8.2021 (BGBl. I S. 3436) treten teilweise erst mWv 1.1.2024 in Kraft und sind insoweit im Text noch nicht berücksichtigt.

gen; dasselbe gilt, wenn die nicht erschienenen Beteiligten ihre Zustimmung zu gerichtlichem Protokoll oder in einer öffentlich beglaubigten Urkunde erteilen.

(2) [1] Ist ein Beteiligter nicht erschienen, hat der Notar nach § 366 Abs. 3 und 4 zu verfahren. [2] § 367 ist entsprechend anzuwenden.

§ 369[1)] **Verteilung durch das Los.** Ist eine Verteilung durch das Los vereinbart, wird das Los, wenn nicht ein anderes bestimmt ist, für die nicht erschienenen Beteiligten von einem durch den Notar zu bestellenden Vertreter gezogen.

§ 370[2)] **Aussetzung bei Streit.** [1] Ergeben sich bei den Verhandlungen Streitpunkte, ist darüber eine Niederschrift aufzunehmen und das Verfahren bis zur Erledigung der Streitpunkte auszusetzen. [2] Soweit unstreitige Punkte beurkundet werden können, hat der Notar nach den §§ 366 und 368 Abs. 1 und 2 zu verfahren.

§ 371 Wirkung der bestätigten Vereinbarung und Auseinandersetzung; Vollstreckung. (1) Vereinbarungen nach § 366 Abs. 1 sowie Auseinandersetzungen nach § 368 werden mit Rechtskraft des Bestätigungsbeschlusses wirksam und für alle Beteiligten in gleicher Weise verbindlich wie eine vertragliche Vereinbarung oder Auseinandersetzung.

(2) [1] Aus der Vereinbarung nach § 366 Abs. 1 sowie aus der Auseinandersetzung findet nach deren Wirksamwerden die Vollstreckung statt. [2] Die §§ 795 und 797 der Zivilprozessordnung sind anzuwenden.

§ 372 Rechtsmittel. (1) Ein Beschluss, durch den eine Frist nach § 366 Abs. 3 bestimmt wird, und ein Beschluss, durch den über die Wiedereinsetzung entschieden wird, ist mit der sofortigen Beschwerde in entsprechender Anwendung der §§ 567 bis 572 der Zivilprozessordnung anfechtbar.

(2) Die Beschwerde gegen den Bestätigungsbeschluss kann nur darauf gegründet werden, dass die Vorschriften über das Verfahren nicht beachtet wurden.

§ 373[3)] **Auseinandersetzung einer Gütergemeinschaft.** (1) Auf die Auseinandersetzung des Gesamtguts nach der Beendigung der ehelichen, lebenspartnerschaftlichen oder der fortgesetzten Gütergemeinschaft sind die Vorschriften dieses Abschnitts entsprechend anzuwenden.

(2) Für das Verfahren zur Erteilung, Einziehung oder Kraftloserklärung von Zeugnissen über die Auseinandersetzung des Gesamtguts einer ehelichen, lebenspartnerschaftlichen oder fortgesetzten Gütergemeinschaft nach den §§ 36 und 37 der Grundbuchordnung sowie den §§ 42 und 74 der Schiffsregisterordnung gelten § 345 Abs. 1 sowie die §§ 352, 352a, 352c bis 353 und 357 entsprechend.

Buch 5. Verfahren in Registersachen, unternehmensrechtliche Verfahren

Abschnitt 1. Begriffsbestimmung

§ 374 Registersachen. Registersachen sind

1. Handelsregistersachen,

[1)] § 369 geänd. mWv 1.9.2013 durch G v. 26.6.2013 (BGBl. I S. 1800).
[2)] § 370 Satz 2 geänd. mWv 1.9.2013 durch G v. 26.6.2013 (BGBl. I S. 1800).
[3)] § 373 Abs. 2 geänd. mWv 17.8.2015 durch G v. 29.6.2015 (BGBl. I S. 1042).

2. Genossenschaftsregistersachen,
3. Partnerschaftsregistersachen,
4. Vereinsregistersachen,
5. Güterrechtsregistersachen.

§ 375[1)] Unternehmensrechtliche Verfahren. Unternehmensrechtliche Verfahren sind die nach

1. § 146 Abs. 2, den §§ 147, 157 Abs. 2, § 166 Abs. 3, § 233 Abs. 3 und § 318 Abs. 3 bis 5 des Handelsgesetzbuchs[2)],
2. § 11 des Binnenschifffahrtsgesetzes, nach den Vorschriften dieses Gesetzes, die die Dispache betreffen, sowie nach § 595 Absatz 2 des Handelsgesetzbuchs, auch in Verbindung mit § 78 des Binnenschifffahrtsgesetzes,
3. § 33 Abs. 3, den §§ 35 und 73 Abs. 1, den §§ 85 und 103 Abs. 3, den §§ 104 und 122 Abs. 3, § 147 Abs. 2, § 183a Absatz 3, § 264 Absatz 2, § 265 Abs. 3 und 4, § 270 Abs. 3, § 273 Abs. 2 bis 4 sowie § 290 Absatz 3 des Aktiengesetzes[3)],
4. Artikel 55 Abs. 3 der Verordnung (EG) Nr. 2157/2001 des Rates vom 8. Oktober 2001 über das Statut der Europäischen Gesellschaft (SE) (ABl. EG Nr. L 294 S. 1) sowie § 29 Abs. 3, § 30 Abs. 1, 2 und 4, § 45 des SE-Ausführungsgesetzes,
5. § 26 Abs. 1 und 4 sowie § 206 Satz 2 und 3 des Umwandlungsgesetzes[4)],
6. § 66 Abs. 2, 3 und 5, § 71 Abs. 3 sowie § 74 Abs. 2 und 3 des Gesetzes betreffend die Gesellschaften mit beschränkter Haftung[5)],
7. § 45 Abs. 3, den §§ 64b, 83 Abs. 3, 4 und 5 sowie § 93 des Genossenschaftsgesetzes[6)],
8. Artikel 54 Abs. 2 der Verordnung (EG) Nr. 1435/2003 des Rates vom 22. Juli 2003 über das Statut der Europäischen Genossenschaft (SCE) (ABl. EU Nr. L 207 S. 1),
9. § 2 Abs. 3 und § 12 Abs. 3 des Publizitätsgesetzes[7)],
10. § 11 Abs. 3 des Gesetzes über die Mitbestimmung der Arbeitnehmer in den Aufsichtsräten und Vorständen der Unternehmen des Bergbaus und der Eisen und Stahl erzeugenden Industrie[8)],
11. § 2c Abs. 2 Satz 2 bis 7, den §§ 22o, 36 Absatz 3 Satz 2, § 28 Absatz 2, § 38 Abs. 2 Satz 2, § 45a Abs. 2 Satz 1, 3, 4 und 6 des Kreditwesengesetzes[9)],

---

[1)] § 375 Nr. 11 und 13 geänd. mWv 1.9.2009 durch G v. 12.3.2009 (BGBl. I S. 470); Nr. 15 geänd., Nr. 16 angef. mWv 5.8.2009 durch G v. 31.7.2009 (BGBl. I S. 2512); Nr. 3, 11 und 16 geänd. mWv 25.11.2010 durch G v. 19.11.2010 (BGBl. I S. 1592); Nr. 11 geänd. mWv 1.1.2011 durch G v. 9.12.2010 (BGBl. I S. 1900); Nr. 3, 11 und 13 geänd., Nr. 11a eingef. mWv 1.1.2013 durch G v. 5.12.2012 (BGBl. I S. 2418); Nr. 2 neu gef. mWv 25.4.2013 durch G v. 20.4.2013 (BGBl. I S. 831); Nr. 13 geänd. mWv 4.7.2013 durch G v. 27.6.2013 (BGBl. I S. 1862); Nr. 11 geänd., Nr. 12 aufgeh. mWv 1.1.2014 durch G v. 28.8.2013 (BGBl. I S. 3395); Nr. 13 geänd. mWv 1.1.2016 durch G v. 1.4.2015 (BGBl. I S. 434); Nr. 11b und 12 eingef. mWv 26.6.2021 durch G v. 12.5.2021 (BGBl. I S. 990); Nr. 13 geänd. mWv 1.7.2021 durch G v. 3.6.2021 (BGBl. I S. 1534).

[2)] Nr. **50**.

[3)] Nr. **51**.

[4)] Nr. **52a**.

[5)] Nr. **52**.

[6)] *Nr. 53*.

[7)] Nr. **52b**.

[8)] **Habersack, Deutsche Gesetze ErgBd. Nr. 82b.**

[9)] **Sartorius ErgBd. Nr. 856.**

11a. § 2a Absatz 4 Satz 2 und 3 des Investmentgesetzes,
11b. § 27 Absatz 2 Satz 1 bis 6 und § 77 Absatz 2 des Wertpapierinstitutsgesetzes,
12. § 23 Absatz 2 des Zahlungsdiensteaufsichtsgesetzes,
13. § 19 Absatz 2 Satz 1 bis 6, § 36 Absatz 1a und § 204 Absatz 2 des Versicherungsaufsichtsgesetzes und § 28 Absatz 2 Satz 1 bis 5 des Finanzkonglomerate-Aufsichtsgesetzes,
14. § 6 Abs. 4 Satz 4 bis 7 des Börsengesetzes,
15. § 10 des Partnerschaftsgesellschaftsgesetzes[1)] in Verbindung mit § 146 Abs. 2 und den §§ 147 und 157 Abs. 2 des Handelsgesetzbuchs,
16. § 9 Absatz 2 und 3 Satz 2 und § 18 Absatz 2 Satz 2 und 3 des Schuldverschreibungsgesetzes

vom Gericht zu erledigenden Angelegenheiten.

Abschnitt 2. Zuständigkeit

§ 376[2)] Besondere Zuständigkeitsregelungen. (1) Für Verfahren nach § 374 Nr. 1 und 2 sowie § 375 Nummer 1, 3 bis 14 und 16 ist das Gericht, in dessen Bezirk ein Landgericht seinen Sitz hat, für den Bezirk dieses Landgerichts zuständig.

(2)[3)] [1] Die Landesregierungen werden ermächtigt, durch Rechtsverordnung die Aufgaben nach § 374 Nummer 1 bis 4 sowie § 375 Nummer 1, 3 bis 14, 16 und 17 anderen oder zusätzlichen Amtsgerichten zu übertragen und die Bezirke der Gerichte abweichend von Absatz 1 festzulegen. [2] Sie können die Ermächtigung nach Satz 1 durch Rechtsverordnung auf die Landesjustizverwaltungen übertragen. [3] Mehrere Länder können die Zuständigkeit eines Gerichts für Verfahren nach § 374 Nr. 1 bis 3 über die Landesgrenzen hinaus vereinbaren.

§ 377 Örtliche Zuständigkeit. (1) Ausschließlich zuständig ist das Gericht, in dessen Bezirk sich die Niederlassung des Einzelkaufmanns, der Sitz der Gesellschaft, des Versicherungsvereins, der Genossenschaft, der Partnerschaft oder des Vereins befindet, soweit sich aus den entsprechenden Gesetzen nichts anderes ergibt.

(2) Für die Angelegenheiten, die den Gerichten in Ansehung der nach dem Handelsgesetzbuch[4)] oder nach dem Binnenschifffahrtsgesetz aufzumachenden Dispache zugewiesen sind, ist das Gericht des Ortes zuständig, an dem die Verteilung der Havereischäden zu erfolgen hat.

(3) Die Eintragungen in das Güterrechtsregister sind bei jedem Gericht zu bewirken, in dessen Bezirk auch nur einer der Ehegatten oder Lebenspartner seinen gewöhnlichen Aufenthalt hat.

(4) § 2 Abs. 1 ist nicht anzuwenden.

[1)] Nr. **50b**.

[2)] § 376 Abs. 1 und 2 Satz 2 geänd. mWv 5.8.2009 durch G v. 31.7.2009 (BGBl. I S. 2512); Abs. 2 Satz 1 neu gef. mWv 18.8.2021 durch G v. 10.8.2021 (BGBl. I S. 3436).

[3)] Inkrafttreten gem. Art. 14 Abs. 1 G v. 25.5.2009 (BGBl. I S. 1102) am 29.5.2009.

[4)] Nr. **50**.

Abschnitt 3. Registersachen

Unterabschnitt 1. Verfahren

§ 378[1)] Vertretung; notarielle Zuständigkeit; Verordnungsermächtigung. (1) [1] Für Erklärungen gegenüber dem Register, die zu der Eintragung erforderlich sind und in öffentlicher oder öffentlich beglaubigter Form abgegeben werden, können sich die Beteiligten auch durch Personen vertreten lassen, die nicht nach § 10 Abs. 2 vertretungsberechtigt sind. [2] Dies gilt auch für die Entgegennahme von Eintragungsmitteilungen und Verfügungen des Registers.

(2) Ist die zu einer Eintragung erforderliche Erklärung von einem Notar beurkundet oder beglaubigt, gilt dieser als ermächtigt, im Namen des zur Anmeldung Berechtigten die Eintragung zu beantragen.

(3) [1] Anmeldungen in Registersachen mit Ausnahme der Genossenschafts- und Partnerschaftsregistersachen sind vor ihrer Einreichung für das Registergericht von einem Notar auf Eintragungsfähigkeit zu prüfen. [2] In Handelsregistersachen sind sie zudem bei einem Notar zur Weiterleitung an die für die Eintragung zuständige Stelle einzureichen.

(4) [1] Die Landesregierungen werden ermächtigt, durch Rechtsverordnung zu bestimmen, dass Notare neben den elektronischen Anmeldungen bestimmte darin enthaltene Angaben in strukturierter maschinenlesbarer Form zu übermitteln haben, soweit nicht durch das Bundesministerium der Justiz und für Verbraucherschutz nach § 387 Absatz 2 entsprechende Vorschriften erlassen werden. [2] Die Landesregierungen können die Ermächtigung durch Rechtsverordnung auf die Landesjustizverwaltungen übertragen.

§ 379 Mitteilungspflichten der Behörden. (1) Die Gerichte, die Staatsanwaltschaften, die Polizei- und Gemeindebehörden sowie die Notare haben die ihnen amtlich zur Kenntnis gelangenden Fälle einer unrichtigen, unvollständigen oder unterlassenen Anmeldung zum Handels-, Genossenschafts-, Vereins- oder Partnerschaftsregister dem Registergericht mitzuteilen.

(2) [1] Die Finanzbehörden haben den Registergerichten Auskunft über die steuerlichen Verhältnisse von Kaufleuten oder Unternehmen, insbesondere auf dem Gebiet der Gewerbe- und Umsatzsteuer, zu erteilen, soweit diese Auskunft zur Verhütung unrichtiger Eintragungen im Handels- oder Partnerschaftsregister sowie zur Berichtigung, Vervollständigung oder Löschung von Eintragungen im Register benötigt wird. [2] Die Auskünfte unterliegen nicht der Akteneinsicht (§ 13).

§ 380 Beteiligung der berufsständischen Organe; Beschwerderecht. (1) Die Registergerichte werden bei der Vermeidung unrichtiger Eintragungen, der Berichtigung und Vervollständigung des Handels- und Partnerschaftsregisters, der Löschung von Eintragungen in diesen Registern und beim Einschreiten gegen unzulässigen Firmengebrauch oder unzulässigen Gebrauch eines Partnerschaftsnamens von

1. den Organen des Handelsstandes,
2. den Organen des Handwerksstandes, soweit es sich um die Eintragung von Handwerkern handelt,
3. den Organen des land- und forstwirtschaftlichen Berufsstandes, soweit es sich um die Eintragung von Land- oder Forstwirten handelt,

---

[1)] § 378 Überschrift neu gef., Abs. 3 und 4 angef. mWv 9.6.2017 durch G v. 1.6.2017 (BGBl. I S. 1396).

4. den berufsständischen Organen der freien Berufe, soweit es sich um die Eintragung von Angehörigen dieser Berufe handelt,

(berufsständische Organe) unterstützt.

(2) [1] Das Gericht kann in zweifelhaften Fällen die berufsständischen Organe anhören, soweit dies zur Vornahme der gesetzlich vorgeschriebenen Eintragungen sowie zur Vermeidung unrichtiger Eintragungen in das Register erforderlich ist. [2] Auf ihren Antrag sind die berufsständischen Organe als Beteiligte hinzuzuziehen.

(3) In Genossenschaftsregistersachen beschränkt sich die Anhörung nach Absatz 2 auf die Frage der Zulässigkeit des Firmengebrauchs.

(4) Soweit die berufsständischen Organe angehört wurden, ist ihnen die Entscheidung des Gerichts bekannt zu geben.

(5) Gegen einen Beschluss steht den berufsständischen Organen die Beschwerde zu.

§ 381 Aussetzung des Verfahrens. [1] Das Registergericht kann, wenn die sonstigen Voraussetzungen des § 21 Abs. 1 vorliegen, das Verfahren auch aussetzen, wenn ein Rechtsstreit nicht anhängig ist. [2] Es hat in diesem Fall einem der Beteiligten eine Frist zur Erhebung der Klage zu bestimmen.

§ 382 Entscheidung über Eintragungsanträge. (1) [1] Das Registergericht gibt einem Eintragungsantrag durch die Eintragung in das Register statt. [2] Die Eintragung wird mit ihrem Vollzug im Register wirksam.

(2) Die Eintragung soll den Tag, an welchem sie vollzogen worden ist, angeben; sie ist mit der Unterschrift oder der elektronischen Signatur des zuständigen Richters oder Beamten zu versehen.

(3) Die einen Eintragungsantrag ablehnende Entscheidung ergeht durch Beschluss.

(4) [1] Ist eine Anmeldung zur Eintragung in die in § 374 Nr. 1 bis 4 genannten Register unvollständig oder steht der Eintragung ein anderes durch den Antragsteller behebbares Hindernis entgegen, hat das Registergericht dem Antragsteller eine angemessene Frist zur Beseitigung des Hindernisses zu bestimmen. [2] Die Entscheidung ist mit der Beschwerde anfechtbar.

§ 383[1)] Mitteilung; Anfechtbarkeit. (1) Die Eintragung ist den Beteiligten formlos mitzuteilen; auf die Mitteilung kann verzichtet werden.

(2) Die Vorschriften über die Veröffentlichung von Eintragungen in das Register bleiben unberührt.

(3) Die Eintragung ist nicht anfechtbar.

§ 384 Von Amts wegen vorzunehmende Eintragungen. (1) Auf Eintragungen von Amts wegen sind § 382 Abs. 1 Satz 2 und Abs. 2 sowie § 383 entsprechend anwendbar.

(2) Führt eine von Amts wegen einzutragende Tatsache zur Unrichtigkeit anderer in diesem Registerblatt eingetragener Tatsachen, ist dies von Amts wegen in geeigneter Weise kenntlich zu machen.

§ 385 Einsicht in die Register. Die Einsicht in die in § 374 genannten Register sowie die zum jeweiligen Register eingereichten Dokumente bestimmt

---

[1)] § 383 Überschrift und Abs. 1 geänd. mWv 1.1.2013 durch G v. 5.12.2012 (BGBl. I S. 2418).

sich nach den besonderen registerrechtlichen Vorschriften sowie den auf Grund von § 387 erlassenen Rechtsverordnungen.

§ 386 Bescheinigungen. Das Registergericht hat auf Verlangen eine Bescheinigung darüber zu erteilen, dass bezüglich des Gegenstands einer Eintragung weitere Eintragungen in das Register nicht vorhanden sind oder dass eine bestimmte Eintragung in das Register nicht erfolgt ist.

§ 387[1)] Ermächtigungen. (1) [1]Die Landesregierungen werden ermächtigt, durch Rechtsverordnung zu bestimmen, dass die Daten des bei einem Gericht geführten Handels-, Genossenschafts-, Gesellschafts-, Partnerschafts- oder Vereinsregisters auch bei anderen Amtsgerichten zur Einsicht und zur Erteilung von Ausdrucken zugänglich sind. [2]Die Landesregierungen können diese Ermächtigung durch Rechtsverordnung auf die Landesjustizverwaltungen übertragen. [3]Mehrere Länder können auch vereinbaren, dass die bei den Gerichten eines Landes geführten Registerdaten auch bei den Amtsgerichten des anderen Landes zur Einsicht und zur Erteilung von Ausdrucken zugänglich sind.

(2) [1]Das Bundesministerium der Justiz und für Verbraucherschutz wird ermächtigt, durch Rechtsverordnung mit Zustimmung des Bundesrates die näheren Bestimmungen über die Einrichtung und Führung des Handels-, Genossenschafts-, Gesellschafts- und Partnerschaftsregisters, die Übermittlung der Daten an das Unternehmensregister und die Aktenführung in Beschwerdeverfahren, die Einsicht in das Register, die Einzelheiten der elektronischen Übermittlung nach § 9 des Handelsgesetzbuchs[2)] und das Verfahren bei Anmeldungen, Eintragungen und Bekanntmachungen zu treffen. [2]Dabei kann auch vorgeschrieben werden, dass das Geburtsdatum von in das Register einzutragenden Personen zur Eintragung anzumelden sowie die Anschrift der einzutragenden Unternehmen und Zweigniederlassungen bei dem Gericht einzureichen ist; soweit in der Rechtsverordnung solche Angaben vorgeschrieben werden, ist § 14 des Handelsgesetzbuchs entsprechend anzuwenden.

(3) [1]Durch Rechtsverordnung nach Absatz 2 können auch die näheren Bestimmungen über die Mitwirkung der in § 380 bezeichneten Organe im Verfahren vor den Registergerichten getroffen werden. [2]Dabei kann insbesondere auch bestimmt werden, dass diesen Organen laufend oder in regelmäßigen Abständen die zur Erfüllung ihrer gesetzlichen Aufgaben erforderlichen Daten aus dem Handels-, Gesellschafts- oder Partnerschaftsregister und den zu diesen Registern eingereichten Dokumenten mitgeteilt werden. [3]Die mitzuteilenden Daten sind in der Rechtsverordnung festzulegen. [4]Die Empfänger dürfen die übermittelten personenbezogenen Daten nur für den Zweck verwenden, zu dessen Erfüllung sie ihnen übermittelt worden sind.

(4) Des Weiteren können durch Rechtsverordnung nach Absatz 2 nähere Bestimmungen über die Einrichtung und Führung des Vereinsregisters, insbesondere über das Verfahren bei Anmeldungen, Eintragungen und Bekanntmachungen sowie über die Einsicht in das Register, und über die Aktenführung im Beschwerdeverfahren erlassen werden.

(5) Die elektronische Datenverarbeitung zur Führung des Handels-, Genossenschafts-, Gesellschafts-, Partnerschafts- oder Vereinsregisters kann im Auftrag des

---

[1)] § 387 Abs. 2 Satz 1 geänd. mWv 8.9.2015 durch VO v. 31.8.2015 (BGBl. I S. 1474); Abs. 1 Satz 1, Abs. 2 Satz 1, Abs. 3 Satz 2, Abs. 5 geänd. mWv 18.8.2021 durch G v. 10.8.2021 (BGBl. I S. 3436).

[2)] Nr. **50**.

zuständigen Gerichts auf den Anlagen einer anderen staatlichen Stelle oder auf den Anlagen eines Dritten vorgenommen werden, wenn die ordnungsgemäße Erledigung der Registersachen sichergestellt ist.

Unterabschnitt 2. Zwangsgeldverfahren

§ 388 Androhung. (1) Sobald das Registergericht von einem Sachverhalt, der sein Einschreiten nach den §§ 14, 37a Abs. 4 und § 125a Abs. 2 des Handelsgesetzbuchs[1)], auch in Verbindung mit § 5 Abs. 2 des Partnerschaftsgesellschaftsgesetzes[2)], den §§ 407 und 408 des Aktiengesetzes[3)], § 79 Abs. 1 des Gesetzes betreffend die Gesellschaften mit beschränkter Haftung[4)], § 316 des Umwandlungsgesetzes[5)] oder § 12 des EWIV-Ausführungsgesetzes rechtfertigt, glaubhafte Kenntnis erhält, hat es dem Beteiligten unter Androhung eines Zwangsgelds aufzugeben, innerhalb einer bestimmten Frist seiner gesetzlichen Verpflichtung nachzukommen oder die Unterlassung mittels Einspruchs zu rechtfertigen.

(2) In gleicher Weise kann das Registergericht gegen die Mitglieder des Vorstands eines Vereins oder dessen Liquidatoren vorgehen, um sie zur Befolgung der in § 78 des Bürgerlichen Gesetzbuchs[6)] genannten Vorschriften anzuhalten.

§ 389 Festsetzung. (1) Wird innerhalb der bestimmten Frist weder der gesetzlichen Verpflichtung genügt noch Einspruch erhoben, ist das angedrohte Zwangsgeld durch Beschluss festzusetzen und zugleich die Aufforderung nach § 388 unter Androhung eines erneuten Zwangsgelds zu wiederholen.

(2) Mit der Festsetzung des Zwangsgelds sind dem Beteiligten zugleich die Kosten des Verfahrens aufzuerlegen.

(3) In gleicher Weise ist fortzufahren, bis der gesetzlichen Verpflichtung genügt oder Einspruch erhoben wird.

§ 390 Verfahren bei Einspruch. (1) Wird rechtzeitig Einspruch erhoben, soll das Gericht, wenn sich der Einspruch nicht ohne weiteres als begründet erweist, den Beteiligten zur Erörterung der Sache zu einem Termin laden.

(2) Das Gericht kann, auch wenn der Beteiligte zum Termin nicht erscheint, in der Sache entscheiden.

(3) Wird der Einspruch für begründet erachtet, ist die getroffene Entscheidung aufzuheben.

(4) [1] Andernfalls hat das Gericht den Einspruch durch Beschluss zu verwerfen und das angedrohte Zwangsgeld festzusetzen. [2] Das Gericht kann, wenn die Umstände es rechtfertigen, von der Festsetzung eines Zwangsgelds absehen oder ein geringeres als das angedrohte Zwangsgeld festsetzen.

(Fortsetzung nächstes Blatt)

---

1) Nr. **50**.
2) Nr. **50b**.
3) Nr. **51**.
4) Nr. **52**.
5) Nr. **52a**.
6) Nr. **20**.

Unterabschnitt 2. Zwangsgeldverfahren

Lfd. Nr.	Änderndes Gesetz	Datum	Fundstelle	Betroffen	Hinweis
17.	Art. 1 G zur Einführung eines Datenbankgrundbuchs	1.10.2013	BGBl. I S. 3719	§§ 2, 5, 6, 7, 12c, 33, 36, 37, 44, 116, 126, 129, 131, 133, 134, 134a, 140, 141, 148, 149	geänd. mWv 9.10.2013
				§ 127	neu gef. mWv 9.10.2013
				§ 117	aufgeh. mWv 9.10.2013
				§§ 12, 12a	geänd. mWv 1.10.2014
18.	Art. 12 G zur Förderung des elektronischen Rechtsverkehrs mit den Gerichten	10.10. 2013	BGBl. I S. 3786	§ 137	geänd. mWv 1.7.2014
				§ 81	geänd. mWv 1.1.2018
19.	Art. 2 G zur Erleichterung der Umsetzung der Grundbuchamtsreform in Baden-Württemberg sowie zur Änd. des EGZPO und des WohnungseigentumsG	5.12.2014	BGBl. I S. 1962	§ 1	geänd. mWv 1.1.2018
				§ 149	neu gef. mWv 1.1.2018
20.	Art. 6 G zum Internationalen Erbrecht und zur Änd. von Vorschriften zum Erbschein sowie zur Änd. sonstiger Vorschriften	29.6.2015	BGBl. I S. 1042	§§ 35, 83	geänd. mWv 17.8.2015
21.	Art. 153 Zehnte ZuständigkeitsanpassungsVO	31.8.2015	BGBl. I S. 1474	§§ 1, 10, 10a, 12, 28, 133, 134, 141, 148, 150	geänd. mWv 8.9.2015
22.	Art. 3 G zur Verlängerung der Befristung von Vorschriften nach den Terrorismusbekämpfungsgesetzen	3.12.2015	BGBl. I S. 2161	§§ 12, 133	geänd. mWv 1.3.2016
23.	Art. 16 EU-KontenpfändungsVO-DurchführungsG	21.11. 2016	BGBl. I S. 2591	§ 149	geänd. mWv 1.4.2012
24.	Art. 8 G zur Reform des Bauvertragsrechts, zur Änd. der kaufrechtlichen Mängelhaftung, zur Stärkung des zivilprozessualen Rechtsschutzes und zum maschinellen Siegel im Grundbuch- und Schiffsregisterverfahren	28.4.2017	BGBl. I S. 969	§ 29	geänd. mWv 5.5.2017
25.	Art. 5 G zur Neuordnung der Aufbewahrung von Notariatsunterlagen und zur Einrichtung des Elektronischen Urkundenarchivs bei der Bundesnotarkammer sowie zur Änd. weiterer Gesetze	1.6.2017	BGBl. I S. 1396	§§ 15, 143	geänd. mWv 9.6.2017
				§ 151	eingef. mWv 9.6.2017

Lfd. Nr.	Änderndes Gesetz	Datum	Fundstelle	Betroffen	Hinweis
26.	Art. 11 Abs. 18 eIDAS-DurchführungsG[1) 2)]	18.7.2017	BGBl. I S. 2745	§§ 137, 140	geänd. mWv 29.7.2017
27.	Art. 15 G zur Umsetzung der RL (EU) 2016/680 im Strafverfahren sowie zur Anpassung datenschutzrechtl. Bestimmungen an die VO (EU) 2016/679[3)]	20.11. 2019	BGBl. I S. 1724	§§ 126, 131, 133, 134a	geänd. mWv 26.11.2019
				§ 12d	eingef. mWv 26.11.2019
				Anl.	aufgeh. mit Ablauf des 25.11. 2019
28.	Art. 15 G zur Änd. von Vorschriften über die außergerichtliche Streitbeilegung in Verbrauchersachen und zur Änd. weiterer Gesetze	30.11. 2019	BGBl. I S. 1942	§ 133	geänd. mWv 6.12.2019
29.	Art. 11 G zur Umsetzung der ÄndRL zur Vierten EU-GeldwäscheRL[4)]	12.12. 2019	BGBl. I S. 2602	§ 12	geänd. mWv 1.1.2020
30.	Art. 6 Wohnungseigentumsmodernisierungsgesetz (WEMoG)	16.10. 2020	BGBl. I S. 2187	§ 150	geänd. mWv 23.10.2020
31.	Art. 40 Personengesellschaftsrechtsmodernisierungs G (MoPeG)	10.8.2021	BGBl. I S. 3436	§§ 32, 47, 82	geänd. mWv 1.1.2024

Vorbemerkung:
Die Änderungen durch G v. 10.8.2021 (BGBl. I S. 3436) treten erst mWv 1.1.2024 in Kraft und sind im Text noch nicht berücksichtigt.

[1)] **Amtl. Anm.:** Dieses Gesetz dient der Durchführung der Verordnung (EU) Nr. 910/2014 des Europäischen Parlaments und des Rates vom 23. Juli 2014 über elektronische Identifizierung und Vertrauensdienste für elektronische Transaktionen im Binnenmarkt und zur Aufhebung der Richtlinie 1999/93/EG.

[2)] **Amtl. Anm.:** Notifiziert gemäß der Richtlinie (EU) 2015/1535 des Europäischen Parlaments und des Rates vom 9. September 2015 über ein Informationsverfahren auf dem Gebiet der technischen Vorschriften und der Vorschriften für die Dienste der Informationsgesellschaft (ABl. L 241 vom 17.9.2015, S. 1).

[3)] **Amtl. Anm.:** Die Artikel 1, 10, 13 und 15 dieses Gesetzes dienen der Umsetzung der Richtlinie (EU) 2016/680 des Europäischen Parlaments und des Rates vom 27. April 2016 zum Schutz natürlicher Personen bei der Verarbeitung personenbezogener Daten durch die zuständigen Behörden zum Zwecke der Verhütung, Ermittlung, Aufdeckung oder Verfolgung von Straftaten oder der Strafvollstreckung sowie zum freien Datenverkehr und zur Aufhebung des Rahmenbeschlusses 2008/977/JI des Rates (ABl. L 119 vom 4.5.2016, S. 89; L 127 vom 23.5.2018, S. 9).

[4)] **Amtl. Anm.:** Dieses Gesetz dient der Umsetzung der Richtlinie (EU) 2018/843 des Europäischen Parlaments und des Rates vom 30. Mai 2018 zur Änderung der Richtlinie (EU) 2015/849 zur Verhinderung der Nutzung des Finanzsystems zum Zwecke der Geldwäsche und der Terrorismusfinanzierung und zur Änderung der Richtlinien 2009/138/EG und 2013/36/EU (ABl. L 156 vom 19.6.2018, S. 43).

Lfd. Nr.	Änderndes Gesetz	Datum	Fundstelle	Betroffen	Hinweis
63.	Art. 10b G für mehr Sicherheit in der Arzneimittelversorgung[1)]	9.8.2019	BGBl. I S. 1202	§ 60	geänd. mWv 16.8.2019
64.	Art. 8 G zur Modernisierung des Strafverfahrens	10.12. 2019	BGBl. I S. 2121	Inhaltsübersicht	geänd. mWv 13.12.2019
				§ 53a	eingef. mWv 13.12.2019
65.	Art. 7 G zur Neuregelung des Rechts der notwendigen Verteidigung[2)]	10.12. 2019	BGBl. I S. 2128	§ 59a	geänd. mWv 13.12.2019
66.	Art. 2 Abs. 5 G zur Änd. des EG-VerbraucherschutzdurchsetzungsG sowie des G über die Errichtung des Bundesamts für Justiz	25.6.2020	BGBl. I S. 1474	Anl. 1	geänd. mWv 30.6.2020
67.	Art. 7 KostenrechtsänderungsG 2021	21.12. 2020	BGBl. I S. 3229	§ 60	geänd. mWv 30.12.2020
				Inhaltsübersicht, §§ 12, 13, 14, 15a, 17, 18, 19, 48, 51, 55, 58, Anl. 1	geänd. mWv 1.1.2021
				§ 49, Anl. 2	neu gef. mWv 1.1.2021
68.	Art. 12 Sanierungs- und InsolvenzrechtsfortentwicklungsG[3)]	22.12. 2020	BGBl. I S. 3256	Inhaltsübersicht, § 1, Anl. 1	geänd. mWv 1.1.2021
				§ 29a	eingef. mWv 1.1.2021
69.	Art. 2 G zur Verbesserung des Verbraucherschutzes im Inkassorecht und zur Änd. weiterer Vorschriften	22.12. 2020	BGBl. I S. 3320	§ 25	geänd. mWv 1.1.2021
				§ 13, Anl. 1	geänd. mWv 1.10.2021
				§ 31b	neu gef. mWv 1.10.2021
70.	Art. 15 Abs. 16 G zur Reform des Vormundschafts- und Betreuungsrechts	4.5.2021	BGBl. I S. 882	§ 1	geänd. mWv 1.1.2023
71.	Art. 3 Zweites G zur Änd. des AgrarmarktstrukturG	2.6.2021	BGBl. I S. 1278	Anl. 1	geänd. mWv 9.6.2021
72.	Art. 17 G zur Fortentwicklung der StrafprozessO und zur Änd. weiterer Vorschriften	25.6.2021	BGBl. I S. 2099	Anl. 1	geänd. mWv 1.7.2021

[1)] **Amtl. Anm.:** Dieses Gesetz dient der Durchführung der Delegierten Verordnung (EU) 2016/161 der Kommission vom 2. Oktober 2015 zur Ergänzung der Richtlinie 2001/83/EG des Europäischen Parlaments und des Rates durch die Festlegung genauer Bestimmungen über die Sicherheitsmerkmale auf der Verpackung von Humanarzneimitteln (ABl. L 32 vom 9.2.2016, S. 1).

[2)] **Amtl. Anm.:** Dieses Gesetz dient der Umsetzung der Richtlinie (EU) 2016/1919 des Europäischen Parlaments und des Rates vom 26. Oktober 2016 über Prozesskostenhilfe für Verdächtige und beschuldigte Personen in Strafverfahren sowie für gesuchte Personen in Verfahren zur Vollstreckung eines Europäischen Haftbefehls (ABl. L 297 vom 4.11.2016, S. 1; L 91 vom 5.4.2017, S. 40). […]

[3)] **Amtl. Anm.:** Dieses Gesetz dient der weiteren Umsetzung der Richtlinie (EU) 2019/1023 des Europäischen Parlaments und des Rates vom 20. Juni 2019 über präventive Restrukturierungsrahmen, über Entschuldung und über Tätigkeitsverbote sowie über Maßnahmen zur Steigerung der Effizienz von Restrukturierungs-, Insolvenz- und Entschuldungsverfahren und zur Änderung der Richtlinie (EU) 2017/1132 (Richtlinie über Restrukturierung und Insolvenz) (ABl. L 172 vom 26.6.2019, S. 18).

Lfd. Nr.	Änderndes Gesetz	Datum	Fundstelle	Betroffen	Hinweis
73.	Art. 24 Abs. 8 G zur Modernisierung des notariellen Berufsrechts und zur Änd. weiterer Vorschriften	25.6.2021	BGBl. I S. 2154	Anl. 1	geänd. mWv 3.7.2021
74.	Art. 22 G zur Neuregelung des Berufsrechts der anwaltlichen und steuerberatenden Berufsausübungsgesellschaften sowie zur Änd. weiterer Vorschriften im Bereich der rechtsberatenden Berufe	7.7.2021	BGBl. I S. 2363	Inhaltsübersicht, §§ 1, 41, 45	geänd. mWv 1.8.2022
75.	Art. 2 G zur Förderung verbrauchergerechter Angebote im Rechtsdienstleistungsmarkt[1]	10.8.2021	BGBl. I S. 3415	Inhaltsübersicht, §§ 3a, 4, 4b § 4a	geänd. mWv 1.10.2021 neu gef. mWv 1.10.2021
76.	Art. 7 G zur Durchführung der VO (EU) 2019/1111 sowie zur Änd. sonstiger Vorschriften	10.8.2021	BGBl. I S. 3424	§§ 18, 19, Anl. 1	geänd. mWv 1.8.2022

Vorbemerkung:

Die Änderung durch G v. 4.5.2021 (BGBl. I S. 882) tritt erst mWv 1.1.2023 in Kraft und ist im Text noch nicht berücksichtigt.

Die Änderungen durch G v. 7.7.2021 (BGBl. I S. 2363) treten erst mWv 1.8.2022 in Kraft und sind im Text noch nicht berücksichtigt.

Die Änderungen durch G v. 10.8.2021 (BGBl. I S. 3424) treten erst mWv 1.8.2022 in Kraft und sind im Text noch nicht berücksichtigt.

[1] **Amtl. Anm.:** Notifiziert gemäß der Richtlinie (EU) 2015/1535 des Europäischen Parlaments und des Rates vom 9. September 2015 über ein Informationsverfahren auf dem Gebiet der technischen Vorschriften und der Vorschriften für die Dienste der Informationsgesellschaft (ABl. L 241 vom 17.9.2015, S. 1).

Inhaltsübersicht[1)]

Abschnitt 1. Allgemeine Vorschriften

Abschnitt 2. Gebührenvorschriften

Abschnitt 3. Angelegenheit

Abschnitt 4. Gegenstandswert

[1)] Inhaltsübersicht geänd. mWv 1.7.2006 durch G v. 5.5.2004 (BGBl. I S. 718); mWv 1.1.2005 durch G v. 9.12.2004 *(BGBl. I S. 3220)*; mWv 21.12.2004 durch G v. 15.12.2004 (BGBl. I S. 3392); mWv 1.4.2005 durch G v. 22.3.2005 (BGBl. I S. 837); mWv 1.11.2005 durch G v. 16.8.2005 (BGBl. I S. 2437, geänd. durch G v. 22.12.2006, BGBl. I S. 3416); mWv 14.7.2006 durch G v. 8.7.2006 (BGBl. I S. 1426); mWv 1.7.2008 durch G v. 12.6.2008 (BGBl. I S. 1000); mWv 1.9.2009 durch G v. 17.12.2008 (BGBl. I S. 2586); mWv 5.8.2009 durch G v. 30.7.2009 (BGBl. I S. 2449); mWv 28.12.2010 durch G v. 22.12.2010 (BGBl. I S. 2248); mWv 1.11.2012 durch G v. 19.10.2012 (BGBl. I S. 2182); mWv 1.1.2014 durch G v. 5.12.2012 (BGBl. I S. 2418); mWv 1.6.2013 durch G v. 5.12.2012 (BGBl. I S. 2425); mWv 1.8.2013 durch G v. 23.7.2013 (BGBl. I S. 2586); mWv 16.7.2014 durch G v. 8.7.2014 (BGBl. I S. 890); mWv 24.10.2015 durch G v. 20.10.2015 (BGBl. I S. 1722); mWv 13.12.2019 durch G v. 10.12.2019 (BGBl. I S. 2121); mWv 1.1.2021 durch G v. 21.12.2020 (BGBl. I S. 3229); mWv 1.1.2021 durch G v. 22.12.2020 (BGBl. I S. 3256); mWv 1.10.2021 durch G v. 10.8.2021 (BGBl. I S. 3415).

Abschnitt 1. Allgemeine Vorschriften

§ 1[1)] **Geltungsbereich.** (1) [1] Die Vergütung (Gebühren und Auslagen) für anwaltliche Tätigkeiten der Rechtsanwältinnen und Rechtsanwälte bemisst sich nach diesem Gesetz. [2] Dies gilt auch für eine Tätigkeit als Prozesspfleger nach den §§ 57 und 58 der Zivilprozessordnung[2)]. [3] Andere Mitglieder einer Rechtsanwaltskammer, Partnerschaftsgesellschaften und sonstige Gesellschaften stehen einem Rechtsanwalt im Sinne dieses Gesetzes gleich.

(2) [1] Dieses Gesetz gilt nicht für eine Tätigkeit als Syndikusrechtsanwalt (§ 46 Absatz 2 der Bundesrechtsanwaltsordnung[3)]). [2] Es gilt ferner nicht für eine Tätigkeit als Vormund, Betreuer, Pfleger, Verfahrenspfleger, Verfahrensbeistand, Testamentsvollstrecker, Insolvenzverwalter, Sachwalter, Mitglied des Gläubigerausschusses, Restrukturierungsbeauftragter, Sanierungsmoderator, Mitglied des Gläubigerbeirats[4)] Nachlassverwalter, Zwangsverwalter, Treuhänder oder Schiedsrichter oder für eine ähnliche Tätigkeit. [3] § 1835 Abs. 3 des Bürgerlichen Gesetzbuchs[5)] bleibt unberührt.

(3) Die Vorschriften dieses Gesetzes über die Erinnerung und die Beschwerde gehen den Regelungen der für das zugrunde liegende Verfahren geltenden Verfahrensvorschriften vor.

§ 2 Höhe der Vergütung. (1) Die Gebühren werden, soweit dieses Gesetz nichts anderes bestimmt, nach dem Wert berechnet, den der Gegenstand der anwaltlichen Tätigkeit hat (Gegenstandswert).

(2) [1] Die Höhe der Vergütung bestimmt sich nach dem Vergütungsverzeichnis der Anlage 1 zu diesem Gesetz. [2] Gebühren werden auf den nächstliegenden Cent auf- oder abgerundet; 0,5 Cent werden aufgerundet.

§ 3[6)] **Gebühren in sozialrechtlichen Angelegenheiten.** (1) [1] In Verfahren vor den Gerichten der Sozialgerichtsbarkeit, in denen das Gerichtskostengesetz[7)] nicht anzuwenden ist, entstehen Betragsrahmengebühren. [2] In sonstigen Verfahren werden die Gebühren nach dem Gegenstandswert berechnet, wenn der Auftraggeber nicht zu den in § 183 des Sozialgerichtsgesetzes[8)] genannten Personen gehört; im Verfahren nach § 201 Absatz 1 des Sozialgerichtsgesetzes werden die Gebühren immer nach dem Gegenstandswert berechnet. [3] In Verfahren wegen überlanger Gerichtsverfahren (§ 202 Satz 2 des Sozialgerichtsgesetzes) werden die Gebühren nach dem Gegenstandswert berechnet.

(2) Absatz 1 gilt entsprechend für eine Tätigkeit außerhalb eines gerichtlichen Verfahrens.

[1)] § 1 Abs. 2 Satz 1 geänd. mWv 1.9.2009 durch G v. 17.12.2008 (BGBl. I S. 2586); Abs. 3 angef. mWv 1.8. 2013 durch G v. 23.7.2013 (BGBl. I S. 2586); Abs. 2 Satz 1 eingef., bish. Sätze 1 und 2 werden Sätze 2 und 3, neuer Satz 2 geänd. mWv 1.1.2016 durch G v. 21.12.2015 (BGBl. I S. 2517); Abs. 2 Satz 2 geänd. mWv 1.1. 2021 durch G v. 22.12.2020 (BGBl. I S. 3256).

[2)] Nr. **100**.

[3)] **Habersack, Deutsche Gesetze ErgBd. Nr. 98.**

[4)] Amtlich ohne Komma.

[5)] Nr. **20**.

[6)] § 3 Abs. 1 Satz 3 angef. mWv 3.12.2011 durch G v. 24.11.2011 (BGBl. I S. 2302); Abs. 1 Satz 2 geänd. mWv 1.8.2013 durch G v. 23.7.2013 (BGBl. I S. 2586).

[7)] Nr. **115**.

[8)] **Sartorius ErgBd. Nr. 415.**

§ 3a[1] Vergütungsvereinbarung. (1) [1] Eine Vereinbarung über die Vergütung bedarf der Textform. [2] Sie muss als Vergütungsvereinbarung oder in vergleichbarer Weise bezeichnet werden, von anderen Vereinbarungen mit Ausnahme der Auftragserteilung deutlich abgesetzt sein und darf nicht in der Vollmacht enthalten sein. [3] Sie hat einen Hinweis darauf zu enthalten, dass die gegnerische Partei, ein Verfahrensbeteiligter oder die Staatskasse im Falle der Kostenerstattung regelmäßig nicht mehr als die gesetzliche Vergütung erstatten muss. [4] Die Sätze 1 und 2 gelten nicht für eine Gebührenvereinbarung nach § 34.

(2) [1] In der Vereinbarung kann es dem Vorstand der Rechtsanwaltskammer überlassen werden, die Vergütung nach billigem Ermessen festzusetzen. [2] Ist die Festsetzung der Vergütung dem Ermessen eines Vertragsteils überlassen, so gilt die gesetzliche Vergütung als vereinbart.

(3) [1] Ist eine vereinbarte, eine nach Absatz 2 Satz 1 von dem Vorstand der Rechtsanwaltskammer festgesetzte oder eine nach § 4a für den Erfolgsfall vereinbarte Vergütung unter Berücksichtigung aller Umstände unangemessen hoch, kann sie im Rechtsstreit auf den angemessenen Betrag bis zur Höhe der gesetzlichen Vergütung herabgesetzt werden. [2] Vor der Herabsetzung hat das Gericht ein Gutachten des Vorstands der Rechtsanwaltskammer einzuholen; dies gilt nicht, wenn der Vorstand der Rechtsanwaltskammer die Vergütung nach Absatz 2 Satz 1 festgesetzt hat. [3] Das Gutachten ist kostenlos zu erstatten.

(4) [1] Eine Vereinbarung, nach der ein im Wege der Prozesskostenhilfe beigeordneter Rechtsanwalt für die von der Beiordnung erfasste Tätigkeit eine höhere als die gesetzliche Vergütung erhalten soll, ist nichtig. [2] Die Vorschriften des bürgerlichen Rechts über die ungerechtfertigte Bereicherung bleiben unberührt.

§ 4[2] Unterschreitung der gesetzlichen Vergütung. (1) [1] In außergerichtlichen Angelegenheiten kann eine niedrigere als die gesetzliche Vergütung vereinbart werden. [2] Sie muss in einem angemessenen Verhältnis zu Leistung, Verantwortung und Haftungsrisiko des Rechtsanwalts stehen. [3] Ist Gegenstand der außergerichtlichen Angelegenheit eine Inkassodienstleistung (§ 2 Absatz 2 Satz 1 des Rechtsdienstleistungsgesetzes[3]) oder liegen die Voraussetzungen für die Bewilligung von Beratungshilfe vor, gilt Satz 2 nicht und kann der Rechtsanwalt ganz auf eine Vergütung verzichten. [4] § 9 des Beratungshilfegesetzes[4] bleibt unberührt.

(2) Ist Gegenstand der Angelegenheit eine Inkassodienstleistung in einem der in § 79 Absatz 2 Satz 2 Nummer 4 der Zivilprozessordnung[5] genannten Verfahren, kann eine niedrigere als die gesetzliche Vergütung vereinbart werden oder kann der Rechtsanwalt ganz auf eine Vergütung verzichten.

§ 4a[6] Erfolgshonorar. (1) [1] Ein Erfolgshonorar (§ 49b Absatz 2 Satz 1 der Bundesrechtsanwaltsordnung[7]) darf nur vereinbart werden, wenn

1. sich der Auftrag auf eine Geldforderung von höchstens 2 000 Euro bezieht,

---

[1] § 3a eingef. mWv 1.7.2008 durch G v. 12.6.2008 (BGBl. I S. 1000); Abs. 4 aufgeh. mWv 1.1.2014 durch G v. 31.8.2013 (BGBl. I S. 3533); Abs. 2 eingef., bish. Abs. 2 wird Abs. 3 und Sätze 1 und 2 geänd., bish. Abs. 3 wird Abs. 4 mWv 1.10.2021 durch G v. 10.8.2021 (BGBl. I S. 3415).

[2] § 4 Abs. 1 neu gef., Abs. 4–6 aufgeh. mWv 1.7.2008 durch G v. 12.6.2008 (BGBl. I S. 1000); Abs. 1 Sätze 3 und 4 angef. mWv 1.1.2014 durch G v. 31.8.2013 (BGBl. I S. 3533); Überschrift, Abs. 1 Satz 3, Abs. 2 neu gef., Abs. 3 aufgeh. mWv 1.10.2021 durch G v. 10.8.2021 (BGBl. I S. 3415).

[3] **Habersack, Deutsche Gesetze ErgBd. Nr. 99.**

[4] ***Habersack, Deutsche Gesetze ErgBd. Nr. 98b.***

[5] Nr. **100**.

[6] § 4a neu gef. mWv 1.10.2021 durch G v. 10.8.2021 (BGBl. I S. 3415).

[7] **Habersack, Deutsche Gesetze ErgBd. Nr. 98.**

2. eine Inkassodienstleistung außergerichtlich oder in einem der in § 79 Absatz 2 Satz 2 Nummer 4 der Zivilprozessordnung[1)] genannten Verfahren erbracht wird oder
3. der Auftraggeber im Einzelfall bei verständiger Betrachtung ohne die Vereinbarung eines Erfolgshonorars von der Rechtsverfolgung abgehalten würde.

[2] Eine Vereinbarung nach Satz 1 Nummer 1 oder 2 ist unzulässig, soweit sich der Auftrag auf eine Forderung bezieht, die der Pfändung nicht unterworfen ist. [3] Für die Beurteilung nach Satz 1 Nummer 3 bleibt die Möglichkeit, Beratungs- oder Prozesskostenhilfe in Anspruch zu nehmen, außer Betracht.

(2) In anderen als den in Absatz 1 Satz 1 Nummer 2 genannten Angelegenheiten darf nur dann vereinbart werden, dass für den Fall des Misserfolgs keine oder eine geringere als die gesetzliche Vergütung zu zahlen ist, wenn für den Erfolgsfall ein angemessener Zuschlag auf die gesetzliche Vergütung vereinbart wird.

(3) In eine Vereinbarung über ein Erfolgshonorar sind aufzunehmen:
1. die Angabe, welche Vergütung bei Eintritt welcher Bedingungen verdient sein soll,
2. die Angabe, ob und gegebenenfalls welchen Einfluss die Vereinbarung auf die gegebenenfalls vom Auftraggeber zu zahlenden Gerichtskosten, Verwaltungskosten und die von diesem zu erstattenden Kosten anderer Beteiligter haben soll,
3. die wesentlichen Gründe, die für die Bemessung des Erfolgshonorars bestimmend sind, und
4. im Fall des Absatzes 1 Satz 1 Nummer 3 die voraussichtliche gesetzliche Vergütung und gegebenenfalls die erfolgsunabhängige vertragliche Vergütung, zu der der Rechtsanwalt bereit wäre, den Auftrag zu übernehmen.

§ 4b[2)] Fehlerhafte Vergütungsvereinbarung. [1] Aus einer Vergütungsvereinbarung, die nicht den Anforderungen des § 3a Abs. 1 Satz 1 und 2 oder des § 4a Absatz 1 und 3 Nummer 1 und 4 entspricht, kann der Rechtsanwalt keine höhere als die gesetzliche Vergütung fordern. [2] Die Vorschriften des bürgerlichen Rechts über die ungerechtfertigte Bereicherung bleiben unberührt.

§ 5 Vergütung für Tätigkeiten von Vertretern des Rechtsanwalts. Die Vergütung für eine Tätigkeit, die der Rechtsanwalt nicht persönlich vornimmt, wird nach diesem Gesetz bemessen, wenn der Rechtsanwalt durch einen Rechtsanwalt, den allgemeinen Vertreter, einen Assessor bei einem Rechtsanwalt oder einen zur Ausbildung zugewiesenen Referendar vertreten wird.

§ 6 Mehrere Rechtsanwälte. Ist der Auftrag mehreren Rechtsanwälten zur gemeinschaftlichen Erledigung übertragen, erhält jeder Rechtsanwalt für seine Tätigkeit die volle Vergütung.

§ 7 Mehrere Auftraggeber. (1) Wird der Rechtsanwalt in derselben Angelegenheit für mehrere Auftraggeber tätig, erhält er die Gebühren nur einmal.

(2) [1] Jeder der Auftraggeber schuldet die Gebühren und Auslagen, die er schulden würde, wenn der Rechtsanwalt nur in seinem Auftrag tätig geworden wäre; die Dokumentenpauschale nach Nummer 7000 des Vergütungsverzeichnisses schuldet er auch insoweit, wie diese nur durch die Unterrichtung mehrerer Auftraggeber entstanden ist. [2] Der Rechtsanwalt kann aber insgesamt nicht mehr als die nach Absatz 1 berechneten Gebühren und die insgesamt entstandenen Auslagen fordern.

[1)] Nr. **100**.

[2)] § 4b eingef. mWv 1.7.2008 durch G v. 12.6.2008 (BGBl. I S. 1000); Satz 1 geänd. mWv 1.10.2021 durch G v. 10.8.2021 (BGBl. I S. 3415).

§ 8[1)] **Fälligkeit, Hemmung der Verjährung.** (1) [1] Die Vergütung wird fällig, wenn der Auftrag erledigt oder die Angelegenheit beendet ist. [2] Ist der Rechtsanwalt in einem gerichtlichen Verfahren tätig, wird die Vergütung auch fällig, wenn eine Kostenentscheidung ergangen oder der Rechtszug beendet ist oder wenn das Verfahren länger als drei Monate ruht.

(2) [1] Die Verjährung der Vergütung für eine Tätigkeit in einem gerichtlichen Verfahren wird gehemmt, solange das Verfahren anhängig ist. [2] Die Hemmung endet mit der rechtskräftigen Entscheidung oder anderweitigen Beendigung des Verfahrens. [3] Ruht das Verfahren, endet die Hemmung drei Monate nach Eintritt der Fälligkeit. [4] Die Hemmung beginnt erneut, wenn das Verfahren weiter betrieben wird.

§ 9 Vorschuss. Der Rechtsanwalt kann von seinem Auftraggeber für die entstandenen und die voraussichtlich entstehenden Gebühren und Auslagen einen angemessenen Vorschuss fordern.

§ 10 Berechnung. (1) [1] Der Rechtsanwalt kann die Vergütung nur aufgrund einer von ihm unterzeichneten und dem Auftraggeber mitgeteilten Berechnung einfordern. [2] Der Lauf der Verjährungsfrist ist von der Mitteilung der Berechnung nicht abhängig.

(2) [1] In der Berechnung sind die Beträge der einzelnen Gebühren und Auslagen, Vorschüsse, eine kurze Bezeichnung des jeweiligen Gebührentatbestands, die Bezeichnung der Auslagen sowie die angewandten Nummern des Vergütungsverzeichnisses und bei Gebühren, die nach dem Gegenstandswert berechnet sind, auch dieser anzugeben. [2] Bei Entgelten für Post- und Telekommunikationsdienstleistungen genügt die Angabe des Gesamtbetrags.

(3) Hat der Auftraggeber die Vergütung gezahlt, ohne die Berechnung erhalten zu haben, kann er die Mitteilung der Berechnung noch fordern, solange der Rechtsanwalt zur Aufbewahrung der Handakten verpflichtet ist.

§ 11[2)] **Festsetzung der Vergütung.** (1) [1] Soweit die gesetzliche Vergütung, eine nach § 42 festgestellte Pauschgebühr und die zu ersetzenden Aufwendungen (§ 670 des Bürgerlichen Gesetzbuchs[3)]) zu den Kosten des gerichtlichen Verfahrens gehören, werden sie auf Antrag des Rechtsanwalts oder des Auftraggebers durch das Gericht des ersten Rechtszugs festgesetzt. [2] Getilgte Beträge sind abzusetzen.

(2) [1] Der Antrag ist erst zulässig, wenn die Vergütung fällig ist. [2] Vor der Festsetzung sind die Beteiligten zu hören. [3] Die Vorschriften der jeweiligen Verfahrensordnung über das Kostenfestsetzungsverfahren mit Ausnahme des § 104 Abs. 2 Satz 3 der Zivilprozessordnung[4)] und die Vorschriften der Zivilprozessordnung über die Zwangsvollstreckung aus Kostenfestsetzungsbeschlüssen gelten entsprechend. [4] Das Verfahren vor dem Gericht des ersten Rechtszugs ist gebührenfrei. [5] In den Vergütungsfestsetzungsbeschluss sind die von dem Rechtsanwalt gezahlten Auslagen für die Zustellung des Beschlusses aufzunehmen. [6] Im Übrigen findet eine Kostenerstattung nicht statt; dies gilt auch im Verfahren über Beschwerden.

[1)] § 8 Abs. 2 Satz 4 neu gef. mWv 1.9.2009 durch G v. 17.12.2008 (BGBl. I S. 2586).

[2)] § 11 Abs. 6 Satz 2 neu gef. mWv 1.4.2005 durch G v. 22.3.2005 (BGBl. I S. 837); Abs. 6 Satz 3 angef. mWv *1.7.2008 durch G v. 12.12.2007 (BGBl. I S. 2840); Abs. 6* Satz 1 neu gef. mWv 5.8.2009 durch G v. 30.7.2009 (BGBl. I S. 2449).

[3)] Nr. **20**.

[4)] Nr. **100**.

Lfd. Nr.	Änderndes Gesetz	Datum	Fundstelle	Betroffen	Hinweis
20.	Art. 3 G zur Einführung eines familiengerichtlichen Genehmigungsvorbehaltes für freiheitsentziehende Maßnahmen bei Kindern	17.7.2017	BGBl. I S. 2424	Anl. 1	geänd. mWv 1.10.2017
21.	Art. 6 G zum Internationalen Güterrecht und zur Änd. von Vorschriften des Internationalen Privatrechts	17.12. 2018	BGBl. I S. 2573	Anl. 1	geänd. mWv 29.1.2019
22.	Art. 5 G zur Stärkung der Rechte von Betroffenen bei Fixierungen im Rahmen von Freiheitsentziehungen	19.6.2019	BGBl. I S. 840	Anl. 1	geänd. mWv 28.6.2019
23.	Art. 10 WohnungseigentumsmodernisierungsG (WEMoG)	16.10. 2020	BGBl. I S. 2187	Anl. 1	geänd. mWv 23.10.2020
24.	Art. 2 KostenrechtsänderungsG 2021	21.12. 2020	BGBl. I S. 3229	§§ 15, 28, 44, 45, Anl. 1	geänd. mWv 1.1.2021
				Anl. 2	neu gef. mWv 1.1.2021
25.	Art. 15 Abs. 11 G zur Reform des Vormundschafts- und Betreuungsrechts	4.5.2021	BGBl. I S. 882	Anl. 1	geänd. mWv 1.1.2023
26.	Art. 5 G zum Schutz von Kindern mit Varianten der Geschlechtsentwicklung	12.5.2021	BGBl. I S. 1082	§ 45	geänd. mWv 22.5.2021
27.	Art. 6 G zur Durchführung der VO (EU) 2019/1111 sowie zur Änd. sonstiger Vorschriften	10.8.2021	BGBl. I S. 3424	Anl. 1	geänd. mWv 1.8.2022

Vorbemerkung:

Die Änderungen durch G v. 4.5.2021 (BGBl. I S. 882) treten erst mWv 1.1.2023 in Kraft und sind im Text noch nicht berücksichtigt.

Die Änderungen durch G v. 10.8.2021 (BGBl. I S. 3424) treten erst mWv 1.8.2022 in Kraft und sind im Text noch nicht berücksichtigt.

119. Gesetz über Kosten der freiwilligen Gerichtsbarkeit für Gerichte und Notare (Gerichts- und Notarkostengesetz – GNotKG)[1)]

Vom 23. Juli 2013

(BGBl. I S. 2586)

FNA 361-6

Lfd. Nr.	Änderndes Gesetz	Datum	Fundstelle	Betroffen	Hinweis
1.	Art. 9 G zur Einführung einer Rechtsbehelfsbelehrung im Zivilprozess und zur Änd. anderer Vorschriften	5.12.2012	BGBl. I S. 2418, geänd. 2013, S. 2586	Inhaltsübersicht, § 83	geänd. mWv 1.1.2014
				§ 7a	eingef. mWv 1.1.2014
2.	Art. 8 Nr. 2 G zur Intensivierung des Einsatzes von Videokonferenztechnik in gerichtlichen und staatsanwaltschaftlichen Verfahren	25.4.2013	BGBl. I S. 935, geänd. 2013, S. 2586	Anl. 1	geänd. mWv 1.11.2013
3.	Art. 8 G zur Übertragung von Aufgaben im Bereich der freiwilligen Gerichtsbarkeit auf Notare	26.6.2013	BGBl. I S. 1800, geänd. 2013, S. 2586	Inhaltsübersicht, §§ 2, 5, 23, 26, 31, Anl. 1	geänd. mWv 1.9.2013
				§ 118a	eingef. mWv 1.9.2013
				§ 66	aufgeh. mWv 1.9.2013
4.	Art. 3 Abs. 1 G zur Änd. des HGB	4.10.2013	BGBl. I S. 3746	Anl. 1	geänd. mWv 10.10.2013
5.	Art. 22 G zur Förderung des elektronischen Rechtsverkehrs mit den Gerichten	10.10. 2013	BGBl. I S. 3786	Anl. 1	geänd. mWv 1.7.2014
6.	Art. 9 G zur Durchführung der VO (EU) Nr. 1215/2012 sowie zur Änd. sonstiger Vorschriften	8.7.2014	BGBl. I S. 890	Anl. 1	geänd. mWv 16.7.2014
				Anl. 1	geänd. mWv 10.1.2015
7.	Art. 5 G zur Durchführung des Haager Übereinkommens v. 30.6.2005 über Gerichtsstandsvereinbarungen sowie zur Änd. des RPflG, GNotKG, AltersteilzeitG und SGB III	10.12. 2014	BGBl. I S. 2082	§§ 6, 23, Anl. 1	geänd. mWv 19.12.2014
8.	Art. 13 G zum Internationalen Erbrecht und zur Änd. von Vorschriften zum Erbschein sowie zur Änd. sonstiger Vorschriften	29.6.2015	BGBl. I S. 1042	§§ 13, 18, 67, 69, 70, 98, Anl. 1	geänd. mWv 4.7.2015
				Inhaltsübersicht, §§ 13, 40, 62, Anl. 1	geänd. mWv 17.8.2015
9.	Art. 174 Zehnte ZuständigkeitsanpassungsVO	31.8.2015	BGBl. I S. 1474	§§ 58, 133	geänd. mWv 8.9.2015

[1)] Verkündet als Art. 1 2. KostenrechtsmodernisierungsG v. 23.7.2013 (BGBl. I S. 2586); Inkrafttreten gem. Art. 50 dieses G am 1.8.2013.

Lfd. Nr.	Änderndes Gesetz	Datum	Fundstelle	Betroffen	Hinweis
10.	Art. 4 G zur Abwicklung der staatlichen Notariate in Baden-Württemberg	23.11. 2015	BGBl. I S. 2090	§ 135	geänd. mWv 1.1.2018
11.	Art. 123 Abs. 3 Zweites G über die weitere Bereinigung von Bundesrecht	8.7.2016	BGBl. I S. 1594	§ 58	geänd. mWv 15.7.2016
12.	Art. 4 Abs. 46 G zur Aktualisierung der Strukturreform des Gebührenrechts des Bundes	18.7.2016	BGBl. I S. 1666	Anl. 1	geänd. mWv 1.10.2021
13.	Art. 11 EU-KontenpfändungsVO-DurchführungsG	21.11. 2016	BGBl. I S. 2591	§ 1	geänd. mWv 18.1.2017
14.	Art. 6 Abs. 3 G zur Neuordnung der Aufbewahrung von Notariatsunterlagen und zur Einrichtung des Elektronischen Urkundenarchivs bei der Bundesnotarkammer sowie zur Änd. weiterer Gesetze	1.6.2017	BGBl. I S. 1396	Anl. 1 Anl. 1	geänd. mWv 9.6.2017 geänd. mWv 1.1.2022
15.	Art. 26 G zur Einführung der elektronischen Akte in der Justiz und zur weiteren Förderung des elektronischen Rechtsverkehrs	5.7.2017	BGBl. I S. 2208	Anl. 1	geänd. mWv 1.1.2018
16.	Art. 7 G zum Internationalen Güterrecht und zur Änd. von Vorschriften des Internationalen Privatrechts	17.12. 2018	BGBl. I S. 2573	Anl. 1	geänd. mWv 29.1.2019
17.	Art. 11 WohnungseigentumsmodernisierungsG (WEMoG)	16.10. 2020	BGBl. I S. 2187	Anl. 1	geänd. mWv 23.10.2020
18.	Art. 4 KostenrechtsänderungsG 2021	21.12. 2020	BGBl. I S. 3229	§§ 1, 34, 136, Anl. 1 Anl. 2	geänd. mWv 1.1.2021 neu gef. mWv 1.1.2021
19.	Art. 15 Abs. 12 G zur Reform des Vormundschafts- und Betreuungsrechts	4.5.2021	BGBl. I S. 882	Anl. 1	geänd. mWv 1.1.2023
20.	Art. 24 Abs. 7 G zur Modernisierung des notariellen Berufsrechts und zur Änd. weiterer Vorschriften	25.6.2021	BGBl. I S. 2154	Anl. 1	geänd. mWv 1.8.2021
21.	Art. 7 G zur Vereinheitlichung des Stiftungsrechts und zur Änd. des InfektionsschutzG	16.7.2021	BGBl. I S. 2947	Inhaltsübersicht, § 67, Anl. 1 § 106	geänd. mWv 1.7.2023 geänd. mWv 1.1.2026
22.	Art. 10 G zur Umsetzung der Digitalisierungsrichtlinie (DiRUG)[1]	5.7.2021	BGBl. I S. 3338	Inhaltsübersicht, §§ 19, 39, 58, 85, 121, Anl. 1	geänd. mWv 1.8.2022

[1] ***Amtl. Anm.:*** *Dieses Gesetz dient der Umsetzung* der Richtlinie (EU) 2019/1151 des Europäischen Parlaments und des Rates vom 20. Juni 2019 zur Änderung der Richtlinie (EU) 2017/1132 im Hinblick auf den Einsatz digitaler Werkzeuge und Verfahren im Gesellschaftsrecht (ABl. L 186 vom 11.7.2019, S. 80).

Lfd. Nr.	Änderndes Gesetz	Datum	Fund-stelle	Betroffen	Hinweis
23.	Art. 47 Personengesellschaftsrechtsmodernisierungs G (MoPeG)	10.8.2021	BGBl. I S. 3436	Inhaltsübersicht, §§ 23, 58, 67, 70, 105, 108, Anl. 1	geänd. mWv 1.1.2024

Vorbemerkung:

Die Änderungen durch G v. 4.5.2021 (BGBl. I S. 882) treten erst mWv 1.1. 2023 in Kraft und sind im Text noch nicht berücksichtigt.

Die Änderungen durch G v. 16.7.2021 (BGBl. I S. 2947) treten erst mWv 1.7.2023 und mWv 1.1.2026 in Kraft und sind im Text noch nicht berücksichtigt.

Die Änderungen durch G v. 5.7.2021 (BGBl. I S. 3338) treten erst mWv 1.8.2022 in Kraft und sind im Text noch nicht berücksichtigt.

Die Änderungen durch G v. 10.8.2021 (BGBl. I S. 3436) treten erst mWv 1.1.2024 in Kraft und sind im Text noch nicht berücksichtigt.

120. Gesetz über Kosten in Angelegenheiten der Justizverwaltung (Justizverwaltungskostengesetz – JVKostG)[1)]

Vom 23. Juli 2013
(BGBl. I S. 2586, 2655)

FNA 363-5

Lfd. Nr.	Änderndes Gesetz	Datum	Fundstelle	Betroffen	Hinweis
1.	Art. 12 G zur Einführung einer Rechtsbehelfsbelehrung im Zivilprozess und zur Änd. anderer Vorschriften	5.12.2012	BGBl. I S. 2418, geänd. 2013, S. 2586	§ 22	geänd. mWv 1.1.2014
2.	Art. 2 G zur Schlichtung im Luftverkehr	11.6.2013	BGBl. I S. 1545, geänd. 2013, S. 2586	Anl.	geänd. mWv 1.11.2013
3.	Art. 8 Abs. 5 Bilanzrichtlinie-UmsetzungsG	17.7.2015	BGBl. I S. 1245	Anl.	geänd. mWv 23.7.2015
4.	Art. 176 Zehnte ZuständigkeitsanpassungsVO	31.8.2015	BGBl. I S. 1474	§ 23	geänd. mWv 8.9.2015
5.	Art. 7 G zur Änd. des Unterhaltsrechts und des Unterhaltsverfahrensrechts sowie zur Änd. der ZPO und kostenrechtlicher Vorschriften	20.11.2015	BGBl. I S. 2018	Inhaltsübersicht, § 1, Anl. § 15a	geänd. mWv 1.1.2016 eingef. mWv 1.1.2016
6.	Art. 5 G zur Umsetzung der RL über alternative Streitbeilegung in Verbraucherangelegenheiten und zur Durchführung der VO über Online-Streitbeilegung in Verbraucherangelegenheiten[2)]	19.2.2016	BGBl. I S. 254	Inhaltsübersicht, § 14, Anl. § 16a	geänd. mWv 1.4.2016 eingef. mWv 1.4.2016
7.	Art. 123 Abs. 4 Zweites G über die weitere Bereinigung von Bundesrecht	8.7.2016	BGBl. I S. 1594	Anl.	geänd. mWv 15.7.2016
8.	Art. 15 Abs. 7 EU-KontenpfändungsVO-DurchführungsG	21.11.2016	BGBl. I S. 2591	Inhaltsübersicht, §§ 1, 17, Anl.	geänd. mWv 1.7.2017
9.	Art. 10 G zur Neuordnung der Aufbewahrung von Notariatsunterlagen und zur Einrichtung des Elektro-	1.6.2017	BGBl. I S. 1396	Anl.	geänd. mWv 23.6.2017

[1)] Verkündet als Art. 2 2. KostenrechtsmodernisierungsG v. 23.7.2013 (BGBl. I S. 2586); Inkrafttreten gem. Art. 50 dieses G am 1.8.2013.

[2)] **Amtl. Anm.:** Dieses Gesetz dient der Umsetzung der Richtlinie 2013/11/EU des Europäischen Parlaments und des Rates vom 21. Mai 2013 über die alternative Beilegung verbraucherrechtlicher Streitigkeiten und zur Änderung der Verordnung (EG) Nr. 2006/2004 und der Richtlinie 2009/22/EG (Richtlinie über alternative Streitbeilegung in Verbraucherangelegenheiten) (ABl. L 165 vom 18.6.2013, S. 63).

Lfd. Nr.	Änderndes Gesetz	Datum	Fundstelle	Betroffen	Hinweis
	nischen Urkundenarchivs bei der Bundesnotarkammer sowie zur Änd. weiterer Gesetze				
10.	Art. 27 G zur Einführung der elektronischen Akte in der Justiz und zur weiteren Förderung des elektronischen Rechtsverkehrs	5.7.2017	BGBl. I S. 2208	Anl.	geänd. mWv 1.1.2018
11.	Art. 2 Siebtes G zur Änd. des BundeszentralregisterG	18.7.2017	BGBl. I S. 2732, geänd. 2019, S. 1626	Anl.	geänd. mWv 31.8.2018
12.	Art. 6 G zur Förderung der Freizügigkeit von EU-Bürgerinnen und -Bürgern sowie zur Neuregelung verschiedener Aspekte des Internationalen Adoptionsrechts	31.1.2019	BGBl. I S. 54	Anl.	geänd. mWv 16.2.2019
13.	Art. 56 Zweites Datenschutz-Anpassungs- und UmsetzungsG EU[1]	20.11. 2019	BGBl. I S. 1626	Anl.	geänd. mWv 26.11.2019
14.	Art. 2 Drittes G zur Harmonisierung des Haftungsrechts im Luftverkehr	10.7.2020	BGBl. I S. 1655	Anl.	geänd. mWv 17.7.2020
15.	Art. 5 KostenrechtsänderungsG 2021	21.12. 2020	BGBl. I S. 3229	Inhaltsübersicht, §§ 11, 22, 25, Anl.	geänd. mWv 1.1.2021
				§ 5a	eingef. mWv 1.1.2021
16.	Art. 4 Abs. 1 AdoptionshilfeG	12.2.2021	BGBl. I S. 226	Anl.	geänd. mWv 1.4.2021
17.	Art. 15 Abs. 13 G zur Reform des Vormundschafts- und Betreuungsrechts	4.5.2021	BGBl. I S. 882	Anl.	geänd. mWv 1.1.2023
18.	Art. 11 G zur Umsetzung der Digitalisierungsrichtline (DiRUG)[2]	5.7.2021	BGBl. I S. 3338	§§ 1, 6, 16, Anl.	geänd. mWv 1.8.2022
19.	Art. 48 PersonengesellschaftsrechtsmodernisierungsG (MoPeG)	10.8.2021	BGBl. I S. 3436	Anl.	geänd. mWv 1.1.2024

[1] **Amtl. Anm.:** Dieses Gesetz dient der Umsetzung der Richtlinie (EU) 2016/680 des Europäischen Parlaments und des Rates vom 27. April 2016 zum Schutz natürlicher Personen bei der Verarbeitung personenbezogener Daten durch die zuständigen Behörden zum Zweck der Verhütung, Ermittlung, Aufdeckung oder Verfolgung von Straftaten oder der Strafvollstreckung sowie zum freien Datenverkehr und zur Aufhebung des Rahmenbeschlusses 2008/977/JI des Rates (ABl. L 119 vom 4.5.2016, S. 89; L 127 vom 23.5.2018, S. 9).

[2] ***Amtl. Anm.:*** *Dieses Gesetz dient der* Umsetzung der Richtlinie (EU) 2019/1151 des Europäischen Parlaments und des Rates vom 20. Juni 2019 zur Änderung der Richtlinie (EU) 2017/1132 im Hinblick auf den Einsatz digitaler Werkzeuge und Verfahren im Gesellschaftsrecht (ABl. L 186 vom 11.7.2019, S. 80).

Vorbemerkung:
Die Änderung durch G v. 4.5.2021 (BGBl. I S. 882) tritt erst mWv 1.1.2023 in Kraft und ist im Text noch nicht berücksichtigt.
Die Änderungen durch G v. 5.7.2021 (BGBl. I S. 3338) treten erst mWv 1.8.2022 in Kraft und sind im Text noch nicht berücksichtigt.
Die Änderung durch G v. 10.8.2021 (BGBl. I S. 3436) tritt erst mWv 1.1.2024 in Kraft und ist im Text noch nicht berücksichtigt.

123. Gesetz über Kosten der Gerichtsvollzieher (Gerichtsvollzieherkostengesetz – GvKostG)[1)]

Vom 19. April 2001

(BGBl. I S. 623)

FNA 362-2

Lfd. Nr.	Änderndes Gesetz	Datum	Fundstelle	Betroffen	Hinweis
1.	Art. 3 G zur Neuordnung des Gerichtsvollzieherkostenrechts	19.4.2001	BGBl. I S. 623, geänd. 2001, S. 3422	§§ 2, 8, Anl.	geänd. mWv 1.1.2002
2.	Art. 2 Abs. 22 ZustellungsreformG	25.6.2001	BGBl. I S. 1206, geänd. 2001, S. 3422	§ 11, Anl.	geänd. mWv 1.7.2002
3.	Art. 5 Abs. 8 SchuldrechtsmodernisierungsG[2)]	26.11. 2001	BGBl. I S. 3138	§ 8	geänd. mWv 1.1.2002
4.	Art. 9 Abs. 3 Elektronische Register/JustizkostenG	10.12. 2001	BGBl. I S. 3422	Inhaltsübersicht, § 8, Anl.	geänd. mWv 15.12.2001
5.	Art. 8 GewaltschutzG-EinführungsG	11.12. 2001	BGBl. I S. 3513	Anl.	geänd. mWv 2.1.2002
6.	Art. 1 Abs. 3 Ermäßigungssatz-AufhebungsG	22.2.2002	BGBl. I S. 981	§ 20	geänd. mWv 1.3.2002
7.	Art. 19 OLG-Vertretungs-ÄndG	23.7.2002	BGBl. I S. 2850	§§ 3, 4, 10, Anl.	geänd. mWv 1.8.2002
8.	Art. 24 Viertes G für moderne Dienstleistungen am Arbeitsmarkt	24.12. 2003	BGBl. I S. 2954, aufgeh. 2004, S. 3220	§ 2	geänd. mWv 1.1.2005, insoweit aufgeh. 2004, S. 3220
9.	Art. 40 G zur Einordnung des Sozialhilferechts in das SGB	27.12. 2003	BGBl. I S. 3022, aufgeh. 2004, S. 3220	§ 2	geänd. mWv 1.1.2005, insoweit aufgeh. 2004, S. 3220
10.	Art. 4 Abs. 30 KostenrechtsmodernisierungsG	5.5.2004	BGBl. I S. 718	Inhaltsübersicht, §§ 5, 8, Anl. § 20	geänd. mWv 1.7.2004 aufgeh. mWv 1.7.2004
11.	Art. 10 Kommunales Opti*onsG*	30.7.2004	BGBl. I S. 2014	§ 2	geänd. mWv 6.8.2004
12.	Art. 13 AnhörungsrügenG	9.12.2004	BGBl. I S. 3220	§§ 2, 5	geänd. mWv 1.1.2005
13.	Art. 14 Abs. 3 JustizkommunikationsG	22.3.2005	BGBl. I S. 837	§ 5, Anl.	geänd. mWv 1.4.2005

[1)] Verkündet als Art. 1 G zur Neuordnung des Gerichtsvollzieherkostenrechts (GvKostRNeuOG) v. 19.4.2001 (BGBl. I S. 623); Inkrafttreten gem. Art. 4 dieses G am 1.5.2001.

[2)] **Amtl. Anm.:** *(abgedruckt in Änderungstabelle Nr.* **95***)*

Lfd. Nr.	Änderndes Gesetz	Datum	Fundstelle	Betroffen	Hinweis
14.	Art. 47 Abs. 3 FGG-ReformG[1)]	17.12. 2008	BGBl. I S. 2586	§§ 3, 4, 13, 15, Anl.	geänd. mWv 1.9.2009
15.	Art. 3 Abs. 3 G zur Reform der Sachaufklärung in der Zwangsvollstreckung	29.7.2009	BGBl. I S. 2258	§§ 3, 10, 18, Anl.	geänd. mWv 1.1.2013
16.	Art. 3 G über die Internetversteigerung in der Zwangsvollstreckung und zur Änd. anderer Gesetze	30.7.2009	BGBl. I S. 2474	Anl.	geänd. mWv 5.8.2009
17.	Art. 11 G zur Einführung einer Rechtsbehelfsbelehrung im Zivilprozess und zur Änd. anderer Vorschriften	5.12.2012	BGBl. I S. 2418	Inhaltsübersicht	geänd. mWv 1.1.2014
				§ 3a	eingef. mWv 1.1.2014
18.	Art. 7 MietrechtsänderungsG	11.3.2013	BGBl. I S. 434	§ 17, Anl.	geänd. mWv 1.5.2013
19.	Art. 6 2. KostenrechtsmodernisierungsG	23.7.2013	BGBl. I S. 2586	Inhaltsübersicht, §§ 3, 5, 10, 12, 13, 15, 17, Abschnitt 4 und 5, Anl.	geänd. mWv 1.8.2013
				Abschnitt 3 (§ 12a)	eingef. mWv 1.8.2013
20.	Art. 12 EU-KontenpfändungsVO-DurchführungsG	21.11. 2016	BGBl. I S. 2591	§§ 3, 10, Anl.	geänd. mWv 26.11.2016
21.	Art. 17 G zur Regelung des Sozialen Entschädigungsrechts	12.12. 2019	BGBl. I S. 2652	Inhaltsübersicht, § 2	geänd. mWv 1.1.2024
				§ 20	neu gef. mWv 1.1.2024
22.	Art. 12 WohnungseigentumsmodernisierungsG (WEMoG)	16.10. 2020	BGBl. I S. 2187	Anl.	geänd. mWv 23.10.2020
23.	Art. 3 KostenrechtsänderungsG 2021	21.12. 2020	BGBl. I S. 3229	§§ 3, 7, Anl.	geänd. mWv 1.1.2021
24.	Art. 4 Abs. 4 G zur Verbesserung des Schutzes von Gerichtsvollziehern vor Gewalt sowie zur Änd. weiterer zwangsvollstreckungsrechtlicher Vorschriften und zur Änd. des InfektionsschutzG	7.5.2021	BGBl. I S. 850	Anl.	geänd. mWv 1.1.2022
25.	Art. 26 G über die Entschädigung der Soldatinnen und Soldaten und zur Neuordnung des Soldatenversorgungsrechts	20.8.2021	BGBl. I S. 3932	Inhaltsübersicht, § 2	geänd. mWv 1.1.2025
				§ 20	aufgeh. mit Ablauf des 31.12. 2024

Vorbemerkung:
Die Änderung durch G v. 7.5.2021 (BGBl. I S. 850) tritt erst mWv 1.1.2022 in Kraft und ist im Text noch nicht berücksichtigt.

[1)] Beachte hierzu Übergangsvorschrift in Art. 111 FGG-RG (Nr. **112a**).

Inhaltsübersicht[1)]

Abschnitt 1. Allgemeine Vorschriften

§ 1 Geltungsbereich (1) Für die Tätigkeit des Gerichtsvollziehers, für die er nach Bundes- oder Landesrecht sachlich zuständig ist, werden Kosten (Gebühren und Auslagen) nur nach diesem Gesetz erhoben.

(2) Landesrechtliche Vorschriften über die Kosten der Vollstreckung im Verwaltungszwangsverfahren bleiben unberührt.

§ 2[2)] **Kostenfreiheit.** (1) [1]Von der Zahlung der Kosten sind befreit der Bund, die Länder und die nach dem Haushaltsplan des Bundes oder eines Landes für Rechnung des Bundes oder eines Landes verwalteten öffentlichen Körperschaften oder Anstalten, bei einer Zwangsvollstreckung nach § 885 der Zivilprozessord-

---

[1)] Inhaltsübersicht geänd. mWv 15.12.2001 durch G v. 10.12.2001 (BGBl. I S. 3422); mWv 1.1.2014 durch G v. 5.12.2012 (BGBl. I S. 2418); mWv 1.8.2013 durch G v. 23.7.2013 (BGBl. I S. 2586); **mWv 1.1.2024** durch G v. 12.12.2019 (BGBl. I S. 2652); **mWv 1.1.2025** durch G v. 20.8.2021 (BGBl. I S. 3932); sie wurde nichtamtlich an die nachträglichen Änderungen mWv 1.7.2004 durch G v. 5.5.2004 (BGBl. I S. 718) angepasst.

[2)] § 2 Abs. 1 Satz 1 geänd. mWv 1.1.2002 durch G v. 19.4.2001 (BGBl. I S. 623); Abs. 2 Satz 1 neu gef. mWv 1.1.2005 durch G v. 9.12.2004 (BGBl. I S. 3220); Abs. 2 Satz 1 geänd. **mWv 1.1.2024** durch G v. 12.12.2019 (BGBl. I S. 2652); Abs. 2 Satz 1 geänd. **mWv 1.1.2025** durch G v. 20.8.2021 (BGBl. I S. 3932).

nung[1] wegen der Auslagen jedoch nur, soweit diese einen Betrag von 5 000 Euro nicht übersteigen. [2]Bei der Vollstreckung wegen öffentlich-rechtlicher Geldforderungen ist maßgebend, wer ohne Berücksichtigung des § 252 der Abgabenordnung oder entsprechender Vorschriften Gläubiger der Forderung ist.

(2) [1]Bei der Durchführung des Zwölften Buches Sozialgesetzbuch[2] sind die Träger der Sozialhilfe, bei der Durchführung des Zweiten Buches Sozialgesetzbuch[3] die nach diesem Buch zuständigen Träger der Leistungen, bei der Durchführung des Achten Buches Sozialgesetzbuch[4] die Träger der öffentlichen Jugendhilfe ***[bis 31.12.2023:*** und bei der Durchführung der ihnen obliegenden Aufgaben nach dem Bundesversorgungsgesetz[5] die Träger der Kriegsopferfürsorge***] [vom 1.1.2024 bis 31.12.2024:*** *und bei der Durchführung der Besonderen Leistungen im Einzelfall nach dem Vierzehnten Buch Sozialgesetzbuch[6] die Träger der Sozialen Entschädigung****] [ab 1.1.2025:*** *, bei der Durchführung der Besonderen Leistungen im Einzelfall nach dem Vierzehnten Buch Sozialgesetzbuch die Träger der Sozialen Entschädigung und bei der Durchführung der Leistungen nach Kapitel 5 des Soldatenentschädigungsgesetzes der Träger der Soldatenentschädigung]* von den Gebühren befreit. [2]Sonstige Vorschriften, die eine sachliche oder persönliche Befreiung von Kosten gewähren, gelten für Gerichtsvollzieherkosten nur insoweit, als sie ausdrücklich auch diese Kosten umfassen.

(3) Landesrechtliche Vorschriften, die in weiteren Fällen eine sachliche oder persönliche Befreiung von Gerichtsvollzieherkosten gewähren, bleiben unberührt.

(4) Die Befreiung von der Zahlung der Kosten oder der Gebühren steht der Entnahme der Kosten aus dem Erlös (§ 15) nicht entgegen.

§ 3[7] Auftrag. (1) [1]Ein Auftrag umfasst alle Amtshandlungen, die zu seiner Durchführung erforderlich sind; einem Vollstreckungsauftrag können mehrere Vollstreckungstitel zugrunde liegen. [2]Werden bei der Durchführung eines Auftrags mehrere Amtshandlungen durch verschiedene Gerichtsvollzieher erledigt, die ihren Amtssitz in verschiedenen Amtsgerichtsbezirken haben, gilt die Tätigkeit jedes Gerichtsvollziehers als Durchführung eines besonderen Auftrags. [3]Jeweils verschiedene Aufträge sind die Zustellung auf Betreiben der Parteien, die Vollstreckung einschließlich der Verwertung und besondere Geschäfte nach Abschnitt 4 des Kostenverzeichnisses, soweit sie nicht Nebengeschäft sind. [4]Die Vollziehung eines Haftbefehls ist ein besonderer Auftrag.

(2) [1]Es handelt sich jedoch um denselben Auftrag, wenn der Gerichtsvollzieher gleichzeitig beauftragt wird,

1. einen oder mehrere Vollstreckungstitel zuzustellen und hieraus gegen den Zustellungsempfänger zu vollstrecken,

---

[1] Nr. **100.**
[2] **Sartorius ErgBd. Nr. 412.**
[3] **Sartorius ErgBd. Nr. 402.**
[4] **Habersack, Deutsche Gesetze ErgBd. Nr. 46.**
[5] **Aichberger, SGB Nr. 20/10.**
[6] **Aichberger, SGB Nr. 14.**
[7] § 3 Abs. 1 Satz 1 neu gef., Sätze 3 und 4 angef., Abs. 2 Satz 1 Nr. 1 geänd., Nr. 2 neu gef., Satz 2 eingef., bish. Satz 2 wird Satz 3, Abs. 4 Satz 3 eingef., bish. Sätze 3 und 4 werden Sätze 4 und 5 mWv 1.8. 2002 durch G v. 23.7.2002 (BGBl. I S. 2850); Abs. 3 Satz 2 und Abs. 4 Satz 3 geänd. mWv 1.1.2013 *durch G v. 29.7.2009 (BGBl. I S. 2258); Abs. 1 Satz 3* geänd. mWv 1.8.2013 durch G v. 23.7.2013 (BGBl. I S. 2586); Abs. 2 Satz 1 Nr. 3 neu gef., Satz 2 eingef., bish. Sätze 2 und 3 werden Sätze 3 und 4 mWv 26.11.2016 durch G v. 21.11.2016 (BGBl. I S. 2591); Abs. 2 Satz 2 Nr. 2 geänd. mWv 1.1.2021 durch G v. 21.12.2020 (BGBl. I S. 3229).

2. mehrere Zustellungen an denselben Zustellungsempfänger oder an Gesamtschuldner zu bewirken oder
3. mehrere Vollstreckungshandlungen gegen denselben Vollstreckungsschuldner oder Verpflichteten (Schuldner) oder Vollstreckungshandlungen gegen Gesamtschuldner auszuführen.

[2] Der Gerichtsvollzieher gilt auch dann als gleichzeitig beauftragt, wenn

1. der Auftrag zur Abnahme der Vermögensauskunft mit einem Vollstreckungsauftrag verbunden ist (§ 807 Absatz 1 der Zivilprozessordnung[1)]), es sei denn, der Gerichtsvollzieher nimmt die Vermögensauskunft nur deshalb nicht ab, weil der Schuldner nicht anwesend ist, oder
2. der Auftrag, eine gütliche Erledigung der Sache zu versuchen, in der Weise mit einem Auftrag auf Vornahme einer Amtshandlung nach § 802a Absatz 2 Satz 1 Nummer 2 oder Nummer 4 der Zivilprozessordnung verbunden ist, dass diese Amtshandlung nur im Fall des Scheiterns des Versuchs der gütlichen Erledigung vorgenommen werden soll.

[3] Bei allen Amtshandlungen nach § 845 Abs. 1 der Zivilprozessordnung handelt es sich um denselben Auftrag. [4] Absatz 1 Satz 2 bleibt unberührt.

(3) [1] Ein Auftrag ist erteilt, wenn er dem Gerichtsvollzieher oder der Geschäftsstelle des Gerichts, deren Vermittlung oder Mitwirkung in Anspruch genommen wird, zugegangen ist. [2] Wird der Auftrag zur Abnahme der Vermögensauskunft mit einem Vollstreckungsauftrag verbunden (§ 807 Abs. 1 der Zivilprozessordnung), gilt der Auftrag zur Abnahme der Vermögensauskunft als erteilt, sobald die Voraussetzungen nach § 807 Abs. 1 der Zivilprozessordnung vorliegen.

(4) [1] Ein Auftrag gilt als durchgeführt, wenn er zurückgenommen worden ist oder seiner Durchführung oder weiteren Durchführung Hinderungsgründe entgegenstehen. [2] Dies gilt nicht, wenn der Auftraggeber zur Fortführung des Auftrags eine richterliche Anordnung nach § 758a der Zivilprozessordnung beibringen muss und diese Anordnung dem Gerichtsvollzieher innerhalb eines Zeitraumes von drei Monaten zugeht, der mit dem ersten Tag des auf die Absendung einer entsprechenden Anforderung an den Auftraggeber folgenden Kalendermonats beginnt. [3] Satz 2 ist entsprechend anzuwenden, wenn der Schuldner zu dem Termin zur Abnahme der Vermögensauskunft nicht erscheint oder die Abgabe der Vermögensauskunft ohne Grund verweigert und der Gläubiger innerhalb des in Satz 2 genannten Zeitraums einen Auftrag zur Vollziehung eines Haftbefehls erteilt. [4] Der Zurücknahme steht es gleich, wenn der Gerichtsvollzieher dem Auftraggeber mitteilt, dass er den Auftrag als zurückgenommen betrachtet, weil damit zu rechnen ist, die Zwangsvollstreckung werde fruchtlos verlaufen, und wenn der Auftraggeber nicht bis zum Ablauf des auf die Absendung der Mitteilung folgenden Kalendermonats widerspricht. [5] Der Zurücknahme steht es auch gleich, wenn im Falle des § 4 Abs. 1 Satz 1 und 2 der geforderte Vorschuss nicht bis zum Ablauf des auf die Absendung der Vorschussanforderung folgenden Kalendermonats beim Gerichtsvollzieher eingegangen ist.

§ 3a[2)] Rechtsbehelfsbelehrung. Jede Kostenrechnung und jede anfechtbare Entscheidung hat eine Belehrung über den statthaften Rechtsbehelf sowie über die Stelle, bei der dieser Rechtsbehelf einzulegen ist, über deren Sitz und über die einzuhaltende Form zu enthalten.

[1)] Nr. **100**.

[2)] § 3a eingef. mWv 1.1.2014 durch G v. 5.12.2012 (BGBl. I S. 2418).

§ 4[1)] Vorschuss. (1) [1]Der Auftraggeber ist zur Zahlung eines Vorschusses verpflichtet, der die voraussichtlich entstehenden Kosten deckt. [2]Die Durchführung des Auftrags kann von der Zahlung des Vorschusses abhängig gemacht werden. [3]Die Sätze 1 und 2 gelten nicht, wenn der Auftrag vom Gericht erteilt wird oder dem Auftraggeber Prozess- oder Verfahrenskostenhilfe bewilligt ist. [4]Sie gelten ferner nicht für die Erhebung von Gebührenvorschüssen, wenn aus einer Entscheidung eines Gerichts für Arbeitssachen oder aus einem vor diesem Gericht abgeschlossenen Vergleich zu vollstrecken ist.

(2) [1]Reicht ein Vorschuss nicht aus, um die zur Aufrechterhaltung einer Vollstreckungsmaßnahme voraussichtlich erforderlichen Auslagen zu decken, gilt Absatz 1 entsprechend. [2]In diesem Fall ist der Auftraggeber zur Leistung eines weiteren Vorschusses innerhalb einer Frist von mindestens zwei Wochen aufzufordern. [3]Nach Ablauf der Frist kann der Gerichtsvollzieher die Vollstreckungsmaßnahme aufheben, wenn die Aufforderung verbunden mit einem Hinweis auf die Folgen der Nichtzahlung nach den Vorschriften der Zivilprozessordnung[2)] zugestellt worden ist und die geforderte Zahlung nicht bei dem Gerichtsvollzieher eingegangen ist.

(3) In den Fällen des § 3 Abs. 4 Satz 2 bis 5 bleibt die Verpflichtung zur Zahlung der vorzuschießenden Beträge bestehen.

§ 5[3)] Kostenansatz, Erinnerung, Beschwerde, Gehörsrüge. (1) [1]Die Kosten werden von dem Gerichtsvollzieher angesetzt, der den Auftrag durchgeführt hat. [2]Der Kostenansatz kann im Verwaltungswege berichtigt werden, solange nicht eine gerichtliche Entscheidung getroffen ist.

(2) [1]Über die Erinnerung des Kostenschuldners und der Staatskasse gegen den Kostenansatz entscheidet, soweit nicht nach § 766 Abs. 2 der Zivilprozessordnung[2)] das Vollstreckungsgericht zuständig ist, das Amtsgericht, in dessen Bezirk der Gerichtsvollzieher seinen Amtssitz hat. [2]Auf die Erinnerung und die Beschwerde ist § 66 Absatz 2 bis 8 des Gerichtskostengesetzes[4)], auf die Rüge wegen Verletzung des Anspruchs auf rechtliches Gehör ist § 69a des Gerichtskostengesetzes entsprechend anzuwenden.

(3) Auf die Erinnerung des Kostenschuldners gegen die Anordnung des Gerichtsvollziehers, die Durchführung des Auftrags oder die Aufrechterhaltung einer Vollstreckungsmaßnahme von der Zahlung eines Vorschusses abhängig zu machen, und auf die Beschwerde ist Absatz 2 entsprechend anzuwenden.

(4) Für Verfahren nach den Absätzen 1 bis 3 sind die Vorschriften der Zivilprozessordnung über die elektronische Akte und über das elektronische Dokument anzuwenden.

§ 6 Nachforderung. Wegen unrichtigen Ansatzes dürfen Kosten nur nachgefordert werden, wenn der berichtigte Ansatz vor Ablauf des nächsten Kalenderjahres nach Durchführung des Auftrags dem Zahlungspflichtigen mitgeteilt worden ist.

[1)] § 4 Abs. 3 geänd. mWv 1.8.2002 durch G v. 23.7.2002 (BGBl. I S. 2850); Abs. 1 Satz 3 geänd. mWv 1.9.2009 durch G v. 17.12.2008 (BGBl. I S. 2586).

[2)] Nr. **100**.

[3)] *§ 5 Abs. 2 Sätze 3 und 4 aufgeh. mWv 1.7.2004 durch* G v. 5.5.2004 (BGBl. I S. 718); Abs. 2 Satz 2 neu gef. mWv 1.4.2005 durch G v. 22.3.2005 (BGBl. I S. 837); Überschrift neu gef, Abs. 2 Satz 2 geänd., Abs. 4 angef. mWv 1.8.2013 durch G v. 23.7.2013 (BGBl. I S. 2586).

[4)] Nr. **115**.

§ 7[1)] Nichterhebung von Kosten wegen unrichtiger Sachbehandlung.

(1) [1] Kosten, die bei richtiger Behandlung der Sache nicht entstanden wären, werden nicht erhoben. [2] Das Gleiche gilt für Auslagen, die durch eine von Amts wegen veranlasste Verlegung eines Termins oder einer Maßnahme entstanden sind.

(2) [1] Die Entscheidung trifft der Gerichtsvollzieher. [2] § 5 Abs. 2 ist entsprechend anzuwenden. [3] Solange nicht das Gericht entschieden hat, kann eine Anordnung nach Absatz 1 im Verwaltungsweg erlassen werden. [4] Eine im Verwaltungsweg getroffene Anordnung kann nur im Verwaltungsweg geändert werden.

§ 8[2)] Verjährung, Verzinsung. (1) Ansprüche auf Zahlung von Kosten verjähren in vier Jahren nach Ablauf des Kalenderjahres, in dem die Kosten fällig geworden sind.

(2) [1] Ansprüche auf Rückerstattung von Kosten verjähren in vier Jahren nach Ablauf des Kalenderjahres, in dem die Zahlung erfolgt ist. [2] Die Verjährung beginnt jedoch nicht vor dem in Absatz 1 bezeichneten Zeitpunkt. [3] Durch die Einlegung eines Rechtsbehelfs mit dem Ziel der Rückerstattung wird die Verjährung wie durch Klageerhebung gehemmt.

(3) [1] Auf die Verjährung sind die Vorschriften des Bürgerlichen Gesetzbuchs[3)] anzuwenden; die Verjährung wird nicht von Amts wegen berücksichtigt. [2] Die Verjährung der Ansprüche auf Zahlung von Kosten beginnt auch durch die Aufforderung zur Zahlung oder durch eine dem Kostenschuldner mitgeteilte Stundung erneut. [3] Ist der Aufenthalt des Kostenschuldners unbekannt, so genügt die Zustellung durch Aufgabe zur Post unter seiner letzten bekannten Anschrift. [4] Bei Kostenbeträgen unter 25 Euro beginnt die Verjährung weder erneut noch wird sie oder ihr Ablauf gehemmt.

(4) Ansprüche auf Zahlung und Rückerstattung von Kosten werden nicht verzinst.

§ 9 Höhe der Kosten. Kosten werden nach dem Kostenverzeichnis der Anlage zu diesem Gesetz erhoben, soweit nichts anderes bestimmt ist.

Abschnitt 2. Gebührenvorschriften

§ 10[4)] Abgeltungsbereich der Gebühren. (1) [1] Bei Durchführung desselben Auftrags wird eine Gebühr nach derselben Nummer des Kostenverzeichnisses nur einmal erhoben. [2] Dies gilt nicht für die nach Abschnitt 6 des Kostenverzeichnisses zu erhebenden Gebühren, wenn für die Erledigung mehrerer Amtshandlungen Gebühren nach verschiedenen Nummern des Kostenverzeichnisses zu erheben wären. [3] Eine Gebühr nach dem genannten Abschnitt wird nicht neben der entsprechenden Gebühr für die Erledigung der Amtshandlung erhoben.

[1)] § 7 Abs. 1 Satz 2 angef. mWv 1.1.2021 durch G v. 21.12.2020 (BGBl. I S. 3229).

[2)] § 8 Überschrift neu gef., Abs. 4 angef. mWv 15.12.2001 durch G v. 10.12.2001 (BGBl. I S. 3422); Abs. 3 Satz 4 geänd. mWv 1.1.2002 durch G v. 19.4.2001 (BGBl. I S. 623); Abs 2 Satz 1 und Abs. 3 Satz 4 geänd., Abs. 2 Satz 3 angef., Abs. 3 Satz 2 neu gef. mWv 1.1.2002 durch G v. 26.11.2001 (BGBl. I S. 3138); Abs. 2 Satz 3 geänd. mWv 1.7.2004 durch G v. 5.5.2004 (BGBl. I S. 718).

[3)] Nr. **20**.

[4)] § 10 Abs. 2 Satz 4 angef., Abs. 3 Sätze 1 und 2 geänd. mWv 1.8.2002 durch G v. 23.7.2002 (BGBl. I S. 2850); Abs. 1 Satz 2 geänd., Abs. 2 Satz 3 neu gef., Satz 4 aufgeh., Abs. 3 Sätze 1 und 2 geänd. mWv 1.8.2013 durch G v. 23.7.2013 (BGBl. I S. 2586); Abs. 2 Satz 3 Nr. 3 geänd. mWv 26.11.2016 durch G v. 21.11.2016 (BGBl. I S. 2591).

(2) [1]Ist der Gerichtsvollzieher beauftragt, die gleiche Vollstreckungshandlung wiederholt vorzunehmen, sind die Gebühren für jede Vollstreckungshandlung gesondert zu erheben. [2]Dasselbe gilt, wenn der Gerichtsvollzieher auch ohne ausdrückliche Weisung des Auftraggebers die weitere Vollstreckung betreibt, weil nach dem Ergebnis der Verwertung der Pfandstücke die Vollstreckung nicht zur vollen Befriedigung des Auftraggebers führt oder Pfandstücke bei dem Schuldner abhanden gekommen oder beschädigt worden sind. [3]Gesondert zu erheben sind

1. eine Gebühr nach Abschnitt 1 des Kostenverzeichnisses für jede Zustellung,
2. eine Gebühr nach Nummer 430 des Kostenverzeichnisses für jede Zahlung,
3. eine Gebühr nach Nummer 440 oder Nummer 441 des Kostenverzeichnisses für die Erhebung von Daten bei jeder der in den §§ 755 und 802l der Zivilprozessordnung[1)] genannten Stellen und
4. eine Gebühr nach Nummer 600 des Kostenverzeichnisses für jede nicht erledigte Zustellung.

(3) [1]Ist der Gerichtsvollzieher gleichzeitig beauftragt, Vollstreckungshandlungen gegen Gesamtschuldner auszuführen, sind die Gebühren nach den Nummern 200, 205, 260, 261, 262 und 270 des Kostenverzeichnisses für jeden Gesamtschuldner gesondert zu erheben. [2]Das Gleiche gilt für die in Abschnitt 6 des Kostenverzeichnisses bestimmten Gebühren, wenn Amtshandlungen der in den Nummern 205, 260, 261, 262 und 270 des Kostenverzeichnisses genannten Art nicht erledigt worden sind.

§ 11[2)] Tätigkeit zur Nachtzeit, an Sonnabenden, Sonn- und Feiertagen.

Wird der Gerichtsvollzieher auf Verlangen zur Nachtzeit (§ 758a Abs. 4 Satz 2 der Zivilprozessordnung[1)]) oder an einem Sonnabend, Sonntag oder Feiertag tätig, so werden die doppelten Gebühren erhoben.

§ 12[3)] Siegelungen, Vermögensverzeichnisse, Proteste und ähnliche Geschäfte. Die Gebühren für Wechsel- und Scheckproteste, für Siegelungen und Entsiegelungen, für die Aufnahme von Vermögensverzeichnissen sowie für die Mitwirkung als Urkundsperson bei der Aufnahme von Vermögensverzeichnissen bestimmen sich nach den für Notare geltenden Regelungen des Gerichts- und Notarkostengesetzes[4)].

Abschnitt 3.[5)] Auslagenvorschriften

§ 12a[5)] Erhöhtes Wegegeld. (1) Die Landesregierungen werden ermächtigt, durch Rechtsverordnung eine höhere Stufe nach Nummer 711 des Kostenverzeichnisses für Wege festzusetzen, die von bestimmten Gerichtsvollziehern in bestimmte Regionen des Bezirks eines Amtsgerichts zurückzulegen sind, wenn die kürzeste öffentlich nutzbare Wegstrecke erheblich von der nach der Luftlinie bemessenen Entfernung abweicht, weil ein nicht nur vorübergehendes Hindernis besteht.

---

1) Nr. **100**.

2) § 11 geänd. mWv 1.7.2002 durch G v. 25.6.2001 (BGBl. I S. 1206).

3) *§ 12 Abs. 2 aufgeh., bish. Abs. 1 Satz 2 aufgeh.* und bish. Satz 1 geänd. mWv 1.8.2013 durch G v. 23.7.2013 (BGBl. I S. 2586).

4) Nr. **119**.

5) Abschnitt 3 (§ 12a) eingef. mWv 1.8.2013 durch G v. 23.7.2013 (BGBl. I S. 2586).

(2) Eine erhebliche Abweichung nach Absatz 1 liegt vor, wenn die kürzeste öffentlich nutzbare Wegstrecke sowohl vom Amtsgericht als auch vom Geschäftszimmer des Gerichtsvollziehers mindestens doppelt so weit ist wie die nach der Luftlinie bemessene Entfernung.

(3) In der Rechtsverordnung ist die niedrigste Stufe festzusetzen, bei der eine erhebliche Abweichung nach Absatz 2 nicht mehr vorliegt.

(4) Die Landesregierungen können die Ermächtigung durch Rechtsverordnung auf die Landesjustizverwaltung übertragen.

Abschnitt 4.[1)] Kostenzahlung

§ 13[2)] Kostenschuldner. (1) [1] Kostenschuldner sind

1. der Auftraggeber,
2. der Vollstreckungsschuldner für die notwendigen Kosten der Zwangsvollstreckung und
3. der Verpflichtete für die notwendigen Kosten der Vollstreckung.

[2] Schuldner der Auslagen nach den Nummern 714 und 715 des Kostenverzeichnisses ist nur der Ersteher.

(2) Mehrere Kostenschuldner haften als Gesamtschuldner.

(3) Wird der Auftrag vom Gericht erteilt, so gelten die Kosten als Auslagen des gerichtlichen Verfahrens.

§ 14 Fälligkeit. [1] Gebühren werden fällig, wenn der Auftrag durchgeführt ist oder länger als zwölf Kalendermonate ruht. [2] Auslagen werden sofort nach ihrer Entstehung fällig.

§ 15[3)] Entnahmerecht. (1) [1] Kosten, die im Zusammenhang mit der Versteigerung oder dem Verkauf von beweglichen Sachen, von Früchten, die vom Boden noch nicht getrennt sind, sowie von Forderungen oder anderen Vermögensrechten, ferner bei der öffentlichen Verpachtung an den Meistbietenden und bei der Mitwirkung bei einer Versteigerung durch einen Dritten (§ 825 Abs. 2 der Zivilprozessordnung[4)]) entstehen, können dem Erlös vorweg entnommen werden. [2] Dies gilt auch für die Kosten der Entfernung von Pfandstücken aus dem Gewahrsam des Schuldners, des Gläubigers oder eines Dritten, ferner für die Kosten des Transports und der Lagerung.

(2) Andere als die in Absatz 1 genannten Kosten oder ein hierauf zu zahlender Vorschuss können bei der Ablieferung von Geld an den Auftraggeber oder bei der Hinterlegung von Geld für den Auftraggeber entnommen werden.

(3) [1] Die Absätze 1 und 2 gelten nicht, soweit § 459b der Strafprozessordnung[5)] oder § 94 des Gesetzes über Ordnungswidrigkeiten[6)] entgegensteht. [2] Sie gelten ferner nicht, wenn dem Auftraggeber Prozess- oder Verfahrenskostenhilfe bewilligt ist. [3] *Bei mehreren Auftraggebern stehen* die Sätze 1 und 2 einer Vorwegentnahme

---

[1)] Bish. Abschnitt 3 wird Abschnitt 4 mWv 1.8.2013 durch G v. 23.7.2013 (BGBl. I S. 2586).

[2)] § 13 Abs. 1 neu gef. mWv 1.9.2009 durch G v. 17.12.2008 (BGBl. I S. 2586); Abs. 1 Satz 2 angef. mWv 1.8.2013 durch G v. 23.7.2013 (BGBl. I S. 2586).

[3)] § 15 Abs. 3 Satz 2 geänd. mWv 1.9.2009 durch G v. 17.12.2008 (BGBl. I S. 2586); Abs. 2 geänd. mWv 1.8.2013 durch G v. 23.7.2013 (BGBl. I S. 2586).

[4)] Nr. **100**.

[5)] Nr. **90**.

[6)] Nr. **94**.

aus dem Erlös (Absatz 1) nicht entgegen, wenn deren Voraussetzungen nicht für alle Auftraggeber vorliegen. [4] Die Sätze 1 und 2 stehen einer Entnahme aus dem Erlös auch nicht entgegen, wenn der Erlös höher ist als die Summe der Forderungen aller Auftraggeber.

§ 16 Verteilung der Verwertungskosten. Reicht der Erlös einer Verwertung nicht aus, um die in § 15 Abs. 1 bezeichneten Kosten zu decken, oder wird ein Erlös nicht erzielt, sind diese Kosten im Verhältnis der Forderungen zu verteilen.

§ 17[1)] Verteilung der Auslagen bei der Durchführung mehrerer Aufträge.

[1] Auslagen, die in anderen als den in § 15 Abs. 1 genannten Fällen bei der gleichzeitigen Durchführung mehrerer Aufträge entstehen, sind nach der Zahl der Aufträge zu verteilen, soweit die Auslagen nicht ausschließlich bei der Durchführung eines Auftrags entstanden sind. [2] Das Wegegeld (Nummer 711 des Kostenverzeichnisses) und die Auslagenpauschale (Nummer 716 des Kostenverzeichnisses) sind für jeden Auftrag gesondert zu erheben.

Abschnitt 5.[2)] Übergangs- und Schlussvorschriften

§ 18[3)] Übergangsvorschrift. (1) [1] Die Kosten sind nach bisherigem Recht zu erheben, wenn der Auftrag vor dem Inkrafttreten einer Gesetzesänderung erteilt worden ist, Kosten der in § 15 Abs. 1 genannten Art jedoch nur, wenn sie vor dem Inkrafttreten einer Gesetzesänderung entstanden sind. [2] Wenn der Auftrag zur Abnahme der Vermögensauskunft mit einem Vollstreckungsauftrag verbunden ist, ist der Zeitpunkt maßgebend, zu dem der Vollstreckungsauftrag erteilt ist.

(2) Absatz 1 gilt auch, wenn Vorschriften geändert werden, auf die dieses Gesetz verweist.

§ 19 Übergangsvorschrift aus Anlass des Inkrafttretens dieses Gesetzes.

(1) [1] Die Kosten sind vorbehaltlich des Absatzes 2 nach dem Gesetz über Kosten der Gerichtsvollzieher in der im Bundesgesetzblatt Teil III, Gliederungsnummer 362-1, veröffentlichten bereinigten Fassung, zuletzt geändert durch Artikel 2 Abs. 5 des Gesetzes vom 17. Dezember 1997 (BGBl. I S. 3039), zu erheben, wenn der Auftrag vor dem Inkrafttreten dieses Gesetzes erteilt worden ist; § 3 Abs. 3 Satz 1 und § 18 Abs. 1 Satz 2 sind anzuwenden. [2] Werden solche Aufträge und Aufträge, die nach dem Inkrafttreten dieses Gesetzes erteilt worden sind, durch dieselbe Amtshandlung erledigt, sind die Gebühren insoweit gesondert zu erheben.

(2) Kosten der in § 15 Abs. 1 genannten Art sind nach neuem Recht zu erheben, soweit sie nach dem Inkrafttreten dieses Gesetzes entstanden sind.

[§ 20 bis 31.12.2023:]
§ 20[4)] *(aufgehoben)*

[1)] § 17 Satz 2 geänd. mWv 1.5.2013 durch G v. 11.3.2013 (BGBl. I S. 434); Satz 2 geänd. mWv 1.8. *2013 durch G v. 23.7.2013 (BGBl. I S. 2586).*

[2)] Bish. Abschnitt 4 wird Abschnitt 5 mWv 1.8.2013 durch G v. 23.7.2013 (BGBl. I S. 2586).

[3)] § 18 Abs. 1 Satz 2 geänd. mWv 1.1.2013 durch G v. 29.7.2009 (BGBl. I S. 2258).

[4)] § 20 aufgeh. mWv 1.7.2004 durch G v. 5.5.2004 (BGBl. I S. 718).

[§ 20 vom 1.1.2024 bis 31.12.2024:]

§ 20[1] ***Übergangsregelung aus Anlass des Gesetzes zur Regelung des Sozialen Entschädigungsrechts.*** *Für Personen, die Leistungen nach dem Soldatenversorgungsgesetz in der Fassung der Bekanntmachung vom 16. September 2009 (BGBl. I S. 3054), das zuletzt durch Artikel 19 des Gesetzes vom 4. August 2019 (BGBl. I S. 1147) geändert worden ist, in Verbindung mit dem Bundesversorgungsgesetz*[2] *in der Fassung der Bekanntmachung vom 22. Januar 1982 (BGBl. I S. 21), das zuletzt durch Artikel 1 der Verordnung vom 13. Juni 2019 (BGBl. I S. 793) geändert worden ist, erhalten, gelten die Vorschriften des § 2 Absatz 2 Satz 1 in der am 31. Dezember 2023 geltenden Fassung weiter.*

[§ 20 ab 1.1.2025:]

§ 20[3] *(aufgehoben)*

Anlage[4]
(zu § 9)

Kostenverzeichnis

Gliederung

Abschnitt 1. Zustellung auf Betreiben der Parteien (§ 191 ZPO)
Abschnitt 2. Vollstreckung
Abschnitt 3. Verwertung
Abschnitt 4. Besondere Geschäfte
Abschnitt 5. Zeitzuschlag
Abschnitt 6. Nicht erledigte Amtshandlung
Abschnitt 7. Auslagen

Nr.	Gebührentatbestand	Gebühr
	Abschnitt 1. Zustellung auf Betreiben der Parteien (§ 191 ZPO)	
	Vorbemerkung 1: (1) Die Zustellung an den Zustellungsbevollmächtigten mehrerer Beteiligter gilt als eine Zustellung. (2) Die Gebühr nach Nummer 100 oder 101 wird auch erhoben, wenn der Gerichtsvollzieher die Ladung zum Termin zur Abnahme der Vermögensauskunft (§ 802f ZPO) oder den Pfändungs- und Überweisungsbeschluss an den Schuldner (§ 829 Abs. 2 Satz 2, auch i.V.m. § 835 Abs. 3 Satz 1 ZPO) zustellt.	
100	Persönliche Zustellung durch den Gerichtsvollzieher	10,00 €
101	Sonstige Zustellung	3,00 €
102	Beglaubigung eines Schriftstückes, das dem Gerichtsvollzieher zum Zwecke der Zustellung übergeben wurde (§ 192 Abs. 2 ZPO)	

[1] § 20 neu angef. **mWv 1.1.2024** durch G v. 12.12.2019 (BGBl. I S. 2652).
[2] **Aichberger, SGB Nr. 20/10.**
[3] § 20 aufgeh. **mWv 1.1.2025** durch G v. 20.8.2021 (BGBl. I S. 3932).
[4] Anl. neu gef. mWv 1.1.2002 durch G v. 19.4.2001 (BGBl. I S. 623, geänd. durch G v. 10.12.2001, BGBl. I S. 3422); geänd. mWv 1.7.2002 durch G v. 25.6.2001 (BGBl. I S. 1206, geänd. durch G v. 10.12.2001, BGBl. I S. 3422); mWv 2.1.2002 durch G v. 11.12.2001 (BGBl. I S. 3513); mWv 1.8.2002 durch G v. 23.7.2002 (BGBl. I S. 2850); mWv 1.7.2004 durch G v. 5.5.2004 (BGBl. I S. 718); mWv 1.4.2005 durch G v. 22.3.2005 (BGBl. I S. 837); mWv 1.9.2009 durch G v. 17.12.2008 (BGBl. I S. 2586); mWv 1.1.2013 durch G v. 29.7.2009 (BGBl. I S. 2258); mWv 5.8.2009 durch G v. 30.7.2009 (BGBl. I S. 2474); mWv 1.5.2013 durch G v. 11.3.2013 (BGBl. I S. 434); mWv 1.8.2013 durch G v. 23.7.2013 (BGBl. I S. 2586); mWv 26.11.2016 durch G v. 21.11.2016 (BGBl. I S. 2591); mWv 23.10.2020 durch G v. 16.10.2020 (BGBl. I S. 2187); mWv 1.1.2021 durch G v. 21.12.2020 (BGBl. I S. 3229).

Nr.	Gebührentatbestand	Gebühr
	je Seite .... Eine angefangene Seite wird voll berechnet.	Gebühr in Höhe der Dokumentenpauschale
	Abschnitt 2. Vollstreckung	
200	Amtshandlung nach § 845 Abs. 1 Satz 2 ZPO (Vorpfändung)	16,00 €
205	Bewirkung einer Pfändung (§ 808 Abs. 1, 2 Satz 2, §§ 809, 826 oder § 831 ZPO) .... Neben dieser Gebühr wird gegebenenfalls ein Zeitzuschlag nach Nummer 500 erhoben.	26,00 €
206	Übernahme beweglicher Sachen zum Zwecke der Verwertung in den Fällen der §§ 847 und 854 ZPO	16,00 €
207	Versuch einer gütlichen Erledigung der Sache (§ 802b ZPO) .... Die Gebühr entsteht auch im Fall der gütlichen Erledigung.	16,00 €
208	Der Gerichtsvollzieher ist gleichzeitig mit einer auf eine Maßnahme nach § 802a Abs. 2 Satz 1 Nr. 2 oder Nr. 4 ZPO gerichteten Amtshandlung beauftragt: Die Gebühr 207 ermäßigt sich auf	8,00 €
210	Übernahme des Vollstreckungsauftrags von einem anderen Gerichtsvollzieher, wenn der Schuldner unter Mitnahme der Pfandstücke in einen anderen Amtsgerichtsbezirk verzogen ist	16,00 €
220	Entfernung von Pfandstücken, die im Gewahrsam des Schuldners, des Gläubigers oder eines Dritten belassen waren .... Die Gebühr wird auch dann nur einmal erhoben, wenn die Pfandstücke aufgrund mehrerer Aufträge entfernt werden. Neben dieser Gebühr wird gegebenenfalls ein Zeitzuschlag nach Nummer 500 erhoben.	16,00 €
221	Wegnahme oder Entgegennahme beweglicher Sachen durch den zur Vollstreckung erschienenen Gerichtsvollzieher .... Neben dieser Gebühr wird gegebenenfalls ein Zeitzuschlag nach Nummer 500 erhoben.	26,00 €
230	Wegnahme oder Entgegennahme einer Person durch den zur Vollstreckung erschienenen Gerichtsvollzieher .. Neben dieser Gebühr wird gegebenenfalls ein Zeitzuschlag nach Nummer 500 erhoben. Sind mehrere Personen wegzunehmen, werden die Gebühren für jede Person gesondert erhoben.	52,00 €
240	Entsetzung aus dem Besitz unbeweglicher Sachen oder eingetragener Schiffe oder Schiffsbauwerke und die Einweisung in den Besitz .... Neben dieser Gebühr wird gegebenenfalls ein Zeitzuschlag nach Nummer 500 erhoben.	150,00 €
241	Der Gerichtsvollzieher ist nicht mit der Wegschaffung beweglicher Sachen beauftragt: Die Gebühr 240 ermäßigt sich auf	100,00 €

Nr.	Gebührentatbestand	Gebühr
	Mit der Gebühr sind auch die Dokumentation der frei beweglichen Sachen im Protokoll und die Nutzung elektronischer Bildaufzeichnungsmittel abgegolten.	
242	Wegnahme ausländischer Schiffe, die in das Schiffsregister eingetragen werden müssten, wenn sie deutsche Schiffe wären, und ihre Übergabe an den Gläubiger	130,00 €
	Neben dieser Gebühr wird gegebenenfalls ein Zeitzuschlag nach Nummer 500 erhoben.	
243	Übergabe unbeweglicher Sachen an den Verwalter im Falle der Zwangsversteigerung oder Zwangsverwaltung	98,00 €
	Neben dieser Gebühr wird gegebenenfalls ein Zeitzuschlag nach Nummer 500 erhoben.	
250	Zuziehung zur Beseitigung des Widerstandes (§ 892 ZPO) oder zur Beseitigung einer andauernden Zuwiderhandlung gegen eine Anordnung nach § 1 GewSchG (§ 96 Abs. 1 FamFG) sowie Anwendung von unmittelbarem Zwang auf Anordnung des Gerichts im Fall des § 90 FamFG	52,00 €
	Neben dieser Gebühr wird gegebenenfalls ein Zeitzuschlag nach Nummer 500 erhoben.	
260	Abnahme der Vermögensauskunft nach den §§ 802c, 802d Abs. 1 oder nach § 807 ZPO	33,00 €
261	Übermittlung eines mit eidesstattlicher Versicherung abgegebenen Vermögensverzeichnisses an einen Drittgläubiger (§ 802d Abs. 1 Satz 2, Abs. 2 ZPO)	33,00 €
262	Abnahme der eidesstattlichen Versicherung nach § 836 Abs. 3 oder § 883 Abs. 2 ZPO	38,00 €
270	Verhaftung, Nachverhaftung, zwangsweise Vorführung	39,00 €

Abschnitt 3. Verwertung

Vorbemerkung 3:

Die Gebühren werden bei jeder Verwertung nur einmal erhoben. Dieselbe Verwertung liegt auch vor, wenn der Gesamterlös aus der Versteigerung oder dem Verkauf mehrerer Gegenstände einheitlich zu verteilen ist oder zu verteilen wäre und wenn im Falle der Versteigerung oder des Verkaufs die Verwertung in einem Termin, bei einer Versteigerung im Internet in einem Ausgebot, erfolgt.

Nr.	Gebührentatbestand	Gebühr
300	Versteigerung, Verkauf oder Verwertung in anderer Weise nach § 825 Abs. 1 ZPO von – beweglichen Sachen, – Früchten, die noch nicht vom Boden getrennt sind, – Forderungen oder anderen Vermögensrechten	52,00 €
	Neben dieser Gebühr wird gegebenenfalls ein Zeitzuschlag nach Nummer 500 erhoben. Dies gilt nicht bei einer Versteigerung im Internet.	
301	Öffentliche Verpachtung an den Meistbietenden	52,00 €
	Neben dieser Gebühr wird gegebenenfalls ein Zeitzuschlag nach Nummer 500 erhoben.	
302	Anberaumung eines neuen Versteigerungs- oder Verpachtungstermins oder das nochmalige Ausgebot bei einer Versteigerung im Internet	10,00 €
	(1) Die Gebühr wird für die Anberaumung eines neuen Versteigerungs- oder Verpachtungstermins nur erhoben, wenn der vorherige Termin auf	

Nr.	Gebührentatbestand	Gebühr
	Antrag des Gläubigers oder des Antragstellers oder nach den Vorschriften der §§ 765a, 775, 802b ZPO nicht stattgefunden hat oder wenn der Termin infolge des Ausbleibens von Bietern oder wegen ungenügender Gebote erfolglos geblieben ist. (2) Die Gebühr wird für das nochmalige Ausgebot bei einer Versteigerung im Internet nur erhoben, wenn das vorherige Ausgebot auf Antrag des Gläubigers oder des Antragstellers oder nach den Vorschriften der §§ 765a, 775, 802b ZPO abgebrochen worden ist oder wenn das Ausgebot infolge des Ausbleibens von Geboten oder wegen ungenügender Gebote erfolglos geblieben ist.	
310	Mitwirkung bei der Versteigerung durch einen Dritten (§ 825 Abs. 2 ZPO) ...... Neben dieser Gebühr wird gegebenenfalls ein Zeitzuschlag nach Nummer 500 erhoben.	16,00 €
	Abschnitt 4. Besondere Geschäfte	
400	Bewachung und Verwahrung eines Schiffes, eines Schiffsbauwerks oder eines Luftfahrzeugs (§§ 165, 170, 170a, 171, 171c, 171g, 171h ZVG, § 99 Abs. 2, § 106 Abs. 1 Nr. 1 des Gesetzes über Rechte an Luftfahrzeugen) ...... Neben dieser Gebühr wird gegebenenfalls ein Zeitzuschlag nach Nummer 500 erhoben.	98,00 €
401	Feststellung der Mieter oder Pächter von Grundstücken im Auftrag des Gerichts je festgestellte Person ...... Die Gebühr wird auch erhoben, wenn die Ermittlungen nicht zur Feststellung eines Mieters oder Pächters führen.	7,00 €
410	Tatsächliches Angebot einer Leistung (§§ 293, 294 BGB) außerhalb der Zwangsvollstreckung	16,00 €
411	Beurkundung eines Leistungsangebots ...... Die Gebühr entfällt, wenn die Gebühr nach Nummer 410 zu erheben ist.	7,00 €
420	Entfernung von Gegenständen aus dem Gewahrsam des Inhabers zum Zwecke der Versteigerung oder Verwahrung außerhalb der Zwangsvollstreckung	16,00 €
430	Entgegennahme einer Zahlung, wenn diese nicht ausschließlich auf Kosten nach diesem Gesetz entfällt, die bei der Durchführung des Auftrags entstanden sind ...... Die Gebühr wird auch erhoben, wenn der Gerichtsvollzieher einen entgegengenommenen Scheck selbst einzieht oder einen Scheck aufgrund eines entsprechenden Auftrags des Auftraggebers an diesen weiterleitet. Die Gebühr wird nicht bei Wechsel- oder Scheckprotesten für die Entgegennahme der Wechsel- oder Schecksumme (Artikel 84 des Wechselgesetzes, Artikel 55 Abs. 3 des Scheckgesetzes) erhoben.	4,00 €
440	Erhebung von Daten bei einer der in § 755 Abs. 2, § 802l Abs. 1 ZPO genannten Stellen ...... Die Gebühr entsteht nicht, wenn die Auskunft nach § 882c Abs. 3 Satz 2 ZPO eingeholt wird.	13,00 €
441	Erhebung von Daten bei einer der in § 755 Abs. 1 ZPO *genannten Stellen* ...... Die Gebühr entsteht nicht, wenn die Auskunft nach § 882c Abs. 3 Satz 2 ZPO eingeholt wird.	5,00 €

Nr.	Gebührentatbestand	Gebühr
442	Übermittlung von Daten nach § 802l Abs. 4 ZPO	5,00 €
	Abschnitt 5. Zeitzuschlag	
500	Zeitzuschlag, sofern dieser bei der Gebühr vorgesehen ist, wenn die Erledigung der Amtshandlung nach dem Inhalt des Protokolls mehr als 3 Stunden in Anspruch nimmt, für jede weitere angefangene Stunde .... Maßgebend ist die Dauer der Amtshandlung vor Ort.	20,00 €
	Abschnitt 6. Nicht erledigte Amtshandlung	
	Vorbemerkung 6: Gebühren nach diesem Abschnitt werden erhoben, wenn eine Amtshandlung, mit deren Erledigung der Gerichtsvollzieher beauftragt worden ist, aus Rechtsgründen oder infolge von Umständen, die weder in der Person des Gerichtsvollziehers liegen noch von seiner Entschließung abhängig sind, nicht erledigt wird. Dies gilt insbesondere auch, wenn nach dem Inhalt des Protokolls pfändbare Gegenstände nicht vorhanden sind oder die Pfändung nach § 803 Abs. 2, §§ 812, 851b Abs. 4 Satz 3 ZPO zu unterbleiben hat. Eine Gebühr wird nicht erhoben, wenn der Auftrag an einen anderen Gerichtsvollzieher abgegeben wird oder hätte abgegeben werden können.	
	Nicht erledigte	
600	– Zustellung (Nummern 100 und 101)	3,00 €
601	– Wegnahme einer Person (Nummer 230)	26,00 €
602	– Entsetzung aus dem Besitz (Nummer 240), Wegnahme ausländischer Schiffe (Nummer 242) oder Übergabe an den Verwalter (Nummer 243)	32,00 €
603	– Beurkundung eines Leistungsangebots (Nummer 411)	6,00 €
604	– Amtshandlung der in den Nummern 205 bis 207, 210 bis 221, 250 bis 301, 310, 400, 410 und 420 genannten Art .... Die Gebühr für die nicht abgenommene Vermögensauskunft wird nicht erhoben, wenn diese deshalb nicht abgenommen wird, weil der Schuldner sie innerhalb der letzten zwei Jahre bereits abgegeben hat (§ 802c Abs. 1 Satz 1 ZPO). Für einen nicht erledigten Versuch einer gütlichen Erledigung der Sache wird in dem in Nummer 208 genannten Fall eine Gebühr nicht erhoben.	15,00 €

Nr.	Auslagentatbestand	Höhe
	Abschnitt 7. Auslagen	
700	Pauschale für die Herstellung und Überlassung von Dokumenten: 1. Kopien und Ausdrucke, a) die auf Antrag angefertigt oder per Telefax übermittelt werden, b) die angefertigt werden, weil der Auftraggeber es unterlassen hat, die erforderliche Zahl von Mehrfertigungen beizufügen:	
	für die ersten 50 Seiten je Seite	0,50 €
	für jede weitere Seite	0,15 €
	für die ersten 50 Seiten in Farbe je Seite	1,00 €
	für jede weitere Seite in Farbe	0,30 €

Nr.	Auslagentatbestand	Höhe
	2. Überlassung von elektronisch gespeicherten Dateien oder deren Bereitstellung zum Abruf anstelle der in Nummer 1 genannten Kopien und Ausdrucke: je Datei	1,50 €
	für die in einem Arbeitsgang überlassenen, bereitgestellten oder in einem Arbeitsgang auf denselben Datenträger übertragenen Dokumente insgesamt höchstens	5,00 €
	(1) Die Höhe der Dokumentenpauschale nach Nummer 1 ist bei Durchführung eines jeden Auftrags und für jeden Kostenschuldner nach § 13 Abs. 1 Nr. 1 GvKostG gesondert zu berechnen; Gesamtschuldner gelten als ein Schuldner. (2) Werden zum Zweck der Überlassung von elektronisch gespeicherten Dateien Dokumente zuvor auf Antrag von der Papierform in die elektronische Form übertragen, beträgt die Dokumentenpauschale nach Nummer 2 nicht weniger als die Dokumentenpauschale im Fall der Nummer 1 betragen würde. (3) § 191a Abs. 1 Satz 5 GVG bleibt unberührt. (4) Eine Dokumentenpauschale für die erste Kopie oder den ersten Ausdruck des Vermögensverzeichnisses und der Niederschrift über die Abgabe der Vermögensauskunft wird von demjenigen Kostenschuldner nicht erhoben, von dem die Gebühr 260 oder 261 zu erheben ist. Entsprechendes gilt, wenn anstelle der in Satz 1 genannten Kopien oder Ausdrucke elektronisch gespeicherte Dateien überlassen werden (§ 802d Abs. 2 ZPO).	
701	Entgelte für Zustellungen mit Zustellungsurkunde	in voller Höhe
702	Auslagen für öffentliche Bekanntmachungen und Einstellung eines Ausgebots auf einer Versteigerungsplattform zur Versteigerung im Internet	in voller Höhe
	Auslagen werden nicht erhoben für die Bekanntmachung oder Einstellung in einem elektronischen Informations- und Kommunikationssystem, wenn das Entgelt nicht für den Einzelfall oder nicht für ein einzelnes Verfahren berechnet wird.	
703	Nach dem JVEG an Zeugen, Sachverständige, Dolmetscher und Übersetzer zu zahlende Beträge	in voller Höhe
	(1) Die Beträge werden auch erhoben, wenn aus Gründen der Gegenseitigkeit, der Verwaltungsvereinfachung oder aus vergleichbaren Gründen keine Zahlungen zu leisten sind. (2) Auslagen für Kommunikationshilfen zur Verständigung mit einer hör- oder sprachbehinderten Person (§ 186 GVG) und für Übersetzer, die zur Erfüllung der Rechte blinder oder sehbehinderter Personen herangezogen werden (§ 191a Abs. 1 GVG), werden nicht erhoben.	
704	An die zum Öffnen von Türen und Behältnissen sowie an die zur Durchsuchung von Schuldnern zugezogenen Personen zu zahlende Beträge	in voller Höhe
705	Kosten für die Umschreibung eines auf den Namen lautenden Wertpapiers oder für die Wiederinkurssetzung eines Inhaberpapiers	in voller Höhe

Nr.	Auslagentatbestand	Höhe
706	Kosten, die von einem Kreditinstitut erhoben werden, weil ein Scheck des Schuldners nicht eingelöst wird	in voller Höhe
707	An Dritte zu zahlende Beträge für die Beförderung von Personen, Tieren und Sachen, das Verwahren von Tieren und Sachen, das Füttern von Tieren, die Beaufsichtigung von Sachen sowie das Abernten von Früchten	in voller Höhe
	Diese Vorschrift ist nicht anzuwenden bei dem Transport von Sachen oder Tieren an den Ersteher oder an einen von diesem benannten Dritten im Rahmen der Verwertung.	
708	An deutsche Behörden für die Erfüllung von deren eigenen Aufgaben zu zahlende Gebühren sowie diejenigen Auslagen, die diesen Behörden, öffentlichen Einrichtungen oder deren Bediensteten als Ersatz für Auslagen der in den Nummern 700 und 701 bezeichneten Art zustehen	in voller Höhe
709	Kosten für Arbeitshilfen	in voller Höhe
710	Pauschale für die Benutzung von eigenen Beförderungsmitteln des Gerichtsvollziehers zur Beförderung von Personen und Sachen je Fahrt	6,00 €
711	Wegegeld je Auftrag für zurückgelegte Wegstrecken, wenn sich aus einer Rechtsverordnung nach § 12a GvKostG nichts anderes ergibt,	
	– Stufe 1: bis zu 10 Kilometer	3,25 €
	– Stufe 2: von mehr als 10 Kilometern bis 20 Kilometer	6,50 €
	– Stufe 3: von mehr als 20 Kilometern bis 30 Kilometer	9,75 €
	– Stufe 4: von mehr als 30 Kilometern bis 40 Kilometer	13,00 €
	– Stufe 5: von mehr als 40 Kilometern	16,25 €
	(1) Das Wegegeld wird erhoben, wenn der Gerichtsvollzieher zur Durchführung des Auftrags Wegstrecken innerhalb des Bezirks des Amtsgerichts, dem der Gerichtsvollzieher zugewiesen ist, oder innerhalb des dem Gerichtsvollzieher zugewiesenen Bezirks eines anderen Amtsgerichts zurückgelegt hat.	
	(2) Maßgebend ist die Entfernung von dem Amtsgericht, dem der Gerichtsvollzieher zugewiesen ist, zum Ort der Amtshandlung, wenn nicht die Entfernung vom Geschäftszimmer des Gerichtsvollziehers geringer ist. Werden mehrere Wege zurückgelegt, ist der Weg mit der weitesten Entfernung maßgebend. Die Entfernung ist nach der Luftlinie zu messen.	
	(3) Wegegeld wird nicht erhoben für 1. die sonstige Zustellung (Nummer 101), 2. die Versteigerung von Pfandstücken, die sich in der Pfandkammer befinden, und 3. im Rahmen des allgemeinen Geschäftsbetriebes zurückzulegende Wege, insbesondere zur Post und zum Amtsgericht.	
	(4) In den Fällen des § 10 Abs. 2 Satz 1 und 2 GvKostG wird das Wegegeld für jede Vollstreckungshandlung, im Falle der Vorpfändung für jede Zustellung an einen Drittschuldner gesondert erhoben. Zieht der	

Nr.	Auslagentatbestand	Höhe
	Gerichtsvollzieher Teilbeträge ein (§ 802b ZPO), wird das Wegegeld für den Einzug des zweiten und sodann jedes weiteren Teilbetrages je einmal gesondert erhoben. Das Wegegeld für den Einzug einer Rate entsteht bereits mit dem ersten Versuch, die Rate einzuziehen.	
712	Bei Geschäften außerhalb des Bezirks des Amtsgerichts, dem der Gerichtsvollzieher zugewiesen ist, oder außerhalb des dem Gerichtsvollzieher zugewiesenen Bezirks eines anderen Amtsgerichts, Reisekosten nach den für den Gerichtsvollzieher geltenden beamtenrechtlichen Vorschriften	in voller Höhe
713	Pauschale für die Dokumentation mittels geeigneter elektronischer Bildaufzeichnungsmittel (§ 885a Abs. 2 Satz 2 ZPO) Mit der Pauschale sind insbesondere die Aufwendungen für die elektronische Datenaufbewahrung abgegolten.	5,00 €
714	An Dritte zu zahlende Beträge für den Versand oder den Transport von Sachen oder Tieren im Rahmen der Verwertung an den Ersteher oder an einen von diesem benannten Dritten und für eine von dem Ersteher beantragte Versicherung für den Versand oder den Transport	in voller Höhe
715	Kosten für die Verpackung im Fall der Nummer 714	in voller Höhe – mindestens 3,00 €
716	Pauschale für sonstige bare Auslagen je Auftrag	20 % der zu erhebenden Gebühren – mindestens 3,00 €, höchstens 10,00 €
717	Umsatzsteuer auf die Kosten Dies gilt nicht, wenn die Umsatzsteuer nach § 19 Abs. 1 UStG unerhoben bleibt.	in voller Höhe

Sachverzeichnis

Stand: September 2021

Die fetten Zahlen bezeichnen die Gesetze (siehe Inhaltsverzeichnis I S. 1 ff.), die mageren deren Artikel oder Paragraphen.
Die Buchstaben ä, ö und ü sind wie a, o und u in das Alphabet eingeordnet.

Für handschriftliche Notizen

Für handschriftliche Notizen

Für handschriftliche Notizen

Für handschriftliche Notizen

Für handschriftliche Notizen

Für handschriftliche Notizen

Für handschriftliche Notizen

Für handschriftliche Notizen

Hospitality is Our Business

RIVIERA INN